# SIPRI 年鉴 2008

## 军备、裁军和国际安全

中国军控与裁军协会　译

时事出版社

## 中国军控与裁军协会

**《SIPRI 年鉴》项目**

主　任　叶如安

副主任　李根信

参与本卷翻译的单位

中国国际战略学会

中国国际问题研究所

中国国防科技信息中心

军事科学院世界军事研究部

北京应用物理与计算数学研究所

中国军控与裁军协会秘书处

本卷翻译人员（以姓氏笔划为序）

王连成　王春生　田景梅　叶如安　刘永胜　刘俊波

朱肖晶　庄茂成　伍　钧　许　巍　邢笑靥　李长和

谷景书　何　颖　何毅丹　李　佳　陆建新　苏晓晖

沈　桦　余小玲　周爱群　费肖俊　高俊敏　唐寅初

徐家雄　蒋正明　蒋振西　琦　灵　翟玉成　翟德泉

译　审　庄茂成　叶如安　龚显福

# 斯德哥尔摩国际和平研究所（SIPRI）

SIPRI 是一家独立的国际性研究机构，致力于研究和平与冲突问题，尤其是军控与裁军问题。它建于 1966 年，以纪念瑞典连续享有 150 年的和平。

研究所的经费主要是由瑞典政府提议尔后由瑞典议会批准的赞助款。工作人员和董事会成员来自全球。研究所还设有一个顾问委员会，作为其国际咨询机构。

董事会对研究所的出版物中反映的观点不负责任。

## 董事会

主　席：罗尔夫·埃克尤斯（Rolf Ekéus）大使（瑞典）

副主席：威廉·F. 冯·埃克伦（Willem F. van Eekelen）博士（荷兰）

成　员：阿列克谢·G. 阿尔巴托夫（Alexei G. Arbatov）博士（俄罗斯）

贾扬塔·达纳帕拉（Jayantha Dhanapala）（斯里兰卡）

纳比勒·埃拉雷比（Nabil Elaraby）博士（埃及）

罗斯·E. 戈特莫勒（Rose E. Gottemoeller）（美国）

玛丽·卡尔多（Mary Kaldor）教授（英国）

罗纳德·G. 萨瑟兰（Ronald G. Sutherland）教授（加拿大）

研究所所长

## 所　长

季北慈（Bates Gill）（美国）

年鉴主编和出版人：季北慈（Bates Gill）所长

执行编辑：伊恩·安东尼（Ian Anthony）

主任编辑：D. A. 克鲁克香克（D. A. Cruickshank）

编　辑：D. A. 克鲁克香克（D. A. Cruickshank）、乔伊·福

克斯（Joey Fox）、耶塔·吉利根·博格（Jetta Gilligan Borg）、卡斯珀·蒂默（Caspar Timmer）

## 斯德哥尔摩国际和平研究所（SIPRI）

地 址：Signalistgatan 9，SE－169 70 Solna，Sweden
电 话：46 8/655 97 00
传 真：46 8/655 97 33
电子信箱：sipri@sipri. org
因特网网址：http：//www. sipri. org

# 目录



## 第一部分　2007年的安全与冲突

## 第二部分　2007 年军费和军备

## 第三部分　2007 年不扩散、军控与裁军

## 附　件

# 序言

很高兴，SIPRI 研究所的第 39 卷重要形象作品《SIPRI 年鉴 2008》得以出版。同以往各卷一样，本卷年鉴继续保持了研究分析最高水准的权威性。《SIPRI 年鉴》依然是目前能找到的涵盖国际和地区安全与冲突、维和行动、军费开支、军工生产、武器转让、大规模杀伤性武器、军备控制、裁军和不扩散等领域的最具广度和深度的单一出版物。

本卷的作者们在接受此项重要工作后，对 2007 年的情况进行了回顾，并对 2008 年及更远的发展前景作了展望，发现其中有一些持续性的重要课题。与近几年的情况一样，作者们看到地区冲突中暴力现象的继续零散化，以及非国家行为体（包括那些代表国家的非国家行为体）的作用在继续加强。全球军费开支和军火贸易继续扩大，与常规和非常规武器相关的技术进一步扩散，并更易获得。与此同时，作者们注意到，国家可以用以缓解对安全与稳定的潜在威胁的多边、双边和单边机构和机制却在继续削弱。尽管出现这些动态，而且不少情况下正是因为这些动态而引起的，SIPRI 研究所还是看到了一种越来越强烈的意识，即：世界将进入一个新阶段，国际社会对军备控制和不扩散问题将进行比过去十年中任何时候都更为激烈的辩论，而且可能更趋激烈。

虽然《SIPRI 年鉴》以其始终如一性而受到恰当的重视，但 SIPRI 研究所本身则经历了变化的一年。艾丽森·J·K·贝尔斯在五年的杰出工作之后于 2007 年 8 月从 SIPRI 研究所所长的职位上卸任，担任了冰岛大学客座教授。我们将会记住她任内在加强 SIPRI 研究工作中的严谨分析，扩大本所同欧洲、亚洲及其他地区决策者们的联系，拓展本所对全球和地区安全事务的关注和认识以及开辟资金来源的多元化等方面所做的工作。在她离任之前，艾丽森主持了本卷年鉴的前期准备工作，为向新所长顺利交接打好了基础。

SIPRI 另一位重要人物康妮·沃尔也离开了研究所。她在本所工作了 37 年，其中大部分时间担任编辑和发行部的负责人。在使本所优秀出版物在编辑质量、科学性和学术上达到完美的最高水准而赢得全球声誉这一点上，无人可与康妮相比。

这两位杰出的同事为 SIPRI 研究所今后继续革新并达到更高水平打下了坚实的基础。从 2007 年下半年一直到 2008 年，研究所采取了几项新举措，包括出版每月一期的电子邮件动态通信《SIPRI 最新信息：全球安全与军备控制》、关于阿富汗的 SIPRI 网上博客、筹备将于 2008 年秋季开始启用的新网站，以及 SIPRI 出版物的重新设计等。所有这些都是为了吸引更多的合作伙伴、支持者和热心读者。研究所的各国同仁全年继续忙着他们的出色研究工作和日常工作，出访了从澳大利亚到伊朗、从马来西亚到乌克兰、从哥伦比亚到埃及、从欧洲到北美的 50 多个国家。2007 年，根据美国外交政策研究所对全世界 5000 多家思想库和政策研究机构所做的一项调查评估，SIPRI 研究所被提名列入“全球三十强思想库”而尤感自豪。

像本年鉴这样的浩大工程，如果没有一大批优秀人才的无私奉献，那是不可能完成的。我要特别感谢由大卫·克鲁克香克、乔伊·福克斯、耶塔·吉利根·博格、卡斯珀·蒂默组成的本卷编辑团队的刻苦工作。我还要感谢本卷的所有撰稿人（无论是研究所所内还是所外的），以及常为本年鉴编纂高质量索引的彼德·雷亚。在本所做了出色工作的其他人员（包括他们的工作人员）需要特别致谢的还有：副所长丹尼尔·诺德（他在 2007 年 8 月至 10 月还担任过代理所长）、研究协调人伊恩·安东尼、财务与行政部主任安娜·赫勒戴、图书馆与文件部主任南尼·博德尔、信息技术部主任格尔德·哈格米尔以及所长特别助理辛西娅·洛。

在我担任所长后出版第一卷年鉴——《SIPRI 年鉴 2008》之际，我要感谢 SIPRI 研究所董事会、研究所全体工作人员和世界各地的众多合作伙伴及朋友们，期待着在今后几年中我们继续共同来做好这项重要工作。

SIPRI 研究所所长

季北慈博士

2008 年 5 月

# 本书摘要

## 引言：军备控制呼声再起（《SIPRI 年鉴 2008》中文版第 1—13 页）

季北慈

今后几年，关于军备控制与裁军的好处将会有更多的高级别讨论和辩论，并可望将会达成一种广泛的共识，认为应该实施更多认真、有效的军控与裁军措施。俄罗斯与美国两国采取裁军和增强信任与安全的措施则尤为重要。然而，同样也需要有更广泛的全球努力。这种努力既应包括核国家，也应包括无核国家，同时还需消除政治分歧。目前有三点需要注意的是：第一，下届美国政府的政策优先次序将有着关键作用；第二，在现行的和新的多边条约上的任何进展都不应为其他机制蒙上阴影；第三，军备控制和裁军不可能解决所有问题。“军备控制”的传统含义应扩及至以非条约和非国家为基础的各种措施之中。各个政治层面的意见将会再一次承认军控的价值。朝着正确的方向采取各种步骤显然是符合各国公民和政府的利益的。

## 欧洲—大西洋安全机构及相互关系（《SIPRI 年鉴 2008》中文版第 17—50 页）

让-伊夫斯·艾纳，古尼拉·赫罗尔夫，兹希洛·拉霍夫斯基

2007 年期间，欧洲—大西洋各国竭力控制住它们之间的新老隔阂。在欧洲—大西洋关系中最重要的变化是，俄罗斯恢复了它同西方

伙伴在安全事务中平等地位的自信和抱负。尽管如此，俄罗斯依然表现出愿意与西方保持合作关系，不像是要冒险去过分强烈地挑战西方。欧洲联盟通过了《里斯本条约》，但2005年的《宪法条约》挫折继续阻碍着它的欧洲睦邻、对外关系和外交安全政策的各项计划。北约的意向依然不肯定，尽管法国对北约的示好姿态给联盟的复兴带来了一点点的希望。2007年出现的欧美和解更多地暴露了公认的弱点，而不是反映其显著的实力。削弱自身影响的美国政策，已在很大程度上代之以一种对世界事务较实际的做法。

## 武装冲突的趋势（《SIPRI年鉴2008》中文版第51—91页）

叶卡捷琳娜·斯捷潘诺娃

2007年，暴力活动的零散化和武装行为体的多样化仍在世界上武装冲突最激烈的一些地区继续着，包括在伊拉克和达尔富尔(苏丹)。这一趋势使战斗本身的死亡数量有所降低，但从伤亡人数、流离失所和其他不太直接的影响的角度看，对平民的代价很高。伴随这种趋势而来的是削弱、模糊了各种不同的暴力形式（包括恐怖主义、教派冲突和其他社团间纠纷）与各种行为体（包括附属于国家的行为体、私营的安全承包公司、犯罪团伙和当地地方势力）之间的界线。这种暴力或是在武装冲突背景下产生的，或是会触发武装冲突，但它往往能获得自身的活力，变成一种自我的永久性，即使其主要的矛盾多少已有效地解决，但仍不一定能终止或消退。

## 从“人的安全”的角度来处理直接暴力和结构性暴力（《SIPRI年鉴2008》中文版第112—123页）

阿尔布雷希特·施纳贝尔

在分析和提供“人的安全”保障时，把直接暴力和结构性暴力用作两者相依的主要可变因素，则可为解决对民众最严重的威胁和形成最有效的缓解机制提供机会。缓解人的不安全，需要：1. 鉴别和分析对特定民众和特定背景的威胁和暴力；2. 制定预防和应对特定威胁、特定背景和特定行为体的措施；3. 对有针对性的预防直接暴力和结构性暴力制定多边行为体合作战略；4. 监测和评估威胁程度，实施缓解和调整措施。这样一种系统性举措尤其适合于应付结构性暴力，因为此类暴力往往难以认清，特别是难以确定其负有责任的根源和行为体。此外，对于武装暴力的作用以及它使已存在的直接暴力和结构性暴力升级并引起新的暴力的可能性应引起特别重视。

## 和平行动的计划与部署（《SIPRI 年鉴 2008》中文版第 124—143 页）

**莎伦·韦哈塔**

2007 年启动了 8 项新行动。做好部署前计划已成为维和部门的一项中心工作。联合国力图全面执行其“综合性特派团计划流程”。预先计划是一个很复杂的过程，它是和平行动取得成功不可或缺的一部分。有一个最初连贯的战略是拟定和平行动计划的关键，使和平行动具有明确目标和授权使命，并据此配备必要的人力、物力和财力资源。如果和平行动的构想、计划和评估是在对当事国需求进行审慎分析的基础上作出的，它就会变得更加有效。近年来，维和部门已努力扩大和平行动计划过程的参与面，使当事国各个利益攸关方也加入进来。在苏丹的“非盟—联合国达尔富尔混合行动”以及在乍得和中非共和国的“联合国中非—乍得特派团”和“欧盟乍得—中非行动”的例子，说明了既做到包容性，又使特派团能执行既定使命，有多么的艰难。

## 冲突后安全部门改革中的社会性别融合（《SIPRI 年鉴 2008》中文版第 203—232 页）

**梅甘·巴斯蒂克**

尽管大家普遍承认在冲突后的建设和平进程中妇女参与和性别平等的重要性，但在安全部门改革过程中却往往未把妇女吸收进来，而且也未考虑全体居民——包括妇女和儿童的安全需要。阿富汗、科索沃、利比里亚、秘鲁、卢旺达、塞拉利昂和东帝汶的事例，显示了安全部门改革中性别融合的价值。需要作出努力的是要把妇女吸收到民间团体和政府中来，增强妇女对安全部门和司法转型进程的参与。性别融合，会使安全部门改革受益匪浅。这样做，能提高对社会全体民众安全需要的反应能力，增强改革进程中的当地自掌能力，以及加强对安全部门的监督。

**军费**（《SIPRI 年鉴 2008》中文版第 235—275 页）

彼得·斯塔伦海姆，卡塔利娜·佩尔多莫，伊丽莎白·申斯

2007 年世界军费估计达 1.339 万亿美元，比 2006 年实际增长 6%，比 1998 年增长 45%。这个开支金额相当于全球国内生产总值的 2.5%，人均达到 202 美元。2007 年，美国是军费最高的国家，占全球总额的 45%，其次是英国、中国、法国和日本，各占 4—5%。2001 年以来，美国军费实际增长了 59%，2007 年的金额比二战以来任何年份都要高。各国的外交政策目标、现实的或感觉到的威胁、武装冲突、造就多边维和行动的政策以及要获得的经济资源等方面的变化，是促使世界军费如此增长的主要因素。

**军火生产**（《SIPRI 年鉴 2008》中文版第 357—387 页）

萨姆·珀洛·弗里曼，伊莉莎白·申斯

2006 年，世界 100 家最大的军火生产公司（不包括中国）——“SIPRI 100 强”——军火销售总额为 3150 亿美元，比 2005 年面值增长 9%。这一增长由美国公司领头，它们得益于美国军费的持续增长。总的来说，专业生产装甲车辆（美国在伊拉克冲突中的需求）和扩展军事服务、高技术电子与通信部门的公司在 2006 年的军售中增长最多。2007 年，在北美和西欧有 7 起价值 10 亿多美元的公司并购，其中 6 起涉及美国的公司被美国的或英国的公司所收购。欧洲防务局和欧盟委员会 2007 年建议在欧盟内部采取进一步措施，建立一个更加融合的军火工业和市场。与此同时，俄罗斯政府则继续采取措施，使俄军火工业合并成一些大型国营集团。

**国际武器转让**（《SIPRI 年鉴 2008》中文版第 412—440 页）

保罗·霍尔托姆，马克·布罗姆利，皮埃特·D. 魏泽曼

2003—2007 年期间，主要常规武器出口量的 80%以上来自美国、俄罗斯、德国、法国和英国这五个最大的供应国。2003—2007

年期间最大的武器进口国中国进货和订单的减少，使 2007 年首次显示了主要进口国重大的潜在变化。尽管智利和委内瑞拉 2003—2007 年期间武器进口量与其 1998—2002 年期间相比有了明显增长，成为令人瞩目的头条新闻，但要说南美洲已进入了一种军备竞赛似乎还不太像。向武装的非国家行为体、国家武装部队以及驻阿富汗、苏丹等冲突地区的维和特派团转让武器，在 2007 年均有明显增长。

**核军备控制与不扩散**（《SIPRI 年鉴 2008》中文版第 475—509 页）

香农·N. 基尔

在联合国安理会第 1747 号决议对伊朗因拒绝停止其铀浓缩活动而实施新的制裁的情况下，伊朗核问题依然是国际社会关注的中心。美国情报部门认为伊朗在 2003 年停止了它的核武器计划，后来未再恢复。朝鲜核问题六方会谈达成了一个两阶段行动计划的协议。根据该协议，朝鲜同意关闭其核设施，然后进行去功能化。但朝鲜未能在年底的最后期限前执行行动计划中的相关步骤。在世界其他地方，人们对一项关于核材料和核技术交流的协议草案的条款颇有争议，这项协议是根据 2005 年印度—美国民用核合作倡议中的设想拟定的。日内瓦裁军谈判会议仍未能重启一项关于全球禁止生产裂变材料条约的谈判。

**美国弹道导弹防御计划概览**（《SIPRI 年鉴 2008》中文版第 561—578 页）

香农·N. 基尔

美国继续致力于一项积极防御短程、中程和远程弹道导弹的广泛的武器和传感器计划。美国把部署一个综合性的多层防御系统放在很高的优先位置，该系统计划用来保护美国本土及盟友免受拥有可载核武器的导弹的敌手日益明显的威胁。根据一项颇有争议的美国计划，该系统的主要部件将部署于捷克和波兰。但是，对于该系统的技术成熟程度以及经济代价和实际截击导弹的有效性等问题依然存在着许多担心。美国同以色列和日本正在进行着双边的弹道导弹防御发展项目，其中涉及一些重大的军工合作。

**核取证分析**（《SIPRI 年鉴 2008》中文版第 579—593 页）

维塔利·费琴科

许多国际条约和国家法律都要有守约核查机制，这就需要依靠技术保障。随着技术的发展，这些机制现在可提供更好的核查手段。核取证分析是一种新的科学方法，可直接应用于条约核查和执法之中。核取证分析技术最早出现于上世纪 40 年代，并从此一直用于双边军控条约的核查措施中。当前技术的发展，可使核取证分析成功地应用于以下领域：1. 打击核走私；2. 国际原子能机构的保障监督；3. 核爆炸鉴定以及对 1996 年《全面禁核试条约》的核查；4. 拟议中的裂变材料禁产条约。应用核取证技术所获信息的多少，取决于有关场所和标本的接触程度，这经常会受到法律和政治考虑的限制。

**降低生化材料所带来的安全威胁**（《SIPRI 年鉴 2008》中文版第 594—624 页）

约翰·哈特，彼德·克莱夫斯蒂格

2007 年，以国家为基础的研究项目继续形成一些新的威胁概念和预防与应对生化战的措施。这些项目包括了较分散、不太好量化和非国家行为体的威胁想定，有的甚至是推测出来的威胁。1972 年《生物武器公约》的缔约国交换了有关有效履行公约的国家信息。阿尔巴尼亚彻底销毁了化学武器库存，作为其履行 1993 年《化学武器公约》义务的一部分。联合国伊拉克监核会解散，而与此同时伊拉克反叛分子则发动了一系列使用氯气的攻击。安全部门对防化科研越来越多的卷入，使人们对于进行和平目的的自由研究和传播感到担心。有些国家日益加强防生物的研究，可能也会构成内在威胁，因为这可能会带来敏感数据和专门技能的扩散。

**国际公共卫生外交和对禽流感的全球监测**（《SIPRI 年鉴 2008》中文版第 625—642 页）

伯尼斯·拉维歇

在讨论全球公共卫生问题时，“安全”这个词用得越来越多了。这一点反映了世界卫生组织对全球卫生管理作用的变化上，其具体例证就是 2007 年 6 月开始执行修订后的《国际卫生条例》。由于原先的《国际卫生条例》有着很长时间不起作用的历史，有些成员国根本不执行，修订后的条例则用法律框架在全球疾病监测和成员国报告规定上赋予世界卫生组织前所未有的法律权威。禽流感流行的紧迫威胁和印度尼西亚不愿及时将禽流感标本送交世卫组织，反映了发达国家与发展中国家之间的紧张关系，也反映了修订后的《国际卫生条例》所面临的挑战。

## 常规军备控制（《SIPRI 年鉴 2008》中文版第 643—669 页）

兹希洛·拉霍夫斯基

2007 年，对 1990 年《欧洲常规武装力量条约》最大的挑战是俄罗斯“暂停”参加该机制。在这一方面及相关问题上达成和解看来不太容易。虽然在摩尔多瓦的俄罗斯驻军问题上仍处于僵局，但与此形成对照的是，俄履行了 2005 年关于俄从格鲁吉亚撤军的协议。在巴尔干的次区域军备控制进展顺利。欧洲安全与合作组织关于安全领域政治—军事方面的行为准则依然有其价值。欧安组织其他信任措施继续集中在由过剩小武器、弹药和有毒火箭燃料引起的多重危险。遵守 1997 年《杀伤人员地雷公约》的国家数量已增至 156 个，使其进一步扩大了普遍性。越来越多的国家正加入禁止使用集束弹药的“奥斯陆进程”。

## 控制与安全相关物项的国际转让（《SIPRI 年鉴 2008》第 670—695 页）

伊恩·安东尼，西比勒·鲍尔，安娜·韦特尔

出口控制是一种预防措施，旨在确保出口物品不被其他国家用于进行在出口国看来是非法或不好的活动。出口控制在支持主要的不扩散多边条约中的作用，现已在执行联合国针对特定国家（伊朗和朝鲜）的决议时所发挥的作用中得到了补充。有效地实施出口控制法律和不扩散制裁措施，需要改变法律基础，重新思考机构设置

和程序，并让众多的国家行为体——包括海关、警察、情报和检察部门参与进来。国际上，尤其是在欧盟内部，已发起了一场讨论，研究对违反出口控制法的行为应采取何种有劝阻力的、有效而适当的制裁。

（庄茂成 译）

# 缩略语

南尼·博德尔　康妮·沃尔

**ABM　Anti－ballistic missile**

反弹道导弹

**ACV　Armoured combat vehicle**

装甲战车

**AG Australia Group**

澳大利亚集团

**ALCM Air－launched cruise missle**

空中发射巡航导弹

**APC Armoured personnel carrier**

装甲运兵车

**APEC Asia－Pacific Economic Cooperation**

亚太经合组织

**APM Anti－personnel mine**

杀伤人员地雷

**APT ASEAN Plus Three**

“东南亚国家联盟＋3”

**ARF ASEAN Regional Forum**

东盟地区论坛

**ASAT Anti－satellite**

反卫星

**ASEAN Association of South－East Asian Nations**

东南亚国家联盟

**ATT Arms trade treaty**

武器贸易条约

**ATTU Atlantic－to－the Urals（zone）**

大西洋到乌拉尔（地区）

**AU African Union**

非洲联盟

**BMD Ballistic missile defence**

弹道导弹防御

**BSEC Organization of Black Sea Economic Cooperation**

黑海经济合作组织

**BTWC Biological and Toxin Weapons Convention**

禁止生物武器公约

**BW Biological weapon/warfare**

生物武器/战

**CADSP Common African Defence and Security Policy**

非洲共同防务与安全政策

**CAR Central African Republic**

中非共和国

**CBM Confidence－building measure**

建立信任措施

**CBSS Council of the Baltic Sea States**

波罗的海国家委员会

**CBW Chemical and biological weapon/warfare**

化学和生物武器/战

**CCW Certain Conventional Weapons（Convention）**

特定常规武器（条约）

**CD Conference on Disarmament**

裁军谈判会议（裁谈会）

**CEI Central European Initiative**

中欧倡议国组织

**CEMAC Communauté Economique et Monétaire d'Afrique Centrale（Economic Community of Central African States）**

中非国家经济共同体

**CFE Conventional Armed Forces in Europe（Treaty）**

欧洲常规武装力量（条约）

**CFSP Common Foreign and Security Policy**

共同外交和安全政策

**CICA Conference on Interaction and Confidence－Building Measures in Asia**

亚洲相互协作与建立信任措施会议（亚信会议）

**CIS Commonwealth of Independent States**

独立国家联合体（独联体）

**CSBM Confidence－ and security－ building measure**

建立信任与安全措施

**CSCAP Çouncil for Security Cooperation in the Asia Pacific**

亚太安全合作理事会

**CSTO Collective Security Treaty Organization**

集体安全条约组织

**CTBT Comprehensive Nuclear Test－Ban Treaty**

全面禁止核试验条约

**CTBTO Comprehensive Nuclear Test－Ban Treaty Organization**

全面禁止核试验条约组织

**CTR Co－operative Threat Reduction**

合作减少威胁

**CW Chemical weapon/warfare**

化学武器/战

**CWC Chemical Weapons Convention**

禁止化学武器公约

**D－8 Developing Eight（counties）**

发展中八国集团

**DDR Demobilization，disarmament and reintegration**

复员遣散、解除武装和重新安置

**DPKO Department of Peacekeeping Operations**

（联合国）维和行动部

**DPRK Democratic People's Republic of Korea (North Korea)**

朝鲜民主共和国（朝鲜）

**DRC Democratic Republic of the Congo**

刚果民主共和国

**EAEC European Atomic Energy Community (also Euratom)**

欧洲原子能联营

**EAPC Euro—Atlantic Partnership Council**

欧洲—大西洋伙伴关系委员会

**ECOWAS Economic Community of West African States**

西非国家经济共同体

**EDA European Defence Agency**

欧洲防务局

**ENP European Neighbourhood Policy**

欧洲睦邻政策

**ERW Explosive remnants of war**

战争遗留爆炸物

**ESDP European Security and Defence Policy**

欧洲安全和防务政策

**EU European Union**

欧洲联盟

**FMCT Fissile material cut—off treaty**

禁止生产核武器裂变材料条约

**FSC Forum for Security Co—operation**

安全合作论坛

**FY Fiscal year**

财政年度

**FYROM Former Yugoslav Republic of Macedonia**

前南斯拉夫马其顿共和国

**G8 Group of Eight**

八国集团

**GAERC General Affairs and External Relations Council**

总务和对外关系委员会

**GCC Gulf Cooperation Council**

海湾国家合作委员会

**GDP Gross domestic product**

国内生产总值

**GLCM Ground—launched cruise missile**

地面发射巡航导弹

**GNEP Global Nuclear Energy Partnership**

全球核能伙伴计划

**GNI Gross national income**

国民总收入

**GNP Gross national product**

国民生产总值

**GTRI Global Threat Reduce Initiative**

全球减少威胁倡议

**GUAM Georgia，Ukraine，Azerbaijan and Moldova**

民主和经济发展组织（古阿姆集团）

**HCOC Hague Code of Conduct**

海牙行为准则

**HEU Highly enriched uranium**

高浓缩铀

**IAEA International Atomic Energy Agency**

国际原子能机构

**ICBM Intercontinental ballistic missile**

洲际弹道导弹

**ICC International Criminal Court**

国际刑事法院

**ICJ International Court of Justice**

国际法院

**ICTY International Criminal Tribunal gor former Yugoslavia**

前南斯拉夫国际刑事法庭

**IED Improvised explosive device**
简易爆炸装置
**IGAD Intergovernmental Authority on Development**
政府间发展组织
**IGC Intergovernmental Conference**
政府间会议
**IMF International Monetary Fund**
国际货币基金组织
**INDA International non－proliferation and disarmament assistance**
国际防扩散和裁军援助
**INF Intermediate－range Nuclear Forces（Treaty）**
中程核力量（条约）
**IRBM Intermediate－range ballistic missile**
中远程弹道导弹
**ISAF International Security Assistance Force**
国际安全援助部队
**IST Iraqi Special Tribunal**
伊拉克特别法庭
**JCG Joint Consultative Group**
联合协商小组
**JCIC Joint Compliance and Inspection Commission**
联合履约和视察委员会
**JHA Justice and home affairs**
司法和内政
**LEU Low－enriched uranium**
低浓缩铀
**MANPADS Man－portable air defence system**
便携式防空系统
**MDGs Millennium Development Goals**
千年发展目标
**MER Market exchange rate**
市场汇率

**MERCOSUR Mercado Comun del Sur（Southern Common Market）**

南方共同市场（南共市）

**MIRV Multiple independently targetable re－entry vehicle**

多个、可独立命中目标的再入飞行器

**MOTAPM Mines other than antipersonnel mines**

非杀伤人员地雷

**MTCR Missile Technology Control Regime**

导弹及其技术控制制度

**NAM Non－Aligned Movement**

不结盟运动

**NATO North Atlantic Treaty Organization**

北大西洋公约组织（北约）

**NBC Nuclear，biological and chemical（weapons）**

核、生物和化学（武器）

**NGO Non－governmental organization**

非政府组织

**NNWS Non－nuclear weapon state**

无核武器国家

**NPT Non－Proliferation Treaty**

不扩散核武器条约

**NRF NATO Response Force**

北约快速反应部队

**NSG Nuclear Suppliers Group**

核供应国集团

**NWS Nuclear weapon state**

核武器国家

**OAS Organization of American States**

美洲国家组织

**OCCAR Organisme Conjoint de Cooperation en Matiere d' Armement**

军备合作联合组织

**ODA Official Development Assistance**

官方发展援助

**ODA UN Office for Disarmament Affairs**

联合国裁军事务办公室

**OECD Organisation for Economic Co—operation and Development**

经济合作与发展组织

**OIC Organization of the Islamic Conference**

伊斯兰会议组织

**OPANAL Agency for the Prohibition of Nuclear Weapons in Latin America and the Caribbean**

拉丁美洲和加勒比地区禁止核武器组织

**OPCW Organisation for the Prohibition of Chemical Weapons**

禁止化学武器组织

**OPEC Organization of the Petroleum Exporting Countries**

石油输出国组织

**OSCC Open Skies Consultative Commission**

开放天空协商委员会

**OSCE Organization for Security and Co—operation in Europe**

欧洲安全与合作组织

**PFP Partnership for Peace**

和平伙伴关系

**PPP Purchasing power parity**

购买力平价

**PRT Provincial reconstruction team**

省重建团队

**PSC Private security company**

私人安保公司

**PSI Proliferation Security Initiative**

防扩散安全倡议

**R&D Research and development**

研究与开发

**SAARC South Asian Association for Regional Co—operation**

南亚区域合作联盟

**SADC Southern African Development Community**

南部非洲发展共同体

**SALW Small arms and light weapons**

小武器轻武器

**SAM Surface—to—air missile**

地对空导弹

**SCO Shanghai Cooperation Organization**

上海合作组织

**SECI Southeast European Cooperation Initiative**

东南欧合作倡议

**SLBM Submarine—launched ballistic missile**

潜射弹道导弹

**SLCM Sea—launched cruise missile**

海上发射巡航导弹

**SORT Strategic Offensive Reductions Treaty**

削减进攻性战略武器条约

**SRBM Short—range ballistic missile**

短程弹道导弹

**SRCC Sub—Regional Consultative Commission**

次地区磋商委员会

**SSM Surface—to surface missile**

地对地导弹

**SSR Security sector reform**

安全部门改革

**START Strategic Arms Reduction Treaty**

削减战略武器条约

**TLE Treaty—limited equipment**

受条约限制的装备

**UAE United Arab Emirates**

阿拉伯联合酋长国

**UAV Unmanned air/aerial vehicle**

无人驾驶飞行器（无人机）

**UCAV Unmanned combat air vehicle**

无人驾驶作战飞行器

**USAID US Agency for International Development**

美国国际开发署

**UN United Nations**

联合国

**UNDP UN Development Programme**

联合国开发计划署

**UNHCR UN High Commissioner for Refugees**

联合国难民事务高级专员公署

**UNMOVIC UN Monitoring, Verification and Inspection Commission**

联合国对伊拉克武器监督、核查与视察委员会（监核会）

**UNROCA UN Register of Conventional Arms**

联合国常规武器登记制度

**UNSCOM UN Special Commission on Iraq**

联合国伊拉克问题特别委员会

**WA Wassenaar Arrangement**

瓦森纳安排

**WEU Western European Union**

西欧联盟

**WMD Weapon of mass destruction**

大规模杀伤性武器

**常用符号**

… 未掌握或不适合使用的数据

— 零或可以忽略的数字

() 不确定的数据

b. 十亿（一千个百万）

kg 公斤

km 公里（一千米）

kt 千吨（一千吨）

m. 百万

Mt 百万吨（一百万吨）

th. 千

tr. 万亿（一百万个百万）

$ 美元（除非另有注明）

€ 欧元

（琦 灵 译）

# 引言　军备控制呼声再起

季北慈

## 第一节　机会之窗日益开大

本卷 SIPRI 年鉴充分说明，世界将在今后岁月里面临一些非常棘手的安全挑战。某些地区的安全环境很脆弱，全球各地都在不断增加常规武器和非常规武器，并且在军备控制、防扩散和裁军三个方面的进展不平衡。这些问题都非常重要。此外，许多结构性挑战将继续损害全球各地的安全环境，尤其在发展中国家。这些挑战包括：能源和其他自然资源供应更加紧张；对于如何应对各种安全挑战尚缺乏共识；各地区在冲突管理、维和以及冲突后的重建、调停等方面的能力都不足；国家机构日益削弱；暴力活动逐渐零散化。

不过，人们放眼未来也可以看到一些潜在的亮点。今后十二个月中，有望再次启动以往十几年未在军控与裁军领域里展开过的认真讨论。有幸出现这个机遇的原因是：世界各地正形成日益广泛的共识，无论是普通百姓还是社会精英都认为应采取更加有效的军控与裁军措施。

军备控制与裁军问题上升到国际社会突出关注的一个问题，这在二战之后并不是第一次。但是近年来，两个重要趋势的汇合使军控政策的辩论重新引起人们的关注：一个趋势是，对于军控和防扩散的各项长期协定和谅解所面临的各种威胁并有可能使之分崩离析这一点，引起了人们越来越多的关注；另一个比较令人鼓舞的趋势是，在今后几年中采取更有效的军控、防扩散和裁军措施的这种新机遇正在出现。从一方面看，这些既危险又可喜的动向已开始在全球激活某些长期不景气的军控和裁军进程；从另一方面看，这一进程又面临种种严重而挥之不去的障碍，需要加倍努力以便更充分地把握好日益开大的机会之窗。

展望未来，人们可以比过去更加清晰地看到，今后一两年里无论在全球范围还是在世界各主要国家的首都，将对军控与裁军的作用开展大量的高层磋商和辩论。当前还不太明朗的是，这次重新推动裁军的努力究竟会取得多大成效。

## 第二节　国际社会越来越关切的问题

关于军控与裁军问题，近年来至少在四个重要领域很突出，更加迫切需要对这些问题进行不断的思考。

### 敏感物项、技术和知识的扩散问题

国际社会越来越深切地认识到，必须使全球化的显著有利因素与日益显现的不利因素保持平衡。在军控问题上，这反映在更加需要使人员、物项、技术和知识（包括那些可能用于研制大规模杀伤性武器的人员、物项、技术和知识）更多、更大范围的流动所带来的裨益，与提高监控和防止其滥用、误用于非法和暴力目的之间保持平衡。

这一难题在日益广泛的各种现有技术和新兴技术领域也存在，例如核技术领域，尤其是生物科学，包括基因工程、合成生物技术和钠米技术。如本卷所述，为使这种技术的进展在进一步推广与恰当控制之间保持适当平衡，产生了一些新的、令人头痛的问题。[1] 这不仅仅是一个“南北”问题，或者说是世界上“拥有国”和“非拥有国”之间的对抗。在发达国家中，在那些想把这些技术用于合法专业目的的人，例如科学家、研究人员、医务人员，与负责国内治安、应对突发事件和执法等国家主管部门之间也有各种难以协调的矛盾和关切，后者可能希望对这些技术的使用实施更严格的保护和保安措施。

〔1〕参见本卷第八章、第九章和第十一章。

具体来说，这个问题涉及国际社会日益迫切的要求：为了全人类的利益，成熟的技术和新兴技术都应更加广泛、公平地得到推广，以便获取更多能源、保健服务、教育和其他公共产品。也许对这个挑战最容易理解的例子是核技术的开发传播。

一方面，对核能的需求在上升。随着世界主要国家经济的增长以及中国、印度、俄罗斯等新兴经济体日益崛起，总的来说能源需求将会继续上升。全球对碳化物能源资源的需求和依赖会影响和加剧气候变化；2008 年年初石油价格已超过每桶 100 美元，需要寻找替代能源的问题变得更加突出。因此，人们日益感到全球范围内掀起了一股“竞相开发”核能的浪潮，尤其在发展中国家。此外，当前和将来核技术还能在医疗、保健和科学等广泛领域带来许许多多好处。

另一方面，军民两用的核技术和核材料会带来相当大的风险。本卷引用的资料表明，目前全球部署的核武器约有 10200 枚，其中俄罗斯和美国加在一起占 90%以上。〔2〕两国继续保持成千上万枚核武器，双方不仅能相互发射，而且在几分钟内几乎能打到地球的任何一个角落。即使在这样的国家之间有意进行核较量的可能性很遥远，但是核武器意外或未经授权使用仍然是一个挥之不去的危险问题，而且在某些情况下核武器难保不流失和被窃。2007 年，巴基斯坦出现政局动荡后，人们对核武器的安全和安保提出了质疑。

如果获取了某些核燃料循环设施，尤其是铀浓缩和后处理技术，也就拥有了从事核武器计划的手段：朝鲜 2006 年引爆了一个核装置；各国怀疑伊朗有开发核武器的意向。这仅是最近的两个例子。与此同时，人们更加担心，如果裂变材料和其他放射性材料保管不善，不是国家而是恐怖分子因出于邪恶目的最终将其用于核爆炸装置或放射性武器，那么将带来灾难性后果。此外，军民两用核设施也有潜在危险，或遭到蓄意攻击，或发生事故。在军事设施中发生这类事故的内在风险并不比民用设施小，实际上可能更大，因为军事设施不受国际保障机制的监督。

所有这些挑战不仅涉及核相关的各种技术，也涉及其他领域中现有技术和新兴技术，如生物学、化学和基因学领域。生化技术和能力

---

〔2〕 参见本卷附录 8A。

的扩散范围远大于核技术和核能力，但是各国对应对这种局面可能造成的危险的重视程度却远远不够。许多人看到了这些挑战，因此他们认为，与其允许有的国家继续得到更多核技术及其他有潜在危险的技术——无论是与大规模杀伤性武器相关的技术、两用技术或其他敏感技术——倒不如加大力度控制这种技术的运用和获取，防止其非法、意外或未经授权使用。

### 复杂的常规冲突与常规军费开支上升

世界上常规武装冲突也比人们一般想象的复杂得多、难处理得多。关于武装冲突的那一章中提到，现在暴力冲突的样式比过去更多了，而且更零散，从而更难应对和解决，对人的安全构成的威胁也更大。过去十年间，爆发以国家为主体的武装冲突的数量从 20 起减至 14 起，而 2006 年非国家间的冲突不仅数量上升到 21 起，而且种类更加五花八门。[3]

此外，全世界继续把越来越多的钱用到军事上。根据军费开支那一章的论述和引用的数据，2007 年全球军费开支共约 13390 亿美元，比 2006 年增加 6%；1998—2007 年的十年间，全球军费开支实际上升了 45%。从国别和次地区来看，军费的增加更加触目惊心。1998—2007 年，东欧地区各国（亚美尼亚、阿塞拜疆、白俄罗斯、格鲁吉亚、摩尔多瓦、俄罗斯和乌克兰等国）的军费开支增加了 162%，其中俄罗斯占这一增幅的 61%。同期，北美地区的军费开支增加了 63%，最主要是美国军费的增长；2007 年，美国一国就占世界军费总额的 45%。[4]

同样，武器生产和国际武器转让也呈现上升趋势。这方面的情况在有关章节中有详细论述。[5] SIPRI 统计的世界最大的 100 家武器生产公司（中国除外），2006 年的武器销售额为 3150 亿美元，比 2005 年 SIPRI 百强的武器销售额增加了 230 亿美元，增幅为 8%。2003—2007 年，主要常规武器转让的款额比 2002—2006 年增加

---

〔3〕 参见本卷附录 2A。

〔4〕 参见本卷第五章。

〔5〕 参见本卷第六章和第七章。

了 7%。

### 军控和防扩散机制受到削弱

第三个关切的问题是各种军控机制。现有的和正在酝酿要建立的各种机制都是为了应对上述各种各样的问题。1968 年的《不扩散核武器条约》(NPT) 就是很好的例子,[6] 在 2010 年举行下一届每五年召开一次的条约审议大会之前的两年里，NPT 面临一些严重问题。由于种种原因，2005 年举行的上次审议大会以陷入僵局告终，没有为进一步推动条约的执行和落实条约的宗旨提出任何实质性建议或通过任何实质性决定。[7] 2010 年审议大会的筹备工作正在进行，不过，许多观察家对条约及其相关核查机制能否成功地解决条约关于防扩散和核裁军的长远目标表示怀疑。有的说，这些互为关联的目标不可能在 NPT 条约的框架内实现，因为目前几个有核武器的国家——如印度、以色列和巴基斯坦——不是条约的缔约国，据说朝鲜 2006 年引爆了一个核装置后已终止其缔约国身份。

关于其他重要军备控制和裁军机制，在核军控和常规军控的章节中加以论述。这些机制有：1990 年的《欧洲常规武装力量条约》(CFE)、1991 年的《美苏关于削减和限制进攻性战略武器条约》(START I)、1996 年的《全面禁止核试验条约》(CTBT) 和有待缔结的禁止裂变材料生产条约。所有这些条约机制都岌岌可危或步履艰难。[8] 此外，这些军控和裁军条约、协定的宗旨是把国家纳入规约，而现在使用大规模杀伤性武器的最大危险（更不用说常规武器的行为体对人的安全的威胁日益上升）很可能源自非国家行为体，如恐怖组织或犯罪团伙。

### 大国间缺乏共识

第四类令人关切的问题是由国际体系中国家间关系和国家内部引

---

〔6〕 关于 1968 年的《不扩散核武器条约》概述，参见本卷附件 A。

〔7〕 参见 S. N. 基尔，“核军备控制与不扩散”，《SIPRI 年鉴 2006：军备、裁军和国际安全》(牛津大学出版社：牛津，2006)，第 608—618 页。

〔8〕 参见本卷第八章和第十章。关于 START I 条约、CFE 条约和 CTBT 条约的概述，参见本卷附件 A。

起的。目前，这些国家恰恰处于最有利的地位，可以应对和缓解上述日益严重的关切。美国在国际体系中的地位现在陷于低谷，在全球安全问题上争取国际支持、推动达成共识的能力日益减弱。布什政府的任期只剩最后一年了，又对军备控制持怀疑态度，因此无论如何不大会在军控问题上采取较为积极的态度。此外，正如本卷分析，那些拥有核武器能力的国家——美国、俄罗斯、英国、法国、中国、印度、巴基斯坦、以色列和朝鲜——不仅不会降低核武器的作用，而且会继续在其国家安全战略中严重依赖这种武器。[9]

除此之外，正如关于欧洲—大西洋安全的那章所述，在许多世界主要大国间的安全关系中，在军控与裁军问题上仍有一股互不信任、相互疏远的暗流，包括俄美之间、中美之间和俄罗斯与西欧之间。[10]即便在一些公认的、由“志同道合”国家组成的多边组织如欧洲联盟（欧盟）和北大西洋公约组织（北约）中，成员国之间在核武器的未来作用、部署战略防御系统和裁军的必要性等问题上也存在明显分歧。许多无核武器国家对核武器国家按照 NPT 条约承担的义务进行裁军的诚意持高度怀疑态度，因此这些国家对新的裁军和防扩散倡议采取“等着瞧”的态度是可以理解的。

综观上述分析，国际军控形势陷入困境，预兆不祥。在这种形势下，各种潜在威胁在上升—如意外的、未经授权或有意识使用核及其他危险武器和技术——为防止或减小可能发生这种灾难性事件所采取的各种手段和机制面临着日益严峻的挑战。

## 第三节 新出现的机会

为了应对这些挑战，国际社会越来越紧迫地感到必须重新激活军备控制，使其形成一股主流势头。在核军控和核裁军方面，近期出现这种可能性似乎尤其有希望。应该强调指出，这方面出现了两个重要而令人鼓舞的动向。

---

〔9〕 参见本卷第八章附录 8A。

〔10〕 参见本卷第一章。

### 出现新的政治空间

首先，人们越来越期待各国政府确实认为在军控与裁军领域采取具体行动在政治上是可行的。这种期待很大程度上反映在全球政治领导人的更迭。联合国换了新的领导人，法国、德国、日本、俄罗斯和英国都选出了新领导人。2009 年美国新总统将上任。欧盟自 21 世纪初以来一直着手在军控问题上制订出更加前后一致的立场，希望未来岁月中作为一支更强大的政治力量出现在国际舞台上。甚至在中国，2002 年上任的领导人在第二个任期内正在努力牢固树立其自信和地位。据几项重要民意调查，全球公民强烈支持采取可核查的措施走向无核武器世界。[11] 然而，尽管各国公民普遍赞同裁军，但是对于世界各国的政府来说，推动裁军取得进展仍是一个政治挑战。为应对核武器的现实威胁并使公众更加关注这一威胁，这些领导人在围绕裁军问题的政治空间日益有利的形势下，比其前任更有条件采取行动。

围绕军备控制问题现在出现了一定的引人注目的新政治空间，这是由于近来美国和其他西方大国某些高层人士站出来呼吁核裁军。其中包括：2007 年 1 月，舒尔茨、纳恩、基辛格和佩里四人两次在《华尔街日报》上发表评论文章，强烈呼吁为消除核武器采取行动。[12] 2007 年，有望成为美国民主党总统的奥巴马说，他当选总统后将与俄罗斯合作共同“大幅度裁减两国的核武器”，“修订并降低危险过时的冷战核态势，降低核武器的作用”。他还说，美国将争取实现“无核武器世界”。[13] 美国共和党总统候选人麦凯恩 2008 年初曾说，“我们应致力于削减全世界的核武器，从我们自身做起。我们不需要目前在自己武库中的全部核武器。美国应该引领全球进行核裁

---

〔11〕 参见，Angus Reid Strategies，《全球公众舆论对核武器的看法》（Simons Foundation，纽约，2007 年），网址：URL〈http://www.angusreidstrategies.com/index.cfm?page=6〉。

〔12〕 舒尔茨等人，“一个无核武器世界”，《华尔街日报》，2007 年 1 月 4 日；和舒尔茨等人，“走向一个无核世界”，《华尔街日报》，2008 年 1 月 15 日。

〔13〕 B. 奥巴马，“新的开始”，2007 年 10 月 2 日在芝加哥 DePaul 大学的演讲，网址：URL〈http://www.barakobama.com/2007/10/02/remarks_of_senator_barak_obam_27.php〉；奥巴马，“振兴美国的领导地位”，《外交》杂志，第 86 卷第 4 期（2007 年 7/8 月号）。

军，这既符合我们自己的切身利益，也有助于和平事业。”〔14〕

在英国，2008 年 1 月《卫报》发表社论，呼吁英国“带头”消除核武器。〔15〕 2007 年，英国外交大臣玛格丽特·贝克特呼吁国际社会既要有“远景设想”又要有“行动”，这样才能实现“无核武器世界”。〔16〕 另一位著名人士也站出来支持裁军。他是一位世界上最富有的企业家和慈善家，名字叫沃伦·巴菲特。2006 年，他捐赠 5 千万美元（与当时美国政府的捐款相当），用于推动在国际原子能机构名下建立一个多边核燃料库。〔17〕 在美国、欧洲乃至全世界，其他许多高层人士准备在 2008 年和 2009 年发出呼吁和开展活动，使军备控制与裁军问题一直成为热门政治议题。〔18〕

## 技术手段的进步

第二，在技术方面也有一些喜人的进展，使得在监督和核查军控条约和其他样式的军控协定问题比过去把握更大。例如，核材料取证追溯技术分析是一种最常用的、有助于防止核材料非法贩运的手段。现在看来，这方面的进展有望进一步加强 NPT 条约、CTBT 条约以及将来的裂变材料禁产条约的监督与核查机制，更不用说这种技术分析鉴定还可用来调查进行核攻击或放射性武器攻击后的情况。〔19〕CTBT 条约名下规定的监督机制曾经用来测出和评估朝鲜 2006 年进行的那次低水平核爆炸。这种情况以及最近美国科学家对过去十年里

---

〔14〕 J. 麦凯恩，2008 年 3 月 26 日在洛杉矶国际事务委员会的演讲，网址：URL 〈http：//johnmccain. com/Informing/News/Speeches/〉。

〔15〕 “裁军仍很重要 ”，《卫报》，2008 年 1 月 7 日。

〔16〕 M. Beckett，“能实现无核武器世界吗?”，在卡内基国际防扩散年会上的主旨演说，华盛顿特区，2007 年 6 月 25 日，网址：URL 〈http：//www. carnegieendowment. org/events/index. cfm? fa=eventDetail&id=1004〉。

〔17〕 国际原子能机构（IAEA），“IAEA 欢迎美国为建立核燃料库出资五千万美元”，新闻发布稿，2008 年 1 月 9 日，网址：URL 〈http：//www. iaea. org/NewsCenter/News/2008/usdonation. html〉。

〔18〕 例如，美国前国务卿舒尔茨牵头的“胡佛计划”项目；Bruce Blair 和世界安全研究所共同推出“销毁核武器契约”。胡佛研究所，“不再有核武器”，Issues in Focus，2007 年 10 月 24 日，网址：URL 〈http：//www. hoover. org/research/focusonissues/focus/10609912. html〉。

〔19〕 关于核材料分析鉴定，参见本卷第八章附录 8D。

CTBT 条约核查进展都说明，通过现有技术对 CTBT 条约进行有效核查是可以做到的。[20] 另一方面的技术进展是针对生物武器军控使用微生物技术分析手段，有关情况在关于生化武器那章中有更详细的论述。[21]

另一个动向是，目前正在进行大量的科学研究和政策审议，以确定建立国际多边铀浓缩设施和核燃料库是否可行、有效，从而防止本来为民用的浓缩铀转用于军事目的，同时又能确保燃料供应的安全。开发能防扩散的核燃料技术也在积极酝酿之中。[22]

## 第四节 许多工作尚待去做

### 目前和未来的措施

虽然令人担忧和令人鼓舞的动向交织在一起为军备控制开启了新的机遇，但还是有许多工作需要做。首先，值得指出的是，尽管军控面临诸多挑战，但并未沉寂不前，而是可以继续取得重要进展，虽然在日常头条新闻中看不到报道。例如，截至 2007 年底，已有 159 个国家批准或加入了 1972 年的《禁止生物武器公约》（BTWC），183 个国家批准或加入了 1993 年的《禁止化学武器公约》（CWC）。[23] 在常规武器控制方面，近年来在解决“非人道武器”问题上也取得了积极进展，如禁雷和 2006 年启动的关于集束弹药的“奥斯陆进程”也取得了重要进展：80 多个国家参加了此进程，其宗旨是到 2008 年

〔20〕 R. Jeanloz，“全面核禁试条约和美国的安全”，G. P. Schultz，S. D. Drell and J. E. Goodby 合编《回顾雷克雅未克峰会：为实现无核武器世界应采取的措施》，胡佛研究所出版社：斯坦福，加利福尼亚，2008 年出版。

〔21〕 参见本卷第九章。

〔22〕 国际原子能机构，《通过多边途径处理核燃料循环：专家组向机构总干事提交的报告》，INFCIRC/640（IAEA：维也纳，2005 年 2 月 22 日）。另参见 V. Pedchenko，“多边控制核燃料循环”《SIPRI 年鉴 2006》（同注释〔7〕），第 698—704 页；及 G. Forden 和 J. Thomson 合写，“把伊朗作为多边核安排的一个先例”，《SIPRI 特别研究报告》，2007 年 5 月 24 日，网址：URL〈http：//sipri. org/contents/expcon/iranmna. html〉。

〔23〕 参见本卷附件 A 所列的 BTWC 条约和 CWC 条约全部签约国名单。

完成禁止集束弹药条约最后文本。[24]

展望未来，为了使 NPT 条约得到有效实施并使条约生存下去，要求所有成员国表态对条约的核心内容重申其承诺。这意味着核武器国家应采取认真、透明的裁军措施，尤其是俄罗斯和美国应率先采取单边和双边措施，同时无核中等强国也要更积极地参与此进程。为此，还需要加强有关协定，做到既推广了民用核技术，又能防止更多国家获取核武器。如果 2010 年 NPT 条约审议大会再次陷入僵局，就会进一步损害国际社会的安全。

此外，各国政治领导人还需要了解过去十余年中开发出来的新技术，这些新技术提高了核查遵守和执行各项军控与裁军协定的能力。20 世纪 90 年代后期和 21 世纪初对军控提出的批评意见是正确的，尤其是对没有有效遵守协定和缺少核查措施的批评。仅仅“控制军备”是不够的，还需要重点使“控制者具备”必要的手段，保证条约得到核查和执行，并确实显示政治领导人对这些手段有信心。这种措施对核武器国家和无核武器国家具有技术信心和政治意愿去真正推动军控、防扩散和裁军进程至关重要。

当前，把裁军的重点主要放在 NPT 条约确定的五个核国家应采取具体措施，以降低核武器在其总体安全态势中的作用。这是可以理解的。当前形势要求各国政府，尤其是核武器国家，加紧启动禁产条约谈判。《全面核禁试条约》要生效必须批约的 44 国中已有 35 国批约；中国和美国的批约将成为条约向前推进的关键因素。[25]

两个主要核武器大国俄罗斯和美国进行核裁军尤其重要。两国应在近期采取若干重要举措，其中包括：保证使 1991 年的 START I 条约顺利延期（该条约 2009 年 12 月到期）；双方应在 2008 年 12 月前作出决定使条约延长五年。今后一年里，还应推动实现 2002 年的《俄美削减进攻性战略武器条约》（SORT 条约）的各项目标。该条约规定，到 2012 年前双方各自将其部署的战略核弹头削减到 1700—2200 枚。

今后几年里，俄美还应就其他与裁军有关的建立相互信任与安全

---

〔24〕 参见本卷第十章。

〔25〕 截至 2008 年 1 月 1 日，CTBT 条约的签约国和批准国全部名单参见本卷附件 A。

措施进行谈判，包括减小非故意、意外或未经授权核攻击的危险，核武器及相关材料的衡算和保护，逐步取消在欧洲的短程核武器前沿部署，以及在部署导弹防御问题上找到共识。〔26〕这些重要目标需要以透明、可核查的方式实现，从而使缔约双方和国际社会其他国家都放心，并应着重表明双方除了在增进信任与安全方面实现相对狭隘的双边利益之外，一定履行其 NPT 条约义务。

但是，为此还要作出更加广泛的全球努力，不仅要包括俄美两家，而且要超越俄美双边范围。也就是说，要使核武器国家和无核武器国家都参与裁军进程，而且很重要的是要牢牢地形成广泛的主流共识，打破右翼和左翼、鸽派和鹰派、民族主义者和国际主义者、希望和畏惧之间的政治分野。鉴于过去十年中出现的种种新威胁，不管是从求真务实的国家安全考虑，还是从规约、道义和法律上说，都可以看到军控与裁军的作用。这方面有必要继续加大工作力度，以确保全球保管不善的民用裂变材料和其他放射性材料现有库存的安全。

对此，所有关键性国家和关键性机构必须达成广泛共识。必须征求中国、印度、以色列、朝鲜、巴基斯坦等国的意见，并将其纳入全球对军控与裁军正在逐步形成的共识。推动禁产条约的进展有助于将印度、以色列和巴基斯坦这样的非缔约国拉进国际防扩散机制。

还需要与高级军方领导人及其工作班子磋商，把他们的意见也纳入这一军控与裁军进程。也要让政府科学家和非政府科学家共同参与寻求共识的进程。为了提高认识、交换信息和形成共识，智库和其他非政府组织要发挥建设性作用，尤其当政府间官方关系受到制约而不能取得、保持和验证具体裁军成果的时候。

## 展望未来不容太乐观

我们正在步入一个重要的军备控制时期。有若干理由使人看到，在这方面取得重要成果的机会之窗正在日益启开。但是从三个方面来

〔26〕参见 S. D. Drell，“奥斯陆谈判”，在“实现无核武器世界”国际研讨会开幕式上的主旨演讲，奥斯陆，2008 年 2 月 26 日，网址：URL 〈http：//www. disarmament. nrpa. no/〉；B. G. Blair，“取消核武器的戒备状态”，R. Gottemoeller，“销毁准备前沿部署的短程核武器”，Shultz，Drell and Goodby 合编（同注释〔20〕）。关于俄美导弹防御磋商的最新情况，参见本卷第一章和第八章附录 8C。

看，人们应较现实地去看军控的前景。

第一，在许多方面，下届美国政府的政策重点对军控的进展起着关键作用。无论是美国对双边和多边军控讨论采取什么态度，还是今后几年美国对加强全球安全和地区安全总的采取什么态度，都是关键所在。1995 年至 2000 年这段时间里，军备控制和裁军进程的走向是相当清晰的，初期也是按照这个方向发展的。但是从那之后的大部分时间里，美国不愿沿着这条路走下去，或者说完全背离了这条道路。现在，出现了某种要求回归外交谈判途径的势头，包括回归各项有关军控与裁军的协定。下届美国总统和国会上任后，这种势头有可能延续并可能增强。但是狭义来看，传统的军控问题，包括新的、经过旷日持久谈判缔结的条约，在新政府上任的头一两年里很可能不会成为重中之重。国际安全的其他重点问题，包括全球金融形势的稳定、制订世界贸易规范、气候问题、能源及其他资源政策以及传染病等问题，[27] 将比某些传统安全问题更重要。即使在“更棘手”的安全问题中，军备控制的重要性不见得会超过反恐、伊拉克、阿富汗、其他地区稳定问题以及美军的改革。如果在军控问题上美国要重新走上一条务实道路，政府内外都需要有头脑冷静的强有力的政治领导人。

第二，国际社会可能主要关注的是，现有多边条约和将来出现新的多边条约会取得什么进展，而这样做又不应影响其他一些机制在近期和中期很有希望在军控与裁军方面取得具体进展。例如，能取得重要进展的其他机制，包括为解决朝鲜核武器计划和其他问题的六方会谈。重要的防扩散和裁军援助计划，如：1993 年的《俄美高浓缩铀采购协定》继续加快实施；到 2007 年 9 月，300 多吨高浓缩铀（能制造 12600 枚核弹头）按协议规定已转用作民用核反应堆燃料。[28] 联合国安理会通过有关决议，如第 1540 号决议，制订了一些与大规模杀伤性武器相关的军控和防扩散措施，联合国各成员国必须在国内实施这些措施。

最后，军备控制与裁军不能解决世界上的所有问题。其实，许多对全球和地区安全的挑战，如金融形势的不可预测和动荡、从资源的

---

〔27〕 关于全球监测传染病的情况，参见本卷第九章附录 9。

〔28〕 参见本卷第八章。

获取到气候变化，与军控可能没有多大关系，或者说没有任何关系。假如要使“军控”与这些问题的关系变得更大一点的话，那就应该对“军控”一词的传统含义作出某些广义的重新界定，而且在许多方面必须这么做。这种广义界定至少应涵盖从非条约和非国家角度如何加强安全，才能有效地降低不必要地、不分青红皂白地以常规武器或非常规武器使用暴力的威胁；与此同时，要在国际、国家和次国家层面加强安全行为体之间的相互信任。

展望未来，人类面临的威胁日益严重，各种政治力量呼吁重新认识军备控制的价值。认识到这一点是有意义的。然而，从本卷各章节的内容来看，军控与裁军要向前推进面临着巨大障碍。目前的军控与裁军形势比过去复杂得多，今后会更加复杂。尤其是近年来，中国、印度、俄罗斯、欧盟和欧洲各大国的作用更加突出，其他（国家和非国家）新行为体的出现可能对地区和全球形势产生战略影响。但是今后一年里，新的机会之窗将会开得更大，有望在军控与裁军问题上取得建设性进展。这显然有助于各国人民和政府都能朝着正确方向采取务实、积极的行动。

（叶如安　译）

# 第一部分

# 2007 年的安全与冲突

# 第一章　欧洲—大西洋安全机构及相互关系

让-伊夫斯·艾纳　古尼拉·赫罗尔夫
兹希洛·拉霍夫斯基

## 第一节　导　　言

2007年，主要欧洲—大西洋国家克服了旧隔阂却又面临新隔阂。在此现象中尤为突出的是，俄罗斯与欧洲—大西洋共同体其他国家之间存在着若干严重分歧。俄罗斯的所作所为使西方发生分裂，不能团结应对。欧盟虽于2007年12月通过了一项新条约，但尚未从2005年的宪法条约的失败中完全恢复过来。这一情况使欧盟扩大欧洲睦邻关系、加强对外关系和共同外交与安全政策的计划受到了相当大的影响。美国安全政策的特点是更加实用主义和现实主义，其结果是部分地但确实准备要进行接触和对话。

本章旨在分析欧洲—大西洋地区的主要安全挑战及安全政策，重点是机构的发展。第二节对“处理隔阂”的挑战提出总的看法，并在尔后几节中予以详述。第三节评述俄罗斯的新自信，重点放在美国导防计划、能源安全问题、科索沃危机以及后苏联地区的发展情况等主要棘手问题上。第四节评估欧盟有关扩员的选择及其在外交、安全和防务政策方面扩大影响的抱负。第五节涉及大西洋共同体存在的安全合作问题，包括反恐、集体防务和其他方面的安全努力。第六节为结论。

## 第二节 处理隔阂

俄罗斯的新自信基于一些不多的，但重要的强力手段，在一系列事情上给欧洲国家、美国和多边机构造成了严重问题。与不久前相比，俄罗斯已成为一个与欧洲其他国家不太合作的伙伴，反对一系列的西方所为，从北约扩员、导弹防御到能源供应等等。然而，将此与冷战时期相提并论的说法是不对的。到目前为止，即使俄罗斯的一些举动和声明引起西方的严重担忧，但对抗主要停留在口头上。俄罗斯的不合群大多只是地区性而不是全球性的，有的是由美国政策造成的。

国家利益和安全特定的关切阻碍欧盟形成共同的对俄立场。尤其在能源安全问题上，情况更是这样。因为，有的国家与俄贸易关系根深蒂固，各个国家对俄能源有着不同程度的依赖，从而使欧盟在此领域难以协调对俄行动。在科索沃问题上，欧盟的团结受到更为严峻的挑战。另外，欧盟在与俄罗斯打交道时往往是反应性的和不团结的，但欧盟需要更加有效地与俄罗斯接触。

2007 年，除俄罗斯挑战以外，欧盟自身还有许多问题。近几年，欧盟将不少注意力集中于解决业已使欧盟严重分裂的宪法条约分歧。里斯本条约虽已通过，但条约谈判更多旨在处理成员国分歧，决定退出和“红线”等，而不是统一各种不同的利益。[1] 在此进程中，面对持更多怀疑态度的成员国，欧盟中央机构似乎失去了前进势头。由于这样的内向议程，欧盟的外交政策凝聚力难免会受到损害。

在西巴尔干，欧盟已倾注了大量外交和经济资源，但结果有好有坏。虽然有人称该地区的未来“在于欧盟”，但这一目的不易达到。有关国家的入盟问题虽已取得积极进展，但进展并不平衡，阻力来自国内改革不力，治理不如人意。欧盟摇摆于两种政策之间，一种是施加苛刻条件，从而有可能促使这些国家出现民族主义反弹，另一种是

〔1〕 2007 年 12 月 13 日，欧盟签署了里斯本条约，该条约修改了欧盟条约和组建欧洲共同体的条约。条约内容见网址：URL〈http：//europa. eu/lisbon _ treaty/〉。

向它们提出更加清晰的入盟前景，但迄今尚不足克服政治惰性。在更大范围的睦邻政策中，组建地中海联盟的种种计划相左，在亚洲的利益各异，在土耳其问题上存在严重分歧。所有这些问题已使欧盟的影响力继续受到削弱。

同样是因为缺乏凝聚力，欧盟的防务与安全政策受到了影响。欧盟可部署的军事能力不够，其人道主义干涉的规模和范围受到制约。现在，欧盟的战斗群处于待命状态，但在如何和何时使用这支力量问题上缺乏共识。欧盟一些国家在黎巴嫩以联合国名义、在阿富汗以北约名义部署军队，成为比欧盟共同任务更优先的选项，而欧盟共同任务大多是民事行动，最重要的是在科索沃。对欧盟来说，用更有影响力的声音说话并采取更具决定性作用的行动依然是其尚未实现的雄心。

在上述纷繁复杂的情况下，欧盟与美国的关系依然十分重要。2003 年，美英带头入侵伊拉克使欧美发生分裂。之后，欧美之间的隔阂延续了数年。2007 年，欧美双方都有意将大西洋关系置于更加建设性的框架之中。在欧洲，公众对美国的看法继续恶化。〔2〕但在官方层面，跨大西详关系已经有了真正的改善。这一点在法国特别明显：萨科奇总统似乎热衷于恢复对美友好关系，并以一种建设性的方式对待北约。萨科奇总统于 11 月在美国国会发表演讲，这是一种高度象征性的姿态。尔后，他又在伊朗、科索沃和叙利亚等问题上协调法国与美国的立场。〔3〕相反，英国新首相戈登·布朗在重申英国是美国最好朋友的同时却在实践上拉开与托尼·布莱尔的政策的距离，开始从伊拉克的巴士拉撤走部分英军，而布莱尔总是与美国的议程保持一致。德国总理安格拉·默克尔在这两种逆转的立场中坚持中间路

---

〔2〕 2007 年，在欧盟成员国——法国、德国、意大利和西班牙以及美国等五大国的一项民意调查表明，大部分民众都认为美国是世界稳定的最大威胁。根据 FT/Harris 的民意调查，32%的民众回答说美国“比任何其他国家更具威胁性”，青年人的看法则特别消极。例如，57%的 18—29 岁的德国人认为美国比伊朗政权更加危险。D. 唐贝和 S. 皮格纳尔的“欧洲人将美国视作对和平的威胁”，《金融时报》，2007 年 7 月 1 日。亦参见 C. C. 马尔扎恩的“万恶的美国人，可怜的毛拉〔注：对伊斯兰教学者的尊称〕”《明镜周刊》，2007 年 3 月 29 日。

〔3〕“布什和萨科奇宣布伊朗的目的”，BBC 新闻，2007 年 11 月 7 日，网址：URL 〈http://news.bbc.co.uk/2/hi/americas/7083339.stm〉。

线，迄今尚具有相当大的影响力，尤其在气候变化问题上的影响力。

在这种欧洲—大西洋关系格局中，多边安全机构未能有效强化合作和推动建立友好关系或缓和危机和冲突。到目前为止，作为一个最适合于用来应对地区挑战的机构，欧洲安全合作组织一方面要面对俄罗斯新的自我维权，另一方面又要面对欧盟侵蚀其职能，一直很无奈。与此同时，欧盟也缺乏一种团结一致的积极的对俄战略。北约还需重新争取欧洲—大西洋安全的主导地位，对俄关系仍有变数。2007年下半年，美国在欧洲常规武器控制方面更加积极地从事北约内部合作并推动北约扩员。然而，目前俄罗斯与西方的主要争论焦点——美国导防计划，大部分只是在美国与捷克和波兰的双边范围内进行，北约仅仅是跟随而不是塑造这一进程。

## 第三节 俄罗斯的政策

### 俄罗斯改变与西方打交道的做法

在俄罗斯与其欧洲—大西详伙伴之间的安全和政治关系方面，弗拉基米尔·普京在整个 2007 年担任总统其间一直采取强硬路线。看来，俄罗斯 2007 年的这种自信受到数个因素的驱动：基于财富增长和在能源市场上影响的扩大，其世界大国意识已经恢复；国内政治预期看好（包括寻求确保现有领导对国家的控制力）；确实对美国不再抱有幻想等等。

俄罗斯官方在阐明其防务与安全政策方面做得不够。有鉴于此，2007 年尚有若干值得注意的安全事态。〔4〕 2 月，俄罗斯国防部长伊凡诺夫宣布了一项 2007—2015 年的新的军备计划。〔5〕 新的军备计划

〔4〕 2007 年 1 月 1 日，俄罗斯军事科学院与俄罗斯武装部队司令部联合举行会议，讨论塑造一个新的军事学说。讨论没有取得实质性结果。与此同时，却重申核武器在俄罗斯安全政策中的作用不变。V. Korobyshin 的“暂时没有别的选择”，《独立军事评论》，2007 年 2 月 2 日。

〔5〕 关于俄罗斯现代化军备计划的讨论，参见 S. Saradzhyan 的“俄罗斯准备‘未来战争’”，《ISN 安全观察》，2007 年 2 月 12 日，网址：URL〈http://www.isn.ethz.ch/news/sw/details.cfm?ID=17240〉。

预算近5万亿卢布（1890亿美元），准备用现代化武器系统更新45%的俄罗斯武器库，包括洲际导弹，远程战略轰炸机，预警站以及可能的航空母舰等。[6] 8月，俄罗斯战略轰炸机在北大西洋、北海和太平洋执行远程飞行任务。12月，库兹涅佐夫上将号航母起航，赴大西洋和地中海战略通道实施巡逻。[7] 2007年，俄罗斯还成功试验了多弹头洲际弹道导弹。

西方不断加强批评俄罗斯国内明显的反民主举措。面对这一情况，俄罗斯实施政治反击。俄罗斯希望美国能在全球政治中将它作为一个平等伙伴和玩家来对待，但美国无视俄罗斯的这一愿望。俄罗斯看到了这一点，作出了反应。在2月举行的慕尼黑国际安全政策年度会议上，普京总统作了一个对抗性发言，使听众大为惊奇。[8] 他谴责美国将自已的意志强加于世界，并提出了一个抱怨这个超级大国及其盟友的清单，内容涉及从北约通过对外干涉进行逐步扩大到新的军备竞赛。在这一年中，普京总统和显赫的俄罗斯军政领导人一鼻孔出气，相继发表言论，用"帝国主义"、"发号施令"和"遏制"等类似词语指责美国。[9] 所有这些使有些观察家预言"一场新冷战"即将来临。[10]

在这一年中，俄罗斯与西方的安全争端和冲突集中于四个突出问

---

〔6〕 关于俄罗斯军费的详细请况，参见本卷第5章。

〔7〕 然而，许多分析家认为，俄罗斯武装部队继续走下坡路。参见 M. Rostopshin 的"俄罗斯失去战略节奏"，《独立军事评论》，2007年2月9日；《美联社》，"专家们认为俄罗斯军事走下坡路"，《国际先驱论报》，2007年11月13日。

〔8〕 俄罗斯总统普京，在第43届慕尼黑安全政策会议上的讲话，2007年2月10日，URL〈http：//www.securityconference.de/konferenzen/rede.php? sprache = en&id = 179〉。

〔9〕 参见S. 拉夫罗夫的"遏制俄罗斯：回到从前?"，俄罗斯联邦外交部，2007年7月19日，URL〈http：//www.ln.mid.ru/brp_4.nsf/sps/8F8005F0C5CA3710C325731D00 22E227〉。5月，普京在批评美国想主宰世界的同时提到了纳粹德国。普京在2007年莫斯科5月9日庆祝伟大卫国战争62周年胜利纪念日阅兵仪式上的讲话。网址：URL〈http：//www.kremlin.ru/eng/speeches/2007/05/09/1432_type82912type127286_127675.shtml〉。

〔10〕 关于俄罗斯对其与西方关系紧张的分析，参见A. 阿尔巴托夫的"一场新冷战迫在眉睫吗?"，《全球事务中的俄罗斯》，第5卷第3期〔2007年7—9月号〕，第84—97页。

题：导弹防御、1990 年欧洲国家常规武装部队条约（CFE 条约）、能源安全和科索沃问题。[11]

**导弹防御**[12]

从俄罗斯的政治角度看，导防问题是衡量 2007 年西方是否有善意和诚信的尺度。美国声称其导防计划旨在拦截来自中东（特别是伊朗）的导弹袭击，俄罗斯则担心美国的计划是否有效。除了担心以外，俄罗斯指责的背后，对美国的其他动机有怀疑。俄罗斯认为，美国在靠近俄欧边境的军事基地和军事存在违反了这样一项谅解，即西方军事力量不会部署在北约新成员国的领土上。于是，西方也就再次强辞夺理，指责俄罗斯试图挑拨北约成员国之间的关系。[13]

2007 年早些时候，捷克和波兰政府同意与美国进行正式谈判，讨论在各自领土上分别部署雷达系统和配置 10 枚导弹拦截器。关于未来部署导防系统问题，这两个中欧国家都有强烈争议。俄罗斯反应尖锐，怀疑美国的真正意图是想抗衡俄罗斯的核威慑而不是防范一个无赖国家。普京及其高级军事指挥官们则提出警告，表示有可能要作出“非对称反应”，包括将目标对准未来的导防设施。[14] 在俄罗斯看来，美国与捷克和波兰就导防问题进行对话一事明显地与美国在保加利亚和罗马尼亚建立军事基地计划遥相呼应。另外，尽管美国作出保证，但俄罗斯仍然认为在中欧部署小规模导防设施预示着会在未来部署更大规模的导防系统，带有一种战略图谋。

6 月，普京总统向美国提出，愿与美国共同使用在阿塞拜疆的俄罗斯租用的加巴拉（Gabala）雷达站。[15] 美国国防部长罗伯特·盖茨没有拒绝俄之建议，但同时明确指出加巴拉（Gabala）只是一种能

---

〔11〕关于 2007 年 CFE 条约的进展情况，参见本卷第 10 章。

〔12〕关于美国弹道导弹防御计划军事方面情况的详细介绍，见本卷附录 8C。

〔13〕关于在这方面对俄罗斯动机的分析，参见 N. 巴克利的“克里姆林宫为什么正在确定一个导防立场”，《金融时报》。2007 年 6 月 7 日。

〔14〕N: Abdullaev 的“俄罗斯反击美国导弹计划”，《防务新闻》，2007 年 2 月 26 日。第 12 页。

〔15〕美国专家争辨说，阿塞拜疆设施已过时，缺乏可靠追踪能力，离伊朗的潜在导弹发射场太近。S. A. Hildreth 和 C. Ek 的“欧洲远程弹道导弹防御”，向国会提交的第 RL34051 号国会研究部报告（国会研究部：华盛顿，哥伦比亚特区，2007 年 7 月 25 日），第 10 页。

力补充，不能成为美国中欧计划的替代或另外选择。[16] 7月初普京与布什会见时，提出了更多旨在加强合作的建议（例如，提供另一个位于俄南部的雷达站），但美国继续致力于在东欧拓展其军事存在。会见之后，俄暗示有可能在立陶宛和波兰边境附近的加里宁格勒部署中程导弹。[17]

10月12日，盖茨和美国国务卿康多莉扎·赖斯在莫斯科会见他们的同僚期间向俄提出了一项建立“联合地区导防构想”。根据这一构想，俄罗斯将作为一个全面伙伴与美国和北约一起设计和操作一个防卫全欧的导防系统。[18] 美国的建议中允许各国保留对各自导弹的指挥与控制，并独自决定何时发射。还有，美国谈判人员建议如果捷克和波兰同意安置美国导弹的话，俄罗斯可以在美国基地派驻监督员。盖茨进一步建议，美国在没有获得面临伊朗导弹威胁的“确凿证据”之前将延缓激活导弹发射场。[19]

秋天，波兰政府更迭，结果是造成波兰更加坚持要求加强与美国合作，要求美国提供安全保护——主要是加强波兰防空，并要求达成导防协议。[20] 12月，俄罗斯和波兰同意就导防问题进行双边磋商。[21] 与此同时，美国政府的立场在11月有明显倒退，不再坚持从10月份开始提出的大部分非正式建议，包括俄罗斯对列入计划的美国东欧导防设施进行经常性的监督和美俄联合评估威胁等。相反，美

〔16〕 T. 尚克的“美国仍将欧洲作为导防地点”，《纽约时报》，2007年6月15日。

〔17〕 俄罗斯第一副总理谢尔盖·伊万诺夫声称：“如果我们的建议被接受，俄罗斯就认为没有必要在包括加里宁格勒在内的俄欧洲地区部署新的导弹武器。此举旨在防范在捷克和波兰部署导防武器情况下可能出现的威胁……如果我们的建议不被接受，我们将采取足够的措施，找到非对称的有效反应。”引自P. Sukhov的“俄罗斯寻找针对北约国家的非对称反应”，《独立报》，2007年7月4日。

〔18〕 T. 尚克和S. L. 迈尔斯的“普京嘲讽美国导防计划”，《国际先驱论坛报》2007年10月12日。

〔19〕 R. 伯恩斯的“盖茨：美国将推迟导弹防御系统”，《华盛顿时报》，2007年10月23日。

〔20〕 J. Cienski和D. Sevastopulo的“波兰需求美国的防空系统”，《金融时报》2007年11月19日。

〔21〕 J. 登普西的“俄罗斯与波兰准备就美国建议的导防系统进行谈判”，《国际先驱论坛报》，2007年12月18日。

国提出了一系列有关透明度的措施。[22]

**能源安全**

作为最大的天然气和石油出口国之一，俄罗斯已成为世界能源市场的主要角色。2000 年以来，普京政府一直在鼓励俄罗斯能源工业的重新国有化。结果，国家控制了能源供应、生产、输油轨道以及与欧洲客户的长期合同。[23] 俄罗斯的天然气已变成一种影响其盟友和庇护国的工具，并用来对西方，特别是欧盟挺起腰板。俄罗斯的能源政策已经引起各种担心：对欧洲其他国家的能源供应会变得不可靠（有人认为，俄罗斯最近切断对一些邻国的能源供应便是一例[24]）；俄罗斯的目标与欧盟的目标格格不入（即国家控制对私有化）；欧盟与俄罗斯的能源关系失衡（即欧盟与俄罗斯之间没有战略伙伴关系）。能源服务于俄罗斯的进攻性目的还是防御性目的，这个问题不甚清楚。尽管在商业上不是如此，但俄罗斯心目中的与能源有关的政治目的可以归纳为以下几点：（1）更加严密控制中亚和东欧的近邻国家；（2）使欧盟的中欧成员国保持中立；（3）制约其他欧盟和西方伙伴国。

俄罗斯的能源野心并非没有难题。在开发国内天然气储存以满足未来需求方面，俄罗斯投资不足。很明显，在未来岁月中，俄将面临天然气短缺。俄能源趋势有可能发生逆转的最初迹象浮现于 2007 年（包括通涨上升和“俄气公司”的赢利下降）。与此同时，俄罗斯则对

---

〔22〕 美联社，“俄罗斯抱怨美国的导防系统建议”，《国际先驱论坛报》，2007 年 12 月 5 日。亦参见俄罗斯国防部的“俄罗斯武装部队总参谋长于 2007 年 12 日 15 日在记者招待会上的讲话论点：对俄美磋商导防问题的评估。”，2007 年 12 月 15 日，网址：URL 〈http：//www.mil.ru/info/1069/details/index.shtml? id=35200〉。在此次讲话中，尤里·巴卢耶夫斯基将军暗示，一旦从波兰领土发射导防导弹，俄战略导弹部队将冒险实施自动反击。

〔23〕 2000 年，只有 15%的俄罗斯石油生产是国有的。2007 年，50%受国家控制，主要是通过 2003 年对尤科斯（Yukos）国有化来实现的。俄罗斯议会投票同意授权国控天然气行业“俄气公司”垄断天然气出口。关于欧洲能源安全，参见“卡喉之熊”，《经济学家》，2007 年 4 月 12 日。

〔24〕 在东欧，石油和天然气是一种工具，用来遏制该地区国家向西方靠拢的现实的和潜在的政治倾向。2007 年，立掏宛、乌克兰和格鲁吉亚的能源供应被切断后，白俄罗斯和拉脱维亚也因各自的表现遭到同样的惩罚。

欧洲地区的输油管道和下游资产进行大量投资。[25] 中亚的天然气资源丰富，在那里的战略争夺业已开始。2006 年以来，欧盟制订了一项直接获取中亚资源的计划。但至此，俄罗斯已通过的确保使输油管道经中亚抵俄罗斯的办法挫败了欧盟迟来的企图。俄罗斯如此控制中亚将消除西方的竞争，把中亚国家政府与俄罗斯绑在一起，使俄罗斯的国内能源需求得到满足。然而，由于中亚局势动荡不定，无法假定俄罗斯能否在未来垄断中亚能源。

2007 年 5 月和 12 月，俄罗斯与哈克斯坦和土库曼斯坦签署了关于在里海沿岸建造一条天然气管道的协议，从而使西方从中亚实现能源供应多元化的希望落空。而且很明显，欧盟计划建造一条跨里海的天然气管道也就成了泡影。2007 年，更令人沮丧的是，欧盟支持的旨在替代俄罗斯能源供应的纳布科天然气管道项目依然渺无声息。[26] 还有，西欧在劝说俄罗斯签署 1991 年的能源宪章条约方面未能取得进展，该条约要求俄罗斯允许外国获取能源资源。与此同时，欧洲和美国公司（如壳牌公司和 BP 公司）在拥有的俄罗斯能源设施股份方面遇到了麻烦。[27]

**科索沃**

1999 年以来，科索沃由联合国管理，受北约和平行动保护，已

---

[25] 哈维尔·索垃纳对俄罗斯将能源用作政治提出疑问："俄罗斯似乎对投资未来影响比投资未来生产更感兴趣。对此，全欧有理由表示关切。俄气公司在国外无节制的战略开支与其在国内投资不足形成鲜明对照"。J. 索垃纳在第 44 届慕尼黑安全政策会议上的讲话，2008 年 2 月 10 日，网址：URL〈http：//www. securityconference. de/konferenzen/rede. php? sprache=en&id=221〉。

[26] 此事与奥地利、保加利亚、匈牙利和其他国家有关。2007 年，匈牙利先从欧盟的纳布科天然气管道（从里海经土尔耳到中欧的一条走廊地带，意在绕过俄罗斯。）项目转向俄罗斯"俄气公司"的"兰流"天然气管道计划。尔后又转向前者。最后于 2007 年底又同意加盟俄罗斯"俄气公司"的"兰流"天然气管道计划。2008 年 1 月，保加利亚和塞尔维亚与俄罗斯签署了关于建造"南流"天然气管道计划的协议，进一步破坏了纳布科天然气管道计划。"列入计划的'南流'天然气管道与匈牙利"，《布达佩特分析》，第 180 期（2008 年 2 月 11 日）。网址：URL〈http：//www. budapestanalyses. hu/docs/En/Analyses _ Archive/analysys _ 180 _ en. html〉。

[27] 关于能源与安全的关系，参见 K. Prońinska 的"地区和全球的能源与安全"，《SIPRI 年鉴 2007：军备、裁军和国际安全》（牛津大学出版社：牛津，2007 年），第 215—240 页。

经变成一个欧盟、俄罗斯、美国和广大国际社会在冲突之后进行和平建设和防范冲突的试验场。2007 年 1 月，联合国特使马尔蒂·阿赫蒂萨里就科索沃前途问题提出建议，试图克服塞尔维亚与科索沃之间存在的不可调和的明显立场分歧。[28] 他的计划中没有把科索沃称为主权国家但给予它所有的主权要素。[29] 欧盟将参与对此种高度自治的监督，为期至少两年。大多数科索沃阿尔巴尼亚人接受阿赫蒂萨里计划，但该计划几乎立即遭到俄罗斯和塞尔维亚的反对。俄罗斯提出需要更多时间进行外交活动，并警告该计划有可能对诸如外高加索和德涅斯特河两岸地区等其他“冲突冻结”地区产生影响。在国际和塞尔维亚—科索沃层面上，形势出现了双重僵局。

在随后的几个月中，西方大国之间发生了激烈的拉锯战，分发了关于科索沃问题的若干联合国安理会决议案，而俄罗斯逐个予以反对，坚决与塞尔维亚站在一起。结果，灰心丧气的美国政府单方面宣布毫无保留地支持科索沃独立。[30] 欧盟面临困难决择：要么未经联合国授权承认科索沃独立，要么退缩不前，从而使其共同外交与安全政策成为俄罗斯的“人质”。这两种选择都会有使巴尔干地区更加动荡不安的风险。面临俄罗斯否决联合国决议的间接威胁，几个主要欧盟大国考虑在没有联合国决议情况下承认科索沃。但这样做会危及欧盟的团结一致，因为像塞浦路斯、匈牙利、罗马尼亚、斯洛伐克和西班牙等欧盟成员国都有现实或潜在的民族分裂问题或关注保护少数民族的问题，因而不太愿意在未接到联合国指令情况下一意孤行。

由于决定延误，联合国权威下降，欧盟向科索沃和塞尔维亚施加

---

〔28〕 关于科索沃内外形势发展情况，参见 P. Dunay 的“西巴尔干的状况与国家地位”，《SPRI 年鉴 2006：军备．裁军和国际安全》（牛津大学出版社：牛津，2006），第 65—72 页和 P. Dunay and Z. Lachowski 的“欧洲—大西洋安全及相关机构”，SIPRI 年鉴 2007（同注释〔27〕），第 44—48 页。

〔29〕 2007 年 3 月，阿赫蒂萨里在致联合国秘书长潘基文 的一封信中写道：“我已得出一个这样的结论，即独立是解决科索沃问题的唯一可行选择，科索沃独立初期要由国际社会进行监督”。联合国，秘书长特使关于科索沃未来地位的报告 S/2007/168，2007 年 3 月 26 日，第 2 页。

〔30〕 6 月，美国总统布什在访问阿尔巴尼亚过程中断言，“在某个时候，早点而不是晚点，你不得不说，‘够了就是够了，科索沃是独立的国家’”。美联社，“布什说科索沃需要早点而不是晚点独立”。《国际先驱论坛报》，2007 年 6 月 10 日。

更多压力，要求它们达成解决办法。[31] 欧盟威胁要取消这两者早期入盟的可能性，并首次建议倘若科、塞都同意，将延民族分界线分割科索沃。[32] 8月，联合国秘书长潘基文指示举行新一轮科—塞谈判，谈判由欧盟、俄罗斯和美国高级调解人组成的三驾马车主持。谈判预定于12月10日结束，这一天正是科索沃发誓要宣布独立的日子。与此同时，美国重申已准备好于年底单独承认科索沃独立。这样，美国与欧盟的关系有可能会恶化，因为欧盟正在再次以入盟快车道诱使塞尔维亚达成协议。塞尔维亚作出了反应，一位高级官员威胁说，一旦科索沃独立，将诉诸武力。但塞总统鲍里斯·塔迪奇以及外交部长和国防部长都否认了这种说法。[33] 秋天，美国重新作出外交努力，与俄罗斯一起通过"一篮子交易"来寻求一个修正的科索沃问题解决方案。该方案也涉及欧洲常规武装力量机制和导防等问题，但依然无果而终。12月8日，三驾马车通报联合国秘书长，他们未能谈成关于科索沃地位问题的协议。[34] 年底，因为没有结果，联合国表示解决不了科索沃地位问题，欧盟优先注重团结问题并将作出决定的时间推迟到2008年初塞尔维亚总统选举之后。2008年2月17日，科索沃单方面宣布独立，随后在有关国家中引起了广泛争议。

### 后苏联地区

2007年，前苏国家继续应对与民主化进程相关的各种问题和挑战。尽管哈萨克斯坦由于民主问题而麻烦成堆，但其争取担任欧洲安全与合作组织（OSCE）主席国的多年努力于2007年底有了结果。欧洲安全与合作组织参加国有条件地同意哈萨克斯坦在2010年成为

---

〔31〕 N. 伍德的"科索沃独立可能面临延误"，《国际先驱论坛报》，2007年7月8日。

〔32〕 由于科索沃和塞尔维亚都坚决反对，此项计划很快流产。参见"欧盟向科索沃问题敌对双方施压，要他们达成交易"，《国际先驱论坛报》，2007年8月16日；以及D. Bilefsky的"高级欧盟调解人警告反对分割科索沃"，《国际先驱论坛报》，2007年9月5日。

〔33〕 N. 伍德的"塞尔维亚威胁使用武力，如果西方承认科索沃的话"，《国际先驱论坛报》，2007年9月2日。

〔34〕 同时，北约外交部长们决定将北约在该地区的驻科部队至少保持在当前的1.7万人水平。"北约部长会议：北约在科索沃作最好期盼，作最坏打算"，《欧洲外交与防务》，2007年12月8日，第3页。

OSCE 主席国候选国。[35] 鉴于哈萨克斯坦的不良人权及政治自由纪录，它所以能作为第一个后苏联国家被任命为 OSCE 主席国，不是基于它的优点，而是基于其他考虑，如俄罗斯和集体安全条约组织伙伴国的坚持、西方关于俄罗斯的地缘政治考量、OSCE 的可行性和其他政治因素以及哈萨克斯坦作为中亚一个主要政治角色和富油国的作用。[36]

2007 年，后苏地区的若干国家按计划举行议会和总统选举。纪录有好有差，除乌克兰政府外，其他在任政府都继续执政。5 月，在亚美尼亚举行的议会选举较前几次有改进，在很大程度上是根据其国际承诺进行的。[37] 6 月举行的摩尔多瓦地方选举表明关健问题依然存在，尤其是媒体不公正，候选人遭恐吓。[38] 8 月举行的哈萨克斯坦议会选举有进步，但并不符合一些国际标准，具体表现在新的法律框架和计票等方面。[39] 相反，9 月举行的乌克兰议会选举倒是最为符合国际承诺和民主选举标准，[40] 选举结果为亲西方的政党获小胜，并在年底组成了由尤利娅·蒂莫申科领导的政府。11 月，OSCE 的民主机构与人权办公室（ODIHR）宣布，它不能对俄罗斯杜马（即

---

〔35〕 为了在通向担任 2010 年主席国的过程中符合某些条件，哈萨克斯坦修改了新闻法和选举法并承诺创建更好的公共对话模式。它还保证不寻求削弱 OSCE 的民主机构与人权办公室（ODIHR）的委任权。哈萨克斯坦政府原先想争取于 2009 年担任主席国。参阅哈萨克斯坦共和国外交部长 H. E. 马拉特．塔任博士于 2007 年 11 月 29 日在 OSCE 马德里部长会议上的讲话。URL〈http：//en. government. kz/documents/publications/page09〉。

〔36〕 集体安全条约组织是一项集体安全安排，由亚美尼亚、白俄罗斯、哈萨克斯坦、吉尔吉斯斯坦、俄罗斯和塔吉克斯坦等国总统于 2002 年创建，乌兹别克斯坦于 2006 年加入。

〔37〕 OSCE，“观察家说，亚美尼亚选举显示出进步”。新闻稿，2007 年 5 月 13 日，网址：URL〈http：//www. osce. org/item/24421. html〉。

〔38〕 OSCE，“摩尔多瓦第二轮地方选举稍有进步，但严重缺点不改”，新闻稿，2007 年 6 月 18 日，网址：URL〈http：//www. osce. org/item/25168. html〉。

〔39〕 OSCE，“哈萨克斯选举：进步与问题”，新闻稿，2007 年 8 月 19 日，网址：URL〈http：//osce. org/item/25959. html〉。

〔40〕 OSCE，“国际观察家说，乌克兰选举具公开性和竞争性，但法律修改受到关注”，新闻稿，2007 年 10 月 1 日，网址：URL〈http：//www. osce. org/odihr-elections/item_1_26824. html〉。

俄议会下院）进行观察。[41] 12月，吉尔吉斯斯坦议会选举未能履行对OSCE的若干承诺，包括与此有关的透明度和问责制等。[42] 同样在12月，乌兹别克斯坦总统选举是在十分专制的氛围中进行的，没有给真正的反对派留有余地，总体上不符合对OSCE民主选举的多项承诺。[43] 2005年乌兹别克斯坦安集延发生大屠杀之后，国际社会十分愤怒，但这并没有能阻碍欧盟采取步骤来减轻2007年10月对乌兹别克斯坦实施的制裁。[44] 2007年，土库曼斯坦没有举行选举，缓慢地克服了前总统萨帕穆拉特·尼亚佐夫孤独政权留下的遗产。

冲突冻结地区的情况仍然没有改变。2007年，尽管希望有所突破，但解决亚美尼亚—阿塞拜疆冲突没有取得进展。实际上，双方都在加强军备建设，使得该地区的不稳定局势继续恶化。[45] 但双方又都宣称愿意就解决纳戈尔诺—卡拉巴赫冲突问题继续进行谈判。[46] 摩尔多瓦的政策是在东、西方倾向之间寻求平衡，减削对俄和其他邻

---

〔41〕 ODIHR的专家和观察员因入境俄联邦的签证已有很长时间而遭拒签。OSCE，“ODIHR不能观察俄罗斯杜马选举”，新闻稿，2007年11月16日，网址：URL〈http：//www. osce. org/odihr-elections/item _ 1 _ 27967. html〉。

〔42〕 OSCE，“吉尔吉斯选举失去机会，未能符合对OSCE的若干承诺”，新闻稿，2007年12月17日，网址：URL〈http：//www. osce. org/item/28914. html〉。2007年12月20日，美国国务院发表一项声明，对选举的某些方面提出批评，包括选举规则不明确，大量计票不正规和夸大投票率以及从投票名单中除名时间迟缓。美国国务院，“吉尔吉斯共和国12月16日议会选举”，新闻声明，2007年12月20日，网址：URL〈http：//www. state. gov/r/pa/prs/ps/2007/dec/97906. htm〉。

〔43〕 OSCE，“ODIHR观察员的结论认为，严格控制的乌兹别克选举未能提供真正的选择”，新闻稿，2007年12月24日，网址：URL〈http：//www. osce. org/odihr-elections/item _ 1 _ 29125. html〉；“在没有‘真正选择’的情况下，乌兹别克当政者赢得总统选举”，《自由欧洲电台/自由电台》，2007年12月24日，网址：URL〈http：//www. rferl. org/featuresarticle/2007/12/66C01656－B3BF－4DF6－BE9D－8DE161C309DD. html〉。

〔44〕 2007年11月《人权观察》指责乌兹别克斯坦采取多种手段对拘留者实施酷刑，《人权观察》，“乌兹别克斯坦：国际机构发现例行性酷刑”，2007年11月23日，网址：URL〈http：//hrw. org/english/docs/200711/23/uzbeki17406. htm〉。

〔45〕 参见，D. Pugliese的“巴库加强兵力，警告亚美尼亚，加强与北约关系”，《防务新闻》，2007年9月3日，第21页；S. Mamedov，V. Litovkin和Y. Simonyan的“巴库等待莫斯科澄请”，《独立报》，2007年9月12日。

〔46〕 OSCE部长理事会，通过部长理事会第MC15EJ02号文件，2007年11月30日，第2页。

国关系，更加靠拢欧盟，最为重要的是解决在德涅斯特河两岸地区冻结状态的冲突问题。[47]

格鲁吉亚与俄罗斯继续面临一大堆问题，如俄罗斯支持阿布哈兹和南奥塞梯的分裂分子、俄实施与能源有关的惩罚性制裁以及格鲁吉亚希望加入北约等。2007 年一个最为引起公众注目的事件发生在 8 月，当时，据称一架俄罗斯军用飞机向南奥塞梯附近的格鲁吉亚领土发射了一枚导弹。俄罗斯对这一事予以否认，而 OSCE 选择不采取进一步行动。尽管有这些问题，俄罗斯在 2007 年继续不间断地从格鲁吉亚撤走装备和部队，只有一个例外，就是俄在阿布哈兹的古达乌塔基地继续保持军事存在。格鲁吉亚被西方称之为民主建国的样板，11 月却面临一场国内危机并引起国际关注。那时，米哈伊尔·萨卡希维利总统在对付反政府抗议时实施暂短国家紧急状态。在 2008 年 1 月提前举行的总统选举中，米哈伊尔·萨卡希维利击败了呈分裂状况的反对派。

2007 年 8 月，上海合作组织——由中国、俄罗斯、哈萨克斯坦、吉尔吉斯斯坦、塔吉克斯坦和乌兹别克斯坦组成，在中、俄举行了一次代号为“和平使命 2007”的反恐演习，官方的目的是反对“恐怖主义、分裂主义和极端主义”。[48] 演习引起了这样一种猜测，即上海合作组织正在为抗衡北约，削弱西方在中亚的影响做基础工作。这种预测虽然看来毫无根据，但不能排除的是，今后上海合作组织的活动可能被用来镇压叛乱和处理政治动乱。[49] 还有，上海合作组织与集体安全条约组织 10 月 6 日签署的协议也并不旨在对抗北约，仅被解读为中、俄决心加强双边以及与中亚富油国之间安全关系的一个

〔47〕 关于德涅斯特河沿岸地区冲突问题，参见本卷第 10 章。

〔48〕 J. C. K. 戴利的“上海合作组织将在 8 月举行反恐演习”，《欧亚每日鉴察报》，2007 年 7 月 27 日。

〔49〕 R. N. 麦克法莫特的“崛起之龙：上海合作组织‘和平使命 2007’”，不定期文稿（詹姆斯顿基金会：华盛顿，哥伦比亚特区，2007 年 10 月）。关于上海合作组织的发展情况，参见 A. J. K. 贝尔斯等人的“上海合作组织”，“SIPRI”政策文稿第 17 号（SIPRI：斯德哥尔摩，2007 年 5 月）。

信号。[50]

## 第四节 欧 盟

对欧盟来说，2007 年并非是值得好好庆贺的一年。里斯本条约最终得以同意并签署，但与之相伴随的仅仅是松一口气而不是大吹大擂。扩员疲劳症笼罩一切。效率对凝聚力是业已扩大的欧盟审议许多工作的主题。同时很明显，欧盟主要由国家而不是欧盟机构来领导，其核心是保扩国家利益而不是整个欧洲的利益。然而，其外交、安全和防务政策体现了欧盟机构的活力和成员国在稳定欧盟地区和全球局势方面继续发挥作用的决心。[51]

### 里斯本条约

2004 年宪法条约问题经过两年的僵局之后，终于在 2007 年得到解决。[52] 6 月，在经历克服方方面面的阻力（在最大的怀疑论者中有波兰和英国）之后，条约修改方案草案得以通过。12 月 13 日，欧盟国家和政府领导人签署了里斯本条约。[53] 条约如能批准，将于 2009 年开始执行。条约包括若干条有关机构、领导和决策的修改，目的是提高效率。欧洲理事会将设一名全职主席，当选后任期两年半，可连任一届。从 2014 年起，多数有效表决将扩大到新的领域，欧洲委员会成员将不再包括所有国家。

在外交和安全事务方面，共同外交与安全政策高级代表和欧洲对外关系专员两个职位将合并成一个职位，改名为外交与安全政策高级

[50] “独联体：杜尚别峰会讨论劳务移民和自由贸易”，“自由欧洲电台/自由电台”，2007 年 10 月 5 日，网址：URL 〈http://www.rferl.org/featuresarticle/2007/10/2773A2EB-AB89-42AB-A0BA-E586788A40B0.html〉。

[51] 关于欧盟的结构及成员，参见本卷附件 B。

[52] 制定欧洲宪法的条约于 2004 年 10 月 29 日签署，但条约未得到全部成员国批准。其内容公布于《欧盟官方季刊》第 C310 期（2004 年 12 月 16 日）。

[53] 关于 6 月峰会之前的各国立场，参见 Q. 皮尔的“为什么欧洲反对派需要突破宪法僵局?”，《金融时报》，2007 年 6 月 10 日。

代表，相当于欧洲委员会副主席的地位。这一合并的职务将得到另一个新机构——对外行动署的支持。[54] 为加强防务政策，欧盟采取的措施之一是在里斯本条约中加上了协防条款（不结盟国家除外）和团结条款。团结条款与协防条款的内容类似，主要关注在遭自然灾害和恐怖袭击情况下如何实施援助。另外，永久性的有组织防务合作也纳入其中，从而使那些愿意并有能力的国家可以就提高军事能力问题进行合作。欧洲理事会主席、欧洲委员会主席以及联盟外交与安全政策高级代表之间的关系将如何发展？人们将拭目以待。然而，尽管取得了这些进展，里斯本条约与其业已声明的雄心相比——向欧洲公民提供一个更加有效、更加负责和更好理解的欧盟，并没有取得全面成功。

### 扩员与睦邻政策

随着最近的入盟，欧盟已成为拥有 27 个成员的新欧盟。但扩员疲劳症普遍存在，在“老欧盟”国家尤为突出。保加利亚和罗马尼亚于 2007 年 1 月 1 日加入欧盟，但表现不佳，未能完成入盟前承诺过的改革，这是一个恰当的例子。[55] 2007 年，尼古拉斯·萨科奇建议成立一个专家委员会——被称之为智人小组——来集中研究确定欧盟的最终边界。但这一想法遇到了诸如英国那样对扩员友善的国家的阻力。相反，该小组后来改名为“反思小组”，准备帮助欧盟在 2020—2030 年期间预测和更加有效地应对挑战。[56]

在欧盟看来，西巴尔干国家是其未来成员国。居排名首位的是候选国克罗地亚，其入盟谈判进展顺利。由于若干改革效果不佳，前南

---

〔54〕 里斯本条约（同注释〔1〕），第 30 条。对外行动署将由欧盟理事会和欧洲委员会的成员以及欧盟成员国外交机构的人员组成。

〔55〕 面对它们的问题，欧洲委员会视腐败为最严重的问题之一，业已采取一些保护性措施，将在 2008 年就 2007 年 6 月的重要报告采取后续措施。欧洲委员会，委员会向欧洲议会和欧洲理事会提交的关于保加利亚入盟后采取的相关措施的进展通报，委员会（2007）第 377 号最终报告，布鲁塞尔，2007 年 6 月 27 日；欧洲委员会，委员会向欧洲议会和欧洲理事会提交的关于罗马尼亚入盟后采取的相关措施的进展通报，委员会（2007）第 378 号最终报告，布鲁塞尔，2007 年 6 月 27 日。

〔56〕 T. 巴伯的“欧盟在萨科奇的‘智人’计划中悬崖勒马”，《金融时报》，2007 年 12 月 5 日；欧洲理事会，主席结论，16616/1/07 REV 1，2007 年 12 月 14 日，第 2 页。

斯拉夫共和国成员国马其顿（候选国）以及阿尔巴尼亚、波黑、黑山和塞尔维亚（潜在候选国）等国的入盟时间将延误。[57]

关于第三候选国土耳其加入欧盟的激烈争议还在继续。受到关注的问题包括：言论自由、非穆斯林宗教团体和库尔德人的权利、腐败、司法改革、工会和人权、与塞浦露斯关系尚未正常化等。[58] 尽管法国试图阻止土尔其入盟，欧盟成员国之间在这个问题上关系又紧张，2007 年 12 月仍有新的两章内容可供谈判。然而，其结果是土耳其入盟的热情有所下降。[59]

欧盟的欧洲睦邻政策旨在推动与欧盟邻国建立积极关系，但仍是白费劲。在成员国资格无望的情况下，很难说能否达成将伙伴国安全与社会问题纳入协议条款的目标。还有，有的欧盟国家对欧盟邻国的态度可谓模棱两可。明显的证据是，欧盟成员国开放市场不够大胆，对全面利用协议条款犹豫不决，例如有关机动性的条款等。[60]

## 共同外交与安全政策

法国总统萨科奇已经建议，要根据对欧洲面临的威胁和应对措施的共同看法来修改 2003 年的欧洲安全战略。据此，欧洲理事会于 2007 年 12 月 14 日邀请共同外交与安全政策高级代表哈维尔·索拉

---

〔57〕 欧洲委员会，欧洲委员会向欧洲议会和欧洲理事会通报，2007—2008 年的扩员战略和主要挑战，布鲁塞尔，2007 年 11 月 6 日；2007 年，波黑与欧盟达成稳定与联系协议。参见“波黑与欧盟签署稳定协议”，EUX. TV，2007 年 12 月 4 日，网址：URL 〈http://eux. tv/article. aspx? articleId=18688〉。

〔58〕 欧洲委员会，（同注释〔57〕），第 8—9 页；欧盟理事会，第 2839 次会议，新闻稿，16326/07，2007 年 12 月 10 日，第 9—10 页。

〔59〕 2007 年春，62%的土耳其人赞同加入欧盟。到年底，这一百分比下降至 53%。欧洲委员会，欧洲晴雨表 68：欧盟公众舆论（第一次结果），2007 年 12 月，第 27 页；“土耳其入盟谈判继续进行”，《欧洲敏捷通讯》，2007 年 12 月 20 日，第 2 页。网址：URL 〈http://www. euractiv. com/en/enlargement/turkey-eu-membership-talks-move-forward/article-169296〉；“欧盟将与土耳其打开新的篇章”，《欧洲之声》，2007 年 6—12 日，第 2 页。新篇章涉及跨欧网络、消费者及健康保护。根据法国的声明，土耳其可以参与欧盟的这些政策，不管它是不是欧盟正式成员国。每一章与欧盟的权利与义务的相关内容相对应。

〔60〕 欧洲委员会，委员会通报：强有力的欧洲睦邻政策，委员会（2007）第 377 号最终报告，布鲁塞尔，2007 年 12 月 5 日，第 4—6 页。

纳“在与欧洲委员会充分协商并与欧盟成员国紧密合作情况下”提出欧洲安全战略改进和实施方案，以便在 2008 年 12 月的欧洲理事会会议上通过。[61] 但是，进一步发展欧洲安全战略并非没有问题，原因是欧盟国家之间看法分歧。这在里斯本条约的规定中得到了验证，就是欧洲安全与防务政策不应该损害某些成员国的防务与安全政策的自身特点，应该尊重某些成员国的责任，这些成员国认为它们的共同防务已根据北大西洋公约在北约组织中得到了实现，而且与欧盟框架内的安全与防务政策平行不悖。[62]

有些欧盟国家有赖于俄罗斯的能源供应，成了制定共同对俄政策的主要障碍。2007 年 12 月，为争取建立一个统一的欧盟天然气和电力大市场，欧洲委员会披露了一项激进的一篮子自由化计划。该计划将打破欧洲国家的能源公司界线，开放市场，加强竞争，推动能源多元化。[63] 欧洲委员会也提出建议，要求限制外国对欧洲电力资产的所有权。该建议的矛头是针对俄罗斯“俄气公司”和“俄石油公司”等大型能源公司的。由于法国和德国的强烈反对，在未来岁月中，欧洲委员会的自由化计划将面临旷日持久的司法战。

2007 年的紧迫热门话题还有移民、气候变化和反恐等问题，欧洲理事会、欧洲委员会和欧洲议会也卷入其中。

由于非法移民给一些欧盟国家，特别是南欧国家造成很多困难，对于建立共同移民和庇护体制的需求变得更加紧迫。[64] 欧盟 2005 年

〔61〕 欧盟理事会，“更好的世界，更安全的欧洲”，欧洲安全战略，布鲁塞尔，2003 年 12 月；N. 萨科奇在第 15 次大使节会议上的讲话，巴黎，2007 年 8 月 27 日，网址：URL〈http：//www. ambafrance-uk. org/President-Sarkozy-s-speech. html〉；J. 索拉纳在欧盟安全研究所年会上的讲话，巴黎，2007 年 11 日月 22 日，网址：URL〈http：//iss. europa. eu/fileadmin/fichiers/pdf/seminars/annual _ 2007/ac07－02. pdf〉；欧洲理事会（同注释〔56〕)，第 24 页。

〔62〕 里斯本条约（同注释〔1〕)，第 28A 条。

〔63〕 关于分析和与文档的联系，参见“欧盟披露解散大型能源公司计划”，《欧洲敏捷通讯》，2007 年 9 月 20 日，网址：URL〈http：//www. euractiv. com/en/energy/eu-unveils-plan-dismantle-big-energy-firms/article－166890？ _ print〉；K. Barysch 的“俄罗斯现实主义和欧盟团结”，政策吹风会，欧洲改革中心，2007 年 7 月，网址：URL〈http：//www. cer. org. uk/russia _ new/index _ russia _ new. html〉。

〔64〕 D. Bilefsky 的“欧盟国家拒绝分摊难民负担”，《国际先驱论坛报》，2007 年 6 月 12 日。

和2006年12月的“全球移民办法”适用范围原先集中于非洲和地中海地区，2007年扩大至欧洲东部和东南部地区。[65] 12月，通过了一个欧盟—非洲联合战略与行动计划，该计划包含若干有关移民的具体措施。[66] 2007年12月，申根地区扩大，增加了9个国家，但是控制边境依然困难。关于对申根地区外部边境的控制虽已达成协议，但并没有得到实施。[67]

2007年的重要事情还有气候和能源政策的统一制定问题。2007年3月达成了一项协议，规定2020年温室气体排放量与1990年相比要下降20%，于是，问题的解决就前进了一步。[68]

对于欧盟及其公民来说，反恐是一个重要领域。[69] 2007年，几次恐怖袭击被挫败。于是，反恐的重要性更加凸显。[70] 2007年11月，对2005年的欧盟反恐战略进行了两年一度的评估，评估从能力不足的角度描述了成员国之间协调活动存在的问题。[71] 2007年采取纠偏行动，包括欧盟理事会于2007年6月通过签证信息系统。该系统旨在防范、侦察和调查恐怖分子罪行。签证信息系统将由指定的主管部门和欧洲警察署使用。另一项纠偏行动是与美国达成了一项关于

---

〔65〕 欧盟理事会，欧盟理事会关于欧盟移民与发展政策连贯性的结论，布鲁塞尔，2007年11月20日，网址：URL〈http：//www. europa-eu-un. org/articles/en/article _ 7537 _ en. htm〉。

〔66〕 欧洲委员会，非洲—欧盟战略伙伴关系：一个非洲—欧盟联合战略，2007年12月9日，网址：URL〈http：//www. ue2007. pt/NR/rdonlyres/D449546C－BF42－4CB3－B566－407591845C43/0/071206jsapenlogos _ formatado. pdf〉。

〔67〕 申根地区扩大至捷克、爱沙尼亚、匈牙利、拉脱维亚、立陶宛、马耳他、波兰、斯洛文尼亚和斯洛伐克。欧洲理事会（同注释〔56〕）。申根是欧盟的法律机构（“申根一揽子协定”），它使人员流动更加自由，与此同时，采取了保持和加强安全水平的补救措施。

〔68〕 欧洲理事会，主席结论，7224/1/07 REV，2007年5月2日，第13页。

〔69〕 根据《欧洲晴雨表》2007年12日的一项调查，81%的欧盟人民将反恐视为欧盟的一项最重要的任务。欧洲委员会（同注释〔59〕），第28页。

〔70〕 参见J. Dempsey和K. Bennhold的“德国在挫败恐怖分子阴谋中树立典型”，《国际先驱论坛报》；“第二枚汽车炸弹在伦敦被发现后，3名嫌犯被通辑”，MSNBC和NBC新闻社，2007年6月29日，网址：URL〈http：//www. msnbc. msn. com/id/19495826〉。

〔71〕 欧盟理事会，“反恐战略与行动计划的实施”，布鲁塞尔，2007年11月28日，文件（第1—3页）描述的问题是可靠的，能将不同机构，如警察、海关和金融情报单位撮合在一起的平台不足，各机构数据库之间的联系也不够。

处理旅客姓名纪录数据的协议。[72] G. D. 弗里斯（Gijs de Vries）下台后，他的职位空缺了 6 个月。尔后，G. D. 克肖韦（Gilles de Kerchove）于 9 月被任命为欧盟反恐协调员。空缺本身表明对这一职位的授权和所需能力有争议，有些国家反对予以加强。[73] 欧盟委员会司法、自由和安全部专员佛朗哥·弗拉蒂尼提出了若干建议，其中有些建议遇到了反弹，说明在处理个人隐私问题时所采取的措施是多么敏感。[74]

由于跨边境安全威胁容易得逞，经常需要采取各种措施并在几个国家和组织之间进行合作才能找到解决办法。共同外交和安全政策与司法和内政是两根支柱，在它们指导下所作的努力涉及国内和国外两个安全领域。司法和内政支柱在诸如 DNA 信息交换等若干安全目标方面得到了 2005 年普鲁姆公约的加强。[75] 若干欧盟国家正在批准公约的过程中，公约已于 2007 年被纳入欧盟法律。[76] 还有，司法和内政问题由“欧盟六国集团”——法国、德国、意大利、波兰、西班牙和英国的内政部长组成的非正式集团处理。这意味着特殊领域的重要性，但同时不可避免地存在着重叠和复杂性。[77]

对 CFSP 政策来说，非洲、中亚和中东都是十分重要的地区。在非洲，苏丹政府在达尔富尔部署非洲联盟/联合国混合行动（UNAMID）问题上不够合作，欧盟对此表示关切。不管怎样，于 10 月

〔72〕 欧盟理事会（同注释〔71〕），第 5—6 页。

〔73〕 参见《牛津分析》，“欧盟，反恐沙皇”，《国际先驱论坛报》，2007 年 9 月 26 日。

〔74〕 参见欧洲委员会，欧洲委委员负责向欧洲议会和欧洲理事会通报：加强反恐战斗，委员会（2007）第 649 号最终报告，布鲁塞尔，2007 年 11 月 6 日；欧盟理事会，关于对反恐框架决定的修改和实施反恐框架决定的评估报告，备忘录/07/448，布鲁塞尔，2007 年 11 月 6 日。关于对弗拉蒂尼建议的反弹，参见 J. 费伊的 “MEP 严厉批评欧盟对我们的数据权利实施恐怖攻击”，《记录器》，2007 年 12 月 13 日。

〔75〕 普鲁姆公约（申根条约三）于 2005 年 5 月 27 日签署。其内容可查，网址：URL〈http：//www.libertysecurity.org/IMG/rtf/Prum _ Convention.rtf〉。原先，只有 7 个签约国：奥地利，比利时、法国、德国、卢森堡、荷兰和西班牙。

〔76〕 欧洲理事会，主席结论，11177/1/07 REV 1，2007 年 7 月 20 日，第 6 页。

〔77〕 关于重要评估，参见司法，“就 2006 年 3 月 22—23 日海利根达姆六国内政部长会议结论问题为上院欧盟 F 分委会所作的评论”，伦敦，2006 年 5 月，网址：URL〈http：//www.justice.org.uk/parliamentpress/parliamentarybriefings/〉，第 4 页。

在利比亚苏尔特举行的有关达尔富尔的政治谈判还是有些希望。[78]鉴于其战略地位和能源资源，中亚对欧盟特别重要。然而，欧洲理事会正式批准的欧盟在中亚的未来合作计划由于担心那里的人权问题而受阻。[79] 以安那波利斯会议和以色列总理艾胡德·奥尔默特与巴勒斯坦最高权力机构主席马哈茂德·阿巴斯之间的谅解为背景，中东和平进程看起来比过去更加积极。欧盟作为四方的一方与联合国、美国和俄罗斯一起参与其中。[80]

欧盟合作的不等边几何形说明，并非每一个国家都需求成为每项计划的一部分，有些国家之间的合作较其他国家要更紧密些。由法国、德国和英国（欧盟三国）倡议代表欧盟，包括索拉纳在内就处理伊朗铀计划问题进行合作，是欧盟合作的不等边几何形的一个例子。[81] 另一个这样的例子是与接触小组在寻找科索沃问题解决办法中所发挥的作用有关，接触小组由法国、德国、意大利、英国、俄罗斯和美国组成。[82] 当国家间合作未与欧盟联系或与欧盟竞争时，问题就更多了。萨科奇关于建立地中海联盟的计划将非地中海沿岸国家排除在外，遭到许多国家的批评，被认为此举仅为法国的利益服务。

---

〔78〕 欧盟理事会，第2840次会议新闻稿，一般事务与对外关系，16327/07，布鲁塞尔，2007年12月10日，第9页。关于建立非洲联盟/联合国合行动，参见本卷第三章。

〔79〕 欧洲理事会（同注释〔76〕）第12页；欧盟理事会，总秘书处，欧盟与中亚：新伙伴战略（理事会总秘书处：布鲁塞尔，2007年10月）。乌兹别克斯坦在残酷镇压示威群众后于2005年遭受制裁。2007年10月15—16日，欧盟理事会部分取消对乌制裁，以鼓励其改善人权和在阿富汗反恐斗争中与西方保持合作。

〔80〕 欧盟理事会（同注释〔78〕），第16页。安那波利斯会议在以色列总理艾胡德．奥尔默特和巴勒斯坦最高权力组织主席马哈茂德．阿巴斯之间举行，白宫，布什总统在该会议上宣读新闻秘书处的共同谅解，2007年11月27日，网址：URL〈http://www.whitehouse.gov/news/releases/2007/11/20071127.html〉。

〔81〕 这个代表团被所有的欧盟成员国接受。当三个最大的国家——法、英、德于2003年采取主动并代表欧盟（未卷入）说话时，就有来自其他国家的强烈批评，从而导致了欧盟和索拉纳本人的卷入。参见B. 克劳，欧洲外交部长（外交政策中心：伦敦，2005年2月），第15页。

〔82〕 参见“潘基文收到接触小组关于科索沃的报告”，联合国新闻署，2007年12月7日，网址：URL〈http://www.un.org/apps/news/story.asp? NewsID=24977&Cr=kosovo&Cr1〉。

该计划若能实现，将有可能削弱欧盟。〔83〕

## 欧洲安全与防务政策

2007 年如同前几年一样，欧洲安全与防务政策处理了一系列的问题，包括预防冲突和危机管理、训练、军事和民事能力、足够的费用、欧洲防务署的进展、军民协调以及与其他国际组织和国家的合作等。〔84〕根据 2004 年 6 月欧洲理事会精神，“1992 年彼得堡任务”的规模和范围有所扩大，在里斯本条约中，其重点是反恐。〔85〕至 2007 年年底，欧盟进行了 10 项和平行动，大部分是在欧洲以外地区执行的。〔86〕

欧盟承担大量和多种任务反映出，在毗邻地区和全球范围冲突地区维持稳定符合其利益。2007 年和 2008 年初，欧盟在阿富汗建立了一个治安机构，准备在乍得和中非共和国采取军事行动和在科索沃建立一个治安机构。〔87〕2007 年 1 月，第一批 2 个战斗群开始供作战使用，准备于 7 月 1 日由其他 2 个战斗群替换，但至今为止还没有一个战斗群在战斗中使用过。〔88〕10 月，欧盟宪兵部队开始供作战使用，

---

〔83〕 参见 K. Bennhold 的“萨科奇关于建立地中海集团的建议引起风波”，《国际先驱论坛报》，2007 年 5 月 10 日；K. Longherst 的“一个新的地中海联盟意味着一个更弱的欧洲”，《欧洲之声》，2007 年 10 月 31 日—11 月 7 日，第 12 页；“萨科奇的地中海联盟计划激怒默克尔”，《欧洲积极通讯》，2007 年 12 月 13 日，网址：URL〈http://www.euractiv.com/en/future-eu/sarkozy-mediterranean-union-plans-irk-merkel/article—169080〉。

〔84〕 关于欧洲防务署的活动，参见本卷第 6 章；欧洲理事会，关于欧洲安全与防务的主席报告，16426/07，2007 年 12 月 11 日。

〔85〕 根据里斯本条约第 28b 条（同注释〔1〕）规定，彼得堡任务包括“联合裁军行动，人道与救援任务，军事顾问与军事援助任务，预防冲突和维和任务，战斗部队危机处理任务，包括强制和平和冲突后的稳定”。彼得堡任务是根据 1997 年阿姆斯特丹条约制定的。

〔86〕 参见本卷附录 3A。

〔87〕 关于准备在乍得和中非共和国采取军事行动，参见本卷第 3 章。

〔88〕 关于对战斗群的一般介绍，参见 G. Lindström 的“进入欧盟战斗群”，沙约（Chaillot）文稿第 97 期（欧盟安全研究所：巴黎，2007 年 2 月）。

派出了一支由 140 名宪兵组成的特遣队赴波黑的萨拉热窝。[89] 由于波黑的局势见好，在那里执行欧盟最大任务的部队裁减至 2500 人。[90] 然而，科索沃的事情提醒人们，西巴尔干的所有情况都不好。

在中东的两项任务都遇到了与以巴冲突有关的障碍。为了对在巴勒斯坦管辖下的持久有效的治安作贡献，欧盟在巴勒斯坦领土上建立治安机构为了得到以色列的认可而等了很长时间。[91] 2007 年 6 月拉法过境点关闭后，欧盟垃法边境援助机构中止了活动。[92]

非洲是欧盟的特殊利益地区，经常关注之地。例如，欧盟乍得和中非共和国治安机构预定于 2008 年 1 月启动，4 月投入使用，但苦于增员缓慢，能力不够（如直升机）。[93] 欧盟刚果民主共和国安全领域改革机构的目的是帮助刚果民主共和国在安全领域实施改革，但已陷入僵局，主要问题出在裁军、复员与重返社会（DDR）计划以及建立安全付款程序等方面。[94] 由于机构小，时间短，通常不足以确保取得长期进展。例如，刚果东部地区曾于 2003 年展开阿耳特弥斯

〔89〕 这支部队由荷兰、法国、意大利、葡萄牙和西班牙等国的宪兵组成，基地在意大利维琴察。该部队满员时可达 2300 人，包括一支 800 余人的快速反应部队。除外派执行特殊和有时是紧急的任务外，欧盟还在世界重要地区派驻特别代表，以推行欧盟的政策并谋求该地区的和平与稳定。“欧盟/宪兵：宪兵分队不久将派驻萨拉热窝”，《欧洲外交与防务》，2007 年 10 月 23 日，第 3 页。

〔90〕 欧盟理事会秘书处，欧盟在波黑的军事行动（EUFOR-Althea 行动），事实表，2007 年 12 月。

〔91〕 机构的正式名字叫欧盟支援巴勒斯坦治安协调办公室。欧盟理事会，欧盟巴勒斯坦领土治安机构，事实表，2008 年 1 月。

〔92〕 中止被视为是暂时的，所以正式地说，欧盟拉法边境援助机构仍在运转。欧盟拉法边境援助机构，“欧盟拉法边境援助机构仍在运转”，事实表，2007 年 12 月。

〔93〕 S. 泰勒的“乍得任务考验欧盟的意志和力量”，《欧洲之声》，2007 年，8 月 2—29 日，第 7 页；“欧盟/乍得：组建欧盟部队部署在苏丹/达尔富尔边境地区的进展有限”，《欧洲外交与防务》，2007 年 9 月 27 日，第 2 页；“欧盟/非洲：纳什将军向大使们描述在乍得和中非共和国部署欧盟部队的条件将很困难”，《欧洲外交与防务》，2007 年 11 月 1 日，第 1 页；“欧盟/非洲：欧盟乍得和驻刚果治安机构的行动不久将最终确定”，《欧洲外交与防务》，11 月 6 日，第 2 页。

〔94〕 EUSEC DRC 是欧盟在刚果民主共和国设立的安全领域改革机构。前武装分子的裁减、复员和重返社会为实现从战争转向和平发挥了重要作用。参见“欧盟/刚果民主共和国：欧盟在刚果民主共和国设立的安全领域改革机构陷入僵局”，《欧洲外交与防务》2007 年 12 月 20 日，第 2 页。

(ARTEMIS) 行动（欧盟驻刚果民主共和国军事行动），现在又有问题。[95]

欧盟要努力克服面临的其他挑战。首先，从一般的层面上看，欧盟战线太长。在这方面，美国要求增兵阿富汗给与北约有关的欧盟国家造成了问题，主要是欧盟任务与北约任务之间存在优先次序的竞争。[96] 其次，战斗群概念并没有被证明为一个十全十美的解决办法。组建战斗群虽旨在使欧盟拥有待命部队，但在第一年发生的冲突中，战斗群所担负的任务并非适应所有的要求。第三，存在作战指挥部的问题。有些国家宁愿欧盟作战依靠北约（根据 2003 年柏林附加协议[97]），另一些国家则力争欧盟拥有自主军事指挥部。欧盟安全与防务政策现在依靠若干国家指挥部来完成许多任务。[98] 欧盟在这个重大问题上缺乏共识，但如要在防务政策领域发挥主要作用，必须处理好这个问题。

## 第五节　大西洋共同体的安全合作

北约困难之核心是在跨大西洋对话中被相对边缘化。对美国来说，大中东地区和反恐依然是最重要的安全挑战。在这方面，北约无需提供什么附加值。北约急需新的战略思想给自已一个清晰的目标意识，不管与联盟相关的或是全球性的目标意识。2007 年，法国为全面回归北约已造了不少舆论，看起来颇有希望，但在很大程度上还取决于美国和其他大西洋主义政府（特别是英国）是否已准备对欧盟安全与防务政策采取赞许的看法。在 2007 年底至 2008 年 4 月布加勒斯

〔95〕 L. Polgreen 的“一个受虐的刚果又处惊厥状态”《 国际先驱论坛报》，2007 年 12 月 13 日。

〔96〕 美国国防部长罗伯特·盖茨已呼吁“联合国和欧盟在经济发展和阿富汗训练警察方面发挥更大作用”。参见北约/防务：“诺德韦克会议第一天以阿富汗问题为主导”，《欧洲外交与防务》，2007 年 10 月 26 日，第 3 页。

〔97〕 柏林附加协议使欧盟有可能利用北约计划保障或能力与资源，以遂行任何作战任务。“柏林附加协议”，2003 年 3 月 17 日，网址：URL〈http: //www. nato. int/shape/news/2003/shape _ eu/se030822a. htm〉。

〔98〕 参见 G. Lindström（同注释〔88〕），第 22—23 页。

特峰会期间，北约扩员的前景似乎更加光明，主要是巴尔干国家加盟，克罗地亚排在首位。

## 欧盟与美国相互靠拢

美国与其欧洲盟国和伙伴全面靠拢有局限性。与以往相比，美国现在称不上是一个欧洲大国。[99] 美国认为大中东是其战略重点地区，在外交和军事上都深深卷入其中，正在进行中的伊拉克冲突是其重中之重。[100] 尽管希望驻伊拉克美军数量于 2007 年“激增”后会减少，但伊拉克政府看起来需要美国继续存在。[101] 根据联合国安理会 2007 年 12 月第 1790 号决议，美国在伊拉克军事存在的法律依据有效期延长至 2008 年 12 月 31 日，但这是最后一次延长。[102] 此日以后，两国需谈判新的双边协议，这是等待 2009 年美国新政府的首批任务之一。

美国布什政府对巴以冲突采取更加务实的做法，允许与欧盟进行更加建设性的合作。欧盟认为，和平进程是中东稳定的先决条件。显然，重启和平路线图和 2007 年安那波利斯会议进行的谈判标志着布什总统已告别了过去的选择。[103] 在中东其他重要问题——伊朗核扩散问题上，跨大西洋接近也是引人注目的。[104] 然而，西方在阿富汗的凝聚力受到挫折，原因是战略分歧、国家制约和塔利班的死灰复燃等。

## 欧盟—北约合作

最近几年，欧盟与北约这两个欧洲—大西洋最大的组织虽然宣称

---

〔99〕 如同负责政治事务的副国务卿尼古拉斯·伯恩斯简言，“美国对欧政策不再是关于欧洲，而是世界其他地方”。A. Beatty 的“美国与欧洲分道杨镳”，《欧洲之声》，2007 年 4 月 7 日。

〔100〕 参见 R. Hollis 的“大中东”，《SIPRI 年鉴 2005：军备裁军和国际安全》（牛津大学出版社：牛津，2005 年），第 232—234 页。

〔101〕 伊拉克冲突详细情况参见本卷第 2 章第 3 节。

〔102〕 联合国第 1790 号决议，2007 年 12 月 18 日。2007 年 11 月 26 日，伊拉克总理努里·阿勒马利基与美国总统布什签署了一项关于伊拉克共和国与美利坚合众国长期合作与友谊的原则宣言。宣言内容可查，网址：URL 〈http://www.whitehouse.gov/news/releases/2007/11/20071126－11.html〉。

〔103〕 白宫，（同注释〔80〕）。

〔104〕 参见本卷第 8 章第 2 节。

要在安全事务方面更加密切地合作与磋商，但一直缠斗不断。2007年1月，北约秘书长夏侯雅伯呼吁在这两个组织之间建立“战略伙伴关系”，特别强调了科索沃的最终地位、阿富汗、军事能力和政治对话等。[105] 在达尔富尔，那些共同的挑战应该导致更加有效的合作，2007年在这些领域有了明显的进展。[106] 例如，2007年，法国向北约主动示意并参与阿富汗任务，这就燃起了关于同意实施更加有效分工的希望。但实际情况是，高层次欧盟—北约合作依然不顺利。例如，在阿富汗，地面合作看起来较稳固，但欧盟与土耳其（北约成员国）关于欧盟使用北约情报和后勤设施的分歧使联合训练阿富汗警察的计划受到影响。若干难题可能会阻碍欧盟与北约的合作交易，其中有即将举行的欧盟安全战略评估和北约战略思想评估，避免欧盟战斗群与北约反应部队之间的竞争以及解决土耳其与塞浦路斯之间的僵持等。

## 反恐

尽管华盛顿的语调和策略有变化，但由于美国与欧盟在国际反恐做法上有分歧，为此，跨大西洋共同体的困难继续增加。业已证明，美国全球反恐战比预计的更加复杂、更加费钱。“基地”组织经常重新显身，业已更换领导，分散基地，改变战术，并扩大其互联网活动。[107] 据美国政府一个报告称，“基地”组织受到一种挥之不去的战略企图的驱动，那就是袭击美国本土。通过与以美国为基地的恐怖集团合作，“基地”组织袭击美国的能力可望得到增强。报告还强调，“基地”组织念念不忘的愿望是获取并使用大规模杀伤性武器，同时

[105] J. 夏侯雅伯的“北约与欧盟：新篇章的时候到了”，讲话基调，2007年1月29日，网址：URL〈http://www.nato.int/docu/speech/2007/s070129b.html〉。

[106] B. Tigner 的“北约与欧盟更加使劲协调，努力”，《防务新闻》2007年4月23日，第22页。

[107] 前美国中央情报局高级反恐官员 B. 里德尔声称，“我们所看到的是：‘基地’组织正在重建能力，以打击西欧并最终打击北美目标，其打击规模与‘9·11’事件比或相当或更大；造就并买进专营权；提供专门知识、网络和钱。基地组织领导人已重建野战挥官网络。在‘9·11’事件后，基地组织在阿富汗的基地遭到攻击，其野战挥官网络大部被毁”。引自 J. Meyer 的“基地组织一起选择新的分支机构”，《洛杉矶时报》，2007年9月16日。

继续试图得到生、化、放射性或核材料。[108] 2001年9月11日恐怖分子发动袭击之后的6年里，美国仍然易遭攻击。2007年7月一项关于恐怖威胁的国家情报评估总结业已解密，该总结的结论是，美国发现自已处在“高度威胁环境之中”，强调伊拉克战争产生了基地“复兴效应”，指出在巴基斯坦部落地区打击极端主义已经失败。即使“基地组织”感到美国是一个更不易袭击的目标，尽管美国在对付“基地组织”领导人方面已获几次成功，但“基地组织”已能“招幕并训练特工”，包括袭击美国本土。[109] 美国更加关注欧洲被用作为一个攻击美国的基地，为此采取强有力措施来更加严密控制飞越大西洋客机的流量。自2004年马德里恐怖袭击和2005年伦敦恐怖袭击以来，欧洲情报机构已聚焦国内的激进化问题。

美国在欧洲和欧洲以外地区继续声誉扫地。美国唯一超级大国地位虽引起了不满和怀疑，但美国的外交政策选择导致其孤立。[110] 在此情况下，圣战运动似乎已在巴基斯坦立足，马格里布（地区）更加危机四伏，黎巴嫩的逊尼派极端主义正在上升，哈马斯已在加沙地带掌权。正在恶化的战略环境对欧洲也有影响。不仅是英国和美国在欧洲（如在德国）的资产有遭袭击的风险，而且是那些对西方一概加以反对的穆斯林极端主义分子的进一步激进化对整个欧洲构成威胁。[111] 作为受到欧洲赞同的一个步骤，布什政府2007年的目标是重新获得战略主动权，途经是在“全球反恐战争”中采取综合性办法，除胁迫和遏制外还提倡接触和谈判。由此出现了一个国内措施与国外措施之间，硬政策与软政策之间更加和谐的框架，这是一个例证。

---

〔108〕 美国本土安全委员会，美国国家本土安全战略，（白宫：华盛顿，哥伦比亚特区，2007年10月），网址：URL〈http://www.whitehouse.gov/infocus/homeland/nshs/2007/index.html〉。

〔109〕 美国国家情报委员会，“国家情报估计：对美国本土的恐怖威胁”，2007年7月，网址：URL〈http://www.dni.gov/press_releases/20070717_release.pdf〉。

〔110〕 关于更加深入讨论反美观念的根源和类型，参见，P. J. Katzenstei 和 R. O. (eds.) Keohane 的“世界政治的反美主义”（康奈尔大学出版社：伊萨卡，纽约，2007年）。

〔111〕 Dempsey 和 Bennhold（同注释〔70〕）；MSNBC and NBC 新闻（同注释〔70〕）。

## 集体防御与快速反应问题

2007 年的一件新奇事便是与俄罗斯重新发生了“冷战”式的问题（参见第 3 节）。在欧洲常规武装力量条约和导弹防御等问题上，俄、美实施边缘政策，反映出大西洋共同体在战略、政治和军事问题等广泛领域受到分裂。在如何正确处理对俄关系上，北约成员国长期不和谐。从北约的凝聚力和欧洲常规武装力量条约的可行性着想，北约国家，包括美国，都意识到要更加认真对待俄罗斯对与欧洲常规武装力量条约有关问题的关切，但这种意识来得太迟。鉴于紧张加剧，俄要求提高，美国在 2007 年调整了政策，加强了对俄外交努力，承诺与北约其盟国进行磋商。如何找到创造性的方法来劝说俄罗斯对欧洲安全环境的新发展不采取逆向反应并保持北约团结，这是对美国的一个挑战。[112]

北约在威胁评估和关于与美国中欧导防计划合作规模方面苦于缺乏共识。关于导防系统对北约的政治军事影响，北约“正在研究”。2008 年 4 月布加勒斯特峰会期间，北大西详理事会已“注意”到研究工作的进展情况，并向俄罗斯提出在北约—俄罗斯理事会上将此作为一项合作性的透明措施来进行磋商。[113]

与此同时，北约制定了一项关於建立战区导防系统的计划，即主动多层弹道导弹防御计划（ALTBMD），这是北约 1999 年战略思想的组成部分。这个“系统中的系统”将被纳入北约一个单一的司令部和控制网络。[114] 按计划，ALTBMD 到 2010 年将初具作战能力，到 2016 年全部可供作战需要。ALTBMD 的目标是保护北约领土内外的部署部队，对付近程和中程弹道导弹。然而，北约总部一直在讨论关于使 ALTBMD 能与美国防御远程导弹的导防计划相互补充的问题。

2006 年，北约里加首脑会议确认，防卫北约部队和领土不受各

---

[112] 参见本卷第 10 章第 2 节。

[113] 北约，最后公报—北大西洋理事会部长级会议在北约总部召开，新闻稿（2007）130 号，2007 年 12 月 7 日，网址：URL〈http://www.nato.int/docu/pr/2007/p07－130e.html〉。

[114] 详情参见本卷第 3 部分附录 8C。

种射程导弹威胁是可行的。但从那时起，导防合作没有取得进展。美国与捷克和波兰举了双边谈判，但美国的导防计划没有复盖北约的全部欧盟国家领土，其东南方向暴露无遗。2007 年 6 月 14 日，北约国防部长会议同意评估 ALTBMD 系统与美国的系统进行合成的可能性。合成旨在确保北约领土受到保护，不受导弹威胁，并使这两个系统具备相互可操作性。[115] 显然，美国官员业已将此决定解读为北约暗示同意美国的导防计划，虽然这是有争议的。

北约反应部队可以在全球范围遂行各种作战任务，包括疏散、灾难处理、反恐和充当后续大部队的先头部队实施行动。[116] 迄今为止，北约反应部队部署过两次，都是在 2005 年，一次是在发生卡特里纳台风以后，另一次是在巴基斯坦发生地震以后。该部队准备保持 2.5 万人处待命状态。北约反应部队依然是一个服务于北约部队转型、改进和相互可操作性的工具。与此同时，多年来各成员国分担的费用和军事负担不对称，这个问题使得北约反应部队的有效作战能力受到影响。由于北约插足世界各地使其成员国的能力有所不及，于 10 月在荷兰诺德韦克举行的北约国防部长会议决定，作为一项临时性措施，北约处战备状态的主力部队数量将减少。与此同时，保持迅速增强北约反应部队的能力，使之能全额扩充到 2.5 万人。[117]

## 阿富汗

虽然令人十分畏惧的塔利班春季攻势没有付诸实施，塔利班领导看来正要分裂，控制不住省内派别，但 2007 年全年的阿富汗安全局势依然恶化。六年过去了，稳定与重建的进展仍然有限。[118] 由于塔

---

[115] “北约同意推进导防系统”，《北约新闻》2007 年 6 月 14 日。

[116] 北约，“北约反应部队”，网址：URL〈http://www.nato.int/issues/nrf/index.html〉。

[117] “北约/防务：计划作出改变，以使北约更有能力对新挑战作出反应”，《欧洲外交与防务》，2007 年 10 月 26 日，第 2 页。

[118] 联合国注意到，“发生事件的数量比 2006 年同期增多……但事件的本质已有相当大的变化，其中大量的事件系野战性武装冲突，而不是全国性的联合武装冲突和不对称袭击”。C. S. Harrison 的“阿富汗安全形势半年评估”，联合国安全与保安署，2007 年 8 月 13 日。2007 年针对明显的和象征性资产的目标的恐怖分子袭击大幅增加。

利班的存在，差不多半个阿富汗，主要是在南部地区，太危险，以致参加援助的工人无法施工。[119] 这种不断恶化的形势使北约盟国中业已存在的紧张气氛进一步加剧，北约领导的国际援助部队的可持续性便成了严重问题。

北约成员国继续以不同的和排他性思想方法来制定任务，并仅仅参与完成具体的有限任务（例如，只有数量有限的国家已经接受作战任务）。结果，北约所作努力的灵活性和有效性下降。例如，不同做法导致不同的战略，并非所有北约指挥的部队运用同样的战术：在乌鲁兹甘省的荷兰部队选择与部落领袖发展关系，而其他部队则选择与部落领袖进行对抗。英国和丹麦正争取更多利用部落民兵加紧反对塔利班和基地组织部队，而国际安全援助部队司令达恩·麦克尼尔将军和美国则在总体上对这种做法提出更多责疑。

尽管急需一种涉及军事和民事任务的共同全面的战略远见，但“联盟并没有一致的战略”，从而使以共识原则为基础的北约性质继续面临风险。[120] 与国际安全援助部队的情况一样，省重建队和重建努力也经历了不一致。由于国际安全援助部队的指挥关系仅仅覆盖国际安全援助部队的军事部门，在国际安全援助部队工作的民事单位只向它们国家的政府报告，而这些国家的政府都有自己的组织架构和工作目标。由于预算有限，频繁轮换，安全不断下降，而且没有具体授权，国际安全援助部队的活动仍然停留在短期危机处理

〔119〕 一个桑利斯（Senlis）报告接着称，“叛乱起到了相当大的心理控制作用，在阿富汗人民头脑中赢得了越来越多的政治合法性。阿富汗人民经历了很长一段盟友改变和政权更迭的历史”，桑利斯（Senlis）阿富汗，蹒跚至混乱：阿富汗处于边缘（桑利斯（Senlis）委员会：伦敦，2007 年 11 月）。

〔120〕 参见主席研究中心，“阿富汗研究小组报告：振兴我们的努力，重新思考我们的战略”（主席研究中心：华盛顿，哥伦比亚特区，2008 年 1 月 30 日）。美国国防部长罗伯特·盖茨曾公开批评此种战略凝聚力缺失，为此激怒了参与作战活动的北约成员国。参见 P. piegel 的“盖茨说北约部队不能对游击队作战”，《洛杉矶时报》，2008 年 1 月 16 日；“盖茨挑阿富汗南部北约部队的毛病”，路透社，2008 年 1 月 16 日。对前阿富汗内政部长阿里·贾拉利来说，“北约正在实施没有战略的战略性战斗，在没有统一的看法之前，增加军队将无济于事”。“北约/阿富汗：美国对阿富汗的主要增援—北约秘书长呼吁保持耐心”，《欧洲外交与防务》，2008 年 1 月 15 日，第 3 页。

方面。

力量生成问题也已使这项使命倍受困扰。北约成员国对安全的关切不一样，影响了北约的团结，点燃了北约成员国——德国、意大利、荷兰、加拿大及其他国家政府对这项使命的不满情绪。它们在说服公众继续同意部署部队问题上困难重重。[121] 据北约专家认为，国际安全援助部队至少还需 4 个营，其中 1 个营用于在阿富汗靠巴基斯坦边境巡逻。该部队还苦于经常缺少直升机和其他重型装备。[122] 结果，国际安全授援助部队可以清理防区，但无法守住。美国反复呼吁其他北约成员国扩大它们的义务，但大多无果。之后，美国只好决定到 2008 年春增派 3200 名陆战队。[123]

除北约努力以外，国际社会更加广泛地尝试建立阿富汗国内的安全能力，但也遇到了障碍。阿富汗国民军虽然与国际安全援助部队一起发挥了越来越积极的作用，但兵力不足 3.5 万人，与 2010 年 7 万

〔121〕 例如，有 71 个加拿大士兵和 1 个外交人员在阿富汗丧生，大约有 243 名加拿大部队人员受伤，但其他国家的部队无一人伤亡。加拿大不时抱怨团结不够。参见 J. Cox：《阿富汗：加拿大的军事使命》，Infoseries 出版 PRB 07—19E（议会信息与研究部：渥太华，2007 年 11 月 6 日）。在加拿大，61％的人不同意将阿富汗任务延长至 2009 年 2 月以后。在德国，29％的人支持在阿富汗部署德国武装部队，而在六年前，就有 51％的支持率。在荷兰，34％的人同意在乌鲁兹甘的军事任务应该延长。在英国，62％的人赞同撤军，其中 27％的人要求立即撤军，35％的人赞成一年内撤军。"加拿大人拒绝延长阿富汗任务"，研究机构 Angus Reid Global Monitor，2008 年 1 月 1 日，网址：URL〈http：//www. angus-reid. com/polls/view/canadians _ reject _ extending _ afghan _ mission/〉；M. Harsch 的"德国在阿富汗更加进退两难"，《ISN 安全观察》，2007 年 12 月 3 日，网址：URL〈http：//www. isn. ethz. ch/news/sw/details. cfm? ID=18423〉；"荷兰人对阿富汗使命的反感情绪增长"研究机构 Angus Reid Global Monitor，2007 年 7 月 9 日，网址：URL〈http：//www. angus-reid. com/polls/view/16427/dutch _ grow _ hostile _ to _ afghan _ mission〉；尤古斯（YouGov），《星期日时报》调查结果，2007 年 12 月 17 日，网址：URL〈http：//www. yougov. com/uk/archives/pdf/2007 12 17 ST toplines。据德国马歇尔基金会的一项民意调查，总的看，欧洲人对阿富汗作战行动的支持率约为 31％。引自 H. Binnendijk 的"完成在阿富汗的工作"，《华尔街日报》，2007 年 11 月 10 日，第 A11 页。

〔122〕 A. H. Cordesman 的"致众院武装部队委员会的一封关于阿富汗的公开信"，战略与国际研究中心，2008 年 1 月 16 日，网址：URL〈http：//www. csis. org/component/option，com _ csis _ pubs/task，view/id，4293/type，1/〉。

〔123〕 A. Scott Tyson 的"3200 名陆战队将于春天部署到阿富汗"，《华盛顿邮报》2008 年 1 月 16 日，第 A11 页。

人的目标相比差距尚远。联合协调与监督委员会曾于2006年监督过阿富汗契约，设定了一个招幕8.2万名警察的目标，其中包括1.85万名边防警察。[124] 欧盟和美国作出了新的努力，提供了近2500名人员来训练和装备阿富汗警察，但效果不大。[125] 在警察部队中，腐败猖獗，尤其是在快速蔓延的鸦片交易方面。当地人民视警察为问题的一部分，而不是问题的解决办法。另外，由于成为塔利班不断打击的目标，阿富汗警察依然虚弱，功能失调。[126]

### 新的大西洋讨价还价趋向

北约正从一个地区性集体防务组织向全球性集体防务组织转型，面临着由阿富汗问题着重体现的重大挑战。像阿富汗那样本质上是多方面的持久作战，需要在承担责任、能力和战略选择上有高水平的团结与和谐，但这超越了基于一致的北约文化，尤其是因为这种安全行动只是国家的一种选择，而不是集体需求之事。必须给稳定和重建努力以成功的机会。“如果国家重建是美国的责任，那么由于物质的，政治的和文化的原因，美国根本不能单独承担这一责任”，[127] 如果人道行动依然是欧盟雄心之基石，那么此种任务是跨大西洋合作和北约集体责任所不可逃避的事情。若要执行，必须涉及机制性的、战略的和战役的重大改变，其中主要的有欧盟与北约合作不良，欧盟能力目标长期未能实现，没有抓住共同拨款的机

[124] 2006年伦敦会议产生了阿富汗契约。契约作为与会各方的一项政治义务，设定了“具体的可以达成的多项目标，包括安全、治理、经济和社会发展以及反毒品等”。阿富汗政府和国际社会为“对契约完成全面战略协调”建立了联合协调与监督委员会，以为“达成契约进行全面战略协调”。美国国务院，“伦敦会议与阿富汗契约”，事实表，发言人办公室，华盛顿，哥伦比亚特区，2006年1月31日；联合协调与监督委员会，“联合协调与监督委员会——为记者提供的事实”，联合国阿富汗援助代表团，2006年4月，网址：URL〈http://www.unama-afg.org/news/_publications/fact%20sheets/2006/FactSheet-onJCMB.pdf〉。

[125] 参见国际危机小组，改革阿富汗警察，《亚洲报告》第138期（国际危机小组：布鲁塞尔，2007年8月30日）。亦参见本章第四节和本卷附件3A。

[126] D. Rohde的“塔利班适应时，阿富汗警察遭挫折”，《纽约时报》，2007年9月2日。

[127] D. H. et al. Allin：“修复损害，跨大西洋共识的可能性和限度”，Adelphi文稿第389期（（Routledge：伦敦，2007），第84页。

会，以及未能更新战略思想等。2007 年，法国与北约靠拢，这是朝着实现这些改革的潜在的重要一步。与此同时，土耳其进一步疏远有可能使努力失去效果。北约 2008 年 4 月布加勒斯特峰会议程广泛，有大量突出的问题。鉴于北约对其将来的相关问题显然缺乏共识，要有重大突破不太可能。

## 第六节　结　　论

2007 年，俄罗斯恢复了自信并渴望在安全事务中取得平等地位，这是欧洲—大西洋关系最重大的发展。在未来岁月中，俄罗斯仍将受到普京时代领导的影响。由于不断增加自我确保的利润丰厚的自然资源开发并有恃无恐地将其作为一种政治武器成功地使用，俄罗斯已回到其传统政策：开始使欧洲伙伴相互争斗；谋求削弱跨大西洋关系；在前苏地区重新施加影响。与此同时，俄罗斯又似乎急切希望与西方保持合作关系，不太可能冒过分挑战西方的风险。特别需要指出的是，如果科索沃问题处理不好，有可能成为东南欧以及欧盟、俄罗斯和美国之间安全关系越来越紧张的根源。

对跨大西洋伙伴关系的挑战已是越来越全球性的了，要取得并维持共识和承诺是困难的。当共同行动时，如在中东和平进程中或在科索沃、伊朗和阿富汗等问题上，伙伴关系仍将受制于自我限制，不同的取向和力量不足。2007 年出现了欧美相互接近，更多地是基于认识到的弱点而不是预计的强点。对欧盟和美国来说，2007 年都是结算之年。欧盟已采取重要的步骤，通过了里斯本条约，该条约广泛保留了被弃宪法条约的主要成分，尤其是在外交和安全政策方面。现在，欧盟可以通过将法律架构转化为政治行动来挖掘其可观的潜力。然而，条约批准过程将再次强调国家的喜好和决定退出而不是真正的外交议程，因此将花费欧盟大量的精力。美国赞成对世界事务采取更加实用主义的做法，已放弃了使其国内外影响和威信下降的大部分政策。但美国仍然深深卷入伊拉克，其全球外交影响力已缩小。美国大选在即，撤出伊拉克无望，经济在恶化，有可能变得更加内向。为此，过渡便是欧洲—大西洋共同体2008年和2009年的主题。

（唐寅初　译）

# 第二章 武装冲突的趋势

叶卡捷琳娜·斯捷潘诺娃

## 第一节 导 言

2007年，在全球武装冲突最激烈的一些地方和其他容易产生冲突的地区，暴力呈现出明显的进一步零散化的趋势。伴随这一趋势的是武装派别的多样化和不同形式暴力之间界限的进一步消失。很多“零散化”暴力都难以衡量和归类。尽管这一情况通常出现在爆发主要武装冲突的地区，但它与冲突的主要矛盾问题〔1〕并无直接关联。相反，较大规模的冲突给其他形式的暴力——有组织和无组织的——提供了一个有利环境，甚至可能诱发这些暴力。这种零散化暴力的动力源于自身并且能永远持续下去。就其战斗死亡的人数而言，这些暴力一般是在较小的规模上展开的，但平民却为此付出高昂代价，这体现在平民伤亡数字、流离失所和相对间接的影响上。

第二节介绍了本章有关武装暴力多样化和它们之间界限越来越小的题目重点。这些暴力形式包括叛乱、恐怖活动、教派冲突和单方面针对平民的暴力活动等。第三到第五节分别就以下几个方面做了论述：在伊拉克主要武装冲突的背景下不同形式的暴力相互交织；在苏丹达富尔地区，2007年交战双方的战斗并未演变成一次主要武装冲突；〔2〕在巴基斯坦，2007年遭遇了多种不同形式的暴力和不稳定状况，尽管其中只有部分与地方武装冲突相关，但对人类、国家、地区

〔1〕 即让冲突各方争论的相互不一致的立场。参见附录2B。

〔2〕 参见附录2A。

乃至国际安全构成了威胁。前两种情况体现了武装暴力普遍零散化的趋势，而所有这三种情况则显示出武装派别的多样化以及不同形式暴力之间的界限愈加模糊的状况。第六节提供了结论。

附录 2A 提供了源于阿普萨拉冲突数据项目（UCDP）的 1998 年到 2007 年间各主要武装冲突的相关数据，此外还包括有关低强度冲突，特别是非政府行为体之间冲突趋势的概述。附录 2B 中提供了阿普萨拉冲突数据项目中的数据定义、来源和使用方法，同时说明了对 2007 年各主要武装冲突的数据编码所做的一些重要改变。附录 2C 围绕解决直接和结构性暴力的人类安全手段进行了探讨。

## 第二节 武装暴力的零散化和多样化

由非国家和从属于国家的行为体实施的形形色色的武装暴力正呈现蔓延趋势，并且在冲突过程中和冲突结束后的背景下，这些暴力之间的联系在日益加强。这些以不同方式结合的暴力，通常是受武装冲突影响的地区暴力持续不断的主要肇因。[3] 这些暴力发生的地点相同，通常是由相同的行为体实施的，并且已相互融合到了无法区分彼此的程度。

暴力的多样性反映出了武装行为体各种各样的动机、身份及其暴力活动水平。在冲突地区，参与犯罪暴力和利用战争经济所带来的各种机会的掠夺性武装集团仍在不断扩散。实施平叛行动的各国愈来愈依靠包括种族、教派和部落民兵组织在内的准军事派别对来自于非国家行为体的不对称挑战予以对称的回应。不断涌现的叛乱活动、部族和部落暴力、犯罪暴力和与之对应的平叛行动的波及范围很容易越过边界乃至扩散到更多国家。[4] 此外，99%的单方面暴力即直接和有

〔3〕 有关主要和次要武装冲突的定义请参见附录 2A 和 2B。

〔4〕 参见 S. 林德伯格和 N. J. 梅尔文，“主要武装冲突”，瑞典斯德哥尔摩国际和平研究所 2007 年年鉴：《军备、裁军和国际安全》（牛津大学出版社 2007 年出版，英国牛津），第 55—78 页。

意针对平民的暴力，都是在正爆发武装冲突的国家发生的。[5] 尽管国家在冲突特别是在争夺政权的冲突中，会造成大量平民伤亡，但在争夺领土的冲突中更多平民却是被非政府行为体屠杀的。

国家弱化和政府功能丧失似乎是造成武装暴力零散化的主要原因。政府功能丧失的一个表现就是国家失去对暴力的绝对控制。这会导致非政府武装势力数量的膨胀，阻碍冲突管理，并且即便在冲突结束后也无法减少相对猖獗的暴力活动。在本章中伊拉克、苏丹和巴基斯坦将作为研究案例，这三个国家均在 2007 年“失败国家一览表”的前 20 名之中。[6] 邻国、地区强国和其他国际势力的卷入——其具体形式包括军事干预、对冲突中的武装派别提供支持或施加政治和经济上的压力——也是导致暴力零散化以及不同形式暴力之间的界限逐渐消失的原因之一。尽管这种卷入在部分程度上可能是针对国家能力的弱化所做出的一种反应，但如果它不能促进冲突过后开展有效的国家重建工作，那么其本身也会成为一种不稳定因素。

数十年来，参与武装冲突的各种非国家行为体，总是将传统的叛乱战术，如袭击政府的军事和安全机构目标，与带有政治动机的和针对非战斗人员使用或威胁使用暴力的恐怖主义结合起来使用。[7] 武装暴力的其他表现形式变得更为普遍，并且与单方面的暴力和犯罪暴力愈来愈互相交织。以下将对三个方面的内容进行讨论，它们分别是恐怖主义与教派冲突的结合，包括部落民兵和私营保安公司（PSC）在内的与政府联盟的行为体实施的暴力和地区强权的暴力行为。

恐怖主义与教派冲突。传统意义上的教派暴力的含义，就是两个

---

〔5〕 有关单方暴力的论述请参见 K. 艾克和 L. 哈尔特曼，“战争中针对平民的单方面暴力：对于新的死亡统计的深度认识”，《和平研究期刊》，总第 44 期，年度第 2 期（2007 年 3 月），第 233—246 页。

〔6〕 苏丹和伊拉克被列为局势最不稳定的两个国家，巴基斯坦排在第 12 位。和平基金会及《外交政策杂志》，“2007 年失败国家一览表”，《外交政策》，总第 86 期，年度第 4 期（2007 年 7 月/8 月），第 57 页。

〔7〕 该定义将恐怖主义区别于借助恐怖手段胁迫平民——这种作法也可能被政府采用——的更广义的概念。参见艾卡特里娜·斯特帕诺娃，“非对称冲突中的恐怖主义：意识形态及结构性方面”《SIPRI 研究报告，第 23 期》（牛津大学出版社，英国牛津，2008 年）第 5—15 页。

或更多代表不同民众派别的非政府行为体之间的对称性较量。[8] 尽管有时恐怖行动是要煽动更广泛的教派冲突，但恐怖主义活动的终极目标从来都是针对政府的，因此是一种非对称性的手段。这使人们能够对恐怖主义活动和教派暴力加以区分。然而，一些教派集团与政府之间的关系十分密切，以至于国家也变成为半个教派实体。伊拉克的现状就是其中一个典型例子。在这种情况下，教派暴力与恐怖主义之间以及实施暴力活动的不同武装派别之间的区别，便愈加模糊。当一个被人们认为带有强烈教派偏见的国家与代表其他教派的反抗势力正面交锋时，针对政府的恐怖主义活动，就会几乎是不可避免地转变为教派冲突的一个工具。在这样的国家，反叛乱活动也可能会与教派暴力混成一体。

2007 年，在伊拉克恐怖主义活动与教派暴力的交织和融合，是该国暴力方式的主要发展趋势之一。这也解释了全球的恐怖活动，为何有相当大比例都频频发生在伊拉克。从 2007 年 1 月到 11 月，在伊拉克发生的恐怖事件占全球恐怖主义事件和这些事件所造成的死亡人数的比例分别为 69％以上和 85.8％。[9] 尽管以前曾有过与冲突相关的恐怖主义活动的高峰期，但从未有一次主要武装冲突对全球恐怖主义活动的态势产生如此独占鳌头的影响。

与政府联盟的民兵组织和私人受雇组织。政府利用除安全部队以外的武装派别，已不是新的现象。但它与暴力零散化的普遍模式相互结和，便会产生一种新的特点和局面，即与政府联盟的派别与非政府武装暴力活动之间的界限，变得愈加模糊，这种状况在苏丹的达尔富尔和伊拉克的亲政府民兵组织的活动中表现得十分明显。

问题的另一个方面是，在冲突地区，特别是伊拉克，存在越来越多的私营保安公司。2007 年，伊拉克成为现代历史上私人军事部署

---

〔8〕 这里的教派暴力既包括不同宗教派别成员之间的暴力（教派之间的暴力）也包括同一教派内部不同群体之间的暴力（教派内部暴力）。

〔9〕 2003 年，发生在伊拉克的恐怖袭击事件及其造成的死亡人数的比例分别只有 7.7％和 23％。美国国家防止恐怖活动纪念馆（MIPT）的恐怖活动知识库，网址：URL 〈http：//www.tkb.org/〉。2008 年 5 月，该知识库与马里兰大学国家恐怖活动及恐怖活动应对研究合作项目（START）网址：URL 〈http：//www.start.umd.edu/data/gtd〉 管理下的全球恐怖活动数据库合并。

数量最多的国家。尽管这些势力起到了一些维持治安的作用，但由于他们既参与平叛行动又对平民使用武力，因此对他们的存在和作用颇具争议。[10]

地区性的强权暴力行为。在很多有冲突和冲突结束后的地区，越来越多的民兵组织开始卷入地方的暴力活动。这些暴力活动可表现为种族、部落、教派、刑事犯罪或其他形式——抑或同时兼有多个形式，因此对它们更加准确的描述应该是地区强权的暴力行为。大量卷入地区强权行为的民兵组织，本质上都带有机会主义色彩，它们走马灯式的变换结盟对象，甚至与那些原本相互对抗的种族、教派、部落和其他势力也同时结成联盟。他们为争夺地区权力、资源和控制权而战，而并非为了实现民族、宗教、教派或社会政治目标。这种地区化的暴力不可避免地包括了与非正规经济有关的各种掠夺性和寄生性活动（如通过部落之间的关系网进行的走私活动），同时利用正规经济的疲软或有限的影响力趁虚而入。当政府控制力受到削弱或根本不存在时，地区化暴力便会兴风作浪，当一个国家的某一地区或全国陷入多个冲突时，往往会出现这种情况。

## 第三节 伊拉克

### 背景：叛乱活动和美军增兵

2007 年初，主要针对以美国为首的驻伊多国部队（MNF—I）和伊拉克安全部队的叛乱活动创下了新高，截至到这年年底，叛乱导致了 5700 多人死于战火。[11] 6 月，73%的袭击行动都是针对驻伊多国部队的，这是自 2005 年以来的最高数字，虽然遭受伤亡最

〔10〕 参见 C. 霍尔姆奎斯特，“私营保安公司：需要建立法规的实例” SIPRI 政策文件，第 9 期（SIPRI：斯德哥尔摩，2005 年）；S. 佩尔罗—弗里曼和 S. 斯考恩思，“私营军事服务行业”，SIPRI 研究文章，2008 年 5 月，网址：URL〈http：//books. sipri. org/product _ info? c _ product _ id=???〉。

〔11〕 参见附录 2A。这里使用“叛乱”一词是为了与乌普萨拉冲突数据项目中将这一冲突定义为伊拉克政府和多国部队同“伊拉克叛乱分子”之间的冲突保持一致。但多数伊拉克的叛乱势力认为他们是参与反抗外国对伊拉克的占领。

严重的却是伊拉克安全部队和平民。[12] 即使叛乱武装派别之间并未进行联合，但它们的某些目标却是共同的。这些目标可以被归纳为：加强它们对民众的控制，将外国军队逐出伊拉克以及削弱伊拉克政府的统治。[13]

某些什叶派武装力量如迈赫迪军（JAM），自 2004 年就与以美国为首的联军交战，而它们中的多数都在 2007 年前停止了叛乱活动。自 2006 年起，民族主义色彩强烈的逊尼派反叛武装呈现出一种更倾向于极端伊斯兰主义和教派性质更浓厚的特点，而伊拉克的“基地”组织（AQI）正成为其中最具破坏力的一股势力。然而，尽管伊拉克的“基地”组织应对很多造成大量人员伤亡的恐怖事件以及针对驻伊多国部队和伊拉克安全部队的大规模袭击行动负责，但大部分消息来源表明，伊拉克的“基地”组织和与其结盟的派别在反叛组织总人数中的比例不到 15%。[14] 外国武装分子在反叛组织中所占的比例更低，只有 4%到 10%。[15]

自 2006 年初至今，由逊尼派主导的反叛组织与逊尼教派主义越来越明显地交织在一起，其针对的对象便是被认为亲驻伊多国部队、亲政府或亲伊朗的什叶派。同时，若干什叶派民兵组织——其中包括某些伊拉克政府中的政治势力所属的武装派别，如巴德尔军，开始卷

---

〔12〕 美国国防部向国会提交的“伊拉克国内安全与稳定的评估”报告（美国国防部，华盛顿特区，2007 年 9 月），第 19—20 页。

〔13〕 美国国防部（同注释〔12〕），第 16 页。

〔14〕 A. H. 科德斯曼，“在伊拉克实行战略忍耐的脆弱案例：实地报告”（美国战略与国际问题研究中心：华盛顿特区，2007 年 8 月 6 日），第 11 页。“基地组织”在抵抗运动及教派仇杀中所扮演的角色以及该组织与跨国伊斯兰教网络的联系性似乎被美国政府消息来源夸大了。

〔15〕 2006 年，对叛乱势力规模的评估数字从 5000 至 15000 人到 30000 人不等，2007 年这一数字达到了 70000 人，而外国战斗人员的数量估计为 800 到 2000 人。国际危机组织(ICG)，“当事人的原话：解读伊拉克的国内叛乱”，中东问题报告第 50 期（国际危机组织：布鲁塞尔，2006 年 2 月 15 日），第 1 页；M · E · 奥汉伦和J. H. 坎贝尔，“伊拉克指数：追踪伊拉克重建与安全问题的变数”，布鲁金斯学会，华盛顿特区，2007 年 10 月 1 日，网址：URL 〈http：//www. brookings. edu/iraqindex/〉，第 26—27 页。美国两党伊拉克研究小组估计 2006 年在伊拉克的外国“圣战者”人数达 1300 人。J. A. 贝克和J. H. 汉密尔顿（联合主席），“伊拉克研究小组报告”，2006 年 12 月 6 日，网址：URL 〈http：//www. usip. org/isg/iraq _ study _ group _ report/report/1206〉，第 10 页。

入针对逊尼派的教派暴力冲突。2006 年底，美国驻伊官员和指挥官，建议政府大幅增加驻伊美军数量，以应对教派暴力骤然加剧的状况。2007 年 1 月 10 日，美国总统乔治·W. 布什宣布改变美国的伊拉克战略，并计划增派两万多名美军，支援在巴格达的 18 个伊拉克陆军旅和国家警察部队。〔16〕

美国的军事集结——通常被称为增兵——始于 2 月初的一次大规模攻势。美军增兵的第一阶段一直持续到 6 月初，其间他们发动了一连串猛烈的平叛行动，其中包括在 2 月和 6 月对巴格达部分地区的轰炸。然而，在这些行动中，美军遭遇到激烈抵抗，而行动本身甚至导致某些类型的暴力活动有增无减，最终在治安方面收效甚微。美军在 5 月伤亡了 123 人，这一数字为当年最高，并且已接近历史最高记录，即 2004 年 4 月的 135 人和 2004 年 11 月的 137 人。美军增兵并未改变造成他们自占领以来人员伤亡的主要原因。在 1 月和 9 月间，造成美军半数人员伤亡的都是自制的简易爆炸装置。〔17〕这一时期平均每月被击落的美军直升机数量较 2006 年同期稍有增加。〔18〕巴格达非国家行为体对防护严密的战略目标实施了有计划的袭击，这些目标包括了在伊拉克受到最严密保护的地区——国际管辖区。在 3 月和 5 月之间，该区域遭受了 80 次以上的袭击。〔19〕极其频繁的自杀性攻击仍未得到遏制：从 2006 年 7 月到 2007 年 6 月，至少发生了 540 次自杀性攻击，而从 2003 年入侵伊拉克到 2006 年 6 月如此长的时间内，

〔16〕白宫新闻秘书处，“总统对全国人民的讲话”，2007 年 1 月 10 日，网址：URL ‹http://www.whitehouse.gov/news/release/2007/01/20070110—7.html›。多达 28000 名军人最终被派往伊拉克，其中 5 个作战旅的人数为 21500 人，另外还有 7000 至 8000 人的后勤支援人员。J. 盖拉蒙“如果将后勤支援部队算在内，美国增兵总数将达 28000 名军人”，美国国防部，美武装部队出版社，2007 年 3 月 16 日，网址：URL ‹http://www.defenselink.mil/news/newsarticle.aspx?id=32483›。有关美国 2007 年的伊拉克政策，请参见本卷第一章。

〔17〕有关美国国防部每日人员伤亡情况报告，请参见 M.E. 奥汉伦和 J.H. 坎贝尔所写的报告（同注释〔15〕），第 17—18 页。

〔18〕M.E. 奥汉伦和 J.H. 坎贝尔（同注释〔15〕），第 33 页。

〔19〕联合国安全理事会，根据第 1546 号决议（2004 年）第 30 小节所做的秘书长报告，S/2007/330，2007 年 6 月 5 日，第 11 页。

仅有 300 起。[20] 自杀式炸弹袭击——其造成的死亡人数通常在一百人以上——和每月造成多人死亡的所有炸弹袭击的总数都在 2007 年 2 月和 4 月间达到最高峰。[21] 最触目惊心的恐怖活动是针对巴格达什叶派居民点人口密集区所实施的袭击，而它们又引发了新一轮教派间的报复性袭击。伊拉克政府官员依然是被袭击的对象。美军指挥官在 6 月份承认，尽管在巴格达又部署了 18000 名军人，但美军实际控制的社区不到城市总社区数的 1/3。[22]

驻伊多国部队被迫再一次改变战术。从 6 月中旬开始，多国部队发动了新一轮被统称为“鬼怪雷霆行动”的攻势，主要在巴格达主要城区、巴格达周围的所谓“带状地区”、迪亚拉省及其省会巴古拜、巴比尔和安巴尔省展开。[23] 在美军增兵的第二阶段，一个新的重要特征便是，驻伊多国部队开始有选择地武装并资助逊尼派部落民兵，用以打击其昔日的盟友——更为激进的伊斯兰反叛武装，特别是伊拉克的“基地组织”。[24] 2007 年，由于一些逊尼派阿拉伯部落（特别是在安巴尔省）对伊斯兰分子的极端政治目标和暴力行动越来越感到不满，加之走私、收取非法过路税以及其他类似活动所引起的地盘争夺战愈演愈烈，逊尼派不同武装势力之间爆发了严重的暴力冲突。美国对心怀不满的部落提供的军事和资金援助，催生了新的逊尼派部落民兵组织（而这一现象被美国方面称作“部落觉醒”），并且导致了零散化现象的上升，从而削弱了逊尼派武装势力在伊拉克中心地区的抵抗。增兵第二阶段的另一个特点，是强调进一步展示美军部队在伊的

---

〔20〕 R. 诺德兰和 B. D 德赫甘皮谢赫，“自杀式炸弹袭击浪潮”，《新闻周刊》，2007 年 8 月 13 日。

〔21〕 M. E. 奥汉伦和 J. H. 坎贝尔（同注释〔15〕），第 10—11 页。

〔22〕“尽管美军增兵，但安全计划只能为巴格达 457 个社区中的 146 个提供保护”，美联社，2007 年 6 月 4 日。

〔23〕 美军中央总部司令部，“驻伊多国部队展开鬼怪雷霆行动”，新闻稿，2007 年 6 月 20 日。

〔24〕 美国军方坚称在更加温和的逊尼派部落中的“部落觉醒”是驻伊多国部队精心准备的战略所取得的成果，但一些民间专家认为，“部落觉醒”有其地方性根源，而且“并非是增兵战略的效能”。D. H. 彼得雷乌斯向国会就伊拉克形势所做的报告，2007 年 9 月 10—11 日，网址：URL〈http://foreignaffairs.house.gov/110/pet091007.pdf〉，第 2 和第 4 页；以及科德斯曼的文章（同注释〔14〕），第 9 页。

存在。[25]

美军增兵的第二阶段似乎在一些中央管辖区，如巴格达和安巴尔省起到了稳定当地治安的作用。驻伊多国部队总司令戴维·彼得雷乌斯在9月10日说，美军增兵的军事目标“在很大程度上都得以实现，而自6月中以来‘治安事件’的数量也明显减少”。他还举例补充说，自2006年12月以来平民伤亡数字显著下降，其中伊拉克全国的平民伤亡数下降了45％，巴格达地区下降了70％。[26]

但同时彼得雷乌斯也承认，伊拉克的整体治安形势仍然“十分复杂、严峻并且有时非常令人沮丧”。[27] 美国情报机构所做的形势估计强调指出，防止“暴力活动骤然上升”的努力所取得的成效，在各地参差不齐。[28] 其他美国军方消息人士表示，整个夏季的平民伤亡人数的下降并不像彼得雷乌斯引用的数字那么明显，而是有所下降，并且不敢肯定这一趋势是否会保持下去。[29] 美国政府责任办公室（原政府审计总署）（GAO）认为，在民众安全方面所采取措施的效果呈现出不同的趋势，从2007年2月到7月间，平均每天平民遭受袭击事件的数量基本没有变化。[30] 新的一系列攻势并未有助于减少自杀性袭击事件。在9月份共发生12起造成重大人员伤亡的自杀性炸弹袭击事件，这与2007年1月或6月的数字持平。[31] 从5月到9月，

---

〔25〕 英军在伊拉克南部采用了一种类似战略（“辛巴德行动”，2006年9月至2007年3月）。起初该行动取得了某种程度的稳定当地局势的效果，但由于建立合法和有效能的伊拉克政府部门的工作未能同时取得显著进展，因此这种效果并未得以持续。参见国际危机组织（ICG）的“伊拉克在向何处去？巴士拉局势所提供的教训”，中东报告，第67期（国际危机组织：布鲁塞尔，2007年6月25日），第16—17页。

〔26〕 彼得雷乌斯（同注释〔24〕），第3页。

〔27〕 彼得雷乌斯（同注释〔24〕），第1—3页。

〔28〕 美国国家情报委员会，“在伊拉克实现稳定的前景：治安方面已取得某些进步但政治和解尚难预料”，国家情报评估，华盛顿特区，2007年8月，第1页。

〔29〕 美国国防部（同注释〔12〕），第20页。

〔30〕 美国政府责任办公室（GAO），“伊拉克的安全、稳定和重建工作：伊拉克政府未能实现大多数法律、安全和经济衡量指标”戴维．M. 沃克尔对美国参议会外交关系委员会所做的发言，GAO—07—1220T（美国政府责任署，华盛顿特区，2007年9月4日），第1—2和第9页。有关伊拉克暴力活动的官方信息很少包括规模较小而广泛蔓延的部落内部和教派之间的冲突的数据。

〔31〕 M. E. 奥汉伦和J. H. 坎贝尔（同注释〔15〕），第11页。

每月发生的汽车炸弹袭击事件都在 80 起左右，这是自 2005 年 7 月以来的最高数字。[32] 恐怖暴力活动越来越多地针对少数民族和宗教少数派。自 2003 年以来，最严重的一起恐怖袭击事件发生在 8 月，[33] 其针对的对象是雅兹迪库尔德人。而在 7 月 7 日，一颗自杀式炸弹在萨拉丁省什叶派土库曼人居住的阿莫里村爆炸，夺走了大约 150 条生命。[34] 总的说来，到 2007 年底，美军增兵并未从根本上削弱反叛力量。伊拉克"基地组织"及其联盟派别虽然撤出了一些地区，但他们显示出相当强的恢复力，并且在其他地区仍旧十分活跃。其他逊尼派反叛武装势力，如逊尼派拥护者武装，并未遭受重大损失，并且仍很活跃。

2007 年的另一个显著趋势是，虽然教派间的紧张局势使反叛势力中的逊尼派和什叶派之间未能达成协调，但什叶派反叛分子重新恢复了活动。新兴的什叶派反叛势力伙同一些小武装派别以及迈赫迪军中最激进的武装派别，共同把驻伊多国部队、伊拉克治安部队和从属于政府的什叶派势力，如伊拉克伊斯兰最高理事会（ISCI）及其民兵组织巴德尔军，作为打击对象。[35] 什叶派的反叛活动始于 1 月份，在什叶派的阿舒拉节庆祝活动之前，伊拉克治安部队（有美军做后盾）和一支什叶派民兵武装在纳杰夫附近的扎尔卡爆发了激烈战斗。[36] 对驻伊多国部队和伊拉克治安部队来说，在伊拉克的许多争议地区，什叶派反叛势力"所构成威胁的严重程度，已经超过了"基

〔32〕 M. E. 奥汉伦和 J. H. 坎贝尔（同注释〔15〕），第 21 页。

〔33〕 2007 年 8 月 14 日，自杀式炸弹袭击者驾驶 4 辆卡车冲进了位于叙利亚边界附近、雅兹迪教派人口聚居的沙姆地区的两座房子，袭击共造成 250 多人死亡，350 人受伤。J. 格兰茨，"伊拉克的多起炸弹袭击事件共造成 250 人死亡"，《国际先驱论坛报》，2007 年 8 月 15 日。

〔34〕 S. 法雷尔，"约 150 人死亡，此次袭击事件导致的死亡人数为战争中最严重的一次"，《纽约时报》，2007 年 7 月 8 日。

〔35〕 2007 年 7 月前，伊拉克伊斯兰最高理事会都知道叫伊拉克伊斯兰革命最高理事会（SCIRI）。国际危机组织：伊拉克的什叶派政治：最高理事会的作用，中东问题报告，第 70 期（国际危机组织：布鲁塞尔，2007 年 11 月 15 日），第 15 页。

〔36〕 战斗中有 200 人死亡，一架美军直升机被击落。"'数百人'死于在伊拉克爆发的战斗"，英国广播公司新闻，2007 年 1 月 29 日，网址：URL 〈http: //news. bbc. co. uk/2/6308821. stm〉。

地”组织和逊尼派伊斯兰分子”。〔37〕

总体而言，2007年伊拉克全境的安全形势是不平衡的，且各地区的差异在扩大。在这个国家的许多地区，驻伊多国部队的影响力很有限；情报评估工作主要集中于中央管辖区，声称其他地区冲突事件数量下降的说法不能得到证实。〔38〕尽管美军大量增兵，驻伊多国部队和伊拉克政府对于巴格达及其周边地区的控制依然有限，而暴力活动转移到了新的地区，其中包括原先局势相对稳定的南部地区。〔39〕

### 暴力的零散化

#### 逊尼派和什叶派之间的教派暴力冲突

2007年，教派冲突仍旧是伊拉克族群冲突的主要形式。教派暴力在美军入侵伊拉克的早期，尚未呈现泛滥之势，而当发生了针对什叶派的造成大量人员伤亡的恐怖袭击事件，并被认定是逊尼派叛乱分子所为后，教派暴力开始愈演愈烈。特别是2006年2月所发生的针对萨马拉金色清真寺中的什叶教神龛的炸弹袭击事件，使情况愈加恶化。什叶派的教派暴力既有亲政府民兵组织针对逊尼派叛乱分子的报复性袭击，也有针对手无寸铁的逊尼派平民的单方暴力。双方的教派暴力都主要表现为“教派清洗”（即消灭某个教派团体成员或将他们逐出社区）和隶属于逊尼派或什叶派民兵组织的武装小组所实施的报复性袭击，而并非涉及更多人口或大批群众的暴力活动。各族群混居的地区，如巴格达、特拉法北城和迪亚拉省的暴力活动最为猖獗。

教派冲突的骤增成为美军在2007年增兵的主要借口之一。〔40〕然而，美国军方宣称，驻伊多国部队和伊拉克本国部队采取的行动，使伊拉克全境和巴格达地区的死亡人数分别较2006年的历史最高峰下

〔37〕 科德斯曼（同注释〔14〕)，第17页。

〔38〕 美国国家情报委员会（同注释〔28〕)。

〔39〕 三个中央省份——巴格达省、萨拉赫丁省和迪亚拉省——以及北方的尼尼微省的人口占伊拉克总人口的42%，但2007年5月至7月，78%的袭击事件都发生在这些地区。美国国防部（同注释〔12〕)，第17页。

〔40〕 白宫（同注释〔16〕)。

降了 55%和 80%，然而对于这一说法我们需谨慎看待。[41] 由于我们很难断定“施暴者的意图是否带有教派性质”，因此对教派暴力的动态进行评估就十分困难。[42] 此外，增兵第二阶段在教派冲突最少的地区取得了成功。[43] 连彼得雷乌斯将军也承认，教派和族群都相同的安巴尔省具有其“独特性”，而美军在逊尼派人口集中的地区，如安巴尔省和迪亚拉省，武装逊尼派部落民兵并为其提供资助的策略，可能在其他地方难以仿效。[44] 如果将这一策略用于人口构成更多元化的地区，那么驻伊多国部队与某些逊尼派部落之间基于相互利用的合作，就会间接地加剧教派之间的紧张状况。不仅如此，由什叶派所主导的伊拉克政府对于驻伊多国部队依靠逊尼派部落的做法感到越来越怀疑，而作为回应，他们可能会向什叶派民兵组织提供更多支持。从长远来看，不能排除教派暴力“部落化”及其向非城市地区扩散的可能性。[45]

2007 年，各族群混居地区（如巴格达）的教派暴力活动有所下降，这其中更直接的原因是“教派清洗”的影响以及被迫客走他乡人口数量的陡增。从 2003 到 2004 年，伊拉克新出现的国内被迫客走他乡的人口数量（IDP）平均每年增长 10 万人。2005 年，这一数字为 5 万人，而国内被迫客走他乡人口总数则为 25 万人。然而，2006 年，随着教派暴力的升级，新的国内客走他乡的人口数量猛增了 43.5 万人，使总数达到 68.5 万人。2007 年 1 月到 8 美军增兵期间，新的国内被迫客走他乡者超过了 52 万人，仅仅在 8 个月中就使从前的国内

〔41〕 彼得雷乌斯（同注释〔24〕），第 1、3 页。彼得雷乌斯的报告使用了“族群教派”一词既用于表示教派暴力在各地普遍发生，也用于表示相对边缘的族群之间的暴力。

〔42〕 参见美国政府责任办公室（同注释〔30〕），第 2 页。

〔43〕 美国国家情报委员会（同注释〔28〕），第 2 页。

〔44〕 彼得雷乌斯（同注释〔24〕），第 5 页。

〔45〕 A. 卡里地和 V. 坦纳所著“教派暴力：极端派别是伊拉克国内流离失所问题的动因”，布鲁金斯学会与伯尔尼大学有关国内流离失所问题的临时文件项目，2006 年 10 月，网址：URL〈http://www.brookings.edu/papers/2006/1018iraq_al-khalidi.aspx〉，第 1 页。

被迫客走他乡人口总数翻了一番。[46] 国内被迫客走他乡也包括迫于形势需要，不得不建立单一教派的聚居地，使敌对民兵组织愈来愈难以渗透其中。[47] 社区的两极分化在巴格达表现的最为明显。

“法律与秩序行动”，即“鬼怪雷霆行动”的巴格达作战行动的组成部分直接或间接地助长了这种两极分化。在间接层面上，行动实施者对教派分割局面坐视不管；在直接层面上，是设置障碍物，用以将逊尼派聚居地，如阿扎米亚，同什叶派控制的地区分隔开来。此外，增兵的第一阶段引发了新一轮导致大量什叶派平民死亡的恐怖袭击，而第二阶段的增兵则使逊尼派武装势力将反什叶派暴力的矛头又重新指向驻伊多国部队和伊拉克治安部队。自 6 月起，巴格达地区有相当一部分教派间暴力都是由什叶派民兵一手策划并实施的，什叶派民兵利用逊尼派武装势力的撤出，乘机将信奉逊尼教派的居民也逐出了该地区（特别是巴格达西北城区）。[48] 而什叶派占据支配地位的伊拉克安全部队对此则基本上采取听之任之的态度。

在伊拉克，包括其政府内部和之外的什叶派势力在内的各大武装派别，均摆脱不了与教派冲突的干系。与政府内部的政治势力有关的民兵组织和少数什叶派叛乱组织，在由什叶派引发的教派暴力中所扮演的角色可谓不分伯仲。[49] 自基本上奉行教派和族群路线的伊拉克新政府组建以来，从属于政府和与政府联手的各个派别在针对平民的教派和单方暴力活动中起着愈来愈大的作用。2007 年，某些主要什叶派民兵组织与政府的联盟、教派化倾向以及伊拉克安全部队内部忠诚度不一的状况仍旧是造成极度不稳定的重要因素。[50] 这种教派势力对政府权力部门的“渗透”也使教派暴力、恐怖主义以及叛乱活动

---

〔46〕 M.E. 奥汉伦和 J.H. 坎贝尔（同注释〔15〕），第 33 页。算上 2003 年之前的流离失所者，截至 2007 年 9 月伊拉克国内的流离失所者总数达到了 225.6 万人。国内流离失所监测中心，“国内流离失所者总数估计超过了 200 万人（截止到 2007 年 9 月）”，网址：URL〈http://www.internal-displacement.org/〉。

〔47〕 美国国家情报委员会（同注释〔28〕），第 3 页。

〔48〕 科德斯曼（同注释〔14〕），第 10 页。

〔49〕 伊拉克伊斯兰革命最高理事会领导的伊拉克团结联盟在 2005 年 1 月的议会选举后进入政府。

〔50〕 彼得雷乌斯（同注释〔24〕），第 1 页；美国国家情报委员会（同注释〔28〕），第 3 页。

之间的界限变得愈加模糊不清。

**逊尼派和什叶派内部的暴力活动**

2007 年伊拉克境内的暴力活动活跃还有一大特色，即逊尼派和什叶派内部的冲突不断升级。阿拉伯逊尼派的“部落觉醒”运动与主要的逊尼派反叛势力之间的分歧在加大，而这其中的主要原因是双方对于权力的争夺，而非出于教派内部的需要。即便如此，部分逊尼派反叛组织中宗教极端主义的不断膨胀也使得逊尼派内部的紧张局势日益加剧。2006 年 10 月，“圣战者舒拉委员会”以及当年早些时候建立的以伊拉克“基地”组织为首的逊尼派反叛组织联盟，〔51〕与一些部落民兵组织共同宣布：“要在伊拉克建立一个以‘伊斯兰律法(shaira)’为基础的正统伊斯兰国家”。〔52〕该委员会所属的武装力量已超越了伊斯兰教宣言中的限制，开始在他们所控制的地区强制推行严格的伊斯兰教规定和准则。一些部落团体拒绝实行这种极端形式的伊斯兰主义，他们还为美国的新战略向其提供支持的可能性所吸引。〔53〕尽管如此，“部落觉醒”运动并未“变成逊尼派阿拉伯人对伊拉克政府的支持，而且也没有使他们普遍愿意与什叶派进行合作”。〔54〕美国在安巴尔省的主要逊尼派部落同盟首脑阿卜杜勒—里沙维在 9 月 13 日遭遇炸弹袭击身亡。据怀疑，此次事件是反叛分子所为。而就在 10 天前，当美国总统布什对该地区进行一次突然访问时，里沙维还与布什握了手。〔55〕

2007 年，什叶派内部的冲突在伊拉克南部愈演愈烈。当年夏天，

〔51〕 圣战者舒拉委员会包括“基地”组织和 5 个较小的势力：Jaish al-Taifa al-Mansoura、al-Ahwal 旅、伊斯兰圣战旅、外国人旅以及 Saraya Ansar al-Tawhid。而后 al-Sunnah Wal Jama'a 军也加入了该委员会。参见美国国家防止恐怖活动纪念馆（MIPT）的恐怖活动知识库（同注释〔9〕）。

〔52〕 伊拉克圣战者舒拉委员会，“宣布在伊拉克建立伊斯兰教国家”，视频声明，2006 年 10 月 15 日。阿尔博拉科工厂制作的部分英文文本可在以下网站上找到：URL 〈http：//www. e-prism. org/〉。

〔53〕 M. 奈茨，“争夺控制权”，《简氏情报评论》，总第 19 期，年度第 1 期（2007 年 1 月），第 18—23 页。

〔54〕 美国国家情报委员会（同注释〔28〕），第 1 页。

〔55〕 A. J. 鲁宾，“支持美国的伊拉克逊尼派教长被杀身亡”，《纽约时报》，2007 年 9 月 14 日。

迈赫迪军与隶属于伊拉克伊斯兰最高理事会的巴德尔军之间的紧张状态最终演变为在所有主要南部城市中的什叶派组织之间的恶斗。伊拉克伊斯兰最高理事会的精神领袖大阿亚图拉阿里·西斯塔尼的顾问及其支持者经常遭遇来自敌对什叶派组织的袭击。8月中旬，与巴德尔派关系密切的卡迪西亚和穆萨纳两省的省长遭袭身亡，袭击者可能来自与迈赫迪军关系密切的组织。8月底，在卡尔巴拉省爆发的什叶派内部武装冲突造成了50多人死亡，这一事件导致迈赫迪军首领穆克塔达—萨德尔宣布暂停军事行动6个月。由于在美军增兵期间，一些迈赫迪军作战人员撤出了巴格达，伊拉克南部地区的什叶派武装叛乱活动以及什叶派内部的争斗变得愈发不可收拾。当伊拉克人恢复对巴士拉地方治安的控制后，什叶派内部不同派别之间围绕权力和资源的暴力争夺将可能愈演愈烈。自英军于2007年9月开始逐步削减驻伊军队人数以来，暴力活动随之升级。〔56〕然而，尽管敌对什叶派民兵组织之间的暴力冲突依然不断，但在2007年的大部分时间里，萨德尔运动和伊拉克伊斯兰最高理事会仍是得到西斯塔尼支持的什叶派政治联盟——伊拉克团结联盟的主要组成力量。

**其他武装势力**

2007年，伊拉克非政府武装行为体的暴力活动超越了叛乱和教派主义，且继续零散化。暴力的地方色彩更加浓厚，并由越来越多的不同类别武装行为体实施。

站在驻伊多国部队一方的重要武装行为体包括了私营保安公司。这些私营保安公司的数量至少有180家，其雇员达到3万人（截止到2007年初，他们中至少有170人被打死），使驻伊的外军数量增长20%。私营保安公司所受领的任务种类也是历史上未曾有过的，他们要在最危险的地区行动并且经常充当驻伊多国部队的替补力量。私营

〔56〕美国国家情报委员会（同注释〔28〕），第2页。军队派遣规模位居第二的英国将其在巴士拉的分遣部队削减至5250人，减少的人数为1600人，相当于2003年部队规模达到最高峰时的10%，此外英国还宣布它将继续大幅削减驻军人数。S. 沃克，“布朗同意让更多军人在2007年底之前归国”，路透社，2007年10月3日。P. 史密斯，“英国军队撤走”，评论，皇家三军研究所，2007年10日11日，网址：URL〈http: //www. rusi. org/research/hsr/intro/commentary/ref: C470E091E6C335/〉。截至到2007年8月，丹麦从伊拉克南部撤出了460名军人。

保安公司的地位、其指挥链、行动指导原则以及在可能会导致平民死亡的治安行动中所扮演的角色，至今仍未得到正规的管理。〔57〕2007年9月16日，美国一家私营保安公司——黑水公司的雇员在护送一个外交车队的过程中打死了17名伊拉克平民，此事成为一个很大的国际丑闻。〔58〕

2007年，在伊拉克境内除了叛乱分子和教派武装团体以外的非政府武装行为体包括：（1）与叛乱或平叛活动无关的部落团体；（2）族群—民族主义者，主要是各种库尔德人组织，其中包括库尔德工人党（PKK）和其中一部分被并入伊拉克治安部队的库尔德"自由斗士"民兵组织；（3）地方的各个暴力武装行为体，其中包括四处劫掠的帮派——他们有时会通过建立与族群或部落的关系来加强自身实力，以及"居民社区安全团体"。尽管这种权力交易通常都是由希望建立某种程度的秩序和填补治安真空的本能冲动所驱使，但权力交易也使暴力进一步零散化并且刺激了武装行为体的扩散。

在美国主导的入侵行动前夕，伊拉克监狱中大量的在押犯被释放，这导致刑事暴力事件的骤增以及随后的治安真空。2003年到2005年期间，在伊拉克，这些犯罪暴力导致的平民死亡人数占总数的36%，并且自那时起还一直不断增加。〔59〕公众舆论调查结果显

---

〔57〕一些私营安全公司由美国政府直接开支，还有一些则以驻伊拉克的外国公司分包商的身份提供服务。优秀新闻计划，"新闻谜题：伊拉克的私营保安业"，2007年6月21日，网址：URL〈http://www.journalism.org/node/6153〉。

〔58〕黑水公司是在伊拉克的最大一家私营保安公司，它大约有1000名合同人员。J.格兰兹和S.泰凡尼斯，"在伊拉克的安全公司面临刑事指控"，《纽约时报》，2007年9月23日。有关涉及私营安全公司的其他事件，请参阅半岛电视台的报道，如"伊拉克政府逮捕外国合同人员"，2007年11月19日，网址：URL〈http://english.aljazeera.net/NR/exerres/BCD517FD-B1F3-41EB-8CFA-B28ABC40AAFC.htm〉。

〔59〕大约有4万名罪犯被释放。L.博克，"伊拉克：战争审计"，《观察家》，2003年7月6日。关于平民死亡人数请参阅"伊拉克死亡人数统计"，"2003至2005年伊拉克平民伤亡档案"，2005年7月19日，网址：URL〈http://www.iraqbodycount.org〉；美国国务院海外安全顾问委员会，"2007年伊拉克国内犯罪及治安状况报告"，2006年12月18日，网址：URL〈http://www.osac.gov/Reports/〉。

示，伊拉克人通常将犯罪暴力视为最大的治安问题。[60] 除了城市街头帮派暴力犯罪外，参与黑市交易活动，如走私原油、汽油、军火和其他商品的犯罪团伙，以及以勒索赎金为目的的绑架犯罪，占了伊拉克在2007年地方暴力事件中相当大的比例。在伊拉克，将“纯粹”的犯罪暴力同其他武装暴力活动区别开来正变得越来越困难，这是因为敌对教派、反叛和平叛武装团体以及贪官污吏通常与犯罪团伙沆瀣一气，共同分享这些犯罪活动的利益。[61]

**主要因素及影响**

在对暴力活跃构成影响的诸多因素中，最关键的几个因素包括（1）政府的软弱无力；（2）外部行为体的影响和政策。这些因素彼此密切相关。比如：美国所主导的反恐联盟，在入侵行动之后积极推动的伊拉克重建计划强调教派和族群动员工作，而对于国家政府平台的建立则重视不足，这便导致了伊拉克新政府结构性的软弱。

**政府的软弱**

在本章所考察的全部三个案例中，国内合法地位以及相应职能的缺失似乎给伊拉克政府造成的不利影响最大。马利基所领导的伊拉克政府，在教派问题上带有明显的倾向性，同时政府对于国家和解工作也缺乏兴趣，这突出表现为政府迟迟不愿采纳能够促进逊尼派人士参政热情的去复兴党化立法，并且对通过确保伊拉克石油收入得到更加公平分配的相关立法态度冷漠。[62] 伊拉克安全部队的庞大规模，加之军队内部的教派主义，以及美国对于民兵组织有选择性的支持，都可能会产生长期的不稳定影响，而不论外国武装势力存在与否，这一

〔60〕 参阅 R. 佩里托，“维持伊拉克的治安：保护伊拉克人使他们免受刑事暴力”，美国和平研究所简报，美国和平研究所，2006 年 6 月，网址：URL〈http://www.usip.org/pubs/usipeace_briefings/〉。

〔61〕 有关报道称在2007年每天仅从伊拉克南部走私到伊朗的原油就多达30万桶。“伊拉克的石油与腐败第二部分：巴士拉的走私活动日益猖獗”，环境新闻处，2007年9月11日。

〔62〕 美国政府责任办公室（同注释〔30〕），第2、13页。

状况都不会改变。[63] 在库尔德人控制的北部地区以及什叶派控制的南部地区，地区派别的活跃程度有增无减，这使得人们对于切实有效的权力分享和全国和解工作在可预见的未来能否得以实现充满了疑问。

伊拉克的政治进程非但没有得到加强，反而正在削弱，而诸如将伊拉克分成若干基于族群—教派的准国家的简单解决方案似乎并不现实，原因就在于多种形式和层面的暴力的相互作用，使局面变得极其复杂。而建立在一度受到伊拉克复兴党践踏的世俗伊拉克民族主义基础上的高度集权的伊拉克政府，也面临同样的问题。然而，要将民粹主义的和跨教派的伊拉克民族主义作为一支潜在的团结力量并使之成为至少能够发挥最起码职能和合法的治理制度基础的可能性完全排除，为时尚早。几乎没有一个政治军事势力能够将其民族主义的招牌保持得一尘不染，同时还能解决各种社会和治理问题，并且超越教派之间的分割状态。即便如此，这种解决途径中的某些因素还是可以在特定的组织如有广泛群众基础的萨德尔运动中找到。[64] 任何用以解决伊拉克政府软弱问题的长期方案都需要逊尼派的完全而不是象征性的政治参与，但只要美国领导的反恐联盟仍旧驻留在伊拉克并且逊尼派所控制的叛乱活动仍旧在持续，这种情况就不可能出现。

### 地区和国际行为体的作用

诚然，美国通过其在伊拉克的军事存在，对于伊拉克国内暴力活动活跃产生主要且直接的外部影响，但同时还有其他一些起重要作用的外部行为体，其中包括跨国极端主义分子网络、在伊拉克拥有利益

---

〔63〕 截止到2007年9月，据估计伊拉克安全部队的实力在359700到445000人之间。M. E. 奥汉伦和J. H. 坎贝尔（同注释〔15〕），第34页；彼得雷乌斯（同注释〔24〕），第5页。

〔64〕 迈赫迪军，特别是其激进的分支派系参与了2007年的教派冲突，但该组织已于4月正式宣布它停止实施恐怖活动。5月26日，萨德尔在周五的布道会上要求美军撤军，同时呼吁什叶派和逊尼派联合起来共同抵抗占领军并在“所有问题上”主动与逊尼派阿拉伯人实现和解。“萨德尔戏剧般地重新现身并用反美措辞对美国展开猛烈抨击”，《独立报》，2007年5月26日。

的邻国（如伊朗和叙利亚）以及其他国际行为体和组织。[65] 2月，美国声称它准备与伊朗和叙利亚就伊拉克局势举行谈判，但美国的官方人士仍把伊朗和叙利亚描绘成造成伊拉克不稳定的两大影响因素。[66] 尽管如此，伊朗和叙利亚仍旧参加了于5月4日在埃及沙姆沙伊赫举行的有关安全和政治问题的伊拉克“邻国会议”。[67] 两国外交部副部长还参加了9月份在巴格达召开的后续工作会议。[68] 与2007年出现的其他大多数情况不同的是，伊拉克邻国之间的对话行动至少对伊拉克国内暴力活动的动态产生了一些积极影响。[69] 其他阿拉伯和穆斯林政府不愿为伊拉克提供主要援助，因为他们可能怀疑马利基是否像有人所说的那样对伊朗抱有同情，而且这也反映出其政府在阿拉伯世界缺少合法性。[70]

土耳其作为另一个主要地区势力则受到源于伊拉克的暴力活动的威胁。10月，库尔德工人党武装分子从伊拉克境内由库尔德人控制的半独立的北部地区侵扰土耳其领土的活动不断加剧。10月17日，土耳其议会投票表决，授权政府展开军事行动，以打击伊拉克境内的库尔德工人党。[71] 12月1日，土耳其军队向基地设在伊拉克领土上

〔65〕 跨国恐怖主义网络对整个伊拉克暴力活跃的影响似乎被夸大了。而更令人不安的是伊拉克冲突对跨国暴力伊斯兰主义所起到的象征和号召作用。

〔66〕 叙利亚因为允许外国好战分子穿越其领土进入伊拉克而成为主要被谴责对象，但伊朗也同时遭到谴责因为该国自2006年起就加强了对什叶派民兵的经济援助并为其提供更多的训练和武器。美国国家情报委员会（同注释〔28〕），第4页。

〔67〕 H. 拉法兰奇，“伊拉克邻国在地区会议结束后权衡接下来的行动步骤”，《基督教科学箴言报》，2007年5月7日。

〔68〕 美联社，“伊拉克警告邻国说暴力可能会蔓延过边界”，《国际先驱论坛报》，2007年9月9日。

〔69〕 比如，2007年11月之后，甚至来自美国方面的消息也承认伊朗阻止了武器流入伊拉克。R. H. 雷德，“美国将军：伊朗履行了阻止武器和爆炸物流入伊拉克的承诺”，美联社，2007年3月3日。

〔70〕 美国国家情报委员会（同注释〔28〕），第3页。2007年4月，沙特国王阿卜杜拉宣称美国在伊拉克的军事存在是一种“非法的外国占领”。S. 麦克雷奥迪，“伊拉克的邻国会提供帮助吗?”，《时代周刊》，2007年5月3日。

〔71〕 这些问题成为2007年11月在伊斯坦布尔举行的第三届伊拉克邻国会议的主要议题。“其他地区性危机抢了伊拉克邻国会议的镜头”，《每日星报》（贝鲁特），2007年11月5日。

的库尔德工人党武装开火。〔72〕自 12 月 16 日起，土耳其军队又多次实施了炮击和空袭。

更加具有广泛意义的国际发展动态之一便是 5 月 3 日《伊拉克国际契约》在沙姆沙伊赫正式启动。这项由联合国和伊拉克合作开展并得到世界银行支持的计划，是应美国和伊拉克政府的要求最初于 2006 年倡议的。它为伊拉克经济发展、国家和解、建立和平以及各方承诺的大约 300 亿美元的债务减免，提供了一个为期 5 年的路线图。〔73〕另一个相关的进展是联合国安理会第 1770 号决议在 8 月 10 日获得通过。第 1770 号决议将联合国伊拉克援助团（UNAMI）的委任期又延长了一年。〔74〕这是自 2003 年以来，安理会第一次没有同时延长驻伊多国部队的委任期。〔75〕第 1770 号决议还扩大了联合国的作用，其中包括促进伊拉克各邻国之间的对话进程、加强援助机构之间的协作并落实《伊拉克国际契约》，但它在 2007 年并未对伊拉克的事态产生明显影响。因此，要从质量方面提高联合国的作用，以便为伊拉克的国家重建和未来的民族团结政府提供帮助。这将取决于多个彼此关联的因素，其中包括暴力的程度以及美军的作用应逐步和有计划地——但必须立即加以缩减。〔76〕为确保其在伊拉克的可信度，联合国必须与美国的军事存在进一步保持距离。

---

〔72〕“土耳其打击伊拉克境内的库尔德工人党战士”，半岛电视台，2007 年 12 月 1 日，网址：URL〈http://english.aljazeera.net/NR/exeres/79EAF5B4－B2C6－47E4－903B－FBE65BD439B4.htm〉。

〔73〕关于《伊拉克国际契约》的内容请参阅网站：URL〈http://iraqcompact.org〉，和“会议通过伊拉克计划”，半岛电视台，2007 年 5 月 3 日，网址：URL〈http://english.aljazeera.net/NR/exerres/C841C9B9－BB77－4467－B8CE－28AE2935F8D5.htm〉。

〔74〕联合国安理会第 1770 号决议，2007 年 8 月 10 日。

〔75〕联合国安理会在一则新闻声明中宣布同意延续驻伊多国部队的委任期。联合国安理会，“安理会有关伊拉克的新闻声明”，SC/9042，2007 年 6 月 13 日，网址：URL〈http://www.un.org/News/Press/docs/2007/sc9042.doc.htm〉。

〔76〕11 月 26 日，美国和伊拉克共同签署了《原则宣言》以便就美国的长期军事存在展开进一步的双边谈判。“伊拉克交易着眼于美国长期军事存在”，半岛电视台，2007 年 11 月 27 日，网址：URL〈http://english.aljazeera.net/NR/exeeres/817CBD8C－DBCF－40E5－857C－C50E8B0F41ED0.htm〉。

## 第四节 苏丹的达尔富尔

### 背景

在受武装冲突影响最深的苏丹的达尔富尔地区，暴力活动并未因2006年5月苏丹政府与由米尼·米纳维领导的苏丹解放运动/军（SLM/A）的一个派别（苏丹解放军/米纳维派）缔结《达尔富尔和平协定》（DPA）而终止。[77] 2007年，主要暴力模式仍旧是从围绕政府的武装对抗向程度较低但次数众多且又错综复杂的小型冲突转变的过程，各方的效忠态度不断变化，但是针对平民的暴力活动丝毫未减。

苏丹政府与苏丹解放运动/军之间在达尔富尔的武装冲突最早开始于2003年。苏丹人民解放运动/军（SPLM/A）在该国南部所展开的叛乱活动的成功对于达尔富尔地区的叛乱分子起到了鼓舞作用。[78] 同时，苏丹政府在与苏丹人民解放运动/军的和平谈判中取得进展，这使其能够将部队调离南方地区重新部署。由于不情愿被迫对另一次叛乱活动妥协让步并且担心国际社会的介入，苏丹政府在达尔富尔地区发动了一场猛烈的平叛行动，而且还累及当地的一些阿拉伯游牧部落。

达尔富尔是苏丹的最不发达地区之一。萨赫勒地区的沙漠化也给达尔富尔的北部造成了严重的不利影响，而在生态环境相对较为稳定的地区，如杰贝勒迈拉的人口迅速膨胀。[79] 这一地区的多数阿拉伯部落要么靠放牛（如理泽加特人），要么靠放牧骆驼（如马赫里亚人）

---

〔77〕 2006年5月5日，苏丹政府与苏丹解放军/米纳维派签署了《尔富尔和平协定》。协议文本可在以下网站上找到：URL〈http：//www. unmis. org/english/dpa. htm〉。苏丹解放军/米纳维派在2005年11月从苏丹解放军中脱离出来。

〔78〕 在久拖不决的和平进程最终实现后，根据2005年双方签署的《全面和平协定》（CPA）苏丹政府对苏丹人民解放运动/军做出了重大让步。《全面和平协定》可在相关网站上找到：URL〈http：//www. unmis. org/english/cpa. htm〉。

〔79〕 萨赫勒是非洲热带大草原上的一个干旱贫瘠的地带，它位于撒哈拉沙漠南部，东起厄立特里亚和苏丹西至塞内加尔。

为生。有些非阿拉伯部落，如扎格哈瓦人也靠放牧骆驼为生，但大多数的非阿拉伯部落（包括富尔人和马萨立特人）则属于固定居住的农耕部落。在绝大部分穆斯林人口中，生存模式和社会因素向来都是部落认同的最重要因素，其重要性大于阿拉伯或非阿拉伯的种族属性。

20 世纪 80 年代中期，当干旱和饥荒不断肆虐时，游牧部落——传统上他们就在军事组织方面更胜一筹——便开始系统地采取行动，攫取农耕部落尤其是他们在杰贝勒迈拉地区的土地。土地和水源所引发的部落之间的紧张状况由于第二任萨迪克·马赫迪（1986—1989 年）政府执行的一项政策而进一步加剧。该政策旨在武装达尔富尔地区的阿拉伯游牧部落以对抗苏丹人民解放运动/军，同时动员扎格哈瓦部落成员支持乍得内战中的同族人。[80] 针对这种情况，乍得政府武装了达尔富尔地区的富尔人。1987 年，27 支阿拉伯部落共同组成了一个被称为部落集团（意即“游牧部落”）的联盟以对抗富尔人，而后者则组建了民兵，捍卫自身生存。从 20 世纪 90 年代中期开始，部落集团在与富尔人和其他非阿拉伯人进行的战斗中，得到了苏丹政府越来越多的支持，而苏丹人民解放运动/军则开始支持富尔人，并且后者还与扎格哈瓦人建立了联盟关系，以共同对抗阿拉伯人。富尔人与扎格哈瓦人的联盟成为 2003 年由达尔富尔人民解放运动（2003 年 3 月更名为苏丹解放运动/军，该组织还包括富尔人、马萨立特人和扎哈瓦人）所掀起的叛乱行动的骨干力量。同时，该联盟还是得到来自哈桑·图拉比[81]领导的苏丹全国大会党支持的、由扎哈瓦人所主导的公平与正义运动（JEM）的骨干力量。

诚然，达尔富尔冲突的根源在于地方原因，但国家层面的政治斗争以及苏丹和乍得政府支持对方反叛势力的政策，使得冲突更加恶化。更加广义的冲突层面包括了苏丹首都喀土穆与周边地区在社会、经济发展方面存在的巨大差异，以及北部苏丹的阿拉伯精英人士未能在这个社会和文化极其多元化的国家建立一个更加具有代表性的治理

---

〔80〕 作为奥马尔·哈桑·巴希尔现政府的反对派，马赫迪部族是这些阿拉伯政治精英人士中一部分。巴希尔总统是在 1989 年上台执政的。

〔81〕 图拉比政权在 2001 年被较为温和的伊斯兰主义者所替代，而其领导人就是现总统奥马尔·哈桑·艾哈迈德·巴希尔和副总统阿里·奥斯曼·默罕默德·塔哈。

制度。[82]

## 暴力的零散化

2007 年，在达尔富尔及其周边地区的小规模冲突成倍增加，并且呈现出若干暴力形式相互结合的特点。2007 年初，政府与几大叛乱组织——公平与正义运动、由阿布戴尔·瓦希德·努尔领导的苏丹解放军支派（SLA/AW）以及另一个苏丹解放军分裂出来的派别 G19[83]——之间的冲突暂时消停，只是昙花一现，未能持续多久。尽管在某些地区，对叛乱分子阵地实施的空中轰炸以及政府军与叛军之间的冲突持续了一整年，但围绕政府的冲突已明显下降。[84] 但这并未使那里的安全状况有明显改善，相反，非政府暴力活动的大幅增加，在很大程度上导致了安全环境的进一步恶化，对平民百姓而言，尤为如此。此时的主要冲突，已不再表现为叛乱分子与部落集团之间的斗争，而更多是在叛乱组织因分裂而形成的小的派别之间展开。苏丹解放军/米纳维派融入到政治进程的速度十分缓慢，并且减弱了当地对该组织的支持。不仅如此，一种普遍化的暴力模式似乎已经在达尔富尔地区深深扎根，各个武装势力视情况需要不断变换联盟对象，同时还参与掠夺性的暴力活动、地方强权行为以及越境袭击活动。[85]

不论是反裂出来的势力，如苏丹解放军/米纳维派，还是叛乱组织，仍不断裂变。由于苏丹人民解放军/阿布戴尔·瓦希德·努尔派的领袖自 2006 年便流亡巴黎，其军事实力已今不如昔，但该组织仍

---

〔82〕《黑皮书》是叛乱组织头目、公平与正义运动领袖卡利尔。易卜拉欣撰写的一本宣传册，它抱怨苏丹国内的地区差异以及当权且富有的阿拉伯人所占据的支配地位。卡利尔。易卜拉欣，《黑皮书：苏丹政治权力和物质财富的不均衡》，2000 年，网址：URL〈http：//www.sakanab.wtcsites.com/black_book.htm〉（阿拉伯语）。

〔83〕G19 这一名称源于最初同瓦希德·努尔结盟的 19 个指挥官，努尔在 2006 年退出了在阿布贾举行的和平谈判。

〔84〕正是由于这一原因，达尔富尔冲突被从 2007 年主要武装冲突统计表中删除了。参见附录 2A。

〔85〕A.S. 纳齐奥斯，美国驻苏丹特使，对美国参议院外交委员会所做的讲话，2007 年 4 月 11 日，网址：URL〈http：//www.senate.gov/～foreign/hearings/2007/hrg070411a.html〉，第 1 页；人权观察，“2007 年的达尔富尔：人为导演的混乱”，2007 年 9 月，网址：URL〈http：//hrw.org/reports/2007/sudan0907/sudan0907web.pdf〉，第 5 页。

在民众中，特别是在国内被迫客走他乡的群体中，享有广泛支持。但苏丹解放军/阿布戴尔·瓦希德·努尔派首先在 2006 年分裂，并形成了 G19 和其他若干派系，而到了 2007 年，这种裂变仍在继续。由 G19、“公平与正义运动”和其他若干势力于 2006 年 6 月在厄立特里亚组成的联盟，即“民族救国阵线”未能产生一个执行机构，甚至到了 2007 年年中，濒临解体。[86]“公平与正义运动”因为内部的敌对（如该运动领导人哈利勒·易卜拉欣与伊德瑞斯·阿兹拉克之间的对抗）而陷入四分五裂，并且形成了几个支派。因此可以说，在 2007 年，叛乱组织的分裂局面比以往时候都更加严重，而他们的主要领导人却没有出席在联合国和非洲联盟（AU）斡旋下于 10 月份在利比亚的苏尔特举行的谈判。[87] 11 月，叛乱组织中间更多有各方代表参与的谈判在苏丹南部的朱巴举行。然而，种种迹象表明，即使各叛乱组织仅就停火的基本条件——议事日程中的首项议程达成一致，也至少需要半年时间。[88]

2007 年，更多源自达尔富尔地区的叛乱组织将基地设在乍得，并从那里获取援助（还有较少一部分援助来自厄立特里亚）。[89] 2007 年 2 月，乍得和苏丹在利比亚的斡旋下达成了一项旨在改善两国边境地区安全的协议，但该协议并未明显减少两国向对方叛乱组织提供的支持。[90] 尽管叛乱组织设在邻国的基地让他们能够重整旗鼓，但由于他们长时间滞留国外，愈来愈脱离达尔富尔的发展形势，因此，也逐渐失去了当地的支持。

伴随叛乱组织零散化而来的是，他们越来越多地涉足犯罪活动。从掳掠牲畜、抢劫到袭击国际维和人员和援助工作者，不一而足，其

〔86〕“达尔富尔的民族拯救阵线成立宣言”，《苏丹论坛报》，2006 年 6 月 20 日。

〔87〕美联社，“在叛乱组织缺席的情况下调停方仍下决心重启达尔富尔和平谈判”，《国际先驱论坛报》，2007 年 10 月 28 日。

〔88〕O·麦克杜姆，“达尔富尔叛乱组织可能实现联合，但谈判仍旧艰难”，路透社，2007 年 6 月 20 日。

〔89〕关于乍得和厄立特里亚向达尔富尔地区的非政府武装势力提供军援的问题可参见本卷第 7 章第?? 节。

〔90〕自 2006 年以来，来自乍得（如民主和发展武装联盟）和中非共和国的叛乱组织都将根据地设在达尔富尔并从这里开展行动。

目的通常是抢掠车辆和给养。[91]针对维和人员及人道主义工作者的袭击事件，大多是叛乱组织所为，[92]最初，它们只占达尔富尔地区暴力活动的极小部分。然而，到了 2007 年，这一数字却明显上升。就在这一年，非洲联盟维和士兵遭受了自 2004 年以来最致命的几次袭击。[93]

叛乱组织内部的变节事件也有增无减，比如，由前任西达尔富尔省长易卜拉辛·叶海亚领导的以马萨立特人为主的叛乱势力，在 6 月加入了达尔富尔和平协定。[94]分裂出来的叛乱组织之间的冲突与部落之间和部落内部的暴力活动——其中包括阿拉伯势力内部的暴力活动，相互交叉重叠。[95]一些阿拉伯人的组织开始与政府进行对抗。[96]一支由理泽加特部落成员所领导的阿拉伯叛乱势力——人民

---

〔91〕 在 2007 年上半年，70 辆属于联合国或非政府组织用于人道主义工作的车辆被抢或被盗。联合国人道主义援助协调办事处（OCHA），“苏丹人道主义工作的消息：2007 年 6 月月报”，Reliefweb，2007 年 8 月 7 日，网址：URL〈http：//www. reliefweb. int/rw/rwb. nsf/db900sid/SHES－75UR5H? OpenDocument〉。

〔92〕 其中签署《达尔富尔和平协定》的苏丹解放军/米纳维派也参与了袭击非洲联盟维和士兵的行动。而政府方面则更多地采用间接手段（尤其是通过拖延发放签证和旅行许可证明的时间）对国际人道主义工作者施压。

〔93〕 造成死亡人数最多的袭击发生于 9 月 30—31 日，据说是苏丹解放军/联盟派系（G19）所为，这是他们第一次完全打垮非洲联盟维和部队的哨所。此次袭击事件造成 11 名尼日利亚籍和塞内加尔籍士兵死亡，叛乱分子还抢走了军用车辆、弹药和燃料。非洲联盟驻达尔富尔执行维和任务的部队指挥官鲁道夫·阿达达说，此次事件“毫无政治理性可言”，而苏丹解放运动/军的领导人则将袭击者谴责为“流氓团伙”。美联社，“当非洲维和士兵正坐等开斋节时却遭到叛乱分子的突然袭击”，《国际先驱论坛报》，2007 年 10 月 1 日。造成死亡人数第二多的是发生在 4 月 2 日一名不明身份的枪手打死 5 名塞内加尔籍维和士兵的事件，枪手的动机可能是盗窃一辆卡车。L. 博尔格利，“叛乱分子袭击驻达尔富尔的非洲联盟部队，造成最惨重的人员伤亡”，《国际先驱论坛报》，2007 年 4 月 3 日。也可参阅 A. 沙欣，“非洲联盟称达尔富尔民兵泰然自若地行动”，路透社，2007 年 4 月 25 日，网址：URL〈http：//www. alertnet. org/thenews/newsdesk/L25725561. htm〉。

〔94〕 “达尔富尔地区叛乱组织与政府签定和平协定”，《苏丹论坛报》，2007 年 6 月 8 日。这些变节行为对于达尔富尔地区当前各种事件的影响微乎其微。

〔95〕 例如，曾经一度结为同盟的各个部落，即马赫里亚人和特尔杰穆人之间、哈巴尼亚人和萨拉玛特人之间、哈巴尼亚人和理泽加特人之间以及霍蒂亚人和理泽加特人之间的冲突。

〔96〕 自签署《达尔富尔和平协定》以来，据估计截止到 2007 年 5 月最多有 4000 名阿拉伯人可能已加入了在杰贝勒迈拉的叛乱武装。R. 克里利，“在达尔富尔，一些阿拉伯人正与叛乱分子并肩作战”，《基督教科学箴言报》，2007 年 5 月 22 日。

力量军与乍得的 G19 组织建立了联系。一些部落集团战士也加入了反对政府和其他阿拉伯部落的叛乱组织。

即便如此，多数半独立而且隶属于政府的部落集团民兵的攻击对象，仍旧是那些向叛乱组织提供支持的部落（特别是富尔人和扎哈瓦人）。[97] 如同叛乱组织，部落集团的流动性也很强，并积极参与越境袭击。[98] 政府试图遣散那些纯粹的部落集团罪犯和那些虽然处在政府控制之下但却受贪婪和阿拉伯人至上主义驱使的部落集团民兵，可是均收效甚微。部落集团主要是由来自达尔富尔北部地区依靠放牧骆驼为生的游牧部落组成的，传统上他们没有土地权，并且受环境问题的影响极大。几十年以来，苏丹政府一直对这些部落进行武装，并将与乍得接壤的边界守卫任务分包给他们。了解了这些部落民兵的起源，就很容易理解缘何在达尔富尔地区只有相对很少的阿拉伯部落加入了部落集团。其余的阿拉伯部落——其中包括主要生活在达尔富尔南部地区并且传统上拥有土地权的依靠放牛或农耕的部落——则试图在冲突中保持旁观者的角色。[99] 自 2003 年以来，参与政府平叛行动的阿拉伯人据信不超过两万人。[100]

尽管苏丹政府在继续武装部落集团的同时，也似乎在达尔富尔冲突一开始，就对其施加了更加严格的控制，但即便在平叛行动达到最高潮时的 2003—2004 年间，政府方面仍未能实现对部落集团的完全

---

〔97〕 在 5 月，国际刑事法庭对部落集团指挥官阿里·库沙布下达了逮捕令，他曾化名阿里·默罕默德、阿里·阿布杜拉·拉赫曼，并且已经因为其他指控而在苏丹被拘押。国际刑事法庭，“对苏丹人道主义事务部部长和民兵/部落集团组织领导人下达了逮捕令”，新闻稿，2007 年 5 月 2 日，网址：URL 〈http: //www. icc-cpit. int/press-releases/241. html〉；人权观察，“苏丹：将战争罪行嫌犯移交国际刑事法庭”，2007 年 5 月 2 日，网址：URL 〈http: //hrw. org/english/docs/2007/05/02/sudan15822. htm〉。

〔98〕 美联社，“部落集团武装分子在乍得与苏丹两国边界地区杀死了 400 人”，《国际先驱论坛报》，2007 年 4 月 10 日。

〔99〕 阿拉伯人占达尔富尔 700 万人口中的 1/3，长期以来他们一直为现政府反对派——马赫迪领导的乌玛党提供当地支援基地。

〔100〕 J. 弗林特，“阿拉伯狮在达尔富尔持续不断的战争中露出真实面目”，《每日星报》（贝鲁特），2006 年 12 月 22 日；L. 伯尔格林，“民兵组织的谈判可能使达尔富尔暴力具有新的形式”，《国际先驱论坛报》，2007 年 4 月 15 日。

控制。[101] 在签订《达尔富尔和平协定》后，政府就更不能，也许是更不情愿对该组织加以控制，部落集团的起源和组织结构决定了不可能全面解除其武装，而政府也没有做出认真的努力依照《达尔富尔和平协定》在 2007 年底之前解除部落集团的武装。[102] 在 2007 年，一些部落集团转而将枪口对准政府，其中的原因之一，就是他们对于政府未能兑现其承诺提供土地、优惠待遇和资金感到愤怒。叛乱分子和一些部落集团民兵之间所达成的和解，更是凸显了非政府和与政府结盟的势力之间的区别，变得越来越模糊不清，它们变换结盟对象是家常便饭。

2007 年，在达尔富尔及其周边地区暴力活动的不断零散化，不仅造成大量人员伤亡，也导致了极其严重的人道主义灾难。尽管在 2007 年 1 月至 4 月期间，平民的伤亡数字有所下降，但整个针对平民的单方面暴力活动却丝毫没有减少。[103] 人员伤亡模式的主要变化体现在部落和派系暴力所造成的死亡人数开始超过死于政府与叛乱组织之间战事中的人数。[104] 在达尔富尔地区冲突中的人员死亡数字往往被夸大。[105] 根据美国政府责任办公室和美国国家科学院在 2006 年 4 月召集的专家组，最为准确的估计是由世界灾害流行病学研究中心所作出的估计数字。[106] 根据世界灾害流行病研究中心的研究结果，截至 2007 年年中，在达尔富尔地区死于直接暴力活动和与冲突有关

---

〔101〕 有关武装部落集团的问题请参见本卷第 7 章。

〔102〕 非洲联盟驻达尔富尔南部尼亚拉维和部队指挥官詹姆斯·奥拉迪波上校引用 J. 盖特尔曼的文章，“随着阿拉伯人打阿拉伯人的冲突的升级，达尔富尔的混乱局势不断加剧”，《国际先驱论坛报》，2007 年 9 月 2 日。

〔103〕 纳齐奥斯（同注释〔85〕），第 2 页。

〔104〕 盖特尔曼（同注释〔102〕）。

〔105〕 国际公义联盟和两位美国专家估计在 2003 年 2 月至 2005 年 4 月间达尔富尔地区的死亡人数“接近 4 万人”，这一数字在 2007 年被若干倡导组织所引用但被人们批评为有意夸大。参见英国广告标准局对在欧洲苏丹人公共关系委员会针对拯救达尔富尔联盟、达尔富尔世界和“羊皮盾”信托基金的投诉所做的仲裁，2007 年 8 月 8 日，网址：URL 〈http：//www. asa. org. uk/asa/adjucications/Public/TF _ ADJ _ 42993. htm〉。

〔106〕 美国政府责任办公室（GAO），“达尔富尔危机：估计的死亡人数表明了危机的严重程度，但这些数字的准确性和可靠性仍有待改进”，GAO－07－24（政府责任署：华盛顿特区，2006 年 11 月），第 3 页。

的疾病和营养不良的人数，总共约为 20 万。[107]

虽然 2006—2007 年间在达尔富尔因饥饿和疾病而死亡的人数要少于 2003—2004 年冲突达到最高潮时的死亡数字，但是仍然有超过 200 万人流离失所，这使达尔富尔成为实施全球最大规模人道主义行动的地方。2007 年，有多达 250 万流离失所者以及难民居住在达尔富尔和乍得东部的难民营中。2007 年 1 月至 9 月间，又有 25 万人沦为流离失所者，这主要是由于派系和部落冲突造成的。[108]截止到 2007 年年中，为流离失所者设立的难民营中的人数不断增加，在北达尔富尔州首府法希尔和南达尔富尔州首府那亚拉周围几乎所有的难民营都已爆满。2007 年全年，难民营中的局面愈发紧张，难民中的武装分子甚至袭击人道主义工作者，并损毁营地设施。[109]尽管联合国与苏丹政府在 2007 年 3 月达成了有关改善人道主义救援使用通道状况的协定，但达尔富尔地区武装势力的不断增加，直接威胁到人道主义工作人员的人身安全，并且使有关确保工作人员和补给通行安全的谈判难上加难。[110]

## 主要因素和影响

对于达尔富尔地区暴力活动进一步零散化以及武装行为体多样化所做的最为常见的解释是“人为导演的混乱”，即政府政策有意导致的结果；同时也是由于乍得和其他邻国所从事的各种引起动荡的活动。常见于很多复杂的和平进程中的“力量与对话”之间的强有力互动——即当和平进程已有所进展时，武装势力便试图占领更多地盘，以提高他们在谈判中的地位，从而让对方做出更大让步——可能从另一方面解释了达尔富尔和平协定的形成为何如此草率，而且没有代表

---

〔107〕 D. 古哈—撒皮尔和 O. 迪格蒙，“达尔富尔：死亡人数的统计。来自多项调查的死亡统计数”（灾害流行病学研究中心：布鲁塞尔，2005 年 5 月 26 日），第 6 页；S. 迪利，“无需夸大的暴行”，《国际先驱论坛报》，2007 年 8 月 12 日。

〔108〕 “资金匮乏可能迫使联合国难民署削减其援助达尔富尔行动的规模”，联合国难民署新闻，2007 年 9 月 25 日，网址：URL〈http: //www. unhcr. org/news/NEWS/46f9313b2. html〉。

〔109〕 参见联合国人道主义援助协调处资料（同注释〔91〕）。

〔110〕 纳齐奥斯（同注释〔85〕），第 3 页。

性。非洲联盟/联合国达尔富尔混合行动（UNAMID）部队最终于2007年12月开始部署，但民兵组织早已先行加强了暴力性的高压攻势，以便在上述联合行动之前，提高他们的地位。[111]

虽然达尔富尔地区持续不断的暴力活动并非单单是苏丹政府反叛战略的产物，但政府的政策的确是解决这一问题的关键。只要政府认为，它周边很多地区受到被它看作是得到外国干涉势力支持的公开或暗地的分离主义活动的威胁，那么它就不可能对其现有立场做出大的改变。在政府看来，尽管要为达尔富尔地区的混乱付出代价，但与国际社会强加给他们一个解决方案相比，这一代价便相形见绌。鉴于苏丹的政治精英——无论是当权者还是反对派——长期以来一直未能建立一个更具代表性的分权制度并对其边缘化的周边地区加以开发，苏丹被认为是个极其脆弱的国家，但苏丹政府并未面临垮台的危险，相反仍然牢牢地掌握着政权。它也许会抵御外部压力并不愿接受人权领域的国际标准，但它却与阿拉伯世界、亚洲和其他合作伙伴积极展开经济合作，并且在反对恐怖主义方面与美国保持着安全接触。苏丹主要凭借石油出口，使其国内生产总值（GDP）增长12.8%，国库收入增长11%，达到175亿苏丹镑（在2007年相当于87亿美元）。因此，政府可以调动足够资源来有效统治本国大部分地区。[112] 尽管未能从军事上击败叛乱势力，但苏丹政府在达尔富尔积极实行分而治之以及胡萝卜加大棒子的软硬兼施的策略，通过操纵达尔富尔和平协定，成功地削弱了当时实力最强的叛乱组织——苏丹解放军/米纳维派的力量。喀土穆政权内部的权力更迭，只是将一群传统精英变为另一群同类的政客，而大多数根本性问题仍未得到解决。

另一个重要问题是，如果在不久将来叛乱势力不可能实现联合，而部落集团的武装也不可能被解除，那么，当前达尔富尔地区暴力活动零散化的问题将如何加以解决。人们预料，非洲联盟/联

---

[111] 有关非洲联盟/联合国达尔富尔混合行动的长期规划进程情况，请参见本卷第三章。

[112] 预计2008至2009年苏丹的国内生产总值增长将放缓，但在2008年和2009年仍可分别达到8.9%和7.2%。《经济学家》信息部（EIU），“国别报告：苏丹”（《经济学家》信息部，英国伦敦，2008年1月），第4和第14页。

合国达尔富尔混合行动至少可以确保达尔富尔城市中心区和流离失所者聚集的难民营的基本安全，同时在欧盟部署于乍得和中非共和国的维和部队的配合下，对苏丹西部边界一线的混乱局面进行有效遏制。[113] 在达尔富尔，更多重点应该放在很大程度上被国际社会所忽视的在部落中重建和平的工作上。苏丹人民解放运动/军仍将是有关达尔富尔问题的一支可靠的调停力量，尽管 2007 年底苏丹北部和南部地区关系出现危机的情况使它的这种调停作用变得复杂化。[114] 作为苏丹经济的主要投资国和重要贸易伙伴，中国可以对苏丹政府施加有限的外部压力。而美国作为苏丹的最大人道主义援助国，也可借助这种特殊地位以及与苏丹在反恐方面的关系，对其施加某种程度的压力。

一方面，暴力的零散化以及武装势力的多样化使得达尔富尔地区的局势愈加扑朔迷离；另一方面，昔日仇敌可以不太费周折便能跨越部落和族群隔阂并结成同盟的事实又表明，这些分化并非是不可逾越的。同其他居住在达尔富尔地区的人一样，相当数量的阿拉伯部落也对该地区的边缘化感到愤愤不平。这可能并不足以强化叛乱组织野心勃勃的政治诉求，但它的确有助于在各地土生土长的不同族群中间重建和平。

达尔富尔地区冲突背后的根本因素——即政治、社会经济的严重失衡以及环境退化所造成的长期影响——都属于结构性问题，因此找到一个结构性发展方案同找到一个政治解决方案同样重要。重要的国际行为体应设法促进苏丹整个国家经济逐步和持续的转型，并推动周边地区的发展战略。只有如此，诸如快速城市化和传统生活方式的解体等，这些苏丹现代化进程所产生的不可改变的结果——通常只被人们看作是问题并造成达尔富尔的“带有创伤性”且不断加剧的冲突——才可能被调动起来成为发展的资源。

---

[113] 参见本卷第三章。

[114] 出于对《达尔富尔和平协定》落实情况的不满，苏丹人民解放运动在 10 月终止参与政府事务。法新社，“苏丹人民解放运动退出苏丹民族团结政府”，《苏丹论坛报》，2007 年 10 月 11 日。

# 第五节　巴基斯坦

与伊拉克和达尔富尔的局势相对照，巴基斯坦在 2007 年既没有发生严重的武装冲突，也没有出现像 2007 年之前那般严重的、有组织的武装对抗的零散化情况。尽管如此，2007 年，在巴基斯坦仍可以看到形形色色暴力活动——其中一些暴力活动已产生重大的超越边界和跨国影响——有不断扩散并且相互结合的趋势。邻国阿富汗主要武装冲突中的很多暴力活动，都与巴基斯坦边境地区的不稳定局势有关。因此，仅仅将巴基斯坦境内的部落、伊斯兰主义者、教派之间和教派内部以及其他武装暴力活动所构成的错综复杂的网络人只放在阿富汗形势的背景下观察是错误的。[115] 巴基斯坦的政治和宗教暴力有其自身的根源和动因。

## “塔利班化”和越境暴力活动

塔利班起源于巴基斯坦境内与阿富汗交界地区的德奥班德宗教学校，[116] 但在 20 世纪 90 年代，该运动主要在阿富汗广泛开展，而到了 1996 年，塔利班在阿富汗已经成为实际上的政府。随着 2001 年在美国主导下入侵阿富汗的行动的实施，以及塔利班政权的土崩瓦解，大量塔利班武装分子来到巴基斯坦境内普什图人聚居的边境地区避难。然而，最近在巴基斯坦的塔利班组织的死灰复燃，绝不仅仅是阿

---

[115] B. R. 鲁宾，“拯救阿富汗”，《外交》，总第 86 期，年度第 1 期（2007 年 1 月/2 月），第 57—79 页；S. 琼斯，“巴基斯坦的危险游戏”，《生存》，总第 49 期，年度第 1 期（2007 年春），第 15—32 页；乌普萨拉冲突数据项目记录了 2007 年正在巴基斯坦发生的两起小的武装冲突：（1）政府与俾路支解放军和俾路支同盟之间的冲突；（2）政府与 Tehreek-e-Nafa-e-Shari'at-e-Mahammed（实行伊斯兰法律运动，在西北边疆省份斯瓦特的一个新塔利班组织）之间的冲突，其他势力卷入冲突的情况不明。

[116] 德奥班德是阿富汗、印度和巴基斯坦伊斯兰组织的一个带有保守色彩的支派，它鼓吹严格恪守先知默罕默德的教诲并拒绝任何对伊斯兰教经文加以重新解释以适应不断变化的时代或其他宗教传统的可能性。巴基斯坦与阿富汗之间的边界是以 1893 年确定的杜兰德线条约划分的，但杜兰德线一直未得到普什图部落的承认。杜兰德线条约于 1993 年到期，但包括塔利班政权在内的阿富汗历届政府一直拒绝延续该条约。

富汗塔利班剩余势力的重整旗鼓。2007 年，新一代的普什图伊斯兰主义者——通常被称为“新塔利班”——不断活跃于巴基斯坦的联邦直辖部落地区（FATA）。在该地区，他们控制了瓦奇里斯坦的北部和南部，同时还将其影响力扩展到了西北边疆省（NWFP）。[117] 因此，在 2007 年，“塔利班化”——即塔利班的存在和影响力的扩散，不仅仅是指阿富汗所面对的塔利班叛乱，而且也是一个困扰巴基斯坦的内政问题。

植根于极端伊斯兰主义的新塔利班运动，融合了普什图人的部落意识。这两者的结合，填补了由于传统部落结构受到削弱而出现的真空，同时也促使它们产生进一步的转型。自 20 世纪 80 年代末起，以部落领袖（maliks）、拥有土地和从事商业的部族，以及宗教领袖共享权力为基础的社会制度，逐渐被由德奥班德教派阿訇主导的社会制度所代替，这些阿訇得到了大多在当地宗教学校接受培养的半部落民兵的支持。[118] 尽管新塔利班民兵支持由毛拉穆罕默德·奥马尔创建的、原来的塔利班组织，但在 2007 年，他们还未形成一支统一力量，并且也并不一定协调其活动。[119] 2007 年，新塔利班最有影响力的人物是西拉杰丁·哈卡尼，他是以米拉姆·萨赫为根据地的其中一支最强大的民兵组织的首领。[120] 身兼部落首领和德奥班德高级阿訇的哈

[117] 2007 年，受塔利班化影响最大的是西北边疆省的南部地区，但在北部地区这种影响也越来越明显，特别是在查萨达、迪尔、科哈特、马尔丹、斯瓦特和省会白沙瓦。A. 西蒂克，“巴基斯坦部落区内的塔利班化进程似乎正在加快”，EurasiaNet，2007 年 3 月 26 日，网址：URL〈http://www.eurasianet.org/departments/insight/articles/eav042607.shtml〉。

[118] B.R. 鲁宾和 A. 西蒂克，“打破巴基斯坦和阿富汗之间的僵局”，美国和平研究所特别报告第 176 期，2006 年 10 月，网址：URL〈http://www.usip.org/pubs/specialreports/sr176.html〉；“巴基斯坦军事走向：塔利班势力无处不在”，《经济学家》，2007 年 4 月 12 日。

[119] 在南瓦齐里斯坦和北瓦齐里斯坦活动的民兵组织可能分别为 15 至 20 以及 10 至 12 个。

[120] 西拉杰丁·哈卡尼的地位建立在其父贾拉鲁丁·哈卡尼的影响力之上，后者在 20 世纪 80 年代在阿富汗领导了反抗苏军的游击队战。S.S. 沙赫扎德，“塔利班眼中的山区革命，第三部分”，《亚洲时报》，2004 年 5 月 5 日。毛拉奥马尔在边境两侧的民兵势力中都受到很高的尊崇，但以巴基斯坦奎达为根据地的老一代塔利班指挥官的影响力正逐步减少。

卡尼，可借助他与部落和宗教方面的联系来建立同盟。他通过越境走私鸦片、军火和木材、半合法的经营以及将宗教捐款改做他用，为新塔利班的军事行动提供资金援助。尽管阿富汗和巴基斯坦两国的塔利班式的组织有很多相似性和联系——对于在普什图“部落专属区”的“阿富汗人”和“巴基斯坦人”根本无法加以区分，但他们所开展的各种运动却有着鲜明的地方性根基。

传统部落结构受到削弱以及该地区伊斯兰部落主义兴起的主要原因，在于巴基斯坦政府长期以来，一直奉行赞同伊斯兰部落战斗精神的政策但同时却对这些民兵组织缺乏有效的控制。阿富汗持续数十年的武装冲突，也是其中的原因之一。例如：冲突造成了难民潮和不断增加的越境走私活动。〔121〕维持巴阿两国交界处的普什图“缓冲区”并支持阿富汗境内的普什图人，关系到巴基斯坦的长期战略利益，而其中的部分动机，在于巴基斯坦政府力图平息在巴基斯坦部落专属区内外——其中包括卡拉奇这样的大城市——的大量普什图族人口中间的普什图民族主义。让巴基斯坦政府感到愈加担心的还有，塔利班政权在 2001 年被打败后，印度正不断扩大它在阿富汗的影响。这些长期利益与政府所制定的、将部落专属区融入到巴基斯坦政治经济体系内的目标格格不入。〔122〕

自 2001 年以来，出现的第三个因素，使巴基斯坦这种政策导致的不一致性更加严重。巴基斯坦沿巴阿边境部署了约 85000 到 111000 的部队，这些部队的装备和训练都是由美国提供的。〔123〕迫于

---

〔121〕自 1978 年爆发共产主义革命以来，国内各种武装冲突已经使阿富汗人民痛苦不堪。在反抗苏联占领和而后苏联支持下的默罕默德·纳吉布拉政权的战争中，巴基斯坦向作为抵抗一方的圣战者提供支持和基地。在 2001 年美国为首的多国部队对阿富汗实施干预前，巴基斯坦政府一直在支持塔利班。

〔122〕目前联邦直辖部落地区的管理权限直接归属于总统，具体管理工作由每个部落专属区的政治机构负责。部落专属区可派代表参与国民大会。各项基本服务（医疗和教育）由西北边疆省负责具体实施。“联邦直辖部落区管理体系一瞥”，网址：URL〈http://www.fata.gov.pk/index.php? link=3〉。部落地区的各项社会经济指标在巴基斯坦处在最差水平，同时这些地区的警察、正规的司法或税收体系也不健全。

〔123〕R. A. 布歇尔，在美国众议院监督和政府改革委员会、国家安全和外交小组委员会所做的发言，2007 年 7 月 12 日，网址：URL〈http://nationalsecurity.oversight.house.gov/story.asp? ID=1389〉，第 5 页；J. 伯克，“新塔利班”，《观察家》，2007 年 10 月 14 日。

美国的压力，巴基斯坦政府对新塔利班展开了一系列军事行动，但同时它又在试图说服一些民兵组织站在政府一边，并承诺将实行更广泛的改革。然而，巴基斯坦军队越来越不情愿参与联邦直辖部落地区的战斗——他们在该地区遭受了惨重伤亡——以实现巴国内普遍认为是美国强加给巴基斯坦而加以拒绝的反恐计划。[124] 另一个引起极大争议的问题，是部分巴基斯坦军队和安全部队秘密向巴基斯坦的新塔利班和阿富汗的叛乱势力提供援助。[125]

2007 年，除政府军与新塔利班组织之间的冲突外，武装分子组织的活动也仍旧在部落聚居区持续。什叶派与逊尼派之间的教派暴力冲突不断，特别是在有大量什叶派人口的古拉姆部落地区，新塔利班将这些什叶派看作是阿富汗北方联盟的支持者。[126] 在 3 月到 4 月间，瓦纳、南瓦齐里斯坦地区，以及当地普什图团体和基地设在联邦直辖部落地区的乌兹别克伊斯兰运动武装分子之间的激烈冲突，至少打死了 250 人。[127] 同样在 4 月份，大约有 100 人死于古拉姆周边地区的教派冲突中。[128]

2006 年 9 月 5 日，巴基斯坦政府与亲塔利班的武装分子达成了停火——与北瓦齐里斯坦地区米拉姆·萨赫的部落和新塔利班首领签订了部分停火协议，停火一直持续到 2007 年年中。[129] 根据停火协议，政府还将撤除其军事检查站并将部队撤出，释放自 2001 年以来所俘虏的武装分子，归还他们的武器和车辆，向部落成员赔偿

---

〔124〕 H. 阿巴斯，“巴基斯坦正逐渐失去对部落地区的控制”，《亚洲时报》，2007 年 10 月 4 日。

〔125〕 参见琼斯的相关文章（同注释〔115〕）；联合国阿富汗援助团（UNAMA），“阿富汗的自杀式袭击事件（2001 年至 2007 年）；2007 年 9 月 1 日，第 85—89 页。”

〔126〕 拯救阿富汗联合伊斯兰阵线（北方联盟）是反对塔利班政权的主要武装势力，该组织主要由塔吉克和乌兹别克人构成。

〔127〕 西蒂克（同注释〔117〕）；“巴基斯坦军事走向：塔利班势力无处不在”（同注释〔118〕）；“年表：巴基斯坦”，英国广播公司新闻，2008 年 3 月 26 日，网址：URL〈http://news.bbc.co.uk/2/1156716.stm〉。

〔128〕 阿巴斯（同注释〔124〕）；P. 胡德霍伊，“巴基斯坦：来自内部的威胁”，布拉德福德大学巴基斯坦安全研究小组（PSRU）简报第 13 期，2007 年 5 月 23 日，网址：URL〈http://spaces.brad.ac.uk:8080/display/ssispsru/Publications/〉，第 4 页。

〔129〕 I. 汗和 C. 盖尔，“巴基斯坦让部落首领控制沿边境地区”，《纽约时报》，2007 年 9 月 6 日。

其损失，并且允许他们携带轻武器；作为交换条件，对方应停止针对阿富汗的侵扰以及对巴基斯坦军队的袭击。[130] 但在 5 月 22 日，巴基斯坦特种部队突袭了位于北瓦齐里斯坦扎加克尔村的一个院落并声称那里是外国武装分子的一个训练设施。由部落首领组成的一个“和平委员会”宣称，这次袭击违反了米拉姆·萨赫协议。7 月 15 日，新塔利班方面宣布结束停火，此后该组织袭扰阿富汗的活动急剧增加，袭击巴基斯坦政府军事件和针对平民的恐怖活动也天天发生，几乎成了家常便饭。10 月 9 日至 11 日，巴军在北瓦齐里斯坦的米尔—阿里与据称是外国武装分子的当地武装遭遇，并爆发了若干年以来该地区最为激烈的冲突。由于实施了空袭和炮击，冲突共造成 200 多人死亡。[131]

以巴基斯坦部落地区为根据地的武装分子，在阿富汗的暴力活动中，同样扮演主要角色。根据联合国的报告，这些武装分子除了越境进行袭扰外，还在巴基斯坦的宗教学校训练了大量人员，用以在阿富汗东南部实施自杀式袭击。[132] 为了对付这一问题，阿富汗政府于 8 月 9 日至 12 日在喀布尔主持召开了一届部落高峰会，即“和平支尔格大会”，大约有 650 名来自边界两边的部落首领与会。但与会代表基本为从属于政府的部落首领，而包括塔利班和由古勒卜丁·希克马蒂亚尔领导的伊斯兰真主党在内的主要武装分子和激进政治派别，要么没有获得邀请，要么对此次会议加以抵制。[133] 除了巴基斯坦总统

〔130〕 该协议是在 2006 年 2 月 14 日宣布建立“瓦齐里斯坦酋长国”之后签署的。C. 齐西斯和 J. 巴约里亚，“巴基斯坦部落地区”，对外关系委员会背景材料，2007 年 10 月 26 日，网址：URL〈http: //www. cfr. org/publication/11973〉；胡德霍伊（同注释〔128〕），第 13 页。《米拉姆·萨赫》协议仅仅是政府与联邦直辖部落地区亲塔利班民兵和部落首领所签署的一系列带有争议性的协定之一。

〔131〕 I. 汗和 C. 盖尔，“部落人士敦促巴基斯坦政府停止空袭行动”，《纽约时报》，2007 年 10 月 11 日；伯克（同注释〔123〕）；“年表：巴基斯坦”（同注释〔127〕）。

〔132〕 用于实施自杀式行动的装备和爆炸物是在巴基斯坦边境地区准备的，恐怖分子还在这里选定目标并筹集资金。联合国阿富汗援助团（同注释〔125〕），第 86、89 页。

〔133〕 支尔格大会受到来自南北瓦齐里斯坦地区部落首领以及伊斯兰神学者协会代表的抵制，作为奉行强硬路线的伊斯兰联合行动阵线联盟中的一个声望显赫的党派，伊斯兰神学者协会统治着西北边疆省并且持反政府的立场。

佩尔韦兹·穆沙拉夫首次公开承认，阿富汗境内的塔利班武装得到了来自巴基斯坦相关组织的支持之外，支尔格大会没有产生任何实际结果。[134]

2007 年的越境暴力活动也同时涉及到阿富汗和巴基斯坦的武装部队，并且这些暴力活动通常间接地由国际社会对巴政府施加压力，以使其加强反恐行动而造成的。例如，出于美国的压力，巴基斯坦决定在其与阿富汗交界的一段边境线上，修建一条 35 公里长的隔离墙，这一决定最终却引发了两国军队于 2007 年 5 月在阿富汗帕克蒂亚省的武装冲突。[135]

### 伊斯兰主义者在部落地区以外的暴力活动

2007 年之前，伊斯兰主义者的好战对巴基斯坦自身政治与安全的影响，通常被政府官员和分析家认为无关大局。然而与部落地区问题同时存在的，是遍及巴基斯坦全国——其中包括像伊斯兰堡和卡拉奇这样的大城市——的伊斯兰主义的极端化、暴力活动以及教派主义。

2007 年中，发生在伊斯兰堡红色清真寺（Lal Masjid）的事件，使巴基斯坦成为国际社会瞩目的焦点。这座由国家出资修建的清真寺却变成了阿卜杜勒·阿齐兹和阿卜杜尔·拉希德兄弟领导的伊斯兰极端分子的盘踞地，[136] 而这对兄弟则是塔利班的公开支持者。附近宗教学校的很多学生都来自联邦直辖部落地区和西北边疆省。大家都清楚，伊斯兰主义者试图在群众中倡导并强制推行严格的德奥班德教派行为守则，同时他们还主张重建被城市主管部门拆除的属于违法修建的清真寺。4 月 6 日，一个伊斯兰教法院（Sharia）在红色清真寺建立，大约 100 名来自巴基斯坦全国各地的阿訇聚集在这里，并要求在

---

[134] 瑞士和平，“巴基斯坦：冲突与合作的趋势”，FAST 更新，2007 年 7 月至 8 月，第 1 页。

[135] 5 月 13 日，13 名阿富汗平民在战斗中被杀。F. 格拉尔，“选择立场：阿富汗与巴基斯坦边界的紧张局势加剧”，《简氏情报评论》，总第 19 期，年度第 7 期（2007 年 7 月），第 28—29 页。

[136] 两人的父亲大阿訇阿卜杜拉曾与巴基斯坦前总统齐亚·哈克关系密切。

国内实行伊斯兰教律法。[137] 5月18日至19日，4名警官在清真寺被绑架为人质，同时阿卜杜勒·阿齐兹威胁说，如果政府采取安全行动，他将发动自杀式袭击作为回应。僵持局面最终升级为街头暴力，安全部队在7月10日至11日突袭了关押有150名人质的清真寺，从而结束了这场危机。然而突袭行动至少造成102人死亡，这引发了全国性的群众示威以及更多的伊斯兰政治行动主义和暴力活动。[138] 清真寺于10月重新开放，他们向公众播放了一段事先录好的、由遭到监禁的阿卜杜勒·阿齐兹所做的布道。[139]

红色清真寺危机是巴基斯坦伊斯兰主义极端化正不断扩大的最明显的例证。穆沙拉夫相对世俗的"开明的温和"政策，正由于其政府支持美国主导的"全球反恐战争"——在很多巴基斯坦人看来，这是屈从于美国的压力——以及政府镇压伊斯兰武装分子所造成的大量平民死亡和该政权的日益独裁化，而日益受到损害。甚至越来越多的巴基斯坦中产阶级对于新塔利班支持阿富汗叛乱势力报以同情——即便不是同情该运动所倡导的社会与宗教秩序。穆沙拉夫政府对于渐进的伊斯兰化采取默许政策，同时试图将其招安或将其引到对政府有利的方向上来。[140] 穆沙拉夫必须小心翼翼、谨言慎行，以便确保军方在政治上的统治地位，维护非伊斯兰教精英人士的利益，同时避免与伊斯兰极端分子发生正面冲突并阻止他们在全国范围内巩固其地位。

尽管如此，巴基斯坦伊斯兰化的潜能仍旧有限，而某些观察家将当代的巴基斯坦同革命前的伊朗进行比较的做法，则是没有什么道理的。[141] 在巴基斯坦全国选举中，伊斯兰极端分子总是落

---

〔137〕 4月9日，伊斯兰教法庭颁布了其第一条法令，法令所针对的是旅游部长尼洛法尔·巴克蒂亚尔。

〔138〕 "红色清真寺传奇年表"，《黎明报》（卡拉奇），2007年7月11日；S. S. 哈桑，"伊斯兰堡红色清真寺侧写"，英国广播公司新闻，2007年7月27日，网址：URL〈http://news.bbc.co.uk/2/6503477.stm〉；胡德霍伊（同注释〔128〕），第4—5页。

〔139〕 "巴基斯坦的红色清真寺重新开放"，英国广播公司新闻，2007年10月3日，网址：URL〈http://news.bbc.co.uk/2/7025477.stm〉。

〔140〕 例如，政府宣称的实际反恐行动对于活跃在克什米尔地区的大多数伊斯兰武装团体的影响十分有限。

〔141〕 例如，W. 达尔林普尔，"封建主义的朋友"，《卫报》，2007年9月1日。

败，况且他们也并非是一个团结一致的运动。[142] 各派势力，如反什叶派的巴基斯坦“先知之友”组织、什叶派的 Fiqah-e-Jaferia 信徒运动以及参与逊尼派内部暴力活动的宗教学校之间水火不容的程度，可以与伊斯兰主义者对世俗国家的不满程度相提并论。[143] 2007 年，族群之间的紧张局势以及地区的分割状态，加上教派之间的暴力活动使得伊斯兰极端分子难于登上巴基斯坦国家权力宝座。[144]

## 恐怖主义及反恐怖主义

暴力派别的多样性，以及在巴基斯坦四个方面——地方性、全国性、地域性和跨国性——的政治和宗教暴力的相互交叠最明显地反映在恐怖主义和反恐怖主义的大力活动之中。部落地区的大多数小规模恐怖活动是由当地民兵实施的，而绝大部分的大规模袭击行动——尤其是自杀式炸弹袭击——则是由来自外国的武装分子策划的。2005 年至 2006 年之前，巴基斯坦罕有自杀式炸弹袭击事件，但在 2007 年，在该国部落地区和城市中心地区，自杀式炸弹袭击事件却愈加频繁发生，[145] 即使在恐怖主义事件呈总体下降趋势的情况，依旧如

---

〔142〕 西北边疆省和俾路支省伊斯兰教联合行动阵线的成功应分别归功于伊斯兰教—部落冲突和族群—宗教分离主义这两个更多限于以上地区的特定因素。

〔143〕 国际危机组织（ICG），“巴基斯坦宗派主义的状况”，《亚洲报告》第 95 期（国际危机组织：布鲁塞尔，2005 年 4 月 18 日）；K. 里科内恩，“巴基斯坦的宗派主义：对待异己的破坏性方式”，布拉德福德大学巴基斯坦安全研究小组（PSRU）简报第 2 期，2007 年 3 月 1 日，网址：URL 〈http：//spaces. brad. ac. uk：8080/display/ssispsru/Publications/〉。

〔144〕 巴基斯坦国内的族群暴力包括 2007 年 5 月间爆发的穆哈吉尔—普什图人与穆哈吉尔—旁遮普人之间的冲突，在亲政府的支持者与穆哈吉尔人占主导的统一民族运动党（MQM）之间持续数天的街头战斗以及反对统一民族运动党的势力试图阻止被废黜的最高法院首席大法官穆罕默德·乔杜里在城中发表演说的行动。联合国综合地区信息网（IRIN），“巴基斯坦：发生在卡拉奇的暴力又在族群中引发新一轮紧张”，2007 年 5 月 16 日，网址：URL 〈http：//www. irinews. org/Reports. aspx？ ReportID=72145〉。

〔145〕 胡德霍伊（同注释〔128〕），第 3 页。直接针对军方的自杀式袭击不是恐怖主义袭击。

此。[146] 2007年7月和9月，被认为是“基地”组织头目的阿伊曼·阿尔—扎瓦希里和奥萨马·本·拉登发表的声明，号召就红色清真寺行动对穆沙拉夫政权展开报复，同时还向部落代表机构的“真主之友”发表了演讲。[147] 2007年，美国并未排除采取单独军事行动以打击在巴基斯坦部落区内的新塔利班和外国武装分子的可能性。[148] 尽管如此，外国伊斯兰武装分子的存在已对部落地区以外的安全局势构成影响，其主要表现为巴基斯坦所受的外部压力不断增大——其中相当大一部分来自于美国——从而迫使其加强全面打击伊斯兰武装分子的行动。同时，它还使得美国的援助源源不断地流向巴基斯坦，同时也使美国在相当程度上对穆沙拉夫政府的独裁做法采取容忍态度。

在国内政治层面，穆沙拉夫总统被指责为在利用反恐为其个人的政治目的服务，因为当2007年11月3日穆沙拉夫宣布国家进入紧急状态时就将恐怖袭击作为主要借口之一。[149] 2007年，全年恐怖袭击活动的总体下降趋势被当年发生的两起最严重的炸弹袭击事件打破，这两起发生于10月18日、地点在卡拉奇的炸弹袭击均针对前总理、巴基斯坦反对党——人民党领导人贝纳齐尔·布托所在的行进队伍。尽管袭击事件被归罪于身份不明的“伊斯兰武装分子”，但他们似乎也同巴基斯坦国家层面的政治斗争有关。[150] 12月27日，贝·布托在拉瓦尔品第死于狙击手和自杀式炸弹袭击者共同实施的刺杀行动。

---

〔146〕 巴基斯坦的恐怖袭击事件从2006年的254起下降到2007年1月至11月的104起，而这些袭击所造成的死亡人数则从2006年的243人下降到2007年1月至11月的86人。在克什米尔，以巴基斯坦为根据地的伊斯兰民兵所实施的恐怖主义活动的数量也有所下降。恐怖活动知识库（同注释〔9〕）。

〔147〕 SITE信息小组，“对红色清真寺的侵略”：“伙伴”宣传机构制作的阿伊曼·阿尔—扎瓦希里博士讲话的录音，2007年7月11日；SITE信息小组，“加入圣战”：奥萨马·本·拉登对巴基斯坦人民发表的有关向巴基斯坦政府宣战的讲话录音，2007年9月20日，网址：URL〈http://www.siteinstitute.org/〉。

〔148〕 参见布歇尔的文章（同注释〔123〕），第3页。

〔149〕 “佩尔韦兹·穆沙拉夫将军发布紧急状态通告”，《国际先驱论坛报》，2007年11月4日。穆沙拉夫同时还提到司法对多个领域的“干预”。穆沙拉夫试图扫清他第三次连任总统的障碍却遇到律师们的强烈抵制，他在11月举行的极具争议性的选举中再次当选总统，但其合法性却在最高法院受到质疑。

〔150〕 C. 盖尔和S. 马苏德，“在遭遇炸弹袭击后，布托指责政府官员逃脱不了干系”《纽约时报》，2007年10月20日。

刺杀事件引发了巴基斯坦全国上下（特别是在信德省）的反政府暴力抗议活动，并导致全国选举被推迟到 2008 年 2 月。政府方面指责刺杀事件是亲塔利班和“基地”组织的成员所为，但布托的支持者却谴责当局保安工作不力并共同策划了袭击。[151]

## 第六节 结 论

无论在发生主要武装冲突的地区之内还是之外，武装分子派系的多样化以及不同暴力形式和层次之间界限的模糊化，反映出暴力零散化的总体趋势。这部分地可以解释暴力活动缘何让平民付出如此高的代价，以及为何有如此之多的国家在已经顺利迈入和平进程且处于冲突结束后的阶段时，却又重蹈覆辙、再掀暴力，因为：武装暴力活动已变得可以永远自我延续下去并且如此深深地扎根于社会之中，以至于冲突的主要对抗性问题得以解决，暴力也不会结束，甚至不会明显的减弱。

促使武装暴力活动零散化以及各种暴力形式之间的界限受削弱，看来有两个最重要的因素：（1）政府弱化，即功能欠缺、合法性不够；（2）外部卷入，这其中包含了依靠军事实力进行威胁而施加的政治和经济压力，以及实际的军事干预和占领。这两个因素通常是相互关联的：政府失效可能是导致外部势力干预的原因之一，但正如我们在伊拉克所看到的情形那样，其结果可能是由于旧政府在外国势力的干预下垮台，但却没有一个有效且合法的政府体系取而代之而造成的。平叛策略可能是导致暴力零散化的另一个因素，因为有时候外国干涉者和当事国政府为削弱叛乱武装的实力，有意激发国内各派之间的相互残杀。

在暴力如此零散化的情况下，即使最低限度的政府效能和合法性

[151] 袭击至少造成另外 20 人死亡。“暴力示威使巴基斯坦举国动荡”，半岛电视台，2007 年 12 月 28 日，网址：URL 〈http：//english. aljazeera. net/NR/exeres/D804F355－D988－4EA9－9476－E049D6106BC6. htm〉；M. I. 汗，“布托谋杀案：关键问题”，英国广播公司新闻，2007 年 12 月 31 日，网址：URL 〈http：//news. bbc. co. uk/2/7165892. stm〉。

都会有助于减少暴力活动。但这种效能与合法性的结合，只能通过一个国内产生的运动加以实现，而该运动又必须具有一种能超越其自身所属族群或教派的界限的政治感召力，受到相当大一部分民众的支持，而且其活动范围应含括社会、政治、安全和司法等各方面。这种政治势力不可能从外界人为地建立。在某些情况下，最能胜任这一角色的组织可能是一个以民族主义、宗教或社会政治形式出现的，或者是这几种形式相结合的激进政治运动。

外部势力应正确地识别这些组织，并鼓励其进一步实现政治化和使其融入到政治进程中，而不是试图将其边缘化或与之为敌。只有这样，才符合国际和平与安全的巨大利益。在那些脆弱和被冲突撕裂的国家，支持将政府效能与当地合法性相结合的国家建设方案，应该成为优先考虑的问题——即使最有能力推动相关进程的当地组织的政治议程和意识形态，与主要国际行为体推动的议程是不同的。

（谷景书　译）

# 附录 2A 1998—2007 年重大武装冲突的模式

罗塔·哈博姆 彼得·瓦伦斯腾*

## 一、在更大背景下发生的重大武装冲突

本附录叙述过去 10 年的重大武装冲突趋势。其中的一些冲突是我们这个星球上最血腥惨烈的，并对国际和平与安全造成了重要的影响。[1] 根据“乌普萨拉冲突数据项目”（UCDP）2007 年关于重大武装冲突的新定义，2006 年全世界出现了 14 起重大武装冲突。[2] 这与 2006 年的冲突数量相同，但其中有 11 起冲突在 2006 年便呈活跃状态。

本附录第二节说明 1998—2007 年间重大武装冲突的趋势。第三节说明同一时期地区冲突的趋势。第四节论述 2006 年和 2007 年重大武装冲突列表的变化。附录 2B 提供编辑重大武装冲突有关定义、来源和方法的详细信息。

---

* 乌普萨拉大学和平与冲突研究部“乌普萨拉冲突数据项目”。表 2A. 3 中各人负责的地点如下：Kristine Eck 负责印度；Hanne Fjelde 负责斯里兰卡；Helena Grusell 负责哥伦比亚和秘鲁；Joakim Kreutz 负责伊拉克和缅甸；Ralph Sundberg 负责阿富汗、以色列和美国；Hannah Tsadik 负责菲律宾和索马里；Nina von Uexküll 负责俄罗斯和土耳其。

〔1〕“乌普萨拉冲突数据项目”（UCDP）将“重大武装冲突”定义为在涉及政府和/或领土的对抗中，两个派别（至少其中一派是国家政府）的军事力量在运用武力时，在一个日历年度至少造成 1000 人以上与作战相关死亡。当冲突达到此死亡人数上限后，如果它在一年内造成 25 人以上与作战相关死亡，该冲突将出现在重大武装冲突的数据库中。更多信息请参阅本附录第二节，关于各要素请参阅本书附录 2B。在其他各处，UCDP 用战争而不是重大武装冲突的概念。战争的定义采取同样的标准，两者的区别在于冲突必须在每年内导致 1000 人以上的与作战相关死亡。因此，在 SIPRI 年鉴中被列为重大武装冲突的事件有可能在 UCDP 的其他列表、出版物或数据库中被列为小规模武装冲突（见注解 3）。

〔2〕 关于标准的修订请参阅附录 2B。

尽管本附录的重点是重大武装冲突，但其他类型的冲突[3]也正在发生。其他冲突包括小规模武装冲突——冲突中至少一方是国家政府且未达到重大武装冲突所需的烈度，以及非国家冲突[4]——在两个非国家集团之间的冲突。比如，非国家冲突包括反叛组织或不同种族集团之间的暴力行为。1998 年以来，重大武装冲突平均构成了国家间冲突数量的约一半。为能看清在更大背景下发生的重大武装冲突，本附录第五节包括了 2002—2006 年之间非国家冲突的信息。

## 二、重大武装冲突的全球模式

在记录 2007 年活跃的重大武装冲突中，关于重大武装冲突的定义作了一些修订。武装冲突被归类于“重大”的主要标准是：两个作战方之中至少有一方是国家，在一个日历年中至少导致 1000 人以上与作战相关死亡。在前几版 SIPRI 年鉴中，同样两个作战方的冲突在一年内导致至少 1 人以上与作战相关死亡，则该冲突仍被记录为重大武装冲突。新规定将限度提升至至少 25 人以上与作战相关死亡。在 1990—2007 年间的图表、数字和数据库均依此作了修改。[5]

2007 年，全世界 13 个地点出现了 14 起重大武装冲突。过去 10 年，全球仍在活跃的重大武装冲突数量总体下降。然而，正如表

〔3〕 UCDP 将“小规模武装冲突”定义为在涉及政府和/或领土的对抗中，两个派别（至少其中一派是国家政府）的军事力量在运用武力时，在一个日历年度至少造成 25 人以上与作战相关死亡。UCDP 以数据库的形式存有 1946 年以来所有国家间冲突的数据，并建有 1989 年以来包括各种变量的网上数据库。

〔4〕 UCDP 将“非国家冲突”定义为两个派别（均非国家政府）的军事力量因对立因素运用武力时，在一个日历年度至少造成 25 人以上与作战相关死亡。UCDP 搜集了 2002 年来非国家冲突的数据，这是首次对此类型冲突提供全球信息。UCDP 还搜集了单方的暴力信息，如一国政府或某一正式组织故意对平民使用武力，并在一个日历年度至少造成 25 人以上与作战相关死亡。该数据始于 1989 年，在数据库和 UCDP 网上数据库中均可查到。所有数据可通过查阅 UCDP 网址：URL 〈http://www.ucdp.uu.se〉获得。《人类安全报告》和《和平研究杂志》每年发表该数据。

〔5〕 1990—2007 年间修订后的重大武装冲突表可查阅 URLhttp://www.pcu.uu.se/research/UCDP/data_and_publications/datasets.htm.

2A.1 所示，修订后的数据库显示出下降极不均匀，2002 年和 2004 年降幅巨大，其中 2004 年是整个期间活跃冲突数量最低的，而 2005 年则增加了 3 起。

已连续 4 年没有记录到新的国家间冲突。在 1998 年至 2007 年的整个时期，只有 3 起国家间的交战，即厄立特里亚与埃塞俄比亚（1998—2000 年）、印度与巴基斯坦（1997—2003 年）以及伊拉克与美国及其盟国（2003 年）。前两起冲突涉及领土，另一起为政权而战。本时期其余 30 起重大武装冲突均是内战，其中 9 起涉及领土，21 起涉及政权。

在 2007 年，有 4 起国家间冲突被归类于国际化冲突，即在基本冲突区以外的国家派出军队援助冲突中的一方。这比 2006 年增加了 1 起。有趣的是，与 2006 年一样，2007 年所有国际化的冲突都在某种形式上与美国领导的“全球反恐战争”有关，其中最明显与之相关的包括美国政府与“基地”组织的冲突，阿富汗政府与“塔利班”的冲突，以及伊拉克政府与伊各反抗派别的冲突。2007 年记录的第 4 起国际化冲突在索马里政府和“索马里最高伊斯兰委员会”（SICS）之间进行。[6] 然而，该冲突与“全球反恐战争”的关系较为勉强。当埃塞俄比亚部队帮助索马里政府作战将 SICS 赶出该国时，美国对企图在索马里伊斯兰教徒中寻求庇护的“基地组织”分子发动了空袭。因此，美国的军事行动并非索马里冲突的一个直接组成部分。

## 三、地区模式

在 2007 年，亚洲连续 3 年是重大武装冲突数量最多的地区，共发生了 6 起重大武装冲突。美洲和中东地区各发生了 3 起冲突，欧洲和非洲重大武装冲突数量最少，在 2007 年各只有 1 起。表 2A.1 和

〔6〕关于向以上冲突派兵的各国情况，参见表 2A.3。想了解美国与“基地”组织冲突的背景情况以及影响数据库编码的复杂问题，请参阅 M. 索伦伯格和 P. 瓦伦斯腾合写的“1990—2001 年重大武装冲突的模式”（《SIPRI 年鉴 2002：军备、裁军和国际安全》牛津大学出版社：牛津，2002 年）第 67—68 页。在 2006 年 6 月 25 日更名前，SICS 拥有数个称谓，包括“伊斯兰法院最高委员会”和“伊斯兰法院及伊斯兰法院联盟”。

2A. 2 列出了 1998—2006 年间重大武装冲突及地点的地区性分布。图 2A. 1 显示了这一时间段每一年的地区分布数量和总数。

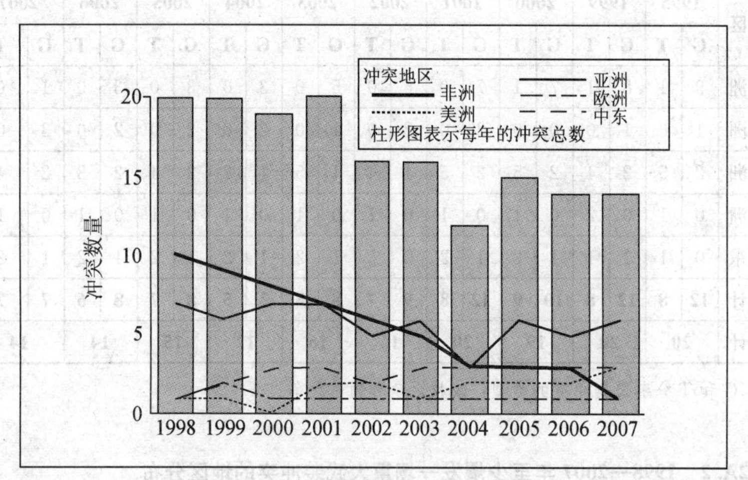


**图 2A. 1　1998—2007 年重大武装冲突的地区分布及总数**

**非洲**　在 1998—2007 年的 10 年间，记录有 13 起重大武装冲突。[7] 尽管非洲是总数最高的地区，但在此期间该地区的重大武装冲突数量急剧减少。从 1998—2000 年及 2002 年，非洲比任何地区的重大武装冲突数量都多。[8] 但在 1999 年，非洲的冲突数量开始略微下降。这一趋势持续到 2004 年，该年度在非洲只有 3 起活跃的冲突，一直到 2006 年均是如此。非洲在 2007 年只有 1 起重大武装冲突。在 1998—2007 年，非洲只有一起重大武装冲突发生在国家之间：埃塞俄比亚—厄立特里亚。非洲重大武装冲突的一个突出特点是多数冲突出现国际化：在 12 起国内冲突中有 7 起在某种程度上被国际化。在此期间除 1 起外所有冲突都属于政权之争。

〔7〕 1998—2007 年间在非洲有记录的 13 次重大武装冲突发生在阿尔及利亚、安哥拉、布隆迪、刚果民主共和国、刚果共和国、埃塞俄比亚—厄立特里亚、几内亚比绍、利比里亚、卢旺达、塞拉利昂、索马里、苏丹及乌干达。请注意，在本附录中如果只提到国家名字，即意味着这是一场争夺政府控制权的冲突；对于争夺领土控制权的冲突，则在国名后面括号中注上所争领土的名称。

〔8〕 在 2001 年 2004 年，亚洲数量同样的高。

**表 2A.1　1998—2007 年重大武装冲突的地区分布、数量及类别**

| 地区 | 1998 | | 1999 | | 2000 | | 2001 | | 2002 | | 2003 | | 2004 | | 2005 | | 2006 | | 2007 | |
|---|---|---|---|---|---|---|---|---|---|---|---|---|---|---|---|---|---|---|---|---|
| | G | T | G | T | G | T | G | T | G | T | G | T | G | T | G | T | G | T | G | T |
| 非洲 | 9 | 1 | 8 | 1 | 7 | 1 | 7 | 0 | 6 | 0 | 5 | 0 | 3 | 0 | 3 | 0 | 3 | 0 | 1 | 0 |
| 美洲 | 1 | 0 | 1 | 0 | 0 | 0 | 2 | 0 | 2 | 0 | 1 | 0 | 2 | 0 | 2 | 0 | 2 | 0 | 3 | 0 |
| 亚洲 | 2 | 5 | 2 | 4 | 2 | 5 | 2 | 5 | 1 | 4 | 1 | 5 | 1 | 2 | 2 | 4 | 2 | 3 | 2 | 4 |
| 欧洲 | 0 | 1 | 0 | 2 | 0 | 1 | 0 | 1 | 0 | 1 | 0 | 1 | 0 | 1 | 0 | 1 | 0 | 1 | 0 | 1 |
| 中东 | 0 | 1 | 1 | 1 | 1 | 2 | 1 | 2 | 0 | 2 | 1 | 2 | 1 | 2 | 1 | 2 | 1 | 2 | 1 | 2 |
| **合计** | **12** | **8** | **12** | **8** | **10** | **9** | **12** | **8** | **9** | **7** | **8** | **8** | **7** | **5** | **8** | **7** | **8** | **6** | **7** | **7** |
| **总计** | **20** | | **20** | | **19** | | **20** | | **16** | | **16** | | **12** | | **15** | | **14** | | **14** | |

**注：**G 和 T 分别代表冲突的类型：政权之争和领土之争。

**表 2A.2　1998—2007 年至少爆发一场重大武装冲突的地区分布**

| 地区 | 1998 | 1999 | 2000 | 2001 | 2002 | 2003 | 2004 | 2005 | 2006 | 2007 |
|---|---|---|---|---|---|---|---|---|---|---|
| 非洲 | 10 | 9 | 8 | 7 | 6 | 5 | 3 | 3 | 3 | 1 |
| 美洲 | 1 | 1 | 0 | 2 | 2 | 1 | 2 | 2 | 2 | 3 |
| 亚洲 | 7 | 6 | 6 | 6 | 4 | 5 | 2 | 5 | 5 | 5 |
| 欧洲 | 1 | 2 | 1 | 1 | 1 | 1 | 1 | 1 | 1 | 1 |
| 中东 | 1 | 2 | 3 | 3 | 2 | 3 | 3 | 3 | 3 | 3 |
| **合计** | **20** | **20** | **18** | **19** | **15** | **15** | **11** | **14** | **14** | **13** |

**美洲**　在过去 10 年记录有 3 起重大武装冲突。[9] 在该地区记录为活跃的重大武装冲突年度数量从 0（2000 年）到 3（2007 年）不等。在此期间的 3 起冲突都是国内冲突并均涉及政权。

**亚洲**　在 1998—2007 年间共有 10 起重大武装冲突。[10] 每年冲

〔9〕 1998—2007 年间在美洲有记录的 3 起冲突发生于哥伦比亚、秘鲁和美国（美国政府与“基地”组织之间的冲突）。

〔10〕 1998—2007 年间在亚洲记录的 10 起冲突发生在阿富汗、柬埔寨、印度（克什米尔）、印度—巴基斯坦、印度尼西亚（东帝汶）、缅甸（克伦）、尼泊尔、菲律宾、菲律宾（棉兰老岛）和斯里兰卡（泰米尔伊拉姆）。

突数量在 5—7 起之间波动，2004 年例外地只有 3 起。在 2003 年和 2005—2007 年之间，亚洲记录下活跃重大武装冲突年度总数的最高值。〔11〕有 2 起冲突在过去 10 年期间始终未停过：印度（克什米尔）和菲律宾。亚洲只有 1 起冲突是国内的冲突（印度和巴基斯坦）。5 起国家间冲突涉及领土，其他 4 起涉及政权。

**欧洲** 在 1998—2007 年间只记录有 2 起重大武装冲突，是冲突数量最少的地区。前南斯拉夫针对科索沃领土发生的内战在 1998 年和 1999 年活跃。俄罗斯（车臣）冲突从 1999 年开始活跃并持续到 2007 年。

**中东** 在过去 10 年记录了 5 起重大武装冲突。〔12〕1998 年只记录有 1 起冲突。因此，年度冲突数量在 2 起和 3 起之间起伏。从 2004 以来以下冲突保持活跃：伊拉克境内冲突、以色列（巴勒斯坦领土）和土耳其（库尔德斯坦）。土耳其（库尔德斯坦）冲突在 1998—2007 年间一直都活跃。该地区有 1 起国家间冲突：伊拉克—美国及其盟国。其他的 4 起冲突为内战，其中 2 起为政权之争，2 起为领土之争。

## 四、重大武装冲突情况表中 2007 年的变化

### 2007 年情况表中新增加的冲突

有 3 起冲突未在 2006 年记录而出现在 2007 年情况表中：秘鲁、菲律宾（棉兰岛）和索马里。〔13〕

秘鲁的冲突在 2007 年上升至 1999 年以来从未有过的水平。毛派反叛组织“光辉道路”在 1980 年对秘鲁政府发动了一场持续整个 80 年代的武装战争。该组织头目阿比穆尔·古兹芒在 1992 年被捕。这一挫折加之内部分裂，削弱了“光辉道路”，冲突活动也随

〔11〕 非洲在 2001 年 2004 年也同样有如此高数量的冲突。

〔12〕 1998—2007 年间在中东的 5 起重大武装冲突发生在伊朗、伊拉克、伊拉克—美国及其盟国、以色列（巴勒斯坦领土）和土耳其（库尔德斯坦）。

〔13〕 秘鲁和菲律宾（棉兰岛）均出现在已经出版的《SIPRI 年鉴 2007》中，但由于新编码规则未被 UCDP 数据库收录。本节所有的比较均相对于 UCDP 目前的图表，而不是前同几版的《SIPRI 年鉴》。

后减少。尽管在 2000 年至 2006 年之间有一些攻击，暴力水平始终未达到列入重大武装冲突的门槛。2007 年，非常规伏击和袭击活动得以持续，其频率也有所增加，这使与作战相关死亡人数超过了 25 人。

菲律宾政府和摩洛伊斯兰解放阵线（MILF）分离主义组织的冲突在 2007 年加剧，并再次超过了与作战相关死亡 25 人的门槛。2000 年，双方战斗被首次记录为重大武装冲突。从此以后战斗时断时续，尽管在 2006 年出现了短暂的缓和。在 2007 年的大部分时间里，MILF 成员似乎对谈判未取得进展感到沮丧。然而，在 11 月中旬又进行了试探性会谈，双方均对结果感到满意。[14]

上一次记录索马里的重大武装冲突是在 1996 年。在中央政府身份不明的多年动荡后，2001 年成立了一个过渡性政府，但只维持了 2 年时间。新成立的过渡性政府面对拒绝承认其权威的摩加迪沙日益扩大的地区伊斯兰法院的挑战。从 2006 年开始，伊斯兰法院联盟（SICS）控制了该国南部的大部分沼泽地区。政府军与埃塞俄比亚部队一道在 2006 年末向 SICS 发起攻击，造成了大量人员伤亡。[15] 在 2007 年初，埃塞俄比亚部队控制了摩加迪沙并试图将 SICS 驱逐出该国。在索马里南部持续发生战斗，在 4 月份暴力活动返回了摩加迪沙，SICS 对埃塞俄比亚目标发动远程迫击炮攻击。平民成为暴力的主要牺牲品。在 2007 年索马里的战斗达到了多年未被记录的烈度。

**2007 年情况表中删除的冲突**

2007 年重大武装冲突表中删除了 3 起冲突：布隆迪、苏丹和乌干达。

在布隆迪，最后一个活跃的反叛组织“胡图人民解放党—民族解放力量”于 2006 年 9 月签署了停火协议。该停火协议在 2007 年基本上得到尊重，冲突也随之在 2001 年后首次处于不活跃状态。然而，无论是国家还是和平进展，在本年度都不稳定。在 7 月份，反叛组织

---

〔14〕“菲律宾政府与反叛组织在 2008 年年初举行正式会谈”，《人民日报》转引新华社消息，2007 年 11 月 16 日。

〔15〕关于索马里形势，请参阅《SIPRI 年鉴 2007 》第 72—78 页“重大武装冲突”一节。

高层人员退出了停战监督小组，此后大家都担忧战火可能重燃。然而情况并非如此，尽管“胡图人民解放党—民族解放力量”内部派别确实发生了暴力活动，并造成许多平民逃离。

在苏丹的达尔富尔地区，2007 的形势仍然动荡。然而，有组织暴力呈总体下降态势，特别是反叛组织和政府军之间。因此，自冲突爆发以来，政府和“苏丹人民解放运动/军”（SLM/A）之间的战斗首次未达到列入重大武装冲突表的门槛。战斗减少系由两个因素造成：一是由于运动内部分裂使反叛组织受到削弱；二是政府充分利用詹加维德民兵内部争斗来对付 SLM/A，使其战斗力削弱。[16]

在 2007 年，乌干达政府和反叛组织“圣灵抵抗军”（LRA）之间的冲突自 1994 年以来首次呈不活跃状态。2006 年年中双方在苏丹南部举行了谈判，并在该年 8 月签署了停火协议。尽管因多次有人退出而会谈进展缓慢，停火在 2007 年基本上受到尊重，大多数观察家认为这为乌干达在今后多年保持和平提供了最好的机会。

**冲突烈度的变化**

与 2006 年相比，2007 年呈活跃状态的 14 起冲突中的 4 起烈度上升，它们分别是斯里兰卡（泰米尔伊拉姆）、阿富汗、缅甸（克伦）和土耳其（库尔德斯坦）。后 3 起与作战相关死亡人数上升了 50%以上。

在阿富汗，2007 年是阿反叛组织与政府在喀布尔冲突最剧烈的年份，后者受到北约“国际安全援助部队”（ISAF）的支持。烈度上升的部分原因是“塔利班”试图在该国建立稳定的据点。另一原因是 ISAF 和美国领导的部队采取了进攻战术。阿富汗总统卡尔扎伊在该年度数次邀请“塔利班”领导人会谈。但后者在外国部队撤出该国前拒绝谈判。

2006 年缅甸政府与克伦人全国联盟（KNU）在该国东部的冲突烈度上升。这是政府对克伦地区在 2006 年发动攻势的结果，这导致了 10 年来最猛烈的战斗。

在土耳其，政府与“库尔德工人党”（PKK）之间的持久冲突在

〔16〕 尽管政府和亲政府势力与反叛组织的暴力活动在 2007 年下降，但各阿拉伯派别争抢难民逃离出来的大片土地，达尔富尔非国家组织间的却升级了。参阅第 2 章第 4 节。

2006 相对缓和后烈度加剧。PKK 领导人奥贾兰在 2007 年呼吁举行谈判，但土耳其政府表示不会与恐怖分子谈判。在军事战线上，战斗全年未停止，主要是在土耳其东南部 PKK 的盘踞地进行。10 月份，土耳其议会授权对 PKK 在伊拉克北部的总部进行攻击，土耳其部队发动了数次跨边境空袭。

6 起重大武装冲突在 2006—2007 年间烈度下降：哥伦比亚、印度（克什米尔）、以色列（巴勒斯坦领土）、俄罗斯（车臣）、菲律宾和美国，其中菲律宾的烈度下降了 50%以上。菲律宾总统阿罗约在 2007 年初发誓将以军事手段摧毁菲律宾共产党（CPP），但这一强硬战略明显未能达到目的，在 7—9 月间，阿罗约总统至少向反叛组织主动示好，试图将其引回谈判桌。反叛分子则声称在美国将其从国外恐怖组织名单中去除之前，不会参加谈判。

只有 1 起冲突在 2006—2007 年之间烈度未发生变化，即伊拉克政府与伊拉克各反叛组织的冲突。尽管总体暴力水平与 2006 年相同，但在该年度可以看到烈度发生了一些显著的变化。2007 年上半年比 2006 年暴力活动大幅增加，但下半年局势缓和得多。[17] 战斗的地区性分布也出现了变化，2007 年暴力向伊拉克北部扩散，此前该地区基本未受冲突影响。与此同时，伊拉克首都巴格达的形势有所改善。

2007 年以下 4 起活跃的重大武装冲突导致了 1000 人以上的与作战相关的死亡数：阿富汗（5800 人以上）、伊拉克（5700 人以下）、斯里兰卡（约 2500 人以上）和索马里（接近 1400 人）。

## 五、2006—2007 年非国家冲突模式

非国家冲突与重大武装冲突一样，在近期均出现了数量上总体下降的趋势。在 UCDP 数据首次涵盖这一现象的 2002 年，全球范围共有 32 起活跃的非国家冲突。在 2003 年达到 35 起的高值后，2004 年和 2005 年数量下降至 23 起，在 2006 年又降至 21 起。然而，尽管非国家冲突总体呈下降趋势，期间发生了大的波动。

在此期间大部分非国家冲突发生在非洲。在 2002 年和 2003 年的

〔17〕 关于 2007 年伊拉克形势请参阅第 2 章第 3 节。

记录中，该地区非国家冲突数量占总数的80%以上，在2006年降至66%。此外，非国家冲突集中在几个国家。在2002—2006年期间发生非国家冲突最多的国家是索马里（24起）、尼日利亚（15起）、埃塞俄比亚（14起）和苏丹（11起）。

非国家冲突数量第二多的地区是亚洲，占非国家冲突总数的8%（2003年和2004年）及23%（2006年）。美洲在2002—2005年之间占3%（2002年）和13%（在2004年和2005年）。2006年美洲未记录有非国家冲突。其他的非国家冲突发生在中东，每年占世界总数在0%—9.5%之间。在2002—2006年之间欧洲未记录有非国家冲突。

通过首个5年数据，可以发现非国家冲突的一些普遍特点。[18]一个特点是它们造成的死亡情况远不如以国家为主体的冲突严重。以国家为主体的冲突在2005年平均造成388人死亡，[19]而非国家冲突的对应数字则是82。[20]另一个特点是非国家冲突一般而言持续较短，只有1年或2年。没有任何一起非国家冲突在整个2002—2006年期间都保持活跃。两起最长时间的非国家冲突都持续了4年，分别在哥伦比亚反叛组织“哥伦比亚革命武装力量”（FARC）和“哥伦比亚自卫军”（AUC）之间，以及象牙海岸的杜拉斯和克劳民族组织之间进行。大多数非国家冲突持续较短，在很大程度上是由于各方拥有的资源小。与之相比，以国家为主体的冲突涉及至少一个政府的资源，因此冲突时间更长、伤亡人员更多和破坏性更大。

〔18〕关于更多的非国家冲突情况，请参阅乌普萨拉大学和平与冲突研究部由L. Harbom编辑的第79份研究报告《2006年武装冲突中的国家》第155—167页，Kreutz. J. 所写“无边境冲突？非国家冲突简要介绍”。

〔19〕这一平均数字既包括重大武装冲突也包括小规模武装冲突。参阅注解3。

〔20〕“2006年人类安全简报”第9页，英国哥伦比亚大学“刘全球问题学院”人类安全中心，渥太华2006年出版。

表 2A.3 2007 年重大武装冲突

| 地点 | 对立因素[a] | 形成/申明/交战/列入年份[b] | 交战方[c] | 死亡总数[d]（含 2007 年） | 2007 年死亡人数[e] | 相对 2006 年的变化[f] |
|---|---|---|---|---|---|---|
| **非洲** | | | | | | |
| 索马里 | 政府 | 1981/ | 索马里埃塞俄比亚政府 | .. | <1400 | n. a. |
| | | 2006/2006/ | 对索马里最高伊斯兰委员会 | | | |
| | | 2007 | (SICS) | | | |
| **美洲** | | | | | | |
| 哥伦比亚 | 政府 | 1964/ | 哥伦比亚政府 | >45100* | >300 | — |
| | | 1966/1966/.. | 对 FARC | | | |
| FARC：哥伦比亚革命武装力量 | | | | | | |
| * 这一数字包括表中所列交战方以外的其他派别从 1964 年以来在战斗中死亡的人数。当然，绝大多数死亡者属于 FARC，一小部分属于“民族解放军”（ELN）。 | | | | | | |
| 秘鲁 | 政府 | 1980/ | 秘鲁政府对 | >28000 | 25—100 | n. a. |
| | | 1980/1980/ | Sendero | | | |
| | | 1981 | Luminoso | | | |
| Sendero Luminoso：光辉道路 | | | | | | |

| 地点 | 对立因素[a] | 形成/申明/交战/列入年份[b] | 交战方[c] | 死亡总数[d]（含 2007 年） | 2007 年死亡人数[e] | 相对 2006 年的变化[f] |
|---|---|---|---|---|---|---|
| 美国* | 政府 | 2001/<br>2001/2001<br>2001 | 美国政府/<br>多国联盟**<br>对“基地”组织 | <3100 | <200 | — |
| *“地点”栏指受到反对派别挑战的该国政府。因此，地点是指对立方而不一定是战斗发生的实际地点。关于这场国家间冲突的背景和起源，请参阅《SIPRI 年鉴 2002》，第 67—68 页。 | | | | | | |
| ** 在 2007 年，美国领导的多国联盟由以下国家组成：阿富汗、澳大利亚、加拿大、捷克、丹麦、法国、德国、意大利、荷兰、新西兰、巴基斯坦、波兰、罗马尼亚、沙特阿拉伯和英国。由于关于出兵国的信息很敏感且难于获得，本表仅供参考。 | | | | | | |
| **亚洲** | | | | | | |
| 阿富汗 | 政府 | 1990/<br>1994/1994/<br>2005 | 阿富汗政府/<br>ISAF*<br>对“塔利班” | .. | >5800 | ＋＋ |
| * 在 2007 年，以下国家向北约领导的“国际安全援助部队”（ISAF）派出了部队：阿尔巴尼亚、澳大利亚、奥地利、阿塞拜疆、比利时、保加利亚、加拿大、克罗地亚、捷克、丹麦、爱沙尼亚、芬兰、法国、德国、希腊、匈牙利、冰岛、爱尔兰、意大利、约旦、拉脱维亚、立陶宛、卢森堡、前南马其顿、荷兰、新西兰、挪威、波兰、葡萄牙、罗马尼亚、斯洛伐克、斯洛文尼亚、西班牙、瑞典、瑞士、土耳其、英国和美国。请注意，尽管所有这些国家向 ISAF 派出了部队，但并非都有作战授权。由于各国家部队授权情况非常敏感并很难获得，因此在此将所有国家列出。 | | | | | | |
| 印度 | 领土（克什米尔） | 1977/<br>1977/1989/<br>1990 | 印度政府对<br>克什米尔<br>反叛者 | >29300 | >500 | — |

| 地点 | 对立因素[a] | 形成/申明/交战/列入年份[b] | 交战方[c] | 死亡总数[d]（含 2007 年） | 2007 年死亡人数[e] | 相对 2006 年的变化[f] |
|---|---|---|---|---|---|---|
| 缅甸 | 领土（克伦邦） | 1948/1948/1948/1949 | 缅甸政府对克伦人全国联盟（KNU） | ＞20100 | ＞100 | ＋ ＋ |
| 菲律宾 | 政府 | 1946/1968/1969/1982 | 菲律宾政府对菲律宾共产党（CPP） | 20000—27000 | ＞100 | — — |
| | 领土（棉兰岛） | 1968/1981/1986/2000 | 对摩洛伊斯兰解放阵线（MILF） | ＜38600 | 25—100 | n. a. |
| 斯里兰卡 | 领土（泰米尔伊拉姆） | 1976/1976/1975/1989 | 斯里兰卡政府对泰米尔伊拉姆猛虎解放组织（LTTE） | ＞64400 | ＞2500 | ＋ |
| **欧洲** | | | | | | |
| 俄罗斯 | 领土（车臣*） | 1991/1991/1991/1995 | 俄罗斯政府对车臣反叛者 | 40000—70000 | ＜200 | — |

* 2007 年的大部分暴力发生在邻近的达吉斯坦共和国和印古什共和国。

| 地点 | 对立因素[a] | 形成/申明/交战/列入年份[b] | 交战方[c] | 死亡总数[d]（含 2007 年） | 2007 年死亡人数[e] | 相对 2006 年的变化[f] |
|---|---|---|---|---|---|---|
| **中东** | | | | | | |
| 伊拉克 | 政府 | 2003/ 2003/2003/ 2004 | 伊拉克政府/ 多国联盟 * 对伊拉克反叛组织** | >24300 | >5700 | 0 |
| * 在伊拉克，美国领导的多国联盟包括下列国家的作战部队：阿尔巴尼亚、亚美尼亚、澳大利亚、阿塞拜疆、波黑、保加利亚、捷克共和国、丹麦、萨尔瓦多、爱沙尼亚、格鲁吉亚、哈萨克斯坦、拉脱维亚、立陶宛、前南马其顿、摩尔多瓦、蒙古、波兰、罗马尼亚、斯洛伐克、韩国、英国和美国。<br>** 这些组织包括由伊拉克“基地”组织（AQI）演变而来的“伊拉克伊斯兰国”（ISI）和“改革与圣战阵线”（RJF）。ISI 曾被称为“两河流域圣战基地组织”，RJF 曾被称为“伊拉克伊斯兰军”，AQI 曾被称为“逊尼安沙军”。 | | | | | | |
| 以色列 | 领土（巴勒斯坦恐怖分子） | 1964/ 1964/1964/.. | 以色列政府对巴勒斯坦组织 * | >15100 | >300 | − |
| * 这些组织包括法塔赫（巴勒斯坦民族解放运动）、哈马斯（伊斯兰抵抗运动）和巴勒斯坦伊斯兰圣战者组织。 | | | | | | |
| 土耳其 | 领土（库尔德斯坦） | 1974/ 1974/1984/ 1992 | 土耳其政府对库尔德工人党（PKK）* | <31000 | >400 | + + |
| * PKK 近年来数易其名。2002 年，PKK 更名为库尔德自由民主大会（KADEK）；2003 年 11 月，更名为库尔德人民大会会议（KONGRA-GEL）；2005 年 4 月，该团体又恢复了旧称“库尔德工人党”。 | | | | | | |

**注**：虽然有些国家里也爆发了小型武装冲突，但此表只列出了这些国家中的重大武装冲突。关于定义、方法及资料来源，请参阅附录 2B。

表 2A. 3 中的冲突是按 5 个地理分区及发生地的字母顺序排列的：非洲——除埃及以外；美洲——包括北美、中美及南美和加勒比海国家；亚洲——包括大洋洲、澳大利亚和新西兰；欧洲——包括高加索国家；中东——埃及、伊朗、伊拉克、以色列、约旦、科威特、黎巴嫩、叙利亚、土耳其和阿拉伯半岛国家。

a. 所申明的总的对立立场——“政府”和“领土”——分别指引发争斗的对立因素是关于政府（政治制度的类型，中央政府的变更或其组成的变化）和领土（对领土的控制，分离或自治）。一个地点可能有多种对立因素，但关于政府的对立因素只能有一个。

b.“形成年份”系指一场重大武装冲突的原交战方—在几起冲突中都为同一对立因素而战的若干参与方—首次申明对立立场的年份。“申明年份”系指目前仍在活动的至少一家反对派组织（见注解 C）首次申明其对立立场的年份。“交战年份”系指目前仍在活动的一家反对派组织在冲突中开始使用武力的年份。“列入年份”系指政府与交战方的战斗中，与作战相关的死亡人数首次在一个日历年度内达到 1000 人这一界线而被列入重大武装冲突数据库的年份。因此，“形成年份”是指武装冲突本身所开始的年份，而表中所列其他三种年份（“申明年份”、“交战年份”和“列入年份”）是指至少涉及一家目前仍在活动的反对派组织。

c. 首先列的是政府方及其联盟，然后是反对派，后者可能是组织也可能是其他国家。只有当反对派与政府就所申明的对立因素作战，在一年内与战斗有关死亡人数超过 1000 人时才将其列入此表。反对派组织是指任何一个公开其名称和政治目标，并为目标而使用过武力的非政府团体。本栏只列出了那些在 2007 年有活动的派别和联盟。联盟在交战方名称之间以逗号表示。如果两个政府均有申明的对立立场，如边界纠纷问题，这两个政府将以字母顺序列出。

d. 死亡人数指冲突中与战斗有关的死亡总数，即这种死亡是由作战方引起的，并与冲突开始以来的对立因素直接有关。因此，这个数字与“形成年份”有关。在国内冲突中，应指出的是，这些数字仅包括政府与反叛方（在一年内与战斗有关死亡人数超过 1000 人的组织）而被列入此表。涵盖一整年的资料，最后几个月的数据只是暂时性的。经验还表明，数据的可靠性会随时间的推移而改进，因此每年都会对它们进行修改。

e. 超过 100 的数字用接近它的百位数来表示。因此，101—150 之间的数字用“>100”来表示，151—199 之间的数字则用“<200”来表示。25—100 之间的数字用“25—100”来表示。

f. “相对 2006 年的变化”是将 2007 年与战斗有关的死亡人数同 2006 年的与战斗有关的死亡人数相比后来衡量其增加或减少。这些符号是根据不能被认为完全可靠的数据标出的，但它们所表示的变化如下：

＋＋　与战斗有关的死亡人数增幅大于 50%；

＋　与战斗有关的死亡人数增幅在 10%到 50%之间；
0　与战斗有关的死亡人数稳定（增减幅度在 10%左右）；
－　与战斗有关的死亡人数减幅在 10%到 50%之间；
——　与战斗有关的死亡人数减幅大于 50%；
n. a.　该武装冲突并未列入 2005 年表格，无法相比。

（蒋正明　译）

# 附录 2B 冲突数据的定义、来源及统计方法

乌普萨拉冲突数据项目

本附录就重大武装冲突数据汇编所采用的定义及方法加以说明，并解释参考资料来源的使用情况。附录 2A 中的武装冲突记录信息由乌普萨拉大学和平与冲突研究部乌普萨拉冲突数据项目汇编而成。[1]

## 一、定义

乌普萨拉冲突数据项目将重大武装冲突定义为涉及政府或领土而引起争端的相互对立，当事双方的军队使用武力，其中至少有一方系国家政府，造成了在至少一个公历年内不少于 1000 人的死因与作战有关。[2] 该定义的各要素说明如下：

**1. 涉及政府或领土的相互对立。**这是指冲突双方公开对立的总体立场。**涉及政府的相互对立**是指有关当事国政体类型或政府组成的立场相左，亦可包括试图取代现政府。**涉及领土的相互对立**是指有关领土地位的立场相左，可包括要求脱离或自治（国内冲突）以及试图改变当事国对某一领土的管控（国家间冲突）。

**2. 使用武力。**这是指冲突双方的军队使用武力，旨在增强当事方在冲突中的总体地位。武器的定义系指用于作战的任何物质手段，包括特制的武器乃至棍棒、石块、火、水等。

---

〔1〕 参见乌普萨拉冲突数据项目网站，URL〈http：//www. ucdp. uu. se/〉。

〔2〕 此处关于重大武装冲突的定义与乌普萨拉冲突数据项目在 1988 年至 1999 年版《SIPRI 年鉴》（牛津大学出版社：牛津，1988—1999 年）所采用的定义略有不同；要求该冲突必须是在一年内而不是整个冲突过程中造成至少 1000 人的死因与作战有关，确保其仅涵盖以交战致死人数为衡量标准的高强度冲突。因此，表 2A. 1 及 2A. 2 的内容已做修改。

**3. 当事方。**这是指当事国政府及其盟友、敌对组织或敌对组织联盟。**当事国政府**系指被普遍认为掌握中央控制权的当事方，即使那些谋求夺权的对立组织亦对此不持异议。假如这一标准并不适用，则控制该国首都的一方被视为当事国政府。**敌对组织**系指已公开其组织名称及政治目标，并使用武力来实现其目标的任何非政府团体。从邻国基地发起行动的敌对组织被列为在受到挑战的当事国政府所在地（国家）发生冲突的当事方。除这些主要的冲突当事方外，表中还可包括另一类当事方，即提供正规部队来支持某个主要当事方的国家或多国组织。为便于将其列入表中，上述第二类当事方必须是与交战各方中的一方持相同立场。与此不同的是，传统的维持和平行动则不被视为冲突一方，而是在符合各方意愿的和平进程中保持中立公正的角色。

**4. 国家。**这是指管控某特定领土并得到国际承认的主权政府，或管控某特定领土但未得到国际承认的政府，而此前曾管控该领土且经国际承认的主权国家对此主权不持异议。

**5. 与作战有关的死亡。**这是指在引起争端的相互对立中与作战直接有关，且由交战各方造成的死亡。一旦某次冲突在一个公历年内与作战有关的死亡人数达到了 1000 人的阈值，它就会重复出现在历年因相同的当事方之间交战以及相同的相互对立而导致至少 25 人死于作战的年度重大武装冲突表中。[3] 其重点故而不在于政治暴力本身，而是发生武力争端的相互对立。因此，乌普萨拉冲突数据项目在附录 2A 记录下一大类政治暴力，即与作战有关的死亡，用以衡量冲突的大小。单方面使用武力（如集体屠杀）、无组织或自发的公众暴力、不针对国家的暴力（如反叛组织之间的争斗）等其他类型的政治暴力均不包括在内。[4]

---

〔3〕 该阈值在此前出版的“SIPRI 年鉴”中为 1 人因交战致死，现已增至 25 人，旨在确保仅将当年确曾发生战斗的那些冲突列入表内。这与乌普萨拉冲突数据项目的其他数据完全一致，均将一年内造成至少 25 人的死因与作战有关作为界定有效冲突的一个基本要素。

〔4〕 乌普萨拉冲突数据项目收集了非国家冲突和单边暴力这两类政治暴力的相关信息。至于其他类型暴力的数据信息可参见乌普萨拉冲突数据项目网站，URL〈http://www.ucdp.uu.se/〉。

附录 2A 所分析的时期为 1998—2007 年，而列入年度表的冲突事件已满足了自 1946 年以来的任何一个公历年内与作战有关的死亡人数为 1000 人的阈值要求，故在上述分析期内无需如此。

## 二、资料来源

列入附录 2A 的数据来自对印刷品和电子读物这两类可公开获取的原始资料进行广泛的信息筛选。上述资料来源包括通讯社、报纸、学术期刊、研究报告以及国际和多国组织与非政府组织的文件等。为收集有关冲突当事方的宗旨和目标等信息，通常需要查阅交战各方（政府、盟友和敌对组织）的文件以及诸如反叛组织等的互联网站。

多年来一直被精心选取的独立新闻来源构成了数据收集的基础。Factiva 新闻数据库（前称“路透社业务简报”）对于一般性新闻报道的收集工作必不可少。它拥有来自 118 个国家、22 种语言的 8000 个信息来源，因而得以充分利用国际性（如路透社和法新社）、区域性和当地媒体这三个重要层次的新闻媒体提供资料信息。尽管如此，仍有必要指出，欲获取不同地区及国家的新闻来源，其难易程度各不相同。这就是说，对于某些国家，可参考若干来源，而对于其他国家，只有极少数高质量的特定地区或国家信息来源可供使用。

乌普萨拉冲突数据项目定期对资料来源的选取与整合进行审核及更正，旨在保持各地区及国家间相关信息的高可靠性和高可比性。首要工作是在整合过程中平衡处理不同来源的资料信息，以免失之偏颇。资料来源的可靠性可利用乌普萨拉冲突数据项目的专业鉴定及遍布全球的专家（学者和决策者）意见做出评估。资料来源的独立性及其原始出处的透明度至关重要。后者的重要性在于，大多数资料来源系二手获得，这意味着为确保某报告的可靠性，还需对第一手资料来源进行分析，并对各项资料来源与其公布背景之间的关系做出判断。第一手或第二手资料来源对于失实事件报道存在的潜在价值，以及当时的总体氛围和新闻审查范围，均有所考虑。非政府组织和国际组织的报告在此方面尤有助益，因其与媒体报道互为补充，便于交叉查证。资料来源应该独立的这一标准，当然不能应用于那些正是因为有倾向才要查询的来源，例如政府文件或反叛组织的互联网站等。乌普萨拉冲突数据项目深知高水平审核的必要性，并努力确保所用材料的真实性。

## 三、统计方法

重大武装冲突数据按公历年进行汇编，其中包括冲突地点、对立类型、武装冲突起因、交战各方、与作战有关的死亡人员总数、该年度与作战有关的死亡人数及较上一年度与作战有关的死亡人数变化。[5]

与作战有关的死亡人员数据在冲突数据库汇编过程中倍受关注。例如，历次事件均记录下日期、新闻来源、初始来源、地点和死亡人数等信息。在理想状态下，上述个案及数字经过两个或两个以上独立资料来源的佐证。然后，再对全年各次冲突的相关数字加以合计。其总数与官方文件、专门报告和新闻媒体公布的总数进行比对。在收集数据期间，研究人员、外交官和新闻记者等地区问题专家经常受到咨询。这些人的作用主要在于澄清事件发生的背景真相，以便对公开资料来源做出合理的解释。

鉴于可公开获取有关武装冲突死亡人数的精确信息极其匮乏，乌普萨拉冲突数据项目列举的数字最多可视为估算结果。有时仅提供值域，而很少有确切数字。乌普萨拉冲突数据项目通常对与作战有关的死亡人数做保守的估计。随着可获取有关武装冲突的详尽信息日益增多，基于事件做出的保守估计总是证明其较新闻媒体中广为引用的其他数字更准确。假如无法获取相关数字，或所获数字不可靠，乌普萨拉冲突数据项目则不提供任何数字。这些数字因得到新的信息而每年相应地有所更正。

（费肖俊　译）

〔5〕 另见附录2A中的表2A.3注释。

# 附录 2C 从"人的安全"的角度来处理直接暴力和结构性暴力

阿尔布雷希特·施纳贝尔

## 一、导言

在《SIPRI 年鉴 2007》中，伊丽莎白·申斯认为，安全保障的预期目标与当前人们关注的预防能导致大量人员死亡和痛苦的集体暴力之间不存在明显的联系。[1] 在该年鉴同一版本中，米夏埃尔·布若斯卡要求将集体暴力和武装冲突的传统分类加以扩大。[2] 本附录内容即基于他们的意见。在探索暴力和不安全的原因及其后果的过程中，必须考虑那些对人造成死亡和伤害的主要原因并影响社会安定的威胁，而其中许多威胁既不属于武装冲突类型也不属于集体暴力类型。许多此类威胁是"结构性暴力"的结果。从人的安全的角度观察就可以涵盖并便于分析与缓解此类威胁和直接暴力。

如果个人和社区群体感到安全，不受到直接暴力和结构性暴力的威胁，即是说，如果人们的基本安全得到保障，那么个人层面的痛苦遭遇，社区、地区和国际层面的冲突和暴力就会极大地减少。[3] 相反，剥夺个人和社区群众的基本需求会导致人们遭受苦难，使社会和社区环境恶化，因此会导致更多的直接暴力和结构性暴力发生。这又

〔1〕 E. 申斯，"解析危害人生命的风险因素"，《SIPRI 年鉴 2007 版：军备，裁军和国际安全》（牛津大学出版社：牛津，2007 年），第 243 页。

〔2〕 M. 布若斯卡，"超越武装冲突标准定义的集体暴力"，《SIPRI 年鉴 2007》（同注释〔1〕），第 94—106 页。

〔3〕 结构性暴力的具体事例包括，由于经济封锁导致民众抱怨，或者全球贸易机制的歧视性行为，从政、获取资源、享受医疗和教育方面的不平等，或者现行法规致使社会中特定部分人群因传染性和非传染性疾病、极度贫困和法定的种族隔离（如南非的种族隔离）而遭受过早夭亡，这些会因为剥夺人们的基本需求而缓慢将他们杀害。

会反过来使人们的基本需求长期得不到满足。[4] 打破这种循环关系取决于具有减少或避免暴力的能力，从而保障人的安全。

本附录第二节界定"直接的"和"结构性的"暴力，并探索解决这两种暴力方面"人的安全概念"的实用性。第三节明确武装暴力是两类暴力的独特催化剂。第四节建议如何对人身安全威胁及其减少的方法进行分析，以有助于确定直接暴力和结构性暴力并对其作出适当而有效的反应。第五节是结论。

## 二、保障"人的安全"是对社会上直接暴力和结构性暴力的反应

### 界定直接暴力和结构性暴力

约翰·格尔通指出："在有一个行为体从事暴力时，其暴力类型可视为**个人的**或**直接的**暴力，没有上述行为体从事的暴力，当视为**结构性的**或**非直接的**暴力。"[5]

> 在这两种情况中，个人都可能被杀害或致残，受到击打或伤害，还会受到大棒或胡萝卜战略的操纵。但在第一种情况下，此类后果可追究到作为行为体的具体人，而在第二种情况里，这就不再具有实际意义。在这种结构中，可能不会有任何人直接伤害他人。暴力被构制在这种结构中，表现为不平等的力量，到后来是不平等的生存机会。[6]

按照格尔通的说法，直接暴力和结构性暴力都可通过身体的和心理的暴力表现出来，不管它是否针对特定目标，是否采取有意或无意的行动，是否表现为有形的还是潜在的形式。直接暴力和结构性暴力是相互依存的力量，尽管直接暴力更容易看得见和感觉得到，但"没

---

〔4〕 J. 博顿（编辑），《冲突：人的需求理论》（圣·马丁出版社：纽约，1990 年）。

〔5〕 J. 格尔通，"暴力，和平与和平研究"，《和平研究杂志》第 6 卷第 3 号（1969 年），第 170 页（重点部分是原有的）。

〔6〕 格尔通（同注释〔5〕），第 170—171 页。

有理由认为结构性暴力比个人（直接）暴力造成的伤害要小”。[7] 武装暴力作为直接暴力的特殊表现形式，造成毁灭后果并为结构性暴力创造条件，还会削弱社会抗击或应对其他危及生命风险的能力。因此，武装暴力以其各种直接的以及使机构弱化的效应威胁和平——既威胁被动和平（其特点是没有直接暴力），又威胁主动和平（其特点是没有结构性暴力）。[8]

格尔通对直接暴力和结构性暴力的分类，并非没有争议，但在对人的安全分析方面是有意义的。如果说人的安全一般是指“人民的安全——他们的人身安全，他们的经济福利，尊重其人格和人生价值，保障其人权和基本自由”，[9] 那么作为特定社会、文化、经济和政治群体组成部分的个人和社区所经历的威胁，就并不局限于直接的武装暴力。此类威胁可以公开呈现为具体和可识别的行为体进行的暴力活动，或者表现为隐蔽的暴力，这种暴力潜在于个人和社区群体在社会、政治或经济体制中所处的不利地位，这种不利地位是由权力结构决定的，超出他们的控制能力。没有暴力，就有极大可能提供并满足至少是人的基本需求，而且开发满足人们不仅生存而且提高福利和生活质量需求的可能性。看来格尔通已经意识到，需要更多地考虑结构的诸方面以及暴力的各种起因，以便使政府从专一地（或主要地）防止直接暴力的关注转移到防止结构性暴力。不管是否出于国家和国际意识自愿这样做，还是被迫实行此类准则，这样的转移将会减少暴力，增进人的安全。

格尔通认为：“只要人们进行足够的研究和实践，没有理由不相信未来会给我们带来更加丰富的思想和更多的社会行动样式，其内容是把无个人暴力与反对社会不公正的斗争（即被动与主动和平）结合起来。”[10] 本附录想说明的是，人的安全完全可以是提供这种机会的正确思想。关注两类暴力给个人和社区的安全带来的影响，如果从战

---

〔7〕 格尔通（同注释〔5〕），第 173 页，关于直接暴力和结构性暴力的内在关系，见第 177—183 页。

〔8〕 格尔通（同注释〔5〕），第 183 页。

〔9〕 国际干预和国家主权委员会，《保护责任》（国际发展研究中心，渥太华，2001 年），第 15 页，第 2.21 段。

〔10〕 格尔通（同注释〔5〕），第 186 页。

略、政治或经济意义的角度对任何一类不持偏见，就会使我们更有效地关注个人的基本需求，这不同于更为传统的国家安全思想体现的国家安全需要。这种做法符合人的安全思想的原有要素：国家和国际政治和安全结构应该将人的安全与国家安全视作同等重要。在这个关节点上，人的安全概念可以提高区分直接暴力与结构性暴力以及被动和平与主动和平之间的辨别率。加之人的安全提供者（那些管理个人和社区的人员，个人和社区群体是需提供人的安全的对象）提高了的责任意识，防止人身不安全的问责制和责任制将可能最终进入国际法律和惯例的理论和实践领域。

人的安全概念在回应直接暴力和结构性暴力中的贡献将在下面讨论，这之前先简述其概念。

## “人的安全”概念

对人的安全的概念讨论很多，并已被学者和政府作出了各种不同的定义。[11] 为了本附录的目的，“人的安全威胁”被界定为那些通过直接暴力和结构性暴力威胁个人和社区群体生命的威胁。这一界定在研究和实践中都是可操作的。它虽然既包括直接暴力也包括结构性暴力造成的威胁，但该界定将威胁个人和社区人群的生命作为影响大小的门槛。仅仅避免直接暴力和结构性暴力并不能满足积极和平、人的

---

〔11〕 见联合国开发计划，《1994 年人类开发计划》（牛津大学出版社：牛津，1994 年）；人的安全委员会，《现在就要人的安全》（人的安全委员会：纽约，2003 年），URL 〈http：//www.humansecurity-chs.org/finalreport/index.html〉；R. 塔库尔，“从国家安全到人的安全”，S. Harris 和 A. Mack 编著，《亚太安全：经济—政治新闻》（Allen & Unwin：St Leonards，1997 年），第 53—54 页；和国际干涉和国家主权委员会（同注释〔9〕），第 15 页，第 2.21 段。关于将人的安全作为外交政策的工具 T. Debiel 和 S. Werthes（编著），《外交政策日程上的人的安全：变化、概念和案例》INEF 报告 80/2006（发展与和平研究所：Duisburg，2006 年）。还见 G. Oberleitner，“人的安全：对国际法的挑战?”，《全球政府》第 11 卷，第 2 号（2005 年），第 185—203 页；人类安全中心，《人的安全报告 2005 年：21 世纪的战争与和平》（牛津大学出版社：纽约，2005 年）；和国际干涉和国家主权委员会（同注释〔9〕），第 xii 页。还见 M. Glasius 和 M. Kaldor（编著），《欧洲关于人的安全理论：项目、原则、责任》（Routledge：伦敦，2005 年）；M. Kaldor，“何为人的安全?”，D. Held 等编著，《辩论全球化》（行政出版社：剑桥，2005 年），第 175—190 页；和 M. Kaldor，《人的安全：对全球化和干涉的回顾》（行政出版社：剑桥，2007）。

广泛的安全保障以及人类不同层次需求的全面要求。[12] 但是，这确实提供了一条可操作的定义，将人口安全与国家安全、结构性暴力与直接暴力、人的不安全问责制与人的安全保障责任制联合起来。

## 三、暴力与人的不安全

从前面的引文可以看出，现在有三种主要思路界定人的不安全的根源、含义和影响。宽泛的定义集中在“无恐惧”和“欲望自由”；狭义的定义集中在直接、武装暴力的影响。本附录所提出的定义，重点放在直接暴力与结构性暴力的结合上，只要它们达到威胁个人和社区群体生命的程度。如果将此定义的合理性进一步深化，至少会出现两个问题。首先，当直接暴力作为可防止的暴力对造成死亡总人数的作用比较低的时候，为什么直接暴力在人的安全与不安全的分析中，仍然这样突出？其次，当威胁的元凶已很难追寻，威胁的起因、影响及其缓解的责任更难以确定时，为什么还要研究结构性暴力？相反，注意力可以一方面集中在直接的武装暴力上，另一方面可集中在其他各种伤害形式上。正如下面所讨论的，在人的安全分析和保障方面，将直接暴力和结构性暴力作为相互依存的核心变数来研究，将会提供机会，为解决对人口最关键的威胁并为构建最有效的缓解机制打下基础。

### 直接暴力是引发人不安全的因素

在不安全的原因中，武装暴力是一个具有独特意义的要素，因为它：(1) 导致人的不安全并因其直接和间接的破坏效果阻碍人的足够安全保障；(2) 作为人的不安全加速器，以其撞击效应增强了现有暴力和伤害力的负面影响；(3) 往往呈现为潜在的、持久的、久拖不决的结构性暴力，因此成为社会和政治不稳定的显示器。武装暴力是结构性暴力及其表现形式早就需要解决的明显提示。

为了评估武装暴力对时局紧张水平和人的不安全潜在因素的影响，必须确定武装暴力的类型（即基于国家的还是非国家的暴力）。

〔12〕 A. H. 玛斯娄，“人的动机的理论”，《心理评论》第 50 卷（1943 年），第 370—396 页。

另外，必须明确武装暴力现实的和潜在的水平（上升还是下降），还应明确其内部的和外部的耗费代价（内部耗费包括暴力可能造成的受害者人数、基础设施毁坏程度以及政治、经济和社会代价，外部耗费包括因冲突波及其他地域或难民迁移对地区和平和稳定造成的影响）。武装暴力（例如恐惧和恐怖）对民众、舆论界和对政策制定者心理影响也是很大的，对和平与稳定的影响肯定无疑但又很难估计。如果2001 年 9 月 11 日对美国的袭击是试图使西方文明的政治、经济、社会和文化基础不稳定，那次袭击至少动摇了这些基础。袭击造成了恐惧和恐怖感，其威力相当巨大，致使相当数量的西方社会的政治决策者们和民众在很大程度上限制了他们长期奉行的和持久的价值观和准则（如公民自由权），限制了他们力图阻吓类似的恐怖主义进一步袭击的努力。2001 年 9 月对西方稳定和安全的袭击引发的“全球反恐战争”后的结构性暴力和直接暴力，在有些国家如阿富汗、伊拉克和巴基斯坦对人的安全，在西方社会对公民权利和自由都构成了相当大的威胁。〔13〕

虽然 2004 年印度洋海啸没有招致任何受害国家的政治或社会瘫痪，但是，造成受害者少得多的武装暴力却会很容易地达到这种效果。根据发生武装暴力对社会造成的影响，武装暴力应该被认为是一种“特殊灾难”，可造成对基础设施、政治、经济、心理、环境和社会文化的破坏。环境危机可造成局部的毁坏（这可以修复）和不安定（这可以较快地进行纠正），而一次武装危机却可造成巨大的无可弥补的群体间的破坏和动乱，影响其后几年甚至几十年的政治和社会关系。〔14〕因此，武装暴力能引发连续不断的结构性暴力，产生极为长时间的后果。在 2007 年的一项研究中，国际小武

---

〔13〕 为有趣地研究在伊拉克的冲突中美国、伊拉克和世界的费用，见 P. 贝尼斯等著，《一个失败的“过渡”：伊拉克战争的高昂代价》（政策研究和外交政策研究所聚焦：Washington，DC，2004 年 9 月）。该研究报告估计美国的费用（人员、安全、经济和社会费用）；伊拉克（人员、安全、经济、社会、人权和主权费用）；和世界（人员费用、无视国际法和损害联合国以及全球安全和裁军的代价、美国为首的临时军事同盟国的费用、全球经济的代价和全球环境的代价）。

〔14〕 见 B. Pouligny 等（编著）：《大规模犯罪之后：建造国家和社区》（联合国大学出版社：东京，2007 年）。

器行动网络（IANSA)、国际乐施会（Oxfam）和“更安全世界”(Saferworld) 几个机构估算了武装冲突对非洲发展的经济损失。

武装冲突使一个非洲国家的经济平均缩减百分之十五，这可能还是保守的估计。武装暴力明显的直接损失——医疗费用、军费开支、基础建设的破坏、安置难民——分散了用于生产的资金。失掉各种机遇的间接损失甚至更高。经济活动停滞，或者完全停止。珍贵的自然资源收入充实了个人腰包，而国家却一无所获。国家遭受通货膨胀、借债、减少投资，而人民却失业、缺少公共服务和蒙受创伤。〔15〕

防止武装暴力的发生或者至少控制其规模和时间，对于阻止结构性暴力和直接暴力的扩散有着重要作用，因为这种暴力给人的安全造成多重后果。从人的安全角度解决直接暴力的第一步重大尝试，是在辩论关于防止和减少种族灭绝、种族清洗和其他大规模暴行严重违犯人的安全的责任时出现的。这一辩论导致联合国大会批准了 2005 年联合国世界首脑会议提出的“保护的责任”概念，在纽约成立了“全球保护责任中心”，并于 2007 年 12 月设立了保护责任特别顾问职位，与联合国秘书长负责防止种族灭绝和大规模暴行特别代表办公室密切合作。〔16〕

### 结构性暴力与人的不安全

结构性暴力可以不同方式表述。其中之一是，由于地方、国家或国际剥削性的和非正义的政治、经济、和社会制度与机构阻碍人民满足基本需求，结果造成全社会或部分民众遭受痛苦。结构性暴力侵害个人和社区民众的基本生存需求权，因此是人的不安全的根源。结构性暴力的许多后果以人道主义的说法是蹂躏性

〔15〕 D. Hillier “非洲失掉的巨额财富：国际军火的流动与冲突的代价”，简报 107 号 (IANSA, Oxfam, and Saferworld：牛津，2007 年 10 月)。

〔16〕 保护的责任概念集中在国家保护本国民及侨民不遭受种族灭绝和其他大规模暴行的义务。联合国，“世界首脑会议成果”，联合国大会决议 60/1，2005 年 10 月 24 日，URL〈http：//www.un.org/summit2005documents.html〉，第 138 和 139 段。关于全球保护责任中心，见 URL〈http：//www.globalcentrer2p.org/〉。

的，以政治术语来说是不安定的。在经济上或政治上被边缘化并遭受结构性暴力伤害的民众会滋生极端主义暴力（暴动或恐怖主义）。在这种情况下，结构性暴力养殖直接暴力。结构性暴力从其对人的安全的直接影响以及与日益增长的直接暴力相互作用来看，非常重要。

在《SIPRI 年鉴 2007》版本中，伊丽莎白·申斯显然是说了明白话，她说“如果安全的终极目标是挽救人的生命，使其免于可预防的过早死亡及伤残，那么恰当的安全政策的重点就应放在从源头上采取预防性措施及减少风险战略”。这一观点被广泛采用，因为武装暴力的发生与范围——直接关系伤亡人数——经常被用来为综合分析世界上和平与冲突趋势提供信息。《2005 年人的安全报告》就是这种思想的范例，虽然该报告因为持有这种观点而受到多方批评。[17] 申斯进一步断言，“尽管集体暴力导致大量过早死亡和伤残，但其他类型造成的伤害更大”。[18] 她列举了世界卫生组织提供的相关统计数字，2005 年全世界有 1700 万人死于传染性疾病，而死于集体暴力的有 18.4 万人。(尽管后者数字是极不准确的估算，但还是从总体上抓住了此类死亡原因的相关程度。）因此，大约 100 多倍的个人死于可预防的疾病，而不是死于直接的集体暴力。申斯所援引的数字还表明，几乎多达 5 倍的人自杀而死，多达 3 倍的人死于个人间的暴力，远比集体暴力造成的死亡人数多。[19] 然而，鉴于这些数字，一个重要的告诫应予考虑，即似乎需增加报道武装暴力的间接伤亡数字。最近的乌普萨拉冲突数据项目（UCDP）显示，20 世纪 90 年代开始的国家级的冲突次数逐渐减少的势头已经停止，而每年此类冲突的数字三年来（2004—2006 年）一直保持在 32 起。[20] 根据 UCDP 和 SIPRI 界定的“重大武装冲突”每年的总数显示，在过去的三年也一直保持着相对稳定（2005—2007 年间为 14—15 起冲突）。另外，自从 2004 年

〔17〕 人的安全中心（同注释〔11〕)。

〔18〕 申斯（同注释〔1〕)，第 243 页。

〔19〕 申斯（同注释〔1〕)，第 250 页。

〔20〕 L. Harbom and P. Wallensteen，“1989—2006 年间的武装冲突”，《和平研究杂志》第 44 卷，第 5 号（2007 年)，第 623 页。

以来，所有那些记录到的重大武装冲突都是国内冲突。[21]

尽管武装暴力的破坏可能在很大程度上造成暴力后的苦难长达几年甚至几十年，但从人的安全角度看，非武装暴力所造成的死亡的伤害至少也应该受到同样的关注。人们有必要重新考虑安全分析和安全保障，把分析“冲突潜在因素”（主要是直接暴力）转为分析“人的不安全潜在因素”（既是直接暴力，又是结构性暴力，以及如何缓解）。

结构性暴力在对暴力及其缓解措施的分析中是重要的。这既是直接暴力的源头又是其结果。结构性暴力表现为边缘化和镇压，还表现在对开发和保持个人和社区群体伤害管理战略方面有意和无意地制造障碍。基于人的安全和人的需求角度，直接暴力和结构性暴力，不管是有意的还是无意的，对人才开发和社会正义和秩序都是不可接受的负担。各界人士研究的主要课题——如何从事防止直接暴力（以及暴力冲突的爆发或者冲突后重建阶段中再度发生暴力冲突），应该转为更加彻底地集中于对结构性暴力的探察和缓解方面。后者是人的大量苦难和社会紧张的根源，具有使社会动乱的潜力，甚至可达到武装暴力成为不可避免的程度。

## 四、以保证“人的安全”做法作为解决暴力问题的分析框架

缓解、减少和对付直接暴力和结构性暴力是持久与积极和平的基本要求，也特别是冲突后的脆弱社会不再陷入集体暴力的保证。预防性和恢复性措施的首要任务和责任需要明确。从人的安全的角度来看待结构性暴力和直接暴力有助于确定此种任务的优先次序和责任的一种方法。这种方法注重考虑受影响群众的需求，在一种特定地理环境中可以选定有威胁的目标，可以明确直接暴力和结构性暴力的根源，还可以制定暴力缓解战略并将之与负责安全保障的部门进行沟通。

一系列的问题因此也就成为有效缓解人的不安全框架中的必要因素：（1）鉴别和分析对特定民众和特定背景的威胁和暴力；（2）针对威胁、当地环境和具体行为体制定的预防和对付计划；

---

〔21〕要了解更多详情，见附录 2A。

(3) 通过多边行为体合作战略有针对性地预防直接暴力和结构性暴力；(4) 监测和评估威胁程度以及缓解和调整措施的实施情况。必须特别注意武装暴力的作用及其潜在加剧现有的和新产生的直接暴力和结构性暴力浪潮的可能性，还必须特别注意结构性暴力的根源与影响。使用这种将人的安全威胁作为基础的框架，将有助于确定首要威胁与有效预防措施的切入点。但是，这种同等式的对付做法仍然是一个挑战，尽管不是很大的挑战。理想的结果包括：(1) 直接暴力和结构性暴力的威胁程度呈现明显的和较大的下降；(2) 减少直接暴力和其他危及生命的薄弱环节；(3) 提高人的安全的水平；(4) 减少冲突的可能性；(5) 改进社会和政治安定。〔22〕

这种系统分析暴力的方式对于结构性暴力是特别有意义的，因为结构性暴力并不总是容易识别的，导致暴力的原因和行为体也往往难于确定。按照格尔通的话说，"个人暴力所代表的，不仅是波纹对波涛，而且是波涛对静水的变化和力量。结构性暴力是无声的，它不显山露水，基本上是静止的，确实是静水。"〔23〕

人的安全的处置方法是与个人和社会群体的需要以及他们受到的威胁相关连的，因而必须在他们的社会、政治和经济相互作用的层面进行重点分析并缓解暴力。因此，从人的安全的角度来确定和缓解直接暴力和结构性暴力，必须能够明确现时社会中确实影响个人和社会群体的暴力根源及补救的办法。分析人的不安全根源与人的安全保障责任时，必须在这样的环境中进行：上述的分析应提供明确的问责制和责任制的相关信息，因而使补救性和预防性的战略变得切实可行。这将使人的安全分析和保障形成一种多层次做法。直接暴力和结构性暴力都可以追溯到局部、国家、地区和国际的根源（如各种机构和行为体）。每一层面不同的行为体有不同的行动责任。补救性和预防性战略有时可在从局部到全球层面的各个层面实施（并能有效和持续地保障人的安全的最大效果），而更常见的是较小规模的（可能也不太

〔22〕 这种观点是由本作者根据研究项目的内容"为保护生命而使人的安全实用化：由地方社区群体分析、跟踪并减少现有威胁"得出的结论，该项目是由瑞士和平组织和国家南北研究能力中心共同赞助的：为减少全球变化综合症的研究伙伴，网址：URL 〈http：//www. swisspeace. ch/typo3/en/peace-conflict-research/human-security/index. html〉.

〔23〕 格尔通（同注释〔5〕），第 173 页。

有效的）战略措施只好集中在那些行为体、机构和程序上最适于合作减少暴力的层面上。例如，对于受到当地民众和外国政府在资金和意识形态上支持的暴动，这种措施应该针对在其中一个层面或者同时针对两个层面。全球性的结构失衡（如全球化压力或不公正的贸易模式）可能是局部层面结构性暴力的根源，但这需要在国际层面加以解决。

## 五、结论

正如在前一节所讨论的，人的安全概念意味着，保障人的安全需求主要是国家的责任。许多国家需要重新考虑和重新规划其安全政策和体制，以便于与其他国家合作并在国际政府间组织的协调下，为其国民提供人的安全的有效保障，还应帮助并鼓励那些缺少此种必要能力的国家按此行事。"保护责任"概念似乎是对要求普遍保障人的安全的这些呼吁作出的恰当回应。然而，也就是因为这个原因，对于将人的安全视作与生俱来的权利、保障人的安全是国家的责任这一新的准则是否合理合法，产生了怀疑。新准则的期望看来与国家拥有的主权和不干涉权存在着矛盾。人的安全概念的倡导者们指出，他们的工作，以及随之逐渐形成的全球性准则，仅适用于直接暴力，在这种情况下，出于"保护责任"概念所实施的军事干预的极端行为，只是注重最严重的犯罪行为，如大规模的暴行和种族灭绝行为。但是，基本上采取非军事干预措施的设想，对于一般性的直接暴力和对于由国家和国际文化、社会、经济和政治结构引发的结构性暴力是可行的，这是国际准则和价值观的重大变化。

根据不同人对《保护的责任》[24]的不同理解，在国际干涉和国家主权委员会内部似乎一直存在着斗争，争论关于将一些类型的暴力包含在内，而排除其他类似有破坏性的却在政治上和法律上不那么实用的暴力。"保护的责任"的概念集中在对冲突和暴力的预防以及冲突和暴力后的重建方面，将这些作为国际社会对世界各地处境不利和受到威胁民众履行责任的主要工具。并非大规模暴行的

〔24〕国际干涉与国家主权委员会（同注释〔9〕）。

直接暴力和结构性暴力，逐渐被认为是引起国际社会对那些不能够和不愿意满足其国民的人的安全需求的国家表示关切和施加压力的可行和合法的行为。

利用现有的手段和协议解决一国内部的冲突和更具挑战力的其他形式的集体暴力，可能会更容易些，损失也会更小些，按当前国际法也更易实施。从人的安全角度看，这种做法反映的关切主要体现在紧张局势和危机对国家、地区和国际秩序与稳定造成的后果上。受影响民众的命运和生存并不是主要考虑的问题，尽管直接暴力和结构性暴力对其社会结构和政治制度的稳定所造成的后果均是毁灭性的。另外，仅次于直接暴力的集体暴力也能造成大量灾难，此类解决集体暴力的狭隘做法会忽视对付这种灾难并防止其升级为武装冲突的机会。在分析和缓解威胁时采取适合于人的安全的方法来确定并减少直接暴力和结构性暴力，可为在受到威胁的社会巩固积极和持久和平，创建规范的、合法的和政治上的各种条件提供良好的机会。

（翟德泉　译）

# 第三章 和平行动的计划与部署

莎伦·韦哈塔

## 第一节 导言

特派团计划工作是维和界 2007 年的一个关键问题。这一年，有 8 项和平行动得以部署，而且联合国和欧盟（EU）均准备部署其迄今为止规模最大的和平行动。[1] 在过去 10 年中，对新建和平行动的需求持续高涨，许多已经部署的行动具有复杂的多职能性质。这些因素强烈地表明，特派团计划工作的方法应该更加细微有别。过去，非盟（AU）、欧盟以及联合国等组织的特派团计划工作，在很大程度上一直是由一两个部门负责的，而今政治、人道、发展以及军事任务的一体化对内部协调的要求要高得多。同样，众多的外部行为体之间也需要进行更好的合作，因为和平行动必须与这些行为体进行互动。

任何一项和平行动的计划工作都是一个由几个明显不同的阶段组成的复杂过程，每一阶段都有自己的工作重点以及潜在的缺陷。本章重点讨论和平行动的部署前计划，它是和平行动计划工作的最初阶段，其最终目的是和平行动的部署。近年来，和平行动最显著的发展出现于这一阶段，对和平行动的批评也集中在这一阶段。在

〔1〕 2008 年 1 月 28 日开始的欧盟乍得和中非共和国军事行动（EUFOR Tchad/RCA），核准兵力为 3500 人。2004 年开始的欧盟波黑军事行动（EUFOR ALTHEA）虽然部队人数超过 6000 人，但该行动主要由北约稳定部队（SFOR）“改编”而来，因此对计划工作的要求低于完全新建的行动。关于 2007 年进行中的多职能和平行动，参见附录 3A。

计划工作的初期就确定一个连贯一致的行动战略，不仅对于制定和平行动的明确目标与使命至关重要，也是确定和获取和平行动所需的人力、物力和财政资源的关键所在。这一点是大家所公认的。部署前计划工作中的缺陷会引起行动的协调不良，并导致行动的部署不能满足东道国以及有关团体的要求，从而使几项重大的和平行动无法取得持续进展，联合国在东帝汶、科索沃和利比里亚的几项行动就是如此。[2]

对以往联合国和平行动部署前计划工作的批评来自两个方面：一是部署前计划过程过多地乃至完全地以联合国总部为基地，远离了和平行动将要部署的国家及社区；二是联合国各部门各机构之间，联合国总部与联合国驻东道国的代表之间，以及联合国与其他利益攸关方（包括其他维和行动、东道国政府、民间团体、反对派以及有关社区）之间的磋商与协调太少。

2007年，作为内容更为广泛的“和平行动2010”改革战略的一部分，[3] 联合国开始全面执行“综合性特派团计划流程”（IMPP）。IMPP的目的是为联合国所有的多职能行动制定一个有序、连贯和统一的框架，[4] 其中包括在东道国实地进行计划与磋商等实质性内容。

2007年实施的几项和平行动的计划过程，既说明了有关部门试图解决部署前计划工作中的问题，同时也说明了部署前计划工作可能遇到各种困难。本章第二节将更为详细地分析有关部门近期为解决联合国和平行动计划工作（尤其是部署前计划工作）中的问题而进行的一些尝试，以使和平行动能够更好地满足东道国的需求与现实。这一节将对综合性特派团计划流程作一小结，作为对比，本节还将简要介

---

〔2〕 这几项行动是：联合国东帝汶过渡行政当局（UNTAET，1999—2002），联合国科索沃临时行政当局（UNMIK，1999年至今）以及联合国利比里亚特派团（UNMIL，2003年至今）。

〔3〕 联合国：“联合国维和行动财务问题概览：2004年7月1日至2005年6月30日年度预算执行情况以及2006年7月1日至2007年6月30日年度预算情况”，秘书长报告，A/60/696，2006年2月24日，第6—22页。

〔4〕 联合国：“维和行动特委会及其工作小组关于2007年实质性会议的报告”，A/61/19（第三部分），2007年6月5日，第17页。

绍欧盟的特派团计划流程概貌。第三节将分析 2007 年 3 项新建和平行动的部署前计划工作，这三项行动是非盟/联合国达尔富尔混合行动（UNAMID，以下简称“混合行动”），联合国中非共和国与乍得特派团（MINURCAT，以下简称“中非乍得团”）以及欧盟乍得与中非共和国军事行动（EUFOR Tchad/RCA，以下简称“乍得中非行动”）。第四节为结论。附录 3A 将详细介绍 2007 年进行中的、新启动的或结束的所有多边和平行动。

## 第二节　努力改进部署前计划工作

### 实施“受需求牵引”的和平行动的迫切性

越来越多的人认识到，联合国和平行动的计划工作必须更好地反映冲突国家的需求。[5] 学术界和实践者都认为，由于联合国继续朝着雄心勃勃的多职能行动迈进，过去常常采用的“大家都穿一个尺码”的做法已经越来越不可能产生真正“受需求牵引”的和平行动。

从传统上来说，部署前计划工作一直是在总部层次进行的，在做出关键性决定前，总部人员了解冲突国家现实需要的努力少之又少。因此，有人建议，开展实地调查和需求评估应该成为所有和平行动计划流程不可缺少的环节，不管该行动是联合国实施的还是区域性安全组织实施的。为了响应这一建议，在特派团部署前，联合国越来越多地进行实地调查和需求评估，比如：经过实地调查与需求评估，有关部门为 2005 年苏丹《全面和平协议》的实施制定了

〔5〕 E. B. 埃德等：《关于综合性特派团的报告：实际问题与建议》，为联合国人道主义事务核心小组执委会（扩大）所作的独立研究，2005 年 5 月。URL〈http：//www. reliefweb. int/rw/lib. nsf/db900SID/SODA—6CK7SK〉；及联合国维和行动部（DPKO）：《联合国维和行动：原则与指针（最高纲领）》联合国维和行动部：纽约，2008 年 1 月 18 日，URL〈http：//pbpu. unlb. org/pbps/ Pages/Public/viewdocument. aspx? docid＝895〉。

一份详细的计划,[6] 尽管这些实地调查与需求评估常常被批评为时间太短。2006 年,欧盟甚至组织了一个现场计划团,即欧盟科索沃计划小组(EUPT Kosovo)。2007 年全年,欧盟科索沃计划小组为联合国科索沃临时行政机构(UNMIK)可能向欧盟危机管理团移交部分职责而进行计划与准备,也为 2008 年 2 月开始部署的欧盟科索沃法治特派团(EULEX Kosovo)制定了详细计划。[7]

过去,调查与需求评估小组往往主要是由军事计划人员组成的,如今正逐渐向多方面的专家扩大,包括已经在现场的开发工作者、人道主义工作者、人类学家、移居国外人员、离散人员以及其他当地专家。然而,这些小组以及和平行动计划过程的整体,常常遭到人们的指责,说它们在与当地利益攸关方的磋商以及吸收其参与方面做得不够。不过,下面将要讨论的 2007 年乍得与苏丹的经验表明,扩大当地利益攸关方的参与,存在着与生俱来的困难与局限性。开始制订部署前计划时的状况、冲突形势、当地的政治环境以及国际社会的政治意愿,都对扩大当地利益攸关方参与的现实性产生影响。

此外,任何人在试图开展更多受需求牵引的和平行动时,最终都必须面对这样一个根本问题:谁的需求应该优先考虑。不同的利益攸关方,无论是当地的还是外部的,优先考虑的问题也各不相同。例如:当联合国最初决定在乍得部署强有力的多职能行动时,它考虑的是该国东部地区难民与流离失所人员(IDP)的需求。然而,他们的需求与这一地区反叛组织的需求是直接矛盾的。

有一种意见认为,在压力下进行的磋商,比如匆匆忙忙进行的需求评估,只能起到强化计划人员原有想法的作用,而不会产生独立和客观的分析。因此,虽然计划人员的既定目标是要确定受影响民众的真正需要与重点问题,但他们无法实现这一目标。而且,当地的非政府利益攸关方可能会感到一种压力,要求他们说出他们认为国际社会

---

〔6〕 苏丹联合评估团(JAM):“持久和平、发展与消除贫困框架”(JAM:2005 年 3 月 18 日)。关于苏丹南部的冲突,参见卡罗琳·霍尔姆奎斯特:“重大武装冲突”,《SIPRI 年鉴 2006:军备、裁军和国际安全》(牛津出版社:牛津,2006 年),第 87—89 页,或(时事出版社:北京,2007 年 5 月),第 105—108 页。

〔7〕 参见 EUPT Kosovo:“为欧盟科索沃法治特派团作准备”,URL 〈http://www.eupt-kosovo.eu/new/index.php?id=10&news=1〉。

想听的话，而不是表达他们真正需要优先解决的问题。[8] 与此形成对照的是，一些强有力的当地利益攸关方可能操纵磋商过程以谋求自己的好处。2007 年的苏丹政府显然就是这样。

## 改革联合国特派团的计划工作

### 综合性特派团工作小组

联合国和平行动的计划工作只有等到联合国安理会通过了授权建立特派团的决议后才真正开始，这在 21 世纪开始以前再正常不过了。因此，重要的决定已经做出，计划工作主要就是将安理会的决议付诸实施。特派团的计划工作只是由联合国维和行动部、人道主义事务部和政治事务部等联合国部门制定。计划能力的不足导致一些复杂的行动缺乏详细的部署前计划，例如联合国柬埔寨过渡时期权力机构（UNTAC，1992—1993 年）、第一期和第二期联合国索马里行动（UNOSOM I 和 UNOSOM II，1992—1995 年）、联合国东帝汶过渡行政当局（UNTAET，[9] 1999—2002 年）以及联合国科索沃临时行政机构（UNMIK，1999 年至今）。2000 年，一份有重大影响的独立报告，即《专家小组关于联合国和平行动问题的报告》（又称《卜拉希米报告》）明确指出，有必要加强联合国系统内开发部门及和平与安全部门之间的协调，以便为维持和平与建设和平工作找到一个综合性的办法。[10] 报告呼吁一切部署前计划工作都要由各特派团专门的综合性工作小组来进行，联合国秘书处（维和行动部及政治事务部）、联合国人道主义事务协调办事处（OCHA）、联合国难民事务高级专员办事处（UNHCR）、联合国人权事务高级专员办事处

---

〔8〕 C. 德科宁："联合国建设和平与综合性特派团中的一致与协调：挪威的看法"《实践中的安全》(Security in Practice)，第 5 期，（挪威国际关系研究所：奥斯陆，2007 年），第 17 页。

〔9〕 美国总会计署（GAO）："联合国维和行动：与效果、开支和改革有关的问题"，国家安全与国际事务司国际关系和贸易问题副主任哈罗德·J. 约翰逊在美国众议院国际关系委员会听证会上的证词，GAO/T-NSIAD-97-139，（美国总会计署：华盛顿特区，1997 年 4 月 9 日）。

〔10〕 联合国：《专家小组关于联合国和平行动问题的报告》（《卜拉希米报告》），A/55/305—S/2000/809 的附件，2000 年 8 月 21 日。URL〈http://www.un.org/peace/reports/peace_operations/〉。

(OHCHR)、联合国开发计划署（UNDP）等机构也要积极参与。[11]

综合性特派团工作小组这一概念首先是在制定联合国阿富汗援助团（UNAMA，简称“联阿团”）的计划时付诸实施的。[12] 为联阿团建立的工作小组由联合国 13 个部门和机构的代表组成。在联阿团 2002 年 3 月部署前，工作小组全天候工作了四个月。联合国一项内部评估报告认为，工作小组的工作是成功的，它保证了所有相关的联合国机构与部门都集中参与了部署前的计划工作。[13] 但是，一份外部报告注意到，联阿团工作小组在很大程度上只是扮演了一种顾问角色，而不是决策角色，它与设在巴基斯坦伊斯兰堡已有的国别工作小组并无多少直接接触。[14] 联合国 2007 年一份评估报告认为，“综合性特派团工作小组只有作为信息交换机制时才能发挥作用，作为一种计划与管理机制，它却不那么成功”。[15]

2006 年，关于综合性特派团工作小组的指导方针（见下文）扩大了工作小组的组成，从而使工作小组至少包括联合国秘书处政治、军事、警察、安全、后勤、人道主义、发展和人权部门的代表，以及联合国国别工作小组（如果已经成立）的代表。

2007 年 4 月，联合国秘书长潘基文提议成立 7 个为联合国和平行动提供支援的综合业务小组（IOT），包括成立未来的综合性特派团工作小组核心。[16] 综合业务小组将由军事、警察、保障及政治方

〔11〕 联合国（同注释〔10〕），第 34—36 页。

〔12〕 综合性特派团工作小组的原型是在制定联合国东帝汶支助团（UNMISET，2002—2005 年）的计划时建立的，UNMISET 的前身是联合国东帝汶过渡行政当局（UNTAET）。R. 卡普兰：“战乱地区的国际治理：统治与重建”（牛津大学出版社：纽约，2005 年），第 235 页。

〔13〕 M. 格里芬：“钢盔与锄头：联合国发展援助与冲突管理的联系”，《全球治理》，第 9 卷（2003 年），第 199—217 页。

〔14〕 W. J. 德奇等：“卜拉希米报告与联合国和平行动的未来”（亨利·L. 史汀生中心：华盛顿特区，2003 年），第 49 页。美国于 2001 年 10 月入侵阿富汗后，联合国阿富汗特别行动团（UNSMA）被迫转移到巴基斯坦。卡普兰（同注释〔12〕）。

〔15〕 联合国：“内部监察办公室对联合国维和行动部管理机构的审计报告”，A/61/743，2007 年 2 月 14 日。

〔16〕 联合国：“关于加强联合国管理与持久开展和平行动能力的全面报告”，联合国秘书长报告，A/61/858，2007 年 4 月 13 日。

面的专家组成，地点设于维和行动部行动司的地区处。综合业务小组的目的是充当信息与联络枢纽，并借此促使综合性特派团的计划、管理与保障工作更加有效。小组应确保计划与实施过程中的连续性远高于以往。为了协助联合国/非盟混合特派团的计划工作，联合国成立了第一个综合业务小组。其他小组预计于 2008 年 1 月开始投入工作。〔17〕

**综合性特派团计划流程**

《卜拉希米报告》发表后，联合国维和行动吸取联阿团、联合国利比里亚特派团（UNMIL，简称“联利团”）及其他维和特派团的经验，成立了新的机构，制订了新的计划与标准程序，为改进与发展其业务计划能力作出了进一步努力。综合性特派团计划流程的制定是为了确保采取透明与包容的方法进行多职能行动的计划工作。计划流程包括与关键性外部伙伴机构与利益攸关方进行磋商，必要时还可与当事国国家行为体进行磋商。

综合性特派团计划流程的制定工作一直进行了多年，2006 年 6 月，建立这一流程的指导方针得到联合国秘书长科菲·安南的批准。〔18〕这一政策性文件详细阐述了建立、维持和终止联合国综合性和平行动的具体步骤，确定了工作重点，明确了联合国系统内各个部门的职责。

指导方针将综合性特派团的计划工作划分为三个阶段。第一阶段为预先计划阶段，由部署前计划组成，包括制定加强联合国参与的战略方案。这是制定行动构想的基础。第二阶段为行动计划阶段，在联合国安理会授权建立特派团后开始进行。最后阶段为复审与过渡计划阶段，包括对特派团计划作进一步的评估与完善，以及制定特派团的终止计划。〔19〕下面就综合性特派团计划流程的部署前计划工作作一

〔17〕联合国：“第四委员会被告知，联合国迎来意义重大的一年：在非洲启动两项非同寻常的和平行动，维持另外 18 项行动，还要进行机构改革”，GA/SPD/382，2007 年 10 月 31 日。在同一项声明中，联合国主管维和事务的副秘书长让—马里·格诺说，综合业务小组的数量将削减至 6 个。

〔18〕联合国：“综合性特派团计划流程（IMPP）”，2006 年 6 月 13 日秘书长批准的指导方针。

〔19〕联合国（同注释〔18〕）。

分析。

在预先计划阶段，计划流程从广泛的来源（包括当事国内和地区的利益攸关方）搜集信息，在行动范围内制定一系列战略、选项和方案，找出可能影响行动部署和开展的因素与风险。例如，计划工作要评估当事国内的安全形势以防止行动被部署到一个不友好的环境。指导方针建议这一阶段的评估工作要在 6 个星期内完成。

评估工作的下一步是起草主管维和工作的联合国副秘书长的计划工作指示，指示内容包括联合国参与的战略目标、特派团的工作重点、进一步计划活动的时间安排与顺序。接着，计划工作将把副秘书长的指示转变为行动构想草案。在本阶段，联合国将向冲突国家派遣技术评估小组，以便了解行动构想需要根据当地形势作出哪些调整。综合性特派团计划流程指导方针强调了在本阶段与当地利益攸关方及其他可能参与本地区事务的外部角色进行磋商的重要性。技术评估小组还要对资源要求作出初步的评估，并就贯彻行动构想所需的资金作出初步的估算。在本章所评估的案例中，为技术评估活动安排的 2 个星期时间显然是不够的，更不要说地理方面的限制了，因为地理方面的限制增加了途中所花的时间。

如果实施维和行动的建议得到了联合国安理会的授权，接下来的工作就是制定详细的行动计划了，包括将行动构想优化为特派团计划。特派团计划的核心部分包括对所要取得的结果制定出全面的框架，也就是行动要达到的目标、应该取得的效果和开展的活动，以及行动要达到的主要标准。计划还要勾勒出行动的组织机构，包括对主要职能部门的详细说明。根据综合性特派团计划流程指导方针，这一过程需要 6 个星期。但是，由于行动的复杂性以及在政治方面所遇到的困难，非盟/联合国达尔富尔混合行动的行动计划，其制定工作花费了几个月的时间。这一阶段还需要征集行动所需的人力与物力。

部署前计划工作的最后阶段，也就是执行计划的制定，就是将计划工作的职责从综合性特派团工作小组移交到特派团的领导手中。2006 年，联合国维和行动部最佳实践处委托有关机构对和平行动启动阶段的管理问题进行研究，研究报告发现移交工作往往存在问题。[20] 由于计划小组与特派团领导几乎可以肯定不是同一批人，因此计划工作的连续性以及在计划流程的前阶段获得的宝贵认识，存在着丧失的危险。研究报告建议，应该将更多的时间用于部署前的情况介绍，对实质性的计划问题应该集中更大的注意力。更加引人注目的是，报告建议，情况介绍应该主要是与参与前期计划工作的各个实质性的保障单位举行会议。这样就可以让即将上任的特派团首长（即联合国秘书长特派代表，SRSG）以及特派团的其他高级领导，对特派团的计划过程有一个总体的了解。更为重要的是，这能使他们有机会与起草这一计划的人深入讨论这一计划，包括计划起草者的设想以及预想中的挑战。这样做就能对秘书长特别代表与联合国秘书处高级官员及主要成员国之间进行的正常性双边会议起到补充作用。综合业务小组的成立也应该能够起到增强连续性的作用。

这一研究报告强调了特派团高级领导，尤其是秘书长特别代表、副特别代表、维和部队司令及警务专员，与当地关键人士（包括反对派领导人和民间人士）尽快建立接触的重要性。报告所提出的许多建议在制定混合行动的计划时得到采纳。

2007 年，综合性特派团计划流程步入了全面实施的第一个年头。第三节讨论的中非乍得团以及混合行动的计划过程是综合性特派团计划流程首次接受考验。

### 欧盟和平行动的启动

与联合国相比，欧盟在和平行动的计划与开展方面没有多少经验，它的第一批特派团 2003 年才得以部署。[21] 部署规模较小的特派团作为对联合国的支援是欧盟的典型做法。欧盟不部署多职能行动。尽管欧盟与联合国计划流程的许多方面是相似的，但两者最大的区别是，欧盟的计划流程是由政治与安全委员会（PSC）领导的，参加者

〔20〕 S. 吉尔摩、G. 威尔柯克及 M. 麦金农：“特派团管理/启动工作研究计划：最终报告”最终报告，和平红利信托基金，2006 年 4 月 24 日。这项研究是在对 200 名和平行动的现任及卸任高级领导人访谈基础上进行的。

〔21〕 欧盟于 2003 年 1 月部署了第一个民事特派团，即欧盟波黑警察特派团（EUPM），于 2003 年 3 月部署了第一个军事特派团，即欧盟前南斯拉夫马其顿共和国军事行动（EUFOR Concordia）。

包括各国的外交官。这就有可能使特派团的计划工作过于政治化。

在欧盟，和平行动的启动，无论是军事行动，还是民事行动，都是在欧洲安全与防务政策框架下进行的，其决策权在于欧盟理事会，因此需要意见一致。〔22〕决策过程共分四个阶段：制定“危机管理构想（CMC）”草案；批准危机管理构想并制定战略选项；批准理事会联合行动（CJA）并制定计划工作文件；计划的执行。〔23〕

第一阶段，成立由“关键实体”的代表组成的危机响应协调小组以起草危机管理构想。所谓关键实体是指，欧盟军事参谋部、负责共同外交与安全政策的高级代表、警察部门、政策部门和欧盟委员会。小组对有关国家的形势进行实地评估，确定欧盟行动的可选方案。政治与安全委员会也可以任命一位欧盟特别代表赴有关国家加强外交参与。随后，危机管理构想草案将呈交给政治与安全委员会，政治与安全委员会再将构想呈报理事会批准。

危机管理构想批准后，欧盟将确定特派团高级领导人选，然后将战略选择方案（军事、警察或者民事）进一步细化。理事会联合行动是行动的法律依据，它是在上述可选方案的基础上起草的，起草后要经过理事会秘书处好几个部门的复审后才递交给理事会批准。就像联合国安理会的决议一样，理事会联合行动也是一份详细阐述特派团使命、目标、期限和组织机构的文件，它还包涵指挥链以及财政开支这些内容。理事会联合行动还说明特派团的启动日期。不过，如果部署的是军事特派团，理事会还需要另外作出一项单独的决定。

理事会联合行动的时间框架的通过，会因为部署的紧迫程度以及成员国达成政治一致所需的时间不同而有所不同。从以往情况来看，通过的时间在4—19个星期之间。一旦理事会联合行动获得通过，行动构想（CONOPS）以及行动计划（OPLAN）就将起草。这一阶段，行动所需要的人员、装备以及提供这些人员与装备的国家将被确定。从最近的经验来看，这一阶段很容易出现长时间的耽搁，从而妨碍特派团的快速部署。当行动计划与行动构想文件得到总务与对外关

---

〔22〕与包含军事职能的行动相比，欧盟委员会对于民事和平行动的参与更加积极。

〔23〕这一描述的依据是H. 博恩等人的文章：“对民事与军事ESDP特派团的议会监督：欧洲层次与国家层次”（欧盟议会：布鲁塞尔，2007年10月）。

系委员会批准后，特派团就正式启动了。

## 第三节 特派团计划工作实践

### 非盟/联合国达尔富尔混合行动

在整个 2007 年，使达尔富尔和平进程复活并部署混合行动的努力吸引了国际社会的关注。[24] 混合行动的计划工作以及混合行动的部署，突出地表明了政策与实践的脱节，还表明这样一个事实，即使是计划很周全的行动也可能在实施过程中遭遇挑战。混合行动有诸多特点。这是有史以来部署的第一项混合性和平行动，即由两个或更多安全组织联合开展但只有一个指挥系统的行动。尽管行动的计划者试图按照综合性特派团计划流程指导方针来进行计划，但它的独特性使计划流程的灵活性接受了考验。在以往部署过的和平行动中，很少像混合行动那样在初期的讨论与部署之间存在着如此大的差异。计划过程的强度也出乎寻常。除其他工作外，根据综合性特派团计划流程指导方针的要求，计划小组与当地的利益攸关方进行了高级别的磋商。这不仅使计划过程复杂化，还使计划工作成了政治进程的“人质”。计划工作在非盟总部所在地亚的斯亚贝巴及联合国总部所在地纽约同时进行的事实，也给计划工作带来了困难。

计划工作始于 2006 年，经过漫长的时间以及多次修正后，[25] 混合行动于 2007 年 12 月 31 日起从非盟苏丹特派团（AMIS）接过了全部职权。行动是由 2007 年 7 月 31 日联合国安理会通过的 1769 号决议授权的。这一决议是独特的，因为它规定了行动的部署计划。混合行动司令部应于 2007 年 10 月前初步具备运行能力，包括指挥与控制机构。同月，混合行动应该完成对“轻型支援团”、非盟苏丹特派团所有人员、“重型支援团”以及新部署的混合行动人员实施作战指挥

〔24〕 关于苏丹达尔富尔的冲突，参见本卷第 2 章第 4 节。

〔25〕 关于混合行动成立的背景，参见莎伦·韦哈塔的文章“维和行动：与时俱进应对冲突变化”《SIPRI 年鉴 2007：军备、裁军和国际安全》（牛津出版社：牛津，2007 年），第 107—128 页。

的准备工作。[26] 作为走向地区稳定的重大步骤，1769 号决议受到了欢迎。根据综合性特派团计划流程指导方针的要求，预先计划阶段包括了与苏丹政府及其他代表进行的实质性磋商。2007 年 6 月，非盟和联合国与苏丹政府举行了高级别技术会谈，结果苏丹政府接受了混合行动以及 1769 号决议的主要内容。[27] 这次高级别会议是几个回合谈判的结果。因此，决议表明苏丹政府作出了坚定的承诺，它将与联合国就部署混合行动的三阶段维和计划进行合作。与此形成鲜明对照的是，苏丹政府之前曾经强烈反对联合国安理会 2006 年 8 月 31 日通过的 1706 号决议，这显然是因为与苏丹政府的沟通太少。1706 号决议授权将已有的联合国苏丹特派团（UNMIS）部署到达尔富尔，而苏丹政府对这一决议从未表示过同意。

部署混合行动的想法在 2006 年 11 月非盟和平与安全理事会的会议上就产生了，并且当时就得到了所有三方的原则同意。[28] 为了确保透明，促进“轻型支援团”与“重型支援团”的部署以及混合行动的建立，还成立了一个由非盟、联合国和苏丹政府组成的三方机制。2007 年 2 月，非盟与联合国派出了一个评审小组，对 2006 年 6 月联合国技术小组开展的评估是否依然切合实际进行了一次迅速的评估，更为关键的，是要对达尔富尔的情况是否依然适合部署新的行动进行评估。随后又正式成立了一个非盟/联合国多部门计划小组，对这次评估以及技术评估团的评估结果进行细化。小组成员包括人权、人道主义、难民遣返与安置、解除武装、复员遣返与重新安置、军事与警察计划及特派团保障方面的专家。小组在亚的斯亚贝巴和纽约分头开

〔26〕“轻型支援团”包括联合国提供人力与物力帮助非盟苏丹特派团完成其扩大后的使命。“重型支援团”包括向非盟苏丹特派团提供更多人员以及实质性的空中及其他军事资源。苏丹政府 2006 年 11 月对“重型支援团”表示了同意，但到 2007 年 12 月该计划只是得到了部分部署。联合国：联合国秘书长 2006 年 9 月 28 日致安理会主席的信，联合国文件，S/2006/779，2006 年 9 月 29 日；以及联合国：秘书长关于达尔富尔问题的月度报告，S/2006/1041，2006 年 12 月 28 日。

〔27〕非盟：《关于达尔富尔形势的公报》，非盟和平与安全理事会第 79 次会议，PSC/PR/Comm.（LXXIX），2007 年 6 月 22 日。

〔28〕非盟：“关于达尔富尔形势的高级磋商：结论”，2006 年 11 月 16 日。URL〈http://www.amis-sudan.org/psccommunique.htm〉，以及非盟：《非盟和平与安全理事会第 66 次会议公报》，PSC/AHG/Comm.（LXVI），2006 年 11 月 30 日。

展工作的事实给协调工作造成了挑战。其他实质性的问题还包括如何在两个组织的标准与利益之间取得平衡。[29]

非盟与联合国多次就混合行动的部署进行联合计划，其中第一次是 2007 年 3 月在亚的斯亚贝巴，目的是确定特派团各个职能部门的广泛任务以及对人员的要求。[30] 随后举行的一次联合计划工作会议决定，有必要部署一支军警先头部队，使混合行动具备产生“初步效果的能力”，因为等到职权移交时，先头部队早已投入工作了。[31] 混合行动是否可信，取决于能否通过安全形势的初步而又明显的改善获得达尔富尔当地民众的信心。

1769 号决议通过后，计划小组进入行动计划制定阶段，并将工作重点放在了兵力筹集上。兵力筹集本来就是一项艰巨的工作，由于对兵源问题提出了多项标准，这项工作变得更加复杂。例如，苏丹政府坚持，部队必须主要由非洲国家提供。然而，从联合国的角度来看，部队还应该具备有效履行混合行动强有力使命的能力。2007 年 8 月 2 日至 3 日，非盟与联合国分别在亚的斯亚贝巴和纽约与潜在的军警派遣国举行会议。有 5 个国家同意组成旨在产生初步效果的先头部署部队。愿意为混合行动提供常规部队的国家甚至超过了要求的数量。但是，其中有些承诺提供部队的国家表示，它们缺乏履行所需任务的必要装备。航空、运输以及多功能运输部队等更为关键的能力则没有国家表示愿意提供。[32] 至于警务力量，尽管总的数量要求是达到了，但主要来自少数几个国家，不能满足地域代表性广泛的要求。[33]

兵源问题困扰了整个 2007 年并且带入了 2008 年，而且，苏丹政府的态度使这一问题极大地复杂化了（见下文）。到 2007 年 8 月底，

---

〔29〕 M. 海勒·朱（M. Heller Chu）：“达尔富尔综合业务小组”，联合国维和行动部，与作者进行的访谈，2007 年 11 月 30 日。

〔30〕 非盟：“非盟委员会主席与联合国秘书长关于达尔富尔混合行动的报告”，PSC/PR/2（LXXIX），2007 年 6 月 22 日。

〔31〕 旨在产生初步效果的军警先头部队由 1 个建制警察部队，另加 40 名警察、1 个步兵营、4 个后备连、多达 60 名联络官以及军事航空能力组成。联合国：“秘书长关于非盟/联合国达尔富尔混合行动部署的报告”，S/2007/517，2007 年 8 月 30 日。

〔32〕 关于向混合部队提供军事装备问题，参见本卷第 7 章，第 5 节。

〔33〕 联合国（同注释〔31〕），第 3 页。

非盟与联合国还没有就兵源以及混合行动军事与警察部门的配置问题达成最后协议。有人担心，混合行动将无法在12月31日这个最后期限前做好从非盟苏丹特派团完全接管职权的准备。[34] 9月19日与潜在出兵国举行的第三次会议没有获得更多的出兵承诺。[35] 当混合行动在2007年底完全接管职权时，还没有就部队的最后构成达成一致，几项关系到整个部队力量生成的资源，包括地面运输部队、运输直升机和攻击直升机都没有国家愿意提供。[36]

2007年9月，根据综合性特派团计划流程指导方针的要求，一个来自非盟和联合国多个部门的移交工作联合小组在达尔富尔的法希尔成立。小组由混合行动的副联合特派代表任组长，负责部署计划的实际执行。

苏丹政府坚持要参与与混合行动有关的所有重大决策，并且要处于中心地位。在近期开展的和平行动中，还没有哪一项行动的东道国政府获得过如此大的影响力。然而，尽管联合国乐意接受包容原则，并把它看作是促进和平行动更受需求牵引的一个途径，苏丹政府的主要目的显然是要削弱混合行动。例如，苏丹政府排除了混合部队使用武力解除民兵武装的可能性，从而使混合行动的维和人员履行这一最关键使命变得难上加难。[37] 苏丹政府还要求对特派团的构成拥有否决权，对此，非盟与联合国勉强表示了同意。9月18日，有关方面将承诺派遣部队与警察的国家初步名单递交给了苏丹政府，10月2日又递交了最终名单。苏丹政府一连几个星期没有作出答复，从而使非盟与联合国无法对每一支承诺派出的部队进行是否达标的部署前评估。11月，苏丹政府终于对名单作出了反应，但它不顾出兵国名单

---

〔34〕“达尔富尔的最后期限”，《非洲内参》第48卷18期（2007年9月7日），第9页。

〔35〕联合国，“秘书长关于非盟/联合国达尔富尔混合行动部署的报告”，S/2007/596，2007年10月8日。

〔36〕联合国，“维和行动指挥官在向安理会介绍情况时称达尔富尔的安全形势‘严重恶化’，非盟/联合国达尔富尔混合行动的全员部署可能要推迟好多个月”，联合国新闻稿SC/9222，2008年1月9日，网址：URL〈http://www.un.org/News/Press/docs/2008/sc9222.doc.htm〉。

〔37〕C. 卡弗雷：“达尔富尔特派团面临艰巨任务”，《简氏防务周刊》2007年8月22日，第22页。

上 80%为非洲国家的事实，表示反对将尼泊尔部队、泰国部队和挪威—瑞典联合部队加入名单。〔38〕把这几个国家的部队排除在外将明显削弱混合行动的实力。同时，主要反叛组织之一的正义与平等运动，也曾经反对中国工兵部队可能加入混合行动，因为他们认为中国在达尔富尔冲突中偏向某一派。〔39〕

除了利用东道国的同意以及联合国的包容原则以谋取私利外，苏丹政府还采取了公开妨碍混合行动部署与运行的其他措施。这些措施包括拒绝为混合行动的二级基地提供适当的土地，提议出于安全考虑在必要时允许苏丹政府切断混合行动通讯网的功能，要求混合行动将部队的任何调动提前通知苏丹政府，拒绝给予夜间飞行的权利，以及在职权移交的最后关头反对举行“改编”仪式。〔40〕

一些外部因素也给混合行动令人苦恼的计划过程造成影响。2007 年 4 月和 5 月，国际刑事法院以反人类罪和战争罪的罪名签发了对两个人的逮捕令，这两个人分别是苏丹国家人道主义事务部部长艾哈迈德·穆罕默德·哈伦以及忠于政府的阿拉伯民兵组织司令阿里·穆罕默德·阿里·阿布杜勒·拉赫曼。这在喀土穆引起了紧张，也使人们担心混合行动会被赋予实施逮捕的权力。〔41〕

1769 号决议通过 2 个月后，联合国安理会授权在相邻的中非共和国与乍得实施一项多职能的和平行动（MINURCAT），目的是遏制达尔富尔暴力活动外溢并保护平民。安理会还请求欧盟部署一项军事行动，为联合国中非乍得团提供支援。〔42〕这两项行动的同时部署以及另一个区域性安全组织的参与，给所有三项行动的计划工作带来

〔38〕 非政府组织联合报告：“混合行动的部署濒临绝境：由于苏丹政府设置的障碍，通往达尔富尔安全之路被堵”，“美国人反对达尔富尔大屠杀”等组织，2007 年 12 月。

〔39〕 “达尔富尔反叛组织拒绝中国部队”，英国广播公司新闻，2007 年 11 月 24 日，URL〈 http：//news. bbc. co. uk/2/7111206. stm 〉。

〔40〕 W. 霍奇：“联合国官员警告达尔富尔行动有失败的危险”，《纽约时报》2008 年 1 月 10 日。

〔41〕 S. 萨义德：“混合行动部队在达尔富尔拘捕国际刑事法院嫌疑犯的义务”，《苏丹论坛》，2008 年 2 月 12 日；K. 格拉斯伯罗与 P. 埃斯塔特：“苏丹试图阻碍联合国部队”，战争与和平报道研究所，国际刑事法院—非洲最新报告，第 153 期，2008 年 1 月 29 日。URL〈http：//www. iwpr. net/? p=acr&s=f&o=342303〉。

〔42〕 联合国安理会 1778 号决议，2007 年 9 月 25 日。

了显著影响。

## 联合国中非乍得团与欧盟乍得中非行动

为了响应人们对达尔富尔冲突已经蔓延到乍得东部和中非共和国东北部的关切，应非盟的请求，同时也是根据综合性特派团计划流程指导方针的要求，联合国于 2006 年底向乍得和中非共和国派遣了一个由多个部门的代表组成的评估小组，对开展联合国和平行动的可行性进行评估。〔43〕

有关地区的敌对活动限制了评估小组开展评估活动的能力，因此，小组为部署联合国和平行动所提出的行动构想是笼统的。评估小组建议，联合国可以部署一个监督特派团，或者部署一个监督与保护特派团。尽管这两个选项都包括政治与民政事务、警察、人权以及人道主义等职能部门，但第二个选项将包含一个规模显然更大的强力军事职能部门，这个部门必须能够对针对平民的潜在袭击起到威慑作用并稳定边境地区局势。评估小组还注意到，有关国家对实施联合国和平行动的建议的支持程度并不一致，中非共和国政府比乍得政府对此较为积极。根据小组的评估结果，潘基文建议安理会授权部署监督与保护特派团。〔44〕

2007 年 1 月，联合国又派出了第二个技术评估小组。经过两个半星期的评估，评估小组向安理会提交了详细的建议。与前一个评估小组不同的是，第二个技术评估小组设法走访了中非共和国和乍得首都班吉及恩贾梅纳以外的几个地区，包括乍得东部的 Wadi Fira 和瓦达伊两个省及中非共和国东北部的瓦卡加省，这里是许多苏丹人避难的地方。更为重要的是，评估小组与更为广泛的利益攸关方举行了磋商，包括乍得东部的难民与流离失所者、反叛组织的代表以及地方当局、中非共和国的安全机构、驻班吉和恩贾梅纳的国际外交和人道主义机构。在磋商过程中，乍得的反叛组织警告说，他们可能根据联合国特派团的组织结构与使命将联合国和平行动视为是对乍得政府的支

---

〔43〕 关于达尔富尔冲突的次区域问题，参见本卷第 2 章，第 4 节。

〔44〕 联合国："秘书长根据安理会 1706（2006）号决议第 9（d）和 13 段的要求提交的关于乍得和中非共和国问题的报告"，S/2006/1019，2006 年 12 月 22 日，第 17 页。

持，因此是有偏向的。〔45〕为了增强计划过程的透明度，确保由此产生的联合国行动应有的合法性，技术评估小组将评估结果以及关于行动组成的建议与中非共和国政府、乍得政府以及其他利益相关方进行了共享。有意思的是，安理会要求部署一个相当规模的先遣团，以便为联合国多职能行动的最终部署做准备。〔46〕

在随后的磋商中，乍得政府表示，它将同意部署一个民事警察行动，但不同意部署包括军事职能的联合国行动。〔47〕与乍得政府进行的关于行动组织结构的谈判一直持续到 2007 年年中才结束，当时，在新上任的法国外交部长贝尔纳·库什内的干预下，乍得政府软化了原有的立场，表示原则上同意部署欧盟部队为联合国多职能行动提供支援。〔48〕小组随即对部署联合国多职能行动的建议进行了修改，为了体现东道国的要求，修改后的建议有三大变化。第一，军事部门的任务与职能在第一年将由欧盟部队履行。第二，联合国行动不直接参与中非共和国、乍得与苏丹三国边境地区的活动。第三，在乍得境内的难民与流离失所者营地维持法律与秩序的乍得警察与宪兵，仍将置于国家当局的管辖之下，而不是原先提出的置于联合国的指挥之下。但是，联合国警察部门将对他们进行审查、挑选、训练、监督和指导，并由联合国支付其工资。〔49〕

修改后的计划引起了国际人道主义机构的诸多关切。例如，联合国人道主义官员说，对行动使命的描述必须仔细以防止反叛组织对欧盟部队表示怀疑。欧盟部队与法国有关，而法国是原先的殖民国，因此被乍得的一些反叛组织视为是政府的盟友。如果反叛组织决定袭击欧盟部队，这一地区的人道主义工作者可能面临威胁。他们还认为，

〔45〕联合国："秘书长关于乍得与中非共和国问题的报告"，S/2007/97，2007 年 2 月 23 日。

〔46〕联合国：安理会主席声明，S/PRST/2007/2，2007 年 1 月 16 日。

〔47〕大赦国际："乍得：政府必须接受联合国部队以保护东部的平民"，新闻稿，2007 年 4 月 4 日；地区信息综合网："修改后的维和计划引起人们关切"，2007 年 8 月 23 日，URL〈http://www.irinnews.org/Report.aspx? ReportId=73893〉；联合国："秘书长关于乍得和中非共和国问题的报告"，S/2007/488，2007 年 8 月 10 日，第 4 页。

〔48〕B. 梅亚罗姆："乍得为可能部署外国部队敞开大门"，路透社，2007 年 6 月 10 日。

〔49〕联合国（同注释〔47〕）。

中非乍得团不直接参与边境地区的活动，削弱了它为生活在那里的人（包括难民与流离失所者）提供安全的能力。当流离失所人员意识到他们已经不再处于国际保护地区时，他们甚至可能再次集体迁移。最后，允许乍得警察与宪兵维护难民与流离失所者营地的法律与秩序的决定是有问题的，因为乍得东部的民众已经对乍得安全部队失去了信任。〔50〕

人们希望，由于危机管理构想与理事会联合行动已经在 2007 年 9 月中旬同时获得批准，欧盟的计划过程会快速进行，从而使部队有可能在 10 月底前得到部署。〔51〕不过，直到 9 月初，在危机管理构想和部队构成问题上都还没有达成任何协议，欧盟正在为从成员国筹集必要的部队而奋斗。有一个建议是，部队的主体可能来自 2400 人的北欧战斗群，尽管这个战斗群要等到 2008 年 1 月才能开始为欧盟执行作战任务。欧盟成员国希望得到保证：欧盟部队一年后将按原计划被别的部队替换。〔52〕

当中非乍得团与乍得中非行动于 2007 年 9 月 25 日获得安理会授权时，中非乍得团本来几乎立即就可以部署。但在当时，乍得中非行动的计划工作还没有敲定，而且理事会联合行动还没有形成。批准理事会联合行动的障碍之一与开支有关：对于空中运输以及使用卫星图像的开支是否应该算作共同开支，成员国意见不一，因为这在以前的欧盟特派团中尚未有过。如果算作共同开支，就应该由所有成员国分摊，不管是否参与。〔53〕有关行动构想与行动计划的分歧，也和迟迟得不到解决的兵源问题一样耽误了行动的部署。到 12 月中旬，已经举行了四次兵源问题会议，但没有取得多少成功。〔54〕到 2008 年 1 月，行动计划与构想终于确定了下来，部署工作计划于 2 月中旬

---

〔50〕 地区信息综合网（同注释〔47〕）。

〔51〕 E. 利奥波德：“联合国理事会支持在乍得与中非共和国部署欧盟—联合国部队”，路透社，2007 年 8 月 27 日。

〔52〕 S. 泰勒：“政治分歧可能拖延欧盟向乍得派遣军事特派团”，《欧洲之声》2007 年 9 月 6 日至 12 日，第 2 页。

〔53〕“欧盟/北约：法国试图促进欧盟与北约的信任”，《欧洲外交与防务》2007 年 10 月 11 日。

〔54〕“欧盟/乍得：成员国对乍得东部的难民命运依然兴趣不大”，《欧洲外交与防务》2007 年 12 月 20 日。

开始。

中非乍得团最终获准的 300 名民事警察、50 名军事联络官和 135 名文职人员编制，以及乍得中非行动预定的 3500 人的部队，与联合国原定在中非共和国与乍得部署 10900 名军事与文职人员的计划相比，存在很大差距。[55] 中非乍得团部署计划的修改是为了取得东道国政府的同意，这是部署的必备先决条件。但是，可以认为，修改后的计划并不能满足实际的需求，也没有考虑平民的要求，因为他们希望派遣一支能给他们提供真正保护的强大部队。

## 第四节　结　论

混合行动的例子清楚地表明，要想使和平行动的计划与构想更加切合实际需求存在着一些固有的困难。更加包容、更加透明的计划过程可以在培养本土意识以及满足当地的某些利益攸关者方面取得成功，但是，混合行动的例子表明，这种方法可能非常危险地延误行动的部署，从而使行动几乎无法满足有关民众的需求。包容意味着要倾听多个利益攸关方的意见，而每个利益攸关方都有自己的议程，有些利益攸关方，尤其是政府及武装组织，可以对其他利益攸关方施加更大的影响。交易与妥协是不可避免的。我们面临的挑战是，要通过谈判使和平行动得以开展，同时还要实现为持久和平提供保障的核心目标。主管维和事务的联合国副秘书长让—马里·格诺准确地抓住了联合国在达尔富尔面临的难题："如果我们的部队起不了什么作用，不具备自卫的能力，却承担着使安理会和联合国蒙受耻辱、使达尔富尔人民遭受可悲失败的风险，那我们还要继续部署吗?"[56]

同样，在计划过程的初期就访问过中非共和国以及乍得的联合国评估小组，在与当地众多的利益攸关方磋商后，发现在边境地区的流

---

〔55〕"欧盟/乍得/中非共和国：欧盟部队部署继续按计划进行"，《欧洲外交与防务》2008 年 2 月 27 日。

〔56〕引自 W. 霍奇："联合国官员批评苏丹抵制在达尔富尔部署和平部队"，《纽约时报》2007 年 11 月 28 日。

离失所者以及难民需要国际部队提供保护，从而导致潘基文提出了为此部署强有力军事特派团的建议。但是，在接受了乍得政府的反对意见之后，中非乍得团以及乍得中非行动的最后部署却无法在乍得的边境地区开展活动，因此可以认为联合国行动已经削弱到了无用的地步，而在另一方面，在乍得的流离失所者以及难民的安全本来应该由乍得的警察与宪兵来保障，但他们对这一项任务的承诺却是个问题。

这三项和平行动共有的一个因素是，都得费尽力气去寻找必要的装备与技能熟练的人员。随着和平行动需求的扩大，专业技术、工具、人力以及资源方面的短缺还有可能进一步增加。由此就产生这样一个问题：是否有必要对计划过程作进一步的调整以使资源供给的因素也得到考虑。

（陆建新　译）

附录 3A

# 2007 年的多边和平行动

基尔斯滕·索德

## 一、全球情况

2007 年在全世界共实施了 61 项和平行动，比 2006 年多 2 项，是 1999 年以来行动数量最多的一年。[1] 它保持了自 2002 年以来持续增加的趋势，那一年实施的行动为 48 项（见图 3A.1）。据了解，2007 年和平行动开支也继续增长，行动投入的人员达到了 169467 人的历史最高数。[2] 本附录引用“SIPRI 多边和平行动数据库”[3] 所收集的数据来对 2007 年的和平行动趋势进行分析。

2007 年，和平行动投入的人员数量比 2006 年增加 2.5%，比 2003 年增加 60%（见图 3A.2）。在这些人员中，军事人员为 150651 人，文职人员为 18816 人。2007 年，联合国依然是实施维和行动的最大组织，共实施了 22 项行动，是 2000 年以来行动数量最多的一年，共部署 90305 人。到 2007 年底，联合国部署的警察人数达到前所未有的 11077 人。此外，参与行动的国家数量也创造了新纪录：共有 119 个国家派出部队、军事观察员或警察。虽然东帝汶和瓦努阿图

〔1〕 在以前几卷《SIPRI 年鉴》中，驻伊拉克多国部队（MNF-I）被界定为一项和平行动（尽管它的活动含有制暴性质），列入 2003 年至 2006 年的“和平行动表”中。经过审议，2006 年和 2007 年的多边和平行动名单将这一驻伊多国部队排除在外，因为它的重点已从维和转为更多地制暴。这样，它不再符合 SIPRI 对和平行动的定义（见下面第 3 节）。本附录中 2006 年和 2007 年的数字已考虑了这一变化。

〔2〕 本附录中标示的维和行动人员各种数字一般是截至 2007 年 12 月 31 日的估计数或某一行动终止时的数字。它们并不表示在整个一年期间的最大数字或人员总数。

〔3〕 “SIPRI 多边和平行动数据库”可在网址：URL 〈http://www.sipri.org/contents/conflict/database-Intro/〉上找到。

已停止派人，但布隆迪、刚果民主共和国、塞浦路斯、哈萨克斯坦、利比亚、毛里求斯和帕劳则开始向联合国和平行动派遣人员。北大西洋公约组织（北约）是动用人员第二多的组织，它实施的 3 项行动共投入了 57930 人。北约主导的行动得到了所有成员国和 16 个非成员国的支持，[4] 后者提供的人员占 3 项行动总人数的 7.5%。联合国和北约的维和行动，其投入的人数占所有维和行动人员总数的 85%。非洲联盟（非盟）的 3 项行动共部署 7371 人，在维和人数上居各组织的第三位。这三个组织部署的维和人员总数在 2007 年均增加了。相比之下，欧洲联盟（欧盟）实施的 10 项行动只有 2819 人，比 2006 年减少了 5900 人，是该组织按照欧洲安全与防务政策自 2003 年开始实施和平行动以来人数最少的一年。欧盟 10 项行动中有 7 项是在欧洲之外地区实施的。

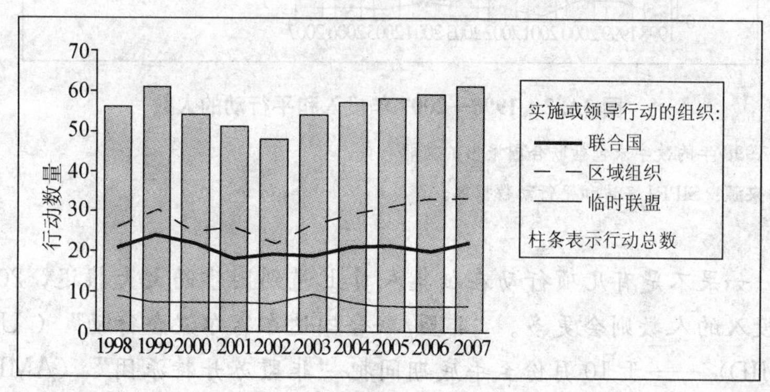


**图 3A.1　1998—2007 年和平行动数量**

**资料来源**：SIPRI 多边和平行动数据库。

绝大多数维和人员集中于少数几项大的行动。北约领导的驻阿富汗"国际安全支援部队"（ISAF）2007 年的人数达 41741 人（比 2006 年多 8200 人，比 2005 年多 32800 人），成为在人数上最多的一项行动。名列第二的是"联合国刚果民主共和国行动团"（MO-

〔4〕 2007 年向北约主导的和平行动提供兵员的非成员国有：阿尔巴尼亚、亚美尼亚、澳大利亚、奥地利、阿塞拜疆、克罗地亚、芬兰、格鲁吉亚、爱尔兰、约旦、前南马其顿、摩洛哥、新西兰、瑞典、瑞士和乌克兰。

NUC)，人数为 19307 人。五项规模最大的和平行动占 2007 年维和人员总数的 62%，它们是：国际安全支援部队、联合国刚果民主共和国行动团、北约的科索沃部队（KFOR，16017 人）、联合国利比里亚特派团（UNMIL，15219 人）和联合国黎巴嫩临时部队（UNIFIL，13572 人）。

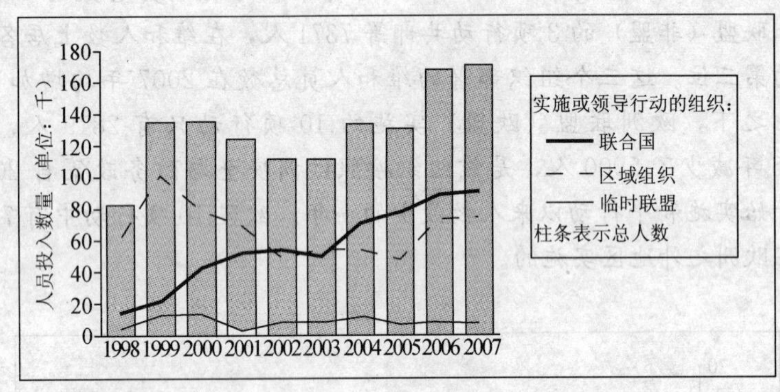


**图 3A. 2　1998—2007 年投入和平行动的人数**

**注：** 1998 年的数字未包括联合国派出的文职人员。

**资料来源：** SIPRI 多边和平行动数据库。

如果不是有几项行动在征集人员上遇到困难而大大推迟，2007 年投入的人数则会更多。"非盟/联合国达尔富尔混合行动"（UNAMID）——于 10 月份至年底期间把"非盟苏丹特派团"（AMIS）逐渐并入其中——的核准人数为 27566 人，但由于推迟了部署，年内实际投入的人数仅为 7008 人（包括 AMIS 的人员）。"非盟索马里特派团"（AMISOM）仅有 1792 人到位，远少于其 7650 人的核准人数，因而使其无法按计划替换埃塞俄比亚驻索马里的部队。欧盟有 2 项已列入计划的行动也由于延误而未能启动，它们是"欧盟科索沃法制团"（EULEK Kosovo）和"欧盟乍得与中非共和国部队"（EUFOR Tchad/RCA），后者是一支在乍得东部和中非共和国东北部的保护部队，其任务是配合在该地区的联合国维和行动。[5]

〔5〕欧盟驻乍得与中非共和国部队于 2008 年 1 月 28 日得以启动。

除了在征齐人员的计划数上有困难之外，有些特派团在 2007 年还存在主要装备短缺的问题。例如："非盟/联合国达尔富尔混合行动"需要另增 24 架直升机；北约也考虑要为驻阿"国际安全支援部队"向私营部门租用直升机；欧盟为筹得必要装备（如为"欧盟乍得与中非共和国部队"装备直升机）曾举行过 5 次筹集会议。[6]

2007 年和平行动开支据了解达到 71 亿美元（以 2005 年不变美元价格和汇率计算），其中联合国、北约和欧盟共花费 57 亿美元(2006 年为 55 亿美元)。[7]

2007 年新启动了 8 项行动，结束了 5 项。联合国发起了 4 项新行动，其中 2 项属于特别政治和建设和平行动，它们是"联合国布隆迪综合办事处"（BINUB）和"联合国尼泊尔特派团"（UNMIN），前者是"联合国布隆迪行动团"（ONUB）的后续行动。另 2 项行动是"联合国中非和乍得特派团"（MINURCAT）和同非盟共同实施的"非盟/联合国达尔富尔混合行动"(UNMID)。

除了"非盟/联合国达尔富尔混合行动"以外，非盟还启动了 2 项新行动：一项是"非盟索马里特派团"（AMISOM），另一项是"非盟科摩罗选举与安全支援团"（MAES）。欧盟新设了"欧盟阿富汗警察特派团"(EUPOL Afghanistan)，并将其"欧盟金沙萨（民主刚果）警察特派团"（EUPOL Kinshasa）转变为"欧盟民主刚果警察特派团"(EUPOL RD Congo)，标志着将其使命扩展至该国首都以外的地区。

在"非盟苏丹特派团"和"欧盟金沙萨警察特派团"以外，还有 3 项行动也于 2007 年年内结束。欧盟终止了在西巴尔干地区执行观察任务长达 16 年的"欧盟监视团"（EUMM）使命，美洲国家组织结束了它在海地的增强民主特派团任务，欧安组织在 2007 年 12 月底

〔6〕 联合国安理会文件，"维和行动指挥官在向安理会介绍情况时称达尔富尔的安全形势'严重恶化'，非盟—联合国达尔富尔混合行动团的全员部署可能要推迟好多个月"，2008 年 1 月 9 日 SC/9222 号新闻稿；"欧盟/乍得：成员国对于乍得东部地区难民的命运依然表示兴趣不大"《欧洲外交与防务》2007 年 12 月 20 日；以及 G. Jennings，"北约考虑为国际安全支援部队提供民用直升机作为解决办法"，《简氏防务周刊》2007 年 10 月 31 日。

〔7〕 这些数字大大低估了和平行动的实际开支，这是因为能得到的数据还很不足，以及由于不同特派团的预算制定与分摊做法有着很大不同。参见下面第 3 节。

完成了它在克罗地亚观察团的使命。

表 3A. 1　2007 年和平行动及投入人员的数量（按地区分类）

| 实施组织 | 非洲 | 美洲 | 亚洲 | 欧洲 | 中东 | 世界 |
|---|---|---|---|---|---|---|
| 联合国[a] | 10 | 1 | 4 | 3 | 4 | 22 |
| 区域组织或联盟 | 7 | 2 | 3 | 17 | 4 | 33 |
| 临时联盟 | 1 | — | 3 | — | 2 | 6 |
| **行动总数** | **18** | **3** | **10** | **20** | **10** | **61** |
| **投入人员总数** | **69335** | **9406** | **46019** | **27018** | **17689** | **169467** |

**a** 这些数字包括由联合国维和行动部领导的和由联合国政治事务部领导的各项和平行动，其中也包括“非盟/联合国达尔富尔混合行动”。

**资料来源**：SIPRI 多边和平行动数据库。

## 二、地区情况

2007 年新启动的 8 项和平行动中有 6 项在非洲，使在该地区实施的行动总数达到 18 项（见表 3A. 1），比 2006 年多了 3 项。另 2 项新行动在亚洲。欧洲依然是实施和平行动最多的地区，达 20 项。

欧洲地区的和平行动大多数系由区域组织和联盟实施，主要是欧安组织。联合国仍是非洲和平行动的主要实施者——共有 10 项行动。非洲是联合国和平行动在一个地区实施数量最多的地方，投入人数达 58076 人，占该地区维和人员总数的 85%。

2007 年，全球维和人员总数的 41%部署于非洲，另外 27%部署于亚洲，其中大部分（41741 人）是在阿富汗的“国际安全支援部队”。在欧洲地区的维和人数居第三位。

本节其余部分将对 2007 年世界各地区维和行动的一些主要发展情况作一简述。

### 非洲

苏丹达尔富尔地区和邻近的乍得东部及中非共和国的东北部是 2007 年关注的重点区域，非盟启动了“非盟/联合国达尔富尔混合行动”（UNMID），联合国启动了“联合国中非/乍得特派团”（MINURCAT），欧盟推迟启动了“欧盟乍得/中非共和国部队”（EUFOR

Tchad/RCA)。[8] 非盟在非洲其他地方还实施的 2 项行动——“非盟索马里特派团”（AMISOM）和“非盟科摩罗选举与安全支援团”（MAES）均难以履行其授权使命。

“非盟索马里特派团”，其任务是支援索马里的和平进程，协助维持该国整体安全，原计划于 2006 年 12 月去替换支援索马里过渡政府的埃塞俄比亚军队，但由于人员短缺而未能如期部署。[9] 该特派团最初的 6 个月授权使命于 2007 年 8 月得以延长，指望以后由联合国的维和行动取代。正如在达尔富尔和乍得的行动一样，该团的活动是在暴力活动持续的情况下进行的。[10]

“非盟科摩罗选举与安全支援团”（MAES）是一年之内在科摩罗实施的第二项非盟行动。同其前一项行动“非盟科摩罗选举支持团”（AMISEC）一样，该团系由前去监督选举的军队组成。该团的启动是对科摩罗最高法院判定昂儒昂岛总统穆哈默德·巴卡尔的任期已满而他拒绝下台所引起的 2007 年 4 月骚乱的应对措施。尽管非盟和科摩罗最高法院要求推迟昂儒昂岛的总统选举，该岛在 2007 年 6 月还是举行了选举，巴卡尔宣称赢得了 90%的选票。此次选举被宣布为无效。[11] 2007 年 10 月，MAES 的授权使命被扩大，使之包括支持执行对巴卡尔非法政府的制裁和解除昂儒昂岛宪兵的武装，并为举行新一轮自由、公正选举创造条件。但到 2007 年年底，MAES 的部队仍未能部署于昂儒昂岛。

**美洲**

2007 年间，美洲国家组织将其“驻海地增强民主特派团”并入该组织驻海地办事处，以作为加强该组织在海地工作力度的一项措施。“美洲国家组织支持哥伦比亚和平进程特派团”（MAPP/OEA）

---

〔8〕关于达尔富尔地区的冲突，参见本卷第 2 章第 4 节。关于“欧盟乍得/中非共和国部队”，参见第 3 章第 3 节。

〔9〕关于埃塞俄比亚军队在索马里的部队，参见 S. 林德伯格和 N. J. 默尔芬的“重大武装冲突”，《SIPRI 年鉴 2007：军备、裁军与国际安全》（牛津大学出版社，牛津，2007 年），第 72—78 页。

〔10〕参见本卷附录 2A 第 4 节。

〔11〕地区综合信息网（IRIN），“科摩罗：政治危机为顺利选举投上阴影”，2007 年 6 月 25 日，网址：URL 〈http：//www. irinnews. org/Report. aspx? ReportId=72917〉。

于 2007 年开设了三个地区办事处，并增加了该团的观察员数量。这使 2006 年开始的扩大该团地域覆盖面的进程得以继续。该团的职责是监督和核查民主化、解除武装和重新安置的进程以及维持法律和秩序。现在该团的这些任务已覆盖哥伦比亚全国。

**亚洲**

为应对阿富汗的持续动荡形势，国际社会加大了在该国增强法制的力度。2007 年 6 月，欧盟启动了“欧盟阿富汗警察特派团”（EUPOL Afghanistan），接替了德国在阿的一个警察改革项目。[12] 该特派团的任务期为三年，其职责是咨询、监督、辅导和训练阿富汗国家警察，并帮助其制定一项关于警察改革的全面方案。该团人员部署于喀布尔以及“国际安全支援部队”各地区司令部和省建队的附近。然而，该团头几个月遇到了 2007 年在阿富汗的其他国际介入一样的典型困难：人员短缺——到 2007 年底，该团人员尚未达到其 195 人核准人数的一半；不同国家人员之间因缺乏一项共同战略而造成关系紧张。[13]

在亚洲的第二项新行动是“联合国尼泊尔特派团”（UNMIN）。该团是在尼泊尔政府与尼泊尔共产党（毛派）于 2006 年 11 月签署“全面和平协议”（CPA）[14] 后应邀派驻的。该团的初期授权使命为一年，于 2007 年 1 月开始部署。该特派团的任务包括：协助监督停火协议，协助执行和监督关于处置武器和武装人员的协议；支持对负责起草新国家宪法的议会的选举。上半年，特派团开始登记武器并监视武器库，后来又监督简易爆炸装置的销毁和完成对毛派人员的登记工作。议会的选举由于和平协议签署方之间的政治关系紧张而不得不两度推迟，改期至 2008 年 4 月。在 2007 年的和平进程中，被边缘化

---

〔12〕 2007 年 7 月，“大约 25 个国家和若干国际组织”参加对阿富汗的警察改革。A. Wilder，《警察还是强盗？改革阿富汗国家警察的斗争》（阿富汗研究评估小组：喀布尔，2007 年 7 月）。

〔13〕 关于各国不同态度如何影响着欧盟的部署，参见 B. Giegerich 的“欧洲：近与远”，以及 D. C. F. 丹尼尔、P. 塔夫特和 S. 韦哈塔合编的《和平行动：趋势、进展和前景》（乔治敦大学出版社：华盛顿特区，即将于 2008 年出版）。

〔14〕 “全面和平协议”签署于 2006 年 11 月 21 日，其英文译文可在网址：URL 〈http://www.parliament.gov.np/downloads.htm〉上找到。

的一些团体在尼泊尔全国不断制造暴力事件。[15]

## 欧洲

2007 年，在欧洲的 20 项和平行动中有 11 项是在前南斯拉夫地区实施的。为筹备一项在科索沃实施的欧洲危机控制行动而于 2006 年 4 月设立的“欧洲科索沃计划小组”（EUPT Kosovo），在 2007 年积极展开了活动。[16] 约由 80 人组成的这一小组，同国际社会、科索沃各种机构及当地其他利益攸关方进行了广泛磋商，以确保“联合国科索沃临时行政机构”（UNMIK）的职责能顺利地移交给“欧盟科索沃法制团”（EULEK Kosovo）和当地机构。该法制团启动于 2008 年初（因而未列入本附录的表 3A.2），其核准人数为 1900 人，将包含国际警察、法官、检察官和海关关员。[17] 鉴于此，该法制团是欧盟迄今实施的一项最大规模民事和平行动。

随着波斯尼亚和黑塞哥维那安全形势的好转，欧盟于 2007 年初批准了“欧盟波黑军事行动团”（EUFOR ALTHEA）的军队减员计划，由 6000 人减至 2500 人。

## 中东

由于哈马斯控制了加沙地带，连接埃及和加沙地带的拉法过境站于 2007 年 6 月关闭。负责监督、检查和评估巴勒斯坦权力机构在该过境站的边境控制、安全与海关官员工作情况的“欧盟拉法过境站边界援助团”（EU BAM Rafah）从 6 月 13 日起暂停工作，其人员规模由 72 人减至 33 人。但欧盟重申其对巴勒斯坦权力机构给予继续支持的承诺，保持援助团重新部署、继续履行使命的能力。6 月 13 日之后，该援助团人员从事于能力建设项目，部分是为支持“欧盟巴勒斯坦警察特派团”（EUPOL COPPS）的工作。后者在 2007 年内接近达

---

〔15〕 联合国，秘书长关于尼泊尔要求联合国支持其和平进程的报告，S/2008/5，2008 年 1 月 3 日。

〔16〕 SIPRI 未将“欧洲科索沃计划小组”界定为一项和平行动，因而未将其列入本附录的表 3A.2。

〔17〕 国际文职人员办公室/欧盟特别代表筹备组、欧盟科索沃法制团以及欧盟委员会联合编写的《欧洲联盟：为国际组织和欧盟未来进驻科索沃做准备》（欧盟驻科索沃机构：2008 年 1 月），网址：URL〈http://www.eupt-kosovo.eu/new/home/docs/EU_booklet ENG_Jan 2008.pdf/〉。

到 33 人的核准人数，继续协助巴勒斯坦民事警察建立可持续的治安机制。

## 三、多边和平行动表

表 3A.2 列出了 2007 年还在进行的 61 项多边和平行动的数据，其中也包括年内结束的行动。表中所列的这些行动既有联合国授权实施的行动，也有经联合国认可或经联合国安理会授权、由区域组织和联盟实施或由非固定（临时）国家联盟实施的行动。行动所明示的意图是：(1) 作为推动履行已签署的和平协议的一种手段；(2) 支持和平进程；(3) 协助预防冲突或建设和平的努力。

斯德哥尔摩国际和平研究所使用联合国维和部对“维持和平”的定义，即它是协助冲突国家为实现可持续和平创造条件的一种机制。它可以包括监督和观察停火协议的履行，作为信任措施，保护人道主义救援物资的运送，协助战斗人员复员遣返和重新安置的进程，加强司法、法制（包括刑事机构）、治安和人权等领域的机制性能力，协助选举，以及促进经济和社会发展。本表因而涵盖了和平行动的广泛范围，以反映和平行动职能的日益复杂性以及在履行这些职能过程中和平行动发生变化的潜在可能性。表中未列入斡旋、事实调查和协助选举等活动，也未列入由不在实地居住的人员或谈判小组组成的和平行动以及未经联合国认可的行动。[18]

这些行动系按实施实体分类，在同一组中则按起始日期次序排列。联合国行动分成三类：第一类包括 16 项由联合国维和部实施的观察团和多职能和平行动；第二类包括 5 项特别政治行动和建设和平行动；第三类“非盟/联合国达尔富尔混合行动”自成一类。后面七类为区域组织或联盟实施或领导的行动：非洲联盟 3 项；中非国家经济和货币共同体 1 项；独联体 3 项，其中包括俄罗斯根据双边协定实施的 2 项；欧洲联盟 10 项；北约组织 3 项；美洲国家组织 2 项；以及欧洲安全与合作组织 11 项。最后一类列出了 6 项经联合国认可、

---

〔18〕 例如，作为菲律宾冲突的调解者，自 2003 年以来，马来西亚牵头的一个观察团在监督交战各方执行停火协议。这项行动未得到联合国认可，因此未列入表内。

由临时国家联盟实施的行动。

2007 年新启动的行动以及现有行动中新参加的国家用黑体字标出。2007 年结束的行动和停止参与的国家用斜体字显示。国家名称有下划线的，则是在有军事或警察人员参加的行动团中被指定为牵头的国家（它们或者是有活动控制权的国家，或者是派出人员最多的国家）。

表的第一栏中注明一项行动所依据的法律文书——联合国安理会决议或区域组织的正式决定——以及该项行动的起始日期（即最初部署日期）。

批准人数，是指最近一次所批准的人员数额。志愿者和聘用的当地支援人员的数量未列入本表，但只要有，就在表下方的注释中列出。各国为联合国行动提供文职人员的数据不全，仅有一部分。各国为各项行动提供人员的全面信息可在“SIPRI 多边和平行动数据库”中找到。[19]

各项行动中的死亡人数列出了各项行动从开始以来的总数和 2007 年一年的数字。2007 年报告的死因（死于意外事故或敌对行动或伤病）也录入了表中。由于 2007 年的死者之死因并非均有报告，故该年的这三个数字相加并不一定与全年死亡总人数相符。

经费开支的金额单位为百万美元（按当年美元价计算）。预算金额是以 2007 年日历年度而不是财政年度列出的，以便于对各项行动可以进行相互比较。日历年度的开支数据是按整个财政年度的平均支出率折算出来的。以美元之外的其他货币计算的预算开支，系按国际货币基金组织 2007 年总合市场汇率折算。[20]

所标示的联合国行动和欧安组织行动的开支金额是指该年度的预算金额，其他行动的金额数字是指实际开支金额。所标示的联合国行动开支金额是指行动的核心运作费用，包括人员部署费、部署人员的津贴费、后方的直接支持费用（例如维和行动的支持活动账目和联合国在意大利布林迪西后勤基地所需的费用）。联合国维和行动的费用由所有联合国会员国分摊，按具体核定比例缴纳摊款，不管其是否参

〔19〕 该数据库可以从网址：URL 〈http: //conflict. sipri. org/〉 找到。数据库还全面列出了各行动团的职责任务、负责人及相关文件的细节等。

〔20〕 关于和平行动预算的更多情况，参见 SIPRI 多边和平行动数据库。

与维和行动。特别政治行动和建设和平行动的经费系从联合国的正常预算拨款。联合国维和预算并不涵盖某些项目性的经费，例如解除武装、复员遣返和重新安置的经费来自志愿捐助。

由区域组织和联盟如欧盟和北约实施的行动，其预算数字仅指通用性开支，主要包括欧盟和北约总部的日常费用（如文职人员经费及运作和维持费用）以及用于支援这些行动所需的基础设施方面的投入。人员部署费系由各派兵国自行承担，未列入此表的预算数字中。欧盟的大多数行动是以这两种方式中的一种得到经费的：民事行动由共同体预算拨款，而军事行动或带有军事成分的行动则通过“雅典娜”机制获得经费，该机制的经费仅由参加行动的各成员国提供。[21]

在独联体国家实施的维和行动，没有特定的通用预算，而由行动的参加国自行承担部队部署费。其他组织实施或领导的行动，例如由美洲国家组织或由临时联盟实施的行动，其预算金额中可能还包括落实相关项目的费用。

由于所有这些原因，表 3A.2 所列的各项经费数字应看作是估计数，不同行动团的经费预算不能进行相互比较。

除非另有注明，表中所有数字均为截至 2007 年 12 月 31 日的数字，或者，若是在 2007 年结束的行动，则为结束之日的数字。

各项多边和平行动的数据是从以下几类公开来源得到的：(1) 相关组织的秘书处提供的官方信息；(2) 维和行动团团部提供的信息，或是其官方出版物，或是它们对 SIPRI 年度调查问卷的答复；(3) 来自所要调查的维和团派员国政府的信息。[22] 除了这些主要来源之外，还用了大量公开的辅助性来源作补充，包括专业期刊、研究报告、新闻机构以及国际、地区和当地报刊等。

---

〔21〕“雅典娜”机制是一个对界定为公共开支的财务管理机制。2004 年 2 月 23 日，欧盟理事会“2004/197/CFSP 联合行动”文件决定建立一个机制来管理具有军事或防务含义的欧盟行动中的公共性开支。见《欧盟议事录》(Official Journal of the European Union) 第 L63 号，2004 年 2 月 28 日。

〔22〕有时候，关于维和团的补充情况是由 SIPRI 研究所的工作人员通过电话交谈获得的。

**表 3A.2　2007 年多边和平行动**

| 缩略语<br>（法律依据）<br>开始时间 | 行动名称<br>（地点） | 2007 年派出部队、军事观察员、民事警察或文职人员的国家<br>（黑体字为新参加国，*斜体字*为年内结束使命国，下划线表示指定的牵头国） | 部队/军事观察员/民事警察/文职人员 批准数 | 实际数 | 死亡人数：迄今数/2007 年数/（死于敌对行动、事故、伤病） | 开支（百万美元）全年开支额/未付额 |
|---|---|---|---|---|---|---|
| **由联合国实施的行动（16 项）**（共有 117 个国家参加） | | | **73241**<br>**2660**<br>**10048**<br>**6113** | **70273**<br>**2528**<br>**9424**<br>**4888** | **961**<br>**76** | **5135.3**<br>**1959.9** |
| UNTSO<br>（安理会 50 号决议）[1]<br>1948.6 | 联合国停战监督组织<br>埃及、以色列、黎巴嫩、叙利亚 | 军事观察员：阿根廷、澳大利亚、奥地利、比利时、加拿大、智利、中国、丹麦、爱沙尼亚、芬兰、法国、爱尔兰、意大利、尼泊尔、荷兰、新西兰、挪威、俄罗斯、斯洛伐克、斯洛文尼亚、瑞典、瑞士、美国 | --<br>--<br>--<br>126 | --<br>153<br>--<br>106[2] | 49<br>1<br>(-, -, -) | 31.1<br>-- |
| UNMOGIP<br>（安理会 91 号决议）[3]<br>1949.1 | 联合国印巴军事观察小组<br>印度、巴基斯坦（克什米尔） | 军事观察员：智利、克罗地亚、丹麦、芬兰、意大利、韩国、瑞典、乌拉圭 | --<br>45<br>--<br>26 | --<br>44<br>--<br>25[4] | 11<br>- | 7.9<br>-- |
| UNFICYP<br>（安理会 186 号决议）[5]<br>1964.3 | 联合国塞浦路斯维和部队<br>塞浦路斯 | 部队：阿根廷、奥地利、加拿大、克罗地亚、匈牙利、斯洛伐克、英国[6]<br>民事警察：阿根廷、澳大利亚、**波黑**、克罗地亚、萨尔瓦多、印度、爱尔兰、意大利、荷兰 | 860<br>--<br>69<br>41 | 857<br>--<br>66<br>37 | 177<br>1<br>(-, 1, -) | 47.2<br>22.2 |

| 缩略语<br>（法律依据）<br>开始时间 | 行动名称<br>（地点） | 2007 年派出部队、军事观察员、民事警察或文职人员的国家<br>（**黑体字**为新参加国，*斜体字*为年内结束使命国，下划线表示指定的牵头国） | 部队/军事观察员/民事警察/文职人员 | | 死亡人数：迄今数/2007 年数/（死于敌对行动、事故、伤病） | 开支（百万美元）全年开支额/未付额 |
|---|---|---|---|---|---|---|
| | | | 批准数 | 实际数 | | |
| UNDOF<br>（安理会 350 号决议）[7]<br>1974.6 | 联合国脱离接触观察部队<br>叙利亚<br>（戈兰高地） | 部队：奥地利、加拿大、印度、日本、*尼泊尔*、波兰、斯洛伐克 | 1047<br>--<br>--<br>44 | 1047<br>--<br>--<br>40[8] | 42<br>- | 39.8<br>24.0 |
| UNIFIL<br>（安理会 425 和 426 号决议）[9]<br>1978.3 | 联合国黎巴嫩临时部队<br>黎巴嫩 | 部队：比利时、中国、**克罗地亚**、**塞浦路斯**、*丹麦*、芬兰、法国、德国、加纳、希腊、危地马拉、匈牙利、印度、印度尼西亚、爱尔兰、意大利、**韩国**、卢森堡、**马其顿**、马来西亚、尼泊尔、荷兰、*挪威*、波兰、葡萄牙、卡塔尔、*斯洛文尼亚*、西班牙、*瑞典*、**坦桑尼亚**、土耳其 | 14382<br>--<br>--<br>417 | 13264<br>--<br>--<br>308[10] | 268<br>10<br>（6，3，1） | 605.1<br>71.0 |
| MINURSO<br>（安理会 690 号决议）[11]<br>1991.9 | 联合国西撒哈拉公民投票特派团<br>西撒哈拉 | 部队：*丹麦*、加纳、马来西亚<br>军事观察员：阿根廷、奥地利、孟加拉国、**巴西**、中国、克罗地亚、*丹麦*、**吉布提**、埃及、萨尔瓦多、法国、加纳、希腊、几内亚、洪都拉斯、匈牙利、*爱尔兰*、意大利、肯尼亚、马来西亚、蒙古、尼日利亚、巴基斯坦、波兰、俄罗斯、斯里兰卡、乌拉圭、**也门**<br>民事警察：埃及、*萨尔瓦多* | 27<br>203<br>6<br>115 | 27<br>183<br>6<br>96[12] | 15<br>1<br>（-，-，1） | 46.8<br>47.3 |

| 缩略语<br>（法律依据）<br>开始时间 | 行动名称<br>（地点） | 2007 年派出部队、军事观察员、民事警察或文职人员的国家<br>（**黑体字**为新参加国，*斜体字*为年内结束使命国，下划线表示指定的牵头国） | 部队/军事观察员/民事警察/文职人员 | | 死亡人数：迄今数/2007 年数/（死于敌对行动、事故、伤病） | 开支（百万美元）全年开支额/未付额 |
|---|---|---|---|---|---|---|
| | | | 批准数 | 实际数 | | |
| UNOMIG<br>（安理会 849 和 858 号决议）[13]<br>1993.8 | 联合国格鲁吉亚观察团<br>格鲁吉亚<br>（阿布哈兹） | 军事观察员：阿尔巴尼亚、奥地利、孟加拉国、克罗地亚、捷克、丹麦、埃及、法国、德国、**加纳**、希腊、匈牙利、印度尼西亚、约旦、韩国、**立陶宛**、**摩尔多瓦**、**蒙古**、**尼泊尔**、**尼日利亚**、巴基斯坦、波兰、罗马尼亚、俄罗斯、瑞典、瑞士、土耳其、英国、乌克兰、乌拉圭、美国、**也门**<br>民事警察：**捷克**、德国、加纳、**菲律宾**、波兰、俄罗斯、**瑞典**、瑞士、**乌克兰** | --<br>135<br>20<br>116 | --<br>132<br>18<br>99[14] | 11<br>-- | 34.2<br>8.6 |
| UNMIK<br>（安理会 1244 号决议）[15]<br>1999.6 | 联合国科索沃临时行政机构<br>塞尔维亚<br>（科索沃） | 军事观察员：阿根廷、孟加拉国、玻利维亚、保加利亚、智利、捷克、丹麦、芬兰、匈牙利、爱尔兰、*意大利*、约旦、肯尼亚、马拉维、马来西亚、尼泊尔、新西兰、挪威、巴基斯坦、波兰、葡萄牙、罗马尼亚、俄罗斯、西班牙、英国、乌克兰、赞比亚、<br>民事警察：阿根廷、奥地利、孟加拉国、巴西、保加利亚、中国、克罗地亚、捷克、丹麦、*埃及*、芬兰、法国、德国、加纳、希腊、匈牙利、印度、意大利、约旦、肯尼亚、吉尔吉斯斯坦、立陶宛、**马拉维**、尼泊尔、*荷兰*、尼日利亚、挪威、巴基斯坦、菲律宾、波兰、葡萄牙、罗马尼亚、俄罗斯、斯洛文尼亚、西班牙、瑞典、瑞士、*东帝汶*、土耳其、**乌克兰**、英国、乌克兰、美国、赞比亚、津巴布韦 | --<br>38<br>2078<br>608 | --<br>39<br>1996<br>468[16] | 49<br>3<br>（-，-，3） | 214.3<br>126.0 |

| 缩略语<br>（法律依据）<br>开始时间 | 行动名称<br>（地点） | 2007年派出部队、军事观察员、民事警察或文职人员的国家<br>（**黑体字**为新参加国，*斜体字*为年内结束使命国，下划线表示指定的牵头国） | 部队/军事观察员/民事警察/文职人员 | | 死亡人数：迄今数/2007年数/（死于敌对行动、事故、伤病） | 开支（百万美元）全年开支额/未付额 |
|---|---|---|---|---|---|---|
| | | | 批准数 | 实际数 | | |
| MONUC<br>（安理会1279号决议）[17]<br>1999.10 | 联合国刚果民主共和国行动团<br>刚果民主共和国 | 部队：孟加拉国、贝宁、玻利维亚、中国、加纳、危地马拉、印度、印度尼西亚、约旦、马拉维、摩洛哥、尼泊尔、巴基斯坦、塞内加尔、塞尔维亚、南非、突尼斯、乌拉圭<br>军事观察员：阿尔及利亚、孟加拉国、比利时、贝宁、玻利维亚、波黑、布基纳法索、**喀麦隆**、加拿大、中国、捷克、丹麦、埃及、法国、加纳、危地马拉、印度、印度尼西亚、爱尔兰、约旦、肯尼亚、马拉维、马来西亚、马里、蒙古、摩洛哥、尼泊尔、*荷兰*、尼日尔、尼日利亚、巴基斯坦、巴拉圭、秘鲁、波兰、罗马尼亚、俄罗斯、塞内加尔、南非、西班牙、斯里兰卡、瑞典、瑞士、突尼斯、英国、乌克兰、乌拉圭、也门、赞比亚<br>民事警察：*阿根廷*、孟加拉国、贝宁、布基纳法索、喀麦隆、中非共和国、乍得、科特迪瓦、埃及、法国、几内亚、印度、约旦、**肯尼亚**、马达加斯加、马里、尼日尔、罗马尼亚、俄罗斯、塞内加尔、瑞典、土耳其、乌克兰、*瓦努阿图*、也门 | 17030<br>760<br>1141<br>1121 | 16614<br>733<br>1036<br>924[18] | 117<br>12<br>（1，2，5） | 1105.0<br>683.7 |

| 缩略语（法律依据）开始时间 | 行动名称（地点） | 2007 年派出部队、军事观察员、民事警察或文职人员的国家（**黑体字**为新参加国，*斜体字*为年内结束使命国，下划线表示指定的牵头国） | 部队/军事观察员/民事警察/文职人员 | | 死亡人数：迄今数/2007 年数/（死于敌对行动、事故、伤病） | 开支（百万美元）全年开支额/未付额 |
|---|---|---|---|---|---|---|
| | | | 批准数 | 实际数 | | |
| UNMEE<br>（安理会 1312 号决议）[19]<br>2000.7 | 联合国埃塞俄比亚和厄立特里亚特派团<br>埃塞俄比亚、厄立特里亚 | 部队：孟加拉国、*冈比亚*、加纳、印度、约旦、肯尼亚、马来西亚、纳米比亚、尼日利亚、坦桑尼亚、突尼斯、乌拉圭、赞比亚<br>军事观察员：阿尔及利亚、奥地利、孟加拉国、玻利维亚、波黑、巴西、保加利亚、中国、克罗地亚、捷克、丹麦、芬兰、法国、冈比亚、德国、加纳、希腊、危地马拉、印度、伊朗、约旦、肯尼亚、吉尔吉斯斯坦、马来西亚、蒙古、纳米比亚、尼泊尔、尼日利亚、挪威、巴基斯坦、巴拉圭、秘鲁、波兰、罗马尼亚、俄罗斯、南非、西班牙、**斯里兰卡**、瑞典、*瑞士*、坦桑尼亚、突尼斯、乌克兰、乌拉圭、美国、赞比亚 | 1470<br>230<br>--<br>177 | 1465<br>218<br>--<br>147[20] | 20<br>3<br>(-, -, 1) | 125.4<br>47.6 |

| 缩略语<br>(法律依据)<br>开始时间 | 行动名称<br>(地点) | 2007 年派出部队、军事观察员、民事警察或文职人员的国家<br>(**黑体字**为新参加国，*斜体字*为年内结束使命国，下划线表示指定的牵头国) | 部队/军事观察员/民事警察/文职人员 | | 死亡人数：迄今数/2007 年数/(死于敌对行动、事故、伤病) | 开支<br>(百万美元)<br>全年开支额<br>/未付额 |
|---|---|---|---|---|---|---|
| | | | 批准数 | 实际数 | | |
| UNMIL<br>(安理会 1509 号决议)[21]<br>2003. 11 | 联合国利比里亚特派团<br>利比里亚 | 部队：孟加拉国、贝宁、*玻利维亚*、巴西、中国、克罗地亚、厄瓜多尔、埃塞俄比亚、芬兰、法国、*德国*、加纳、爱尔兰、约旦、肯尼亚、韩国、*马拉维*、**马里**、*摩尔多瓦*、蒙古、纳米比亚、尼泊尔、尼日利亚、巴基斯坦、**巴拉圭**、**秘鲁**、菲律宾、塞内加尔、*瑞典*、多哥、英国、乌克兰、美国<br>军事观察员：孟加拉国、贝宁、玻利维亚、保加利亚、中国、捷克、丹麦、厄瓜多尔、埃及、*萨尔瓦多*、埃塞俄比亚、冈比亚、加纳、印度尼西亚、约旦、肯尼亚、韩国、吉尔吉斯斯坦、马来西亚、马里、摩尔多瓦、黑山、纳米比亚、尼泊尔、尼日尔、尼日利亚、巴基斯坦、巴拉圭、秘鲁、**菲律宾**、波兰、**罗马尼亚**、俄罗斯、塞内加尔、塞尔维亚、多哥、乌克兰、美国、赞比亚、**津巴布韦**<br>民事警察：阿根廷、孟加拉国、波黑、中国、捷克、**埃及**、萨尔瓦多、斐济、冈比亚、德国、加纳、**印度**、牙买加、约旦、肯尼亚、吉尔吉斯斯坦、马其顿、马拉维、纳米比亚、尼泊尔、尼日利亚、挪威、巴基斯坦、菲律宾、波兰、俄罗斯、卢旺达、萨摩亚、塞尔维亚、斯里兰卡、瑞典、土耳其、乌干达、乌克兰、乌拉圭、美国、也门、赞比亚、津巴布韦 | 14060<br>215<br>1240<br>570 | 13310<br>199<br>1203<br>507[22] | 101<br>14<br>(-，1，9) | 701. 6<br>251. 6 |

| 缩略语<br>（法律依据）<br>开始时间 | 行动名称<br>（地点） | 2007 年派出部队、军事观察员、民事警察或文职人员的国家<br>（**黑体字**为新参加国，*斜体字*为年内结束使命国，下划线表示指定的牵头国） | 部队/军事观察员/民事警察/文职人员 | | 死亡人数：迄今数/2007 年数/（死于敌对行动、事故、伤病） | 开支（百万美元）全年开支额/未付额 |
|---|---|---|---|---|---|---|
| | | | 批准数 | 实际数 | | |
| UNOCI<br>（安理会 1528 号决议）[23]<br>2004.4 | 联合国科特迪瓦行动团<br>科特迪瓦 | 部队：<u>孟加拉国</u>、贝宁、巴西、法国、加纳、约旦、肯尼亚、摩洛哥、尼日尔、巴基斯坦、巴拉圭、菲律宾、塞内加尔、坦桑尼亚、多哥、突尼斯、乌干达、*乌拉圭*<br>军事观察员：<u>孟加拉国</u>、贝宁、玻利维亚、巴西、乍得、中国、克罗地亚、多米尼加共和国、厄瓜多尔、萨尔瓦多、埃塞俄比亚、法国、冈比亚、加纳、危地马拉、几内亚、印度、爱尔兰、约旦、肯尼亚、摩尔多瓦、*摩洛哥*、纳米比亚、尼泊尔、尼日尔、尼日利亚、巴基斯坦、巴拉圭、秘鲁、菲律宾、波兰、罗马尼亚、<u>俄罗斯</u>、塞内加尔、塞尔维亚、坦桑尼亚、多哥、突尼斯、乌干达、乌拉圭、也门、赞比亚、津巴布韦<br>民事警察：阿根廷、孟加拉国、贝宁、**布隆迪**、喀麦隆、加拿大、中非共和国、乍得、**刚果民主共和国**、吉布提、法国、**加纳**、*印度*、<u>约旦</u>、**利比亚**、马达加斯加、尼日尔、尼日利亚、巴基斯坦、*菲律宾*、卢旺达、塞内加尔、瑞士、多哥、土耳其、乌拉圭、*瓦努阿图*、也门 | 7915<br>200<br>1200<br>485 | 7838<br>195<br>1127<br>407[24] | 36<br>8<br>（-，4，1） | 471.9<br>166.8 |

| 缩略语（法律依据）开始时间 | 行动名称（地点） | 2007 年派出部队、军事观察员、民事警察或文职人员的国家（**黑体字**为新参加国，*斜体字*为年内结束使命国，下划线表示指定的牵头国） | 部队/军事观察员/民事警察/文职人员 | | 死亡人数：迄今数/2007 年数/（死于敌对行动、事故、伤病） | 开支（百万美元）全年开支额/未付额 |
|---|---|---|---|---|---|---|
| | | | 批准数 | 实际数 | | |
| MINUSTAH<br>（安理会 1542 号决议）[25]<br>2004.6 | 联合国海地稳定特派团<br>海地 | 部队：阿根廷、玻利维亚、巴西、加拿大、智利、克罗地亚、厄瓜多尔、法国、危地马拉、约旦、*摩洛哥*、尼泊尔、巴基斯坦、巴拉圭、秘鲁、菲律宾、斯里兰卡、乌拉圭、美国<br>民事警察：阿根廷、贝宁、**巴西**、布基纳法索、喀麦隆、加拿大、**中非共和国**、乍得、智利、中国、哥伦比亚、**刚果民主共和国**、**科特迪瓦**、**克罗地亚**、埃及、萨尔瓦多、法国、**格林纳达**、几内亚、约旦、马达加斯加、马里、*毛里求斯*、尼泊尔、尼日尔、尼日利亚、巴基斯坦、菲律宾、罗马尼亚、俄罗斯、卢旺达、塞内加尔、*塞拉利昂*、西班牙、**斯里兰卡**、多哥、土耳其、乌拉圭、美国、*瓦努阿图*、*也门*、*赞比亚* | 7200<br>--<br>1951<br>540 | 7047<br>--<br>1826<br>498[26] | 33<br>8<br>（-，2，2） | 512.3<br>164.8 |

| 缩略语（法律依据）开始时间 | 行动名称（地点） | 2007 年派出部队、军事观察员、民事警察或文职人员的国家（**黑体字**为新参加国，*斜体字*为年内结束使命国，下划线表示指定的牵头国） | 部队/军事观察员/民事警察/文职人员 |  | 死亡人数：迄今数/2007 年数/（死于敌对行动、事故、伤病） | 开支（百万美元）全年开支额/未付额 |
|---|---|---|---|---|---|---|
|  |  |  | 批准数 | 实际数 |  |  |
| UNMIS<br>（安理会 1590 号决议）[27]<br>2005.3 | 联合国苏丹特派团<br>苏丹 | 部队：澳大利亚、孟加拉国、**玻利维亚**、柬埔寨、加拿大、中国、克罗地亚、丹麦、埃及、芬兰、**法国**、**冈比亚**、德国、*加纳*、希腊、**危地马拉**、印度、**意大利**、约旦、肯尼亚、韩国、马拉维、马来西亚、尼泊尔、荷兰、新西兰、**尼日尔**、尼日利亚、挪威、巴基斯坦、俄罗斯、卢旺达、**塞内加尔**、南非、瑞典、坦桑尼亚、**泰国**、土耳其、英国、**也门**、赞比亚、津巴布韦<br>军事观察员：澳大利亚、孟加拉国、比利时、贝宁、玻利维亚、博茨瓦纳、巴西、布基纳法索、柬埔寨、加拿大、中国、丹麦、厄瓜多尔、埃及、萨尔瓦多、斐济、加蓬、德国、希腊、危地马拉、几内亚、印度、印度尼西亚、约旦、肯尼亚、韩国、吉尔吉斯斯坦、马拉维、马来西亚、马里、摩尔多瓦、蒙古、莫桑比克、纳米比亚、尼泊尔、荷兰、新西兰、尼日利亚、挪威、巴基斯坦、巴拉圭、秘鲁、菲律宾、波兰、罗马尼亚、俄罗斯、卢旺达、**斯里兰卡**、瑞典、坦桑尼亚、泰国、乌干达、乌克兰、也门、赞比亚、津巴布韦 | 9250<br>750<br>715<br>1130 | 8804<br>596<br>637<br>864[28] | 30<br>14<br>（2，2，6） | 962.9<br>283.0 |

| 缩略语<br>(法律依据)<br>开始时间 | 行动名称<br>(地点) | 2007 年派出部队、军事观察员、民事警察或文职人员的国家<br>(**黑体字**为新参加国，*斜体字*为年内结束使命国，下划线表示指定的牵头国) | 部队/军事观察员/民事警察/文职人员 | | 死亡人数：迄今数/2007 年数/(死于敌对行动、事故、伤病) | 开支<br>(百万美元)<br>全年开支额/未付额 |
|---|---|---|---|---|---|---|
| | | | 批准数 | 实际数 | | |
| UNMIS<br>(安理会 1590 号决议)[27]<br>2005.3 | 联合国苏丹特派团<br>苏 丹 | 民事警察：阿根廷、澳大利亚、孟加拉国、波黑、**博茨瓦纳**、巴西、加拿大、中国、丹麦、埃及、萨尔瓦多、斐济、芬兰、冈比亚、德国、加纳、印度、**印度尼西亚**、牙买加、约旦、*肯尼亚*、吉尔吉斯斯坦、马来西亚、**马里**、纳米比亚、尼泊尔、荷兰、**新西兰**、尼日利亚、挪威、巴基斯坦、菲律宾、俄罗斯、卢旺达、萨摩亚、斯里兰卡、瑞典、*坦桑尼亚*、土耳其、乌干达、**英国**、乌克兰、乌拉圭、美国、*瓦努阿图*、也门、赞比亚、津巴布韦 | | | | |

| 缩略语<br>（法律依据）<br>开始时间 | 行动名称<br>（地点） | 2007 年派出部队、军事观察员、民事警察或文职人员的国家<br>（黑体字为新参加国，*斜体字*为年内结束使命国，下划线表示指定的牵头国） | 部队/<br>军事观察员/<br>民事警察/<br>文职人员 | | 死亡人数：<br>迄今数/<br>2007 年数/<br>（死于敌对行动、事故、伤病） | 开支<br>（百万美元）<br>全年开支额<br>/未付额 |
|---|---|---|---|---|---|---|
| | | | 批准数 | 实际数 | | |
| UNMIT<br>（安理会 1704 号决议）[29]<br>2006. 8 | 联合国东帝汶综合特派团<br>东帝汶 | 军事观察员：澳大利亚、孟加拉国、巴西、中国、斐济、马来西亚、新西兰、巴基斯坦、菲律宾、葡萄牙、**塞拉利昂**、新加坡<br>民事警察：澳大利亚、孟加拉国、巴西、加拿大、**中国**、克罗地亚、**埃及**、萨尔瓦多、冈比亚、**印度**、**牙买加**、**日本**、*约旦*、韩国、吉尔吉斯斯坦、马来西亚、**纳米比亚**、尼泊尔、新西兰、**尼日利亚**、巴基斯坦、**帕劳**、菲律宾、葡萄牙、罗马尼亚、俄罗斯、萨摩亚、**塞内加尔**、新加坡、西班牙、斯里兰卡、瑞典、泰国、土耳其、**乌干达**、**乌克兰**、乌拉圭、*美国*、*瓦努阿图*、也门、**赞比亚**、津巴布韦 | --<br>34<br>1328<br>462 | --[30]<br>33<br>1480<br>336[31] | 2<br>1<br>(-, -, -) | 169.0<br>63.3 |
| **MINURCAT**<br>**（安理会 1778 号决议）[32]**<br>**2007. 9** | **联合国中非和乍得特派团**<br>中非共和国、乍得 | 军事观察员：**法国**、**塞内加尔**、**瑞典**<br>民事警察：**喀麦隆**、**科特迪瓦**、**法国**、**马达加斯加**、**马里**、**尼日尔**、**塞内加尔**、**多哥** | --<br>50<br>300<br>135 | --<br>3<br>29<br>26 | --<br>-- | 60.8<br>-- |

| 缩略语<br>(法律依据)<br>开始时间 | 行动名称<br>(地点) | 2007 年派出部队、军事观察员、民事警察或文职人员的国家<br>(**黑体字**为新参加国，*斜体字*为年内结束使命国，下划线表示指定的牵头国) | 部队/军事观察员/民事警察/文职人员 批准数 | 部队/军事观察员/民事警察/文职人员 实际数 | 死亡人数：迄今数/2007 年数/(死于敌对行动、事故、伤病) | 开支(百万美元)全年开支额/未付额 |
|---|---|---|---|---|---|---|
| **联合国特别政治行动及和平建设行动(5 项行动)**(共有 133 个国家参加) | | | **298**<br>**202**<br>**53**<br>**1246** | **223**<br>**196**<br>**36**<br>**1108** | **21**<br>**9** | **416.8** |
| UNAMA<br>(安理会 1401 号决议)[33]<br>2002.3 | 联合国阿富汗支援团<br>阿富汗 | 军事观察员：澳大利亚、*奥地利*、孟加拉国、**玻利维亚**、丹麦、德国、韩国、**立陶宛**、新西兰、**挪威**、**巴拉圭**、*波兰*、罗马尼亚、**瑞典**、**英国**、乌拉圭<br>民事警察：尼泊尔、尼日利亚、菲律宾<br>文职人员：阿根廷、澳大利亚、奥地利、**巴哈马**、孟加拉国、**巴巴多斯**、**白俄罗斯**、**不丹**、波黑、巴西、保加利亚、**喀麦隆**、加拿大、中国、**柬埔寨**、刚果民主共和国、克罗地亚、捷克、丹麦、埃及、萨尔瓦多、**埃塞俄比亚**、斐济、芬兰、法国、**冈比亚**、德国、加纳、*危地马拉*、洪都拉斯、印度、伊朗、伊拉克、爱尔兰、意大利、牙买加、日本、*约旦*、**哈萨克斯坦**、肯尼亚、韩国、吉尔吉斯斯坦、老挝、**拉脱维亚**、利比里亚、马其顿、马来西亚、缅甸、尼泊尔、荷兰、新西兰、**尼日利亚**、挪威、巴基斯坦、秘鲁、菲律宾、波兰、罗马尼亚、俄罗斯、卢旺达、塞尔维亚、塞拉利昂、南非、西班牙、斯里兰卡、苏丹、瑞典、塔吉克斯坦、**坦桑尼亚**、泰国、特立尼达和多巴哥、突尼斯、乌干达、英国、乌克兰、美国、乌兹别克斯坦、津巴布韦 | --<br>18<br>3<br>283 | --<br>15<br>3<br>234[34] | 10<br>5<br>(-, 1, 1) | 74.2<br>-- |

| 缩略语<br>（法律依据）<br>开始时间 | 行动名称<br>（地点） | 2007 年派出部队、军事观察员、民事警察或文职人员的国家<br>（**黑体字**为新参加国，*斜体字*为年内结束使命国，下划线表示指定的牵头国） | 部队/军事观察员/民事警察/文职人员 批准数 | 实际数 | 死亡人数：迄今数/2007 年数/（死于敌对行动、事故、伤病） | 开支（百万美元）全年开支额/未付额 |
|---|---|---|---|---|---|---|
| UNAMI<br>（安理会 1500 号决议）[35]<br>2003.8 | 联合国伊拉克援助团<br>*伊拉克* | 部队：斐济<br>军事观察员：澳大利亚、加拿大、<u>丹麦</u>、新西兰、英国<br>文职人员：阿富汗、**安哥拉**、**阿根廷**、澳大利亚、奥地利、孟加拉国、巴巴多斯、波黑、**保加利亚**、加拿大、刚果民主共和国、克罗地亚、捷克、丹麦、厄瓜多尔、埃及、爱沙尼亚、埃塞俄比亚、斐济、芬兰、法国、德国、加纳、希腊、**匈牙利**、印度、**印度尼西亚**、伊朗、爱尔兰、以色列、意大利、牙买加、日本、约旦、肯尼亚、韩国、科威特、吉尔吉斯斯坦、黎巴嫩、**利比里亚**、马其顿、摩洛哥、*缅甸*、尼泊尔、荷兰、新西兰、尼日利亚、巴基斯坦、巴勒斯坦、秘鲁、菲律宾、波兰、**罗马尼亚**、俄罗斯、**卢旺达**、塞内加尔、**塞尔维亚**、塞拉利昂、新加坡、索马里、南非、西班牙、斯里兰卡、苏丹、瑞典、叙利亚、塔吉克斯坦、坦桑尼亚、泰国、特立尼达和多巴哥、突尼斯、乌干达、英国、乌拉圭、美国、**乌兹别克斯坦** | 298<br>8<br>--<br>463 | 223<br>7<br>--<br>454[36] | 7<br>3<br>(-, -, 1) | 176.5 |

| 缩略语（法律依据）开始时间 | 行动名称（地点） | 2007年派出部队、军事观察员、民事警察或文职人员的国家（**黑体字**为新参加国，*斜体字*为年内结束使命国，下划线表示指定的牵头国） | 部队/军事观察员/民事警察/文职人员 | | 死亡人数：迄今数/2007年数/（死于敌对行动、事故、伤病） | 开支（百万美元）全年开支额/未付额 |
|---|---|---|---|---|---|---|
| | | | 批准数 | 实际数 | | |
| UNIOSIL[37]<br>2006.1 | 联合国塞拉利昂综合办事处<br>塞拉利昂 | 军事观察员：孟加拉国、**中国**、**克罗地亚**、**埃及**、加纳、肯尼亚、尼泊尔、尼日利亚、巴基斯坦、*俄罗斯*、**瑞典**、英国、赞比亚<br>民事警察：冈比亚、加纳、印度、肯尼亚、*马来西亚*、尼泊尔、尼日利亚、*挪威*、葡萄牙、**西班牙**、瑞典、土耳其、英国<br>文职人员：*阿富汗*、安哥拉、巴巴多斯、**比利时**、*不丹*、保加利亚、**布基纳法索**、布隆迪、喀麦隆、加拿大、中国、刚果民主共和国、克罗地亚、*埃及*、埃塞俄比亚、斐济、芬兰、**法国**、德国、加纳、*洪都拉斯*、印度、*意大利*、牙买加、*日本*、肯尼亚、**黎巴嫩**、利比里亚、**马其顿**、马拉维、尼泊尔、尼日利亚、巴基斯坦、巴勒斯坦、菲律宾、波兰、葡萄牙、*卢旺达*、塞内加尔、**塞尔维亚**、**西班牙**、苏丹、*斯威士兰*、瑞典、特立尼达和多巴哥、**土耳其**、*乌干达*、英国、美国、津巴布韦 | --<br>14<br>29<br>89 | --<br>14<br>21<br>76[38] | 4<br>1<br>(-，-，-) | 32.3 |

| 缩略语（法律依据）开始时间 | 行动名称（地点） | 2007 年派出部队、军事观察员、民事警察或文职人员的国家（**黑体字**为新参加国，*斜体字*为年内结束使命国，下划线表示指定的牵头国） | 部队/军事观察员/民事警察/文职人员 批准数 | 实际数 | 死亡人数：迄今数/2007 年数/（死于敌对行动、事故、伤病） | 开支（百万美元）全年开支额/未付额 |
|---|---|---|---|---|---|---|
| **BINUB**<br>**（安理会 1719 号决议）**[39]<br>**2007.1** | **联合国布隆迪综合办事处**<br>布隆迪 | 军事观察员：孟加拉国、克罗地亚、荷兰、尼日尔、巴基斯坦、南非、瑞士、突尼斯<br>民事警察：贝宁、布基纳法索、喀麦隆、科特迪瓦、马达加斯加、土耳其<br>文职人员：阿尔巴尼亚、安哥拉、奥地利、巴哈马、巴巴多斯、比利时、贝宁、波黑、布基纳法索、柬埔寨、喀麦隆、加拿大、刚果民主共和国、刚果共和国、科特迪瓦、克罗地亚、吉布提、多米尼加共和国、埃及、厄立特里亚、埃塞俄比亚、斐济、法国、德国、加纳、危地马拉、几内亚、海地、洪都拉斯、印度、意大利、肯尼亚、黎巴嫩、利比里亚、毛里塔尼亚、毛里求斯、摩洛哥、尼日尔、尼日利亚、巴基斯坦、秘鲁、菲律宾、葡萄牙、俄罗斯、卢旺达、塞内加尔、塞拉利昂、瑞士、坦桑尼亚、多哥、特立尼达和多巴哥、突尼斯、英国、乌克兰、美国、赞比亚、津巴布韦 | --<br>7<br>14<br>141 | --<br>8<br>12<br>122[40] | --<br>-- | 38.2 |

| 缩略语<br>（法律依据）<br>开始时间 | 行动名称<br>（地点） | 2007 年派出部队、军事观察员、民事警察或文职人员的国家<br>（黑体字为新参加国，*斜体字*为年内结束使命国，下划线表示指定的牵头国） | 部队/<br>军事观察员/<br>民事警察/<br>文职人员 | | 死亡人数：<br>迄今数/<br>2007 年数/<br>（死于敌对行动、事故、伤病） | 开支<br>（百万美元）<br>全年开支额<br>/未付额 |
|---|---|---|---|---|---|---|
| | | | 批准数 | 实际数 | | |
| **UNMIN**<br>**（安理会 1740 号决议）**[41]<br>**2007.1** | 联合国尼泊尔特派团<br>*尼泊尔* | 军事观察员：奥地利、玻利维亚、巴西、克罗地亚、丹麦、厄瓜多尔、埃及、芬兰、冈比亚、加纳、危地马拉、印度尼西亚、日本、约旦、哈萨克斯坦、韩国、马来西亚、尼日利亚、挪威、巴拉圭、罗马尼亚、俄罗斯、塞拉利昂、新加坡、南非、瑞典、瑞士、泰国、英国、乌拉圭、也门、赞比亚、津巴布韦<br>民事警察：*马来西亚*、*菲律宾*、*新加坡*、*瑞士*<br>文职人员：阿富汗、阿尔及利亚、阿根廷、澳大利亚、奥地利、巴巴多斯、贝宁、玻利维亚、波黑、柬埔寨、喀麦隆、加拿大、智利、科特迪瓦、克罗地亚、古巴、丹麦、萨尔瓦多、厄立特里亚、埃塞俄比亚、斐济、芬兰、法国、德国、加纳、危地马拉、圭亚那、海地、洪都拉斯、匈牙利、冰岛、印度、印度尼西亚、伊朗、伊拉克、爱尔兰、以色列、意大利、牙买加、日本、约旦、肯尼亚、利比里亚、立陶宛、马其顿、马达加斯加、马来西亚、马里、摩尔多瓦、摩洛哥、缅甸、荷兰、新西兰、尼日利亚、挪威、巴基斯坦、巴勒斯坦、秘鲁、菲律宾、葡萄牙、罗马尼亚、俄罗斯、卢旺达、圣马力诺、塞尔维亚、塞拉利昂、斯洛伐克、南非、西班牙、斯里兰卡、苏丹、瑞典、瑞士、叙利亚、塔吉克斯坦、泰国、特立尼达和多巴哥、土耳其、乌干达、英国、乌克兰、乌拉圭、美国、委内瑞拉、赞比亚 | --<br>155<br>7<br>270 | --<br>152<br>--<br>222[42] | --<br>-- | 95.6 |

| 缩略语<br>（法律依据）<br>开始时间 | 行动名称<br>（地点） | 2007 年派出部队、军事观察员、民事警察或文职人员的国家<br>（黑体字为新参加国，*斜体字*为年内结束使命国，下划线表示指定的牵头国） | 部队/军事观察员/民事警察/文职人员 批准数 | 部队/军事观察员/民事警察/文职人员 实际数 | 死亡人数：迄今数/2007 年数/（死于敌对行动、事故、伤病） | 开支（百万美元）全年开支额/未付额 |
|---|---|---|---|---|---|---|
| **非洲联盟—联合国联合实施的行动（1 项）**（共有 34 个国家参加） | | | **19315**<br>**240**<br>**6432**<br>**1579** | **12**<br>--<br>**1617**<br>-- | --<br>-- | **318.9** |
| **UNAMID**<br>（非盟 2007 年 6 月 22 日决议/安理会 1769 号决议）[43]<br>**2007.10**[44] | 非盟/联合国达尔富尔混合行动<br>苏丹<br>（达尔富尔） | 部队：中国、埃及、法国、尼日利亚、卢旺达、塞内加尔、英国<br>民事警察：孟加拉国、博茨瓦纳、布基纳法索、喀麦隆、加拿大、埃及、芬兰、冈比亚、德国、加纳、约旦、肯尼亚、马达加斯加、马来西亚、马里、毛里塔尼亚、毛里求斯、尼泊尔、尼日尔、尼日利亚、卢旺达、塞内加尔、塞拉利昂、南非、瑞典、坦桑尼亚、土耳其、乌干达、乌拉圭、赞比亚 | 19315<br>240<br>6432<br>1579 | 12<br>--<br>1617[45]<br>-- | --<br>-- | 492.6 |

| 缩略语（法律依据）开始时间 | 行动名称（地点） | 2007 年派出部队、军事观察员、民事警察或文职人员的国家（**黑体字**为新参加国，*斜体字*为年内结束使命国，下划线表示指定的牵头国） | 部队/军事观察员/民事警察/文职人员 | | 死亡人数：迄今数/2007 年数/（死于敌对行动、事故、伤病） | 开支（百万美元）全年开支额/未付额 |
|---|---|---|---|---|---|---|
| | | | 批准数 | 实际数 | | |
| | **非洲联盟行动（3 项）**（共有 31 个国家参加） | | **13821**<br>**450**<br>**1560**<br>-- | **6675**<br>**636**<br>--<br>**60** | **65**<br>**5** | **312.8**<br>-- |
| *AMIS*<br>（*非盟决议、2004.5.28*）[46]<br>*2004.6* | *非盟苏丹特派团*<br>*苏丹* | 部队：*乍得、冈比亚、肯尼亚、<u>尼日利亚</u>、卢旺达、塞内加尔、南非*<br>军事观察员：*阿尔及利亚、贝宁、博茨瓦纳、布基纳法索、布隆迪、喀麦隆、乍得、刚果共和国、埃及、加蓬、冈比亚、加纳、肯尼亚、莱索托、利比亚、马达加斯加、马拉维、马里、毛里塔尼亚、莫桑比克、纳米比亚、尼日利亚、卢旺达、塞内加尔、南非、多哥、乌干达、赞比亚*<br>民事警察：*博茨瓦纳、布基纳法索、喀麦隆、埃及、冈比亚、加纳、肯尼亚、莱索托、马达加斯加、马里、毛里塔尼亚、尼日尔、尼日利亚、卢旺达、塞内加尔、南非、乌干达、赞比亚*[47] | 6171<br>450<br>1560<br>-- | 4683<br>636<br>--<br>60 | 60<br>〉21<br>（21，-，-） | 280.8[48] |

| 缩略语<br>（法律依据）<br>开始时间 | 行动名称<br>（地点） | 2007 年派出部队、军事观察员、民事警察或文职人员的国家<br>（黑体字为新参加国，*斜体字*为年内结束使命国，下划线表示指定的牵头国） | 部队/<br>军事观察员/<br>民事警察/<br>文职人员 | | 死亡人数：<br>迄今数/<br>2007 年数/<br>（死于敌对行动、事故、伤病） | 开支<br>（百万美元）<br>全年开支额<br>/未付额 |
|---|---|---|---|---|---|---|
| | | | 批准数 | 实际数 | | |
| **AMISOM**<br>**（非盟决议，**<br>**2007.1.19）**[49]<br>**2007.3** | **非盟索马里特派团**<br>索马里 | 部队：布隆迪、<u>乌干达</u> | 7650<br>--<br>--<br>- | 1792[50]<br>--<br>--<br>-- | 5<br>5<br>（4，1，-） | 32.0[51] |
| **MAES**<br>**（非盟决议，**<br>**2007.5.9）**[52]<br>**2007.5** | **非盟科摩罗选举与安全支援团**<br>科摩罗 | 部队：苏丹、坦桑尼亚[53] | --<br>--<br>--<br>-- | 200<br>--<br>--<br>-- | --<br>-- | .. |
| **中非国家经济与货币共同体行动（1 项）**（共有 3 个国家参加） | | | **500**<br>--<br>--<br>-- | **379**<br>--<br>--<br>-- | **8** | **18.5**<br>-- |

| 缩略语<br>（法律依据）<br>开始时间 | 行动名称<br>（地点） | 2007 年派出部队、军事观察员、民事警察或文职人员的国家<br>（**黑体字**为新参加国，*斜体字*为年内结束使命国，下划线表示指定的牵头国） | 部队/军事观察员/民事警察/文职人员 | | 死亡人数：<br>迄今数/<br>2007 年数/<br>（死于敌对行动、事故、伤病） | 开支<br>（百万美元）<br>全年开支额<br>/未付额 |
|---|---|---|---|---|---|---|
| | | | 批准数 | 实际数 | | |
| FOMUC<br>（利伯维尔首脑会议决定、2002.10.2）[54]<br>2003.1 | 中非国家经济与货币共同体驻中非共和国多国部队<br>中非共和国 | 部队：乍得、刚果共和国、<u>加蓬</u>[55] | 500<br>--<br>--<br>-- | 379[56]<br>--<br>--<br>-- | 8<br>-- | 18.5 |
| **独立国家联合体行动（3 项）**（共有 4 个国家参加） | | | **6000**<br>--<br>--<br>-- | **4274**<br>--<br>--<br>-- | ..<br>.. | .. |
| ——<br>（双边，1992.7.21）[57]<br>1992.7 | 联合控制委员会维和部队<br>摩尔多瓦<br>（德涅斯特河沿岸） | 部队：摩尔多瓦、俄罗斯、（德涅斯特河沿岸）<br>军事观察员：乌克兰 | 1500<br>--<br>--<br>-- | 1174<br>--<br>--<br>-- | ..<br>.. | .. |

| 缩略语<br>（法律依据）<br>开始时间 | 行动名称<br>（地点） | 2007 年派出部队、军事观察员、民事警察或文职人员的国家<br>（**黑体字**为新参加国，*斜体字*为年内结束使命国，下划线表示指定的牵头国） | 部队/军事观察员/民事警察/文职人员 | | 死亡人数：<br>迄今数/<br>2007 年数/<br>（死于敌对行动、事故、伤病） | 开支<br>（百万美元）<br>全年开支额<br>/未付额 |
|---|---|---|---|---|---|---|
| | | | 批准数 | 实际数 | | |
| ——<br>（双边，<br>1992.6.24）[58]<br>1992.7 | 南奥塞梯联合部队<br>格鲁吉亚<br>（南奥塞梯） | 部队：格鲁吉亚、俄罗斯、（南奥塞梯） | 1500<br>--<br>--<br>-- | 1500<br>--<br>--<br>-- | ..<br>.. | .. |
| ——<br>（独联体，<br>1994.10.15）[59]<br>1994.6 | 独联体格鲁吉亚维和部队<br>格鲁吉亚<br>（阿布哈兹） | 部队：俄罗斯 | 3000<br>--<br>--<br>-- | 1600<br>--<br>--<br>-- | ..<br>.. | .. |
| | **欧洲联盟行动（10 项）**（共有 41 个国家参加） | | **2500**<br>**120**<br>**372**<br>**28** | **2261**<br>**48**<br>**355**<br>**155** | **21**<br>**2** | **147.7**<br>-- |

| 缩略语<br>（法律依据）<br>开始时间 | 行动名称<br>（地点） | 2007 年派出部队、军事观察员、民事警察或文职人员的国家<br>（**黑体字**为新参加国，*斜体字*为年内结束使命国，下划线表示指定的牵头国） | 部队/军事观察员/民事警察/文职人员 | | 死亡人数：迄今数/2007 年数/（死于敌对行动、事故、伤病） | 开支（百万美元）全年开支额/未付额 |
|---|---|---|---|---|---|---|
| | | | 批准数 | 实际数 | | |
| *EUMM*<br>*（《布里俄尼协议》，1991. 7. 7）*[60]<br>*1991. 7* | *欧盟监视团*<br>*西巴尔干* | 军事观察员：*奥地利*、*芬兰*、*法国*、*德国*、*希腊*、*爱尔兰*、*荷兰*、*挪威*、*斯洛伐克*、*西班牙*、*瑞典*、*英国* | --<br>120<br>--<br>-- | --<br>48<br>--<br>--[61] | 11<br>-- | 3. 2 |
| EUPM<br>（欧盟常设理事会 2002/210/CFSP 联合行动决定）[62]<br>2003. 1 | 欧盟波黑警察特派团<br>波黑 | 民事警察：奥地利、比利时、保加利亚、加拿大、*塞浦路斯*、捷克、丹麦、爱沙尼亚、芬兰、法国、德国、**希腊**、匈牙利、**冰岛**、爱尔兰、意大利、拉脱维亚、立陶宛、卢森堡、马耳他、荷兰、挪威、*波兰*、葡萄牙、罗马尼亚、斯洛伐克、斯洛文尼亚、西班牙、瑞典、瑞士、土耳其、英国、乌克兰<br>文职人员：比利时、保加利亚、法国、德国、爱尔兰、意大利、*荷兰*、挪威、葡萄牙、西班牙、**瑞典**、土耳其、英国、乌克兰 | --<br>--<br>--<br>-- | --<br>--<br>173<br>28[63] | 3<br>-- | 16. 7<br>-- |

| 缩略语（法律依据）开始时间 | 行动名称（地点） | 2007 年派出部队、军事观察员、民事警察或文职人员的国家（**黑体字**为新参加国，*斜体字*为年内结束使命国，下划线表示指定的牵头国） | 部队/军事观察员/民事警察/文职人员 | | 死亡人数：迄今数/2007 年数/（死于敌对行动、事故、伤病） | 开支（百万美元）全年开支额/未付额 |
|---|---|---|---|---|---|---|
| | | | 批准数 | 实际数 | | |
| EUFOR ALTHEA（欧盟常设理事会 2004/570/CFSP 联合行动决定）[64] 2004.12 | 欧盟波黑军事行动团<br>波黑 | 部队：阿尔巴尼亚、奥地利、比利时、保加利亚、*加拿大*、智利、捷克、爱沙尼亚、芬兰、法国、德国、希腊、匈牙利、爱尔兰、意大利、拉脱维亚、立陶宛、卢森堡、马其顿、*摩洛哥*、荷兰、*新西兰*、挪威、波兰、葡萄牙、罗马尼亚、斯洛伐克、斯洛文尼亚、<u>西班牙</u>、瑞典、瑞士、土耳其、英国[65] | 2500<br>--<br>--<br>-- | 2261<br>--<br>--<br>30[66] | 6<br>1<br>(-, -, 1) | 45.2<br>-- |
| *EUPOL Kinshasa*<br>*（欧盟常设理事会 2004/847/CFSP 联合行动决定）*[67]<br>*2005.4* | *欧盟金沙萨（民主刚果）警察特派团*<br>刚果民主共和国 | 民事警察：*安哥拉*、***比利时***、*加拿大*、*丹麦*、<u>*法国*</u>、*意大利*、*马里*、*葡萄牙*、*罗马尼亚*、***西班牙***、*瑞典*、*土耳其*<br>文职人员：*比利时*、*法国*、*葡萄牙*、***瑞典*** | --<br>--<br>30<br>-- | --<br>--<br>25<br>4[68] | --<br>-- | 2.8<br>-- |

| 缩略语<br>（法律依据）<br>开始时间 | 行动名称<br>（地点） | 2007 年派出部队、军事观察员、民事警察或文职人员的国家<br>（**黑体字**为新参加国，*斜体字*为年内结束使命国，下划线表示指定的牵头国） | 部队/军事观察员/民事警察/文职人员 | | 死亡人数：迄今数/2007 年数/（死于敌对行动、事故、伤病） | 开支（百万美元）全年开支额/未付额 |
|---|---|---|---|---|---|---|
| | | | 批准数 | 实际数 | | |
| EUSEC DR Congo（欧盟常设理事会 2005/355/CFSP 联合行动决定）[69]<br>2005.6 | 欧盟民主刚果安全改革咨询与协助团<br>*刚果民主共和国* | 文职人员：奥地利、比利时、**塞浦路斯**、法国、德国、匈牙利、**意大利**、卢森堡、荷兰、葡萄牙、瑞典、英国 | --<br>--<br>--<br>-- | --<br>--<br>--<br>46[70] | 1<br>1<br>（-，-，1） | 9.4 |
| EUJUST LEX（欧盟常设理事会 2005/190/CFSP 联合行动决定）[71]<br>2005.7[72] | 欧盟伊拉克法制整合团<br>*伊拉克* | 文职人员：**比利时**、**保加利亚**、丹麦、**芬兰**、法国、德国、**匈牙利**、**爱尔兰**、意大利、立陶宛、**卢森堡**、荷兰、波兰、*葡萄牙*、**罗马尼亚**、西班牙、**瑞典**、英国[73] | --<br>--<br>--<br>28 | --<br>--<br>--<br>26 | --<br>-- | 8.1<br>-- |

| 缩略语<br>（法律依据）<br>开始时间 | 行动名称<br>（地点） | 2007 年派出部队、军事观察员、民事警察或文职人员的国家<br>（**黑体字**为新参加国，*斜体字*为年内结束使命国，下划线表示指定的牵头国） | 部队/军事观察员/民事警察/文职人员 | | 死亡人数：迄今数/2007 年数/（死于敌对行动、事故、伤病） | 开支（百万美元）全年开支额/未付额 |
|---|---|---|---|---|---|---|
| | | | 批准数 | 实际数 | | |
| EU BAM Rafah<br>（欧盟常设理事会 2005/889/CFSP 联合行动决定）[74]<br>2005.10 | 欧盟拉法过境站边界援助团<br>拉法过境站 | 民事警察：比利时、丹麦、芬兰、法国、德国、希腊、意大利、*卢森堡*、荷兰、*葡萄牙*、罗马尼亚、西班牙、*瑞典*<br>文职人员：*爱沙尼亚*、**德国**、意大利、*葡萄牙*、西班牙、英国 | --<br>--<br>75<br>-- | --<br>--<br>28<br>5[75] | --<br>-- | 14.3<br>-- |
| EUPOL COPPS<br>（欧盟常设理事会 2005/797/CFSP 联合行动决定）[76]<br>2006.1 | 欧盟巴勒斯坦警察特派团<br>巴勒斯坦 | 民事警察：**奥地利**、比利时、**捷克**、丹麦、芬兰、法国、德国、**希腊**、*爱尔兰*、意大利、葡萄牙、瑞典、英国<br>文职人员：**奥地利**、**爱沙尼亚**、**意大利**、**西班牙**、**瑞典**、**英国** | --<br>--<br>33<br>-- | --<br>--<br>19<br>7 | --<br>-- | 3.3<br>-- |

| 缩略语<br>（法律依据）<br>开始时间 | 行动名称<br>（地点） | 2007 年派出部队、军事观察员、民事警察或文职人员的国家<br>（黑体字为新参加国，*斜体字*为年内结束使命国，<u>下划线</u>表示指定的牵头国） | 部队/军事观察员/民事警察/文职人员 | | 死亡人数：迄今数/2007 年数/（死于敌对行动、事故、伤病） | 开支<br>（百万美元）<br>全年开支额<br>/未付额 |
|---|---|---|---|---|---|---|
| | | | 批准数 | 实际数 | | |
| EUPOL Afghanistan<br>（欧盟理事会 2007/369/CFSP 联合行动决定）[77]<br>2007.6 | 欧盟阿富汗警察特派团<br>阿富汗[78] | 民事警察：比利时、*保加利亚*、加拿大、克罗地亚、捷克、丹麦、爱沙尼亚、芬兰、法国、<u>德国</u>、爱尔兰、意大利、拉脱维亚、立陶宛、荷兰、*挪威*、罗马尼亚、西班牙、瑞典、英国 | --<br>--<br>195<br>-- | --<br>-<br>85[79]<br>-- | --<br>-- | 40.9 |
| EUFOR RD Congo<br>（欧盟常设理事会 2007/319/CFSP 联合行动决定）[80]<br>2007.7 | 欧盟民主刚果警察特派团<br>刚果民主共和国 | 民事警察：比利时、法国、意大利、<u>葡萄牙</u>、罗马尼亚、西班牙<br>文职人员：比利时、芬兰、法国、德国、葡萄牙、瑞典 | --<br>--<br>39<br>-- | --<br>--<br>25<br>9[81] | --<br>-- | 3.8 |

| 缩略语<br>(法律依据)<br>开始时间 | 行动名称<br>(地点) | 2007 年派出部队、军事观察员、民事警察或文职人员的国家<br>(**黑体字**为新参加国，*斜体字*为年内结束使命国，<u>下划线</u>表示指定的牵头国) | 部队/<br>军事观察员/<br>民事警察/<br>文职人员 | | 死亡人数：<br>迄今数/<br>2007 年数/<br>(死于敌对行动、事故、伤病) | 开支<br>(百万美元)<br>全年开支额<br>/未付额 |
|---|---|---|---|---|---|---|
| | | | 批准数 | 实际数 | | |
| **北约实施和北约主导的行动（3 项）**（共有 44 个国家参加） | | | **17300**<br>--<br>--<br>-- | **57868**<br>--<br>--<br>**62** | **566**<br>**173** | **263.7**<br>-- |
| KFOR<br>(安理会 1244 号决议)[82]<br>1999.6 | 北约科索沃部队<br>塞尔维亚<br>(科索沃) | 部队：*阿根廷*、亚美尼亚、奥地利、阿塞拜疆、比利时、保加利亚、捷克、丹麦、爱沙尼亚、芬兰、<u>法国</u>、格鲁吉亚、<u>德国</u>、希腊、匈牙利、爱尔兰、<u>意大利</u>、拉脱维亚、立陶宛、卢森堡、*蒙古*、摩洛哥、荷兰、挪威、波兰、葡萄牙、罗马尼亚、斯洛伐克、斯洛文尼亚、西班牙、瑞典、瑞士、土耳其、英国、**乌克兰**、美国 | 17000<br>--<br>--<br>-- | 15967[83]<br>--<br>--<br>50 | 127<br>14<br>(-，8，3) | 37.1 |

| 缩略语<br>（法律依据）<br>开始时间 | 行动名称<br>（地点） | 2007 年派出部队、军事观察员、民事警察或文职人员的国家<br>（黑体字为新参加国，*斜体字*为年内结束使命国，下划线表示指定的牵头国） | 部队/军事观察员/民事警察/文职人员 | | 死亡人数：迄今数/2007 年数/（死于敌对行动、事故、伤病） | 开支（百万美元）全年开支额/未付额 |
|---|---|---|---|---|---|---|
| | | | 批准数 | 实际数 | | |
| ISAF<br>（安理会 1386 号决议）[84]<br>2001.12 | 国际安全支援部队<br>阿富汗 | 部队：阿尔巴尼亚、澳大利亚、奥地利、阿塞拜疆、比利时、保加利亚、加拿大、克罗地亚、捷克、丹麦、爱沙尼亚、芬兰、法国、德国、希腊、匈牙利、冰岛、爱尔兰、意大利、**约旦**、拉脱维亚、立陶宛、卢森堡、马其顿、荷兰、新西兰、挪威、波兰、葡萄牙、罗马尼亚、斯洛伐克、斯洛文尼亚、西班牙、瑞典、瑞士、土耳其、英国、美国[85] | --<br>--<br>--<br>-- | 41741[86]<br>--<br>--<br>-- | 329<br>159<br>（144，-，-）[87] | 203.2 |
| NTM-I<br>（安理会 1546 号决议）[88]<br>2004.8 | 北约伊拉克训练团<br>伊拉克 | 部队：保加利亚、捷克、丹麦、爱沙尼亚、匈牙利、*冰岛*、意大利、立陶宛、荷兰、*挪威*、波兰、葡萄牙、罗马尼亚、*斯洛伐克*、斯洛文尼亚、土耳其、英国、乌克兰、美国[89] | 300<br>--<br>--<br>-- | 160<br>--<br>--<br>12 | --<br>-- | 23.4<br>-- |
| | **美洲国家组织行动（2 项）**（共有 20 个国家参加） | | --<br>--<br>**6**<br>**22** | --<br>--<br>--<br>**35** | **1** | **9.4**<br>— |

| 缩略语<br>（法律依据）<br>开始时间 | 行动名称<br>（地点） | 2007 年派出部队、军事观察员、民事警察或文职人员的国家<br>（**黑体字**为新参加国，*斜体字*为年内结束使命国，下划线表示指定的牵头国） | 部队/军事观察员/民事警察/文职人员 | | 死亡人数：<br>迄今数/<br>2007 年数/<br>（死于敌对行动、事故、伤病） | 开支<br>（百万美元）<br>全年开支额<br>/未付额 |
|---|---|---|---|---|---|---|
| | | | 批准数 | 实际数 | | |
| MAPP/OEA<br>（常设理事会 CP/RES. 859 号决定）[90]<br>2004. 2 | 驻哥伦比亚支持和平进程特派团<br>哥伦比亚 | 文职人员：**阿根廷、玻利维亚、巴西、智利、哥斯达黎加、厄瓜多尔**、危地马拉、**意大利、立陶宛、墨西哥、尼加拉瓜、秘鲁、西班牙、瑞典、乌拉圭** | --<br>--<br>--<br>-- | --<br>--<br>--<br>35[91] | --<br>-- | 9. 4 |
| *—（常设理事会 CP/RES. 806 号决定）*[92]<br>*2004. 6* | *美洲国家组织海地增强民主特派团*<br>*海地* | 民事警察：*贝宁、法国*<br>文职人员：*阿根廷、贝宁、玻利维亚、加拿大、多米尼克、厄瓜多尔、法国、格林纳达、墨西哥、秘鲁* | --<br>--<br>6<br>22 | --<br>--<br>..<br>.. | 1<br>-- | ..<br>-- |
| **欧洲安全与合作组织行动（11 项）**（共有 46 个国家参加） | | | --<br>--<br>**226** | --<br>--<br>**531** | **12**<br>**5** | **130. 4**<br>-- |

| 缩略语<br>（法律依据）<br>开始时间 | 行动名称<br>（地点） | 2007 年派出部队、军事观察员、民事警察或文职人员的国家<br>（**黑体字**为新参加国，*斜体字*为年内结束使命国，下划线表示指定的牵头国） | 部队/军事观察员/民事警察/文职人员 | | 死亡人数：迄今数/2007 年数/（死于敌对行动、事故、伤病） | 开支<br>（百万美元）<br>全年开支额/未付额 |
|---|---|---|---|---|---|---|
| | | | 批准数 | 实际数 | | |
| —（高级理事会 1992.9.18 决定）[93]<br>1992.9 | 欧安组织斯科普里防蔓延观察团<br>前南斯拉夫马其顿共和国 | 文职人员：奥地利、阿塞拜疆、白俄罗斯、*比利时*、波黑、加拿大、克罗地亚、法国、格鲁吉亚、德国、匈牙利、爱尔兰、意大利、日本、*荷兰*、挪威、*波兰*、**葡萄牙**、罗马尼亚、俄罗斯、斯洛文尼亚、西班牙、瑞典、土耳其、英国、乌克兰、美国、***乌兹别克斯坦*** | --<br>--<br>--<br>92 | --<br>--<br>--<br>68[94] | 1<br>1<br>(-，-，1) | 13.4<br>-- |
| —（高级理事会 1992.11.6 决定）[95]<br>1992.12 | 欧安组织格鲁吉亚观察团<br>格鲁吉亚 | 文职人员：奥地利、**白俄罗斯**、波黑、保加利亚、加拿大、捷克、爱沙尼亚、芬兰、法国、德国、匈牙利、*爱尔兰*、*立陶宛*、*马其顿*、波兰、罗马尼亚、俄罗斯、斯洛伐克、**西班牙**、*土耳其*、英国、乌克兰、美国 | --<br>--<br>--<br>64 | --<br>--<br>--<br>39[96] | --<br>-- | 13.9 |
| —（高级理事会 1993.2.4 决定）[97]<br>1993.4 | 欧安组织摩尔多瓦观察团<br>摩尔多瓦 | 文职人员：*白俄罗斯*、**保加利亚**、**捷克**、**爱沙尼亚**、法国、德国、*意大利*、挪威、波兰、*斯洛伐克*、英国、美国 | --<br>--<br>--<br>10 | --<br>--<br>--<br>13[98] | --<br>-- | 2.6 |

| 缩略语<br>(法律依据)<br>开始时间 | 行动名称<br>(地点) | 2007 年派出部队、军事观察员、民事警察或文职人员的国家<br>(**黑体字**为新参加国，*斜体字*为年内结束使命国，下划线表示指定的牵头国) | 部队/军事观察员/民事警察/文职人员 | | 死亡人数：迄今数/2007 年数/(死于敌对行动、事故、伤病) | 开支(百万美元)全年开支额/未付额 |
|---|---|---|---|---|---|---|
| | | | 批准数 | 实际数 | | |
| —(罗马部长理事会 1993.12.1 第 4.1 号决定)[99]<br>1994.2 | 欧安组织杜尚别中心<br>塔吉克斯坦 | 文职人员：*白俄罗斯*、保加利亚、丹麦、德国、意大利、立陶宛、*摩尔多瓦*、挪威、**罗马尼亚**、俄罗斯、英国、乌克兰、美国 | --<br>--<br>--<br>17 | --<br>--<br>--<br>16[100] | 2<br>2<br>(-, 2, -) | 5.4<br>-- |
| —(欧安组织 1995.8.10 决定)[101]<br>1995.8 | 明斯克会议冲突处理执行主席私人代表<br>阿塞拜疆(纳卡) | 文职人员：捷克、*德国*、匈牙利、哈萨克斯坦、波兰、英国 | --<br>--<br>--<br>6 | --<br>--<br>--<br>6[102] | --<br>-- | 1.4<br>-- |
| —(部长理事会决定、1995.12.8)[103]<br>1995.12 | 欧安组织波黑观察团<br>波黑 | 文职人员：亚美尼亚、奥地利、阿塞拜疆、*比利时*、保加利亚、加拿大、克罗地亚、捷克、芬兰、法国、德国、希腊、匈牙利、爱尔兰、意大利、吉尔吉斯斯坦、荷兰、挪威、罗马尼亚、俄罗斯、斯洛伐克、斯洛文尼亚、西班牙、瑞典、瑞士、塔吉克斯坦、土耳其、英国、美国 | --<br>--<br>--<br>-- | --<br>--<br>--<br>75[104] | --<br>-- | 22.7 |

| 缩略语<br>（法律依据）<br>开始时间 | 行动名称<br>（地点） | 2007 年派出部队、军事观察员、民事警察或文职人员的国家<br>（**黑体字**为新参加国，*斜体字*为年内结束使命国，下划线表示指定的牵头国） | 部队/军事观察员/民事警察/文职人员 | | 死亡人数：迄今数/2007 年数/（死于敌对行动、事故、伤病） | 开支（百万美元）全年开支额/未付额 |
|---|---|---|---|---|---|---|
| | | | 批准数 | 实际数 | | |
| *—（常设理事会 112 号决定、1996.4.18）*[105]<br>*1996.7* | *欧安组织克罗地亚观察团*<br>*克罗地亚* | 文职人员：*奥地利、捷克、爱沙尼亚、法国、德国、希腊、意大利、立陶宛、摩尔多瓦、荷兰、波兰、罗马尼亚、斯洛伐克、西班牙、瑞典、英国、美国、乌兹别克斯坦* | --<br>--<br>--<br>-- | --<br>--<br>--<br>*10*[106] | --<br>-- | *9.8* |
| —（常设理事会 160 号决定、1997.3.27）[107]<br>1997.4 | 欧安组织阿尔巴尼亚观察团<br>阿尔巴尼亚 | 文职人员：奥地利、保加利亚、捷克、芬兰、法国、**德国**、*爱尔兰*、意大利、拉脱维亚、立陶宛、荷兰、**波兰**、罗马尼亚、**西班牙**、土耳其、英国、美国 | --<br>--<br>--<br>-- | --<br>--<br>--<br>32[108] | --<br>-- | 5.1<br>-- |
| OMIK（常设理事会 305 号决定、1999.7.1）[109]<br>1999.7 | 欧安组织科索沃观察团<br>塞尔维亚（科索沃） | 文职人员：*阿尔巴尼亚*、亚美尼亚、奥地利、阿塞拜疆、比利时、波黑、保加利亚、加拿大、克罗地亚、捷克、丹麦、**爱沙尼亚**、**芬兰**、法国、*格鲁吉亚*、德国、希腊、匈牙利、爱尔兰、意大利、*日本*、立陶宛、**马其顿**、摩尔多瓦、荷兰、挪威、波兰、葡萄牙、罗马尼亚、俄罗斯、**黑山**、斯洛伐克、西班牙、瑞典、瑞士、塔吉克斯坦、土耳其、英国、**乌克兰**、美国、乌兹别克斯坦 | --<br>--<br>--<br>-- | --<br>--<br>--<br>219[110] | 9<br>2<br>(-, 1, 1) | 42.9<br>-- |

| 缩略语<br>(法律依据)<br>开始时间 | 行动名称<br>(地点) | 2007 年派出部队、军事观察员、民事警察或文职人员的国家<br>(**黑体字**为新参加国，*斜体字*为年内结束使命国，下划线表示指定的牵头国) | 部队/军事观察员/民事警察/文职人员 | | 死亡人数：迄今数/2007 年数/(死于敌对行动、事故、伤病) | 开支<br>(百万美元)<br>全年开支额<br>/未付额 |
|---|---|---|---|---|---|---|
| | | | 批准数 | 实际数 | | |
| ——<br>(常设理事会 401 号决定、2001.1.11)[111]<br>2001.3 | 欧安组织塞尔维亚观察团<br>塞尔维亚 | 文职人员：**奥地利**、*比利时*、*波黑*、*保加利亚*、加拿大、克罗地亚、捷克、*丹麦*、*爱沙尼亚*、格鲁吉亚、德国、*匈牙利*、爱尔兰、意大利、摩尔多瓦、荷兰、挪威、葡萄牙、*斯洛伐克*、**斯洛文尼亚**、瑞典、土耳其、英国、美国 | --<br>--<br>--<br>37 | --<br>--<br>--<br>39[112] | --<br>-- | 10.3 |
| (常设理事会 732 号决定、2007.6.29)[113]<br>2006.6 | 欧安组织黑山观察团<br>黑山 | 文职人员：**奥地利**、*波黑*、保加利亚、德国、*爱尔兰*、意大利、*荷兰*、挪威、罗马尼亚、**斯洛文尼亚**、瑞典、土耳其、英国、美国 | --<br>--<br>--<br>-- | --<br>--<br>--<br>14[114] | --<br>-- | 3.0 |
| **临时联盟行动（6 项）**（共有 27 个国家参加） | | | **3000**<br>**2000**<br>--<br>**15** | **3564**<br>**1704**<br>**327**<br>**218** | **89**<br>**13** | **550.8-619.3** |

| 缩略语<br>（法律依据）<br>开始时间 | 行动名称<br>（地点） | 2007 年派出部队、军事观察员、民事警察或文职人员的国家<br>（**黑体字**为新参加国，*斜体字*为年内结束使命国，<u>下划线</u>表示指定的牵头国） | 部队/军事观察员/民事警察/文职人员 | | 死亡人数：迄今数/2007 年数/（死于敌对行动、事故、伤病） | 开支（百万美元）全年开支额/未付额 |
|---|---|---|---|---|---|---|
| | | | 批准数 | 实际数 | | |
| NNSC<br>（《停战协定》，1953. 7. 27）[115]<br>1953. 7 | 中立国监督委员会<br>朝鲜、韩国 | 军事观察员：<u>瑞典</u>、瑞士 | --<br>--<br>--<br>-- | --<br>10<br>--<br>-- | --<br>-- | 2. 4 |
| MFO<br>（《和平条约议定书》，1981. 8. 3）[116]<br>1982. 4 | 驻西奈多国部队及观察团<br>埃及（西奈） | 军事观察员：澳大利亚、加拿大、哥伦比亚、斐济、法国、匈牙利、意大利、新西兰、挪威、乌拉圭、<u>美国</u><br>文职人员：美国 | --<br>2000<br>--<br>15[117] | --<br>1691<br>--<br>15[118] | 59<br>10<br>（1，10，-） | 66. 8<br>-- |
| TIPH 2<br>（《希伯伦议定书》，1997. 1. 21）[119]<br>1997. 1 | 第二期希伯伦临时国际部队<br>希伯伦 | 军事观察员：土耳其<br>民事警察：丹麦、<u>意大利</u>、挪威<br>文职人员：丹麦、挪威、瑞典、瑞士、土耳其[120] | --<br>--<br>--<br>-- | --<br>3<br>21<br>34[121] | 2<br>-- | 2. 4<br>-- |

| 缩略语<br>（法律依据）<br>开始时间 | 行动名称<br>（地点） | 2007 年派出部队、军事观察员、民事警察或文职人员的国家<br>（**黑体字**为新参加国，*斜体字*为年内结束使命国，<u>下划线</u>表示指定的牵头国） | 部队/军事观察员/民事警察/文职人员 | | 死亡人数：迄今数/2007 年数/（死于敌对行动、事故、伤病） | 开支（百万美元）全年开支额/未付额 |
|---|---|---|---|---|---|---|
| | | | 批准数 | 实际数 | | |
| —（安理会 1464 号决议）[122]<br>2003. 2 | Licorne 行动<br>科特迪瓦 | 部队：法国 | 3000<br>--<br>--<br>-- | 2400[123]<br>--<br>--<br>-- | 24<br>1<br>(-, 1, -) | 205. 7-274. 2 |
| RAMSI<br>（《比克塔瓦宣言》，2003. 7. 24）[124]<br>2003. 7 | 所罗门群岛地区援助团<br>所罗门群岛 | 部队：<u>澳大利亚</u>、*斐济*、新西兰、巴布亚新几内亚、汤加<br>民事警察：<u>澳大利亚</u>、库克群岛、斐济、基里巴斯、马绍尔群岛、密克罗尼西亚、瑙鲁、新西兰、**纽埃**、帕劳、巴布亚新几内亚、萨摩亚、汤加、图瓦卢、瓦努阿图<br>文职人员：澳大利亚、斐济、新西兰、巴布亚新几内亚、**萨摩亚**、汤加 | --<br>--<br>--<br>-- | 214<br>--<br>306<br>169 | 3<br>1<br>(-, -, 1) | 152. 1 |
| ISF<br>（2006. 5. 25 决定和安理会 1690 号决议）[125]<br>2006. 5 | 国际安全部队<br>东帝汶 | 部队：<u>澳大利亚</u>、新西兰 | --<br>--<br>--<br>-- | 950<br>--<br>--<br>-- | 1<br>1<br>(-, -, -) | 121. 4<br>-- |

**注释：**

CJA 指欧盟理事会联合行动决定；CP/RES 指美洲国家组织常设理事会决议；CSO 指欧安组织高官委员会（现为高级理事会）；DDR 指解除武装、复员遣返和重新安置；FYROM 指前南斯拉夫马其顿共和国；MC 指欧安组织部长理事会；PC/DEC 指欧安组织常设理事会决定；SCR 指联合国安理会决议；SSR 指安全部门改革；UNV 指联合国志愿者。

[1] 联合国停战监督组织（UNTSO）系根据 1948 年 5 月 29 日安理会第 50 号决议建立，其职责是协助“调解员”和“停战委员会”监督 1948 年阿以战争后在巴勒斯坦的停火执行情况，后来还协助监督 1949 年的“停战总协议”和 1967 年“阿以六天战争”后的停火执行情况。该组织密切配合着“联合国脱离接触观察部队”（UNDOF）和“联合国黎巴嫩临时部队”（UNIFIL）。该组织使命的终止需由安理会作出明确决定。

[2] 该组织另有 120 名当地雇员协助。

[3] 联合国印巴军事观察小组（UNMOGIP）系根据 1951 年 3 月 30 日安理会第 91 号决议建立，以取代“联合国印巴委员会”。该小组的任务是监督 1949 年 7 月《卡拉奇协议》规定的克什米尔停火。该小组使命的终止需由安理会作出明确决定。

[4] 该小组另有 49 名当地雇员协助。

[5] 联合国塞浦路斯维和部队（UNFICYP）系根据 1964 年 3 月 4 日安理会第 186 号决议建立，其职责是防止塞浦路斯的希腊族和土耳其族两方居民发生战事，并协助维护和恢复法律与秩序。自 1974 年敌对行动结束以来，该部队的职责还包括监督（1974 年 8 月开始）事实上的停火和维护两方之间的缓冲区。2007 年 12 月 14 日安理会第 1789 号决议将此授权延长至 2008 年 6 月 15 日。

[6] 阿根廷分队中有巴西（1 名）、智利（15 名）和巴拉圭（14 名）士兵。该部队另有 106 名当地雇员协助。

[7] 联合国脱离接触观察部队（UNDOF）系在 1973 年中东战争结束后联合国安理会根据“脱离接触协议”于 1974 年 5 月 31 日通过的第 350 号决议建立，其职责是观察以色列和叙利亚部队之间的停火和脱离接触，维持一个限制和隔离区。2007 年 12 月 14 日安理会第 1788 号决议将此授权延长至 2008 年 6 月 30 日。

[8] 该部队另有 105 名当地雇员协助。

[9] 联合国黎巴嫩临时部队（UNIFIL）系根据 1978 年 3 月 19 日联合国安理会第 425 号决议和第 426 号决议建立，其职责是确认以色列军队从黎巴嫩南部撤离，并协助黎巴嫩政府确保对该区域重新行使有效的行政权力。在 2006 年真主党与以色列的冲突后，联合国安理会于 2006 年 8 月 11 日通的第 1701 号决议使该行动的职责扩大为协助建立一种永久性停火。2007 年 8 月 14 日安理会第 1773 号决议将该部队使命延长至 2008 年 8 月 31 日。

[10] 该部队另有 602 名当地雇员协助。

[11] 联合国西撒哈拉公民投票特派团（MINURSO）系根据 1991 年 4 月 29 日安理会第 690 号决议建立，负责监视西撒人民阵线同摩洛哥政府之间的停火，观察摩洛哥在西撒哈拉的驻军裁减情况，以及为举行一次关于西撒哈拉是否并入摩洛哥的公民投票做准备工作。2007 年 10 月 31 日安理会第 1783 号决议将此授权延长至 2008 年 4 月 30 日。

[12] 该特派团另有 148 名当地雇员和 23 名联合国志愿者协助。

[13] 联合国格鲁吉亚观察团（UNOMIG）系根据 1993 年 7 月 9 日安理会第 849 号决议和 1993 年 8 月 24 日安理会第 858 号决议建立。其核查格鲁吉亚政府同阿布哈兹当局停火的原先职责由于 1993 年 9 月双方在阿布哈兹战事重起而失效，于是被临时授权同冲突双方及俄罗斯军事特遣分队保持接触，并负责监视和报告那里的形势发展。1994 年《停火和部队隔离协议》签署后，该观察团的职责根据 1994 年 7 月 27 日安理会第 937 号决议扩大为监督和核查该协议的执行情况。2007 年 10 月 15 日安理会第 1781 号决议将此授权延长至 2008 年 4 月 15 日。

[14] 该观察团另有 182 名当地雇员和 1 名联合国志愿者协助。

[15] 联合国科索沃过渡行政管理机构（UNMIK）系根据 1999 年 6 月 10 日的安理会第 1244 号决议建立，其主要任务是：促进科索沃建立实质性的自治和自己的政府，行使民事管理职能，维护法律和秩序，促进人权，保证所有难民和离散人员的安全返回。该机构同分别负责“重建与经济发展”和“民主化与机制建设”的欧盟和欧安组织进行合作。终止该管理机构的任务需由安理会作出明确决定。

[16] 该机构另有 1953 名当地雇员和 137 名联合国志愿者协助。

[17] 联合国刚果民主共和国特派团（MONUC）系根据 1999 年 11 月 30 日安理会第 1279 号决议建立。2000 年 2 月 24 日，安理会第 1291 号决议授权该团监视民主刚果、安哥拉、纳米比亚、卢旺达、乌干达及津巴布韦六国间停火协议的执行情况，监督和核查各方部队脱离接触，监视违反人权的情况，以及为人道主义援助提供便利。2003 年 7 月 28 日安理会第 1493 号决议授予该团《联合国宪章》第七章所赋予的权力。目前，该特派团的职责是：保护平民、人道主义援助人员、联合国人员及设施的安全；协助维护民主刚果的领土安全；协助对外国及刚果的武装集团解除武装和复员遣返；协助安全部门改革；促进人权、民族和解和良政。2007 年 12 月 21 日安理会第 1794 号决议将该团的使命延长至 2008 年 12 月 31 日。

[18] 该特派团另有 2088 名当地雇员和 592 名联合国志愿者协助。

[19] 联合国埃塞俄比亚和厄立特里亚特派团（UNMEE）系根据 2000 年 7 月 31 日安理会第 1312 号决议建立。2000 年 9 月 15 日安理会第 1320 号决议决定扩大该特派团的规模，并授权负责监督停火，遣返埃塞俄比亚军队，监视埃塞俄比亚和厄立特里亚两方军队在 25 公里临时安全区以外的部署位置，主持联合国和非洲联盟联合组成的“军事协调委员会”，以及协助扫雷。由于埃，厄边界勘界进程的拖延，2007 年 7 月

30 日安理会第 1767 号决议将该团的使命延长至 2008 年 1 月 31 日。

[20] 该特派团另有 203 名当地雇员和 66 名联合国志愿者协助。

[21] 联合国利比里亚特派团（UNMIL）系根据 2003 年 9 月 19 日安理会第 1509 号决议建立，拥有《联合国宪章》第七章规定的权力。其职责是支持 2003 年《全面和平协议》的执行，为人道主义和人权活动提供支援，协助东道国的安全部门改革以及保护平民。该团在开展活动时同联合国科特迪瓦特派团（UNOCI）和联合国塞拉利昂特派团（UNAMSIL）进行合作。2007 年 9 月 20 日安理会第 1777 号决议将该团的使命延长至 2008 年 9 月 30 日。

[22] 该特派团另有 944 名当地雇员和 245 名联合国志愿者协助。

[23] 联合国科特迪瓦行动团（UNOCI）系根据 2004 年 2 月 27 日安理会第 1528 号决议建立，拥有《联合国宪章》第七章规定的权力。其职责是监督敌对行动的停止，监视武装集团的动向和武器禁运，实施解除武装，复员遣返和重新安置计划，支持安全部门改革，在法律和秩序、人权和公共信息领域提供协助，为提供人道主义援助和重新建立国家行政机构创造条件，以及协助举行自由选举。2007 年，该团的职责扩大为支持 2007 年 3 月 4 日《瓦加杜古政治协议》和 2007 年 11 月 28 日《补充协议》的全面执行，以恢复和平和安全。该团在开展活动时同联合国利比里亚特派团（UNMIL）和（法国的）Licorne 行动进行合作。2008 年 1 月 15 日安理会第 1765 号决议将该团的使命延长至 2008 年 7 月 30 日。

[24] 该行动团另有 573 名当地雇员和 292 名联合国志愿者协助。

[25] 联合国海地稳定特派团（MINUSTAH）系根据 2004 年 4 月 30 日安理会第 1542 号决议建立，拥有《联合国宪章》第七章的权力。该团的职责是，为推进和平进程保持可靠和稳定环境；协助海地政府进行安全部门改革的努力，包括实施一项解除武装、复员遣返和重新安置的全面计划，增强国家警察的能力并重新确立法制，支持人道主义援助和人权活动；以及保护平民的安全。2007 年 10 月 15 日安理会第 1780 号决议将该团的使命延长至 2008 年 10 月 15 日。

[26] 该特派团另有 1140 名当地雇员和 203 名联合国志愿者协助。

[27] 联合国苏丹特派团（UNMIS）是在 2005 年的《全面和平协议》达成之后根据联合国安理会 2005 年 3 月 24 日通过的第 1590 号决议建立的，其任务是监督和平协议的执行，保护和促进人权，以及推动解除武装、复员遣返和重新安的进程。2006 年 8 月 31 日安理会第 1706 号决议将该团使命扩展至达尔富尔地区，在那里负责监督 2006 年《达尔富尔和平协议》和 2006 年《关于达尔富尔冲突人道主义停火的恩贾梅纳协议》的执行情况，并在一些关键区域部署维和部队，监视边界活动，保护平民的安全，以及促进和保护人权。2007 年 10 月 31 日安理会第 1784 号决议将该团的使命延长至 2008 年 4 月 30 日。

[28] 该特派团另有2400名当地雇员和251名联合国志愿者协助。

[29] 联合国东帝汶综合特派团（UNMIT）是在2006年5月当地发生暴力事件之后根据联合国安理会于2006年8月25日通过的第1704号决议建立的，其职责是支持东帝汶政府在"冲突后和平建设"和能力建设方面的努力，支持并培训东帝汶的国家警察，以及支持政府在组织和举行2007年总统和议会选举方面的工作。2007年2月22日安理会第1745号决议将该团的使命延长至2008年2月26日。

[30] 2006年8月25日安理会第1704号决议使澳大利亚牵头的930名"东帝汶联合特勤部队"继续留驻。

[31] 该特派团另有791名当地雇员和122名联合国志愿者协助。

[32] 联合国中非与乍得特派团（MINURCAT）系根据2007年9月25日安理会第1778号决议建立，作为在该地的一项多职能维和行动的一部分，以配合欧盟（欧盟驻乍得/中非共和国部队）的行动。该特派团驻扎于乍得东部和中非共和国的东北部，其职责是通过向乍得警方提供咨询，同有关各方联络来为平民提供安全和保护，以及监督和促进人权和法制。其使命的初始期限为12个月。

[33] 联合国阿富汗支援团（UNAMA）系根据2002年3月28日安理会第1401号决议建立。该团的职责是提供政治和战略咨询，履行2001年《波恩协议》赋予联合国的任务和责任，支持《阿富汗契约》的执行；与阿富汗政府协调安排所有在阿的联合国人道主义援助、救济、恢复和重建等活动；促进人权；以及提供技术援助。该团在履行其职责时同"国际安全支援部队"（ISAF）进行合作。2007年9月19日安理会第1776号决议将该团使命从2007年10月31日起延长12个月。

[34] 该支援团另有1057名当地雇员和32名联合国志愿者协助。

[35] 联合国伊拉克援助团（UNAMI）系根据2003年8月14日安理会第1500号决议建立，其职责是在与伊拉克政府协调的情况下，支持该国的对话和民族和解，协助选举和公民投票进程，协助宪法条款的实施，为人道主义援助和难民及离散人员的安全返回提供便利，支持履行同伊拉克的国际契约，协调重建和援助项目，协助经济改革、能力建设和可持续发展，以及促进人权保护、司法改革和加强法制。该团在履行其职责时同"驻伊拉克多国部队"（MNF-I）、"北约驻伊拉克训练团"（NTM－I）和"欧盟驻伊拉克法制整合团"（EUJUST LEX）进行合作。2007年8月10日，安理会第1770号决议将该团当前使命延长至2008年8月10日。

[36] 该援助团另有183名当地雇员协助。

[37] 联合国塞拉利昂综合办事处（UNIOSIL）系根据2005年8月31日安理会第1620号决议建立，其任务是协助塞拉利昂政府在国家机构的能力建设、民主化、良政、法制、促进人权、加强安全部门以及筹备2008年的自由公正选举等方面的工作；监督该国安全形势；处理跨界问题；以及与塞拉利昂特别法庭进行协调。2007年12月31日安理会第1793号决议将该办事处的使命延长至2008年9月30日，届时它将终结。

[38] 该办事处另有198名当地雇员和23名联合国志愿者协助。

[39] 联合国布隆迪综合办事处（BINUB）系根据2006年10月25日安理会第1719号决议建立，以接替于2006年12月31日终止的联合国布隆迪行动团（ONUB）。办事处的职责是协助布隆迪政府在巩固和平与民主治理，实施DDR（解除武装、复员遣返和重新安置）与安全部门改革，促进和保护人权，以及中止免罚行为等方面的工作，并负责同各捐助方及联合国各个机构进行协调。该办事处在开展工作时同联合国刚果民主共和国特派团（MONUC）进行合作。2007年12月19日安理会第1791号决议将该办事处的使命延长至2008年12月31日。

[40] 该办事处另有225名当地雇员和46名联合国志愿者协助。

[41] 联合国尼泊尔特派团（UNMIN）系根据2007年1月23日安理会第1740号决议建立，其任务是监督和协助“七党联盟”领导的政府和尼泊尔共产党（毛派）对其武装与人员按照2006年11月全面和平协议的条款进行处置，协助和监督停火安排，以及支持选举进程。2008年1月23日安理会第1796号决议将该团的使命延长至2008年6月23日。

[42] 该团另有226名当地雇员和156名联合国志愿者协助。

[43] 非盟—联合国达尔富尔混合行动团（UNAMID）系根据2007年6月22日非盟和平与安全理事会的PSC/PR/Comm.（LXXIX）决定和2007年7月31日联合国安理会第1769号决议而建立。该行动团被赋予《联合国宪章》第七章的权力，其职责是帮助恢复安全环境，保护平民百姓，为人道主义援助提供便利，监督相关停火协议的执行，以及促进法制和人权等，其初始期限为12个月。

[44] 非盟—联合国达尔富尔混合行动团对于非盟苏丹特派团（AMIS）人员和支援该团的联合国轻型支持团（LSP）及重型支持团（HSP）人员履行实际指挥的准备工作于2007年10月31日完成，并于2007年12月31日正式接替指挥权。

[45] 该行动团另有66名联合国志愿者协助。

[46] 驻苏丹非洲特派团（AMIS）最初是根据同苏丹各派达成的关于成立停火委员会和在达尔富尔派驻观察员的模式协议，作为观察团于2004年5月28日建立的，并得到联合国根据《联合国宪章》第七章于2004年7月30日通过的安理会第1556号决议的认可。后依据2004年10月20日非盟和平与安全理事会通过的AU PSC/PR/Comm.（XVII）决定，该团的职责有所扩大。目前该特派团的职责包括：监督《恩贾梅纳停火协议》的执行，协助建立各方之间的信任措施，并帮助达尔富尔营造一个安全的环境。2007年6月22日非盟和平与安全理事会决定将该特派团使命使命延长至2007年12月31日。2007年底，该团被并入“非盟—联合国达尔富尔混合行动团”（UNAMID）。

[47] 同样派有军事观察员的未标出国名的派出方包括“欧盟/美国”、苏丹政府、“公正与平等运动”以及“苏丹解放运动/军”。2007年，联合国以派遣轻型支持团（LSP）和重型支持团（HSP）的方式支援该特派团（指AMIS），其中LSP包括105名军官、33名警察顾问及48名文职人员，重型支持团截至2007年12月共有135人的部队，87名警官、1个建制警察分队和285名国际职员。

[48] 这个金额表示的是一些主要捐助国在 2007 年的捐款总额，它们是美国（0.5 亿美元）、欧盟（包括双边捐助，共 1.37 亿欧元）和加拿大（0.48 亿加元）。它们还提供了后勤和技术援助。据非盟估计，为维持该行动的运作，每月需要的经费约为 2300 万—2500 万美元。

[49] 非盟索马里特派团（AMISOM）系根据 2007 年 1 月 19 日非盟和平与安全理事会的 AU PSC/PR/Comm.（LXIX）决定建立，并得到联合国根据《联合国宪章》第七章于 2007 年 2 月 21 日通过的安理会第 1744 号决议认可。该特派团的职责是以支持索马里过渡联邦机构，为人道主义援助提供便利，帮助实现总体安全形势的方式来支持索马里的对话与和解进程。2007 年 7 月 18 日，和平与安全理事会将该团的上述职责延长 6 个月，此决定得到 2007 年 8 月 20 日安理会第 1772 号决议的认可。

[50] 一支布隆迪先遣队于 2007 年 12 月 23 日和 24 日部署到位。布隆迪答应要派的其余 2 个营仍未到位。加纳（350 人）和尼日利亚（850 人）的军队部署日期尚未确定。后勤与人力支持由联合国、美国、北约、肯尼亚和阿尔及利亚提供。

[51] 到 2007 年底，已得到的捐助约为 3200 万美元，而它所需的总额将高达 6.22 亿美元。

[52] 非盟驻科摩罗选举与安全支援团（MAES）系根据 2007 年 5 月 9 日非盟和平与安全理事会的 AU PSC/MIN/Comm.（LXXVII）决定建立，其职责是为科摩罗提供一种有利于在该国三岛举行自由、公正的总统选举的可靠环境。该职责后来修正为支持对昂儒昂岛非法当局制裁的实施，解除其武装，以及保证该岛的自由公正选举。

[53] 在非盟文件中提到的派兵国是苏丹和坦桑尼亚，但根据从坦桑尼亚外交部得到的信息，目前坦桑尼亚是唯一在科摩罗派兵的国家，共有部队 200 人，包括数量不详的若干警官。

[54] 中非国家经济与货币共同体多国部队（FOMUC）系根据中非国家经济与货币共同体（CEMAC）2002 年 10 月 2 日利伯维尔首脑会议的决定建立，其任务是保障乍得与中非共和国的边境安全和保证中非共和国前总统帕塔西的安全。2003 年 3 月 15 日中非政变之后，中非国家经济与货币共同体 3 月 21 日在利伯维尔首脑会议上决定扩大该部队的职责，要其帮助维护该国的总体安全环境，协助整编中非共和国的武装部队，以及支持过渡进程。该部队在 2007 年保持了这一职责。

[55] 中非国家经济与货币共同体多国部队（FOMUC）将于 2008 年得到一支 121 人的喀麦隆附属部队的增援。

[56] 中非国家经济与货币共同体多国部队得到同区部署的一支约 400 人的法国分队（Boali 行动）的支持。它还另有 82 名当地雇员协助。

[57] 联合控制委员会维和部队系根据 1992 年 7 月 21 日摩尔多瓦和俄罗斯两国总统在莫斯科签署的《关于和平解决德涅斯特河沿岸地区武装冲突的指导原则协议》建立。一个由俄罗斯、摩尔多瓦和“德涅斯特河沿岸”代表参加的监督委员会负责协调联合维和部队的活动。

[58] 驻南奥塞梯联合部队系根据 1992 年 6 月 24 日的《关于和平解决南奥塞梯冲突的指导原则协议》建立。一个由俄罗斯、格鲁吉亚、北奥塞梯和南奥塞梯派代表组成的联合监督委员会负责监督该协议的执行。

[59] 独联体驻格鲁吉亚维和部队系根据 1994 年 5 月 14 日的《格鲁吉亚—阿布哈兹停火和部队隔离协议》建立。1994 年 10 月 21 日独联体集体安全理事会各成员国首脑批准了该部队的行动职责，并在此前得到 1994 年 7 月 21 日联合国安理会第 937 号决议的认可。该部队的使命从 2004 年 1 月起得到无限期延长。

[60] 欧盟监视团（EUMM，2000 年之前称为“欧洲共同体监视团”）系根据 1991 年 7 月 7 日由欧共体同前南联盟政府及克罗地亚、斯洛文尼亚的代表签署的《布里俄尼协议》建立。该监视团原先的任务是监视斯洛文尼亚的形势发展，然后又监视南斯拉夫从克罗地亚和斯洛文尼亚撤军，后来则扩展为涵盖包括阿尔巴尼亚在内的整个西巴尔干地区。该监视团的职责包括：监视西巴尔干地区的政治和安全形势，监视边境和族际问题，监视难民返回，以及为欧盟理事会预警机制，为该地区建立信任与稳定作出贡献（见 2000 年 12 月 22 日欧盟文件 CJA 2000/811/CFSP）。2006 年 11 月 30 日，欧盟理事会的 CJA 2006/867/CFSP 决定将该监视团执勤的地域范围集中于塞尔维亚，包括科索沃。2007 年，该团也在波黑、马其顿和黑山执勤（于年中从后者撤出）。该监视团于 2007 年 12 月 31 日结束使命（见欧盟理事会 2006 年 11 月 30 日的 CJA 2006/867/CFSP 决定。一个有 4 名国际人员和 7 名当地人员组成的小组将在该地区留至 2008 年 3 月。

[61] 该监督团另有 53 名当地雇员协助。

[62] 欧盟波黑警察特派团（EUPM）系根据 2002 年 3 月 11 日欧盟理事会的 CJA 2002/210/CFSP 决定建立，目的是为了确保在波黑的持久治安安排由波斯尼亚控制，并符合欧洲和国际标准。该团的任务是监督、指导和视察当地一支持久、专业和多民族警察队伍的建立。欧盟理事会 2007 年 11 月 19 日的 CJA 2007/749/CFSP 决定将该特派团的使命延长至 2009 年 12 月 31 日。

[63] 该特派团另有 219 名当地雇员协助。

[64] 欧盟波黑军事行动团（EUFOR ALTHEA）系根据 2004 年 7 月 12 日欧盟理事会的 CJA 2004/570/CFSP 决定建立，2004 年 7 月 9 日联合国安理会第 1551 号决议予以认可并赋予《联合国宪章》第七章的权力。该行动团的职责是维护为执行 1995 年《代顿协议》所需要的安全环境，协助增强当地的能力，以及支持波黑逐步加入欧盟的进程。2007 年 11 月 21 日安理会第 1785 号决议将该行动团的使命延长至 2008 年 11 月 21 日。

[65] 随着过渡计划的实施，2007 年欧盟波黑军事行动团的部署员额从大约 6000 人减至 2500 人。从 3 月 28 日起，3 个多国特遣队则由 1 个多国机动营所取代，该营由匈牙利、波兰、西班牙和土耳其部队组成，驻扎于萨拉热窝。各联络组和观察组继续留在波黑全境。

[66] 该行动团另有 247 名当地雇员在团总部协助工作。

[67] 欧盟金沙萨（民主刚果）警察特派团（EUPOL Kinshasa）系根据 2004 年 12 月 9 日欧盟理事会的 CJA 2004/847/CFSP 决定建立，其职责是监督、训练和指导民主刚果警察队伍。该特派团同“欧盟民主刚果安全改革咨询与协助团”（EUSEC DR Congo）有着协作关系。该团的

使命于 2007 年 6 月 30 日结束，由“欧盟驻民主刚果警察特派团”（EUPOL DR Congo）接替。

[68] 该特派团另有 9 名当地雇员协助。

[69] 欧盟民主刚果安全改革咨询与协助团（EUSEC DR Congo）系根据 2005 年 5 月 2 日欧盟理事会的 CJA 2005/355/CFSP 决定建立，其职责是：对民主刚果政府部门，特别是国防部，在安全问题上提供咨询和协助，确保其政策与国际人道主义法，民主治理标准和法制原则相符。该团在开展工作时还同联合国刚果民主共和国行动团（MONUC）和“欧盟民主刚果警察特派团”（EUPOL DR Congo）密切合作。该团使命将持续到 2008 年 6 月 30 日（见欧盟理事会 2007 年 6 月 12 日的 CJA /406/CFSP 决定）。

[70] 已部署的人员中多数为军事顾问。在这 46 人中，26 人驻在金沙萨，20 人在民主刚果的东部地区。该团另有 36 名当地雇员协助。

[71] 欧盟伊拉克法制整合团（EUJUST LEX）系根据 2005 年 3 月 7 日欧盟理事会的 CJA 2005/190/CFSP 决定建立，并依据 2004 年 6 月 8 日联合国安理会第 1546 号决议开展工作。作为一个综合型民事法制团，它将通过训练伊拉克地方官员、高级警官和高级狱警来增强该国的刑事司法体制。该整合团是对北约驻伊拉克训练团（NTM－I）和联合国伊拉克援助团（UNAMI）的补充，并配合其工作。2007 年 11 月 22 日，欧盟理事会的 CJA 2007/760/CFSP 决定将该整合团的使命延长至 2009 年 6 月 30 日。

[72] 欧盟理事会于 2005 年 2 月 21 日就派遣欧盟驻伊拉克法制整合团问题在政治上达成一致。2005 年 3 月 7 日，理事会就此问题通过了一个“联合行动”决定。在三个月的计划阶段之后，该团的实际运作阶段开始于 2005 年 7 月 1 日（见 2005 年 3 月 7 日欧盟理事会 CJA2005/190/CFSP 决定）。伊拉克新的过渡政府于 2005 年 6 月初提出了要求派驻该团的正式要求。

[73] 所列的国家是 2007 年提供训练场所的国家。该整合团人员包括国家警察、司法专家、政治顾问、安全官员和信息技术专家。共有 25 个欧盟成员国为该团提供训练、教官、工作人员和经费。

[74] 欧盟拉法过境站边界援助团（EU BAM Rafah）系根据欧盟理事会 2005 年 12 月 12 日的 CJA 2005/889/CFSP 决定和以色列与巴勒斯坦权力机构（PA）2005 年 11 月 15 日达成的《人员出入境协议》建立。该援助团的职责是监视、核查和评估在拉法过境站的巴权力机构边境控制工作情况，安全及海关官员执行 2005 年《拉法过境站原则协议》的情况，支持巴权力机构在边境控制方面的能力建设。2007 年 5 月 23 日欧盟理事会的 CJA 2007/359/CFSP 决定将该援助团的使命延长至 2008 年 5 月 24 日。2007 年 6 月 9 日，拉法过境站在加沙地带发生骚乱后予以关闭。该援助团工作暂时中止，但继续保留着全面运作的能力。它当前的工作重点是能力建设，并正配合“欧盟巴勒斯坦警察特派团”（EUPOL COPPS）的工作。

[75] 该援助团另有 8 名当地雇员协助。

[76] 欧盟巴勒斯坦警察特派团（EUPOL COPPS）系根据 2005 年 11 月 14 日欧盟理事会的 CJA 2005/797/CFSP 决定建立，其职责是为巴

勒斯坦刑事和警察部门官员提供一个框架并予以指导，协调欧盟对巴权力机构的援助。该特派团的使命将持续到 2008 年 12 月 31 日。

[77] 欧盟阿富汗警察特派团（EUPOL Afghanistan）系根据 2007 年 5 月 30 日欧盟理事会的 CJA 2007/369/CFSP 决定建立，其任务是在加强法制，尤其在改善国内治安和执法能力方面对阿政府给予支持。该团的职责将持续到 2010 年 5 月 30 日。

[78] 该团的人员，既部署在中央层面（喀布尔），也有在地区和省级层面同北约国际安全支援部队（ISAF）的地区指挥部和“省重建队”部署在一起的。

[79] 此数包括数量不详的若干行政和后勤人员。该团另有 25 名当地雇员协助。

[80] 欧盟民主刚果警察特派团（EUPOL DR Congo）系根据 2007 年 6 月 12 日欧盟理事会的 CJA 2007/405/CFSP 决定建立，以接替“欧盟驻金沙萨警察特派团”（EUPOL Kinshasa）。该团的任务是协助民主刚果政府改革国民警察、改善刑法体制。该团在开展工作时同“欧盟民主刚果警察特派团”（EUPOL DR Congo）进行密切配合。该特派团的使命持续到 2008 年 6 月 30 日（见欧盟理事会 2007 年 6 月 12 日的 CJA 2007/405/CFSP 决定）。

[81] 该团另有 8 名当地雇员协助。

[82] 北约科索沃部队（KFOR）系根据 1999 年 6 月 10 日安理会第 1244 号决议建立，其使命包括阻止敌对行动再次发生，建立安全稳定的环境，支持联合国驻科索沃临时管理机构（UNMIK）的工作，以及监视边境地区。该部队除了在普里什蒂纳的总部外，分成 6 个多国特遣分队：由瑞典领导的中区多国分队（驻 Lipljian），由法国领导的北区多国分队（驻 Novo Selo），由土耳其领导的南区多国分队（驻 Prizen），由意大利领导的西区多国分队（驻 Peje/Pec），由美国领导的东区多国分队（驻 Urosevac），以及由意大利领导的多国特别分队（驻普里什蒂纳）。

[83] 由于轮换的缘故，该部队的总人数不断有变化。该部队另有 140 名当地雇员协助。

[84] 国际安全支援部队（ISAF）系根据 2001 年 12 月 20 日安理会第 1386 号决议建立，拥有《联合国宪章》第七章所赋予的权力。作为一支多国部队，其使命是根据 2001 年《波恩协定》附录一的设想，协助阿富汗临时政府维护安全。2003 年 8 月，北约接手对该多国部队的指挥和控制。该部队还对所有 25 个“省建队”（PRT）有控制权。该部队把阿富汗分成 5 个责任区：由意大利领导的首都地区司令部（喀布尔），由德国领导的北部地区司令部（Nazar-i-Sharif），由意大利领导的西部地区司令部（Heart），由英国领导的南部地区司令部（坎大哈），以及由美国领导的东部地区司令部（Bagram）。2007 年 9 月 19 日安理会第 1776 号决议将该部队使命从 2007 年 10 月 13 日开始延长 12 个月。

[85] 下列国家为 25 个“省重建队”提供了军事或文职人员：澳大利亚、比利时、加拿大、克罗地亚、捷克、丹麦、爱沙尼亚、芬兰、法国、德国、匈牙利、冰岛、意大利、拉脱维亚、立陶宛、荷兰、新西兰、挪威、波兰、罗马尼亚、韩国、西班牙、瑞典、瑞士、土耳其、英国和美国。

[86] 美国在2008年春季将另外增派约3200人的部队。

[87] 所报告的15起非战斗死亡系由事故、武器意外走火、自杀或其他原因所致。

[88] 北约伊拉克训练团（NTM-I）系遵照2004年6月8日安理会第1546号决议，并于2004年11月17日获得北大西洋理事会批准而建立。其职责是通过对伊拉克安全部队人员（特别是中高层人员）培训和提供装备，协助组建伊安全机构。2007年，其职责修改为集中于对伊拉克主导的机制性训练计划进行指导和咨询。

[89] 未得到国别数据，故无法确定具体的牵头国家。

[90] 驻哥伦比亚支持和平进程特派团（MAPP/OEA）系根据2004年2月6日美洲国家组织常设理事会CP/RES. 859（1397/04）号决定建立，目的是支持哥伦比亚政府同民族解放军进行政治对话。该团的任务是推动解除武装，复员遣返和重新安置进程。

[91] 墨西哥核查官员属于临时性调派的，而其他国际观察员则是该特派团的合同人员。特派团另有41名本国专业人员和28名当地行政人员和9名新闻官员协助。

[92] 美洲国家组织海地增强民主特派团系根据2002年1月16日美洲国家组织常设理事会CP/RES 806（1303/02）号决议建立，其职责是帮助解决海地的政治危机，包括协助海地政府加强其民主进程及民主机制。2004年6月8日，美洲国家组织大会通过A/RES2058（XXXIV-0/04）号决议，修正该团的职责，使其包括下列任务：协助选举的进行、促进和保护人权，以及协助海地国家警察的职业化。2007年，该特派团并入美洲国家组织海地办事处。

[93] 欧安组织斯科普里防蔓延观察团系根据1993年9月18日欧安组织高官委员会第16次会议的决定建立，并通过同前南斯拉夫马其顿共和国政府1992年11月7日换文达成的谅解条款得到后者的授权。该团的任务包括监视马其顿局势、训练警察、支持发展以及其他与1992年《奥赫里德框架协议》相关的活动。2007年12月6日欧安组织常设理事会PC. DEC/822号决定将该团使命延长至2008年12月31日。

[94] 该观察团另有183名当地雇员协助。

[95] 欧安组织格鲁吉亚观察团系根据1992年11月6日欧安组织高官委员会第17次会议的决定而建立，并在1993年1月23日同格鲁吉亚政府达成的谅解备忘录和1993年3月1日同南奥塞梯领导人换文后得到双方的授权。其最初的目标是促使冲突双方谈判。1994年3月29日，欧安组织常设理事会第14次会议将该团的职能扩大为包括监视南奥塞梯地区的联合维和部队。1999年12月13日的常设理事会PC. DEC/450号决定将它进一步扩大为监视格鲁吉亚同俄罗斯印古什共和国接壤的边界。2002年12月19日的常设理事会PC. DEC/522号决定将该团的任务又一次扩大，使其包括观察和报告格鲁吉亚与俄罗斯联邦达吉斯坦共和国边境地区的过境情况。2007年12月21日欧安组织常设理事会PC. DEC/831号决定将该团使命延长至2008年12月31日。

[96] 该支援团另有 154 名当地雇员协助。

[97] 欧安组织摩尔多瓦观察团系根据 1993 年 2 月 4 日欧安组织高官委员会第 19 次会议的决定建立，并通过 1993 年 5 月 7 日的谅解备忘录获得摩尔多瓦政府的授权。其使命包括协助冲突双方就冲突的永久性政治解决进行谈判，以及收集和提供该国的形势情况。2007 年 12 月 21 日欧安组织常设理事会 PC. DEC/832 号决定将该团使命延长至 2008 年 12 月 31 日。

[98] 该观察团另有 34 名当地雇员协助。

[99] 欧安组织杜尚别中心系根据 1993 年 12 月 1 日欧安组织部长理事会第 4 次会议的 CSCE/4 - C/Dec. 1 号决定建立，但未曾与当事国政府签署双边谅解备忘录。该团的使命包括为对话创造条件，促进人权以及向欧安组织报告局势发展的情况。2002 年，该团还增加了包括经济和环境方面的职责。2007 年 12 月 13 日欧安组织常设理事会 PC. DEC/826 号决定将该团使命延长至 2008 年 6 月 30 日。

[100] 该中心另有 74 名当地雇员协助。

[101] 1995 年 8 月 10 日，欧安组织轮值主席任命一名负责处理欧安组织明斯克会议讨论过的冲突问题的私人代表。这次会议寻求纳戈尔诺—卡拉巴赫冲突的和平解决。该私人代表的职责是协助轮值主席对可能采取的维和行动制定计划，协助有关各方建立信任措施和处理人道主义事务，以及监督冲突各方的停火。该私人代表使命的终止需有欧安组织的明确决定。

[102] 该私人代表另有 11 名当地雇员协助。

[103] 欧安组织波黑观察团系根据《1995 年代顿协议》附录 6 的规定由 1995 年 12 月 8 日欧安组织部长理事会第 5 次会议作出的 MC/(5) . /DEC/1 号决定建立。其使命是协助有关各方建立地区稳定措施和进行民主建设。2007 年 12 月 6 日欧安组织常设理事会 PC. DEC/818 号决定将该团使命延长至 2008 年 12 月 31 日。

[104] 该观察团另有 507 名当地雇员协助。

[105] 欧安组织克罗地亚观察团系根据 1996 年 4 月 18 日欧安组织常设理事会 PC. DEC/112 号决定建立。1997 年 6 月 26 日和 1998 年 6 月 25 日理事会的两次决定（PC. DEC/176 号和 PC. DEC/239 号）对该观察团的职责作了修改。其调整后的职责是，协助并监督难民和离散人员的返回以及保护少数民族。该观察团的使命于 2007 年 12 月 31 日结束，并由欧安组织萨格列布办事处所取代。

[106] 该观察团另有 94 名当地雇员协助。

[107] 欧安组织阿尔巴尼亚观察团系根据 1997 年 3 月 27 日欧安组织常设理事会 PC. DEC/160 号决定建立。其职责在 2003 年修改为包括协助立法、司法和选举制度的改革，以及协助能力建设、打击走私和反腐败活动、警务援助和实施良政等。2007 年 12 月 6 日欧安组织常设理事会 PC. DEC/819 号决定将该团使命延长至 2008 年 12 月 31 日。

[108] 该观察团另有84名当地雇员协助。

[109] 欧安组织科索沃观察团系根据1999年7月1日欧安组织常设理事会PC. DEC/305号决定建立，其使命包括训练警察、司法人员和民事行政管理人员，以及监督和促进人权。该观察团是联合国科索沃临时行政机构（UNMIK）的一个组成部分（第三支柱）。2007年12月21日欧安组织常设理事会PC. DEC/835号决定将该团使命延长至2008年1月31日，此后其使命每月延长一次，除非该团的参加国反对。

[110] 该支援团另有688名当地雇员协助。

[111] 欧安组织塞尔维亚观察团是2006年6月将“欧安组织塞黑观察团”改成的新称谓。该观察团原系根据2001年1月11日欧安组织常设理事会PC. DEC/401号决定建立的“欧安组织南斯拉夫联盟共和国观察团”，其使命是在塞尔维亚指导实施法律、监督民主机制和民主进程的正常运转和完善、帮助训练和重建执法机构和司法部门。2007年12月6日欧安组织常设理事会PC. DEC/816号决定将该团使命延长至2008年12月31日。

[112] 该观察团另有138名当地雇员协助。

[113] 欧安组织黑山观察团是在黑山于2006年6月3日宣布独立后根据2006年6月29日欧安组织常设理事会PC. DEC/732号决定建立的。在黑山独立之前，该观察团乃是“欧安组织塞黑观察团”的一个部分。其职责是协助当地机制建设和执法机构与司法部门的改革，以及支持地方和中央治理机构。2007年12月6日欧安组织常设理事会PC. DEC/821号决定将该团使命延长至2008年12月31日。

[114] 该观察团另有32名当地雇员协助。

[115] 中立国监督委员会（NNSC）系根据1953年7月27日在板门店签署的关于在朝鲜实行军事停战的协定而建立。其职责是监督、观察、视察和调查停战协定的执行情况。

[116] 驻西奈多国部队及观察团（MFO）系根据1979年3月26日埃及与以色列签署的《和平条约》议定书的规定于1981年8月3日建立。该部队于1982年3月20日在以色列军队撤离西奈后开始部署的，但直到1982年4月25日以色列将西奈归还埃及的当天才真正开始运作。

[117] 驻西奈多国部队及观察团（MFO）基本任务中的一大部分系由“民事观察员分队”（COU）承担。该分队原先是美国“西奈战地团”的一部分。战地团是随着1975年9月4日《第二期西奈协定》的签署而建立。该“民事观察员分队”目前有15名成员，都是美国人。

[118] 该团另有38名移民和34名埃及人协助。

[119] 第二期驻希伯伦临时国际部队（TIPH 2）系根据1997年1月17日“关于在希伯伦重新部署的议定书”和1997年1月21日“关于在希伯伦临时派驻国际部队的协议”两个文件建立。该部队的职责是通过其派驻来构筑安全和稳定的环境，监督并报告违反国际人道主义法的事件。该部队的职责需经巴勒斯坦和以色列双方同意每6个月延长一次。

[120] 由于轮换的缘故，表中所列各种人员的数字可能与该团 58 人定编数会有不同。

[121] 该部队另有 6 名当地雇员协助。

[122] Licorne 行动（全为法国部队）系由安理会根据《联合国宪章》第七章和第八章于 2003 年 2 月 4 日通过的第 1464 号决议授权部署，其目的是支持西非国家经济共同体驻科特迪瓦特派团，帮助建立稳定环境，尤其是为 2003 年《利纳—马尔库西协定》的实施创造条件。2004 年 2 月 27 日安理会第 1528 号决议为该项行动提供了目前的任务授权并将其职责修正为配合“联合国科特迪瓦行动团”（UNOCI）行动。2008 年 1 月 15 日安理会第 1795 号决议扩大了该部队的职责，要其为准备举行符合 2007 年 3 月 4 日瓦加杜古政治协议和 2007 年 11 月 28 日补充协议的自由公正选举提供协助，并将其使命延长至 2008 年 7 月 30 日。

[123] 在 2007 年 3 月签署《瓦加杜古协议》之后，法国军队在当年撤出了约 1100 人。留守的部队驻扎在首都阿比让，以及布瓦凯和丁博克罗周围，得到一些机动部队的支持。Licorne 行动还得到部署在几内亚湾的一支海军特遣队（100 人的 Corymbe 特派团）的支持。

[124] 按照 2000 年《比克塔瓦宣言》的框架，太平洋岛国论坛各成员国同意应东道国政府的请求集体应对危机。所罗门群岛地区援助团（RAMSI）系根据所罗门群岛、澳大利亚、新西兰、斐济、巴布亚新几内亚、萨摩亚和汤加于 2003 年 7 月 24 日签署的协议（即关于向所罗门群岛派遣帮其恢复法律、秩序和安全的警察、武装部队及其他人员的活动和地位问题的协议）而建立。该援助团的职责是协助所罗门群岛政府恢复法律和秩序以及加强警力。

[125] 国际安全部队（ISF）系应东帝汶政府请求而部署，目的是帮助稳定该国安全环境。此项行动获得联合国安理会 2006 年 6 月 20 日第 1690 号决议的认可。该部队同联合国东帝汶综合特派团（UNMIT）密切配合。

（庄茂成　译）

# 第四章　冲突后安全部门改革中的社会性别融合

梅甘·巴斯蒂克*

## 第一节　导　言

安全部门改革的重要性在与冲突后国家的国际接触中受到越来越多的重视。[1] 2007 年 2 月，联合国安理会强调："在冲突后环境中改革安全部门，对于巩固和平与稳定，促进减贫、法治和善治，扩展正当的国家权力，以及防止国家重新陷入冲突，具有重

* 作者感谢艾丽森 J. K. 贝尔斯以及我在日内瓦武装部队民主控制中心的同事艾伦·布赖登、安雅·埃布诺特尔、戴维·劳和克里斯廷·瓦拉塞克对本章草稿的评论。

〔1〕 1998 年，时任英国国际发展大臣的克莱尔·肖特在一次演讲中重点谈论了"安全部门改革"的话题。从那时开始，"安全部门改革"一直是公众广泛使用的一个提法。然而，该提法迄今还没有一个公认的定义。参见 M. 布若斯卡：《发展援助者与安全部门改革的概念》，日内瓦武装部队民主控制中心第 4 号临时文件（日内瓦武装部队民主控制中心：日内瓦，2003 年），第 3 页。经济合作与发展组织发展援助委员会更愿意使用"安全系统改革"的提法。日内瓦武装部队民主控制中心：《安全系统改革与治理》，发展援助委员会指导方针与参考文献系列（经济合作与发展组织：巴黎，2005 年），网址：URL 〈http：//www.oecd.org/dataoecd/8/39/31785288.pdf〉，第 20 页。根据多数为公众所接受的定义，以及按照本章的进一步解释，"安全部门改革"这一提法涵盖一个改革与更新过程，该过程以规范化和效率为目标，涉及国家的所有防务、安全和司法机构，以及在这些领域具有重要作用或影响的所有非国家行为体。关于安全部门改革，亦参见 D. 亨德里克森与 A. 卡尔科什卡："安全部门改革面临的挑战"，载《SIPRI 年鉴 2002：军备、裁军与国际安全》（牛津大学出版社：牛津，2002 年），第 175—201 页；M. 卡帕里尼："安全部门改革与北约及欧盟的扩大"，载《SIPRI 年鉴 2003：军备、裁军与国际安全》（牛津大学出版社：牛津，2003 年），第 237—260 页；以及 M. 卡帕里尼："西巴尔干半岛国家的安全部门改革"，载《SIPRI 年鉴 2004：军备、裁军与国际安全》（牛津大学出版社：牛津，2004 年），第 251—282 页。

大意义。”[2] 有关国家的政府还将安全部门改革确认为巩固其权力和消除过去分裂的一种重要手段。

与此同时，许多国家的政府以及联合国与援助机构都强调，妇女的参与和妇女在实现社会中性别平等方面的努力，是冲突后重建至关重要的因素。2000 年，联合国安理会通过了关于“妇女、和平与安全”的第 1325 号决议，[3] 强调了冲突后社会性别平等、建设和平和安全三者之间的相互依赖关系。妇女在建设和平和维护安全方面，在社区层次发挥着重要的作用，这一点得到了承认。社会性别不平等被认为是阻碍发展的障碍，对妇女的暴力被认为是一种普遍的不安全形式，它们对社会有着广泛的不良影响。人们还日益认识到，有必要注意男子与男童作为受害者和作为不安全根源的特殊经历。

安全部门改革是一个转型过程：有时迅速，有时逐步渐进。它带来创建更多包容性、更少歧视性的安全部门机构的机会与责任。一个相关的问题是安全部门内的种族代表性、在一个多种族国家，安全部门要想得到民众的信任，要想具备能力完成任务，就必须体现社会的种族构成。[4] 同样，安全部门要想具有代表性，得到信任，以及有效运转，就必须不仅要包括男子，还应包括妇女。旨在促进安全部门招聘妇女和保证妇女平等参与安全决策的安全部门改革策略，有助于创建高效、合法的安全部门。从更广泛的意义上讲，将社会性别问题纳入安全部门改革过程，可提高对社会各部分之安全需要与作用的敏感性，可加强当地人对改革过程的掌控能力，并可增强对安全部门的监督。这对于通过一个合法的并由当地人掌控的过程实现成功、可持续的安全部门

〔2〕 联合国安理会：《安理会主席声明》，联合国文件第 S/PRST/2007/3 号，2007 年 2 月 21 日。这里引用的联合国文件，可在 URL〈http：//documents. un. org/〉网址上找到。

〔3〕 联合国安理会第 1325 号决议，2000 年 10 月 31 日。

〔4〕 日内瓦武装部队民主控制中心：“背景材料：多种族武装部队”，2006 年 3 月，网址：URL〈http：//www. dcaf. ch/publications/kms/details. cfm？ id=18416〉。

改革是一个关键的条件。[5]

本章利用阿富汗、科索沃、利比里亚、秘鲁、卢旺达、塞拉利昂和东帝汶的经历，以及塞尔维亚和南非的潜在模式，探讨在冲突后安全部门改革过程中处理社会性别方面的问题与方法。第二节进一步界定安全部门改革与社会性别的概念，以及它们之间的相互关系。第三节用冲突后环境下的实例，论述在安全部门改革中促进社会性别主流化，以及在安全部门改革过程中促进男子与妇女充分与平等参与的理由及经历。第四节聚焦于如何促进妇女参加冲突后的安全部门。第五节分析关键的冲突后安全部门改革及其相关活动面临的一些挑战，包括解除武装、复员遣返和重新安置过程中以及过渡司法与司法改革中的社会性别问题。第六节总结将社会性别问题纳入未来安全部门改革规划与决策中的理由，并概述关键的机会与挑战。

## 第二节 社会性别与安全部门改革

虽然安全部门改革的界定可宽可窄，但正在形成的共识是采取基于治理的界定方法。根据这种界定方法，安全部门系由一切具有保护国家及其人民安全作用的国家机构及其他实体构成，包括提供安全服务或从事监督活动的司法与刑罚机构、非国家武装团体和公民社会组织。[6] 通过将有别于国家的个人和社区作为最终受惠者给予重点关注，通过强调公民社会组织在实施监督和提供安全方面

〔5〕 2006 年，欧盟理事会强调，社会性别视角应被纳入欧盟与安全部门改革有关的所有政策与活动之中。欧盟理事会：第 2760 次理事会会议，总务与对外关系，总务，布鲁塞尔，2006 年 11 月 13 日，新闻稿，网址：URL〈http://europa.eu/rapid/pressReleasesAction.do?reference=PRES/06/302〉。同样，在 2007 年 2 月关于安全部门改革的辩论中，联合国安理会认识到安全部门改革与诸如……社会性别平等等其他事关稳定与重建的重要因素之间的“相互联系”。联合国安理会（同注释〔2〕）。

〔6〕 关于安全部门改革，参见 H. 亨吉：“理解安全部门治理”，载 H. 亨吉与 T. H. 温克勒编：《安全部门治理面临的挑战》（日内瓦武装部队民主控制中心：日内瓦，2003 年），第 17—18 页。

的潜在重要作用，安全部门改革使其自身与解决“人的安全”方法的目标联系在一起。[7] 而将安全部门改革基于人的安全的价值标准，则有助于保证安全部门改革确实满足包括妇女和儿童在内的全体人民的需要。

在武装冲突结束后的一个时期里，安全部门改革是建设和平的一个不可或缺的组成部分：安全部门改革可防止冲突重新爆发和增强公共安全，而这可为重建和发展工作创造条件。在这种背景下，安全部门改革具有一些特点，而这些特点对于没有冲突影响环境下的安全部门改革来说不那么明显，甚至是不存在的。[8] 如果安全部门改革是在一个国家的某些部分仍遭受暴力蹂躏的情况下开始的，那么人身安全可能被给予高度的优先考虑。因此，冲突后安全部门改革可能优先考虑安全部门能力建设，而不是社区层次的安全倡议及司法与立法改革。在有关国家的政府就位运行之前，在选举过程能够产生合法结果之前，安全部门改革工作可能就得开始。这增强了将政治反对派、公民社会组织及其他社会代表包括在内的必要性。

在冲突后背景下，当地的议事日程和援助者的议事日程中可能需要包括一些特殊的项目。人们越来越认为，过渡司法机制，如真相调查与和解委员会及处理冲突期间所犯罪行的专门司法程序，是促进民族和解与团结所必不可少的。安全部门改革只有得到当地利益攸关方和外部支持者的共同支持，并经过一个长期的过程才能取得成功。

### “社会性别”与安全

“社会性别”（gender）的概念形成于 20 世纪 70 年代，用于表

〔7〕 关于人的安全概念与安全部门改革的对比论述，参见 D. M. 劳：“人的安全与安全部门改革：差别与共性”，载《和平与安全》，第 23 卷，第 1 期（2005 年）。

〔8〕 这里的分析借鉴了 D. M. 劳：《冲突后安全部门》，日内瓦武装部队民主控制中心政策文件第 14 号（日内瓦武装部队民主控制中心：日内瓦，2006 年），网址：URL〈http://www.dcaf.ch/publications/kms/details.cfm?id=25252〉，第 2—3 页。而《冲突后安全部门》则基于对阿富汗、波斯尼亚和黑塞哥维那、海地、科索沃、塞拉利昂和东帝汶的案例研究。

示社会认定男子与妇女所具有的角色与关系、个性特征、态度、行为、价值观念、相对权力和影响力。一般来说，“社会性别”被认为指男女之间后天习得的差异，而“性别”（sex）则指男女之间的生物差异。社会性别差异或“社会性别角色”不是固定不变的，它们因文化不同而不同，并在同一种文化内随着阶级、性取向和年龄等因素的变化而变化。社会性别的概念在学术文献和发展规划中被广泛地采用，作为理解特定社会背景下男女不同角色与行为的一种方法。使用社会性别作为一种参照标准，突出表明男女之间的差异并非一成不变，而是可能发生变化的，如在武装冲突期间或由于发展干预的结果。

在安全部门改革中，对社会性别的关注凸显了这样的事实：男子与妇女所体验到的不安全类型有所不同，这是由于他们生活在其中的社会进程和结构所造成的。尽管有相当数量的例外，但占压倒多数的强奸受害者是妇女，而占压倒多数的武装暴力受害者是男子。〔9〕这些脆弱性源自男子与妇女在生活方式上存在的一系列差异，包括他们获得权力与资源相对机会的不同。同样，男子与妇女作为安全提供者、在安全部队与机构中或作为施暴者所扮演的角色，反映了社会进程的发展，并且可能发生变化。

### “社会性别”与冲突后环境下的（不）安全

在冲突后环境下，针对妇女与儿童的暴力的发生率常常高于冲突之前。联合国关于武装冲突对妇女影响的独立专家组认为，在武装冲突期间，“针对妇女的暴力成了一种公认

〔9〕由世界卫生组织对52个国家进行的调查研究表明，在火器导致的死亡中，男性占90.4%。世界卫生组织：《世界卫生报告》数据库，转引自世界卫生组织：《小武器与全球健康》（世界卫生组织：日内瓦，2001年），第3页。因为这次调查所包括的国家没有一个处于国内冲突之中，所以这些估计数字不含武装冲突导致的死亡。

的现象”。[10] 由于武器的易获得性、男性家庭成员受到的创伤以及工作、住所和基本服务的缺乏等因素火上浇油，性暴力和家庭暴力在冲突后时期不仅继续存在，而且变本加厉。[11] 谋生机会的缺乏，以及冲突后主要是男性外国人的涌入，使得妇女和女童特别容易受到性剥削和人口贩卖的危害。[12]

不仅妇女、男子、男童和女童对安全的体验不同，而且在冲突后背景下国家安全面临的主要挑战也与社会性别有所联系，并需要对社会性别进行有针对性的安全部门改革。有大量文献证明了男性特征、青年人和枪支暴力之间的联系。[13] “小武器调查”项目组认为：“社会性别意识，特别是将男性特征与权力联系起来的社会性别意识，对于洞悉处于社会边缘的许多青年男子为何将暴力视为达到男性成熟和

---

〔10〕 E. 雷恩与 E. 约翰逊·西尔利夫：《妇女、战争与和平：独立专家对于武装冲突对妇女的影响和妇女在建设和平中的作用的评估》（《世界妇女进步 2002》，第 1 卷）（联合国妇女发展基金：纽约，2002 年），第 13 页。关于冲突中针对妇女的暴力，有大量的文献。例如，可参见 M. 巴斯蒂克、K. 格里姆与 R. 孔兹：《武装冲突中的性暴力：全球概览与对安全部门的影响》（日内瓦武装部队民主控制中心：日内瓦，2007 年）；联合国人道主义事务协调厅与综合地区信息网：《战争的耻辱：冲突中针对妇女与女童的性暴力》，（联合国人道主义事务协调厅/综合地区信息网：内罗毕，2007 年 3 月）；以及 J. 沃德：《如果不是现在，那么是什么时候？在难民、国内流离失所者和冲突后环境下应对基于社会性别的暴力：全球概览》（难民生殖健康联合会：纽约，2002 年）。关于武装冲突中针对男子与男童的基于社会性别的暴力的分析，参见 S. 西瓦库马兰：“武装冲突中针对男子的性暴力”，载《欧洲国际法杂志》，第 18 卷，第 2 期（2007 年）；以及 C. R. 卡彭特：“认识冲突环境下针对平民男子与男童的基于社会性别的暴力”，载《安全对话》，第 37 卷，第 1 期（2006 年），第 83—103 页。

〔11〕 雷恩与约翰逊·西尔利夫（同注释〔10〕），第 16 页。

〔12〕 例如，参见联合国维和行动部：“人口贩卖与联合国维和”，联合国维和行动部政策文件，2004 年 3 月，网址：URL〈http://www.unmikonline.org/civpol/gender/doc/Human_trafficking.pdf〉。

〔13〕 例如，L. 多德尼：《非战非和：对有组织武装暴力中的儿童与青年的国际比较》，有组织武装暴力中的儿童与青年报告，2005 年，网址：URL〈http://www.coav.org.br/〉。“男性特征”一词指的是，“关于怎样算是一个男子，社会上有许多界定，而且这些界定可能随着时间和地点的变化而变化。这个词涉及到人们对男子在特定环境下应如何表现所持的看法与观念。”难民妇女和儿童问题妇女委员会：《男性特征：男子的角色和男子参与促进社会性别平等——一个资源包》（难民妇女和儿童问题妇女委员会：纽约，2005 年 9 月），第 5 页。

获得尊重的一种具有吸引力的方法，具有至关重要的意义。”〔14〕然而，安全部门改革工作不应将青年男子基本上当成一种安全威胁，将妇女和女童基本上当成受害者。这样做要冒着忽视绝大多数不崇尚暴力的男子和削弱妇女作为安全提供者的作用的危险。〔15〕北欧战斗群部队司令卡尔·恩格尔布雷克特松准将强调，对一支承担创建安全任务的武装部队，妇女发挥着重要的日常作用：“在一个地区建立稳定时，了解妇女的作用很重要……如果妇女是日常养家糊口的人，为家庭提供饮食，那么在妇女工作的地区进行巡逻将会增加安全，使她们能够继续工作。这是一种战术评估……为日常生活的正常运行创造条件，从安全的视角来看至关重要。”〔16〕

对社会性别敏感的安全部门改革方式需要关注妇女、男子、男童和女童的脆弱性模式，以及他们可用的资源和他们为保护自身安全所运用的策略。基于这种了解的安全部门改革计划将具有更强的针对性和响应能力，因此也将具有更大的有效性和可持续能力。此外，安全机构如果树立了愿意倾听并响应社会各部分需求的形象，就会被认为更具有合法性和可靠性。

### 安全部门改革中的社会性别融合原则

“社会性别主流化”是确保对男女都有影响的社会性别问题在安全部门改革中得到全面解决的整体方法。1997 年，联合国经济及社会理事会开始将社会性别主流化作为一种策略，系统地应用于整个联合国系统各个领域的工作，特别是发展、减贫、人权、人道主义援助、预算编制、裁军、和平与安全、法律与政治事务等。经社理事会将这种背景下的社会性别主流化界定为：

---

〔14〕“小武器调查”项目组：“除了枪支没有什么选择：愤怒的青年”，载《小武器调查 2006：尚未完成的使命》(牛津大学出版社：纽约，2006 年)，第 295 页。

〔15〕人道主义对话中心强调：“我们必须注意男子的适应力，即那些使多数男子即使在武装暴力普遍存在的环境下也能忍住不诉诸枪支暴力的因素。”M. 威德默、G. 巴克与 C. 布坎南：“击中目标：男子与枪支”，审议大会政策摘要，2006 年 6 月，网址：URL 〈http://www. hdcentre. org/files/MenandGuns. pdf〉，第 3 页。

〔16〕K. 恩格尔布雷克特松：“第 1325 号决议可提高效率”，载《好例子与坏例子：在国际任务中执行联合国第 1325 号决议的经验教训》(GenderForce：乌普萨拉，2007 年)，第 29 页。

> 一个过程，用于评估各领域和各层次的任何计划行动，包括立法、政策或计划，对妇女与男子所具有的意义。它是一种策略，用于使妇女及男子的关切与经历成为在所有政治、经济和社会领域设计、执行、监控和评估政策与计划时必须考虑的方面，从而使男女平等受益，使不平等现象不再永久化。最终目标是实现社会性别平等。[17]

社会性别主流化自此以后也被其他国际与地区组织和机构（如欧洲安全与合作组织、世界银行和西非国家经济共同体）以及一些国家的政府所采纳，用于其海外发展工作和国内计划。随着社会性别主流化的演变，人们对其有了更好的认识：其他因素——如种族、种族地位、性取向、年龄等——在任何社会都会与社会性别互相作用，社会性别主流化必须将这些因素考虑进去才会有效。例如，联合国难民事务高级专员将“年龄、社会性别和多样性主流化”作为一种综合治理方法。

在安全部门改革中，社会性别主流化意味着，在改革过程的每个阶段都评估所有安全部门改革政策与活动对妇女、男子、男童和女童的影响。例如，在一次安全部门改革评估中，社会性别主流化将会要求把相关的问题和机制纳入考虑，这些问题和机制用于确定男子、妇女、女童和男童所面临的不同不安全因素。

用于确保安全部门改革计划考虑到男女不同需要与作用的另外一种方法，是确保男女均参与、均有代表。既然妇女在安全部门改革过程中依然没有足够的代表，应努力在与安全相关的公共机构中增加妇女的存在和代表性，同时应努力给予妇女民间社会组织在安全部门改革中的发言权。

〔17〕 联合国经济及社会理事会：“一致同意的结论 1997/2”，联合国文件第 A/52/3 号，1997 年 9 月 18 日，第 3 页。

## 第三节　社会性别主流化与促进妇女参与冲突后的安全部门改革

### 安全部门改革中的社会性别主流化

为了使安全部门改革认识到男子与妇女的特定需要并对其作出适当反应，安全部门改革过程的设计者必须注意社会性别问题，并愿意和有能力致力于社会性别主流化。[18] 由此取得的有关社会性别的深刻见解可随后用于分析安全方面存在的不足、安全部门改革政策的内容和实施过程的设计。

安全部门改革中的社会性别主流化需要适当的机制，用于确保广大男子与妇女受到咨询并参与安全部门改革，以便能够确定对妇女与男子的特定关切。“社会性别问题”的内容和处理这些问题的方法只能由作为安全部门改革受惠者的男子与妇女来确定，而不是想当然的臆断的或由外部引进。因此，安全部门改革计划的基本内容应针对男子与妇女提出的关切。由此产生的需求可能涉及诸多方面，包括改进街道照明、建立社区警务论坛和为警察提供如何与性侵犯受害者面谈的技术训练。表 4.1 列出了一系列广泛的此类活动。对安全部门改革结果的监控与评估，必须聚焦于社会性别问题是如何处理的，以及男子与妇女参与安全部门改革过程和改革后安全机构的程度。

### 妇女参与安全部门改革面临的挑战

经济合作与发展组织发展援助委员会确定，安全部门改革的“核心价值标准”是“以人为中心、由当地人掌控以及基于民主标准与人权原则和基于法治”。[19] 这些价值标准中的每一个都体现了

〔18〕 这方面的一份关键参考文献是 M. 巴斯蒂克与 K. 瓦拉塞克编：《社会性别与安全部门改革工具箱》（日内瓦武装部队民主控制中心、欧洲安全与合作组织/民主制度与人权办公室和联合国提高妇女地位国际研究训练所：日内瓦，2008 年）。

〔19〕 经济合作与发展组织（同注释〔1〕），第 22 页。

男女充分与平等地参与安全部门改革的必要性。如果半数民众的需要没有得到反映，一个进程不能说是以人为中心的；如果一半人口在其中没有发言权，一个进程也不能说是民主的。劳里·内森将当地人的掌控描述为“既是一个尊重的问题，也是一种实际需要”。而将妇女作为掌控者包括在内，可加深和加强当地人的掌控。〔20〕经济合作与发展组织的安全部门改革指导方针指出：“保证妇女的参与不限于基层，可使这一〔安全部门改革〕进程更加民主，对受到影响的人口的各部分的反应更加迅速，从而提高其合法性。”〔21〕人权原则要求各国保证妇女不被排除在公共进程——包括安全决策过程——之外。〔22〕

**表 4.1 安全部门改革计划中的社会性别活动举例**

| 内部活动 | 外部活动 |
| --- | --- |
| *安全机构中的社会性别主流化* | |
| • 社会性别意识培训<br>• 对付性骚扰培训<br>• 行为准则<br>• 社会性别问题顾问<br>• 关于如何将社会性别问题纳入考虑的参考文献，如手册。 | • 防止和应对基于社会性别的暴力的倡议<br>• 与强奸、贩卖人口等的受害者进行面谈的培训<br>• 为参与监督安全机构的公民社会组织提供社会性别问题培训 |
| *促进妇女参与安全机构工作* | |

〔20〕 L. 内森：《没有控制就没有义务：当地人控制安全部门改革指南》（伯明翰大学：伯明翰，2007 年 5 月），第 3 页。

〔21〕 经济合作与发展组织（同注释〔1〕），第 42 页。

〔22〕《消除对妇女一切形式歧视公约》（1979 年 12 月 18 日开放签署，1981 年 9 月 3 日生效）已得到 185 个国家批准。其中第 7 条要求缔约国保证妇女在与男子平等的条件下，有权参加政府政策的制订和执行，并担任各级政府公职，执行一切公务。联合国安理会第 1325 号决议（同注释〔3〕）重申“妇女在预防和解决冲突及建设和平方面起重要作用”，并敦促会员国“确保在预防、管理和解决冲突的国家、地区和国际机构和机制的所有决策层增加妇女人数”。

| 内部活动 | 外部活动 |
| --- | --- |
| • 促进妇女聘用、留任和晋升的措施<br>• 家庭友好型人力资源政策<br>• 为女职员协会和妇女核心小组提供支持 | • 与妇女组织合作搜集信息、移交受害者、起草安全政策等<br>• 为妇女组织提供如何监督安全部门的培训 |

**资料来源**：改编自 K. 瓦拉塞克："安全部门改革与社会性别"，载 M. 巴斯蒂克与 K. 瓦拉塞克编：《社会性别与安全部门改革工具箱》（日内瓦武装部队民主控制中心、欧洲安全与合作组织/民主制度与人权办公室和联合国提高妇女地位国际研究训练所：日内瓦，2008 年）。

然而，冲突后安全部门改革进程往往由男子计划、批准和实施。无论是就支持安全部门改革的援助者和机构的人员来说，还是就经历安全部门改革进程的国家的相关人员而言，都是这样的。〔23〕虽然这方面的原因随着具体情况的不同而有所不同，但若干共同因素凑在一起，导致妇女很少担任决策职位。首先，无论是在安全部门改革的援助国还是在经历安全部门改革的国家，都存在妇女参与政府安全机构工作、特别是最高层工作相对不足的问题。截至 2008 年 1 月，在 185 个国家中有 1022 个部长职位是由妇女担任的。其中，只有 6 个部长职位是负责防务和退伍军人事务的。〔24〕刚经历了冲突的国家很少有妇女在安全部门担任高级职务的。当安全部门改革向安全部门能力建设高度倾斜时——在冲突之后往往如此，妇女参与那些从事改革的内外机构的工作或参与安全部门的工

〔23〕 无论是女性还是男性，在关于社会性别和安全部门改革的讨论中，均常常论及一个问题，即：在国际及其他机构参加安全部门改革计划工作的人员中，男性占压倒多数。本章聚焦于经历安全部门改革的国家的妇女参与。然而，对妇女参与安全部门改革机构的工作、这方面遇到的障碍以及这些因素如何影响到计划工作对社会性别的敏感性进行分析，也具有重要意义。

〔24〕 各国议会联盟与联合国提高妇女地位司："从政的妇女：2008 年"（地图标示），2008 年 2 月，可在 URL 〈http: //www. ipu. org/pdf/publications/wmnmap08 _ en. pdf〉网址上找到。举一个国家安全机构的例子：2005 年，在塞尔维亚，妇女占内政部雇员总数的 19.68%，但只占核定官员的 15.81%和管理人员的 7.83%。S. 诺沃维奇与 D. 彼得罗维奇：《从警的妇女》（塞尔维亚共和国内政部警察学院：贝尔格莱德，2006 年 4 月），第 35—36 页。

作的可能性更小。其次，虽然妇女在议会中所占的比例在许多冲突后国家大幅度提高，但妇女罕有担任防务与安全委员会主席或参加被指定处理安全问题的特别委员会的。〔25〕第三，安全部门改革的计划与实施方式经常使得民间团体提供的有意义的信息被排除在外。如果民间团体组织在安全部门改革中得到发言权，这可以成为妇女积极参与和获得充分代表性的一种方式。

一个认识到社会性别问题的安全部门改革方案，既会制定让社会各领域妇女参与的措施，也会欢迎妇女自己提出的此类倡议。计划与实施过程应包括可促进广泛参与安全部门改革的行动：全国对话与磋商、公开听证会与媒体讨论、将民间团体代表包括在计划与实施安全部门改革的机构中等。这可能需要做一番工作，在便于一些妇女与男子参加的时间与地点，并以他们可以理解的语言，召集专题小组讨论会以及其他会议。如若不然，这些男女可能会被排斥在安全部门改革进程之外。确保妇女参与的特别措施可能包括召开专门处理妇女安全关切的会议，以确保政府中负责社会性别问题或妇女事务的部在决策层面正式参加安全部门改革，也可能包括在议会内成立一个核心小组，以建立一个讨论社会性别与安全问题的共同平台。

让民间团体组织参与对安全部门的监督，并使议员能够在履行其监督职能时对社会性别问题保持敏感性，可以有助于确保社会性别问题在安全部门改革进程中主流化。〔26〕为了使女议员能够参与安全部门改革，当然必须提高妇女在议会本身中的参与程度。这也说明，满足安全部门改革需求与促进妇女参与公共决策和更广泛的政策制定有

〔25〕各国议会联盟在世界范围对从政妇女进行的持续25年的调查表明，各国的议会防务委员会仍然大多没有女性成员或者没有足够的女性成员，妇女在这些委员会中也罕有担任主席、副主席或报告起草人职务的。在97个为1997年各国议会联盟调查提供议会委员会妇女数据的议会中，只有3%的议会是由妇女担任防务委员会主席。日内瓦武装部队民主控制中心与各国议会联盟：《议会对安全部门的监督：原则、机制和实践》（日内瓦武装部队民主控制中心与各国议会联盟：日内瓦，2003年），第47页。

〔26〕关于将社会性别问题纳入公民社会与议会对安全部门的监督，详细的指导可参见巴斯蒂克与瓦拉塞克（同注释〔18〕）以及日内瓦武装部队民主控制中心与各国议会联盟（同注释〔25〕）。

着密切的联系。[27]

## 安全部门改革中的妇女民间团体

妇女在其社区内起到的安全提供作用，在安全部门改革中应得到承认和支持。妇女团体经常为暴力受害者提供一系列服务，如提供住所、法律咨询、医疗与心理援助等。她们可以与正式的安全部门开展合作，提供有关当地安全威胁的信息，落实安全倡议。例如，2004 年对重返社会的塞拉里昂前战斗人员进行的一项调查表明，55%的调查对象说社区的妇女在帮助他们重返社会中发挥了重要作用，而得到传统领导人和国际援助工作者帮助的只分别占 20%和 32%。[28]

在确保由当地人掌控冲突后安全部门改革方面，妇女民间团体可成为重要的伙伴。例如，在利比里亚，曾在整个 1989—2003 年内战期间为和平奋斗的妇女团体，继续为冲突后重建、和解和促进妇女权利而努力。2006 年 12 月，利比里亚的妇女民间团体呼吁政府和国际社会“增加妇女在安全部门改革中的作用，让妇女领导的民间团体参与以下工作：转变公众对军队和警方的看法、强化解除武装的工作以及为武装部队和警方招募妇女”。[29] 2007 年 2 月，一个由女性政府官员和民间团体领袖组成的联合代表团在世界银行向利比里亚的捐助者发表了演说。这些妇女的演说强调了安全、经济发展、健康与教育之间的相互联系。鉴于当地社区内基于社会性别的暴力和不安全事件

---

〔27〕 用于促进妇女在议会中的参与程度的策略可在以下网站上找到：各国议会联盟网站 URL〈http：//www. ipu. org/〉；国际民主和选举援助研究所网站 URL〈http：//www. idea. int/〉；以及国际从政妇女知识网址〈http：//www. iknowpolitics. org/〉。

〔28〕 转引自“欧洲议员非洲协会”（AWEPA）：《议会在冲突管理与建设和平中的作用》，临时文件系列第 13 号（欧洲议员非洲协会：阿姆斯特丹，2006 年 9 月，网址：URL〈http：//www. awepa. org/index. php? option＝com _ content&task＝view&id＝338〉，第 70 页。

〔29〕 亨特替代基金会（Hunt Alternatives Fund），广泛安全倡议（Initiative for Inclusive Security）：“公民社会广泛安全磋商倡议：妇女公民社会领袖对利比里亚政府和国际社会的建议”，华盛顿，2006 年 12 月 12 日，网址：URL〈http：//www. huntalternatives. org/download/333 _ microsoft _ word _ 12 _ 12 _ 06 _ civil _ society _ recommendations _ for _ ejs. pdf〉。

的发生率不断提高，她们强烈要求在利比里亚的安全部门改革进程，将人的安全纳入更广泛的视野。她们就安全部门改革进程如何提高效率和对社会性别问题的反应速度提出了具体的建议，包括：(1) 刑罚改革应考虑男性、女性和青年犯人的需要；(2) 安全部队的训练应包括心理创伤咨询；以及 (3) 反腐败措施应不仅打击索取钱财的行为，而且应打击索取性服务的行为。她们强烈要求妇女全面参与国家安全政策与防务战略的制定，并建议负责安全部门改革的治理改革委员会让社会性别问题专家参加其计划工作。她们强调，考虑到妇女的技能，如促进当地和解、联系当地社区与中央政府、影响和争取青年人等方面的技能，妇女在“管理安全风险”方面的作用应得到承认，并且妇女应更广泛地参与这方面的工作。〔30〕

利比里亚的妇女民间团体在要求充分参与安全部门改革进程方面积极有力，重点集中，产生了一些成果。有迹象表明，利比里亚在其安全部门改革中正在对妇女的安全需要作出反应。利比里亚国家警察局已经成立了妇女儿童保护处，配有受过专门训练的警官，负责处理和管理性暴力案件及其他形式的基于社会性别的暴力案件。〔31〕利比里亚在各监狱成立了负责妇女儿童的单位，狱警要接受与社会性别问题、性暴力和基于社会性别的暴力有关的培训。〔32〕利比里亚在警察和武装部队中为妇女规定了 20%的配额。招募妇女加入利比里亚警察队伍的推动力之一来自印度。2007 年 1 月，联合国在利比里亚部署了联合国的第一支全女性维和分遣队，由 103 名印度女警察组成。在她们部署到利比里亚之后的那个月内，利比里亚国家警察局收到的

---

〔30〕 亨特替代基金会，广泛安全倡议：“重建的优先考虑事项：为利比里亚临时减贫战略提供信息”，华盛顿，2007 年 2 月，网址：URL〈http://www.huntalternatives.org/download/380_microsoft_word_preparatory_conference_iprs_recommendations_final.pdf〉。

〔31〕 联合国儿童基金会：“利比里亚警方成立新的妇女儿童保护处”，新闻稿，2005 年 9 月 1 日，网址：URL〈http://www.unicef.org/media/media_28159.html〉。

〔32〕 联合国驻利比里亚特派团：“社会性别顾问办公室实施的社会性别主流化的结果：联合国驻利比里亚特派团，2004—2006 年”，URL〈http://www.unmil.org/documents/OGA_Achievement_2004_2006.pdf〉。

女性申请是平时数量的 3 倍。[33]

利比里亚的妇女运动包括妇女活动家与政府官员的合作，表明社会性别问题可以成为政府、政党和基层垂直合作的共同平台，也表明妇女网络可以使地方性安全与司法关切和安全部门改革之间的联系发挥作用。这些网络使妇女团体可以促进当地社区与安全部门改革的决策者和实践者之间的对话，并帮助安全部门改革进程对社区自身的需要、动态和资源作出反应。妇女加入利比里亚新的安全部门，有助于使其获得公众信任及合法性。

在南非，妇女组织参与了 1996—1998 年的南非防务审议，这可作为刚经历了冲突的国家促进民间团体参与安全部门改革的一个范例。[34] 在女议员的坚决要求下，议会联合常设防务委员会还要求举行全国磋商，作为防务审议过程的一部分。南非采取了确保公众参与的各种措施，包括使用军用飞机和公共汽车运送宗教和社区领袖、非政府组织活动家和妇女组织代表去参加地区会议和研讨会。基层妇女组织将人们的注意力引向以前被忽视了的安全问题，包括土地被军队占用的社区的困境和军事人员对妇女的性骚扰。有着广泛参与的防务审议帮助南非在防务问题上达成了全国共识，并为新的安全结构带来了合法性。遵循不因性别、种族或性取向而加以歧视的宪法原则所进行的防务审议，南非国防军据此提出了许多促进社会性别平等的倡议和机制。

### 安全部门改革中的女议员

议会中的妇女对安全部门改革也有特殊的贡献。女议员像男议员一样多种多样，因此不一定都主张一种特定的安全部门改革方式。然而，正如泛非议会议长格特鲁德·蒙盖拉所指出的，“妇女参与不仅可在实践层面提供平等机会，而且可为制定发展政策和确定发展优先事项提供一个新的视角和作出多样化的贡献”。[35] 在卢旺达种族大屠

〔33〕 J. M. 盖埃诺：《向联合国安理会的陈述，关于妇女、和平与安全的辩论》，联合国文件第 S/PV. 5766 号，2007 年 10 月 23 日，第 5 页。

〔34〕 S. N. 安德利尼：《通过谈判向民主过渡与改革安全部门：南非妇女至关重要的贡献》（亨特替代基金会，广泛安全倡议：华盛顿，2004 年 8 月）第 ix、23—25 页。

〔35〕 转引自欧洲议员非洲协会（同注释〔28〕），第 61 页。

杀之后，推行议席配额制的选举改革帮助卢旺达成为世界上女议员比例最高的国家，48.8%的议员是妇女。[36] 女议员成立了第一个跨党派议会核心小组，既包括胡图族人，也包括图西族人。该核心小组的成员不管属于哪个种族或哪个政党，都共同致力于解决妇女的安全问题。她们倡议制定一些法律，这些法律涉及妇女继承财产的权利、寡妇从故世丈夫的男性亲属索取财产的权利、基于社会性别的暴力等。[37] 1999 年对 187 位女政治家进行的一次调查，显示了她们对妇女参政如何起到重要作用的看法。这些女政治家来自 65 个国家，包括受到冲突影响的非洲、欧洲、拉丁美洲和加勒比国家。这些女性指出了她们在社会保障、社会性别平等、打击对妇女儿童的暴力、就业、服务、环境以及——尽管迄今程度低一些——军备控制与解决冲突等方面取得的明显成绩。[38]

塞尔维亚制定的能力建设计划，或许可移植到冲突后国家，用于支持妇女充分参与安全部门改革。[39] 在塞尔维亚，国防部与内政部的女工作人员、女议员、女政治活动家、非政府组织的女活动家、女记者等，在努力将她们对安全的特定观点纳入安全部门改革过程。2007 年，贝尔格莱德政治卓越基金会开始实施一项计划，旨在提高妇女在安全部门的“能见度”和妇女参与安全部门改革的程度。妇女们被召集在一起，举行了一系列研讨会，讨论人的安全与全球安全、多国安全组织、建设和平、妇女的作用与贡献等话题。在第二个阶段，妇女们更具体地探讨女性在改革安全机构中的作用，重点是如何

---

〔36〕 各国议会联盟：“国民议会中的妇女”，2007 年 12 月 31 日，网址：URL〈http://www.ipu.org/wmn－e/world.htm〉。

〔37〕 在很多冲突后背景下男户主死亡或失踪、流离失所的民众返回家乡，迫切需要土地改革法律和证明土地所有权的程序。参见 I. A. 卢西亚克：“冲突与议会的社会性别反应”，联合国开发计划署，2006 年 4 月，网址：URL〈http://www.parlcpr.undp.org/docs/conference/Luciak.pdf〉，第 39 页；欧洲议员非洲协会（同注释〔28〕），第 66 页；以及 E. 波利：“卢旺达：女立法者对儿童与家庭相关政策结果的影响”，联合国儿童基金会，2006 年 12 月，网址：URL〈http://www.unicef.org/sowc07/docs/powley.pdf〉，第 11 页。

〔38〕 各国议会联盟：《政治：妇女的深刻见解》（各国议会联盟：日内瓦，2000 年 1 月），第 5 页。

〔39〕 塞尔维亚是否是一个“冲突后国家”，这一点值得商榷，但贝尔格莱德政治卓越基金会（Belgrade Fund for Political Excellence）的计划的重要意义却是无可置疑的。

在塞尔维亚和西巴尔干半岛国家执行联合国安理会第 1325 号决议。〔40〕

## 第四节　促进妇女充分和平等地加入冲突后的安全部门

### 妇女加入安全部门面临的挑战

如上所述，妇女在安全部门改革中没有足够的代表，与冲突后国家的安全部门缺乏担任高级职务的妇女有关（参见表 4.2，该表包括来自其他一些转型国家、发展中国家和发达国家的数字，可供比较）。在某些国家，妇女被正式禁止在治安及其他安全部门工作。但是，最常见的情况是，妇女之所以没有足够的代表，是因为招募方面存在的非正式障碍，以及使得妇女难以晋升或不可能呆下去的内部文化。

在一个民主国家，作为其公民身份的一个方面，妇女有权参加安全部门的机构。原则上，安全部门的所有职位应对所有的公民开放，不管其社会性别、政治面貌、阶级、种族或宗教信仰如何。“联合国消除对妇女一切形式歧视委员会”在其关于妇女参加军队的评论中重申了这一点：“军队对于处于公民角色的妇女很重要……既然军队是国家秩序、决策和治理的一个重要成分，所有公民都应关心他们应拥有什么样的军队。”〔41〕联合国安理会第 1325 号决议要求让妇女参加管理和解决冲突的机制，而参加安全部门是其中的一个方面。从更广泛的意义上说，安全部队的构成应反映整个社会

〔40〕贝尔格莱德政治卓越基金会项目协调员 N. 彼得罗维奇 2007 年 11 月 7 日与作者的私人通信。

〔41〕联合国消除对妇女一切形式歧视委员会：《〈消除对妇女一切形式歧视公约〉第 21 条的执行：对公约第 7 和第 8 条的分析》，联合国消除对妇女一切形式歧视委员会文件第 CEDAW/C/1994/1 号，1993 年 11 月 30 日，网址：URL〈http: //www. un. org/documents/ga/cedaw/13/cedawc1994－4. htm〉。亦参见 U. 克莱因：“以色列社会中军民关系的社会性别视角”，《当代社会学》，第 50 卷，第 5 期（2002 年 9 月），第 669—686 页。克莱因提出，没有参军的经历，妇女在安全讨论中提高话语权的能力就会降低。

的构成：妇女的参加对于创建具有代表性并因此取得信任和合法性的机构至关重要。

**表 4.2　女警察在抽选国家的警察部门所占的百分比**

| 国家 | 年份 | 女警察百分比（%） |
|---|---|---|
| 冲突后国家 | | |
| 南非 | 2006 | *29* |
| 塞浦路斯 | 2006 | *16* |
| 塞拉利昂 | 2006 | *15* |
| 科索沃[a] | 2006 | *14* |
| 转型与发展中国家 | | |
| 牙买加 | 2001 | *18* |
| 捷克共和国 | 2001 | *12* |
| 委内瑞拉 | 2002 | *10* |
| 罗马尼亚 | 2005 | *8* |
| 印度 | 2006 | *2* |
| 发达国家 | | |
| 澳大利亚 | 2002 | *29* |
| 加拿大 | 2006 | *18* |
| 瑞典 | 2001 | *18* |
| 美国 | 2006 | *12—14* |
| 芬兰 | 2004 | *10* |

a 尽管科索沃在这里被列在独立国家之中，但它直到 2008 年 2 月 17 日才宣布独立。

**资料来源：** T. 德纳姆的“警察部门改革与社会性别”、M. 巴斯蒂克与 K. 瓦拉塞克合编的《社会性别与安全部门改革工具箱》（日内瓦武装部队民主控制中心、欧洲安全与合作组织/民主制度与人权办公室和联合国提高妇女地位国际研究训练所：日内瓦，2008 年）。

妇女还为安全机构日益需要的技能提供了一个重要的人力资源库。让妇女参加维和的积极经验凸显了将妇女纳入这种军事任务的实际好处。〔42〕按照恩格尔布雷克特松的描述，妇女参加维和行动是在克服纯男性部队的某些行动限制方面取得“成功的一个关键”，如搜查与审讯妇女。〔43〕联合国维和行动部已设定一个目标，要确保妇女在维和警察和军事人员中的比例达到10%。〔44〕

而且，也有充分的证据说明了提高妇女参与警务程度的好处。美国和国际上进行的研究都清楚地表明，女警察处理警务的方式比男警察使用暴力少，过度使用暴力的可能性低，而且更善于平息和缓解与市民的潜在暴力对抗。此外，女警察常常比男警察具有更强的沟通技能，具备更高的争取合作与信任的能力，而合作与信任是社区警务模式不可或缺的。〔45〕在妇女沦为性暴力或家庭暴力受害者的情况下，来自刚果民主共和国、印度和塞拉利昂等国家的压倒性证据表明，她们更有可能向女警察或者向妇女警察局或妇女之家报告，而不是向传统警察结构中的男警察报告。〔46〕由联合国大会通过的联合国《在预

---

〔42〕关于妇女作为维和人员的实际好处的讨论，可参见M. 弗拉霍娃与L. 比亚松编：《在一个不安全的世界中的妇女：对妇女的暴力——事实、数字与分析》（日内瓦武装部队民主控制中心：日内瓦，2005年）；GenderForce：瑞典，“从语言到行动”，2005年，网址：URL〈http://www.genderforce.se/〉；J. 瓦莱纽斯：《欧洲安全与防务政策任务中的社会性别主流化》，Chaillot Paper第101号（欧盟安全研究所：巴黎，2007年5月），第28页；以及A. 皮拉伊：《社会性别、和平与维和：来自非洲南部的经验教训》，南非安全研究所第128号临时文件（南非安全研究所：比勒陀利亚，2006年10月）。

〔43〕K. 恩格尔布雷克特松，转引自GenderForce：瑞典（同注释〔42〕）。

〔44〕联合国维和行动部：“在维和背景下执行安理会关于妇女、和平与安全的第1325号决议（2000年）：最终报告”，部队与警察派遣国妇女派遣连续性战略研讨会，比勒陀利亚，2007年2月7—9日，第8页。

〔45〕国家妇女与警务研究中心的K. 朗斯韦等：“招聘和保留更多的妇女：对执法机构的好处”，2003年春季，网址：URL〈http://www.womenandpolicing.org/pdf/NewAdvantagesReport.pdf〉，第2页。

〔46〕例如，参见M. S. 萨德尔：“改革南亚的警察部门”，载《加强刑事司法制度：选自2006年5月30—31日在孟加拉达卡举行的亚洲开发银行地区研讨会》（亚洲开发银行：马尼拉，2007年1月），第56页；雷恩与约翰逊·西尔利夫（同注释〔10〕），第73页；D. 坎达斯瓦米：“印度女警察从事警务工作与政治活动”，载《女士杂志》，2004年冬季；以及K. 法孔多2007年9月17日的个人访谈，转引自T. 德纳姆：“警察部门改革与社会性别”，巴斯蒂克与瓦拉塞克合编（同注释〔18〕）。

防犯罪和刑事司法领域中消除对妇女的暴力行为的示范战略和实际措施》促请会员国“鼓励妇女加入警察部队，包括在行动层面”。[47]

### 妇女加入冲突后的安全部门

许多刚经历了冲突的国家，如利比里亚（上文讨论过），优先考虑招募妇女加入其安全部门。在有些情况下，对妇女的暴力事件在冲突后环境下的高发率，特别是家庭暴力和强奸，造成对特别是通过使用女警官来满足妇女特定安全需要的警察机构的巨大需求。在阿富汗、科索沃、利比里亚和塞拉利昂的安全部门改革中，对付家庭暴力被给予了优先权。它们为此目的都成立了专门的警察单位。

许多冲突后国家没有什么妇女从军或从警的传统，社会态度是妇女充分与平等地加入安全部门的主要障碍。然而，冲突后时期可以成为妇女的一个机遇期。在武装冲突期间，妇女常常担负起保护家庭安全的新责任或者自己加入武装团体。武装冲突期间发生的这种社会性别角色变化，可能有助于人们对妇女的安全贡献产生一种新的认识。妇女经历冲突之后，得到了与安全问题相关的新技能、新认识和新领导才能，同时也对武装部队与社会的关系形成了新的深刻见解。[48]安全部门改革进程可以依靠和支持妇女地位在冲突期间发生的任何此类积极变化。在重建安全机构的时候，安全部门改革应采取一系列措施，促进妇女的招募与保留，并创造一种工作环境，这种工作环境不仅为警察与防务部门的妇女提供支持，而且为情报、刑罚、边境管理和司法部门的妇女以及管理这些部门的机构中的妇女提供支持。这包括为妇女的招募设定目标，也包括制定吸引妇女的招募战略。此项工作如果与解除武装、复员遣返和重新安置计划（参见第五节）相结合，则可促进前女性战斗人员融入新的安全部门。

这种战略在科索沃已经实行，结果是既有成功的经验，也有失败的教训。紧跟在 1999 年 3 月至 6 月的北约军事行动之后，科索沃作

---

〔47〕 联合国大会第 52/86 号决议，联合国文件第 A/RES/52/86 号，1998 年 2 月 2 日，附件 8。

〔48〕 S. N. 安德利尼与 C. P. 科纳韦：“安全部门改革”，载《广泛安全，可持续和平：主张与行动工具箱》（亨特替代基金会与国际警报组织（International Alert）：华盛顿，2004 年），第 35 页。

出了相当大的努力，按照基本警务计划招募妇女作为警官学员。在冲突之前，科索沃没有女警察。〔49〕在实施新的警察培训课程的最初几年，多达三分之一的毕业生是女性，而目前大约14%的科索沃警察是妇女。但是，劝说妇女加入科索沃边防警察训练分队的努力遭遇失败。妇女所说的不加入理由包括她们的家人或丈夫不会允许她们到离家很远的地方工作，这让我们对妇女充分与平等地加入安全部门各兵种与警种所面临的社会障碍有了一定的深入认识。〔50〕

阿富汗也在努力吸引更多的妇女加入警察队伍。鉴于阿富汗实行性别隔离，妇女特别适合于处理犯罪案件的女受害者和女嫌犯。对妇女持续不断的性暴力行为，被认为是近年来试图自焚或遭到所谓贞节杀害的阿富汗妇女数量急剧上升的一个原因。〔51〕这种情况迫切需要确保妇女能够得到适当的警察服务，同时也需要妇女参加日常的维持治安活动。部署在乌鲁兹甘省的阿富汗国家警察队伍的男性新警察抱怨说，由于缺乏女同事，他们在检查站无法对穿着蒙住全身长袍的人进行搜身，结果因男子装扮成妇女通过而使安全受到危害。〔52〕

然而，迄今为止，在招募妇女加入阿富汗警察队伍方面只取得了有限的成功：到2007年7月，71147名普通警察接受了训练，其中只有118名妇女，而在全国也只有232名女警察。如果妇女要取得领导职位，就必须专门为妇女制定招募与训练战略。吸引更多妇女的努力现在包括在喀布尔警察学院设有一个女生宿舍，也包括一个试验项目，该项目提供地区性训练，这样妇女就不需要长期离家生活。〔53〕联合国人口基金正在为在阿富汗国家警察建制内成立家庭反应分队提供支持。这些单位的成员都是女警察。她们要接受专门的训练，使她

---

〔49〕诺沃维奇与彼得罗维奇（同注释〔24〕），第35页。

〔50〕A. 麦凯："边境管理与社会性别"，巴斯蒂克与瓦拉塞克合编（同注释〔18〕）。

〔51〕大赦国际：《阿富汗：妇女仍然遭到攻击——提供保护方面的系统性失败》（大赦国际：伦敦，2005年5月），第23—25页；以及综合地区信息网："阿富汗：贞节杀害在攀升"，2006年9月15日，网址：URL〈http://www.irinnews.org/report.aspx?reportid=61698〉。

〔52〕荷兰外交部高级政策官M. 韦维克报道的采访，转引自K. 瓦拉塞克："安全部门改革与社会性别"，巴斯蒂克与瓦拉塞克合编（同注释〔18〕）。

〔53〕国际危机小组：《改革阿富汗警察部门》，亚洲报告第138号（国际危机小组：布鲁塞尔，2007年8月30日），第10—12页。

们能够对遭受暴力的妇女、身陷困境的儿童和绑架事件作出相应的反应，为犯罪案件的女受害者提供支持，并审问、拘留和调查女嫌犯。[54]

然而，仅有妇女加入是不够的。正如一个非政府组织从塞拉利昂报道的那样，“尽管招募了女警察，并对〔塞拉利昂警察〕中的较低级别警察进行了社会性别敏感性训练，但指挥官没有受过这样的训练。有时，女警察所要做的只是为男警察做午饭而已。”[55] 这突出地说明，招募措施需要得到一种支持，即在所有安全机构并在最高层次出现对妇女友好的文化变化。而这本身又要求采取社会性别主流化措施。为所有工作人员提供关于人权与社会性别问题的训练，实行禁止歧视与性骚扰的内部行为准则，拥有透明、一视同仁的晋升机制，这些都是成功地将妇女融入安全部门并从中受益的必要条件。

## 第五节 社会性别与冲突后安全部门改革的具体问题

### 解除武装、复员遣返和重新安置工作中的社会性别融合

在冲突后建设和平的框架内，安全部门改革与解除武装、复员遣返和重新安置工作之间存在着高度的关联性，所以经合组织发展援助委员会断言：“这两个问题经常最好放在一起考虑，作为一项综合安全与司法发展计划的组成部分。”[56] 近年来，随着对于妇女与女童参与武装冲突的巨大规模和各种形式的了解增多，人们日益认识到解除

〔54〕 联合国人口基金：“阿富汗首个家庭反应分队开始行动”，2006 年 1 月 24 日，网址：URL〈http://www.unfpa.org/news/news.cfm?ID=740〉。

〔55〕 国际难民组织：“塞拉利昂：仍然需要促进妇女的人权与保护”，2004 年 3 月 18 日，网址：URL〈http://www.refugeesinternational.org/content/article/detail/949/〉。

〔56〕 经济合作与发展组织：《经济合作与发展组织发展援助委员会安全系统改革手册：支持安全与司法》(经济合作与发展组织：巴黎，2007 年)，第 105 页。有关讨论，参见 A. 布赖登：“理解解除武装、复员遣返和重新安置与安全部门改革之间的联系：在非洲建设可持续的和平”，专题论文，第二届解除武装、复员遣返和重新安置与非洲稳定国际会议，金沙萨，2007 年 7 月 2—14 日，网址：URL〈http://www.dcaf.ch/publications/kms/details.cfm?id=34308〉，第 5 页。

武装、复员遣返和重新安置工作往往未能覆盖到她们。[57] 据估计，1998 年至 2002 年，88%的女童士兵被拒绝纳入塞拉利昂的解除武装、复员遣返和重新安置计划。[58] 联合国安理会第 1325 号决议申明了制定对社会性别敏感的解除武装、复员遣返和重新安置计划的必要性，该决议鼓励"所有参与规划解除武装、复员遣返和重新安置工作的人员要考虑男女前战斗人员的不同需要并照顾其家属的需要"。[59] 联合国妇女发展基金拟定的有社会性别考虑的解除武装、复员遣返和重新安置工作的项目清单，以及联合国《解除武装、复员遣返和重新安置综合标准》，现在为在复员和重返社会期间处理妇女和女童的特定需要提供了详细的指导原则。[60]

妇女与女童常常难以满足解除武装、复员遣返和重新安置计划的传统选择标准，即她们应交出武器或能够证明她们的军衔或被征募的事实。虽然有些妇女属于战斗人员，但更多的妇女因其依赖的男战斗人员复员而丧失社会保障。正如《解除武装、复员遣返和重新安置综合标准》所说，"如果解除武装、复员遣返和重新安置的目标是提供建立在广泛基础之上的社区安全，那么它就不能因忽视这群妇女的特殊需要而给她们制造不安全。"[61] 承认《解除武装、复员遣返和重新安置综合标准》提出的其他女受益人类别，即"女性保障人员/与武装部队和武装团体有关的女性"和"女家属"，目的在于确保妇女与女童没有被忽视。

利比里亚和塞拉利昂实施解除武装、复员遣返和重新安置计划的

---

〔57〕 S. 麦凯与 D. 马祖拉纳：《女童们在哪里？乌干达北部、塞拉利昂和莫桑比克的战斗部队中的女童们：她们在战争期间和战后的生活》（国际人权与民主发展中心：魁北克，2004 年），第 14 页。

〔58〕 加拿大国际开发署社会性别平等处高级顾问 M. 佩特森的报告："论坛报告"，妇女与领导：要求安全与发展的声音，渥太华，2002 年 11 月 28—29 日，第 20 页。

〔59〕 联合国安理会第 1325 号决议（同注释〔3〕）。

〔60〕 联合国妇女发展基金："有社会性别考虑的解除武装、复员遣返和重新安置工作：一览表"，2004 年，网址：URL〈http://www.undp.org/cpr/cpr_all/4_cross_cutting/4.1_gender/1_UNIFEM_DDR_Checklist.pdf〉；以及联合国解除武装、复遣返和重新安置资源中心："解除武装、复员遣返和重新安置综合标准：妇女、社会性别及解除武装、复员遣返和重新安置"，2006 年，URL〈http://www.unddr.org/iddrs/05/index.php?search_phrase=Women_gender_and_DDR〉。

〔61〕 联合国解除武装、复员遣返和重新安置资源中心（同注释〔60〕），第 11 页。

经验表明，即使当妇女与女童在理论上包括在这种计划之中的时候，她们也可能出于各种与社会性别有关的原因而未能参加解除武装、复员遣返和重新安置计划。例如，她们担心她们的安全，包括遭遇性暴力的危险，因为在营地里有大量的男性前战斗人员；她们担心社会对参加过武装冲突或与武装团体有过关系的妇女的诋毁。[62] 这凸显了一种需要，即解除武装、复员遣返和重新安置计划需要包括处理妇女关切的具体信息，以及与女战斗人员和保障人员直接沟通的交流方法。

在利比里亚，当地妇女组织是设计和分发解除武装、复员遣返和重新安置信息的关键伙伴之一。最初进行的一次需求评估估计，大约有 2000 名女性战斗人员将经历解除武装、复员遣返和重新安置过程。2003 年，妇女团体在“利比里亚热心公益的妇女”旗帜下组织起来，参与了解除武装、复员遣返和重新安置活动。她们与联合国特派团和社会性别与发展部合作，帮助策划了一次提高意识运动，运用印刷媒体和无线电台鼓励妇女和女童参加解除武装、复员遣返和重新安置进程。[63] 到 2005 年 2 月，在解除武装、复员遣返和重新安置计划所覆盖的 10.1495 万人中，有 2.237 万名妇女和 2440 名女童解除了武装并复员。不仅女性战斗人员，而且与战斗部队有关的妇女，也得到了识别确认。[64] 到 2006 年底，这些妇女中已有 1.3223 万人被“重新安置”，主要是务农、接受正规教育或接受职业培训。[65]

〔62〕 麦凯与马祖拉纳（同注释〔57〕），第 101 页。亦参见 D. 马祖拉纳与 K. 卡尔森：《从战斗到社区：塞拉利昂的妇女与女童》（亨特替代基金会，广泛安全倡议：华盛顿，2004 年 1 月），第 3 页；C. 库尔特：“‘丛林妻子’在复兴计划中被边缘化”，载《新路线》（*New Routes*），第 11 卷，第 4 期（2006 年），第 4、10 页；以及 T. 布塔、G. 弗雷克斯与 I. 班农：《社会性别、冲突与发展》（世界银行：华盛顿，2005 年），第 18 页。

〔63〕 联合国维和行动部：《维和行动中的社会性别主流化：进展报告》（联合国：纽约，2005 年），第 31—32 页。

〔64〕 联合国解除武装、复员遣返和重新安置资源中心，国别项目：利比里亚，2007 年 6 月 1 日，URL〈http：//www. unddr. org/countryprogrammes. php? c＝52〉；以及联合国驻利比里亚特派团，解除武装、复员遣返和重新安置及复兴，2007 年 6 月 1 日，网址：URL〈http：//www. unmil. org/content. asp? ccat＝ddrr〉。

〔65〕 联合国驻利比里亚特派团（同注释〔32〕）。

**框注 4.1　男子与男童也有社会性别问题**

男性特征与暴力

关于男性特征的观念常常与拥有武器联系在一起。为了将男性暴力特征的认同转变成非暴力的，重要的一点是考虑男子的社会性别认同、角色和关系，以及这些因素是如何跟性暴力犯罪与基于社会性别的暴力犯罪发生联系的。

性暴力与基于社会性别暴力的男性受害者

男子与男童被征入伍或被抓加入准军事力量时，容易遭到其他男子施加的性暴力，有时是作为入伙或同化仪式的一部分。对性暴力与基于社会性别暴力的男性受害者给予特别注意很有必要。男性受害者更不可能报告这种事件，因为这样的问题在大多数社会属于禁忌。

男子的传统角色

男性前战斗人员如果不能扮演其传统角色（即养家糊口的人），就会常常面临身份认同危机。这可能导致家庭暴力、酗酒和吸毒的增多。解除武装、复员遣返和重新安置计划不应强化人们对男性角色的老一套看法，而应鼓励适当的咨询机制和灵活的社会经济支持。这是预防进一步的性暴力犯罪与基于社会性别的暴力犯罪的一个重要方面。

**资料来源**：改编自联合国《解除武装、复员遣返和重新安置综合标准操作指南》，URL 〈http：//www.unddr.org/iddrs/og/OG _ 5 _ 10.pdf〉，第 195 页。

对社会性别敏感的解除武装、复员遣返和重新安置计划还要认识到和满足男子与男童的特定需要，并对他们在社区中的角色和可能的选择作出反应。《解除武装、复员遣返和重新安置综合标准操作指南》突出了“男子与男童也有社会性别问题”的 3 个方面（参见框注图 4.1）。要有效地解除武装，可能需要提供一些刺激因素，让其代替男子拥有武器所带来的威望与力量。〔66〕让社区参与武器收缴过程，可以成为将社会压力从赞同转向不赞同男子拥有武器的一种方法。在使男性战斗人员复员的过程中，应针对他们遭遇或施加过性暴力的可能性提供相应的支持。纳萨莉·德瓦特维尔指出：“特别是在城区，复员后失业的男青年，因为在战争期间适应了充满暴力和野蛮的社会生活，比其他人更有可能组成犯罪团伙，并可能对妇女儿童的安全构成

〔66〕联合国：《解除武装、复员遣返和重新安置综合标准》，模块 5.10“妇女、社会性别与解除武装、复员遣返和重新安置”，网址：URL〈http：//www.unddr.org/iddrs/05/download/IDDRS _ 510.pdf〉，第 18 页。

持续不断的威胁。”〔67〕以男性前战斗人员为对象的经济上重返社会的计划，可为他们提供另外一种生活基础。除此而外，在重返社会阶段，必须继续为他们提供心理服务。

### 过渡司法与司法改革中的社会性别融合

人们越来越认为，“过渡司法”是冲突后国家建立一个问责与确认程序，从而为最终和解作好准备，慑止暴力再次发生，以确保可持续和平所不可或缺的。〔68〕过渡司法可通过专门设立的临时机构——如特设刑事法庭、真相调查与和解委员会、赔偿计划等——来实施，或通过一个国家的永久性司法机制来实施。在冲突后背景下，过渡司法机制常常是一个更广泛的司法改革过程（下文有所讨论）的一部分，并与更广泛的安全部门改革紧密联系在一起。〔69〕

过渡司法在处理战时对妇女的性暴力与基于社会性别暴力方面，已经开始发挥特别重要的作用。前南斯拉夫国际刑事法庭和卢旺达国际刑事法庭开创了先例，将强奸及其他形式的性暴力判定为战争罪、反人类罪和种族灭绝行为。前南斯拉夫国际刑事法庭和卢旺达国际刑事法庭的判例，对于根据国际法将冲突中发生的不同形式性暴力确认和理解为犯罪行为，发挥了至关重要的作用。然而，这两个国际法庭在保护和支持性暴力受害人方面不那么成功。例如，卢旺达国际刑事

---

〔67〕N. 德瓦特维尔：《在复员遣返与重新安置计划中处理社会性别问题》，非洲地区研究手稿系列，第 33 号（世界银行：华盛顿，2002 年 5 月），第 20 页。

〔68〕E. 莫贝克：《过渡司法与安全部门改革：为可持续和平提供条件》，日内瓦武装部队民主控制中心第 13 号临时文件（日内瓦武装部队民主控制中心：日内瓦，2006 年 11 月），第 2 页。亦参见 S. 韦哈塔：“冲突后司法：国际法庭的发展”，载《SIPRI 年鉴 2004》（同注释〔1〕），第 197—198 页；以及 R. 德万与 S. 韦哈塔：“多边和平行动：建设和平面临的挑战”，载《SIPRI 年鉴 2005：军备、裁军与国际安全》（牛津大学出版社：牛津，2005 年），第 139—198 页。

〔69〕例如，莫贝克指出：“真相调查委员会等过渡司法机制可以提出建议，在对公民犯有罪行的政府机构内部需要发生何种变化和改革。国内法庭及混合法庭有可能做到在确保问责的同时，增强和改革司法制度。”莫贝克（同注释〔68〕），第 2—3 页。亦参见 P. 范齐尔：“在冲突后社会促进过渡司法”，载 A. 布赖登与 H. 亨吉编：《冲突后建设和平中的安全治理》（日内瓦武装部队民主控制中心：日内瓦，2005 年），第 209—231 页。

法庭的若干证人出庭作证之前或之后受到威胁或遭到杀害。[70] 据报道，证人没有充分的心理准备，在审讯期间受到咄咄逼人的盘问，这使其感觉再次遭到伤害和羞辱。有时，一个幸存者作出作证的决定，会导致她被其配偶抛弃或被其社区驱逐。因遭强奸而感染人体免疫缺损病毒（艾滋病）的妇女并非总能得到适当的治疗。[71]

塞拉利昂特别法庭在处理这些问题上取得了一些进展。例如，该法庭使用富有经验的女探员调查性暴力罪行；采取一种对社会性别敏感的面谈方法，确保性暴力受害人报案时不会感到不舒服；以及重视让证人作好心理准备。[72] 然而，仍然存在着这样的风险：一个起诉过程让受害人在其社区内蒙受耻辱，并让其感到没有机会充分陈述案情，或感到正义没有得到伸张（尤其是在未能判罪的情况下）。越来越多的人承认，仅凭司法问责程序无法取得“社会性别公正”。

“讲真相”团体寻求通过正式确认和谴责恶行来为受害人提供一个陈述案情的空间，并通过质疑免于惩处的判决防止伤害再次发生。这些团体的相对灵活性与非正式性赋予它们潜力，比刑事法律程序对社会性别问题更加敏感。最近成立的真相调查与和解委员会，包括秘鲁、塞拉利昂和东帝汶的，表明了真相调查与和解委员会可以如何采取步骤，处理妇女的特定经历与她们伸张正义的需要。据露丝·鲁比奥—马林说，专门为妇女举行的专题听证会“提供了非常好的机会，不仅给予妇女发言权，而且确保妇女的声音传出去，让公众听得到……并让对妇女的性暴力清楚显现”。[73] 在真相调查与和解委员会

---

〔70〕 C. 沃尔什：“证人保护、社会性别与卢旺达国际刑事法庭”，国际人权与民主发展中心，1997 年 7 月，网址：URL〈http://www.ichrdd.ca/english/commdoc/publications/women/womtrirw.html〉。

〔71〕 人权观察：“为生存而奋斗：卢旺达强奸受害人遇到的司法障碍”，载《人权观察》，第 16 卷，第 10 期（2004 年 9 月），网址：URL〈http://www.hrw.org/reports/2004/rwanda0904/〉，第 9—10、27—29 页；以及 B. 诺罗吉：《‘你们的正义来得太慢’：卢旺达国际刑事法庭将会使卢旺达的强奸受害人失望吗?》，联合国社会发展研究所第 10 号临时文件（联合国社会发展研究所：日内瓦，2005 年 11 月），网址：URL〈http://www.womensrightscoalition.org/pdf/binaifer_paper.pdf〉，第 4 页。

〔72〕 巴斯蒂克、格里姆与孔兹（同注释〔10〕）。

〔73〕 塞维利亚大学的 R. 鲁比奥—马林，转引自巴斯蒂克、格里姆与孔兹（同注释〔10〕）。

工作中用于推动社会性别主流化的其他机制还包括：成立专门以妇女为对象的特别研究小组（在东帝汶），以及将委员会最终报告的一些章节用于记录对妇女的暴力及其对妇女生活的各种影响（在秘鲁和塞拉利昂）。[74] 在塞拉利昂，真相调查与和解委员会与妇女组织建立联系，将它们包括在这个进程之中。结果，妇女团体非常积极地宣传真相调查与和解委员会的工作，在听证会上作证，为性暴力受害人提供帮助，为制定一个赔偿计划提出建议，并给政府施加压力去实施该计划。[75]

在许多对过渡司法与社会性别的分析中，一种触目的缺失是对男子与男童特定需要的认识。在其赔偿建议中，塞拉利昂真相调查与和解委员会的确将性暴力的男性幸存者作为一个受害人类别给予了优先考虑。[76] 然而，鉴于向真相调查与和解委员会报告的所有强奸与性奴役事件都是对妇女与女童犯下的，可以断定鼓励受过性暴力的男子与男童站出来的努力可能还不够。[77]

同时，在认识武装冲突对妇女与女童的特定影响的时候，有必要超越性暴力的范围。秘鲁妇女虽然欢迎秘鲁真相调查与和解委员会针对性暴力所做的工作，但同时表达了她们的一种关切，即对性暴力的集中关注导致其他妇女的经历遭到忽视，如女难民、国内流离失所的妇女、由于配偶的人权遭到侵犯而独自养家糊口的妇女、女犯人等的经历。[78] 这说明至少存在两种挑战：如何确保与社会性别相关的司法也为男性受害人伸张正义；以及如何确保过渡司法职责和机制具有广泛参与性，以使其能处理当地社区自己的司法与赔偿重点。

---

〔74〕 塞维利亚大学的 R. 鲁比奥—马林，转引自巴斯蒂克、格里姆与孔兹（同注释〔10〕）。

〔75〕 J. 金："塞拉利昂的社会性别与赔偿：战争的创伤依然未愈合"，R. 鲁比奥—马林编：《妇女发生了什么事？社会性别与对侵犯人权的赔偿》（国际过渡司法中心与社会科学研究理事会：纽约，2006 年），第 256—257 页。

〔76〕 塞拉利昂真相调查与和解委员会："第四章：赔偿"，载《塞拉利昂真相与和解委员会最终报告》，第 2 卷（塞拉利昂真相调查与和解委员会：弗里敦，2004 年），第 250 页。

〔77〕 金（同注释〔75〕），第 252 页。

〔78〕 国际过渡司法中心：《真相调查委员会与社会性别：原则、政策与程序》（国际过渡司法中心：纽约，2006 年），第 9 页。

除了过渡司法，刚经历了冲突的国家往往迫切需要进行司法部门改革。如果改革之后的司法部门要在公众眼中，包括在妇女眼中，具有可信性与合法性，改革过程必须让社会各阶层参与，必须解决社会各阶层的需求，并应强调对歧视特定男子或妇女的法律与做法的鉴别。

此外，惩罚基于社会性别暴力行为的法律还常常不能满足需要，并落后于国际人权标准。在冲突后卢旺达和利比里亚首先通过的一些法律，就是针对强奸的新法律。〔79〕同时，还应仔细审查教育和任命司法人员的程序，并采取措施鼓励男女平等从事司法与法律职业，鼓励司法与法律从业者的种族与宗教多样性。

## 第六节　结　　论

社会性别被视为发展的一个关键性因素已有 20 多年，但进入关于安全部门改革的讨论与决策中比较晚。虽然支持安全部门改革的许多援助者也为支持冲突后背景下的社会性别平等做了广泛的工作，但这两个方面的工作在计划与实施上经常彼此独立。

成功进行社会性别融合所面临的主要挑战，在一定程度上也是在很多冲突后背景下妨碍安全部门改革的主要挑战：一是没有耐心完成计划，结果导致当地自掌能力不足；二是对于其他地方使用的模式臆断为可以照搬而不用对实际情况给予应有的考虑。与范围较广泛的利益攸关方进行磋商与对话不一定需要大量的财力，但确实需要花费时间，需要许多人的个人奉献。社会性别问题常常具有高度的文化敏感性。因此，虽然外部行为体可以提供鼓励和支持，但有关倡议必须由当地利益攸关方牵头。

对于冲突后安全部门改革中的社会性别融合，这些当地利益攸关方提供了最重要的资源和机遇。在许多刚经历了冲突的国家，议员、

〔79〕 关于卢旺达的这方面情况，参见卢西亚克（同注释〔37〕）；欧洲议员非洲协会（同注释〔28〕）；以及波利（同注释〔37〕）。关于利比里亚的这方面情况，参见雷恩与约翰逊·西尔利夫（同注释〔10〕），第163页。

在安全部门工作的妇女、民间团体等，正在发出要求进行对社会性别敏感的安全部门改革的呼声。随着安全部门改革的政策与方法经国际组织与援助者整理日益系统化，确保社会性别融合的步骤应嵌入标准操作、监控与报告程序和训练之中。

安全部门改革可从社会性别融合中受益匪浅。凭借男女的充分参与，安全部门改革可以变得更迅速地对当地需要作出反应，更具有合法性，更具备能力处理社区同时存在的一系列安全与司法优先考虑事项。在冲突后背景下，与妇女团体及其他被先前存在的权力结构边缘化的组织开展合作，可以增加公众的信任，有助于将安全部门改革建立在广泛的基础之上，并更好地为社会各阶层提供安全与正义。反过来，忽视社会性别的安全部门改革，将不会实现为所有人有效并负责任地提供安全的目标。

（王春生　译）

# 第二部分

# 2007 年军费和军备

# 第五章 军费

彼得·斯塔伦海姆 卡塔利娜·佩尔多莫
伊丽莎白·申斯

## 第一节 导 言

2007年的世界军费估计已经达到13390亿美元，与2006年世界军费相比实际增幅6.0%。[1] 在1998—2007年这10年间，世界军费实际增长了45%。2007年的军费相当于全球各国国内生产总值(GDP)的2.5%，人均202美元。[2]

根据SIPRI军费数据库的数据，本章将介绍1998—2007年间的军费趋势，并将对各个地区内一些国家的军费趋势加以分

〔1〕 2007年世界军费数据以当前美元价格计算。军费的实际增长是按照2005年的不变美元价格和汇率计算得出的。以不变美元价格计算的数据用于对开支趋势做出评估。而以当前美元价格计算得出的数据用于分析开支所占比例，诸如国家开支占地区总开支的比例，或者国家或地区开支占世界总开支的比例。全部美元数据都是利用年度市场平均汇率计算得出的。汇率选择参见第五节附录5C，SIPRI提供的以当前美元价格计算的数据仅仅是最近一年的。参见附录5A中的表5A.1和表5A.3。

〔2〕 这个比例是根据2007年全球国内生产总值按市场汇率计算为533520亿美元的计划数字得出的。国际货币基金组织(IMF)，《世界经济展望，2007年10月：全球化与不均衡》(国际货币基金组织：华盛顿特区，2007年)，第215页。人均军费是用世界军费总额除以世界总人口得出的，估计2007年世界人口为66.16亿，没有一个国家一个国家的计算。联合国人口基金(UNFPA)，《2007年世界人口状况：释放城市增长潜力》(联合国人口基金：纽约，2007年)，第99页。

析。[3] 第二节中提供了地区军费走势的统计数据以及 15 个军费大国的军费数据。第三节专门就美国的军费情况进行剖析，因为美国的军费占全球军费的超大份额，高达 45%。本章的其他部分将对近年来军费增长迅速的那些国家加以分析。第四节将探讨促使外高加索地区军费猛增的因素。第五节提供了各地区军费趋势的相关情况。结尾的第六节就促使 2007 年军费增长的主要因素加以小结。

附录 5A 提供了 SIPRI 关于 168 个国家在 1998—2007 年这 10 年间的军费数据。正如全球及地区军费总额那样，国别数据以四种形式提供：以 1998—2007 年间当地货币的当前价格计算；以 1998—2007 年间不变美元价格计算，以 2007 年的美元当前价格计算，以及在 1998—2006 年间占 GDP 比例的计算。附录 5B 提供了北大西洋公约组织（北约）成员国投入到装备采购和人事上的费用情况。附录 5C 介绍了 SIPRI 的军费数据的来源和计算方法，而附录 5D 则汇集了各国政府向 SIPRI 和联合国提供其军费数据的情况。

## 第二节　各地区的军费走势和军费开支大国

表 5.1 反映了 SIPRI 对地区和次地区的军费估计数据。这些数据反映了公开来源可利用的数据，特别是各国政府公布的官方军费数据。这些数据通常比实际的开支情况偏低，其中有三个原因：(1) 并非所有国家都有现成的数据；(2) 由于 SIPRI 的数据是基于政府公布的官方数据，这些数据通常并不包含所有与军事相关的开支项目，所以某些国家的数据是低估了；(3) 一些国家通过预算外的收入或其他非预算渠道为军事活动提供资金。此外，由于一些国家的国内安全部队肩负军队的职能，所以军事开

〔3〕 SIPRI 军费数据库可以参见：网址：〈http：//www.sipri.org/contents/milap/milex/mex_database1.html〉。

支和其他安全开支（列入国内安全开支中的）之间的界限常常被模糊了。鉴于这些条件限制，所以 SIPRI 数据只是大概地抓住了军费的总体水平和趋势。〔4〕

**表 5.1　1998—2007 年世界和地区军费的估算**

数据单位为 10 亿美元，按 2005 年美元不变价格与汇率统计。斜体数据为百分比。由于四舍五入，各项数据相加不一定与总数相符。

| 地区[a] | 1998 | 1999 | 2000 | 2001 | 2002 | 2003 | 2004 | 2005 | 2006 | 2007 | 变化% 1998—2007 |
|---|---|---|---|---|---|---|---|---|---|---|---|
| **非洲** | **11.1** | **11.9** | **12.3** | **13.5** | **14.3** | **14.1** | **15.8** | **16.0** | **15.8** | **16.8** | ***+51*** |
| 北非 | 4.3 | 4.0 | 4.1 | 5.2 | 5.2 | 5.4 | 5.9 | 6.2 | 6.0 | 6.6 | *+53* |
| 撒哈拉以南 | 6.8 | 7.9 | 8.3 | 8.4 | 9.1 | 8.7 | 9.9 | 9.8 | (9.7) | (10.1) | *+49* |
| **美洲** | **367** | **367** | **382** | **388** | **431** | **481** | **522** | **548** | **559** | **598** | ***+63*** |
| 北美 | 340 | 341 | 354 | 357 | 399 | 453 | 493 | 516 | 525 | 562 | *+65* |
| 中美 | 3.6 | 3.7 | 3.9 | 3.8 | 3.6 | 3.6 | 3.4 | 3.4 | 3.6 | 4.0 | *+14* |
| 南美 | 23.3 | 22.1 | 23.9 | 26.7 | 27.5 | 24.6 | 25.8 | 28.1 | 30.1 | 32.0 | *+38* |
| 加勒比海 | .. | .. | .. | .. | .. | .. | .. | .. | .. | .. | .. |
| **亚洲和大洋洲** | **132** | **135** | **139** | **146** | **153** | **160** | **166** | **176** | **186** | **200** | ***+52*** |
| 中亚 | (0.6) | 0.5 | .. | (0.6) | .. | (0.8) | .. | .. | .. | .. | .. |
| 东亚 | 100 | 101 | 104 | 110 | 116 | 122 | 127 | 132 | 140 | 152 | *+51* |
| 大洋洲 | 11.4 | 11.9 | 11.8 | 12.2 | 12.7 | 13.2 | 13.8 | 14.3 | 15.1 | 16.4 | *+45* |
| 南亚 | 19.6 | 21.9 | 22.8 | 23.5 | 23.6 | 24.2 | 25.0 | 28.2 | 29.7 | 30.7 | *+57* |
| **欧洲** | 276 | 280 | 287 | 288 | 295 | 302 | 306 | 306 | 311 | 319 | *+16* |
| 中欧 | 15.1 | 14.7 | 14.8 | 15.5 | 15.8 | 16.2 | 16.3 | 16.8 | 17.1 | 18.0 | *+19* |
| 东欧 | 15.6 | 15.9 | 21.4 | 23.3 | 25.8 | 27.6 | 28.9 | 32.0 | 35.6 | 40.8 | *+162* |
| 西欧 | 245 | 250 | 251 | 249 | 253 | 258 | 261 | 257 | 258 | 261 | *+6* |
| **中东** | **48.8** | **48.1** | **54.3** | **56.7** | **54.3** | **56.0** | **60.3** | **67.2** | **73.9** | **79.0** | ***+62*** |
| **世界总计** | **834** | **843** | **875** | **892** | **947** | **1013** | **1071** | **1113** | **1145** | **1214** | ***+45*** |
| 变化(%) | | *1.0* | *3.8* | *2.0* | *6.2* | *7.0* | *5.7* | *4.0* | *2.9* | *6.0* | |

**注：**（ ）＝总数是根据不到地区总数 90%的国家的数据得出的；.. ＝ 现有数据低于地区总

〔4〕 同样参见附录 5C。

数的 60%。

a 各地区所涉及的国家情况见附录 5A，表 5A.1。由于缺少数据或缺少连贯性的时序数据，有些国家并未包括在内。非洲未包括安哥拉、赤道几内亚和索马里；美洲未包括古巴、圭亚那、海地及特立尼达和多巴哥；亚洲未包括朝鲜、缅甸和越南；中东未包括卡塔尔。世界总计也不包括以上这些国家。

**资料来源**：参见附录 5A 表 5A.1 及 5A.3。

在 1998—2007 年这 10 年间军费增幅最大的地区是东欧，为 162%。[5] 在这一增幅中，俄罗斯占 86%。10 年间实际增幅超过 50%的其他地区有：北美——完全受美国军费开支走势的影响；中东——包括除阿联酋外的所有海湾合作委员会成员国、伊朗、约旦和黎巴嫩的军费都有大幅增长；[6] 南亚——印度实际军费开支增长 64%，决定了这一地区的军费走势；北非——则是因为阿尔及利亚军费增长了 97%；以及东亚。1998—2007 年间，东亚地区有三个国家的军事开支增幅超过 50%：中国的军费增幅为 202%，印度尼西亚为 100%，马来西亚为 153%。东亚的其他一些国家和地区则减少了它们的军费，其中包括柬埔寨和中国台湾（地区）。[7] 在过去的 10 年间军费增长幅度最低的地区是西欧和中美洲地区。

2007 年的军费增长模式与 2006 年相比稍有不同。军费增长幅度最大的地区不仅包括东欧（15%）、北非（10%）以及中东（6.8%），而且还包括中美洲地区（13%）。大洋洲的军事开支同样增长迅速，2007 年增长了 8.6%，与东亚地区的增幅相当。2007 年军费增长幅度最小的地区是西欧（0.9%）和南亚（3.1%）。

表 5.2 列举了 2007 年间军事开支最高的国家和地区。在表格的左边，国家的排列顺序是根据将其军费以市场汇率转换成美

---

〔5〕 东欧包括亚美尼亚、阿塞拜疆、白俄罗斯、格鲁吉亚、摩尔多瓦、俄罗斯和乌克兰。参见附录 5A。

〔6〕 海湾合作委员会成员国包括巴林、科威特、阿曼、卡塔尔、沙特阿拉伯以及阿拉伯联合酋长国。参见本卷附件 B。SIPRI 军费数据库中不包含卡塔尔的数据，伊拉克和阿拉伯联合酋长国的一系列数据中不包含 1998—2007 年这 10 年间的全部数据。参见附录 5A。

〔7〕 缅甸、朝鲜和越南没有可用的现成数据。

元不变价格计算的。前十五位的军费开支大国和地区占世界军费总额的83%，前五位国家的军费占世界军费总额的63%，这与2006年的比例相同。美国军费占世界军费总额的45%，远随其后的军费开支大国——英国、中国、法国和日本——各占世界军费总额的4%—5%。前五位军费开支大国间的人均军费以及军费占国内生产总值（GDP）的比例水平的差异相当明显。2006年间，在前十五位国家和地区中承受着军费带来沉重经济负担（"军事负担"）的国家有沙特阿拉伯、美国和俄罗斯，而有7个国家的军事负担低于2%。

SIPRI用市场汇率对军费数据进行分析，其目的是为了对表5.2中右边的国家和地区的数据进行比较，这些国家和地区的军费是基于GDP折合成购买力平价（PPP）来排序的。[8]按照购买力平价进行的排序差别相当明显，主要是对于发展中国家，一定程度上也是对于转型经济国家都是如此，这很大程度上是由于这些国家和地区的货币在国内的购买力较高造成的。这就使得这些国家和地区的排序靠前，特别是中国、印度、俄罗斯、沙特阿拉伯以及列在名单中的伊朗、中国台湾地区和土耳其。但是，将军费按基于GDP的购买力平价折算成美元——大多数国家和地区也只有购买力平价比率——构成了很大的问题，因为用这种汇率统计出的数据主要反映的是民品和服务的价格比率。对开支数据进行国际比较总的说来是一项存在问题的工作，并且至今还没有一个对军费进行比较的理想方法。[9]

## 第三节　美　国

美国军费自2001年9月以来增长显著。到2007年底，军费水平比二战结束后的任何时期都高。然而，美国经济和整个预算的增长意

〔8〕购买力平价是由世界银行的国际比较项目估算的。关于国际比较项目购买力平价比率以及将军费按购买力平价折算中存在的问题请参见第5章的附录5C。

〔9〕参见附录5C。

味着军费占国内生产总值和政府全部支出的比例低于以往时期。[10] 本节介绍这些趋势的具体情况、2008 财年预算需求以及军事开支按年度国防基础预算拨款和“全球反恐战争”名义下的紧急追加经费之间的分配情况。[11]

## 军费走势

据 SIPRI 数据显示，2001—2007 财年间，美国的军费在面值上增长了 85%，实际增长了 59%。[12] 同期，美国官方数据显示，美国的国防开支在名义上增长了 88%，实际增长了 50%（参见表 5.3）。[13] 开支增长遍及各个类别，尽管其间存在一些差异。开支增长最为强劲的是活动费与维持费，在 2001—2007 年间名义上翻了一番。名义上，装备采购费增幅 90%，军事建筑费增幅 76%，在研究、发展、试验与鉴定费增幅 76%，军事人员费增幅 74%。

2007 年美国的军费（国防总开支）比朝鲜战争期间的开支高峰（1953 财年）实际增长了 7.4%，比越南战争期间的最大开支（1968 财年）高出 6.3%，比冷战期间的第三次开支高峰（1989 财年）增长

---

〔10〕 在美国预算术语中，开支是已支付的款项。一项开支可以是过去的财年中产生的应支付的款项。相反，预算授权是对美国政府获得有法律约束力的财政义务的授权。预算授权可能产生直接的或未来的开支。通过每年的拨款法案以及永久性法律，美国政府机构便可以得到资金用于具体开支领域。追加拨款可以提供额外的预算授权。参见美国国会术语，国会预算办公室，《预算和经济展望：2008—2018 财年》（美国国会：华盛顿特区，2008 年 1 月），第 165—181 页。

〔11〕 在美国国防部和白宫管理与预算办公室发布的预算文件中，以“全球反恐战争”为名义提供的资金包括分配给国防部以及其它致力于伊拉克自由行动、持久自由行动（在阿富汗、菲律宾、索马里和其它地方）以及高贵之鹰行动（肩负着促进美国本土安全的使命）。“全球反恐战争”资金中的绝大部分（2001—2007 财年间的 94%）拨给了国防部。

〔12〕 参见附录 5A。SIPRI 数据中的美国军费数据是根据历年来（除了最近的一年）北约的数据统计的。2007 年的数据是运用美国官方估算中百分比变化计算出来的，其中包括国防部在“全球反恐战争 ”方面的开支。

〔13〕 SIPRI 数据和美国官方数据之间实际在开支上的差异是由于使用了不同的折算方法。SIPRI 运用的是消费品物价指数，而美国国防部运用的是国防专用（defence-specific）缩减指数（大多数国家没有这种统计数据），后者显示出的军用品价格比消费品价格的通货膨胀率要高些。

了 12%。然而，由于美国经济的增长，2007 财年美国军费占国内生产总值以及占政府总开支的比例均低于二战结束以来所有的开支高峰年度（参见表 5.1）。

**表 5.2　2007 年军费前 15 位的国家和地区（按市场汇率和购买力平价统计）**

开支数据以 2005 年的美元不变价格和汇率统计。

| 按 MER 美元计算的军费 | | | | | | 按 PPP 美元计算的军费[a] | | |
|---|---|---|---|---|---|---|---|---|
| 排序 | 国家 | 开支（10 亿美元） | 世界比例（%） | 人均开支（美元） | 占 GDP 比例 2006[b] | 排序 | 国家 | 开支（10 亿美元） |
| 1 | 美国 | 547 | *45* | 1799 | *4.0* | 1 | 美国 | 547 |
| 2 | 英国 | 59.7 | *5* | 995 | *2.6* | 2 | 中国 | [140] |
| 3 | 中国 | [58.3] | [*5*] | [44] | *2.1* | 3 | 俄罗斯 | [78.8] |
| 4 | 法国 | 53.6 | *4* | 880 | *2.4* | 4 | 印度 | 72.7 |
| 5 | 日本 | 43.6 | *4* | 339 | *1.0* | 5 | 英国 | 54.7 |
| **前 5 名之和** | | **762** | ***63*** | | | **前 5 名之和** | | **893** |
| 6 | 德国 | 36.9 | *3* | 447 | *1.3* | 6 | 沙特阿拉伯[c] | 52.8 |
| 7 | 俄罗斯 | [35.4] | [*3*] | [249] | *3.6* | 7 | 法国 | 47.9 |
| 8 | 沙特阿拉伯[c] | 33.8 | *3* | 1310 | *8.5* | 8 | 日本 | 37.0 |
| 9 | 意大利 | 33.1 | *3* | 568 | *1.8* | 9 | 德国 | 33.0 |
| 10 | 印度 | 24.2 | *2* | 21 | *2.7* | 10 | 意大利 | 29.6 |
| **前 10 名之和** | | **925** | ***76*** | | | **前 10 名之和** | | **1094** |
| 11 | 韩国 | 22.6 | *2* | 470 | *2.5* | 11 | 韩国 | 29.4 |
| 12 | 巴西 | 15.3 | *1* | 80 | *1.5* | 12 | 巴西 | 26.7 |
| 13 | 加拿大 | 15.2 | *1* | 461 | *1.2* | 13 | 伊朗[d] | 22.1 |
| 14 | 澳大利亚 | 15.1 | *1* | 733 | *1.9* | 14 | 土耳其 | 16.5 |

| 按 MER 美元计算的军费 | | | | | | 按 PPP 美元计算的军费[a] | | |
|---|---|---|---|---|---|---|---|---|
| 排序 | 国家 | 开支（10 亿美元） | 世界比例（%） | 人均开支（美元） | 占 GDP 比例 2006[b] | 排序 | 国家 | 开支（10 亿美元） |
| 15 | 西班牙 | 14.6 | *1* | 336 | *1.2* | 15 | 中国台湾 | 15.8 |
| 前 15 名之和 | | 1008 | *83* | | | 前 15 名之和 | | 1204 |
| 世界总计 | | 1214 | *100* | 183 | *2.5* | | | |

**注：** GDP＝国内生产总值；MER＝市场汇率；PPP＝购买力平价；［ ］＝为估算数。

a PPP 美元是按 2005 年的 PPP 比率折算，由世界银行根据 GNP 比较作出的统计。

b 各国军费占国内生产总值的比例数是 2006 年的，最近一年的 GDP 数据还没有。

c 沙特阿拉伯的数据中包括公共秩序和安全方面的开支，估算可能略为偏高。

d 伊朗的数据是国防开支，不包括用于伊斯兰革命卫队的开支。伊斯兰革命卫队的开支在伊朗军费总额中占有相当大的比例。

**资料来源：** 军费：附录 5A；PPP 比率：国际比较项目，《2005 年国际比较项目：初步结果》（世界银行：华盛顿特区，2007 年 12 月），第 21—24 页。

## 2008 财年预算需求

2007 年 2 月 5 日，布什政府将 2008 财年国防预算需求提交给了国会。〔14〕其中包括两项独立的预算需求：一项是为国防部申请的 4814 亿美元—面值上比 2007 财年增长了 11.3%，而实际增长为 8.6%；另一项是用于“全球反恐战争”的 1417 亿美元。〔15〕预算需求还包括用于能源部及其他非国防部军事行动的 225 亿美元，使得全

〔14〕 美国政府的需求始终是为了预算授权。大部分国防预算授权是以每年通过的拨款提供的。参见注释〔10〕。这里的预算授权数字不同于表 5.3 中的数字，那是支出的数字。

〔15〕 美国国防部，“2008 财年国防预算发布”，新闻稿第 129—07 号，2007 年 2 月 5 号，参见网址：〈http：//www.defenselink.mil/releases/release.aspx？releaseid＝10476〉。除了 4814 亿美元之外，还有少部分的国防部强制性预算授权，使国防部预算授权总数达 4832 亿美元，国防副部长办公室（审计），《2008 财年国防预算估计数》（国防部：华盛顿特区，2007 年 3 月）。本资料及 2008 财年国防预算的其他资料参见网址：〈http：//www.defenselink.mil/comptroller/defbudget/fy2008/〉。

部国防预算授权需求达 6456 亿美元，〔16〕 同时，还提交了 2007 财年“全球反恐战争”紧急追加拨款的需求。〔17〕

**表 5.3　美国 2001—2008 年的国防部开支和国防总开支**

数据为财政年度，以 10 亿美元计。由于四舍五入，各项数据相加不一定与总数相符。

| | 2001 | 2002 | 2003 | 2004 | 2005 | 2006 | 2007[a] | 2008[b] |
|---|---|---|---|---|---|---|---|---|
| 当前美元价格计算的开支[c] | | | | | | | | |
| 国防部，军事 | 290.2 | 331.9 | 387.2 | 436.5 | 474.1 | 499.3 | 548.9 | 583.3 |
| 军事人员 | 74.0 | 86.8 | 106.7 | 113.6 | 127.5 | 127.5 | 128.8 | 135.7 |
| 活动与维持 | 112.0 | 130.0 | 151.4 | 174.0 | 188.1 | 203.8 | 224.8 | 248.6 |
| 采购 | 55.0 | 62.5 | 67.9 | 76.2 | 82.3 | 89.8 | 104.3 | 110.8 |
| 研发 | 40.5 | 44.4 | 53.1 | 60.8 | 65.7 | 68.6 | 71.1 | 69.6 |
| 军事建筑 | 5.0 | 5.1 | 5.9 | 6.3 | 5.3 | 6.3 | 8.8 | 10.1 |
| 家庭住房 | 3.5 | 3.7 | 3.8 | 3.9 | 3.7 | 3.7 | 4.3 | 4.0 |
| 其他[d] | 0.3 | −0.6 | −1.6 | 1.6 | 1.5 | −0.3 | 6.8 | 4.5 |
| 能源部，军事 | 12.9 | 14.8 | 16.0 | 16.6 | 18.0 | 17.5 | 17.9 | 18.0 |
| 其他，军事 | 1.6 | 1.8 | 1.6 | 2.8 | 3.2 | 5.1 | 5.1 | 5.3 |
| **国防总开支** | **304.7** | **348.5** | **404.8** | **455.8** | **495.3** | **521.8** | **571.9** | **606.5** |
| **军事开支（SIPRI）** | **312.7** | **356.7** | **415.2** | **464.7** | **503.4** | **527.7** | **578.3** | **. .** |
| **美元不变价格计算的开支** | | | | | | | | |
| 国防总开支（2000 财年价格） | 297.2 | 329.3 | 364.4 | 394.3 | 407.8 | 417.2 | 446.7 | 461.3 |

〔16〕 S.M. 科西亚克，《2008 财年国防预算需求分析》（战略与预算评估中心：华盛顿特区，2007 年），第 1 页。美国全部的军事（国防）开支包括国防部及其他部门主要是能源部用于核武器相关活动的军事开支。

〔17〕 美国国防部（同注释〔15〕）。

| | 2001 | 2002 | 2003 | 2004 | 2005 | 2006 | 2007[a] | 2008[b] |
|---|---|---|---|---|---|---|---|---|
| 军事开支(SIPRI, 2005 年价格) | 344.9 | 387.3 | 440.8 | 480.5 | 503.4 | 511.2 | 546.8 | .. |
| 开支占 GDP 的比例 (%) | | | | | | | | |
| 国防总开支 | *3.0* | *3.4* | *3.7* | *4.0* | *4.0* | *4.0* | *4.2* | *4.2* |
| 军事开支 (SIPRI) | *3.1* | *3.4* | *3.8* | *4.0* | *4.0* | *4.0* | .. | .. |
| 开支占美国政府总开支的比例 (%) | | | | | | | | |
| 国防总开支 | *16.4* | *17.3* | *18.7* | *19.9* | *20.0* | *19.7* | *20.5* | *20.9* |

DOD＝国防部；DOE＝能源部；FY＝财政年度；O&M＝活动与维持；RDT&E＝研究、发展、试验与鉴定。

a 2007 年数据为估计数，包含 2007 年 2 月提出的在 2007 财年预算授权中的紧急追加拨款 934 亿美元。

b 2008 财年数据是根据预算授权需求所作的未来估计数。除每年的基础预算外，还包括 2008 财年为"全球反恐战争"初步要求的 1417 亿美元。由于不包括 2007 年 7 月和 10 月以"全球反恐战争"为由要求分别增加预算授权 53 亿美元和 423 亿美元，因此，2008 财年的预估数据偏低。

c 为当年花掉的钱（即支出），是根据预算授权所用的开支。

d 这一栏出现负数是因为按职能确定预算开支情况比按部门或机构确定预算开支情况要难。

**资料来源：** 美国管理和预算办公室：《2008 财年美国政府预算：历年表格》（美国政府出版社，华盛顿特区，2007 年）。参见网址：〈http://www.budget.gov/budget/fy2008/〉，第 59—60、124—125 页；附录 5A。

由于在以前的几年中，布什政府一直在年度基础预算外全年使用紧急追加拨款的要求为"全球反恐战争"提供资金，所以 2008 财年的预算需求中首次包括了基础预算之外以"全球反恐战争"为名义的独立的预算需求。但是，这些是以国防部于 2007 年 2 月对战争所需资金的最佳估算为基础的，并且在之后追加了两笔为 2008 财年"全球反恐战争"提供的资金。7 月份政府要求将 530 亿美元用于扩大美军在阿富汗和伊拉克使用的防地雷反伏击车（MRAP）的生产与部署。10 月份，政府要求将 459 亿美元用于支持"全球反恐战争"的军事和情报行动，其中 423 亿美元是给国防部的。[18]

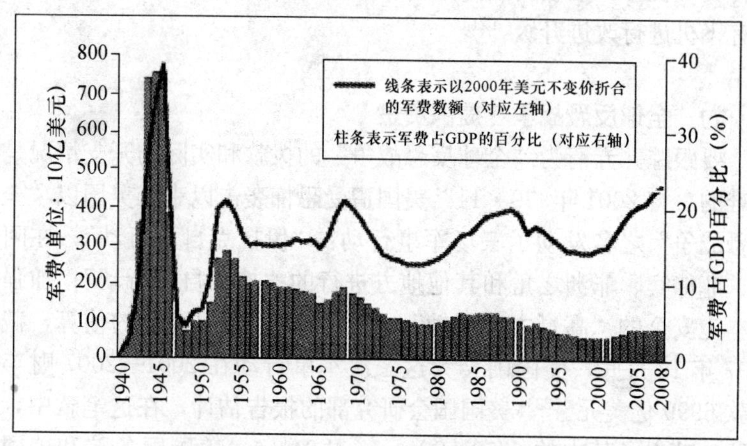


**图 5.1 1940—2008 财年美国军费走势**

**资料来源**：美国管理与预算办公室，《2008 财年美国政府预算：历史表格》（政府印刷所，华盛顿特区，2007 年），参见网址：URL〈http：//www. budget. gov/budget/fy2008/〉，第 118—125 页。

对于增加 2008 财年基础预算需求所给出的正当理由是："为了确保军队保持高度战备状态及地面部队的实力；为了提升美军的战斗能力；……保持美国对潜在威胁的传统优势；以及继续（国防部）对军人及其家属的有力支持。"[19]2008 财年基础预算需求包括出资扩大美国陆军和海军陆战队的规模："认清对美国安全构成的威胁远远不只是在伊拉克和阿富汗进行的反恐战争"，国防部计划扩大陆军的规模，增加 6.5 万人，使部队现役员额在 2012 年达到 54.7 万人，海军陆战队增加 2.7 万人，最终在 2011 年的现役人员达到 20.2 万人。[20]2008 财年预算还包括继续为大规模的武器采购计划拨款，包括用 270 亿美元采购无人驾驶飞机和战斗机——包括 20 架 F－22 战斗机，18 架

〔18〕 美国管理与预算办公室，"2008 财年紧急提议修订"，评估第 5 号，2007 年 7 月 31 日；以及评估第 6 号，2007 年 10 月 22 日，参见网址：URL〈http：//www. whitehouse. gov/omb/budget/07amendments. htm〉。

〔19〕 美国国防部（同注释〔15〕）第 1 页。

〔20〕 美国国防部，（同注释〔15〕）第 2 页。这里指"年度末现役军队的实力规模"。

EA－18G 电子攻击机，24 架 F/A－18 战斗攻击机以及 26 架 V—22 偏转翼飞机——继续研发并采购 12 架 F－35 联合攻击战斗机，并对现有飞机进行改进升级。[21]

## 为“全球反恐战争”提供资金

要跟踪并弄清为“全球反恐战争”的拨款和实际的开支情况是很困难的。自 2001 年“9·11”美国遭受恐怖袭击以来，美国以“全球反恐战争”之名发动了三场军事行动：“伊拉克自由行动”；在阿富汗、菲律宾、非洲之角和其他地方进行的“持久自由行动”；加强美国本土安全的“高贵之鹰行动”。根据美国国会研究部的估算，截至 2007 年 12 月底，美国国会为这三次军事行动在 2001—2007 财年共拨款 6999 亿美元。[22] 美国国会研究部的报告估计，在这笔款中，美国防部获得了其中的 6550 亿美元（占 94%），美国国务院和美国国际开发署得到了 424 亿美元——用于恢复重建、使馆活动与建设以及向阿富汗和伊拉克提供的对外援助项目——美国退伍军人事务部得到 25 亿美元。据美国国会研究部的报告估计，2001 至 2008 财年期间美国为“全球反恐战争”的拨款总共为 8051 亿美元。

2007 年 10 月，国防部公布的数据显示了国防预算授权在基础预算与“全球反恐战争”上的款项分配（参见表 5.4）。这些数据表明，2001 至 2008 财年期间，整个国防部拨款名义上增长 110%的同时，基础预算也增长了——尽管增长幅度较低——为 59%。[23]

美国政府责任办公室拥有自主进行评估的授权，它对给支持“全球反恐战争”的军事行动提供资金的情况进行了一系列的评估，特别

〔21〕 美国国防部（同注释〔15〕）第 3 页。

〔22〕 A. 贝拉斯科，《“9·11”以来在伊拉克、阿富汗和其他地区进行全球反恐战争的费用》，美国国会研究部（CRS）国会报告第 RL33110 号（美国国会，美国国会研究部：华盛顿特区，2008 年 2 月 8 日），第 6—7 页。美国国会预算办公室提供的数据是根据已经获得授权批准的资金统计的。根据 2008 年 1 月的报告，美国国会和总统提出了总额为 6910 亿美元的预算授权，用于“为支持反恐战争而在伊拉克、阿富汗及其他地区开展的军事与外交活动以及用于退伍军人的利益与服务”。美国国会（同注释〔10〕），第 6 页。

〔23〕 全部拨款的增长并没有将 2008 财年的追加拨款总额计算在内。美国国防部（DOD），《2008 财年全球反恐战争修订》（国防部：华盛顿特区，2007 年 10 月），参见网址：URL 〈http://www.defenselink.mil/comptroller/defbudget/fy2008/〉，第 1 页。

对利用紧急追加拨款需求的做法提出了批评。在2007年11月的一份报告中，美国政府责任办公室描述了国防部对大多数突发行动提出的紧急拨款需求如何一贯被局限在初步增加的资金投入上——称之为额外的开支，即“如果突发军事行动……未得到认可，就不会有额外的开支”。〔24〕而一旦制定出有限的和部分的开支计划，此前政府为当前的军事行动提出的经费需求就会被要求算在基础预算需求中。然而，尽管有以往的做法和政府责任办公室几份报告中的建议，政府责任办公室指出，美国政府当前的政策表明，为支持“全球反恐战争”（诸如持久自由行动和伊拉克自由行动）而向军事行动提供资金应当作为紧急拨款提出来，而这正是自2001年9月以来的一贯做法。

**表5.4 2001—2008年美国给国防部基础预算及“全球反恐战争”的拨款**

数据为预算拨款[a]，按当前价格并以10亿美元统计，年度为财年。

| | **2001** | **2002** | **2003** | **2004** | **2005** | **2006** | **2007** | **2008** |
|---|---|---|---|---|---|---|---|---|
| 基础预算[b] | 302 | 328 | 375 | 377 | 403 | 421 | 438 | 481 |
| “全球反恐战争”[c] | 17 | 14 | 69 | 66 | 103 | 115 | 169 | 189 |
| **国防部拨款总额** | **319** | **342** | **444** | **443** | **506** | **536** | **607** | **670** |

a 2001—2007年的数据来自国防拨款法案。2008年的数据来自2007年10月前提交的最初追加预算需求。

b 基础预算是在和平时期的国防常规预算。

c 这些拨款是根据预算授权需求并且是在“全球反恐战争”名义下的拨款。

**资料来源：**美国国防部（DOD），《2008财年全球反恐战争修订》（国防部：华盛顿特区，2007年10月）参见网址〈http://www.defenselink.mil/comptroller/defbudget/fy2008/〉，第1页。

也有人称这种做法实际上是两个平行运作的预算程序——一个是年度国防基础预算，另一个是为支持“全球反恐战争”的紧急追加拨款——影响到国防部国防预算程序的完整性。例如，曾在克林顿政府时期任美国国家安全预算高官的戈登·亚当斯认为，紧急与追加拨款

〔24〕美国政府责任办公室（GAO），《全球反恐战争：国防部需要采取行动鼓励财政纪律并且优化使用手段，以便完善全球反恐战争开支报告》，GAO—08—68号报告（美国政府责任办公室：华盛顿特区，2007年11月），第6、19—20页。

需求实际上不是通过国防部的规划、计划、预算与执行系统（PPBES）的常规机制运行，这会导致国防部趋向于将基础预算和“全球反恐战争”预算看作是可以互换的。[25] 考虑到 2008 财年中，国防部全部可用资源的约四分之一是通过紧急拨款机制获得的，亚当斯认为这一影响是相当大的。

2006 年 10 月（2007 财年有效起始日期），国防部修改了以“全球反恐战争”为名的资金提供指南，以便除了为阿富汗和伊拉克的特别军事行动提供资金外，还包括为被称为“持久反恐战争”的军事行动提供资金。然而，国防部并没有对“持久战争”做出明确定义，新指南导致数十亿美元的资金被附加到了“全球反恐战争”名下的资金需求上。国防部目前在“全球反恐战争”的预算需求中包括了通常属于基础预算需求中才有的项目——如未来武器系统、军队转型以及增加部队员额。美国政府责任办公室指出，这混淆了长期经费开支——通常从基础预算中提出需求并获得经费—与紧急行动的额外经费开支之间的界限。[26] 他们辩称，“如果政府认为美国面临的安全挑战的性质发生了变化，以致（美国正）处于一场长期的冲突之中，那么其影响——例如部队结构、投资排序和长期与短期经费开支——应该成为与国会讨论的重点”。政府责任办公室的结论是，继续以紧急拨款需求的方式为“全球反恐战争”提供经费，“降低了透明度并且回避了对国防承担的义务进行必要的复审和讨论”。既然布什政府认定“全球反恐战争”是长期的战争，那么这方面更多的经费开支应该包含在基础预算内，以使之透明化并需经过辩论。

## 第四节　外高加索地区军费增长迅速

外高加索地区存在众多不同的安全问题，最突出的问题就是阿布

〔25〕 G. 亚当斯：“伊拉克军事行动与全球反恐战争预算”，在美国参议院预算委员会上的作证，2007 年 2 月 6 日，参见网址：URL〈http：//budget. senate. gov/republican/NewHearings&Testi2007. htm〉。

〔26〕 美国政府责任办公室（同注释〔24〕），第 6—8 页。

哈兹和南奥塞梯地区（它们都是格鲁吉亚国内的分裂主义地区）或多或少存在着的潜在冲突，以及纳戈尔诺—卡拉巴赫地区的问题（该地区大部分由亚美尼亚控制，事实上是一个独立的阿塞拜疆人地区；见图表 5.2）。该地区安全形势复杂的一大重要原因就是外部势力的介入。俄罗斯、美国以及日益凸显的还有欧盟都在为取得并控制这一地区的能源资源和运输通道相互竞争。外高加索地区引起国际关注还由于该地区在美国的“全球反恐战争”中所处的重要的地理位置。[27]

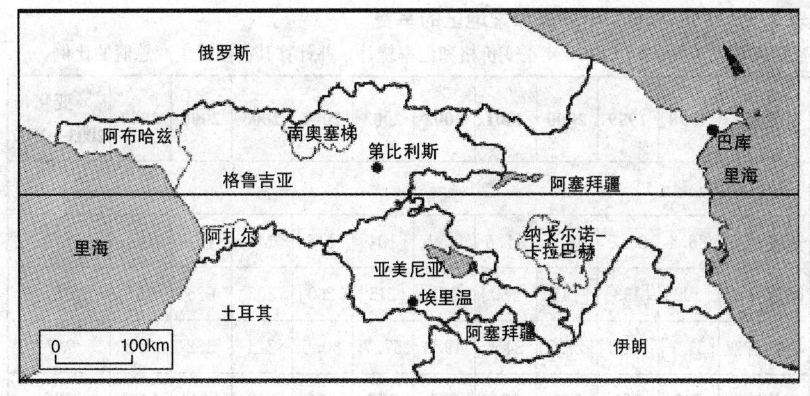


图 5.2 外高加索地图

1998—2007 年这 10 年间，外高加索地区三个国家——亚美尼亚、阿塞拜疆和格鲁吉亚——的军费总和实际增长了 500%，并且在 2003—2007 年这 5 年间增长了 285%（见表 5.5）。到 2006 年，这三个国家的军费占国内生产总值的比例都超过了 2.5%的世界平均值；特别是格鲁吉亚的军费水平相对于国家经济规模来说则是非常的高。由于这些数据不包括非政府行为体的开支，所以军费对这些国家构成的经济负担被低估了。这些数据也不足以反映外高加索地区的军队建设情况，因为这些数据没有将近些年流入该地区的大量军事援助计算

〔27〕 M. 哈斯：“当前外高加索地区的地缘战略”，《欧亚观察》，欧亚网，2007 年 1 月 7 日，参见网址：URL〈http：//www. eurasianet. org/departments/insight/articles/pp010707. shtml〉。

在内。[28]

促使外高加索地区军费攀升的因素是：阿布哈兹、纳戈尔诺——卡拉巴赫以及南奥塞梯地区的冲突尚未解决；三个国家都渴望加入北约以及与转型和现代化相关的高额开支；三个国家各自与邻国的关系或是感到来自邻国的威胁；以及为保护能源资源与运输通道所作的努力。三个国家不断增加的经济来源推动着这些因素发挥了作用，而经济改革和价位高且攀升中的石油收入则使得经济来源不断增加。

**表 5.5 1998—2007 年外高加索地区的军费**

数据以百万美元计，以 2005 年不变价格和汇率统计，并计算其占国民生产总值的比例。

| 国家 | 1998 | 1999 | 2000 | 2001 | 2002 | 2003 | 2004 | 2005 | 2006 | 2007 | %变化，2003—2007 |
|---|---|---|---|---|---|---|---|---|---|---|---|
| 军费（百万美元） | | | | | | | | | | | |
| 亚美尼亚 | 86.4 | 93.0 | 94.3 | 91.5 | 90.5 | 104 | 115 | 141 | 157 | 194 | *87* |
| 阿塞拜疆 | [102] | [133] | [141] | [160] | [172] | [215] | [260] | 305 | 625 | 667 | *210* |
| 格鲁吉亚 | [51.7] | [39.8] | [27.2] | [34.5] | 49.3 | 57.7 | 80.6 | 214 | 362 | 592 | *921* |
| **总计** | **240** | **266** | **262** | **286** | **312** | **377** | **456** | **660** | **1144** | **1453** | ***285*** |
| 军费占国内生产总值的比例（%） | | | | | | | | | | | |
| 亚美尼亚 | *3.5* | *3.7* | *3.6* | *3.2* | *2.7* | *2.7* | *2.7* | *2.9* | *2.8* | .. | |
| 阿塞拜疆 | [*2.4*] | [*2.6*] | [*2.3*] | [*2.3*] | [*2.2*] | [*2.4*] | [*2.6*] | *2.3* | *3.6* | .. | |
| 格鲁吉亚 | [*1.1*] | [*0.9*] | [*0.6*] | [*0.7*] | *1.0* | *1.1* | *1.4* | *3.3* | *5.2* | .. | |

[ ] ＝SIPRI 的估计数。

**资料来源**：附录 5A，表 5A.2 与 5A.4。

虽然驱动力量——特别是地区冲突有可能恢复——使外高加索地

〔28〕 援助国军费中包括对外军事援助，而受援国则不将其计入军费。2002 年前外高加索地区军费及对外军事援助情况参见 S. 佩尔洛·弗里曼和彼得·斯塔伦海姆：“外高加索和中亚地区军费”，以及 A. J. K. 贝尔斯等人的合著：《外高加索和中亚地区的军备与裁军》，SIPRI 政策文件第 3 号（SIPRI：斯德哥尔摩，2003 年 7 月），参见网址：URL 〈http：//books. sipri. org/〉。

区所有国家的军费持续增长，但经济因素却起到了更为不同的作用。在阿塞拜疆，由石油拉动的国民经济正在蓬勃发展，带来了大量意外收入，而政府选择将这些资金用于增加军费。亚美尼亚和格鲁吉亚经济较为适度的增长使得它们要在军事和非军事领域增加开支的余地变小。因此，除非安全形势突然恶化，否则亚美尼亚以及某种程度上格鲁吉亚的军费与阿塞拜疆相比都会维持在较为适度的增长水平。

### 亚美尼亚和阿塞拜疆

造成亚美尼亚与阿塞拜疆军费迅速增长的主要原因是，纳戈尔诺—卡拉巴赫地区的冲突没有得到解决。〔29〕1998—2007 年间，亚美尼亚的军费实际增长了 125%。阿塞拜疆军费在这 10 年间增长更为迅速：实际飙升了 554%。尤以 2006 年的军费增长格外迅猛，增加了两倍多。军费增长的官方说辞是俄罗斯将它在格鲁吉亚巴图米基地上的军事装备转运到了亚美尼亚的久姆里基地。阿塞拜疆政府将此举动视为俄罗斯向亚美尼亚提供军事援助。〔30〕尽管俄罗斯声称这一举动不会改变外高加索地区的军力平衡，并且这些军事装备不会被亚美尼亚的部队所用，但是，阿塞拜疆总统伊尔哈姆·阿利耶夫则辩称，这一举动将可能会在外高加索地区引起军备竞赛。〔31〕阿塞拜疆军费的另一次显著增长则是 2008 年的军费预算，这次增加军费预算的目的十分明确，就是要"建立一支强大的军队"，以便可以"竭尽全力解放自己的国土"。〔32〕一种解读是"阿塞拜疆领导层的目的是将防务

---

〔29〕 据阿塞拜疆外交部长埃马尔·马马季亚罗夫（Elmar Mammadyarov）表示，纳戈尔诺—卡拉巴赫问题是地区安全的最大挑战。联合国新闻中心："联大辩论期间，亚美尼亚和阿塞拜疆就纳戈尔诺—卡拉巴赫问题发表了各自的看法"，2007 年 10 月 30 日。参见网址：URL〈http：//www. un. org/apps/news/story. asp? NewsID=24169〉。

〔30〕 S. 马蒂罗西恩（S. Matirosyan）和 A. 米尔·伊斯梅尔的合著："亚美尼亚和阿塞拜疆在俄罗斯指出基地问题上的立场相左"，《欧亚观察》，欧亚网，2005 年 6 月 28 日，参见网址：URL〈 http：//www. eurasianet. org/departments/insight/articles/eav062805. shtml〉。

〔31〕 马蒂罗西恩与米尔·伊斯梅尔的合著（同注释〔30〕）。

〔32〕 路透社："阿塞拜疆大幅增加国防预算，以警告亚美尼亚"，2007 年 10 月 22 日，参见网址：URL〈http：//www. alertnet. org/thenews/newsdesk/L22373221. htm〉。

开支提升到足以击垮亚美尼亚在两国领土问题上继续维持僵局的意志。[33] 阿塞拜疆明确表示，它的目的就是要使用于军队的开支超过亚美尼亚的整个国家预算。[34]

据亚美尼亚国防部长谢尔日·萨尔基相称，2007 年亚美尼亚军费增加 24%将足以维持部队的战备状态。一旦两国间的冲突再起，这些军费也足够亚美尼亚军队与阿塞拜疆军队交战之需。[35] 官方军事预算没有完全反映出亚美尼亚的军事能力。据称，亚美尼亚的作战能力比阿塞拜疆的强，这一能力由于亚美尼亚在前线阵地控制着战略制高点这一地缘战略优势而得到进一步加强。[36] 此外，亚美尼亚已经得到了来自于俄罗斯以及据说还有伊朗的相当可观的军事援助。[37] 然而，由于缺乏有关这些额外援助规模的信息，所以很难估算亚美尼亚军队整体的开支水平。

亚美尼亚与阿塞拜疆都希望进一步密切与北约的合作，并且最终成为北约成员国。为了实现在安全领域的各个方面达到北约的标准并能够参加北约以及和平伙伴演习和维和行动这一目标，推动着两国军费的增长。[38] 对于阿塞拜疆来说，需要确保在里海的能源利益以及能源运输通道，这也助长了军费的增长趋势。

20 世纪 90 年代末期，亚美尼亚和阿塞拜疆都经历了重大的经济

---

〔33〕 D. 达林："阿塞拜疆大幅增加军费"，预测国际，2007 年 5 月 9 日，参见网址：URL〈http://www.forecastinternational.com/press/release.cfm?article=110〉。

〔34〕 "阿塞拜疆军费预算相当于亚美尼亚国家预算——阿利耶夫"，《中亚—高加索研究》，2006 年 3 月 22 日，第 21 页。

〔35〕 "亚美尼亚国防部长对阿塞拜疆的巨额军费很坦然"，阿明佛（Arminfo），埃里温，2006 年 11 月 6 日，译自俄文，世界新闻连线，国家技术信息服务部（NTIS），美国商务部；达林（同注释〔33〕）。

〔36〕 达林（同注释〔33〕）；国际危机组织（ICG），《纳戈尔诺—卡拉巴赫：危险的战争》，欧洲报告第 187 号（国际危机组织：布鲁塞尔，2007 年 11 月 14 日），参见网址：URL〈http://www.crisisgroup.org/home/index.cfm?id=5157〉，第 13 页。

〔37〕 S. 哈利（S. Haeri）："伊斯兰教的伊朗，东正教的亚美尼亚，奇怪的伙伴"，伊朗新闻社，2004 年 9 月 9 日，参见网址：URL〈http://www.iran-press-service.com/ips/articles-2004/september/khatami_armenia_9904.shtml〉。

〔38〕 北大西洋议会大会，未来安全与防务能力小组委员会，"从外高加索地区看北约：亚美尼亚、阿塞拜疆和格鲁吉亚"，167 DSCFC 07 E bis，2007 年 10 月 6 日，参见网址：URL〈http://www.nato-pa.int/default.asp?SHORTCUT=1161〉。

改革，这为经济的健康发展奠定了基础。对阿塞拜疆来说，这些改革以及从天然气和石油出口中获得的巨额意外收益，是经济形势迅速好转的基础。近几年国内生产总值的增长幅度一直位于世界前列，这使阿塞拜疆能够快速增加军费。〔39〕亚美尼亚的经济改革带动了国家经济的迅速增长。〔40〕尽管亚美尼亚拥有地缘战略优势，却没有像阿塞拜疆那样的能源收入，所以，亚美尼亚不愿意或者说不能够完全应对阿塞拜疆军费带来的挑战。

## 格鲁吉亚

格鲁吉亚的军费自2003年以来实际增长了10倍。这一快速增长是在一段时期内军费持续下降之后出现的。格鲁吉亚军费占国内生产总值的比例自2000年触底只有0.6%以来一直增长，2006年已经占到国内生产总值的5.2%。

在2003年11月发生“玫瑰革命”之后，2004年1月米哈伊尔·萨卡什维利就任格鲁吉亚总统，接下了一个濒临失败的国家。国家经济和诸多国家职能百废待兴，政府难以全面控制全部国土。阿布哈兹和南奥塞梯已经成为事实上的独立的共和国，阿扎尔这一叛乱地区也脱离了第比利斯的控制。〔41〕在爱德华·谢瓦尔德纳泽担任总统期间，资金不足、欺诈以及腐败使军队无法行使职能。〔42〕

萨卡什维利政府面临着看起来不可能完成的重建社会、改革经济、重整军队以及恢复领土完整的任务。为了完成上述任务，政府决定与西方而不是与俄罗斯建立更为密切的关系，并且为加快成为北约成员国的进程而采取了重大的举措。格鲁吉亚希望北约能够对俄罗斯

---

〔39〕据国际货币基金组织称，2006年阿塞拜疆国内生产总值的增长率居世界前五位之列。国际金融统计数据库。参见网址：〈http://www.imfstatistics.org/imf/〉，2007年9月。

〔40〕国际货币基金组织（IMF），《亚美尼亚共和国：根据减贫、增加基础设施及要求修改行为准则三年计划安排的第五次审议》，国际货币基金组织国别报告第07/377号（IMF：华盛顿特区，2007年11月9日）。

〔41〕D. 林奇：“为何关注格鲁吉亚”，夏洛特文稿（Chaillot Paper）第86号（欧盟安全研究所：巴黎，2006年2月），第24—31页。

〔42〕佩尔洛·弗里曼和斯塔伦海姆（同注释〔28〕）第13—14页；林奇（同注释〔41〕），第17—22页。

在阿布哈兹和南奥塞梯问题上的强硬立场以及俄罗斯与阿扎尔自治共和国领袖阿巴希泽的友好关系方面发挥制衡作用。

格鲁吉亚目前接受了来自北约几个成员国的军事援助，其中的大部分援助来自美国。[43] 2002 年，美国向格鲁吉亚提供了价值 3400 万美元的军事援助，相当于格鲁吉亚国内军事开支的 70%。在这些资金中，有 2000 万美元是专门用于提高格鲁吉亚军队对付潘基西峡谷的车臣反政府武装的能力上。[44] 2006 年和 2007 年，美国对格鲁吉亚的军事援助接近于 1000 万美元。[45]

萨卡什维利掌权后，格鲁吉亚的军费增长十分迅速：在 2004—2007 年间每年分别增长 40%、166%、69%和 64%。对于格鲁吉亚军事开支增长迅速通常给出的官方理由是为了加入北约。格鲁吉亚加入北约受到了广泛的支持，并且在其国内以及格鲁吉亚的众多西方伙伴国看来，这也是增加军事开支的一个合法理由。[46] 格鲁吉亚在 1994 年 3 月成为北约和平伙伴关系国并于 2006 年磋商制订了单独的伙伴国行动计划。2007 年 2 月，萨卡什维利自信地认为格鲁吉亚将会在 2009 年加入北约。[47] 但是，格鲁吉亚政府于 2007 年 11 月宣布国家进入紧急状态，并且强行查封了反对派的一家电视台及其它新闻机构，这似乎降低了格鲁吉亚早日加入北约的可能性。北约在上述事件发生后发表的声明中，明确表示出了不赞成这些决定。声明称，“实行紧急状态，关闭格鲁吉亚的媒体机构……值得特别关注，并且

〔43〕 美国国务院，政治—军事事务局：“格鲁吉亚：安全援助”，2007 年 7 月 2 日，参见网址：〈http://www.state.gov/t/pm/64766.htm〉；D. 达林，“格鲁吉亚国防开支继续全面剧增”，预测国际，2007 年 5 月 4 日。

〔44〕 佩尔洛·弗里曼和斯塔伦海姆（同注释〔28〕），第 15 页。

〔45〕 此外，在美国 1992 年的支持自由法案（FSA）下，美国向格鲁吉亚提供了其它与安全相关的援助，以便改善格鲁吉亚的出口管制、边界安全以及执法能力。与支持自由法案相关的援助在 2002 年达到 9700 万美元，2007 年达到 5500 万美元。美国国务院，《国会预算论证，涉外行动，2004 财年》（美国国务院：华盛顿特区，2003 年 2 月），第 340—342 页；美国国务院，《国会预算论证，涉外行动，2009 财年》（美国国务院：华盛顿特区，2008 年 2 月），第 462—465 页；美国国务院（同注释〔43〕）；达林（同注释〔43〕）。

〔46〕 “77%的格鲁吉亚人投票支持加入北约—中央选举委员会”，Regnum 通讯社，2008 年 1 月 18 日，参见网址：〈http://www.regnum.ru/english/944417.html〉。

〔47〕 N. 菲奥伦扎（Fiorenza，N）：“格鲁吉亚指望在 2008 年初开启北约成员国资格谈判”，《简氏防务周刊》，2007 年 3 月 7 日，第 6 页。

不符合欧洲—大西洋的价值观。”[48]

格鲁吉亚增加军费的另一个重要原因，是其重新恢复对阿布哈兹和南奥塞梯掌控能力的雄心，就象在2004年5月基本以和平的方式处理阿扎尔问题时做的那样。最近，格鲁吉亚政府采取了一种更为平和的方式，用来恢复对其国土，特别是对南奥塞梯的控制。格鲁吉亚政府计划在今后若干年减少军事预算：2008年的预算比2007年减少了27%。[49] 这一政策对于平衡预算来说十分必要，成功与否取决于南奥塞梯和阿布哈兹冲突的和平解决，然而格鲁吉亚始终没有放弃诉诸武力的选择。

## 第五节 地区趋势

### 非洲

2007年非洲的军费为185亿美元，占世界军费总额的1.4%。[50] 该地区的军费在经历了1998—2004年间年均增长6%之后，在2004—2006年间相对平稳。这一趋势在2007年发生了变化：与2006年相比，2007年非洲的军费又实际增长了6%。在1998—2007年的10年中，实际增长了51%。

这些数据显示了非洲的大致趋势。但是，非洲的军费统计数字是有问题的，在一些国家中，它们总是低报军费的实际水平。[51] 非洲的若干国家正卷入武装冲突，这就使得到可靠的数据变

〔48〕北约，“秘书长就格鲁吉亚形势发表的声明”，新闻稿2007年第114期，2007年11月8日，参见网址：〈http://www.nato.int/docu/pr/2007/p07—114e.html〉。

〔49〕D. 布伦斯特伦（D. Brunnstrom）：“格鲁吉亚总理发誓要削减国防开支”，《防务新闻，2007年12月5日》；“格鲁吉亚议会通过了2008年国家预算”，高加索通讯社，第比利斯，2007年12月28日，译自俄文，世界新闻连线，国家技术信息服务部（NTIS）。

〔50〕参见附录5A，表5A.1。

〔51〕有关对所选择的非洲国家的官方军费数据的质量分析，参见W. 奥米图根：《非洲的军费数据：喀麦隆，埃塞俄比亚，加纳，肯尼亚，尼日利亚和乌干达一览》，SIPRI第17号研究报告（牛津大学出版社，牛津，2003年）。

得困难。[52] 而且，SIPRI 的数据仅包括了政府的军费，而不包括非政府行为体的开支。

有若干因素可以用来解释 2007 年非洲军费的增长，其中一些因素导致要求增加费用，而另一些因素则加剧了这种增长。从要求方面来说，这些因素包括：参与维和行动的增多；正在进行之中的复员、解除武装和前战斗人员重返社会（DDR）；军事改革和现代化计划以及国内安全问题。强有力的经济增长——在某种情况下是由于石油收益的增加而得以加强的——使得这些要求增加军费的因素转变成为军事开支的增长。在 2004—2006 的连续 3 年中，撒哈拉以南非洲的年经济增长率达到 5%—6%，而 2007 年则计划增长 6%—7%。[53]

3 个军费一大国——阿尔及利亚、摩洛哥和南非在很大的程度上决定了非洲军费的趋势，因为该 3 国的军费占了非洲军费总额的 58%。在这 3 国中，阿尔及利亚在 2003—2007 年期间的实际军费增长最快，达 45%。在 2003—2007 年期间，中等规模军事开支国也增加了它们的军费。尤其是加纳、尼日利亚和安哥拉 3 国——位居该地区前 10 名军费大国之列——加速了其实际军事开支的增长。

2007 年，加纳的军事预算猛增了 71%，达 1.06 亿塞地（合 1.14 亿美元），其增长率是全球最高的。[54] 2007 年的部分军事预算是为了人力资源的开发和住房工程，但大部分还是用于军事装备和后勤，以满足加纳向联合国和非盟维和部队所提供的军队的需求。为了满足这一要求，加纳政府已经答应向国防部提供 7300 万美元的贷款。这笔钱拟通过私人资助计划来筹集，并且政府说今后联合国维和行动

---

〔52〕 根据乌普萨拉大学乌普萨拉冲突数据项目（UCDP）提供的数据，2005 年，在撒哈拉以南非洲有 5 起国家级的武装冲突（包括 3 起大的武装冲突）和 14 起非国家级的武装冲突。参见人类安全中心：《2006 年人类安全简况》（英联邦哥伦比亚大学全球问题刘研究所人类安全中心：温哥华，2006 年）第 7、10 页以及本卷的附录 2A。

〔53〕“撒哈拉沙漠以南非洲的经济前景：增长前景是积极的，但需要更多的改革”，《国际货币基金组织概览》半月刊第 36 卷第 7 期（2007 年 4 月 23 日）第 110 页。

〔54〕 从加纳过去相对较好的国防预算执行纪录来判断，加纳 2007 年国防预算的增加很可能会成为实际的军事开支。但是，2005 年国防部的预算占整个预算的 13%，却多开支了 400%以上，最终占了整个开支的 50%。世界银行：《加纳：2006 年公共金融管理的外部评论》，第 36384—GH 报告，第 1 卷（世界银行：华盛顿特区，2006 年 6 月），第 39 页。

预计每年的收入为 2600 万美元将用来支付利息并归还本金。〔55〕加纳参与维和任务也不失为培训一支更加职业化的军事力量的途径。〔56〕原先，国际维和的不小收入没有包括在加纳官方的国防预算之内，这是其军费数据不可信的一个主要原因。〔57〕

加纳与中国和俄罗斯建立了采购新式军事装备和重建设施的紧密关系。2007 年的国防预算包括从中国购买 K—8 教练机和一架模拟器以及整修加纳的福克型飞机的资金。一个中国建筑公司已经签约自 2007 年始承建一栋新的国防部办公大楼。这一工程估计耗资 675 万美元，其中 500 万美元由中国政府提供。〔58〕

2007 年尼日利亚的军事开支达到 1220 亿奈拉（合 9.6 亿美元），与 2006 年相比，实际增长了 17%。尼日利亚国防费用、尤其是 2007 年国防费用增长的部分原因可能是国内安全需求的增长、尼日利亚在地区维和任务中的作用以及高油价收入的综合作用的结果。

盛产石油的尼日尔三角洲地区越来越成为非政府行为体的武装暴力场地。〔59〕这就是尼日利亚政府在海上能力方面作出投资的原因之一，因为其海上能力是特意用来监控尼日尔三角洲地区。2006 年尼日利亚开始建造一个海军监控系统，旨在保护其海岸线和近海石油平台。〔60〕2007 年尼日利亚采购了诸如现代巡逻艇之类的装备以便为在

---

〔55〕加纳共和国：《2007 财年加纳政府的预算声明和经济政策》（财政和经济计划部：阿克拉，2006 年 11 月 16 日）第 370 页，参见网址：〈http：//www. mofep. gov. gh/budget2007. cfm，〉。

〔56〕比如说，2005 年 10 月，来自加纳武装力量和北约的 1000 多名士兵举行联合训练演习。“加纳安全领域的改革”，《德国开发援助伙伴国家安全领域改革（SSR）努力的目录》，波恩国际换算中心（BICC），[n. d. ]，第 2—3 页，参见网址：〈http：//www. bicc. de/ssr _ gtz/〉。

〔57〕参见奥米图根（同注释〔51〕），第 57、61 页。

〔58〕A. 马斯洛夫（A. Maslov）：“加纳可以成为俄国武器在西部非洲的一个关键客户”，《武器出口》，2006 年第 4 期（2006 年 7—8 月号）第 4—5 页；“重新装备我们的空军”，《阿卡拉每日邮报》2006 年 6 月 6 日；“中国将修建加纳国防部办公楼”，加纳广播公司第 1 台，2007 年 4 月 20 日，世界新闻连线的副本，NTIS。

〔59〕根据美国国务院的材料，2006 年发生了 54 起对石油设施的攻击，有 11 人被扣为人质。J. 费谢尔—汤普森：《美国与尼日利亚是石油丰富的三角洲地区安全上的伙伴》，美国国务院，USINFO，2007 年 3 月 15 日。

〔60〕A. 本—大卫：“尼日利亚发展无人操控的海岸能力”，《简氏防务周刊》，2006 年 4 月 12 日。

该地区作业的石油公司提供安全保障，从而使上述计划得以完善。[61] 2007 年尼日利亚政府为此目的拨款 20 亿奈拉（合 1600 万美元），但这一决定在国内引起了强烈批评。[62]

美国一直用训练和装备计划来支持尼日利亚以保护石油设施及其的工人，因为该地区的暴力威胁到每天向美国输送的 100 多万桶石油（占美国石油进口总量的 8%）。[63] 2007 年 5 月就任的奥马鲁亚拉杜瓦总统的政府在 2008 年的预算中，明显地把开支优先用于尼日尔三角洲的基础设施建设和尼日尔三角洲以及尼日利亚其他地方的安全需要。[64]

提高尼日利亚空军的能力是 2007 年另一个重要的领域。然而，当政府在 2007 年就采购和重新装备飞机而与意大利和捷克共和国以及其他国家进行洽谈[65]时，资金的缺乏则意味着已于 2000 年达成协议的向中国购买 14 架歼-7 作战飞机的项目于 2007 年底中止。[66]

在 1998—2007 年 10 年间，安哥拉的军费增长相当可观。但是，由于在 1975—2002 年这段内战时期及紧接其后的时期中军费数据并不确切，因此，要对精确的增长数额作出可靠的估计是不可能的，而由于宏观经济数据不足和不可靠，这样做更是不可能的，因为宏观经济数据是估算实际军费趋势的基础。最好的估算表明，在 1998—2007 年间安哥拉的实际军费增长了 500%—800%。

大部分的增长是由于 1975—2002 年期间与安盟的内战以及 1975—2006 年期间与卡宾达飞地解放阵线的冲突而造成的。而在最近几年中，可观的军费是为了满足解除武装、复员和前战斗人员重返

〔61〕“联邦政府采购炮艇以对付尼日尔三角洲的武装份子”，《每日冠军报》（拉各斯），2007 年 3 月 6 日。

〔62〕R. 布哈里：“尼日利亚政府为加强安全而花费 1630 万美元引起批评”，《这一天报》，2007 年 2 月 7 日。

〔63〕费谢尔—汤普森（同注释〔59〕）。

〔64〕“2008 财年的预算达到 190 亿美元”，法新社，2007 年 10 月 3 日。

〔65〕“捷克可能向格鲁吉亚和尼日利亚出售 L—159 轻型飞机”，《空军月刊》，2007 年 7 月；M. 西尼：“尼日利亚空军的新式 G. 222 运输机”，《空军月刊》，2007 年 12 月。

〔66〕H. 依古阿：“价值 500 亿奈拉的被弃国防工程评估”，《商业日报》（拉各斯），2008 年 2 月 7 日。

社会计划以及将于2015年完成的安哥拉武装力量现代化计划的需求。[67] 将卡宾达飞地解放阵线的士兵改编到安哥拉武装力量之中，以及在较小的程度上改编到国民警察部队中的进程于2007年开始。由于安哥拉战后重建的努力涉及到捐助的问题。因此，大部分解除武装、复员和前战斗人员重返社会计划的费用由国内开支解决。[68]

### 亚洲

2007年亚洲的实际军费增长了7.9%，达到2000亿美元。[69] 亚洲的军事开支2003年以来增长了25%，1998年以来增长了53%。过去10年中，平均年增长率为4.8%。从历史上看，该地区尤其是东亚的军费急剧增长。在1998—2007年的10年期间的趋势受到两个主要事件的影响：1997—1998年亚洲的金融危机和2004年12月的印度洋海啸，前者导致了甚至比1997年以前还要高的增长率的下降，后者致使一些军事预算资源重新划拨用于重建。2007年该地区的4个军费大国——中国、印度、日本和韩国的军费分别为：660亿美元、280亿美元、400亿美元和260亿美元，它们的军费加在一起占该地区军费总额的80%。

#### 南亚

2007年印度的实际军费增长了3%，占南亚军费总额的80%。1998—2007年期间的年均增长率为6%。阿富汗是2007年军费增长最大的南亚国家，达52%。这是一种从低水平开始的增长，因为阿富汗国民军实际上正在白手起家地重建。虽然不能指望阿富汗国民军短期内成为一支装备精良的部队，但一支新的武装力量的建设需要大

〔67〕“部长简述元首的武装力量现代化计划”，安哥拉通讯社，卢安达，2007年10月9日；以及“武装力量现代化将于2015年完成”，安哥拉通讯社，卢安达，2007年9月28日。

〔68〕“综述：关于将卡宾达飞地解放阵线的士兵改编到安哥拉武装力量的报道”，2007年1月11日，世界新闻连线，NTIS；I. 瑞格罗克：“谁的正义？安哥拉的改编进程的有关情况”，《非洲安全评论》，第16卷第1期（2007年3月），第2页。

〔69〕参见附录5A，表5A.1。

量的资源，而其中的大部分则来自外国军事援助。[70]

在更长的一个时期内，大多数南亚国家的军费有很高的增长率。在 2003—2007 年期间，巴基斯坦的实际军费增长了 11%，尼泊尔增长了 8%，印度增长了 30%，斯里兰卡增长了 43%。1998 年以来的 10 年中，尼泊尔增长率显然是最大的，达 150%，接下来是印度和巴基斯坦，分别为 64%和 38%。

就高额军费互相进行指责仍然是印巴关系中的重要因素。即使 1998 年以来巴基斯坦军费增长的主要原因是在克什米尔与印度的武装冲突，然而其他的因素比如在与阿富汗毗邻的地区[71]进行军事行动，也是一个原因。印度的军费增长已经与其经济增长与崛起为一个地区大国同步。[72]

在斯里兰卡，自 2006 年 7 月以来政府和泰米尔猛虎组织之间的激烈战斗使 2007 年的实际军费增长了 13%，并且计划在 2008 年的预算中还要进一步增长 20%。[73] 在过去 10 年中，斯里兰卡的军事开支起伏相当大，反映了该国的安全和经济形势。

与 2007 年南亚其他地方的军费大幅增长相反，由于 2006 年在政府和毛派的反叛武装之间达成了和平协议之后，尼泊尔的实际军事开支下降了 8%。[74]

### 东亚

2007 年，中国的军费增长了 12%，而日本的实际军费却维持稳定。与中等军费开支国韩国、新加坡以及中国台湾地区——它们分别急剧增长 10%、5%和 28%——加在一起，该次地区 2007 年的军费总额实际增长了 9%。2007 年实际增长最大的国家或地区是泰国和中

---

〔70〕 关于阿富汗国民军的武器获得，参见本卷第 7 章第 5 节。根据 SIPRI 的军费定义，外国军事援助不包括在受援国的军费内。在可能的程度上，SIPRI 已经从阿富汗的军费数字中扣除了所获得的军援。阿富汗还得到了外国一般预算支持。这些并没有被扣除。

〔71〕 参见本卷第 2 章第 5 节。

〔72〕 V. 拉古万什："印度可能随国内生产总值百分比的增长而增加其国防开支"，《防务新闻》，2007 年 9 月 24 日，第 25 页。

〔73〕 I. 阿萨斯："斯里兰卡创纪录的 20%增长"，《简氏防务周刊》，2007 年 11 月 7 日，第 16 页。

〔74〕《全面和平协议》于 2006 年 11 月 21 日签署。其文本的英文译文可参见网址：〈http://www.parliament.gov.np/downloads.htm〉。

国台湾地区，分别为32%和28%。在2003—2007年的5年期间，中国的军费增长最大，为59%，而在过去10年中，中国、马来西亚和印度尼西亚增长最快，分别为202%、153%和100%。

近年来，中国军费的透明度已有增强。每两年一版的《中国国防白皮书》提供了总体数据。〔75〕2007年中国首次利用联合国报告军事支出文书向联合国报告了其军费。〔76〕但是，中国军费的大部分仍未披露。

中国在过去10年中的军费快速增长，在某些年份中的增长率比该国已经令人印象深刻的经济增长率还要高。1998—2006年期间，中国的军费负担由占国内生产总值的1.7%上升至2.1%。虽然这种快速增长率已经得到广泛承认，但中国军费的实际水平仍然受到质疑。SIPRI估计2007年中国的军费为5060亿人民币，这一数字比官方公布的3470亿人民币要高出46%。〔77〕多数国外的其他分析家没有提供用当地货币计算的估计数字，而他们用美元计算的估计数则差距很大。SIPRI使用市场汇率将当地货币换算成美元，而其他的则使用各种各样的购买力平价比率，因此对中国的军费得出了要高得多的美元估计数。〔78〕

自1997年以来中国迅速增长的军费主要用于：(1) 大幅度增加军人的工资；〔79〕(2) 使中国人民解放军向一支高科技军队转变的长远投资；(3) 提高军事能力以应对可能的对台作战。军事改革进程始于20世纪90年代后期，主要是对1991年海湾战争中美国所显示的

---

〔75〕 中国国务院：《中国的国防》1998—2006年（中华人民共和国国务院新闻办公室：北京，1998—2006年），所有材料可参见网址：〈http://www.china.org.cn/e—white/〉。

〔76〕 关于向联合国报告军事支出文书，参见附录5D。

〔77〕 SIPRI的估计数是基于S. 王在其文中提出的方法计算的。S. 王："中国的军费：1989—1998年"，《SIPRI年鉴1999：军备，裁军和国际安全》（牛津大学出版社：牛津，1999年），第334—349页。

〔78〕 关于在国际军费比较中使用购买力平价法，参见附录5C，第5节。

〔79〕 2006年下半年，许多低层和中层军官的工资增长了80—100%。中国国务院：《中国的国防2006年》（参见注释〔75〕）；G. 许："中国军费预算增加的内幕如何？"，《中国日报》，2007年3月15日，第9页。

高水平科技的一种反应。[80] 其目的在于把中国人民解放军从一支人数众多的、为在中国大陆打持久战而进行训练和装备的军队，转变成为一支“精干而强大”的力量，以便到 2010 年时能从事高技术的局部战争，到 2050 年时成为一支能在全球投送力量的高技术军队。[81]

东亚一些国家、尤其是印度尼西亚和马来西亚自 1998 年以来的 10 年中军费快速增长的一个原因，是 1997—1998 年的亚洲金融危机的影响。在危机发生后的头几年中，这些国家推迟或缩减了采购计划，从而减少了它们的军费。而自那以后，这些计划已经得到恢复。

印度尼西亚，尤其是冲突不断的亚齐省，还受到 2004 年海啸的严重影响。印度尼西亚政府决定缩减其 2005 年的军事预算，以便为受灾地区重拨资金。尽管进行了几乎 10 年的军事改革，印度尼西亚的武装力量及其财务仍然在很大程度上不在印度尼西亚议会和国防部的控制之下。广泛的商业活动是军方相当大的预算外资金的一大来源。[82]

虽然马来西亚目前的五年计划预示着 2006—2010 年的军费总额将减少，但据 SIPRI 的材料，该国 2007 年的实际军费增长了 13%。目前，马来西亚的武装力量正在进行改革，以图把一支反暴动的力量改造成为一支更加常规的领土防御部队。[83] 鉴于已作计划的预算被证明不够用，最大的几项采购计划已经从别的账户而不是从国防预算中支付。这些外部应急费用是否将最终包含在官方军事开支数字的总

---

〔80〕 A. 斯科贝尔：“江泽民时代的中国军队建设”，（美国陆军战争学院，战略研究所：卡莱尔，宾夕尔法尼亚州，2000 年 8 月），参见网址：〈http：//www. strategicstudiesinstitute. army. mil/pubs/display. cfm? Pub1D=69〉，第 11 页；“中国军队的指挥员警告军事改革受到威胁”，BBC 新闻，1998 年 3 月 15 日，参见网址：〈http：/news. bbc. co. uk/2/hi/65750. stm〉；“江呼吁中国军队进行军事改革”，《人民日报》，2003 年 3 月 11 日。

〔81〕 K. 雅各布斯：“中国的军事现代化”，《亚太防务报道》，2007 年 9 月，第 46—48 页；“主席：中国‘逐步地’增加国防预算”，新华社，北京，2007 年 8 月 1 日。

〔82〕 M. 梅兹内尔：“后苏哈托时期印度尼西亚的军事改革政治：精英的冲突，民族主义和机制性抵制”，《政策研究》第 23 期（东西方中心：华盛顿特区，2006 年），第 62—63 页。

〔83〕 D. 马哈迪尔：“马来西亚武装力量的现代化”，《亚太防务报道》，2007 年 11 月，第 42—45 页。

额中，现在还不清楚。[84]

紧接着2006年9月泰国的军事政变之后，新政府就提出了2007年的预算，这个预算包含了军事开支名义上34%的增长。[85] 2008年的预算继续增加军事开支，名义上达到24%。[86] 泰国总理素拉育指出在他信领导的前政府时期军事资源被滥用和耗尽，并且主要是因为在该国南部正在进行的叛乱而给武装力量带来了额外的内部安全任务，从而获得了对大幅度增加军事开支的广泛支持。[87]

在中国台湾地区，“立法院”就向美国采购一大宗军事装备一事争吵了长达6年之久，而它也封杀了任何一项大宗采购，但这一问题终于在2007年得到解决。[88] 在军事开支经历了两年的下降之后，2007年“国防”预算实际增长了28%。

### 欧洲

2007年欧洲的军费达3700亿美元，比上一年实际增长了3%。[89] 东欧是2007年全球军费增长率最高的次地区，达15%。中欧和西欧分别增长了6%和0.9%。1998—2007年这10年的趋势显示了相似的格局。欧洲地区实际军费总额增长了16%，而东欧增长了162%，中欧和西欧分别增长了19%和6%。虽然2007年西欧的军费占欧洲军费总额的80%，但这一份额正在减少，因为中欧和东

---

〔84〕 D. 马哈迪尔：“马来西亚的国防预算显示出马来西亚皇家空军的大发展”，《亚太防务报道》，2007年3月，第54—56页。

〔85〕 E. 克罗普雷：“泰国军方在政变后增加预算是引火烧身”，路透社，2007年7月4日，参见网址：〈http://www.reuters.com/article/idUSBKK277720〉；R. 马修斯：“战斗机采购：预示着泰国军事现代化计划?”，《民族报》（曼谷），2008年2月21日。

〔86〕 “由于运输机削减了6.22亿铢，国防预算为1150亿铢”，《民族报》（曼谷），2006年12月12日。

〔87〕 “军方现在需要顺利发展”，《民族报》（曼谷），2006年12月8日。关于泰国南部的冲突，参见N. G. 麦尔文：“泰国南部的冲突：伊斯兰主义，暴力和帕塔尼叛乱的情况”，SIPRI政策文件第20号（SIPRI：斯德哥尔摩，2007年9月），参见网址：〈http://books.sipri.org/〉。

〔88〕 S. 布莱克：“向台湾出售武器：一种达到什么目的的手段?”防务新闻中心，华盛顿特区，2007年7月25日，参见网址：〈/http://www.cdi.org/program/document.cfm?documentid=4031〉。

〔89〕 参见附录5A，表5A.1。

欧国家正在较快地增加其军事开支。与此同时，在 27 个增加了 2007 年军费的欧洲国家中，有 17 个是中欧或东欧国家；在 10 个中欧国家中，有 7 个在 1999 年加入了北约，并且在 2004 年增加了它们的军事开支。

与西欧其他地方的情况形成对照的是，奥地利——它不是北约成员国——2007 年实际军费增长了 23%。所给出的军费增长的理由是：(1) 参与国际行动；(2) 2005—2012 年的军队改革计划；(3) 采购 15 架作战飞机欧洲战斗机“台风”。〔90〕

爱沙尼亚于 2004 年加入北约，2007 年其军费增加 31%。这是继格鲁吉亚之后欧洲第 2 个最大的增长率。爱沙尼亚正试图把它的军费增长到占国内生产总值的 2%，这是北约规定的目标。〔91〕爱沙尼亚瞄准 2010 年达到这一目标，而自 1998 年以来，其实际军费已经增长了 283%。军费负担已经从 1998 年时占国内生产总值的 1.1%上升到 2006 年的 1.6%。确定 2008 年的军事开支增加 21%。〔92〕

2006 年，在欧洲 24 个北约成员国中仅仅 6 个国家军费达到或者超过了国内生产总值 2%的目标，它们是：保加利亚、法国、希腊、波兰、土耳其和英国。另有几个成员国打算根据北约的要求来增加军费，而对其余国家来说，这是一种它们甚至不予考虑的选择。在 2007 年，北约秘书长夏侯雅伯继续对成员国——尤其是 1999 年之前加入的成员国——不愿承担共同的防务负担表示关切。〔93〕关于军费占国内生产总值的份额是否是衡量一个成员国对联盟作出贡献的好办法这种讨论，并不是什么新鲜事，许多国家考虑将其合适的能力和对国际行动提供部队作为相关的因素。举例说，捷克共和国就指出这一事实：尽管 2006 年捷克的军费开支只占国内生产总值的 1.8%，但

---

〔90〕奥地利财政部：“联邦政府报告：2007—2008 年度预算报告”（财政部：维也纳，2007 年），参见网址：〈/http：//www.bmf.gv.at/budget/budget20072008/〉，第 16 页；G. 梅德：“奥地利明确选择‘台风’”，《军事技术》第 31 卷第 8 期（2007 年）第 6—7 页。

〔91〕例如，J. 夏侯雅伯：“在北大洋议会年会上的讲话”，雷克雅未克，2007 年 10 月 9 日，参见网址：〈/http：//www.nato.int/docu/speech/2007/s071009a.html/〉。

〔92〕“爱沙尼亚 2008 年的国防预算将占国内生产总值的 1.69%”，《波罗的海新闻服务》，塔林，2007 年 9 月 20 日。

〔93〕J. 夏侯雅伯（同注释〔91〕）。

它设法实行军事改革和参与军事演习，而与此同时，它有近 1900 名人员部署在阿富汗、巴尔干和伊拉克。〔94〕

一个能够促使若干中、东欧国家增加军费的因素就是它们想把其武装力量改变成完全职业化部队的雄心壮志。阿尔巴尼亚计划到 2010 年有一支小规模的职业化军队，而保加利亚则于 2008 年 1 月 1 日结束了征兵制，以利于建立一支职业化军队。〔95〕 自 1998 年以来，现代化、职业化和适应北约标准已经使阿尔巴尼亚——它于 1999 年签署了北约成员国行动计划——的军费上升了 182%，使保加利亚——它于 2004 年加入北约——的军费上升了 32%。〔96〕

**俄罗斯**

2007 年俄罗斯的军费增长了 13%，比过去 10 年中年均 11%的增长率稍高。2003 年以来俄罗斯的军费增长了 41%，而自俄罗斯的金融危机年——1998 年以来增长了 160%。由于资源驱动使整个经济大幅度增长，军费占国内生产总值的份额由 2003 年的 4.3%下降至 2006 年的 3.6%。

俄罗斯现在是世界上第 7 大军费开支国。鉴于 2008—2010 年的国防预算显著增长，2008 年为 16%，2009 年为 11%，2010 年为 12%，俄罗斯定将继续提升其名次。〔97〕

由于石油收入增加，俄罗斯财政部多次修改了原来的预算，提高了不同政府部门、尤其是国家安全部门的开支。这使军事预算变得极不透明了。〔98〕 预算的重点放在安全方面，这一点据说是反映了俄罗

〔94〕“2006 年捷克军方完成了第一阶段改革，面临 2007 年预算的削减”，捷克新闻社，布拉格，2007 年 1 月 25 日。

〔95〕法新社：“保加利亚计划缩减军队规模”，《防务新闻》，2008 年 2 月 1 日；“国防部长预计到 2010 年时阿尔巴尼亚将有一支‘小规模的职业化军队’”，《民主再生报》（地拉那），2006 年 11 月 13 日。译自阿尔巴尼亚文，世界新闻连线，NTIS。

〔96〕“国防部长布利兹纳可夫：2997［虽错误或有疑问，却是原文］年的预算危及保加利亚军队的现代化”BGNES，索非亚，2006 年 11 月 7 日。译自保加利亚文，世界新闻连线，NTIS；北约：“北约与阿尔巴尼亚的关系”，2008 年 4 月 11 日，参见网址：〈/http://www.nato.int/issues/nato_albania/〉。

〔97〕J. 科帕：“俄罗斯联邦 2008—2010 年 3 年联邦预算的军费”，研究工作文件，2007 年 10 月，参见网址：〈/http://www.sipri.org/contents/milap/milex/publications/unpublished.html〉。

〔98〕关于俄罗斯军事预算变得较少透明度的趋势，参见科帕（同注释〔97〕）。

斯领导层的雄心壮志，即：提高其常规力量的能力和维护其核力量，从而重新确立其在国际舞台上的地位。[99] 它也反映了弗拉基米尔·普京总统对俄罗斯军队——它目前仍处于糟糕的状态——实行改革和现代化的决心。当前的改革进程集中在俄罗斯武装力量的转型上，即从一支大型的、招募的力量转变成为一支较小的、职业化的力量。但是，由于缺乏合适的兵源，这一进程将会是越来越昂贵的。[100] 尽管在 2003—2007 年期间，国家防务定单增加了 81%，但是现代化的进程迄今没有取得预期的效果。[101] 造成这种情况的原因之一是管理不善；据俄罗斯审计局局长谢尔盖·斯捷帕辛称，国防部的主要问题不是资金短缺，而是缺少金融管理和质量控制。[102]

### 拉丁美洲

2007 年拉丁美洲（中美洲和南美洲）的军费总额达到 439 亿美元，比 2006 年增长了 7%。[103] 年均增长率在 2003 年下降之后，实际平均为 6%。在 1998—2007 年的 10 年期间，实际增长 34%，与其他地区相比，这个比例是低的。

近年来巴西、智利和委内瑞拉相当可观的武器采购已经引起了有关拉丁美洲军备竞赛的猜测。这些是否就是一种作用—反作用模式意义上的军备竞赛的迹象，这一点是值得怀疑的，[104] 但不管怎么说，

---

〔99〕 S. 萨兹扬（S. Sardzhyan）："俄罗斯为'未来战争'作准备"，（国际关系和安全网络），《安全观察》2007 年 2 月 12 日，参见网址：〈/http：//www. isn. ethz. ch/news/sw/details. cfm? id=17240 〉；A. 利阿罗普洛斯（A. Liaropoulos）："俄罗斯的国防改革及其局限性"，《高加索国际事务评论》第 2 卷第 1 期（2008 年冬季号）。还可参见本卷第 1 章第 3 节。

〔100〕 V. 辛巴尔（V. Tsimbal）和 V. 扎泽平（V. Zatsepin）："军队会计"，《生意人报》，2007 年 4 月 5 日。

〔101〕 国家防务定单是指所有国家军备采购和现代化的国家计划，而不仅仅是国防部的计划。E. 拉什金娜（E. Lashkina）："新年之夜的梦想"，《俄罗斯报》，2004 年 12 月 31 日；Y. 加夫里罗夫（Y. Gavrilov）："3000 亿的防务"，《俄罗斯报》，2006 年 9 月 1 日；V. 辛巴尔和 V. 扎泽平（同注释〔100〕）。

〔102〕 E. 库科尔（E. Kukol）："斯捷帕辛走马上任"，《俄罗斯报》，2007 年 6 月 22 日。

〔103〕 参见附录 5A，表 5A. 1。

〔104〕 参见本卷第 7 章第 4 节。

该地区的一些国家的军事开支已有大的增长。[105]

在 2003—2007 年的 5 年期间，委内瑞拉、厄瓜多尔和智利是南美洲军费增长最快的国家，其实际军事开支分别增长了 78%、53% 和 49%。在此期间，中美洲增长最快的国家是洪都拉斯（20%）和墨西哥（16%）。就其绝对值而言，巴西显然是该地区最大的军费开支国，占拉美地区总额的 46%。军费开支相当大的其他国家是哥伦比亚（占地区军费总额的 15%）和智利（占地区军费总额的 13%）。

厄瓜多尔和墨西哥的例子被用来说明导致拉丁美洲军费增加的一些主要因素。近年来这两个国家的军费都有大的增长，而没有证据表明这两国在与其邻国之间存在作用反作用的循环。

虽然厄瓜多尔在 2007 年增加了 30%的军事开支，但在 1998—2007 年的 10 年期间却有相当大的削减。一次经济危机造成了 1998—1999 年间的实际军费开支下降了近 50%。[106] 2003 年的军费回到危机前的水平，而自那以后，随着经济状况的恢复，军费几乎一直不断地增长。近年来军费的增长部分地是由于军人工资的增加。2006 年军事人员的薪水增长了 10%，2007 年的预算中计划再增加 22.5%。[107] 这几次加薪是把国防系统的薪水制度与中央政府其余部门的薪水制度统一起来这一过程的一部分。[108]

在厄瓜多尔，政治权力和武装力量之间有一种强烈的联系。军方废除民选总统，直接而公开地干预国家的政治进程。[109] 这种情况导

---

[105] 必须指出，某些拉美国家最近的武器采购是否在军费数字中得到充分反映，尚不清楚，因为主要武器系统采购的付款常常历时多年。

[106] 厄瓜多尔国防部：“厄瓜多尔的国防政策”，《2006 年白皮书》（国防部：基多，2006 年），参见网址：〈/http：//midena. gov. ec/content/section/10/135/l〉。按 2005 年的不变价格和汇率计算，1998 年厄瓜多尔的军费为 6.88 亿美元，1999 年为 3.53 亿美元。参见附录 5A。

[107] “行政部门批准增加军人薪水”，《厄瓜多尔新闻》，2008 年 1 月 23 日；T. 巴拉诺斯卡斯（T. Baranauskas）：“厄瓜多尔军方要求 2007 年军费为 9.18 亿美元”，预测国际政府和工业集团，2007 年 2 月 12 日。

[108] P. 塞利（P. Celi）：“厄瓜多尔：国防转型和武装力量的改组”，《拉丁美洲防务比较图》，2007 年版，拉美安全与防务研究所：布宜诺斯艾利斯，2007 年），第 180 页。

[109] 1997 年以来，有 3 位总统在军方干预之后而被解职。C.P. 达诺普洛斯（C. P. Danopoulos）和 D. 齐尔克（D. Zirker）：“军人干预的执政能力和现代形式：扩大厄瓜多尔和土耳其的模式”，《安全部门管理杂志》，第 4 卷第 1 期，2006 年 1 月，第 5 页。

致人们猜想拉斐尔·科雷亚总统支持高额军费预算，以作为与军方建立友好关系的一种途径。[110]

在 2007 年 1 月就任后不久，科雷亚总统的政府即开始执行一项给厄瓜多尔武装力量以新的优先权和军事采购的计划，而这项计划必定涉及到大量增加军事开支。[111] 该计划把改善与哥伦比亚接壤的北部边界的安全状况放在优先地位。与秘鲁接壤的边境观察所已经关闭，15 支陆军小分队被部署到北部边境，并且给予了更好的运输能力。[112] 2008 年的国防预算显示名义上进一步增长 50%，其中包括 1.49 亿美元用于提升北部边境的能力。[113]

墨西哥是拉丁美洲第 4 大军费预算国，显然也是中美洲最大的军费预算国。[114] 2007 年，墨西哥的军事开支达到 431.52 亿比索（合 39.41 亿美元），实际增长 13%。墨西哥的主要安全挑战是来自国内，比如贩毒或者在该国南部恰帕斯州的冲突，而墨西哥军方总是介入到保障国内安全的斗争之中。[115] 这种作用由于《阿兹台克指令》的颁布而自上世纪 90 年代中期以来已经扩大，《阿兹台克指令》赋予武装力量以打击贩毒和有组织犯罪的任务。[116] 在墨西哥，毒品卡特尔和与毒品相关的暴力的增加促使文森特·福克斯总统的政府从 2005 年

---

[110] “3 亿美元把科雷亚与武装力量联系起来”，《El Universo》（瓜亚基尔），2007 年 8 月 26 日。

[111] T. 巴拉诺斯卡斯：“厄瓜多尔新政府计划使军事装备现代化”，预测国际政府和工业集团，2007 年 1 月 31 日。

[112] “国防部长说武装力量在‘拮据的’预算情况下运作”，2007 年 5 月 2 日，《El Universo》（瓜亚基尔），世界新闻连线，NTIS；“厄瓜多尔在涉及哥伦比亚的新角色问题上不予表态”，《拉丁美洲每周报告》，2006 年 8 月 29 日。

[113] “厄瓜多尔增加国防费用”，预测国际，2007 年 11 月 6 日；L. 瓦斯奎兹：“厄瓜多尔瞄准无人驾驶飞机从事海上巡逻”，《简氏防务周刊》，2008 年 1 月 16 日，第 10 页。

[114] 伯利兹没有提供军费开支的数据，而哥斯达黎加和巴拿马自从取消军队之后，就没有军费。参见附录 5A。

[115] “当军队和警察变得难以区分时”，《拉丁美洲安全和战略评论》，2006 年 11 月号。

[116] J. 迪埃兹（J. Diez）和 I. 尼科尔斯：“转型中的墨西哥军队”，（美国陆军战争学院，战略研究所：卡莱尔，宾夕尔法尼亚州，2006 年 1 月），参见网址：〈http://www.strategicstudiesinstitute.army.mil/pubs/display.cfm?PubID=638〉，第 37 页；A. 桑切斯：“墨西哥的禁毒战：处于危险中的社会—士兵对贩毒的士兵”，《西半球事务理事会》，2007 年 5 月 22 日，参见网址：〈http://www.coha.org/2007/05/22/〉。

开始在安全事务上采取更加强硬的立场。[117]“安全墨西哥”行动是近年来采取的各种措施中的一个，它始于2005年6月，作为一项处置墨美边境毒品犯罪的行动计划。[118]武装力量还承担了维护公共秩序的任务，比如说，2006年在瓦哈卡州发生百姓抗议时维持秩序。[119]

自从菲力普·卡尔德隆总统2006年12月就任以来，墨西哥的武装力量在国内事务中的作用进一步增强，尤其是在反毒品走私方面更是如此。[120]已经动员更多的部队来打击毒品走私和有组织的犯罪，仅仅在塔毛利帕斯州就动用了6000名军人。[121]卡尔德隆还强调有必要建立一支更加训练有素、斗志高昂的军队，以便减少开小差的人数——在2000—2006年间有12.3万人开了小差，而且2007年增加的军费的大部分将用来改善军队人员的收入和社会福利。[122]此外，卡尔德隆加强本国部队的作战能力，以图提高规模相对较小的部队的效率。[123]为了支持军方不断增长的开支，卡尔德隆把部队从《紧缩法令》中排除，而这个法令是一种减少预算开支的国家经济战略。[124]

---

〔117〕 J. 康特莱拉斯（J. Contreras）：“失去这场战争”，《新闻周刊国际版》，2005年7月11日。

〔118〕 “尽管有‘安全墨西哥’行动，与毒品相关的暴力仍在上升”，《拉丁美洲安全和战略评论》，2005年7月号；“随着暴力上升，出台新的联邦计划”，《拉丁美洲安全和战略评论》，2005年10月号。

〔119〕 “当军队和警察变得难以区分时”（同注释〔115〕）。

〔120〕 S. 阿瓜约·奎扎达（S. Aguayo Quezada）：“墨西哥：战争快讯”，《公开的民主》，2007年6月25日，参见网址：〈http：//www. opendemocracy. net/democracy _ power/politics _ protest/mexico _ war _ dispatch〉；“卡尔德隆对犯罪和动乱发出立场强硬的信号”，《拉丁美洲安全和战略评论》，2006年12月号。

〔121〕 J. C. 麦金利：“墨西哥以战争的全部怒火打击毒品集团”，《纽约时报》，2008年1月22日；以及“2007年，墨西哥武装力量加强安全和缉毒的努力”，墨西哥通讯社，墨西哥城，2007年12月15日。译自西班牙文，世界新闻连线，NTIS。

〔122〕 I. 格瓦拉：“墨西哥确定新的国防学说的路线”，《简氏防务周刊》，2008年2月6日；“2007年，墨西哥武装力量加强安全和缉毒的努力”（同注释〔121〕）。

〔123〕 I. 格瓦拉：“墨西哥2008年的国防预算付诸审核”，《简氏防务周刊》，2007年12月12日，第8页。

〔124〕 墨西哥共和国总统：“卡尔德隆总统在评价新政府时的发言”，2007年3月15日，参见网址：〈http：//www. presidencia. gob. mx/en/press/？contenido＝29477〉。

## 中东

2007 年中东的军费为 915 亿美元。[125] 估计 2007 年实际增长了 7%，而 1998—2007 年的 10 年期间增长了 62%。估计数不太有把握，因为并不总是能找到数据，而且某些数据还不可靠。该地区近年来的军费总额是以某些国家的大概军事开支为依据而估算的，这些国家包括伊朗、伊拉克、沙特阿拉伯和阿拉伯联合酋长国。伊拉克和阿拉伯联合酋长国所有年份的数据都找不到，而卡塔尔根本就没有数据。

阿曼、以色列和沙特阿拉伯是中东军费负担最大的国家：2006 年，它们分别花费了国内生产总值的 11.2%、8.0%和 8.5%。两个最大的军费开支国是沙特阿拉伯（2007 年占该地区军费总额的 39%）和以色列（占该地区军费总额的 15%）。这两个国家也在 2007 年军事预算增长幅度最大的国家之列。

2007 年伊朗官方公布的国防预算为 79.871 万亿里亚尔（合 86.18 亿美元），比 2006 年实际下降了 14%。[126] 要获得关于伊朗军费的信息是很困难的。这一官方数字并不包括由陆海空军组成的伊斯兰革命卫队的费用。革命卫队有 12.5 万人，相当于正规部队的 1/3，并且负责伊朗的导弹部队。[127] 虽然革命卫队的主要任务是维护国内安全，但他们也有军事职能，因此革命卫队的部分费用也应包括在军费总额之中。事实已经证明要获得这一数字是不可能的。革命卫队也

[125] 参见附录 5A，表 5A.1。

[126] 伊朗不向 SIPRI 或联合国报告其军费，在伊朗所有官方统计中也不提供军费数据。SIPRI 有关伊朗军费的数字来源于国际货币基金组织的《政府财政统计年鉴》。这些数字是伊朗政府根据国际货币基金组织对防务下的定义而向国际货币基金组织作出的报告。在 SIPRI 以前的历卷年鉴中，关于伊朗的数字包括了伊朗向国际货币基金组织所作报告中列在“公共秩序和安全”名下的数据。这一数字被认为包含了用于准军事部队的开支。但是，现在看来情况不是这样。因为伊朗政府公布的数字并未包括革命卫队（参见下文）的开支，因此，SIPRI 目前采用的数字很可能至少低估了 1/3。如果把有关公共秩序和安全的费用数字包括进去，也许可能提供关于伊朗军费总额的一个较为接近的估计数，但它曲解了整个趋势。参见附录 5A。

[127] G. 布鲁诺：“伊朗的革命卫队”，外交关系理事会，2007 年 10 月 25 日，参见网址：〈http://www.cfr.org/publication/14324/〉。

是一个大商业企业，据报道它是国内第三大的企业。据某些来源透露，它们是通过来自一系列活动，比如石油生产和基建工程等的未经报道的收入而获取资金的，其分支机构遍布中东。[128]

在海湾合作委员会成员国中，2007年沙特阿拉伯借助高石油收入，军费增加最多。沙特阿拉伯2007年军费预算为1330亿里亚尔(合350亿美元)，与2006年相比实际增长17%。这一增长的部分原因是由于地面部队的费用增长了20%。[129] 2007年开始的主要武器采购计划的实施将对沙特阿拉伯未来军费的水平产生很大的影响。这包括2007年9月与英国政府签署的采购72架作战飞机（欧洲战斗机"台风"）的武器交易——这是英国与沙特阿拉伯之间自1985年AL Yamamah武器交易以来最大的武器交易；还包括2007年间与美国和法国洽谈的其他交易。[130]

2007年以色列的军费达到560亿谢克尔（合135亿美元），包括国内提供的457亿谢克尔（合110亿美元）军费和美国提供的23.4亿美元的军事援助。[131] 2007年以色列的军费10%的实际增长，是10年中的第二大增长。自1998年以来的多数年份中，以色列的军费开支总是增长的，到2007年其实际军费比1998年高出36%。

---

〔128〕 最重要的公司之一就是"Khatam al-Anbya建筑总部"，2006年它在石油、天然气和运输部门有价值超过70亿美元的交易。美国国务院："关于伊朗的情况简介"，2007年10月25日，参见网址：〈http：//www.state.gov/p/us/rm/2007/94178.htm〉。

〔129〕 "沙特阿拉伯启动600亿美元的现代化计划"，《中东新闻线》，2006年11月11日；"沙特阿拉伯的军费在上升"，《国际航空信》，2006年7月27日，第5页。

〔130〕 "沙特阿拉伯启动600亿美元的现代化计划"，(同注释〔129〕)。还可参见本卷第7章第3节。

〔131〕 国内提供的国防预算包括一项350亿谢克尔（合84亿美元）直接预算和国防部25亿谢克尔（合6亿美元）销售收益。剩余的82亿谢克尔（合20亿美元）用于在黎巴嫩的战争消耗（参见下文）。A. 本一大卫："以色列创纪录的2007年国防开支"，《简氏防务周刊》，2007年1月3日，第16页。美国政府于2007年保证10年之内增加对以色列的军事援助25%，从2008年的24亿美元增加到2018年的将近30亿美元。M.J. 夏普："美国对以色列的外援"，国会研究部给国会的RL33222号报告（美国国会，国会研究部：华盛顿特区，2008年1月2日)，第2页。还可参见本卷第7章第3节。

根据SIPRI对军费的定义，外国军事援助不应当计算在受援国的军费里面。但是，就以色列而言，随着时间的推移，已经不可能将外国援助与国内提供的军事预算以一种前后一致的方式区分开来。因此，在附录5A中提供的以色列的数字是包括外国军事援助在内的。

2006 年 7—8 月份以色列打击黎巴嫩真主党的军事行动，对以色列 2007 年的国防预算有很大的影响。从这场战争中吸取的教训也可能对以色列未来的军事战略和军费有重要的影响。无论从军费还是从对经济的破坏来说，这场战争的损失都是巨大的。根据早先的估计，对以色列国防军的直接损失就达 112 亿谢克尔（合 27 亿美元）。此外，恢复军事准备的费用估计需要 70 亿—75 亿谢克尔（合 17 亿—18 亿美元），民事费用（包括物质破坏，对居民的赔偿支付以及损失的收入税收）需要 200 亿—220 亿谢克尔（合 48 亿—53 亿美元）。[132] 2007 年的国防预算给国防部补偿了 82 亿谢克尔（合 20 亿美元），以便补充在黎巴嫩的军事行动的损失。[133]

政府指定的维诺格拉德委员会对在黎巴嫩的战争进行了调查，并于 2008 年 1 月提出了报告。它们发现以色列的海军和空军不足以应对真主党构成的这种样式的挑战，而地面部队又准备不足。[134] 在预见到这一结论时，2008—2012 年的蒂芬（Tefen）防务计划——该计划于 2007 年 9 月得到确定并批准——就是提高对地面部队的投资，包括增加训练和获取装甲运兵车的计划。[135] 这是对 2003—2008 年克

---

〔132〕 T. 巴拉诺斯卡斯："最近的作战使以色列军方花费 16 亿美元"，预测国际政府和工业集团，2006 年 8 月 21 日；以及"以色列军方称黎巴嫩战争花费 112 亿谢克尔"，《国土报》，2006 年 9 月 7 日。

〔133〕 B. 奥帕尔—罗姆："黎巴嫩战争证明有利于以色列的预算"，《防务新闻》，2006 年 9 月 11 日；还可参见本—大卫（同注释〔131〕）。

〔134〕 以色列外交部："维诺格拉德委员会提交最终报告"，2008 年 1 月 30 日，参见网址：〈http://www.mfa.gov.il/MFA/MFAArchive/2000_2009/2008/〉；M. 布特："第二次黎巴嫩战争"，《标准周刊》，（华盛顿特区），2006 年 9 月 4 日。

〔135〕 以色列国防武装力量："以色列国防武装力量最终提出未来若干年的采购计划"，2007 年 9 月 3 日，参见网址：〈http://dover.idf.il/IDF/English/News/today/2007/09/〉；以色列国防武装力量："以色列国防武装力量回应维诺格拉德委员会的报告"，2008 年 1 月 30 日，参见网址：〈http://dover.idf.il/IDF/English/News/today/2008n/01/〉；D. 埃歇尔（Eshel，D.）"以色列为 600 亿美元大规模的军队建设创造条件"，《国防更新》，2007 年 9 月 3 日；还可参见 A. 克兰特（A. Krant）："加强以色列国防武装力量常规能力的若干年计划"，国家安全事务犹太研究所，2007 年 11 月 12 日，参见网址：〈http://jinsa.org/articles/view.html? documentid=3964〉。

拉（Kela）防务计划的逆转，这个计划包括使以色列地面部队削减25%。[136]

## 第六节　结　论

1998—2007年的10年期间，全球实际军费增长了45%，而2007年一年就增长了6%。自2001年以来，世界军事开支加速增长，从1998—2001年期间的2.2%增长到年均5.3%。这主要是由于美国的军事开支造成的，它占世界军费总额的45%，占2001年以后世界军事开支增长的63%。自2001年以来，美国的军事开支实际增长了59%，主要是因为美国在阿富汗和伊拉克的军事行动的开支增长，但也因为基地防御预算的增加。

自2001年以来，一大批其他国家也增加了军事开支。在2001—2007年期间有数据可查的151个国家中，在2001—2006年期间增加军费的国家达98—106个，而2007年增加到117个。

在1998—2007年的10年期间，军费增长最大的次地区是东欧，增长了162%。东欧也是2007年军费增长最大的地区，为15%，大多是因为俄罗斯军费的增长而造成的。北美、中东、南亚、非洲和东亚军费的10年增长率也超过了50%。西欧和中美在1998—2007年期间军事开支的增长是最低的，分别为6%和14%。

在地区之间和国家之间，军费增长的动机明显各不相同，而自2001年以来，这些动机越来越五花八门。从长期的、基于政策需要提高军事能力以便达到某种目的，到紧急应对迫在眉睫的威胁，应有尽有。

企图维护、获取或者恢复其在全球或地区的大国地位，是导致美国以及巴西、中国、印度和俄罗斯这样一些国家军费增长趋势的重要原因。另一种与政策有关的动机是军事改革或转型。这一点可能是由

---

〔136〕 A. 本—大卫："以色列取消裁减地面部队"，《简氏防务周刊》，2007年1月17日，第7页；还可参见W. 奥米图根："伊拉克战争之后中东的军费"，《SIPRI年鉴2004：军备、裁军和国际安全》，（牛津大学出版社：牛津，2004年），第387页。

军队忠诚的转变、经济和政治的转型、援助国的要求或者其他因素造成的结果。这一类型增加军费的动机，可以用中欧和东欧那些已经加入或者争取加入北约的国家以及非洲的一些国家的情况来说明。第三种与政策有关的动机是想对国际维和行动作出贡献这种愿望。这种情况常常是与新的军事能力的建设相联系的，其目的在于取得与其他国家的武装力量相协作的能力。虽然这种动机在一些发展中国家，比如加纳，引起了军费的增长，但是，欧盟的欧洲安全和防务政策目标并未导致欧盟成员国军费明显增长的趋势。

可以负担的能力也在与政策有关的军费增长中起了作用。在2007年军费高增长的一些国家中，可获取经济资源的程度也是一个重要因素。从诸如石油和天然气这类自然资源中获取的收入增加，使得比如说中东和外高加索地区把更多的钱用于军队成为可能。在其他的情况中，比如在美国，军费的增加得到庞大的经济支撑，或者比如在中国、印度以及在非洲和拉美的一些国家，则得到经济增长的支持。

导致军费增长的更为紧迫的安全要求包括卷入武装冲突和战争。对美国而言，阿富汗和伊拉克的冲突一直是争取国会同意军费大幅增长的关键因素。同样地 2006 年以色列在巴勒斯坦领土和在黎巴嫩的军事行动要求增加军事开支。卷入实际的或潜在的武装冲突也是外高加索地区、南亚地区和东亚部分地区军费快速增长的主要原因。阿布哈兹、南奥塞梯或纳戈尔诺—卡拉巴赫地区这些暂时停息的冲突中的任何一个都存在可能重燃战火的危险，显然是外高加索地区增加军事开支的一个因素。除了克什米尔和斯里兰卡长期的冲突之外，阿富汗战争在南亚、尤其是在巴基斯坦造成了一种不稳定的安全环境。若干东亚国家政府以加强军队建设来对国内的反叛运动作出反应。在非洲，不论是直接卷入冲突的国家还是它们的邻国，武装冲突正在驱使它们增加军费，虽然这种情况由于缺乏可靠的数据而没有能在军费数据中得到充分的反映。

虽然没有发生冲突，但不确定的国内安全环境也可以导致军事开支的增加。举例来说，尽管它们未曾直接卷入中东的任何武装冲突，但几乎所有的海湾合作委员会成员国都增加了军费。国内安全问题和边境安全是促使一些拉美国家以及越来越多的东亚国家增加军事开支的其他较为直接的因素。

因此，2001年以来促使不同国家增加军事开支的因素构成了一种混合体，即一种外交政策目标、现实的或觉察到的威胁、武装冲突以及为国际维和行动作出贡献的政策的混合体。

（高俊敏 邢笑罂 周爱群 译）

# 附录 5A 军费表

彼得·斯塔伦海姆　杨·格雷比
卡塔丽娜·佩尔多莫　伊丽莎白·申斯*

表 5A.1 列出了 1998 年至 2007 年依据地区、国家组织和收入分类的军费情况，为 2005 年固定美元价格和汇率数据。此外，表格还列出了 2007 年现值美元价格数据。表 5A.2 列出了 1998 年至 2007 年各国（地区）当地货币、现行价格军费数据。表 5A.3 中列出了 1998 年至 2007 年各国（地区）美元军费数据，以及 2007 年现值美元价格军费数据。表 5A.4 列出了 1998 年至 2007 年在各国（地区）军费占国内生产总值的比例。附录 5C 说明了数据的来源及估计方法。表 5A.4 后附有注释和各种常用的符号说明。

由于数据修正，不同版本《SIPRI 年鉴》中的军费数据不应混合使用。这些修正是非常重要的；例如在一个更好的时间序列数据能得到时，整个 SIPRI 序列就会相应作出修改。用来计算的国际货币基金组织经济统计数据的重大修正，也会导致 SIPRI 修改其固定美元

* 感谢以下人员提供军费开支数据、评估及相关建议：朱利安·库珀（俄罗斯及东欧研究中心，比林汉大学）、大卫·达契亚施维利（军民关系及安全研究中心，第比利斯）、迪米塔·迪米托夫（国家与世界经济大学，索非亚）、保罗·邓恩（西英格兰大学，布利斯托尔）、伊尼戈·格瓦拉·莫亚诺（民主安全分析协会，克雷塔罗）、伊图维娜·埃尔南德斯（民主安全研究促进会，危地马拉城）、奈齐尔·卡莫尔（联合国，纽约）、阿门·库尤姆德建（国家风险战略家，瓦尔帕莱所）、帕文·奈尔（Jagruti Seva Sanstha，蒲那）、艾利娜·诺尔（战略与国际研究所，吉隆坡）、佩尔·奥特加（J. M. D. 和平教育中心，巴塞罗那）、塔玛拉·帕塔拉亚（高加索和平、民主和发展学会，第比利斯）、托马斯·希兹（林肯大学学院，布宜诺斯艾利斯）、罗恩·史密斯（伯克贝克学院，伦敦）和奥兹伦·祖内契（萨格勒布大学）。

系列数据。当数据用当地货币（表 5A.2 中）而不是用美元表示，或是以国民生产总值的比重（表 5A.3 和 5A.4 中）表示时，是由于缺少经济数据之故。

**表 5A.1 1998—2007 年军费情况（按地理分区、国际组织和收入组分类）**

数据单位为 10 亿美元（2005 年固定美元价格及汇率），最右边标有 * 的一列数据为现值美元价格（单位十亿美元）。由于四舍五入，各项相加不一定与总数相符。

| | 1998 | 1999 | 2000 | 2001 | 2002 | 2003 | 2004 | 2005 | 2006 | 2007 | 2007* |
|---|---|---|---|---|---|---|---|---|---|---|---|
| **世界总额** | **834** | **843** | **875** | **892** | **947** | **1013** | **1071** | **1113** | **1145** | **1214** | **1339** |
| **地理分区** | | | | | | | | | | | |
| 非　洲 | 11.1 | 11.9 | 12.3 | 13.5 | 14.3 | 14.1 | 15.8 | 16.0 | 15.8 | 16.8 | 18.5 |
| 北非 | 4.3 | 4.0 | 4.1 | 5.2 | 5.2 | 5.4 | 5.9 | 6.2 | 6.0 | 6.6 | 7.4 |
| 萨哈拉以南非洲 | 6.8 | 7.9 | 8.3 | 8.4 | 9.1 | 8.7 | 9.9 | 9.8 | (9.7) | (10.1) | (11.2) |
| 美　洲 | 367 | 367 | 382 | 388 | 431 | 481 | 522 | 548 | 559 | 598 | 640 |
| 加勒比地区 | .. | .. | .. | .. | .. | .. | .. | .. | .. | .. | .. |
| 中美 | 3.6 | 3.7 | 3.9 | 3.8 | 3.6 | 3.6 | 3.4 | 3.4 | 3.6 | 4.0 | 4.3 |
| 北美 | 340 | 341 | 354 | 357 | 399 | 453 | 493 | 516 | 525 | 562 | 596 |
| 南美 | 23.3 | 22.1 | 23.9 | 26.7 | 27.5 | 24.6 | 25.8 | 28.1 | 30.1 | 32.0 | 39.6 |
| 亚洲和大洋洲 | 132 | 135 | 139 | 146 | 153 | 160 | 166 | 176 | 186 | 200 | 219 |
| 中亚 | (0.6) | 0.5 | .. | (0.6) | .. | (0.8) | .. | .. | .. | .. | .. |
| 东亚 | 100 | 101 | 104 | 110 | 116 | 122 | 127 | 132 | 140 | 152 | 163 |

| | 1998 | 1999 | 2000 | 2001 | 2002 | 2003 | 2004 | 2005 | 2006 | 2007 | 2007* |
|---|---|---|---|---|---|---|---|---|---|---|---|
| 大洋洲 | 11.4 | 11.9 | 11.8 | 12.2 | 12.7 | 13.2 | 13.8 | 14.3 | 15.1 | 16.4 | 18.7 |
| 南亚 | 19.6 | 21.9 | 22.8 | 23.5 | 23.6 | 24.2 | 25.0 | 28.2 | 29.7 | 30.7 | 35.6 |
| 欧　洲 | 276 | 280 | 287 | 288 | 295 | 302 | 306 | 306 | 311 | 319 | 370 |
| 中欧 | 15.1 | 14.7 | 14.8 | 15.5 | 15.8 | 16.2 | 16.3 | 16.8 | 17.1 | 18.0 | 21.9 |
| 东欧 | 15.6 | 15.9 | 21.4 | 23.3 | 25.8 | 27.6 | 28.9 | 32.0 | 35.6 | 40.8 | 52.4 |
| 西欧 | 245 | 250 | 251 | 249 | 253 | 258 | 261 | 257 | 258 | 261 | 296 |
| 中　东 | 48.8 | 48.1 | 54.3 | 56.7 | 54.3 | 56.0 | 60.3 | 67.2 | 73.9 | 79.0 | 91.5 |
| 国际组织 | | | | | | | | | | | |
| 东盟 | 11.7 | 11.7 | 11.8 | 12.4 | 13.1 | 14.7 | 14.9 | 15.4 | 16.0 | 17.8 | 21.1 |
| 独联体 | 16.2 | 16.4 | 21.9 | 23.9 | 26.5 | 28.4 | 29.8 | 33.0 | 36.8 | 42.3 | 54.2 |
| 欧盟 | 221 | 225 | 227 | 226 | 230 | 237 | 253 | 251 | 252 | 257 | 293 |
| 北约 | 568 | 583 | 596 | 599 | 646 | 704 | 752 | 773 | 783 | 823 | 894 |
| 北约欧洲国家 | 228 | 242 | 243 | 242 | 247 | 252 | 259 | 256 | 258 | 261 | 298 |
| 经合组织 | 666 | 673 | 689 | 692 | 740 | 800 | 844 | 866 | 876 | 920 | 994 |
| 石油输出国组织 | 35.6 | 34.0 | 38.7 | 41.3 | 38.0 | 39.4 | 44.0 | 50.5 | 56.0 | 61.9 | 73.3 |

| | 1998 | 1999 | 2000 | 2001 | 2002 | 2003 | 2004 | 2005 | 2006 | 2007 | 2007* |
|---|---|---|---|---|---|---|---|---|---|---|---|
| 欧安组织 | 615 | 621 | 641 | 645 | 695 | 755 | 800 | 823 | 837 | 883 | 968 |
| **收入组** | | | | | | | | | | | |
| 低收入国家 | 22.8 | 26.5 | 27.1 | 27.6 | 28.5 | 28.6 | 30.4 | 33.3 | 34.5 | 35.6 | 41.9 |
| 中低收入国 | 61.7 | 62.9 | 71.4 | 79.5 | 84.7 | 88.4 | 95.1 | 103 | 116 | 125 | 152 |
| 中高收入国 | 58.3 | 60.3 | 65.7 | 68.6 | 70.6 | 72.1 | 73.4 | 77.9 | 82.0 | 88.2 | 107 |
| 高收入国 | 692 | 693 | 710 | 716 | 763 | 824 | 872 | 899 | 913 | 965 | 1 039 |

() 中的数据是在现有数据不足地区数据总和 90%的情况下得出的；.. 表明现有数据不足地区数据总和的 60%；东盟为东南亚国家联盟的简称；独联体为独立国家联合体的简称；北约为北大西洋公约组织的简称；经合组织为经济合作与发展组织的简称；欧佩克为石油输出国组织的简称；欧安组织为欧洲安全与合作组织的简称。

**注释：**表格 5A.1 中的世界总数和以区域、组织和收入分组的总数是根据表 5A.3 中的数据估算出来的。当某个国家在某些年的军费数据缺失时，我们对其作出估算，这些估算基于该国家的军费的变化速度与其所处区域的军费变化速度是一致的假设。当无法作出估计时，这些国家就不计入总体之内。表 5A.1 中被排除在总体之外的国家有：安哥拉、贝宁、古巴、赤道几内亚、圭亚那、海地、伊拉克、朝鲜、缅甸、卡塔尔、索马里、特立尼达和多巴哥、越南。

各地理分区的军费相加得出世界军费总额。各次地区军费总额相加得出地理分区军费总额。地理分区和收入组军费总额各年涵盖同样的国家，国际组织军费总额仅涵盖其当年的成员国。

国家收入组的划分依据为世界银行计算的 2005 年人均国民总收入数据，载于《2007 年世界发展报告：发展和下一代》（世界银行，华盛顿特区，2006 年），网址：〈http：//econ. worldbank. org/wdr/〉。

**非洲：**阿尔及利亚、安哥拉、贝宁、博茨瓦纳、布基纳法索、布隆迪、喀麦隆、佛得角、中非共和国、乍得、刚果共和国、刚果民主共和国、科特迪瓦、吉布提、赤道几内亚、厄立特里亚、埃塞俄比亚、加蓬、冈比亚、加纳、几内亚、几内亚比绍、肯尼亚、莱索托、利比里亚、利比亚、马达加斯加、马拉维、马里、毛里塔尼亚、毛里求斯、摩洛哥、莫桑比克、纳米比亚、尼日尔、尼日利亚、卢旺达、塞内加尔、塞舌尔、塞拉利昂、索马里、南非、苏丹、斯威士兰、坦桑尼亚、多哥、突尼斯、乌干达、赞比亚、津巴布韦。**北非**：阿尔及利亚、利比亚、摩洛哥、突尼斯。**萨哈拉以南非洲**：安哥拉、贝宁、博茨瓦纳、布基纳法索、布隆迪、喀麦隆、佛得角、中非共和国、乍得、刚果共和国、刚果民主共和国、科特迪瓦、吉布提、赤道几内亚、厄立特里亚、埃塞俄比亚、加蓬、冈比亚、加纳、几内亚、几内亚比绍、肯尼亚、莱索托、利比里亚、马达加斯加、马拉维、马里、毛里塔尼亚、毛里求斯、莫桑比克、纳米比亚、尼日尔、尼日利亚、卢旺达、塞内加尔、塞舌尔、塞拉利昂、索马里、南非、苏丹、斯威士兰、坦桑尼亚、多哥、乌干达、赞比亚、津巴布韦。

**美洲**：阿根廷、巴哈马、巴巴多斯、伯利兹、玻利维亚、巴西、加拿大、智利、哥伦比亚、哥斯达黎加、古巴、多米尼加共和国、厄瓜多尔、萨尔瓦多、危地马拉、圭亚那、海地、洪都拉斯、牙买加、墨西哥、尼加拉瓜、巴拿马、巴拉圭、秘鲁、特立尼亚和多巴哥、乌拉圭、美国、委内瑞拉。**加勒比地区**：巴哈马、巴巴多斯、古巴、多米尼亚共和国、海地、牙买加、特立尼亚和多巴哥。**中美**：伯利兹、哥斯达黎加、萨尔瓦多、危地马拉、洪都拉斯、墨西哥、尼加拉瓜、巴拿马。**北美**：加拿大、美国。**南美**：阿根廷、玻利维亚、巴西、智利、哥伦比亚、厄瓜多尔、圭亚那、巴拉圭、秘鲁、乌拉圭、委内瑞拉。

**亚洲和大洋洲**：阿富汗、澳大利亚、孟加拉、文莱、柬埔寨、中国、斐济、印度、印度尼西亚、日本、哈萨克斯坦、新西兰、朝鲜、韩国、吉尔吉斯斯坦、老挝、马来西亚、蒙古、缅甸、尼泊尔、巴基斯坦、巴布亚新几内亚、菲律宾、新加坡、斯里兰卡、中国台湾（地区）、塔吉克斯坦、吉尔吉斯斯坦、泰国、汤加、土库曼斯坦、乌兹别克斯坦、越南。**中亚**：哈萨克斯坦、吉尔吉斯斯坦、塔吉克斯坦、土库曼斯坦、乌兹别克斯坦。**东亚**：文莱、柬埔寨、中国、印度尼西亚、日本、朝鲜、韩国、老挝、马来西亚、蒙古、缅甸、菲律宾、新加坡、中国台湾（地区）、泰国、越南。**南亚**：阿富汗、孟加拉、印度、尼泊尔、巴基斯坦、斯里兰卡。**大洋洲**：澳大利亚、斐济、新西兰、巴布亚新几内亚、汤加。

**欧洲**：阿尔巴尼亚、亚美尼亚、奥地利、阿塞拜疆、白俄罗斯、比利时、波黑、保加利亚、克罗地亚、塞浦路斯、捷克共和国、丹麦、爱沙尼亚、芬兰、法国、格鲁吉亚、德国、希腊、匈牙利、冰岛、爱尔兰、意大利、拉脱维亚、立陶宛、卢森堡、前南马其顿共和国、马耳他、摩尔多瓦、荷兰、挪威、波兰、葡萄牙、罗马尼亚、俄罗斯、赛黑、斯洛伐克、斯洛文尼亚、西班牙、瑞典、瑞士、土耳其、联合王国、乌克兰。**中欧**：阿尔巴尼亚、波黑、保加利亚、克罗地亚、捷克共和国、爱沙尼亚、匈牙利、拉脱维亚、立陶宛、前南马其顿共和国、波兰、罗马尼亚、塞黑、斯洛伐克、斯洛文尼亚。**东欧**：亚美尼亚、阿塞拜疆、白俄罗斯、格鲁吉亚、摩尔瓦多、俄罗斯、乌克兰。**西欧**：奥地利、比利时、塞浦路斯、丹麦、芬兰、法国、德国、希腊、冰岛、爱尔兰、意大利、卢森堡、马耳他、荷兰、挪威、葡萄牙、西班牙、瑞典、瑞士、土耳其、联合王国。

**中东**：巴林、埃及、伊朗、伊拉克、以色列、约旦、科威特、黎巴嫩、阿曼、卡塔尔、沙特阿拉伯、叙利亚、阿联酋、也门。

**东盟**：文莱、柬埔寨（1999）、印度尼西亚、老挝、马来西亚、缅甸、菲律宾、新加坡、泰国、越南。

**独联体**：亚美尼亚、阿塞拜疆、白俄罗斯、格鲁吉亚、哈萨克斯坦、吉尔吉斯斯坦、摩尔瓦多、俄罗斯、塔吉克斯坦、土库曼斯坦、乌克兰、乌兹别克斯坦。

**欧盟**：奥地利、比利时、保加利亚（2007）、塞浦路斯（2004）、捷克共和国（2004）、丹麦、爱沙尼亚（2004）、芬兰、法国、德国、希腊、匈牙利（2004）、爱尔兰、意大利、拉脱维亚（2004）、立陶宛（2004）、卢森堡、马耳他（2004）、荷兰、波兰（2004）、葡萄牙、罗马尼亚（2007）、斯洛伐克（2004）、斯洛文尼亚（2004）、西班牙、瑞典、联合王国。

**北约**：比利时、保加利亚（2004）、加拿大、捷克共和国（1999）、丹麦、爱沙尼亚（2004）、法国、德国、希腊、匈牙利（1999）、冰岛、意大利、拉脱维亚（2004）、立陶宛（2004）、卢森堡、荷兰、挪威、波兰（1999）、葡萄牙、罗马尼亚（2004）、斯洛伐克（2004）、斯洛文尼亚（2004）、西班牙、土耳其、联合王国、美国。北约欧洲国家：比利时、保加利亚（2004）、捷克共和国（1999）、丹麦、爱沙尼亚（2004）、法国、德国、希腊、匈牙利（1999）、冰岛、意大利、拉脱维亚（2004）、立陶宛（2004）、卢森堡、荷兰、挪威、波兰（1999）、葡萄牙、罗马尼亚（2004）、斯洛伐克（2004）、斯洛文尼亚（2004）、西班牙、土耳其、联合王国。

**经合组织**：澳大利亚、奥地利、比利时、加拿大、捷克共和国、丹麦、芬兰、法国、德国、希腊、匈牙利、冰岛、爱尔兰、意大利、日本、韩国、卢森堡、墨西哥、荷兰、新西兰、挪威、波兰、葡萄牙、斯洛伐克（2000）、西班牙、瑞典、瑞士、土耳其、联合王国、美国。

**石油输出国组织**：阿尔及利亚、安哥拉（2007）、印度尼西亚、伊朗、伊拉克、科威特、利比亚、尼日利亚、卡塔尔、沙特、阿联酋、委内瑞拉。

**欧安组织**：阿尔巴尼亚、亚美尼亚、奥地利、阿塞拜疆、白俄罗斯、比利时、波黑、保加利亚、加拿大、克罗地亚、塞浦路斯、捷克共和国、丹麦、爱沙尼亚、芬兰、法国、格鲁吉亚、德国、希腊、匈牙利、冰岛、爱尔兰、意大利、哈萨克斯坦、吉尔吉斯斯坦、拉脱维亚、立陶宛、卢森堡、前马其顿共和国、马耳他、摩尔多瓦、黑山（2006）、荷兰、挪威、波兰、葡萄牙、罗马尼亚、俄罗斯、塞尔维亚（2000）、斯洛伐克、斯洛文尼亚、西班牙、瑞典、瑞士、塔吉克斯坦、土耳其、土库曼斯坦、联合王国、乌克兰、美国、乌兹别克斯坦。

**低收入国家**（2005 年人均国民总收入低于或等于 875 美元）：阿富汗、孟加拉国、贝宁、布基纳法索、布隆迪、柬埔寨、中非共和国、乍得、刚果民主共和国、科特迪瓦、厄立特里亚、埃塞俄比亚、冈比亚、加纳、几内亚、几内亚比绍、海地、印度、肯尼亚、朝鲜、吉尔吉斯斯坦、老挝、利比里亚、马达加斯加、马拉维、马里、毛里塔尼亚、蒙古、莫桑比克、缅甸、尼泊尔、尼日尔、尼日利亚、巴基斯坦、巴布亚新几内亚、卢旺达、塞内加尔、塞拉利昂、索马里、苏丹、塔吉克斯坦、坦桑尼亚、多哥、乌干达、乌兹别克斯坦、越南、也门、赞比亚、津巴布韦。

**中低收入国家**（2005 年人均国民总收入为 876 美元至 3465 美元）：阿尔巴尼亚、阿尔及利亚、安哥拉、亚美尼亚、阿塞拜疆、白俄罗斯、玻利维亚、波黑、巴西、保加利亚、喀麦隆、佛得角、中国、哥伦比亚、刚果共和国、古巴、吉布提、多米尼亚共和国、厄瓜多尔、埃及、萨尔瓦多、斐济、格鲁吉亚、危地马拉、圭亚那、洪都拉斯、印度尼西亚、伊朗、伊拉克、牙买加、约旦、哈萨克斯坦、莱索托、前南马其顿共和国、摩尔多瓦、摩洛哥、纳米比亚、尼加拉瓜、巴拉圭、秘鲁、菲律宾、塞尔维亚、斯里兰卡、斯威士兰、叙利亚、泰国、汤加、特立尼达和多巴哥、土库曼斯坦、突尼斯、乌克兰。

**中高收入国家**（2005 年人均国民总收入为 3466 美元至 10725 美元）：阿根廷、巴巴多斯、伯利兹、博茨瓦纳、智利、哥斯达黎加、克罗地亚、捷克共和国、赤道几内亚、爱沙尼亚、加蓬、匈牙利、拉脱维亚、黎巴嫩、立陶宛、利比亚、马来西亚、毛里求斯、墨西哥、黑山、阿曼、巴拿马、波兰、罗马尼亚、俄罗斯、塞舌尔、斯洛伐克、南非、土耳其、乌拉圭、委内瑞拉。

**高收入国家**（2005 年人均国民收入高于或等于 10726 美元）：澳大利亚、奥地利、巴哈马、巴林、比利时、文莱、加拿大、塞浦路斯、丹麦、芬兰、法国、德国、希腊、冰岛、爱尔兰、以色列、意大利、日本、韩国、科威特、卢森堡、马耳他、荷兰、新西兰、挪威、葡萄牙、塔卡尔、沙特、新加坡、斯洛文尼亚、西班牙、瑞典、瑞士、斯威士兰、中国台湾（地区）、阿联酋、联合王国、美国。

**表 5A.2　1998—2007 年国家军费（当地货币）**

数据以当地货币现行价格计算，除特别注明外，年份为公历年。国家按区域和次区域分组。

| 国家 | 货币 | 1998 | 1999 | 2000 | 2001 | 2002 | 2003 | 2004 | 2005 | 2006 | 2007 |
|---|---|---|---|---|---|---|---|---|---|---|---|
| **非洲** | | | | | | | | | | | |
| 北非 | | | | | | | | | | | |
| 阿尔及利亚‡[1] | （百万）第纳尔 | 11248 | 121597 | 141576 | 161505 | 167380 | 170764 | 201930 | 214320 | 224767 | 273415 |
| 利比亚 | （百万）第纳尔 | 675 | 535 | 556 | 496 | 575 | 700 | 894 | 981 | 769 | 807 |
| 摩洛哥 | （百万）迪拉姆 | 13878 | 11569 | 9129 | 16619 | 16254 | 17418 | 17182 | 18006 | 18775 | 19730 |
| 突尼斯 | （百万）第纳尔 | 417 | 424 | 456 | 483 | 491 | 525 | 554 | 608 | 574 | .. |
| *萨哈拉以南* | | | | | | | | | | | |
| 安哥拉 §‖[2] | （十亿）宽扎 | (0.1) | (0.6) | (2.2) | (5.7) | (17.9) | (27.3) | (80.0) | (104) | (127) | (172) |
| 贝宁 | （百万）非洲法郎 | .. | 10986 | 10321 | 9612 | 18122 | 20077 | 22072 | [24677] | [25601] | .. |
| 博茨瓦纳 | （百万）普拉 | 765 | 784 | 942 | 1229 | 1415 | 1490 | 1474 | 1533 | 1654 | [1945] |
| 布基纳法索‡ | （百万）非洲法郎 | [19200] | [21200] | [21500] | 22259 | 24666 | 25571 | 30289 | 33649 | 37081 | 45448 |
| 布隆迪 | （十亿）法郎 | 26.3 | 28.5 | 30.5 | 44.2 | 41.8 | 47.0 | 49.4 | 53.6 | 46.0 | 50.1 |
| 喀麦隆 § | （百万）非洲法郎 | 80969 | 89095 | 87598 | 91118 | 101500 | 109556 | 116808 | 117670 | 134345 | 142198 |

| 国家 | 货币 | 1998 | 1999 | 2000 | 2001 | 2002 | 2003 | 2004 | 2005 | 2006 | 2007 |
|---|---|---|---|---|---|---|---|---|---|---|---|
| 佛得角 | （百万）埃斯库多 | 443 | 518 | 814 | 572 | 530 | 565 | 573 | 636 | 626 | 640 |
| 中非共和国. ‡[3] | （百万）非洲法郎 | .. | .. | .. | .. | 7445 | 8729 | 7979 | 8121 | .. | .. |
| 乍得 | （百万）非洲法郎 | 11.8 | 16.0 | 18.8 | 22.5 | 23.9 | 23.8 | 26.7 | 29.3 | 30.9 | 33.3 |
| 刚果共和国 § | （百万）非洲法郎 | .. | .. | .. | 28374 | 35035 | 39916 | 40050 | 41400 | 44070 | .. |
| 刚果民主共和国[4] | （百万/十亿）法郎 | 42.8 | 600 | 2901 | .. | .. | 48.0 | 78.0 | 71.0 | (76.0) | (85.4) |
| 科特迪瓦[5] | （十亿）非洲法郎 | .. | .. | .. | .. | .. | 124 | 133 | 132 | 140 | 139 |
| 吉布提 | （百万）法郎 | 4042 | 4053 | 3979 | 4045 | 4500 | .. | .. | .. | .. | .. |
| 赤道几内亚 | （百万）非洲法郎 | .. | .. | .. | .. | .. | .. | .. | .. | .. | .. |
| 厄立特里亚 | （百万）纳克法 | 1936 | 2225 | 2220 | 1884 | 2104 | 2520 | .. | .. | .. | .. |
| 埃塞俄比亚 | （百万）比尔 | 3263 | 5589 | 5075 | 2959 | 2476 | 2397 | 2686 | 2965 | 3005 | 3250 |
| 加蓬[6] | （十亿）非洲法郎 | .. | .. | 65.0 | 66.0 | 66.0 | 63.0 | 65.0 | 60.0 | 58.0 | (59.0) |
| 冈比亚‡ | （百万）达拉西 | 43.1 | 40.1 | 42.5 | 38.5 | 45.0 | 57.0 | 58.0 | 84.0 | .. | .. |
| 加纳‖[7] | （百万）塞地 | 13.3 | 15.8 | 27.7 | 23.2 | 29.3 | 46.2 | 50.7 | 58.2 | 69.4 | 106 |
| 几内亚[8] | （十亿）法郎 | 55.7 | 76.6 | 80.3 | 171 | 194 | 167 | 182 | .. | .. | .. |
| 几内亚—比绍[9] | （百万）非洲法郎 | 1711 | .. | 6786 | 4533 | 4435 | 4362 | .. | 6391 | .. | .. |

| 国家 | 货币 | 1998 | 1999 | 2000 | 2001 | 2002 | 2003 | 2004 | 2005 | 2006 | 2007 |
|---|---|---|---|---|---|---|---|---|---|---|---|
| 肯尼亚 | （百万）先令 | 10381 | 10684 | 12614 | 15349 | 16844 | 18676 | 20570 | 23936 | 27096 | 33209 |
| 莱索托 | （百万）马洛蒂 | 154 | 208 | 212 | 201 | 206 | 207 | 203 | 214 | 239 | 281 |
| 利比里亚 | （百万）元 | .. | .. | .. | .. | .. | .. | 252 | 361 | [283] | [376] |
| 马达加斯加‖[10] | （十亿）阿里亚里 | 54.9 | 56.6 | 63.9 | 85.7 | 78.9 | 89.8 | 102 | 108 | 116 | 154 |
| 马拉维 | （百万）克瓦查 | 450 | 635 | 698 | 916 | 1136 | 1278 | 2391 | 4027 | [5257] | [5823] |
| 马里 | （十亿）非洲法郎 | 32.2 | 36.0 | 41.4 | 43.8 | 45.8 | 51.6 | 54.5 | 63.2 | 68.9 | [76.4] |
| 毛里塔尼亚‡ | （十亿）乌吉亚 | 4.8 | 6.7 | 9.1 | 13.3 | 9.9 | 16.4 | 18.6 | 17.7 | 22.0 | .. |
| 毛里求斯 | （百万）卢比 | 203 | 228 | 246 | 262 | 285 | 304 | 301 | 321 | 343 | 370 |
| 莫桑比克‖ | （十亿）梅蒂卡尔 | [585] | 722 | 843 | 1048 | 1267 | 1422 | 1753 | 1436 | 1459 | 1773 |
| 纳米比亚[11] | （百万）元 | 436 | 646 | 641 | 833 | 928 | 979 | 1079 | 1221 | 1351 | 1608 |
| 尼日尔 | （十亿）非洲法郎 | 13.0 | 14.5 | 14.3 | 18.2 | 14.4 | 14.3 | 16.7 | 17.3 | .. | .. |
| 尼日利亚[12] | （百万）奈拉 | 25162 | 45400 | 37490 | 63472 | 108148 | 75913 | 85047 | 88506 | 99853 | 122315 |
| 卢旺达[13] | （十亿）法郎 | 27.2 | 27.0 | 23.9 | 25.2 | 24.3 | 24.3 | 23.8 | 25.1 | 30.2 | 31.8 |
| 塞内加尔§¶[14] | （百万）非洲法郎 | 44300 | 48200 | 44400 | 50500 | 51829 | 56293 | 56819 | 65619 | 77678 | 92557 |
| 塞舌尔 | （百万）卢比 | 55.5 | 59.3 | 59.0 | 64.8 | 64.1 | 66.1 | 87.6 | 81.0 | 80.0 | 77.0 |

| 国家 | 货币 | 1998 | 1999 | 2000 | 2001 | 2002 | 2003 | 2004 | 2005 | 2006 | 2007 |
|---|---|---|---|---|---|---|---|---|---|---|---|
| 塞拉利昂[15] | （百万）利昂 | .. | .. | 48.8 | 59.4 | 57.0 | 66.8 | 62.0 | 68.1 | [83.7] | [88.0] |
| 索马里 | 先令 | .. | .. | .. | .. | .. | .. | .. | .. | .. | .. |
| 南非 | （百万）兰特 | 11642 | 11353 | 14322 | 17021 | 19985 | 22129 | 22633 | 25306 | 26468 | 28431 |
| 苏丹‡‖[16] | （十亿）第纳尔 | 522 | 1085 | 1510 | 1004 | 1276 | 1039 | 3200 | 2838 | .. | .. |
| 斯威士兰 | （百万）埃马兰吉尼 | [163] | [180] | [186] | [184] | [223] | [261] | [298] | .. | .. | .. |
| 坦桑尼亚 | （十亿）先令 | 89.3 | 95.7 | 108 | 132 | 136 | 130 | 139 | 157 | 184 | 202 |
| 多哥 | （百万）非洲法郎 | .. | .. | .. | .. | .. | 16757 | 16757 | 17532 | .. | .. |
| 乌干达 | （十亿）先令 | 192 | 232 | 232 | 239 | 256 | 299 | 355 | 386 | 372 | 360 |
| 赞比亚‖[17] | （十亿）克瓦查 | .. | 134 | .. | .. | .. | .. | 470 | 600 | 659 | 800 |
| 津巴布韦‖[18] | （百万）元 | 3.7 | 10.1 | 15.4 | 15.8 | 37.3 | 136 | 1300 | 2942 | (26604) | (22700) |
| **美洲** | | | | | | | | | | | |
| *加勒比地区* | | | | | | | | | | | |
| 巴哈马 | （百万）元 | 33.4 | 34.1 | 28.6 | 28.1 | 30.2 | 32.9 | 34.9 | 38.7 | 48.2 | 58.3 |
| 巴巴多斯 | （百万）元 | 36.7 | 39.8 | 42.8 | 46.1 | 47.2 | 47.0 | 46.9 | 51.7 | [52.8] | .. |
| 古巴 | 比索 | .. | .. | .. | .. | .. | .. | .. | .. | .. | .. |

| 国家 | 货币 | 1998 | 1999 | 2000 | 2001 | 2002 | 2003 | 2004 | 2005 | 2006 | 2007 |
|---|---|---|---|---|---|---|---|---|---|---|---|
| 多米尼加共和国 | （百万）比索 | 1818 | 2005 | 2872 | 3742 | 4440 | 3578 | 4093 | 6687 | 6339 | [6477] |
| 海地 | 古德 | .. | .. | .. | .. | .. | .. | .. | .. | .. | .. |
| 牙买加 | （百万）元 | 1741 | 1762 | 1873 | 2133 | 2755 | 3167 | 3337 | 3695 | 4776 | 5302 |
| 特立尼达和多巴斯 | 元 | .. | .. | .. | .. | .. | .. | .. | .. | .. | .. |
| 中美 | | | | | | | | | | | |
| 伯利兹 | （千）元 | .. | .. | .. | .. | .. | .. | .. | .. | .. | .. |
| 哥斯达黎加[19] | （百万）科郎 | .. | .. | .. | .. | .. | .. | .. | .. | .. | .. |
| 萨尔瓦多 | （百万）元 | 96.3 | 99.8 | 112 | 109 | 109 | 106 | 106 | 107 | 114 | 114 |
| 危地马拉 | （百万）格查尔 | 894 | 914 | 1225 | 1546 | 1239 | 1420 | 913 | 798 | 1111 | 1274 |
| 洪都拉斯†§[20] | （百万）伦皮拉 | .. | .. | 516 | 646 | 898 | 919 | 928 | 1004 | 1041 | 1444 |
| 墨西哥†[21] | （百万）比索 | 20677 | 25363 | 28664 | 30171 | 30631 | 31941 | 32241 | 34039 | 36847 | 43152 |
| 尼加拉瓜[22] | （百万）科多巴 | 278 | 318 | 390 | 389 | 460 | 537 | 527 | 568 | 614 | 705 |
| 巴拿马[23] | （百万）巴波亚 | 104 | 112 | .. | .. | .. | .. | .. | .. | .. | .. |
| 北美 | | | | | | | | | | | |
| 加拿大 | （百万）元 | 11495 | 12199 | 12326 | 12972 | 13332 | 13952 | 14749 | 15739 | 16800 | 19105 |

| 国家 | 货币 | 1998 | 1999 | 2000 | 2001 | 2002 | 2003 | 2004 | 2005 | 2006 | 2007 |
|---|---|---|---|---|---|---|---|---|---|---|---|
| 美国[24] | （百万）美元 | 274278 | 280969 | 301697 | 312743 | 356720 | 415223 | 464676 | 503353 | 527660 | 578315 |
| 南美 | | | | | | | | | | | |
| 阿根廷 | （百万）比索 | 3782 | 3852 | 3739 | 3638 | 3784 | 4433 | 4803 | 5553 | 5719 | [6092] |
| 玻利维亚[25] | （百万）玻利维亚诺 | 1002 | 848 | 869 | 1104 | 1064 | 1161 | 1171 | 1195 | 1255 | 1275 |
| 巴西 | （百万）雷亚尔 | [16960] | [16408] | 18617 | 23062 | 28620 | 25590 | 26606 | 30308 | 35001 | [40123] |
| 智利§[26] | （十亿）比索 | 1249 | 1367 | 1502 | 1615 | 1765 | 1743 | 2216 | 2463 | 2809 | 2882 |
| 哥伦比亚[27] | （十亿）比索 | [4543] | [5183] | [7141] | [8470] | 7524 | 8996 | 10139 | 11446 | 12684 | 13574 |
| 厄瓜多尔‖[28] | （百万）美元 | 549 | 296 | 266 | 384 | 505 | 739 | 710 | 954 | 950 | 1253 |
| 圭亚那 | （百万）元 | .. | .. | .. | .. | .. | .. | .. | .. | .. | .. |
| 巴拉圭[29] | （十亿）瓜拉尼 | 274 | 262 | 277 | 270 | 288 | 294 | 364 | 347 | 431 | 469 |
| 秘鲁[30] | （百万）新索尔 | (2671) | (2773) | (3228) | 3187 | 2982 | 3092 | 3397 | 3820 | 4011 | 3857 |
| 乌拉圭 | （百万）比索 | [3815] | [4174] | [3663] | 4384 | 4333 | 4967 | 5261 | 5696 | 6168 | 6966 |
| 委内瑞拉[31] | （十亿）玻利瓦尔 | 716 | 725 | 923 | 1373 | 1396 | 1666 | 2558 | 3957 | 4475 | 5518 |
| **亚洲和大洋洲** | | | | | | | | | | | |
| 中亚 | | | | | | | | | | | |

| 国家 | 货币 | 1998 | 1999 | 2000 | 2001 | 2002 | 2003 | 2004 | 2005 | 2006 | 2007 |
|---|---|---|---|---|---|---|---|---|---|---|---|
| 哈萨克斯坦 | （十亿）坚戈 | 19.0 | 17.2 | 20.4 | 32.5 | 37.7 | 47.5 | 58.0 | 78.7 | 100 | [155] |
| 吉尔吉斯斯坦[32] | （百万）索姆 | 912 | 1267 | 1864 | 1734 | 2055 | 2408 | 2688 | 3100 | 3606 | [4635] |
| 塔吉克斯坦 | （百万）索莫尼 | 17.6 | 18.7 | 21.5 | 29.6 | 70.7 | 107 | 134 | .. | .. | .. |
| 土库曼斯坦[33] | （十亿）马纳特 | 436 | 582 | .. | .. | .. | .. | .. | .. | .. | .. |
| 乌兹别克斯坦[34] | （百万）苏姆 | .. | 34860 | .. | 41115 | .. | 53018 | .. | .. | .. | .. |
| 东亚 | | | | | | | | | | | |
| 文莱 | （百万）元 | 492 | 438 | 421 | 390 | 405 | 424 | (337) | (414) | [433] | [447] |
| 柬埔寨 | （十亿）瑞尔 | 312 | 336 | 309 | 280 | 265 | 270 | 272 | 289 | 328 | [320] |
| 中国[35] | （十亿）元 | [149] | [165] | [182] | [216] | [253] | [283] | [324] | [363] | [431] | [506] |
| 印度尼西亚 | （十亿）卢比 | 10349 | 10254 | 13945 | 16416 | 19291 | 27446 | 32100 | [34658] | [41735] | [48256] |
| 日本†§[36] | （十亿）日元 | 4942 | 4934 | 4935 | 4950 | 4956 | 4954 | 4916 | 4868 | 4824 | 4805 |
| 朝鲜 | 元 | .. | .. | .. | .. | .. | .. | .. | .. | .. | .. |
| 韩国†¶[37] | （千）元 | 13.6 | 13.3 | 14.5 | 15.5 | 16.4 | 17.5 | 18.9 | 21.1 | 21.5 | 24.2 |
| 老挝 | （十亿）基普 | 66.5 | 224 | 278 | 325 | .. | .. | .. | .. | .. | .. |
| 马来西亚 | （百万）林吉特 | 4547 | 6321 | 5826 | 7351 | 8504 | 10950 | 10728 | 11817 | 11981 | 13791 |

| 国家 | 货币 | 1998 | 1999 | 2000 | 2001 | 2002 | 2003 | 2004 | 2005 | 2006 | 2007 |
|---|---|---|---|---|---|---|---|---|---|---|---|
| 蒙古 | （百万）图格里克 | 16750 | 18416 | 26126 | 25384 | 28071 | 27899 | 32891 | 35914 | 46232 | .. |
| 缅甸[38] | 缅币 | 37.3 | 43.7 | 58.8 | 63.9 | 73.1 | .. | .. | .. | .. | .. |
| 菲律宾 | （百万）比索 | 31512 | 32959 | 36208 | 35977 | 38907 | 44440 | 43847 | 47634 | 51527 | 53805 |
| 新加坡 | （百万）元 | 7475 | 7616 | 7466 | 7721 | 8108 | 8230 | 8525 | 9094 | 9848 | 10445 |
| 中国台湾（地区） | （十亿）元 | 299 | 258 | 243 | 248 | 225 | 228 | 249 | 250 | 241 | 312 |
| 泰国 | （百万）铢 | 86133 | 74809 | 71268 | 75413 | 76724 | 77027 | [75498] | [79519] | [86706] | [116850] |
| 越南 | 盾 | .. | .. | .. | .. | .. | .. | .. | .. | .. | .. |
| **南亚** | | | | | | | | | | | |
| 阿富汗[39] | （百万）阿富汗尼 | .. | .. | .. | .. | .. | .. | 5440 | 5521 | 6223 | 10255 |
| 孟加拉 | （百万）塔卡 | 28436 | 31277 | 33377 | 34020 | 34105 | 36150 | 39630 | 43005 | 46950 | .. |
| 印度[40] | （十亿）卢比 | 492 | 598 | 642 | 689 | 717 | 761 | 812 | 982 | 1102 | 1193 |
| 尼泊尔¶[41] | （百万）卢比 | 2789 | 3239 | 3648 | 4837 | 6621 | 7951 | 9756 | 11153 | [11004] | [10604] |
| 巴基斯坦‡ | （十亿）卢比 | 140 | 147 | 154 | 170 | 188 | 207 | 232 | 263 | 287 | [307] |
| 斯里兰卡†‡[42] | （十亿）卢比 | 42.5 | 40.1 | 56.9 | 54.2 | 49.2 | 47.0 | 56.3 | 61.5 | 81.4 | 105 |
| **大洋洲** | | | | | | | | | | | |

| 国家 | 货币 | 1998 | 1999 | 2000 | 2001 | 2002 | 2003 | 2004 | 2005 | 2006 | 2007 |
|---|---|---|---|---|---|---|---|---|---|---|---|
| 澳大利亚 | （百万）元 | 10799 | 11496 | 11975 | 12995 | 14077 | 14965 | 16119 | 17184 | 18826 | 20949 |
| 斐济† [43] | （百万）元 | 48.0 | 49.6 | 67.0 | 60.0 | 63.2 | 57.8 | 52.7 | 66.0 | 74.0 | 80.0 |
| 新西兰 | （百万）元 | 1363 | 1380 | 1422 | 1428 | 1411 | 1468 | 1523 | 1587 | 1728 | 1893 |
| 巴布亚新几内亚 | （百万）基那 | 86.0 | 80.0 | 85.0 | 85.5 | 66.3 | 68.8 | 78.7 | 94.2 | 93.7 | 91.2 |
| 汤加 | （千）潘加 | 3693 | 3535 | 3837 | 4211 | 4319 | 4560 | 4366 | 5119 | 6878 | 7566 |
| 欧洲 | | | | | | | | | | | |
| 阿尔巴尼亚¶ [44] | （百万）列克 | 5067 | 5891 | 6519 | 7638 | 8220 | 9279 | 10373 | 11000 | 13831 | 17619 |
| 亚美尼亚† [45] | （十亿）德拉姆 | 33.7 | 36.5 | 36.7 | 36.8 | 36.8 | 44.3 | 52.3 | 64.4 | 74.1 | 94.8 |
| 奥地利 | （百万）欧元 | [1943] | [1994] | [2090] | [1999] | 1999 | 2111 | 2158 | 2160 | 2105 | 2629 |
| 阿塞拜疆‖ | （百万）马纳特 | [83.0] | [99.1] | [107] | [123] | [136] | [173] | [224] | 288 | 640 | 797 |
| 白俄罗斯 | （十亿）卢布 | [10.5] | [41.4] | [123] | 247 | 366 | 475 | 679 | 975 | 1355 | 1573 |
| 比利时 | （百万）欧元 | 3297 | 3378 | 3463 | 3393 | 3344 | 3434 | 3433 | 3400 | 3435 | 3650 |
| 波黑†¶ [46] | （百万）马克 | .. | .. | .. | .. | 501 | 351 | 315 | 273 | 278 | 281 |
| 保加利亚† | （百万）列弗 | 512 | 595 | 677 | 805 | 859 | 895 | 930 | 1006 | 1116 | 1132 |
| 克罗地亚 | （百万）库纳 | [9082] | [7367] | [5461] | [5251] | [5775] | [4757] | 4250 | 4323 | 4872 | 5433 |

| 国家 | 货币 | 1998 | 1999 | 2000 | 2001 | 2002 | 2003 | 2004 | 2005 | 2006 | 2007 |
|---|---|---|---|---|---|---|---|---|---|---|---|
| 塞浦路斯† | （百万）镑 | 169 | 106 | 118 | 142 | 100 | 101 | 107 | 109 | 114 | .. |
| 捷克共和国[47] | （百万）克朗 | 37643 | 41688 | 44670 | 44978 | 48924 | 53194 | 52481 | 58445 | 55358 | 53906 |
| 丹麦 | （百万）克朗 | 19071 | 19428 | 19339 | 21017 | 21269 | 21075 | 21441 | 20800 | 23173 | 22727 |
| 爱沙尼亚 | （百万）克朗 | 843 | 1083 | 1329 | 1640 | 2028 | 2376 | 2581 | 2890 | 3307 | 4568 |
| 芬兰 | （百万）欧元 | 1761 | 1552 | 1691 | 1653 | 1712 | 2006 | 2131 | 2206 | 2281 | 2235 |
| 法国[48] | （百万）欧元 | 36012 | 36510 | 36702 | 37187 | 38681 | 40684 | 42690 | 42545 | 43457 | 44283 |
| 格鲁吉亚[49] | （百万）拉里 | [57.1] | [52.4] | [37.2] | [49.4] | 74.6 | 91.5 | 135 | 388 | 716 | 1271 |
| 德国 | （百万）欧元 | 29822 | 30603 | 30554 | 30648 | 31168 | 31060 | 30610 | 30600 | 30365 | 30739 |
| 希腊 | （百万）欧元 | 5061 | 5439 | 5921 | 5986 | 6085 | [5355] | [6028] | [6818] | [7321] | [7934] |
| 匈牙利 | （百万）福林 | 151215 | 191485 | 226041 | 272426 | 279569 | 314380 | 310731 | 318552 | 277804 | 279953 |
| 冰岛 | 克朗 | 0 | 0 | 0 | 0 | 0 | 0 | 0 | 0 | 0 | 0 |
| 爱尔兰 | （百万）欧元 | [662] | [696] | [754] | 858 | 862 | 855 | 887 | 921 | 949 | 1006 |
| 意大利[50] | （百万）欧元 | 21052 | 22240 | 24325 | 24592 | 25887 | 26795 | 27476 | 26959 | 26631 | 27572 |
| 拉脱维亚[51] | （百万）拉特 | 24.8 | 33.1 | 42.4 | 54.6 | 91.0 | 108 | 124 | 154 | 206 | 254 |
| 立陶宛¶[52] | （百万）立特 | [448] | [388] | [644] | [652] | 715 | 816 | 864 | 852 | 974 | 1121 |

| 国家 | 货币 | 1998 | 1999 | 2000 | 2001 | 2002 | 2003 | 2004 | 2005 | 2006 | 2007 |
|---|---|---|---|---|---|---|---|---|---|---|---|
| 卢森堡 | （百万）欧元 | 129 | 132 | 139 | 179 | 192 | 205 | [213] | [238] | [263] | [268] |
| 前南马其顿共和国[53] | （百万）代纳尔 | 4302 | 3769 | 4602 | 15397 | 6841 | 6292 | 6683 | 6259 | 6149 | 7272 |
| 马耳他† | （千）里拉 | 11297 | 11164 | 11109 | 12205 | 12317 | 12874 | 13968 | 14234 | 15148 | 13667 |
| 摩尔多瓦†¶[54] | （百万）列伊 | 57.0 | 63.0 | 63.3 | 76.7 | 94.7 | 115 | 116 | 151 | 210 | 223 |
| 黑山[55] | | … | … | … | … | … | … | … | … | 42.3 | 43.0 |
| 荷兰 | （百万）欧元 | 6154 | 6595 | 6482 | 6929 | 7149 | 7404 | 7552 | 7693 | 8145 | 8133 |
| 挪威 | （百万）克朗 | 25087 | 25809 | 25722 | 26669 | 32461 | 31985 | 32945 | 31471 | 31805 | 32502 |
| 波兰 | （百万）兹罗提 | 12170 | 12852 | 13871 | 15695 | 16220 | 17215 | 18842 | 20259 | 21282 | 23254 |
| 葡萄牙 | （百万）欧元 | 2098 | 2259 | 2393 | 2598 | 2765 | 2792 | [2995] | [2918] | [3024] | [2832] |
| 罗马尼亚‖ | （百万）新列伊 | [1113] | 1465 | 2031 | 2864 | 3491 | 4151 | 4994 | 5757 | 6324 | 7397 |
| 俄罗斯[56] | （十亿）卢布 | [85.6] | [165] | [271] | [365] | [470] | [568] | [656] | [806] | [967] | [1178] |
| 塞尔维亚[57] | （百万）第纳尔 | 6441 | 8600 | 21292 | 33060 | 43695 | 42070 | 43154 | 41996 | 47342 | 55912 |
| 斯洛伐克† | （百万）克朗 | 14009 | 13532 | 15760 | 19051 | 19947 | 22965 | 22944 | 25537 | 27064 | 30697 |
| 斯洛文尼亚‖ | （百万）托拉尔 | 209 | 208 | 207 | 275 | 328 | 360 | 396 | 413 | 485 | 510 |
| 西班牙 | （百万）欧元 | 6756 | 7092 | 7599 | 7972 | 8414 | 8587 | 9132 | 9508 | 11506 | 12432 |

| 国家 | 货币 | 1998 | 1999 | 2000 | 2001 | 2002 | 2003 | 2004 | 2005 | 2006 | 2007 |
|---|---|---|---|---|---|---|---|---|---|---|---|
| 瑞典[58] | （百万）克朗 | 40801 | 42541 | 44542 | 42639 | 42401 | 42903 | 40527 | 41240 | 41150 | 40595 |
| 瑞士†¶[59] | （百万）法郎 | 4532 | 4416 | 4503 | 4476 | 4461 | 4437 | 4381 | 4344 | 3972 | 4120 |
| 土耳其¶‖ | （百万）新里拉 | 2289 | 4168 | 6248 | 8844 | 12108 | 13553 | 13386 | 13840 | 16451 | 17736 |
| 联合王国[60] | （百万）镑 | 22261 | 22530 | 23301 | 24230 | 25725 | 29683 | 32102 | 33002 | 33825 | 35188 |
| 乌克兰§ | （百万）格里夫尼亚 | 3442 | 3890 | 6184 | 5848 | 6266 | 7615 | 8963 | 12328 | 15082 | [20685] |
| **中东** | | | | | | | | | | | |
| 巴林[61] | （百万）第纳尔 | 111 | 123 | 121 | 126 | 126 | 176 | 180 | 183 | 203 | [214] |
| 埃及 | （百万）镑 | 9439 | 9881 | 10847 | 11859 | 12741 | 13948 | 14684 | 15369 | 16632 | 18264 |
| 伊朗¶[62] | （十亿）里亚尔 | 7744 | 12992 | 21984 | 26996 | 23211 | 31633 | 45960 | 64655 | 78164 | 79871 |
| 伊拉克[63] | （十亿）第纳尔 | .. | .. | .. | .. | .. | .. | .. | (2405) | (6064) | (9753) |
| 以色列[64] | （十亿）新谢克尔 | 34901 | 38016 | 39587 | 41788 | 48957 | 46350 | 43988 | 46240 | 50757 | [56047] |
| 约旦 | （百万）第纳尔 | [352] | 363 | 375 | 375 | 370 | 434 | 416 | 428 | 497 | 779 |
| 科威特 | （百万）第纳尔 | 696 | 696 | 827 | 824 | 858 | 933 | 1032 | [1142] | [1177] | [1378] |
| 黎巴嫩 | （十亿）镑 | 1052 | 1251 | 1402 | 1445 | 1368 | 1392 | 1439 | [1463] | [1590] | [2114] |
| 阿曼‡ | （百万）里亚尔 | 676 | 687 | 809 | 933 | 958 | 1010 | 1144 | 1404 | 1550 | [1577] |

| 国家 | 货币 | 1998 | 1999 | 2000 | 2001 | 2002 | 2003 | 2004 | 2005 | 2006 | 2007 |
|---|---|---|---|---|---|---|---|---|---|---|---|
| 卡塔尔 | （百万）里亚尔 | .. | .. | .. | .. | .. | .. | .. | .. | .. | .. |
| 沙特 § [65] | （百万）里亚尔 | 78231 | 68700 | 74866 | 78850 | 69382 | 70303 | 78414 | 95146 | 110779 | 132922 |
| 叙利亚 | （十亿）镑 | [40.4] | 39.5 | 49.9 | 47.6 | 47.9 | 59.0 | 74.7 | 78.7 | 90.5 | 74.3 |
| 阿联酋[66] | （百万）迪拉姆 | 8712 | 8790 | 8688 | 8796 | 9139 | 9244 | 8943 | 9399 | .. | .. |
| 也门 | （十亿）里亚尔 | 52.2 | 61.5 | 76.6 | [91.1] | 130 | 148 | 136 | 156 | 162 | 209 |

**表 5A.3 1998 年—2007 年国家军费（固定美元）和 2007 年国家军费（现值美元）**

数字单位为百万美元（2005 年固定美元价格及汇率），最右列标有 * 的一列数据为 2007 年现值美元价格（单位百万美元），年份为公历年。国家按区域和次区域分组。

| 国家 | 1998 | 1999 | 2000 | 2001 | 2002 | 2003 | 2004 | 2005 | 2006 | 2007 | 2007* |
|---|---|---|---|---|---|---|---|---|---|---|---|
| **非洲** | | | | | | | | | | | |
| 北非 | | | | | | | | | | | |
| 阿尔及利亚†[1] | 1801 | 1901 | 2205 | 2414 | 2467 | 2453 | 2801 | 2925 | 2992 | 3548 | 3909 |
| 利比亚 | 412 | 318 | 341 | 333 | 429 | 533 | 696 | 749 | 568 | 513 | 630 |
| 摩洛哥 | 1721 | 1425 | 1104 | 1997 | 1900 | 2013 | 1956 | 2030 | 2049 | 2118 | 2376 |
| 突尼斯 | 386 | 382 | 400 | 415 | 411 | 428 | 436 | 469 | 423 | .. | .. |
| 撒哈拉以南非洲 | | | | | | | | | | | |
| 安哥拉§‖[2] | .. | .. | .. | .. | .. | .. | .. | .. | .. | .. | (2226) |
| 贝宁 | .. | 24.9 | 22.5 | 20.2 | 37.0 | 40.5 | 44.1 | [46.8] | [46.8] | .. | .. |
| 博茨瓦纳 | 256 | 243 | 269 | 329 | 351 | 339 | 313 | 300 | 290 | [322] | [313] |
| 布基纳法索† | [41.7] | [46.5] | [47.3] | 46.6 | 50.5 | 51.4 | 61.1 | 63.8 | 68.7 | 85.5 | 93.3 |
| 布隆迪 | 45.7 | 47.9 | 41.2 | 54.7 | 52.4 | 53.2 | 51.6 | 49.6 | 41.4 | 42.5 | 47.5 |

| 国家 | 1998 | 1999 | 2000 | 2001 | 2002 | 2003 | 2004 | 2005 | 2006 | 2007 | 2007* |
|---|---|---|---|---|---|---|---|---|---|---|---|
| 喀麦隆§ | 175 | 189 | 183 | 183 | 198 | 212 | 226 | 223 | 242 | 257 | 292 |
| 佛得角 | 5.3 | 6.0 | 9.6 | 6.5 | 6.0 | 6.3 | 6.5 | 7.2 | 6.7 | 6.6 | 7.8 |
| 中非‡[3] | .. | .. | .. | .. | 14.8 | 16.7 | 15.6 | 15.4 | .. | .. | .. |
| 乍得 | 25.3 | 37.4 | 42.3 | 45.0 | 45.5 | 46.1 | 54.6 | 55.5 | 54.2 | 56.7 | 68.4 |
| 刚果共和国§ | .. | .. | .. | 60.7 | 72.3 | 80.5 | 79.9 | 78.5 | 80.8 | .. | .. |
| 刚果民族共和国[4] | 18.4 | 67.0 | 49.8 | .. | .. | 128 | 200 | 150 | (142) | (135) | (198) |
| 科特迪瓦[5] | .. | .. | .. | .. | .. | 247 | 261 | 250 | 259 | 252 | 286 |
| 吉布提 | 25.7 | 25.7 | 24.9 | 24.8 | 27.5 | .. | .. | .. | .. | .. | .. |
| 赤道几内亚 | .. | .. | .. | .. | .. | .. | .. | .. | .. | .. | .. |
| 厄立特里亚 | 378 | 401 | 334 | 247 | 236 | 230 | .. | .. | .. | .. | .. |
| 埃塞俄比亚 | 518 | 822 | 741 | 471 | 387 | 319 | 346 | 342 | 263 | 242 | 367 |
| 加蓬[6] | .. | .. | 129 | 128 | 128 | 120 | 123 | 114 | 106 | (102) | (121) |
| 冈比亚‡ | 2.4 | 2.2 | 2.3 | 2.0 | 2.2 | 2.3 | 2.1 | 2.9 | .. | .. | .. |
| 加纳‖[7] | 51.6 | 54.7 | 76.6 | 48.2 | 53.0 | 65.9 | 64.3 | 64.1 | 69.0 | 118 | 114 |
| 几内亚[8] | 32.2 | 42.4 | 41.6 | 84.2 | 92.6 | 70.7 | 65.5 | .. | .. | .. | .. |

| 国家 | 1998 | 1999 | 2000 | 2001 | 2002 | 2003 | 2004 | 2005 | 2006 | 2007 | 2007* |
|---|---|---|---|---|---|---|---|---|---|---|---|
| 几内亚比绍[9] | 3.8 | .. | 13.8 | 8.9 | 8.5 | 8.6 | .. | 12.1 | .. | .. | .. |
| 肯尼亚 | 233 | 227 | 243 | 280 | 301 | 304 | 300 | 317 | 313 | 354 | 488 |
| 莱索托 | 38.0 | 48.7 | 46.7 | 49.1 | 37.6 | 35.4 | 33.0 | 33.6 | 35.4 | 39.0 | 39.1 |
| 利比里亚 | .. | .. | .. | .. | .. | .. | 4.7 | 6.3 | [4.6] | [5.5] | [6.1] |
| 马达加斯加‖[10] | 55.8 | 52.3 | 52.7 | 66.1 | 52.5 | 60.5 | 60.2 | 54.0 | 52.1 | 62.9 | 80.5 |
| 马拉维 | 14.1 | 13.8 | 11.7 | 12.5 | 13.5 | 13.9 | 23.3 | 34.0 | [38.9] | [39.6] | [41.5] |
| 马里 | 67.4 | 76.1 | 88.2 | 88.7 | 88.3 | 101 | 110 | 120 | 129 | [142] | [157] |
| 毛里塔尼亚 | 27.4 | 36.5 | 47.8 | 66.9 | 47.9 | 75.9 | 78.1 | 66.1 | 77.3 | .. | .. |
| 毛里求斯 | 9.8 | 10.3 | 10.7 | 10.8 | 11.0 | 11.3 | 10.7 | 10.9 | 10.7 | 10.7 | 11.5 |
| 莫桑比克 | [51.3] | 61.6 | 63.8 | 72.7 | 75.3 | 74.4 | 81.3 | 62.3 | 55.9 | 63.4 | 67.8 |
| 纳米比亚[11] | 113 | 154 | 140 | 166 | 166 | 164 | 173 | 192 | 202 | 227 | 224 |
| 尼日尔 | 28.1 | 32.1 | 30.8 | 37.6 | 29.0 | 29.3 | 34.1 | 32.8 | .. | .. | .. |
| 尼日利亚[12] | 453 | 780 | 592 | 844 | 1273 | 783 | 764 | 674 | 703 | 825 | 960 |
| 卢旺达[13] | 68.5 | 69.7 | 59.2 | 60.6 | 57.1 | 53.3 | 46.5 | 45.0 | 49.7 | 47.8 | 55.6 |
| 塞内加尔§¶[14] | 91.9 | 99.1 | 90.6 | 100 | 100 | 109 | 110 | 124 | 144 | 164 | 190 |

| 国家 | 1998 | 1999 | 2000 | 2001 | 2002 | 2003 | 2004 | 2005 | 2006 | 2007 | 2007* |
|---|---|---|---|---|---|---|---|---|---|---|---|
| 塞舌尔 | 13.1 | 13.2 | 12.3 | 12.8 | 12.6 | 12.6 | 16.1 | 14.7 | 14.6 | 13.8 | 12.4 |
| 塞拉利昂[15] | .. | .. | 22.9 | 27.4 | 27.1 | 29.6 | 24.1 | 23.6 | [26.4] | [25.5] | [29.4] |
| 索马里 | .. | .. | .. | .. | .. | .. | .. | .. | .. | .. | .. |
| 南非 | 2598 | 2408 | 2884 | 3243 | 3488 | 3648 | 3680 | 3979 | 3978 | 4040 | 3964 |
| 苏丹‡‖[16] | 387 | 693 | 902 | 566 | 655 | 501 | 1426 | 1165 | .. | .. | .. |
| 斯威士兰 | [41.8] | [43.5] | [40.1] | [37.5] | [40.5] | [44.2] | [48.8] | .. | .. | .. | .. |
| 坦桑尼亚 | 108 | 107 | 114 | 133 | 136 | 125 | 134 | 139 | 149 | 158 | 159 |
| 多哥 | .. | .. | .. | .. | .. | 34.1 | 33.9 | 33.2 | .. | .. | .. |
| 乌干达 | 145 | 164 | 160 | 161 | 173 | 188 | 216 | 217 | 196 | 182 | 210 |
| 赞比亚‖[17] | .. | .. | .. | .. | .. | .. | 125 | 134 | 135 | 149 | 195 |
| 津巴布韦‖[18] | 123 | 211 | 207 | 120 | 118 | 92.4 | 196 | 132 | (107) | .. | .. |
| **美洲** | | | | | | | | | | | |
| *加勒比海* | | | | | | | | | | | |
| 巴哈马 | 37.6 | 37.8 | 31.4 | 30.0 | 31.9 | 33.6 | 35.4 | 38.7 | 47.1 | 55.8 | 58.3 |
| 巴巴多斯 | 21.4 | 22.9 | 24.0 | 25.2 | 25.8 | 25.3 | 24.9 | 25.9 | [24.6] | .. | .. |

| 国家 | 1998 | 1999 | 2000 | 2001 | 2002 | 2003 | 2004 | 2005 | 2006 | 2007 | 2007* |
|---|---|---|---|---|---|---|---|---|---|---|---|
| 古巴 | .. | .. | .. | .. | .. | .. | .. | .. | .. | .. | .. |
| 多米尼加共和国 | 158 | 164 | 218 | 261 | 294 | 186 | 140 | 220 | 194 | [188] | [195] |
| 海地 | .. | .. | .. | .. | .. | .. | .. | .. | .. | .. | .. |
| 牙买加‡ | 53.1 | 50.7 | 49.8 | 53.0 | 63.9 | 66.6 | 61.8 | 59.3 | 70.6 | 74.7 | 78.0 |
| 特立尼达和多巴斯 | .. | .. | .. | .. | .. | .. | .. | .. | .. | .. | .. |
| 中美 | | | | | | | | | | | |
| 伯利兹 | .. | .. | .. | .. | .. | .. | .. | .. | .. | .. | .. |
| 哥斯达黎加[19] | .. | .. | .. | .. | .. | .. | .. | .. | .. | .. | .. |
| 萨尔瓦多 | 117 | 121 | 132 | 124 | 122 | 116 | 111 | 107 | 110 | 105 | 114 |
| 危地马拉 | 186 | 181 | 229 | 269 | 199 | 217 | 130 | 104 | 137 | 149 | 166 |
| 洪都拉斯†§[20] | .. | .. | 41.0 | 46.8 | 60.4 | 57.4 | 53.6 | 53.3 | 52.4 | 68.7 | 76.4 |
| 墨西哥†[21] | 3079 | 3239 | 3344 | 3309 | 3198 | 3190 | 3076 | 3123 | 3262 | 3691 | 3941 |
| 尼加拉瓜[22] | . 28.7 | . 29.5 | . 32.5 | . 30.2 | . 34.3 | . 38.1 | . 34.5 | . 33.9 | . 33.4 | . 35.4 | . 38.4 |
| 巴拿马[23] | 112 | 119 | .. | .. | .. | .. | .. | .. | .. | .. | .. |
| 北美 | | | | | | | | | | | |

| 国家 | 1998 | 1999 | 2000 | 2001 | 2002 | 2003 | 2004 | 2005 | 2006 | 2007 | 2007* |
|---|---|---|---|---|---|---|---|---|---|---|---|
| 加拿大 | 11122 | 11603 | 11412 | 11709 | 11771 | 11984 | 12441 | 12986 | 13588 | 15155 | 17290 |
| 美国[24] | 328611 | 329421 | 342172 | 344932 | 387303 | 440813 | 480451 | 503353 | 511187 | 546786 | 578315 |
| 南美 | | | | | | | | | | | |
| 阿根廷 | 2062 | 2125 | 2082 | 2048 | 1692 | 1748 | 1813 | 1912 | 1776 | [1752] | [1976] |
| 玻利维亚[25] | 155 | 128 | 126 | 157 | 150 | 158 | 153 | 148 | 149 | 141 | 161 |
| 巴西 | [11843] | [10927] | 11582 | 13427 | 15367 | 11977 | 11682 | 12452 | 13803 | [15334] | [20062] |
| 智利§[26] | 2719 | 2879 | 3048 | 3164 | 3374 | 3241 | 4077 | 4397 | 4851 | 4821 | 5448 |
| 哥伦比亚[27] | [3244] | [3338] | [4211] | [4626] | 3864 | 4312 | 4589 | 4932 | 5240 | 5329 | 6484 |
| 厄瓜多尔‖[28] | 688 | 353 | 317 | 439 | 578 | 783 | 727 | 954 | 922 | 1196 | 1253 |
| 圭亚那 | .. | .. | .. | .. | .. | .. | .. | .. | .. | .. | .. |
| 巴拉圭[29] | 77.8 | 69.7 | 67.6 | 61.5 | 59.3 | 53.0 | 62.9 | 56.2 | 63.7 | 65.0 | 92.9 |
| 秘鲁[30] | (958) | (961) | (1078) | 1043 | 975 | 988 | 1047 | 1159 | 1193 | 1133 | 1217 |
| 乌拉圭 | [280] | [290] | [243] | 278 | 241 | 232 | 225 | 233 | 219 | 249 | 289 |
| 委内瑞拉[31] | 1254 | 1028 | 1126 | 1489 | 1237 | 1125 | 1419 | 1894 | 1884 | 2004 | 2570 |
| 亚洲和大洋洲 | | | | | | | | | | | |

| 国家 | 1998 | 1999 | 2000 | 2001 | 2002 | 2003 | 2004 | 2005 | 2006 | 2007 | 2007* |
|---|---|---|---|---|---|---|---|---|---|---|---|
| 中亚 | | | | | | | | | | | |
| 哈萨克斯坦 | 246 | 206 | 215 | 317 | 347 | 411 | 470 | 592 | 693 | [996] | [1258] |
| 吉尔吉斯斯坦[32] | 44.2 | 44.8 | 55.5 | 48.3 | 56.1 | 63.8 | 68.4 | 75.6 | 83.3 | [101] | [122] |
| 塔吉克斯坦 | 19.8 | 16.6 | 14.3 | 14.2 | 30.3 | 39.3 | 46.1 | .. | .. | .. | .. |
| 土库曼斯坦[33] | 168 | 182 | .. | .. | .. | .. | .. | .. | .. | .. | .. |
| 乌兹别克斯坦[34] | .. | 95.3 | .. | 70.7 | .. | 64.2 | .. | .. | .. | .. | .. |
| 东亚 | | | | | | | | | | | |
| 文莱 | 301 | 269 | 254 | 234 | 249 | 260 | (205) | (249) | [260] | [265] | [294] |
| 柬埔寨 | 89.7 | 92.8 | 86.0 | 78.4 | 71.9 | 72.3 | 70.1 | 70.6 | 76.5 | [72.4] | [78.7] |
| 中国[35] | [19300] | [21600] | [23800] | [28000] | [33100] | [36600] | [40300] | [44300] | [51900] | [58300) | [66100] |
| 印度尼西亚 | 2079 | 1710 | 2242 | 2367 | 2486 | 3319 | 3653 | [3571] | [3802] | [4160] | [5314] |
| 日本†§[36] | 43405 | 43483 | 43802 | 44275 | 44725 | 44814 | 44473 | 44165 | 43666 | 43557 | 40244 |
| 朝鲜 | .. | .. | .. | .. | .. | .. | .. | .. | .. | .. | .. |
| 韩国†¶[37] | 16127 | 15689 | 16652 | 17133 | 17605 | 18203 | 19003 | 20603 | 20533 | 22623 | 25996 |
| 老挝 | 29.1 | 42.9 | 42.5 | 46.1 | .. | .. | .. | .. | .. | .. | .. |

| 国家 | 1998 | 1999 | 2000 | 2001 | 2002 | 2003 | 2004 | 2005 | 2006 | 2007 | 2007* |
|---|---|---|---|---|---|---|---|---|---|---|---|
| 马来西亚 | 1365 | 1847 | 1677 | 2087 | 2370 | 3020 | 2917 | 3120 | 3054 | 3455 | 3988 |
| 蒙古 | 22.9 | 23.5 | 29.8 | 27.3 | 29.9 | 28.2 | 30.8 | 29.8 | 36.5 | .. | .. |
| 缅甸[38] | .. | .. | .. | .. | .. | .. | .. | .. | .. | .. | .. |
| 菲律宾 | 818 | 807 | 853 | 794 | 833 | 920 | 857 | 865 | 880 | 899 | 1142 |
| 新加坡 | 4703 | 4791 | 4634 | 4745 | 5002 | 5051 | 5147 | 5465 | 5862 | 6148 | 6858 |
| 中国台湾（地区） | 9765 | 8412 | 7803 | 7961 | 7256 | 7358 | 7914 | 7766 | 7427 | 9483 | 9445 |
| 泰国 | 2440 | 2113 | 1982 | 2063 | 2087 | 2058 | [1962] | [1977] | [2060] | [2729] | [3370] |
| 越南 | .. | .. | .. | .. | .. | .. | .. | .. | .. | .. | .. |
| 南亚 | | | | | | | | | | | |
| 阿富汗[39] | .. | .. | .. | .. | .. | .. | 123 | 111 | 119 | 181 | 209 |
| 孟加拉国 | 624 | 647 | 675 | 675 | 655 | 657 | 659 | 669 | 684 | .. | .. |
| 印度[40] | 14757 | 17150 | 17697 | 18313 | 18256 | 18664 | 19204 | 22273 | 23615 | 24249 | 28428 |
| 尼泊尔¶[41] | 52.9 | 57.1 | 62.8 | 81.1 | 108 | 122 | 146 | 156 | [143] | [132] | [158] |
| 巴基斯坦† | 3281 | 3311 | 3320 | 3553 | 3819 | 4077 | 4248 | 4412 | 4465 | [4517] | [5057] |
| 斯里兰卡†‡[42] | 751 | 676 | 904 | 755 | 625 | 562 | 626 | 612 | 713 | 804 | 949 |

| 国家 | 1998 | 1999 | 2000 | 2001 | 2002 | 2003 | 2004 | 2005 | 2006 | 2007 | 2007* |
|---|---|---|---|---|---|---|---|---|---|---|---|
| 大洋洲 | | | | | | | | | | | |
| 澳大利亚 | 10150 | 10648 | 10617 | 11038 | 11609 | 12008 | 12638 | 13122 | 13885 | 15097 | 17214 |
| 斐济†[43] | 33.7 | 34.2 | 45.7 | 39.2 | 41.0 | 36.0 | 31.9 | 39.1 | 42.7 | 44.1 | 49.1 |
| 新西兰 | 1112 | 1127 | 1131 | 1107 | 1066 | 1089 | 1105 | 1117 | 1177 | 1259 | 1377 |
| 巴布亚新几内亚 | 53.6 | 43.4 | 39.9 | 36.7 | 25.5 | 23.0 | 25.8 | 30.4 | 29.4 | 27.8 | 30.4 |
| 汤加 | 3.4 | 3.1 | 3.2 | 3.2 | 3.0 | 2.8 | 2.4 | 2.6 | 3.3 | 3.5 | 3.8 |
| 欧洲 | | | | | | | | | | | |
| 阿尔巴尼亚¶‖[44] | 59.6 | 69.0 | 76.3 | 86.7 | 86.6 | 97.3 | 106 | 110 | 135 | 168 | 190 |
| 亚美尼亚†[45] | 86.4 | 93.0 | 94.3 | 91.5 | 90.5 | 104 | 115 | 141 | 157 | 194 | 272 |
| 奥地利 | [2751] | [2807] | [2875] | [2678] | 2631 | 2740 | 2745 | 2686 | 2580 | 3168 | 3539 |
| 阿塞拜疆‖ | [102] | [133] | [141] | [160] | [172] | [215] | [260] | 305 | 625 | 667 | 927 |
| 白俄罗斯 | [198] | [198] | [220] | 274 | 284 | 287 | 348 | 453 | 588 | 631 | 734 |
| 比利时 | 4722 | 4783 | 4783 | 4573 | 4434 | 4482 | 4389 | 4229 | 4197 | 4398 | 4913 |
| 波黑†¶‖[46] | .. | .. | .. | .. | 333 | 231 | 208 | 173 | 165 | 162 | 193 |
| 保加利亚† | 478 | 542 | 559 | 619 | 624 | 637 | 622 | 641 | 663 | 631 | 779 |

| 国家 | 1998 | 1999 | 2000 | 2001 | 2002 | 2003 | 2004 | 2005 | 2006 | 2007 | 2007* |
|---|---|---|---|---|---|---|---|---|---|---|---|
| 克罗地亚 | [1901] | [1490] | [1050] | [963] | [1042] | [857] | 738 | 727 | 793 | 875 | 996 |
| 塞浦路斯† | 441 | 273 | 291 | 344 | 235 | 228 | 237 | 234 | 239 | .. | .. |
| 捷克共和国[47] | 1862 | 2019 | 2082 | 2003 | 2140 | 2325 | 2231 | 2439 | 2253 | 2144 | 2587 |
| 丹麦 | 3697 | 3675 | 3555 | 3776 | 3730 | 3619 | 3640 | 3468 | 3792 | 3666 | 4108 |
| 爱沙尼亚 | 85.6 | 106 | 126 | 147 | 175 | 202 | 213 | 229 | 251 | 329 | 393 |
| 芬兰 | 2434 | 2120 | 2234 | 2129 | 2171 | 2521 | 2673 | 2744 | 2793 | 2677 | 3008 |
| 法国[48] | 50345 | 50787 | 50205 | 50036 | 51064 | 52615 | 54059 | 52917 | 53199 | 53579 | 59600 |
| 格鲁吉亚[49] | [51.7] | [39.8] | [27.2] | [34.5] | 49.3 | 57.7 | 80.6 | 214 | 362 | 592 | 757 |
| 德国 | 40993 | 41822 | 41147 | 40474 | 40604 | 40044 | 38816 | 38060 | 37133 | 36929 | 41371 |
| 希腊 | 7876 | 8246 | 8701 | 8508 | 8350 | [7097] | [7765] | [8480] | [8824] | [9346] | [10678] |
| 匈牙利 | 1217 | 1401 | 1507 | 1662 | 1621 | 1742 | 1612 | 1596 | 1340 | 1255 | 1504 |
| 冰岛 | 0 | 0 | 0 | 0 | 0 | 0 | 0 | 0 | 0 | 0 | 0 |
| 爱尔兰 | [1050] | [1086] | [1115] | 1210 | 1162 | 1113 | 1130 | 1145 | 1135 | 1152 | 1354 |
| 意大利[50] | 30763 | 31969 | 34102 | 33543 | 34459 | 34739 | 34853 | 33531 | 32445 | 33086 | 37109 |
| 拉脱维亚[51] | 56.2 | 73.3 | 91.6 | 115 | 188 | 217 | 234 | 272 | 342 | 390 | 487 |

| 国家 | 1998 | 1999 | 2000 | 2001 | 2002 | 2003 | 2004 | 2005 | 2006 | 2007 | 2007* |
|---|---|---|---|---|---|---|---|---|---|---|---|
| 立陶宛¶ [52] | [171] | [147] | [242] | [242] | 264 | 305 | 319 | 308 | 338 | 372 | 436 |
| 卢森堡 | 187 | 190 | 194 | 243 | 256 | 267 | [272] | [296] | [319] | [319] | [361] |
| 前马其顿共和国[53] | 101 | 88.8 | 102 | 325 | 142 | 129 | 136 | 127 | 121 | 140 | 160 |
| 马耳他† | 38.5 | 37.3 | 36.2 | 38.7 | 38.2 | 39.4 | 41.6 | 41.2 | 42.6 | 38.4 | 43.1 |
| 摩尔多瓦†¶ [54] | 13.6 | 10.8 | 8.3 | 9.1 | 10.7 | 11.6 | 10.4 | 12.0 | 14.9 | 14.9 | 18.0 |
| 黑山[55] | .. | .. | .. | .. | .. | .. | .. | .. | 51.8 | 50.9 | 57.9 |
| 荷兰 | 9114 | 9557 | 9116 | 9352 | 9344 | 9479 | 9549 | 9568 | 10015 | 9853 | 10946 |
| 挪威 | 4482 | 4506 | 4358 | 4385 | 5269 | 5066 | 5194 | 4887 | 4826 | 4920 | 5420 |
| 波兰 | 5089 | 5010 | 4913 | 5270 | 5345 | 5628 | 5947 | 6262 | 6506 | 6973 | 8185 |
| 葡萄牙 | 3210 | 3378 | 3479 | 3617 | 3719 | 3636 | [3811] | [3630] | [3660] | [3343] | [3812] |
| 罗马尼亚‖ | [1879] | 1696 | 1614 | 1693 | 1684 | 1737 | 1868 | 1976 | 2036 | 2303 | 3019 |
| 俄罗斯[56] | [13600] | [14000] | [19100] | [21200] | [23600] | [25100] | [26100] | [28500] | [31200] | [35400] | [45600] |
| 塞尔维亚[57] | 777 | 728 | 1053 | 839 | 928 | 813 | 752 | 630 | 635 | 706 | 956 |
| 斯洛伐克† | 744 | 650 | 676 | 761 | 771 | 818 | 760 | 823 | 835 | 925 | 1222 |
| 斯洛文尼亚‖ | 392 | 369 | 336 | 412 | 457 | 476 | 505 | 514 | 589 | 602 | 694 |

| 国家 | 1998 | 1999 | 2000 | 2001 | 2002 | 2003 | 2004 | 2005 | 2006 | 2007 | 2007* |
| --- | --- | --- | --- | --- | --- | --- | --- | --- | --- | --- | --- |
| 西班牙 | 10419 | 10691 | 11074 | 11216 | 11485 | 11375 | 11741 | 11826 | 13825 | 14628 | 16732 |
| 瑞典[58] | 5954 | 6178 | 6411 | 5993 | 5833 | 5791 | 5450 | 5521 | 5435 | 5272 | 5924 |
| 瑞士†¶[59] | 3888 | 3757 | 3773 | 3714 | 3678 | 3635 | 3560 | 3489 | 3157 | 3262 | 3385 |
| 土耳其¶‖ | 14865 | 16414 | 15885 | 14562 | 13752 | 12286 | 10973 | 10301 | 11080 | 11066 | 13508 |
| 联合王国[60] | 47691 | 47542 | 47778 | 48786 | 50963 | 57140 | 60018 | 60003 | 59595 | 59705 | 70096 |
| 乌克兰§ | 1551 | 1429 | 1772 | 1497 | 1592 | 1839 | 1985 | 2405 | 2699 | [3321] | [4096] |
| **中东** | | | | | | | | | | | |
| 巴林[61] | 304 | 340 | 337 | 355 | 357 | 491 | 491 | 486 | 528 | [543] | [570] |
| 埃及 | 2215 | 2250 | 2405 | 2571 | 2689 | 2816 | 2665 | 2659 | 2674 | 2706 | 3212 |
| 伊朗¶[62] | 2290 | 3200 | 4731 | 5220 | 3926 | 4594 | 5816 | 7213 | 7677 | 6592 | 8618 |
| 伊拉克[63] | .. | .. | .. | .. | .. | .. | .. | (1634) | (2783) | (3313) | (7649) |
| 以色列[64] | 8981 | 9299 | 9574 | 9996 | 11087 | 10421 | 9931 | 10303 | 11076 | [12233] | [13499] |
| 约旦 | [567] | 581 | 596 | 586 | 567 | 655 | 607 | 604 | 660 | 988 | 1099 |
| 科威特 | 2735 | 2658 | 3082 | 3029 | 3126 | 3369 | 3679 | [3909] | [3909] | [4400] | [4801] |
| 黎巴嫩 | 722 | 857 | 964 | 998 | 928 | 932 | 948 | [970] | [999] | [1284] | [1402] |

| 国家 | 1998 | 1999 | 2000 | 2001 | 2002 | 2003 | 2004 | 2005 | 2006 | 2007 | 2007* |
|---|---|---|---|---|---|---|---|---|---|---|---|
| 阿曼‡ | 1774 | 1797 | 2139 | 2488 | 2562 | 2695 | 3030 | 3652 | 3905 | [3813] | [4101] |
| 卡塔尔 | .. | .. | .. | .. | .. | .. | .. | .. | .. | .. | .. |
| 沙特§[65] | 20513 | 18260 | 20125 | 21434 | 18817 | 18956 | 21074 | 25393 | 28926 | 33793 | 35484 |
| 叙利亚 | [4062] | 4124 | 5418 | 5018 | 5056 | 5887 | 7137 | 7011 | 7328 | 5703 | 6619 |
| 阿联酋[66] | 2986 | 2950 | 2876 | 2836 | 2862 | 2807 | 2585 | 2559 | .. | .. | .. |
| 也门 | 543 | 588 | 700 | [744] | 942 | 972 | 793 | 816 | 715 | 820 | 1050 |

**表 5A.4　1998—2006 年国家军费占国内生产总值的比例**

国家按区域和次区域分组。

| 国家 | 1998 | 1999 | 2000 | 2001 | 2002 | 2003 | 2004 | 2005 | 2006 |
|---|---|---|---|---|---|---|---|---|---|
| **非洲** | | | | | | | | | |
| 北非 | | | | | | | | | |
| 阿尔及利亚‡[1] | 4.0 | 3.8 | 3.4 | 3.8 | 3.7 | 3.2 | 3.3 | 2.9 | 2.7 |
| 利比亚 | 5.3 | 3.8 | 3.1 | 2.7 | 2.2 | 2.2 | 2.2 | 1.8 | 1.1 |
| 摩洛哥 | 4.0 | 3.3 | 2.6 | 4.3 | 4.1 | 4.2 | 3.9 | 3.9 | 3.7 |
| 突尼斯 | 1.8 | 1.7 | 1.7 | 1.7 | 1.6 | 1.6 | 1.6 | 1.6 | 1.4 |
| 萨哈拉以南非洲 | | | | | | | | | |
| 安哥拉§‖[2] | 2.6 | 3.6 | 2.4 | 2.9 | 4.2 | 2.6 | 4.7 | 4.1 | 3.7 |
| 贝宁 | .. | 0.7 | 0.6 | 0.5 | 0.9 | 1.0 | 1.0 | [1.1] | [1.0] |
| 博茨瓦纳 | 3.5 | 3.0 | 3.0 | 3.5 | 3.8 | 3.6 | 3.2 | 2.9 | 2.7 |
| 布基纳法索† | [1.1] | [1.2] | [1.2] | 1.1 | 1.1 | 1.0 | 1.1 | 1.1 | 1.2 |
| 布隆迪 | 6.6 | 6.3 | 6.0 | 8.0 | 7.2 | 7.3 | 6.6 | 6.2 | 4.7 |
| 喀麦隆§ | 1.4 | 1.4 | 1.3 | 1.3 | 1.3 | 1.4 | 1.4 | 1.3 | 1.4 |

| 国家 | 1998 | 1999 | 2000 | 2001 | 2002 | 2003 | 2004 | 2005 | 2006 |
|---|---|---|---|---|---|---|---|---|---|
| 佛得角 | 0.9 | 0.8 | 1.3 | 0.8 | 0.7 | 0.7 | 0.7 | 0.7 | 0.6 |
| 中非共和国‡[3] | .. | .. | .. | .. | 1.1 | 1.3 | 1.2 | 1.1 | .. |
| 乍得 | 1.2 | 1.7 | 1.9 | 1.8 | 1.7 | 1.5 | 1.1 | 0.9 | 0.9 |
| 刚果共和国§ | .. | .. | .. | 1.4 | 1.7 | 1.9 | 1.7 | 1.4 | 1.2 |
| 刚果民主共和国[4] | 0.4 | 1.2 | 1.0 | .. | .. | 2.1 | 3.0 | 2.1 | (1.9) |
| 科特迪瓦[5] | .. | .. | .. | .. | .. | 1.5 | 1.6 | 1.5 | 1.5 |
| 吉布提 | 4.4 | 4.2 | 4.0 | 3.9 | 4.2 | .. | .. | .. | .. |
| 赤道几内瓦 | .. | .. | .. | .. | .. | .. | .. | .. | .. |
| 厄立特里亚 | 35.1 | 37.4 | 36.2 | 24.7 | 23.7 | 24.1 | .. | .. | .. |
| 埃塞俄比亚 | 6.7 | 10.7 | 9.6 | 4.7 | 3.6 | 2.9 | 2.8 | 2.6 | 2.1 |
| 加蓬[6] | .. | .. | 1.8 | 1.9 | 2.0 | 1.8 | 1.7 | 1.3 | 1.1 |
| 冈比亚‡ | 0.9 | 0.8 | 0.7 | 0.6 | 0.5 | 0.5 | 0.5 | 0.6 | .. |
| 加纳‖[7] | 0.8 | 0.8 | 1.0 | 0.6 | 0.6 | 0.7 | 0.6 | 0.6 | 0.6 |
| 几内亚[8] | 1.3 | 1.6 | 1.5 | 2.9 | 3.1 | 2.3 | 2.0 | .. | .. |
| 几内亚比绍[9] | 1.4 | .. | 4.4 | 3.1 | 3.1 | 3.1 | .. | 3.9 | .. |

| 国家 | 1998 | 1999 | 2000 | 2001 | 2002 | 2003 | 2004 | 2005 | 2006 |
|---|---|---|---|---|---|---|---|---|---|
| 肯尼亚 | 1.2 | 1.2 | 1.3 | 1.5 | 1.6 | 1.6 | 1.6 | 1.7 | 1.6 |
| 莱索托 | 3.2 | 3.8 | 3.6 | 3.1 | 2.8 | 2.6 | 2.4 | 2.3 | 2.4 |
| 利比里亚 | .. | .. | .. | .. | .. | .. | 1.0 | 1.2 | [0.8] |
| 马达加斯加‖10 | 1.3 | 1.2 | 1.2 | 1.4 | 1.3 | 1.3 | 1.2 | 1.1 | 1.0 |
| 马拉维 | 0.8 | 0.8 | 0.7 | 0.7 | 0.8 | 0.7 | 1.2 | 1.6 | [1.7] |
| 马里 | 1.9 | 2.0 | 2.2 | 2.0 | 2.0 | 2.1 | 2.1 | 2.3 | 2.2 |
| 毛里塔尼亚† | 2.1 | 2.7 | 3.5 | 4.6 | 3.2 | 4.9 | 4.7 | 3.6 | 3.0 |
| 毛里求斯 | 0.2 | 0.2 | 0.2 | 0.2 | 0.2 | 0.2 | 0.2 | 0.2 | 0.2 |
| 莫桑比克‖ | [1.2] | 1.4 | 1.5 | 1.4 | 1.3 | 1.2 | 1.3 | 0.9 | 0.8 |
| 纳米比亚 | 2.3 | 3.1 | 2.7 | 2.2 | 2.8 | 2.9 | 2.9 | 3.1 | 3.1 |
| 尼日尔 | 1.1 | 1.2 | 1.2 | 1.4 | 1.0 | 0.9 | 1.1 | 1.0 | .. |
| 尼日利亚[12] | 0.9 | 1.4 | 0.8 | 1.3 | 1.9 | 1.1 | 1.0 | 0.6 | 0.6 |
| 卢旺达[13] | 4.4 | 4.2 | 3.4 | 3.4 | 3.1 | 2.5 | 2.1 | 1.9 | 1.9 |
| 塞内加尔§¶[14] | 1.5 | 1.5 | 1.3 | 1.4 | 1.4 | 1.4 | 1.3 | 1.4 | 1.6 |
| 塞舌尔 | 1.7 | 1.8 | 1.7 | 1.8 | 1.7 | 1.7 | 2.3 | 2.1 | 1.9 |

| 国家 | 1998 | 1999 | 2000 | 2001 | 2002 | 2003 | 2004 | 2005 | 2006 |
|---|---|---|---|---|---|---|---|---|---|
| 塞拉利昂[15] | .. | .. | 3.7 | 3.7 | 2.9 | 2.9 | 2.1 | 2.0 | [2.1] |
| 索马里 | .. | .. | .. | .. | .. | .. | .. | .. | .. |
| 南非 | 1.6 | 1.4 | 1.6 | 1.7 | 1.7 | 1.8 | 1.6 | 1.6 | 1.5 |
| 苏丹‡‖[16] | 2.4 | 4.1 | 4.8 | 2.9 | 3.2 | 2.3 | 5.8 | 4.4 | .. |
| 斯威士兰 | [2.1] | [2.0] | [1.8] | [1.6] | [1.7] | [1.7] | [1.8] | .. | .. |
| 坦桑尼亚 | 1.6 | 1.5 | 1.5 | 1.6 | 1.4 | 1.2 | 1.1 | 1.1 | 1.1 |
| 多哥 | .. | .. | .. | .. | .. | 1.6 | 1.6 | 1.6 | .. |
| 乌干达 | 2.4 | 2.7 | 2.5 | 2.4 | 2.4 | 2.3 | 2.5 | 2.4 | 2.0 |
| 赞比亚‖[17] | .. | 1.8 | .. | .. | .. | .. | 1.8 | 1.8 | 1.7 |
| 津巴布韦‖[18] | 2.6 | 4.4 | 4.7 | 2.2 | 2.2 | 2.5 | 5.5 | 2.3 | (1.9) |
| **美洲** | | | | | | | | | |
| **加勒比地区** | | | | | | | | | |
| 巴哈马 | 0.8 | 0.7 | 0.6 | 0.5 | 0.6 | 0.6 | 0.6 | 0.6 | 0.8 |
| 巴巴多斯 | 0.8 | 0.8 | 0.8 | 0.9 | 1.0 | 0.9 | 0.8 | 0.8 | [0.8] |
| 古巴 | .. | .. | .. | .. | .. | .. | .. | .. | .. |

| 国家 | 1998 | 1999 | 2000 | 2001 | 2002 | 2003 | 2004 | 2005 | 2006 |
|---|---|---|---|---|---|---|---|---|---|
| 多米尼加共和国 | 0.6 | 0.6 | 0.7 | 0.9 | 1.0 | 0.6 | 0.4 | 0.6 | 0.5 |
| 海地 | .. | .. | .. | .. | .. | .. | .. | .. | .. |
| 牙买加 | 0.6 | 0.6 | 0.6 | 0.6 | 0.7 | 0.7 | 0.6 | 0.6 | 0.7 |
| 特立尼达和多巴哥 | .. | .. | .. | .. | .. | .. | .. | .. | .. |
| **中美** | | | | | | | | | |
| 伯利兹 | .. | .. | .. | .. | .. | .. | .. | .. | .. |
| 哥斯达黎加[19] | 0.0 | 0.0 | 0.0 | 0.0 | 0.0 | 0.0 | 0.0 | 0.0 | 0.0 |
| 萨尔瓦多 | 0.8 | 0.8 | 0.9 | 0.8 | 0.8 | 0.7 | 0.7 | 0.6 | 0.6 |
| 危地马拉 | 0.7 | 0.7 | 0.8 | 0.9 | 0.7 | 0.7 | 0.4 | 0.3 | 0.4 |
| 洪都拉斯†§[20] | .. | .. | 0.6 | 0.7 | 0.8 | 0.8 | 0.7 | 0.6 | 0.6 |
| 墨西哥†[21] | 0.5 | 0.6 | 0.5 | 0.5 | 0.5 | 0.5 | 0.4 | 0.4 | 0.4 |
| 尼加拉瓜[22] | 0.7 | 0.7 | 0.8 | 0.7 | 0.8 | 0.9 | 0.7 | 0.7 | 0.7 |
| 巴拿马[23] | 1.0 | 1.0 | .. | .. | .. | .. | .. | .. | .. |
| **北美** | | | | | | | | | |
| 加拿大 | 1.3 | 1.2 | 1.1 | 1.2 | 1.2 | 1.1 | 1.1 | 1.1 | 1.2 |

| 国家 | 1998 | 1999 | 2000 | 2001 | 2002 | 2003 | 2004 | 2005 | 2006 |
|---|---|---|---|---|---|---|---|---|---|
| 美国[24] | 3.1 | 3.0 | 3.1 | 3.1 | 3.4 | 3.8 | 4.0 | 4.0 | 4.0 |
| **南美** | | | | | | | | | |
| 阿根廷 | 1.3 | 1.4 | 1.3 | 1.4 | 1.2 | 1.2 | 1.1 | 1.0 | 0.9 |
| 玻利维亚[25] | 2.1 | 1.8 | 1.7 | 2.1 | 1.9 | 1.9 | 1.7 | 1.6 | 1.4 |
| 巴西 | [1.7] | [1.5] | 1.6 | 1.8 | 1.9 | 1.5 | 1.4 | 1.4 | 1.5 |
| 智利§[26] | 3.4 | 3.7 | 3.7 | 3.7 | 3.8 | 3.4 | 3.8 | 3.7 | 3.6 |
| 哥伦比亚[27] | [3.2] | [3.4] | [4.1] | [4.5] | 3.7 | 3.9 | 3.9 | 4.0 | 4.0 |
| 厄瓜多尔‖[28] | 2.4 | 1.8 | 1.7 | 1.8 | 2.0 | 2.6 | 2.2 | 2.6 | 2.3 |
| 圭亚那 | .. | .. | .. | .. | .. | .. | .. | .. | .. |
| 巴拉圭[29] | 1.3 | 1.2 | 1.1 | 1.0 | 1.0 | 0.8 | 0.9 | 0.8 | 0.8 |
| 秘鲁[30] | (1.6) | (1.6) | (1.7) | 1.7 | 1.5 | 1.5 | 1.4 | 1.5 | 1.3 |
| 乌拉圭 | [1.6] | [1.8] | [1.5] | 1.8 | 1.7 | 1.6 | 1.4 | 1.4 | 1.3 |
| 委内瑞拉[31] | 1.4 | 1.2 | 1.2 | 1.5 | 1.3 | 1.2 | 1.2 | 1.3 | 1.2 |
| **亚洲和大洋洲** | | | | | | | | | |
| **中亚** | | | | | | | | | |

| 国家 | 1998 | 1999 | 2000 | 2001 | 2002 | 2003 | 2004 | 2005 | 2006 |
|---|---|---|---|---|---|---|---|---|---|
| 哈萨克斯坦 | 1.1 | 0.8 | 0.8 | 1.0 | 1.1 | 1.1 | 1.0 | 1.0 | 1.0 |
| 吉尔吉斯斯坦[32] | 2.7 | 2.6 | 2.9 | 2.3 | 2.7 | 2.9 | 2.8 | 3.1 | 3.2 |
| 塔吉克斯坦 | 1.7 | 1.4 | 1.2 | 1.2 | 2.1 | 2.2 | 2.2 | .. | .. |
| 土库曼斯坦[33] | 3.1 | 2.9 | .. | .. | .. | .. | .. | .. | .. |
| 乌兹别克斯坦[34] | .. | 1.6 | .. | 0.8 | .. | 0.5 | .. | .. | .. |
| 东亚 | | | | | | | | | |
| 文莱 | 7.5 | 6.1 | 5.7 | 5.2 | 5.3 | 5.1 | (3.6) | (3.9) | [3.5] |
| 柬埔寨 | 2.7 | 2.5 | 2.2 | 1.8 | 1.6 | 1.5 | 1.3 | 1.1 | 1.1 |
| 中国[35] | [1.7] | [1.8] | [1.8] | [2.0] | [2.1] | [2.1] | [2.0] | [1.9] | [2.1] |
| 印度尼西亚 | 1.1 | 0.9 | 1.0 | 1.0 | 1.0 | 1.3 | 1.4 | [1.2] | [1.3] |
| 日本†§[36] | 1.0 | 1.0 | 1.0 | 1.0 | 1.0 | 1.0 | 1.0 | 1.0 | 1.0 |
| 朝鲜 | .. | .. | .. | .. | .. | .. | .. | .. | .. |
| 韩国†¶[37] | 2.8 | 2.5 | 2.5 | 2.5 | 2.4 | 2.4 | 2.4 | 2.6 | 2.5 |
| 老挝 | 1.6 | 2.2 | 2.0 | 2.1 | .. | .. | .. | .. | .. |
| 马来西亚 | 1.6 | 2.1 | 1.7 | 2.2 | 2.3 | 2.8 | 2.4 | 2.4 | 2.2 |

| 国家 | 1998 | 1999 | 2000 | 2001 | 2002 | 2003 | 2004 | 2005 | 2006 |
|---|---|---|---|---|---|---|---|---|---|
| 蒙古 | 1.9 | 1.8 | 2.4 | 2.0 | 2.1 | 1.8 | 1.7 | 1.6 | 1.5 |
| 缅甸[38] | 2.3 | 2.0 | 2.3 | 1.8 | 1.3 | .. | .. | .. | .. |
| 菲律宾 | 1.2 | 1.1 | 1.1 | 1.0 | 1.0 | 1.0 | 0.9 | 0.9 | 0.9 |
| 新加坡 | 5.4 | 5.4 | 4.7 | 5.0 | 5.1 | 5.1 | 4.7 | 4.7 | 4.7 |
| 中国台湾（地区） | 3.2 | 2.7 | 2.4 | 2.5 | 2.2 | 2.2 | 2.2 | 2.2 | 2.0 |
| 泰国 | 1.9 | 1.6 | 1.4 | 1.5 | 1.4 | 1.3 | [1.2] | [1.1] | [1.1] |
| 越南 | .. | .. | .. | .. | .. | .. | .. | .. | .. |
| **南亚** | | | | | | | | | |
| 阿富汗[39] | .. | .. | .. | .. | .. | .. | 1.9 | 1.5 | 1.5 |
| 孟加拉国 | 1.3 | 1.3 | 1.3 | 1.2 | 1.1 | 1.1 | 1.1 | 1.0 | 1.0 |
| 印度[40] | 2.8 | 3.1 | 3.1 | 3.0 | 2.9 | 2.8 | 2.6 | 2.8 | 2.7 |
| 尼泊尔¶[41] | 0.8 | 0.9 | 0.9 | 1.1 | 1.5 | 1.6 | 1.8 | 1.9 | [1.7] |
| 巴基斯坦‡ | 4.8 | 3.9 | 3.7 | 3.9 | 3.9 | 3.7 | 3.5 | 3.4 | 3.2 |
| 斯里兰卡†‡[42] | 4.1 | 3.6 | 4.5 | 3.9 | 3.1 | 2.7 | 2.8 | 2.6 | 2.9 |
| **大洋洲** | | | | | | | | | |

| 国家 | 1998 | 1999 | 2000 | 2001 | 2002 | 2003 | 2004 | 2005 | 2006 |
|---|---|---|---|---|---|---|---|---|---|
| 澳大利亚 | 1.8 | 1.8 | 1.8 | 1.8 | 1.9 | 1.8 | 1.9 | 1.8 | 1.9 |
| 斐济†[43] | 1.5 | 1.3 | 1.9 | 1.6 | 1.6 | 1.3 | 1.1 | 1.3 | 1.4 |
| 新西兰 | 1.3 | 1.3 | 1.3 | 1.2 | 1.1 | 1.1 | 1.1 | 1.1 | 1.1 |
| 巴布亚新几内亚 | 1.1 | 0.9 | 0.9 | 0.8 | 0.6 | 0.5 | 0.6 | 0.6 | 0.5 |
| 汤加 | 1.5 | 1.4 | 1.4 | 1.4 | 1.2 | 1.2 | 1.0 | 1.1 | 1.4 |
| 欧洲 | | | | | | | | | |
| 阿尔巴尼亚¶[44] | 1.2 | 1.2 | 1.2 | 1.3 | 1.3 | 1.3 | 1.4 | 1.3 | 1.6 |
| 亚美尼亚†[45] | 3.5 | 3.7 | 3.6 | 3.1 | 2.7 | 2.7 | 2.7 | 2.9 | 2.8 |
| 奥地利 | [1.0] | [1.0] | [1.0] | [0.9] | 0.9 | 0.9 | 0.9 | 0.9 | 0.8 |
| 阿塞拜疆‖ | [2.4] | [2.6] | [2.3] | [2.3] | [2.2] | [2.4] | [2.6] | 2.3 | 3.6 |
| 白俄罗斯 | [1.5] | [1.4] | [1.3] | 1.4 | 1.4 | 1.3 | 1.4 | 1.5 | 1.7 |
| 比利时 | 1.5 | 1.4 | 1.4 | 1.3 | 1.2 | 1.3 | 1.2 | 1.1 | 1.1 |
| 波黑†¶[46] | .. | .. | .. | .. | 4.3 | 2.8 | 2.3 | 1.8 | 1.7 |
| 保加利亚† | 2.3 | 2.5 | 2.5 | 2.7 | 2.7 | 2.6 | 2.4 | 2.4 | 2.3 |
| 克罗地亚 | [6.6] | [5.2] | [3.6] | [3.2] | [3.2] | [2.4] | 2.0 | 1.9 | 1.9 |

| 国家 | 1998 | 1999 | 2000 | 2001 | 2002 | 2003 | 2004 | 2005 | 2006 |
|---|---|---|---|---|---|---|---|---|---|
| 塞浦路斯† | 3.4 | 2.0 | 2.0 | 2.3 | 1.6 | 1.5 | 1.4 | 1.4 | 1.4 |
| 捷克共和国[47] | 1.9 | 2.0 | 2.0 | 1.9 | 2.0 | 2.1 | 1.9 | 2.0 | 1.7 |
| 丹麦 | 1.6 | 1.6 | 1.5 | 1.6 | 1.5 | 1.5 | 1.5 | 1.3 | 1.4 |
| 爱沙尼亚 | 1.1 | 1.3 | 1.4 | 1.5 | 1.7 | 1.7 | 1.7 | 1.6 | 1.6 |
| 芬兰 | 1.5 | 1.3 | 1.3 | 1.2 | 1.2 | 1.4 | 1.4 | 1.4 | 1.4 |
| 法国[48] | 2.7 | 2.7 | 2.5 | 2.5 | 2.5 | 2.6 | 2.6 | 2.5 | 2.4 |
| 格鲁吉亚[49] | [1.1] | [0.9] | [0.6] | [0.7] | 1.0 | 1.1 | 1.4 | 3.3 | 5.2 |
| 德国 | 1.5 | 1.5 | 1.5 | 1.5 | 1.5 | 1.4 | 1.4 | 1.4 | 1.3 |
| 希腊 | 4.8 | 4.8 | 4.8 | 4.5 | 4.2 | [3.4] | [3.6] | [3.8] | [3.8] |
| 匈牙利 | 1.5 | 1.7 | 1.7 | 1.8 | 1.6 | 1.7 | 1.5 | 1.4 | 1.2 |
| 冰岛 | 0.0 | 0.0 | 0.0 | 0.0 | 0.0 | 0.0 | 0.0 | 0.0 | 0.0 |
| 爱尔兰 | [0.9] | [0.8] | [0.7] | 0.7 | 0.7 | 0.6 | 0.6 | 0.6 | 0.5 |
| 意大利[50] | 1.9 | 2.0 | 2.0 | 2.0 | 2.0 | 2.0 | 2.0 | 1.9 | 1.8 |
| 拉脱维亚[51] | 0.6 | 0.8 | 0.9 | 1.0 | 1.6 | 1.7 | 1.7 | 1.7 | 1.8 |
| 立陶宛¶[52] | [1.0] | [0.9] | [1.4] | [1.3] | 1.4 | 1.4 | 1.4 | 1.2 | 1.2 |

| 国家 | 1998 | 1999 | 2000 | 2001 | 2002 | 2003 | 2004 | 2005 | 2006 |
|---|---|---|---|---|---|---|---|---|---|
| 卢森堡 | 0.7 | 0.7 | 0.6 | 0.8 | 0.8 | 0.8 | [0.8] | [0.8] | [0.8] |
| 前南马其顿共和国[53] | 2.2 | 1.8 | 1.9 | 6.6 | 2.8 | 2.5 | 2.5 | 2.2 | 2.0 |
| 马耳他† | 0.8 | 0.7 | 0.7 | 0.7 | 0.7 | 0.7 | 0.7 | 0.7 | 0.7 |
| 摩尔多瓦†¶[54] | 0.6 | 0.5 | 0.4 | 0.4 | 0.4 | 0.4 | 0.4 | 0.4 | 0.5 |
| 黑山 | .. | .. | .. | .. | .. | .. | .. | .. | 2.3 |
| 荷兰 | 1.7 | 1.7 | 1.6 | 1.5 | 1.5 | 1.6 | 1.5 | 1.5 | 1.5 |
| 挪威 | 2.2 | 2.1 | 1.7 | 1.7 | 2.1 | 2.0 | 1.9 | 1.6 | 1.5 |
| 波兰 | 2.0 | 1.9 | 1.9 | 2.0 | 2.0 | 2.0 | 2.0 | 2.1 | 2.0 |
| 葡萄牙 | 2.2 | 2.0 | 2.0 | 2.0 | 2.0 | 2.0 | [2.1] | [2.0] | [1.9] |
| 罗马尼亚‖ | [3.0] | 2.7 | 2.5 | 2.5 | 2.3 | 2.1 | 2.0 | 2.0 | 1.8 |
| 俄罗斯[56] | [3.3] | [3.4] | [3.7] | [4.1] | [4.3] | [4.3] | [3.8] | [3.7] | [3.6] |
| 塞尔维亚[57] | 4.4 | 4.5 | 6.0 | 4.7 | 4.8 | 3.8 | 3.3 | 2.6 | 2.8 |
| 斯洛伐克† | 1.8 | 1.6 | 1.7 | 1.9 | 1.8 | 1.9 | 1.7 | 1.7 | 1.7 |
| 斯洛文尼亚‖ | 1.4 | 1.3 | 1.2 | 1.4 | 1.5 | 1.5 | 1.5 | 1.5 | 1.6 |
| 西班牙 | 1.3 | 1.2 | 1.2 | 1.2 | 1.2 | 1.1 | 1.1 | 1.0 | 1.2 |

| 国家 | 1998 | 1999 | 2000 | 2001 | 2002 | 2003 | 2004 | 2005 | 2006 |
|---|---|---|---|---|---|---|---|---|---|
| 瑞典[58] | 2.1 | 2.0 | 2.0 | 1.9 | 1.8 | 1.7 | 1.6 | 1.5 | 1.5 |
| 瑞士†¶[59] | 1.2 | 1.1 | 1.1 | 1.1 | 1.0 | 1.0 | 1.0 | 1.0 | 0.8 |
| 土耳其¶‖ | 4.4 | 5.4 | 5.0 | 5.0 | 4.4 | 3.8 | 3.1 | 2.8 | 2.9 |
| 联合王国[60] | 2.6 | 2.5 | 2.4 | 2.4 | 2.4 | 2.7 | 2.7 | 2.7 | 2.6 |
| 乌克兰§ | 3.4 | 3.0 | 3.6 | 2.9 | 2.8 | 2.8 | 2.6 | 2.8 | 2.8 |
| **中东** | | | | | | | | | |
| 巴林[61] | 4.8 | 4.9 | 4.0 | 4.2 | 4.0 | 4.8 | 4.3 | 3.6 | 3.5 |
| 埃及 | 3.3 | 3.2 | 3.2 | 3.3 | 3.4 | 3.3 | 3.0 | 2.9 | 2.7 |
| 伊朗¶[62] | 2.4 | 3.0 | 3.8 | 4.0 | 2.5 | 2.9 | 3.3 | 4.6 | 4.6 |
| 伊拉克[63] | .. | .. | .. | .. | .. | .. | .. | (3.8) | (7.8) |
| 以色列[64] | 8.6 | 8.5 | 8.0 | 8.4 | 9.5 | 8.8 | 7.9 | 7.9 | 8.0 |
| 约旦 | [6.3] | 6.3 | 6.3 | 5.9 | 5.4 | 6.0 | 5.1 | 4.8 | 5.0 |
| 科威特 | 8.8 | 7.6 | 7.2 | 7.7 | 7.4 | 6.5 | 5.9 | [4.7] | [4.0] |
| 黎巴嫩 | 4.1 | 4.9 | 5.5 | 5.6 | 4.8 | 4.7 | 4.4 | [4.5] | [4.6] |
| 阿曼‡ | 12.5 | 11.4 | 10.6 | 12.2 | 12.3 | 12.1 | 12.0 | 11.8 | 11.2 |

| 国家 | 1998 | 1999 | 2000 | 2001 | 2002 | 2003 | 2004 | 2005 | 2006 |
|---|---|---|---|---|---|---|---|---|---|
| 卡塔尔 | .. | .. | .. | .. | .. | .. | .. | .. | .. |
| 沙特[§65] | 14.3 | 11.4 | 10.6 | 11.5 | 9.8 | 8.7 | 8.4 | 8.0 | 8.5 |
| 叙利亚 | [5.1] | 4.8 | 5.5 | 4.9 | 4.7 | 5.5 | 6.0 | 5.3 | 5.1 |
| 阿联酋[66] | 5.1 | 4.3 | 3.4 | 3.4 | 3.3 | 2.8 | 2.3 | 1.9 | .. |
| 也门 | 6.2 | 5.2 | 5.0 | [5.6] | 7.2 | 7.1 | 5.5 | 5.1 | 4.3 |

() 为不肯定的数字；[] 为 SIPRI 估计数；| 为多数货币变更；†表示所有数据均未包括军队退休、抚恤金；‡表示所有数据仅为经常性开支（即不包括资本支出）；§表示全部数字仅为预算经额而非实际支出；¶表示该国的数据不包括准军事力量的开支；‖表示这个国家在这段时间内更换货币或改变币值；表中所有数字已转换为最新汇率。

1. 阿尔及利亚政府在 2006 年 7 月发布了增加 35%的补充预算开支，但并不清楚这些新增的资金是否落实到军用上。

2. 安哥拉的预算执行率可能有很大不同。安哥拉经济受战争影响严重，其经济数据非常不确定。

3. 2005 年中非共和国的投资支出另增了 775000 非洲法郎。

4. 刚果民主共和国 2006 年和 2007 年的数据是国际货币基金组织预估出来的，但由于高速通货膨胀的原因，数据很有可能被低估。

5. 科特迪瓦 2003 年的数据是预算金额，而不是实际支出。

6. 加蓬的数据不包括预算外支出，这种支出来自于在加蓬运作的外国石油公司的税收。

7. 加纳 2001 年的数据是得到通过的预算金额，而不是实际开支。

8. 几内亚的数据可能被低估，因为国际货币基金组织报告说还有大量额外的军费预算。

9. 1998 年几内亚比绍爆发了武装冲突，导致军费开支的很大增长，特别是 2000 年。根据国际货币基金组织，这些增加的军费是通过银行系统的信贷和本票完成融资的。由于冲突的发生，1999 年的数据无法获得，因此该年前后数据的一致性不能肯定。

10. 马达加斯加的数据包括宪兵队和国家警察的开支。

11. 纳米比亚 1999 的数据预算仅为国防部预算。除此之外，1999 年财政部的预算包括对派驻刚果民主共和国的纳米比亚军队的 1.04 亿纳元紧急拨款预算。2002 年的数据包括 7850 万纳元的补充拨款。

12. 尼日利亚 1999 年的数据有所低估，原因是军队采用了特殊的美元兑换优惠汇率。

13. 卢旺达 1998 年的数据预算是官方防务预算。根据国际基金货币组织，该国另有军事融资来源，包括对预算内和超预算的融资。2005 年和 2006 年的数据包括了对非洲联盟维和行动的费用。

14. 1998 年塞内加尔额外为准军事力量支出的开支为 211 亿非洲法郎。

15. 塞拉利昂 1998 年和 1999 年的数据无法获得，是因为政变和随后的内战。

16. 苏丹的数据当前在防务和安全上的开支。

17. 赞比亚的数据，特别是固定美元数据和占国内生产总值比例数据不肯定，原因是该国通货膨胀太快，货币变更频繁。这些数据是 2004 年以后这一阶段所通过的预算金额，而不是实际开支。

18. 津巴布韦的数据应该谨慎使用，因为通货膨胀极高。

19. 哥斯达黎加没有武装部队。该国用于准军事部队、边境警卫和海上与空中监视的开支低于国内生产总值的 0.05%。

20. 洪都拉斯的数据不包括武器进口。2005 年、2006 年和 2007 年军队的退休、抚恤金预算分别为 5890 万、7360 万和 1.074 亿伦皮拉。

21. 墨西哥的军队养老金在 2004 年—2007 年每年另加约 30 亿比索。

22. 尼加拉瓜的数据包括美国和台湾的军事援助，2002 年、2003 年、2004 年、2005 年、2006 年和 2007 年分别是 1250 万、1690 万、1360 万、1110 万、730 万和 2880 万科多巴。

23. 巴拿马国防军在 1990 年被废除，取而代之的是一支准军事部队，由国家警察和空运及海运部队组成。

24. 美国的数据为财政年度数据（10 月 1 日—9 月 30 日）而非公历年度的数据。

25. 玻利维亚的数据包括一些民防支出。

26. 智利的数据包括国有炼铜企业（CODELCO）对军购的直接转让。由于铜价的上涨，2005 年以来这种转让金额迅速增加。

27. 根据 2002 年 8 月 12 日的战争税法令，哥伦比亚的 2002—2004 年的数据包括 26 亿比索的特别拨款。

28. 厄瓜多尔在 2000 年 3 月 13 日将本国货币苏克雷改为美元。表中所列每年的现值价格数据是指以当年的市场汇率计算的美元价值的军费开支。

29. 巴拉圭 2003 年的数据是指修订过的预算数据而不是实际开支。

30. 秘鲁 2001 年之前的数据是基于秘鲁国防部的数据，被怀疑为出自预算过程的不同阶段。秘鲁 2005 年的数据不包括秘鲁国有 CAM-

ISEA 公司向秘鲁武装部队和国家警察所提供的 20%天然气生产收入。

31. 委内瑞拉 1998 年、2006 年和 2007 年的数据是被通过的预算数据，而不是实际支出。

32. 吉尔吉斯斯坦的数据包括内部安全支出，这部分占军费总额的很大一部分。

33. 由于土库曼斯坦的公共账目系统分类的改变，该国的系列数据所涵盖的内容因时间的不同而相同。

34. 以固定美元表示的乌兹别克斯坦数据，应考虑其官方和非官方汇率之间的较大差别。

35. 中国的数据是估算的总体军费开支。关于 1989 年至 1998 年期间军费以当地货币及占国内生产总值百分比的估算，参见 S. 王的《1989 年至 1998 年中国军费开支》，《SIPRI 年鉴 1999：军备、裁军和国际安全》（牛津大学出版社，牛津，1999 年），第 334 页至 349 页。1999 年至 2002 年的估算则根据官方军费开支百分比的变化幅度，并假设解放军通过经商获取的经费不断减少。

36. 日本的数据包括冲绳特别行动委员会（SACO）的费用。

37. 韩国的数据不包括武器进口的开支。

38. 缅甸的数据没有用美元表示，因为缅甸元和美元存在极端变化的设定汇率。

39. 阿富汗的数据是指用于阿富汗国民军的核心预算开支。如果把由军事援助直接支付的外部预算开支包括进来的话，其全部军事开支则比此数据要高出 6 倍多。

40. 印度的数据包括边境安全部队、中央后备警察部队、阿萨姆步枪队和印度—西藏边境警察部队等准军事部队的开支，不包括军用核活动的开支。

41. 尼泊尔 1998/1999 财政年度追加的准军事力量开支为 33.15 亿卢比。

42. 斯里兰卡 2000 年的数据并未充分反映出与战争相关的 280 亿卢比特别拨款。

43. 1998 年—2002 年斐济的军队养老金相当于每年另增了 3.5%的军费。

44. 阿尔巴尼亚在 2001 年之后的数据是预算数据而非实际数据。2006 年之前的数据没有完全包括军队养老金。

45. 亚美尼亚的数据如果把军队养老金包括进来，则会高出 15—20%。

46. 波黑 2005 年之后的数据是指用于波黑武装部队的数据，该部队成立于 2005 年，系由波黑联邦克罗地亚—波斯尼亚克军队和斯普卡共和国的波斯尼亚塞尔维亚人军队组成。波黑的数据在 2005 年以前包括波黑联邦军队和斯普斯卡共和国军队的开支。表中数据不包括进口武器的支出。

47. 捷克共和国的数据不包括对阿富汗或伊拉克的军事援助。在 2004 年援助阿富汗 1870 万克朗，2007 年前 7 个月援助 6.126 亿克朗。在

2005 年援助伊拉克 110 万克朗。

48. 由于法国预算系统和财政法规的变化，该国自 2006 年开始的数据使用新的方法计算出来。

49. 格鲁吉亚的数据从 2002 年开始为预算开支。由于政治动乱，格鲁吉亚 2003 年的预算数据很可能是一个低估了的实际开支数据。

50. 意大利的数据包括民防系统的开支，这部分通常约占军费总额的 4.5%。

51. 拉脱维亚的数据不包括俄罗斯支付的军队养老金，这部分在 1996—1998 年每年平均为 2700 万拉特。

52. 立陶宛的数据不包括准军事武装的大部分开支。

53. 前南马其顿从 2006 年开始，其军事开支的范畴改变了。边防军被从国防部转归内务部，另外部分军事养老金原先完全不在范畴之内的，现在也包括其中。

54. 摩尔瓦多所有军费项目加起来，包括军队养老金和准军事部队的开支，其 2005、2006 和 2007 年的军费总额则分别会达 3.43 亿、4.57 亿和 5.30 亿列伊。

55. 黑山于 2006 年 6 月 3 日宣布从塞黑国家联盟中独立出来。

56. 关于俄罗斯军费数据的来源及估算方法，参见 J. 库珀：《1987—1997 年苏联和俄罗斯联邦军费开支》，《SIPRI 年鉴 1998：军备、裁军和国际安全》（牛津大学出版社，牛津，1998），第 243 页至 259 页。

57. 黑山在 2006 年 3 月 3 日从塞黑分离出来。塞尔维亚 2005 年之前的数据是指塞黑国家联盟（2003 年 2 月之前称为南斯拉夫联盟共和国）的数据，而 2006 年之后的数据则是塞尔维亚单独的数据。

58. 瑞典 2001 年改变了结算制度，因此 2000 年至 2001 年的数据有所断档。数据断档造成瑞典 2000 年至 2001 年军费开支下降的幅度多估算了 1.4%。

59. 因为瑞士改变结算制度，2005 年—2006 年军费降低的幅度可能被高估了。

60. 由于联合王国防御开支结算制度 2001 年由现金制改为应记制，2000 年至 2001 年该国书具有断档。结算制度的改变对联合王国军费开支趋势的影响目前仍不明了。

61. 巴林 2002 年—2004 年的数据是被通过的预算金额，而不是实际支出。

62. 伊朗的数据不包括用于革命卫队等准军事武装力量上的开支。

63. 伊拉克的数据是指用于安全的支出。这些数据应从伊不稳定的安全形势和高膨胀率的角度去看。

64. 以色列数据包括从美国获得的军事援助，在 2007 年是 23.4 亿美元。

65. 沙特的数据为国防和安全方面的开支。

66. 阿联酋的数目不包括 7 个酋长国的地方武装力量开支。如果这部分开支包括在内的话，阿联酋的军事开支总额数目将会高出很多。

（李　佳　译）

# 附录 5B 北约军费表（按类别计算）

彼得·斯塔伦海姆 杨·格雷贝

**表 5B.1 1998—2007 年北约用于人员及装备的军费**

数据单位为百万元（2005 年固定美元价格及汇率）。斜体数据为较上一年的变化百分比。冰岛因为没有军费开支而被略去。

| 国家 | 类别 | 1998 | 1999 | 2000 | 2001 | 2002 | 2003 | 2004 | 2005 | 2006 | 2007 |
|---|---|---|---|---|---|---|---|---|---|---|---|
| 北美 | | | | | | | | | | | |
| 加拿大 | 人员开支 | 4896 | 4945 | 5000 | 5104 | 5329 | 5458 | 5784 | 6103 | 6433 | 6545 |
| | 人员开支变化 | *8.9* | *1.0* | *1.1* | *2.1* | *4.4* | *2.4* | *6.0* | *5.5* | *5.4* | *1.7* |
| | 装备开支 | 1247 | 960 | 1413 | 1320 | 1642 | 1651 | 1732 | 1563 | 1629 | 2668 |
| | 装备开支变化 | *8.6* | *−23.0* | *47.2* | *−6.5* | *24.4* | *0.6* | *4.9* | *−9.7* | *4.2* | *63.8* |

| 国家 | 类别 | 1998 | 1999 | 2000 | 2001 | 2002 | 2003 | 2004 | 2005 | 2006 | 2007 |
|---|---|---|---|---|---|---|---|---|---|---|---|
| 美国 | 人员开支 | 128080 | 125401 | 129085 | 124894 | 139629 | 159029 | 165465 | 175384 | 171754 | 157770 |
| | 人员开支变化 | −2.6 | −2.1 | 2.9 | −3.2 | 11.8 | 13.9 | 4.0 | 6.0 | −2.1 | −8.1 |
| | 装备开支 | 84035 | 82072 | 74988 | 88547 | 106232 | 108017 | 118266 | 123491 | 128304 | 136630 |
| | 装备开支变化 | −3.8 | −2.3 | −8.6 | 18.1 | 20.0 | 1.7 | 9.5 | 4.4 | 3.9 | 6.5 |
| **欧洲** | | | | | | | | | | | |
| 比利时 | 人员开支 | 3233 | 3274 | 3148 | 3143 | 3168 | 3261 | 3230 | 3174 | 3160 | 3258 |
| | 人员开支变化 | −1.3 | 1.3 | −3.9 | −0.1 | 0.8 | 2.9 | −1.0 | −1.7 | −0.4 | 3.1 |
| | 装备开支 | 278 | 313 | 277 | 327 | 314 | 239 | 241 | 269 | 248 | 290 |
| | 装备开支变化 | −5.3 | 12.6 | −11.4 | 17.9 | −3.8 | −24.0 | 1.1 | 11.3 | −7.8 | 17.2 |
| 保加利亚 | 人员开支 | .. | .. | .. | .. | .. | .. | 349 | 335 | 326 | 344 |
| | 人员开支变化 | .. | .. | .. | .. | .. | .. | .. | −3.9 | −2.7 | 5.6 |
| | 装备开支 | .. | .. | .. | .. | .. | .. | 115 | 111 | 104 | 129 |
| | 装备开支变化 | .. | .. | .. | .. | .. | .. | .. | −3.6 | −6.3 | 23.9 |

| 国家 | 类别 | 1998 | 1999 | 2000 | 2001 | 2002 | 2003 | 2004 | 2005 | 2006 | 2007 |
|---|---|---|---|---|---|---|---|---|---|---|---|
| 捷克共和国 | 人员开支 | .. | .. | 885 | 928 | 965 | 961 | 1108 | 1043 | 1050 | 1038 |
| | 人员开支变化 | .. | .. | .. | 4.9 | 4.0 | −0.5 | 15.3 | −5.8 | 0.6 | −1.1 |
| | 装备开支 | .. | .. | 464 | 410 | 370 | 447 | 334 | 206 | 323 | 313 |
| | 装备开支变化 | .. | .. | .. | −11.6 | −9.7 | 20.7 | −25.3 | −38.4 | 57.3 | −3.2 |
| 丹麦 | 人员开支 | 2220 | 2206 | 1940 | 1975 | 1940 | 1865 | 1945 | 1908 | 1847 | 1898 |
| | 人员开支变化 | 3.2 | −0.6 | −12.0 | 1.8 | −1.8 | −3.9 | 4.3 | −2.0 | −3.1 | 2.8 |
| | 装备开支 | 512 | 419 | 525 | 633 | 503 | 583 | 698 | 388 | 584 | 509 |
| | 装备开支变化 | 1.9 | −18.1 | 25.3 | 20.6 | −20.6 | 15.9 | 19.8 | −44.5 | 50.6 | −12.8 |
| 爱沙尼亚 | 人员开支 | .. | .. | .. | .. | .. | .. | 62.5 | 59.6 | 58.2 | 74.2 |
| | 人员开支变化 | .. | .. | .. | .. | .. | .. | .. | −4.6 | −2.3 | 27.5 |
| | 装备开支 | .. | .. | .. | .. | .. | .. | 24.0 | 24.3 | 32.4 | 49.8 |
| | 装备开支变化 | .. | .. | .. | .. | .. | .. | .. | 1.3 | 33.3 | 53.6 |

| 国家 | 类别 | 1998 | 1999 | 2000 | 2001 | 2002 | 2003 | 2004 | 2005 | 2006 | 2007 |
|---|---|---|---|---|---|---|---|---|---|---|---|
| 法国 | 人员开支 | 30515 | 30639 | 30315 | 30287 | 30999 | 31001 | 31016 | 30704 | 30053 | 29946 |
| | 人员开支变化 | 3.3 | 0.4 | −1.1 | −0.1 | 2.3 | 0.0 | 0.0 | −1.0 | −2.1 | −0.4 |
| | 装备开支 | 9745 | 9851 | 9466 | 9700 | 9761 | 10795 | 11322 | 11284 | 12340 | 12000 |
| | 装备开支变化 | −14.4 | 1.1 | −3.9 | 2.5 | 0.6 | 10.6 | 4.9 | −0.3 | 9.4 | −2.8 |
| 德国 | 人员开支 | 25061 | 25003 | 24959 | 24408 | 24127 | 24065 | 23006 | 22168 | 21200 | 20935 |
| | 人员开支变化 | −2.2 | −0.2 | −0.2 | −2.2 | −1.2 | −0.3 | −4.4 | −3.6 | −4.4 | −1.2 |
| | 装备开支 | 5200 | 5519 | 5559 | 5677 | 5706 | 5505 | 5743 | 5395 | 5571 | 5659 |
| | 装备开支变化 | 18.3 | 6.1 | 0.7 | 2.1 | 0.5 | −3.5 | 4.3 | −6.1 | 3.3 | 1.6 |
| 希腊 | 人员开支 | 4758 | 5062 | 5502 | 5506 | 4493 | 4211 | 4781 | 5005 | 5186 | 5469 |
| | 人员开支变化 | 5.8 | 6.4 | 8.7 | 0.1 | −18.4 | −6.3 | 13.5 | 4.7 | 3.6 | 5.5 |
| | 装备开支 | 1625 | 1597 | 1569 | 1308 | 870 | 603 | 454 | 1032 | 1047 | 1205 |
| | 装备开支变化 | 15.8 | −1.7 | −1.7 | −16.6 | −33.5 | −30.6 | −24.8 | 127.4 | 1.4 | 15.2 |

| 国家 | 类别 | 1998 | 1999 | 2000 | 2001 | 2002 | 2003 | 2004 | 2005 | 2006 | 2007 |
|---|---|---|---|---|---|---|---|---|---|---|---|
| 匈牙利 | 人员开支 | .. | 641 | 736 | 796 | 798 | 849 | 797 | 768 | 745 | 660 |
| | 人员开支变化 | .. | .. | *14.8* | *8.2* | *0.2* | *6.4* | *−6.2* | *−3.6* | *−3.0* | *−11.4* |
| | 装备开支 | .. | 288 | 187 | 175 | 180 | 179 | 191 | 135 | 129 | 166 |
| | 装备开支变化 | .. | .. | *−35.2* | *−6.6* | *3.1* | *−0.4* | *6.6* | *−29.6* | *−4.3* | *28.9* |
| 意大利 | 人员开支 | 22559 | 23662 | 24334 | 24263 | 25500 | 25250 | 26241 | 25849 | 26568 | 26332 |
| | 人员开支变化 | *0.5* | *4.9* | *2.8* | *−0.3* | *5.1* | *−1.0* | *3.9* | *−1.5* | *2.8* | *−0.9* |
| | 装备开支 | 3824 | 3737 | 4890 | 3459 | 4268 | 4489 | 4075 | 3049 | 2336 | 3606 |
| | 装备开支变化 | *13.2* | *−2.3* | *30.8* | *−29.3* | *23.4* | *5.2* | *−9.2* | *−25.2* | *−23.4* | *54.4* |
| 拉脱维亚 | 人员开支 | .. | .. | .. | .. | .. | .. | 78.5 | 101 | 115 | 118 |
| | 人员开支变化 | .. | .. | .. | .. | .. | .. | .. | *29.2* | *13.1* | *2.8* |
| | 装备开支 | .. | .. | .. | .. | .. | .. | 13.3 | 17.7 | 36.0 | 44.7 |
| | 装备开支变化 | .. | .. | .. | .. | .. | .. | .. | *32.9* | *103* | *24.3* |

| 国家 | 类别 | 1998 | 1999 | 2000 | 2001 | 2002 | 2003 | 2004 | 2005 | 2006 | 2007 |
|---|---|---|---|---|---|---|---|---|---|---|---|
| 立陶宛 | 人员开支 | .. | .. | .. | .. | .. | .. | 163 | 177 | 185 | 204 |
| | 人员开支变化 | .. | .. | .. | .. | .. | .. | .. | 8.7 | 4.2 | 10.3 |
| | 装备开支 | .. | .. | .. | .. | .. | .. | 39.2 | 46.5 | 57.4 | 71.5 |
| | 装备开支变化 | .. | .. | .. | .. | .. | .. | .. | 18.8 | 23.3 | 24.6 |
| 卢森堡 | 人员开支 | 144 | 145 | 147 | 166 | 173 | 180 | 187 | 184 | 188 | 191 |
| | 人员开支变化 | 5.1 | 0.2 | 1.9 | 12.9 | 3.9 | 4.3 | 3.9 | −1.8 | 2.3 | 1.6 |
| | 装备开支 | 12.1 | 9.6 | 9.0 | 29.4 | 14.7 | 16.8 | 19.7 | 27.9 | 21.3 | 83.5 |
| | 装备开支变化 | 101 | −21.4 | −5.7 | 227 | −50.1 | 14.7 | 16.8 | 41.9 | −23.5 | 291 |
| 荷兰 | 人员开支 | 4764 | 4759 | 4635 | 4491 | 4788 | 4990 | 4823 | 4830 | 4787 | 4720 |
| | 人员开支变化 | −6.9 | −0.1 | −2.6 | −3.1 | 6.6 | 4.2 | −3.3 | 0.1 | −0.9 | −1.4 |
| | 装备开支 | 1399 | 1614 | 1554 | 1559 | 1484 | 1416 | 1595 | 1528 | 1638 | 1852 |
| | 装备开支变化 | −2.9 | 15.4 | −3.7 | 0.4 | −4.9 | −4.5 | 12.6 | −4.2 | 10.1 | 10.1 |

| 国家 | 类别 | 1998 | 1999 | 2000 | 2001 | 2002 | 2003 | 2004 | 2005 | 2006 | 2007 |
|---|---|---|---|---|---|---|---|---|---|---|---|
| 挪威 | 人员开支 | 1689 | 1755 | 1776 | 1712 | 1996 | 2038 | 2144 | 2092 | 2190 | 2085 |
| | 人员开支变化 | 4.5 | 3.9 | 1.2 | −3.6 | 16.6 | 2.1 | 5.2 | −2.4 | 4.7 | −4.8 |
| | 装备开支 | 1120 | 1017 | 846 | 928 | 1248 | 1105 | 1188 | 1029 | 936 | 1185 |
| | 装备开支变化 | 8.3 | −9.1 | −16.8 | 9.7 | 34.5 | −11.5 | 7.5 | −13.4 | −9.0 | 26.6 |
| 波兰 | 人员开支 | .. | 3064 | 2959 | 3121 | 3119 | 3258 | 3233 | 3173 | 3128 | 3442 |
| | 人员开支变化 | .. | .. | −3.4 | 5.5 | −0.1 | 4.5 | −0.8 | −1.9 | −1.4 | 10.0 |
| | 装备开支 | .. | 546 | 416 | 428 | 534 | 624 | 776 | 808 | 1058 | 1585 |
| | 装备开支变化 | .. | .. | −23.7 | 3.0 | 24.7 | 16.9 | 24.4 | 4.0 | 31.0 | 49.8 |
| 葡萄牙 | 人员开支 | 2657 | 2809 | 2846 | 2924 | 2356 | 2144 | 2165 | 2381 | 2319 | 2137 |
| | 人员开支变化 | 1.3 | 5.7 | 1.3 | 2.7 | −19.4 | −9.0 | 1.0 | 9.9 | −2.6 | −7.8 |
| | 装备开支 | 123 | 141 | 223 | 192 | 115 | 202 | 222 | 280 | 271 | 342 |
| | 装备开支变化 | −54.6 | 15.2 | 57.9 | −13.8 | −40.0 | 74.9 | 10.0 | 25.9 | −3.1 | 26.2 |

| 国家 | 类别 | 1998 | 1999 | 2000 | 2001 | 2002 | 2003 | 2004 | 2005 | 2006 | 2007 |
|---|---|---|---|---|---|---|---|---|---|---|---|
| 罗马尼亚 | 人员开支 | .. | .. | .. | .. | .. | .. | 944 | 1126 | 1218 | 1483 |
| | 人员开支变化 | .. | .. | .. | .. | .. | .. | .. | 19.2 | 8.2 | 21.8 |
| | 装备开支 | .. | .. | .. | .. | .. | .. | 477 | 394 | 489 | 456 |
| | 装备开支变化 | .. | .. | .. | .. | .. | .. | .. | −17.4 | 23.9 | −6.7 |
| 斯洛伐克 | 人员开支 | .. | .. | .. | .. | .. | .. | 384 | 384 | 410 | 452 |
| | 人员开支变化 | .. | .. | .. | .. | .. | .. | .. | 0.0 | 6.8 | 10.3 |
| | 装备开支 | .. | .. | .. | .. | .. | .. | 79.0 | 122 | 106 | 161 |
| | 装备开支变化 | .. | .. | .. | .. | .. | .. | .. | 53.8 | −12.7 | 51.7 |
| 斯洛文尼亚 | 人员开支 | .. | .. | .. | .. | .. | .. | 311 | 329 | 366 | 367 |
| | 人员开支变化 | .. | .. | .. | .. | .. | .. | .. | 5.9 | 11.2 | 0.3 |
| | 装备开支 | .. | .. | .. | .. | .. | .. | 93.4 | 48.6 | 74.3 | 43.5 |
| | 装备开支变化 | .. | .. | .. | .. | .. | .. | .. | −48.0 | 52.8 | −41.4 |

| 国家 | 类别 | 1998 | 1999 | 2000 | 2001 | 2002 | 2003 | 2004 | 2005 | 2006 | 2007 |
|---|---|---|---|---|---|---|---|---|---|---|---|
| 西班牙 | 人员开支 | 7028 | 7050 | 7079 | 7112 | 7168 | 7062 | 7064 | 7124 | 7395 | 7858 |
| | 人员开支变化 | 0.3 | 0.3 | 0.4 | 0.5 | 0.8 | −1.5 | 0.0 | 0.8 | 3.8 | 6.3 |
| | 装备开支 | 1248 | 1232 | 1433 | 1419 | 3035 | 2815 | 2993 | 2879 | 3000 | 3305 |
| | 装备开支变化 | −13.4 | −1.3 | 16.3 | −1.0 | 114 | −7.3 | 6.3 | −3.8 | 4.2 | 10.2 |
| 土耳其 | 人员开支 | 7203 | 7718 | 7161 | 6504 | 6305 | 5605 | 5452 | 5374 | 5384 | 5434 |
| | 人员开支变化 | 4.8 | 7.2 | −7.2 | −9.2 | −3.1 | −11.1 | −2.7 | −1.4 | 0.2 | 0.9 |
| | 装备开支 | 3069 | 4187 | 4495 | 4798 | 4333 | 4700 | 3605 | 3074 | 3828 | 3785 |
| | 装备开支变化 | −19.9 | 36.4 | 7.4 | 6.8 | −9.7 | 8.5 | −23.3 | −14.7 | 24.5 | −1.1 |
| 联合王国 | 人员开支 | 18301 | 18048 | 18436 | 19408 | 19866 | 20127 | 19931 | 23249 | 23034 | 22111 |
| | 人员开支变化 | −2.9 | −1.4 | 2.1 | 5.3 | 2.4 | 1.3 | −1.0 | 16.6 | −0.9 | −4.0 |
| | 装备开支 | 12741 | 12776 | 12416 | 11871 | 11797 | 11505 | 11439 | 12910 | 12087 | 12988 |
| | 装备开支变化 | 6.7 | 0.3 | −2.8 | −4.4 | −0.6 | −2.5 | −0.6 | 12.9 | −6.4 | 7.4 |

| 国家 | 类别 | 1998 | 1999 | 2000 | 2001 | 2002 | 2003 | 2004 | 2005 | 2006 | 2007 |
|---|---|---|---|---|---|---|---|---|---|---|---|
| 北约欧洲（23 个国家） | 人员开支 | 130132 | 135834 | 136857 | 136764 | 137762 | 136867 | 139415 | 141537 | 140911 | 140558 |
| | 人员开支变化 | 0.3 | 4.4 | 0.8 | −0.1 | 0.7 | −0.6 | 1.9 | 1.5 | −0.4 | −0.3 |
| | 装备开支 | 40895 | 43247 | 44328 | 42914 | 44535 | 45226 | 45737 | 45055 | 46360 | 49830 |
| | 装备开支变化 | −1.1 | 5.8 | 2.5 | −3.2 | 3.8 | 1.6 | 1.1 | −1.5 | 2.9 | 7.5 |
| 北约欧洲（2004 年之前成员国；16 个国家） | 人员开支 | 130132 | 135834 | 136857 | 136746 | 137762 | 136867 | 137123 | 139024 | 138234 | 137515 |
| | 人员开支变化 | 0.3 | 4.4 | 0.8 | −0.1 | 0.7 | −0.6 | 0.2 | 1.4 | −0.6 | −0.5 |
| | 装备开支 | 40895 | 43247 | 44328 | 42914 | 44535 | 45226 | 44896 | 44291 | 45461 | 48874 |
| | 装备开支变化 | −1.1 | 5.8 | 2.5 | −3.2 | 3.8 | 1.6 | −0.7 | −1.3 | 2.6 | 7.5 |
| 北约欧洲（1999 年之前成员国；13 个国家） | 人员开支 | 130132 | 132129 | 132227 | 131900 | 132879 | 131799 | 131985 | 134040 | 133311 | 132375 |
| | 人员开支变化 | 0.3 | 1.5 | 0.1 | −0.3 | 0.7 | −0.8 | 0.1 | 1.6 | −0.5 | −0.7 |
| | 装备开支 | 40895 | 42413 | 43261 | 41901 | 43450 | 43975 | 43594 | 43144 | 43951 | 46810 |
| | 装备开支变化 | −1.1 | 3.7 | 2.0 | −3.1 | 3.7 | 1.2 | −0.9 | −1.0 | 1.9 | 6.5 |

| 国家 | 类别 | 1998 | 1999 | 2000 | 2001 | 2002 | 2003 | 2004 | 2005 | 2006 | 2007 |
|---|---|---|---|---|---|---|---|---|---|---|---|
| 北约总额（25 个国家） | 人员开支 | 263107 | 266181 | 270942 | 266743 | 282719 | 301354 | 310664 | 323023 | 319098 | 304872 |
| | 人员开支变化 | −1.0 | 1.2 | 1.8 | −1.5 | 6.0 | 6.6 | 3.1 | 4.0 | −1.2 | −4.5 |
| | 装备开支 | 126177 | 126279 | 120729 | 132781 | 152409 | 154894 | 165735 | 170109 | 176293 | 189128 |
| | 装备开支变化 | −3.0 | 0.1 | −4.4 | 10.0 | 14.8 | 1.6 | 7.0 | 2.6 | 3.6 | 7.3 |
| 北约总额（2004 年之前成员国；18 个国家） | 人员开支 | 263107 | 266181 | 270942 | 266743 | 282719 | 301354 | 308372 | 320511 | 316421 | 301829 |
| | 人员开支变化 | −1.0 | 1.2 | 1.8 | −1.5 | 6.0 | 6.6 | 2.3 | 3.9 | −1.3 | −4.6 |
| | 装备开支 | 126177 | 126279 | 120729 | 132781 | 152409 | 154894 | 164893 | 169345 | 175394 | 188173 |
| | 装备开支变化 | −3.0 | 0.1 | −4.4 | 10.0 | 14.8 | 1.6 | 6.5 | 2.7 | 3.6 | 7.3 |
| 北约总额（1999 年之前成员国；15 个国家） | 人员开支 | 263107 | 262475 | 266362 | 261898 | 277837 | 296285 | 303234 | 315526 | 311498 | 296689 |
| | 人员开支变化 | −1.0 | −0.2 | 1.5 | −1.7 | 6.1 | 6.6 | 2.3 | 4.1 | −1.3 | −4.8 |
| | 装备开支 | 126177 | 125445 | 119662 | 131768 | 151324 | 153643 | 163592 | 168198 | 173884 | 186108 |
| | 装备开支变化 | −3.0 | −0.6 | −4.6 | 10.1 | 14.8 | 1.5 | 6.5 | 2.8 | 3.4 | 7.0 |

**注释：**

本表格数据系根据北约依类别分类的总体军费数据计算得出。总体军费乘以人员及装备开支所占比例得出相应数据后，在应用《国际金融统计》（国际货币基金组织出版）中提供的消费者价格指数和市场汇率，换算得出 2005 年固定美元价格数据，网址：〈http://

www. imfstatistics. org/imf/〉。

一国加入北约的当年，其数据便纳入北约欧洲国家及北约的开支总额（1999 年的此类数据包括匈牙利、波兰和罗马尼亚；2004 年的此类数据包括保加利亚，爱沙尼亚，拉脱维亚，立陶宛，斯洛伐克和斯洛文尼亚）。此外，增加了 1998 年至 2007 年间一直为北约成员国国家的系列数据（北约 15 国，其中北约欧洲 13 国：比利时、加拿大、丹麦、法国、德国、希腊、意大利、卢森堡、荷兰、挪威、葡萄牙、西班牙、土耳其、联合王国、美国）以及 2004 年之前加入北约的 16 个欧洲国家数据和 2004 年之前北约的 18 个成员国的数据，以显示这些国家的开支变化趋势。

2004 年，北约成员国同意变更军费开支定义。除法国、意大利、卢森堡和荷兰的数据外，所有国家 2002 年之后的数据都是根据新定义得出的（即：不包括“非实际部署的其他部队”开支）。法国、意大利、卢森堡和荷兰报告的军费开支数据不完全符合新定义。变更军费开支定义对希腊、匈牙利、葡萄牙和土耳其的数据影响较大。2002 年之前（包括 2002 年）的数据以及 2003 年人员开支的份额数据都依据旧的军费开支定义得出。除仍使用旧的军费开支定义的国家之外，所有国家的系列数据都不够连贯，两次断档分别在 2001 年和 2002 年间以及 2002 年和 2003 年间。

**资料来源**：北约：《北约防务相关财政和经济数据纲要：北约国家防务支出（1980—2002）》，新闻稿 M—DPC—2（2002）139，2002 年 12 月 20 日；《北约防务相关财政和经济数据纲要：北约国家防务支出（1980—2003）》，新闻稿（2003）146，2003 年 12 月 1 日；北约，《北约—俄罗斯防务相关财政和经济数据纲要》，新闻稿 2005 年 6 月 9 日；北约，《北约—俄罗斯防务相关财政和经济数据纲要：全国咨询中心的国家防务支出（1985—2005）》，新闻稿（2005）161，2005 年 12 月 9 日；北约，《北约—俄罗斯防务相关财政和经济数据纲要：全国咨询中心的国家防务支出（1985—2006）》，新闻稿（2006）159，2006 年 12 月 18 日；北约，《北约—俄罗斯防务相关财政和经济数据纲要》，新闻稿 20007 年 12 月 18 日——所有这些均从网址〈http：//www. nato. int/issues/defence _ expenditures/〉获得。

（李　佳　译）

# 附录 5C 军费数据的来源和统计方法

伊丽莎白·申斯 彼得·斯塔伦海姆

## 一、导言

本附录介绍第 5 章、附录 5A 和 5B 以及 SIPRI 的军费项目网站(〈http://www.sipri.org/contents/milap/〉)中所提供的 SIPRI 军费数据的来源和方法。

由于系列数据不断修订和更新，本卷 SIPRI 年鉴中的数据不应与前几卷年鉴中发布的军费数据相衔接，最近几年的情况尤其如此，因为预算拨款数据为实际数据所取代。在某些情况下，由于可以获得更好的新数据，因此能对整个系列的数据予以修订。SIPRI 军费数据库包含大多数国家自 1988 年以来前后一致的系列数据。[1] 鉴于 SIPRI 对许多国家自 1988 年起这一阶段的数据进行了重大修订，前几卷 SIPRI 年鉴中发布的 1950—1987 年度的数据未必在任何情况下都可以与 1987 年之后的数据结合起来使用。基准年度和货币换算方法的更改也妨碍了在各卷 SIPRI 年鉴之间进行比较。本卷年鉴中，美元不变价格系列数据的基准年度为 2005 年（见表 5A.3）。所有国家的数据均采用市场汇率（MER）换算成美元不变价格的数据。

## 二、数据的用途

军费数据的主要用途是对军方所占用的各种资源规模提供一种一目了然的衡量方法。军费是对投入的一种衡量，它同诸如军事能力或

〔1〕 SIPRI 军费数据库可按以下网址：〈http://www.sipri.org/contents/milap/milex/mex_database1.html〉。

军事安全这样的军事活动“产出”没有直接关系。军费的长期趋势及其突变可能是军事产出变动的征兆，但是在做出这类诠释的时候必须慎重。

具体表格的用途如下。表 5A.1 提供了以美元不变价格计算的世界军费和按照地区、组织及收入划分的分组军费数据以评估这些数据总额的趋势。所有其他表格以当地货币按当前价格计算的国家军费数据（表 5A.2）均为原始数据。提供这些数据是为了有助于提高透明度，并能够对政府资料来源和其他来源所报告的数据进行比较。表 5A.3 提供了以美元不变价格计算的国家数据，从而可以对单个国家不同时期的情况加以比较。此外，表 5A.1 和表 5A.3 分别提供了 2007 年以美元不变价格计算的地区和国家数据。美元当前价格数据为进行国际间比较提供了比美元不变价格数据更好的基础——尽管开支的国际比较在概念上存在问题（见下面第四部分）。美元当前价格数据也有利于同通常以美元当前价格计算表示的其他经济指标进行比较。表 5A.4 提供了军费占国内生产总值（GDP）比重的数据，作为一个国家的资源用于军事活动的份额的指数，即作为军费的经济负担的指标，也称为国防负担或军事负担。

## 三、数据的覆盖范围

附录 5A 中的军费表格涵盖 168 个国家和地区，时间跨度为 10 年（1998 年至 2007 年）。军费总额的数字是根据地理区域、国际组织和国家收入（按人均国民收入归类）划分的三种类型国家进行计算的，表 5A.1 的注释中提供了每一种类型包括哪些国家的情况。

### 军费的定义

SIPRI 所采用的指导性军费定义包括涉及下列主体和活动的各项支出：1. 武装部队，包括维和部队；2. 国防部门和从事国防项目的其他政府机构；3. 准军事部队（当判断其为军事行动而接受训练和装备时）；4. 军事空间活动。这些支出包含涉及以下各项的所有经常项目支出和资本项目支出：1. 用于军事人员和文职人员的开支，包括军事人员的退休金和职员的社会福利费用；2. 活动和维持费用；3. 采购费用；4. 军事研发费用；5. 军事援助支出

(包含在援助国的军费内)。民防开支以及因先前军事活动而发生的当前支出，如退伍军人福利、复员、军转民和销毁武器的费用，不计算在内。

## 四、数据的局限性

军费数据带有许多局限性，主要有以下三种：可靠性、有效性和可比性。

可靠性的主要问题是由于官方军费数据的覆盖范围不够全面，缺乏有关军费的详细资料以及缺乏实际军费而非预算军费数据。在很多国家中，官方数据仅包含整个军费的一部分。某些重要的经费项目可能被掩藏在非军事预算项下，或者甚至可能完全在政府预算外提供资金。许多预算外机制都在实际操作中使用。[2] 要对各组军费数据中涉及的概念性问题和不确定性原因作更为全面的了解，读者可以参照其他资料来源。[3]

开支数据的有效性取决于其使用目的。由于开支数据是对财政投入的一种衡量，其最有效的用途是作为用于军事目的而消耗的各种经济资源的指标。由于同样的原因，它们作为军事实力或军事能力指标的效用是有限的。尽管军费确实对军事能力具有影响，诸多其他因素，如人员与装备之间的平衡、军事装备的技术水平、保养和维修状况以及将要使用武装部队的整体安全环境等对军事能力也都有影响。

数据的可比性受到两种不同因素的限制：数据的不同覆盖范围(或定义)和货币换算方法。国与国之间以及同一国家不同时期有关

〔2〕 关于此类机制的综述，请参阅 D. 亨德里克森与 N. 鲍尔合作撰写的“预算外军费及收入：捐助国的问题和政策视角”，冲突、安全和发展研究组（CSDG）不定期论文第 1 号（CSDG，伦敦大学国王学院，2002 年 1 月）。

〔3〕 此类综述包括：M. 布若斯斯卡撰写的“世界军费”；K. 哈特利和 T. 桑德勒：《国防经济手册》，第 1 卷（埃尔塞维尔出版社，阿姆斯特丹，1995 年）；N. 鲍尔：“衡量第三世界的安全开支：研究纪要”，《世界发展》，第 12 卷，第 2 号（1984 年），第 157—164 页。关于非洲国家，请参见 W. 奥米图根：《非洲军费数据：喀麦隆、埃塞俄比亚、加纳、肯尼亚、尼日利亚及乌干达调查》，SIPRI 研究报告第 17 号（牛津大学出版社，牛津，2003 年）。

军费的官方数据涵盖的范围有着很大的不同。就换算到同一货币而言，正如下面所讨论的那样，汇率的选择对国家间的比较有很大的影响。这是在进行经济数据的国际间比较时出现的一个普遍问题，并不是军费所特有的。然而，由于军费的国际间比较往往是一个敏感的问题，重要的是应当牢记对国家间军费比较的诠释在很大程度上受到汇率选择的影响。

## 五、统计方法

SIPRI 数据基于公开来源，反映了各国政府提供的官方数据。在实践中，不可能将 SIPRI 的军费定义应用于所有国家，因为那将需要有关军事预算和预算外军费项目所包含内容的详细情况，而且还需要大量的重新计算。在很多情况下，SIPRI 只限于使用由各国政府提供的官方数据，而不考虑定义。在这种情况下，SIPRI 选择最符合 SIPRI 军费定义的系列数据。首要的是为各个国家选定统一的时间序列，以实现一个时期数据的连贯性，而不是依据通用定义调整个别年度的数字。

### 估算

军费估算绝大多数是在下列情况下进行：当官方数据所包含的范围严重偏离 SIPRI 的定义，或是没有一致的时间序列的时候。在第一种情况下，估算以分析主要官方政府预算和开支账目为基础。这种类型的最全面的估算——对中国和俄罗斯进行的那些估算，在以往的年鉴中有详细介绍。〔4〕 在第二种情况下，当只有不完整的时间序列时，从最符合 SIPRI 定义的系列数据得出的数字将用于该系列所涉及的年度。然后把替代系列中年度间的百分比变化应用于首个系列中的数据，从而估算出那些缺失数据的年度的数字。这些困难意味着军费数据无法在国家间进行精确比较，而更适合用于一个时期的比较。

〔4〕 J. 库珀撰写的“1987—1997 年苏联及俄罗斯联邦的军费”，《SIPRI 年鉴 1998：军备、裁军和国际安全》(牛津大学出版社，牛津，1998 年)，第 243—259 页；S. 王撰写的“1989—1998 年中国军费”，《SIPRI 年鉴 1999：军备、裁军和国际安全》(牛津大学出版社，牛津，1999 年)，第 334—349 页。

所有估算均以官方政府数据或者从公开来源获得验证为基础。这可以避免在军费统计中掺进假定或推断成分。因此，对于不发布任何官方数据的国家没有进行估算，也没有列出这些国家的任何数据。SIPRI 的估算数据在表格中加方括号表示。当数据由于其他原因而不能确定的时候则使用圆括号，例如当数据所依据的资料来源可靠性不确定的时候或者由于缺乏可靠的经济数据使得以美元不变价格表示的数据或占 GDP 比重不明确的情况下使用圆括号。

最近几年的数据包括两种适用于所有国家的估算。首先，最近几年的数字代表的是正式预算、预算概算或概算修正，其中大多数在以后年度加以订正。其次，表 5A. 3 中用于序列中最后一个年度的缩减指数是根据一年中部分时间的情况加以估算或者由国际货币基金组织（IMF）提供的数值。除非这些估算中包含特殊的不确定性，它们一般不加括号。

由于并非所有年度都能取得所有国家的数据，表 5A. 1 中的全球总额和按照地区、组织及收入划分的各个分组的合计额为估算数据。这些估算大部分时候是根据这样一种假设做出的，即缺失数据的个别国家的变化率与其所属地区的平均值相同。在不能做出任何估算的情况下，那些国家不计入总额中。

**计算**

除了一个国家以外，SIPRI 的军费数据均以日历年度编制，是以假设整个财政年度每天的平均开支数计算出来的。对于作为例外的美国，SIPRI 遵循资料来源的报告方式，按照财政年度编制。

表 5A. 2 中的原始数据按照以当地货币的当前价格提供。唯一在这些数据的基础上进行的计算就是把财政年度不同于日历年度的那些国家的数据换算成日历年度数据。这些数据以 2005 年为基准年度，按照不变价格和汇率换算成美元（表 5A. 3）。各个日历年度国家军费占 GDP 比重的数据（表 5A. 4）按照当前价格以本国货币计算。

选择基准年度美元不变价格表示数据对国家间开支比较具有重要影响，因为不同国家之间价格和货币的变动有所不同。对于从当前价格到不变价格的换算，SIPRI 采用全国消费物价指数作为缩减指数。这意味着美元不变价格的 SIPRI 军费数据趋势反映出其相应的民用消费购买力的实际变化，[5] 尔后再采用各国的全年平均市场汇率换算成美元。

**购买力平价与市场汇率**

用市场汇率进行货币换算的一种替代办法是采用购买力平价（PPP）换算系数（也称为 PPP 兑换率）。一国货币的 PPP 美元比率被世界银行定义为“在国内市场上购买相当于 1 美元在美国可能购得的货物及服务数量所需的该国货币单位数量”。[6]

由世界银行负责协调的国际比较项目（ICP）所估算的 PPP 比率是唯一可用于所有国家的 PPP 比率。[7] 这些 PPP 比率的目的是为了能够确定一个国家的经济产出（GDP）的实际价值和居民生活水平，并对其进行国际比较。由于市场汇率是由国际交易中所使用的货币的供求关系决定的，因此不一定能够反映出国家间价格水平的差异。然而，国内市场上许多货物及服务的价格部分或完全孤立于世界其他地区而决定。编制 PPP 比率正是为了控制这种价格水平差异，从而提供对各国 GDP 实际购买力的一种衡量方法。

采用 PPP 比率而不是 MER 的结果是许多国家的产出和开支数字会高得多。[8] 这种差异对于发展中国家而言是最大的，因为它们的非贸易商品和服务价格相对较低。这意味着一个单位的本国货币在发展中国家（采用 PPP 比率能够更好地反映这一点）比在国际上（使用 MER 所反映出的情况）具有更大的购买力。[9]

PPP 比率是根据收集到的一篮子商品和服务的基准年度价格数据计算得出的统计估计值。各个基准年度之间使用 GDP 缩减指数或

---

〔5〕 如果目的在于衡量军事用途拨款所能取得的军事人员、货物及服务数量的购买力，军事专用的缩减指数将是更为恰当的选择。然而，大多数国家都没有军事专用的缩减指数。

〔6〕 世界银行编写的《世界发展指标 2007》（世界银行，华盛顿特区，2007 年），第 245 页。

〔7〕 有关国际比较项目的情况，参见网站：〈http://go.worldbank.org/X3R0INNH80〉。

〔8〕 参见第 5 章中的表格 5.2。

〔9〕 有关国际间比较和货币换算以及采用 PPP 比率所涉及的问题，请参阅 M. 沃德撰写的“军费国际比较：采用购买力平价的问题和挑战”，《SIPRI 年鉴 2006：军备、裁军和国际安全》（牛津大学出版社，牛津，2006），第 369—386 页。

消费物价指数两者之中任一价格指数比率推算出 PPP 比率。像所有统计数据一样，这些 PPP 比率是在未知实际价值某种程度误差范围内的点估计值。2008 年 2 月，ICP 公布了以 2005 年为基准年度的新一轮 PPP 估算的最终结果。〔10〕就大多数新兴市场和发展中国家而言，这些结果可至少追溯到 1993 年。2005 年的新 PPP 比率基于 2005 年和 2006 年期间对 1000 多种货物及服务进行的价格调查。它们包括 ICP 对 100 个发展中国家的 PPP 比率估算以及由欧盟统计局——经济合作和发展组织联合 PPP 项目提供的另外 46 个国家的 PPP 估算。

2005 年这一轮 PPP 估算所包含的国家比之前 1993 年那一轮多 40 个左右。此外还制定了新的办法以克服以往价格数据收集和估算过程中的缺点。2005 年 ICP 进行的这一轮估算导致了对发展中国家的 PPP 的重大修订。2005 年的数据涉及降低发展中国家的 PPP 比率（以及由此向下修正其以 PPP 美元计算的 GDP）和向上修正包括所有石油出口国在内的其他国家的数据。上述修正对于某些主要新兴市场国家尤其明显，特别是首次参与 2005 年 ICP 调查的中国。中国的新 PPP 比率比原先从中美之间 1986 年价格的双边比较中推算出的估算值低了大约 40%，而这种双边比较法证明是错误的。〔11〕由于这些改进，新的 PPP 数据不能与 ICP 以往的 PPP 比率估算值合在一起使用。〔12〕

对于把军费数据换算成美元，以 GDP 为基础的 PPP 比率的用处是有限的。ICP 的 PPP 比率是基于对一篮子商品和服务价格数据的统计调查得出的估算值，这些商品和服务是国内生产总值的主要组成部分，包括贸易和非贸易项目。其用意是 PPP 比率应反映代表各国消费模式的商品和服务价格。这意味着购买力主要取决于民用商品和

〔10〕 国际比较项目（ICP）编写的《2005 年国际比较项目：最终结果表》（世界银行，华盛顿特区，2008 年 2 月），参见网址：URL〈http://www.worldbank.org/data/icp/〉。

〔11〕 S. 伊莱克戴格与 S. 莱尔合作撰写的“按购买力平价修正后的全球增长估算”，《IMF 调查杂志》，2008 年 1 月 8 日。

〔12〕 国际比较项目（ICP）编写的《2005 年国际比较项目：初步结果》（世界银行，华盛顿特区，2007 年 12 月），第 11—13 页。

服务。因此，对采用以 GDP 为基础的 PPP 比率换算的军费数据进行解读反映了军事部门专用的资金量可以购买的民用商品和服务量。这些数据在多大程度上反映了军事预算可以购买的军用货物及服务量尚不得而知。

ICP 指出，不应把 PPP 比率用于一切国际比较，而应采用 MER 衡量诸如国际贸易、资本流动和外债价值等事项。[13] 军费是用于购买一些不属于国家消费模式典型特征的货物及服务。例如，可以设想征兵的代价低于典型的一篮子商品和服务的价格，而先进武器系统及其维护和修理服务的价格则要高得多。由于这些不确定因素，尽管 MER 存在局限性，SIPRI 还是采用市场汇率将军费数据换算成美元。

## 六、资料来源

军费数据的资料来源，按照先后顺序排列为：(1) 第一手来源，即由各国政府在其官方出版物或者问卷答复中所提供的官方数据资料；(2) 引用原始资料的第二手来源；(3) 其他第二手来源。

第一种来源包括国家预算文件、国防白皮书和财政统计材料，以及对 SIPRI 调查问卷的答复，这些调查问卷每年发往包含在 SIPRI 军费数据库中的那些国家的财政部、国防部、中央银行和国家统计部门（参见附录 5D）。它还包括各国政府对联合国发出的有关军费的调查问卷所作的答复，以及一些国家向欧洲安全与合作组织的调查问卷自行提供的答复。

第二种来源包括国际统计资料，如北大西洋公约组织和 IMF 的统计资料。16 个 1999 年前加入的北约成员国的数据按照惯例一直取自多个北约资料来源所公布的军费统计资料。北约 2005 年采用新的定义使得某些北约国家最近几年的数据必须依靠其他资料来源。许多发展中国家的数据取自 IMF 的《政府金融统计年鉴》，其中含有大部分 IMF 成员国的国防统计资料，以及取自 IMF 职员编写的国家报告。这类资料来源还包括准确提供所用原始资料出处的其他组织的出版物，如经济学家情报组织的《国家报告》。

〔13〕 国际比较项目（同注释〔12〕），第 10 页。

第三种来源包括一些专业期刊和报纸。

经济数据的主要来源是 IMF 的多个出版物：《国际金融统计》、《世界经济展望》以及由 IMF 职员编写的国家报告。本卷年鉴中 PPP 比率的来源是 2005 年国际比较项目的初步结果。[14]

（朱肖晶 译）

〔14〕 国际比较项目（同注释〔12〕）。

# 附录 5D 军费数据的报告

卡塔利娜·佩尔多莫　奥萨·布洛姆斯特伦

## 一、导言

官方军费数据的一个重要来源是在《联合国军费标准报告书》框架内进行的年度政府报告。此外，各国政府还响应 SIPRI 每年发出的请求向 SIPRI 报告此类数据。本附录提供了向联合国和 SIPRI 报告军费数据的有关信息。第二部分介绍报告军费的各项制度；第三部分说明 2007 年报告军费的程度；第四部分则说明 2001 年至 2007 年期间的报告趋势。

## 二、报告制度

### 联合国的报告制度

联合国秘书长每年均通过普通照会恳请全体会员国（目前有 192 个国家）报告其最近一个财政年度的军费。这一要求所依据的是 1980 年通过的联合国大会决议。[1] 每两年一次相继通过的大会决议一直号召会员国继续报告军费。[2]

这些年来，提出这一要求的理由有所改变。最初的目的是把报告制度作为迈向逐步削减军事预算的一个步骤。[3] 最新决议中所述理

〔1〕 1980 年 12 月 12 日联合国大会决议 A/RES/35/142 B。联合国大会决议文本可查阅以下网址：http：//www. un. org/documents/resga. htm。

〔2〕 最近通过的此类决议是 2007 年 12 月 5 日联合国大会决议 A/RES/62/13。

〔3〕 请参阅 W. 奥米图根与 E. 申斯合作撰写的“军费数据：40 年概述”，《SIPRI 年鉴 2006：军备、裁军和国际安全》（牛津大学出版社，牛津，2006），第 276—277、286、291 页。

由为“增进军事客观情况的流动有助于缓和国际紧张局势，因而能对预防冲突作出重大贡献”，而且军事问题的透明化是在各国之间建立信任的关键要素。[4]

各国需按照要求报告军费情况，在可行的范围内尽量使用为此制定的报告书《联合国军费标准报告书》，或者采用其他国际组织或区域组织为报告军费而制定的任何其他形式。上述报告书为矩阵表格形式，具有用于报告合计总数以及分类数据的各个栏目，这些数据按照人员、活动与维持、采购、建筑和研发等职能划分汇总，并且按照空军、陆军、海军等军种分类。由于据认为某些国家觉得这种矩阵表格过于复杂，同时为了鼓励更多的国家进行报告，联合国于 2002 年推出一种作为替代的简化报告表格。[5]

联合国裁军事务办公室（原裁军事务部）负责管理这一制度。报告的数据纳入联合国秘书长向联合国大会提交的年度报告，并通过适当的联合国媒体公布。[6] 此外，裁军事务办公室定期发布文件分析向联合国报告的趋势。最近的例子是 2007 年裁军事务处有关 1996 年至 2007 年期间全球和地区军费报告情况、按国别划分的报告。[7]

## SIPRI 的报告制度

SIPRI 自 1993 年以来每年向各国政府发函，请他们提供有关军费的数据。上述请求发送给 SIPRI 军费数据库中包含的所有国家（目前有 168 个国家）。[8] 报告的数据是用于编制 SIPRI 军费表格的

---

〔4〕 联合国大会决议 A/RES/62/13（同注释〔2〕）。

〔5〕 联合国裁军事务部，《军备透明：联合国军费报告书、全球及地区性参与 1981—2002》（联合国：纽约，2003 年），第 3 页，参见网址：URL〈http://disarmament.un.org/cab/Bk2-TransArms.pdf〉。另请参见第 12—14 页上的联合国标准报告书和简化报告表。

〔6〕 联合国裁军事务部，《军备透明：联合国军费标准报告书—指导方针》（联合国：纽约，[n.d.]），第 1 页，参见网址：URL〈http://disarmament2.un.org/cab/milex〉；联合国大会决议 A/RES/62/13（同注释〔2〕）。

〔7〕 联合国裁军事务办公室：《联合国军费标准报告书：1996—2007 年按国别划分的全球和地区参与模式》（联合国：纽约，[n.d.]），参见网址：URL〈http://disarmament2.un.org/cab/milex〉。

〔8〕 2007 年有两个国家例外：SIPRI 没有向索马里和汤加发出请求。

资料来源之一。[9]

SIPRI 的数据请求发送给各国政府机关及其驻外使馆。SIPRI 调查问卷是简化版的联合国报告书，其中各个栏目用于填写有关军事及文职人员、活动与维持、采购、军事建筑、军事研发和准军事部队开支以及提供和收到军事援助的数据。为了确保不同时期数据的一致性，需要提供最近五年的数据。

## 三、2007 年军费数据的报告情况

表 5D.1 列出了 2007 年向联合国和 SIPRI 报告军费数据的国家（按地区划分）。此外还提供了按地区划分的向其中每个组织提交的报告数量以及要求报告的国家总数（即联合国会员国数量和 SIPRI 发函索取数据的国家数量）。最后，该表给出了向联合国或 SIPRI 报告的国家数量。表 5D.1 中的所有数字均不含"零报告"。[10]

2007 年合计有 78 个国家向联合国或 SIPRI 报告了有关军事开支的数据。向联合国报告的 66 个国家占联合国会员国数量的 39%（不包括 24 个非常小的国家）。24 个非常小的国家中有 12 个也提交了报告，均为零报告。2007 年向 SIPRI 报告军费数据的 55 个国家相当于 33%的报告率。

按地区划分，2007 年报告率最高的是欧洲和美洲，其中大多数国家向联合国和 SIPRI 均提交了报告。西欧的 20 个国家中有 19 个向联合国或 SIPRI 报告了数据，不包括冰岛提交的零报告。中欧地区除了黑山一个国家以外都报告了数据。同样，所有东欧国家（独立国家联合体的欧洲成员国）除了阿塞拜疆一个国家以外都向联合国或 SIPRI 报告了数据。

北美洲的两个国家均向联合国和 SIPRI 报告了军费数据。中美洲的 7 个国家中有 5 个报告了数据，南美洲的 11 个国家中有 5 个提

〔9〕参见附录 5A。SIPRI 军费数据库可按以下网址查阅：〈http：//www. sipri. org/contents/milap/milex/mex _ database1. html〉。

〔10〕零报告是指没有输入任何数据而归还给联合国的调查问卷，由并不保持正规武装部队的国家提交。大多数提交零报告的国家都是非常小的国家。2007 年例外的国家是冰岛和巴拿马。

表 5D.1 2007 年向 SIPRI 和联合国报告军费数据的情况（按地区划分）

数字代表国家的数目。不包括递交联合国的零报告。[a]

| 地区/次地区[b] | 回复联合国的国家 | | | 回复 SIPRI 的国家 | | | 回复 SIPRI 和联合国的国家总数[c] |
|---|---|---|---|---|---|---|---|
| | 询问的国家 | 报告数据的国家 | 合计 | 询问的国家 | 报告数据的国家 | 合计 | |
| 非洲 | 50 | 布基纳法索、纳米比亚[e] | 2 | 49[d] | 布基纳法索、毛里求斯、塞舌尔、南非、乌干达[f]、津巴布韦 | 6 | 7 |
| 美洲 | | | | | | | |
| 北美洲 | 2 | 加拿大、美国 | 2 | 2 | 加拿大[f]、美国 | 2 | 2 |
| 中美洲 | 7 | 萨尔瓦多[e]、危地马拉[g]、墨西哥[g]、尼加拉瓜 | 4 | 7 | 危地马拉、洪都拉斯、墨西哥 | 3 | 5 |
| 南美洲 | 11 | 阿根廷、玻利维亚[e]、巴西、厄瓜多尔、巴拉圭 | 5 | 11 | 玻利维亚、巴西[f] | 2 | 5 |
| 加勒比地区 | 8 | 牙买加[g] | 1 | 8 | — | 0 | 1 |
| 亚洲及大洋洲 | | | | | | | |
| 中亚 | 5 | 哈萨克斯坦 | 1 | 5 | — | 0 | 1 |
| 东亚 | 17 | 柬埔寨[e]、中国[e]、日本[g]、马来西亚[e]、蒙古[e]、韩国[e] | 6 | 16 | 中国[f]、印度尼西亚、日本、韩国、泰国 | 5 | 8 |

| 地区/次地区[b] | 回复联合国的国家 | | | 回复 SIPRI 的国家 | | | 回复 SIPRI 和联合国的国家总数[c] |
|---|---|---|---|---|---|---|---|
| | 询问的国家 | 报告数据的国家 | 合计 | 询问的国家 | 报告数据的国家 | 合计 | |
| 南亚 | 6 | 孟加拉国[e]、尼泊尔[g] | 2 | 6 | 斯里兰卡 | 1 | 3 |
| 大洋洲 | 4 | 澳大利亚、新西兰 | 2 | 4[h] | 澳大利亚 | 1 | 2 |
| 欧洲 | | | | | | | |
| 西欧 | 21 | 比利时、塞浦路斯[e]、丹麦、芬兰、法国[e]、德国、希腊、爱尔兰、意大利、卢森堡、马耳他、荷兰、挪威、葡萄牙、西班牙、瑞典、瑞士、土耳其、英国 | 19 | 21 | 奥地利、丹麦、芬兰、法国、希腊、爱尔兰[f]、意大利、马耳他、荷兰、挪威、葡萄牙、瑞典、瑞士、土耳其 | 14 | 20 |
| 中欧 | 16 | 阿尔巴尼亚、波斯尼亚和黑塞哥维那[e]、保加利亚、克罗地亚、捷克共和国、爱沙尼亚、匈牙利[e]、拉脱维亚、立陶宛、前南斯拉夫马其顿共和国[g]、波兰、罗马尼亚、斯洛伐克 | 13 | 16 | 阿尔巴尼亚、波斯尼亚和黑塞哥维那、保加利亚、克罗地亚、捷克共和国、匈牙利、拉脱维亚、立陶宛、前南斯拉夫马其顿共和国、波兰、罗马尼亚、塞尔维亚、斯洛伐克、斯洛文尼亚 | 14 | 15 |

| 地区/次地区[b] | 回复联合国的国家 | | | 回复 SIPRI 的国家 | | | 回复 SIPRI 和联合国的国家总数[c] |
|---|---|---|---|---|---|---|---|
| | 询问的国家 | 报告数据的国家 | 合计 | 询问的国家 | 报告数据的国家 | 合计 | |
| 东欧 | 7 | 亚美尼亚[e]、白俄罗斯、格鲁吉亚[g]、摩尔多瓦 Ve、俄罗斯、乌克兰 | 6 | 7 | 亚美尼亚、白俄罗斯、格鲁吉亚、摩尔多瓦、乌克兰 | 5 | 6 |
| 中东 | 14 | 以色列[e]、约旦、黎巴嫩[e] | 3 | 14 | 约旦[f]、黎巴嫩 | 2 | 3 |
| **总计** | **168**[i] | **66** | | **166** | | **55** | **78** |

FYROM=前南斯拉夫马其顿共和国

a　有 12 个联合国会员国向联合国提交了零报告：安道尔、格林纳达、冰岛、列支敦士登、马绍尔群岛、摩纳哥、瑙鲁、巴拿马、圣卢西亚、圣文森特和格林纳丁斯、萨摩亚和所罗门群岛。此外，有 1 个非联合国会员国提交了零报告：库克群岛。

b　为了使 SIPRI 和联合国的报告制度具有可比性，按照 SIPRI 军费数据库中的地理区域给国家分组。参见附录 5A。

c　这一栏显示向 SIPRI 或者联合国提交含有军费数据的报告（不包括零报告）的国家总数。总数可能小于向联合国和 SIPRI 提交的报告数目之和，因为同一国家可能向这两个组织均作了报告。

d　SIPRI 军费数据库中有 50 个非洲国家，但是由于缺乏联系方法，SIPRI 无法向索马里发出请求。

e　这 18 个国家使用简化的联合国表格报告其数据。

f　这 6 个国家在回复 SIPRI 的时候没有采用 SIPRI 调查问卷。

g　这些国家在回复联合国的时候既使用了简化报告表，也使用了标准报告书。在本表中计入标准报告书回复。

h　SIPRI 军费数据库中有 5 个大洋洲国家，但是 2007 年 SIPRI 没有向汤加发出请求。

i　此外，联合国向 24 个非常小的国家发出请求。

**资料来源**：2007 年 7 月 26 日联合国秘书长报告"军事的客观情况，包括军费的透明度"，联合国文件 A/62/158；2007 年 9 月 14 日联合国文件 A/62/158/Add. 1；2007 年 10 月 15 日联合国文件 A/62/158/Add. 2，参见网址：〈http：//disarmament2. un. org/cab/milex. html〉；填好提交的 SIPRI 调查问卷。

交了报告。8 个加勒比地区国家中没有一个向 SIPRI 报告，只有牙买加一个国家向联合国报告。

6 个南亚国家中有半数向联合国或 SIPRI 报告，17 个东亚国家中有 8 个向联合国或 SIPRI 报告，而中亚只有哈萨克斯坦一个国家提交了报告。大洋洲的 4 个国家中有两个向联合国或 SIPRI 报告。

非洲和中东地区的情况与前几年一样，2007 年的回复率非常低。非洲的 50 个国家中仅有 7 个（14%）向联合国或 SIPRI 报告，而中东的 14 个国家中只有 3 个提交了报告，报告率仅为 21%。

## 四、2001—2007 年军费报告趋势

2007 年向联合国和 SIPRI 报告的政府数量显著下降（见表 5D.2）。2001—2007 年期间向联合国报告的报告率一直起伏不定。2007 年向联合国报告数据的国家数量从 2002 年高点时的 70 个下降到 66 个。包括零报告在内，2007 年向联合国递交的报告总数为 78 份，与 2006 年的 80 份报告相比有所减少。

向 SIPRI 报告数据的国家数量在 2005 年曾达到最高点，有 67 个国家。2006 年减少到 60 个国家，2007 年再降至 55 个。SIPRI 发函索取数据的国家总数从 2001 年的 158 个增加到 2007 年的 166 个。由于 SIPRI 发送请求的数量提高而收到的报告数量减少，2001—2007 年期间的回复率从 40%下降到 33%。

总体而言，向联合国或 SIPRI 报告的国家数量从 2006 年的 85 个减少到 2007 年的 78 个。

根据裁军事务处有关联合国报告制度参与情况的最新报告，1996—2006 年期间任何时段报告数据的国家总数有所增加。大多数国家都至少有一次参与联合国的报告制度。报告率最低的地区是非洲和中东。[11] 这些地区的国家一贯未能报告数据，而其他地区的国家则不定期报告。[12]

---

〔11〕 联合国文件（同注释〔7〕），第 5—6 页。

〔12〕 联合国文件（同注释〔7〕），第 5—9 页。

**表 5D. 2 2001—2007 年向 SIPRI 和联合国报告军费情况的国家数量**

| | 2001 | 2002 | 2003 | 2004 | 2005 | 2006 | 2007 |
|---|---|---|---|---|---|---|---|
| 联合国报告制度[a] | | | | | | | |
| 联合国会员国数量 | 189 | 191 | 191 | 191 | 191 | 192 | 192 |
| 联合国会员国（不包括非常小的国家） | 165 | 167 | 167 | 167 | 167 | 168 | 168 |
| 向联合国递交的报告数量[b] | 56 | 70 | 64 | 68 | 62 | 69 | 66 |
| 标准报告书 | 56 | 70 | 54 | 54 | 55 | 54 | 48 |
| 简化报告表 | .. | .. | 10 | 14 | 7 | 15 | 18 |
| 零报告[c] | 5 | 11 | 11 | 10 | 12 | 11 | 12 |
| SIPRI 报告制度 | | | | | | | |
| SIPRI 询问国家数量 | 158 | 158 | 158 | 159 | 167 | 166 | 166 |
| 向 SIPRI 递交的报告数量 | 63 | 61 | 64 | 62 | 67 | 60 | 55 |
| 向联合国或 SIPRI 递交的报告总数[d] | .. | .. | .. | .. | .. | 85 | 78 |

a 2001—2003 年和 2005—2006 年期间的数字包括了某些滞后向联合国提交数据的国家，因此略高于前几卷 SIPRI 年鉴中出现的那些数字。2007 年的数据包括了直至 2007 年 10 月 15 日滞后提交数据的国家，然而有些国家可能在该日期之后提交了报告。

b 这些数字不包括零报告。

c 零报告是指没有输入任何数据而归还给联合国的调查问卷，由并不保持正规武装部队的国家提交。

d 这些数字是向联合国或 SIPRI 提交含有军费数据报告（不包括零报告）的国家总数。总数可能小于向联合国和 SIPRI 提交报告的数目之和，因为同一国家可能向这两个组织均作了报告。由于改变了对联合国和 SIPRI 回复的计数方法，无法提供 2006 年之前的总数。

**资料来源：** 2001—2007 年不同日期的联合国秘书长报告“军事的客观情况，包括军费的透明度”，参见网址：URL http：//disarmament2. un. org/cab/milex. html；填好提交的 SIPRI 调查问卷。

提高联合国报告制度参与程度的需要导致联合国大会根据裁军事务处的建议决定加强这方面的工作。于是，2007 年有关军费透明度的联合国大会决议指出有必要评估报告制度的运作情况并改善参与程度和扩大参与范围。为此，联合国大会要求成立一个政府专家小组，于 2010 年开始工作。〔13〕

（朱肖晶　译）

〔13〕 联合国大会决议 A/RES/62/13（同注释〔2〕），第 5 段。

# 第六章　军火生产

萨姆·珀洛·弗里曼　伊莉莎白·申斯

## 第一节　导　言

全球军火生产持续增长。2006 年 100 家最大的军火生产公司（SIPRI 100 强）的军火销售总额达到 3150 亿美元，与 2005 年相比，在面值上增长了 9%，实际增长 5%。这一增长率与前一年相同，但与 2003、2004 年的高增长率相比还是低很多。这 100 家公司代表了全球军火生产工业军事物项和服务产出的绝大部分，尤其是高技术的产出。〔1〕

"SIPRI 100 强"没有反映出重要的军火生产国中国，尽管中国的军火工业在规模及技术水平上都迅速发展，但由于缺少可比较的财务数据，因此中国军火生产企业不可能包含进 100 强中。〔2〕

〔1〕 一项粗略的评估表明，"SIPRI 100 强"公司在 1995 年的军火销售额大约占全球军火生产的 3/4。此后由于冷战结束后发生的合并与集中，这个份额增长了。E. 申斯和 J. P. 邓恩，"军火生产经济学"，L. 库尔特兹编，"暴力、和平与冲突百科全书"，第 2 版（Elsevier：牛津大学，2008 年出版）。

〔2〕 根据一项粗略的估计，2003 年，中国 11 家最大的军火生产企业的军火销售额占 SIPRI100 强的 3.2%—5.6%。这一数据是基于这些公司总销售额 3150 亿元（380 亿美元），且假定军火销售占总销售额的 20%—35%。假定的军火销售份额是基于《2004 年中国国防白皮书》中的一项声明，称民品占中国军火工业总产量的 65%以上。同时有一项研究结论估计这 11 家企业中民品生产的数量在 65%—90%的范围内。E. 萨里，"对中国军火生产额评估"，第 11 届经济与安全年会上提交的论文，西英格兰大学，2007 年 7 月 5—7 日，网址：〈http: //www. sipri. org/contents/milap/milex/publications/unpublished. html〉。同时参见中国国务院《2004 年中国的国防》（中华人民共和国国务院新闻办公室：北京，2004 年 12 月），

难以获得中国军火工业的信息也使得跟踪其总体发展变得很困难。另外，可能有其他国家的公司军火销售额很高但由于不容易获得这些信息而没有列入 100 强中。无论如何，对“SIPRI 100 强”公司的分析足以抓住除中国以外的现代全球军火工业的主要趋势。

不管是在数量上还是在金额上，美国公司都在 100 强中占据主要地位，而西欧公司远远落在后面。那些将重点放在由于技术快速发展和外购而产生市场的公司经历了最高的增长率。正在伊拉克进行的冲突增加了对装甲车辆及美国武装部队所需的其他装备的需求。在 2006 年俄罗斯公司也经历了高增长率——尽管是起于一个较低的初始水平——主要在航空航天和防空领域。

**表 6.1 世界军火生产公司“SIPRI 100 强”（不包括中国）在地区/国家所占的军火销售份额（2006 年与 2005 年对比）**

军火销售单位为 10 亿美元，以当前价格和汇率计。由于四舍五入，各项数字相加不一定与总数相符。

| 公司数量 | 地区/国家[b] | 军火销售[c]（10 亿美元） | | 2005—2006 年军火销售变化（%） | | 占 2006 年 100 强军火销售总额的份额（%） |
|---|---|---|---|---|---|---|
| | | 2005[d] | 2006 | 面额[e] | 实际[f] | |
| **42** | **北美** | **184.1** | **200.7** | ***9*** | ***6*** | ***63.6*** |
| 41 | 美国 | 183.6 | 200.2 | *9* | *6* | *63.5* |
| 1 | 加拿大 | 0.4 | 0.5 | *14* | *4* | *0.2* |
| **34** | **西欧** | **85.6** | **92.1** | ***8*** | ***4*** | ***29.2*** |
| 11 | 英国 | 35.2 | 37.3 | *6* | *2* | *11.8* |
| 6 | 法国 | 19.9 | 19.5 | *−2* | *−5* | *6.2* |
| 1 | 跨欧洲[g] | 9.6 | 12.6 | *32* | *28* | *4.0* |

网址：〈http：//www.china.org.cn/e-white/20041227/；以及 E. Medeiros，“中国国防工业及对中国军事现代化影响的分析”，在美中经济与安全审议委员会上的证词，2004 年 2 月 6 日，兰德公司，加利福尼亚州的萨塔莫尼卡，网址：〈http：//rand.org/pubs/testimonies/CT217/〉。

| 公司数量 | 地区/国家[b] | 军火销售[c]（10 亿美元） | | 2005—2006 年军火销售变化（%） | | 占 2006 年 100 强军火销售总额的份额（%） |
|---|---|---|---|---|---|---|
| | | 2005[d] | 2006 | 面额[e] | 实际[f] | |
| 5 | 意大利 | 10.6 | 11.0 | *4* | *1* | *3.5* |
| 5 | 德国[h] | 5.2 | 6.1 | *17* | *14* | *1.9* |
| 1 | 瑞典 | 2.1 | 2.3 | *7* | *4* | *0.7* |
| 2 | 西班牙 | 1.6 | 1.9 | *13* | *8* | *0.6* |
| 1 | 瑞士 | 0.5 | 0.6 | *−8* | *−9* | *0.2* |
| 1 | 芬兰 | 0.3 | 0.5 | *41* | *38* | *0.2* |
| 1 | 挪威 | 0.4 | 0.5 | *22* | *18* | *0.1* |
| **8** | **东欧** | **4.6** | **6.1** | ***32*** | ***15*** | ***1.9*** |
| 8 | 俄罗斯 | 4.6 | 6.1 | *32* | *15* | *1.9* |
| **8** | **其他 OECD 国家** | **7.6** | **7.5** | ***−1*** | ***0*** | ***2.4*** |
| 4 | 日本[i] | 5.4 | 5.2 | *−2* | *2* | *1.7* |
| 3 | 韩国[j] | 1.7 | 1.8 | *4* | *−5* | *0.6* |
| 1 | 澳大利亚 | 0.5 | 0.5 | *2* | *0* | *0.2* |
| **8** | **其他非 OECD 国家** | **7.6** | **9.0** | ***19*** | ***15*** | ***2.9*** |
| 4 | 以色列 | 3.7 | 4.6 | *26* | *22* | *1.5* |
| 3 | 印度[k] | 3.0 | 3.5 | *19* | *15* | *1.1* |
| 1 | 新加坡 | 0.9 | 0.9 | *−6* | *−11* | *0.3* |
| **100** | **总计** | **289.4** | **315.3** | ***9*** | ***5*** | ***100.0*** |

OECD 为经济合作与发展组织。

a　尽管知道几个中国军火生产企业大到足以列入“SIPRI 100 强”之中，但是由于缺乏可比较的以及充分精准的数据，不能将其包括进来。另外，如果能够获得数据，其他国家（如哈萨克斯坦和乌克兰）也有大到足以列入“SIPRI 100 强”的公司，但是这更不确定。

b 国家或地区的数据是指 100 强公司总部设在那个国家或地区的军火销售额，包括其国外子公司的数据，因此不反映在那个国家或地区实际生产的军火的销售额。

c 军火销售包含公司所有的军火销售，包括内销和出口的金额。

d 2005 年的军火销售数据是指 2006 年“SIPRI 100 强”公司的，而不是 2005 年“SIPRI 100 强”公司的。

e 此列以当前美元价格给出了 2005～2006 年军火销售的变化。

f 此列以 2006 年固定美元价格给出了 2005～2006 年军火销售的变化。

g 划归为跨欧洲公司的是 EADS，见附录 6A。

h 德国的数据中包括了对 Thyssen Krupp 公司的一个大致估算。

i 日本公司的军火销售数据是指日本防卫厅 2006 年所授予的新军事合同，而不是该年的实际军火销售额。2007 年 1 月，日本防卫厅升格为防卫省。

j 韩国公司的数据是不确定的。

k 印度的数据是基于对印度军火工厂的粗略估计。

**资料来源：**附录 6A，表 6A。

合并与收购活动导致军火工业进一步集中。2007 年发生的跨大西洋合并与收购几乎无一例外的是英国在美国进行收购。2007 年西欧发生的两个重要动向是法国和英国由政策驱动的海军业务合并，以及政治上进一步推动欧盟（EU）内部的采办合作和军火工业一体化。在俄罗斯，政府推动将一些军火工业部门合并到大型国有控股公司，以便让中央政府更多地直接参与公司事务以及促进私人对工业进行投资。

本章第二节提出并分析了“SIPRI 100 强”公司的主要趋势。第三节论述了 2007 年在北美和欧洲军火工业的合并和收购交易，以及西欧和俄罗斯军火工业重组方面的发展。第四节是结论。附录 6A 列出了 2006 年“SIPRI 100 强”军火生产公司，附录 6B 列出了 2007 年北美和西欧军火工业的主要收购案。

## 第二节 “SIPRI 100 强”军火生产公司

2006 年世界最大的军火生产公司没有显示出增长放缓的迹象。

2006年世界上最大的100家军火生产公司（除中国外）总的军火销售额高达3150亿美元，相比2005年，同一批公司的军火销售额为2890亿美元（见表6.1）。“SIPRI 100强”中总部设在美国的最多，41家美国公司占2006年100强军火销售额的63%，34家西欧公司占29%。这个份额与2005年的几乎相同。在其余的国家中，在100强中军火销售额最高的国家是俄罗斯，有8家公司（占100强军火销售额的1.9%），日本有4家公司（占1.7%），以色列有4家（占1.5%），印度有3家（占1.1%）。2006年有12家公司新进入100强列表中，其中6家是第一次进入。[3]

**表6.2　2002—2006年世界军火生产公司“SIPRI 100强”（不包括中国）的军火销售趋势**

| | 2002 | 2003 | 2004 | 2005 | 2006 | 2002～2006 |
|---|---|---|---|---|---|---|
| 以当前价格和汇率计算的军火销售额 | | | | | | |
| 总计（10亿美元） | 197 | 236 | 275 | 292 | 315 | |
| 变化率（%） | | *20* | *16* | *6* | *8* | *60* |
| 以固定价格（2006年）和汇率计算的军火销售额 | | | | | | |
| 总计（10亿美元） | 240 | 268 | 292 | 302 | 315 | |
| 变化率（%） | | *12* | *9* | *3* | *4* | *32* |

**注**：此表中的数据是每年“SIPRI 100强”公司的数据，也就是说它们指的是每年不同的一组公司，并根据一组前后一致的数据进行排列。因此，这里的2005年的数据与表6.1中的2005年的数据是不同的。

**资料来源**：附录6A；SIPRI军火工业数据库。

2006年“SIPRI 100强”公司总销售额在面值上增长了9%，实际增长5%，比2005年有轻微的下降。然而，将2006年100强公司

〔3〕这12家公司进入2006年100强但没有出现在2005年100强中，如在《SIPRI年鉴2007》中所示。首次列入100强的6家公司中包括1家最近确认的公司，Chugach阿拉斯加公司。参见附录6A。

与 2005 年包含在 100 强中的一组公司比较，总销售额在面值上增长 8%，实际增长 4%。（参见表 6.2）[4]

### 2006 年军火销售增长最多的公司

2006 年有 8 家公司的军火销售增长超过了 10 亿美元（参见表 6.3）。16 家公司的销售增长超过 30%（包括 3 家公司销售增长也超过 10 亿美元）。这些增长中的一些是合并和收购的结果，有一些显然是有机增长的结果，尤其是在装甲车辆和高技术电子及通信领域。

排名前 10 位的公司中有 6 家军火销售增长超过了 10 亿美元，其中 EADS 的军火销售增长超过了 30%。排名前 10 位的公司中有 3 家——波音、洛克希德和雷声——增长的绝对数量巨大，但增长的百分比只有一位数。L-3 通信的销售增长大部分归因于一种持续性战略：获取能提供“关键能力、技术和客户”的业务，2006 年进行了 14 宗收购。[5] 由于 2005 年快速扩张，2006 年 BAE 系统、芬麦卡尼卡和诺斯罗普·格鲁曼公司的增长率放缓，而泰利斯的军火销售额在 2006 年则出现下降。

#### 美国公司

2006 年，几家涉及军用车辆生产的美国公司已连续两年在军火销售方面表现出强劲增长，包括通用动力、装甲控股公司、[6] AM 通用和 Oshkosh 卡车，大部分增长源于伊拉克冲突产生的不断

---

〔4〕 5%的实际增长率是将 2006 年 100 强公司的销售额与 2005 年相同公司的军火销售相比的结果。4%是将 2006 年 100 强公司与不同公司组成的 2005 年 100 强公司相比的数字。第一个数字常常更高，是因为新进入 100 强的公司比那些被排除 100 强的公司增长更快。如果 100 强公司没有变化，那么这两个数字将是一样的。

军火生产公司的 SIPRI 数据是不断修订的，这意味着在各个 SIPRI 年鉴版本间的数据不是可严格进行比较的。不仅是单个公司的一些数字在获得了改进的数据后进行了修订，而且由于每年获取新数据或对所有公司进行了更好地评估，整个数据库都可能发生变化。因此，这儿用的 2005 年“SIPRI 100 强”数据可能与那些出版在《SIPRI 年鉴 2007》中的不同。然而，用于年鉴每个版本的数据在国家和时间上尽可能一致。

〔5〕 L-3，《2006 年度报告》(L-3 通信：纽约，2007 年)，网址：〈http://www.l—3com.com/investor-relations/financialreports.aspx〉，第 4 页。

〔6〕 2007 年 5 月装甲控股公司被 BAE 系统收购。

增加的大量需求，尤其是美国陆军对快速交付的防地雷车辆的需求。[7] 军队保护公司——排在“SIPRI 100 强”之外的一家制造“美洲狮”和“美洲野牛”MRAP 车辆（美国军队在伊拉克使用这种车辆被越来越多）的公司，2006 年的销售额几乎增长了四倍。[8] 另一家直接从作战需求获利的公司是制造装甲运兵车的 Ceradyne 公司。

另外三家美国公司在 2006 年军火销售收入增长超过了三成，它们是军用电子公司 DRS 技术；提供工程、维护和改造、后勤、系统综合、计算和模拟服务的 ARINC；以及为包括美国国防部（DOD）和英国国防部（MOD）在内的许多政府机构提供信息技术（IT）服务的 EDS。这是连续第二年 DRS 技术和 EDS 的军火销售增长超过 30%。[9] DRS 技术 2006 年销售增长的大多数可归因于在 2006 年 1 月接管了工程支持系统公司，以及有机增长 13.9%。[10]

美国及其他国家在高技术电子、通信和军事服务领域的公司的军火销售也有巨大增长，这反映出军事规划者在满足美国军队在阿富汗和伊拉克更紧迫需求的同时继续将重点放在“网络中心战”上，以及反映出军事服务外购越来越多的长期趋势。[11]

---

〔7〕 关于伊拉克冲突导致美国军费的增长，请参见本卷第五章第三节。

〔8〕 “军队保护公司在纽约市增加新工厂”，《国防工业日刊》，2007 年 7 月 18 日；以及军队保护公司，《根据 1934 年〈证券交易法〉第 13 或 15（d）节编制的截止于 2006 年 12 月 31 日的 10－K 财政年度报告》（美国有价证券和交易委员会：华盛顿特区，2007 年 3 月 16 日），网址：〈http：//www. sec. gov/edgar. shtml〉。

〔9〕 关于 EDS 在外购和网络中心化信息技术中的角色，请参见 E. 申斯和 E. 萨里，“军火生产”一章，《SIPRI 年鉴 2007：军备、裁军和国际安全》（牛津大学出版社：牛津，2007 年），353—354 页。

〔10〕 G. 安德森，“DRS 宣称‘最好的一年’”，《简氏国防工业》，2007 年 6 月，第 12 页。

〔11〕 关于军事活动外购的趋势，请参见 S. 保罗、弗里曼和 E. 申斯，“军事活动的外购和私有化”，SIPRI 研究论文，2008 年 4 月，网址：〈http：//books. sipri. org/product _ info? c _ product _ id=???〉。

**表 6.3 2006 年“SIPRI 100 强”中军火销售额增长最多的公司**

以百万美元为单位，按当前价格和汇率进行计算。

| 2006 年排名 | 公司 | 国家 | 部门 | 军火销售（百万美元） | | 2005～2006 年的变化 | |
|---|---|---|---|---|---|---|---|
| | | | | 2005 | 2006 | 百万美元 | % |
| **军火销售绝对额增长最多的公司（超过 10 亿美元）** | | | | | | | |
| 7 | EADS | 西欧 | Ac El Mi Sp | 9 580 | 12 600 | 3 020 | *31.5* |
| 6 | 通用动力 | 美国 | A El MV Sh | 16 570 | 18 770 | 2 200 | *13.3* |
| 2 | 洛克希德马丁 | 美国 | Ac El Mi Sp | 26 200 | 28 120 | 1 920 | *7.3* |
| 8 | L-3 通信 | 美国 | El | 8 470 | 9 980 | 1 510 | *17.8* |
| 18 | SAFRAN | 法国 | Comp (Ac El Eng) | 2 630 | 3 780 | 1 150 | *43.7* |
| 1 | 波音 | 美国 | Ac El Mi Sp | 29 590 | 30 690 | 1 100 | *3.7* |
| 22 | DRS 技术 | 美国 | El | 1 670 | 2 740 | 1 070 | *64.1* |
| 5 | 雷声 | 美国 | El Mi | 18 500 | 19 530 | 1 030 | *5.6* |
| **军火销售增长比例最大的公司（超过 30%）** | | | | | | | |
| 75 | MiG | 俄罗斯 | Ac | 240 | 570 | 330 | *137.5* |
| 89 | Ceradyne | 美国 | Comp (Oth) | 240 | 510 | 270 | *112.5* |
| 22 | DRS 技术 | 美国 | El | 1 670 | 2 740 | 1 070 | *64.1* |
| 82 | ARINC | 美国 | Comp (El) | 330 | 540 | 210 | *63.6* |
| 30 | 装甲控投公司 | 美国 | Comp (MV Oth) | 1 190 | 1 930 | 740 | *62.2* |
| 48 | Krauss-Maffei Wegmann | 德国 | MV | 750 | 1 190 | 440 | *58.7* |

| 2006 年排名 | 公司 | 国家 | 部门 | 军火销售（百万美元） | | 2005～2006 年的变化 | |
|---|---|---|---|---|---|---|---|
| | | | | 2005 | 2006 | 百万美元 | % |
| 85 | Ufimskoe MPO | 俄罗斯 | Eng | 350 | 530 | 180 | *51.4* |
| 69 | TRV Corporation | 俄罗斯 | Mi | 430 | 650 | 220 | *51.2* |
| 100 | Elettronica | 意大利 | El | 300 | 440 | 140 | *46.7* |
| 18 | SAFRAN | 法国 | Comp (Ac El Eng) | 2 630 | 3 780 | 1 150 | *43.7* |
| 93 | Patria 工业 | 芬兰 | Ac MV SA/A | 340 | 480 | 140 | *41.0* |
| 39 | 印度航空 | 印度 | Ac Mi | 1 100 | 1 550 | 450 | *40.1* |
| 43 | Elbit 系统 | 以色列 | El | 1 000 | 1 400 | 400 | *40.0* |
| 27 | EDS | 美国 | Comp (Oth) | 1 570 | 2 170 | 600 | *38.2* |
| 33 | AM 通用 | 美国 | MV | 1 280 | 1 700 | 420 | *32.8* |
| 7 | EADS | 西欧 | Ac El Mi Sp | 9 580 | 12 600 | 3 020 | *31.5* |

A＝火炮；Ac＝飞机；El＝电子；Eng＝发动机；Mi＝导弹；MV＝军用汽车；SA/A＝小武器/弹药；Sh＝造船；Sp＝航天；Oth＝其他；Comp（...）＝是圆括号中相关部门的组件、服务或其他，而不是最终系统。

**资料来源**：附录 6A。

## 欧洲的公司

尽管不断出现管理失误及项目延迟，但 2006 年 EADS 的军火销售额扩大了 30 亿美元，增长的绝对数量最大。虽然这个增长的一部分要归因于欧元对美元的坚挺，但公司也确有收入增长。增长的大部分来自于军用运输机的销售，因为空中客车 A400M 飞机超越了几个工业和合同的里程碑，[12] 但是 EADS 的欧洲直升机、军事航天（Astrium）和欧洲战斗机“台风”的销售增长要少得多。[13]

2006 年军火销售额增长 30%甚至更多的其他欧洲公司是那些业务渗入到成长最快的世界其他地区的军火工业部门的公司：两家在军事电子和通信的高技术领域——SAFRAN（法国）和 Elettronica（意大利），以及两家装甲车制造商——Krauss-Maffei Wegmann（德国）和 Patria（芬兰）。BAE 系统在电子、信息和支持及陆军系统业务上出现较小但却是实质性的增长。

**俄罗斯的公司**

2006 年 3 家俄罗斯公司——飞机制造商 MiG、导弹制造商 TRV 和发动机生产商 Ufimskoe MPO——在军火销售方面增长巨大。MiG 的军火销售额翻了一番以上。这些增长是在近几年俄罗斯军火出口不断增长的背景下实现的，尤其是来自战斗机、导弹和防空系统的大量订货。[14]

俄罗斯其他主要公司的增长较小但却依然是实质性的，这些公司包括防空系统公司 Almaz-Antei、航空电子设备公司 Aerokosmicheskoe Oborudovanie，以及飞机制造公司伊尔库特（部分归因于苏-30MKI 飞机成套卖给印度带来的销售额增长）和苏霍伊（它将苏-30MK2 战斗机卖给了委内瑞拉）。[15] 从贸易额来看，Almaz-Antei 是 2006 年俄罗斯最大的军火出口公司，主要出售防空系统给阿尔及利

〔12〕 然而，在 2007 年 11 月，EADS 宣布 A400M 项目推迟 6—12 个月，将第一批交付期推迟到 2010—2011 年。这导致公司 2007 年收入减少了 12 亿—14 亿欧元（16 亿—19 亿美元）。“空中客车 A400M 项目推迟 6—12 个月”，《国防工业日刊》，2007 年 11 月 5 日；以及 EADS，“EDS 宣布修改了 A400M 交付计划的费用评估”，新闻发布，阿姆斯特丹，2007 年 11 月 5 日，网址：〈http://www.eads.com/1024/en/investor/News_and_Events/news_ir/2007.html〉。

〔13〕 EADS，《2006 年度审议》（EADS：Schipol-Rijk，2007 年），第 III—41 页，网址：〈http://www.reports.eads.net/2006/〉。欧洲“台风”战斗机是由 Alenia 航空、BAE 系统和 EADS 等 3 家公司联合生产的。

〔14〕 参见 S. 魏泽曼等人，《SIPRI 年鉴 2007》第 392—396 页“国际军火转让”一章（同注释〔9〕）；以及本卷第七章第三节。由于俄罗斯国有公司不公布可公开获取的年度报告，因此分析这些公司收入增长的来源是困难的。这是一个特殊的出口贸易案例，其中的订货、交付和公司收入之间的关系都不清楚。

〔15〕 关于飞机出口参见魏泽曼等人（同注释〔14〕），第 394 页。

亚和伊朗[16]。相反，两家俄罗斯造船厂——Admiralteiskie Verfi 和 Sevmash——2006 年的军火销售额下降了一半以上，退出了 100 强排名。

总之，2006 年俄罗斯军火工业依然严重依赖出口。[17] 这种状态可能会随着《2007—2015 年国家装备计划》的执行而发生变化。这是一个 50000 亿卢布（1890 亿美元）的装备更新计划，旨在到 2015 年更新俄罗斯武装部队 45%的装备。2007 年，3000 亿卢布（113 亿美元）分配用于采购。[18]

### 其他国家

2006 年，受益于军费增加，“SIPRI 100 强”中印度公司的军火销售额获得了很大增长。[19] 印度航空公司的增长率最大，目前在 100 强中排名第 38，这是其迄今为止最高的排名。[20] 以色列公司的收入也获得实质性增长，最引人注目的是军用电子公司 Elbit 系统公司军火销售额的增长，主要来自于向美国海军出售地基系统，及从英国 Watchkeeper 无人机（UAV）计划获得的收入。[21]

## “SIPRI 100 强”中的军事服务公司

提供军事服务而不是军用物品的公司在军火工业中占的比重越来越大。专门出售军事服务的公司常常被称私人军事公司、私人军事商

---

〔16〕 G. 安德森，“Almaz-Antei 主导俄罗斯的出口”，《简氏国防工业》，2007 年 7 月，第 10 页。

〔17〕 关于俄罗斯出口市场的变化，请参见本卷第七章第三节。

〔18〕 Gavrilov Yu，“军队确定了订单：萨里·伊万诺夫选择了后三年的优先武器发展项目”，*Rossiiskaya gazeta*，2007 年 9 月 12 日；以及 S. Saradzhyan，“俄罗斯为‘未来战争’作准备”，《ISN 安全观察》，2007 年 2 月 12 日，参见网址：〈http：//www. isn. ethz. ch/news/sw/details. cfm? ID=17240〉。

〔19〕 参见本卷第五章第 5 节。

〔20〕 印度斯坦航空公司的增长特别归因于“米格”- 27 Mk 1 和“美洲虎”战斗机许可证生产项目、Dhruv 先进轻型直升机项目，以及 DO - 228 运输机改进。印度斯坦航空公司，“HAL 的营业额猛增到 750 亿卢比”，2007 年 4 月 5 日的新闻发布，网址：〈http：//www. hal-india. com/press. asp〉。

〔21〕 Elbit 系统公司，“截至 2006 年 12 月 31 日的年度管理报告”（Elbit 系统：海法，2007 年），网址：〈http：//www. elbitsystems. com/investors. asp? id=953〉，第 16—17 页。

行和私人安全公司。[22] 这个工业部门在近几十年取得快速增长，主要归因于大量军事业务外购趋势越来越强，而过去这些业务是由武装部队或国防部雇员完成的。这种趋势虽然在美国和英国最显著，但在许多其他国家也正在出现。尽管至少从 20 世纪 80 年代外购就逐渐增加，但伊拉克冲突加速了这种趋势。“SIPRI 100 强”公司的构成反映了这种趋势：2006 年 100 强中有 18 家公司主要的业务在军事服务部门（见表 6.4），而 1996—2002 年间大多数年份这个数量相对稳定在 11—13 家。[23]

**表 6.4 “SIPRI 100 强”中专门从事军事服务的公司[a]**

除特别说明的之外，其他公司都是指总部设在美国的公司。

| 排名 2006 年 | 公司（国家） | 2006 年军火销售额（百万美元） | 服务部门 |
|---|---|---|---|
| 8 | L-3 通信 | 9 980 | IT、系统支持、MRO、培训 |
| 12 | 霍尔勃顿 | 6 630 | 后勤、设备管理 |
| 13 | 计算机科学公司 | 6 300 | IT、培训、系统支持、情报 |
| 14 | SAIC | 5 800 | R&D、IT、系统支持、培训、后勤、情报 |
| 27 | EDS | 2 170 | IT |
| 36 | QinetiQ（UK） | 1 610 | R&D、IT、系统支持、培训 |
| 40 | URS 有限公司 | 1 530 | 系统支持、后勤 |
| 44 | VT 集团（UK） | 1 400 | MRO、设备管理、后勤、IT、培训 |

---

〔22〕关于这种现象可参见如 C. Holmqvist，《私人安全公司：管理案例》，“SIPRI 政策论文”第 9 期（SIPRI，斯德哥尔摩，2005 年），网址：〈http：//books. sipri. org/〉；P. W. 辛格《企业法人斗士：私有军事工业的兴起》（康奈尔大学学报：纽约伊萨卡岛，2003 年）；以及 H. Wulf，《战争与和平的国际化与私有化：通向和平大厦的崎岖之路》，（帕尔格雷夫·麦克米兰：Houndmills，2005 年），第 169—170 页。

〔23〕SIPRI 军火工业数据库。之前年份的数字可能与前些年出版的 SIPRI 年鉴不一致；参见注释〔4〕。

| 排名 2006 年 | 公司（国家） | 2006 年军火销售额（百万美元） | 服务部门 |
|---|---|---|---|
| 47 | CACI 国际 | 1 280 | R&D、IT 后勤、系统支持、情报 |
| 49 | Serco（UK） | 1 170 | 设备管理、培训、后勤、系统支持、MRO |
| 53 | ManTech 国际 | 1 080 | IT、系统支持 |
| 57 | DynCorp | 900 | MRO、后勤、设备管理、系统支持、武装保安、情报 |
| 60 | Babcock 国际集团（UK） | 760 | 设备管理、MRO、系统支持 |
| 75 | Cubic 有限公司 | 560 | 培训、系统支持 |
| 79 | Chugach 阿拉斯加公司 | 550 | 设备管理 |
| 82 | ARINC | 540 | IT、系统支持、培训 |
| 83 | Mitre | 540 | R&D、IT、系统支持 |
| 97 | Jacobs 工程集团 | 460 | R&D、IT、系统支持 |

IT＝信息技术；MRO＝维护、修理和检查；R&D＝研究与发展。

a　如果公司 2006 年（2005 年的案例是 Cubic 有限公司）从美国国防部获得的主要（直接）合同的 50%以上是"其他服务"类的，那么这个美国公司就被列为专门从事军事服务的公司。英国公司是否划分为专门从事军事服务的公司是基于其年度报告中对其业务活动的描述，包括其销售的部门分类账目。

**资料来源：**附录 6A；以及 S. 珀洛·弗里曼和 E. 申斯，"军事活动的外购和私有化"，SIPRI 研究论文，2008 年 4 月，网址：〈http：//books. sipri. org/product _ info? c _ product _ id=???〉。

军事服务包括一系列专门用于军事性质的活动，包括信息技术、装备支持和维护保养、基地管理、后勤、培训、情报服务及冲突地区的武装保安。军事服务不包括为军事客户提供的纯民用性质的服务

（如健康保险）[24] 像冲突地区的武装保安一类的军事服务也可能由政府的民用部门、多国公司、非政府组织和政府间组织从私人公司那里获得。

军事活动的外购趋势不管是从经济的角度还是关于使用武力的责任方面都产生了相当多争议。随着美国及其盟国在阿富汗和伊拉克战争中广泛利用私人承包商，这些关切变得特别尖锐。这种利用主要集中在两类公司：一是提供私人武装力量的公司，如“黑水”；另一种是那些提供支持服务的公司，如先前霍利伯顿的子公司 KBR。[25]

## 中国的公司

中国军火生产公司能够生产所有类型的装备，技术先进水平正在不断提高。如果能够获得足够的数据，有些中国的军火生产公司可能包括在“SIPRI 100 强”中。然而，它们在某些方面依然落后于最先进的生产商（落后程度正在降低），还要依靠俄罗斯的技术。[26]

中国军火工业技术进步的证据包括，第四代战斗机 J-11B 显然已经投入现役。它是由沈阳飞机制造厂基于俄罗斯的苏-27SK 飞机而设计的，装备了本土设计的 PL-12 超视距空对空导弹(BVRAAMs)。中国还研发了新的火炮和精确制导导弹及炸弹，并正在通过发射新的侦察卫星帮助发展指挥、控制、通信、计算机情报、监视和侦察（C4ISR）网络。[27] 2007 年中国军火工业继续沿着公司制的方向进行重组，改变企业的国有制性质，使工业企业转变成控股

〔24〕 关于私人公司所提供的军事服务的列表请见附录 6A 中表 6A.1。

〔25〕 关于军火工业的军事服务部门和涉及其中的公司，参见佩尔多—弗里曼和申斯（同注释〔11〕）。还可参见 Holmqvist（同注释〔22〕）；辛格（同注释〔22〕）；以及 Wulf（同注释〔22〕）。

〔26〕 参见 E. S. Medeiros 等，《中国国防工业的新走向》（兰德公司：加利福尼亚州的萨塔莫尼卡，2005 年）；以及 A. H. Cordesman 和 M. Kleiber，《中国的军事现代化：力量发展和战略能力》（战略和国际研究中心：华盛顿特区，2007 年）。

〔27〕 W. Minnick，“中国在太平洋加强对美国部队的挑战”，《防务新闻》，2007 年 9 月 17 日，第 18 页；J. Wen，“中国 J-11B 重型战斗机显露细节”，《简氏防务周刊》，2007 年 5 月 9 日，第 38 页；以及 R. Hewson，“中国公开近期武器发展”，《简氏防务周刊》，2007 年 5 月 16 日，第 6 页。

公司并允许一些外国投资，尽管中国政府仍然保持控股权。[28]

## 第三节　2007年军火工业的重组

与2006年相比，2007年军火工业的大型合并和收购交易要多得多，至少有7起大宗交易（例如价值超过10亿美元的收购，参见表6.5和附录6B），[29] 而2006年只有1起此类交易，2005年有5起。[30] 2007年有3起大宗交易是跨大西洋收购，至少有4起大宗交易发生在美国国内。这些交易的规模都在11亿美元到48亿美元之间不等。

2006年位列"SIPRI 100强"军火生产公司而在2007年被收购的公司有4家：装甲控股公司、EDO公司、联合工业公司和ARINC。此外，2007年有3家被收购的前子公司的军火销售额大到足以列入100强：德文港管理有限公司（DML，2006年的军火销售额达到7.8亿美元）、史密斯航空航天公司（销售额13亿美元）和泰利斯的海军业务（销售额16亿美元）。

除一家外，其他在大规模交易中被收购的公司都是美国的公司，唯一的例外是英国的史密斯航空航天公司，它被美国通用电力（GE）公司收购。事实上，在附录6B中列出的53宗交易中，有34宗涉及对美国公司的收购。

军火工业合并和收购的总体趋势以及这些趋势的驱动力随着时间的流逝而变化。在冷战结束后的早期，在军费大幅度降低导致军火工业规模缩减时，合并和收购是公司应对这种变化的几种

---

〔28〕 S-C. J. Chen，"中国将在军火部门为市场松绑"，Forbes. com，2007年6月26日，网址：〈http://www.forbes.com/2007/06/26/china-defense-stocks-markets-equity-cx_jc_0626markets1.html〉。

〔29〕 2006年世界工业领域跨国大型交易的总数量是172宗。联合国贸易和发展大会（UNCTAD），《2007年世界投资报告：跨国公司、采掘工业与发展》（UNCTAD：纽约，2007年），第5—6页。

〔30〕 E. 萨里，"2006年重要的军火工业收购"，《SIPRI年鉴2007》（同注释〔9〕），第383—385页；以及E. 萨里，"2005年收购表"，《SIPRI年鉴2005：军备、裁军和国际安全》（牛津大学出版社：牛津，2005年），第428—430页。

战略选择之一。它与其他的战略是并行的，如退出军火工业、转产民品、公司内部合理化改革以及努力增加军火出口（尽管这常常不成功）。[31] 20 世纪 90 年代，在投资公司及其他金融部门的实体推动下，美国军火工业出现一次快速的集中过程。[32] 而与此同时，西欧军火生产业务的跨国收购则面临各种法律、政治和经济壁垒。

**表 6.5 2007 年西欧和北美军火工业中最大的收购事件**

数字单位是百万美元，以当前价格计。

| 买主公司（国家） | 被并购的公司（国家） | 买主公司（国家） | 交易价格（百万美元） |
|---|---|---|---|
| 通用电子（美国） | 史密斯航空航天（英国） | 史密斯集团（英国） | 4 800 |
| BAE 系统（英国） | 装甲控股（美国） | 公开上市 | 4 532 |
| URS 有限公司（美国） | 华盛顿国际集团（美国） | 公开上市 | 3 100 |
| 卡莱尔集团（美国） | ARINC（美国） | 私有 | . . |
| ITT 有限公司（美国） | EDO 有限公司（美国） | 公开上市 | 1 700 |
| Meggitt（英国） | K&F 企业（美国） | 公开上市 | 1 300 |
| Veritas Capital（美国） | Aeroflex（美国） | 公开上市 | 1 300 |

〔31〕 例如参见 E. 申斯和 R. 维德彻，“军火生产”一章，《SIPRI 年鉴 2000：军备、裁军和国际安全》（牛津大学出版社：牛津，2000 年），第 314—320 页。

〔32〕 A. R. 马克库森和 S. S. 科斯汀甘，“军事工业的挑战”，以及 M. Oden，“引入、退出和转型：重构 20 世纪 90 年代的国防工业基础”，A. R. 马克库森和 S. S. 科斯汀甘编写，《武装未来：21 世纪的国防工业》（对外关系委员会出版社：纽约，1999 年）。

| 买主公司（国家） | 被并购的公司（国家） | 买主公司（国家） | 交易价格（百万美元） |
|---|---|---|---|
| Textron（美国） | 联合企业有限公司（美国） | 公开上市 | 1 100 |
| 泰利斯（法国） | Alcatel Alenia 航天的 67%（法国）和 Telespazio 的 33%（意大利） | Alcatel-朗讯（法国） | 895 |
| DCN（法国） | 泰利斯海军业务（法国） | 泰利斯（法国） | 714[a] |
| Babcock 国际（英国） | 德文港管理有限公司（英国） | KBR（美国） | 699 |

a 此交易价值是指 DCN 股份的绝对无疑的估价。参见附录 6B。

**资料来源：** 附录 6B。

目前的合并与收购趋势驱动力各不相同。在美国军火工业内部，收购活动主要集中在有大量新合同等待签约的正在扩大的部门，被收购的目标公司包括专门从事网络中心计划相关的通信及信息技术业务的公司，其他被收购前景较强的公司是受益于传统军事功能（如后勤和上述的信息技术）外购和私有化的私人安全公司。传统军火工业中的公司正收购那些此类服务能力较强的公司以及正在涌现的专门从事这一领域的新公司。[33]

另一个重要的驱动力是美国军费的增长。美国政府获得军事合同的增加，意味着这些非美国公司希望通过收购总部位于美国的公司而进入美国市场。但这种动力的影响很有限，因为美国对外国收购有严格的法规和政策。结果是大多数发生的收购案是由英国公司进行的，因为英国与美国之间有着长期紧密的军事—工业关系，但其他一些欧洲公司，如 EADS，也在美国进行了巨大投资。

〔33〕 佩尔多—弗里曼和申斯（同注释〔11〕）。

在军火工业重组中一个新的不断成长的现象是私人股本和投资公司发挥越来越积极的作用。这种趋势在20世纪中期始于美国，后在欧洲蔓延。它表明买卖军火工业的股票可获得丰厚的回报。

政府也在军火工业的重组中发挥作用。他们不仅是军火的主要消费者，还提供允许垄断或在某种情况下阻止外国收购的法律框架。政府有时候积极推动个别合并和收购案，如2007年法国和英国重要的海军重组交易案（见下文），然而大多数政府基于系统性原因不会积极参与个别案子。近年来一个主要的例外是俄罗斯政府，由于俄罗斯军费锐减以及随之而来的国内订货几乎停止，俄罗斯军火工业在冷战后经历了一次实质性崩溃。然而从20世纪90年代后期俄罗斯军火工业逐渐复苏，主要是由于国内订货增加，而且也因为工业的彻底重组和合并。[34] 在普京总统的领导下，俄罗斯政府在这个过程中越来越多地发挥了积极的作用。

以下的章节更详细地描述了2007年的重要合并和收购事件。

## 美国内部的合并与收购

2007年美国军火工业内部最大的合并和收购交易是2007年11月URS公司收购华盛顿国际集团。这两家公司都是军事客户销售额在其总销售额中所占份额较少的工程服务公司，其中2006年URS公司的军事销售额比重为36%，而华盛顿国际集团仅为17%。[35] URS公司在全球范围内为公共部门客户提供工程、建设及技术服务，而华盛顿集团（现为URS公司华盛顿分公司）提供类似的服务，尤其是

〔34〕 J. 库伯，“俄罗斯军火工业的发展”，《SIPRI年鉴2006：军备、裁军和国际安全》（牛津大学出版社：牛津）。

〔35〕 URS公司，“URS公司完成收购华盛顿国际集团”，新闻发布，2007年11月15日，网址：〈http://www.urs-wng.com/pressReleases/〉。2006年华盛顿集团的防务部门销售额5.76亿美元。然而，华盛顿集团并没有包括在“SIPRI 100强”中，因为防务部门的大多数业务主要是“去军事化”或“威胁削减”服务——包括其保障前苏联核武器安全和销毁化学和生物武器库存的任务——SIPRI没有将这些业务归为军火销售。部门的其他业务，包括军事基地管理服务，被归类为军火销售。华盛顿国际集团，《根据1934年〈证券交易法〉第13或15（d）节编制的截至2006年12月31日的10-K财政年度报告》（美国有价证券和交易委员会：华盛顿特区，2007年3月16日），网址：〈http://www.sec.gov/edgar.shtml〉。

为采矿业、能源工业以及军事工业。

2007 年，私人股份公司发起了两起重要的并购，开创了军火工业投资的历史。7 月卡莱尔集团同意购买军事服务公司 ARINC，但未透漏并购额。〔36〕 8 月 Veritas 资本公司完成了对 Aeroflex 的并购，耗资 11 亿美元。Aeroflex 是一家快速增长的微电子、试验和测量设备公司，从 2002 年至今其收入增长大约 175%。〔37〕 2006 年，URS 公司、华盛顿集团和 ARINC 公司都是美国国防部主要服务供应商。

2007 年美国的其他两宗大规模交易发生在军事电子和无人机领域。ITT 公司同意并购 EDO 公司，从而获得了参与 F-35 联合歼击机计划和近海作战舰艇的机会。〔38〕 Textron 公司通过并购美国工业公司而将其产品范围扩展到无人机领域。〔39〕

以上交易反映了军事服务主承包商（例如直接与美国国防部签合同的公司）与主要供应商（二级或次级主承包商）之间在某些领域，如军事电子和航空航天子系统领域快速增长的商业活动及商业利益。另外，许多大型公司，尤其是那些专注于高技术电子和通讯领域的公司，继续获取小型或中等规模业务，为那些甚至仅有十几个员工的小公司提供能力和技术。与 20 世纪 90 年代相比，美国军火工业的并购已经从主要平台生产商之间的合并与收购转移到二级供应商和服务部门公司之间的并购。

### 跨大西洋的合并与收购

2007 年发生的最大的两起并购交易涉及英国和美国的公司，包括美国通用电气公司耗资 48 亿美元从英国的史密斯集团收购史

---

〔36〕 G. 安德森，“卡莱尔显示购买 ARINC 的意图”，《简氏国防工业》，2007 年 8 月，第 15 页。

〔37〕 Aeroflex，“完成对 Aeroflex 公司的并购”，新闻发布，2007 年 8 月 15 日，网址：〈http://www.aeroflex.com/aboutus/investor/investor.cfm〉，以及“Fast Track 50”，《防务新闻》，2007 年 8 月 20 日，第 14 页。

〔38〕 G. 安德森，“ITT 签署最后协议收购 EDO”，《简氏国防工业》，2007 年 11 月，第 13 页。

〔39〕 G. 安德森，“Textron 同意收购 AAI 公司”，《简氏国防工业》，2007 年 11 月，第 13 页。

密斯航空航天公司，这于 2007 年 5 月份完成；以及 BAE 系统公司耗资 45 亿美元收购装甲控股公司，于 2007 年 7 月完成。第一项交易代表航空航天工业领域二级主承包商层面的一项重大并购。通用电气公司和史密斯航空航天公司 2006 年的军火贸易总额为 45 亿美元，这足以使合并后的公司上升到 2006 年“SIPRI 100 强”公司的第 15 位。[40] 通过这项交易，通用电气公司增加了史密斯航空航天公司的各种航空电子和电子系统，从而扩展了军用和民用航空航天发动机和服务业务。装甲控股公司为在伊拉克冲突中大量需要的军用车辆制造装甲，2006 年军火贸易额 19.3 亿美元，比入侵伊拉克之前的军火贸易额增长了 32 倍。它被 BAE 系统的并购将大大扩展 BAE 系统公司下属的、作为其美国子公司 BAE 系统公司一部分的陆军和军备集团公司。这项并购使 BAE 系统成为美国陆军某些级别装甲车辆的关键供货商，而且也可能使 BAE 系统从美国获得的收入占其总收入的份额由 1/3 上升到 45%。[41] 目前 BAE 系统的陆军和军备集团公司的业务规模可与通用动力的陆军系统业务相比。[42]

2007 年 6 月，一家英国的航空航天部件和军事服务公司 Meggitt 以 18 亿美元的价格收购了位于美国的 K&F 工业公司。[43] K&F 公司也生产航空航天部件，尤其是轮子、刹车、制动控制系统以及燃料

---

〔40〕 2006 年史密斯航空航天公司销售额 13 亿英镑（24 亿美元），其中 54%（7.02 亿英镑，约合 13 亿美元）与军事业务有关。史密斯集团，《年度报告与账目 2006》（史密斯集团，伦敦，2006 年）网址：〈http：//reports. smiths. com/annualreport2006/〉，第 13 页和 16 页。

〔41〕 G. 安德森，“唯一适应性证明了装甲定价合理”，《简氏国防工业》2007 年 7 月，第 15 页。

〔42〕 2006 年 BAE 系统的陆军和装备集团与装甲控股公司的合并交易额 58 亿美元，而同期通用动力公司的作战系统分公司销售额为 60 亿美元。BAE 系统，《2006 年年度报告》（BAE 系统：伦敦，2007 年），网址：〈http：//production. investis. com/investors/rs/〉；以及通用动力，《美国有价证券和交易委员会编制的截至 2006 年 12 月 31 日的 10-K 财政年度报告》（美国有价证券和交易委员会：华盛顿特区，2007 年 2 月 23 日），网址：〈http：//www. sec. gov/edgar. shtml〉。

〔43〕 K&F 工业公司，“Meggitt-美国有限公司完成了对 K&F 工业公司的并购”，新闻发布，2007 年 6 月 22 日，网址：〈http：//www. kandfindustries. com/press/〉。

箱。2006 年其收入 4.24 亿美元的 29%与军事相关。[44]

尽管规模比较小，但是还是有必要提一下 QinetiQ 公司在美国的高层次收购活动，2007 年完成或意愿进行 5 项收购交易，总价值 3.33 亿美元（还有一项英国的收购，价值 4000 万美元），其中最大的一项是耗资 1.73 亿美元对 Analex 的收购。Analex2006 年的收入是 1.5 亿美元，为军事、情报和航天计划提供 IT、航空航天工程以及情报支持服务。[45]

高层次的跨大西洋合并与收购活动反映了美国和英国军火工业不断加强的融合，尤其是还反映了与其他欧洲公司相比，英国的军火生产企业在参与美国军火工业并购中的特殊地位。通过 2007 年的《国防贸易合作条约》，这一进程进一步加强。如果该条约被批准并实施，这将使美国通过避开其《国际军火贸易规则》，更易于向英国转让某些军事装备和技术，因为按照该规则的规定，每一项交易通常都需要一个单独的出口许可证。[46]

### 西欧内部海军工业的重组

尽管 2007 年西欧内部发生大规模的跨境合并和收购交易很少，但是法国和英国出现了几起政府推动的海军工业合并。

在英国，2007 年 7 月 BAE 系统公司和 VT 集团同意组建一个联合企业以合并他们的所有水面舰船项目。这两个公司总共占据了英国海军舰艇制造 85%的份额，而这一交易得到了英国政府的积

〔44〕 K&F 工业控股公司，《根据 1934 年〈证券交易法〉第 13 或 15（d）节编制的截至 2006 年 12 月 31 日的 10-K 财政年度报告》（美国有价证券和交易委员会：华盛顿特区，2007 年 3 月 2 日），网址：〈http：//www. sec. gov/edgar. shtml〉。

〔45〕 “QinetiQ 收购 Analex 集团，拓展了美国的业务”，《国防工业日刊》，2007 年 1 月 22 日。

〔46〕 《美利坚合众国政府和大不列颠及北爱尔兰联合王国政府国防贸易合作条约》签署于 2007 年 6 月 21 日和 26 日，条约文本参见如下网址：网址：〈http：//www. state. gov/t/pm/rls/othr/misc/92770. htm〉。还可参见 K. 史密斯，“美国和英国达成国防协定”，《简氏防务周刊》，2007 年 6 月 27 日，第 18 页。《国际军火贸易规则》现用的版本是按照 1976 年的《武器出口控制法》制定的，可在以下网址获得：〈http：//pmddtc. state. gov/itar_index. htm〉。

极鼓励，因为它符合推动合并的“海军工业战略”。[47] 事实上，国防采办大臣保罗·迪亚森已明确宣布，这一合并事项为政府批准开始生产英国新一代航空母舰计划（CVF）创造了条件，BAE 系统和 VT 集团都是这项计划的主要参与者。英国政府证实 2007 年 7 月 25 日 CVF 计划将启动，这正是 BAE 系统和 VT 集团宣布组建联合企业的日子。按照交易条款，BAE 系统将拥有联合企业 55％的股权，VT 则拥有 45％，同时 BAE 系统还拥有 3 年后买回 VT 所持股权的权利。[48]

2007 年签署的与 CVF 计划相关的协议是一家海军及综合军事服务企业 Babcock 国际收购了德文港海军造船厂的拥有者——德文港管理有限公司。英国国防部潜艇改装和深层维护的唯一厂商德文港管理有限公司，是从一家美国企业 KBR 拥有 51％股权的联合企业手中收购的，英国政府警告说，如果它感觉 KBR 的发债扩股可能危害到英国的安全利益时，它将利用其在 DML 中的“特别股权”夺取 KBR 在联合企业中的控制权。[49] 基于 2006 年的数据，这一并购将使 Babcock 的军火销售额翻番。

在法国，国有造船企业 DCN 和泰利斯在经过欧盟委员会批准后，完成了已谈判许久的海军业务合并事项。根据交易条款，DCN

〔47〕“海军工业战略”是“国防工业战略”的一部分。英国国防部（MOD），《国防工业战略：国防白皮书》，Cm6697（英国国防部：伦敦，2005 年 12 月），第 68—77 页。

〔48〕VT 集团，“VT 集团和 BAE 系统建立了一家世界级的海军舰船和全寿命保障供应商”，新闻发布，2007 年 7 月 25 日，网址：〈http：//www. vtplc. com/newsandevents/newsdetails. asp? ItemID=709〉；G. 安德森，“在英国批准航空母舰计划时 VT、BAE 确认结成联盟”，《简氏防务周刊》，2007 年 8 月 1 日，第 22 页；以及 G. 安德森，“Drayson 将‘CVF 主门计划’推迟到合并后”，《简氏防务周刊》，2007 年 1 月 3 日，第 19 页。有报告称由于预算短缺 CVF 计划可能被推迟 18 个月甚至更长，也可能使此项合并存在变数。A. Chuter，“英国可能推迟航空母舰 18 个月”，《防务新闻》，2008 年 1 月 10 日。

〔49〕英国公平贸易办公室，“国际集团上市公司完成了对德文港管理有限公司的收购”，决议，2007 年 9 月 3 日，网址：〈http：//www. oft. gov. uk/advice _ and _ resources/resource _ base/Mergers _ home/decisions/2007/Babcock〉，G. 安德森、D. Hammick 和 K. 史密斯，“Babcock 同意收购 DML”，《简氏国防工业》，2007 年 6 月，第 13 页，以及“简讯：合并与收购”，《简氏国防工业》，2007 年 8 月，第 14 页。

获得泰利斯在法国的海军业务，但不包括泰利斯在其他国家的业务，[50]作为回报，泰利斯获得了DCN25%的股权，并且允许其在2009年将股权提升到35%。DCN获得的业务价值5.14亿欧元（约6.45亿美元），同时泰利斯还支付了5500万欧元（6900万美元），作为获得DCN股权交易的一部分。从今往后DCN公司将成为DCNS公司。[51]

法国政府欢迎这一交易，不仅将此次交易作为法国海军工业的一项主要合并，而且看作是迈向更大范围欧洲海军整合的一个步骤，然而据DCN首席执行官吉恩—马里布安伯夫称，后一项目标是3—5年后的事情。尽管该产业出现了一些重复和分散，但布安伯夫相信，采购国政府之间不同的需求再加上目前高水平的海军建设，意味着目前对于是否存在进行整合的政治意愿还有疑问。[52]

### 欧盟军事工业政策的进展

2007年欧盟内部依然存在着政治推动力推动国家军火工业的跨国界整合及欧盟内部军火采购的开放与合作，这是由于人们对欧盟国家的以下疑虑促成的：能否在军事预算长期不增长的情况下维持各国并行的国家军事研究、技术和生产能力。

2007年欧洲防御局（EDA）成员国的国防部长在两项政策文件上达成一致：一项是关于建立欧洲国防技术和工业基础的战略，另一项是关于欧洲军事研究与技术（R&T）战略的框架。[53]

---

〔50〕被收购的是泰利斯海军法国公司，该公司拥有阿马丽斯海军公司50%的股份及MOPA2 35%的股份，是法国计划建造的新一代航空母舰PA2的主要承包商。这使得DCN公司成为阿马丽斯和MOPA2公司的唯一股东。DCN，“泰利斯和DCN公司在法国的海军业务正在进行合并”，新闻发布，2007年3月29日，网址：〈http://www.dcn.fr/us/medias/popup.php?id=148〉。

〔51〕P. Tran，“泰利斯以少于预期的代价获得DCN的股份”，《防务新闻》，2007年4月2日，以及J. A. C. 路易斯，“泰利斯获得DCN25%的股权”，《简氏防务周刊》，2007年4月11日，第18页。

〔52〕K. 史密斯，“DCN、泰利斯和法国政府签署了海军协议”，《简氏国防工业》，2007年5月，第16页，以及K. 史密斯，“合并：路途坎坷”，《简氏防务周刊》，2007年2月21日，第23页。

〔53〕参加的国家包括除丹麦之外的所有欧盟国家。关于EDA的全面清单及简要描述请参见本卷附件B。

国防技术和工业基础战略号召建立一个“综合性更强、重复性更小和相互依赖性更强的”欧洲军事技术和工业基础。[54] 为实现这一目标，欧盟国家还将采取其他举措：通过坚持“能力发展计划”来整合需求，[55] 协调各国装备需求，使采购程序更透明和开放以利于欧盟内部的竞争，以及增加合作性的军火采购。该战略还要求各国在需求说明和研究与技术阶段尽早开始协作，并且抛弃“单纯返回”政策，在这种政策下每个国家的军火工业从一个项目中所获业务量的比例是按照该国政府对该项目的财政贡献来分配的。

欧洲防御局军事研究与技术战略框架提出了研究与技术工作要集中发展的优先技术清单。[56] 还提出了实现这一目标的措施，包括：逐步整合军用和民用研究与技术基础，提高研究与技术协作的效能，以及设置研究与技术及采购经费开支目标。[57] 这些目标具体是指：将采购（包括研究与发展）在军事开支用所占的比重提高到 20%（从 2006 年的 19.4%），研究与技术所占比重提高到 2%（从 1.4%）；将军事开支中用于欧洲装备协作计划的份额提高到 35%（从 2006 年的 21%），将国防研究与技术开支中用于欧洲装备协作计划的份额提高到 20%（从目前的 10%）。[58] 动因之一就是与美国进行的比较：根据欧洲防务局的统计，2006 年欧盟所有成员国用于军事研究与发展的开支

〔54〕 欧洲防务局，“欧洲防务技术和工业基础战略”，布鲁塞尔，2007 年 5 月 14 日，网址：〈http：//eda. europa. eu/genericitem. aspx？ id=211〉，第 2 页。

〔55〕 关于欧盟能力的关键文件包括 1999 年的“赫尔辛基首要目标”、2001 年的“欧洲能力行动计划”以及 2004 年的“首要目标 2010”。赫尔辛基欧洲委员会，主席结论，1999 年 12 月 10—11 日，网址：〈http：//europa. eu/european _ council/conclusions/〉，附件 1 到附件 IV；欧洲联盟委员会，综合事务，“提高欧洲军事能力的宣言”，第 2386 次委员会会议，布鲁塞尔，2001 年 11 月 19—20 日，网址：〈http：//europa. eu/rapid/pressReleasesAction. do？ reference=PRES/01/414〉；以及欧洲联盟委员会，总务，“首要目标 2010”，2004 年 5 月 17 日。关于 EDA 在“能力发展计划”上的工作参见网址：〈http：//eda. europa. eu/genericitem. aspx？ area=Organisation&id=115〉。

〔56〕 欧洲防务局，“欧洲防务研究与技术战略框架”，2007 年 11 月 19 日，网址：〈http：//eda. europa. eu/newsitem. aspx？ id=287〉，第 3 页。

〔57〕 欧洲防务局（同注释〔56〕）第 4—7 页。

〔58〕 欧洲防务局，“欧洲联盟的部长们接受欧洲防务研究与技术共同战略框架”，新闻发布，2007 年 11 月 19 日，网址：〈http：//eda. europa. eu/newsitem. aspx？ id=287〉。

是美国的 1/6，用于军事研究与技术的开支还不及美国的 1/5。[59]

集中精力于促进欧盟内部市场竞争的欧盟委员会在 2007 年提出了两项建议，为在军火工业内进一步深化上述目标而提供了新的指针。提议的第一项指针为军事和安全部门的公共采购设定了一组共同的规则。[60] 如果该建议被采纳，将考虑制订一组灵活的程序，既要考虑到这些市场的具体特征，又要注重对诸如信息安全和供应安全的关注。通过消除所谓欧盟的通用采购规则不适合各国军火采购的借口，委员会旨在减少成员国引用 1957 年《罗马条约》第 296 款的次数，因为该条款允许一国为了保护“其基本的安全利益”而免除欧盟竞争规则对军火采购合约的约束。[61] 提议的第二项指针，其目的是为欧盟内部军事装备和服务的转让而放松出口控制规则。[62]

欧洲防务局在推动欧盟合作性项目方面取得了一些进步，尽管目前为止合同签约额还比较低。到 2007 年 12 月，通过在欧洲防务局的“防务合同机遇电子公告板”（EBB）上做广告，已有价值 4400 万欧

---

〔59〕 2006 年 EDA 的参与国在军事研究与开发方面花费 97 亿欧元（122 亿美元），与此相比美国花费了 580 亿欧元（730 亿美元）。关于研究与技术子项，EDA 参与国的花费是 25 亿欧元（31 亿美元），比较起来，美国花费了 136 亿欧元（171 亿美元）。欧洲防务局，“2006 年欧洲—美国国防开支费用”，布鲁塞尔，2007 年 12 月 21 日，网址：〈http：//eda. europa. eu/facts. aspx〉。EDA 将“防务研究与技术”子项目定义为“防务用途的基础研究、应用研究和技术验证的开支”，而范围更宽的“研究与开发”项目涵盖所有计划中的“装备生产从开始到交付过程中的所有费用”。

〔60〕 欧洲委员会，欧洲议会和欧洲委员会关于协调授予国防与安全领域的公共劳动合同、公共供应合同和公共服务合同程序的“指导建议”，COM（2007）766 号决议，布鲁塞尔，2007 年 12 月 5 日。

〔61〕 之前的解释性说明已经澄清了对应用第 296 款的限制。欧盟委员会，“有关应用国防采购领域条约第 296 款的解释性说明”，COM（2006）779 号决议，布鲁塞尔，2006 年 12 月 7 日。《建立欧洲经济共同体条约》（《罗马条约》）签署于 1957 年 3 月 25 日，1958 年 1 月 1 日生效，1992 年条约正式名称改为《建立欧洲共同体条约》。条约最初文本和修订后的当前版本可在以下网址获得：〈http：//eur-lex. europa. eu/en/treaties/index. htm〉。当前条约的第 296 款是最初条约的第 223 款。还可参见申斯和萨里（同注释〔9〕），第 371—372 页。

〔62〕 欧盟委员会，欧洲议会和欧洲理事会关于在共同体内部简化国防相关产品转让限制条件的“指导建议”，COM（2007）765 号决议，布鲁塞尔，2007 年 12 月 5 日。还可以参见本卷第三章第三节。

元（5500 万美元）的 8 个跨国合同签约。[63] 在欧洲防务局主办的“软件定义频道”（SDR）以及“军队保护的联合投资计划”（JIP-FP）之下，已经启动了几项合作性研究计划。“军队保护的联合投资计划”（JIP-FP）下的第一份合同——价值 5500 万欧元的三年项目——签署于 2007 年 12 月，并且不涉及“单纯返回”安排。[64]

但是疑虑仍存，甚至包括欧盟的许多高级国防官员之间，对于欧洲军火工业具体要如何进行大规模变革存在疑虑。即将离职的欧洲防务局局长尼克·惠特尼在 2007 年 11 月称，军事部门具有巨大的惯性思维，厌恶风险，而且在将政策协定转换成现实变化的过程中会出现领导失灵。[65] 欧盟安全研究所最近的一份报告列出了在成功完成合作性军火项目中出现的许多问题，[66] 包括在能力需求方面缺乏协调——甚至在“首要目标 2010”的出资国之间，由于他们各自军事战略或力量结构不同，而经常需求不同，而且在新的武器系统的交货时间上也难以同步。报告中强调的另一个主要问题是生产国为了维持本国自己的国内军事工业基础以及促进“民族产业”，而对企业进行持续不断的补贴，而这一点通过政府与工业的紧密联系而更加强化。这会削弱对进一步开放竞争的承诺，例如政府采购合同的确切需求能够迅速传达到所重视的国内工业部门。报告中还将“单纯返回”视为有效协作的一个障碍。

对于欧盟军事工业整合和竞争议程，也存在一些消极的反应，主要来自于新的欧盟国家——尤其是波兰——他们害怕自己的工业在一

〔63〕 欧洲防御局，“EDA 欢迎委员会关于欧盟国防工业和市场的交流”，新闻发布，2007 年 12 月 5 日，网址：〈http：//eda. europa. eu/newsitem. aspx? id=299〉。EBB 位于下列网址：〈http：//eda. europa. eu/ebbweb/〉。

〔64〕 特殊合同适用于独立保护性装甲、多传感器反狙击系统，以及离岸探测化学、生物、放射性、核及爆炸（CBRNE）装置的系统。欧洲防御局，“EDA 签署了用于保护军队的研究与技术联合投资计划下的第一份合同”，新闻发布，2007 年 12 月 14 日，网址：〈http：//eda. europa. eu/newsitem. aspx? id=301〉。

〔65〕 例如参见 G. 安德森，“Departing Witney 是指欧洲国防工业的‘巨大惯性’”，《简氏国防工业》，2007 年 11 月，第 4 页。

〔66〕 J. -P. Darnis，et al.，《欧洲国防工业计划中取得的教训》，“不定期文件 69 号”（欧盟安全研究学院：巴黎，2007 年 10 月）。

个完全开放的欧盟军火市场中无法与西欧国家的工业企业竞争。[67]由于欧盟委员会对波兰政府施压，要求其停止资助造船工业，这种负面反应则进一步加强。[68]鉴于英国和美国的军火工业合并趋势越来越强，而且更紧密的欧洲合作将影响英国优先进入美国市场和获得技术的特权，因此英国可能对增强欧洲合作失去兴趣。例如，英国没有参加“软件定义频道”（SDR）计划和“力量保护的联合投资计划”。[69]

这样，尽管欧盟机构在政策上推动，而且为了在面临美国竞争的形势下维持欧洲的工业，从经济和技术上来讲整合已势在必行，但是没有证据表明这已经足以克服欧洲各国政府对本国军火工业的传统承诺和义务。

一些批评家对于推动欧洲装备合作变成欧盟日益带有军事倾向议程的一部分依然感到担心。欧洲军事技术和工业基础战略中有一个内容将会引起某些方面人士的特别担忧，即该战略要求更多地利用军事组织和军火工业之外的资源，包括利用大学的资源来进行装备研究，这会导致研究人员和学术机构对伦理道德方面的担忧。[70]

---

〔67〕 例如 Z. Lentowicz，“波兰工会担忧欧盟的单一军火生产市场”，*Rzeczpospolita*，2007 年 12 月 18 日，国际安全与打击恐怖主义关联中心翻译成英文，国际新闻链接，美国商务部国家技术信息局（NTIS）。

〔68〕 N. 斯洛普，“Solidarity runs dry”，《来自我们自己的通讯广播》，英国广播公司第 4 套，2007 年 7 月 28 日，书面版本见下列网址：〈http://news.bbc.co.uk/2/6919518.stm〉。

〔69〕 格雷厄姆·约旦和提姆·威廉姆斯称，不同国家对 EDA 目的的看法不同是导致英国和 EDA 关系恶化的一个原因：英国将 EDA 看作是确认和寻求解决军事能力差距的一个手段，而其他国家将 EDA 看作是促进装备合作的一个手段。G. 约旦和 T. 威廉姆斯，“愿望被延缓？三年后看欧洲防务局”，《RUSI 杂志》，第 152 卷，第 3 期（2007 年 6 月）。

〔70〕 例如参考《SIPRI 年鉴 2004：军备裁军和国际安全》（牛津大学出版社：牛津，2004 年）中 B. 哈格林，“基于科学和技术的军事创新：美国和欧洲”一章，第 300—303 页。另一项研究描述了一种不断加强的趋势：利用大学的科学与工程部门进行军事研究（尤其是在英国）对于学术自由具有潜在的负面效果，C. 兰利，S. 帕金森，以及 P. 韦伯，《更多的科学家进入实验室：科学技术的军事化——升级版》（全球负责任科学家：福克斯通，2007 年 8 月）。

### 俄罗斯政府领导的军火工业并购

为了更加强化对军火工业的国家控制，2007 年俄罗斯政府进一步采取措施将飞机工业和造船工业整合成大型的国有控股公司。

由俄罗斯大部分民用和军用固定翼飞机设计和生产资产合并而成的联合飞机公司（UAC）于 2007 年开始运转。〔71〕俄罗斯国家拥有大多数股权的这一企业将包括 20 家公司，UAC 最大的部分是苏霍伊，占 UAC 最初资产 960 亿卢布（35 亿美元）的 54%。UAC 还拥有伊尔库特公司 38%的股份、Ilyushin86%的股份、Tupolev91%的股份以及 KnAAPO 和 NAPO 飞机生产厂 26%的股份。〔72〕尽管被推迟，但 MiG 和 Kazan 航空（KAPO）也将并入 UAC。〔73〕

创建 UAC 公司显然有以下几个目的：一是使国家更加直接地管理相关工业，选择第一副总理、前国防部长谢尔盖·伊万诺夫担任董事会主席足以说明这一点。〔74〕另一个目标是节约成本，长期以来该部门机构臃肿，伊尔库特曾形容它"被设计局、生产厂及其他实体实体充斥"。〔75〕第三个目标是将投资引导到一个基础设施和设备正在逐步老化的工业产业。2007 年 3 月，伊万诺夫宣布计划为军火工业的重组投入 77 亿美元的国家投资。〔76〕此外，联合飞机公司还期望 2008 年首次公开招股以吸引私人投资，尽管俄罗斯政府将继续保持至少

---

〔71〕根据普京总统 2006 年 2 月的一项总统令，UAC 于 2006 年 1 月正式注册，关于"联合股份制企业'联合航空制造公司'"的总统令，第 140 号政令，2006 年 2 月 20 日，政令文本可在以下网址获得：〈http://document.kremlin.ru/doc.asp? ID=032432〉（俄文）。

〔72〕联合航空公司，"关于 UAC"，网址：〈http://www.uacrussia.ru/en/corporation/〉；以及 N. Abdullaev，"俄罗斯一个新的航空航天巨人"，《防务新闻》，2006 年 11 月 20 日。

〔73〕M. Komarov 和 D. Barrie，"改革暂缓"，《航空周刊和空间技术》，2007 年 12 月 24—31 日刊，第 28 页。

〔74〕Abdullaev（同注释〔72〕）。

〔75〕Irkut 公司，《2006 年年度报告》（Irkut 公司：莫斯科，2007 年），第 23 页。

〔76〕G. 安德森，"伊万诺夫透露了俄罗斯国防工业改组的范围"，《简氏防务周刊》，2007 年 3 月 21 日，第 20 页。

51%的股份。[77]

联合造船公司（USC）是依据2007年3月的一份总统令成立的一家完全国有公司，2007年11月正式注册。[78] USC合并了水面舰艇领域的所有完全国有和部分国有造船厂与设计局，过去通过设立部门内的许多局而被分散的决策权将被重新集中起来。[79]

第三家合并成立的国有公司是Rostekhnologii，这是2007年11月依据国会一项法案成立的。[80] 它融合了国有军火企业Rosoboronexport，该公司拥有众多军事和民用生产业务，包括Oboronprom（俄罗斯直升机工业的一家股份公司）、防御系统公司（一家防空和军用电子企业）、Oboronpromlizing（一家工程装备供应商）、AvtoVAZ（一家轿车生产企业）以及VSMPO-AVISMA（一家钛金属生产商）[81] Rostekhnologii的总经理谢尔盖·Chemezov（之前为Rosoboronexport的老总）想利用新的组织架构来振兴研究与发展业务以及吸引私人资本（尽管国家将继续保持至少25%的股权以维持控股地位），并将俄罗斯的军火出口活动与产业供应链协调起来。[82]

许多观察家担忧，所有这些迈向更加集权的国家控制的措施，再

---

〔77〕 K. 史密斯，“俄罗斯UABC透露计划在2008年首次公开上市”，《简氏防务周刊》，2007年3月7日，第22页。

〔78〕 总统法令：关于联合股份公司“联合造船公司”，第394号总统令，2007年3月21日签发。法令文本可在下列网址获得：〈http://document.kremlin.ru/doc.asp? ID=038538〉（俄文）。

〔79〕 N. Alyakrinskaya，“Big & bad boats are back”，《莫斯科新闻周刊》，2007年4月13日，REGNUM新闻局，“联合造船企业完成注册（圣彼得堡）”，2007年11月19日，网址：http://www.regnum.ru/news/917314.html；以及N. Abdullaev，“俄罗斯下一步将合并造船厂”，《防务新闻》，2007年4月2日。

〔80〕 俄罗斯联邦法“关于国有俄罗斯技术公司”，2007年11月23日的第270条法律，可以在以下网址获得：〈http://document.kremlin.ru/doc.asp? ID=042960〉（俄文）。

〔81〕 ITAR-TASS，“Rostekhnologii聚集了俄罗斯最好的国防资产”，2007年11月26日。

〔82〕“俄罗斯官员谈与军火出口有关的新国有公司”，Nezavisimaya gazeta，2007年11月29日，国际安全与打击恐怖主义关联中心翻译成英文，国际新闻链接，美国商务部国家技术信息局（NTIS）；以及N. Petrov，“俄罗斯技术公司：国防工业的超级有限公司”，RIA Novosti，2007年12月4日，网址：〈http://en.rian.ru/analysis/20071204/90845337.html〉。

加上新的管理规则确定了大量“战略企业”限制外国资本，这将使得吸引私人投资更加困难。[83]

在俄罗斯军火工业内部推动合并与集权化的同时，与其他国家工业寻求产业和技术合作也开始推进。2007 年，印度和俄罗斯政府签署协议联合开发第五代战斗机和多用途运输机。[84] 与西欧公司的合作也开始推动，2007 年 6 月 Rosoboronexport 和泰利斯签署了在海军方面进行技术、产业和商业合作的谅解备忘录，[85] 2007 年 11 月 Rosoboronexport 与造船企业 DCNS（之前的 DCN）签署合同，在 DCNS 与圣彼得堡的 Krylov 造船研究所之间设立联合研究项目。[86]

## 第四节 结 论

2006 年“SIPRI 100 强”公司军火销售增长的趋势在继续，大部分的增长来自于从不断增长的美国军费（包括为阿富汗和伊拉克冲突）中获益的美国公司，这些国外军事行动不仅对特别需求（例如装甲车辆、装甲运兵车和军用消费品）的要求增加了，而且涉及到美国核心军事预算的总体增长，这使得军火工业从中受益。[87] 部分主要的西欧公司的军火销售也增长了，大部分的增长为以下 3 家公司所占有：EADS、BAE 系统和 SAFRAN。大量的出口订单意味着俄罗斯飞机和导弹公司的军火销售也获得了增长。

重要的合并和收购交易数量在 2007 年增加了，绝大部分的活动（包括最少 6 宗最大的交易）集中在美国军火工业。对于非美国公司，总体来说，只有那些英国的公司通过收购美国的公司得到了好处。

---

〔83〕 G. 安德森，“俄罗斯的国防与航空航天工业以及新时代的国有化”，《俄罗斯国防系统》，第九卷，第 3 期（2007 年春）。

〔84〕 参见本卷第七章，第三节。

〔85〕 泰利斯，“泰利斯和 Rosoboronexport 签署在海军领域合作的谅解备忘录”，新闻发布，2007 年 6 月 29 日。

〔86〕 DCNS，“Rosoboronexport 和 DCNS 签署研发采购总合同”，新闻发布，2007 年 10 月 25 日。

〔87〕 参见本卷第五章第三节。

2007 年 2 宗最大的收购是美国和英国公司之间的跨大西洋的交易：BAE 系统接管美国装甲控股公司，以及通用电力公司收购英国史密斯航空航天公司。

在欧盟，在政策层面推动欧洲内部合并的活动在继续。这是由在与美国公司竞争中的实际困难和预见的困难所驱动的。然而，对于政府将在何种程度上抛开对其本国军工基础的保护来推进合并这一点依然存在争议。在俄罗斯，军火工业中产生了两家新的巨型国有控股公司：俄罗斯技术公司和联合造船公司，第三大公司——联合飞机公司开始运行。新的集团在军火工业的管理中代表了一个更加直接的国家角色，其实际的效果还会变得更清楚。

（王连成　余小玲　译）

附录 6A

# 2006 年 100 家最大的军火生产公司

萨姆·珀洛—弗里曼和 SIPRI 军工网*

## 一、数据选择的标准和来源

表 6A.2 以 2006 年军火销售额大小为序，列举了全世界 100 家最大的军火生产公司的资料（不包括中国公司）。表中的信息包括 2005 年和 2006 年这些公司的军火销售额、2006 年公司总销售额、利润和雇员数量。列举出的公司既包括国有公司也包括私有公司，但是不包括武装部队负责制造和维护的部门。只有在军用商品和服务领域从事制造活动的公司被计入，控股和投资公司则被排除在外。中国公司由于缺乏数据而没有包括在内。其他国家的公司如果有足够数据也会被列举在较靠后的末端。

有关世界军火工业的军火销售和其他财务、雇员公开可得的数据资料很有限。表 6A.2 列出的数据取自以下的资料：公司年度报告和国际互联网站、SIPRI 问卷调查、在报纸商业版、军事杂志和国际互联网军事专栏发布的公司新闻。还参考了公司发布的信息、市场报告、政府公布的主承包合同和国家概览。当从以上这些资料来源仍无法获得数据时，SIPRI 就进行估算。资料的范围和涵盖区域很大程度上是由能否获得资料决定的。所有的数据都在不断地被修订、更新，

* 2006 年的网上参与者包括：Ken Epps（犁头计划，安大略滑铁卢），Giovanni Gasparini［国际事务研究所（Istituto Affair Internazionali），罗马］，Gülay Günlük-Senesen（伊斯坦布尔大学），Jean-Paul Hébert（Center Interdisciplinaire de Recherches sur la Paix et d'Etudes Stratégiques，巴黎），Shinichi Kohno（三菱研究所，东京），Christos Kollias（塞萨利大学，沃洛斯），Pere Ortega（Centre d'Estudis per la Pau J. M. Delàs，巴塞罗那），以及 Ruslan Pukhov（战略和技术分析中心，莫斯科）。

故在 SIPRI 年鉴的不同版本中可能有所不同。

## 二、定义

SIPRI 把军火销售定义为军工产品的销售和对军事雇主提供的服务，包括国内采办和出口。军工产品和服务专指用于军事目的和与此相关的技术。军工产品指专门用于军事的设备，不包括一般用途产品，例如石油、电力、办公计算机、制服和靴子。军事服务也指专门用于军事的服务，包括：技术服务，例如信息技术、维护、保养和检修、作战支援；与武装力量军事行动相关的服务，例如情报、训练、后勤和设备管理；冲突地区的武装护卫。军事服务不包括和平时期纯粹为民用提供的服务，例如卫生保健、清洁和给养、交通，但包括为作战部署的军队所提供的服务。从 SIPRI 军工数据库中产生的 SIPRI 军火生产 100 强公司，根据上述定义，该数据库已经作了更新，更加全面地涵盖了军事工业中的军事服务部分。[1] 表 6A.1 列出了 SIPRI 数据库中公司所从事的军事服务的主要类型，举例说明了与军事服务相关的军火销售定义的适用范围。

军火销售的定义只能作为指导原则，很难应用于实践。由于没有普遍公认的军火销售的标准定义，因此也没有其他更好的选择。表 6A.2 中的军火销售数据常只反映每个公司军火销售占其总销售额的比例，因此公司之间军火销售额的可比性是有限的。

**表 6A.1　私营公司提供军事服务的类型**

| 服务名称 | 种类 | 示例公司 |
|---|---|---|
| 研究和分析 | | |
| 研究和发展 | 基础研究和技术开发 | SAIC、CACI、巴特雷、米特 |

〔1〕 参见佩罗—弗雷曼，S. 和 Sköns，E.，“私营军事服务业”，《SIPRI 研究论文》，2008 年 6 月，URL〈http：//books. sipri. org/product _ info? c _ product _ id=361〉。

| 服务名称 | 种类 | 示例公司 |
|---|---|---|
| 分析和规划 | 战略研究和咨询，威胁分析，战争推演，等等 | SAIC、博思艾伦—哈米尔顿 |
| 技术服务 | | |
| 信息技术服务 | 软件开发，因特网系统支持，基础设施发展模拟，等等 | EDS、计算机科学公司、大部分主要大宗承包商 |
| 系统支持 | 对军事设备和系统的作战行动提供支援 | 大宗承包商、研究公司 |
| 装备保养、维护和修理 | | 大部分主要大宗承包商 |
| 设施管理 | 对军事基地进行综合管理 | 巴布考克、思科、诺思罗普·格鲁曼、阿拉斯加楚加奇公司 |
| 作战支援 | | |
| 后勤 | 在作战条件下对部队提供支援 | 哈利伯顿 |
| 训练 | 模拟、射程管理、武器系统训练 | L-3 通信、诺思罗普·格鲁曼、洛克希德·马丁、达因公司 |
| 情报服务 | 情报收集、侦察、讯问、反恐、翻译 | CACI、SAIC、博斯艾伦—哈米尔顿 |
| 武器销毁和报废 | 清除未爆军火、确定射程、武器的收集和销毁、排雷 | 华盛顿集团、帕森、绍尔集团 |
| 武装力量 | | |
| 武装护卫 | 在冲突地区对外交官和民用车队提供保护 | 黑水、达因公司、装甲集团 |

**资料来源**：S. 珀洛—弗里曼和 E. 申斯，“私营军事服务业”，《SIPRI 研究论文》，2008 年 6 月，URL 〈http://books.sipri.org/product_info?c_product_id=361〉。

销售总额、利润和雇员数量是整个公司的数据，不单是军工生产部门的。所有数据都是把国内外子公司合并后的数据。利润是公司的税后所得。雇员数量为年终时的人数，除非某些公司公布年均人数。所有数据均为公司年度报告公布的财政年度数据。

## 三、计算

SIPRI 有时估算军火销售额。某些情况下，SIPRI 使用军工部门的销售总额，虽然该部门可能会有一些未指明的民品销售收入。当某公司未公布军工部门或类似实体的销售数据时，SIPRI 在某些情况下会按照合同中的数据、公司当前的军火生产计划和公司负责人对媒体或在某些报告中给出的数据进行估算。

军火销售额通常被近似地作为军火生产年产值。对大多数公司来说这是可行的，但造船公司例外，因为船舶的生产周期长、生产量少，公司的年度产值和年度销售额有很大差别。如果某些造船公司提供年产值的估算值，SIPRI 就使用这些数据。

收集到的所有数据都是按当地货币和当前价格表现的。对于当地货币与美元之间的转换，SIPRI 使用国际货币基金组织（IMF）的市场汇率年度平均值。表 6A. 2 中的数据按美元的当前价格给出。对于不同年度这些数据的差异难以作出解释，因为按美元价值表现的差异由几个因素决定：军火销售额的差异、通货膨胀率、按当地货币进行的销售、汇率的波动等。国际军火市场的销售通常以美元来进行计算。汇率波动对按美元价值计算没有影响，但会影响当地货币的价值。如果美元贬值，以当地货币表现的公司税收就会减少，而且大多数情况下公司原材料供应以当地货币支付，对公司利润产生消极影响。因为同样的原因，按美元不变价格计算也难以解释。在不知道国内采购和对外出口所占军火销售额相对比例的情况下，想说明军火销售数据的实际含义是不可能的。在使用这类数据时须持谨慎态度，这对分析汇率波动幅度大的国家来说尤其重要。

（何毅丹　译）

**表 6A.2　2006 年 100 家世界最大的军火生产公司（不包括中国）[1]**

表中销售额和利润数据按当前的价格和汇率计算，以百万美元为单位。

| 排名[2] | | 公司（母公司） | 国家 | 军火销售部门[3] | 军火销售额 | | 2005 年总销售额 | 2006 年军火销售额占总销售额的百分比 | 2006 利润 | 2006 雇员 |
|---|---|---|---|---|---|---|---|---|---|---|
| 2006 | 2005 | | | | 2006 | 2005 | | | | |
| 1 | 1 | 波音 | 美国 | Ac El Mi Sp | 30690 | 29590 | 61530 | 50 | 2215 | 154000 |
| 2 | 2 | 洛克希德·马丁 | 美国 | Ac El Mi Sp | 28120 | 26200 | 39620 | 71 | 2529 | 140000 |
| 3 | 4 | BAE 系统[4] | 英国 | A Ac El Mi MV SA/A Sh | 24060 | 23230 | 25327 | 95 | 1189 | 88600 |
| 4 | 3 | 诺斯罗普·格鲁曼[5] | 美国 | Ac El Mi Sh Sp | 23650 | 23330 | 30148 | 78 | 1542 | 122200 |
| 5 | 5 | 雷声 | 美国 | El Mi | 19530 | 18500 | 20291 | 96 | 1283 | 80000 |
| 6 | 6 | 通用动力 | 美国 | A El MV Sh | 18770 | 16570 | 24063 | 78 | 1856 | 81000 |
| 7 | 7 | EADS[6] | 西欧 | Ac El Mi Sp | 12600 | 9580 | 49478 | 25 | 124 | 116810 |
| S | — | BAE 系统公司（BAE 系统，英国） | 美国 | A El MV SA/A | 11280 | .. | 11283 | 100 | .. | 51700 |
| 8 | 10 | L-3 通信 | 美国 | El | 9980 | 8470 | 12477 | 80 | 526 | 63700 |
| 9 | 9 | 芬麦卡尼卡 | 意大利 | A Ac El Mi MV SA/A | 8990 | 8770 | 15649 | 57 | 1280 | 58060 |

| 排名[2] | | 公司（母公司） | 国家 | 军火销售部门[3] | 军火销售额 | | 2005 年总销售额 | 2006 年军火销售额占总销售额的百分比 | 2006 利润 | 2006 雇员 |
|---|---|---|---|---|---|---|---|---|---|---|
| 2006 | 2005 | | | | 2006 | 2005 | | | | |
| 10 | 8 | 泰利斯 | 法国 | El Mi SA/A | 8240 | 8940 | 12878 | 64 | 487 | 52160 |
| 11 | 11 | 联合技术 | 美国 | El Eng | 7650 | 6840 | 47829 | 16 | 3732 | 214500 |
| 12 | 13 | 哈利伯顿[7] | 美国 | Comp（Oth） | 6630 | 6040 | 22576 | 29 | 2348 | 104000 |
| S | S | KBR（哈利伯顿）[7] | 美国 | Comp（Oth） | 6630 | 6040 | 9633 | 69 | 168 | 56000 |
| 13 | 12 | 计算机科学公司 | 美国 | Comp（Oth） | 6300 | 6100 | 14857 | 42 | .. | 79000 |
| 14 | 14 | SAIC[8] | 美国 | Comp（Oth） | 5800 | 5060 | 8294 | 70 | 391 | 44000 |
| 15 | 15 | 霍尼韦尔 | 美国 | El | 4400 | 4300 | 31367 | 14 | 2083 | 118000 |
| S | S | MBDA（BAE 系统，英国/EADS，西欧/芬麦卡尼卡，意大利）[9] | 西欧 | Mi | 4140 | 4080 | 4141 | 100 | .. | 10400 |
| 16 | 17 | 劳斯莱斯[10] | 英国 | Eng | 3960 | 3470 | 13167 | 30 | 1829 | 38000 |
| 17 | 20 | SAFRAN | 法国 | Comp（Ac El Eng） | 3780 | 2630 | 13602 | 28 | 222 | 61360 |
| S | S | 普拉特 & 惠特尼（联合技术） | 美国 | Eng | 3650 | 3280 | 11100 | 33 | .. | 38420 |

| 排名[2] | | 公司（母公司） | 国家 | 军火销售部门[3] | 军火销售额 | | 2005 年总销售额 | 2006 年军火销售额占总销售额的百分比 | 2006 利润 | 2006 雇员 |
|---|---|---|---|---|---|---|---|---|---|---|
| 2006 | 2005 | | | | 2006 | 2005 | | | | |
| 18 | 16 | DCN[11] | 法国 | Sh | 3400 | 3520 | 3396 | 100 | 279 | 12460 |
| 19 | 18 | ITT | 美国 | El | 3290 | 3190 | 7808 | 42 | 581 | 37500 |
| 20 | 19 | 通用电气 | 美国 | Eng | 3260 | 3000 | 163000 | 2 | 20829 | 319000 |
| S | S | 阿古斯塔·维斯特兰（芬麦卡尼卡） | 意大利 | Ac | 2820 | 2560 | 3422 | 82 | 213 | 8900 |
| 21 | 29 | DRS 技术[12] | 美国 | El | 2740 | 1670 | 2821 | 97 | 127 | 9670 |
| S | S | 欧洲直升机集团（EADS，西欧） | 法国 | Ac | 2580 | 2120 | 4772 | 54 | 0 | 13420 |
| 22 | 22 | 三菱重工[13] | 日本 | Ac Mi MV Sh | 2390 | 2190 | 26376 | 9 | 420 | 62200 |
| 23 | 24 | 阿连特技术系统 | 美国 | SA/A | 2350 | 2060 | 3565 | 66 | 184 | 16000 |
| S | S | MBDA 法国（MBDA，西欧） | 法国 | Mi | 2260 | 2040 | 2265 | 100 | 124 | 4420 |
| 24 | 23 | 萨伯 | 瑞典 | Ac El Mi | 2250 | 2110 | 2855 | 79 | .. | 13560 |
| 25 | 26 | 泰克斯顿 | 美国 | Ac El Eng MV | 2180 | 1800 | 11490 | 19 | 706 | 40000 |

| 排名[2] | | 公司（母公司） | 国家 | 军火销售部门[3] | 军火销售额 | | 2005 年总销售额 | 2006 年军火销售额占总销售额的百分比 | 2006 利润 | 2006 雇员 |
|---|---|---|---|---|---|---|---|---|---|---|
| 2006 | 2005 | | | | 2006 | 2005 | | | | |
| 26 | 31 | EDS[14] | 美国 | Comp（Oth） | 2170 | 1570 | 21268 | 10 | 470 | 131000 |
| S | S | 瑟莱克斯探测与空运系统公司（芬麦卡尼卡） | 意大利 | Comp（El） | 2060 | 1580 | 2183 | 94 | 98 | 7170 |
| 27 | 25 | 罗克韦尔·柯林斯 | 美国 | El | 2040 | 1810 | 3863 | 53 | 477 | 19000 |
| 28 | 30 | 阿尔马兹—安泰[15] | 俄罗斯 | Mi | 1960 | 1590 | 2287 | 86 | 181 | 82790 |
| 29 | 42 | 装甲控股 | 美国 | Comp（MV Oth） | 1930 | 1190 | 2361 | 82 | 134562 | 8150 |
| 30 | 33 | 以色列航空工业[16] | 以色列 | Ac El Mi | 1820 | 1520 | 2800 | 65 | 130 | 15000 |
| S | S | 西科斯基（联合技术） | 美国 | Ac | 1820 | 1550 | 3200 | 57 | .. | 11420 |
| 31 | 27 | 莱茵金属 | 德国 | A El MV SA/A | 1810 | 1740 | 4553 | 40 | 154 | 18800 |
| 32 | 41 | AM 通用[17] | 美国 | MV | 1700 | 1280 | .. | .. | .. | .. |
| 33 | 37 | 哈利斯 | 美国 | El | 1660 | 1440 | 3475 | 48 | 238 | 13900 |
| 34 | 39 | 蒂森克虏伯[18] | 德国 | Sh | 1620 | 1390 | 59128 | 3 | 2138 | 187590 |
| 35 | 32 | 魁奈蒂克 | 英国 | Comp（Oth） | 1610 | 1550 | 2115 | 76 | 127 | 13500 |
| 36 | 28 | CEA | 法国 | Oth | 1590 | 1710 | 4141 | 38 | .. | 15330 |

| 排名[2] | | 公司（母公司） | 国家 | 军火销售部门[3] | 军火销售额 | | 2005 年总销售额 | 2006 年军火销售额占总销售额的百分比 | 2006 利润 | 2006 雇员 |
|---|---|---|---|---|---|---|---|---|---|---|
| 2006 | 2005 | | | | 2006 | 2005 | | | | |
| 37 | 21 | 达索特航空集团 | 法国 | Ac | 1570 | 2210 | 4143 | 38 | 353 | 11930 |
| 38 | 46 | 印度斯坦航空公司[19] | 印度 | Ac Mi | 1550 | 1100 | 1717 | 90 | 385 | .. |
| 39 | 38 | URS 公司 | 美国 | El | 1530 | 1410 | 4240 | 36 | 113 | 26000 |
| 40 | 36 | 史密斯集团 | 英国 | El | 1480 | 1450 | 6482 | 23 | 45 | 31320 |
| 41 | 35 | 佳富公司 | 美国 | Comp（Ac） | 1470 | 1510 | 5878 | 25 | 482 | 23400 |
| S | S | 阿莱尼亚航空航天公司（芬麦卡尼卡） | 意大利 | Ac | 1450 | 1390 | 2394 | 60 | 65 | 12140 |
| 42 | 51 | 埃尔比特系统[20] | 以色列 | El | 1400 | 1000 | 1523 | 92 | 72 | 8030 |
| 43 | 45 | VT 集团[21] | 英国 | Sh | 1400 | 1170 | 1848 | 76 | 93 | 12900 |
| 44 | 47 | 奥斯克什卡车 | 美国 | MV | 1320 | 1060 | 3427 | 38 | 326 | 9390 |
| 45 | 40 | 印度军火工业[22] | 印度 | A SA/A | 1300 | 1300 | 1589 | 82 | .. | 116910 |
| S | S | EADS 阿斯特姆公司（EADS，西欧）[23] | 法国 | Sp | 1290 | 960 | 4030 | 32 | .. | 11930 |
| 46 | 43 | CACI 国际 | 美国 | Comp（Oth） | 1280 | 1190 | 1755 | 73 | 85 | 10400 |

| 排名[2] | | 公司（母公司） | 国家 | 军火销售部门[3] | 军火销售额 | | 2005 年总销售额 | 2006 年军火销售额占总销售额的百分比 | 2006 利润 | 2006 雇员 |
|---|---|---|---|---|---|---|---|---|---|---|
| 2006 | 2005 | | | | 2006 | 2005 | | | | |
| 47 | 60 | 克劳茨—马菲维克曼[24] | 德国 | MV | 1190 | 750 | 1255 | 95 | .. | 2800 |
| 48 | 49 | 思科[25] | 英国 | Oth | 1170 | 1030 | 4688 | 25 | 146 | 40090 |
| 49 | 50 | 柯巴姆 | 英国 | Comp（Ac El） | 1140 | 1010 | 1869 | 61 | 273 | 9510 |
| 50 | 44 | 川崎重工[13] | 日本 | Ac Eng Mi Sh | 1120 | 1180 | 12366 | 9 | 256 | 29210 |
| 51 | 53 | 纳万迪亚 | 西班牙 | Sh | 1110 | 970 | 1404 | 79 | −44 | 5560 |
| 52 | 56 | 马恩技术国际[26] | 美国 | Comp（Oth） | 1080 | 930 | 1137 | 95 | 51 | 5600 |
| 53 | 48 | 三菱电气[13] | 日本 | El Mi | 1010 | 1040 | 33143 | 3 | 1058 | 102840 |
| 54 | 59 | 拉法尔[27] | 以色列 | Ac Mi SA/A Oth | 950 | 800 | 1001 | 95 | 26 | .. |
| 55 | 57 | 奈克斯特[28] | 法国 | A MV SA/A | 900 | 910 | 903 | 100 | 98 | 2490 |
| 56 | 58 | 戴恩国际[29] | 美国 | Comp（Oth） | 900 | 870 | 2082 | 43 | 27 | 14000 |
| 57 | 55 | ST 工程 | 新加坡 | Ac El MV SA/A Sh | 880 | 940 | 2822 | 31 | 280 | 17000 |
| 58 | 62 | 迪尔 | 德国 | Mi SA/A | 850 | 720 | 2669 | 32 | .. | 10440 |
| S | S | 加拿大通用动力陆地系统（通用动力，美国） | 加拿大 | MV | 820 | 420 | .. | .. | .. | 1700 |

| 排名[2] | | 公司（母公司） | 国家 | 军火销售部门[3] | 军火销售额 | | 2005 年总销售额 | 2006 年军火销售额占总销售额的百分比 | 2006 利润 | 2006 雇员 |
|---|---|---|---|---|---|---|---|---|---|---|
| 2006 | 2005 | | | | 2006 | 2005 | | | | |
| S | S | 达文波特管理公司（KBR，美国）[30] | 英国 | Sh | 780 | 800 | 835 | 94 | 59 | 5190 |
| 59 | 70 | 巴布考克国际集团[31] | 英国 | Sh Oth | 760 | 610 | 1818 | 42 | 83 | 9640 |
| 60 | 66 | 伊尔库特公司[15] | 俄罗斯 | Ac | 740 | 630 | 832 | 89 | 44 | 17620 |
| 61 | 64 | 安德拉 | 西班牙 | El | 740 | 670 | 2447 | 30 | 143 | 19500 |
| 62 | 61 | GKN | 英国 | Comp（Ac） | 740 | 740 | 7069 | 10 | 326 | 36120 |
| 63 | 63 | 三星[32] | 韩国 | A El MV Sh | 720 | 710 | 87841 | 1 | 8150 | 222000 |
| 64 | 52 | NEC[13] | 日本 | El | 710 | 980 | 42377 | 2 | −86 | 154180 |
| 65 | 76 | 巴拉特电子 | 印度 | El | 660 | 560 | 872 | 76 | 158 | .. |
| 66 | 69 | 分康提耶里 | 意大利 | Sh | 660 | 610 | 3051 | 22 | 74 | 9400 |
| 67 | 71 | EDO 公司[33] | 美国 | El | 660 | 600 | 715 | 92 | 12 | 4000 |
| 68 | 95 | TRV 公司[15] | 俄罗斯 | Mi | 650 | 430 | 688 | 95 | 55 | 21360 |
| 69 | 74 | 航空工业公司[34] | 美国 | Comp（Oth） | 640 | 580 | 720 | 89 | .. | 3500 |

| 排名[2] | | 公司（母公司） | 国家 | 军火销售部门[3] | 军火销售额 | | 2005年总销售额 | 2006年军火销售额占总销售额的百分比 | 2006利润 | 2006雇员 |
|---|---|---|---|---|---|---|---|---|---|---|
| 2006 | 2005 | | | | 2006 | 2005 | | | | |
| S | S | 瑟莱克斯通信（芬麦卡尼卡） | 意大利 | Comp（El Oth） | 630 | 680 | 788 | 80 | .. | 4910 |
| 70 | 68 | MTU航空动力 | 德国 | Eng | 610 | 610 | 3032 | 20 | 112 | 7080 |
| 71 | 80 | 苏霍伊公司[15] | 俄罗斯 | Ac | 600 | 520 | 717 | 84 | 12 | 27700 |
| 72 | 75 | 柯蒂斯—赖特公司 | 美国 | Comp（Ac Sh） | 580 | 570 | 1282 | 45 | 81 | 6230 |
| 73 | 88 | SRA国际 | 美国 | El | 580 | 470 | 1179 | 49 | 63 | 4960 |
| 74 | — | 米格[15] | 俄罗斯 | Ac | 570 | 240 | 577 | 99 | 30 | 24830 |
| 75 | 78 | 丘比克公司 | 美国 | Comp（El Oth） | 560 | 540 | 821 | 69 | 24 | 6000 |
| 76 | 86 | 穆格 | 美国 | Comp（El Mi） | 560 | 480 | 1306 | 43 | 81 | 7270 |
| 77 | 72 | 韩国航空工业[35] | 韩国 | Ac | 550 | 590 | 725 | 76 | —114 | 2720 |
| 78 | 81 | 阿拉斯加楚加奇公司[36] | 美国 | Comp（Oth） | 550 | 520 | 890 | 62 | .. | 6300 |
| 79 | 87 | 联合工业公司 | 美国 | Ac | 550 | 480 | 564 | 97 | 47 | 2320 |
| 80 | 73 | RUAG | 瑞士 | A Ac Eng SA/A | 540 | 590 | 995 | 55 | 55 | 5680 |
| 81 | — | ARINC[37] | 美国 | Comp（El） | 540 | 330 | 919 | 58 | 10 | 3200 |

| 排名[2] | | 公司（母公司） | 国家 | 军火销售部门[3] | 军火销售额 | | 2005 年总销售额 | 2006 年军火销售额占总销售额的百分比 | 2006 利润 | 2006 雇员 |
|---|---|---|---|---|---|---|---|---|---|---|
| 2006 | 2005 | | | | 2006 | 2005 | | | | |
| 82 | 83 | 米特 | 美国 | Oth | 540 | 500 | 1025 | 53 | .. | 6310 |
| 83 | 89 | 泰利达因技术 | 美国 | El | 540 | 470 | 1433 | 38 | 80 | 7700 |
| 84 | — | 尤菲姆斯科 MPO[15] | 俄罗斯 | Eng | 530 | 350 | 552 | 96 | 55 | 18670 |
| 85 | 84 | 超级电子 | 英国 | El | 530 | 490 | 694 | 76 | 73 | 2990 |
| S | S | 澳大利亚泰利斯（泰利斯，法国） | 澳大利亚 | A El Mi MV SA/A Sh | 530 | 500 | 625 | 85 | .. | 3340 |
| 86 | 82 | 特尼克斯[38] | 澳大利亚 | El SA/A Sh | 510 | 500 | 753 | 68 | .. | 4000 |
| 87 | 94 | 塞沃纳亚沃夫[15] | 俄罗斯 | Sh | 510 | 440 | 637 | 80 | 1 | 3330 |
| 88 | — | 赛瑞丹公司 | 美国 | Comp（Oth） | 510 | 240 | 663 | 76 | 128 | 2210 |
| S | S | 三星技术（三星） | 韩国 | A El Eng MV | 510 | 510 | 2950 | 17 | 162 | 4830 |
| 89 | 93 | CAE | 加拿大 | El | 500 | 440 | 1102 | 45 | 112 | 5000 |
| 90 | 79 | Avio | 意大利 | Eng | 500 | 530 | 1757 | 28 | —29 | 4840 |
| 91 | 97 | 航空设备公司[15] | 俄罗斯 | El | 500 | 400 | 707 | 71 | 104 | 37600 |

| 排名[2] | | 公司（母公司） | 国家 | 军火销售部门[3] | 军火销售额 | | 2005 年总销售额 | 2006 年军火销售额占总销售额的百分比 | 2006 利润 | 2006 雇员 |
|---|---|---|---|---|---|---|---|---|---|---|
| 2006 | 2005 | | | | 2006 | 2005 | | | | |
| S | S | 荷兰泰利斯（泰利斯，法国） | 荷兰 | El | 500 | 430 | 498 | 100 | .. | .. |
| S | S | 圣塔芭芭拉公司（通用动力，美国） | 西班牙 | A MV SA/A | 500 | 480 | 502 | 100 | .. | 1980 |
| 92 | — | 帕特里亚 | 芬兰 | Ac MV SA/A | 480 | 340 | 562 | 85 | 32 | 2450 |
| 93 | — | 斗山[39] | 韩国 | | 480 | 380 | 14564 | 3 | .. | 29800 |
| 94 | 91 | 美捷特 | 英国 | Oth | 480 | 460 | 1233 | 39 | 178 | 6400 |
| 95 | — | 通用公司 | 美国 | El Eng | 480 | 380 | 621 | 77 | —39 | 3140 |
| S | S | 斗山英维高（斗山集团） | 韩国 | A Mi MV | 480 | 380 | 3376 | 14 | 140 | .. |
| 96 | 85 | 雅各布工程集团[40] | 美国 | Comp（Oth） | 460 | 480 | 7421 | 6 | 197 | 43800 |
| 97 | — | 康斯堡·格鲁彭 | 挪威 | El Mi SA/A | 450 | 370 | 1047 | 43 | 39 | 3650 |
| 98 | — | 以色列军事工业[41] | 以色列 | A MV SA/A | 440 | 340 | 460 | 95 | .. | 3080 |
| 99 | — | 伊莱克特尼卡 | 意大利 | El | 440 | 300 | 439 | 100 | 13 | 800 |

| 排名[2] | | 公司（母公司） | 国家 | 军火销售部门[3] | 军火销售额 | | 2005 年总销售额 | 2006 年军火销售额占总销售额的百分比 | 2006 利润 | 2006 雇员 |
|---|---|---|---|---|---|---|---|---|---|---|
| 2006 | 2005 | | | | 2006 | 2005 | | | | |
| S | S | 加拿大通用动力（通用动力，美国） | 加拿大 | | 440 | 250 | 437 | 100 | 0 | 2100 |
| S | S | Selex 系统集成公司（芬麦卡尼卡） | 意大利 | Comp（El） | 440 | 470 | 748 | 59 | 78 | 2880 |
| S | S | 意大利 MBDA（MBDA，西欧） | 意大利 | Mi | 440 | 410 | 437 | 100 | 56 | 1410 |
| 100 | 99 | 菲亚特[42] | 意大利 | MV | 430 | 390 | 64994 | 1 | 1444 | 172010 |
| S | S | 依维柯（菲亚特） | 意大利 | MV | 430 | 390 | 11463 | 4 | 685 | 24530 |
| S | S | 奥托—梅莱拉（芬麦卡尼卡） | 意大利 | A MV Mi | 430 | 380 | 427 | 100 | 4 | 1360 |
| S | S | 三星泰利斯[43]（泰利斯，法国/三星） | 韩国 | El | 430 | 400 | 475 | 90 | 23 | 1000 |

**注：**

1. 众所周知，有几家中国军火生产企业很大，足以排在 SIPRI 统计的 100 家最大的军火公司内，但是由于缺乏具有可比性且非常准确的数据，因此还不能将这些公司列入其中。另外，其他国家，如哈萨克斯坦和乌克兰，也有大型的公司，如果能获得相关数据，它们也可能出现在 SIPRI 统计的军火生产 100 强公司榜上，但这并不那么确定。

2. 根据 2006 年的军火销售额对公司进行排名。用 S 标记的公司为子公司。破折号（—）表示该公司 2005 年没有销售军火，因此没被列入 2005 年 SIPRI 统计的 100 家最大的军火公司内，或者表示没有找到该公司 2005 年的数据。公司名称和组织结构以 2006 年 12 月 31 日时为准。后续变化的有关信息标注在这些注脚内。由于不断更新数据，2005 年的排名可能与《SIPRI 年鉴 2007》中公布的排名有所不同，大多数情况下这是因为公司自己提供的数据有变化，有时是因为改进了估算值。主要修订将在下面的注脚中说明。

3. 缩略语索引：A＝火炮，Ac＝飞机，El＝电子设备，Eng＝发动机，Mi＝导弹，MV＝军用车辆，SA/A＝轻武器/弹药，Sh＝舰船，Sp＝航空，Oth＝其它，Comp（...）＝部件、服务或任何小于括号内标明的最终系统的产品，只适用于不生产任何最终系统的公司。

4. 2006 年 10 月，BAE 系统公司不再持有空客公司 20%的股份。该公司公布的财务决算表以及 SIPRI 数据中不再包括空客公司的数据。BAE 系统公司承担了少量的民用生产。95%的军火销售额是估算值。

5. 诺思罗普·格鲁曼公司的军火销售额在销售总额中所占份额取自《防务新闻》2006 年 100 强公司排名。

6. 到 2007 年 12 月 31 日，EADS（欧洲航空防务和航天公司）22.52%的股份归戴姆勒—克莱斯勒公司（德国）所有，27.53%的股份归 SOGEADE 公司（由拉加代尔公司和法国政府控股）所有，5.49%的股份归西班牙国家控股公司 SEPI 所有。EADS 在荷兰注册。2007 年 2 月 9 日，戴姆勒—克莱斯勒公司与一个兼具私人和公共投资的集团达成协议，通过该协议克莱斯勒公司所持有的 EADS 的股份下降了 7.5 个百分点。

7. 哈利伯顿公司的军火销售数据指的是其子公司 KBR 的数据，KBR 公司于 2007 年 4 月成为一家独立的公司。由于到 2006 年 12 月 31 日哈利伯顿仍然拥有 KBR，因此哈利伯顿位列 2006 年 100 强公司中。KBR 的军火销售数据是基于美国国防部（DOD）大宗合同金额、KBR 的子公司达文波特管理有限公司（DML）的收入和英国国防部（MOD）对 KBR 其它分公司所支付的金额所作的估算，不包括与美国陆军签订的重建伊拉克油田民用合同的估算金额。2007 年 6 月，KBR 将 DML 卖给了巴布考克公司。

8. SAIC 的军火销售额数据源于《防务新闻》2006 年 100 强公司排名中的军火销售份额。

9. BAE 系统和 EADS 分别持有 MBDA37.5%的股份，芬麦卡尼卡持有 25%的股份。

10. 劳斯莱斯公司的军火销售额数据是一个估算值，因为该公司没有公布其海洋部门的民用和军用装备销售明细，也没有对公布该信息的要求作出回应。

11. DCN 于 2007 年 4 月收购了泰利斯公司的海军业务部门，之后更名为 DCNS。

12. DRS 技术的军火销售额数据是基于对该公司非军事销售额的不完全估计算出来的。

13. 日本公司军火销售额一栏的数据表示军方授予的新合同，而不是军火销售额。

14. EDS 的军火销售额数据是基于美国国防部大宗合同金额，以及对英国国防部 5 亿英镑销售额的保守估计。《英国国防统计》列出 2006 年英国国防部向 EDS 支付了 5 亿英镑或者更多的金额。

15. 这是第五年把俄罗斯公司列入 SIPRI 军火生产 100 强公司的名单中。也许还有其他的俄罗斯公司应该被列入，但是我们没有获得足够的数据。俄罗斯军火工业的状况仍然是非常不固定的，而且公司的名称可能会随着重组而变化。特别是许多俄罗斯军火生产公司现在成为大型国有企业的子公司，具体参见第六章第三节。伊尔库特和苏霍伊公司在各自的网站上提供了详细的财务信息。伊尔库特公司的所有数据来源于其自身统一的财务报告。对于表中的其他俄罗斯公司，2006 年的总销售额和利润数据都来自于俄罗斯评估机构 Expert RA，而军火销售额估算值和雇佣人员数据来源于莫斯科战略与技术分析中心。

16. 以色列航空工业总销售额中的军火销售额源于 2005 年的数据。

17. 可公开获得的 AM 通用公司的财务数据很有限。SIPRI 对军火销售额数据的估算是基于三年内美国国防部授予的大宗合同额的平均值，再加上该公司出口额的估算值。

18. 蒂森克虏伯的军火销售额是一个粗略的估算值，是基于该公司海洋部门收入的三分之二估算出来的。该公司没有公布该部门军用和民用销售明细，也没有对 SIPRI 公布该信息的要求作出回应。

19. 印度斯坦航空公司销售总额中军火销售额所占的份额取自《防务新闻》2006 年 100 强公司排名。

20. 埃尔比特系统的军火销售额数据源于对该公司非军事销售额的不完全估计。

21. VT 集团的军火销售额数据是一个粗略的估算值，因为该公司没有公布关于该公司收入中军用和民用的销售明细，也没有对 SIPRI 公布该信息的要求作出回应。

22. 印度军火工业的军火销售额源于 2005 年的数据。销售总额数据是预期销售额。

23. EADS 阿斯特姆公司原先名为 EADS 空间公司。

24. 克劳斯—马菲威克曼的军火销售数据源于对该公司非军事销售额的不完全估计。

25. 思科公司在几年后被重新列入 SIPRI 军火生产 100 强公司中，因为经过评估，根据 SIPRI 的定义，该公司的军事外包活动被重新列入“军火销售额”中。

26. 美泰科技公司的军火销售数据源于对该公司非军事销售额的不完全估计。

27. 拉法尔公司的军火销售数据源于对该公司非军事销售额的不完全估计。

28. 奈克斯特公司是一家全部由GIAT工业所拥有的子公司，GIAT工业是法国政府拥有的陆地系统公司。奈克斯特公司是2006年9月GIAT公司重组过程中建立的，涵盖了GIAT之前的所有业务活动，GIAT仍然作为一家控股公司保留。

29. 戴恩国际公司由“立德资产”于2006年5月筹资创立。军火销售额数据是指来自美国国防部的收入。这个数据可能有所低估，因为一些与美国国务院签署的安全合同可能被列入了军事商业活动中，而现在根据SIPRI的定义这些收入将被列入“军火销售额”中。

30. 2007年6月，KBR将达文波特管理公司卖给了巴布考克公司，见注释7。

31. 巴布考克公司的军火销售额数据是在特别要求下由该公司提供的。

32. 三星公司的军火销售额数据有点不确定。该数据是基于对三星科技军火销售额的大概估算，再加上三星泰利斯军火销售估算额的50%计算出来的，三星公司拥有三星泰利斯50%的股份。

33. EDO的军火销售额数据源于对该公司非军事销售额的不完全估计。

34. 航空工业公司管控着一个为美国空军服务的由美国政府投资的研究与发展中心。

35. 韩国航空工业公司总销售额中军火销售额所占的份额取自《防务新闻》2006年100强公司排名。

36. 阿拉斯加楚加奇公司的军火销售数据源于美国国防部授予的大宗合同额。

37. ARINC总销售额中军火销售额所占的份额取自《防务新闻》2006年100强公司排名。

38. 特尼克斯公司总销售额中军火销售额所占份额取自《澳大利亚防务杂志》对2006年澳大利亚防务承包商40强排名。

39. 斗山公司军火销售额是指其子公司斗山英维高公司的军火销售额，该子公司是2005年斗山收购大宇重工机械公司后更改为现名的。

40. 雅各布工程集团的军火销售额数据源于美国国防部授予的大宗合同额。

41. 以色列军事工业的军火销售额数据源于对其非军事“国土安全”销售额的不完全估计。

42. 菲亚特的军火销售额是指其依维柯卡车和商业车辆部的军火销售额，该部门销售一些军用车辆。

43. 三星泰利斯公司的军火销售额数据源于对该公司非军事销售额的不完全估计。

（何毅丹　译）

# 附录 6B 2007 年军火工业的主要并购情况

萨姆·珀洛·弗里曼

表 6B.1 列出了 2007 年 1 月 1 日至 2007 年 12 月 31 日间北美和西欧军火工业宣布或完成的主要并购情况。虽然表中没有列出所有的并购情况，但是给出了具有重要战略意义和经济上值得注意的并购情况的总体概览。

**表 6B.1 2007 年北美和西欧军火工业的主要并购情况**

表中数字按当前价格计算，单位为百万美元。除特别指明外，北美公司全为美国公司。

| 买方公司（国家） | 被并购的公司（国家） | 卖方（国家）[1] | 交易价格（百万美元）[2] | 收入（百万美元）/雇员人数[3] |
|---|---|---|---|---|
| **北美地区** | | | | |
| URS 公司 | 华盛顿国际集团 | 公开上市 | 3100 | 3398 |
| 卡莱尔集团 | ARINC | 私有 | .. | 918 |
| ITT | EDO 公司 | 公开上市 | 1700 | 715 |

| 买方公司（国家） | 被并购的公司（国家） | 卖方（国家）[1] | 交易价格（百万美元）[2] | 收入（百万美元）/雇员人数[3] |
|---|---|---|---|---|
| 立德资产 | 艾法斯 | 公开上市 | 1300 | 552 |
| 达信 | 联合工业公司 | 公开上市 | 1100 | 564 |
| 哈里斯 | 梅特麦克斯 | 私有 | 400 | 315 |
| 埃斯特林技术 | CMC 电子（加拿大） | ONCAP | 335 | 295 |
| 通用动力 | SNC 技术（加拿大） | SNC 兰万灵（加拿大） | 275 | .. |
| 阿联特技术系统 | 斯威尔斯宇航公司 | 雇员所有 | .. | 193 |
| 霍尼韦尔 | 多维国际 | 私有 | 230 | 173.5 |
| 美泰科技国际公司 | SRS 技术公司 | 私有 | >170[4] | 175 |
| CACI | 雅典娜创新解决方案 | 立德资产 | .. | 110 |
| CACI | 韦克斯福特国际集团 | 雇员所有 | .. | 100 |
| L-3 通信 | 全球通信解决方案 | 私有 | .. | 90 |
| 洛克希德·马丁 | 管理系统公司 | 雇员所有 | .. | 600 名雇员 |
| 美泰科技国际公司 | 麦克唐纳·布拉德利 | 私有 | 76 | 50 |
| 美国卫讯公司 | 智能压缩技术公司 | 私有 | 54.6 | .. |
| 雷声 | 奥克利网络 | 私有 | .. | 200 名雇员 |

| 买方公司（国家） | 被并购的公司（国家） | 卖方（国家）[1] | 交易价格（百万美元）[2] | 收入（百万美元）/雇员人数[3] |
|---|---|---|---|---|
| 穆格 | 奎克赛特国际 | 私有 | 41 | 27 |
| 罗克韦尔—柯林斯 | ITAC | 私有 | 38 | .. |
| 泰莱达因技术 | D. G. O'Brien | 私有 | 36 | 26.2 |
| CAE（加拿大） | 因坚尼提技术（加拿大） | 公开上市 | 20 | .. |
| ITT | 海豚技术 | 私有 | .. | 15 |
| L-3 通信 | 日内瓦航空 | 私有 | .. | 12 |
| **跨大西洋：西欧并购北美地区的公司** | | | | |
| BAE 系统公司（英国）[5] | 装甲控股 | 公开上市 | 4532 | 2361 |
| 麦加特（英国）[6] | K&F 工业 | 公开上市 | 1300 | 424 |
| 奎奈蒂克（英国）[7] | 安莱克斯 | 公开上市 | 173 | 150.3 |
| GKN（英国） | TAMG | 泰利福公司 | .. | 135 |
| 奎奈蒂克（英国）[7] | ITS 公司 | 劳尔登、刘易斯和海登 | 90 | 77 |
| 奎奈蒂克（英国）[7] | 3H 技术 | 私有 | 52 | 33 |
| 科巴姆（英国） | 爱国者天线系统 | 私有 | 45 | .. |
| VT 集团（英国）[8] | 米尔康姆 | 私有 | 42.5 | 100 |

| 买方公司（国家） | 被并购的公司（国家） | 卖方（国家）[1] | 交易价格（百万美元）[2] | 收入（百万美元）/雇员人数[3] |
|---|---|---|---|---|
| 纳莫（挪威） | 塔利防务系统 | 私有 | .. | 60 |
| 超级电子（英国） | 科瑞提康姆 | 私有 | 33 | 19 |
| 奎奈蒂克（英国）[7] | 联合感知 | 私有 | 9.2 | .. |
| 奎奈蒂克（英国）[7] | 自动化公司 | 私有 | 9.2 | .. |
| 劳斯莱斯（英国） | 希沃斯系统 | 私有 | .. | 58 名雇员 |
| **跨大西洋：北美并购西欧地区的公司** | | | | |
| 通用电力 | 史密斯宇航公司（英国） | 史密斯集团（英国） | 4800 | 2400 |
| 联合技术[9] | PZL 麦立克（波兰） | 波兰政府 | 84.1 | .. |
| 美国卫讯公司 | JAST 天线系统（瑞士） | 私有 | 6.5 | .. |
| **西欧地区** | | | | |
| 泰利斯（法国） | 阿尔卡特阿莱尼亚宇航公司（法国）67%，泰利帕索公司（意大利）33%[10] | 阿尔卡特—朗讯（法国） | 895 | 841 |
| DCN（法国） | 泰利斯海军业务（法国） | 泰利斯（法国） | 714[11] | 2000 |
| 巴布考克国际集团（英国） | 达文波特管理有限公司（英国） | KBR（美国） | 699 | 835 |

| 买方公司（国家） | 被并购的公司（国家） | 卖方（国家）[1] | 交易价格（百万美元）[2] | 收入（百万美元）/雇员人数[3] |
|---|---|---|---|---|
| KH 金融（英国） | 史密斯海上系统公司（英国） | 史密斯集团（英国） | 109.4 | .. |
| 切姆林集团（英国） | 思麦尔—迪菲萨（意大利） | 公开上市 | 102 | 53 |
| MBDA（西欧） | 拜恩—切米（德国） | EADS（西欧，50%），泰利斯（法国，50%） | 66 | 53 |
| 寇霍特（英国） | 海洋集团（英国） | 私有 | 51.7 | 33 |
| 奎奈蒂克（英国） | 波登—詹姆斯控股公司（英国） | ISIS 公正合伙（英国） | 40 | 36 |
| 芬麦卡尼卡（意大利） | 达特马特（意大利） | 公开上市 | 30 | 28 |
| 马泽尔集团（西班牙） | 工程服务与设计技术（西班牙） | ITP 集团（西班牙） | .. | 28 |
| 萨伯（瑞典） | 海眼（英国） | 私有 | 25.6 | 22 |
| 切姆林集团（英国） | 里士盟电子工程（英国） | 私有 | 23 | 11 |
| 超级电子（英国） | 阿金斯合伙（英国） | 私有 | 8 | 7 |

**注：**

1. “公开上市”指的是公司的股份在本国的股票交易所公开交易，没有单个主要股东。“私有”指的是公司由一个或几个私人股东所有，而且股份没有在任何股票交易所进行交易。

2. 如果交易价格不是以美元计算，那么采用并购交易当月国际货币基金的平均交易汇率进行货币转换。公司有时不公布交易额。

3. 如果不知道交易价格，那么就列出被并购公司的年收入（2006年的实际收入或2007年的预期收入）。如果收入不以美元计算，那么采用那一年国际货币基金的平均交易汇率进行货币转换。如果既不知道交易价格，也不知道被并购公司的收入，那就列出被并购公司的雇员人数。在各地区分类中，并购首先按照交易规模的顺序排列，其次按照被并购公司收入的顺序排列。如果只知道雇员人数，那么就根据对被并购公司可能的收入范围的保守估计列出并购情况。

4. 根据美泰科技，“公司动用了现有的现金，并从最新获得高级担保的3亿美元信贷中借出1.7亿美元，一起用于支付此次并购。美泰科技公司完成了对SRS技术公司的并购。”2007年5月8日新闻稿，URL〈http://www.mantech.com/news/〉。

5. BAE系统通过其美国分公司完成了对装甲控股的并购。装甲集团与位于弗吉尼亚阿灵顿的BAE陆地系统和装甲分部合并。

6. 麦加特通过其美国分公司麦加特美国完成了对K&F工业的并购。

7. 奎奈蒂克通过其美国分公司奎奈蒂克北美公司及其子公司完成了对美国公司的并购。

8. VT集团通过其美国分公司VT服务公司完成了对米尔康姆公司的并购。

9. 联合技术通过其分公司西科斯基完成了对PZL麦立克的并购。

10. 阿尔卡特阿莱尼亚宇航公司和泰利帕索公司是阿尔卡特—朗讯和芬麦卡尼卡合资的企业，芬麦卡尼卡拥有剩余的股份（阿尔卡特阿莱尼亚宇航公司33%的股份和泰利帕索公司67%的股份）。现在泰利斯和芬麦卡尼卡将他们一起组成“新空间联盟”。阿尔卡特阿莱尼亚宇航公司更名为泰利斯阿莱尼亚宇航公司。

11. DCN并购了泰利斯的以下业务：法国泰利斯海军业务，阿马里斯海军业务公司50%的股份，MOPA2公司35%的股份，MOPA2是法国计划建造的新型航母PA2的主要制造商。这些业务价值5.14亿欧元（6.45亿美元）。泰利斯还向DCN支付了5500万欧元（6900万美元），作为这些交易的回报，泰利斯获得了DCN25%的股份。DCN现更名为DCNS。

（何毅丹　译）

# 第七章 国际武器转让

保罗·霍尔托姆　马克·布罗姆利
皮埃特·D. 魏泽曼

## 第一节 导　　言

尽管 2007 年主要常规武器的转让量与 2006 年相比有所下降，但 2003—2004 年以来，武器转让长期的增势仍在继续。2003—2007 年的转让比 2002—2006 年的转让高 7 个百分点。2003—2007 年，5 个最大的供应国——美国、俄罗斯、德国、法国和英国占整个转让量的近 80%。这一时期主要接收国包括亚洲的地区性大国如印度、中国和韩国，北约成员国希腊和土耳其，美国“全球反恐战争”中的盟国以及亚洲和中东地区美国军事援助的受益国。供应国和接受国均用一些与政治、资金和安全相关的理由来使这种不断扩大的转让合理化。非洲、中东和南美洲一些国家，出售资源的收入推动了军事预算的增长，反过来又为武器订购和转让的大幅增加提供了资金支持。[1]

本章第二节介绍了 2003—2007 年全球武器转让的主要趋势，以及对 2006 年全球武器贸易资金量的估计。第三节详细介绍了 2007 年五个最大的供应国在武器转让方面的重大发展。第四节考察了 2003—2007 年对南美洲——特别是智利、委内瑞拉和巴西——武器转让的增长情况。第五节概述了对阿富汗以及苏丹达尔富尔等武装冲

〔1〕 见本卷第五章第五节。关于南美洲军事预算另见“军事开支”，《SIPRI 年鉴 2007：军备、裁军和国际安全》（牛津大学出版社，2007）第 285—288 页。

突地区的国际转让情况。第六节是本章的结论。

附录7A提供了2003—2007年间主要常规武器接受国和供应国的数据。附录7B简单介绍了数据收集的方法，“SIPRI趋势指示值”（TIV）的计算方法以及“SIPRI武器转让数据库”的涵盖范围。本章主要常规武器交货和合同情况取自“SIPRI武器转让数据库”。〔2〕

**表 7.1　2003—2007年五个最大的主要常规武器供应国及其主要接受国**

| 供应国 | 全球武器转让份额（%） | 接受国数量 | 主要接受国（占供应国转让份额,%） |
|---|---|---|---|
| 美国 | 31 | 71 | 韩国（12），以色列（12），阿联酋（9），希腊（8） |
| 俄罗斯 | 25 | 45 | 中国（45），印度（22），委内瑞拉（5），阿尔及利亚（4） |
| 德国 | 10 | 49 | 土耳其（15），希腊（14），南非（12），澳大利亚（9） |
| 法国 | 9 | 43 | 阿联酋（41）希腊（12），沙特阿拉伯（9），新加坡（7） |
| 英国 | 4 | 38 | 美国（17），罗马尼亚（9），智利（9），印度（8） |

**资料来源：** SIPRI武器转让数据库〈http：//armstrade. sipri. org/〉。

## 第二节　国际武器转让主要趋势

“SIPRI武器转让项目”保留了“武器转让数据库”，该数据库包含自1950年以来对各国、国际组织和非国家武装团体的主要常规武

〔2〕“SIPRI武器转让数据库”可登录http：//armstrade. sipri. org/获得。本章所用的数据来自《2007年主要常规武器登记册》，可以通过互联网访问。登记册中的数据截至2008年2月13日。

器转让情况。[3] SIPRI 对数据库中各武器及其分系统设定了“趋势指示值”。SIPRI 利用“趋势指示值”及特定年份武器系统或分系统交货数量，计算出上述国家、组织和团体输出、输入以及它们相互之间的转让量。[4]“趋势指示值”中的数据不代表武器转让的金额，而是一个转让量的指示值。因此，“趋势指示值”中的数据不宜直接引用，最好是把它当做一种原始数据，用以测算特定时段内国际武器转让的趋势、供应国和接受国各自所占百分比，或特定国家对外转让量与从他国接受量之间的比例。

### 2003—2007 年国际武器转让趋势

2003—2007 年，五个最大的主要常规武器供应国是美国、俄罗斯、德国、法国和英国（见表 7.1），主要接受国是中国（占全部国际武器转让的 12%）、印度（8%）、阿联酋（7%）、希腊（6%）和韩国（5%），接受转让的主要地区是：亚洲（37%）、欧洲（23%）和中东（22%）。（关于接受国和供应国情况，见附录 7A。）虽然 2003—2007 年主要常规武器国际转让量自 2000—2004 年以来维持增势，但 2007 年的转让量则比 2006 年下降了 8 个百分点（见图 7.1）。这主要是由于在三个最大的接受国中，对其中两个国家的转让 2007 年与 2006 年相比出现了大幅下降：对中国的转让下降了 62%，对阿联酋的转让下降了 50%。[5]

虽然来自中国的订单和对中国的转让下降，但亚洲仍将是接受武器转让的主要地区，印度、印度尼西亚、韩国、台湾地区和其他亚洲国家和地区均有庞大的武器采购计划，需要进口武器系统及其部件。主要供应国将继续竞争来自亚洲和中东的订单。

---

〔3〕“SIPRI 武器转让数据库”不收录核武器、生物武器和化学武器或小武器的国际转让情况，只包含一些轻武器的转让情况。

〔4〕附录 7C 介绍了计算“趋势指示值”的方法，更详细的描述可从“SIPRI 武器转让项目”站点获得，网址：〈http://www.sipri.org/contents/armstrad/atmethods.html〉。由于“武器转让数据库”处于不断的更新之中，本章中的数据可能与先前《SIPRI 年鉴》中的数据有出入。

〔5〕因为每一年的转让波动很大，5 年期移动平均值可以为主要常规武器的国际转让提供一个比较稳定的描述方式。

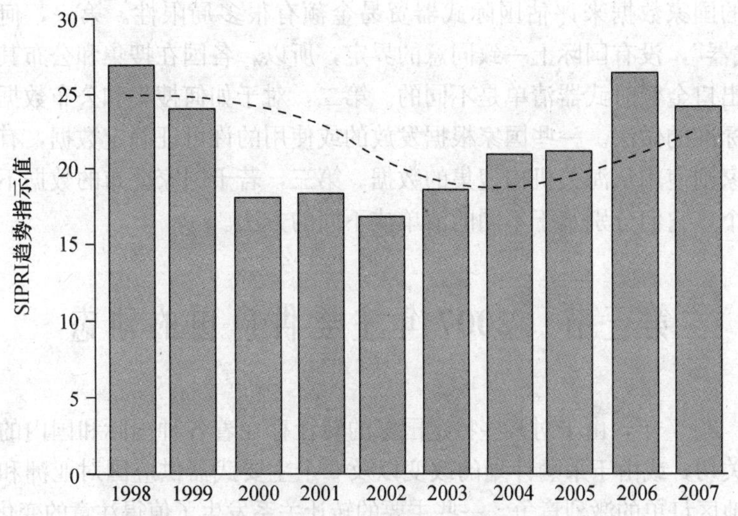


**图 7.1　1998—2007 年主要常规武器转让的趋势**

**注：** 见附录 7 关于"SIPRI 趋势指示值"的解释。竖柱表示每年的总额，曲线表示 5 年期的移动平均值。5 年期移动平均值标注在每 5 年期的最后一年上。

**资料来源：** SIPRI 武器转让数据库〈http: //armstrade. sipri. org/〉。

## 2006 年国际武器转让金额

要确定国际武器贸易的确切金额是不可能的事。然而，如果将各主要供应国发布的武器出口金额数据加以综合，做一个初步的估计还是可能的。根据估计，2006 年的国际武器贸易额为 456 亿美元，占全世界贸易总额的 0.4％。〔6〕按照金额衡量，美国是 2006 年最大的武器出口国，出口额为 140 亿美元；俄罗斯次之，为 65 亿美元；法国第三，为 51 亿美元；英国第四，为 38 亿美元；以色列第五，为 30 亿美元。〔7〕

SIPRI 对国际武器贸易金额的估计基于政府公布的官方数据，来

〔6〕 该数据可能比实际的要低，因为一些重要的出口国如中国并不发布有关其武器出口额的报告。2006 年世界贸易总额约 120290 亿美元。国际货币基金组国际金融统计在线，网址：〈http: //www. imfstatistics. org/imf/〉。

〔7〕 见附录 7B。

源包括关于武器出口的国家报告和政府官员的公开声明。[8] 利用官方的国家数据来评估国际武器贸易金额有很多局限性。第一，何为"武器"，没有国际上一致同意的界定，所以，各国在搜集和公布其武器出口金额时武器清单是不同的。第二，对于如何搜集和公布数据没有标准的做法。一些国家根据发放的或使用的许可证确定数据，有的国家则使用从海关机构搜集的数据。第三，若干国家公布的数据不止一个，它们分别基于不同的清单或不同的方法。

## 第三节 2007 年主要供应国的动态

2007 年，由于对某些特定国家的转让存在着各种国际和国内的政治关切，或由于采购计划的改变以及 5 个主要武器供应国对亚洲和中东地区订单的激烈竞争，一些主要的转让关系发生了值得注意的变化。

### 美国

2003—2007 年主要有 3 个地区接受了美国的武器转让：中东（32%）、亚洲（31%）和欧洲（27%）。美国国会对于向亚洲和中东地区国家出售武器和提供军事援助表示了关切。[9] 此外，到 2008 年 1 月，美国对 25 个国家实施了武器出口限制—包括部分和全面的武器禁运。[10] 尽管有这些情况，美国仍然是 2007 年最大的主要常规武

〔8〕 截至 2008 年 1 月，发布"国家武器出口报告"的国家有 31 个，而 1998 年 1 月发布"国家武器出口报告"的国家只有 6 个。国家及其武器出口金额的数据见附录 7B。除了金额方面的数据，若干报告还包含了出口武器的类型、所涉项目的数量等，有时还包括最终用户的类型。2007 年，保加利亚、黑山和塞尔维亚等国首次发表"国家武器出口报告"。所有官方的武器出口报告可从〈http：//www. sipri. org/contents/armstrad/atlinks_gov. html〉上获得。

〔9〕 例如在美国国会，参议院第 372 号决议对巴基斯坦宣布实施紧急状态表示了关切，2007 年 11 月 8 日，网址：〈http：//www. govtrack. us/congress/bill. xpd? tab = main&bill=sr110－372〉。

〔10〕 美国国务院国防贸易控制委员会："受禁运的国家"，2007 年 12 月，网址：〈http：//pmddtc. state. gov/country. htm〉。美国执行的 26 项禁运中，11 项属于联合国禁运。关于联合国武器禁运的影响，参见 D. Fruchart 等："联合国武器禁运：对武器流动和目标行为的影响"（SIPRI/乌普萨拉大学：斯德哥尔摩，2007）。

器供应国。

在亚洲，对台湾地区和巴基斯坦的转让受到特别审查。作为2003—2007年间第7大美国武器接受者（占5%），台湾当局在2007年宣布，它已拨付第一笔经费用于购买30架AH-64D战斗直升机、12架P-3CUP海上巡逻机、4套"爱国者-3"地对空导弹系统和66架F-16C战斗机。[11] 美国答应提供台湾直升机、巡逻机和地对空导弹，但是由于担心刺激北京，美国政府似乎不情愿提供台湾更多的F-16战斗机。[12] 2003—2007年，美国占对台转让的97%，法国占3%。

巴基斯坦是2003—2007年间美国武器转让的第13大接受国（占2%）。未来巴基斯坦在美国武器转让中的份额有可能大幅增加，因为美国于2006年同意向巴基斯坦提供26架F-16战斗机（二手，但按照F-16C标准改造）和20架AH-1F战斗直升机作为军事援助。美国还授权出售18架新的F-16C战斗机（可另选择18架）。然而，这些转让取决于巴基斯坦国内政治发展。穆沙拉夫总统2007年11月宣布实施紧急状态后，作为反应，美国国会一些议员呼吁审慎评估美国对巴的一揽子军援，暂时中止那些与打击基地组织和塔利班没有直接关系的转让。[13] 2003—2007年，中国和法国分别占对巴基斯坦武器转让的27%和16%，而美国占36%。

在中东，以色列、阿联酋和埃及是2003—2007年美国武器转让的最大接受国。[14] 同期，伊拉克成为该地区美国武器转让的第7大接受国。对以色列和埃及的转让资金主要来源于美国的军援。2007年7月，美国国务卿赖斯宣布，美国政府计划增加对以色列和埃及的军事援助：以色列300亿美元，从2009年至2018年，为期10年

---

〔11〕 W. Minnick："台湾购买爱国者和阿帕奇"，《防务新闻》，2008年1月7日，第4版；C. Griffin："盛衰交替，显现台湾防务战略的强点与弱点"，《武装力量杂志》，2008年1月。

〔12〕 尽管美国继续向台湾提供武器，但不向"联合国常规武器登记册"（UNROCA）报告。"联合国常规武器登记册"的提交规则2006年有所变化，只要求提供联合国会员国之间的转让情况，中国自2007年开始首次向"联合国常规武器登记册"提交报告。

〔13〕 美国国会（同注释〔9〕）。

〔14〕 埃及占美国对外转让的7%。关于以色列和阿联酋的情况见表7.1。

（增加了25%）；埃及130亿美元，为期10年。[15] 赖斯还宣布计划就出售价值约200亿美元的海外军事资产一事与“海湾合作委员会”（GCC）成员国展开谈判，以“帮助加速军队现代化，为对付“基地”组织、真主党、叙利亚和伊朗影响的大战略提供支持”。[16] 拟议中对“海湾合作委员会”国家的武器销售包括给科威特和阿联酋的PAC-3地对空导弹系统，给沙特和阿联酋的改进的机载预警系统，以及给沙特和阿联酋先进的空对地导弹系统，用于装备此前美国提供的战斗机。[17] 虽然拟议的交易没有遭到强烈反对，但国会内共和党和民主党的议员们对向沙特销售价值约1.23亿美元的900枚JDAM制导炸弹表示忧虑。它们要求，只有在布什总统能够保证转让的炸弹不被用于攻击以色列和美国的情况下，这笔交易方可进行。[18] 转让这些武器系统将使美国未来对中东的武器转让维持目前的高水平。除美国外，其他4个最大的供应国也将武器转让瞄准了中东（见下文）。[19]

尽管总体上美国在中东有大规模的军援计划，但在2003—2007年总的转让中，伊拉克所占份额不到1%。同期，美国在伊拉克的主要常规武器进口中占25%，提供了约398辆Badger装甲运兵车和16架UH-1H运输直升机。美国还出资资助伊拉克从中欧和东欧国家

〔15〕 美国对以色列的军事援助2005年是22亿美元，2006年是22.6亿美元。申请援助的金额2007年为23.4亿美元，2008年为24亿美元。2005和2006年，美国对埃及的军事援助接近13亿美元，2007和2008年申请的总数未变。美国国务院：“对外军事援助资金帐目概况”，网址：〈http://www.state.gov/t/pm/ppa/sat/c14560.htm〉；AFX新闻有限公司：“以色列总理宣布获得300亿美元的美国国防援助”，Forbes.com，2007年7月29日，网址：〈http://www.forbes.com/markets/feeds/afx/2007/07/29/afx3963706.html〉。

〔16〕 美国国务院：“与海湾国家、以色列和埃及的援助协定”，2007年7月30日，网址：〈http://www.state.gov/secretary/rm/2007/89600.htm〉；D. Miles：“军售将有助于加强海湾地区的长期安全”，美国国防部，美国三军出版社，2007年7月30日，网址：〈http://www.defenselink.mil/news/newsarticle.aspx?id=46882〉。关于海湾合作理事会成员国及该理事会的简介见本卷附录B。

〔17〕 C. M. Blanchard 和 R. F. Grimmett：“海湾安全对话与相关军售建议”，国会研究部（CRS）依据国会RL34322发表的报告（美国国会，CRS，华盛顿特区，2008年1月14日）。

〔18〕 W. Matthews：“国会议员对白宫拟向沙特出售JDAM态度谨慎”，《防务新闻》，2007年11月19日。

〔19〕 关于海湾合作理事会成员国和伊朗的武器采购，见魏泽曼等：“国际武器转让”，《SIPRI年鉴2007》（同注释〔2〕），第396—402页。

进口军事装备。例如，2007 年 9 月，美国政府宣布计划从乌克兰购买 336 辆新的 BTR－3E1 步兵战斗车给伊拉克军队。[20] 然而，由美国资助的中欧和东欧国家向伊拉克军队转让的多余军事装备不仅交货迟延，质量糟糕，而且对转让的管控也很差，比如，2007 年的一项宣布称，由美国购买然后提供给伊拉克安全部队的约 11 万支卡拉什尼科夫步枪和 8 万支手枪就没有经过审计。[21] 由美国出钱资助的对阿富汗安全部队的转让也存在同样的问题（见第五节）。

### 俄罗斯

俄罗斯主要常规武器转让得最多的是在亚洲：2003—2007 年，俄罗斯 74%的转让量在亚洲。俄罗斯有能力以低于其他供应国的价格提供多种多样的武器系统，并向遭受美国和欧盟出口控制制度限制的国家出售武器，[22] 这使它成为亚洲、中东、北非和南美等既有和新兴市场上的可靠供应者。俄罗斯武器的主要接受国如中国、印度和阿尔及利亚现在已经对俄罗斯武器工业糟糕的质量控制和产品缺陷颇有微词，而俄罗斯官员也已对此表示了忧虑。[23] 例如，阿尔及利亚曾在 2006 年 3 月与俄罗斯达成了价值 80 亿美元的战机交易，但因不满质量问题，停止了米格－29SMT 战斗机的交付，并讨论将第一批已经交付的货物退回俄罗斯的可能性。[24]

欧盟和美国对武器及相关技术的出口限制，以及美国要对向中国

〔20〕 美国国防部防务安全合作局：“伊拉克：各种车辆、小武器弹药、爆炸物和通信装备”，《新闻简报》，2007 年 9 月 25 日。

〔21〕 美国政府审计办公室（GAO）：“稳定伊拉克：国防部不能确保美国出自购买的装备到达伊拉克安全部队手中”，GAO－07－711（GAO：华盛顿特区，2007 年 7 月 31 日），第 11 页。

〔22〕 魏泽曼等（同注释〔20〕），第 394—96 页。

〔23〕 俄罗斯国防部长伊万诺夫、俄罗斯国防部军备部门主管和俄罗斯联邦武器采购处（Rosoboronzakaz）都强调了最近几年的问题。见 J. Cooper：“俄罗斯武器工业动向”，《SIPRI 年鉴 2006：军备，裁军和国际安全卷》（牛津大学出版社，牛津，2006），第 444 页；“专家称，俄罗斯需要改进其武器质量”，《简氏防务工业》，2005 年 4 月，第 4 页。俄罗斯技术部门的重组意在改善俄罗斯武器工业质量问题，并加强供应链，推动研究和开发。见本卷第六章第三节。

〔24〕 A. Gritskova，E. Kiseleva 和 K. Lantratov：“阿尔及利亚搁置俄罗斯武器进口”，《生意人报》，2008 年 2 月 18 日。

提供武器及相关技术的国家实施制裁，限制了中国对供应国的选择。[25] 尽管俄罗斯继续满足中国的需求（2003—2007 年中国 94%的主要常规武器进口来自俄罗斯），但 2007 年两国没有签订新的战机和舰只合同。对于没有接到中国的新订单的解释是：中国努力发展其国内武器工业、对于大量订单不能按期交货以及以交付的装备质量问题不满等。[26] 尽管有这些因素，但 2006 年末仍有报道称，中国计划购买 50 架苏-33 战斗机和更多的战舰。[27] 俄罗斯官员对这些武器转让项目的意见存在分歧，有的出于对未来安全形势的考虑，有的担心中国购买数量有限的先进系统意在仿造。[28] 然而，一些军工企业则没有这样的担心，因为中国的战斗机和导弹如“歼-10”用的 AL-31FN 引擎依赖俄罗斯的许可生产和俄罗斯的部件。中国还正式寻求获得俄罗斯对俄产 RD-93 引擎的再出口许可，将安装此引擎的中国产 JF-17 战机一起出口到若干非洲和亚洲国家。[29]

在印度，虽然有西方国家的竞争，俄罗斯仍然能保持其主要供应国的地位。2003—2007 年，俄罗斯占对印度转让的 70%，而欧盟成员国仅占 14%，以色列占 6%，美国占 2%。2007 年，印度也像中国和阿尔及利亚一样，对俄罗斯的转让发出了抱怨。俄罗斯宣布推迟交付“戈尔什科夫海军上将”号航空母舰和三艘“塔尔瓦”级护卫舰，印度则因“不合标准”中止为伊尔-38 海上巡逻机现代化改造付款，还因舰载“克卢布”对陆攻击导弹出现技术问题而拒绝接收“基洛”级潜艇。[30] 虽然有这些问题，2007 年仍然宣布了新的转让或许可生

〔25〕“SIPRI 武器转让项目”：“欧盟和其他多边武器禁运”，网址：〈http://www.sipri.org/contents/armstrad/embargoes.html〉，美国国务院（同注释〔11〕）。例如 2005 年美国对以色列武器工业实施制裁，此前以色列在 2000 和 2002 年向中国出售 Harpy 无人飞机与零件。B. Hagelin，M. Bromley 和 S. T. Wezeman 等：“国际武器转让”，《SIPRI 年鉴 2006》（同注释〔24〕），第 457 页。

〔26〕 N. Petrov：“俄中军技合作中的问题”，俄罗斯新闻信息署（RIA Novosti），2007 年 9 月 25 日，网址：〈http://en.rian.ru/analysis/20070925/80780903.html〉。

〔27〕 魏泽曼等（同注释〔20〕），第 393 页。

〔28〕 V. Litovkin：“军品出口的死胡同”，《俄罗斯独立报》，2008 年 1 月 29 日。

〔29〕“中国拟再出口俄罗斯的喷气引擎”，《生意人报》，2007 年 11 月 20 日。2008 年初，巴基斯坦是唯一一个订购 JF-17 的国家。

〔30〕 S. Unnithan：“哑弹”，《今日印度》，2008 年 1 月 10 日。

产，包括40架苏-30MKI战机，24架斯莫奇（Smerch）多管火箭发射器，347辆T-90S坦克和80架米-17直升机，以及为172架米-8和米-17直升机及67架米格-29战机的升级。双方还达成了将18架苏-30更换为苏-30MKI的协定。这些协定，特别是有关战斗机的协定使俄罗斯燃起希望，米格-35战斗机将赢得印度100亿美元订单，涉及126架多功能战斗机。〔31〕米格-35面临来自瑞典JAS-39鹰狮（Gripen）、法国“阵风”（Rafale）、泛欧（英国、德国、意大利和西班牙）的欧洲“台风”战斗机、美国F-16和F/A-18的竞争。〔32〕俄罗斯希望转让技术并愿意和印度联合生产，2007年交付印度陆军的第一批布拉莫斯（BrahMos）巡航导弹就是一个明显的例子。〔33〕印度期待在2008年签订布拉莫斯巡航导弹的出口合同，马来西亚据说是对此最有兴趣的国家。〔34〕印俄关于联合设计和开发第五代战斗机和多用途运输机的多项政府间军技合作协定分别于2007年10月和11月签订，显示了在武器领域合作的深化。〔35〕

俄罗斯另一项对亚洲的重要转让协定，是为印度尼西亚的采购提供10亿美元信用担保。〔36〕拟议中的转让如同对阿尔及利亚、伊朗、

---

〔31〕“米格公司相信在印度的126架中型多用途战斗机招标中胜出”，ARMS-TASS，2007年11月11日，网址：〈http://arms-tass.su/?page=article&aid=47669&cid=43〉。

〔32〕印度政府出版信息局：“就126架中型多用途战斗机提出建议的请求已经发出”，2007年8月28日，网址：〈http://pib.nic.in/release/release.asp?relid=30522&kwd=〉。

〔33〕“印度总统卡拉姆博士在向印度陆军交付导弹系统时的演讲”，俄罗斯联邦驻印度大使馆，新德里，2007年6月21日。网址：〈http://www.india.mid.ru/sp_84_e.html〉。

〔34〕“印度已准备好向马来西亚出售BrahMos导弹”ARMS-TASS，2007年10月8日，网址：〈http://arms-tass.su/?page=article&aid=46024&cid=25〉。

〔35〕印度政府出版信息局：“印度和俄罗斯就联合开发和生产第五代战机一事签署里程碑式协议”，2007年10月8日，网址：〈http://pib.nic.in/release/rel_print_page.asp?relid=32016〉；“印度总理访俄期间两国签署协议清单”，印度政府出版信息局，2007年11月12日，网址：〈http://pib.nic.in/release/rel_print_page.asp?relid=32746〉。

〔36〕这项信用安排据报道是为了支持采购10架米-17和5架米-35直升机，20辆BMP-3步兵战车（IFV）和2艘潜艇。2007年8月印度尼西亚签订了一份合同，购买3架苏-27SKM和3架苏-30MK2飞机，这笔交易不从10亿美元的信贷中支付。“原子，旅游，武器”，《俄罗斯独立报》。

马来西亚和委内瑞拉的转让一样，是政府间贸易关系的一部分，包含联合进行资源勘探和能源开发的内容。与伊朗的关系最具争议，因为安理会 1747 号决议要求对于向伊朗的主要常规武器转让及相关服务与制造援助保持“警惕和克制”。[37] 2007 年 12 月，伊俄“政府间军技合作委员会”召开会议后，伊朗国防部长穆斯塔法·纳贾尔宣布，俄罗斯将向伊朗提供一批数目不详的 S-300PMU-1（SA-10）地空导弹系统。[38] 然而，俄罗斯立即否认了这一说法，称这一问题“不在日程之上，尚未考虑，也没有与伊朗进行讨论”。[39] 虽然在 2007 年一直有媒体传言，伊朗计划从俄罗斯采购战斗机和其他武器系统，但并未见到伊朗和俄罗斯签订新的关于主要常规武器的协定。[40]

## 德国、法国和英国

紧随美国和俄罗斯两大武器出口国之后，欧盟成员国的德国、法国和英国构成另一层次的供应国。三国作为一个整体，2003—2007 年间转让最多的地区是欧洲（39%）、中东（22%）和亚洲（17%）。由两个机制影响欧盟成员国的武器转让。首先，欧盟理事会可以号召进行武器禁运。截至 2008 年 1 月，有 14 个国家处于欧盟的武器禁运之下，最近的一个是伊朗。[41] 其次，欧盟“武器出口行为准则”可

---

〔37〕 联合国安理会 1747 号决议，2007 年 3 月 24 日。关于联合国对伊朗实施禁运的决议见网址：〈http://www.un.org/sc/committees/1737/〉，也可参见本卷第 8 章第 2 节。

〔38〕 “俄罗斯将向伊朗交付 S-300 防空导弹”，《生意人报》，2007 年 12 月 26 日。

〔39〕 俄罗斯联邦军技合作处：“关于向伊朗提供 S-300 防空导弹：俄罗斯与伊朗军技合作相关媒体报道”，2007 年 12 月 27 日，网址：〈http://www.fsvts.ov.ru/db/kvts-portal/CDA393755C69C872C32573BE004E3240/ddb/heap/doc.html〉。据称白俄罗斯正与伊朗谈判出售 2 套 S-300PT（SA-10A）地空导弹系统。M. Harrington：“伊朗即将从包俄罗斯得到 S-300PT”，《简氏国际防务评论》，2008 年 2 月，第 6 页。

〔40〕 R. Hughes：“伊朗将通过哟叙利亚得到 Pantsyr 防空系统”，《简氏防务周刊》，2007 年 5 月 23 日，第 5 页；K. Lantratov 等：“米格将担负保卫伊朗和叙利亚的任务”，《生意人报》，2007 年 6 月 19 日。

〔41〕 欧盟理事会 2007 年 4 月 23 日共同立场 2007/246/CFSP，该立场是对关于对伊朗限制措施的共同立场 2007/140/CFSP 的修正，《欧盟官方期刊》，L106（2007 年 4 月 24 日）。关于欧盟武器禁运的发展见 SIPRI 武器转让项目网站（同注释〔26〕）。

以通报成员国对许可申请的决定情况。[42] 不过，各国政府对转让仍有最终决定权，并促进其国内武器公司的出口。[43] 各国政府的出口政策宽严不一，而欧盟成员国之间也为争夺订单而相互竞争。

2003—2007 年，德国是第三大主要常规武器供应国。其中武器转让的 62%流向欧盟和北约成员国。在世界其他地区，德国与其他欧盟成员国争夺出口订单，如与法国争夺对巴基斯坦的潜艇出口合同，价值约 15 亿美元。[44] 然而，2007 年 11 月，德国外长施泰因迈尔宣布，由于穆沙拉夫总统决定实行国家紧急状态，德国将重新考虑其正在进行的对巴基斯坦的武器转让。[45] 这样，M-113 装甲人员运输车和鲁纳无人飞机的交货暂时停止了。[46] 施泰因迈尔还对 2007 年 7 月美国宣布的中东一揽子武器转让计划表示了相反意见。[47] 此外，德国执政联盟的成员反对法国与利比亚之间的交易。然而，德国公司是欧洲战机联合体的参与者，该联合体将通过英国向沙特提供 72 架“台风”欧洲战机，并参与“米兰”导弹的合作生产，通过法国提供给利比亚（见下文）。[48]

法国是 2003—2007 年第四大主要常规武器供应国。它在 2007 年采取了一些推动武器出口的重要步骤。法国国防部长埃尔韦·莫兰把加强法国的武器出口作为其 2007 年 6 月上任后的优先事项。2007 年

---

〔42〕 欧盟理事会：“欧盟武器出口行为准则” 8675/2/98 号文件第 2 修订版，布鲁塞尔，1998 年 6 月 5 日。参见本卷第 11 章第三节。

〔43〕 M. Bromley：“欧盟武器出口行为准则对国内政策的影响：捷克、荷兰和西班牙”，SIPRI 政策文件第 21 号（SIPRI 斯德哥尔摩，2008）。

〔44〕 J. Grevast 和 A. C. Lewis：“有消息称巴基斯坦推迟分系统设计的遴选”，《简氏防务周刊》，2007 年 7 月，第 4 页。

〔45〕 F. -W. Steinmeier：“德国外长关于巴基斯坦国内最近的发展，” 德国国民议会，柏林，2007 年 11 月 8 日，《联邦政府》第 123—3 期公报，网址：〈http：//www. bundesregierung. de/nn _1514/Content/DE/Bulletin/2007/11/123-3-bmaa-bt-pakistan. html〉。

〔46〕 A. Lurz：“危险的军事援助？德国向巴基斯坦出口武器”，《武装力量与战略》，2008 年 1 月 12 日。

〔47〕 路透社：“德国外长批评美国拟议中的对中东的军售” *Haaretz*，2007 年 8 月 1 日。

〔48〕 “发言人称，德国知道与利比亚之间的军火交易”，“德国之声”，2007 年 8 月 7 日；J. A. C. Lewis：“达索公司与利比亚就出售‘阵风’战机一事举行会谈”，《简氏防务周刊》，2007 年 9 月 5 日，第 9 页。

9月，在总统办公室下面成立了一个特别工作组，负责推动武器出口。[49] 由于感到武器出口业绩不佳，法国政府宣布，将把武器出口值增加到与国内武器采购额相当的水平，约80亿—100亿欧元（110亿—140亿美元）。[50] 2007年12月，法国政府宣布，将简化和改进其出口许可制度，以支持其武器工业的出口努力。[51]

法国总统萨科齐上任后在推动向中东和北美国家的武器出口方面发挥了重要作用。他在2007年两度会见利比亚领导人卡扎菲，讨论出售14架"阵风"战机、8架"虎"战斗直升机、2艘Gowind轻型巡洋舰和"米兰"反坦克导弹的可能性。[52] 2008年1月，萨科齐访问沙特，以确保向沙特出售海军舰只和边境安全系统的合同。[53] 沙特占法国2003—2007年武器出口的9%。法国在2006和2007年间从沙特赢得了火炮、地对空导弹以及加油机等订单。传统上，法国在沙特面临来自美国和欧盟其他成员国的激烈竞争，2007年俄罗斯也逐步成为一个潜在的竞争者。[54] 尽管在2007年末，法国获得了相当多的军舰、直升机、导弹和潜艇订单，但法国的武器出口中并没有新型战机的订单。法国虽在2003—2007年间出口了87架战机，但摩洛哥却选择了美国的F-16而不是法国的"阵风"，沙特则在2007年选择了英国组装的"台风"欧洲战斗机。

英国是2003—2007年间第五大主要常规武器出口国，也在2007年对负责推动武器出口的部门进行了改革。2007年12月，英

〔49〕 P. Tran："法国努力恢复标志性武器出口"，《防务新闻》，2007年12月17日，第9页；法新社："法国成立特别军售工作组"，ABCmoney. co. uk，2007年10月24日，网址：〈http://www. abcmoney. co. uk/news/242007151151. htm〉。

〔50〕 M. Cabirol："防务部门武器出口目标在80—100亿欧元之间"，《论坛》，2007年9月3日。

〔51〕 法国国防部："国防部重振军火出口的战略" Press Dossier，2007年12月13日，网址：〈http://www. defense. gouv. fr/ministre/prises_de_parole/dossier_de_presse/la_strategie_de_relance_des_exportations_du_ministere_de_la_defense〉。

〔52〕 B. Hall："卡扎菲访问法国引发抗议"，《金融时报》，2007年12月10日。

〔53〕 L. Pirot："法国向沙特提供核能援助"美联社，2008年1月13日，网址：〈http://abcnews. go. com/print? id=4128864〉。

〔54〕 例如，有报道说法国输给俄罗斯，失去了向沙特提供150架直升飞机的商机，价值22亿美元。R. Kahwaji："沙特将购买150架俄罗斯直升飞机"，《防务新闻》，2007年11月5日。

国商业、企业和制度改革事务国务大臣约翰·赫顿（John Hutton）透露，国家武器出口促进署和防务出口服务组织将于2008年4月1日改组为防务与安全小组，设在英国企业、贸易与投资部内。[55]另一项与法国类似的改革也在进行，即英国领导人也在积极促进对利比亚和沙特的武器出口，这两国以前都是重要的武器出口市场。[56] 2007年5月，英国首相布朗也会见了卡扎非，讨论出售地对空导弹的可能性，并达成了英国BP能源公司与利比亚合作勘探协议，总金额达9亿美元。[57] 2007年9月，英国宣布达成一项名为“平安”（Al Salam）的项目协议，向沙特提供72架“台风”欧洲战斗机。如果该协议中的所有方案在未来25年内加以落实，其价值可达200亿英镑（400亿美元）。[58]

## 第四节　对南美洲的武器转让

2003—2007年，南美洲只占国际武器转让总量的5%；然而，同期转让到该地区武器的总量却比1998—2002年增加了47%。本节简要介绍近期和即将对智利、委内瑞拉（两国近几年武器进口均有大幅度增长）和巴西（落实了2007年宣布的若干项重要采购）的武器转让，并评估该地区军备竞赛的前景。

2006年9月，哥斯达黎加总统奥斯卡·阿利亚斯以智利、委内瑞拉及其他国家此前的军购为例，声言该地区“出现了新的军备竞赛”。[59]

---

〔55〕 商业、企业和制度改革事务国务大臣J. Hutton：“国防出口”，在英国下院的发言，《下院议事录》Column 16WS－17WS，2007年12月11日，网址：〈http: //www. publications. parliament. uk/pa/cm200708/cmhansrd/cm071211/wmsindx/71211-x. htm〉。

〔56〕 SIPRI武器转让项目（同注释〔26〕），“国际武器禁运”。

〔57〕 A. Chuter：“利比亚购买英国公司通信系统”，《防务新闻》，2007年6月4日。

〔58〕 T. Ripley：“台风：10年的交易”，《简氏防务周刊》，2007年9月26日，第23页。

〔59〕 A. Oppenheimer：“拉美所想要的——一场新的军备竞赛”，《迈阿密先驱报》，2007年9月17日，第16版。其他地区也有这些疑虑。例如，C. Malamud和C. García Encina：“拉美的重新武装和装备改进”，工作文件31/2006，Real Instituto Elcano，2007年2月1日，网址：〈http: //www. realinstitutoelcano. org/documentos/283. asp〉；A. Downie：“南美洲的军备竞赛？”《时代周刊》，2007年12月21日。

虽然存军事竞争的证据，如巴西明显希望与委内瑞拉的现代化努力保持同步，特别是哥伦比亚对于委内瑞拉军购所做的反应，可能因此引发紧张局势，但该地区的一些事态是否可以说成是传统意义上的“军备竞赛”仍值得怀疑。[60] 上述军事采购的主要动因是要替换和更新武库，以便维持现有的能力，应对突出的国内安全威胁；或是加强与供应国之间的关系；或是推动国内武器工业以及参与国际维和任务；以及支持本国在该地区和国际事务中发挥作用。同时，正式和非正式的建立信任措施在抵消武器采购消极影响方面发挥了积极作用。但信任措施的内容和落实情况不一，南部的情况要比北部的情况好些。[61]

### 智利近期的军购情况

智利的军事预算近几年有所增加，主要得益于国际铜价的持续上涨。[62] 在接受武器转让方面，智利也从 1998—2002 年的第 38 位，上升至 2003—2007 年的第 12 位，也是南美洲最大的武器接受国。[63] 这期间，智利主要常规武器进口的 82%来自欧盟成员国，15%来自美国，3%来自以色列。在 2006 到 2007 年间，智利从美国获得了 10 架新 F-16C 战机，18 架二手的 F-16AM 战机；从荷兰获得 2 艘二手杜曼级护卫舰（Doorman Frigates）和 2 艘 Van Heemskerck 护卫舰；从英国获得 3 艘二手 Type-23 型护卫舰；从瑞士获得 24 门二手 155 毫米自行火炮；从德国获得首批 5 门（共 136 门）二手豹-2 坦克；由法国和西班牙为其建造的第二艘“鲉鱼”（Scorpene）潜艇；从以色列获得若干 Derby 和 Python-4 空对空导弹。

---

〔60〕 典型的军备竞赛模式是，一个国家的武器发展与对手武器数量以及与对这个对手的恶感有正向关联，与它自己已经拥有的武器有反向关联。L. F. Richardson：“武器与不安全：对战争的原因和起源的数学研究”（Boxwood Press：Pittsburgh，Pa.，1960）。然而，这一模型设想的情况是，20 到 30 年内所有的系列数据已经获得。正在发展的情况，正如当前所分析的，唯一的途径是分析特定武器采购的动机，寻找竞争性行为的证据。

〔61〕 参见 M. Bromley，和 C. Perdomo：“拉美地区建立信任措施对委内瑞拉武器采购的影响”《工作文件》（41/2005），Real Instituto Elcano，2005 年 9 月 22 日，网址：〈http：//www.realinstitutoelcano.org/documentos/216.asp〉。

〔62〕 根据关于铜的内部法律（1958 年 10 月 13196 号，1987 年做了修订），铜出口收入的 10%用于军事采购。

〔63〕 不过，智利只占 2003—2007 年全球主要常规武器转让的 2%。

智利的采购几乎全是用于替换其老旧或退役的系统。例如，F-16战机替换了“幻影”系列战机，而“鲉鱼”潜艇替换了两艘1976年服役的奥伯龙（Oberon）潜艇。然而，购买F-16战机、“鲉鱼”潜艇和“豹”-2坦克标志着其军购质量的重大提升，特别是同该地区其他国家的武装力量相比。智利有可能成为南美洲第一个拥有“北约标准”军事力量的国家。[64]

智利的武器采购引起该地区国家特别是玻利维亚和秘鲁的关切，两国均与智利长期存在边界争端。[65] 作为对地区紧张局势的反应，智利与其邻国一道，在防务与安全问题上采取了一些建立信任措施。阿根廷、智利和秘鲁的国防部长和外交部长为展开双边信息交换进行了会晤。[66] 玻利维亚和智利冷冻多年的关系在2007年也有所改善。[67] 智利和阿根廷之间的合作特别密切，包括合作购买新的战舰以及在联合国维和行动中组建联合部队等。[68] 阿根廷、玻利维亚和秘鲁最近宣布了各自的军队现代化计划。这些计划的主要目的在于使军事装备达到作战要求，而并非为了应对智利的军事采购。[69]

### 委内瑞拉近期的军购情况

委内瑞拉2007年军事预算为25.7亿美元，比2003年增加了78%，是南美国家中增幅最大的。[70] 委内瑞拉作为主要常规武器接

---

〔64〕 P. Gonzalez Cabrera：“智利军方计划到2010使其武装力量达到北约标准”，《水星》(El Mercurio) 2005年7月18日。

〔65〕 J. Higuera：“智利承认计划购买二手的F-16s战机”，《简氏防务周刊》2005 7月6日，第8页。

〔66〕 “与秘鲁关系融冰”，《拉丁美洲安全与战略评论》，2007年9月，第9页；“与阿根廷和中国的防务协定”，《拉丁美洲安全与战略评论》，2006年9月，第8页。

〔67〕 “与玻利维亚和睦相处”，《拉丁美洲安全与战略评论》，2007年9月，第9页。

〔68〕 C. P. Cavas：“主要拉美国家共享预算和开支数据”，《防务新闻》，2005年4月25日第1版；J. Higuera：“合作升温”，《简氏防务周刊》，2008年1月9日，第26页。

〔69〕 T. Baranauskas：“玻利维亚空军将采购多种型号飞机”，政府与工业集团国际预测组织2007年2月26日；C. Cruz Tantalean：“秘鲁武器升级计划改变重点”，《简氏防务周刊》，2007年10月10日，第31页；J. M. Barragán和J. Higuera：“阿根廷宣布加大军费开支”，《简氏防务周刊》，2007年10月31日，第32页；T. Baranauskas：“秘鲁新政府将不会试图追赶智利的武器升级”，政府与工业集团国际预测组织2006年9月13日。

〔70〕 见本卷第五章附录5A。

受国的位次从 1998—2002 年的第 56 位上升至 2003—2007 年的第 24 位。在后一段时期，对委内瑞拉的主要常规武器转让，92%来自俄罗斯，3%来自中国，2%来自以色列。

预算的增加，得益于国际原油价格的上涨，这支持了委内瑞拉 2005—2007 年的大量军购，包括与俄罗斯达成的价值 40 亿美元的军购协议。[71] 该协议包括 10 架米-25 战斗直升机、3 架米-26 种型运输直升机、40 架米-17 多用途直升机、10 万支 AK-103 步枪、24 架苏-20MK 战斗机，可能还包括若干 TOR-M1 地对空导弹系统。委内瑞拉还从西班牙采购了 4 艘巡逻艇，从中国采购了 3 座 JY-1 雷达。2007 年底交付的武器系统包括所有米-35 和米-26 直升机、一半米-17 直升机和 24 架苏-30MK 战斗机中的 18 架。2007 年一直有大量传言称从俄罗斯进行了新采购，包括苏-35 和苏-39 战斗机、安-74 和伊尔-76 运输机、米-28 战斗直升机和基洛级潜艇等，但是并无新协议签订，以至于有人质疑委内瑞拉进一步大规模采购的资金支持能力。[72]

委内瑞拉的军购有几个不同的目标。正如智利的情况，很多采购是为了更新老旧过时的武器系统。委内瑞拉总统查韦斯一再声称美国是一个威胁，企图推翻他的政府。这种情况促使委内瑞拉宣布建立一支由 AK-103 步枪装备起来的后备部队，以便在遭到入侵后展开游击战。[73] 美国的入侵威胁还被用来加强购买战斗机和地对空导弹的正当性。[74] 同时，采购直升机则为了扩大委内瑞拉在与哥伦比亚长达 2000 公里的接壤地区的军事存在。[75] 评论家们还提到了其他一些目的，如加强政府与军方的关系，胁迫其邻国以及加强与俄罗斯的关

---

〔71〕“俄罗斯计划将对委内瑞拉的武器出口增加一倍”，ARMS-TASS，2007 年 10 月 30 日，网址：〈http://arms-tass.su/?page=article&aid=47060&cid=43〉。

〔72〕N. Abdullaev 和 C. P. Cavas：“俄罗斯和委内瑞拉暗示将进行潜艇交易”，《防务新闻》，2007 年 7 月 16 日。

〔73〕“俄罗斯的阻击步枪”，《拉丁美洲安全与战略评论》，2007 年 9 月，第 17 页。

〔74〕“防卫委内瑞拉”，《简氏情报评论》，2007 年 1 月，第 66 页。

〔75〕“报道称委内瑞拉最终敲定 10 亿美元购买直升飞机和苏-30 飞机交易”，《军工日报》2006 年 7 月 27 日。

系等。[76] 委内瑞拉的武器采购以及对供应国的选择受到美国 2006 年 8 月开始的武器禁运的限制。[77]

委内瑞拉购买苏- 30MK 战斗机引起特别关注，尤其是引起了哥伦比亚的关注。哥伦比亚和委内瑞拉时常因一些问题发生摩擦，包括长期以来的领水争端以及哥伦比亚与游击队——“哥伦比亚革命武装力量”（FARC）之间的武装冲突。哥伦比亚总统阿尔瓦罗·乌里韦与查韦斯总统之间的关系多年来一直冷淡，2007 年急剧恶化。[78] 2007 年 8 月，哥伦比亚政府宣布计划扩大军事开支，达到 30 年来的最高水平。[79] 哥伦比亚官员否认此举是为了回应委内瑞拉的武器采购，始终强调对付游击队的武装叛乱是唯一的动机。[80] 两国之间有一些非正式的信息交换和其他建立信任措施，这有助于降低相互猜疑，尽管这些机制比起智利与邻国之间建立的机制还不够成熟。[81]

## 巴西近期的军购情况

巴西作为军事装备接受国的位次从 1998—2002 年间的第 21 位掉落至 2003—2007 年间的第 32 位。2003—2007 年，巴西接受的主要常规武器中，64%来自欧盟成员国，17%来自美国，7%来自加拿大。与智利和委内瑞拉相比，2006—2007 年对巴西的主要常规武器转让很有限。这些转让包括法国 12 架二手“幻影- 2000”战斗机中的 8

---

〔76〕 J. De Franceschi：“俄罗斯武装拉美”，《美国之音》新闻报道，2007 年 4 月 27 日，文稿见网址：〈http：//www. voanews. com/english/archive/2007－04/2007－05－02－voa4. cfm〉；“报道称委内瑞拉最终敲定 10 亿美元购买直升飞机和苏- 30 飞机交易”（同注释〔75〕）。

〔77〕 J. Murphy：“美国将武器禁运扩展至委内瑞拉”，《简氏防务周刊》，2006 年 8 月 30 日，第 19 页。美国的出口限制和政治压力也关闭了委内瑞拉从其他供应国如巴西、以色列、西班牙和瑞典等国获得武器的大门。

〔78〕 B. Mander 和 R. Lapper：“查韦斯‘冻结’与哥伦比亚的关系”，《金融时报》，2007 年 11 月 26 日。

〔79〕 J. Bedoya：“根据战争税法征收的 820 亿美元将优先用于部队的机动能力”，《时代》（波哥大）2007 年 8 月 6 日。

〔80〕 “哥伦比亚批准 33.7 亿美元军事开支申请”，拉美路透社，2007 年 2 月 27 日。

〔81〕 “委内瑞拉拟在边境部署部队和新型雷达”，《拉丁美洲安全与战略评论》，2006 年 6 月，第 9 页；“美国情报局长认为拉丁美洲不构成主要的安全威胁”，《拉丁美洲安全与战略评论》，2007 年 59 月，第 1 页。

架；西班牙 12 架 C-295M 运输机中的 7 架；美国 6 架“黑鹰 S-70”直升机。巴西还用以色列的“德比”（Derby）空对空导弹为其 F-5E 飞行大队进行了现代化改造。2007 年年底，巴西空军从巴西 Embraer 公司采购 99 架 EMB-314“超级巨嘴鸟”（Tucano）教练机和战斗机，已接收 50 架。[82]

2007 年巴西有两项重要宣布可能对巴西的军事能力和作为军品接受国的位次产生重要影响。首先，巴西政府在 7 月份重新启动了长期搁置的建造核动力潜艇项目。巴西计划在 8 年内投入 10 亿雷亚尔（reais）（折合 5.6 亿美元），从德国和法国购买技术，建造潜艇并开发船用核动力堆。[83] 其次，巴西政府在 11 月份宣布重新启动其“F-X”战斗机计划，同意从 2008 年 1 月开始开始遴选程序，并拨款 22 亿美元采购 36 架飞机。[84] 这些采购将得到增加了的军事预算的支持，预计从 2007 年的 65 亿雷亚尔（折合 36.4 亿美元）增至 2008 年的 100 亿雷亚尔（折合 56 亿美元）。[85]

为了使新的采购正当化，巴西官员称，过去一系列的国防预算削减严重削弱了巴西武装力量的能力，需要扭转这种情况。2007 年 9

---

〔82〕巴西航空工业公司：“巴西航空工业公司将向巴西空军交付第 50 架‘超级巨嘴鸟’战机”，《新闻简报》，2007 年 9 月 19 日。网址：〈http：//www.embraer.com/english/content/imprensa/press_releases_detalhe.asp? id=1670〉；“巴西承认 Derby BVR AAM 采购案”，《简氏导弹与火箭》，2007 年 1 月，第 16 页。

〔83〕路透社：“巴西拟斥资 5 亿美元建造核潜艇”，2007 年 7 月 11 日，网址：〈http：//www.news.com.au/story/0，23599，22054761－23109，00.html〉。巴西最初提出建造核潜艇是在 1979 年，随后该计划经多次反复。例如在 2006 年 11 月，巴西宣布无限期推迟该计划，而同意根据德国许可建造 214 型潜艇，对现有 5 艘 209 型潜艇进行现代化改造，总费用 27.1 亿巴西雷亚尔（合 12.4 亿美元）。巴西政府 2007 年 7 月的声明这些计划产生何种影响尚不清楚。S. Squassoni 和 D. Fite：“限制铀浓缩，巴西成为试金石”，《今日军控》，2005 年 10 月。“巴西海军无限期推迟核潜艇建造计划”，O Estado de S. Paulo，2006 年 11 月 15 日，译自葡萄牙语，预测国际市场警示新闻中心；“巴西海军希望购买至少 33 艘战舰”，O Estado de S. Paulo，2007 年 5 月 13 日，译自葡萄牙语，预测国际市场警示新闻中心。

〔84〕“战机交易为巴西空军的升级打开绿灯”，《国际飞行》，2007 年 11 月 12 日。最初的 F-X 计划于 2005 年被取消，资金转用于“零饥饿计划”。Stålenheim 等（同注释〔2〕），第 286 页。

〔85〕“巴西否认与委内瑞拉之间存在“军备竞赛”，新华社，2007 年 10 月 31 日，网址：〈http：//news.xinhuanet.com/english/2007－11/01/content_6988196.htm〉。

月，巴西总统卢拉宣布成立一个工作组，起草国防战略，以恢复“我国武装力量能力以及曾经在某些领域拥有的优势”。工作组用 12 个月的时间来拟定未来 10—15 年的防务发展规划。[86] 在扭转以前的预算削减方面，巴西官员将重点放在改进国家维护辽阔海岸线、偏僻的边境地区，尤其是亚马孙地区的治安能力上。[87] 到 2007 年 11 月，巴西空军 719 架飞机中，仅有 267 架被认为处于适飞状态。[88]

为加强国防工业，巴西政府声称 2007 年的武器采购将包括巴西国内生产和高水平的技术转让两种渠道。[89] 20 世纪 80 年代，巴西是重要的武器出口国，巴西政府渴望增加武器出口值。[90] 通过从国外购买先进军事技术重振国内武器工业的做法是巴西和其他发展中国家以往的实践，或多或少取得了一些成功。[91]

2007 年宣布采购的时机，正值舆论界批评之声渐起和前政府官员对委内瑞拉的采购提出质疑的时候。[92] 巴西总统卢拉和委内瑞拉总统查韦斯关系一度热络，但两人关系因委内瑞拉支持玻利维亚在 2006 年 5 月对其碳氢工业实施国有化而紧张起来。[93] 宣布新的采购

---

〔86〕“巴西拟推动国防工业并获得 36 架喷气战机”，Mercopress，2007 年 11 月 6 日；I. Guevara：“巴西着眼新的国防学说”，《简氏防务周刊》，2007 年 9 月 26 日，第 7 页。

〔87〕“巴西拟提升国防工业并获得 36 架喷气战机”（同注释〔86〕）。

〔88〕“战机交易为巴西空军的升级打开绿灯”（同注释〔84〕）。

〔89〕“巴西推动国防工业，获得 36 架喷气战斗机”（同注释〔87〕）。

〔90〕S. Lehman：“巴西计划计划重塑一度辉煌的国防工业”，美联社，2005 年 3 月 7 日；《简氏防务周刊》，2005 年 5 月 4 日，第 10 页。1984—1988 年，巴西是第 11 大武器出口国，41%的转让是对伊拉克的。1980—88 年的两伊战争结束后，巴西的武器出口大大萎缩。尽管在航空航天和小武器方面仍然保持一定的市场份额，但从未重新达到上世纪 80 年代中期的水平。

〔91〕J. Brauer 和 J. P. Dunne 合编，《武器贸易与经济发展：武器贸易补偿的理论、政策和案例》（Routledge：London，2004）。

〔92〕巴西前外长拉佛尔（Celso Lafer）和前总统萨尔内（José Sarney）均对委内瑞拉 2006 年的武器采购表示了担忧，称巴西需要作出同样的回应。“拉美：媒体将查韦斯的武器采购视为潜在的威胁”，《世界新闻连线》，2006 年 8 月 18 日；“没有军备竞赛，没有对委内瑞拉作出反应”，《拉美安全与战略评论》，2007 年 11 月，第 11 页。

〔93〕“汽油是如何将南美洲联系在一起的”，《拉美安全与战略评论》，2006 年 8 月，第 12 页。另见“劳拉和查韦斯在南美地区争夺盟友”，《拉美安全与战略评论》，2007 年 8 月，第 1—2 页；“巴西和智利采用对查韦斯进行遏制但不孤立的战略”，《拉美安全与战略评论》，2007 年 8 月，第 1—2 页。

计划时，巴西极力强调，其采购与委内瑞拉的采购无关。[94]

## 第五节 对冲突地区的武器转让：阿富汗和苏丹

《SIPRI 年鉴》第一卷为武器供应国向武装冲突地区提供武器列出了三个理由：第一，获得政治影响；第二，作为海外直接军事存在的替代；第三，武器销售的巨大经济诱惑。[95] 提供武器、其他装备和“训练”也是获得自然资源的手段。[96] 当前，出于各种经济的和意识形态方面的原因，一些国家依然公开或秘密地向交战方提供武器，而国际维和部队则常常为获得足够的武器和军事装备而苦苦努力。[97] 本节以对阿富汗和苏丹的武器转让作案例讨论以下问题：“是谁在提供武器，为什么要提供？是如何提供的？”

### 阿富汗

1979 年苏联入侵后，阿富汗成了国际“军火库”，因为大量的主要常规武器和轻小武器在整个 20 世纪 80 年代和 90 年代流入当地交战的各派武装力量。2003—2007 年，阿富汗在武器接受国中排名第 79 位，而 1988—1992 年排名第五位。本节探讨 2007 年的重大发展，即对非国家武装团体、阿富汗国民军（ANA）以及参加驻阿富汗的多国“国际安全援助部队”（ISAF）的国际武器转让。[98]

---

〔94〕“巴西否认与委内瑞拉展开军备竞赛”，El Universal，2007 年 7 月 4 日。

〔95〕“第三世界：军事开支与主要武器贸易”，《SIPRI 年鉴 1968/69：世界军备和裁军》(Almqvist 和 Wiksell：斯德哥尔摩，1969)，第 53—55 页。

〔96〕M. T. Klare：“流血与石油：美国对石油依赖扩大的威胁与后果”（企鹅出版社：伦敦，2005）；D. Stokes：“‘以流血换石油?’全球资本，打击反叛活动以及美国能源安全的双重逻辑”，《国际研究评论》，第 22 卷第 2 期（2007），第 245—264 页。

〔97〕参见本卷第三章。

〔98〕关于非国家武装行为体一节讨论对国际轻小武器转让的指责，此内容在 SIPRI 数据库中未包括。ANA 和 ISAF 一节讨论的主要常规武器转让可以在 SIPRI 武器转让库中找到（同注释〔2〕）。

## 非国家武装团体

自 2005 年以来，阿富汗境内武装团体制造的武装暴力活动急剧增加。[99] 据阿富汗政府“解散非法武装团体计划”估计，在阿富汗境内作战的非法武装团体超过 1800 个，包括叛军（如塔利班和伊斯兰军）、地方民兵和毒品犯罪团伙等。[100] 但是，在阿富汗境内作战的所有武装团体中，目前只有塔利班是联合国武器禁运的对象。[101] 虽然存在禁运，并且有阿富汗政府的努力，获取武器的情况在 2007 年似乎并未减缓。

2007 年 2 月，塔利班的一名高级指挥官达杜拉（Mullah Dadullah）宣布，武装暴力的上升趋势将继续，因为塔利班获得了“大量”武器，其中一些武器可以击落直升机。[102] 虽然达杜拉的威胁暗指便携式防空系统（MANPADS），但 2007 年武装团体所使用的主要武器似乎是小武器、迫击炮、火箭弹以及简易的爆炸装置。[103] 据认为，巴基斯坦境内塔利班盘踞的地区是塔利班获得武器供应的重要渠道和来源。[104] 2007 年的一份报告认为，阿富汗与伊朗接壤地区日益成为另外一个麻烦。英国和美国政府称，阿富汗国民军和多国国际安全部

---

〔99〕 S. Lindberg 和 N. J. Melvin：“主要武装冲突”，《SIPRI 年鉴 2007》（同注释〔1〕），第 61—66 页。

〔100〕 阿富汗政府：非法武装团体的解散，网址：〈http://www.diag.gov.af/〉。

〔101〕 联合国对塔利班控制下的阿富汗实施武器禁运。2002 年 1 月 16 日，联合国对塔利班实施武器禁运，无论何地。2000 年 12 月 19 日联合国安理会 1333 号决议。2002 年 1 月 16 日联合国安理会 1367 号决议。参见 Fruchart 等（同注释〔10〕）；P. Holtom：“联合国武器禁运：对武器流动和被禁运对象行为的影响—案例研究：塔利班”，SIPRI，斯德哥尔摩，2007，网址：〈http://books.sipri.org/product_info?c_product_id=356〉。

〔102〕 S. A. Achakzai：“阿富汗塔利班声称已重新武装，并做好战争准备”，路透社，2007 年 2 月 23 日，网址：〈http://www.reuters.com/article/featuredCrisis/idUSSP100413〉。

〔103〕 该声明基于与反叛组织的交战报告，来自“持续自由行动”第 82 联合行动小组网站 http://www.cjtf82.com/；以及联合国“根据安理会针对‘基地’组织和塔利班及其相关实体和个人的 1526 号决议（2004）、1617 号决议（2005）成立的‘分析支持与制裁监督小组’”公布的第 6 份报告，联合国文件 S/2007/132，2007 年 3 月 8 日，第 32 页。

〔104〕 M. Norell：“塔利班与 *Muttahida Majlis-e-Amal*” 2021 备忘录（瑞典防务署：斯德哥尔摩，2007 年 3 月），第 37 页；A. Rashid：“危险的邻居”，《远动经济评论》，2003 年 1 月 9 日，第 19 页；联合国联合国“根据安理会针对基地组织和塔利班及其相关实体和个人的 1526 号决议（2004）、1617 号决议（2005）成立的‘分析支持与制裁监督小组’”公布的第 2 份报告，联合国文件 S/2005/83，2003 年 2 月 15 日，第 32 页。

队截获的武器当中，伊朗是重要的来源地和过境国，并指责伊朗向塔利班秘密提供武器。[105] 英国政府还怀疑中国制造的武器通过伊朗流向塔利班。[106] 伊朗否认涉嫌武装塔利班，[107] 中国官方也声明没有向阿富汗出口武器。[108] 武器的原定接受者难以识别，使得对流入阿富汗境内武器来源的识别更加困难和复杂，因此，一些评论家认为，英、美两国政府不应将缴获的武器说成是向塔利班提供的武器。[109]

**阿富汗国民军**

负责监督、训练和装备阿富汗国民军的美国国防部最初决定用苏联设计的武器来装备这支部队，所用武器包括解除武装所得到的武器、复员和重新整合的武器、重武器设施以及联军剩余的苏制武器。[110] 国防部采取这种方法的原因有两个，一是士兵熟悉这些装备；二是一些盟国部队愿意提供这类剩余的装备。[111] 正如在伊拉克的情况，美国官方报告抱怨军事装备交货迟延，提供的装备总是老旧、有毛病且价格过高。[112] 为了帮助阿富汗国民军进行现代化改造，从 2007 年开始，国防部向其提供了价值 20 亿美元的美军剩余装备、武

---

〔105〕“音频：布朗谈阿富汗和伊拉克”，Podcast，《卫报》，2007 年 8 月 16 日，网址：〈http：//blogs. guardian. co. uk/podcasts/2007/08/des _ browne _ on _ afghanistan _ and. html〉；D. Miles：“盖茨和卡尔扎伊对阿富汗局势表示乐观”，美国国防部美国三军新闻处，2007 年 6 月 4 日，网址：〈http：//www. defenselink. mil/news/newsarticle. aspx? id=46276〉。

〔106〕P. Danahar：“塔利班‘得到中国武器’”，BBC 新闻报导，2007 年 9 月 3 日，〈http：//news. bbc. co. uk/2/6975934. stm〉。

〔107〕N. Khilwatgar：“国际安全援助部队（ISAF）认为，没有其他国家提供武器的武器的证据”，《帕基沃克阿富汗新闻》(*Pajhwok Afghan News*)，2007 年 7 月 18 日。

〔108〕中国外交部：“外交部新闻发言人秦刚 2007 年 7 月 10 日例行的新闻发布会”，2007 年 7 月 11 日，网址：〈http：//www. fmprc. gov. cn/eng/xwfw/s2510/2511/t339160. htm〉。

〔109〕J. Wright：“外部援助：伊朗支持阿富汗的反叛活动吗?”《简氏情报评论》，2007 年 9 月，第 38—43 页。

〔110〕美国政府审计署（GAO）：“阿富汗安全：建立军队和警察的努力取得进展，但未来的计划需要进一步明确”，GAO—05—575（GAO：华盛顿 DC，2005 年 6 月）第 15—16 页。

〔111〕美国政府审计署（同注释〔110〕），第 16 页。

〔112〕J. Garamone：“司法和防务机构审查合同问题”，美国国防部，美国三军出版社，2007 年 8 月 28 日，网址：〈http：//www. defenselink. mil/news/newsarticle. aspx? id=47209〉；B. R. McCaffrey：“学术报告—阿富汗和巴基斯坦之旅”，2006 年 6 月 3 日，网址：〈http：//www. washingtonspeakers. com/prod _ images/pdfs/McCaffreyBarry. VisitToAfghanistan. 05. 06. pdf〉，第 6—7 页。

器和设施，包括2500辆高度机动性用途军用车辆和数万支M-16步枪。[113] 美国2008年预算增加27亿美元用于训练和装备阿富汗国民军和阿富汗国民警察。[114]

2006年11月，阿富汗国防部长阿卜杜勒·拉希姆·瓦尔达克宣称，他希望阿富汗国民军的装备能够与国际安全援助部队和北约部队的装备相互通用。[115] 土耳其在2007年向阿富汗国民军提供了第一批北约标准口径火炮，并捐赠24门155毫米榴弹炮。希腊在2007年宣布，将向阿富汗国民军提供13辆"豹-1"型坦克；澳大利亚、加拿大和挪威也有可能在未来向阿富汗国民军提供二手的"豹"式坦克。[116] 美国还计划转让侦察运输机、运输作战直升机和轻型战斗机，使阿富汗空军到2015年拥有112架作战飞机。[117] 可以想象，苏联制式的直升飞机仍占转让的大部分，2007年，捷克转让了3架"米-17"直升机。2008年，由美国资助，捷克又转让了3架"米-17"直升机和6架"米-35"直升机，斯洛伐克转让1架"米-17"，阿联酋转让9架"米-17"，乌克兰转让了9架经过现代化改造的"安-32"运输机。美国还计划从意大利购买20架"C-27"运输机提供给阿富

---

〔113〕 T. Tran："阿富汗将得到20亿美元美国装备"，美联社，2006年7月4日，网址：〈http：//www. afghannews. net/index. php? action = show&type = news&id = 844. com〉。

〔114〕 美国管理与预算办公室："美国政府预算，2008财年"，附录："预算详细预估"（政府印刷办公室，华盛顿，DC，2007）网址：〈http：//www. whitehouse. gov/omb/budget/fy2008/appendix. html〉，第247—428页。

〔115〕 美国国防部："LTG Eikenberry与国防部长Wardak在五角大楼新闻吹风会"，2006年11月21日，网址：〈http：//www. defenselink. mil/transcripts/transcript. aspx? transcriptid=3816〉。美国国防部：国防部向（ISAF司令）Eikenberry中将和（阿富汗）国防部长沃戴克新闻吹风。21 Nov. 2006，网址：〈http：//www. defenselink. mil/transcripts/transcript. aspx? transcriptid=3816〉。

〔116〕 "阿富汗可能获得挪威坦克"，《挪威邮报》，2006年10月25日；北约："情况资料：北约对阿富汗国民军的支持"，2007年10月，网址：〈http：//www. nato. int/isaf/topics/factsheets/nato-support-to-ana-factsheet. pdf〉；D. Pugliese："加拿大可能向阿富汗军队提供豹式坦克"，"加拿大西部新闻社"，2007年5月21日。

〔117〕 美国国防部："Lindell准将在五角大楼的新闻吹风会，Arlington，Va."，2008年1月24日，网址：〈http：//www. defenselink. mil/transcripts/transcript. aspx? transcriptid=4126〉。

汗空军，2009 年开始交货。[118]

**国际安全援助部队**

参与阿富汗国际安全援助部队的各国部队，其武器采购计划深受地面作战经验的影响，于是大量采购转向战略空运能力、直升机、装甲车和无人飞机。这符合 2006 年北约里加峰会宣言。该宣言承认，需要增加战略空运力量以支持远离本土的多国联合军事行动。[119] 因此，北约成员国在 2006—2007 年增加了从美国订购 C－17 运输机的数量。[120] 大型运输直升机也有需求：荷兰于 2007 年 2 月宣布，计划向美国采购 6 架美制 CH－47F 直升机，并将 11 架荷兰产 CH－47D 直升机更新改造为 CH－47F 标准型；英国宣布，2007 年 12 月更新 8 架 CH－47 直升机。由于战术空运能力形势严峻，北约与美国一家私营公司签订了价值 3700 万美元的合同，采购固定翼和旋翼飞机，以执行在阿富汗的空运任务。[121]

作战中的各国部队还在寻求重型装甲车，原因是加拿大搁置了 66 辆 Stryker/LAV－III 105 毫米机动火炮系统的计划，改为从德国租赁 20 辆豹－2A6M 坦克和 100 辆荷兰的二手豹－2A4/6 坦克。在阿富汗，对多种无人飞机的使用和需求也在增加，以色列和美国是"国际安全援助部队"仅有的无人机提供者。2007 年，以色列向驻阿英军提供了大型 Hermes－450 无人机。2007 年 10 月，驻阿英军部署了首架美国提供的 M－Q9 型武装无人机，而丹麦也于 2007 年获得了美制 Raven－B 小型无人机。在阿富汗部署各种新一代无人机也许是将战场用作新型武器试验场的最突出例子。

---

〔118〕 N. Khilwatgar："阿富汗空军今年将得到 26 架飞机"，《帕基沃克阿富汗新闻》(Pajhwok Afghan News)，2008 年 1 月 17 日，网址：〈http://www.pajhwok.com/viewstory.asp? lng=eng&id=48767〉；美国国防部（同注释〔117〕）。

〔119〕 北约："里加峰会宣言"，《简讯》(2006) 150，2006 年 11 月 29 日，网址：〈http://www.nato.int/docu/pr/2006/p06－150e.htm〉。

〔120〕 2007 年，英国订购和接受了第五架和第六架 C－17，加拿大接受了首批 4 架中的 2 架 C－17。15 个北约成员国作为整体加上芬兰和瑞典试图获得 3 到 4 架 C－17。北约："盟国同意战略空运能力倡议"，《简讯》(2007) 75，2007 年 6 月 20 日，网址：〈http://www.nato.int/docu/pr/2006/p06－150e.htm〉。

〔121〕 N. Fiorenza："北约为阿富汗外购空运能力"，《简氏防务周刊》，2008 年 1 月 2 日，第 6 页。

## 苏丹

达尔富尔冲突爆发以来，非国家武装团体主要依靠轻小武器，而该地区的苏丹政府军使用的是主要常规武器。1998—2002 年，苏丹在主要常规武器接受国中排名第 66 位，2003—2007 年间排名第 44 位。这一节介绍 2007 年针对非国家武装团体、苏丹政府军和“非洲联盟/联合国达尔富尔混合部队”（UNAMID）的国际武器转让情况。〔122〕

### 非国家武装团体

为应对苏丹达尔富尔地区冲突，2004 年 7 月 30 日，联合国安理会第 1556 号决议对在达尔富尔地区作战的非国家武装团体实施武器和军事装备禁运。〔123〕 2007 年，联合国专家组得出结论，厄立特里亚政府直接向达尔富尔地区的非国家武装团体提供武器和军事装备。〔124〕专家组还怀疑向达尔富尔地区非国家武装团体提供武器和军事装备是乍得和利比亚的高级官员安排的。达尔富尔地区的非政府武装团体还利用从苏丹政府军偷来的武器装备以及从邻国走私进来的小武器来装备自己。〔125〕 还有确凿证据表明，苏丹政府利用达尔富尔地区的阿拉伯部落成员，即所谓 Janjaweed 民兵来组织、资助和武装当地的武装团体。〔126〕

### 苏丹政府军

2005 年联合国安理会 1591 号决议扩大了对达尔富尔禁运的范

〔122〕 SIPRI 武器转让数据库不含现在讨论的国际上对非国家行为体和苏丹政府的轻小武器转让，但包括国际上对苏丹政府军的主要常规武器转让。本节讨论的对苏丹政府的主要常规武器国际转让在 SIPRI 武器转让数据库中可以找到。

〔123〕 联合国安理会 1556 号决议，2004 年 7 月 30 日。对达尔富尔地区冲突的分析，见本卷第 2 章第 4 节。对联合国采取禁运措施之前和禁运措施期间对达尔富尔地区武器转让的深入研究，见 P. Wezeman：“联合国武器禁运：对武器流动和被禁运对象行为的影响一案例研究：达尔富尔（苏丹）”，SIPRI，斯德哥尔摩，2007，网址：〈http：//books. sipri. org/product _ info? c _ product _ id=356〉。

〔124〕 联合国。专家小组根据联合国 1665（2006）号决议第二段的要求提交的最终报告，联合国文件 S/2007/584，200710 月 3 日，第 27—28 页。

〔125〕 国际大赦组织：“苏丹：正在武装达尔富尔的罪大恶极者”，2004 年 11 月 16 日，网址：〈http：//www. amnesty. org/en/library/info/AFR54/139/2004〉，第 26 页。

〔126〕 联合国（同注释〔124〕），第 56 页。

围，禁止向达尔富尔所有交战方包括驻扎该地区的苏丹政府军输入军事装备。[127] 2003—2007 年，苏丹政府在全球武器转让中的份额可以忽略不计。此一时期，苏丹政府的主要常规武器首先来自俄罗斯，约占 87%，少部分来自中国，占 8%。这段时间，俄罗斯提供了 20 架战斗直升机和 12 架米格-29S 战斗机，中国提供至少 6 架歼-8 和 3 架 A-5 轻型战斗机。从 20 世纪 90 年代开始，中国、伊朗和俄罗斯公司还为苏丹扩大组装和生产小武器、火炮和装甲车的能力提供支持。[128] 有数据表明，1992—2005 年，提供苏丹政府的小武器及相关弹药中，超过 95%来自中国和伊朗。[129] 其他供应者还可能包括印度和土耳其，因为苏丹政府分别在 2003 年和 2006 年与这些国家签订了军事协定。[130]

苏丹政府不理会联合国 1591 号决议实施的禁运，未经负责监督决议执行的联合国制裁委员会事先同意，为其在达尔富尔的政府军队装备部署中国和俄罗斯的军事装备。[131] 尽管苏丹政府违反决议，但中国和俄罗斯反对通过联合国对苏丹实施全面制裁。[132] 中国和俄罗斯的立场背后可能的动因包括：首先，中国和俄罗斯援引不干涉主权国家内部事务原则，反对通过联合国对被指责为对其平民实施暴力的政府——缅甸政府就是最近的例子——实施制裁。[133] 第二，转让加强了苏丹政府与中国和俄罗斯的关系。这被认为是（特别是中国）试图获得苏丹油田和其他经济机会的途径。进入苏丹石油工业是中国能

---

〔127〕 联合国安理会 1591 号决议，2005 年 3 月 29 日。

〔128〕 苏丹生产的中国、伊朗和俄罗斯武器清单可以在“苏丹军事工业公司”网站〈http://mic.sd/english/abouten.htm〉上找到。

〔129〕 《小武器调查》：“苏丹的军事化”，《苏丹问题简介》，“人类安全底线评估”，第 6 期（2007 年 4 月）。

〔130〕 “苏丹和土耳其签署军事合作协议”，《苏丹先驱报》，2006 年 8 月 1 日；“印度答应像苏丹提供军事援助”，《印度》，2003 年 12 月 15 日。

〔131〕 联合国（同注释〔124〕）第 28—42、60—64 页。

〔132〕 例如，中国和俄罗斯对安理会 1591 号决议投弃权票。中国还对 1556 号决议投了弃权票。关于联合国安理会的投票记录，见“联合国文献信息系统”（UBISNET），网址：〈http://unbisnet.un.org/〉。

〔133〕 自 1997 年以来，中国和俄罗斯在其联合声明中一再重申它们对这一原则有共同的看法。最近的例子是 2005 年 7 月 1 日“中华人民共和国和俄罗斯联邦关于 21 世纪国际秩序的联合声明”，见俄罗斯外交部网站：〈http://www.mid.ru/〉。

源政策的重要内容，中国在苏丹石油勘探方面有大量投资。[134] 第三，禁运意味着失去武器转让收益，尽管这可能只是很小的一个考虑。中国和俄罗斯向苏丹的武器转让只占两国在2003—2007年间主要常规武器转让的2%。

**非洲联盟/联合国达尔富尔混合行动**

与武器不断流入达尔富尔交战各方的情况形成鲜明对比的是，在这一地区担负维和任务的非洲部队则缺乏主要的武器装备。2007年11月，维和部队缺少两架中型运输机、三架中型多用途直升机和一架轻型战术直升机。联合国秘书长潘基文呼吁"有条件的成员国能够提供上述装备"。[135] 维和部队的情况，说明了国际社会在鼓励主要由非洲国家承担非洲维和任务方面存在的问题，大部分撒哈拉以南维和部队的装备都很差。[136] 欧盟成员国和加拿大提供了一些军事援助—包括训练、非战斗用运输直升机以及若干装甲车，以提高非洲的维和能力。[137] 美国军事援助目的在于加强非洲部队，使之能够成为美国"全球反控战争"的一部分，同时提高非洲的维和能力。[138] 然而，撒哈拉以南非洲国家依然靠有限的资金为其购买几乎全部的武器，而这些武器主要来自中国和东欧国家。

---

[134] 《小武器调查》："武器，石油和达尔富尔"，《苏丹问题简介》，"人的安全底线评估"，第7期（2007年7月）；I. Taylor："中国在非洲的石油外交"，《国际事务》，第82卷第5期（2006），第937—959页。

[135] 联合国："秘书长关于在达尔富尔部署非洲联盟/联合国混合部队的报告"，联合国文件S/2007/653，2007年11月5日，第3页。"非盟联合国达尔富尔混合行动"（UNAMID）司令称，UNAMID部队需要至少12架战斗直升机和相当数量的装甲车，发达国家被视为潜在的捐助国。"达尔富尔维和人士警告不要期望过高"，allAfrica. com，2007年11月6日，网址：〈http：//allafrica. com/stories/200711060094. html〉。

[136] 见本卷第三章。

[137] 加拿大国防部："AUGURAL行动"，2007年4月16日，网址：〈http：//www. mdn. ca/site/Operations/augural/index _ e. asp；欧盟理事会秘书处："欧盟支持非盟在达尔富尔的维和使命"，《情况简介》，2007年5月，网址：〈http：//www. consilium. europa. eu/cms3 _ fo/showPage. asp? id=1087&lang=en〉。

[138] "战争鸽子"，《经济学家》2007年11月24日，第52—53页。

# 第六节 结 论

过去 15 年来（1993—2007），5 个最大的主要常规武器供应国仍然没变：美国、俄罗斯、德国、法国和英国。虽然这些供应国可能会继续占有全球武器转让的最大份额，但在 2007 年，对于法国和俄罗斯武器出口的前景已经出现了一些关切。不过，2007 年宣布的主要常规武器订单显示增长还会继续。2007 年的事态发展预示着，未来 10—15 年，最大接受国的构成将会发生变化，沙特、利比亚和台湾地区的位次将大为前移。

尽管媒体报道很吸引人，但在南美洲不可能出现典型的军备竞赛。有一些证据表明，巴西、智利、委内瑞拉的武器采购计划受到了邻国行为的影响，而他们自己反过来又影响到该地区其他国家的采购决定。不过，其他国内因素，如需要对武库进行更替和现代化改造以适应新的使命、维和行动与正常的国防，似乎是增加军事转让的主要原因。此外，改进信息交换制度及其他建立信任措施有助于限制武器采购带来的消极后果。最后，没有国家有意愿或能力去同资源丰富，或经济力量雄厚的智利、委内瑞拉和巴西这样的国家相竞争。

对苏丹和阿富汗这些武装冲突地区的转让说明了若干趋势。第一，联合国对阿富汗和苏丹境内的非国家行为体实施的武器禁运迄今未能阻止他们获得武器。第二，主要的武器供应国愿意通过直接提供武器的方式表明其对阿富汗和苏丹政府的支持。在阿富汗，从苏制武器转向美国和其他西方国家武器是美国向阿富汗国民军提供武器面临的一个重大转变。中国和俄罗斯继续以提供武器的方式支持苏丹，反对联合国对苏丹进行直接的武器禁运。第三，虽然驻阿富汗的“国际安全援助部队”和驻苏丹的“非盟/联合国达尔富尔混合行动”均缺乏合适的战斗直升机和运输直升机，但后者面临的装备问题与前者的装备问题程度上有很大的不同。

（翟玉成 译）

# 附录 7A　主要常规武器的供应方和接受方

## SIPRI 武器转让项目

SIPRI 武器转让项目维护着 SIPRI 武器转让数据库，该数据库囊括了 1950 年以来向国家、国际组织和非国家武装集团转让主要常规武器的资料（参见 URL〈http：//armstrade. sipri. org/〉）。SIPRI 将数据库中每种武器或子系统用趋势指示值（TIV）表现出来，然后 SIPRI 将根据指定年份中的趋势指示值和转让的武器系统或子系统的数量计算出从上述各种实体转入、转出及其相互之间的转运量。趋势指示值并不代表武器转让的金额，而是转让量的一个指示值。因此趋势指示值不应被直接引用。趋势指示值最适合作为原始数据，计算一段时期内国际武器转让的趋势、供应方和接受方在全球武器转让中所占的百分比以及向某些特定国家提供的武器量或这些特定国家向外转让的武器量。

表 7A. 1 介绍了 2003—2007 年间向 10 个最大的主要常规武器接受方转让武器的供应方。表 7A. 2 显示了 2003—2007 年间主要常规武器 10 个最大的供应方武器出口的地区分布情况。表 7A. 3 介绍了 2003—2007 年间主要常规武器所有接受方的 SIPRI 趋势指示值。表 7A. 4 介绍了 2003—2007 年间主要常规武器所有供应方的 SIPRI 趋势指示值。

**表 7A.1　2003—2007 年主要常规武器 10 个最大的接受方及其供应方**

表中数字表示在每个接受方的进口总量中，各个供应方所占的百分比份额。只有在这 10 个最大接受方的任意一方的进口总量中所占份额大于或等于 1%的供应方才被列入本表。较小的供应方被一起列入“其他”一栏中。因四舍五入关系，表中数字可能存在无法契合的情况。

| 供应方 | 接受方 | | | | | | | | | |
|---|---|---|---|---|---|---|---|---|---|---|
| | 中国 | 印度 | 阿联酋 | 希腊 | 韩国 | 以色列 | 埃及 | 澳大利亚 | 土耳其 | 美国 |
| 澳大利亚 | — | — | — | — | — | — | — | — | — | 1 |
| 加拿大 | — | — | — | <1 | <1 | — | — | 2 | — | 28 |
| 中国 | — | — | — | — | — | — | 4 | — | <1 | — |
| 丹麦 | — | — | — | 3 | — | — | — | — | — | — |
| 法国 | 2 | 4 | 52 | 18 | 9 | — | — | 6 | 1 | 1 |
| 芬兰 | — | — | — | <1 | — | — | 2 | — | — | — |
| 德国 | 1 | 1 | 1 | 17 | 6 | 6 | 3 | 28 | 56 | 2 |
| 以色列 | — | 6 | — | 2 | — | — | — | 2 | 4 | 6 |
| 意大利 | — | <1 | <1 | 5 | — | — | — | — | 4 | <1 |
| 黑山 | — | — | — | — | — | — | 6 | — | — | — |
| 荷兰 | — | <1 | — | 6 | 2 | — | 4 | — | 2 | — |

| 供应方 | 接受方 | | | | | | | | | |
|---|---|---|---|---|---|---|---|---|---|---|
| | 中国 | 印度 | 阿联酋 | 希腊 | 韩国 | 以色列 | 埃及 | 澳大利亚 | 土耳其 | 美国 |
| 波兰 | — | 4 | — | — | — | — | — | — | — | — |
| 俄罗斯 | 94 | 70 | <1 | 6 | 5 | — | 20 | — | — | — |
| 南非 | — | — | <1 | — | — | — | — | — | — | 2 |
| 韩国 | — | — | — | — | — | — | — | 1 | 4 | — |
| 西班牙 | — | — | — | — | — | — | — | — | 2 | 1 |
| 瑞士 | <1 | — | <1 | — | — | — | — | — | — | 23 |
| 瑞典 | — | — | — | <1 | — | — | — | 8 | — | <1 |
| 英国 | 1 | 4 | — | 3 | — | — | — | 2 | 2 | 31 |
| 乌克兰 | 2 | 2 | 2 | — | — | — | 1 | — | — | 3 |
| 美国 | — | 2 | 43 | 40 | 77 | 94 | 60 | 50 | 25 | — |
| 乌兹别克斯坦 | — | 5 | — | — | — | — | — | — | — | — |
| 其他 | — | 1 | 1 | — | — | — | — | 1 | — | <1 |
| **总　计** | **100** | **100** | **100** | **100** | **100** | **100** | **100** | **100** | **100** | **100** |

**表 7A.2　2003—2007 年主要常规武器 10 个最大的供应方及其目的地（按地区分类）**

表中数字表示在对每个接受地区的出口总量中，各个供应方所占的百分比。因四舍五入关系，表中数字可能存在无法契合的情况。每个地区中各个国家的情况参见本卷附录 5A。

| 接受地区 | 供应方 | | | | | | | | | |
|---|---|---|---|---|---|---|---|---|---|---|
| | 美国 | 俄罗斯 | 德国 | 法国 | 英国 | 荷兰 | 意大利 | 瑞典 | 中国 | 乌克兰 |
| **非洲** | **<1** | **10** | **13** | **1** | **6** | **<1** | **5** | **—** | **14** | **17** |
| 北非 | <1 | 5 | 1 | <1 | <1 | — | <1 | — | — | 13 |
| 撒哈拉以南的非洲地区 | <1 | 5 | 12 | 1 | 6 | <1 | 5 | — | 14 | 4 |
| **美洲** | **5** | **5** | **4** | **5** | **32** | **27** | **35** | **3** | **2** | **5** |
| 南美 | 2 | 5 | 3 | 4 | 9 | 21 | 33 | 2 | 2 | — |
| **亚洲和大洋洲** | **36** | **74** | **17** | **28** | **23** | **13** | **14** | **16** | **52** | **35** |
| 中亚 | <1 | <1 | — | — | — | — | — | — | — | 2 |
| 东亚 | 27 | 51 | 8 | 18 | 13 | 9 | 6 | 1 | 8 | 21 |
| 大洋洲 | 5 | — | 8 | 2 | 1 | 3 | — | 14 | — | — |
| 南亚 | 3 | 23 | 1 | 8 | 9 | 1 | 8 | 1 | 44 | 12 |
| **欧洲** | **27** | **3** | **62** | **16** | **33** | **55** | **46** | **81** | **1** | **16** |
| 中欧 | 4 | <1 | 7 | 1 | 10 | 7 | 10 | 40 | — | <1 |

| 接受地区 | 供应方 | | | | | | | | | |
|---|---|---|---|---|---|---|---|---|---|---|
| | 美国 | 俄罗斯 | 德国 | 法国 | 英国 | 荷兰 | 意大利 | 瑞典 | 中国 | 乌克兰 |
| 东欧 | — | 1 | — | <1 | <1 | — | — | — | — | 16 |
| 西欧 | 23 | 1 | 55 | 15 | 23 | 49 | 36 | 41 | 1 | <1 |
| 中东 | 32 | 8 | 4 | 50 | 6 | 5 | <1 | — | 31 | 24 |
| **总　计** | **100** | **100** | **100** | **100** | **100** | **100** | **100** | **100** | **100** | **100** |

表 7A.1 和表 7A.2 注："—"表示零或忽略不计；"<1"表示大于等于 0.5，但小于 1。

表 7A.1 和表 7A.2 资料来源：SIPRI 武器转让数据库，URL〈http://armstrade.sipri.org/〉。

## 表 7A.3　2003—2007 年主要常规武器接受方

本表包括所有在 2003—2007 年 5 年间进口主要常规武器的国家和非国家行为体，以 2003—2007 年间累计进口额为序排列。进口量一栏内的数字为 SIPRI 趋势指示值（TIV），以百万美元为单位，按照 1990 年不变价格计算。右边一栏显示的是 2003—2007 年间各接受国在全球武器进口量中所占的份额。因四舍五入关系，表中数字可能存在无法契合的情况。

| 排名 | | 接受方 | 进口量（TIV） | | | | | | 2003—2007 年所占百分比 |
|---|---|---|---|---|---|---|---|---|---|
| 2003—2007 | 2002—2006[a] | | 2003 | 2004 | 2005 | 2006 | 2007 | 2003—2007 | |
| 1 | 1 | 中国 | 2068 | 2906 | 3346 | 3719 | 1424 | 13463 | 12 |
| 2 | 2 | 印度 | 2870 | 2331 | 1182 | 1404 | 1318 | 9105 | 8 |
| 3 | 3 | 阿联酋 | 700 | 1436 | 2224 | 2067 | 1040 | 7467 | 7 |

| 排名 | | 接受方 | 进口量（TIV） | | | | | | 2003—2007年所占百分比 |
|---|---|---|---|---|---|---|---|---|---|
| 2003—2007 | 2002—2006[a] | | 2003 | 2004 | 2005 | 2006 | 2007 | 2003—2007 | |
| 4 | 4 | 希腊 | 2226 | 1498 | 540 | 817 | 2089 | 7170 | 6 |
| 5 | 6 | 韩国 | 575 | 967 | 661 | 1527 | 1807 | 5536 | 5 |
| 6 | 7 | 以色列 | 292 | 845 | 1108 | 1102 | 891 | 4239 | 4 |
| 7 | 5 | 埃及 | 816 | 752 | 736 | 1020 | 418 | 3743 | 3 |
| 8 | 8 | 澳大利亚 | 864 | 558 | 560 | 765 | 685 | 3432 | 3 |
| 9 | 9 | 土耳其 | 433 | 174 | 984 | 317 | 944 | 2853 | 3 |
| 10 | 10 | 美国 | 501 | 523 | 476 | 514 | 587 | 2601 | 2 |
| 11 | 11 | 巴基斯坦 | 592 | 385 | 333 | 321 | 715 | 2347 | 2 |
| 12 | 17 | 智利 | 175 | 57 | 403 | 1034 | 615 | 2283 | 2 |
| 13 | 13 | 日本 | 465 | 412 | 299 | 477 | 519 | 2171 | 2 |
| 14 | 19 | 波兰 | 376 | 242 | 97 | 424 | 985 | 2123 | 2 |
| 15 | 15 | 英国 | 787 | 135 | 16 | 332 | 698 | 1969 | 2 |
| 16 | 16 | 意大利 | 516 | 434 | 136 | 702 | 176 | 1965 | 2 |
| 17 | 12 | 中国台湾地区 | 101 | 341 | 794 | 608 | 3 | 1846 | 2 |

| 排名 | | 接受方 | 进口量（TIV） | | | | | | 2003—2007年所占百分比 |
|---|---|---|---|---|---|---|---|---|---|
| 2003—2007 | 2002—2006[a] | | 2003 | 2004 | 2005 | 2006 | 2007 | 2003—2007 | |
| 18 | 21 | 新加坡 | 70 | 384 | 543 | 47 | 707 | 1751 | 2 |
| 19 | 30 | 南非 | 2 | 2 | 187 | 689 | 855 | 1734 | 2 |
| 20 | 18 | 西班牙 | 110 | 245 | 391 | 537 | 385 | 1669 | 2 |
| 21 | 14 | 沙特阿拉伯 | 159 | 952 | 148 | 185 | 72 | 1517 | 1 |
| 22 | 27 | 阿尔及利亚 | 197 | 272 | 152 | 125 | 700 | 1446 | 1 |
| 23 | 26 | 马来西亚 | 137 | 81 | 16 | 646 | 550 | 1429 | 1 |
| 24 | 39 | 委内瑞拉 | 13 | 13 | 27 | 477 | 887 | 1417 | 1 |
| 25 | 24 | 加拿大 | 127 | 317 | 110 | 120 | 623 | 1296 | 1 |
| 26 | 22 | 德国 | 62 | 254 | 248 | 560 | 85 | 1209 | 1 |
| 27 | 23 | 伊朗 | 198 | 136 | 86 | 450 | 297 | 1168 | 1 |
| 28 | 25 | 罗马尼亚 | 25 | 292 | 553 | 140 | 70 | 1081 | <1 |
| 29 | 38 | 印度尼西亚 | 358 | 101 | 27 | 46 | 475 | 1007 | <1 |
| 30 | 40 | 挪威 | 4 | 6 | 4 | 457 | 483 | 953 | <1 |
| 31 | 28 | 葡萄牙 | 57 | 43 | 391 | 429 | 2 | 922 | <1 |

| 排名 | | 接受方 | 进口量（TIV） | | | | | | 2003—2007年所占百分比 |
|---|---|---|---|---|---|---|---|---|---|
| 2003—2007 | 2002—2006[a] | | 2003 | 2004 | 2005 | 2006 | 2007 | 2003—2007 | |
| 32 | 33 | 巴西 | 71 | 118 | 277 | 177 | 175 | 818 | <1 |
| 33 | 32 | 捷克共和国 | 104 | 7 | 622 | 65 | 15 | 813 | <1 |
| 34 | 35 | 秘鲁 | 22 | 47 | 368 | 193 | 172 | 801 | <1 |
| 35 | 29 | 越南 | 32 | 259 | 336 | 152 | 1 | 779 | <1 |
| 36 | 31 | 荷兰 | 172 | 151 | 119 | 90 | 210 | 742 | <1 |
| 37 | 20 | 也门 | 40 | 314 | 308 | 57 | — | 720 | <1 |
| 38 | 44 | 丹麦 | 46 | 216 | 103 | 141 | 201 | 708 | <1 |
| 39 | 46 | 伊拉克 | — | 46 | 152 | 254 | 244 | 695 | <1 |
| 40 | 34 | 约旦 | 300 | 203 | 32 | 76 | 83 | 695 | <1 |
| 41 | 42 | 芬兰 | 231 | 76 | 96 | 130 | 110 | 642 | <1 |
| 42 | 43 | 瑞士 | 91 | 175 | 159 | 70 | 126 | 621 | <1 |
| 43 | 37 | 阿曼 | 32 | 41 | 100 | 415 | 4 | 591 | <1 |
| 44 | 36 | 苏丹 | 140 | 299 | 81 | 49 | — | 569 | <1 |
| 45 | 41 | 厄立特里亚 | — | 280 | 271 | — | — | 551 | <1 |

| 排名 | | 接受方 | 进口量（TIV） | | | | | | 2003—2007年所占百分比 |
|---|---|---|---|---|---|---|---|---|---|
| 2003—2007 | 2002—2006[a] | | 2003 | 2004 | 2005 | 2006 | 2007 | 2003—2007 | |
| 46 | 56 | 匈牙利 | — | 3 | 13 | 277 | 192 | 485 | — |
| 47 | 64 | 奥地利 | 43 | 55 | 21 | — | 335 | 455 | — |
| 48 | 48 | 埃塞俄比亚 | 193 | 199 | — | — | — | 392 | — |
| 49 | 50 | 瑞典 | 63 | 48 | 62 | 125 | 85 | 383 | — |
| 50 | 45 | 泰国 | 153 | 117 | 58 | 38 | 9 | 375 | — |
| 51 | 47 | 墨西哥 | 9 | 253 | 36 | 53 | 11 | 362 | — |
| 52 | 55 | 法国 | 57 | 93 | — | 121 | 63 | 334 | — |
| 53 | 51 | 孟加拉国 | 9 | 33 | 29 | 240 | 17 | 329 | — |
| 54 | 58 | 白俄罗斯 | — | — | 6 | 254 | — | 260 | — |
| 55 | 61 | 新西兰 | 108 | 50 | 8 | 8 | 70 | 244 | — |
| 56 | 59 | 阿根廷 | 12 | 162 | 4 | 17 | 41 | 236 | — |
| 57 | 60 | 保加利亚 | 2 | 12 | 158 | 20 | 38 | 231 | — |
| 58 | 77 | 比利时 | 27 | 18 | — | 4 | 171 | 220 | — |
| 59 | 54 | 阿塞拜疆 | — | 3 | 45 | 142 | 27 | 218 | — |

| 排名 | | 接受方 | 进口量（TIV） | | | | | | 2003—2007年所占百分比 |
|---|---|---|---|---|---|---|---|---|---|
| 2003—2007 | 2002—2006[a] | | 2003 | 2004 | 2005 | 2006 | 2007 | 2003—2007 | |
| 60 | 52 | 摩洛哥 | 7 | — | 96 | 65 | 44 | 212 | — |
| 61 | 53 | 哥伦比亚 | 128 | 11 | 10 | 22 | 38 | 210 | — |
| 62 | 63 | 利比亚 | 145 | — | — | 45 | 3 | 192 | — |
| 63 | 76 | 科威特 | 49 | 1 | 19 | — | 117 | 186 | — |
| 64 | 57 | 突尼斯 | — | — | 168 | 18 | — | 186 | — |
| 65 | 65 | 格鲁吉亚 | 1 | 45 | 70 | 62 | 4 | 183 | — |
| 66 | 75 | 纳米比亚 | — | 13 | — | 72 | 72 | 157 | — |
| 67 | 66 | 亚美尼亚 | — | 151 | — | — | — | 151 | — |
| 68 | 62 | 巴林 | 6 | 10 | 57 | 60 | 15 | 149 | — |
| 69 | 67 | 哈萨克斯坦 | — | 46 | 32 | 42 | 21 | 142 | — |
| 70 | 49 | 缅甸 | 71 | 11 | 25 | 20 | — | 126 | — |
| 71 | 68 | 立陶宛 | 1 | 58 | 14 | 45 | 4 | 122 | — |
| 72 | 72 | 叙利亚 | 46 | 19 | 7 | 18 | 30 | 119 | — |
| 73 | 70 | 北约 | — | — | — | 116 | — | 116 | — |

| 排名 | | 接受方 | 进口量（TIV） | | | | | | 2003—2007年所占百分比 |
|---|---|---|---|---|---|---|---|---|---|
| 2003—2007 | 2002—2006[a] | | 2003 | 2004 | 2005 | 2006 | 2007 | 2003—2007 | |
| 74 | 83 | 拉脱维亚 | 28 | 15 | 7 | 11 | 51 | 111 | — |
| 75 | 78 | 菲律宾 | 8 | 37 | 14 | 20 | 28 | 108 | — |
| 76 | 69 | 斯里兰卡 | 12 | 26 | 25 | 42 | 1 | 107 | — |
| 77 | 73 | 厄瓜多尔 | — | 9 | 45 | 45 | — | 99 | — |
| 78 | 79 | 阿富汗 | 17 | — | 31 | 3 | 37 | 88 | — |
| 79 | 80 | 尼日利亚 | 54 | 10 | — | 9 | 15 | 88 | — |
| 80 | 71 | 科特迪瓦 | 68 | 14 | — | — | — | 82 | — |
| 81 | 90 | 爱沙尼亚 | 15 | 7 | 16 | 6 | 30 | 75 | — |
| 82 | 81 | 坦桑尼亚 | 56 | — | 9 | 9 | — | 73 | — |
| 83 | 86 | 津巴布韦 | 23 | — | 20 | 20 | — | 63 | — |
| 84 | 106 | 柬埔寨 | — | — | 24 | — | 36 | 60 | — |
| 85 | 94 | 乌拉圭 | — | — | 20 | 7 | 33 | 60 | — |
| 86 | 87 | 非洲联盟 | — | — | 49 | 8 | — | 57 | — |
| 87 | 84 | 爱尔兰 | — | 28 | 4 | 11 | 13 | 55 | — |

| 排名 | | 接受方 | 进口量（TIV） | | | | | | 2003—2007年所占百分比 |
|---|---|---|---|---|---|---|---|---|---|
| 2003—2007 | 2002—2006[a] | | 2003 | 2004 | 2005 | 2006 | 2007 | 2003—2007 | |
| 88 | 92 | 加纳 | 6 | 33 | — | — | 13 | 53 | — |
| 89 | 85 | 塞浦路斯 | 6 | — | 20 | 26 | — | 52 | — |
| 90 | 102 | 加蓬 | — | 5 | — | 23 | 21 | 49 | — |
| 91 | 91 | 阿尔巴尼亚 | 2 | — | 42 | — | 5 | 49 | — |
| 92 | 82 | 乌干达 | 19 | 8 | 17 | 5 | — | 48 | — |
| 93 | 97 | 克罗地亚 | 24 | 8 | — | — | 14 | 46 | — |
| 94 | 88 | 尼泊尔 | 9 | 32 | 5 | — | — | 46 | — |
| 95 | 74 | 安哥拉 | 3 | 8 | 26 | 4 | — | 41 | — |
| 96 | 95 | 牙买加 | — | — | 13 | 25 | 1 | 39 | — |
| 97 | 93 | 朝鲜 | 10 | 9 | 5 | 5 | 9 | 38 | — |
| 98 | 96 | 斯洛文尼亚 | 15 | 15 | 2 | 2 | 2 | 38 | — |
| 99 | 89 | 刚果民主共和国 | — | 15 | — | 17 | — | 32 | — |
| 100 | 98 | 多米尼加共和国 | 3 | 27 | 2 | — | — | 32 | — |
| 101 | 100 | 土库曼斯坦 | 20 | 10 | — | — | — | 30 | — |

| 排名 | | 接受方 | 进口量（TIV） | | | | | | 2003—2007年所占百分比 |
|---|---|---|---|---|---|---|---|---|---|
| 2003—2007 | 2002—2006[a] | | 2003 | 2004 | 2005 | 2006 | 2007 | 2003—2007 | |
| 102 | 105 | 赞比亚 | — | — | — | 23 | 3 | 26 | — |
| 103 | 103 | 肯尼亚 | — | — | 25 | — | — | 25 | — |
| 104 | 109 | 布基纳法索 | — | — | 19 | 1 | 14 | 24 | — |
| 105 | 122 | 赤道几内亚 | — | 8 | — | — | 15 | 22 | — |
| 106 | 108 | 塞内加尔 | — | — | 6 | 15 | — | 22 | — |
| 107 | 110 | 乍得 | — | — | — | 18 | 3 | 21 | — |
| 108 | 114 | 玻利维亚 | — | 1 | 9 | 5 | 5 | 21 | — |
| 109 | 116 | 马里 | — | — | 13 | — | 7 | 20 | — |
| 110 | 111 | 吉尔吉斯斯坦 | 9 | 5 | 3 | 1 | — | 18 | — |
| 111 | 113 | 马耳他 | — | — | 18 | — | — | 18 | — |
| 112 | 112 | 博茨瓦纳 | 7 | 9 | — | — | — | 16 | — |
| 113 | 117 | 尼日尔 | 14 | — | — | — | — | 14 | — |
| 114 | 118 | 塔吉克斯坦 | — | — | — | 13 | — | 13 | — |
| 115 | 115 | 黎巴嫩/真主党[b] | — | 1 | — | 11 | — | 13 | — |

| 排名 | | 接受方 | 进口量（TIV） | | | | | | 2003—2007年所占百分比 |
|---|---|---|---|---|---|---|---|---|---|
| 2003—2007 | 2002—2006[a] | | 2003 | 2004 | 2005 | 2006 | 2007 | 2003—2007 | |
| 116 | 107 | 卡塔尔 | 12 | — | — | — | — | 12 | — |
| 117 | 121 | 中非共和国 | — | — | — | 9 | — | 9 | — |
| 118 | 104 | 萨尔瓦多 | 9 | — | — | — | — | 9 | — |
| 119 | 120 | 吉布提 | — | — | 8 | — | — | 8 | — |
| 120 | 123 | 冈比亚 | — | 7 | — | — | — | 7 | — |
| 121 | 101 | 毛里塔尼亚 | 7 | — | — | — | — | 7 | — |
| 122 | 119 | 喀麦隆 | — | — | 5 | — | — | 5 | — |
| 123 | 126 | 刚果共和国 | — | — | 4 | 1 | — | 5 | — |
| 124 | 127 | 老挝 | — | — | 4 | — | — | 4 | — |
| 125 | 128 | 巴拉圭 | — | 4 | 1 | — | — | 4 | — |
| 126 | 99 | 斯洛伐克 | — | — | 4 | — | — | 4 | — |
| 127 | 129 | 俄罗斯 | — | — | — | 4 | — | 4 | — |
| 128 | 131 | 毛里求斯 | — | — | — | 4 | — | 4 | — |
| 129 | 139 | 黎巴嫩 | — | — | 1 | — | 3 | 4 | — |

| 排名 | | 接受方 | 进口量（TIV） | | | | | | 2003—2007年所占百分比 |
|---|---|---|---|---|---|---|---|---|---|
| 2003—2007 | 2002—2006[a] | | 2003 | 2004 | 2005 | 2006 | 2007 | 2003—2007 | |
| 130 | 125 | 贝宁 | — | — | — | — | 3 | 3 | — |
| 131 | 133 | 卢旺达 | — | — | — | 3 | — | 3 | — |
| 132 | 132 | 文莱 | — | — | 1 | 2 | — | 3 | — |
| 133 | 134 | 联合国 | — | 1 | 1 | 1 | — | 3 | — |
| 134 | 135 | 莱索托 | — | 1 | — | 1 | — | 2 | — |
| 135 | 147 | 巴勒斯坦 | — | — | — | — | 2 | 2 | — |
| 136 | 136 | 几内亚 | 1 | — | — | — | — | 1 | — |
| 137 | 137 | 卢森堡 | 1 | — | — | — | — | 1 | — |
| 138 | 146 | 巴哈马 | — | — | — | — | 1 | 1 | — |
| 139 | 138 | 莫桑比克 | 1 | — | — | — | — | 1 | — |
| 140 | 141 | 索马里/UIC[b] | — | — | — | — | — | — | — |
| 141 | 143 | 马其顿 | — | — | — | — | — | — | — |
| 142 | 144 | 斯里兰卡/LTTE[b] | — | — | — | — | — | — | — |
| 143 | 145 | 不丹 | — | — | — | — | — | — | — |

| 排名 | | 接受方 | 进口量（TIV） | | | | | | 2003—2007年所占百分比 |
|---|---|---|---|---|---|---|---|---|---|
| 2003—2007 | 2002—2006[a] | | 2003 | 2004 | 2005 | 2006 | 2007 | 2003—2007 | |
| 144 | 140 | 巴拿马 | — | — | — | — | — | — | — |
| 145 | 142 | 乌干达/LRA[b] | — | — | — | — | — | — | — |
| 146 | 124 | 乌兹别克斯坦 | — | — | — | — | — | — | — |
| 147 | 130 | 布隆迪 | — | — | — | — | — | — | — |
| — | — | 不明国家[c] | — | — | — | — | — | — | — |
| — | — | 不明叛乱集团[c] | — | — | — | — | — | — | — |
| | | **总　计** | **18750** | **21089** | **21256** | **26223** | **24210** | **111528** | **100** |

“—”表示零或忽略不计；“<1”表示大于等于 0.5，但小于 1。

**注：** SIPRI 的武器转让数据系指实际交付的主要常规武器。为便于在交付的不同武器数据之间进行比较，并得出总体趋势，SIPRI 引入趋势指示值的概念。该数值仅表示国际武器转让量，而非此类转让的发生金额。因此，该数值与经济统计中的国内生产总值或进出口值之间并无可比性。趋势指示值的计算方法在附录 7C 和 SIPRI 的武器转让项目网站上有所描述，网址：URL〈http://www.sipri.org/contents/armstrad/atmethods.html〉。

a　2002—2006 年间接受方的排名次序因这些年来对数字的不断修改而与已经出版的《SIPRI 年鉴 2007》中的内容有所差别。

b　交付给这些国家的武器包括非国家行为体或叛乱集团接受的武器；LRA 表示圣主抵抗军；LTTE 表示泰米尔伊拉姆猛虎解放组织；UIC 表示伊斯兰法院联盟。

c　一个或多个不明国家或叛乱集团。

**资料来源：** SIPRI 武器转让数据库，URL〈http://armstrade.sipri.org/〉。

**表 7A. 4 2003—2007 年主要常规武器供应方**

本表包括所有在 2003—2007 年 5 年间出口主要常规武器的国家和非国家行为体，以 2003—2007 这 5 年间累计出口额为序排列。出口量一栏内的数字为 SIPRI 趋势指示值（TIV），以百万美元为单位，按照 1990 年不变价格计算。右边一栏显示的是 2003—2007 年间各供应国在全球武器出口量中所占的份额。因四舍五入关系，表中数字可能存在无法契合的情况。

| 排名 | | 供应方 | 出口量（TIV） | | | | | | 2003—2007 年所占百分比 |
|---|---|---|---|---|---|---|---|---|---|
| 2003—2007 | 2002—2006[a] | | 2003 | 2004 | 2005 | 2006 | 2007 | 2003—2007 | |
| 1 | 1 | 美国 | 5581 | 6616 | 7026 | 7821 | 7454 | 34499 | 31 |
| 2 | 2 | 俄罗斯 | 5355 | 6400 | 5576 | 6463 | 4588 | 28382 | 25 |
| 3 | 3 | 德国 | 1706 | 1017 | 1879 | 2891 | 3395 | 10889 | 10 |
| 4 | 4 | 法国 | 1313 | 2267 | 1688 | 1586 | 2690 | 9544 | 9 |
| 5 | 5 | 英国 | 624 | 1143 | 871 | 978 | 1151 | 4766 | 4 |
| 6 | 6 | 荷兰 | 342 | 218 | 611 | 1575 | 1355 | 4101 | 4 |
| 7 | 7 | 意大利 | 311 | 210 | 818 | 694 | 562 | 2596 | 2 |
| 8 | 10 | 瑞典 | 468 | 287 | 536 | 437 | 413 | 2141 | 2 |
| 9 | 8 | 中国 | 580 | 288 | 271 | 562 | 355 | 2057 | 2 |
| 10 | 9 | 乌克兰 | 397 | 354 | 308 | 563 | 109 | 1731 | 2 |
| 11 | 12 | 西班牙 | 158 | 56 | 133 | 825 | 529 | 1701 | 2 |

| 排名 | | 供应方 | 出口量（TIV） | | | | | | 2003—2007年所占百分比 |
|---|---|---|---|---|---|---|---|---|---|
| 2003—2007 | 2002—2006[a] | | 2003 | 2004 | 2005 | 2006 | 2007 | 2003—2007 | |
| 12 | 11 | 以色列 | 309 | 561 | 280 | 246 | 238 | 1635 | 1 |
| 13 | 13 | 加拿大 | 276 | 302 | 206 | 210 | 343 | 1337 | 1 |
| 14 | 14 | 瑞士 | 120 | 217 | 196 | 208 | 211 | 952 | <1 |
| 15 | 16 | 波兰 | 72 | 43 | 17 | 255 | 135 | 522 | <1 |
| 16 | 15 | 乌兹别克斯坦 | 340 | 170 | 4 | — | — | 514 | <1 |
| 17 | 22 | 韩国 | 104 | 20 | 32 | 80 | 214 | 450 | — |
| 18 | 18 | 南非 | 43 | 71 | 24 | 140 | 80 | 358 | — |
| 19 | 17 | 比利时 | 15 | 47 | 171 | 58 | 10 | 301 | — |
| 20 | 21 | 丹麦 | 59 | 173 | 1 | 1 | 5 | 238 | — |
| 21 | 30 | 黑山[b] | .. | .. | .. | 126 | 85 | 211 | — |
| 22 | 24 | 土耳其 | 38 | 20 | 51 | 56 | 33 | 198 | — |
| 23 | 25 | 芬兰 | 23 | 21 | 27 | 97 | 24 | 192 | — |
| 24 | 20 | 白俄罗斯 | 80 | 50 | 24 | 35 | — | 190 | — |

| 排名 | | 供应方 | 出口量（TIV） | | | | | | 2003—2007年所占百分比 |
|---|---|---|---|---|---|---|---|---|---|
| 2003—2007 | 2002—2006[a] | | 2003 | 2004 | 2005 | 2006 | 2007 | 2003—2007 | |
| 25 | 19 | 挪威 | 83 | 79 | 12 | 14 | — | 187 | — |
| 26 | 23 | 捷克共和国 | 64 | 1 | 68 | 38 | 13 | 183 | — |
| 27 | 27 | 利比亚 | 23 | 60 | 45 | 21 | 9 | 158 | — |
| 28 | 28 | 奥地利 | 3 | 3 | 3 | 62 | 86 | 156 | — |
| 29 | 26 | 保加利亚 | 48 | 16 | 66 | 5 | 7 | 141 | — |
| 30 | 33 | 巴西 | — | 44 | 10 | 32 | 24 | 110 | — |
| 31 | 31 | 澳大利亚 | 40 | 2 | 50 | 4 | 1 | 97 | — |
| 32 | 34 | 吉尔吉斯斯坦 | 92 | — | — | — | — | 92 | — |
| 33 | 29 | 斯洛伐克 | — | 79 | — | 7 | — | 86 | — |
| 34 | 36 | 希腊 | 6 | 32 | 13 | 23 | — | 74 | — |
| 35 | 39 | 匈牙利 | — | — | 68 | — | 6 | 74 | — |
| 36 | 40 | 约旦 | — | 42 | 17 | — | 13 | 71 | — |
| 37 | 37 | 新加坡 | — | 66 | 3 | — | — | 70 | — |

| 排名 | | 供应方 | 出口量（TIV） | | | | | | 2003—2007年所占百分比 |
|---|---|---|---|---|---|---|---|---|---|
| 2003—2007 | 2002—2006[a] | | 2003 | 2004 | 2005 | 2006 | 2007 | 2003—2007 | |
| 38 | 45 | 罗马尼亚 | 24 | — | 2 | 8 | 16 | 50 | — |
| 39 | 43 | 印度 | 4 | 22 | 4 | 14 | — | 43 | — |
| 40 | 35 | 印度尼西亚 | — | 25 | 8 | 8 | — | 41 | — |
| 41 | 41 | 巴基斯坦 | 9 | 9 | 11 | 9 | — | 37 | — |
| 42 | 44 | 沙特阿拉伯 | — | — | 36 | — | — | 36 | — |
| 43 | 46 | 阿联酋 | — | 2 | 25 | 7 | 3 | 36 | — |
| 44 | 64 | 葡萄牙 | — | — | — | — | 30 | 30 | — |
| 45 | 38 | 朝鲜 | 13 | 13 | — | — | — | 26 | — |
| 46 | 47 | 伊朗 | 9 | 1 | — | 10 | — | 21 | — |
| 47 | 48 | 哈萨克斯坦 | — | 5 | — | 12 | — | 18 | — |
| 48 | 49 | 马耳他 | — | 10 | — | — | — | 10 | — |
| 49 | 50 | 泰国 | 5 | 5 | — | — | — | 10 | — |
| 50 | 51 | 塞尔维亚[b] | — | 4 | — | 5 | — | 9 | — |

| 排名 | | 供应方 | 出口量（TIV） | | | | | | 2003—2007年所占百分比 |
|---|---|---|---|---|---|---|---|---|---|
| 2003—2007 | 2002—2006[a] | | 2003 | 2004 | 2005 | 2006 | 2007 | 2003—2007 | |
| 51 | 32 | 格鲁吉亚 | — | 7 | — | — | — | 7 | — |
| 52 | 52 | 委内瑞拉 | — | 1 | — | 5 | 1 | 7 | — |
| 53 | 53 | 卡塔尔 | — | — | — | 6 | — | 6 | — |
| 54 | 54 | 秘鲁 | — | 5 | — | — | — | 5 | — |
| 55 | 56 | 摩尔多瓦 | — | — | 4 | — | — | 4 | — |
| 56 | 63 | 菲律宾 | — | — | — | — | 4 | 4 | — |
| 57 | 57 | 叙利亚 | — | — | — | 3 | — | 3 | — |
| 58 | 59 | 新西兰 | — | 1 | — | — | — | 1 | — |
| 59 | 62 | 阿曼 | — | — | 1 | — | — | 1 | — |
| 60 | 60 | 智利 | — | — | — | — | — | — | — |
| 61 | 42 | 黎巴嫩 | — | — | — | — | — | — | — |
| 62 | 58 | 立陶宛 | — | — | — | — | — | — | — |
| 63 | 61 | 安哥拉 | — | — | — | — | — | — | — |

| 排名 | | 供应方 | 出口量（TIV） | | | | | | 2003—2007年所占百分比 |
|---|---|---|---|---|---|---|---|---|---|
| 2003—2007 | 2002—2006[a] | | 2003 | 2004 | 2005 | 2006 | 2007 | 2003—2007 | |
| 64 | 55 | 波斯尼亚和黑塞哥维那 | — | — | — | — | — | — | — |
| — | — | 不明国家[c] | 14 | 4 | 61 | 25 | 18 | 121 | — |
| | | **总　计** | **18750** | **21089** | **21256** | **26223** | **24210** | **111528** | **100** |

“—”表示零或忽略不计；“<1”表示大于等于 0.5，但小于 1。

**注：** SIPRI 的武器转让数据系指实际交付的主要常规武器。为便于在交付的不同武器数据之间进行比较，并得出总体趋势，SIPRI 引入趋势指示值的概念。该数值仅表示国际武器转让量，而非此类转让的发生金额。因此，该数值与经济统计中的国内生产总值或进出口值之间并无可比性。趋势指示值的计算方法在附录 7C 和 SIPRI 的武器转让项目网站上有所描述，网址：URL〈http：//www. sipri. org/contents/armstrad/atmethods. html〉。

a　2002—2006 年间供应方的排名次序因这些年来对数字的不断修改而与已经出版的《SIPRI 年鉴 2007》中的内容有所差别。

b　2006 年 6 月 3 日黑山从“塞尔维亚和黑山”中正式分离出来。塞尔维亚的数据在 2005 年之前指的是“塞尔维亚和黑山”（即 2003 年 2 月之前的南斯拉夫联盟共和国）的数据，从 2006 年开始仅指塞尔维亚的数据。

c　一个或多个不明国家。

**资料来源：** SIPRI 武器转让数据库，URL〈http：//armstrade. sipri. org/〉。

（何毅丹　译）

# 附录 7B 武器贸易额

马克·布罗姆利

**表 7B.1 依据国家政府和工业部门统计的 1998—2006 年间全球武器贸易额**

表中数据按照 2006 年的美元不变价格计算，以百万美元为单位。按照报告年份的市场兑换率和美国消费价格指数（CPI）转换为 2006 年美元不变价格。

| 国家 | 1998 | 1999 | 2000 | 2001 | 2002 | 2003 | 2004 | 2005 | 2006 | 数据涵盖内容 |
|---|---|---|---|---|---|---|---|---|---|---|
| **全球总量**[a] | **43803** | **41510** | **33660** | **28796** | **31626** | **37716** | **43037** | **39704** | **45628** | |
| 澳大利亚 | 11 | 403 | 25 | 58 | 276 | 421 | .. | .. | .. | 武器出口额（2003 年数据为 2003 年 7 月 1 日至 2004 年 6 月 30 日数据） |
| 奥地利 | 287 | 509 | 607 | 393 | 247 | 304 | 21 | 329 | 384 | 武器出口许可额 |
| 比利时 | 893 | 802 | 840 | 865 | 1209 | 824 | 721 | 329 | 1103 | 武器出口许可额 |
| 巴西 | 87 | 483 | 210 | 330 | 187 | 54 | 304 | 294 | .. | 武器出口额 |

| 国家 | 1998 | 1999 | 2000 | 2001 | 2002 | 2003 | 2004 | 2005 | 2006 | 数据涵盖内容 |
|---|---|---|---|---|---|---|---|---|---|---|
| 加拿大 | 351 | 354 | 377 | 435 | 484 | 566 | 528 | 274 | .. | 武器出口额（不包括向美国的出口） |
| 捷克共和国 | 126 | 116 | 94 | 61 | 81 | 103 | 119 | 113 | 117 | 武器出口额 |
| 丹麦 | .. | .. | .. | 78 | 120 | 99 | 135 | 113 | 164 | 武器出口许可额 |
| 芬兰 | 43 | 52 | 25 | 41 | 57 | 61 | 56 | 132 | 67 | 武器出口额 |
| 法国 | 7715 | 4708 | 2820 | 3114 | 4494 | 5127 | 9150 | 4819 | 5061 | 武器出口额 |
| 德国 | 856 | 1875 | 733 | 374 | 335 | 1649 | 1496 | 2092 | 1724 | 武器出口额（仅包括“战争武器”的出口额） |
| 希腊 | .. | 58 | 23 | 52 | 55 | 139 | 20 | 37 | 110 | 武器出口许可额 |
| 匈牙利 | .. | .. | 20 | 10 | 8 | 14 | 12 | 15 | 20 | 武器出口额 |
| 印度 | 41 | 21 | .. | .. | 53 | 103 | 75 | 59 | 95 | 武器出口额（2006 年数据为 2006 年 4 月 1 日至 2007 年 3 月 31 日数据） |
| 爱尔兰 | 28 | 77 | 33 | 55 | 38 | 43 | 36 | 39 | 58 | 武器出口许可额 |
| 以色列 | 2324 | 1944 | 2065 | 2277 | 2241 | 2575 | 2775 | 2864 | 3000 | 武器出口额 |
| 意大利 | 1385 | 1142 | 651 | 564 | 514 | 779 | 636 | 1067 | 1217 | 武器出口额 |
| 韩国 | 182 | 238 | 64 | 228 | 157 | 263 | 448 | 268 | 250 | 武器出口额 |

| 国家 | 1998 | 1999 | 2000 | 2001 | 2002 | 2003 | 2004 | 2005 | 2006 | 数据涵盖内容 |
|---|---|---|---|---|---|---|---|---|---|---|
| 荷兰 | 593 | 472 | 450 | 663 | 475 | 1423 | 827 | 1508 | 1411 | 武器出口许可额 |
| 挪威 | 170 | 190 | 141 | 203 | 322 | 468 | 319 | 394 | 455 | 武器出口额 |
| 巴基斯坦 | .. | 36 | 47 | 91 | 112 | 110 | 107 | 206 | .. | 武器出口额 |
| 波兰 | .. | .. | 47 | 57 | 90 | 226 | 349 | 372 | 345 | 武器出口许可额 |
| 葡萄牙 | 21 | 14 | 14 | 11 | 6 | 31 | 16 | 9 | 1 | 武器出口额 |
| 罗马尼亚 | 69 | 81 | 44 | 28 | 49 | 77 | 45 | 37 | .. | 武器出口额 |
| 俄罗斯 | 3215 | 4103 | 4308 | 4218 | 5402 | 5918 | 6169 | 6323 | 6500 | 武器出口额 |
| 斯洛伐克 | 45 | 67 | 52 | 106 | 35 | 47 | 86 | 64 | 80 | 武器出口额 |
| 南非 | 145 | 217 | 234 | 230 | 273 | 449 | 452 | .. | .. | 武器出口许可额 |
| 西班牙 | 225 | 182 | 149 | 235 | 290 | 474 | 538 | 538 | 1060 | 武器出口额 |
| 瑞典[b] | 547 | 535 | 559 | 337 | 396 | 878 | 1059 | 1192 | 1406 | 武器出口额 |
| 瑞士 | 182 | 187 | 148 | 174 | 200 | 308 | 345 | 214 | 317 | 武器出口额 |

| 国家 | 1998 | 1999 | 2000 | 2001 | 2002 | 2003 | 2004 | 2005 | 2006 | 数据涵盖内容 |
|---|---|---|---|---|---|---|---|---|---|---|
| 土耳其 | 99 | 102 | 144 | 153 | 278 | 363 | 209 | 348 | .. | 武器出口额 |
| 英国[b] | 4030 | 1921 | 3048 | 2511 | 1583 | 1776 | 2719 | 2609 | 3792 | 武器出口额 |
| 乌克兰 | 371 | .. | 585 | 569 | 560 | 548 | .. | .. | .. | 武器出口额 |
| 美国[b] | 19265 | 20265 | 14809 | 10274 | 11141 | 11584 | 12239 | 11865 | 14008 | 武器出口额 |

**注：**表中所列的国家都是那些9年间至少5年提供武器出口官方交易额数据的国家，而且所报告年份中大部分的交易额都超过500万美元。对于某些国家，我们采用的是武器出口许可额，因为这是唯一可采用的数据。SIPRI估计表中这些国家的交易额占主要常规武器总交易额的90%以上。通过对这些武器出口额进行总计有可能估算出全球武器贸易额。表中国家武器出口数据并不完全可靠，年份之间也不是完全可比较的。

a 在计算年度总量时，所有国家的数据转化为日历年，假定相关年份之间数据是等分的。如果无法获得数据，那么总量中将包括根据这些数据缺失国家整体平均变化率的估算额。

b 这些国家发布了额外的更高的数据，这些数据可以在网址URL〈http：//www. sipri. org/contents/armstrade/at _ gov _ ind _ data. html〉上获得。

**资料来源：**本文数据基于公开资料或直接与政府部门或官方工业体联系获得。欲获得所有资料和所有可获得的武器出口额数据参见网址：URL〈http：//www. sipri. org/contents/armstrade/at _ gov _ ind _ data. html〉。

（何毅丹　译）

# 附录7C 武器转让数据的资料来源与统计方法

## SIPRI武器转让项目

“SIPRI武器转让项目”报告了常规武器国际转让情况。由于缺乏足够的信息来跟踪所有武器及其他军事装备，SIPRI的武器转让只涵盖所定义的所谓“主要常规武器”。SIPRI数据库中的数据均取自公开信息来源，按照供应方、接受方和武器的交货情况进行分类登记，[1] 并以表格的形式表现主要常规武器总的转让趋势及地域分布状况。SIPRI建立了独特的“趋势指示值”（TIV）体系，该数值与经济数据，如国内生产总值、公共开支或进出口值之间并无可比性。

该数据库涵盖了1950年以来的数据，数据收集与分析是一个连续的过程。随着新数据的获得，数据库中各年的数据均作了更新。[2]

## 一、2007年对统计方法的修订

新公布的有关单个武器的技术数据使得有必要对趋势指示值进行新的计算。不过，数据库需要不时地进行重要而自然的修改，以反映武器转让的现实变化，或所采用的新的资料来源。例如，2006年在数据库中增加了装甲车和舰艇炮塔的数据，同时对有关许可证生产部分趋势指示值的计算进行了审查和修订。这些变化导致整个数据库的

〔1〕 主要常规武器转让的登记情况在前几版的SIPRI年鉴中都有体现，目前在SIPRI网站上可以通过两种形式获得：一是本章分析用的数据形成的登记表；另一种是利用最新的数据形成的更加灵活的可搜索的数据库格式。SIPRI在线数据库不断更新，请参考URL〈http://armstrade.sipri.org/〉。

〔2〕 因此，各版SIPRI年鉴或其他SIPRI出版物的数据不能合用或相互比较。完整的最新数据可在SIPRI武器转让数据库中获得（注释〔1〕）。

改变，以便保持一个有意义的时间序列。

2007年的数据库涵盖范围扩展至包括有制导但无动力的炸弹和炮弹。近年来，这些武器越来越普遍，在技术、价格和对军事理论的影响方面与其他短程导弹同样重要。

## 二、选择标准和涵盖范围

### 选择标准

SIPRI采用“武器转让”一词，而不是“武器贸易”或“武器销售”。SIPRI不仅涵盖包括许可证生产的武器销售，而且还涵盖其他形式的武器供给，包括援助和赠与。

转让的武器必须是指定给另一国的武装力量、准军事力量或情报机构。向武装冲突中的非国家行为体提供武器，或非国家行为体向外转让武器，被表示为向个别武装的非国家行为体交付或由个别武装的非国家行为体供应武器，并分别被列入“接受方”或“供应方”栏目。向国际组织提供武器，或国际组织向外转让武器也按相同方式列入和分类。如果交货得到确认，但不能完全确定交货的供应方或接受方，则该转让就登记为供应方“不详”或接受方“不详”。只有当两个或两个以上国家合作生产的武器达成转让协议，而且不清楚由哪一个国家交付时，供应方标定为“多国供应商”。

武器必须是供应方自愿转让。这包括武器的非法转让——没有得到供应方或接受方政府的有效授权——但不包括缴获的武器或通过叛逃者得到的武器。最后，武器必须用于军事目的。那些主要用于政府其他部门，但由武装部队登记和操作的系统，如飞机，则不列入。为技术性或武器采办评估目的供应的武器也不予列入。

### 主要常规武器：涵盖的范围

SIPRI仅涵盖它所认定的“主要常规武器”，界定如下：

1. **飞机**：所有固定翼飞机和直升机，包括无人驾驶的侦察/监视飞机，不包括微型飞机，有动力、无动力滑翔机和靶机。

2. **装甲车**：所有具有整体装甲保护的车辆，包括所有类型的坦克、反坦克装甲车、装甲车、装甲运兵车、装甲支援车和步兵战车。只有携带非常轻型装甲保护的车辆（例如具有完整但轻型装甲保护驾驶室的卡车）不包括在内。

3. **火炮**：口径等于或大于 100 毫米的舰炮、固定机关炮、自行火炮、牵引火炮、多管火箭筒和迫击炮。

4. **传感器**：(1) 预警范围至少在 25 公里以上的所有陆基、空基和舰载的主动（雷达）和被动（如光电）监视系统，不包括导航、气象雷达；(2) 所有火控雷达，不包括测距雷达；(3) 用于舰艇和直升机的反潜机和反舰声纳系统。如果传感器安装于作战平台（车辆、飞机或舰船），登记表只标示与作战平台来自不同供货方的传感器。

5. **防空系统**：(1) 所有陆基地对空导弹系统（SAM）；(2) 所有口径大于 40 毫米的防空炮，这包括装甲底盘和无装甲底盘的自行系统。

6. **导弹**：(1) 所有有动力的装载常规弹头的制导导弹和鱼雷；(2) 所有有制导但无动力的炮弹和炸弹。不包括无制导的火箭、自由落体航空炸弹、反潜火箭和靶机。

7. **舰船**：(1) 所有标准吨位等于或大于 100 吨的舰船；(2) 所有装备了口径等于或大于 100 毫米火炮、鱼雷或导弹的舰船。不包括大部分观测船、拖船和某些运输船。

8. **发动机**：(1) 军用飞机引擎，例如具有作战能力的飞机、大型军用运输机和支援飞机，包括直升机；(2) 军舰发动机，如快速攻击艇、轻型巡洋舰、护卫舰、驱逐舰、巡洋舰、航空母舰和潜艇；(3) 大多数装甲车发动机——输出功率一般在 200 马力以上的发动机。如果发动机安装于作战平台（车辆、飞机或舰船），登记表上则只标示与作战平台来自不同供货方的发动机。

9. **其他**：(1) 所有装甲车辆用的安装口径大于 20 毫米的炮或安装制导性反坦克导弹的炮塔；(2) 所有舰艇用的安装口径大于 57 毫米炮的炮塔；(3) 所有舰艇用的安装组合口径大于 57 毫米多管炮的炮塔。如果武器安装于作战平台（车辆或舰船），登记表上则只标示与作战平台来自不同供货方的武器系统。

所列出的统计数据仅指这 9 类武器的转让，不包括其他军事装备的转让，例如小武器和轻武器、核武器、生化武器、卡车、口径小于 100 毫米的火炮、弹药、支援设备和部件，以及服务或技术转让。

## 三、SIPRI趋势指示值

SIPRI的武器转让评估系统被设计为一个趋势衡量机制，它可以衡量主要武器总的流量及其地域分布的变化情况。SIPRI趋势指示值图表所显示的趋势只是基于相关图表和数据所涵盖年份或时段的实际交货量，而不是基于某年份签订的订货量。

在趋势指示值系统中，类似的武器具有类似的指示值，因此趋势指示值既能反映被转让武器的数量，也能反映它们的质量——换句话说，它描绘的是军事资源的转让。SIPRI趋势指示值并不反映转让武器的贸易额（或支付的金额）。这里有三方面的原因：一是在很多情况下无法获得武器转让金额的可靠数据；二是即便知道武器转让金额，也几乎都是交易的总额，这一总额不仅包括武器本身，也包括与这些武器相关的项目（如备件、装备或弹药）和支援系统（如特种车辆），以及与武装部队装备一体化相关的项目（如依照现有的武器系统改变训练方式或软件）；三是即使知道武器转让的金额，也仍然存在问题，那就是往往不知道此项转让的财务安排的重要细节（例如信用或租借条件和折扣情况）。[3]

衡量转让武器的军事含义则集中于作为军事资源的武器的价值。同样，假定这些价值大致反映武器的军事能力，也可以通过考察武器转让的实际货币金额来实现。然而，上述问题仍然存在，例如：一件非常昂贵的武器可能是作为援助无偿转让，因此不能在财务统计中得到反映，但这却是一项重要的军事资源转让。SIPRI的解决办法是建立一套体系，在这一体系中，对军事资源的衡量包括了对这种转让武器的技术参数进行评估。在对武器承担的任务和武器性能进行评估引入了价值指数，这些价值指数反映了这种武器相对于其他武器的军事资源价值。这一点可以通过给予某些武器一个固定的指数来建立一些基准或参考点来实现，形成指数的核心，所有其他武器都与这些核心武器进行比较。

简言之，计算单个武器的SIPRI趋势指示指数的过程如下：对

〔3〕 根据目前可以从大多数武器出口国获得的财务统计数据，有可能提供一个有关经济要素的非常粗略的看法，但是大多数统计数据缺乏足够的细节。这些数据可在SIPRI武器转让项目网站上获得URL〈http://www.sipri.org/content/armstrade/〉。

有些武器类型，可以在公开资料中找到其实际平均采购单价，这里假定这种实际价格大致反映了这一系统的军事资源价值。例如：一架价格为1000万美元的战斗机，其军事资源价值可以被认为是以500万美元购买的战斗机的军事资源价值的两倍；1亿美元购买的潜艇，其军事资源价值可以被认为是1000万美元购买的战斗机的10倍。那些具有真实价值的武器被用作进行评估的核心武器。价格不详的武器都要与核心武器进行比较，这种比较通过以下步骤进行：

1. 把某种武器的种类与核心武器的种类相比较。对于价格不详的武器种类，如果找不到与这种武器类型相当的核心武器，则选择最为相近的核心武器种类进行比较。

2. 衡量武器大小和性能的标准指标（重量、速度、射程和载荷），则与武器种类相同的核心武器相比较。例如，15000千克的作战飞机可以与重量相当的作战飞机相比较。

3. 其他的特性，如电子器件的类型、加载或卸载装置、发动机、履带或车轮、军事装备和材料，都要进行比较。

4. 要与同一时期的核心武器进行比较。对于按“二手货”交付的武器，则以新武器价格的40%来确定其标准价格。如果武器在交付前，供货方对其进行了重要翻修或重大改造（其军事资源价值因此而增大），其标准价格则按照新武器价格的66%确定。实际上，不同的二手武器的军事资源价值差别可能很大，这取决于武器使用后的状况以及在使用期间对武器进行改造的情况。

SIPRI的趋势指示值不考虑武器使用的条件（例如一架F-16战斗机由一支各方面协调的、训练有素和高度一体化的武装部队使用，其军事价值要比这架飞机被某个发展中国家使用高得多；资源相同但效果却很不同）。SIPRI的趋势指示值还假定核心武器的价格是实价，而且不包括那些即使是官方计划的一部分而实际上与武器本身没有必然关联的费用。例如：表面上属于某项武器计划的资金实际上可能与备选的附加装置和装备有关，或者与也将包括在其他计划中的基础技术开发（不计入成本）有关。实际上，政府可能用这笔钱以高于武器实际价值的价格进行支付，以此对军工企业进行补贴，保持企业的正常运营。

如果生产和交付子系统（如传感器和发动机）的供货方与装载这

些子系统的作战平台的供货方不同，那么在计算作战平台的趋势指示值时将减去这些部件的价值。这些部件的趋势指示值将标示为与作战平台来自不同供货方。

## 四、资料来源

武器转让项目收集的数据来源广泛：报纸、期刊杂志、图书、专题著作与年度参考书，以及国家和国际官方文献。所有这些来源所采用的共同标准是公开材料，即公开发表、公众可以获得的材料。

然而，这类公开资料无法反映世界武器转让的全面情况。公开出版的报告往往只能提供部分信息，而且这些报告之间经常存在实质性的差异。在武器的订购和交付日期、确切数量（甚至类型），或者是供应方和接受方的确定方面，都不总是明白清晰的。因此，在编撰 SIPRI 武器转让数据库过程中，进行判断和明确估计是非常重要的。估算总是保守的，而且可能大大低估了。

所有数据的来源和估算方法载于 SIPRI 武器转让数据库。

（何毅丹　译）

# 第三部分

# 2007 年不扩散、军控与裁军

# 第八章　核军备控制与不扩散

香农 · N. 基尔

## 第一节　导　　言

2007 年，伊朗和朝鲜两国的核计划仍然是国际上有关核武器扩散争论的中心。在解决有关伊朗敏感核燃料循环活动，包括铀浓缩的历史问题方面，国际原子能机构（IAEA）取得了一些进展，使伊朗这些活动是否具有和平性质已经受到质疑。同时，伊朗仍然拒绝遵守联合国安理会要求其停止浓缩计划的决议。在东亚，关于解决朝鲜民主主义人民共和国（DPRK 或称朝鲜）核计划问题的多边谈判也有所突破。2007 年 2 月，为去功能化并最终销毁朝鲜的核设施，各方达成了《行动计划》。另外，关于印度和美国签署的《民用核合作倡议》(CNCI) 以及协议规定印度可以不受美国和多边核供应国集团限制的争论仍在继续。在日内瓦，裁军谈判会议（CD）在启动《禁止生产核武器裂变材料全球条约》(FMCT) 谈判方面虽然又作了努力，但最终未成功。

本章回顾了 2007 年核军备控制和防扩散领域的主要动向。第二节阐述伊朗核计划的进展，并概述了 IAEA 对该国过去及当前核活动的调查情况。第三节阐述了六方会谈达成的外交协定，在该协定中朝方获取经济和安全方面的回报，承诺将放弃其核设施。第四节分析对印美核协议的争论，重点分析该协议实施时会遇到的障碍因素。第五节概述裁军谈判会议为打破阻碍 FMCT 谈判长达十多年的僵局而进行的努力。第六节概括了国际社会为加强核安全及安全处置剩余裂变材料作出的努力。第七节是结论。

附录 8A 分别列出了美国、俄罗斯、英国、法国、中国、印度、巴基斯坦、以色列和朝鲜等九国核力量或核能力数据资料表格。附录 8B 详细介绍了全球裂变材料库存情况。附录 8C 概述了美国正在引进的主要弹道导弹防御计划。附录 8D 阐述核技术分析鉴定法为何应用于核查条约的遵守情况。

## 第二节　伊朗和核扩散关切

2007 年，由于伊朗引进其铀浓缩活动，国际上对其核计划范围和性质的争论更加激烈。这一争论始于 2002 年年底，中心问题是国际原子能机构发现伊朗违反了 1968 年的《不扩散核武器条约》（《核不扩散条约》，NPT）规定的它与机构签署的全面保障监督协议，在过去的 20 年里没有申报其重要的核活动。[1] 2004 年，又发现伊朗通过巴基斯坦核总工程师卡迪尔·汗组织的走私网络获取了核技术和设备，这使争论进一步加剧。[2] 伊朗认为其核计划完全用于和平目的，任何有违全面保障监督协议的行为在性质上属于疏忽，且微不足道。然而在欧洲、美国和其他一些地方，人们担心伊朗正试图在民用核能计划的掩盖下，将生产钚和高浓铀（HEU）所需的敏感燃料循环设备用于制造核武器。自 2003 年 10 月以来，欧盟三个成员国——法国、德国和英国，即所谓欧洲三国（E3）——开始牵头通过与伊朗谈判解决这一争端。欧盟共同外交与安全政策的高级代表索拉纳也参加了谈判。[3]

---

〔1〕 伊朗于 1970 年 2 月 2 日以无核武器国家身份加入 NPT 条约。它与 IAEA 签订的全面保障监督协议（INFCIRC/214）于 1974 年 5 月 15 日生效。NPT 的内容概要，参见本卷附录 A。

〔2〕 关于卡迪尔·汗的走私网络，参见国际战略研究所（IISS），“核黑市：巴基斯坦，卡迪尔·汗及核扩散网络的兴起”，《IISS 战略档案》，（Routledge 出版社：Abingdon，2007 年）。

〔3〕 关于欧洲和伊朗对核问题的看法，参见 S. N. 基尔主编的《欧洲和伊朗：从各自角度看不扩散问题》，SIPRI 研究报告第 21 期，（牛津大学出版社：牛津，2005 年）。

## 伊朗违抗联合国安理会决议

2007年伊始，伊朗继续违抗联合国安理会第1696号和第1737号决议要求其立即停止所有与铀浓缩相关的活动和钚后处理活动。[4]第1737号决议根据《联合国宪章》第七章第41条对伊朗实施一系列有限的经济和政治制裁。[5]伊朗当即拒绝该决议，称其"无效"、"非法"，并宣称要重新考虑与IAEA的合作。[6]

2007年2月，IAEA总干事巴拉迪向IAEA理事会提交报告，称伊朗尚未停止其铀浓缩和其他敏感核燃料循环活动。[7]巴拉迪指出，伊朗原子能组织（AEOI）已经在纳坦兹附近的燃料浓缩中试厂（PEEP）和燃料浓缩厂（FEP）安装了更多的P－1型气体离心机。燃料浓缩中试厂的伊朗技术人员仍在PEEP运行单级联以及10-、24-、164-台离心机级联，并"断断续续地"将六氟化铀（UF6）注入这些离心机。[8]此前伊朗已通知IAEA，将再在燃料浓缩厂安装更多级联离心机，并准备向现有的离心机级联注入六氟化铀。报告还指出，伊朗已经提高了位于伊斯法罕的铀转化设施（UCF）的六氟化铀产量。另外，伊朗还在继续在阿拉克附近建设一座40兆瓦（热）

〔4〕关于联合国安理会对伊朗核问题的审议，参见S. N. 基尔，"核军备控制与不扩散"，《SIPRI年鉴2007：军备、裁军和国际安全》，（牛津大学出版社：牛津，2007年），第488—493页。

〔5〕联合国安理会于2006年12月23日通过第1737号决议。此处引用的联合国文件参见网址：〈http：//documents. un. org/〉。

〔6〕"联合国就对伊朗制裁问题进行表决"，"半岛"电视台，2006年12月23日，参见网址：〈http：//english. aljazeera. net/NR/exeres/A742D5DB－379A－4A0F－8DFA－40213800A37C. htm〉。2007年1月，据报导，伊朗想对来自投票赞成第1737号决议国家的IAEA核查人员拒发签证。"伊朗禁止38名IAEA核查人员入境检查其核设施"，俄罗斯新闻社，2007年1月22日，参见网址：〈http：//en. rian. ru/world/20070122/59499341. html〉。

〔7〕IAEA理事会，"伊朗伊斯兰共和国执行NPT全面保障监督协议及安理会第1737号决议（2006年）相关条款的情况"，总干事向IAEA理事会的报告，GOV/2007/8，2007年2月22日，第1、5页。此处引用的大多数IAEA文件和出版物可参见网址：〈http：//www. iaea. org/〉。

〔8〕六氟化铀是包括气体离心分离在内的大多数铀浓缩程序所用的原材料。参见A. Krass等人所著的SIPRI，《铀浓缩和核武器扩散》（Taylor & Francis：伦敦，1983年），参见网址：〈http：//books. sipri. org/product _ info? c _ product _ id=286〉。

重水研究堆（IR-40）。[9] 在巴拉迪提交报告后，IAEA 理事会通过表决部分或全部停止了机构与伊朗之间 55 项技术合作项目中的 22 项。[10]

2007 年 3 月 24 日，联合国安理会一致通过了第 1747 号决议。该决议加大了对伊朗的制裁力度，重申伊朗必须“不再继续拖延遵守”IAEA 理事会要求采取的行动，包括完全且持久地停止所有铀浓缩相关活动和后处理的活动，并批准、执行附加议定书。[11] 安理会要求 IAEA 总干事在 60 日内提交一份新报告。“如果而且只要经 IAEA 核实伊朗已暂停所有铀浓缩相关活动和后处理活动，包括研究和开发活动，安理会答应停止有关制裁，以便认真开展谈判”。[12]

伊朗官员强烈谴责第 1747 号决议，认为该决议超出了安理会的合法权限，并警告说，面对安理会强制执行的制裁，伊朗将减少与 IAEA 的合作。[13] 伊朗外交部长努切赫尔·穆塔基称，伊朗的和平核计划“并未对国际和平与安全构成威胁，因此不在安理会根据联合国宪章的管辖范围”，安理会对伊朗核计划采取的行动是“非法的，没有必要，也是没有道理的”。[14]

3 月 29 日，伊朗通知 IAEA，伊已中止执行附属安排总则 Code 3.1 修改文本关于尽早提供设计资料的规定，而是执行 1976 年签署

〔9〕 IAEA（同注释〔7〕），第 1 页。该类型反应堆很适合生产武器级钚。预计到 2010 年竣工时，该反应堆将每年能够生产足够制造两枚核武器的乏燃料。

〔10〕“IAEA 削减对伊朗的技术援助”，自由欧洲电台，2007 年 5 月 8 日，参见网址：〈http：//www. rferl. org/featuresarticle/2007/3/66AACED3 － C509 － 4233 － AC46 － EE1E61911F8B. html〉。另参见 J. Boureston 和 J. Lacey 合写的“核技术合作：权利还是特权?”，《今日军控》，第 37 卷，第 7 期（2007 年 9 月）。

〔11〕 联合国安理会第 1747 号决议，2007 年 3 月 24 日。关于制裁的内容，见本卷第 11 章第 2 节。2003 年 12 月，伊朗与 IAEA 签署了全面保障监督协议的附加议定书，允许机构核查人员扩大调查可能尚未申报的核活动的权限。2006 年 2 月，在议会尚未批准附加议定书的情况下，伊朗宣布，为了抗议 IAEA 理事会决定将伊朗核问题提交给联合国安理会，伊朗将不再遵照议定书的条款行事。

〔12〕 联合国安理会第 1747 号决议（同注释〔11〕）。

〔13〕 伊朗通讯社，“伊领导人就对伊朗的非法行动的后果发出警告”，2007 年 3 月 22 日，参见网址：〈http：//www2. irna. ir/en/news/view/line－17/0703225333091859. htm〉。

〔14〕 引自联合国安理会，“安理会通过第 1747 号决议（2007 年）后对伊朗制裁更加严厉，增加了武器禁运的内容”，新闻发布稿，2007 年 3 月 24 日，参见网址：〈http：//www. un. org/News/Press/docs/2007/sc8980. doc. htm〉。

的原文本，原文本只要求伊朗“在设施首次按时得到核材料的180天之前”提交新设施的设计资料。[15] 伊朗还通知IAEA，不再允许机构核查人员检查伊朗遵照修改后的Code 3.1提交给IAEA的IR-40反应堆设计资料。[16]

伊朗的决定在法律和政治两方面受到质疑。IAEA称，伊朗签署的保障监督协议（INFCIRC/214）中并没有规定允许其单方面中止附属安排中协议的条款，机构有权核查向其提供的设计资料是一项“持续权利”，不取决于设施建设处于哪个阶段。[17] 美国称，伊朗的行动进一步损害了对伊朗领导人意图的信心，并对伊朗可能在“秘密建设新的敏感核设施，仅在设施即将运行之前才通知IAEA”表示“严重关切”。[18]

### 是否采取新制裁措施问题上陷入外交僵局

2007年4月25日，索拉纳会见了伊朗最高国家安全委员会秘书拉里贾尼，双方讨论了如何恢复核问题谈判。[19] 此次会见之前，欧盟理事会决定，除第1737号和第1747号决议规定的制裁措施之外，对伊朗追加制裁，其中包括全面武器禁运。[20] 据报道，索拉纳提出

---

〔15〕 IAEA理事会接到了关于伊朗答复的报告，“伊朗伊斯兰共和国执行NPT全面保障监督协议及安理会决议相关条款的情况”，IAEA总干事报告，GOV/2007/22，2007年5月23日，第3页。2003年2月，纳坦兹铀浓缩厂被发现后，伊朗和IAEA就Code 3.1修改文本达成协议，要求伊朗“一旦决定建设或授权建设此类设施，不管孰先孰后”，要立即向IAEA提供新核设施的设计资料。关于申报的要求，见附录8D第三节。

〔16〕 IAEA（参见注释〔15〕）。伊朗认为，它已经“回归”到Code 3.11976年的文本，即只要设施的建设处于初期阶段，就没有理由核查设计资料。

〔17〕 IAEA（参见注释〔15〕）。

〔18〕 美国驻维也纳国际组织代表团，“伊朗拒绝提供设计资料和接受核查：进一步引起国际关注的原因”，2007年6月，参见网址：〈http://vienna.usmission.gov/_unvie/speeches_and_related_documents/Anti-Narcotics-Trafficking-Programs-and-Initiatives/1698.php〉。

〔19〕 伊朗国家通讯社，“拉里贾尼说伊朗欢迎正确、认真的会谈”，2007年4月25日，参见网址：〈http://www.globalsecurity.org/wmd/library/news/iran/2007/iran—070425—irna02.htm〉。

〔20〕 2007年4月23日的《委员会共同立场文件2007/246/CFSP》关于对伊朗限制措施问题的《共同立场2007/140/CFSP》的修正案文，*Official Journal of the European Union*，L106（2007年4月24日），第67—75页。

“双停”建议，即在谈判达成长期解决方案之前，伊朗同意停止其铀浓缩活动，欧盟和安理会停止对伊制裁。[21] 但是，会谈无果而终。伊朗总统内贾德反对“双停”建议，坚持伊朗不会停止合法核活动。[22]

由于伊朗违抗联合国安理会第 1737 号和第 1747 号决议，中国、法国、德国、俄罗斯、英国和美国（“五常+1 国家”）就如何规劝或强迫伊朗领导人遵守安理会要求进行了长时间的磋商。六国磋商的背景是，巴拉迪 5 月提交 IAEA 理事会的报告指出，伊朗违反联合国决议，增加了铀浓缩活动并继续建设 IR－40 重水堆。[23] 巴拉迪在报告公布前的一次记者招待会上说，“从防扩散的角度看，其实伊朗的情况有变化，要求伊朗停止铀浓缩”以阻止伊朗掌握离心分离技术的目的已无法达到。巴拉迪的这句话引发了争论。[24]

虽然各方对安理会必须采取行动以加强其权威大体有共识，但对任何新决议写进要采取什么措施一直存在异议。欧盟三国和美国敦促安理会对伊朗增加制裁。不过这些国家又重申 2006 年 6 月“五常+1 国家”提出的政治和经济一揽子建议。[25] 而中国和俄罗斯则继续反对由美国牵头要求针对伊朗进行第三轮制裁，认为应该花更多时间进行外交斡旋。6 月 20 日，俄罗斯外交部长拉夫罗夫说，“只有（IAEA）总干事报告再也不可能解决某些遗留问题之后”，才能通过安理会新决议。[26] 拉夫罗夫强调，核争端应该在 IAEA 和伊朗合作的框架内解决。

2007 年 10 月，美国宣布了一系列制裁措施，目的是限制外国在

---

〔21〕 R. Weitz，“欧盟—伊朗谈判：下一步谈什么?”，*WMD Insights*，2007 年 5 月。

〔22〕 P. Hafezi，“内贾德说伊朗不会在核争执中后退”，路透社 2007 年 4 月 23 日电，参见网址：〈http：//uk. reuters. com/article/oilRpt/idUKDAH34040120070423〉。

〔23〕 IAEA（参见注释〔15〕），第 2、4 页。

〔24〕 M. Heinrich，“巴拉迪说，世界应该适应伊朗核计划进展现实”，路透社 2007 年 5 月 15 日电，参见网址：〈http：//www. reuters. com/article/worldNews/idUSL1544636620070515〉。

〔25〕 P. Kerr，“美国的盟国等待伊朗对其核建议作出回应”，《今日军控》，第 36 卷，第 6 期（2006 年 7 月/8 月刊）。

〔26〕 “拉夫罗夫对联合国采取新举措提出的条件”，路透社 2007 年 6 月 20 日电，参见网址：〈http：//www. reuters. com/article/topNews/idUSL2092290920070620〉。

伊朗的商务活动和银行业务。美国还宣称伊朗伊斯兰革命卫队扩散大规模杀伤性武器，从而对其实施广泛制裁。[27] 在宣布制裁的同时，美国政府继续压欧盟采取类似于美国已立法的限制条规，不许欧盟各国公司与伊朗进行贸易或对伊投资。[28] 法国新当选总统萨科齐转而采取美国所主张的更强硬方针。他警告说，伊朗如不放弃其核野心，其后果是要么“伊朗制造出炸弹要么伊朗挨炸”。[29] 但是德国及其他与伊朗保持密切贸易关系的国家不愿对伊朗实施单边制裁。[30] 这些国家得到一些欧盟小国的支持，因为这些小国担心欧盟的单边制裁会损害安理会的作用。

俄罗斯总的来说一如既往支持伊朗，俄正在靠海湾的布什尔附近建设一座装机容量 1000 兆瓦的轻水核能反应堆。尽管遭到美国反对，俄罗斯以前一直坚持认为，任何安理会制裁决议都不得列入布什尔核电站项目。2007 年 12 月 16 日，俄罗斯向伊朗运交了供布什尔核电站反应堆用的第一批核燃料。[31] 在此前一周，伊朗和俄罗斯已经达成协议，为延迟多年的该核电厂项目最终完工制订时间表。俄官员把延迟的原因归咎于伊朗方面资金不到位，拖欠支付协议的 10 亿美元。[32] 燃料应分几批送完，计划 2 个月运完。[33] 该项目的俄方主要

---

〔27〕 R. Wright，“美国对伊朗军方引进新制裁”，《华盛顿邮报》，2007 年 10 月 25 日。美国还将伊斯兰革命卫队下属的“圣城旅”列为恐怖组织。

〔28〕 E. MacAskill，《美国加大阻止欧盟公司对伊朗贸易的力度》，《卫报》，2007 年 7 月 20 日。

〔29〕 H. Samuel，“萨科齐就伊朗核危机发出警告”，《每日电讯报》，2007 年 8 月 31 日；“法国未能说服欧盟制裁伊朗”，Global Security Newswire，2007 年 10 月 16 日，参见网址：〈http：//www. nti. org/d _ newswire/issues/2007 _ 10 _ 16. html〉。

〔30〕 “柏林指责美国和法国虚伪”，《明镜》周刊，2007 年 9 月 24 日。2006 年，德国是对伊朗最大的出口国，出口总额超过 41 亿欧元（51 亿美元）。G. Jones，“德国在伊朗核僵局中发挥关键作用”，《防扩散分析》，卡内基国际和平基金会，2007 年 11 月 20 日，参见网址：〈http：//www. carnegieendowment. org/npp/publications/index. cfm? fa＝view&id＝19720〉。

〔31〕 “俄罗斯向伊朗运送核燃料”，BBC 新闻网，2007 年 12 月 17 日，参见网址：〈http：//news. bbc. co. uk/2/7147463. stm〉。

〔32〕 “俄罗斯—伊朗关系又趋紧张导致布什尔核电站启动延期”，《真理报》，2007 年 7 月 27 日。

〔33〕 “布什尔收到俄第二批核燃料”，Nuclear. ru 网站，2007 年 12 月 28 日，参见网址：〈http：//www. nuclear. ru/eng/press/nuclear _ power/2108595〉。

承包商俄罗斯核电建设出口股份有限公司（Atomstroyexport）称，反应堆所有燃料棒交付后的六个月之内电站即可开始运行。[34] 据报道，美国政府官员抱怨说，俄伊在美国情报部门对伊朗核计划的新评估报告公布后不久达成交货协议（见下文），会怂恿伊朗对安理会坚持顽固立场。[35]

运交第一批燃料后俄罗斯外长拉夫罗夫说，既然俄已向布什尔反应堆运送燃料，伊朗就不再有任何经济理由继续进行铀浓缩计划。[36] 但是，伊朗原子能组织负责人阿加扎德表示，伊朗仍需要在纳坦兹生产燃料，以供在胡齐斯坦省西南部达尔胡温（Darkhovin）建造 360 兆瓦的电站使用。[37] 伊朗原子能组织已经开始建设达尔胡温电站，但预计不会在 10 年内完工。[38]

### 国际原子能机构—伊朗工作计划

2007 年 8 月 21 日，伊朗与 IAEA 双方就解决伊朗遵守保障监督协议的所有未决问题最后敲定计划。该计划是巴拉迪和伊朗首席核谈判代表拉里贾尼在德黑兰进行了一系列磋商后制订的。[39] 该计划列出了 IAEA 和伊朗解决有关 IAEA 调查伊朗过去核活动所有遗留问题的条件和时间表。IAEA 同意在 2007 年 9 月 15 日前书面提交所有问

〔34〕 H. Cooper，“伊朗收到核燃料是对美国的打击”，《纽约时报》，2007 年 12 月 18 日。

〔35〕 B. Daragahi 和 M. Stack，“俄罗斯核燃料抵达伊朗”，《洛杉矶时报》，2007 年 12 月 18 日。

〔36〕 “俄罗斯认为伊朗不需要继续进行铀浓缩”，俄罗斯新闻社，2007 年 12 月 26 日，参见网址：〈http：//en. rian. ru/russia/20071226/94168822. html〉。

〔37〕 Cooper（同注释〔34〕）。该地点有时用附近的其他地名，包括 Ahvaz、Darkhouin、Esteghlal 和 Karun。

〔38〕 “伊朗第一座本国建造的核电站将于 9 年后投入运行”，新华网，2007 年 12 月 24 日，参见网址：〈http：//news. xinhuanet. com/english/2007—12/25/content _ 7306339. htm〉；“伊朗开始建造第二座原子能电站”，路透社 2008 年 2 月 28 日报道，参见网址：〈http：//www. reuters. com/article/topNews/idUSL0812863720080208〉。

〔39〕 伊朗伊斯兰共和国常驻 IAEA 代表团散发的关于伊朗伊斯兰共和国和 IAEA 解决未决的问题达成谅解案文致 IAEA 的信，落款是 2007 年 8 月 27 日。见 IAEA 文件 INFCIRC/711，2007 年 8 月 27 日。

题，而伊朗方面则同意在指定日期前提供“所需的澄清和信息”。[40]

该计划的时间表要求IAEA和伊朗按照双方协商一致的序列，将6个未决问题结案。IAEA表示除这6个问题之外，“关于伊朗过去的核计划和活动，没有其他遗留问题和含糊不清之处”。[41] 第一个问题是关于伊朗未申报钚分离试验的日期，伊朗称已于8月20日停止此类试验，而后来IAEA也证实伊朗之前的声明与机构的结论相符。[42] 为解决其他问题，IAEA同意向伊朗提出下问题：第一，在“伊朗的一所工学院”提取的环境取样中发现的浓缩铀粒子的来源；[43] 第二，伊朗声称通过国外中介网络获取的P－1和P－2离心机的设计资料、部件和相关设备，以及伊朗离心机研发活动的范围和时间表；[44] 第三，2005年IAEA核查人员在伊朗发现了一份文件，该文件描述了“将（六氟化铀）还原为少量金属铀以及将浓缩铀和贫铀浇铸成半球形”的工序；[45] 第四，伊朗用同位素钋－210进行试验的目的；第五，伊朗在格钦尼（Gchine）铀矿的某些活动。IAEA还答应向伊朗提交其从美国方面得到的有关所谓“绿盐项目”（Green Salt Project）的文件。据说，该项目涉及将二氧化铀转化为四氟化铀（“绿盐”）的工作，以及与高爆炸药和导弹再入大气层运载工具设计有关的试验。伊朗仍认为这些指控是毫无根据的，有政治动机，但出于善意同意予以研究。[46]

除工作计划之外，伊朗还同意与IAEA合作，就纳坦兹燃料浓缩厂问题制订保障监督协议和设施附件清单，后来协议于2007年9月

---

〔40〕 INFCIRC/711（同注释〔39〕），第6页。另参见S. Squassoni和N. Gerami，“伊朗遵守核协议的计划”，卡内基国际和平基金会，2007年9月6日，参见网址：〈http://www.carnegieendowment.org/files/iran_timeline4.pdf〉。

〔41〕 INFCIRC/711（同注释〔39〕），第6页。

〔42〕 INFCIRC/711（同注释〔39〕），第2页。

〔43〕 关于污染问题，见IAEA理事会，“在伊朗伊斯兰共和国实施NPT条约全面保障监督协议情况”，总干事报告GOV/2004/83，维也纳，2004年11月15日，第8—10页。

〔44〕 关于伊朗离心浓缩计划的情况，参见国际战略研究所（IISS）《伊朗的战略武器计划：最终评估》（Routledge出版社：Abingdon，2005年），第45—56页。

〔45〕 该工作计划没有规定解决此问题的时间表。这份文件受到国际关注，是因为半球形金属铀可以用作制造内爆型核武器的内核。

〔46〕 INFCIRC/711（同注释〔39〕），第7页。

30 日生效。〔47〕伊朗还允许 IAEA 对其阿拉克附近正在建设中的 IR-40 反应堆进行现场核查，此前，伊朗为回应安理会通过第 1747 号决议，该项目曾停建。

美国和很多欧盟国家对工作计划反应冷淡，这些国家认为这是在伊朗压力下的投降之举。〔48〕该计划引发了对巴拉迪的一片指责声，称其擅自与伊朗谈判，做政治交易，超越了 IAEA 总干事的法定权限。〔49〕西方外交官虽然接受工作计划的目标，但仍表示沮丧，认为该计划忽视了安理会要求伊朗立即停止铀浓缩计划和重新执行附加议定书的立场。〔50〕各国外交官和重要非政府组织专家还对该工作计划的延续性表示关切，特别是伊朗有可能利用该行动计划，通过拖延解决未决问题为其继续进行浓缩活动争取时间。〔51〕他们指出，该计划的措辞似乎违反了保障监督的一条基本原则，即这些问题一旦结案，即使以后出现新情况，IAEA 或其成员国也不得再次提出这些问题，。〔52〕

## 欧洲三国—欧盟—伊朗谈判陷于僵局

2007 年夏，随着伊朗和美国在停止铀浓缩计划问题上的立场都趋于强硬，据说，欧盟开始考虑提出折中方案，即伊朗不完全地停止

---

〔47〕保障监督办法列出了可能在纳坦兹使用的核查机制的类型。设施附件则细化了这些机制的实施方式。IAEA 理事会，“NPT 保障监督协议及安理会第 1737 号决议（2006 年）和第 1747 号决议（2007 年）的相关规定在伊朗伊斯兰共和国的执行情况”，总干事报告 GOV/2007/58，2007 年 11 月 15 日，第 6 页。

〔48〕M. Heinrich，“发展中国家责备对伊朗事务‘干预’”，路透社 2007 年 9 月 11 日电，参见网址：〈http://www.reuters.com/article/worldNews/idUSL115408972007091 1〉。2007 年 9 月 11 日，欧盟在致 IAEA 理事会的一份声明中表示“注意到了”该工作计划，但不愿认可或表示赞成该计划。

〔49〕参见“Rogue regulator”，《华盛顿邮报》，2007 年 9 月 5 日。

〔50〕G. Webb，“伊朗-IAEA 核计划西方有保留的支持”，Global Security Newswire，2007 年 9 月 12 日，参见网址：〈http://www.nti.org/d_newswire/issues/2007/9/12/4f722640-1feb-401d-bcc9-2d876f8433fe.html〉。

〔51〕D. Albright 和 J. Shire，“IAEA-伊朗解决未决问题的协议有缺陷”，科学和国际安全研究所（ISIS）关于伊朗问题的报告，2007 年 8 月 28 日，参见网址：〈http://www.isis-online.org/publications/iran/flawedagreement.pdf〉。

〔52〕Albright 和 Shire（同注释〔51〕）。

其浓缩计划。[53] 2007年10月23日，索拉纳在罗马会见了伊朗新任首席核谈判代表赛义德·贾利利，其前任拉里贾尼已于几天前辞职。[54] 索拉纳提出了“双重冻结”方案，即如果伊朗同意暂时停止扩大铀浓缩计划，以此作为建立互信措施，联合国安理会将不再考虑进一步制裁。[55] 之后伊朗将完全停止浓缩计划，现行的制裁也将同时停止实施。索拉纳设想的外交行动顺序背离了欧洲三国的提案。欧洲三国过去曾表示，只有在伊朗完全停止所有铀浓缩活动后才能开始谈判。看来，索拉纳的方案反映欧洲采取的新对策是：一方面承认伊朗已具有铀浓缩能力的现实，又尽可能设法限制这种能力。但是贾利利排出了在伊朗铀浓缩计划问题上做出任何让步。欧洲三国在索—贾会晤后发表的一项联合声明中抱怨，“伊朗在罗马没有做出任何善意的姿态，拒绝接受“双重冻结”和“双重停止”方案。[56] 11月30日，索拉纳和贾利利又举行了一轮会谈，也无果而终。[57]

### 国际原子能机构总干事对伊朗核计划的评估

11月15日，巴拉迪发表了提交IAEA理事会一系列报告中的最新一份报告，从正反两个方面介绍了机构弄清伊朗过去和当前核活动的进展情况。报告总体肯定了伊朗与IAEA合作执行2007年8月的工作计划的情况，认为伊朗“充分提供了接触某些人的渠道，及时地对一些问题作出了答复，并对工作计划范畴内提出的问题作出了澄清和进一步陈述”。[58] 因此，IAEA能够认定，伊朗关于其P-1和P-

---

〔53〕“美国主要盟国寻求与伊朗达成停止铀浓缩折中协议”，《国际先驱论坛报》，2007年6月22日。

〔54〕贾利利是内贾德总统亲信，一些观察家认为对他的任命反映出内贾德在伊朗领导层中外交决策影响上升。参见 W. Posch，“只是个人问题吗？再论拉里贾尼”，Policy Brief 第3期，Durham 大学伊朗问题研究中心，参见网址：〈http://www.dur.ac.uk/resources/iranian.studies/larijani_final01.pdf〉。

〔55〕S. Walker，“伊朗和欧盟面临艰难的核谈判”，路透社2007年11月9日电，参见网址：〈http://www.reuters.com/article/worldNews/idUSL2735773820071129〉。

〔56〕引自 Walker 的报道（同注释〔55〕）。

〔57〕“伊朗的拒绝使欧洲失望”，BBC 新闻网，2007年12月1日，参见网址：〈http://news.bbc.co.uk/2/7122440.stm〉。

〔58〕IAEA（同注释〔47〕），第8页。

2 离心机计划历史情况的答复与机构的结论是一致的。报告指出，根据工作计划，IAEA 已向伊朗提出有关其他未决问题的疑问，正等待伊朗的答复和澄清。此外，报告泛泛表示，伊朗向保障监督核查人员提供已申报的核材料，及必要的衡算报告，据此 IAEA 能够核实，已申报的伊朗国内核材料都没有用于禁止的活动。〔59〕伊朗驻 IAEA 大使阿里—阿斯加尔·索尔塔尼埃赫称赞 IAEA 的核查证明，伊朗已经表现出“善意来消除其和平核活动的含糊不清之处”。他还说，IAEA 理事会再也没有任何理由将伊朗核问题提到安理会。〔60〕

同时，巴拉迪的报告又称，伊朗在答复 IAEA 的疑问方面示意的合作“是被动而非主动的”，并强调“伊朗的积极合作和完全透明是全面、迅速执行工作计划所不可少的”。〔61〕此外，报告还告诫大家，IAEA 仍无法可信地保证伊朗国内没有未申报核材料或核活动。报告指出，“从 2006 年初开始，IAEA 迄未收到伊朗以前附加议定书规定要提供的那类信息”，其涵义是 IAEA 对伊朗核计划现状的了解“越来越少”。〔62〕

美国政府抓住后一部分调查结论再次力促对伊朗实施新制裁。〔63〕美国驻 IAEA 大使格雷戈里·舒尔特说，巴拉迪的报告表明伊朗与 IAEA 的合作仍然是“有选择的、不全面的”，伊朗没有满足“世界要求其公布全部实情的期望”。〔64〕欧洲三国和美国还认为，巴拉迪的报告没有改变争论焦点的根本问题，即伊朗仍然不遵守安理会两项有法律约束力的决议。

巴拉迪报告还说，伊朗尚未停止其铀浓缩相关活动，包括对 P-2 离心机设计的研发工作，并继续运行燃料浓缩中试厂和燃料浓

〔59〕 IAEA（同注释〔47〕），第 8 页。

〔60〕 “伊朗显示出善意消除含糊不清之处”，《德黑兰时报》，2007 年 11 月 24 日，第 1、15 页。

〔61〕 IAEA（同注释〔47〕），第 8 页。

〔62〕 IAEA（同注释〔47〕），第 9 页。

〔63〕 R. Wright，“美国力促对伊朗实施制裁”，《华盛顿邮报》，2007 年 11 月 16 日。

〔64〕 美国在维也纳联合国机构和国际组织的常驻代表 G. Schulte，“经不起公布全部实情的考验”，2007 年 11 月 15 日，参见网址：〈http://vienna.usmission.gov/_unvie/speeches_and_related_documents/Iran/1723.php〉。

缩厂。〔65〕伊朗已经实现了燃料浓缩厂安装一套离心机“模块”的既定目标，该“模块”由18套164台级联离心机（即共有2952台离心机）组成。〔66〕由于伊朗是在燃料浓缩中试厂试运行单级联之前已安装了18级联“模块”，这就使燃料浓缩厂实际上成了一座试验厂。〔67〕

报告还指出，伊朗已经将六氟化铀注入所有的离心机级联，但六氟化铀的进料速度“仍低于该种设计设施所需的用量”。〔68〕2007年8月13日至11月3日，进料速度逐步提高，使运行的级联数量从12增加到18。〔69〕据估算，在此期间燃料浓缩厂平均每月生产22公斤低浓燃料铀。〔70〕这一产量远低于“模块”的最大生产能力，表明伊朗在同时运行大量级联时仍遇到了种种技术问题。巴拉迪的报告指出，IAEA核查人员尚未发现燃料浓缩厂准备在最初的18级联“模块”之外再安装离心机或离心机管道。〔71〕这表明，尽管伊朗仍打算建造一座拥有54000台离心机工厂的目标，但可能已决定暂时停留在单个“模块”阶段。很多分析家关注的一个关键问题是，伊朗暂停安装工作究竟是因为不具备制造远多于现有3000台离心机的能力，还是出于其他政治或外交原因。〔72〕

---

〔65〕 IAEA（同注释〔47〕），第8页。伊朗仍继续在阿拉克附近建设IR-40反应堆。

〔66〕 IAEA（同注释〔47〕），第6页。这标志着离心机的数量已增加到2006年11月时的10倍。

〔67〕 国际战略研究所，“距伊朗拥核还有多远?”，《国际战略研究所战略评论》，第13卷第7期（2007年9月），第2页。人们普遍认为内贾德总统已做出政治决断，要安装尽可能多的离心机，以提高伊朗的外交谈判地位。

〔68〕 IAEA（同注释〔47〕），第6页。

〔69〕 IAEA（同注释〔47〕），第6页。在此期间，伊朗消耗了550公斤六氟化铀，几乎接近于2007年2—8月690公斤的消耗量。

〔70〕 D. Albright和J. Shire，“11月公布的IAEA报告：离心机问题尚未结案；纳坦兹的浓缩活动在增加”，《科学和国际安全研究所（ISIS）简报》，2007年11月15日，参见网址：〈http：//www. isis-online. org/publications/iran/ISISIssueBriefIran15Nov2007. pdf〉。

〔71〕 IAEA（同注释〔47〕），第6页。

〔72〕 M. Fitzpatrick，“伊朗能否继续隐藏其核能力?”《生存》杂志，第49卷第1期(2007年春)，第50—51页；D. Albright和J. Shirer，“是女巫的法术吗？评估伊朗铀浓缩技术进展情况”，《今日军控》第37卷，第9期（2007年11月）。

## 美国国家情报局对伊朗的评估

2007 年 12 月 3 日，美国国家国家情报局局长麦克·麦康奈尔公布了关于伊朗核意图和核能力的一份新的《国家情报评估报告》(NIE) 的非保密摘要。该份《国家情报评估报告》反映了 16 家美国情报机构的共识，“很有把握”地断言：伊朗自四年前（即 2003 年秋）就停止了核武器计划，直到 2007 年年中一直没有恢复其核武器工作。[73] 除其他情报来源之外，据悉美国是根据其截获的伊朗军方通讯得出该结论的。[74] 这与 2005 年 5 月完成的前一份关于伊朗核问题的《国家情报评估报告》的大相径庭。2005 年的报告认为，伊朗正在进行秘密计划研制核武器。新评估报告则说，伊朗决定停止其核武器计划表明“伊朗研制核武器的决心不如我们 2005 年以来判断的那么大”。报告还“很有把握地认为，伊朗停止核计划主要是为了应对由于伊朗以前未申报的核活动的暴露导致国际监督和压力日益加强”，这种情况反过来说明，与以前的判断不同的是，“对伊朗施加影响还是能起作用的”。[75]

2007 年的《国家情报评估报告》承认，美国情报部门并不知道伊朗是否有意研制核武器，但暗示伊朗未来可能有这种打算。报告认为，一旦决定这么做，“伊朗的实体”会继续“开发一系列能用于制造核武器的技术能力”。但伊朗领导人是否“愿意继续无限期地停止核武器计划”，是否将会或已经“设定了其重启该计划的特定标准”还尚不明朗。该报告还告诫说，“伊朗领导人中有很多人可能认为研制核武器与伊朗的主要国家安全和外交政策目标之间密切相关”，因此“很难说服伊朗领导人最终放弃研究核武器”。[76]

新的《国家情报评估报告》并未对美国情报部门最近对伊朗何时

---

〔73〕 参见美国国家情报局局长的“主要结论”，《对伊朗核意图及核能力国家情报评估》，2007 年 11 月，参见网址：〈http：//www. dni. gov/press _ releases/20071203 _ release. pdf〉，第 8 页。

〔74〕 D. Linzer 和 J. Warrick，“美国发现伊朗自 2003 年起就停止了核武器开发”，《华盛顿邮报》，2007 年 12 月 4 日。

〔75〕 美国国家情报局局长（同注释〔73〕），第 5 页。

〔76〕 美国国家情报局局长（同注释〔73〕），第 6 页。

能生产出核武器的预测做出实质性修改。报告“把握不大地”认为，伊朗最早到2009年“在技术上才有能力”为制造一枚核武器生产出足够的高浓铀，可是鉴于伊朗浓缩计划目前面临的技术问题，伊朗很可能到2010—2015年甚至更晚，才能拥有这种能力。〔77〕

2007年公布的《国家情报评估报告》报告引发了不同的国际反应。一些国家政府怀疑报告的主要判断。以色列官员引用了“明确而可靠的情报”证明伊朗正在继续研制核武器，这是该国与美国在情报问题上极少出现的公开分歧。〔78〕俄罗斯外长拉夫罗夫则说，没有证据表明伊朗曾经有过核武器计划。他赞扬伊朗领导人愿意与IAEA合作解决关于其过去核活动的遗留问题。〔79〕伊朗总统内贾德称赞该报告是伊朗的“胜利”，并称该报告削弱了联合国安理会审议伊核问题的法律依据。〔80〕

最新《国家情报评估报告》的发布很快改变了欧洲和美国争论如何处理对伊朗核计划关切的政治情势。在美国，人们普遍认为，该报告关于伊朗目前没有执意研制核武器计划的结论，削弱了美国对伊朗采取军事行动的政治支持。2007年10月，布什总统曾警告说，伊朗拥有核武器会引发“第三次世界大战”。这一表态使人们猜测，如果外交努力被证明无效，美国准备对伊朗核设施和其他目标采取军事行动。〔81〕有人还认为，《国家情报评估报告》的结论也使美国和一些欧洲国家更难以在联合国安理会对伊朗实施新一轮制裁。中国和俄罗斯官员说，该报告使安理会是否需要通过一项新的决议来对伊朗采取更

---

〔77〕美国国家情报局局长（同注释〔73〕），第6、8页。据《国家情报评估报告》认为，“伊朗可能利用秘密设施而不是其已申报的核设施来生产武器用高浓铀”。

〔78〕J. Mitnik，“以色列质疑关于伊核问题的报告”，《华盛顿时报》，2007年12月5日。

〔79〕美联社，“拉夫罗夫说‘没有证据表明伊朗有核计划’”，《耶路撒冷邮报》，2007年12月5日。

〔80〕A. A. Dareini，“内贾德说报告是伊朗的‘胜利’”，《华盛顿时报》，2007年12月5日。

〔81〕M. Spetalnick，“布什说，如果伊朗有核武器，将面临第三次世界大战的危险”，路透社2007年10月17日电，参见网址：〈http://www.reuters.com/article/newsOne/idUSN1732974320071017〉。

多制裁措施产生了问题。[82]

## 第三节 朝鲜核计划与六方会谈

2007 年，国际社会为解决因朝鲜核武器计划而产生的国际对抗的努力取得了一定进展。这一争端起源于 2002 年。当时，美国和朝鲜采取了一系列针锋相对的行动，导致 1994 年的《框架协议》夭折，国际原子能机构（IAEA）核查人员也被赶出朝鲜。[83] 紧接着在 2003 年，朝鲜正式退出《不扩散核武器条约》（NPT）。[84] 2006 年 10 月 9 日，朝鲜进一步提高要价，进行了一次地下核试爆。[85] 此次核试验后联合国安理会一致通过第 1718 号决议，要求朝鲜通过核查放弃所有大规模杀伤性武器以及弹道导弹计划。[86] 决议还呼吁所有联合国成员国采取各种措施，限制某些常规武器系统和两用物项和材料进入朝鲜。[87]

### 六方会谈的进展

2007 年，由中国、日本、朝鲜、韩国、俄罗斯和美国等六国参加的六方会谈重新启动，能否取得进展难以预料。六方会谈始于

---

〔82〕 E. Sciolino，“欧洲认为对伊制裁更加不明朗”，《纽约时报》，2007 年 12 月 4 日；“中国质疑联合国对伊朗制裁”，BBC 新闻网，2007 年 12 月 5 日，参见网址：〈http://news.bbc.co.uk/2/7128183.stm〉；Dareini（同注释〔80〕）。

〔83〕 关于《朝美框架协议》夭折的论述，参见 S. N. 基尔，“核军备控制、不扩散与导弹防御”，载《SIPRI 年鉴 2003：军备、裁军和国际安全》，（牛津大学出版社：牛津，2003 年），第 578—592 页。

〔84〕 朝鲜于 1985 年 12 月 12 日以无核武器国家身份加入《不扩散核武器条约》（NPT），2003 年 4 月 10 日正式退出该条约。朝鲜与国际原子能机构（IAEA）签订的全面保障监督协议（INFCIRC/403）也被视作于当日失效。

〔85〕 关于这次核试验及判断是否核爆炸所使用的方法，参见 V. Fedchenko 和 R. Ferm Helgren，“1945—2006 年核爆炸”，《SIPRI 年鉴 2007》，（注释〔4〕），第 552—553 页；附录 8D，第三部分。

〔86〕 联合国安理会第 1718 号决议，2006 年 10 月 14 日。

〔87〕 参见 I. 安东尼和 S. 鲍尔，“控制与安全相关的国际转让”，《SIPRI 年鉴 2007》（注释〔4〕），第 658—663 页。

2003 年 8 月，旨在打破朝鲜核计划问题上的外交僵局。[88] 2005 年 9 月 19 日，六方会谈取得明显突破，与会各方就共同声明中指导未来谈判的各项原则达成协议，一致同意通过和平手段、以可核查的方式实现朝鲜半岛的无核化。[89] 但是六方会谈发表共同声明后，朝鲜和美国这两个主要对手立即在协议的具体实质内容，尤其是在朝鲜拆除核设施的时间顺序上，发生了争执。[90] 而美国于 2005 年 9 月对朝鲜采取的新的贸易和金融制裁使解决这个分歧的前景进一步复杂化。美国政府宣称，这些措施是针对朝鲜的洗钱活动，与核问题无关。然而，这一行动促使朝鲜抵制六方会谈达一年之久。据报道，朝鲜在中国的压力下于 2006 年 12 月重返六方会谈，但坚持在美国取消金融制裁之前不会考虑美国关于无核化的新建议。[91]

2007 年 1 月，朝鲜和美国恢复直接接触，引发对两国关系解冻可能为六方会谈进展扫清道路的猜测。美国财政部官员会见朝鲜对外贸易代表时，讨论了部分解除美国对朝金融制裁的问题，表示美国将解冻朝鲜在澳门汇业银行的账户。[92] 另外，美国负责东亚和太平洋事务的助理国务卿希尔与朝鲜副外相金桂冠举行了会谈。据报道，会谈中，朝方表示愿意就关停核计划以换取经济和能源援助恢复磋商。[93] 此次谈判是在联合国及其他援助机构对朝鲜日益严峻的粮食和能源短缺发出告诫的背景下进行的。[94]

**2007 年 2 月达成的行动计划**

2007 年 2 月 13 日，第五轮六方会谈就开始落实 2005 年“9.19

---

〔88〕 兹塞斯，“朝鲜核计划六方会谈”，《背景材料》，美国对外关系委员会，2007 年 12 月 4 日更新，参见网址 URL 〈http://www.cfr.org/publication/13593〉。

〔89〕 美国国务院发言人办公室，“第四轮六方会谈共同声明”，华盛顿特区，2005 年 9 月 19 日，参见网址〈http://www.state.gov/r/pa/prs/ps/2005/53490.htm〉。

〔90〕 参见 S. N. 基尔，“核均被控制与不扩散”，《SIPRI 年鉴 2006：军备、裁军与国际安全》，(牛津大学出版社：牛津，2006 年)，第 632—633 页。

〔91〕 P. 克尔，“朝核谈判没有取得进展”，《今日军控》，第 37 卷第 1 号（2007 年 1/2 月）。

〔92〕 美联社，“格拉泽会见朝鲜官员”，《华盛顿邮报》，2007 年 1 月 28 日。

〔93〕 J. 李根，“朝鲜在谈判中显示灵活性”，《韩国先驱报》，2007 年 2 月 9 日。

〔94〕 “粮食援助是朝核谈判的关键”，英国广播公司（BBC）新闻，2007 年 2 月 7 日，参见网址 URL 〈http://news.bbc.co.uk/2/6338941.stm〉；安娜·费菲尔德，“电力缺乏使朝鲜人在一片黑暗中生活”，《金融时报》，2007 年 2 月 13 日，第 3 页。

共同声明”的一系列具体步骤达成行动计划。[95] 在 60 天的“起步行动阶段”，朝方承诺，“以最终废弃为目标”，关闭并封存在宁边的 5 兆瓦石墨反应堆及后处理设施。[96] IAEA 核查人员将对其关闭进行“必要的监督和验证”朝鲜还同意向其他各方提交其所有核计划清单，“包括从乏燃料棒提取的钚”，并将按照共同声明的要求予以废弃。

作为回报，六方会谈其他各方同意向朝鲜能提供相当于 5 万吨重油（HFO）的紧急能源援助。[97] 行动计划规定，援助将在 60 天起步行动阶段开始交运，但是美国官员坚持，朝鲜必须在援助之前先行关闭其核设施。[98] 行动计划还明确规定，朝鲜和美国将展开双边谈判，以解决双方悬而未决的问题，并朝着建立全面外交关系迈进的方向努力。[99] 另外，行动计划还设立了五个工作组，这些工作组将在 30 天内开始举行会议，“讨论和制定具体计划”，落实 2005 年共同声明。六方同意在第二个月召开会议，听取工作组汇报并讨论下一阶段的“行动”。[100]

行动计划泛泛地提到第二阶段的后续措施。朝方将对其所有核计划进行“完整、准确的”申报，并对现有全部核设施进行“去功

〔95〕 第一轮六方会谈于 2003 年 8 月 27—29 日举行；第二轮会谈于 2004 年 2 月 25—28 日举行；第三轮会谈于 2004 年 6 月 23—26 日举行；第四轮会谈先后于 2005 年 7 月 26 日—8 月 7 日和 9 月 13—19 日举行；第五轮会谈先后于 2005 年 11 月 9—11 日，2006 年 12 月 18—22 日，2007 年 2 月 8—13 日举行；第六轮会谈先后于 2007 年 3 月 19—22 日，7 月 18—20 日，9 月 27—30 日举行。中国外交部，“落实共同声明起步行动”，2007 年 2 月 13 日，参见网址 URL〈http://www.fmprc.gov.cn/eng/zxxx/t297463.htm〉。

〔96〕 中国外交部（同注释〔95〕）。据报道，第一份草案规定，朝鲜必须放弃其核武器作为起步阶段的一部分，但朝鲜谈判代表拒绝了这一要求。“谈判代表冲淡朝鲜在核问题上的立场”，全球安全新闻网，2007 年 2 月 26 日，参见网址 URL〈http://www.nti.org/d_newswire/issues/2007_2_26.html〉。

〔97〕 中国外交部（同注释〔95〕）。

〔98〕 约翰·雅德理和德·桑戈，“朝核问题谈判陷入僵局”，《纽约时报》，2007 年 2 月 12 日。韩国同意提供能源援助。

〔99〕 中国外交部（同注释〔95〕）。美国答应启动将朝鲜从支持恐怖主义国家名单中删除的进程并取消美国根据 1917 年《与敌国贸易法》对朝鲜的贸易制裁。

〔100〕 中国外交部（同注释〔95〕）。各工作组的议题是：（1）朝鲜半岛无核化；（2）朝美关系正常化；（3）朝日关系正常化；（4）经济和能源合作；（5）东北亚和平与安全机制。

能化”。[101] 作为回报，六方会谈其他各方将提供“相当于”100 万吨重油的“经济、能源和人道主义援助”，包括首批交运的 5 万吨重油（HFO）。[102] 这种援助方式将由经济和能源合作工作组通过磋商和适当评估来确定。

虽然行动计划被誉为解决朝核问题的一个突破，但一些关键性问题仍然没有解决。行动计划并没有明确规定采取什么措施使朝鲜宁边核设施去功能化，也没有明确这些措施如何得以验证。[103] 行动计划也没有明确说明朝鲜是否会“放弃”其现有的分离钚储存和核武器及其核设施。

另外，行动计划也没有涉及朝鲜浓缩铀这一有争议的问题。[104] 美国在 2002 年 10 月指责朝鲜在秘密进行离心机分离铀浓缩计划，认为其违背了 1994 年《框架协议》，这直接导致协议告吹。美国的指责部分是根据巴基斯坦核科学家卡迪尔汗的核走私网络证实曾向朝鲜提供离心机设计图和少量的 P－1 型离心机整机。[105] 然而 2007 年初，美国情报机构就公开从其原先坚持的朝鲜正在大力提升铀浓缩能力的说辞上后退。[106]

**落实行动计划**

落实共同文件第一阶段行动计划，即共同声明宣布的要在 60 天

---

〔101〕 根据两位非政府专家的观点，“去功能化”的含义是“双方经过磋商，一致同意在核设施关停后采取某种或一系列行动，使重启核设施变得更加困难和耗时”，而为最终拆除制定出时间表。戴维·奥尔布赖特，D. 布洛南，“对朝鲜核设施进行去功能化”，《工作文件》，美国和平研究所，2007 年 10 月 23 日，参见网址 URL〈http：//www.usip. org/pubs/working _ papers/wp5 _ dprk. pdf〉。

〔102〕 中国外交部（同注释〔95〕）。朝鲜充分阐明其承认的于上世纪 70 年代绑架日本公民的问题之前，日本拒绝向朝鲜提供援助。

〔103〕 布鲁斯·克林格纳，“朝鲜：六方会谈共同声明令人忧虑的漏洞”，《网页备忘录》第 1655 号，传统基金会，2007 年 10 月 4 日，参见网址 URL〈http：//www. heritage. org/Research/AsiaandthePacific/wm1655. cfm〉。

〔104〕 丹尼尔·平克斯通，L. 斯佩克特，“六方为实现朝鲜无核化采取行动，但在铀浓缩问题上的争议可能会成为主要障碍”，《剖析大规模杀伤性武器问题》，2007 年 4 月。

〔105〕 伦敦国际战略研究所（同注释〔2〕），第 72—76 页。

〔106〕 P. 克尔，“对朝鲜浓缩铀计划的疑虑上升”，《今日军控》，第 37 卷，第 3 期，2007 年 4 月；A. 冈贝尔，“美国中央情报局的失误触发了朝鲜的核竞赛”，《星期日独立报》，2007 年 3 月 2 日。

内必须完成的行动，随即主要因为朝鲜取回被冻结在澳门汇业银行的资产问题上的程序性障碍而滞后了。朝鲜在 2500 万美元资金全部到账之前，拒绝启动关闭其核设施的行动。[107]

俄罗斯居间调停使朝鲜冻结资金得以转账后，共同文件行动计划于 2007 年夏天开始落实。IAEA 核查人员在 2007 年 7 月 14—17 日访问朝鲜期间证实，朝鲜已经关闭了位于宁边的 5 兆瓦研究型反应堆，放射化学实验室和核燃料提取工厂。[108] 他们还确认，分别位于宁边和泰川均尚未完工的 50 兆瓦和 200 兆瓦两个反应堆也没有新的施工迹象。除了验证关闭宁边核设施之外，核查人员还在那里安装了封条和监视装置，可以远程监控核设施的运转情况。IAEA 工作组在 2007 年 6 月 26 日到 27 日访问平壤期间与朝鲜就新的监视和限制措施的模式达成一致。[109]

### 朝鲜核设施的去功能化

2007 年 10 月 3 日，六方会谈发表《落实共同声明第二阶段行动》共同文件，称朝鲜同意对其宁边核设施进行去功能化，并于 2007 年 12 月 31 日前对其全部核计划进行完整、准确的申报。[110] 与会各方将组建一个专家组，就“安全的、可验证的和符合国际规范的”具体去功能化措施提出建议。请美国负责去功能化的活动，并为此提供启动经费。[111]

2007 年 10 月中旬，美国政府派遣的一个小组抵平壤，就去功能化方案与朝方技术专家继续磋商。讨论中的一个关键问题是文件提出的去功能化措施多大程度上是可逆的。朝鲜主张不销毁的措施，如对核设施实施物理钝化。如果这样做，去功能化可在数周或数月内逆

[107] “朝鲜能否限期关闭核设施令人怀疑”，英国国际广播公司新闻，2007 年 4 月 4 日，参见网址 URL 〈http：//news. bbc. co. uk/2/6525145. stm〉。

[108] 国际原子能机构理事会和全体会议，“在朝鲜民主主义人民共和国实施保障监协议”，总干事报告，GOV/2007/45 - GC (51) /19，2007 年 8 月 17 日。

[109] 国际原子能机构理事会，“在朝鲜民主主义人民共和国的监督和验证”，总干事报告，GOV/2007/36，2007 年 7 月 3 日。

[110] 中国外交部，“落实共同声明第二阶段行动”，2007 年 10 月 3 日，参见网址 URL 〈http：//wcm. fmprc. gov. cn/ce/cgsf/eng/xw/t369084. htm〉。

[111] 中国外交部（同注释〔10〕）。

转。而美国助理国务卿希尔则表示，美国主张采取毁损性更大的措施。这样的话，去功能化逆转至少需要一年时间。[112] 一些非政府分析人士警告称，去功能化措施必须审慎选择，因为毁损性大的做法会损坏未来需要验证的朝鲜核设施组件，尤其是对核查朝鲜申报裂变材料储量的准确性和完整性造成困难。[113]

双方最终就去功能化协方案成一致。据报道，该方案内容包括分别采取 10 项措施对位于宁边的三个核设施进行去功能化，去功能化进程于 2007 年 11 月初启动。第一步是对宁边的 5 兆瓦核反应堆进行去功能化，取出全部 8000 根放射性燃料棒并将其转移至附近的一个储存池中冷却。事实证明这样做比预计更耗时，因为冷却池受到放射性残留物质的污染，水化学不适宜燃料棒的长期储存。[114] 由于双方达成协议在实施去功能化之前不披露将采取的其它措施，所以目前尚不清楚还有什么样的措施。[115]

2007 年 12 月 1 日，美国总统布什给朝鲜领导人金正日写了一封私人信件。美国评论家指出，信中布什平和的语气与先前他对金正日的言词绝然不同。[116] 据报道，布什提出，如果朝鲜完全公开并开始销毁其核计划，美国就可以与朝鲜实现关系正常化。[117] 他强调，朝鲜必须如实申报其核弹头和武器级裂变材料的数量。布什还要求朝鲜公开其所有可能已转让给其他国家的核材料、核设备或核技术。

随着 2007 年 9 月 6 日以色列空袭叙利亚事件的曝光，后面这个

---

〔112〕 美国国务院，“东亚及太平洋事务助理国务卿、六方会谈美国代表团团长克里希托弗·希尔的吹风会记录”，华盛顿特区，2007 年 10 月 3 日，参见网址 URL〈http://www.state.gov/p/eap/rls/rm/2007/93234.htm〉。

〔113〕 奥尔布赖特和布洛南（同注释〔101〕），第 19 页。

〔114〕 P. 卡瑞尔，“去功能化启动但进程不明朗”，《今日军控》，第 37 卷，第 10 期，2007 年 12 月；J. 刘易斯，“所有的问题都在于水化学”，《军控发烧友》，2008 年 1 月 14 日，参见网址 URL〈http://www.armscontrolwonk.com/1767/its-all-about-water-chemistry〉。

〔115〕 卡瑞尔（同注释〔114〕）。

〔116〕 “布什给金正日的密信”，《华盛顿邮报》，2007 年 12 月 7 日。

〔117〕 H. 库珀，“布对朝鲜的新对策”，《纽约时报》，2007 年 12 月 6 日。

问题变得更加重要。[118] 以色列和美国官员没有透露多少细节，但声称空袭行动是针对部分建成的秘密核反应堆，具体位置靠近幼发拉底河，据说是仿照自朝鲜用来生产核武器级钚的 5 兆瓦石墨反应堆。[119] 叙利亚证实了以色列的空袭行动，但否认已建造核工厂，也否认现场有朝鲜技术人员伤亡。[120] 朝鲜否认它与叙利亚进行秘密核合作的报道，并对空袭行为予以强烈谴责。[121]

## 朝鲜未能如期履行承诺

朝鲜未能如期在 2007 年 12 月 31 日之前对其宁边的所有核设施进行去功能化。由于关系到取出的放射性燃料棒的安全问题，5 兆瓦核反应堆进行去功能化的延迟也在意料之中。[122] 然而，美国国务院称朝鲜已经放慢了核设施去功能化的工作进度。[123] 朝鲜外务省发言人证实，由于各方拖延向朝鲜运送重油和提供能源相关设备，朝鲜被迫“调整某些核设施去功能化的进度”，作为“行动对行动”的回应。该发言人还强调，乏燃料棒的拆除工作将会在“大约 100 天”

---

〔118〕“以色列承认对叙利亚进行了空袭”，英国广播公司新闻，2007 年 10 月 2 日，参见网址 URL〈http：//news. bbc. co. uk/2/7024287. stm〉。另参见赫什，“夜袭”，《纽约人》杂志，2008 年 2 月 11 日。

〔119〕“报告：以色列国防军在对叙利亚突袭之前已经截获核材料”，《国土报》，2007 年 9 月 23 日；桑格，玛兹提合写，“分析人士说，以色列袭击叙利亚核工厂”，《纽约时报》，2007 年 10 月 14 日。

〔120〕“叙利亚表示，以色列的空袭行动是为了给攻击寻找借口”，法新社，2007 年 9 月 29 日，参见网址 URL〈http：//afp. google. com/article/ALeqM5hcd8yNVwB0Z6ZOjoi1YKbiWIremw〉。

〔121〕朝鲜中央通讯社，“谴责以色列入侵叙利亚领空”，2007 年 9 月 11 日，参见网址 URL〈http：//www. kcna. co. jp/item/2007/200709/news09/12. htm〉；朝鲜中央通讯社，“朝鲜和叙利亚进行‘秘密核合作’纯属谣言”，2007 年 9 月 18 日，参见网址 URL〈http：//www. kcna. co. jp/item/2007/200709/news09/19. htm〉。

〔122〕默罕默德·弗莱明，“朝鲜拒绝 12 月 31 日前限期申报”，路透社，2007 年 12 月 20 日，参见网址 URL〈http：//www. alertnet. org/thenews/newsdesk/N20203654. htm〉。

〔123〕美国国务院副发言人汤姆·凯西，“朝鲜申报问题”，新闻公报，华盛顿特区，2007 年 12 月 30 日，参见网址 URL〈http：//www. state. gov/r/pa/prs/ps/2007/dec/98147. htm〉。

内完成。〔124〕

在年底最后期限截前，朝鲜没向其他各方作出全面的核计划申报。据朝鲜外务省发言人表示，朝鲜已经在 2007 年 11 月“制定出一份核申报报告书”，并“向美国通报了相关内容”，但是美国坚持要求“进一步磋商”。〔125〕问题的主要症结在于朝鲜继续否认它拥有秘密的铀浓缩计划。〔126〕这种否认显然与美国科学家在朝鲜提供的熔炼铝管中发现有浓缩铀的痕迹相矛盾。〔127〕朝鲜承认曾经在 2002 年 6 月从俄罗斯进口了高强度铝管，但坚称进口的铝管与铀浓缩活动完全无关。〔128〕据报道，除了在被指称的铀浓缩活动上有争议外，朝鲜打算申报它只拥有 30 公斤的分离钚，大大少于美国估计的 50 多公斤。〔129〕

日本、韩国和美国三国政府都对朝鲜不在限期之前申报表示失望。不过，美国国务院官员建议要保持耐心，并强调全面而准确的核申报比按时提交申报更重要。〔130〕

## 第四节　印美民用核合作倡议

2007 年，印度和美国开始采取措施落实双方于 2005 年 7 月签署

〔124〕朝鲜中央通讯社，“朝鲜民主主义人民共和国外务省发言人就落实 10 月 3 日协议的讲话”，2008 年 1 月 4 日，参见网址 URL〈http: //www. kcna. co. jp/item/2008/200801/news01/05. htm〉。该发言人还称，美方未履行承诺把朝鲜从美国的支持恐怖主义国家名单中除名。

〔125〕朝鲜中央通讯社（同注释〔124〕）。

〔126〕“朝鲜再次否认有铀浓缩计划”，韩联社，2007 年 12 月 27 日。

〔127〕G. 凯斯勒，“在朝鲜的铝管里发现有铀痕迹”，《华盛顿邮报》，2007 年 12 月 21 日。

〔128〕朝鲜中央通讯社（同注释〔124〕）；凯斯勒（同注释〔127〕）。

〔129〕S. Choe，“朝鲜可能错过核申报最终期限”，《国际先驱论坛报》，2007 年 12 月 20 日。

〔130〕“朝鲜声称已经申报核计划”，法新社，2008 年 1 月 4 日；Choe，（同注释〔129〕）。

的民用核合作倡议。[131] 民用核合作倡议的目标是恢复印美两国之间“全面民用核合作”。这表明美国奉行了近三十年的核不扩散政策发生了逆转。1974 年印度进行核爆试验之后，美国的核不扩散政策目标一直是阻止印度从美国及其他核供应国那里获取核燃料和先进核反应堆。[132] 美国政府辩称，由于印度的战略价值日益重要，印度对美关系迅速改善，美国理应可以对印度在核不扩散规章制度上作出例外个案处理。[133] 然而，该协议在美国受到了批评，认为这样做是暗中支持（如果不是实际帮助的话）印度增加核武器，损害美国的不扩散目标。在印度，该协议也遭到广泛批评，认为该协议会束缚印度的军事核计划，损害国家主权。

2006 年 12 月，美国国会通过了以该法案在众议院主要发起人的名字命名的《亨利·海德美—印和平原子能合作法案》。《海德法案》对 1954 年《原子能法》进行了修正，设定了可使印度免于适用某些条款的规定。[134] 对《原子能法》进行修正是美国谈判代表得以与印度达成所谓的《123 协议》的先决条件。《123 协议》将明确提出《民用核合作倡议》中设想的关于恢复两国核材料与技术贸易的具体规定。[135]《海德法案》还提出了一系列限制性条件，旨在

---

〔131〕 白宫，“美国总统布什和印度总理辛格联合声明”，新闻稿，华盛顿特区，2005 年 7 月 18 日，参见网址 URL〈http://www.whitehouse.gov/news/releases/2005/07/20050718－6.html〉。关于美印民用核合作协议的渊源，参见 C. 阿尔斯特伦，“印美民用核合作协议的法律视角”，《SIPRI 年鉴 2006》（同注释〔90〕），第 669—685 页。

〔132〕 人们普遍认为，印度的核爆炸装置使用了美国和其他国家向其提供的用于和平目的的核技术。关于印度核计划的来龙去脉，参见：乔治·伯科维奇，《印度的核弹：对全球扩散的影响》（加州大学出版社，加利福尼亚，伯克利，1999 年）。

〔133〕 参见 N. 伯恩斯，“美国对印度关系的战略机遇”，《外交季刊》，第 86 卷，第 6 期（2007 年 11 月/12 月号）。

〔134〕 2006 年《亨利·海德美印和平原子能法案》，《美国公法》109—401，于 2006 年 12 月 18 日签署生效。法律全文可参见网址 URL〈http://thomas.loc.gov/cg-ibin/bdquery/z? d109：HR05682：〉。另参见，基尔（同注释〔4〕），第 498—501 页。

〔135〕 McGoldrick，Bengelsdorf，Scheinman，“美印核协议综述”，《今日军控》，第 35 卷，第 8 期（2005 年 10 月），1954 年《原子能法》第 123 段（42 USC 2153）规定，在美国政府达成的协议中应当包括一系列限制性条件和保证，包括全面保障监督，以此作为美国与任何根据 NPT 条约在法律上不被承认为核武器拥有国的国家进行任何有意义的和平核合作的先决条件。

确保与印度签订的《123 协议》要符合《原子能法》及其他相关法律。[136]

印美两国政府谈判达成的协议必须经美国国会批准后方能生效。然而，《海德法案》却规定，在国会正式审议《123 协议》之前，还需要采取另外两项行动。其一，印度必须与国际原子能机构(IAEA) 就涵盖印度民用核反应堆的保障监督协议进行谈判，并经IAEA 理事会批准。[137] 其二，核供应国集团（NSG）需要就印度豁免 NSG1992 年制订的一条规则达成一致。NSG 曾于 1992 年规定，禁止向未与 IAEA 签署《全面保障监督协定》（INFCIRC/153）的国家出口核材料，包括进口国的所有核设施。[138] 在核供应国集团内，除了美国，该提议还得到法国、俄罗斯、英国的支持。[139] 与此同时，为印度网开一面的主张遭到核供应国集团一些成员国尤其是爱尔兰和瑞典的强烈批评。核供应国集团是根据协商一致原则运作的。根据报道，核供应国集团决定，在印度完成分别与美国的《123 协议》谈判、与 IAEA 的新的保障监督协议谈判之前，不接受美国的要求。[140]

即使印度和美国提出的所有实质性问题都得以在《123 协议》中解决，这些要求也难以使美印民用和合作倡议很快实施。协议的众多支持者和反对者都认为，协议能否成功的与加快进度密切相关。由于美国国内日益关注 2008 年总统选举政治，因此普遍认为，国会于今年年底就《123 协议》采取行动的可能性减小，协议甚至可能会由于美国政府的更迭而夭折。[141]

---

[136] 参见基尔（同注释〔4〕），第 498—501 页。

[137] 2006 年 3 月，印度和美国就印度核计划分为民用和军用两部分达成协议。印度将其 22 座核反应堆中的 14 座划为民用。参见基尔（同注释〔4〕），第 496—497 页。

[138] 关于核供应国集团（NSG）的组成及其活动，参见 Anthony，Ahlström，Fedchenko，《改革核出口管制：核供应国集团的未来》，SIPRI 研究报告，第 22 期（牛津大学出版社：牛津，2007 年）。核供应国集团 45 个成员国名单，参见本卷附件 B。

[139] “中国不要反对核协议：美国”，《黎明（Dawn)》2006 年 12 月 20 日。

[140] M. 希布斯，“核供应国集团的贸易制裁和印度将进一步拖延”，《核燃料》，第 32 卷，第 1 期，第 11—12 页。

[141] D. 赫诺，“辛格的后退引起对美印核协议前景的担忧”，《核燃料》，第 32 卷，第 22 期，(2007 年 10 月 22 日)，第 1 页，第 9—10 页。

### 印美《123 协议》

2007 年 7 月 27 日，印度和美国宣布，经过一年多的谈判，双方已就《123 协议》草案达成一致，决定制订两国民用核合作框架，内容包括核燃料保证，技术转让以及保障监督安排。[142] 为了回应两国国内对这些问题的关切，两国政府都要强调协议对促进自身利益的重要性。[143] 这些努力也招致一些反对者的警告说，双方似乎对《123 协议》的一些关键条款有不同解读，从而使未来印美关系出现争执。[144] 有的反对者认为，美国政府迫不及待地推动该协议导致美国在大多数有争论的问题上向印度要价让步，达成一项置《海德法案》所设置的限制性条件于不顾的协议。印度认为这些条件是“协议杀手”。[145]

美印《123 协议》草案的关键条款反映了谈判双方主要在以下四个方面存在分歧：[146]

**如果印度再进行核试验，美国就暂停并终止核合作。**在印度政府的坚持下，协议文本既没有明确赋予美国中止核合作的权利，也没有明确要求一旦印度进行核试验就必须归还美国提供的核材料、部件及

---

[142] “印度和美国敲定核协定”，英国广播公司新闻，2007 年 7 月 27 日，参见网址 URL〈http://news.bbc.co.uk/2/6919552.stm〉。

[143] 参见美国国务院发言人办公室，“美印民用核合作倡议：和平核合作的双边协议”，《情况说明书》，华盛顿特区，2007 年 7 月 27 日，参见网址 URL〈http://www.state.gov/r/pa/prs/ps/2007/89552.htm〉；另参见，印度外交部，“关于印美民用核能合作情况通报：‘123 协议’的缔结”，新德里，2007 年 7 月 27 日，参见网址 URL〈http://www.meaindia.nic.in/pressrelease/2007/07/27pr01.htm〉。

[144] M. Krepon，A. Stolar，《美印 123 协议：变得更糟》，亨利·史汀生中心，2007 年 8 月 23 日，参见网址 URL〈http://www.stimson.org/print.cfm?SN=SA200708221446〉。

[145] 参见《国会和核供应国集团的行动轨迹：爱德华·马基关于美印核合作问题上的访谈》，对外关系委员会，华盛顿特区，2007 年 9 月 13 号，参见网址 URL〈http://www.cfr.org/publication/14213/courses_of_action_for_congress_and_the_nuclear_suppliers_group.html〉。

[146] 印度政府与美国政府关于和平利用核能的合作协议》，2007 年 8 月 3 日，参见网址 URL〈http://www.state.gov/documents/organization/90157.pdf〉。

设备。[147] 在协议第 14 条第 2 款中泛泛地规定既有终止核合作的权利，也有所谓的“归还权”。该条款规定，想终止协议的一方必须提前一年通知对方，但在此之前，协议双方要“审慎考虑”导致合作终止的情形是由于安全环境发生了变化，还是为了应对与其他国家采取了影响国家安全的类似行动而做出的反应。显然，这是指巴基斯坦进行核试验。对此，一些观察家的理解是，在某些情况下，比如为了应对巴基斯坦的核试验，印度恢复核试验并不一定构成美国终止与印核合作或者按照《海德法案》要求印度归还美国所提供的设备和核材料的理由。[148] 另外，协议在第 14 条其他条款中的规定使得在行使归还权利之前，需要满足一系列潜在的冗繁的法律条件。这些条件包括达成补偿协议和安全问题协议。[149]

**对印度的核燃料供应保障。**印度政府在《123 协议》谈判中的一个首要目标是，通过获取核燃料供应永久保障来确保印度民用核反应堆“不间断地运转”。[150] 协议草案第 5 条第 6 款 b 项规定，美国将“帮助印度建立核燃料战略储备，以防止切断对印度核反应堆的终身燃料供应”。一旦发生核燃料供应中断的情形，美国就“召集友好的核燃料供应国，如俄罗斯、法国和英国”，保证商议如何帮助印度寻找核燃料的其他供应途径。对此，印度理解为这是美国作出的无条件保证。而在美国，这个条款因为与《海德法案》相违背而备受指责。有评论指出，根据该法，美国所同意的供应协议保证仅限于“由于市场短缺或者类似原因导致的”核燃料供应中断，“而非印度进行核试

〔147〕 1954 年《原子能法》第 123 节 a 款（4）条规定，美国与外国政府之间缔结任何核合作协定都必须规定，如果接受国进行核试验，美国有权收回根据协议提供的核材料和设备，其中包括任何专门的、在使用过程中生产出的裂变材料。

〔148〕 Kimball, McGoldrick，“美印核协议：一项糟糕的协议变得更糟”，《今日军控》，第 37 卷，第 6 期（2007 年 8 月）。《海德法案》第 104 节（a）款规定，如果印度进行核试验，美国将终止与印度的核合作，并要求印度归还其根据协议可能得到的来自美国的设备和材料以及印度用这些物项生产出的任何材料。

〔149〕 S. Varadarajan，“审视使免遭燃料供应中断的印度核反应堆”，《印度教徒报》，2007 年 8 月 8 日。

〔150〕 S. Varadarajan，“永久性燃料供应保证依旧是与美‘123 协议’谈判中的一个障碍”，《印度教徒报》，2006 年 12 月 13 日。一些印度官员引用与俄罗斯达成的库丹库拉姆反应堆协议作为先例，说明在该协议中，印度得到俄罗斯保证，在为自俄进口的核反应堆提供永久燃料供应问题上，俄是自主、不受任何制约的。

验之类行动所致”。[151]

**保障监督。**协议第 5 条第 6 款 C 项规定，印度承诺将其民用核设施置于“专为印度制订的永久保障措施”之下，并承诺为实现这一目标与 IAEA 展开谈判，达成“适当的保障监督协定”。[152] 保障监督协定可能会涵盖印度指定的 14 个“民用”核反应堆。[153] 与此同时，印度保留采取“矫正措施”的权利，以保证“其民用核反应堆的不间断运转”。虽然协议没有界定“专为印度适用”或“矫正措施”的内涵，但许多观察家认为，印度试图寻求达成一项在外国核燃料供应被打断的情况下允许终止“永久性”保障监督的保障监督协议。[154]

**印度对源自美国的乏燃料进行后处理。**拟定协议允许印度可以长期对源自美国的乏燃料进行后处理。这严重偏离了美国长期以来奉行的不向其他国家提前赋予后处理权利的政策。在过去，作为《123 协议》的一部分，美国只同意过欧洲原子能联营（Euratom）和日本根据个案进行乏燃料的后处理。[155] 作为《123 协议》的一部分，印度必须根据 IAEA 的保障监督建造一个新的后处理设施来处理源自美国的乏燃料。两国政府还必须就印度对源自美国的乏燃料进行后处理的“安排和程序”达成一致。

该协议也为两国未来如何安排后处理和浓缩技术的贸易提供了选择。《海德法案》对如何转让涉及 IAEA 批准项目中的一个多国设施或为建立不会导致核扩散的燃料循环的多国项目中的设施作出了限制。

## 印度国内政界的反对

《123 协议》的宣布导致印度政界两翼对该协议的反对声浪再起。

---

[151] Kimball，McGoldrick，（同注释〔148〕）。

[152] 2007 年 11 月 21 日，IAEA 总干事巴拉迪和印度原子能委员会主席阿尼尔·卡科德卡会晤后启动了适用印度的保障监督协议磋商。IAEA，“IAEA 和印度启动适用印度的保障监督协议”，新闻发布稿 2007/21，2007 年 11 月 21 日，参见网址 URL 〈http://www.iaea.org/NewsCenter/PressReleases/2007/prn200721.html〉。

[153] 该数目包括 6 个外国提供的动力反应堆，印度已经同意将这几个反应堆置于 IAEA 设施专属（INFCIRC/66）保障监督之下。

[154] Kimball，McGoldrick，（同注释〔148〕）；S. Varadarajan，（同注释〔150〕）。

[155] 允许在欧洲和日本进行后处理是在美国根据 1978 年的《核不扩散法》生效的各项核协议中规定的限制后处理的政策之前。

印度主要反对党，即印度民族主义的人民党（BJP）的领袖要求对协议进行重新谈判，认为协议限制了印度核试验的选择，并可能使印度“在战略上屈从于美国”。[156] 更为关键的是，不属于执政联盟但在议会中支持团结进步联盟的四个共产党（通常所说的左翼政党）扬言，如果执政联盟为首的政府继续推动核协议，他们将撤回对政府的支持。这可能会导致提前进行大选。左翼政党表示，在与美国“急于建立战略同盟”的情况下，他们“无法接受”《123 协议》，要求政府在议会审议前不要实施该协议。[157] 这些政党中最大的印度共产党（马克思主义者）8 月 20 日通过决议诫称，印美《123 协议》把“印度绑进与美国的战略同盟”对印度的独立自主外交政策产生“长远后果”，要求政府重新考虑这一协议。[158]

10 月，在印度总理曼莫汉・辛格宣布他不会冒不信任投票的风险去启动与 IAEA 进行保障监督协议谈判后，左翼政党的反对似乎已经有效的扼杀了核协议。[159] 然而在 11 月 17 日，四个左翼政党暂时同意政府与 IAEA 秘书处展开谈判。他们要求，在向负责印美民用核合作协议的团结进步联盟——左翼政党联合委员会提交审议之前，IAEA 或印度政府都不能签署任何保障监督协议草案。[160] 这个委员会是左翼政党和团结进步联盟双方领导人在 9 月份成立的，目的在于寻求打破核协议的政治僵局。该委员会将研究“《海德法案》各项条款和印美《123 协议》对 IAEA 保障监督协定的影响”，并在“最后作出定论”之前考虑这些影响。印度的一些观察家认为，最有可能的结果是让保障监督协议在委员会审议中夭折，以维持团结进步联盟领导的少数党政府。[161]

---

〔156〕 V. 乔治，“重新谈判《123 协议》：阿德瓦尼屈服于印度人民党的压力”，《印度快报》，2007 年 8 月 31 日。

〔157〕 “左翼‘不能接受’123 协议”，《印度教徒报》，2007 年 8 月 8 日。

〔158〕 “印共（马）中央委员会关于核协议问题的决议”，《印度教徒报》，2007 年 8 月 23 日。

〔159〕 J. Page，“给辛格打电话为吸引印度加入核战略联盟的有争议的协议告吹”，《时代》周刊，2007 年 10 月 16 日。

〔160〕 V. 库马尔，“政府可去与 IAEA 谈判”，《印度教徒报》，2007 年 11 月 17 日。

〔161〕 库马尔，（同注释〔160〕）。

# 第五节　裂变材料禁产条约

2007 年，65 国日内瓦裁军谈判会议已连续第 11 年无法启动谈判一项关于“禁止生产核武器或其他核爆炸装置用裂变材料的非歧视性、多边、可有效核查的条约”，这是 1995 年裁谈会通过的授权（所谓“香农授权”Shannon mandate）要求的。[162] 2007 年裁谈会第一阶段会议的特点是，在 2006 年所取得的进展基础上，为打破工作计划问题上的僵局再次作出努力。[163] 3 月 23 日，六主席（即 2007 年裁谈会会议的六位主席为南非、斯里兰卡、西班牙、瑞典、瑞士和叙利亚六位大使，简称六主席）提出了一项决议草案文件，提议裁谈会一致同意任命四位“对各项议题的未来工作和谈判没有偏见的协调人”，“主持”裁谈会议程中关于禁产裂变材料生产及其他三个问题的谈判。[164] 六主席的提议要求启动关于禁产条约的谈判，而不必涉及以下有争议的问题：禁产条约究竟只应禁止今后生产用于武器的裂变材料，还是同时地应防止这种材料的现有库存被用于制造新式武器。该建议回避了处理禁产条约是否应包括美国反对的正式核查机制的问题。[165] 而六主席呼吁进行“没有任何前提条件”的谈判，提出应该在谈判过程中解决关于核查和条约范围的争执。[166]

六主席的建议在裁谈会内部得到了广泛支持，但并未取得突破。

---

〔162〕 加拿大大使杰拉尔德·香农有关谈判禁止生产核武器或其他核爆炸装置用裂变材料条约最合适安排裁谈会磋商情况的报告，CD/1299，1995 年 3 月 24 日，参见网址：〈http：//www.reachingcriticalwill.org/political/cd/shannon.html〉。

〔163〕 参见 Kile（同注释〔4〕），第 509—510 页。

〔164〕 裁军谈判会议主席决定草案第 CD/2007/L.1 号，2007 年 3 月 23 日；“裁谈会缓慢接近就工作计划达成协议”，《裁军外交》，第 84 期（2007 年春季刊）。

〔165〕 2004 年，布什政府认为，禁产条约并不像裁谈会 1995 年授权中要求的那样“可有效核查”，因此不该写进正式核查机制。美国国务院，“裁谈会美方倡议”，美国常驻裁谈会代表、负责不扩散核武器事务的总统特别代表 Jackie W. Sanders 的发言，日内瓦，2004 年 7 月 19 日，参见网址：〈http：//www.state.gov/t/ac/rls/rm/2004/34929.htm〉。

〔166〕 P. Meyer，“禁产谈判是否还有动力？禁产条约谈判前景”，《今日军控》，第 37 卷，第 10 期（2007 年 12 月号）。

印度及二十一国集团（G21）其他一些不结盟国家对该建议提出一些实质性和程序性的疑问，但表示不会阻拦其获得一致通过。[167] 然而，中国、伊朗和巴基斯坦对六主席建议无法列入补充声明提出反对意见。[168] 三国的主要意见是，任何禁止生产军用裂变材料条约的谈判必须明确根据 1995 年香农授权进行。三国强调，香农授权明确规定应写进正式核查体制。巴基斯坦和伊朗还坚持，针对条约禁止范围的谈判授权应该超出停止裂变材料生产，还应包括现有库存。[169] 中国不愿接受六主席建议，符合其对缔结禁止生产武器用裂变材料条约总体上缺乏热情的一贯立场，至少近期是这样。[170]

## 第六节 国际合作促进核安全[171]

2007 年，对国际防扩散和裁军援助（INDA）计划（主要是对俄罗斯的资助）大体维持前几年的数额。[172] 最重要的 INDA 捐赠计

〔167〕 裁谈会，“裁谈会 2007 年第三阶段会议主席报告”，CD/1828＊，2007 年 8 月 30 日，第 2 页；S. Varadarajan，“禁产条约谈判缓慢接近协商一致”，《印度教徒报》，2007 年 7 月 2 日。

〔168〕 裁谈会，“补充主席声明反映出会议在实施 CD/2007/L.1＊＊号文件问题上达成的谅解”，CD/2007/CRP5＊，2007 年 6 月 29 日。

〔169〕 伊朗常驻裁谈会代表萨贾德普尔大使发言，日内瓦，2007 年 6 月 21 日，参见网址：〈http://www.reachingcriticalwill.org/political/cd/speeches07/2session/June21Iran.html〉；巴基斯坦常驻裁谈会代表马苏德·汗大使发言，日内瓦，2007 年 9 月 13 日，参见网址：〈http://www.reachingcriticalwill.org/political/cd/speeches07/3session/Sept13Pakistan.pdf〉。

〔170〕 参见 Meyer（同注释〔166〕）。

〔171〕 SIPRI 研究员 Vitaly Fedchenko 撰写了本章这一节，SIPRI 实习人员 Ekaterina Khudina 也参加撰写。另参见 H. Feiveson 等人，“裂变材料：全球库存、生产和销毁”，《SIPRI 年鉴 2007：军备、裁军和国际安全》（同注释〔4〕），第 558—576 页；V. Fedchenko，“对核燃料循环的多边控制”，《SIPRI 年鉴 2006：军备、裁军和国际安全》（同注释〔90〕），第 686—705 页；及本卷第 9 章，第五节。

〔172〕 美国是国际防扩散和裁军援助主要捐赠国，2008 财年的预算捐助 19.1 亿美元，比 2007 财年的 18.6 亿美元略高一些。Project on Managing the Atom，Interactive Threat Reduction Budget database，参见网址：〈http://www.nti.org/e_research/cnwm/charts/cnm_funding_interactive.asp〉。

划——《八国集团防止大规模杀伤性武器及材料扩散全球伙伴计划》——现已进行到各方一致确定的 10 年期限的半程。[173] 2007 年在德国海利根达姆举行的八国集团年度首脑会议上，成员国重申根据《全球伙伴计划》的承诺，到 2012 年要筹集 200 亿美元来支持重点项目。[174] 八国报告说，过去五年在销毁化学武器、拆卸退役核潜艇、雇佣前武器科学家以及核材料的实物保护等方面都取得了重要进展。[175]《全球伙伴计划》中最不成功的重点方面是裂变材料特别是钚的永久性处置。

### 俄美在处置核材料方面的合作

冷战结束后，武器级钚和高浓铀的处置成为俄罗斯和美国共同面临的一个极为重要的问题，因为两国这些材料的现有库存都超出了本国的防务需要。1993 年俄美签署的高浓铀采购协议有效地处置了俄罗斯核武器中 500 吨高浓铀。[176] 到 2007 年 9 月 30 日，已经有 315 吨高浓铀（约可制造 12，615 枚核弹头）为 9200 吨用作核反应堆燃

[173]《八国集团防止大规模杀伤性武器及材料扩散全球伙伴计划》是 2002 年在加拿大卡纳纳斯基斯（Kananaskis）召开的八国集团首脑会议上决定的，以支持旨在解决防扩散、裁军、反恐和核安全问题的合作项目最初在俄罗斯进行。2002 年八国集团卡纳纳斯基斯首脑会议，“八国集团防止大规模杀伤性武器及材料扩散全球伙伴计划”，2002 年 6 月 27 日，参见网址〈http：//www. g8. gc. ca/2002Kananaskis/globpart-en. asp〉。另参见 I. Anthony 和 V. Fedchenko，“国际防扩散和裁军援助”，《SIPRI 年鉴 2005：军备、裁军和国际安全》（牛津大学出版社：牛津，2005 年），第 675—698 页。

[174]《八国集团防止大规模杀伤性武器及材料扩散全球伙伴计划》明确了 4 个重点：销毁化学武器，拆卸退役的核潜艇，裂变材料的永久性处置，以及雇佣前武器科学家从事非军事活动。

[175] 2007 年八国集团海利根达姆首脑会议“关于《八国集团防止大规模杀伤性武器及材料扩散全球伙伴计划》的报告”及附录 A“综合报告数据”，2007 年 6 月 8 日，参见网址：〈http：//www. g－8. de/Webs/G8/EN/G8Summit/SummitDocuments/summit-documents. html〉。

[176] 1993 年 2 月 18 日，双方签署了《美利坚合众国政府和俄罗斯联邦政府关于处置核武器中高浓缩铀协议》。协议全文参见网址：〈http：//www. nti. org/db/nisprofs/russia/fulltext/heudeal/heufull. htm〉。另参见 J. Timbie，“从核弹中获取能源：实施重点防扩散计划所面临的问题及解决办法”，《科学和全球安全》，第 12 卷，第 3 期（2004 年），第 165—192 页。

料的低浓铀。[177]

处置过剩的武器级钚的难度更大。2000 年，俄罗斯和美国签订了《俄美钚管理和处置协议》(PMDA)，两国同意各自销毁 34 吨过剩武器级钚。[178] 根据该协议，双方可以使用两种方法处置这种钚：一是将其转化为金属氧化物（MOX）燃料，供核电站反应堆使用；二是把它长期存储，使其不得用于核武器生产。俄罗斯选择了前一种方法。[179] 美国最初打算同时采取两种方案，但 2001 年重新审议了防扩散政策后，布什政府认为这样做耗资太大，因此制订了一项将美几乎所有过剩钚都转化为 MOX 燃料的计划。[180] 2007 年 8 月 1 日，美国能源部开始在南卡罗来纳州艾肯附近的萨凡那河场地建设 MOX 燃料制造设施。[181]

《俄美钚管理和处置协议》最初设想在 20 年之内将钚处理完（以每年至少处置 2 吨的速度），不迟于 2007 年 12 月 31 日开始。然而，由于在两个问题上的分歧，处置计划未能在 2007 年启动。第一个问题是关于美国聘用的项目实施人员的责任保护，以及对其行动造成损失要求赔偿的问题。[182] 2006 年 9 月 15 日，美俄签署了《俄美钚管理和处置协议》议定书作为新的责任协议之后，这个问题得到了问题。[183]

---

〔177〕 美国铀浓缩公司，"美俄之间兆吨变兆瓦计划实施情况报告"，2007 年 9 月 30 日，参见网址：〈http：//www. usec. com/v2001 _ 02/HTML/megatons _ howitworks. asp〉。

〔178〕 2000 年 9 月 1 日，美俄签署了《美利坚合众国政府和俄罗斯联邦政府关于管理和处置不再用于防务目的及相关合作的钚协议》。协议全文参见网址：〈http：//www. state. gov/documents/organization/18557. pdf〉。

〔179〕 俄大约拥有 145 吨分离的武器级钚。参见附录 8B。

〔180〕 A. Wolf，美国国会国会研究部（CRS），"防扩散和削减战略核武器威胁援助：美国在前苏联的援助项目"，国会研究部向国会提交的 RL31957 号报告（国会研究部：华盛顿特区，2007 年 11 月 28 日），第 43—44 页。

〔181〕 美国能源部国家核安全管理局，"国家核安全管理局开始在南卡罗莱纳州建设 MOX 燃料制造设施"，新闻发布稿，华盛顿特区，2007 年 8 月 1 日，参见网址：〈http：//nnsa. energy. gov/news/1016. htm〉。

〔182〕 关于责任问题，参见 Kile（同注释〔90〕），第 635 页。

〔183〕 美国能源部，"美国和俄罗斯签署责任保护议定书"，新闻发布稿，华盛顿特区，2006 年 9 月 15 日，参见网址：〈http：//www. energy. gov/print/4160. htm〉。

第二个分歧是，俄罗斯计划对所谓快堆中的 MOX 燃料进行辐射，而不愿用《俄美钚管理和处置协议》设想的轻水反应堆（LWRs）。俄罗斯一致认为，应该将其钚库存用于生产能源，作为其用快中子增殖反应堆进行封闭核燃料循环长期战略的一部分。[184] 因此，俄不愿使用轻水反应堆来处置钚，而是提出用其现有的 BOR－60 和 BN－600 两个快堆和计划中的 BN－800 快堆来对 MOX 燃料进行照射。美国是俄钚处置的主要捐助国，美反对这样做的理由是费用昂贵（BN－800 反应堆预计耗资 13 亿美元），也对防扩散不利。

2007 年 3 月，俄罗斯联邦原子能局（Rosatom）局长基里延科提出一种新的钚处理方法，即不对轻水堆中的 MOX 燃料进行辐射，而是用三个快堆。此外，俄不要求美资助建设 BN－800 快堆。[185] 2007 年 11 月 19 日，基里延科和美国能源部长博德曼签署了一项联合声明，表示赞同俄提出方案，其主要内容是：一旦完成所有技术定型必要的设施，俄罗斯原子能局将通过辐射 BN－600 堆和 BN－800 堆的 MOX 燃料来处置钚。[186] 上述反应堆每年将至少能处置一吨半钚。俄将“在 2012 时间框架内”开始使用 BN－600 堆处置钚，并“很快随后”开始启用 BN－800 堆处理钚。美国官员强调，在《俄美钚管理和处置协议》框架下，两座反应堆将按照燃烧堆而非增殖堆运行，因此不会产生新的分离钚库存。[187]

---

[184] 封闭核燃料循环中，乏核燃料在反应堆中经过照射后进行再处理，以回收铀或钚，再还原为核燃料。燃料循环可以通过多种方式实现“封闭”，例如像俄罗斯计划的那样，在快中子增殖反应堆中使用钚。快堆通常设计使用钚燃料，能够以“增殖”或“燃烧”的模式运转。按照增殖模式，快堆通过实现铀-238 的嬗变，使钚的产量大于消耗量。而按“燃烧”模式，反应堆消耗的钚将转化为辐射期短的同位素。

[185] A. MacLachlan，“俄罗斯和美国可以在钚处置项目中采取决定性行动”，《核燃料》，2007 年 5 月 21 日，第 1、5—6 页。2006 年，俄政府恢复从联邦预算中为建 BN—800 反应堆拨款。“基里延科说，调整：核能的未来要靠快中子”，俄罗斯新闻社，2005 年 12 月 14 日，参见网址：〈http：//en. rian. ru/russia/20051214/42490704. html〉。

[186] 美国能源部，“美国和俄罗斯签署俄钚处置计划”，新闻发布稿，2007 年 11 月 19 日，参见网址：〈http：//www. energy. gov/nationalsecurity/5742. htm〉。美国能源部将为此项出资 4 亿美元。

[187] D. Horner，“美国官员透露美俄签署的钚处置协议的细节”，《核燃料》，2007 年 12 月 17 日，第 1、17—18 页。

# 第七节　结　　论

2007 年，伊朗和朝鲜核计划依然是国际社会最关注的核武器扩散问题。美国情报部门认为，伊朗已于 2003 年停止其秘密核武器计划，到 2007 年年中一直没有恢复武器化研制活动。这一结论使对伊朗核计划的关切程度有所下降，也严重削弱了对美国政府采取军事行动打击伊朗核设施的政治支持。同时，这也说明国际社会还急需通过重新制订防扩散规则来解决很多人认为 NPT 条约固有的结构性弱点，即无核国家能够在发展民用核能计划的掩护下，通过建设生产武器用核材料所需的燃料循环设施秘密获取开发核武器的能力。

在此背景下，伊朗和朝鲜核问题引发了要求永远禁止建设新的国家控制的裂变材料生产设施的呼吁。除此之外，还要像 IAEA 目前设想的那样建设核燃料，以及提供其他燃料供应保障。很多防扩散专家认为，长期目标应该是作出各种多边或国际安排来控制极容易引起扩散关切的核燃料循环活动——铀浓缩和钚后处理，还要管理好乏燃料和废料处置。尽管后者并不是新想法，但随着核不扩散机制的强化和发展，实现该设想的时机已逐步成熟。

（苏晓晖　刘俊波　译）

附录 8A

# 2008 年世界核力量

香农·N. 基尔 维达利·费琴科
汉斯·M. 克里斯滕森

## 一、导言

2007 年，在世界的注意力集中于朝鲜核试验和伊朗铀浓缩计划时，八个核武器国家拥有近 10200 枚实战部署的核武器（见表 8A.1）。其中的几千枚核武器处于高度戒备状态，准备在数分钟内发射。如果把所有的核弹头——实战部署的弹头、备用的弹头、现役和非现役储存的弹头、计划稍后拆除的完整弹头——都计算在内的话，美国、俄罗斯、英国、法国、中国、印度、巴基斯坦和以色列共有 25000 多个弹头。

由 1968 年《不扩散核武器条约》(NPT)〔1〕所界定的所有五个法律上承认的核武器国家，在可预见的将来似乎决心继续保持其核大国地位，并且正在或者接近使其核力量现代化。同时，俄罗斯和美国根据 1991 年《削减和限制进攻性战略武器条约》（START I）和 2002 年《削减进攻性战略武器条约》(SORT)〔2〕两个双边条约，正在从冷战水平上削减其实战部署的核力量。该附录的第二和第三部分分别阐述了美国和俄罗斯部署的核力量的构成。英国、法国和中国的核武库远远小于美国和俄罗斯的核武库，但是这三个较小的核国家或

〔1〕根据《不扩散核武器条约》的规定，只有在 1967 年 1 月 1 日之前制造和爆炸核装置的国家才被承认是核武器国家。按照这个界定，中国、法国、俄罗斯、英国和美国是《不扩散核武器条约》核武器缔约国。条约的概要见本卷附件 A。

〔2〕《削减和限制进攻性战略武器条约》(START I）和《削减进攻性战略武器条约》(SORT）的概要见本卷附件 A。

者正在部署新型核武器或者已经宣布它们在今后打算这样做。第四至第六部分提供有关它们的发射工具与核弹头库存的资料。

获得有关印度、巴基斯坦和以色列三个 NPT 非缔约国的核武库部署状态的可靠信息是困难的。由于缺少官方声明，所获得的这些信息常常是矛盾的和不准确的。印度和巴基斯坦正在扩大其核打击能力，而以色列似乎正在观察伊朗的局势如何发展。第七至第九部分提供了有关印度、巴基斯坦和以色列核武库状况的信息。朝鲜的军事核能力在第十部分论述。

这里提供的数字是根据公开信息进行的估计，具有某些不确定性，如同表格的注释中所反映的那样。

**表 8A.1 2008 年 1 月世界核力量**

(所有数字都是大约数)

| 国家[a] | 战略弹头 | 非战略弹头 | 弹头总数 |
|---|---|---|---|
| 美国 | 3575 | 500 | 4075[b] |
| 俄罗斯 | 3113 | 2076 | 5189[c] |
| 英国 | 185[d] | — | 185 |
| 法国 | 348 | — | 348 |
| 中国 | 161 | 15 | 176 |
| 印度 | — | — | 60—70[e] |
| 巴基斯坦 | — | — | 60[e] |
| 以色列 | — | — | 80[e] |
| **总计** | | | **10183** |

a 朝鲜在 2005 年宣称它已研制出核武器并在 2006 年 10 月进行了核试验，但是没有任何公开资料证明，朝鲜已使其核能力武器化。

b 美国整个库存，包括储备的，约有 5300 个弹头。另外的 5100 个弹头计划从现在到 2023 年之间拆除。

c 俄罗斯整个库存约有 14000 个弹头，其中的约 8400 个弹头储存起来或等待拆除。

d 英国战略潜艇上的一些弹头担负以前由战术核武器承担的次级战略任务。

e 印度、巴基斯坦和以色列的库存被认为只部署了一部分。

## 二、美国核力量

截至 2008 年 1 月，美国据估计保留一个由约 4075 个实战部署的核弹头组成的核武库，其中约 3575 个是战略弹头，约 500 个是非战略弹头（见表 8A.2)。〔3〕除了这个实战部署的武库之外，约 1260 个弹头被储备起来。整个库存约有 5300 个弹头。5100 多个其他弹头在 2007 年底从美国国防部的库存中移开，预定到 2023 年拆除。

与《SIPRI 年鉴 2006》提出的估计相比，这个力量水平发生了巨大变化。它是由布什政府在 2007 年 12 月 18 日所发布的通告导致的，布什政府宣布，它将提前 5 年在 2007 年而不是 2012 年完成 2004 年核武器库存计划的目标，这个目标是从 2001 年的水平削减几乎 50%的库存。〔4〕这个库存削减到目前为止主要是在纸上进行的，因为它只是把弹头的所有权由国防部转交给能源部。实际上，在几年里核武器大部分仍将保存在基地中，因为能源部没有贮藏它们的能力。

在库存通告发表的同时，国家核安全管理局公布了旨在使美国核武器综合体现代化的“综合体转型草案：补充的计划性环境影响声明”。〔5〕“综合体转型”是 2006 年“综合体 2030”计划的缩减版

---

〔3〕根据美国国务院，“截至 2006 年 12 月 31 日美国实战部署的战略核弹头的数量是 3696 个”。美国国务院，核查、遵守和执行局，“2007 年有关《莫斯科条约》执行情况的年度报告”，2007 年 7 月 12 日，网址：〈http://www.state.gov/t/vci/rls/rpt/88187.htm〉，第 1 页。

〔4〕参见白宫，“布什总统批准大幅度削减核武器库存”，新闻稿，2007 年 12 月 18 日，网址：〈http://www.whitehouse.gov/news/releases/2007/12/20071218－3.htm〉；美国能源部，国家核安全管理局，“国家核安全管理局发布有关核武器综合体转型的计划草案”，2007 年 12 月 18 日，网址：〈http://nnsa.energy.gov/news/print/1463.htm〉；法新社，“美国加快核库存削减：白宫”，全球安全组织，2007 年 12 月 18 日，网址：〈http://www.globalsecurity.org/org/news/2007/071218-stockpile-cuts.htm〉。秘密的“核武器库存计划”在 2004 年 6 月 3 日提交给美国国会。美国能源部，国家核安全管理局，“政府计划大幅度削减核武器库存”，新闻稿，华盛顿特区，2004 年 6 月 3 日，网址：〈http://www.nnsa.doe.gov/newsreleases.htm〉。

〔5〕美国能源部，国家核安全管理局，“综合体转型草案：补充的计划性的环境影响声明”，能源部：华盛顿特区，2007 年 12 月，网址：〈http://www.complextransformationspeis.com/〉。

本，[6] 评估了核武器综合体应该如何构建以便在低于《削减进攻性战略武器条约》(SORT) 所规定的力量水平的情况下满足核武器生产和维护要求。这项计划建议加强综合体和把生产钚芯的能力从目前每年生产 10 个提高到 200 个。

布什政府有关在 2014 年开始生产第一批“可靠替代弹头”的建议在美国国会遭到反对，国会反对政府 2008 年的拨款要求。国会把是否做出有关“可靠替代弹头”拨款的决定推迟到在完成对未来美国战略核威慑需求新的评估之后。

在确保库存和基础设施转型不被其他国家误解为“重新开始军备竞赛”的努力中，布什政府在 2007 年宣布，退役弹头的拆除已增加 146%。[7] 尽管百分比的增加看起来印象深刻，但是与 20 世纪 90 年代拆除的速度相比，弹头拆除的实际数量似乎是不多的。根据以前解密或公布的拆除资料，可以这样估计，146%的增加意味着大约 260 个弹头。通过比较得出，在 20 世纪 90 年代每年拆除弹头的平均数量是近 1200 个。拆除弹头目前不是德克萨斯州潘特克斯工厂的一个优先事项，在那里重点是弹头的延寿，它们仍保留在耐久的库存中。因此，拆除目前积压的退役弹头到 2023 年才能完成。[8]

与削减核武库并行，国防部已修改其核打击计划以反映新的总统指令和作战计划的转变，即从冷战时期的统一联合作战计划变为一套旨在打败当今敌人的较小和较灵活的打击计划。2003 年 3 月，一系列基于针对拥有大规模杀伤性武器的地区国家新的打击选择，补充到了战略作战计划中，这项计划现在被称为“8044 作战计划”。这项计划在 2004 年 10 月被修订，并产生一份修改了的作战计划，它被称为“8044 作战计划 05 修订本”。2005 年 2 月，参谋长联席会议主席理查德·迈尔斯将军描述了这项计划的一些特点：“美国战略司令部已修改了我们的战略威慑和反应计划，它们在 2004 年秋已生效。这份修

〔6〕 美国能源部，国家核安全管理局，《综合体 2030：一个能应对 21 世纪威胁的核武器综合体的基础设施计划场景》，DOE/NA－0013，能源部：华盛顿特区，2006 年 12 月。

〔7〕 美国能源部，国家核安全管理局，“核武器拆除提高 146%”，《国家核安全管理局每月新闻》，2007 年 11 和 12 月，第 1 页。

〔8〕 美国能源部（同注释〔6〕），第 8 页。

订的详细计划为在广泛的突发事件中确保盟国，劝阻、慑止和如果必要打败敌手提供了更加灵活的选择。[9]

2004年中，一项具有争议的先发制人地打击拥有常规武器和核武器的地区敌人的计划生效，它被称为“8022概念计划”，是新的全球打击任务的战斗执行部分。然而，这项计划在2004年秋被撤销，并且打击选择被并入“8044作战计划”。

### 陆基弹道导弹

美国洲际弹道导弹力量正经历着重大的变化，部分原因是美国执行《削减进攻性战略武器条约》。截至2008年1月，由于W62弹头和W78弹头的卸载，大约764个弹头部署在488枚洲际弹道导弹上，与2007年相比减少了136个弹头。剩下的W62弹头，计划在2009年卸载，加上W78弹头的卸载，将在2011年使装载的弹头减少到500个。因为170千吨的W62弹头从导弹上卸下，现代化的300千吨MK-21/W87安全性加强的再入飞行器正被安装。W87弹头威力的增加将扩大民兵导弹力量打击目标的范围。以前的把洲际弹道导弹力量变为单弹头结构的计划已被修改：25枚导弹将继续携带三个弹头。另外的几百个弹头将储存起来，如果今后需要则可用于安装，以增加洲际弹道导弹力量上的弹头。关于设计新型洲际弹道导弹以便从2018年开始替代“民兵-III”导弹的工作正在继续进行。

2007年，只有1枚“民兵-III”导弹进行了飞行试验，而2006年4枚导弹进行了飞行试验。这枚导弹在2月7日从加利福尼亚的范登堡空军基地发射，携带一个未装弹的弹头，飞行大约6760公里，击中马绍尔群岛的夸贾林环礁东边的一个水上目标。

### 弹道导弹潜艇

随着美国核动力弹道导弹潜艇“阿拉巴马”号计划在2008年完成导弹改装任务，以太平洋为基地的核动力弹道导弹潜艇从装载“三叉戟-I”（C-4）导弹改为装载更远射程和更加精确的“三叉戟-II”

---

〔9〕 R. B. Myers迈耶斯上将，美国空军，参谋长联席会议主席，在参议院军事委员会上的态势陈述，2005年2月17日，网址：〈http://www.senate.gov/~armed_services/statemnt/2005/February/Myers%2002—17—05.pdf〉，第32页。

(D－5) 导弹的工作正接近完成。12 艘现役的“俄亥俄级”核动力弹道导弹潜艇共携带 228 枚“三叉戟-II”(D－5) 潜射弹道导弹，每枚导弹据估计平均携带 6 个弹头。另外的 2 艘核动力弹道导弹潜艇在任何指定的时间进行大修，它们的 48 枚导弹和 288 个弹头被包括在总数里。今后，8 艘核动力弹道导弹潜艇将以太平洋为基地，6 艘将以大西洋为基地，将美国海基威慑针对的目标集中在中国和太平洋地区的其他地方。

2008 年，美国海军将开始生产改进的 D－5 导弹。到 2011 年，总共 108 枚导弹将被制造出来，花费 40 多亿美元，计划在 2013 年开始部署。改进的 D－5 潜射弹道导弹将装备“俄亥俄级”核动力弹道导弹潜艇，直到剩余的服役寿命结束，这些潜艇的服役寿命已从 30 年延长到 44 年。最老的潜艇计划在 2029 年退役，到那时新的级别的核动力弹道导弹潜艇将按计划开始服役。新级别的发展研究已经开始，它被称为 SSBN (X)。

3 枚“三叉戟-II” (D－5) 导弹在 2007 年进行了试射。美国“田纳西号”潜艇在 5 月 15 日从佛罗里达沿海的东边试验场发射了 2 枚导弹。这些导弹第一次携带由洛克希德生产的新的低成本试验导弹杀伤器，把一枚现役导弹改为试验导弹并装有射程安全装置和飞行遥感监测仪器。11 月 29 日，美国“亨利·M. 杰克逊号”潜艇从西部试验场试射了一枚单弹头导弹，以验证在从装载 C－4 改为装载 D－5 潜射弹道导弹的长期改装之后用于部署的潜艇。

现有的 W76/Mk4 弹头的现代型 W76－1/Mk4A 弹头，计划在 2008 年 3 月开始部署，但是由于生产技术问题这项计划已被推迟。这项计划包括到 2021 年生产约 2000 枚 W76－1 弹头。[10] W76－1/Mk4 弹头装有新的引信，将给军事计划者在设置“使 W76 弹头利用 D－5 导弹的更高精确度”[11] 和使更广泛的目标包括坚硬目标处于危

〔10〕 H. M. Kristensen，“政府提高潜艇核弹头生产计划”，美国科学家联合会战略安全博客，2007 年 8 月 30 日，网址：〈http：//www. fas. org/blog/ssp/2007/08/us _ triples _ submarine _ warhead. php〉。

〔11〕 美国能源部，国防项目办公室，《库存管理和安排计划：第一个年度更新，1997 年 10 月》(能源部：华盛顿特区，2006 年 10 月)，第 1—14 页。根据信息自由法案，这份文件被部分解密和公布。

险中的爆炸高度方面提供更多的灵活性。W76－1 弹头的日益增加的毁伤性还可能降低爆炸当量。另一个由美国战略司令部提出的可能的改进包括“精确附件”，它是一个发展用于 Mk4 再入飞行器以给武器提供“全球定位系统使用期精确度”的操作附件。美国国会拒绝批准这项将使美国战略司令部在 D－5 潜射弹道导弹上部署常规弹头的改进。[12]

一系列“可靠替代弹头（RRW）”的第一批，旨在替代目前部署在D－5 导弹上的部分 W76 弹头。核武器委员会已批准初步的“可靠替代弹头－1”的设计，它基于由劳伦斯·利弗莫尔国家实验室研发的两级热核武器 SKUA－9 的设计。高当量设计在 20 世纪 70 年代初期进行了几次试验，这些是在 1974 年《限制地下核武器试验条约》（TTBT）之前进行的。[13] 如果国会提供资金，这种弹头将并入最初为 W88 弹头设计的 MK5 再入体内。

### 远程轰炸机

2008 年 2 月 23 日，一架 B－2 轰炸机在关岛坠毁，这是第一架损失了 12 亿美元执行秘密行动的轰炸机。在剩下的 20 架 B－2 轰炸机中，16 架担负核任务。轰炸机编队及其核武器继续进行升级改造。约 1000 个核弹头被指定由 B－52H 和 B－2 轰炸机发射，包括空射巡航导弹上的 W80－1 弹头以及 B61－7、B61－11 和 B83－1 重力炸弹。美国空军正在为新型远程攻击机研究选择方案，以便从 2018 年开始替代现有的轰炸机力量。

先进的巡航导弹在 2007 年退役，大约一半的空射巡航导弹从库存中撤出，作为到 2007 年底削减将近 50%库存计划的一部分。W80－1 弹头的寿命延长工作已暂时搁置，空军正在设计下一代核巡航导弹，被称为加强型巡航导弹。

---

〔12〕 2006 年四年防务评估指示美国战略司令部用 96 个常规弹头替代 24 枚“三叉戟-II”（D－5）导弹上的核弹头，在 2008 年部署。美国国会一直不愿为这项计划提供资金并对核常混合的弹道导弹对危机稳定性的影响表示担忧。

〔13〕《限制地下核武器试验条约》的概要见本卷附件 A。

### 非战略核武器〔14〕

截至 2008 年 1 月，美国仍保留约 500 个现役非战略核弹头。这些弹头包括 400 个 B61 重力炸弹和 100 个用于“战斧式”巡航导弹的 W80－0 弹头。另外的 800 个非战略弹头处于非现役储备状态。大约 350 个 B61 炸弹部署在欧洲 6 个北约成员国（比利时、德国、意大利、荷兰、土耳其和英国）的 7 个空军基地。这种炸弹显然是在 2005 年从德国的拉姆斯坦空军基地撤过来的。〔15〕使用美国核武器担负核打击任务的北约无核武器国家的飞机，包括有比利时和荷兰的 F－16飞机以及德国和意大利的“旋风式”轰炸机。〔16〕美国在欧洲的武库可能包括非现役炸弹。新的联合攻击机力量的一部分将具有核能力。

只有 100 个用于“战斧式”巡航导弹的 W80－0 弹头是现役的；另外的 200 个是非现役储备的。“战斧式”巡航导弹被指定部署在所选的“洛杉矶级”、“改进的洛杉矶级”和“弗吉尼亚级”核动力攻击型潜艇上。“战斧式”巡航导弹在正常情况下不部署在海上，但在做出决定后的 30 天内能被重新部署。所有“战斧式”巡航导弹都储存在华盛顿州的班戈和乔治亚州的金斯湾战略武器库里。W80－0 弹头可能在不远的将来退役。

### 核弹头库存管理和现代化

美国约 5300 个弹头的库存由两种类型的弹头组成：现役和非现役弹头。现役弹头包括安装了所有部件的完整弹头，它们或者部署在现役发射系统上，或者是在较短时间内能部署在现役发射系统上的储备弹头中的部分“响应力量”，或者是备份弹头。非现役弹头包括长期储存起来作为储备的弹头，其寿命有限的部件（氚）被取出。除了

---

〔14〕《削减和限制进攻性战略武器条约》（START）和《削减进攻性战略武器条约》（SORT）都没有对俄美非战略核武器进行限制。美国《核态势审议》报告也没有处理这类武器。

〔15〕关于美国在欧洲的核武器的历史和现状见汉斯·M. 克里斯滕森，“文件指出，美国从德国基地撤走核武器”，美国科学家联合会战略安全博客，2007 年 7 月 9 日，网址：〈http://www.fas.org/blog/ssp/2007/07/united_states_removes_nuclear.php〉。

〔16〕见汉斯·M. 克里斯滕森，《美国在欧洲的核武器》（自然资源保护委员会：华盛顿特区，2005 年），网址：〈http://www.nrdc.org/nuclear/euro.contents.asp〉。

这些弹头以外，其他 5100 多个弹头等待拆除。

美国在潘特克斯工厂储存将近 5000 个钚芯，作为战略储备。另外在潘特克斯工厂的 10000 个钚芯是用 43 吨武器级钚的大部分制成的，这些钚被克林顿和布什政府先前宣布超过了军事需要。所有这些近 15000 个钚芯都来自退役的弹头。大约 5000 个罐装装置（热核次级）储存在田纳西州的橡树岭 Y－12 工厂。

**表 8A.2　2008 年 1 月美国核力量**

| 型号 | 名称 | 部署数量 | 首次部署年份 | 飞行距离（公里）[a] | 弹头载荷 | 弹头数量 |
|---|---|---|---|---|---|---|
| **战略力量** | | | | | | **3575** |
| 轰炸机[b] | | 104/72 | | | | 1083 |
| B－52H | Stratofortress | 94/56 | 1961 | 16000 | 空射巡航导弹 5—150 千吨 | 528[c] |
| B－2 | Spirit | 20/16 | 1994 | 11000 | B61-7，-11，B83-1 炸弹 | 555[d] |
| 洲际弹道导弹[e] | | 488 | | | | 764 |
| LGM－30G | 民兵 III | | | | | |
| | MK－12 | 138 | 1970 | 13000 | 1—3×170 千吨 | 214 |
| | MK－12A | 250 | 1979 | 13000 | 1—3×335 千吨 | 450 |
| | MK－21 SERV | 100 | 2006 | 13000 | 1×300 千吨 | 100 |
| 核动力弹道导弹潜艇/潜射弹道导弹[f] | | 228 | | | | 1728 |

| 型号 | 名称 | 部署数量 | 首次部署年份 | 飞行距离(公里)[a] | 弹头载荷 | 弹头数量 |
|---|---|---|---|---|---|---|
| UGM-133A | 三叉戟-II (D-5) | | | | | |
| | MK-4 | .. | 1992 | >7400 | 6×100 千吨 | 1344 |
| | MK-5 | .. | 1990 | >7400 | 6×475 千吨 | 384 |
| **非战略力量** | | | | | | **500** |
| B61-3, -4 炸弹 | | .. | 1979 | .. | 0.3—170 千吨 | 400[g] |
| 战斧式潜射巡航导弹 | | 320 | 1984 | 2500 | 1×5—150 千吨 | 100[h] |
| **总计** | | | | | | **4075**[i] |

..=没有适用数据；ALCM=空射巡航导弹；ICBM=洲际弹道导弹；kt=千吨；SERV=安全加强型再入飞行器；SLBM=潜射弹道导弹；SLCM=潜射巡航导弹；SSBN=核动力弹道导弹潜艇。

a 飞机航程只是一种说明而已；真正的作战航程根据飞行轨迹和武器载重将有所不同。

b 在“部署数量”栏中第一个数字是 B-52H 轰炸机的总数，包括那些训练、试验和储备的飞机。第二个数字是执行主要任务的飞机的数量，即执行核和常规战时任务的作战飞机的数量。

c 2007 年，大约 860 枚空射巡航导弹可能被撤出，因为提前执行 2004 年“核武器库存计划”。所有先进的巡航导弹也已退役。

d 这些弹头供 B-52H 和 B-2A 轰炸机使用，但是 B-2A 轰炸机被认为是主要的炸弹投掷工具。

e 2006 年《四年防务评估》报告决定到 2008 年把洲际弹道导弹力量削减到 450 枚导弹。大部分“民兵”洲际弹道导弹卸载到一个弹头以满足 2002 年《削减进攻性战略武器条约》所规定的弹头最高限额的工作正在进行，但是大约有 25 枚导弹将继续各携带 3 个弹头。

f 尽管根据 1991 年《削减和限制进攻性战略武器条约》D-5 导弹被计数，因为每枚导弹携带 8 个弹头，但是美国海军在 2005 年完成了主要卸载工作（卸载到每枚导弹平均携带 6 个弹头），到 2012 年将进行另外的卸载工作，每枚导弹平均携带 4 个弹头，以满足

《削减进攻性战略武器条约》所规定的弹头最高限额。

g 大约 350 个 B61 炸弹部署在欧洲 6 个北约国家的 7 个空军基地。

h 另外的 190 个 W80-0 弹头处于非现役储备状态。“战斧式”巡航导弹不再部署在海上，而是储藏在陆地上。

i 另外约有 1260 个弹头是储备的，总的库存是约 5300 个弹头。将近 5100 个弹头正在等待拆除。此外，约有 15000 个钚芯储藏在得克萨斯州的潘特克斯工厂。

**资料来源：**美国国防部，各种预算报告和新闻稿；美国能源部，各种预算报告和计划；美国国务院，《削减和限制进攻性战略武器条约》（START I）谅解备忘录，从 1990 年到 2008 年 1 月；美国国防部，根据信息自由法案所得到的各种档案文件；美国空军，美国海军和美国能源部，个人通信；“核笔记本”，《原子科学家杂志》，各期；美国海军研究所，《会议录》，各期；作者的评估。

## 三、俄罗斯核力量

截至 2008 年 1 月，俄罗斯据估计拥有 5192 个核弹头（见表 18A.3）。2007 年，按照在《削减进攻性战略武器条约》中所作的承诺和部分由于威慑态势从“充分多余”向“最低足够”的理论转变，俄罗斯继续削减其战略核力量。根据一位俄罗斯高级军事计划者所说，即使美国发展弹道导弹防御系统，俄罗斯的战略核力量在《削减进攻性战略武器条约》规定的力量最高限额内仍能保证“最低足够”威慑直到 2015—2020 年。[17] 然而，他说在今后战略力量需要质量改进以提高其生存能力和对导弹防御的突防能力。俄罗斯已把采购陆基 SS-27（RS12-M2/1）“白杨-M”洲际弹道导弹和发展海基 SS-NX-30“布拉瓦”（又译称“圆锤”）导弹系统作为优先事项，而与此同时把继续延长旧的导弹的服役寿命作为一个中间措施。2007 年，俄罗斯开始进行带有分导式多弹头再入飞行器和穿透导弹防御辅助设备的新型公路机动导弹的飞行试验，继续改进其海基战略力量和恢复战略飞机的定期远程巡逻。

### 陆基弹道导弹

俄罗斯战略火箭军由三个导弹集团军组成：第 27 导弹防卫集团军（弗拉基米尔，5 个师）、第 31 导弹集团军（奥伦堡，3 个师）和

〔17〕 S. Umnov，“俄罗斯的战略核力量：加强弹道导弹防御穿透能力”，*Voenno-Promyshlennyi Kur'er*，2006 年 3 月 8—14 日。关于美国弹道导弹防御计划见附录 8C。

第 33 导弹防卫集团军（鄂木斯克，5 个师）。[18]

截至 2008 年 1 月，俄罗斯有 75 枚两种类型的 SS-18“撒旦”（R-36M）重型洲际弹道导弹处于战斗值班状态：R-36MUTTKh（RS-20B）和 R-36M2 “Voevoda”（RS-20V），部署在顿巴罗夫斯基（41 枚导弹）和乌茹尔（34 枚导弹）。[19] RS-20B 在 1979—1983 年首次部署，RS-20V 在 1988—1992 年首次部署。它们是在乌克兰设计和生产的井基、两级、液体推进剂的洲际弹道导弹。[20]

俄罗斯打算把 RS-20V 导弹的服役期维持到 2016—2018 年，但是 RS-20B 导弹正在逐渐退役。[21] C 战略火箭军有时把它们改为 Dnepr 空间发射器，而没有拆除它们。2007 年，俄罗斯成功地进行了 3 次 Dnepr 空间发射器的发射：4 月 17 日和 6 月 15 日从哈萨克斯坦的拜科努尔，6 月 28 日从奥伦堡地区的 Yasnyi 发射场。[22]

截至 2008 年 1 月，俄罗斯共有 100 枚 SS-19“匕首”（RS-18）导弹，部署在科泽利斯克（50 枚导弹）和塔季谢沃（50 枚导弹）。[23] SS-19 是井基、两级、液体推进剂的洲际弹道导弹，能携带多达 6 个弹头，在 1980 年开始服役。[24] 2007 年 10 月 29 日，SS-19 导弹从拜科努尔成功地发射，击中库拉试验场的目标。作为试验的结果，SS-19 导弹的服役寿命延长到 31 年。[25]

---

〔18〕 美国国务院，START I 条约谅解备忘录，2008 年 1 月。关于俄罗斯导弹部署情况见“俄罗斯战略核力量”，网址：〈http：//russianforce. org/missiles/〉。

〔19〕 美国国务院（同注释〔18〕）。

〔20〕 D. Lennox，编辑，《简氏战略武器系统》（简氏信息集团有限公司：科尔斯登，2006 年 7 月），第 128—130 页。

〔21〕 俄罗斯战略火箭军，信息和公共关系局，“发射洲际弹道导弹 RS-20V（“Voevoda”）”，2006 年 12 月 21 日，网址：〈http：//www. mil. ru/848/1045/1275/rvsn/19220/index. shtml? id=19753〉。

〔22〕 俄罗斯战略火箭军，信息和公共关系局，“一枚 RS-20B 导弹的发射“，2007 年 6 月 15 日，网址：〈http：//www. mil. ru//848/1045/1275/rvsn/19220/index. shtml? id=25678〉；“在美国卫星的监视下俄罗斯发射 SS-18‘撒旦’洲际弹道导弹”，俄新社新闻，2007 年 6 月 28 日，网址：〈http：//en. rian. ru/world/20070628/68007073. html〉。

〔23〕 美国国务院（同注释〔18〕），第 20 和 24 页。

〔24〕 Lennox 编辑（同注释〔20〕），第 130—132 页。

〔25〕 “俄罗斯从哈萨克斯坦-1 的拜科努尔发射 RS-18 洲际弹道导弹”，俄新社新闻，2007 年 10 月 29 日，网址：〈http：//en. rian. ru/russia/20071029/85783408. html〉。

俄罗斯拥有 201 枚 SS-25“镰刀”(RS-12M,“白杨”)洲际弹道导弹,部署在全国 8 个导弹师。[26] SS-25 导弹是公路机动、三级、固体推进剂的洲际弹道导弹,携带单弹头。它在 1985 年首次部署。[27] 据俄罗斯媒体报道,SS-25 导弹预计服役到 2015 年。[28] 战略火箭军在 2007 年 10 月 18 日和 12 月 8 日分别从普列谢茨克和卡普斯京亚尔试验场成功地发射了 SS-25 导弹。这种导弹的服役寿命据报道已延长到 21 年。[29]

SS-27“白杨-M”导弹是三级、固体推进剂的洲际弹道导弹,已发展公路机动(RS-12M1)和井基(RS-12M2)两种类型,导弹的设计者说使用了标准的和能共同使用的部件。俄罗斯计划到 2015 年部署 40 枚 RS-12M1 和 114 枚 RS-12M2 导弹。[30] 截至 2008 年 1 月,俄罗斯在萨拉托夫州塔杰谢沃第 60 导弹师拥有 48 枚 RS-12M2 导弹,在伊凡诺沃地区泰科沃第 54 导弹师拥有 6 枚RS-12M1 导弹。[31] 井基的 RS-12M2 导弹的部署将在 2010 年完成。[32]

2007 年 5 月 7 日,战略火箭军司令尼古拉·索洛夫佐夫宣布,俄罗斯“在 2 或 3 年内”将开始在 SS-27“白杨-M”导弹上安装分导式多弹头再入飞行器,这可能是指 STRAT I 条约将在 2009 年 12 月到期。[33] 这项条约禁止在现有的导弹上安装分导式多弹头再入飞

〔26〕 美国国务院(同注释〔18〕)。

〔27〕 Lennox 编辑(同注释〔20〕),第 136—139 页。

〔28〕 “俄罗斯发射洲际弹道导弹”,俄通社—塔斯社,2007 年 10 月 18 日。

〔29〕 俄罗斯战略火箭军,信息和公共关系局,“RS-12M‘白杨’导弹的发射”,2007 年 10 月 18 日,网址:〈http://www.mil.ru/848/1045/1275/rvsn/19220/index.shtml?id=32232〉;“俄罗斯试射 RS-12M 弹道导弹”,俄新社新闻,2007 年 12 月 8 日,网址:〈http://en.rian.ru/russia/20071208/91500297.html〉。

〔30〕 A. Nikol'skii,“‘白杨’的变化” *Vedomosti*,2007 年 5 月 8 日;V. Isachenkov,“俄罗斯计划新型洲际弹道导弹和核潜艇”,《华盛顿邮报》2007 年 2 月 7 日。

〔31〕 俄罗斯国防部,“‘白杨-M’导弹系统正在值班”,2008 年 1 月 10 日,网址:〈http://www.mil.ru/eng/1866/12078/details/index.shtml?id=35978〉。

〔32〕 “俄罗斯到 2010 年部署井基‘白杨-M’洲际弹道导弹”,俄新社新闻,2007 年 5 月 8 日,网址:〈http://en.rian.ru/russia/20070508/65086382.html〉。

〔33〕 A. Nikol'skii(同注释〔30〕)。

行器，但不限制新型再入飞行器的研制。[34]

2007 年 5 月 29 日，一枚装载分导式多弹头再入飞行器的 RS-24 导弹首次进行试射。它从普列谢茨克发射场的专门改进的运输起竖发射车发射，成功地击中库拉试验场的目标。[35] 2007 年 12 月 25 日，RS-24 导弹在普列谢茨克进行了第二次试射，3 枚试验弹头成功地落在库拉试验场。[36] 俄罗斯官员声称，RS-24 导弹不是一种完全新型的导弹，只是 SS-27"白杨-M"导弹的一个"新的类型"，携带多个分导式多弹头再入飞行器，这是不同于 SS-27"白杨-M"导弹的主要之处。[37] 为了按照 START I 条约规定宣布一种导弹是新的类型，俄罗斯不得不做出条约规定的其他修改，例如修改导弹第一级的直径或长度，或者改变发射重量。这样，这种导弹作为"原型"（根据 START I 不计数）能够保留到这项条约到期之日。[38]

在首次试验后，索洛夫佐夫宣布，RS-24 试射计划只要求再进行 5 次试射，导弹到 2010 年服役。他还说，先进的导弹防御穿透能力将加载于 RS-24，可能也加载于单弹头 SS-27"白杨-M"导弹上。[39] 然而，2008 年 2 月，Solovtsov 宣称，RS-24 将在 2009 年开始服役，在 2008 年计划进行两次飞行试验。[40]

### 弹道导弹潜艇和潜射弹道导弹

俄罗斯海军在其北方和太平洋舰队部署了 14 艘核动力弹道导弹潜艇。在这些潜艇中，6 艘是"德尔塔 III 级"（卡尔马 667BDR 计

---

〔34〕 关于分导式多弹头再入飞行器的法律问题见 N. Sokov，"俄罗斯在同一天试射新型陆基巡航导弹和新型战略导弹"，蒙特雷国际问题研究所，詹姆士·马丁不扩散研究中心，2007 年 6 月 1 日，网址：〈http：//cns. miis. edu/pubs/week/070601. htm〉。

〔35〕 "首次试射"，《红星报》2007 年 5 月 30 日；D. Richardson，"俄罗斯试射一枚新型洲际弹道导弹"，《简氏导弹与火箭》，第 11 卷，第 7 期（2007 年 7 月），第 1—2 页。

〔36〕 "普京：导弹发射是节日烟火"，Rosbalt News Agency，2007 年 12 月 26 日，网址：〈http：//www. rosbalt. ru/2007/12/26/443915. html〉。

〔37〕 Richardson（同注释〔35〕），第 1 页；O. Gertsev，"'布拉瓦'导弹的研制正在按照计划进行"，*Voenno-Promyshlennyi-Kurier*，2007 年 9 月 5—11 日。

〔38〕 更多的论述见 Sokov（同注释〔34〕）。

〔39〕 D. Isby，"RS-24 导弹开始安装穿透辅助设备，分导式多弹头再入飞行器"，《简氏导弹和火箭》，第 11 卷，第 11 期（2007 年 11 月），第 4 页。

〔40〕 "俄罗斯的 RS-24 洲际弹道导弹在 2009 年开始服役"，俄新社新闻，2008 年 2 月 27 日，网址：〈http：//en. rian. ru/russia/20080227/100186909. html〉。

划）潜艇。“彼得罗帕夫洛夫斯克—卡姆恰茨基”号、“斯维亚托伊·格奥尔基·波别多诺塞茨”号、“泽廖诺格勒”号和“Podol'sk”号潜艇配给太平洋舰队，“梁赞”号和“鲍里索格列布斯克”号潜艇配给北方舰队。2007 年 9 月 21 日，“梁赞”号潜艇在北德文斯克的兹韦兹多契卡造船厂完成了为时两年的大修，在 2007 年 12 月开始进行海上巡逻。〔41〕

俄罗斯海军还部署了 6 艘“德尔塔 IV 级”（德尔芬 667BDR 计划）潜艇，所有的潜艇都归属北方舰队。这些潜艇中的 4 艘——“布良斯克”号、“图拉”号、“韦尔霍图里”号和“叶卡捷琳堡”号——在大修后现在正在服役。〔42〕 2006 年 11 月，2 艘“德尔塔 IV 级”潜艇——“卡累利亚”号和“诺沃莫斯科夫斯克”号——开始进行服役寿命延长检修。〔43〕 “德尔塔 IV 级”潜艇计划在大修后继续服役 10 年。〔44〕

苏联在 1976—1989 年建造 6 艘“台风级”（“941 阿库拉计划”）核动力弹道导弹潜艇。俄罗斯在 1996 年退役 3 艘。一艘被改名为“德尔特里·顿斯科伊”号的潜艇在大修后的 2002 年 6 月重新下水，被用作正在发展的新型 SS-NX-30“布拉瓦”（RSM-56）导弹的一个试验平台。俄罗斯军官指出，今后“德尔特里·顿斯科伊”号潜艇可能装配“布拉瓦”（圆锤）导弹。剩下的两艘潜艇——“阿尔汉格尔斯克”号和“塞维斯塔尔”号——由于资金原因在 2004 年退役，

---

〔41〕“北方舰队的‘梁赞’号核动力弹道导弹潜艇在计划的大修后在北德文斯克下水”，ARMS-TASS，2007 年 9 月 21 日，网址：〈http：//armstass. su/？page=article&aid=45389&cid=25〉；“北方舰队的‘梁赞’号核动力弹道导弹潜艇在北德文斯克大修后开始海上巡逻”，ARMS-TASS，2007 年 12 月 13 日，网址：〈http：//armstass. su/？page=article&aid=49071&cid=25〉。

〔42〕“北方舰队的‘布良斯克’号在北德文斯克大修后驶向其北极圈那边的基地”，ARMS-TASS，2008 年 1 月 23 日，网址：〈http：//armstass. su/？page=article&aid=50377&cid=25〉；香农·N. 基尔、维达利·费琴科和汉斯·克里斯滕森，“世界核力量，2007 年”，《SIPRI 年鉴 2007：军备、裁军和国际安全》（牛津大学出版社：牛津，2007 年），第 528 页。

〔43〕“‘卡累利亚’号核动力弹道导弹潜艇进入 Zvezdochka 造船厂进行中间检修”，Interfax-AVN，2006 年 11 月 2 日；A. Popov，“‘Begemot’使他出名”，Severnyi Rabochii，2006 年 11 月 30 日，网址：〈http：//www. nworker. ru/article. phtml？id=4616〉。

〔44〕 ARMS-TASS（同注释〔35〕）。

关于其前景的决定在 2007 年还没有做出。[45]

俄罗斯正在建造 3 艘新级别的核动力弹道导弹潜艇，即“955 北风之神计划”。第一艘这种级别的潜艇“尤里·多尔戈鲁基”号在 2007 年 4 月 15 日下水，预料在 2008 年开始服役。[46] 第二艘和第三艘潜艇“亚历山大·涅夫斯基”号（在 2009 年开始服役）和“弗拉基米尔·莫诺马赫”号（在 2011 年开始服役）分别在 2004 年 3 月和 2006 年 3 月驶入 Sevmash 造船厂。[47] 每艘“北风之神级”核动力弹道导弹潜艇装载 16 枚 RSM－56 导弹。[48] 俄罗斯政府计划到 2015 年拥有 8 艘“北风之神级”核动力弹道导弹潜艇。[49] 2007 年 7 月，俄罗斯海军宣布了在堪察加半岛 Viluchinsk 为“北风之神级”潜艇建造新的潜艇基地的计划。[50]

俄罗斯的潜射弹道导弹力量目前由两种类型的导弹组成：SS－N－18 M1“黄貂鱼”（RSM－50）和 SS－N－23“小船”（RSM－54）。SS－N－18 M1 导弹在 1978 年首次服役，部署在“德尔塔 III 级”潜艇上。它是两级液体燃料的导弹，携带 3 个弹头。[51] 2007 年 8 月 7 日，一艘“德尔塔 III 级”“Petropavlovsk-Kamchatskii”号核动力弹道导弹潜艇从太平洋发射一枚 SS－N－18 M1 潜射弹道导弹，成功地击中了奇扎试验场的目标。[52]

SS－N－23“小船”潜射弹道导弹是从 SS－N－18 导弹发展来

---

〔45〕“‘台风级’潜艇将不再装配‘布拉瓦－M’导弹”，Vesti. Ru，2007 年 8 月 5 日，网址：〈http：//www. vesti. ru/doc. html？ id＝133340〉。

〔46〕 A. Nikol'skii，“潜艇 50 年”，Vedomosti，2007 年 4 月 16 日；D. Richardson，“‘布拉瓦’潜射弹道导弹成功地进行了飞行试验”，《简氏导弹与火箭》，第 11 卷，第 8 期（2006 年 8 月），第 3 页。

〔47〕“从水下浮出”，《生意人商业指南》2006 年 7 月 4 日。

〔48〕 美国国务院（同注释〔18〕），第 55 页。

〔49〕 V. Isachenkov，“俄罗斯计划新型洲际弹道导弹和核潜艇”，《华盛顿邮报》2007 年 2 月 7 日。

〔50〕“俄罗斯将建造新的核潜艇基地”，BBC 新闻，2007 年 7 月 9 日，网址：〈http：//news. bbc. co. uk/hi/russian/russia/newsid _ 6283000/6283024. stm〉。

〔51〕 Lennox 编辑（同注释〔20〕），第 149—150 页。

〔52〕“俄罗斯在太平洋－1 试射海基弹道导弹”，俄新社新闻，2007 年 8 月 7 日，网址：〈http：//en. rian. ru/russia/20070807/70528653. html〉。

的，在 1983 年进行了首次试射，部署在“德尔塔 IV 级”潜艇上。[53] 此后，它进行了两次改进。在 1996—2002 年，一种改进的再入飞行器加在这种导弹上，[54] 在 2002—2005 年，这种导弹进行了现代化改造以延长其服役寿命，并加载了新型卫星制导系统。[55] 这种导弹的改进型被俄语称为“Sineva”（“蓝天”）。根据美国空军的说法，“蓝天”导弹具有和 SS-N-23“小船”导弹一样的射程，但能携带多达 10 个弹头。[56] 然而，START I 条约信息交流备忘录没有对这两种类型的导弹进行区分。[57]

2007 年 7 月 9 日，普京总统签署一项法令，同意“蓝天”潜射弹道导弹开始服役。[58] 这种导弹正在进行连续生产。[59] 4 枚“蓝天”潜射弹道导弹在 2006 年交付，在 2007 年又生产 12 枚。[60] 2007 年 12 月 25 日，一艘“德尔塔 IV 级”“图拉”号核动力弹道导弹潜艇从巴伦支海的水下位置试射了一枚“蓝天”导弹，击中库拉试验场的一个模拟目标。[61] 俄罗斯还在继续试验 SS-N-23“小船”导弹。12 月 17 日，“图拉”号潜艇从巴伦支海的水下位置发射一枚已有 18 年

〔53〕 Lennox 编辑（同注释〔20〕），第 155—156 页。

〔54〕 E. Kontareva，“国家高度赞扬南乌拉尔地区人民对俄罗斯海军一个最好的战略导弹综合体现代化的贡献”，Ural-Press-Inform News Agency，2005 年 9 月 23 日，网址：〈http：//uralpress. ru/show _ article. php? id=82055〉。

〔55〕 “‘图拉’号核动力弹道导弹潜艇已发射一枚洲际弹道导弹”，ARMS-TASS，2007 年 12 月 17 日，网址：〈http：//armstass. su/? page=article&aid=49154&cid=25〉。

〔56〕 美国空军，国家航空与航天情报中心，《弹道与巡航导弹威胁》（国家航空与航天情报中心：赖特—帕特森空军基地，俄亥俄，2006 年 3 月），网址：〈http：//www.nukestrat. com/us/afn/NASIC2006. pdf〉。

〔57〕 美国国务院（同注释〔18〕），第 1 页。

〔58〕 Makeyev 设计局，“俄罗斯总统普京已签署一项允许‘蓝天’导弹进入海军武库的法令”，新闻稿，2007 年 7 月 16 日，网址：〈http：//www. makeyev. ru/news. php? extend. 27〉。

〔59〕 D. Richardson，“俄罗斯潜射弹道导弹应该贯彻 2030”，《简氏导弹与火箭》，第 11 卷，第 5 期（2007 年 5 月），第 10 页。

〔60〕 M. Barabanov，“舰队是不足的”，Rosbalt News Agency，2007 年 9 月 18 日，网址：〈http：//www. rosbalt. ru/2007/09/17/413702. html〉。关于俄罗斯舰队见网址：〈http：//www. kommersant. com/p856120/russian _ naval _ fleet _ directory/〉。

〔61〕 Makeyev 设计局，“关于发射 RSM-54‘蓝天’导弹的报导”，2007 年 12 月 26 日，网址：〈http：//www. makeyev. ru/comment. php? comment. news. 47〉。

寿命的 SS-N-23 导弹，其后不久，其服役寿命证书开始到期。[62]

俄罗斯正在优先发展一种新型、三级、固体推进剂的 SS-NX-30“布拉瓦”（圆锤）潜射弹道导弹。普京总统已宣布，“北风之神级”核动力弹道导弹潜艇装载新型“布拉瓦”潜射弹道导弹，将与“白杨-M”洲际弹道导弹一起成为俄罗斯战略威慑力量的支柱。[63]这种导弹据报道将具有 8300 公里的最大射程。[64]俄罗斯已宣布，“布拉瓦”导弹由于携带 6 个弹头将遵守 START I 条约的计数规则，[65]尽管某些能力可能用于携带导弹防御穿透辅助设备或其他目的。[66]

截至 2007 年 12 月，“布拉瓦”导弹进行了 6 次试射。在 2005 年的两次试射是成功的，但是在 2006 年的 3 次试射均以失败结束。2007 年 6 月 28 日，“德尔特里·顿斯科伊”号核动力弹道导弹潜艇从白海的一个地点发射一枚“布拉瓦”导弹，模拟弹头击中库拉试验场的目标。[67]在试验后不久，俄罗斯军官宣布，计划开始大规模生产“布拉瓦”导弹部件并在 2008 年进行发射以确定这种导弹的最大射程后完成导弹试验。[68]

2007 年 11 月和 12 月，俄罗斯媒体报道在 11 月 10 日“布拉瓦”导弹又进行了试射。据报道该导弹发射即刻失败。[69]

### 战略空军

俄罗斯战略空军部队由俄罗斯空军第 37 空军集团军最高（战略）

---

〔62〕 Makeyev 设计局，“成功地发射 RSM-54 弹道导弹”，2007 年 12 月 26 日，网址:〈http://www.makeyev.ru/comment.php?comment.news.44〉。

〔63〕 俄罗斯联邦总统普京，“在俄罗斯联邦议会上的年度演讲，2006 年 5 月 10 日，网址:〈http://www.kremlin.ru/eng/speeches/2006/05/10/1823_type70029type82912_105566.shtml〉。

〔64〕 Lennox 编辑（同注释〔20〕），第 166 页。

〔65〕 美国国务院（同注释〔18〕），第 1 页。

〔66〕 美国国务院（同注释〔25〕）。

〔67〕 “俄罗斯试射海基弹道导弹——海军-1”，俄新社新闻，2007 年 6 月 28 日，网址:〈http://en.rian.ru/russia/20070628/68009320.html〉。

〔68〕 D. Isby，“‘布拉瓦-M’潜射弹道导弹似乎开始生产”，《简氏导弹与火箭》，第 11 卷，第 10 期（2007 年 10 月），第 3 页。

〔69〕 K. Lantratov 和 A. Gritskova，“有钱，但没有武器”，《生意人报》2007 年 11 月 21 日。

司令部指挥。它们包括驻扎在恩格斯和梁赞的第 22 护卫重型轰炸机师，拥有 14 架“海盗旗”（图—160）、17 架“熊式- H16”（图- 95MS16）和 7 架“熊式- H6”（图- 95MS6）飞机，以及驻扎在哈巴罗夫斯克边区乌克兰卡的第 326 重型轰炸机师，拥有 15 架图- 95MS16 和 25 架图- 95MS6 飞机。[70] 第 37 空军集团军还有 4 个“逆火式 C”（图—22M3）轰炸机师。[71] 俄罗斯国防部长谢尔盖·伊万诺夫在 2007 年 2 月宣布，俄罗斯计划到 2015 年共有 50 架“图- 160”和“图 - 95MS”轰炸机服役。[72] 这将可能通过退役一些“图- 95MS”飞机和生产新型“图- 160”飞机来实现，“图- 160”飞机在 2007 年 12 月 28 日开始飞行试验，预计在 2008 年开始服役。[73]

2007 年，俄罗斯决定恢复远程战略轰炸机定期巡逻，导致几次与英国、挪威和美国战斗机相遇。[74]

### 非战略核武器

对俄罗斯非战略核武器数量的估计具有相当大的不确定性，因为它们具有高度保密和缺乏透明的特点。自冷战结束以来，按照鲍里斯·叶利钦总统 1992 年有关非战略核武器的单边倡议，俄罗斯已大幅度削减其非战略核武器。[75] 2007 年，国防部负责核武器保管的高级军官弗拉基米尔·韦尔霍夫采夫上将报告了有关削减非战略核武器

---

〔70〕 美国国务院（同注释〔18〕），第 62—63 页。

〔71〕 V. Khudoleev，“第 37 空军集团军正沿着正确的路线前进”，《红星报》2005 年 12 月 23 日。

〔72〕 俄罗斯联邦国家杜马，全体会议记录，2007 年 2 月 7 日，网址：〈http：//wbase. duma. gov. ru/steno/nph-sdb. exe〉。

〔73〕“新型‘海盗旗’图- 160 轰炸机进行飞行试验“，俄新社新闻，2008 年 1 月 10 日，网址：〈http：//en. rian. ru/russia/20080110/96102740. html〉。

〔74〕 俄罗斯联邦总统普京，在“和平使命- 2007”反恐演习和上海合作组织峰会之后新闻声明和回答媒体提问，225 号全军训练基地，切巴尔库尔，车里雅宾斯克地区，2007 年 8 月 27 日，网址：〈http：//president. kremlin. ru/eng/speeches/2007/08/17/2033_type82915_141812. shtml〉。

〔75〕 作为苏美或俄美有关核武器对等裁减的总统单边倡议的一部分，叶利钦在 1992 年 1 月 29 日宣布，陆基战术导弹弹头、炮弹和地雷的生产已经停止，俄罗斯已开始销毁三分之一海军非战略弹头和一半核地对空导弹弹头。他说，空军战术武器将削减一半，并建议在与美国相互的基础上把剩下的武器放在集中储备基地。叶利钦声明文本的摘录见于《SIPRI 年鉴 1992：世界军备和裁军》（牛津大学出版社：牛津，1992 年），第 89—92 页。

所取得的进展，但没有说明弹头的具体数字。[76] 基于可用的发射平台数量，可以估计出俄罗斯拥有大约 2100 个弹头，它们是现役的，由反弹道导弹、防空导弹、战术飞机和海军巡航导弹、深度炸弹和鱼雷发射。[77] 此外，俄罗斯据认为拥有多达几千枚非战略弹头处于储备状态或等待拆除。

**表 8A.3　2008 年 1 月俄罗斯核力量**

| 类型与俄罗斯名称（北约名称） | 部署数量 | 首次部署年份 | 飞行距离（公里）[a] | 弹头载荷 | 弹头数量 |
|---|---|---|---|---|---|
| **战略进攻力量** | **685** | | | | **3113** |
| 轰炸机 | 79 | | | | 884 |
| 图-95MS6（熊式-H6） | 32 | 1981 | 6500—10500 | 6×AS-15A 空射巡航导弹，炸弹 | 192 |
| 图-95MS16（熊式-H16） | 32 | 1981 | 6500—10500 | 16×AS-15A 空射巡航导弹，炸弹 | 512 |
| 图-160（海盗旗） | 15 | 1987 | 10500—13200 | 12×AS-15B 空射巡航导弹或 AS-16 短程空射导弹，炸弹 | 180 |
| 洲际弹道导弹[b] | 430 | | | | 1605 |
| RS-20 B/V（SS-18 撒旦） | 75 | 1979 | 11000—15000 | 10×500—750 千吨 | 750 |
| RS-18（SS-19 匕首） | 100 | 1980 | 10000 | 6×500—750 千吨 | 600 |
| RS-12M（SS-25 镰刀） | 201 | 1985 | 10500 | 1×550 千吨 | 201 |

〔76〕 V. Volgin，"战略监测"，Rossiiskaya Gazeta，2007 年 10 月 31 日。根据 Verkhovtsev 所说，与 1992 年相比，俄罗斯在 2007 年已销毁下列百分比的非战略核弹头：100%的陆地力量弹头、60%的地对空导弹弹头、50%的空军弹头、30%的海军弹头。

〔77〕 用于舰艇和潜艇的弹头储藏在陆地军械库中，如果需要可予部署。

| 类型与俄罗斯名称（北约名称） | 部署数量 | 首次部署年份 | 飞行距离（公里）[a] | 弹头载荷 | 弹头数量 |
|---|---|---|---|---|---|
| RS-12M2 白杨-M（SS-27） | 48 | 1997 | 10500 | 1×550 千吨 | 48 |
| RS-12M1 白杨-M（SS-27） | 6 | 2006 | 10500 | 1×550 千吨 | 6 |
| 潜射弹道导弹 | 176 | | | | 624 |
| RSM-50（SS-N-18 M1 黄貂鱼） | 80 | 1978 | 6500 | 3×200 千吨 | 240 |
| RSM-54（SS-N-23 小船/蓝天） | 96 | 1986 | 9000 | 4×100 千吨 | 384 |
| **战略防御力量** | **2000** | | | | **733** |
| 反弹道导弹[b] | | | | | |
| 51T6（SH-11 Gorgon） | 32 | 1989 | | 1×1000 千吨 | 32 |
| 53T6（SH-08 Gazelle） | 68 | 1986 | | 1×10 千吨 | 68 |
| S-300（SA-10/20 Grumble） | 1900 | 1980 | | 低千吨 | 633 |
| **非战略力量** | | | | | **1343** |
| 陆基非战略轰炸机 | 524 | | | | 524[c] |
| 图-22M 逆火式 | 124 | 1974 | | 2×AS-4 空对地导弹，炸弹 | 124[c] |
| 苏-24 Fencer | 400 | 1974 | | 2×炸弹 | 400[c] |
| 海军非战略攻击机 | 179 | | | | 295 |
| 图-22M 逆火式 | 58 | 1974 | | 2×AS-4 空对地导弹，炸弹 | 116 |

| 类型与俄罗斯名称（北约名称） | 部署数量 | 首次部署年份 | 飞行距离（公里）[a] | 弹头载荷 | 弹头数量 |
|---|---|---|---|---|---|
| 苏-24 Fencer | 58 | 1974 | | 2×炸弹 | 116 |
| Be-12 Mail/Il-38May | 63 | 1967/68 | | 1×深水炸弹 | 63 |
| 潜射巡航导弹 | | | | | 276 |
| SS-N-9, SS-N-12, SS-N-19, SS-N-21, SS-N-22 | | | | | |
| 反潜战和地对空导弹武器 | | | | | 248 |
| SS-N-15/16, SA-N-1/3/6, 深水炸弹，鱼雷[c] | | | | | |
| **战略防御和非战略力量总计** | | | | | **2076** |
| **总计** | | | | | **5189**[d] |

ALCM＝空射巡航导弹；ASM＝空对地导弹；kt＝千吨；ICBM＝洲际弹道导弹；NATO＝北大西洋公约组织；SLBM＝潜射弹道导弹；SRAM＝短程进攻导弹。

a　飞机航程只是为了说明；真正的作战航程将有所不同。

b　SH-11 “Gorgon” 也许不是现役的。SA-10 “Grumble”、SA-12A “Gladiator”、SA-12B “Giant” 和 S-400 “Triumf” 可能具有某种反某些弹道导弹的能力。1900 枚部署的 SA-10 导弹中只有 1/3 被认为具有核能力。

c　这些数字假设只有一半的陆基攻击机担负核任务。水面舰艇据估计没有装配核鱼雷。

d　另外的约 8800 个弹头据估计处于储备状态或等待拆除，这样弹头的总库存是大约 14000 个。

**资料来源**：美国国务院，START I 条约谅解备忘录，1990—2008 年 1 月；美国空军，国家航天和航空情报中心，《弹道和巡航导弹威胁》（国家航天和航空情报中心：赖特—帕特森空军基地，俄亥俄州，2006 年 3 月），网址：〈http：//www. nukestrat. com/us/afn/

NASIC2006. pdf〉；美国中央情报局，国家情报委员会，“到 2015 年外国导弹发展和弹道导弹威胁”（非密摘要），2001 年 12 月，网址：〈http：//www. fas. org/spp/starwarsCIA-NIE. htm〉；美国国防部，“扩散：威胁与反应”，华盛顿特区，2001 年 1 月，网址：〈http：//www. fas. org/irp/threat/prolif00. pdf〉；世界新闻连线，国家技术信息局，美国商务部，各期；Russianforces. org；国际战略问题研究所，《2007 年军事力量对比》（Routledge：伦敦，2007）；T. B. Cochran 等人，《核武器手册第四卷：苏联核武器》（Harper & Row：纽约，1989 年）；《会议录》，美国海军研究所，各期；“核笔记本”，《原子科学家杂志》，各期；作者的评估。

## 四、英国核力量

英国的核威慑力量仅由海基部分组成，即“先锋级”三叉戟核动力弹道导弹潜艇、“三叉戟-II”（D-5）潜射弹道导弹和相关的弹头（见表 8A. 4）。英国拥有一个由约 185 个核弹头组成的现役武库，以供由 4 艘“先锋级”三叉戟核动力弹道导弹潜艇组成的一支舰队使用。英国所有的核弹头都是在贝克郡奥尔德玛斯顿的英国原子武器研究所设计和制造的。英国从美国海军租借 58 枚“三叉戟-II”（D-5）潜射弹道导弹，包括备用的。在“资产混合拥有”体制下，装载在英国潜艇上的“三叉戟-II”（D-5）导弹从乔治亚州金斯湾的美国海军“三叉戟”工厂的库存中随机抽取。潜艇然后去 Coulport、阿盖尔郡和比特岛的皇家海军军备库，在那里导弹与在原子武器研究所设计和制造的弹头安装在一起。

每艘核动力弹道导弹潜艇装配 16 枚“三叉戟-II”（D-5）导弹，携带 48 个弹头。这种弹头与美国 W76 弹头相似，爆炸当量约 100 千吨。据认为，作为减少力量下载的选择之一，许多“三叉戟-II”（D-5）导弹只部署一个而不是三个弹头。这种弹头也可能大大减少了爆炸当量，可能仅由裂变初级（不是一次裂变）的爆炸产生的。[78]

英国国防部 1998 年的《战略防御评估》报告赋予“三叉戟”舰队“次级战略”任务。这份审议报告宣称，“威慑的可靠性还取决于保留不会自动导致全面核冲突的有限打击的选择”，作为表示决心或

〔78〕 M. Quinlan，“英国核武器的未来：形成争论”，《国际事务》，第 82 卷，第 4 期（2006 年 7 月）。

传递政治信息的一种手段。〔79〕《战略防御评估》的 2002 年附录把核武器的作用扩大到包括威慑“令人担忧的国家和恐怖主义组织的领导人”。〔80〕

在所称的持续海上威慑态势下，英国一艘核动力弹道导弹潜艇一直在执行巡逻任务。第二和第三艘核动力弹道导弹潜艇能相当迅速地下海巡逻，但在英国的武库里没有足够多的导弹装备第四艘潜艇。自冷战结束以来，执行巡逻任务的核动力弹道导弹潜艇一直保持在一个降低了的戒备状态的水平上，“接到命令开火”的时间是以数天来衡量，而且导弹不瞄准目标。英国与法国在巡逻方面进行某些配合。英国在 2007 年已完成第 300 次威慑巡逻。

4 艘“先锋级”核动力弹道导弹潜艇每艘都设计为在 21 世纪 20 年代初期达到其正常服役寿命结束。在“彻底评估未来可能的威胁和威慑选择”之后，英国政府在其 2006 年 12 月的白皮书中作出结论，“通过替换现有的潜艇和延长‘三叉戟’导弹的寿命更新‘三叉戟’系统，是保持我们慑止对英国未来威胁的能力最好的和最划算的有效方法”。〔81〕它还建议在最近的将来开始设计和建造“先锋级”核动力弹道导弹潜艇的替代物，它将在 21 世纪 20 年代开始服役。2007 年 3 月 14 日，英国议会下议院批准了政府有关用新型三叉戟潜艇舰队替代“先锋级”核动力弹道导弹潜艇的计划。〔82〕

2006 年的白皮书还建议，新型核动力弹道导弹潜艇可能装配美国正在制造的改进的“三叉戟-II”（D5LE）潜射弹道导弹，因此“三叉戟-II”（D-5）导弹一直要服役到 21 世纪 40 年代初。〔83〕为减轻人们对英国未在遵守《不扩散核武器条约》第六条要求真诚推动核裁军的义务的担忧，政府建议少量削减英国的核武库。它把关于是否

---

〔79〕英国国防部，《战略防御评估：用于现代世界的现代力量》，Cm3999（国防部：伦敦，1998 年 7 月），第 63 页。

〔80〕英国国防部，《战略防御评估：一个新篇章》，Cm5566，第 1 卷（文书局：伦敦，2002 年 7 月），第 12 页。

〔81〕英国国防部和英国外交部，《英国核威慑的未来》，Cm6994（文书局：伦敦，2006 年 12 月）。

〔82〕“三叉戟计划赢得下议院的支持”，BBC 新闻，2007 年 3 月 15 日，网址：〈http://news.bbc.co.uk/2/6448173.stm〉。

〔83〕英国国防部和英国外交部（同注释〔81〕）。

改进或替换目前弹头的决定推迟到下届议会（到 2010 年选举）。2007 年 11 月 15 日，在书面回答议会提问中，国防大臣布朗确定英国实战可用的弹头的总数已“从不足 200 个削减到不足 160 个”。[84] 据推测，还存在少量非现役储备弹头。

根据 2006 年的白皮书，为建造一支由 4 艘潜艇组成的舰队，新型潜艇和相关基础设施的采购费用按照 2006 年价格大约是 150 亿—200 亿英镑（285 亿—380 亿美元）。这笔费用的大部分（每年约 10 亿英镑或 19 亿美元）将在 2012—2027 年间得到。[85]

**表 8A.4　2008 年 1 月英国核力量**

| 类型 | 名称 | 部署数量 | 首次部署年份 | 射程（公里）[a] | 弹头载荷 | 弹头数量 |
|---|---|---|---|---|---|---|
| 潜射弹道导弹 | | | | | | |
| D-5 | 三叉戟 II | 48 | 1994 | >7400 | 1—3×100 千吨 | 185[b] |

Kt=千吨

a　飞机航程只是为了说明；真正的作战航程根据飞行轨迹和武器载重将有所不同。

b　不足 160 个弹头是实战可用的，约 144 个弹头装配在 48 枚导弹上，这些导弹装载在 4 艘中的 3 艘核动力弹道导弹潜艇上。现役武库可能由约 185 个弹头组成，还有另外的弹头是储备的。只有一艘潜艇在任何时候都在进行巡逻，携带 48 个弹头。

**资料来源**：英国国防部，《白皮书》，新闻稿和国防部网址：〈http：//www. mod. uk/〉；英国下议院，《议会辩论》（英国议会议事录）；R. S. Norris 主编，《核武器手册第 5 卷：英国、法国和中国的核武器》（Westview：科罗拉多州博尔德，1994 年），第 9 页；“核笔记本”，《原子科学家杂志》，各期；作者的评估。

## 五、法国核力量

自冷战结束以来，法国的核学说发生了逐步的变化。法国官员一直强调在满足日益扩大的看似可信的威慑方面需要更大的灵活性。2006 年，雅克·希拉克总统宣称，法国的核威慑仍是国家安全的基

〔84〕 英国下议院，“三叉戟导弹”，《英国议会议事录》，2007 年 11 月 15 日，C363W，网址：〈http：//www. publications. parliament. uk/pa/cm200708/cmhansrd/cm071115/text/71115w0007. htm#07111542000024〉。

〔85〕 英国国防部和英国外交部（同注释〔81〕）。

本保证，包括针对地区不稳定、日益增加的极端主义和大规模杀伤性武器扩散的威胁。希拉克威胁用核武器报复任何支持恐怖分子对抗法国或考虑使用大规模杀伤性武器的国家，并透露法国的核力量已相应地进行了重新设计（见表 8A.5）。这包括削减潜射弹道导弹上的核弹头的数量以达到更加精确的目标打击。[86]

法国的海基战略力量由一支 4 艘现役核动力弹道导弹潜艇舰队组成，其中的 3 艘是新型“凯旋级”，1 艘是“刚毅级”。当第 4 艘和最后 1 艘“凯旋级”可怖号潜艇在 2010 年开始服役时，剩下的“刚毅级”核动力弹道导弹潜艇将退役。可怖号潜艇在 2002 年储备起来，在 2008 年按计划下水，在 2009 年开始海上巡逻。[87]

法国所有的核动力弹道导弹潜艇都装载 16 枚“宇航”M45 导弹，携带 6 个 TN-75 弹头。[88] 在 2010—2015 年，从可怖号潜艇开始，“凯旋级”核动力弹道导弹潜艇将被改造携带射程较远的 M51.1 潜射弹道导弹，这种导弹是三级、固体推进剂导弹，携带 6 个 TN-75 弹头。据估计，它具有 6000—8000 公里的最大射程。[89]

截至 2008 年 1 月，M51.1 导弹在 2006 年 11 月 9 日和 2007 年 1 月 21 日进行了两次飞行试验。在两次试验中，1 枚未装弹的 M51.1 导弹从比斯开湾阿基坦的朗德导弹发射试验中心发射。[90] 模拟水下

---

〔86〕 雅克·希拉克，“法国总统雅克·希拉克在访问长岛的战略空军和海军时发表的演讲”，2006 年 1 月 19 日，网址：〈http://www.elysee.fr/elysee/elysee.fr/anglais/speeches_and_documents/2006/speech_by_jacques_chirac_president_of_the_french_republic_during_his_visit_to_the_stategic_forces.38447.html〉。

〔87〕 D. Richardson，“M51 弹道导弹在全射程试验飞行中验证了自己”，《简氏导弹与火箭》，第 11 卷，第 1 期（2007 年 1 月），第 1—2 页。

〔88〕 R. S. Norris 和 H. M. Kristensen，“法国核力量，2005 年”，《原子科学家杂志》，第 61 卷，第 4 期（2005 年 7 月和 8 月），第 73—75 页。

〔89〕 D. Lennox，《简氏战略武器系统》（简氏信息集团：Coulsdon，2007 年 7 月），第 44—45 页；“法国警惕号核动力潜艇准备巡逻”，《简氏导弹与火箭》，第 19 卷，第 2 期（2005 年 2 月），第 5 页。

〔90〕 Richardson（同注释〔87〕）；“法国试验战略导弹”，全球安全新闻专线，2006 年 11 月 10 日，网址：〈http://www.nti.org/d_newswire/issues/2006_11_10.html〉；法新社，“法国为核部署试验弹道导弹”，Spacewar.com，2006 年 11 月 9 日，网址：〈http://www.spacewar.com/reports/France_Tests_Ballistic_Missile_For_Nuclear_Deployment_999.html〉；“第二枚 M51 潜射弹道导弹飞行试验击中目标”，《简氏导弹与火箭》，第 12 卷，第 8 期（2008 年 8 月），第 8 页。

试验发射预计在2008年底在土伦海军基地开始。从潜艇上进行的第一次水下发射计划在2010年进行。计划共进行10次试验发射。[91] 这种导弹的后续类型M51.2可能正在研制，以便可能在2015—2017年部署。

法国核力量的空基部分由两种类型的飞机组成：约60架“幻影2000N”飞机，装备三个担负核打击任务的空军中队；约24架“超军旗”飞机，部署在查尔斯·戴高乐号航空母舰上。这两类飞机都携带空对地巡航导弹（ASMP）。总共生产了90枚空对地导弹以及供其所用的80个TN81弹头（300千吨）。法国也许拥有约60枚装备核弹头的现役空对地导弹，另外的导弹可能处于储备状态。[92] 一种新型的巡航导弹ASMP-A计划逐步替代ASMP。[93] ASMP-A预计在2008年开始服役。这种具有核能力的导弹最初将装备一个“幻影2000N”空军中队，然后在2010年9月装备第二个空军中队。据报道，空军的一个“阵风F3”中队按计划在2009年12月接收ASMP-A导弹，海军的“阵风F3”战斗机将在2010年接收这种导弹。[94]

**表8A.5　2008年1月法国核力量**

| 类型 | 部署数量 | 首次部署年份 | 射程（公里）[a] | 弹头载荷 | 弹头数量 |
|---|---|---|---|---|---|
| 陆基飞机 | | | | | |
| 幻影2000N | 60 | 1988 | 2750 | 1×300千吨空对地导弹 | 50 |
| 航母飞机 | | | | | |
| 超军旗 | 24 | 1978 | 650 | 1×300千吨空对地导弹 | 10 |
| 潜射弹道导弹[b] | | | | | |
| M45 | 48 | 1996 | 6000[b] | 6×100千吨 | 288 |

〔91〕 D. Isby，“M51试验按计划开始进行”，《简氏导弹与火箭》，第10卷，第12期（2006年12月），第10页。

〔92〕 M. Fiszer，“法国国防部发展核导弹”，《电子防务杂志》，第26卷，第12期（2003年12月），第21页。

〔93〕 R. S. Norris和H. M. Kristensen，“核笔记本：核巡航导弹”，《原子科学家杂志》，第63卷，第6期（2007年11月和12月），第61页。

〔94〕 Isby（同注释〔91〕）。

| 类型 | 部署数量 | 首次部署年份 | 射程(公里)[a] | 弹头载荷 | 弹头数量 |
|---|---|---|---|---|---|
| 总计 | | | | | 348[c] |

ASMP＝空对地导弹；Kt＝千吨。

a　飞机航程只是为了说明；真正的作战航程根据飞行轨迹和武器载重将有所不同。

b　M45 潜射弹道导弹的射程在 2001 年国民议会国防委员会报告中被列为只有 4000 公里。

c　法国可能还拥有少量的储备弹头。

**资料来源**：法国国防部网址：〈http：//www. defense. gouv. fr/〉，各种政策白皮书，新闻稿和军方文章；法国国民议会，各种国防议案；R. S. Norris 等，《核武器手册第 5 卷：英国、法国和中国的核武器》，（Westview：科罗拉多州博尔德，1994 年），第 10 页；《Air Actualités》，各期；《航空周与空间技术》，各期；"核笔记本"，《原子科学家杂志》，各期；作者的评估。

## 六、中国核力量

根据 2006 年的《国防白皮书》，中国"坚持自卫反击和有限发展核武器的原则，着眼于建立一支精干有效的核力量"。中国核力量的目标据称是遏制"他国对中国使用或威胁使用核武器"。〔95〕2006 年的白皮书重申奉行"在任何时候和在任何情况下都不首先使用核武器的政策"。

中国据估计拥有一个约 176 件现役核武器的武库，主要由弹道导弹和飞机发射（见表 8A. 6）。另外的弹头可能处于储备状态，整个库存约有 240 个弹头。〔96〕中国外交部在 2004 年宣称，中国拥有核武器

〔95〕中国国务院，《2006 年中国的国防》（中华人民共和国国务院新闻办公室：北京，2006 年 12 月），网址：〈http：//www. china. org. cn/english/features/book/194421. htm〉。

〔96〕2006 年美国国防情报局重申了对中国核力量的估计，中国有 100 多个核弹头部署在弹道导弹上，另外的一些弹头处于储备状态。M. D. Maples，美国国防情报局局长，"美国目前和潜在的国家安全威胁"，正式纪录在案的陈述，美国参议院军事委员会，2006 年 2 月 28 日，网址：〈http：//www. dia. mil/publicaffairs/Testimonies/statement24. html〉。2008 年（美国）国防部有关中国军事力量的报告列出大约 138 枚核弹道导弹。美国国防部，《2008 年中华人民共和国军事力量》（国防部：华盛顿特区，2008 年 3 月 3 日），网址：http：//www. defenselink. mil/pubs/china. html〉，第 56 页。在 2005 年一位美国非政府组织分析家估计，中国的现役武库可能小到只有 80 个弹头。J. lewis，"模糊的武库"，《原子科学家杂志》，第 61 卷，第 3 期（2005 年 5 月和 6 月），第 52—59 页。

国家中“最小的核武库”。[97] 中国有一个长期的核力量现代化计划正在进行。现在仍不清楚的是，中国究竟是打算大大地扩大其核弹道导弹力量呢，还是在与今天大致同样数量的基础上部署新型和更有生存能力的导弹。[98]

截至 2008 年初，中国拥有四种部署的洲际弹道导弹：固体燃料和机动的 DF－31 和 DF－31A；井基和液体燃料的 DF－5A（CSS－4）；较小的液体燃料的 DF－4（CSS－3）。[99] 2007 年美国国防部的报告猜测 DF－31 导弹在 2006 年已达到“初步威胁能力”，到 2007 年 5 月可能已达到“部署状态”。[100] 中国部署了一种中程弹道导弹[101]——固体燃料、公路机动的 DF－21A（CSS—5），以及一种中远程弹道导弹——液体燃料的 DF－3A（CSS－2）。DF－3A 和 DF－4 导弹预计全部被 DF－21 和 DF－31 导弹替代。

中国部署了单一的“092 型”（“夏级”）核动力弹道导弹潜艇，装载 12 枚中远程固体燃料、单弹头的“巨浪-1”（CSS－N－3）潜射弹道导弹。潜艇从未进行过威慑巡逻，也不认为已完全部署。[102] 2006 年的白皮书宣称，中国海军“旨在……提高海上综合作战能力和核反击能力”。[103] 为实现这一目标，中国正在发展“094 型”（“晋级”）核动力弹道导弹潜艇。它将携带洲际射程的“巨浪-2”潜射弹道导弹，这种导弹具有 7200 多公里的射程。美国国防部估计，“巨

---

〔97〕 中国外交部，“实况报道：中国：核裁军与削减（原文如此）”，北京，2004 年 4 月 27 日，网址：〈http: //www. fmprc. gov. cn/eng/wjb/zzjg/jks/cjjk/2622/t93539. htm〉。

〔98〕 H. M. Kristensen，R. S. Norris 和 M. G. McKinzie，《中国核力量与美国核战计划》（美国科学家联合会和自然资源保护委员会：华盛顿特区，2006 年 11 月），第 43 页，网址：〈http: //www. fas. org/nuke/guide/china/Book2006. pdf〉。

〔99〕 美国国防部（同注释〔96〕），第 3、5、23、24—27、30、56 页。

〔100〕 美国国防部（同注释〔96〕），第 56 页；美国国防部，《2007 年中华人民共和国军事力量》（国防部：华盛顿特区，2007 年 5 月 25 日），网址：〈http: //www. defenselink. mil/pubs/china. html〉，第 42 页。

〔101〕 尽管中国有其自己的系统来确定导弹射程，但这里使用的是美国国防部的定义：短程＝<1100 公里；中程＝1100—2750 公里；中远程＝2750—5500 公里；洲际＝>5500 公里。见 Kristensen，Norris 和 McKinzie（同注释〔98〕），第 218 页。

〔102〕 Kristensen，Norris 和 McKinzie（同注释〔98〕），第 77—80 页。

〔103〕 中国国务院（同注释〔95〕）。

浪-2”导弹将在 2009—2010 年达到“初步部署能力”。[104]

由美国科学家联合会在 2007 年分析的商业卫星图像表明至少存在两艘“094 型”潜艇，并确定每艘潜艇有 12 个发射“巨浪-2”潜射弹道导弹的发射管。[105] 美国海军情报部门在 2006 年 12 月推测，“一支可能由 5 艘‘094 型’核动力弹道导弹潜艇组成的舰队将建成，以便为核动力弹道导弹潜艇持续在海上出现提供更多的备份和能力”。[106] 这种推测在 2008 年被国防部证实，国防部宣称“到 2010 年中国的核力量将可能由……5 艘‘晋级’核动力弹道导弹潜艇组成”。[107] 第一艘“晋级”（“094 型”）核动力弹道导弹潜艇已在 2004 年下水，目前正被装备。第二艘已在 2006 年下水，[108] 第三艘可能正在建造。

据认为，中国拥有一个小型核炸弹库，由作为承担应急任务的飞机投掷。今天最有可能担负核任务的飞机是“轰-6”轰炸机。中国还开始部署 DH-10 攻击地面的巡航导弹，这种导弹以核和常规方式存在，由“轰-6”轰炸机和地面力量投射。

**表 8A.6 2008 年 1 月中国核力量**

| 类型与中国名称（美国名称） | 部署数量 | 首次部署年份 | 射程（公里）[a] | 弹头载荷 | 弹头数量 |
|---|---|---|---|---|---|
| **战略武器** | | | | | **~161** |
| 陆基导弹[b] | ~121 | | | | ~121 |

〔104〕 美国国防部（同注释〔96〕），第 3 页。

〔105〕 H. M. Kristensen，“密切注视中国新型核动力弹道导弹潜艇”，美国科学家联合会战略安全博客，2007 年 10 月 15 日，网址：〈http://www.fas.org/blog/ssp/2007/10/post_4.php〉；H. M. Kristensen，“两艘中国核动力弹道导弹潜艇被发现”，美国科学家联合会战略安全博客，2007 年 10 月 4 日，网址：〈http://www.fas.org/blog/ssp/2007/10/two_more_chinese_ssbns_spotted.php〉。

〔106〕 美国海军，海军情报机关，根据信息自由法案回答 H. M. Kristensen 所提的问题，2006 年 12 月 20 日，网址：〈http://www.fas.org/nuke/guide/china/ONI2006.pdf〉。

〔107〕 美国国防部（同注释〔96〕），第 25 页。

〔108〕 S. Saunders 编辑，《简氏战舰 2006—2007》（简氏信息集团：Coulsdon，2006 年），第 120 页。

| 类型与中国名称（美国名称） | 部署数量 | 首次部署年份 | 射程（公里）[a] | 弹头载荷 | 弹头数量 |
|---|---|---|---|---|---|
| 东风-3A（CSS-2） | 17 | 1971 | 3100c | 1×3.3 百万吨 | 17 |
| 东风-4（CSS-3） | 17 | 1980 | 5500 | 1×3.3 百万吨 | 17 |
| 东风-5A（CSS-4） | 20 | 1981 | 13000 | 1×4—5 百万吨 | 20 |
| 东风-21A（CSS-5） | ~55 | 1991 | 2100[c] | 1×200—300 千吨 | ~55 |
| 东风-31（CSS-X-10） | <10 | 2007 | >7200 | 1×.. | <10 |
| 东风-31A（?） | <10 | (2008—2010) | >11200 | 1×.. | <10 |
| 潜射弹道导弹 | 0 | | | | 0 |
| 巨浪-1（CSS-NX-3）[c] | (12) | 1986 | >1770 | 1×200—300 千吨 | (12) |
| 巨浪-2（CSS-NX-5） | (24) | (2008—2010) | >7200 | 1×? | (24) |
| 飞机[d] | >20 | | | | ~40 |
| 轰-6（B-6） | 20 | 1965 | 3100 | 1×炸弹 | ~20 |
| 攻击机（歼-5，其他?） | .. | 1972—? | .. | 1×炸弹 | ~20 |
| 非战略武器[e] | | | | | |
| 巡航导弹（DH-10） | 50—250 | 2007 | >2000 | 1×.. | ~15[f] |
| 短程弹道导弹（DF-15 和 DF-11） | | | | | .. |
| 总计 | | | | | **~176**[g] |

（）＝未完全部署；Kt＝千吨；Mt＝百万吨；SLBM＝潜射弹道导弹；..＝不明。

a　飞机航程只是为了说明；真正的作战航程将有所不同。

b　中国把导弹射程界定为：短程是<1000 公里；中程是 1000—3000 公里；远程是 3000—8000 公里；洲际射程是>8000 公里。

c DF－3A 和 DF－21A 导弹的射程也许比通常报道的远。

d 飞机的数字仅指具有核能力的飞机。

e 除了 DH－10 以外，是否存在战术弹头尚不确定，但是可能的。

f 能从"轰－6"轰炸机和地基发射器发射。

g 另外的弹头被认为处于储备状态。总的库存据认为包括约 240 个弹头。

**资料来源**：美国国防部，国防部长办公室，《中华人民共和国军事力量》，提交国会的年度报告，每年（国防部：华盛顿特区），网址：〈http：//www. defenselink. mil/pubs/china. html〉；美国空军，国家航空和航天情报中心，各种文件；美国中央情报局，各种文件；美国国防部，国防部长办公室，"扩散：威胁与反应"，华盛顿特区，2001 年 1 月，网址：〈http：//www. defenselink. mil/pubs/archive. html〉；H. M. Kristensen，R. S. Norris 和 M. G. McKinzie，《中国核力量与美国核战计划》（美国科学家联合会和自然资源保护委员会：华盛顿特区，2006 年 11 月），网址：〈http：//www. fas. org/nuke/guide/china/Book2006. pdf〉；R. S. Norris 等人，《核武器手册第 5 卷：英国、法国和中国核武器》（Westview：科罗拉多州博尔德，1994 年）；"核笔记本"，《原子科学家杂志》，各期；Google Earth；作者的评估。

## 七、印度核力量

对印度核库存规模的大部分公开估计都是基于对印度已生产的武器级钚总量的估计。这些估计存在相当大的不确定性。许多媒体和政府报道表明，由于材料限制，印度没有制造出它能制造的那么多核武器。基于对武器级钚总量的上限估计——截至 2006 年 12 月为 650 公斤——印度拥有能够制造 100 多枚核武器的材料。[109] 这里提出的保守估计是印度的武库有约 60—70 枚核武器。这个数字是基于对印度军用钚总量广泛引用的较低估计以及美国情报部门所做的公开估计。[110] 对印度是否已生产了用于核武器特别是用于热核装置的高浓铀无人知晓。

1999 年公布的作为文件草案的印度核学说是，"基于可靠的最低威慑和不首先使用的原则"。[111] 但 2003 年 1 月公布的补加的指导方

〔109〕 见附录 8B，表 8B. 2。

〔110〕 D. Albright，"2004 年底印度军用钚总量"，《全球核爆炸材料的库存》，科学与国际安全研究所，网址：〈http：//www. isis-online. org/global _ stocks/end2003/India _ military _ plutonium. pdf〉。这种估计假定，每个弹头需要至少 5 公斤钚。

〔111〕 印度外交部，《国家安全咨询委员会关于印度核学说的报告草案》，1999 年 8 月 17 日，网址：〈http：//meaindia. nic. in//disarmament/dm17Aug99. htm〉。

针宣称，印度将使用核武器慑止或报复化学或生物武器的使用。[112] 没有任何官方文件详细说明“可靠的最低威慑”所需的核武库的规模，但是，据印度国防部所说，它包括陆基、海上和空中能力的综合。[113]

### 攻击机

目前，飞机是印度核打击能力的核心（见表 8A.7）。印度空军据说已验收了用来投掷核重力炸弹的“幻影 2000H 神雷”多用途飞机。印度空军在印度中北部瓜廖尔空军基地部署了两个“幻影 2000H”飞机中队。除了“幻影 2000H”飞机之外，印度空军 4 个“美洲虎”战斗轰炸机中队的某些飞机可能担负核发射任务。[114] 其他适合担负核任务的飞机是“米格-27”和“苏-30MKI”。

### 陆基弹道导弹

“普里特维”（“大地”）导弹多年来一直是印度唯一部署的弹道导弹。许多“普里特维-I”导弹被普遍认为经改进已能发射核弹头，尽管这从未得到官方的证实。“普里特维-I”（SS-150）是单级、公路机动的弹道导弹，能把 1000 公斤的弹头发射到 150 公里的最大射程。这种导弹在 1988 年进行了第一次试射，在 1994 年交付印度陆军开始服役。它目前已部署给陆军 333、444 和 555 导弹旅。2007 年 5 月 9 日，一枚“普里特维-I”导弹在孟加拉湾奥里萨邦的坚德波尔海上综合试验场成功地进行了试射。印度国防研究和发展机构的官员把这次试验描绘为生产质量管理的“用户试验”，用来试射的是一枚从陆军武库中随机抽取的导弹。[115]

有两种新型“普里特维”导弹——已交付印度空军开始服役的

---

[112] 印度外交部，“内阁安全委员会评估印度核学说的可操作性”，新闻稿，2003 年 1 月 4 日，网址：〈http：//meaindia. nic. in/pressrelease/2003/01/04pr01. htm〉。

[113] 印度国防部，《2004—2005 年度报告》（国防部：新德里，2005 年），网址：〈http：//mod. nic. in/reports/report05. htm〉，第 14 页。

[114] R. Norris 和 H. Kristensen，“印度核力量”，《原子科学家杂志》，第 61 卷，第 5 期（2005 年 9 月和 10 月），第 73—75 页。

[115] “普里特维导弹再次进行试射”，Rediff 新闻，2007 年 5 月 5 日，网址：〈http：//www. rediff. com/news/2007/may/05prithvi. htm〉；“印度试验具有和能力的地面导弹”，法新社，2007 年 5 月 9 日，网址：〈http：//www. spacewar. com/reports/India_Tests_Nuclear_Capable_Surface_Missile_999. html〉。

"普里特维-II"（SS-250）和"普里特维-III"（SS-350）——其特点是提高了射程、精确度和可操作性。两种导弹都能携带核弹头，但不被认为将担负核发射任务。

印度国防部消息灵通人士指出，射程更远的"烈火"弹道导弹系列大量地接替了"普里特维"导弹的核任务。"烈火"导弹按设计具有提供迅速做出反应的核能力。[116] 短程的"烈火-I"导弹是单级、固体燃料的导弹，能将1000公斤的弹头发射到700—800公里的最大射程。两级的"烈火-II"导弹能将较小的弹头发射到2000—2500公里的射程。这些导弹都是公路和铁路机动的，既能携带核弹头又能携带常规弹头。2007年4月，印度国防部长A. K. 安东尼指出"烈火-I"和"烈火-II"导弹尚未交付武装部队开始服役，但宣称这将在"适当的时间"和在没有"不必要拖延"的情况下完成。[117] 然而，在2008年2月4日巴基斯坦发射中程弹道导弹三天后，印度政府据报道宣布"烈火-I"和"烈火-II"已交给印度战略力量司令部的第334和335火箭团进行实战部署。[118]

2007年10月5日，战略力量司令部的陆军人员在坚德波尔海上试验场成功地试射了一枚"烈火-I"导弹。这次试验被描述为印度陆军的"训练试验"。[119] 10月24日，"烈火-I"导弹紧接着又进行了试射，这枚导弹装备了改进的再入技术。[120] "烈火-II"导弹自2004年10月以来一直没有进行试射。

2007年4月12日，国防研究和发展机构第二次试射中远程"烈火-III"导弹。这枚导弹从孟加拉湾惠勒岛导弹试验场的固定平台上

---

〔116〕"普里特维短程弹道导弹"，Bharat Rakshak：印度军事网站联盟，2005年12月28日，网址：〈http：//www. bharat-rakshak. com/MISSILES/Prithvi. html〉。

〔117〕"烈火-III导弹试验将继续进行：安东尼"，Rediff新闻，2007年4月14日，网址：〈http：//www. rediff. com/news/2007/apr/14agni. htm〉。

〔118〕J. S. Bermudez，"巴基斯坦成功地进行高里导弹的发射"，《简氏防务周刊》，2008年2月13日，第18页。

〔119〕M. Pubby，"核能力的烈火-I导弹完全为陆军的首次训练试验而准备"，《印度快报》2007年10月2日。

〔120〕"印度试射核能力的导弹"，法新社，2007年10月24日，网址：〈http：//www. spacewar. com/reports/India _ test _ fires _ nuclear-capable _ missile _ 999. html〉。

发射。[121] 2006 年 7 月的第一次飞行试验据报道由于隔热罩的问题在导弹坠入大海后失败。[122] 这种导弹预料能将 1500 公斤的弹头发射到 3500 公里的射程。这将使中国的大部分地区置于印度东部发射点的射程之内，尽管印度国防官员否认这种导弹在设计时考虑到中国。国防研究和发展机构正在研制“烈火-III”导弹的更远射程型，有时被称为“烈火-Ⅲ*”，可能在 2009 年开始进行飞行试验。[123]

2007 年 6 月，未经证实的媒体报导，印度政府已决定不继续发展超过 5000 公里射程的洲际弹道导弹。[124] 对战略导弹施加 5000 公里射程限制或“设定上限”的决定据报道意在表示“友好姿态”，以推动印度与美国民用核合作倡议的执行，推动有关阻止对向印度导弹计划出口重要材料施加额外制裁的努力。[125] 然而，2007 年 12 月，国防研究和发展机构官员宣称，三级的、具有 6000 公里射程和核能力的“烈火”导弹的设计工作正在进行。[126]

近年来，基于印度的极地空间发射器，一直有猜测说印度正在发展被称为“苏里亚”的 10000 公里射程的洲际弹道导弹。[127] 2007 年，没有任何权威的报道说印度正在积极推进这项计划。

## 海基弹道导弹

印度继续在努力发展其计划的“三位一体”核力量的海军部分。

---

[121] “印度成功地试射‘烈火-III’试验弹道导弹”，《印度教报》2007 年 4 月 12 日；S. Srivastava，“印度使中国在其射程中”，《亚洲时报》2007 年 4 月 14 日。

[122] “印度用‘教科书标准’演示‘烈火-III’”，《简氏导弹与火箭》，第 11 卷，第 6 期（2007 年 1 月），第 2 页。

[123] J. Joseph，“导弹计划使科学家失望”，《每日新闻和分析》（孟买）2007 年 4 月 14 日；“印度将在 2009 年试验‘烈火-Ⅲ*’弹道导弹”，《印度快报》2008 年 1 月 7 日。

[124] V. Thapar，“导弹设定上限：政府正受攻击”，CNN-IBN 新闻，2007 年 6 月 19 日，网址：〈http：//www. ibnlive. com/news/india-softens-missile-power-for-us/43179-11. html〉；“理性的上限”，《每日新闻和分析》2007 年 6 月 18 日。

[125] 见 S. Joshi，“印度和巴基斯坦导弹竞赛加大”，WMD Insights（2007 年 10 月）。在 2007 年 4 月“烈火-III”飞行试验后，美国和其他出口国暂停向印度出口聚丙烯腈碳纤维，它是用来制造导弹机舱围壁的。关于 CNCI 见第八章第四节。

[126] “印度正在建造 6000 公里的核导弹”，法新社，2007 年 12 月 12 日，网址：〈http：//www. spacewar. com/reports/India _ building _ 6000km _ nuclear-capable _ missile _ 999. html〉；S. Dikshit，“弹道导弹射程将被改进”，《印度教报》2007 年 12 月 13 日。

[127] “印度媒体报导了洲际弹道导弹发展的潜力”，《简氏导弹与火箭》，第 9 卷，第 10 期（2005 年 10 月），第 10—11 页。

2007 年 3 月 30 日，“普里特维-II”的改进型“特努什”导弹从印度海军“拉其普特”号舰艇上进行了试射。这是“特努什”导弹的第四次飞行试验，印度国防部宣称它既能携带常规弹头又能携带核弹头。[128] 国防部在 2006 年声称，“装载‘特努什’导弹的 INS Suvarna 号和 INS Subhadra 号舰艇正在进行武器化”。[129]

2008 年 2 月 26 日，印度第一次试射的潜射弹道导弹“K-15”导弹是从其东海岸维萨卡帕特南港附近的水下浮筒中发射的。国防部发言人说，这次试验“是成功的”。媒体报导这枚导弹具有 700 公里射程，类似于“烈火-I”的射程。[130] 国防部官员在 2007 年透露，国防研究和发展机构已试验水下导弹发射系统的部件，并正在发展两级的弹道导弹。这种导弹被称为“K-15”，从使用气体助推器的水下潜艇发射。[131]“K-15”预计部署在国产的核动力潜艇上，这种潜艇被称为“先进技术舰艇”，自 20 世纪 70 年代以来一直在开发。政府官员声称，“先进技术舰艇”按计划在 2009 年春下水并开始海上巡逻。[132] 有大量猜测说，印度正在发展被称为“萨加里卡”的潜射弹道导弹，而且一些有关“K-15”发射的报道也把它叫做“萨加里卡”。然而，印度国防部在 2006 年声称，“没有任何被命名为‘萨加里卡’的导弹计划”。[133]

---

[128] 印度国防部，“‘特努什’导弹成功地试射”，新闻稿，新德里，2004 年 11 月 8 日，网址：〈http：//mod. nic. in/pressreleases/content. asp? id=853〉。

[129] 印度国防部，《2006 年度报告》（国防部：新德里，2006），网址：〈http：//mod. nic. in/reports/ebody. htm〉，第 88 页。

[130] “印度成功地试验潜射导弹”，路透社，2008 年 2 月 26 日；“印度试射海基核导弹：政府部门”，法新社，2008 年 2 月 26 日。

[131] 美联社，“印度正在发展潜艇发射的弹道导弹”，《国际先驱论坛报》2007 年 9 月 11 日；S. Unnithan，“秘密的水下武器”，《今日印度》，2008 年 1 月 28 日。

[132] R. Raghuvanshi，“印度继续进行海基核导弹的工作”，《防务新闻》，2007 年 10 月 15 日；J. Joseph，“核潜艇在两年内进行海上巡逻”，《每日新闻和分析》（孟买）2007 年 12 月 4 日。

[133] 印度国防部，“发展和试验导弹”，新闻稿，新德里，2006 年 8 月 2 日，网址：〈http：//pib. nic. in/release/rel_print_page1. asp? relid=19395〉。

**表 8A.7　2008 年 1 月印度核力量**

| 型号 | 射程（公里）[a] | 有效载荷（公斤） | 状况 |
|---|---|---|---|
| 陆基弹道导弹 | | | |
| 普里特维-I（P-1） | 150 | 800 | 1994 年开始服役；普遍认为担负核发射任务；部署不足 50 个发射架；最近的飞行试验是在 2007 年 5 月 9 日 |
| 烈火-I[b] | >700 | 1000 | 2007 年 10 月 5 日和 24 日进行了试射[c] |
| 烈火-II | >2000 | 1000 | 最近的试射是在 2004 年 10 月 29 日[c] |
| 烈火-III | >3500 | 1500 | 正在发展；2007 年 4 月 12 日进行了试射 |
| 海基弹道导弹 | | | |
| 特努什 | 400 | 1000 | 最近的试射是在 2007 年 3 月 30 日；正准备服役 |
| K-15 | 700 | .. | 2008 年 2 月 26 日从水下浮筒中发射 |
| 飞机[d] | | | |
| 幻影 2000H 神雷 | 1850 | 6300 | 据说已经过投掷核重力炸弹的验证 |
| 美洲虎 IS Shamsher | 1400 | 4760 | 四个空军中队的某些飞机可能担负核发射任务 |

a　导弹有效载荷为达到最大射程可能不得不减小。飞机的航程只是一种说明而已；真正的作战航程根据飞行轨迹和武器载重将有所不同。

b　最初的“烈火-I”导弹，现在被称为“烈火”导弹，是一个在 1996 年结束的技术演示弹计划。

c　2007 年底和 2008 年初的媒体报道表明，“烈火-I”和“烈火-II”导弹已达到部署状态。

d　印度政府在 2006 年声称，它没有开发潜射弹道导弹（“萨加里卡”）。

e　印度空军力量中可能适合执行核任务的其他飞机有米格-27（Bahadur）和苏-30MKI。Su-30MKI 能在飞行中用 IL-78 空中加油机添加燃料。

**资料来源**：印度国防部，年度报告和新闻稿；国际战略问题研究所，《2005—2006 年军事力量对比》（Routledge：Abingdon，2006 年）；美国空军，国家航空与航天情报中心，《弹道和巡航导弹威胁》（国家航空与航天情报中心：赖特—帕特森空军基地，俄亥俄州，

2006 年 3 月)，网址：〈http：//www. nukestrat. com/us/afn/threat. htm〉；美国中央情报局，“向国会提交的关于获取与大规模杀伤性武器和先进常规武器有关的技术的非密报告，2002 年 1 月 1 日到 6 月 30 日”，2003 年 4 月，网址：〈http：//www. nti. org/e _ research/officail _ docs/cia/cia. html〉；美国中央情报局，国家情报委员会，“到 2015 年外国导弹发展和弹道导弹威胁”（非密摘要），2001 年 12 月，网址：〈http：//www. dni. gov/nic/PDF _ GIF _ otherprod/missilethreat2001. pdf〉；D. Lennox 编辑，《简氏战略武器系统》（简氏信息集团有限公司：科尔斯登，2004 年）；Bharat Rakshak，印度军事网站联盟〈http：//www. bharat-rakshak. com〉；“核笔记本”，《原子科学家杂志》，各期；作者的评估。

## 八、巴基斯坦核力量

这里提出的估计——巴基斯坦拥有约 60 枚核武器——是保守的。基于对巴基斯坦军用高浓铀和分离钚的总量的最新估计，巴基斯坦理论上能生产 70—100 个核弹头。[134] 然而，巴基斯坦据认为仅使用高浓铀和钚总量的一部分来制造弹头，因此弹头的实际数量可能比这个估计少。巴基斯坦官员声称，巴基斯坦已生产了比满足目前“最低威慑需要”所需的多得多的弹头，但强调这个需要服从于对形势变化所作的评估。[135] 巴基斯坦总理肖卡特·阿齐兹在 2007 年 1 月宣称，由于印美民用核合作倡议可能使印度军用库存获得更多的裂变材料，由于印度对获得导弹防御已表示兴趣，巴基斯坦“将需要采取措施确保我们威慑的可靠性”。[136]

巴基斯坦目前的核武库主要是以高浓铀为基础，其高浓铀系由格胡达研究实验室（也被称为卡迪尔·汗研究实验室）的气体离心铀浓缩厂生产。有证据证明，巴基斯坦正在发展以钚为基础的武库。[137]

---

[134] 截至 2007 年，巴基斯坦据估计拥有 1.4±0.3 吨高浓铀和约 80 公斤分离钚。参见附录 8B。据认为，巴基斯坦的高浓铀武器是固体弹芯、内爆式设计，每个核武器需要 15—20 公斤高浓铀；其钚武器至少需要 4—5 公斤金属钚。

[135] 采访 Ehsanul Hag 将军，参谋长联席会议主席，“今日与 Kamran Khan 同行”节目，卡拉奇地理新闻电视台，2006 年 11 月 24 日，译自乌尔都语，世界新闻连线，国家技术信息局，美国商务部。

[136] 印度报业托拉斯，“巴基斯坦担心印美核协议：阿齐兹”，《经济时报》（孟买）2007 年 1 月 31 日。

[137] 以钚为基础的核弹头通常比使用高浓铀的核弹头轻而小，以达到同样的当量。钚弹头既能安装在较小的导弹上，可能包括巡航导弹，又能为已部署的弹道导弹提供更远的射程。

巴基斯坦目前正在使用 50 兆瓦热功率的“胡沙布-I”反应堆。它在 1998 年建成，每年能生产约 10—12 公斤武器级钚。[138] 巴基斯坦正在旁遮普省胡沙布核综合体建造第二座重水反应堆。据非政府专家所做的估计，这座新的反应堆可能在“40—100 兆瓦热功率范围之间”。[139] 2007 年，商业卫星图像显示巴基斯坦在胡沙布已开始建造一座新的反应堆，与第二座完全相同。[140] 这将使巴基斯坦大大提高其钚生产能力，倘若它拥有足够的乏燃料后处理能力的话。钚分离是在旁遮普省拉瓦尔品第的一个试验规模的新实验室的后处理厂进行的。位于旁遮普省恰希玛的一个新的化学分离厂似乎接近建成。[141]

### 攻击机

在巴基斯坦空军的飞机中最有可能用来执行核武器发射任务的是“F-16”（见表 8A. 8）。其他飞机，例如“幻影 V”或中国生产的“A-5”，也可能用来执行核任务。巴基斯坦目前保持 32 架“F-16”飞机服役，部署给三个空军中队。2006 年 9 月，巴基斯坦与美国签订一项购买 18 架 Block 52“F-16C/D”飞机，价值 51 亿美元的协议，同时拥有购买多于 18 架飞机的选择权。巴基斯坦稍后还将获得 24 架美国空军二手的“F-16”飞机。[142] 作为这项协议的一部分，32 架已在巴基斯坦服役的“F-16A/B”飞机将会得到中期更新。[143]

---

〔138〕 Z. Mian 等，国际裂变材料小组，“南亚裂变材料：美印核协议的影响”，国际裂变材料小组第一个研究报告（国际裂变材料小组：普林斯顿，新泽西州，2006 年 9 月），网址：〈http：//www. fissilematerials. org/ipfm/site _ down/ipfmresearchreport01. pdf〉。

〔139〕 T. B. Gochran，自然资源保护委员会，“胡沙布-II 的规模是多少?”，2006 年 9 月 8 日，网址：〈http：//docs. nrdc. org/nuclear/nuc _ 06090801A. pdf〉。

〔140〕 D. Albright 和 P. Brannan，“巴基斯坦似乎在胡沙布核场地正建造第三座产钚堆”，科学与国际安全研究所报告，2007 年 6 月 21 日，网址：〈http：//www. isis-online. org/publications/southasia/ThirdKhushab Reactor. pdf〉。

〔141〕 D. Albright 和 P. Brannan，“巴基斯坦的恰希玛核场地可能有后处理厂”，科学与国际安全研究所报告，2007 年 1 月 18 日，网址：〈http：//www. isis-online. org/publications/southasia/chashma. pdf〉。

〔142〕 M. V. Schanz，“美国与巴基斯坦敲定新的‘F-16’协议”，《空军杂志》，第 90 卷，第 12 期（2006 年 12 月），第 12 页；“巴基斯坦同意与美国达成的购买‘F-16’飞机的协议”，《简氏防务周刊》，2006 年 10 月 11 日，第 16 页。这项协议规定巴基斯坦不能用突破防空的系统来装备“F-16”飞机，任何“F-16”在巴基斯坦领空之外进行飞行需事先征得美国的同意。

〔143〕 Schanz（同注释〔142〕）。

美国在 2007 年 7 月向巴基斯坦空军交付两架“F-16”飞机。[144]

### 弹道导弹

巴基斯坦已开始部署两种类型的短程弹道导弹，它们据悉担负核发射任务。“Ghaznavi”（HatF-3）是单弹头、固体推进剂、公路机动的短程弹道导弹，在 2004 年正式服役。它被认为是在 20 世纪 90 年代从中国获得的“M-11”导弹的国产复制型。巴基斯坦陆军在 2008 年 2 月 13 日试射了一枚“Ghaznavi”导弹。[145] 另外的短程弹道导弹“沙欣-I”（HatF-4）在 2003 年交付巴基斯坦陆军开始服役。这种导弹的最近试射是在 2008 年 1 月 25 日军队训练演习期间。[146] 有传言说，短程“Abdali”导弹也是具有核能力的。在 2007 年 3 月试射后，总统办公室在一份新闻稿中声称这种导弹“能携带所有类型的弹头”。

巴基斯坦目前唯一正在服役的中程弹道导弹是“高里-I”（HatF-5），它是公路机动、液体推进剂、单弹头的导弹。巴基斯坦国防部官员已宣布它担负核发射任务。除了“高里”中程弹道导弹之外，巴基斯坦还在继续发展两级、公路机动、固体推进剂的“沙欣-II”（HatF-6）中程弹道导弹。2007 年 2 月 23 日，巴基斯坦军方宣布一枚改进的“沙欣-II”导弹已成功地进行了试射，射程达到 2000 公里。[147] 这次试射被说成是“验证和技术改进连续过程的一部分”，[148] 是“沙欣-II”导弹的第四次试射。“沙欣-II”导弹可能不久开始服

---

[144] 美国驻巴基斯坦大使馆，“美国向巴基斯坦空军交付两架‘F-16’战斗机”，新闻稿，伊斯兰堡，2007 年 7 月 11 日，网址：〈http://islambad.usembassy.gov/pakistan/h07071101.html〉。

[145] “‘Ghaznavi’导弹被发射”，《黎明报》2008 年 2 月 14 日。又见巴基斯坦总统新闻秘书办公室，“巴基斯坦成功地试射短程弹道导弹”，新闻稿，2007 年 3 月 32 日，网址：〈http://www.presidentofpakistan.gov.pk/NewsEventsDetail.aspx?NewsEventID=3617〉。

[146] “巴基斯坦试验弹道导弹”，BBC 新闻，2008 年 1 月 25 日，网址：〈http://news.bbc.co.uk/2/7208416.stm〉；巴基斯坦总统新闻秘书办公室，“巴基斯坦成功地发射‘沙欣-I’导弹”，新闻稿，2006 年 11 月 29 日，网址：〈http://www.presidentofpakistan.gov.pk/NewsEventsDetail.aspx?NewsEventID=3411〉。

[147] “巴基斯坦试射远程核导弹”，《巴基斯坦论坛报》2007 年 2 月 23 日。

[148] T. Iqbal，“巴基斯坦试验改进的‘沙欣-I’导弹”，巴基斯坦国防部，2007 年 2 月 22 日，网址：〈http://www.defence.pk/news/publish/article73.php〉。

役。“沙欣-II”导弹的2000—2500公里射程意味着它能打击横跨印度的目标。巴基斯坦军官否认其正在寻求发展能打击这个地区之外的目标的远程弹道导弹。[149]

巴基斯坦正在继续发展其巡航导弹。2007年12月11日，它从地面发射器试射了一枚核巡航导弹，称为“Babur”（HatF-7）。这是自2005年以来这种导弹的第四次地面发射试验飞行。根据军方发表的声明，这枚低空飞行和亚音速巡航导弹的射程已从500公里增加到700公里，现在正在努力将其射程增加到1000公里。[150] 巴基斯坦正在发展“Babur”的空射型，据报道将由“F-16”和“JF-17”飞机携带。[151] 它还正在发展海基型，将被部署在阿戈斯塔级攻击型潜艇上，以使巴基斯坦获得第二次打击能力。[152] 巴基斯坦官员强调，“Babur”是一个完全国产计划。然而，一些非政府分析家却强调，这种导弹看上去类似于中国新型的DH-10空射巡航导弹，它被怀疑是改造了的美国战斧式巡航导弹。[153]

**表 8A.8 2008年1月巴基斯坦核力量**

| 类型 | 射程（公里）[a] | 有效载荷（公斤） | 状况 |
|---|---|---|---|
| 飞机 | | | |
| F-16A/B | 1600 | 4500 | 34架飞机，部署在三个空军中队；最可能担负核发射任务的飞机 |
| 弹道导弹 | | | |

〔149〕采访 Ehsanul Hag 将军（同注释〔135〕）。

〔150〕巴基斯坦总统新闻秘书办公室，“政府已制定全面计划来装备武装力量：穆沙拉夫”，新闻稿，2007年5月30日，网址：〈http://www.presidentofpakistan.gov.pk/NewsEventsDetail.aspx?NewsEventID=3713〉。

〔151〕“巴基斯坦成功地试射了‘HataF-7’导弹”，《巴基斯坦论坛报》2007年7月26日。

〔152〕S. Hali，“第二次打击能力”，《国家报》（伊斯兰堡）2006年8月16日。

〔153〕R. S. Norris 和 H. M. Kristensen，“巴基斯坦核力量，2007”，《原子科学家杂志》，第63卷，第3期（2007年5月和6月）。

| 类型 | 射程（公里）[a] | 有效载荷（公斤） | 状况 |
|---|---|---|---|
| Ghaznavi（HatF－3） | ～400 | 500 | 2004年交付巴基斯坦陆军开始服役；部署不足50个发射器；最近的试射是在2008年2月13日 |
| 沙欣－Ⅰ（HatF－4） | ＞450[b] | 750—1000 | 2003年交付巴基斯坦陆军开始服役；部署不足50个发射器；最近的试射是在2008年1月25日 |
| 沙欣－Ⅱ（HatF－6） | ＞2000 | ～1000 | 正在发展；第四次试射是在2007年2月23日 |
| 高里－Ⅰ（HatF－5） | ＞1200 | 700—1000 | 2003年交付巴基斯坦陆军开始服役；部署不足50个发射器；2008年2月1日进行了试射 |
| 高里－Ⅱ | 2300 | .. | 正在发展；状况不确定 |
| 巡航导弹 | | | |
| Babur（HatF－7） | 700[c] | .. | 正在发展；地面发射型在2007年（3月、6月和12月）试验了三次；海射和空射型也在发展 |

a 为达到最大射程导弹有效载荷可能不得不减小。飞机的航程只是一种说明而已；真正的作战航程根据飞行轨迹和武器载重将有所不同。

b 一些非官方消息灵通人士认为射程是600—1500公里。

c 自2006年以来飞行试验的射程已从500公里增加到700公里。

**资料来源**：美国空军，国家航空与航天情报中心，《弹道与巡航导弹威胁》（国家航空与航天情报中心：赖特—帕特森空军基地，俄亥俄州，2003年8月），网址：〈http://www.nukestrat.com/us/afn/NAIC2006rev.pdf〉；美国中央情报局，“提交国会的有关获取大规模杀伤性武器和先进常规武器相关技术的非密报告，2002年1月1日到6月30日”，2003年4月，网址：〈https://www.nti.org/e_research/officail_docs/cia/cia.html〉；美国中央情报局，国家情报委员会，“到2015年外国导弹发展和弹道导弹威胁”（非密摘要），2001年12月，网址：〈http://www.dni.gov/nic/PDF_GIF_otherprod/missilethreat2001.pdf〉；国际战略问题研究所，《2005—2006年军事力量对比》（Routledge：伦敦，2004年）；“核笔记本”，《原子科学家杂志》，各期；作者的评估。

## 九、以色列核力量

以色列继续坚持其长期奉行的核模糊政策，既不正式肯定也不正式否定它拥有核武器。然而，2006 年 12 月，以色列总理奥尔默特发表一个讲话，被普遍解释为默认以色列拥有核武库。在对德国电视台讲话时，奥尔默特把以色列列入拥有核武器国家的名单中。[154] 奥尔默特和其他以色列官员很快否认此番言辞，并重申以色列“将不会成为把核武器引入中东的第一个国家”。[155]

以色列核武器库的规模不得而知，但普遍认为由约 100 个钚弹头组成。根据一项估计，截至 2006 年 12 月以色列拥有 340—560 公斤军用钚，或相当于 110 个弹头，假设每个弹头需要 5 公斤钚。[156] 只有部分钚可能已被使用生产弹头。据这里的估计，以色列可能拥有约 80 个完整弹头，其中的 50 个是由弹道导弹发射的再入飞行器，剩余的是由飞机投掷的炸弹（见表 8A. 9)。许多分析家认为，以色列拥有一个隐藏式的核武库（也就是储备起来但不全部装弹，在使用前需要一些准备)。有猜测说，以色列可能已生产非战略核武器，包括核炮弹和原子爆破弹药，但是这尚未得到证实。

2008 年 1 月 17 日，以色列据报道从帕勒马希姆空军基地进行了远程弹道导弹的试射。以色列国防部没有提供这枚导弹的类型或目的的详细资料，但声称这次试验测试了导弹的火箭推进系统，是成功的。[157] 以色列电台推测，这枚导弹是“杰里科- III”中远程弹道导弹。[158] “杰里科- III”被认为是三级、固体推进剂的导弹，可能具有 4800—6500 公里的最大射程，估计有效载荷为 1000—1300 公斤。它据报道正在发展，估计在 2008 年的某一天开始服役。[159]

如果这是真的，那么用于以色列谣传的核武器发射系统上的弹头

---

〔154〕“关于核武器奥尔默特说了什么”，N24 电视频道，2006 年 12 月 12 日。

〔155〕R. Boudreaux，“在核言论后放射性尘埃大量落在以色列奥尔默特身上”，《洛杉矶时报》，2006 年 12 月 13 日。

〔156〕见附录 8B，表 8B. 2。

〔157〕Y. Katz，“以色列试射远程弹道导弹”，《耶路撒冷邮报》2008 年 1 月 17 日。

〔158〕“以色列说进行了导弹发射试验”，路透社，2008 年 1 月 17 日，网址：〈http：//www. reuters，com/article/worldNews/idUSL17578502008011 7〉。

〔159〕Lennox 编辑（同注释〔20〕)，第 81—83 页。

可能事实上没有被部署。这些发射系统据认为是攻击机、陆基弹道导弹，可能还有潜射巡航导弹。美国国防情报局在 1999 年估计，以色列拥有 60—80 个组装的核弹头。[160]

**表 8A.9 2008 年 1 月以色列核力量**

| 类型 | 射程(公里)[a] | 有效载荷(公斤) | 状况 |
| --- | --- | --- | --- |
| 飞机[b] | | | |
| F-16A/B/C/D/I Falcon | 1600 | 5400 | 总共 205 架；据认为某些已得到核武器发射的验证 |
| 弹道导弹[c] | | | |
| 杰里科-II | 1500—1800 | 750—1000 | 约 50 枚导弹；1990 年首次部署；2001 年 6 月 27 日试射 |
| 杰里科-III | >4800 | .. | 2008 年 1 月 17 日试射 |
| 潜艇 | | | |
| 海豚级 | | | 据传装载核巡航导弹；但被以色列否认 |

a 为达到最大射程导弹有效载荷可能不得不减小。飞机的航程只是一种说明而已；真正的作战航程将有所不同。

b 以色列 25 架“F-15I”飞机中的某些飞机也可能担负远程核发射任务。

c “沙维特”空间发射器，如果改为弹道导弹，能将 775 公斤的有效载荷发射到 4000 公里的距离。“杰里科-1”导弹在 1973 年首次部署，现已不再部署。

**资料来源：** A. Cohen 和 W. Burr，“以色列跨过门槛”，《原子科学家杂志》，2006 年 5 月和 6 月，第 22—30 页；A. Cohen，《以色列与炸弹》（哥伦比亚大学出版社：纽约，1998 年）；D. Albright，F. Berkhout 和 W. Walker，SIPRI，《1996 年钚和高浓铀：世界总量、能力和政策》（牛津大学出版社：牛津，1997 年）；D. Lennox 编辑，《简氏战略武器系统》（简氏信息集团有限公司：科尔斯登，2003 年）；S. Fetter，“以色列弹道导弹能力”，《物理学与社会》，第 19 卷，第 3 期（1990 年 7 月），第 3—4 页（为得到最新的分析见未出版

〔160〕 美国国防情报局（同注释〔121〕）。国防部预测，以色列库存在 2020 年将由 65—85 枚核武器组成，说明库存在规模上没有增加。

发行的“弹道导弹入门”，网址：〈http：//www. puaf. umd. edu/Fetter/1990－MissilePrimer. pdf〉）；“核笔记本”，《原子科学家杂志》，各期；作者的评估。

## 十、朝鲜军事核能力

朝鲜在 2006 年 10 月通过进行地下核试验爆炸证明了核武器能力。[161] 然而，出乎意料的低爆炸当量使许多专家认为试验是“失败的”（释放能量比预想要小的一次无效爆炸）。这对朝鲜是否已经掌握制造可用的核武器所需的设计和工程技能提出了怀疑。[162] 2007 年 3 月 28 日，美国中央情报局局长迈克尔·海登说朝鲜核试验是“失败的”。[163]

朝鲜据认为已从宁边 5 兆瓦石墨研究堆的乏燃料中生产和分离了足够制造少量核弹头的钚。2007 年 12 月，作为其“全部和正确”申报过去和现在核活动的一部分，朝鲜据报道告知美国它总共拥有 30 公斤分离钚；其中它为 2006 年 10 月的核试验使用了 6 公斤。[164] 申报的数量是美国政府专家对朝鲜已能分离多少钚所作估计的下限，并引起对朝鲜申报的正确性的怀疑。这些估计基于对宁边反应堆运转多长时间收取燃料棒中的钚的计算，以及对从附近的后处理厂的乏燃料化学提取多少钚的计算。美国两个非政府专家估计，截至 2007 年 2 月朝鲜共有 46—64 公斤钚，其中约 28—50 公斤是分离的并可用于核武器。[165] 这足够生产 6—10 枚核武器，假设每枚武器使用 4.5—5.0 公斤武器级钚。

---

〔161〕 V. Fedchenko 和 R. Ferm Hellgren，“核爆炸，1945—2006 年”，《2007 年 SIPRI 年鉴》（同注释〔42〕），第 552—557 页。

〔162〕 D. E. Sanger 和 W. J. Broad，“小爆炸，还是‘大交易’？美国专家寻找线索”，《纽约时报》，2006 年 10 月 11 日。

〔163〕 “中央情报局说朝鲜核试验是失败的：报道”，路透社，2007 年 3 月 28 日，网址：〈http：//www. reuters. com/article/topNews/idUSSEO15521620070328〉。

〔164〕 “朝鲜生产了 30 公斤钚：报纸”，路透社，2008 年 4 月 21 日，网址：〈http：//in. reuters. com/article/world News/idINIndia－33143320080421〉；G. Kessler，“朝鲜同意炸毁其核设施中的塔”，《华盛顿邮报》2008 年 5 月 2 日，第 13 页。

〔165〕 D. Albright 和 P. Brannan，“朝鲜钚库存，2007 年 2 月”，科学与国际安全研究所，2007 年 2 月 20 日，网址：〈http：//www. isis-online. org/publications/dprk/DPRKplutoniumFEB. pdf〉。

朝鲜部署了约 500—600 枚三种类型的公路机动的短程弹道导弹："火星-5"（飞毛腿-B）、"火星-6"（飞毛腿-C）、"火星-7"（飞毛腿-D）；以及部署了 50—200 枚公路机动的"劳动"中程弹道导弹。[166] 它还正在发展射程更远的"大浦洞-1"和"大浦洞-2"导弹。2007 年 4 月 25 日，朝鲜在平壤举行了以弹道导弹为主要内容的盛大的阅兵式，据报道包括"火星-6"（飞毛腿-C）、"火星-7"（飞毛腿-D）和新型的短程 KN-02——俄罗斯 9K79 "圆点"（SS-21 "Scarab）地对地导弹的朝鲜版。[167] 大多数分析家认为，朝鲜不太可能已经发展了足以轻到和小到能安装在弹道导弹上的核弹头。[168]

（田景梅 译）

---

[166] 美国空军（同注释〔56〕）；Lennox 编辑（同注释〔20〕），第 90—96 页；核威胁倡议，"朝鲜方面：导弹能力"，2006 年 12 月，网址：〈http://www.nti.org/e_research/profiles/NK/Missile/62.html〉。

[167] D. C. Isby，"朝鲜检阅最新的导弹"，《简氏导弹与火箭》，2007 年 6 月，第 2 页；J. S. Bermudez，"朝鲜拿掉 KN-02 的遮盖"，《简氏防务周刊》，2007 年 5 月 9 日，第 25 页。

[168] 见 S. Hecker，"关于朝鲜核计划的报告"，Nautilus 研究所，政策论坛在线，06-97A，2006 年 11 月 15 日，网址：〈http://www.nautilus.org/fora/security/0697Hecker.html〉。

# 附录 8B 2007 年全球裂变材料库存

哈罗德·费夫森　亚历山大·格拉泽
齐亚·米安　弗兰克·冯·希佩尔*

**表 8B.1　2007 年全球高浓缩铀库存[a]**

| 国家 | 全国库存量（相当 93%浓度，单位：吨） | 生产状况 | 说　明 |
|---|---|---|---|
| 中国 | 20±4 | 1987—89 年停产 | |
| 法国[b] | 36.4±6 | 1996 年初停产 | 包括 6.4 吨已申报民用高浓铀 |
| 印度[c] | 0.2±0.1 | 还在生产 | |
| 巴基斯坦[d] | 1.4±0.3 | 还在生产 | |
| 俄罗斯[e] | 770±300 | 1987 年或 1988 年停产 | 包括 100 吨假定将用于海军或其它反应堆的燃料；不包括准备稀释的 200 吨 |
| 英国[f] | 23.4（申报量） | 1963 年停产 | |
| 美国[g] | 508（申报量） | 1992 年停产 | 包括 128 吨作为海军燃料备用和 20 吨作为其它高浓铀反应堆燃料；不包括准备稀释或作为废料处理的 146 吨。 |

* 普林斯顿大学裂变材料国际小组。

| 国家 | 全国库存量（相当 93%浓度，单位：吨） | 生产状况 | 说 明 |
| --- | --- | --- | --- |
| 无核武器国家[h] | ~10 | | |
| **总量** | **~1370** | | **不包括准备稀释的 346 吨** |

a 总量中个位数不到 5 吨取整数。俄罗斯截至 2007 年年初稀释的过剩武器用高浓铀和美国截至 2007 年年中稀释的过剩武器用高浓铀已分别计算在内。中国、法国和巴基斯坦三国的库存量中有 20%、印度库存量中有 50%难以估算。

b 法国到 2006 年年底向国际原子能机构（IAEA）申报的民用高浓铀共 6.4 吨；这里假定 93% 浓度的高浓铀为武器级。

c 有人认为印度正在生产高浓铀（相当 93%浓度），年产不到 0.1 吨用于海军反应堆燃料。

d 该存量假定 2003 年和 2007 年之间年产量为 0.1 吨。

e 截至 2007 年 4 月 16 日，俄罗斯稀释了 300 吨武器级高浓铀。这里列出的俄罗斯留作海军反应堆用的高浓铀估算数不是根据任何公开信息作出的。

f 截至 2002 年 3 月 31 日，该数包括 22.9 吨高浓铀，未标出年均浓缩量。到 2006 年年底，英国向 IAEA 共申报 1.4 吨民用高浓铀。

g 美国的高浓铀储量以实际吨数标出，而不按相当 93%浓度算出。截至 1996 年 9 月 30 日，美国的高浓铀库存总量是 740.7 吨，其中有 620.3 吨是铀-235，申报过剩储存 177.8 吨，其中有 122 吨是铀—235。2005 年美国又申报 20 吨过剩，2006 年增加到 60 吨。假定相等平均浓度是过去申报为过剩材料。这样剩余库存相当于（以铀-235 含量算）浓度为 93%的 491 吨高浓铀。假定此后 10 年海军反应堆燃料用了约 20 吨，研究堆燃料用了 5 吨。截至 2007 年年中，美国共稀释了 87 吨高浓铀。

h 该数不包括哈萨克斯坦快堆乏燃料中原先浓度为 20%—26%的高浓铀。

**资料来源**：科学与国际安全研究所（ISIS），的《全球核爆炸材料库存》（ISIS：华盛顿特区，2003 年 12 月），网址：〈http：//www. isisonline. org/global _ stocks/end2003/tableofcontents. html〉；D. Albright，F. Berkhout 和 W. Walker，SIPRI 研究报告《钚和高浓铀：1996 年世界库存、能力和政策》（牛津大学出版社：牛津，1997 年），第 80 页，表 4.1；俄罗斯：与美国在铀浓缩问题上的合作，“从百万吨级当量至一兆瓦”，网址：〈http：//www. usec. com〉；英国：英国国防部，“英国军用高浓铀历史衡算”，伦敦，2006 年 3 月，网址：〈http：//www. mod. uk/DefenceInternet/AboutDefence/CorporatePublications/HealthandSafetyPublications/Uranium/〉；国际原子能机构（IAEA）收到大不列颠和北爱尔兰联合王国关于钚管理政策的来函，《第 INFCIRC/549/Add. 8/9 号》文件，2006 年 9 月 15 日；美国：美国能源部（DOE），《高浓铀，保持平衡：美国高浓铀生产、获取和使用活动的历史报告，1945 年至 1996 年 9 月 30 日》（能源部：华盛顿特区，2001 年）；能源部 R. George 和 D. Tousley，“美国对高浓铀的处理”，2006 年 1 月 24 日在核能研究所燃料供

应研讨会上的发言；能源部国家核安全管理局（NNSA）副局长 W. Tobey，在众议院政府改革委员会国家安全、新生威胁与国际关系小组委员会听证会上的证词，2006 年 9 月 26 日；K. Vogler，"美国高浓铀处理计划"，2007 年 7 月 8—12 日在亚利桑那州 Tucson 第 48 届 INMM 年会上的讲话；《无核武器国：IAEA 2005 年度报告》（IAEA：维也纳，2006 年），表 A20。

## 表 8B. 2 2007 年全球分离钚库存

| 国家 | 军用钚储量截至 2006 年 12 月（单位：吨） | 军用钚生产状况 | 民用钚储量截至 2006 年 12 月，除非另注明（单位：吨） |
|---|---|---|---|
| 比利时[a] | 0 | | 3.7（包括在国外的 0.4） |
| 中国 | 4±0.8 | 1991 年停产 | 0 |
| 法国 | 5±1.0 | 1994 年停产 | 52.4（不包括外国在法国储存的 29.7） |
| 德国 | 0 | | 15 储存在法国、德国和英国 |
| 印度[b] | 0.65±0.13 | 还在生产 | 5.4 |
| 以色列[c] | 0.45±0.11 | 还在生产 | 0 |
| 日本 | 0 | | 在日本有 6.7，加上在法国和英国的 38 |
| 朝鲜 | 0.035±0.018 | 2007 年停产 | 0 |
| 巴基斯坦[d] | 0.08±0.016 | 还在生产 | 0 |
| 俄罗斯[e] | 145±25（其中 34—50 为申报过剩量） | 1997 年实际停产 | 42.4 |
| 瑞士 | 0 | | 0（不包括外国储存在瑞士的 0.7） |

| 国家 | 军用钚储量截至 2006 年 12 月（单位：吨） | 军用钚生产状况 | 民用钚储量截至 2006 年 12 月，除非另注明（单位：吨） |
|---|---|---|---|
| 英国 | 7.9（4.4 为申报过剩量） | 1989 年停产 | 81.3（包括储存在国外的 0.9，但不包括外国在英国储存的 26.5） |
| 美国[f] | 92（53.9 为申报过剩量） | 1988 年停产 | 0 |
| **总量** | **约 255±27（申报过剩量达到 100）** | | **244.9** |

a 该数系截至 2004 年年底的储量。

b 作为《印美民用核合作倡议》的一部分，印度提出军用计划中应包括此处标为民用的、从印度乏动力反应堆燃料分离出来的大量钚。有人估计印度 CIRUS 和 Dhruva 两个反应堆中每年生产出约 30 公斤武器级钚。作出这种估计的依据是，假定印度累计生产的重水堆乏燃料有 50%进行了后处理。假定军用钚产量有 20%难以估计。

c 有人认为，以色列仍在运行 Dimona 钚生产堆，但可能主要用于氚（tritium）的生产。

d 有人估计，巴基斯坦从其 Khushab－1 反应堆每年约生产 10 公斤武器级钚。该处另有两个钚生产堆正在建造。假定军用钚产量中有 20%难以估算。

e 俄罗斯继续在运行的三个生产堆每年生产约 1.2 吨武器级钚，因为这三个堆也为附近居民生产热力和电力。俄承诺不把这部分材料用于武器生产。2003 年至 2007 年间，其他《不扩散核武器条约》核武器签约国的军用钚储量没有变化。

f 在其 2007 年 11 月 30 日声明（见 IAEA《第 INFCIRC/549 号》文件）中，美国宣布，（截至 2006 年 12 月）共有 44.9 吨钚材料为民用储存，其中有未辐照的 MOX 燃料或其他样式的钚，也有储存在其他地方的未辐照分离钚。2007 年 9 月 17 日，能源部长鲍德曼宣布又有 9 吨钚从美国武库卸出。

**资料来源**：科学与国际安全研究所（ISIS），《全球核爆炸材料库存》（ISIS：华盛顿特区 2003 年 12 月），网址：〈http：//www.isisonline.org/global_stocks/end2003/tableofcontents.html〉；《军用核材料生产状况》：D. Albright，F. Berkhout 和 W. Walker，SIPRI 研究报告《钚和高浓铀：1996 年世界库存、能力和政策》（牛津大学出版社：牛津，1997 年）；美国能源部（DOE），“美国从核武库中拆卸 9 公吨钚”，新闻发布稿，2007 年 9 月 17 日，网址：〈http：//www.energy.gov/nationalsecurity/5500.htm〉；各国根据《第 INFCIRC/549 号》文件向国际原子能机构申报的《民用库存（除印度外）》，网址：〈http：//www.iaea.org/Publications/Documents/〉；印度：齐·米安等，《南亚的裂变材料和美印

核协定的影响》，裂变材料国际专家组（IPFM）《研究报告》第 1 期（IPFM：新泽西州普林斯顿，2006 年），网址：〈http：//www. ipfmlibrary. org/rr01. pdf〉；朝鲜：D. Albright 和 P. Brannan，“2006 年年中朝鲜的钚库存”，科学与国际安全研究所（ISIS），华盛顿特区，2006 年 6 月 26 日；俄罗斯：美利坚合众国政府和俄罗斯联邦政府关于确定为不再需要为防务目的钚的管理和处理及相关合作协定（《俄美钚管理与处理协定》），2000 年 9 月 1 日签署。

（叶如安　译）

# 附录 8C 美国弹道导弹防御计划概览

香农·N. 基尔

## 一、导言

为了应对可预见的正在出现的弹道导弹，包括可能携带核弹头的导弹的威胁，美国继续推进其规模庞大的主动防御计划。本附录介绍美国主要弹道导弹防御计划（BMD），重点涉及为应对短程、中程和远程弹道导弹而设计并正在研发的武器和传感技术。第二节概述美国国防部（DOD）为防范对其本土和盟国的导弹攻击而致力于打造一个综合的导弹防御系统总体架构。该节侧重论述导弹防御计划中诸系统在技术上是否已准备就绪以及在导弹实战中这一拟议的系统能否真正发挥作用等各个令人关切的问题。第三节对美国导弹防御计划所产生的国际影响进行了分析，介绍美国与以色列和日本正在联合研发的弹道导弹防御计划，这些计划广泛涉及防务部门与企业界的合作和在北大西洋公约组织（NATO）框架内的合作。第四节是结论。

## 二、美国的弹道导弹防御计划

乔治·W. 布什总统领导的新一届美国政府自 2001 年执政伊始即表示要研发庞大的导弹防御系统，以确保美国的安全。[1] 政府高级官员提出的论点之一是：一个覆盖全国的导弹防御系统对核威慑是有益的补充。随着一些国家开始拥有远程弹道导弹，它们还很可能拥

〔1〕 1999 年的《国家导弹防御法》已要求美国“在技术可行的情况下尽早部署能防御对美国领土（无论是偶然、未经授权还是故意）进行的有限弹道导弹攻击的国家导弹防御系统”，1999 年《国家导弹防御法》当年 7 月 22 日签署成为法律，《美国公法 106－38》。

有核、生物或化学武器，而且威胁实施毁灭性报复打击似乎难以对其形成威慑，这种补充就显得更加必要。[2] 其他论点认为，某个国家可能会错误地认为其导弹能慑止美国的干预，从而挑起一场涉及美国盟友和美国重要国家利益的地区冲突。美国政府认为，部署覆盖全国的导弹防御系统，哪怕使用尚未得到验证的技术，也可使潜在的敌人对与美国交手将遇到的危险重新做出评估，从而使美国在应对地区危机时享有更大的行动自由。[3]

2002 年 1 月，国防部长拉姆斯菲尔德确定了导弹防御的四个工作重点：(a)“保护美国、已部署的部队及美国的盟友”；(b)“利用弹道导弹防御系统（BMDS）的多层防御在导弹的各个飞行段对其实施拦截”；(c)“在可行的情况下，各军兵种要尽可能早地落实弹道导弹防御系统中各单元的部署”；(d)“进行技术研发与试验”并“随着新技术的出现，通过使用新技术或者根据威胁的程度需要增强能力时，提高所部署的能力的有效性。”[4] 布什总统 2002 年 12 月签署的第 23 号国家安全总统令，授权于 2004 年开始进行防御系统的初期部署，“以此作为未来部署更先进、更大规模导弹防御系统的起点”。[5]

为了加快初期防御能力的部署，国防部主要负责导弹防御工作的美国导弹防御局（MDA）就弹道导弹防御系统核心部分的研发制定了“渐进方案”。[6] 导弹防御局决定，先进行防御能力的初期部署，通过技术的发展和随着时间的推移，对这些能力加以完善，而不是先确定导弹防御最终总体构架。这一基于能力的采办程序也称之为“螺旋式研发”，与美国传统的武器采购方式不同，导弹防御局无法测算导弹防御系统的总费用，由于系统的基线规模会随着时间出现变化，

〔2〕 美国国防部副部长 P. 沃尔福威茨 2001 年 7 月 12 日在美国参议院武装力量委员会的证词，网址：〈http://armed-services.senate.gov/hearings/2001/c010712a.htm〉。

〔3〕 沃尔福威茨（同注释〔2〕）。

〔4〕 美国国防部长 D. 拉姆斯菲尔德，“导弹防御计划的方向”，《备忘录》，2002 年 1 月 2 日，网址：〈http://www.defenselink.mil/releases/release.aspx?releaseid=3203〉。

〔5〕 白宫，“弹道导弹防御的国家政策”，国家安全总统令第 23 号，2002 年 12 月 16 日。全文见网址：〈http://www.fas.org/irp/offdocs/nspd/〉。

〔6〕 导弹防御局在 2002 年 1 月之前称为弹道导弹防御组织（BMDO）。

因此也无法确定最终将达到何种能力。[7] 螺旋式研发也有别于国防部“用后再买”的通常做法，导弹防御局可以在各分系统完成充分测试和确定符合既定性能指标之前进行采购。[8]

在螺旋式研发过程中，导弹防御局已对导弹防御计划工作做出了两年一期的安排，也称为“阶段”，其中包括各阶段拟达到的具体能力（例如，2006 阶段代表 2006—2007 年间拟达到的能力目标；2008 阶段代表 2008—2009 年间拟达到的能力目标，等等）。每一个阶段都是在前一阶段所取得的能力基础之上进行设计的，目的是不断提高。在第一阶段，即 2004 阶段，导弹防御局开始部署一个综合弹道导弹防御系统，这一单“层次”防御系统既包括战区导弹防御（设计用于拦截短程和中程弹道导弹），也包括战略导弹防御（设计用于拦截远程导弹）。[9]

导弹防御局把工作重点放在 2006 年和 2008 年这两个阶段，在维持 2004 年初期部署能力的基础之上，根据计划完成拦截器、传感器和指挥系统的部署。[10] 与此同时，导弹防御局还制定了研究、开发、试验和评估计划，目的是弥补各种能力之间的差距，通过增加新系统使初期防御能力有所提升。新增系统包括助推段拦截器（机载激光器和动能拦截器）、末段拦截器（末段高空区域防御，也称 THAAD）和一个“多目标拦截器”（the Multiple Kill Vehicle）。从长远看，即 2012 年之后，导弹防御局将对新的天基传感器（太空跟踪和监视系统）和先进技术进行“能力投资”，以便有能力应对更加复杂和未预见到的导弹威胁。[11] 表 8C. 1 对美国主要导弹防御计划进行了归纳。

---

〔7〕 有人批评“螺旋式研发方式”“难以使最终结果符合最初设想，也无法确定各独立作战系统的实际支出”，从而限制了美国国会对导弹防御开支的监管。美国政府问责办公室（GAO），国防采办：导弹防御局的灵活性使计划透明度降低，GAO－07－799（GAO：华盛顿特区，2007 年 4 月 30 日），网址：〈http：//www. gao. gov/〉，第 9 页。

〔8〕 P. 科尔，“导弹防御的目标正确吗?”，《今日军备控制》，第 33 卷，第 8 期（2003 年 10 月）第 9 页。

〔9〕 美国导弹防御局，“弹道导弹防御系统”，《情况通报》，2007 年 8 月，网址：〈http：//www. mda. mil/mdalink/html/factsheet. html〉。

〔10〕 美国导弹防御局，“2008 财政年度预算估计：概览”，2007 年 1 月 31 日，网址：〈http：//www. mda. mil/mdalink/pdf/budgetfy08. pdf〉，第 4 页。

〔11〕 美国导弹防御局（同注释〔10〕），第 5 页。

**表 8C.1　美国主要导弹防御计划一览（2007 年 12 月）**

| | 计划 | 系统 | 现状 |
|---|---|---|---|
| **拦截器** | | | |
| 末段 | 增强型爱国者-3（PAC-3） | 陆基、可空运发射装置，单级增程型拦截导弹（ERINT），装有爆炸弹头、相控阵雷达和交战控制站（ECS）[a] | 技术上最成熟的导弹防御系统，2003 年起在美国陆军服役；到 2008 年底，美军将装备 712 枚 |
| 末段 | 末段高空区域防御（THAAD）[b] | 车载发射装置，配有“碰撞摧毁”拦截导弹、X 波段雷达和作战管理指挥与控制系统（BMC2） | 对设计做出重大更改后于 2005 年恢复飞行试验；2007 年 1 月和 10 月，成功进行拦截试验；2009 年将首次部署 |
| 中段 | 地基中段防御系统（GMD） | 远程多级陆基拦截导弹（GBI），装有 EKV 拦截洲际弹道导弹；陆基和海基跟踪雷达；及一个地基中段防御系统火控和通讯系统（GFC/C） | 2007 年 9 月的成功拦截试验中使用了 GBI 和 GMD 雷达网；2011 年前将在阿拉斯加州的格里利堡部署 40 枚陆基拦截导弹，在加利福尼亚州的范登堡空军基地部署 4 枚，在波兰部署 10 枚 |
| 中段 | “宙斯盾”弹道导弹防御 | “宙斯盾”舰配有远程监视跟踪系统（LRS&T）AN/SPY-1雷达和用防于拦截短程、中程弹道导弹的 BLOCK 1 SM-3“碰撞摧毁”拦截导弹 | 2008 年底，将有 3 艘“宙斯盾”弹道导弹御巡洋舰和 13 艘驱逐进入美海军服役，共载 40 枚 SM-3 拦截导弹；2013 年部署的 BLOCK 2SM-3 导弹将能拦截洲际弹道导弹 |
| 中段 | 多目标杀伤飞行器（MKV） | 远程拦截导弹，载有 8—20 枚微型 EKVs，可独立跟踪和瞄准多个目标弹头和中段反措施，如再入大气层诱饵 | 2006 年进行载荷运载器控制系统试验；2009 年进行 EKV 试验；2014 年达到初期作战能力 |

| 计划 | | 系统 | 现状 |
|---|---|---|---|
| 助推段 | 机载激光器（ABL） | 经改装的波音 747 飞机，载有一个模块、千瓦级氧碘化学激光器（COIL）、光束控制镜和目标捕获及跟踪激光器 | 系统整合仍存在问题；2007 年成功进行目标跟激光器飞行试验；2009 进行首次激光器“杀伤试验 |
| | 动能拦截器（KEI） | 速燃高速拦截导弹，可装在地面机动发射架或距敌人发射阵地较近的海基平台上；可能取代助推段机载激光器成为主要助推段防御系统 | 2008 年进行陆基助推飞行试验；2008 年选定海基平台；何时具备初期作战能力尚待确定 |
| **传感器** | | | |
| 海基 X 波段雷达（SBX） | | 设在机动海上平台上的高分辨率雷达，捕获、跟踪和区分目标导弹 | 2007 年完成海上试验；2007 年 9 月用于 GMD 成功试验 |
| AN/TPY－2 雷达[c] | | 机动高分辨率雷达，用于发现、跟踪和区分导弹威胁；为 THAAD 系统一部分 | 驻守在日本车力空军基地的美国陆军部队 2006 年 10 月首次启用 |
| 太空跟踪和监视系统（STSS）[d] | | 地球低轨卫星群，用于在各飞行段发现和跟踪导弹；规模有待确定 | 2008 年将发射两颗 |
| 天基红外高轨系统（SBIRS-HIGH）[e] | | 美国空军计划采购 3 颗地球同步轨道卫星和 2 颗带红外传感器大椭圆轨道卫星，对弹道导弹发射提供早期预警 | 计划受到技术滞后和经费超出预计的影响；2002 年、2004 年和 2005 年三次调整；首颗卫星准备在 2008 年发射 |

| 计划 | 系统 | 现状 |
|---|---|---|
| 升级后早期预警雷达（UEWR） | 升级后早期预警雷达（EWR），用于发现和跟踪助推后和中段再入大气层飞行器；数据传至阿拉斯加州和科罗拉多州的两个 GMD 火控中心 | 美国早期预警雷达升级于 2007 年 8 月在英国费林戴尔斯空军基地完成；在格林兰岛图勒基地的 EWR 升级工作将于 2009 年完成 |

AFB＝空军基地；BMD＝弹道导弹防御；EKV＝大气层外截杀器；ICBM＝洲际弹道导弹；SM－3＝标准－3 型导弹；USAF＝美国空军

a 美国导弹防御计划是根据弹道导弹的三个飞行阶段而筹建的："助推段"（动力起飞阶段，从发射到助推火箭烧蚀），"中段"（大气层外阶段，从助推火箭烧蚀到重返大气层），和"末段"（再入大气层段，以弹头击中目标结束）。

"爱国者-3"型导弹是设计用来为应对短程弹道导弹提供点防御，但也可拦截飞机和巡航导弹。

b THAAD 具有在大气层外和大气层内拦截中程弹道导弹的能力。

c 原称前沿部署 X 波段雷达（FBX）。

d 原称天基红外低轨系统（SBIRS-LOW）。

e 由于天基红外高轨系统（SBIRS-HIGH）一直存在问题，美国空军 2006 年起开始一项名为"红外卫星替代系统"（AIRSS）的并行计划。

**资料来源**：美国导弹防御局局长 H. A. 奥伯林（中将）2007 年 4 月 11 日在美国参议院武装力量委员会上的证词，"2008 财政年度弹道导弹防御的国防授权"，网址：〈http://armed-services.senate.gov/testimony.cfm?wit_id=4103&id=2675〉；美国导弹防御局，"2008 财政年度预算估计：概览"，2007 年 1 月 31 日，网址：〈http://www.mda.mil/mdalink/html/factsheet.html〉；美国导弹防御局，《情况通报》（不同期号）〈网址：http://www.mda.mil/mdalink/html/factsheet.html〉；《简氏导弹与火箭》（不同期号）；和 W. 博伊斯，"导弹防御仍是预算优先项目"，《今日军备控制》，第 37 卷，第 2 期（2007 年 3 月）。

美国政府要求在 2008 财政年度中为导弹防御局的防御计划各系统拨款 89 亿美元（见表 8C. 2）。[12] 2007 年，美国政府问责办公室（GAO）估计，自 20 世纪 80 年代中期以来，美国在导弹防御计划上

〔12〕 预算申请不包括由武装力量管理的导弹防御系统，如美国空军的天基红外系统（SBIRS）卫星和美国陆军的"爱国者"导弹防御系统。

已花费了 1070 亿美元。〔13〕

**表 8C.2 2003—2013 财年美国导弹防御局经费**

下为按当年价格申请的以百万美元计算的经费数目。年份为财政年度（10 月 1 日至次年 9 月 30 日）。数目不含国防系统为导弹防御计划提供的经费。

| 年份 | 2003 | 2004 | 2005 | 2006 | 2007 | 2008 | 2008—2013[a] |
|---|---|---|---|---|---|---|---|
| 拨款 | 6714 | 7674 | 9169 | 7695 | 9388 | 8899 | 56666 |

a 为计划数目。

**资料来源：**美国国防部（DOD），2008 财政年度预算估计：研究、开发、试验和评估，国防系统，第 2 卷，导弹防御局（国防部：华盛顿特区，2007 年），网址：〈http://www.defenseling.mil/comptroller/defbudget/fy2008/budget_justification/〉；美国导弹防御局，"2005 财政年度预算估计概览"，2004 年 2 月 2 日，网址：〈http://www.cdi.org/news/missile-defense/mdsfy05.pdf〉；和导弹防御局局长卡迪什·R（中将）2003 年 3 月 18 日在参议院军事力量委员会的证词，"导弹防御计划和 2004 财政年度预算"，网址：〈http://armed-services.senate.gov/testimony.cfm?wit_id=1708&id=646〉。

## 初期防御能力

到 2007 年末，美国已部署的导弹防御能力包括如下系统：地基中段防御系统（GMD）、"宙斯盾"弹道导弹防御系统、"爱国者-3"型导弹（PAC-3）和指挥、控制、作战管理与通讯（C2BMC）系统（见表 8C.3）。

**表 8C.3 美国已部署的弹道导弹防御系统单元（2007 年 12 月）**

| 类型 | 弹道导弹防御系统单元 | 部署地点 |
|---|---|---|
| 发射井部署拦截器 | 22 枚陆基拦截导弹 | 阿拉斯加州格里利堡 |
| | 3 枚陆基拦截导弹 | 加利福尼亚州范登伯格空军基地 |
| 机动拦截器 | 3 艘弹道导弹防御"宙斯盾"交战巡洋舰[a] | 美国太平洋舰队 |
| | 7 艘弹道导弹防御"宙斯盾"交战驱逐舰 | 美国太平洋舰队 |
| | 546 枚"爱国者-3"型导弹 | 美驻世界各地陆军 |

〔13〕美国政府问责办公室（同注释〔7〕），第 4 页。

| 类型 | 弹道导弹防御系统单元 | 部署地点 |
|---|---|---|
| 固定传感器 | “丹麦眼镜蛇”雷达[b] | 阿拉斯加州谢米亚岛 |
| | 2 台升级后的早期预警雷达 | 加利福尼亚州比尔空军基地和英国菲林戴尔空军基地 |
| 可移动/机动传感器 | 海基 X 波段雷达 | 阿拉斯加州阿达克岛 |
| | AN/TPY－2X 波段雷达 | 日本车力空军基地 |
| | 7 艘远程监测与跟踪驱逐舰[c] | 美国太平洋舰队 |

AFB＝空军基地；BMD＝弹道导弹防御；GBI＝陆基拦截器；PAC－3＝增强型“爱国者 3”导弹。

a 截至 2007 年底，美国海军装备有 21 枚可部署在“宙斯盾”导弹防御交战舰艇上的“标准 3”型导弹。

b 改进型“丹麦眼镜蛇”相控阵雷达原先设计用来跟踪从前苏联发射的导弹，对于从朝鲜射向美国的导弹，其探测能力有限。

c 截至 2008 年底，这些驱逐舰都将装备导弹防御交战能力。

**资料来源**：H. A. 奥博林（中将），美国导弹防御局局长，“2008 年财政年度弹道导弹防御国防授权”，在美国参议院武装力量委员会战略力量小组委员会所做的证词，2007 年 4 月 11 日网址：〈http：//arimed-services. senate. gov/testimony，cfm？ wit _ id＝4103&id＝2675〉；及美国导弹防御局，“2008 财政年度预算：概览”，2007 年 1 月 31 日网址：〈http：//www. mda. mil/mdalink/pdf/budgetfy08. pdf〉。

地基中段防御系统是导弹防御局为应对远程弹道导弹威胁而初期部署的防御能力中的核心系统。该系统包括一枚“撞击摧毁”拦截导弹和一个陆海基雷达网。陆地部署的三级拦截导弹（GBI）携带一个大气层外截杀器（EKV），其设计意图是在飞行中段击中并摧毁中远程和洲际弹道导弹。由于在陆基拦截导弹的研发过程中出现了一系列技术问题和事故，导致对导弹的选择和助推器飞行试验受到严重耽搁。尽管出现这些困难，导弹防御局还是于 2004 年末开始部署拦截导弹。〔14〕 2007 年 3 月，政府问责办公室在一份报告中指出，陆基拦截导弹在 EKV 红外探测仪和助推器制导、导航和控制分系统的重新

〔14〕 B. 格拉姆，“导弹防御试验也许不够”，《华盛顿邮报》，2004 年 1 月 22 日。

设计和试验方面仍面临许多技术难题。[15]

导弹防御局 2006 阶段计划的重点也是部署地基中段防御系统中的传感器，即通过陆基和海基雷达发现并跟踪远程弹道导弹，并通过 C2BMC 系统发回目标跟踪信息。2006 年 6 月，美国陆军在日本东北部日本自卫队一个空军基地部署了一台机动 AN/TPY－2 X 波段雷达。[16] 这台海基 X 波段雷达已完成定标测定试验，并在 2007 年进行了海上试验，预计运回其位于阿留申群岛的母港后将全面编入地基中段防御系统。[17] 此外，在英国菲林戴尔斯皇家空军基地进行的对 20 世纪 60 年代的弹道导弹早期预警系统雷达的升级工作也于 2007 年 8 月完成。英美 2003 年签署协议，允许美国国防部在该基地使用用于导弹防御的美国雷达。[18] 2007 年 6 月，美国空军开始在格林兰岛的图勒基地对其早期预警雷达进行升级工作，根据计划，此项工作将于 2009 年秋完成。[19]

2005 年，地基中段防御试验计划做出了调整，原因是飞行试验失败和质量控制出现问题。中断很长一段时间后，导弹防御局于 2006 年成功进行了两次拦截器飞行试验，第二次是在实战情况下进行的“端到端”试验，对目标成功实施了拦截。[20] 2007 年 9 月，导弹防御局还成功地进行了一次陆基拦截导弹拦截飞行试验。这次试验

---

〔15〕 美国政府问责办公室（GAO），“国防采办：对选定的武器系统的评估”，GAO—07—406SP（GAO：华盛顿特区，2007 年 3 月），第 83—84 页。

〔16〕 J. 科尔曼，“美日扩大导弹防御计划”，《华盛顿邮报》，2006 年 6 月 23 日。

〔17〕 美国导弹防御局，“海基 X 波段雷达（SBX）”，《情况通报》，2007 年 8 月，网址：〈http：//www. mda. mil/mdalink/html/factsheet. html〉；和“海基 X 波段雷达完成精确刻度测试”，《太空战》，2007 年 3 月 15 日，网址：〈http：//www. spacewar. com/pageone/spacewar—200703—15. html〉。

〔18〕 “对菲林戴尔斯基地早期预警雷达的升级工作”，《皇家空军新闻》，2007 年 7 月 26 日；和英国国防部，“对美国要求升级菲林戴尔斯皇家空军基地雷达的回复”，新闻发布稿，2003 年 2 月 5 日，网址：〈http：//www. gnn. gov. uk/content/detail. asp? ReleaseID＝28649NewsAreaID＝2〉。

〔19〕 “图勒基地早期预警雷达开始升级”，《CDI 导弹防御最新动态》，第 6 期（2007 年 7 月 11 日），网址：〈http：//www. cdi. org/program/document. cdm? documentid＝4011〉。

〔20〕 V. 萨姆逊和 S. 布莱克，“地基中段防御（GMD）系统的飞行试验”，国防信息中心，2007 年 6 月 18 日，网址：〈http：//www. cdi. org/pdfs/gmd ift2. pdf〉。

对拦截导弹的火箭发动机系统和 EKV 的性能进行了评估，还根据设计对弹道导弹防御系统的几个部分进行了评估，[21] 其中包括对位于加利福尼亚州比尔空军基地升级后的早期预警雷达和海基 X 波段雷达的目标捕捉和跟踪并通过 C2BMC 系统传回数据的能力进行了演示，一艘载有相控阵雷达的“宙斯盾”巡洋舰对目标导弹进行了成功跟踪。

2007 年，“宙斯盾”弹道导弹防御计划试验又跨越了一个新的里程碑。当年 11 月 6 日，美国海军“伊利湖号”“宙斯盾”巡洋舰使用两枚“标准 3”型（SM-3）Block IA 拦截导弹对目标导弹成功进行了拦截。这是该海基系统同时对多个目标实施拦截的首次试验。根据导弹防御局的要求，这些是“宙斯盾”弹道导弹防御计划中针对 13 个目标进行 12 次飞行试验中的第 10 次和第 11 次试验。[22]

### 对技术是否成熟的关切

2006 年 7 月，作为对朝鲜恢复远程弹道导弹飞行试验的反应，国防部首次命令弹道导弹防御系统进入有限战备状态。[23] 布什总统表示，美国的导弹防御“完全可能”击落朝鲜的试验导弹，而 1994 年至 2001 年担任国防部作战试验和评估主任的飞利浦·科尔却对这一说法提出了质疑。科尔认为，该系统“尚未证实具有在实战中可使美国防御敌人攻击的能力。”[24] 长期以来，美国政府内外批评导弹防御计划的人对导弹防御局未能对关键武器系统和传感器进行实战模拟试验很不满。[25] 他们特别指出，迄今为止的试验均是经过精心策划

〔21〕 美国导弹防御局，“导弹防御演习和飞行试验顺利完成”，新闻发布稿，2007 年 9 月 28 日，网址：〈http：//www. mda. mil/mdalink/html/newsreel. html〉。

〔22〕 美国导弹防御局，“海基导弹防御完成碰撞摧毁拦截”，新闻发布稿，2007 年 11 月 6 日，网址：〈http：//www. mda. mil/mdalink/html/newsreel. html〉。

〔23〕 T. 山克，“军方表示导弹防御系统已建立并已在运作”，《纽约时报》2007 年 10 月 3 日。

〔24〕 国防信息中心，“前任和现任官员对导弹防御的有效性表示怀疑”，《CDI 导弹防御最新动态》，第 7 期（2006 年 8 月 10 日），网址：〈http：//www. cdi. org/program/document. cfm? documentid=3620〉。

〔25〕 W. 博伊斯，“要求对导弹防御进行更多试验”，《今日军备控制》，第 35 卷，第 6 期（2005 年 7/8 月）；和 M. 汤姆逊，“美国的导弹防御能对付朝鲜吗?”，《泰晤士报》，2006 年 7 月 3 日。

的，未能包括敌人很可能甚至使用诱饵弹头这种简易的反措施。[26]国防部国防科学委员会因此在 2006 年底提出警告："大量部署现有系统将无法确保整个系统的有效性。"[27]针对这些指责，导弹防御局局长 2007 年向国会表示，在 2008 阶段的工作安排中，该局将逐步增加实战试验，包括 2008 年在地基中段防御系统试验中增加反措施。[28]

## 三、导弹防御国际合作

### 拟议中要在欧洲部署的美国导弹防御系统

2007 年，美国开始与捷克共和国和波兰举行谈判，提出要在这两个国家的领土上部署导弹拦截器和作为地基中段防御系统组成部分而研发的跟踪雷达。美国政府称，上述部署拟可用来防范伊朗正在掌握的远程弹道导弹能力所带来的威胁。[29]然而，这却引发了一场在欧洲部署导弹防御是否可行和是否必要的公众争论。美国的计划也遭到了俄罗斯政府的强烈反对。[30]

美国的建议包括在欧洲两个地点部署美国弹道导弹防御系统。第一个地点是波兰北部科沙林市附近的一个空军基地，计划 2011 年至 2013 年间在那里部署"近 10 枚"放置在发射井中的拦截导弹，[31]这些导弹均为两级陆基拦截导弹，包括一个助推段和在第二级而非第

〔26〕 参见 D. S. 克劳德，"导弹防御拦截导弹正在试验"，《纽约时报》，2006 年 9 月 2 日；和 R. 沃森，"物理学家对美国导弹防御提出警告"：《泰晤士报》，2003 年 1 月 3 日。

〔27〕 美国国防部（DOD），国防科学委员会特别工作组，《核能力》报告总结（国防部：华盛顿特区，2006 年 12 月），网址：〈http：//www. acq. osd. mil/dsb/reports. htm〉，第 7 页。

〔28〕 美国导弹防御局局长 H. A. 奥伯林（中将），"2008 财政年度弹道导弹防御国防授权"，2007 年 4 月 11 日在美国参议院武装力量委员会战略力量小组委员会的证词，网址：〈http：//armed-services. senate. gov/testimony. cfm? wit _ id＝4103&id＝2675〉，第 21—26 页。

〔29〕 美国负责国际安全和防扩散事务的助理国务卿 J. 鲁德，"国际导弹防御：欧洲面临的挑战"，2007 年 2 月 27 日在伦敦皇家联合军事学院（RUSI）第八次导弹防御研讨会上的发言，网址：〈http：//www. state. gov/t/isn/rls/rm/81242. htm〉。

〔30〕 参见本卷第一章第三节。

〔31〕 美国国务院和国防部，拟在欧洲部署美国导弹防御系统（导弹防御局：华盛顿特区，2007 年 6 月），网址：〈http：//www. mda. mil/mdaLink/html/thirdsite. html〉。

三级上装有外空截杀器（EKV）。这些导弹将具有更强的加速性能，但与目前部署在美国本土的三级导弹相比，其射程较短。导弹防御局表示，这种两级陆基拦截导弹将“在作战距离和作战时间上更适合欧洲，因为三级拦截导弹最短的飞行距离也显得过远，无法防御从伊朗发射的导弹。〔32〕

第二个地点是在捷克共和国的布尔迪地区，将在那里部署被称为欧洲中段雷达（EMR）的大型X波段雷达。该雷达目前部署在位于太平洋中部马绍尔群岛的克瓦亚林环礁上，为导弹防御局的弹道导弹防御系统试验计划提供支持。该雷达将进行升级，并于2011年运往欧洲。〔33〕这台窄带高分辨率雷达将可使美国的操控人员对在大气层外飞行的目标集群进行分辨（即区分导弹弹头和其他导弹部件及可能使用的反措施）。这台欧洲中段雷达还能向拦截导弹提供精确的跟踪和制导信息（也称“提示”数据），从而有效扩大拦截导弹的防御区域。此外，导弹防御局还可能在邻近伊朗的土耳其或高加索地区部署一台X波段雷达，以向欧洲中段雷达提供早期发现情况和更详细的跟踪信息。〔34〕

国防部的一份分析材料指出，为了防范从中东发射的中远程弹道导弹和尽可能地扩大在欧洲的防御区域，捷克共和国和波兰是部署上述拦截导弹和雷达的“理想”地点。〔35〕然而，2007年，一些观察家对导弹防御局的这一说法提出质疑。他们认为，这个方案将使东南欧出现防御真空。〔36〕此外，两位著名非政府专家指出，美国提出在捷克共和国和波兰部署导弹防御将可能与俄罗斯部署在乌拉尔山脉以西地区和瞄准美国东海岸的所有洲际弹道导弹形成对峙。〔37〕他们认为，将拦截导弹和雷达部署在距伊朗更近的地点将更有利于欧洲防御来自

〔32〕美国国务院和国防部（同注释〔31〕），第4页。

〔33〕美国国务院和国防部（同注释〔31〕），第4页。

〔34〕美国国务院和国防部（同注释〔31〕），第5页。

〔35〕美国国务院和国防部（同注释〔31〕），第6页。为确保美国本土不受从中东发射的洲际弹道导弹袭击，这样部署还将“扩大防御区域”。

〔36〕参见E. 陶谢尔，“欧洲导弹防御：国会的观点”，《今日军备控制》，第3卷，第8期（2007年10月。

〔37〕G. N. 路易斯和T. A. 波斯托尔，“欧洲导弹防御：俄罗斯关切的技术依据”，《今日军备控制》，第37卷，第8期（2007年10月）。

伊朗的导弹，同时也可远离俄罗斯，不致对其洲际弹道导弹构成威胁。

**北大西洋公约组织**〔38〕

作为其 1999 年出台的《战略概念》的组成部分，北大西洋公约组织正在研发一种战区导弹防御系统，即主动分层战区弹道导弹防御(ALTBMD) 计划，以保护部署在其领土内外部署的部队不受短程和中程弹道导弹袭击。〔39〕主动分层战区弹道导弹防御是一个多层“系统中的系统”，包括低空和高空防御、通讯、指挥与控制系统、早期预警传感器、雷达和各类拦截导弹。〔40〕它将纳入由北大西洋公约组织成员国提供的传感器和拦截导弹，如法意的 SAMP/T“紫苑”陆基防空系统和美国的“爱国者”反导系统，组成的北约一体化指挥与控制网络。2006 年 9 月，签署了首份该系统中北约战场管理指挥、控制、通讯和情报（BMC3）系统这一关键组成部分的研发合同。主动分层战区导弹防御拟于 2010 年具备初始作战能力，2016 年具备全面作战能力。〔41〕

根据北约 2004 年签署的合同，中程增程型防空系统（MEADS）仍在研发之中。该系统是德国、意大利和美国联合研发的防空项目，设计用于防范短程弹道导弹、巡航导弹和飞机。〔42〕该系统包括一个轻型发射装置、可 360 度旋转的火控系统和监视雷达，以及一个作战

---

〔38〕关于更多北大西洋公约组织对导弹防御的考虑，参见本卷第一章第五节。

〔39〕参见北约，主动分层战区弹道导弹防御计划办公室，“主动分层战区弹道导弹防御系统”，2007 年 11 月 6 日，网址：〈http：//www. tmd. nato. int/system. html〉；和 D. S. 约斯特，“北约日程上的导弹防御”，北约通讯，第 3 期/2006（2006 年秋季号），网址：〈http：//www. nato. int/docu/review/2006/issue3english/analysis 1. html〉，和北约，“联盟的战略概念”，新闻发布稿，NACS（99）65，1999 年 4 月 24 日，网址：〈http：//www. nato. int/docu/pr/1999〉。

〔40〕北约，“导弹防御：这事实上意味着什么?”，Topics，2007 年 6 月 13 日，网址：〈http：//www. nato. int/issues/missile _ defence/practice. html〉。

〔41〕北约，“主动分层战区弹道导弹防御办公室，北约导弹防御的进展”，2007 年 11 月 6 日，网址：〈http：//www. tmd. nato. int/mdevolution. html〉。

〔42〕美国在计划中占 58%，德国占 25%，意大利占 17%。“‘爱国者’之后：MEADS 计划的 SD&D 阶段”，《Defense Industry Daily》，2007 年 8 月 14 日。美国可能会购买 48 套 MEADS 发射装置，德国买 24 套，意大利买 9 套。每套发射装置配有 6 个发射架，每个发射架最多可配 12 枚导弹。

管理指挥和控制系统（BMC2），这些配置将可在北约各部队间通用。中程增程型防空系统 2014 年正式服役时，将在初期使用现有的经过导弹分阶段增强技术改造的“爱国者-3”型拦截导弹，该技术将使导弹的射程更远，性能更强。〔43〕2003 年，中程增程型防空系统研发计划与美国陆军的“爱国者-3”导弹计划合二为一，目的是打造两者的综合能力。〔44〕

## 日本

1998 年，朝鲜出人意料地在日本最大岛屿本州岛上空进行“大浦洞”远程弹道导弹试射后，日本对导弹防御的兴趣大增。日本的导弹防御计划与美国的合作密不可分。2004 年 12 月，日本内阁通过了《国家防卫计划大纲》，提出加强日美“弹道导弹防御合作”和“设备与技术交流”。〔45〕两国随后签署协议，允许日本获得美国“爱国者-3”型导弹的生产许可证，并共同研发“标准 3”型拦截导弹。〔46〕2006 年 6 月，日本和美国继上述合作之后又签署一项新的合作协议，协议规定，日本防务合同商开发的导弹防御技术可由美国合作伙伴分享。〔47〕在日本，技术转让是一个政治上敏感的问题，因为根据日本的和平宪法，日本长期以来对武器出口始终坚持自我限制。

日本正在研发一种高空区域、外大气层反导能力，其中包括 6 艘配备“宙斯盾”弹道导弹防御雷达、武器控制系统和 SM-3 导弹的日本海上自卫队的驱逐舰。这些设备将安装在目前正在长崎建造的两艘新的“宙斯盾”驱逐舰上。日本海上自卫队还正在将升级后的雷

〔43〕“爱国者‘之后’”（同注释〔42〕）。

〔44〕T. 金斯敦和 G. 拉特纳姆，“欧洲对美国导弹防御承诺怀有戒心”，《防务新闻》，2003 年 10 月 13 日，第 1、8 页。

〔45〕日本防卫省（MOD），《日本防卫白皮书 2007》（MOD：东京，2007 年），网址：〈http://www.mod.go.jp/publ/w_paper/〉，“防卫计划大纲，2005—财政年度”，第 462—469 页。

〔46〕“日本获得生产‘爱国者 3’型导弹许可证”，《Defense Industry Daily》，2005 年 7 月 19 日，网址：〈http://www.defenseindustrydaily.com/japan-licensed-to-produce-patriot-pac3s-0876〉；和日本防卫厅（JAD），《日本防卫白皮书 2006》（JDA：东京，2006 年），网址：〈http://www.mod.go.jp.e/publ/w_paper/〉，“内阁防卫长官关于‘日美在导弹防御中合作开发改进型 SM-3 导弹’的讲话”，第 459 页。

〔47〕科尔曼（同注释〔16〕）。

达、BLOCK 1A SM－3 导弹和相关发射筒安装在 4 艘“金刚”级“宙斯盾”驱逐舰上。[48] 日本和美国目前正进行 BLOCK 2 SM－3 导弹的研发工作，这种导弹具有更强的拦截洲际弹道导弹的能力。

日本政府对朝鲜的意图和导弹能力的关切促成了美国海军的一艘“宙斯盾”巡洋舰于 2006 年 8 月在日本部署。当“夏洛号”巡洋舰抵达横须贺的美国海军基地时，引发了日本公众对日本纳入美国导弹防御计划的反对。[49]

日本的低空反导能力在初期将包括 16 套陆基“爱国者-3”导弹。[50] 2006 年，日本防卫厅（2007 年 1 月改名为防卫省）宣布，计划 2010 年前采购 124 枚“爱国者”地对空导弹。[51] 日本已向美国订购了 36 枚拦截导弹，从 2008 年起，余数将由日本自行生产。日本防卫厅随之宣布，日本还打算购买美制“爱国者”导弹。[52] 2007 年 3 月，日本自卫队大约比原计划提前了一年在东京附近的入间空军基地部署了首批“爱国者”导弹。[53] 除此之外，2006 年 10 月，在冲绳岛嘉手纳的美国空军基地部署了首个“爱国者-3”导弹营。[54]

**以色列**

以色列和美国共同研制的“箭”式武器系统（AWS）在美国导弹防御合作研发中是技术上最成熟的。[55] 该系统是用来跟踪“飞毛

---

〔48〕 已与洛克希德·马丁公司签署为时 3 年的合同，金额为 1.24 亿美元。J. 沃尔福威茨，“试验性美日导弹合作通过首次考验”，《防务新闻》，2006 年 3 月 8 日。

〔49〕 京都新闻社，“美国在日部署导弹拦截舰”，《日本时报》，2006 年 8 月 30 日。

〔50〕 日本防卫省（同注释〔45〕），第 171 页。

〔51〕 M. 山口，美联社，“美国将在日本部署‘爱国者’导弹”，《华盛顿邮报》，2006 年 6 月 26 日。

〔52〕 法新社，“美国向日本提供 80 枚‘爱国者’导弹”，《Space Daily》，2006 年 8 月 24 日；和奥伯林（同注释〔28〕），第 26 页。

〔53〕 C. 霍格，“日本进行导弹自卫”，BBC 新闻，2007 年 3 月 30 日，网址：〈http://news.bbc.co.uk/2/6509211.stm〉。

〔54〕 美联社，“美国‘爱国者’导弹部件运抵冲绳引起当地民众反对”，《国际先驱论坛报》，2006 年 10 月 3 日。

〔55〕 以色列宇航工业公司是 AWS 的主要合同商和主系统集成商。以波音公司为首的一家美国集团公司生产近 40%的“箭 2”型拦截导弹零部件。D. 勒诺克斯（主编），《简氏战略武器系统》（简氏信息集团：库尔斯顿，2007 年），第 248 页；和 V. 桑普森，“以色列的‘箭’式导弹防御：未在最佳时间准备就绪”，国防信息中心，2002 年 10 月 9 日，网址：〈http://www.cdi.org/missile-defense/arrow.cfm〉。

腿”类导弹并在飞行弹道末段将其摧毁。系统核心是“箭 2”型拦截导弹，这种导弹装有红外主动雷达传感器和一个爆炸破片弹头。以色列空军目前已部署两套“箭 2”型导弹，一套在特拉维夫附近的空军基地，已于 2000 年启用；另一套在以色列北部一个未披露的地点。据信，每套配有 4—8 个机动发射架，一台“绿松”多功能相控阵雷达、一个“香橼树”火控中心、一个发射控制中心和大约 50 枚“箭 2”型拦截导弹。〔56〕据报道，这一部署的初衷是对付从伊拉克发射的“飞毛腿”导弹，以色列空军已决定在以北部再部署两套“箭 2”导弹，加强原有的“薄弱部署”，使以色列在未来战争中拥有更强的能力，防御伊朗和叙利亚不断增强的弹道导弹力量可能对以发动集群攻击。〔57〕

2007 年，由于美国和以色列担心伊朗研发射程更远的“流星”导弹，两国将原计划于 2008 年完成的“箭式”系统改进计划（ASIP）延长了 5 年。美国导弹防御局还对“箭”式导弹的改进、互操作性试验和未来联合导弹项目大大增加了资金投入。〔58〕2007 年，作为“箭式”系统改进计划工作的一部分，以色列导弹防御局（IMDO）首次进行了 BLOCK 3“箭 2”型拦截导弹的飞行试验。〔59〕根据设计，改进后的导弹将用来在更高区域和更远距离对目标导弹实施拦截，这样，目标导弹可能携带的核、生物或化学弹头的碎片将在远离以色列领土的地区溅落。试验中还使用了 BLOCK 3“绿松”雷达。为了对付导弹防御，伊朗可能正在研发诱饵和其他辅助穿透手段，这种雷达加强了对其进行识别的分辨能力。〔60〕

以色列国防部官员正在研究一种新的外大气层拦截导弹，即“箭 3”型导弹。这种导弹能防御射程超过 2000 公里的弹道导弹和可能携

---

〔56〕勒诺克斯主编（同注释〔55〕），第 248 页。

〔57〕Y. 卡兹，“以色列武装部队对‘箭’式导弹在北方的部署做出调整”，《耶路撒冷邮报》，2007 年 8 月 23 日。

〔58〕B. 欧佩尔—罗姆，“五角大楼扩大对‘箭’式导弹的投资至 2013 年”，《防务新闻》，2007 年 2 月 15 日。

〔59〕R. 休斯和 A. 本—大卫，“‘箭 2’式导弹试验结果超出以色列的预期”，《简氏防务周刊》，2003 年 12 月 24 日，第 17 页。

〔60〕D. C. 伊斯比，“以色列对‘绿松’雷达进行升级”，《简氏导弹与火箭》，第 10 卷，第 6 期（2006 年 3 月），第 12 页。

带核、生物或化学弹头的导弹。以色列导弹防御局初步设想，“箭 3”型导弹将部署在一个多层导弹防御系统中的第一线，现有的和改进型“箭 2”导弹将用于二线部署，防御“漏过”一线防御的目标导弹和应对不太严重的导弹威胁。[61] 作为补充，以色列可能在较低层导弹防御中使用美国制造的“爱国者-3”型导弹系统。[62]

以色列对研发一种价格合理、能拦截炮射火箭弹和短程弹道导弹(SRBMS) 的系统有浓厚兴趣。[63] 2007 年 10 月，美国和以色列两国国防部长同意成立一个双边小组，对以色列关于将短程火箭弹和导弹纳入强化两国导弹防御合作的建议进行研究。[64] 针对短程火箭弹的威胁，包括巴勒斯坦和真主党游击队从加沙地带和黎巴嫩南部射向以色列的“阿萨姆”简易火箭弹和 122 毫米“喀秋莎”火箭弹，以色列目前正在研发一种称为“铁穹”的防御系统。[65] 以色列国防部长表示，该系统有望于 2010 年部署。[66] 此外，以色列导弹防御局和美国导弹防御局还于 2006 年与一家以色列和美国的合营企业签署了一份多年合同，开发一种新的短程导弹防御系统（SRMD)，这个名为“大卫弹弓”的系统可以对付各种短程弹道导弹的威胁，如真主党武装在黎巴嫩南部部署的伊朗制造的“胜利”和“流星”短程弹道导弹。[67]

---

〔61〕 B. 欧佩尔—罗姆，“以色列将部署高层拦截导弹”，《防务新闻》，2007 年 10 月 22 日。

〔62〕 Y. 卡兹，“空军可能采购最新‘爱国者’导弹系统”，《耶路撒冷邮报》，2007 年 8 月 20 日。

〔63〕 美联社，“以色列：联合国首脑说黎巴嫩真主党武装力量拥有能打到特拉维夫的新型火箭弹”，《国际先驱论坛报》，2007 年 10 月 31 日。

〔64〕 K. 罗伯茨和 D. 威廉姆斯，“美国和以色列将研究分层导弹防御”，路透社，2007 年 10 月 10 日，网址：〈http：//www. reuters. com/article/topNews/idUSN1645256 3200710 17〉。

〔65〕 关于真主党的武器来源，见 S. T. 魏兹曼等，“国际武器转让”，《SIPRI 年鉴 2007：军备、裁军及国际安全》（牛津大学出版社：牛津，2007 年），第 409—411 页。

〔66〕 路透社，“巴拉克：拦截短程火箭弹的系统将于 2010 年就位”，Haaretz，2007 年 10 月 18 日。

〔67〕 “拉斐尔和雷神公司赢得以色列防御系统合同”，《简氏导弹与火箭》，第 10 卷，第 7 期（2006 年 7 月），第 13 页。据报道，该系统将配置带红外传感器的碰撞摧毁拦截器。

## 四、结论

导弹防御依旧是美国的优先计划。国防部导弹防御局计划对武器和传感器系统采用分阶段研发和采购方式，逐渐整合为一个单一的、多层弹道导弹防御系统。美国政府加快了关键武器系统和传感器计划的进度，以便于 2004 年底开始部署初级导弹防御能力。这引起人们对一些问题的关切：正在研发的导弹防御技术是否成熟？将部署的系统需耗费多少，是否有效？

有迹象表明，除美国外，其他一些国家对导弹防御也越来越感兴趣。这与冷战时期有明显的区别，当时对导弹防御感兴趣的主要是两个超级大国。其他国家开始对导弹防御感兴趣，部分是由于它们希望推动与美国在国防工业领域的合作，更重要的原因是在东亚、南亚和中东等特定地区存在短程和中程弹道导弹的扩散。

（刘永胜　译）

附录8D

# 核取证分析

维塔利·费琴科

## 一、导言

与许多国际条约和国家法律一样，1968 年的《不扩散核武器条约》（核不扩散条约，NPT）需要守约的核查机制。[1] 国际原子能机构具有一套特别的保障监督系统，以核查禁止无核武器国家制造核武器的履约情况。个别国家也有调控和执法机构，其职责是控制核材料转让，并防止和依法惩处非法走私。1996 年的《全面禁止核试验条约》如果生效，全面禁止核试验条约组织（CTBTO）筹委会当前正在制定的核查机制将启用。[2] 其他例子包括对提议的禁产条约核查。[3]

实际执行这些核查机制需要使用适当的技术；这些核查机制和技术相互影响。一方面，核查方案的使用必须依靠技术。技术越先进，就能对达到核查目标的核查方案提供越好的手段。另一方面，核查机制的目标和工作条件可能随时间而变化，需要有新技术，甚至需要创建新的学科。核取证分析（或称核取证）是这种新学科的一例。某些核取证技术孤立地应用已经使用多年，然而，这种技术的成熟和普遍使用近年来已发展到必须把核取证作为一门独立学科的程度。本附录阐述核取证对上述核查和执法工作的重要性。

附录的第二部分概述核取证分析的定义、主要特征、应用和使用

〔1〕 NPT 条约的要点和 190 国成员国名单，见本卷附件 A。

〔2〕 CTBT 条约尚待生效，条约要点和签约国名单，见本卷附件 A。

〔3〕 关于裂变材料禁产条约谈判，见第 8 章第 5 节。

的一些技术。第三部分介绍在具体情况下使用核取证分析的一些例子。第四部分的结论中讨论核取证的优越点和局限性。

## 二、核取证的定义、过程和技术

“核取证分析”和“核取证”一词可能最早出现在90年代初，当时出现了打击核走私的问题。〔4〕为调查和起诉第一个这样的案例，要求发展和应用技术手段来分析有关的核材料，为在法庭上提供证据——因此出现了“核取证”一词。

牛津英语字典中“forensic”定义为“附属于法院、与法院相关或在法院使用的；适用或类似于法庭辩论”〔5〕，广义来说，这个词在专业文献中被理解为“把科学应用到法律”。〔6〕尽管这样定义可能在大多数情况下涉及各国的法律，但也可理解为包括国际法、规章、特别是条约。

IAEA 定义“核取证”为“分析截获的非法核或放射性材料以及其他相关材料，提供核追溯（attribution）的证据”，这里的“追溯”（attribution）指在找出非法活动的核或放射性材料的源头，以确定源头地点和这种材料的传输路径，有助于最终惩处从事这种活动的责任者。〔7〕

IAEA 的定义是根据参与打击核走私的美国能源部各国家实验室的工作做出的。〔8〕这个定义在 IAEA 保障监督活动之外的核安全工

〔4〕 K. J. Moody, I. D. Hutcheon 和 P. M. Grant，“核取证分析”（CRC 出版社：佛罗里达州布卡拉顿，2005），pp. vi—vii.

〔5〕 牛津英语字典，第四卷（牛津大学出版社：牛津，1978），第 F-438 页。

〔6〕 R. Saferstein,《刑侦学：取证科学导论》，第四版（Printice Hall 出版社：新泽西州 Englewood Cliff），1990），第 1 页，被 Moody, Hutcheon and Grant 引用（同注释〔4〕），第 vi 页。

〔7〕 国际原子能机构（IAEA），《核取证支撑：参考手册》，IAEA 核安全系列第 2 卷，技术指南（IAEA：维也纳，2006），第 2—3 页。这里引用的大部分 IAEA 文件和出版物可以在 IAEA 网站中获得：〈http://www.iaea.org/〉。

〔8〕 Kristo, M. J. et. al.,“‘Model action plan for nuclear forensics and nuclear attribution’, UCRL—TR—202675，美国能源部利弗莫尔国家实验室 2004 年 3 月 5 日，网址：〈http://www.osti.gov/energycitations/product.biblio.jsp?osti_id=15009803〉。

作范畴内使用[9]。然而，在打击核材料非法交易中使用分析技术的潜在可能比这大得多，事实上多年来已在其他领域广泛使用。为了涵盖尽可能应用这些技术，本附录采用以下的广义定义[10]。

“核取证分析”（核取证）是分析核和放射性材料的样品以及其他相关的信息，以提供样品材料的历史证据。核取证分析包括特征、核取证解释和还原。

“特征”指确定样品的特性。典型包含样品的元素分析，最经常的是核材料铀或钚的同位素分析，以及选择微量成分，比如铅。也包含物理特性，比如测量固体样品的关键尺寸或判定粉末样品的粒子大小和形状。

“核取证解释”是这个样品的特征与关于材料生产和处理的已知方法产生样品的内在信息关联过程[11]。

“还原”是结合核取证解释获得的内在信息和外在信息的过程，以尽可能全部确定核和放射性材料或某事件的历史。这个阶段对核材料非法交易和核恐怖事件进行狭义调查情况下称为“追溯”。

通常有一些具体特征使研究者关注材料的历史，比如它的源头和生产者、转换位置、年龄、传输路径和计划的最终用途。核取证目的——材料和某事件的历史还原——使其在选择许多应用中的技术手段。具体应用是确定从样品材料中发现所需要的东西。例如，调查核走私的人员希望确定材料的来源、在什么位置从合法使用转移过来、可能进行什么非法使用等等。核和放射性恐怖事件的调查人员要找到材料的源头，以确保采取正确而有针对性的对策。IAEA 的保障监督视察人员可能希望知道，一国申报储存的国家核设施收集的样品材料的同位素组成和生产日期，是否与该国申报的

---

[9] IAEA，“核安全”，网址：〈http://www-ns.iaea.org/security/〉。

[10] 这里定义的“核取证分析”、“特征”、“核取证解释”和“还原”是根据 IAEA 的定义与伦敦的 King's 学院 James Action 博士紧密合作确定的（同注释〔7〕）。

[11] 内在信息是从样品材料分析和合成的数据解释获取的信息，与之相反，外在信息是材料分析和分析结果解释之外得到的信息，例如存档材料和历史数据。IAEA（同注释〔7〕），第 31 页；和 K. Mayer，M. Wallenius 和 I. Ray，“通过核取证调查追踪转用和偷盗的核材料来源”，R. Avenhaus 等编《核查履约情况：限制大规模杀伤性武器和监测京都议定书条款》（Springer：Heidelberg，2006），第 402 页。

库存相符。CTBTO 收集空气样品是为了核查可疑爆炸的核特征。如果禁止裂变材料生产的条约一旦启动谈判，核查程序将可能包括确定核材料的年龄，也可能包括某些环境取样，以保证不再继续生产条约规定的新的核材料。

**分析过程和技术**

按照 IAEA 分析其保障监督活动框架内收集样品方式，既可以说明核取证分析过程，也可以描述其中最普遍采用的技术。〔12〕

有两类样品：核材料样品和环境样品（比如从各种设备或建筑物表面的擦拭，或一定量的空气、水、沉淀物、植被、土壤或生物区的样品）。IAEA 采用的是由核样品分析实验室网络和环境样品分析实验室网络（7 个成员国 13 个现行的实验室）两种分离的实验室分析网络（NWAL）组成的核材料分析系统〔13〕。这些由 IAEA 成员国指定的实验室为 IAEA 提供非常专门的测量能力，这种能力单靠 IAEA 自身是无法具备的。IAEA 视察员每年收集 600—1200 个样品。例如，2006 年收集了 756 个样品，分析了 760 个样品，获取 1664 项核查结果。另有 492 个环境样品以下面的方式处理。〔14〕

样品分析的第一步是特征记述。环境样品一旦收集齐，就送到位于奥地利 Seibersdorf 的 IAEA 保障监督分析实验室，保障监督洁净实验室（SAL）。这些典型的样品包含 6 个棉纱擦拭样品，其中 4 个作为查询目的留档，对 2 个进行分析。〔15〕样品标以代码数字以掩去它们的来源，样品在保障监督分析洁净实验室被检测之前，用高纯锗谱仪（HRGS）分析放射性同位素的存在，通过 X-射线荧光分析

〔12〕 关于为 IAEA 保障监督使用核取证的情况，另参见 V. Fedchenko“大规模杀伤性武器分析”，《简氏情报月刊》第 19 卷第 11 期（2007 年 11 月），第 48—51 页。

〔13〕 实验室数量的信息由 Klaus Mayer 博士提供。正式的名单可能还包括暂时未参加该网络系统的实验室，见 IAEA，“保障监督分析试验室：IAEA 安全保障分析实验室网络”网址：〈http：//www.iaea.org/OurWork/ST/NA/NAAL/sal/salCLnwal.php〉。

〔14〕 C. Schmitzer 等，“保障监督分析实验室和 IAEA 未来核材料分析”，欧洲保障监督研究和发展协会（ESARDA），第 29 届年会：保障监督和核材料管理研讨会（欧共体官方出版物办公室，卢森堡，2007 年），第 1 页。

〔15〕 L. Bevaart，D. Donohue 和 W. Fuhr，“环境样品分析和结果评估的未来需求”，ESARDA（同注释〔14〕），第 2 页。

(XRF) 测出铀和钚的存在。[16] 根据检测结果并遵循 IAEA 视察员的要求，IAEA 确定为进一步进行样品分析的方法和实验室。通过大块或粒子分析技术进行后续测量。

IAEA 保障监督部要求每年进行 200—400 环境大块样品分析，由大约 7 个成员（不是 SAL）NWAL 进行。没有附上任何关于样品来源信息，因此通常情况下排除了实验室人员的偏见。传统做法是，大块样品由不同质谱方法分析，最重要的是热离子质谱（TIMS）和感应耦合等离子质谱（ICP - MS）。[17]

在 SAL 进行的热离子质谱（TIMS）分析，据说钚 - 239 探测限是 70 毫微微克，天然铀探测限为 1 毫微克[18]。据报道，在其他地方更好的 TIMS 铀探测限可以达到毫微微克范围。[19] 2007 年，SAL 处于得到 ICP - MS 设备过程，这个设备允许不那么严格的化学分离过程，因此可以减少分析时间。ICP - MS 的探测限一般类同或好于 TIMS。[20]

---

〔16〕 高纯锗谱仪是许多放射性同位素发射特征伽马射线使用的技术，确定材料辐射的伽马射线的能量和计数率，可以提供同位素成分的信息。高纯锗谱仪可以探测最小 5 微克的铀，小到 10 纳克的钚，并在一些情况下，估计铀的浓缩度。1 微克（$\mu g$）是 $1\times10^{-6}$ 克；1 纳克（ng）是 $1\times10^{-9}$ 克。

X - 射线荧光分析探索当 X - 射线轰击材料，打出原子内壳层的电子，在高轨道的电子跃迁到低轨道的空穴，并发射 X - 射线。这样的 X - 射线的能量是辐射它的元素的特征，并且计数率正比于元素的量。报告称在保障监督洁净实验室建立的 X - 射线荧光分析系统 XRF 铀擦拭样品探测限是每平方厘米 35 纳克。Bevaart，Donohue 和 Fuhr（同注释〔15〕），第 2—3 页；V. M. Piksaikin，G. M. Pshakin 和 V. A. Roshchenko，“确定未申报核材料和活动的仪器和方法评估”，《科学和全球安全》第 14 卷 1 期，（2006 年 1—4 月）第 49—72 页。

〔17〕 质谱仪技术应用核的质量数不同，样品中的原子转变为离子，被电磁场分离，根据它们的质量和载荷计数。质谱仪的方法根据样品材料的离子化（例如热离子化和等离子离子化）和质量分析器类型区分。对于 TIMS，完全擦拭样品被灰化，并在酸中溶解，然后铀和钚被化学分离，放在金属丝上并用加热离子化。对于 ICP-MS，样品也溶解和化学纯化，然后在喷雾室中成为雾状，并喷到氩等离子中。Moody，Hutcheon and Grant（同注释〔4〕），第 350—354 页。

〔18〕 Bevaart，Donohue 和 Fuhr（同注释〔15〕），第 4 页。1 毫微微克（fg）为 $1\times10^{-15}$ 克。

〔19〕 Piksaikin，Pshakin 和 Roshchenko（同注释〔16〕），第 71 页。

〔20〕 Bevaart，Donohue 和 Fuhr（同注释〔15〕），第 4 页，Moody，Hutcheon 和 Grant（同注释〔4〕），第 357 页。

一些样品中只含有少量有用粒子，因此不能整块分析。IAEA 通常每年提出在环境样品中 500—800 个粒子分析要求。其中，大约 40%使用二次离子质谱（SIMS），大约 60%使用裂变径迹热离子质谱（FT-TIMS）。〔21〕 SIMS 通常用于铀同位素测量，而 FT-TIMS 则用于铀也用于钚的测量。相对 SIMS，FT-TIMS 有更低的探测限，在皮克和毫微微克之间，而 SIMS 的测量限是纳克和皮克之间。〔22〕由于这个原因，IAEA 在 2007 年研究了安装更多 FT-TIMS 或同等能力，例如超高灵敏度 SIMS（UHS-SIMS）。〔23〕 通过光或电子显微镜观察粒子可以得到许多信息，这样收集粒子的形态信息。〔24〕

一旦样品的特征记录结束，IAEA 就要解释得到的信息。例如，采集样品的钚同位素组成的信息可以用于计算乏燃料分离或化学提纯时间。又如，从铀粒子形态的详细情况可以得到在什么温度下成形的信息，从而显示生产过程。在这个步骤分析的所有信息都是内在的。有时从特征记录中得到的参数和解释的过程可以结合为“核指纹”——材料生产模式的综合特征。〔25〕

在第三步——还原——内部的信息被用于更广泛的分析，这个分析使用可获得的所有相关信息。为了还原材料和设施的历史，IAEA 保障监督部可以采用卫星图像分析，公开来源的信息分析，使用设施的设计及相关核贸易资料，以及成员国提供的其他信息。在这一阶

〔21〕 在 SIMS 中，样品中个别粒子被发现并被细聚焦的通常是 $O_2^+$，$Cs^+$ 或 $O^-$ 的初级离子轰击，离子体束穿透几个纳米到达粒子并产生二次离化并溅出，使它们能够根据质量分离并被分析。

在 FT-TIMS 中，粒子从擦拭样品移出，附加在裂变径迹塑料上（莱克桑），并在核反应堆中被热中子辐照，在辐照时裂变同位素裂变并在塑料上留下径迹，这可以用光学显微镜把粒子定位。这些粒子被取出，放到热灯丝上，然后被离子化并被 TIMS 仪器分析。Bevaart，Donohue 和 Fuhr（同注释〔15〕），第 4 页；以及 Moody，Hutcheon 和 Grant（同注释〔4〕），第 354—356 页。

〔22〕 Piksaikin，Pshakin 和 Roshchenko（同注释〔16〕），第 71—72 页。1 皮克（pg）为 $1\times10^{-12}$克。

〔23〕 Bevaart，Donohue 和 Fuhr（同注释〔15〕）第 5 页。

〔24〕 美国国会技术评估办公室，《核保障监督环境监测》OTA-BP-ISS-168（政府出版署，华盛顿特区，1995 年 9 月）第 26 页。

〔25〕 K. Mayer 等人，“核取证学的最新发展”，ESARDA（同注释〔14〕），第 1—2 页。

段，核指纹可以与IAEA的核指纹库和其他任何地方收集到的核指纹集比对。这个过程可能是重复迭代，这就是还原过程的结果可能要求对已收集到的或新采集的样品做更多检测。

## 三、核取证分析应用实例

核取证分析最初第一次应用是在二战期间和之后，那时美国及其盟国首先调查了德国的核计划，后来调查了苏联的核计划。在此后的几十年里，随着更多国家开发核能力，核取证技术逐渐扩展和完善。NPT条约生效后，IAEA实施全面保障监督协议（CSAs），对核取证技术的需求大增，伊朗和朝鲜即为最近的例子。90年代初期核取证分析需求开始增加，其部分原因是：核材料走私曝光，并且需要调查和依法惩办此类条件。

下面介绍这些不同情况下使用核取证的实例。然而，到目前为止，在科学和大众文献中核取证分析的应用最广为人知的领域是核走私[26]，下面的案例则集中在较少宣扬的应用。

### 通过分析气载沉降物核查核反应堆运行情况[27]

1943年，英国—美国曼哈顿计划的领导人Leslie R. Groves准将可能是认识需要有从那时起就被称为核取证技术并开创这一技术的第一人。Groves发现美国情报部门得到的情报不足以提供关于德国核武器计划的全面情况，于是他引入“辐射情报”这一创新概念。[28]他指定后来获得诺贝尔物理学奖的Luis W. Alvarez研究出一种探测德国本土核反应堆运行的方法。[29]

---

〔26〕 Moody，Hutcheon 和 Grant（同注释〔4〕），第401—420页；例如 T. Clancy，*The Sum of All Fears*，（Putnam出版社：纽约，1991）。

〔27〕 碎片（debris）一词可以适用于核反应产生包括气体在内的所有尺寸的粒子。

〔28〕 C. A. Ziegler 和 D. Jacobson，《没有间谍的间谍活动：美国秘密核监测系统的起源》（*Spying without Spies*：*Origins of America's Secret Nuclear Surveillance System*）（Praeger出版社：康涅狄格州 Westport 1995）第3—9页。格罗斯还因领导 Alsos 任务尔闻名。参见 J. D. Hart，“The ALSOS mission，1943－1945：a secret U. S. scientific intelligence unit”，vol. 18，no. 3（2005年10月）。

〔29〕 L. W. Alvarez，*Alvarez*：*Adventures of a Physicist*（Basic Books：New York，1989，第119—122。

Alvarez 的方法包括探测反应堆正常运行时发射的放射性气体，特别是放射性同位素氙-133（Xe-133）。它以很高的速率在铀-235、铀-238 和钚-239 裂变时生成，也就是说任何反应堆都能大量产生这种气体。氙是惰性气体，以可探测的量逃逸出反应堆而不会与任何元素发生化学反应。氙-133 的半衰期是 5.243 天，不会在大气中天然出现。它相对容易从大气中与氧和氮分离。所有这些特征使 Xe-133 非常适合用于核设施运行的探测。[30]

氙的探测系统由气体取样设备和 1944 年夏天建立的一个样品分析地面实验室组成。1944 年秋，几架道格拉斯“A-26 入侵者”飞机在德国上空采集空气样品，但没有发现 Xe-133。[31] 这证明德国当时没有任何反应堆在运行，同时开启了一种新的情报收集方式。

### 通过分析气载沉降物核查核武器试验

类似的用于过滤气载放射性粒子的装置后来装在波音 WB-29 飞机上，用于探测最初几次苏联的核武器试验。代号为 RDS1 首次苏联核试验是 1949 年 8 月 29 日在现在的哈萨克斯坦境内的赛米巴拉金斯克试验场进行的。1949 年春天时，美国放射性情报机构 AFOAT-1（空军，负责作战的副参谋长原子能办公室，一部）已经建立沿两条日常气体尘埃收集飞行路线——从阿拉斯加的费尔班克斯到北极和从费尔班克斯到日本的 Yokota，用以分析从苏联领土向东飘移的气团。[32]

1949 年 9 月 3 日，WB-29 飞机从日本返回费尔班克斯收集到了第一个放射性粒子痕迹，推测是从赛米巴拉金斯克试验场气团携带到太平洋的。在以后的几天里，美国竭尽全力收集尽可能多的样品。由于包含粒子的气团已经越过北美移到大西洋北部地域，美国还得到英国原子能部门和英国皇家空军的帮助。[33]

---

〔30〕 P. R. J. Saey, “Ultra-low-level measurements of argon, krypton and radioxenon for treaty verification purposes”, *ESARDA Bulletin*, 36 期（July 2007），第 44 页；以及 M. B. Kalinowski et al.,“Environmental sample analysis”, eds Avenhaus et al.（同注释〔11〕），第 376—377 页。

〔31〕 Ziegler 和 Jacobson（同注释〔28〕）第 7—8 页。

〔32〕 Ziegler 和 Jacobson（同注释〔28〕），第 201 页。

〔33〕 Ziegler 和 Jacobson（同注释〔28〕），第 204—211 页。

分析采集到的粒子表明确有裂变产物，大部分是钡、铯、碘和钼。所有同位素有相同的年龄，表明其源头可能是核爆炸，而不是核反应堆事故。同样，裂变产物曲线与钚而不是高浓铀裂变相符，因此，美国科学家猜测苏联的核武器是以钚为基础的，因此是一个内爆型核弹。[34] 另外，美国科学家还测到镎-237，这是铀-238与高能中子反应产生的同位素。从测试可判定 RDS-1 炸弹可能是天然铀作惰层和反射层。[35]

分析已知的气象数据，气象学家反推到气团的轨迹。从计算样品中的放射性同位素年龄可以估算出试验大约在 1949 年 8 月 26 日到 29 日之间进行的。可以确定气团的反演轨迹截止的时间，从而能相当正确但不能精确地确定试验进行的地点。[36]

应该指出，运用当时各种放射化学分析方法才得到所有这些信息。据说现在的分析方法和设备比那时先进、灵敏得多，并有能够提供关于武器设计当量和其他参数的更多数据。[37] 同样和类似的技术也可以用于提供关于恐怖活动所用的核爆炸装置中的核材料来源信息。例如，对爆炸后裂变产物进行分析，可以估算出爆炸前燃料的同位素含量。[38] 随后可以用核材料指纹找到材料的源头，也许还可以正确地实施有针对性的惩处。

成功探测到 RDS-1 试验促使美国全球检测核爆炸基础设施的快速发展。美国原子能检测系统（USAEDS）做监测，由 AFOAT-1 的继任者美国空军技术应用中心（AFTAC）运作。作为国家情报活动的补充，AFTAC 监测 1963 年的《部分禁核试条约》（PTBT）、1974 年的《限当量条约》（TTBT）和 1976 年的《和平利用地下核爆

---

〔34〕 裂变产额曲线有时称为“双峰型”（Mae West Curve），因为有两个峰的特征，是裂变产额质量或克分子数与它们的质量数的曲线。它的形状与裂变同位素和诱发裂变的中子能量有关。参见 Saey（同注释〔30〕）第 43 页。

〔35〕 惰层是在核武器中包围裂变材料的密实材料层。惰层在爆炸极端高压下短时间把材料保持在一起，因此通过增加进行裂变的裂变材料比例的方法增加武器的有效性。中子反射层是紧密围绕在裂变材料外的材料层，它把中子反射到芯中，从而减少导弹（裂变（译者注））材料的临界质量，增加武器的效应。

〔36〕 Ziegler 和 Jacobson（同注释〔28〕），第 204—211 页。

〔37〕 Moody，Hutcheon 和 Grant（同注释〔4〕）第 203—205 页。

〔38〕 Moody，Hutcheon 和 Grant（同注释〔4〕）第 205 页。

炸条约》的履约情况。[39] 1998 年 USAEDS 监测并确定了印度和巴基斯坦核爆炸的特征。

USAEDS 也参加调查 1979 年的被称为“维拉”（Vela）事件。1979 年 9 月 21 日，AFTAC 人员对“维拉 6911”监测卫星进行常规阅读时，发现传感器有非常类似大气层核武器爆炸特征的“双闪”信号[40]。美国政府进行了广泛调查，包括 AFTAC 运作的大量空气样品和中央情报局人员采集的环境样品，结果没有发现与事件相关的放射性碎片。[41]

2006 年 10 月朝鲜宣布进行了一次地下核试验后，美国空军派遣它的“WC－135W 不变凤凰”大气取样飞机，这种飞机通常用于核查《部分禁核试条约》。在核试两天后采集到了有用的样品。根据对采集到的放射性碎片沉降物的分析，AFTAC 能够对美国政府主管部门确认“事件有核的特征”[42]。美国和一些其他国家政府调查了朝鲜公开表态，认为确是核爆炸，后来 CTBTO 也独立得出相同结论。[43]

美国政府在朝鲜宣布后没有透露放射性样品采集和分析的细节。有一位非政府组织研究人员认为，美可采集到可探测量的裂变产物只

---

〔39〕 这两项条约的要点和条约成员国名单，见这卷附件 A。

〔40〕 大气中核爆的双闪特征在 G. E. Barasch，“Light flash produced by an atmospheric nuclear explosion”一文中有阐述，LASL-79-84，Los Alamos Scientific Laboratory，Nov. 1979。网址：〈http：//www. gwu. edu/～nsarchiv/NSAEBB/NSAEBB190/〉。

〔41〕 J. T. Richelson，*Spying on the Bomb*：*American Nuclear Intelligence from Nazi Germany to Iran and North Korea*（W. W. Norton & Company：New York，2006），第 288、315 页。

〔42〕 美国空军情报、监视和侦察署“空军技术应用中心”Fact sheet，2007 年 6 月。网址：〈http：//www. afisr. af. mil/library/factsheets/factsheet. asp? id=10309〉。

〔43〕 美国国家情报局局长办公室，“美国国家情报局局长办公室关于朝鲜核试验的声明”新闻发布稿 2006 年 10 月 16 日，网址：〈http：//www. dni. gov/announcements/announcements. htm〉；V. Fedchenko 和 R. Ferm Hellgren，“Nuclear explosions，1945－2006”，《SIPRI 年鉴 2007》（同注释〔3〕），第 552—557 页；CTBTO，“《全面禁止核试验条约》核查机制面临考验：朝鲜 2006 年 10 月 9 日核试验”，Featured article，2007 年 9 月 4 日，网址：〈http：//www. ctbto. org/press _ centre/featured _ articles/2007/2007 _ 0409 _ dprk. htm〉。其他国家调查朝鲜核试验的还有，瑞典从韩国收集和分析了空气样品。瑞典国防研究机构（FOI），“FOI 在朝鲜核爆炸后发现了氙”，Press release，2006 年 12 月 19 日，网址：〈http：//www. foi. se/FOI/Templates/NewsPage _ _ _ _ 5412. aspx〉。

有氙-133和氙-135两种。[44] 该研究认为，尽管样品数不足以“确定所使用的是什么裂变材料……特别是试验两天后才测到”，但这两种同位素的活性比可用于确认是核试验。[45] 从2006年朝鲜那次试验采集的碎片所获得的信息比1949年RDS-1试验少很多，原因是朝鲜的核爆炸在地下，几乎所有的同位素都被屏蔽了。

AFTAC在核试验核查中使用的同样能力也被用于帮助IAEA的保障监督工作。AFTAC是IAEA的实验室分析网络（NWAL）的成员，专门分析环境样品。[46] 从2007年起，AFTAC是世界范围内IAEA的3个组织中的一个，能运用敏感的技术FT-TIMS分析擦拭样品中的粒子同位素组成。[47]

### 通过铀粒子分析核查伊朗向国际原子能机构的申报

2002年8月媒体报道伊朗拥有未申报的铀浓缩设施，IAEA迅速展开调查。[48] 2003年2月IAEA高级别代表团访问伊朗期间，伊朗当局承认在纳坦兹（Natanz）建造两个离心厂，即试验燃料离心厂（PFEP）和大型的燃料离心厂（FEP），另外在德黑兰的卡莱电子公司（KEC）有一个生产离心机组件的车间。伊朗称，其铀浓缩离心计划都是本国的，并称在那些地方和其他地方，都没有进行涉及包含真实核材料的铀浓缩活动。[49]

这是相当重要的表态，因为伊是NPT条约的无核武器缔约国，根据与IAEA签有的全面保障监督协议，在任何新设施开始运行前，

---

〔44〕 张会，“远场空气样品分析和朝鲜核试验”《核材料管理研究所第48届年会汇编》亚利桑那州Tucson，2007年7月8—12日，网址：〈http: //www. belfercenter. org/publication/17537/〉。

〔45〕 张会（同注释〔44〕），第6页。

〔46〕 IAEA（同注释〔13〕）。

〔47〕 美国国会（同注释〔24〕），第26页；IAEA（同注释〔13〕）；Bevaart，Donohue和Fuhr（同注释〔15〕）。

〔48〕 揭露伊朗想得到敏感核燃料循环技术的详细情况见S. N. Kile，“核军控和不扩散”《SIPRI年鉴2004：军备、裁军和国际安全》（牛津大学出版社：牛津，2004年），第604—612页。

〔49〕 总干事提交IAEA理事会的报告，“在伊朗伊斯兰共和国实施NPT条约保障监督协定”，I GOV/2003/40，2003年6月6日，第2页。

伊朗必须要求向 IAEA 申报，并提供设计的详细信息。[50] 各国都是通过填写设计信息问题表（DIQ）通报 IAEA。设计信息问题表要求提交的详细内容在保障监督协议的补充协议附件中有规定。这个补充协议由 IAEA 与每个国家分别进行谈判。

从 1976 年开始，IAEA 一直要求所有国家在核材料进入任何新设施前不晚于 180 天填写设计信息问题表。1991 年海湾战争之后，IAEA 理事会决定用后来谈判达成的全面保障监督协定替代补充协定，这样，“为了相信建立设施为和平目的”，各国“在决定建造或授权建造任何核设施时（远在实际施工开始之前）必须向机构提供设计信息。[51] 然而，在浓缩设施被发现后，伊朗直到 2003 年 2 月 26 日，才接受这些新的规定。[52]

因而，如果在被发现之前没有核材料进入这些核设施，伊朗就没有不遵守全面保障监督协定。如果已经有材料进入，那么不申报这个设施，就违反了伊朗的全面保障监督协定。[53]

为确定是否有核材料进入设施，IAEA2003 年 3 月在纳坦兹的离心厂和同年 8 月在德黑兰的卡来电子公司（KEC）开始进行环境取样。[54] IAEA 视察员注意到，他们取样前卡来电子公司设施发生了“较大的变化”，这“可能影响环境样品的精确度和 IAEA 对伊朗申报的核查能力”。[55] 尽管有这个干扰，样品揭示两个设施均有铀粒子的

〔50〕 按照 IAEA 定义，“设计信息”是“保障监督条款规定的关于核材料相关的信息……和保障的这种材料相关设施特征”，*IAEA Safeguards Glossary*，International Nuclear Verification Series no. 3，2001 edn（IAEA：Vienna，2002），第 26 页。

〔51〕 IAEA 理事会，“Strengthening of agency safeguards：the provision and use of design information”，GOV/2554/Attachment 2/Rev. 2，1 Apr. 1992，第 1 页。另参见 M. Hibbs，“Safeguards agreement required early completion of DIQ by Syria”，*Nuclear Fuel*，vol. 32，no. 23（5 Nov. 2007），第 9 页；D. Schriefer，“The international level”，eds Avenhaus et al.（同注释〔11〕），第 437、452 页。

〔52〕 IAEA（同注释〔49〕），第 4 页。

〔53〕 事实上，如果伊朗在核设施被发现的 180 天内试图把核材料引入设施，那么从技术上讲，伊朗就违反了全面保障监督协定。然而，无法证明这种假设可以成立。

〔54〕 总干事提交 IAEA 理事会报告，“在伊朗伊斯兰共和国实施 NPT 条约保障监督协定”，GOV/2003/75，2003 年 11 月 10 日，附录 1，第 7—8 页。

〔55〕 总干事提交 IAEA 理事会报告“在伊朗伊斯兰共和国实施 NPT 条约保障监督协定”，GOV/2003/63，2003 年 8 月 26 日，第 7 页。

存在，这与伊朗向 IAEA 申报的清单中的材料不符。

总之，IAEA 报告了天然铀粒子、低浓铀粒子和浓度达到 70%的高浓铀粒子（主要是铀-235 浓缩到 36%—54%的高浓铀）。这提供了未申报活动的确定性依据：伊朗要么进口了浓缩铀，要么进行了浓缩试验。许多低浓铀和高浓铀粒子也有铀-236 含量，表明使用了核乏燃料中提取的铀。这再次表明：要么进行了不为人知的后处理活动，要么进口了浓缩材料。〔56〕

在证据面前，伊朗只好承认，既未申报国内浓缩试验，也掩盖了与外国的核贸易。在 2003 年 10 月 21 日致 IAEA 的信中，伊朗承认在 1999 年和 2002 年间进行了小规模浓缩试验，与早先的声明不符。这些试验使铀-235 浓缩度提高不到 1.2%。〔57〕更重要的是，2003 年 8 月，伊朗正式承认事实上进口了一些离心机部件。这表明提出高浓铀的沾染源是进口部件，巴基斯坦是供应国。〔58〕巴基斯坦后来同意提交 IAEA 所要求的离心机组件，以便比较铀粒子。〔59〕2005 年 5 月 21 日 IAEA 收到组件后进行擦拭取样并在 SAL 进行分析，结果证明正如伊朗所称的，大部分沾染源可能来自巴基斯坦。〔60〕

对伊朗的核查显示，尽管核取证技术可能对实施保障监督有用，但必须还要有其他数据来源，比如公开资料分析、卫星图像和 IAEA 成员国的信息。伊朗浓缩铀的发现只有在 IAEA 从其他途径了解到纳坦兹浓缩厂的情况后才有可能。

### 通过确定钚年龄核查朝鲜的初始申报

朝鲜是 1985 年加入 NPT 条约的，拖了相当长的时间后，直到

〔56〕总干事提交 IAEA 理事会报告“在伊朗伊斯兰共和国实施 NPT 条约保障监督协定”，GOV/2004/83，2004 年 11 月 15 日，第 9 页。

〔57〕IAEA（同注释〔54〕），第 6—7 页。

〔58〕S. N. Kile，“核军控和不扩散”《SIPRI 年鉴 2005：军备、裁军和国际安全》（牛津大学出版社：牛津 2005），第 558—559 页。

〔59〕F. Bokhari，“巴基斯坦可能交出核离心机组件”《金融时报》2005 年 3 月 25 日；以及“离心机已交 IAEA”《黎明报》（卡拉奇）2005 年 5 月 27 日。

〔60〕总干事提交 IAEA 理事会报告“在伊朗伊斯兰共和国实施 NPT 条约保障监督协定”，GOV/2005/67，2005 年 9 月 2 日，第 4 页。

1992 年 1 月 30 日才与 IAEA 签署全面保障监督协定。[61] 按照保障监督协议第 62 条要求，1992 年 5 月 4 日朝鲜向 IAEA 提交了“关于将所有核材料置于 IAEA 保障监督的初始报告”。[62]

这个报告中，朝鲜申报 1990 年 3 月在宁边放射化学实验室进行一次试验，从邻近的 25 兆瓦石墨气冷堆卸下的损坏乏燃料棒分离出不到 100 克的钚。1992 年夏，IAEA 进行初始视察，以便核查这一申报和其他申报的信息。

视察员在宁边后处理线末端的手套箱的内外进行擦拭样品取样，这里是新分离的钚从液态到氧化物的转化位置。他们还取了分离钚的样品和据说被分离后的核废料样品。样品被送到 SAL 和美国实验室，分析它们的基本成分和同位素成分。这些数据就可以用于计算材料的“年龄”。[63]

核材料的“年龄”定义为它最后分离或最后化学提纯后所经历的时间。钚同位素经历不同类型的放射性衰变，生成所谓子核。材料的年龄越长，越多的母核衰变，然后被子核替代。换句话说，放射性母核同位素分解，与相应子核的数量建立了固定计时器。[64] 因此，一些母核子核对的比值可以用来计算材料的年龄。钚的这种对是：钚-238-铀-234，钚-239-铀-235，钚-240-铀-236，和钚-241-镅-241。

朝鲜擦拭样品中钚的年龄应是从乏燃料中分离后的时间，申报的时间是 1992 年夏天分析的时间前两年多一点。IAEA 对钚衰变产物的分析表明，朝鲜分离钚不是如其申报的那样只有一次，而是共三

〔61〕 1992 年 1 月 30 日，朝鲜民主主义人民共和国与国际原子能机构关于实施《不扩散核武器条约》相关的保障监督协议从 1992 年 4 月 10 日起生效；全文载在《IAEA INFCIRC/403 号文件》，1992 年 5 月。另参见 D. Lockwood 和 J. B. Wolfsthal，“核武器发展和扩散”《SIPRI 年鉴 1993：世界军备和裁军》（牛津大学出版社：牛津 1993），第 244 页。

〔62〕 “初始报告”是国际原子能机构根据全面保障监督协定规定“签协议国需正式声明将其所有核材料置于保障监督”的一项文件。IAEA 据此“建立关于该国所有核材料的统一详细目录。IAEA（同注释〔50〕），第 94 页。

〔63〕 D. Fischer，《国际原子能机构史：创建四十年》（IAEA：维也纳 1997）第 289 页；D. Albright，“朝鲜的钚生产”《科学与安全》杂志第 5 卷第 1 期，（1994 年 12 月），第 66—67 页。

〔64〕 Mayer，Wallenius 和 Ray（同注释〔11〕），第 401 页。

次，分别在 1989 年、1990 年和 1991 年。分析的结果不能确定生产的分离钚的量，但确实提供了更多的证据，表明朝鲜向 IAEA 的申报不完全正确。[65]

确定年龄技术也可能成为裂变材料禁产条约核查过程的一部分。在这种情况下，为了确定某禁止日期前或后是否生产了钚和铀，需要分析钚和铀的样品。

## 四、结论

技术的发展促使国家和全球不扩散机制的核查和执法手段不断得到改进。核取证分析是这种手段之一，最早的形式甚至在第一次核试验之前就有了。在其他重要领域都用到这种技术，例如 90 年代的核走私调查、IAEA 保障监督和 CTBT 条约的核查这样的重要应用。数十年来，这种技术随着冷战时期军控条约核查工作的进展而不断完善。恐怖分子 2001 年 9 月 11 日袭击美国后，核取证的反恐能力得到了加强。

核取证分析是一种很重要的手段，能够从材料的蛛丝马迹中得到有用的信息。如果与其他技术结合运用，其效果会非常好：如果研究空气中放射性碎片辅之以地震、水声、次声监测，核试验分析就更准确；如果配之以获取公开信息、头顶成像分析和改进设计信息规定，环境取样对 IAEA 保障监督核查十分有用。

法律和政治方面仍有种种制约因素。如果尽快使用和尽可能接近事发现场，核取证最有用。如果不能及时到达事发地点或不能得到相关材料，就可能影响判断的准确性，在极端情况下，即使用核取证技术也得不到有用的信息。尽管通常核取证技术特意考虑到会面临无法到达现场或获取材料的情况，但这个技术仍然受到何时和如何使用等外部条件的限制。因此，虽然核取证会越来越重要，但这种技术也只是核查和执法工具箱中的一个工具。

（伍钧　何颖　译）

〔65〕 Albright（同注释〔63〕）第 66 页。

# 第九章 降低生化材料所带来的安全威胁

约翰·哈特 彼得·克莱夫斯蒂格

## 第一节 导 言

防止和应对化学和生物战（下称“生化战”）的措施正在从针对以国家为基础的生化战计划，演化为针对更分散的、难以量化的、非国家性的、有时充满冒险性的威胁情形——如那些装填了有毒化学物质或病原体的自制装置。那些在传统上不从事防止生化战核心工作的人群，如公共卫生从业者，现在也常常被要求从事对威胁和风险的分析工作。

安全部门越来越多地介入防止生化战的科学研究，不断引起人们对自由获取和传播和平科研成果的关注。在缺乏有效的安全监督之下（如生物安保），一些国家不断扩展的生物能力的研究，可能构成一种内在威胁。〔1〕高封闭实验室数目的增加和更大范围的病原体研究促进了潜在的敏感数据和专业技术的扩散。这使得在处理具有双用途的生化材料时更加困难。

本章第二节论述对来自化学和生物材料的安全威胁所进行的评估与控制，以及 1972 年《禁止生物武器公约》（下称“《禁生武公约》”）缔约国会议和 1993 年《禁止化学武器公约》（下称“《禁化武公约》”）

〔1〕 本章使用世界卫生组织对生物安保的定义：“确保病原体、毒素和敏感技术不被非法获取、丢失、被盗、滥用、挪用或故意释放的原则、技术和行动”。《生物风险管理：实验室生物安保指导》（世卫组织：日内瓦，2006 年 9 月），网址：〈http：//www. who. int/resources/publications/biosafety/WHO _ CDS _ EPR _ 2006 _ 6/en/〉。

第 12 届缔约国大会。[2] 第三节论述有关国家被指称违反上述条约的行为和过去的生化战计划。第四节讨论伊拉克过去的生化战活动和联合国监测、核查和视察委员会（下称“监核会”）的解散等问题。第五节讨论分析生化战的预防、反应和补救措施的发展，包括国际防扩散和裁军援助、生物安保和生物安全、[3] 化学品安全和科学技术的发展等。第六节为总结。附录 9A 阐述国际公共卫生外交以及对禽流感的全球监测问题。

## 第二节　评估与控制生化材料所构成的安全威胁

传统上，军控和裁军主要针对由国家从事的生化战计划所构成的威胁。尽管有关的评估还存有不确定因素，但在最近几年关于“扩散形势”的一些报告中所列的已知或可疑的生化战计划的数目出现了下降。[4] 许多不确定因素的产生是由于各方对进攻性和防御性之间的界线划分尚无一致意见，担心进攻性生化战能力在所谓的防护性或防御性研究计划（如反恐和维和行动计划）的掩盖下得以保留。[5] 区

〔2〕《禁生武公约》和《禁化武公约》摘要见本卷附件 A。

〔3〕 生物安全指从事病原体工作时的安全。见 F. 库劳：“反击生物威胁：欧盟管理生物材料、技术和知识”《SIPRI 政策文件》第 19 卷（SIPRI：斯德哥尔摩，2007 年 8 月），网址：〈http：//books. sipri. org/〉。

〔4〕 例如，米尔顿·雷顿伯格指出，尽管美国指控的拥有生物武器的国家数目（自 20 世纪 80 年代中期以来）大致稳定在 12—13 个，但自 20 世纪 90 年代中期以来有关国家被提及的次数已显著减少。M. 雷顿伯格，“当前威胁的演变”，A. 温格尔 和 R. 沃伦曼，《生物恐怖主义：面对复杂威胁》（莱恩·律尼尔：伦敦，2007），第 39—76 页。对美国的“扩散形势”评估报告进行对比分析是困难的，部分原因是报告并不一直公开，参与机构有时得出不同结论，公开的评估往往并不直接下结论，而是说一些国家可能没有生物武器或是进攻性的生物武器计划，但指明它们拥有制造“生物武器的能力”。

〔5〕 见 J. D. 哈特，“阿尔索斯的使命，1943—1945：一个美国秘密科学情报单位”，《国际情报和反间谍期刊》，第 18 卷，第 3 期（2005 年秋季刊），第 508—537 页；M. 雷登伯格，“生物武器的军备控制”，《当代安全政策》，第 17 卷，第 1 期，（1996 年 8 月），第 1—79 页；R. 罗菲，“生物武器和进攻性生物武器活动的潜在征候”，《SIPRI 年鉴 2004：军备，裁军和国际安全》（牛津大学出版社：牛津，2004），第 557—571 页。

别进攻性和防御性的难题同时也是讨论如何对科学研究与发展工作实施有效监督的中心议题。

自 2001 年美国遭受恐怖袭击以来，国防决策者和分析家们更加重视非国家行为者制造的威胁。有关这些威胁，特别是有关生物恐怖主义威胁的刊物和报告（其中有些是重复的或引用二手材料）的数量一直在增加。有些是基于从具体事件和情况中获得的信息，而另一些则是对可能受到生化攻击的可能性进行一般性的、开放式的评估。现在我们对病原体被释放后造成的影响了解并不充分（主要是由于病原体被意外释放或是生物恐怖袭击的案例有限），所以现在也很难预测一次生物恐怖袭击是否会造成大量的人员伤亡。

目前，评估和应对可能由化学和生物材料造成的安全威胁的工作，是由以往没有直接参与生化武器军控和裁军工作的个人和机构进行的。这些工作是多种多样的，其中涉及化工领域、生化失能剂可能对《禁生武公约》和《禁化武公约》构成的挑战、对材料设备与科学研究的监控和监督、把由国家承担的法律义务扩大到个人和团体、[6] 疾病监测和应对、思考生命科学和化学领域从业者（包括研究员和学生）的工作伦理和行为准则等。[7] 此外，各种有关军控制度执行中涉及的程序和法律也应不断得以完善。

## 生物武器军控与裁军

2007 年防止生物战的国际努力主要体现在有效的国家履约立法、科学家行为准则和道德规范、疫情监测和应对以及生物安全与生物安保等方面。

应 2006 年联合国全球反恐战略要求，联合国裁军事务办公室（下称“裁军办”）于 2007 年着手建立生物事件数据库。[8] 裁军办要求联合国成员国提供更新的合格专家和实验室的名单（上一次编制此类名单是在 1989 年），用以支持联合国秘书长对指称使用生化

〔6〕 这是《禁生武公约》第四条和《禁化武公约》第七条所要求的。

〔7〕 例如，S. 米勒 和 M. J. 赛尔格立德，“对两难困境中的生物科学的伦理和哲学思考”，《科学与工程伦理》，第 13 卷，第 4 期，（2007 年 12 月），第 523—580 页。

〔8〕 联合国全球反恐战略，网址：〈http: //www. un. org/terrorism/〉。

武器的调查。〔9〕裁军办还举办了两次技术专家会议，审议进行上述调查的技术准则和程序。〔10〕专家组对准则的技术部分进行了更新，包括增加对生物领域的关注，以确保科学技术发展得到及时反映。

国际刑警组织继续开展包括建立一个生物犯罪数据库〔11〕在内的生物犯罪项目。该项目于 2006 年 9 月由防范生物恐怖主义计划发起。

2007 年，各国进一步考虑在防范生物恐怖主义的努力中进行适当的职责分工，包括讨论国际刑警组织和裁军办的数据库项目如何相互补充。裁军办的数据库旨在进行近乎实时的数据收集，并将由各国政府直接提供数据。如果一次生物事件被确认为恶作剧，这一事件将从裁军办的数据库中删除。然而，国际刑警组织的数据库是刑事犯罪的数据记载，不能完全公开，除非起诉终结或是提供数据的成员国允许与公众共享信息。上述举措旨在帮助各国提高应对生物威胁的能力。〔12〕

同时，还注意到了对至少 8 类生物武器相关活动进行辨别的重要性，即：恶作剧、威胁、考虑或讨论使用、产品改进、材料采购、袭击设施、企图制造或使用、实际使用。〔13〕

**《禁止生物武器公约》履约情况**

截至 2007 年 12 月 31 日，已有 159 个国家批准或加入了《禁生

---

〔9〕 联合国大会，“化学武器和细菌（生物）武器”，秘书长报告，联合国文件 A/44/561，1989 年 10 月 4 日。联合国文件参见网址：〈http: //documents. un. org/〉。

〔10〕 联合国，“联合国反恐行动，实施全球反恐战略”，事实文件，2007 年 12 月，第 3 页。同时可参阅 J. 李特尔伍德，调查指称使用生化武器：复活联合国秘书长机制，遵约纪事，第 3 期（加拿大遵约中心：渥太华，2006 年 12 月）。目前裁军办的活动重点主要放在支持对指称使用生物武器的调查，因为禁止化学武器组织将主要负责指称使用化学武器的调查。

〔11〕 国际刑警组织，“生物恐怖主义，生物犯罪”，公共信息文件，网址：〈http: //www. interpol. int/Public/BioTerrorism/bioC/default. asp〉。

〔12〕 参见 B. 凯尔曼，《生物暴力：防范生物恐怖和犯罪》（剑桥大学出版社：纽约，2007）。

〔13〕 列腾伯格（同注释〔4〕），第 48 页。

武公约》。〔14〕 2006 年 12 月，《禁生武公约》第六次审议大会同意在 2007 年至 2010 年的审议大会闭会期间继续召开四次年会，从四个方面“讨论、促进共识并采取有效行动”。〔15〕 2007 年，闭会期间的专家组会议和缔约国会议审议了以下议题：(1) 加强国家履约的方法和手段，包括加强国家执法，强化国家机构，协调国家执法机构；(2) 区域和次区域间的履约合作。〔16〕

2007 年，第六次审议大会设立的三人临时履约支持机构（ISU）也开始运作。该机构设在联合国日内瓦办事处，于 8 月 2 日正式运作，向会间会提供支持，在缔约国间接收和分发具有政治约束力的信息交流，旨在帮助《禁生武公约》缔约国之间建立信任措施(CBMs)。〔17〕 2007 年，该机构制作了包含 1987 年至 2007 年间有关建立信任措施资料的光盘及相关网站（均仅面向《禁生武公约》缔约国)，作为散发《禁生武公约》相关资料、登陆国家履约数据库的主要手段。〔18〕

2007 年，一项对来自三个地区小组 10 个国家的建立信任措施申报的研究表明：由于各国主管机构可获得的资料来源和各自的法律地位不同，他们掌握的相关信息也大不相同。研究还发现，各缔约国不确定哪些信息需要在国家间申报或是仅限在国内申报，评估哪些信息

〔14〕 已签署但尚未批准《禁生武公约》的国家有布隆迪、中非共和国、科特迪瓦、埃及、圭亚那、海地、利比里亚、马达加斯加、马拉维、缅甸、尼泊尔、索马里、叙利亚、坦桑尼亚和阿拉伯联合酋长国。联合国会员国中既没有签署也没有批准该公约的有安哥拉、喀麦隆、乍得、科摩罗、库克群岛、吉布提、厄立特里亚、几内亚、以色列、基里巴斯、马绍尔群岛、毛里塔尼亚、密克罗尼西亚联邦、莫桑比克、纳米比亚、瑙鲁、纽埃、萨摩亚、图瓦卢和赞比亚。签署国名单见本卷附件 A。

〔15〕 关于第六次审议大会的信息参见 J. 哈特和 F. 库劳，“化学武器和生物武器的发展和军备控制”，《SIPRI 年鉴 2007：军备、裁军和国际安全》（牛津大学出版社：牛津，2007 年)，第 578—583 页。

〔16〕《禁生武公约》第六次审议大会，“最后文件”，文件编号 BWC/CONF. VI/6，2006 年 12 月，第 21 页。

〔17〕 联合国日内瓦办事处，裁军，缔约国限制区域（《禁生武公约》部分)，网址：〈http：//www. unog. ch/bwc/restricted〉。一年一度的具有政治约束力的信息交流旨在建立信任措施，以帮助加强该条约制度。

〔18〕 该数据库的密码可在网址：〈http：//www. unog. ch/bwc/NID〉上获得。见联合国日内瓦办事处，履约支持机构，履约支持机构报告，文件编号 BWC/MSP/2007/3*，2007 年 12 月 4 日。

需要申报又受到主管因素影响。[19]

欧盟将执行“共同行动”的期限延长至2008年4月，上述“共同行动”旨在通过促进公约普遍性和加强国家履约来支持《禁生武公约》。措施包括在2006年至2007年间召开五个区域研讨会向非缔约国阐述加入公约的好处，为有关国家加入或履行公约提供技术支持。同时，一项关于国家立法和有效履行公约程度的调查也已进行。[20]一些缔约国，包括澳大利亚、印度尼西亚和美国，继续主办和开展有关公约履约、生物安全和生物安保的区域活动。

有关提高公约普遍性更详细的进展情况也有更多信息。2007年，一位以色列政府代表表示，以色列同意“生物战威胁的确是一个不祥的东西”，但“地区形势……不能被忽视”，“我们真诚地希望，随着未来地区形势的改善，我们能够重新考虑这一问题”。[21] 据2007年《禁生武公约》会间会主席马苏德·汗透露，考虑加入或批准公约的5个国家的准备工作“进展良好”，[22] 同时，还有8个国家虽然刚起步，但也在积极努力中。[23] 他还列出了另一个名单，名单上的国家没有为加入《禁生武公约》设置时间表。[24] 其中有3个国家表示，由于“地区安全形势”原因，近期他们不打算加入公约。[25] 此外，

〔19〕 F. 蓝泽斯和 A. 伍德沃德，“建立信任措施递交的国家数据采集进程：经历20年建立信任措施提交后再论《禁生武公约》的建立信任措施”（英国伦敦经济学院和核查研究、培训和信息中心：伦敦，2007年12月）。建立信任措施有关问题可参阅汉堡生物军控研究小组的出版物，网址：〈http：//www.biological-arms-control.org/Publications.htm〉。

〔20〕 欧洲议会，“欧盟支持《禁生武公约》的联合行动”，网址：〈http：//www.eu-ja-btwc.eu/euja〉；以及在欧盟反对大规模杀伤性武器扩散策略的框架下支持《禁生武公约》的欧洲议会共同行动2006/184/CFSP，2006年2月27日，欧盟官方期刊，L65（2006年3月7日），第51—55页。

〔21〕 马苏德·汗，“禁生武公约：2007年专家组会议，主席临时报告，马苏德·汗大使（巴基斯坦），关于普遍性活动”，2007年8月24日，日内瓦，散发给与会者的文件。

〔22〕 这些国家是布隆迪、科摩罗、马达加斯加、莫桑比克和缅甸。

〔23〕 这些国家是喀麦隆、科特迪瓦、几内亚、纳米比亚、尼泊尔、坦桑尼亚、阿拉伯联合酋长国和赞比亚。

〔24〕 这些国家是安哥拉、中非共和国、乍得、库克群岛、圭亚那、利比里亚、马拉维、马绍尔群岛、密克罗尼西亚、瑙鲁和纽埃。

〔25〕 这些国家是埃及、以色列和叙利亚。

还有 8 个国家对他的请求未做出答复。〔26〕

**2007 年《禁生武公约》缔约国会议**

2007 年 8 月 20 日至 24 日举行了公约专家组会议，12 月 10 日至 14 日举行了缔约国会议。〔27〕两次会议都由巴基斯坦的马苏德·汗主持，各国在会上交流信息、观点，考虑提供合作与援助事宜。

专家组会议散发和审议了描述缔约国履约经验和促进国家部门间合作措施的工作文件，编纂了由各国工作文件和发言整理出来的《禁生武公约》缔约国重要观点汇编。〔28〕马苏德·汗总结提炼出以下观点：（1）国家履约措施应与各国具体实际相符（即避免“一刀切”的做法）；〔29〕（2）履约支持机构应发挥“促进协调和管理的催化剂”作用；以及（3）为更好地履约，缔约国需要在能力建设方面互相帮助。他还感谢欧盟、印度、巴基斯坦和美国准备提供国家履约支持。〔30〕缔约国审议了有关国家履约的整体情况及具体情况，如缔约国间和缔约国内部执法与合作等问题。专家组会还提交了一个结论性的事实报告草案，该报告草案可能被列入缔约国会议的最

〔26〕 这些国家是吉布提、厄立特里亚、海地、基里巴斯、毛里塔尼亚、萨摩亚、索马里和图瓦卢。《禁生武公约》缔约国会议：“促进《禁生物公约》的普遍性，对主席报告的介绍”，2007 年 12 月 11 日，日内瓦；《禁生武公约》缔约国会议：“主席关于普遍性活动的报告，由主席提交”，文件编号 BWC/MSP/2007/4，2007 年 12 月 11 日。

〔27〕 防止生物武器项目（BWPP）每天都出大会进展简报。见 BWPP 网页〈http：//www.bwpp.org/〉。参见联合国驻日内瓦办事处网页〈http：//www.unog.ch/bwc/〉和《禁生武公约》网页〈http：//www.opbw.org/〉。

〔28〕《禁生武公约》专家组会议，“在会议讨论中从各方发言、工作文件、即席讲话中总结出来的思考、经验、观点、意见、结论和建议（截至 8 月 23 日 15：30）”，文件 BWC/MSP/2007/MX/CRP.2，2007 年 8 月 24 日。

〔29〕 2005 年《禁生武公约》区域履约研讨会和 2005 年日内瓦《禁生武公约》缔约国会议也提到了这一点。

〔30〕《禁生武公约》专家组会议，“《禁生武公约》：2007 年专家组会议，主席闭幕词，马苏德·汗（巴基斯坦）”，2007 年 8 月 24 日，日内瓦。国家立法可分为 3 种类型的活动：（1）将公约义务转化为国家法律的立法；（2）在一国司法管辖和领土上对涉及生物剂和毒素的工作进行监测的方法；以及（3）一旦怀疑存在违约行为就能执法的手段。F. 蓝泽斯，“火线报告：不断监测《禁生武公约》的履约情况”，《裁军外交》，第 85 期（2007 年夏季刊），第 54 页。

后文件中。[31]

马苏德·汗在缔约国会议开始时提交了一份综合文件，对专家组会议为落实2007年授权制定的措施进行了梳理。这些措施列举了以下几个步骤：（1）将《禁生武公约》义务转化为有效的国家措施；（2）管理和协调国家措施的实施；（3）执行国家措施；以及（4）审查国家措施的效果和效率。马苏德·汗还列出了可能采取的措施，以最大限度地提高区域和次区域履约合作努力的效果。[32] 虽然缔约国对履约支持机构的工作及重要性予以积极评价，但美国表现出外交性的谨慎，表示"高度关注那些鼓励支持该机构拥有更多职责的建议"，并强调公约缔约国的自愿捐助"不能以任何方式破坏严格划定的履约支持机构的活动范围，这是有关该机构授权的妥协案文（经2006年第六次审议大会同意）的基础。"[33] 上述发言是针对一份由荷兰代表欧盟提交的工作文件而做出的，文件列出了一些支持履约支持机构的措施，[34] 例如：其中一项措施建议可以向履约支持机构提供更多的财政资源，以组建一个类似禁止化学武器组织（下称"禁化武组织"）学术论坛的论坛。但考虑到履约支持机构工作人员目前仅限3人，这样的建议很难实现。[35] 美国的一个潜在关切是履约支持机构不应发展成一个事实上的常设机构。[36]

---

〔31〕《禁生武公约》专家组会议，"专家组会议报告草案"，文件编号 BWC/MSP/2007/MX/CRP.1，2007年8月24日。

〔32〕《禁生武公约》缔约国会议，"在专家组会议讨论中从各方发言、工作文件、即席讲话总结出来的思考、经验、观点、意见、结论和建议的综合文件"，文件编号 BWC/MSP/2007/L.1，2007年11月9日。

〔33〕美国驻日内瓦代表团，瑞士日内瓦，"克里斯蒂娜·罗卡大使的声明，美国代表，《禁生武公约》，2007年缔约国会议"，日内瓦，2007年12月10日。关于机构问题参阅J. 哈特、F. 库劳和J. 西蒙，"化学武器和生物武器的发展和军备控制"，《SIPRI年鉴2003：军备，裁军和国际安全》（牛津大学出版社：牛津，2003年），第646—650页。

〔34〕《禁生武公约》专家组会议，"荷兰：支持《禁生武公约》履约支持机构"，文件编号 BWC/MSP/2007/WP.3，2007年12月7日。

〔35〕防止生物武器项目，"缔约国会议：开幕日"，缔约国会议报告，第2期，2007年12月11日。

〔36〕有关是否应设立常设机构监督《禁生武公约》执行的背景材料见J. P. 赞德斯，"《禁生武公约》的核查：寻找'不可能'还是不可能寻找"，G. 林德斯特伦，"执行不扩散：欧盟和2006年《禁生武公约》审议大会"，夏洛特宫文件，第93号（欧盟安全研究所：巴黎，2006年11月），第50—54页。

缔约国会议发表了一份最后报告，包含了会议日程、组织工作、与会者名单、发言以及可供考虑的措施等事实性信息。〔37〕会议结束时，汗指出，会议富有成效，“是实现推动缔约国加强公约的努力走向协同的良好开端。”〔38〕

## 化学武器军控和裁军

截至 2007 年 12 月 31 日，已有 183 个国家批准或加入了《禁化武公约》这一反对化学战的主要国际法律文书；有 6 国已签署但尚未批准该公约，还有 7 国既未签署也未批准该公约。〔39〕

### 缔约国大会

2007 年 11 月 5 日至 9 日，《禁化武公约》第 12 届缔约国大会召开。禁化武组织履行缔约国对其授权的能力取决于其能否及时收到来自缔约国的会费。为规范缔约国拖欠会费的情况，改善该组织的资金流，大会作出了一些调整。会议批准了禁化武组织总额为 7502.5734 万欧元（合 1.09 亿美元）的 2008 年计划和预算。〔40〕这是预算连续第三次实现“面额上的零增长”。会议还首次批准了两个拖欠会费国家的一个多年付款计划，并授权执理会在 2008 年通过适用于其他缔约国的类似付款计划。该机制的目的是允许拖欠禁化武组织工作基金（下称“工作基金”）或会费的缔约国，通过一年以上的时间来改善其付款状况。这是缔约国为改善资金流、防止发生类似于 2001 年因资

---

〔37〕《禁生武公约》缔约国会议，“缔约国会议报告”，2007 年 12 月 14 日，预先发布版。

〔38〕《禁生武公约》缔约国会议，“《禁生武公约》：2007 缔约国会议，主席闭幕发言”，2007 年 12 月 14 日，日内瓦。

〔39〕巴巴多斯和刚果共和国于 2007 年成为《禁化武公约》缔约国。已经签署但尚未批准《禁化武公约》的国家有巴哈马、多米尼加共和国、几内亚比绍、以色列和缅甸。截至 2007 年 12 月，没有签署或加入公约的国家有安哥拉、埃及、伊拉克、朝鲜、黎巴嫩、索马里和叙利亚。

〔40〕禁化武组织：“禁化武组织关于 2007 年计划和预算的决定”，文件编号 C-—12/DEC.4，2007 年 11 月 7 日，第 3 段。

金不足而无法完成视察计划[41]的情况而采取的一系列调整措施之一。一些缔约国已有几年未足额缴纳年度会费。[42]不缴付或不足额缴付年度会费及工作基金捐款有可能破坏年度计划的实现，并削弱欠费国对禁化武组织政策和决策的影响力。[43]

缔约国大会同时强调，进一步加强努力以确保所有缔约国全面执行《禁化武公约》第七条的规定（国家履约措施）是“必须”的，各缔约国应当通知禁化武组织其指定或建立国家履约机构的情况，并告知禁化武组织其采取了哪些履约立法和行政措施。[44]

缔约国大会还将《禁化武公约》普遍性行动计划延长到 2009 年。[45]禁化武组织总干事按区域总结了实现公约普遍性的努力，并指出伊拉克和黎巴嫩已经完成了加入《禁化武公约》的必要议会程序。[46]他还指出，禁化武组织与埃及、以色列和叙利亚进行了对话，讨论他们可能加入公约事宜，而朝鲜没有对禁化武组织的任何倡议作出反应。[47]截至 2007 年 8 月，173 个缔约国（占缔约国总数的

〔41〕禁化武组织：“关于实施多年付款计划，以规范拖欠年费的支付的建议的决定”，文件编号 C-12/DEC.7。关于以往禁化武组织的预算和规划面临的挑战的讨论见 J. P. 桑德斯、J. 哈特和 F. 库劳，“化学武器和生物武器的发展和军备控制”，《SIPRI 年鉴 2002：军备，裁军和国际安全》（牛津大学出版社，牛津，2002 年），第 683—685 页。

〔42〕截至 2007 年 10 月，从 1993 年至 2007 年，禁化武组织缔约国累计欠缴会费 3603.4468 万欧元（合 5200 万美元）。截至 2007 年 11 月，缔约国已缴纳约 80%的 2007 年会费。禁化武组织：“总干事的报告，至 2007 年 6 月 30 日禁化武组织本财年的收支情况”，文件编号 C-12/DG.8，2007 年 10 月 17 日；和禁化武组织“总干事在第 12 届缔约国大会上的开幕词”，文件编号 C-12/DG.11，2007 年 11 月 5 日，第 7 页，第 98 段。截至 2008 年初，缔约国已缴付了约一半的欠款额。

〔43〕关于不缴纳会费情况下的投票权的规定见《禁化武公约》第 8 条第 8 款。

〔44〕禁化武组织：“关于履行第七条义务的决定”，文件编号 C-12/DEC.9，2007 年 11 月 9 日。

〔45〕禁化武组织：“关于《禁化武公约》普遍性和进一步实施普遍性行动计划的决定”，文件编号 C-12/DEC.11，2007 年 11 月 9 日。

〔46〕禁化武组织：“总干事在第 12 届缔约国大会上的开幕词”，文件编号 C-12/DG.11，2007 年 11 月 5 日，第 14 页，第 84 段。

〔47〕禁化武组织（同注释〔46〕）：一些中东国家已表示，除非以色列加入 1968 年不扩散核武器条约（下称“核不扩散条约”），否则他们不愿意加入《禁化武公约》。作为《禁化武公约》签署国，以色列已经显示出在中东地区实现无大规模杀伤性武器之前，需要就其他的区域政治和安全关切达成一致。2006 年 10 月 14 日联合国安理会 1718 号决议决定，朝鲜必须以可核查的方式放弃所有大规模杀伤性武器计划。

95%）已设立或指定了国家履约机构；120 个缔约国（占缔约国总数的 66%）向技术秘书处提交了通过国家履约立法和行政措施的报告；77 个缔约国（占缔约国总数的 42%）通过了涵盖公约要求的所有主要方面的国家立法并提交了相应报告。[48]

在经济技术合作领域，包括禁化武组织用于执行计划和预算各部分资源的平衡分配方面，应进一步考虑需要采取的适当措施。一些缔约国希望制定第十条和第十一条“行动计划”，[49] 但各方一直未能就这些计划包含的具体措施达成一致。

缔约国大会还审议了化工视察的选择方法及相关事项，特别是针对“其他化学品生产设施”视察的适当地域分布问题。[50] 对上述问题的考虑，无论是在作出特定决定还是履约实践方面，都将越来越多地影响公约体系的未来走向——随着化武库存销毁完毕，禁化武组织资源和政治关注将更多地指向《禁化武公约》的其他“核心”目标。[51]

2007 年，欧盟达成一个包含七个项目、价值为 170 万欧元（合 240 万美元）的“共同行动”计划，旨在支持禁化武组织在实施欧盟 2003 年反对大规模杀伤性武器扩散战略的相关活动，包括：(1)《禁化武公约》普遍性；(2)《禁化武公约》国家履约措施；(3) 化学领域的国际合作；(4) 防止化学武器的援助与防护；(5) 为视察目的更新禁化武组织附表化学品数据库；(6) 禁化武组织工业与防护论坛；

---

〔48〕 禁化武组织：“总干事的说明——就 2007 年 8 月 22 日前本年度《禁化武公约》第七条行动计划的实施状况向第 12 届缔约国大会的报告”，文件编号 C-12/DG.6，2007 年 10 月 9 日，第 6 页。

〔49〕 例如，禁化武组织：“南非代表团在第 12 届缔约国大会（2007 年 11 月 5 日至 9 日）上代表非洲《禁化武公约》缔约国发表的声明”，海牙，2007 年 11 月 5 日。禁化武组织在和平利用化学方面有 7 个合作项目：(1) 联合资助项目；(2) 分析技能培训班；(3) 会议支持项目；(4) 研究计划项目；(5) 实习支持项目；(6) 实验室援助项目和；(7) 设备交流项目。

〔50〕 截至 2007 年 12 月 19 日，有 5177 个工业设施接受了禁化武组织核查。

〔51〕 关于《禁化武公约》化学工业核查的背景，参见 J. 哈特和 R. G. 萨瑟兰，“《禁化武公约》下的化工核查：科学技术的发展和外交实践”，向禁化武组织学术论坛提交的论文，海牙，2007 年 9 月 18 日至 19 日，网址：〈http://www.opcwacademicforum.org/〉。

以及（7）向禁化武组织化武销毁设施访问组提供资金支持。[52] 禁化武组织还组织了一系列地区研讨会和访问，以支持公约普遍性和有效的国家履约。[53]

1993 年至 1997 年，筹备委员会制定了具体的程序和组织结构，使得禁化武组织在《禁化武公约》生效后立即将其付诸实施。此后，《禁化武公约》所有履约问题都基本考虑到了。[54] 随着库存化学武器的销毁趋于完成，禁化武组织将越来越成为一个防扩散和技术援助组织（而不是裁军组织）。[55] 这种转变将集中体现在更多地关注核实未生产化武（包括化学工业生产）方面。这意味着将加强执行《禁化武公约》关于化学品转让的规定。此外，对进一步采取措施，确保有效核查的期望也在增加，其中包括建立全面的国家履约措施。鉴于 1946 年 1 月 1 日前生产的化学武器还将不断被发掘回收，二审会筹备工作组建议，二审会可以考虑为未来几十年发现和销毁这类武器设定一个最后期限的可行性。为了讨论这些问题，并纪念《禁化武公约》生效 10 周年，联合国和一些缔约国举办了一系列会议。学者、决策者、外交官和工业官员出席了 2007 年禁化武组织学术论坛和 2007 年禁化武组织工业防护论坛。两个论坛的目的都在于成为一个持续的开放性机制，通过专门网站促进对《禁化武公约》履约信息和看法的交流。[56]

---

〔52〕 参见 2007 年 3 月 19 日“欧盟理事会共同行动”，2007/185/CFSP 号，欧盟官方期刊，L85（2007 年 3 月 27 日），第 13—21 页。该文件旨在支持禁化武组织在执行欧盟反对大规模杀伤性武器扩散战略框架内的活动。禁化武组织第 11 届缔约国大会同意了此种访问。参见哈特和库劳（同注释〔15〕），第 586 页。

〔53〕 例如，4 月 14 日至 15 日，禁化武组织在克罗地亚举办了一届次区域研讨会，会议针对东南欧海关主管部门，主要从技术层面探讨《禁化武公约》化学品转让制度。

〔54〕 参见 I. R. 肯扬和 D. 费克斯（编者），禁化武组织的创立：一个政府间组织诞生的个案研究（TMC Asser 出版社：海牙，2007 年）。同时可参阅国际理论和应用化学联合会/禁化武组织国际研讨会情况：科学和技术进步对《禁化武公约》的影响，克罗地亚萨格勒布，2007 年 4 月 22 日至 25 日，网址：〈http：//www7. nationalacademies. org/IUPAC-OPCW_Workshop/〉。

〔55〕 一些缔约国反对使用“不扩散”一词，尽管它出现在禁化武组织的官方文件中。

〔56〕 论坛的文件和报告参见网址：〈http：//www. opcwacademicforum. org/〉和〈http：//www. opcwipf. org/〉。

**化学武器的销毁**[57]

截至 2007 年 12 月 19 日，缔约国宣布的约 71330 吨化武中的约 26296 吨已经核实销毁；宣布的约 867 万件化武中，约 285 万枚炮弹和容器已销毁。[58] 截至同一天，12 个国家宣布的 65 个化武生产设施中的 42 个已销毁，19 个转用作公约不加禁止的和平目的。[59] 宣布拥有化学武器的国家有：阿尔巴尼亚、印度、韩国、利比亚、俄罗斯和美国。2007 年 10 月 22 日至 23 日，执理会主席、总干事和指定的执理会代表访问了安尼斯顿化学战剂处理设施，这是第 11 届缔约国大会同意对俄罗斯和美国进行特别访问以来，第一次进行此种访问。[60] 2008 年计划在俄罗斯进行类似访问。这些访问反映了各方对遵守最后销毁期限的关切，也使俄、美得以表明他们将认真严肃地遵守这些期限。

7 月 11 日，禁化武组织确认阿尔巴尼亚已经完成库存化武销毁（共 16678 公斤，主要是硫芥气）。这是第一个完成库存化武销毁的国家。[61] 2007 年，阿尔巴尼亚提供了详细销毁计划，包括外部援助情况及其库存构成的公开说明。[62]

---

〔57〕 关于化武库存的进一步信息（如费用、类型和数量），参见以往 SIPRI 生化武器年鉴的生化武器相关章节。

〔58〕 禁化武组织，“化学武器的禁止：事实与数字”，网址：〈http：//www. opcw. org/factsandfigures/〉。

〔59〕 禁化武组织（同注释〔58〕）。这些国家是：波斯尼亚和黑塞哥维那、中国、法国、印度、伊朗、日本、韩国、利比亚、俄罗斯、塞尔维亚、英国和美国。《禁化武公约》把化学武器生产设施定义为自 1946 年 1 月 1 日起的任何时候生产过化学武器的设施。《禁化武公约》第 2 条第 8 款。关于化武库存的数量、种类及相关销毁计划，参见以往 SIPRI 年鉴生化武器相关章节。

〔60〕 禁化武组织（同注释〔46〕），第 15 段。

〔61〕 “核查，阿尔巴尼亚是第一个销毁其全部化学武器的国家”，《化学裁军》第 5 卷，第 3 期（2007 年 9 月），第 9 页。

〔62〕 阿尔巴尼亚向禁化武组织宣布有 580 个内装硫芥气（HD）的毒气筒，重 13. 71 吨；49 罐或玻璃容器的路易氏剂（L），重 0. 97 吨；4 罐硫芥气/路易氏剂（HD－L）的混合物，重 0. 4 吨；33 罐亚当氏毒气（DM），重 0. 33 吨；和 80 罐的氯苯（CN），重 1. 04 吨。Vucaj. F，“阿尔巴尼亚，阿尔巴尼亚共和国：世界化武裁军的领先者”，《化学裁军》第 5 卷，10 周年特别版（2007 年 5 月），第 6—10 页。

印度完成全部第 1 类化武销毁的期限获准延至 2009 年 4 月 28 日。[63] 截至 2007 年 9 月 30 日，印度销毁了其 86.03%的第 1 类化武库存和所有第 2 类和第 3 类宣布化武。[64]

利比亚化武销毁获准延期后，须于 2010 年 12 月 31 日前销毁其全部第 1 类化武。[65] 截至 2007 年 9 月 30 日，利比亚已销毁其所有第 3 类化武和第 2 类化武的 39%。[66] 利比亚有义务于 2011 年 12 月 31 日前销毁全部第 2 类化武。2007 年 6 月 18 日，利比亚退出了一项与美国分担其库存化武销毁费用的协议。据称，原因之一可能是利比亚想要美国支付 4500 余万美元（总费用估计为 6000 万美元），用于支付美国所提供的设备的损坏、销毁以及维护的费用。[67]

俄罗斯库存化武储存在 6 个地点。[68] 俄罗斯官员不断表示，他们获得的销毁援助额少于承诺的数额，并且由于难以确保多年资金投入，致使其销毁计划变得更为复杂。俄罗斯已获准化武销毁延期，其第 1 类化武库存须于 2012 年 4 月 29 日前完成销毁。截至 2007 年 9 月 30 日，俄罗斯销毁了超过 8000 吨（超过 23%）第 1 类化武库存。俄已完成所有第 2 类和第 3 类化武的销毁。[69] 法国许诺，通过英国化武销毁援助计划提供一笔援助（约 600 万欧元），将用于休奇耶库存化武的销毁。意大利通过双边途径向波切普化武销毁设施提供了高达 3.6 亿欧元的援助。

---

〔63〕 化武种类的定义在《禁化武公约》核查附件第四部分（A），第 16 款，该定义在一定程度上以化学品可能列入哪类附表为依据。

〔64〕 禁化武组织（同注释〔46〕），第 4 页，第 19 段。

〔65〕 关于利比亚的化武库存及其加入《禁化武公约》的背景，参见 J. 哈特和 S.N. 凯尔："利比亚对核、生物和化学武器及远程导弹计划的放弃"，《SIPRI 年鉴 2005：军备，裁军和国际安全》（牛津大学出版社，牛津，2005 年），第 629—648 页。

〔66〕 禁化武组织（同注释〔46〕）第 4 页，第 20 段。

〔67〕 A. 鲍弗拉斯，"利比亚退出化武销毁协议"，《今日军控》，第 37 卷，第 6 期（2007 年 7/8 月），第 29 页。

〔68〕 地点在乌德穆尔特共和国的卡姆巴尔卡、基兹涅尔，基洛夫州的马拉德科夫斯基，布良斯克州的波切普，奔萨州的列昂尼多夫卡，库尔干州的休奇耶。关于俄罗斯化武销毁背景，参见罗斯伊斯卡瓦："俄罗斯联邦的化学武器销毁"，网址：〈http://www.rg.ru/ximiya.html〉；以及"化学裁军：公开的电子杂志"，网址：〈http://www.chemicaldisarmament.ru/〉。

〔69〕 禁化武组织（同注释〔46〕），第 3 页，第 17 段。

《禁化武公约》的一个缔约国（普遍知道是韩国）宣布拥有化武库存，但拒绝公开其名称。该国完成化武销毁的期限已延至 2008 年 12 月 31 日。截至 2007 年 9 月 30 日，该国已经销毁了第 1 类化武的 85%以上及全部第 2 类和第 3 类化武。〔70〕

截至 12 月 10 日，美国销毁了化武库存的 50%，这些化武目前存放在 5 个地点。〔71〕新港化武销毁设施水解产生的腐蚀性 VX（一种有机磷神经毒剂）的运输和设施外处理，引起了更多关注。〔72〕美国完成第 1 类化武销毁的期限已延至 2012 年 4 月 29 日。截至 2007 年 12 月 19 日，美国已销毁了其超过 45%的第 1 类化武和全部第 3 类化武。〔73〕

截至 2007 年 12 月 19 日，3 个国家宣布其领土上有遗弃化武（ACWs），13 个国家宣布他们拥有老化学武器（OCWs）。〔74〕一个将于 2010 年成立的叫做"北溪"（Nord Stream）的德国—俄罗斯商业财团，计划修建一条长 1200 公里的天然气管道，管道经瑞典哥特兰岛以东的瑞典专属经济区，连接俄罗斯维伯格和德国格赖夫斯瓦尔德。欧洲和瑞典的一些官员和环保主义者表达了对此项目的关切，他们认为管道可能扰及二战时期在波罗的海包括化学武器在内的弹药倾

〔70〕禁化武组织（同注释〔46〕），第 4 页，第 19 段。在此讲话中，总干事称该国为"一缔约国"。

〔71〕美国陆军化学材料机构，"美国陆军销毁了其 50%的化学毒剂库存"，新闻稿，2007 年 12 月 10 日。储存地点在阿拉巴马州、阿肯色州、印第安纳州、俄勒冈州和犹他州。

〔72〕相关背景参见美国政府问责办公室（GAO），"化学非军事化：提高陆军对处理和处置新港 VX 毒剂水解产物方法的成本比较分析的可靠性所需的行动"，GAO-070240R（GAO：华盛顿特区，2007 年 1 月 26 日）。

〔73〕禁化武组织（同注释〔58〕）。

〔74〕向禁化武组织宣布有遗弃化武的国家有：中国、意大利和巴拿马。向禁化武组织宣布有老化武的国家有：奥地利、澳大利亚、比利时、加拿大、法国、德国、意大利、日本、俄罗斯、斯洛文尼亚、所罗门群岛、英国和美国。遗弃化武是指在 1925 年 1 月 1 日以后一国未经另一国同意而遗弃在该国领土上的化武。《禁化武公约》第 2 条第 6 款。老化武被定义为在 1925 年之前生产的化学武器或 1925 年至 1946 年期间生产的已老化到不能再用作化学武器的化学武器。《禁化武公约》第 2 条第 5 款。关于本章未谈到的国家的信息，参见《SIPRI 年鉴：军备、裁军和国际安全》以往版本中的生化武器章节。

倒场。[75]

中国和日本须在 2012 年前完成二战期间日本遗弃在华化武的销毁。2007 年，日本宣布有意引进一个移动式销毁系统（很可能为控制引爆仓），作为在吉林省哈尔巴岭修建固定化武销毁设施计划的补充。估计该省约有 30 万—40 万枚遗弃化武，其中约 3.8 万枚已回收并有待销毁。自 1991 年以来，两国进行了大约 75 次双边事实调查和对疑似遗弃化武场址的现场调查。自 2000 年以来，两国已进行了 16 次挖掘回收作业。[76]

2007 年 3 月，英国完成其全部 3812 件老化武的销毁，共耗资 1000 万英镑（合 2000 万美元）。[77]

## 第三节 违约行为及过去的生化武器计划

2007 年没有关于生化武器严重扩散情况的报告。所有此类报告都仅罗列类似的几个国家，由于其信息来源属于机密，因此基本上无法对其准确性进行评估。这些报告中通常也会包含一些模棱两可的附加声明，指出某个国家可能并未研发或寻求获取生化武器。俄罗斯三防（防辐射、化学和生物部队）司令弗拉基米尔·伊万诺维奇·菲利波夫上将在被问到某国是否正在发展生物武器时就曾回答说："目前并没有官方证据表明有任何国家正在研发生物武器。"[78]

关于"基地"组织正在寻求生化武器的官方证据为数不多，一份在古巴关塔纳摩湾美国海军基地举行的法庭听证会的部分文字稿是其

〔75〕"北溪财团修改天然气管线"，瑞典日报，2007 年 11 月 9 日。又见北溪网站：〈http://www.nord-stream.com/〉。

〔76〕M. 尼什，"遗弃在中国的化学武器：为尽早销毁做出的努力"，在第 10 届国际化学武器非军事化会议上的报告：CWD2007，布鲁塞尔，2007 年 5 月 14 日至 18 日。

〔77〕英国国防部："英国完成老化学武器的销毁"，《防务新闻》，2007 年 3 月 27 日，网址：〈http://www.mod.uk/DefenceInternet/DefenceNews/DefencePolicyAndBusiness/BritainCompletesDestructionOfOldChemicalWeaponHoldings.htm〉。

〔78〕A. 吉洪诺夫："高科技力量"，《红星军事报》，2007 年 11 月 13 日。

中之一，该文本由美国国防部发布。文中引用了哈立德·谢赫·穆罕默德的供词，此人是美国认定的敌方战斗人员，被指控为“基地”组织军事委员会领导人和“9·11”事件的主要策划者，他说：“谢赫·阿布·哈夫斯·马斯里·撒布希·阿布·斯塔死后，我直接负责管理和跟踪生物武器制造小组的工作，比如制造炭疽病毒等，以及在美国国土上施放脏弹的行动。”〔79〕

2007 年在伊拉克发生了一系列氯气炸弹袭击事件，造成多人中毒。有些袭击是同时通过爆炸物和毒气两种方式造成伤害，另一些袭击者则企图通过爆炸散播氯气。令人担忧的是，叛乱分子很可能会进一步提高他们的毒气散播技术。禁化武组织和联合国发表声明，对这些袭击事件进行了谴责。美国国内在讨论如何保护城市供水系统不受侵害，以及是否用其他化学品替代氯气做水质消毒剂，上述事件中氯气的使用也是其中的一个因素。〔80〕

2007 年 6 月，伊拉克一个法庭将阿里·哈桑·马吉德（“化学阿里”）及其他两名从犯判处死刑，罪名是 1988 年对伊拉克北部库尔德人发动的“安法尔军事行动”，在该行动中，伊拉克军队在哈莱卜杰使用了化学武器。〔81〕

## 第四节　伊拉克：结案？

2007 年 6 月 29 日，安理会通过 1762 号决议，解散了联合国监测、核查和视察委员会。自此，1990 年海湾战争后联合国通过一系列涉伊决议对监核会和国际原子能机构的授权就此终结。1762 号决议以 14 票赞成 0 票反对（俄罗斯弃权）获得通过，要求“联合国秘

〔79〕 美国国防部 2007 年“非机密：战斗人员身份审查法庭听证会文字稿 ISN10024”，参见网址：〈http://www.defenselink.mil/news/transcript_ISN10024.pdf〉。穆罕默德还承认在巴基斯坦谋杀了美国记者丹尼尔·玻尔。

〔80〕 新泽西州供水委员会已经由以前使用氯气改为使用次氯酸钠作为水质消毒剂，J. 赖特，“Plant hit for use of chlorine”，《记录报》（赫肯色市），2007 年 5 月 28 日。

〔81〕 见 J. R. 海特曼：《毒气事件：美国、伊拉克与哈莱卜杰毒气大屠杀》，剑桥大学出版社，纽约，2007 年。

书长‘采取一切必要措施’妥善安置监核会档案及其他财产，确保‘敏感的扩散信息’和成员国提供的秘密信息‘处于严格监控之下’”。[82] 在2003年美英联军攻打伊拉克之后，联合国各成员国即开始考虑是否以及如何解散监核会或转变其职能的问题。[83] 例如：伊拉克希望恢复监核会账户上余下的基金，而包括俄罗斯在内的一些国家，则主张监核会应对伊拉克是否拥有大规模杀伤性武器或相关项目进行正式的评估。这些国家担心，如果未能在联合国框架内进行确认，就无法确定伊拉克残余的大规模杀伤性武器项目是否会继续对国际和平与安全构成威胁。[84]

美英两国在给安理会的一封信中声称：驻伊联军已采取一切适当手段，对所有已知的伊拉克大规模杀伤性武器及射程在150公里以上的弹道导弹进行了“保护、移除、去功能、无害化处理、拆除或销毁”，同时，也对伊拉克研究、发展、设计、制造、生产、支持、装配和使用此种武器的所有已知项目，及其运送系统、子系统和组成部分采取了相同措施。[85] 根据伊拉克宪法，伊有责任尊重并履行在核生化武器领域的国际义务。[86] 负责监督两用物项转让的伊拉克国家监督委员会，也努力在联合国安理会1540号决议框架内实现其出口控制立法同国际标准接轨。[87]

---

〔82〕 联合国安理会1762号决议，2007年6月29日第1段、第5段。

〔83〕 例如，有人建议将监核委的财产转用于支持联合国秘书长指称使用生化武器调查机制。

〔84〕 监核会未被允许在伊拉克开展工作，美国也拒绝向其提供有关伊大规模杀伤性武器的机密调查信息，P. 科尔：“安理会终结了监核会”，《今日军控》第37卷第7期（2007年9月），第40—41页；P. 科尔：“安理会可能结束在伊拉克的核查”，《今日军控》第37卷第5期（2007年6月），第27—28页。

〔85〕 美利坚合众国国务卿和大不列颠及北爱尔兰联合王国外交大臣致联合国安理会主席的信，附件一，联合国安理会1762号决议，2007年6月29日，第3页。

〔86〕 伊拉克宪法规定：伊拉克政府应尊重并履行其在不扩散、不发展、不生产、不使用核、生物和化学武器方面的国际义务；并应禁止与发展、制造、生产、使用此种武器相关的设备、材料、技术和通讯系统，2007年4月8日伊拉克外交部长致联合国安理会主席的信（原文为阿拉伯文），联合国安理会1762号决议，2007年6月29日，第2段。

〔87〕 联合国安理会1540号决议，2004年4月28日；2007年4月8日伊拉克外交部长致联合国安理会主席国的信（同注释〔86〕），附件二，第5段、第7段；又见1540委员会网站：〈http://disarmament2. un. org/Committee1540/〉。

监核会执行主席迪米特里·佩里科斯向安理会做了第 29 次季度（也是最后一次）报告。他还向安理会介绍了监核会及其前身（联合国伊拉克问题特别委员会，简称“特委会”）的工作情况，并提到了监核会 6 月 27 日发布的一份非机密的长达 1000 多页的关于伊拉克大规模杀伤性武器项目的报告提纲。〔88〕监核会在这份最后的季度报告中还包括了一个特别附件，论述了小剂量生化战剂核查所面临的挑战，以期引起有关方面对非国家行为体获取有毒化学战剂或其前体问题的考虑——2007 年伊拉克叛乱分子使用有毒工业化学品进行了恐怖袭击，引起了联合国成员国对这个问题的关注。〔89〕

监核会的“实质性”记录已经归入联合国档案，如无进一步通知不对外开放。监核会发言人艾文·布坎南说，大部分文件都会以某种方式包含有一些可能导致扩散的敏感信息。〔90〕据报道，这份档案的纸质文件堆积起来将高近 460 米，其电子版容量高达 1TB（约 1000GB），其中的部分信息会让那些企图秘密实施核生化武器计划的国家感兴趣。〔91〕联合国裁军事务办公室（ODA）已经吸收了一批前特委会和监核会的成员，因为监核会的材料及余下的有关知识可用来进一步整理权威性的档案，从而为未来军控和裁军问题分析提供信息，或者为联合国秘书长调查指称使用生化武器案件提供权威支持。

8 月 29 日，监核会纽约办公室的工作人员在包装一些准备长期封存的材料时，发现了一只内装有金属和玻璃容器的密封塑料袋，容器里存有少量光气。光气样本可能来自伊拉克穆萨纳省化学武器工厂的分析实验室，该实验室已于 1996 年被核查人员移除。这一事件使

〔88〕提纲分为八部分：1. 建立联合国核查制度；2. 伊拉克违禁武器计划的构成；3. 化学武器计划；4. 导弹计划；5. 生物武器计划；6. 采购问题；7. 伊拉克武器计划之间的关联；8. 视察工作及教训。“联合国监核会根据联合国安理会 1284 号决议（1999 年）第 12 段所做第 29 次季度工作报告”，联合国 S/2007/314 号文件，2007 年 5 月 29 日；以及监核会：“报告提纲”，联合国，纽约，2007 年。

〔89〕D. 佩里科斯：“代理执行主席发言稿——安理会”，2007 年 6 月 29 日，网址：〈http://www.unmovic.org/〉。

〔90〕P. 科尔：“安理会终结了监核会”，《今日军控》第 37 卷第 7 期（2009 年 9 月），第 40—41 页。

〔91〕N. 库利什：“伊拉克武器核查机构走向完结”，《纽约时报》，2007 年 6 月 18 日。

人们对生物恐怖主义的关注度上升。[92]

2003年美军攻打伊拉克的合法性依据之一，是一名隐居在德国的伊拉克工程师所提供的不可信情报，此人名为拉菲德·艾哈迈德·阿尔瓦恩（Rafid Ahmed Alwan，代号“旋转回力球”），他坚称伊拉克拥有“流动生物武器工厂”。尽管德国联邦情报局和包括美国在内的其他国家的分析人士对“旋转回力球”的可信性表示了怀疑，但美国官方仍然决定使用此人的情报作为攻打伊拉克的依据。[93] 随后进行的包括“伊拉克调查小组”[94] 在内的调查均未发现任何此类设施。[95] 2007年美国一家新闻调查机构播出了关于“旋转回力球”的专题新闻报道，[96] 美国国家安全档案馆——位于乔治·华盛顿大学内的一所独立的非政府研究机构和图书馆——也公布了其收集的关于“旋转回力球”情况的主要文件。[97] 虽然伊拉克原先的大规模杀伤性武器计划的疑云不可能完全消除，但这个问题可以说已经结案了。

---

〔92〕 联合国：“秘书长发言人办公室每日简报”，2007年8月30日，网址：〈http://www.un.org/News/briefings/docs/2007/db070830.doc.htm〉。

〔93〕 白宫：“伊拉克，否认与欺骗，美国国务卿科林·鲍威尔在联合国安理会的发言”，纽约，2003年2月5日，网址：〈http://www.whitehouse.gov/news/releases/2003/02/print/20030205－1.html〉。

〔94〕 “伊拉克调查小组”是美英联军攻打伊拉克之后派往该国的一个调查组，目的在于寻找联合国所禁止的核生化武器以及射程在150公里以上的弹道导弹。

〔95〕 R.格思里、J.哈特、F.库劳、J.西蒙：“生化战的发展与军备控制”，载《SIPRI年鉴2004》（同注释〔5〕），第683—691页；R.格思里、J.哈特与F.库劳：“生化战的发展与军备控制”，载《SIPRI年鉴2005》（同注释〔65〕），第616—626页；R.格思里、J.哈特与F.库劳：“生化战的发展与军备控制”，载《SIPRI年鉴2006：军备、裁军与国际安全》（牛津大学出版社，牛津，2006年），第724—725页。

〔96〕 哥伦比亚广播公司：《六十分钟》，“错误情报源——‘旋转回力球’露面”，2007年11月4日，文字稿参见网址：〈http://www.cbsnews.com/stories/2007/11/01/60minutes/main3440577.shtml〉，又见B.德洛金：《旋转回力球：间谍、谎言与引发战争的骗子》，蓝灯出版社，纽约，2007年。

〔97〕 J.普拉多斯编：“旋转回力球案实录：解密文件和主要参与者表明虚假情报在伊拉克战争起因中的重要作用”，载《国家档案馆第234号电子简报》，乔治华盛顿大学，国家安全档案馆，华盛顿特区，2007年11月5日，网址：〈http://www.gwu.edu/~nsarchiv/NSAEBB/NSAEBB234/〉。

# 第五节 生化战预防、反应和补救措施

2007 年，各国政府和不同国际机构继续思考研究各种内容重叠的关于生化战预防和补救的倡议。[98] 安全专家和各国政府也在衡量是否应当执行这些倡议和措施，以及如何实施的问题，他们不仅从政策方面，而且对具体技术操作层面上的问题进行衡量。这些措施的重点大多在于如何预防和应对非国家行为体、匿名行为者，或可能有国家秘密参与的生物恐怖主义、生物犯罪和化学恐怖主义行为。[99]

与涉及常规武器的“传统”国家威胁相比，对生化恐怖主义的威胁分析和风险评估及有效执行预防、反应和补救措施难免具有更多的模糊性、不确定性和开放性。这一方面是因为参与此类活动的行为体数量和类型繁多（例如公共卫生和安全部门），另一方面是因为缺乏清晰、可量化或“客观”的威胁评估标准，同时也缺乏具有可操作性的执行评估标准，以及分析所需的权威公共信息。这使得施行这些措施显得更加复杂。最后，许多国家并未直接感受到生化恐怖主义的威胁，尤其是当一国资源有限，需要分优先次序进行配置时，应对生化恐怖主义威胁的想法就很难引起共鸣。

鉴别和减少生化战威胁的努力已经在以下领域展开：(1) 加强科技研发，提高反应能力；(2) 采取措施加大对“敏感”研究项目或其公共传播的控制；(3) 改善疾病监控和反应体系；(4) 建立敏感材料和高封闭设施（如生物安全 3 级和 4 级实验室）的详细目录，并对其采取的进一步保护措施（例如加强生物安全意识）；(5) 改善和扩大基础设施和其他能力，以应对生化武器攻击，包括加强微生物技术分

---

〔98〕 例如 S. 博宁：《国际生物防御手册 2007：国内外生物防御措施与政策详录》，瑞士联邦理工学院安全研究中心，苏黎世，2007 年，网址：〈http://www.crn.ethz.ch/publications/crn_team/detail.cfm?id=31124〉。

〔99〕 生物犯罪和生物事件的定义见科尔曼（同注释〔12〕）。

析手段的作用（下文详述）；（6）提高意识；（7）促进基因科技发展；（8）将以上各类措施与政策的制定和执行相结合。

## 国际防扩散与裁军援助

一些旨在减少威胁的国际合作需要共享生物材料，包括菌种样品。俄罗斯参与此类国际合作的能力受到了怀疑。据报道，2007 年 5 月 28 日俄联邦海关根据其出口管制条例禁止一切人体医学生物材料的出口。据报道，此项决定是俄总统弗拉基米尔·普京在听取了联邦安全部的报告后做出的。该报告声称西方国家正在发展针对俄罗斯的基因武器。有人担心，一些国际制药企业的药物临床实验可能会因此终止。[100]

其他一些减少威胁的合作措施涉及前苏联防疫体系（APS）的部分设施，其中许多设施用于分类和储存病原体菌种。蒙特利尔研究所的一份报告描述了分布于 10 个前苏联加盟共和国的 APS 设施的现状，以及苏联解体后的经济危机给这些设施造成的影响。[101] 这些设施已被各国当局不同程度地融入到各自的卫生防疫体系中，[102] 而保持独立于格鲁吉亚状态的摩尔多瓦则拆除了其 APS 设施。目前，前苏联的 APS 设施不断面临挑战，包括需要提高安全条件、研究能力、疾病监测能力和反应能力，更新陈旧设备以保证病原菌种的安全，还需要保留专业人才。[103] 中国生物武器军控和裁军专家撰写了一份生物武器研究纲要，其中回顾了中国的生物安全和相关生物安保法规（如病原体的运输）以及为加强生物安全采取的措施，并阐明了中国

---

〔100〕“俄罗斯对人体样本保持警惕：以反对生物恐怖主义的名义，禁止出口生物材料”，《生意人报》，2007 年 5 月 30 日。

〔101〕研究报告中没有涉及到的拥有防疫体系设施的另外两个国家是俄罗斯和土库曼斯坦。爱沙尼亚、拉脱维亚和立陶宛因无这些设施而不在报告之列。

〔102〕卫生防疫体系是苏联时代负责公共卫生的机构，但总体缺乏应对高危病原体的经验。

〔103〕欧格汉·格姆雷、梅里吉斯弗里、金林斯卡斯：《新独立国家的防疫体系—1992 年至今：中亚及高加索地区扩散风险评估及公共卫生发展潜力》，蒙特利尔研究所詹姆斯·马丁防扩散研究中心，蒙特利尔，加利福尼亚，2008 年 1 月 3 日，网址：〈http: //cns. miis. edu/research/antiplague/〉。

在生物武器军控和裁军方面的立场。该文件于 2007 年出版。[104] 有分析人士指出，尽管中国在生物安全和生物安保领域有“充足”的条例和法律，但“在实施方面一直有问题”，其原因可能部分归咎于“规范性的自上而下”的处理方式以及在操作层面上的资源和培训不足。[105]

## 生物安全

部分出于 2004 年马德里和 2005 年伦敦遭受恐怖袭击的原因，许多国家，包括欧盟成员国，仍然认为关键基础设施十分脆弱，因此将关注重点更多放在生物恐怖主义威胁及其应对方面。7 月，欧盟委员会发表了一份生物应急绿皮书草案，以期在全欧洲启动协商进程，讨论如何降低生物风险，增强欧洲的生物应急能力，包括通过采取积极措施对生物相关事件进行应急管理和建立调查能力。[106] 该文件也提出对具有两用性的敏感生物研究是否应当进行出版限制问题。[107]

出于对国际上生物实验室急剧增多的担忧，欧洲标准委员会（CEN）联合欧洲生物安全协会（EBSA）、美国生物安全协会和挪威验船协会（一家咨询公司）举办了一次国际实验室生物安全与生物安保研讨会。会议旨在达成一项 CEN 协议，建立国际承认的生物安全与生物安保管理标准。[108] 上述努力也是对 2006 年世界卫生组织生物

---

〔104〕 A. 史密森编：《北京在生物危害上的立场：中国专家在生物武器防扩散领域的观点》，蒙特利尔研究所詹姆斯·马丁防扩散研究中心，蒙特利尔，加利福尼亚，2007 年 8 月，网址：〈http：//cns. miis. edu/pubs/week/070917. htm〉。

〔105〕 季北慈：“从北京在生物危害上的论文看不扩散的未来”，史密森编（同注释〔104〕），第 137—141 页。

〔106〕 欧盟委员会：“生物应急绿皮书”，2007 年 7 月 11 日，委员会（2007）399 最终稿，第 13 页（草案）。

〔107〕 例如，绿皮书中提出是否应当以两种方式出版研究成果：一种是不含敏感内容的公开版本，另一种是含有部分敏感内容，仅限相关人员参阅的限制版本，但如何定义以及由谁定义“敏感内容”和“相关人员”并付诸实施尚未明确，欧盟委员会（同注释〔106〕），第 13 页；欧盟在生物安全领域可能采取的手段见库劳（同注释〔3〕）。

〔108〕 欧洲生物安全协会、美国生物安全协会和挪威验船协会：“实验室生物风险管理标准：国际生物风险标准发展倡议”，2007 年 7 月 25 日，文件草案见网址：〈http：//www. biorisk. eu/〉。

安全与生物安保指导方针及各国现存相关法规的补充。[109]

经成员国认可，经济合作与发展组织（OECD）为各生物资源中心发布了适用于保存、使用或运输各类生物材料的生物安保最佳操作规范。[110] 应荷兰教育部要求，荷兰出版了面向生命科学研究人员的《生物安保科学家行为准则》，作为荷兰加强履约、减少生物恐怖主义可能性努力的一部分。[111] 这份文件是在对政府和学术机构的现行措施进行调查后出台的，调查也包括其他国家，涉及生物科技和微生物学的现行立法和行为准则。作为后续行动的研讨会（主要由利益攸关方参加）草拟了最初的文件草案。[112]

## 化学安全

2007年，一些国家继续实施各种关键基础设施保护计划，通过鉴定化工设施中潜在的人力和物力缺陷，进一步强化其抗击可能发生的恐怖袭击的能力。这些计划中包括采用非传统生产线，避免有毒化学品的异地运输或长时间的就地存储。此外，也可采取措施调整生产线，确保危险的初级或中间化学品被尽快消耗。还有人考虑用化学袭击中危害较小的物质来替换危险化学品。例如，美国的决策者正在进一步考虑净水厂长期使用氯气所带来的风险。[113]

2007年美国国土安全部也开始实施“化学设施反恐标准”，为一些“高风险”的化学设施制定综合安全条例。该标准要求所有的化学设施进行安全漏洞评估，并根据国土安全部基于风险的性能标准制定并执行厂区安全计划。[114] 国土安全部估算，美国大约有7000处高风险化学设施。不执行此项规定的化学设施将被强制关闭或处以最高每

---

〔109〕 世界卫生组织（WHO）：生物风险管理：“实验室生物安保指导方针”，日内瓦，世界卫生组织。

〔110〕 经济合作与发展组织（OECD）：生物资源中心OECD最佳操作规范，巴黎，经济合作组织，2007年。

〔111〕 荷兰皇家科学院：《生物安保行为准则——生物安保工作小组报告》，阿姆斯特丹，荷兰皇家科学院，2007年8月。

〔112〕 见荷兰皇家科学院（同注释〔111〕）。

〔113〕 见哈特和萨瑟兰（同注释〔51〕）。

〔114〕 见美国国土安全部：《化学设施反恐标准》，2007年11月20日，网址：〈http://www.dhs.gov/xprevprot/laws/gc_1166796969417.shtm〉。

天 25000 美元的罚款。[115]

## 疫情监控与应对[116]

疫情监控与应对之所以对生物安保十分重要，一定程度上是因为需要确认疫情爆发是否系人为故意。2007 年，各国继续采取措施，加强信息评估、收集与整合，提高国际疫情监控与应对能力。有关数据进一步表明，在评估疫情爆发属于自然发生还是人为故意时，应更多考虑全球变暖因素。

欧盟的生物安全工程正在继续。该计划将在全欧洲范围内建立起一个疫情监测网络和数据库信息系统，以加强公共卫生和民事保护部门应对生物剂的意外或蓄意泄露的能力。

2007 年，一名美国公民在明知自己患有抗多种药物型肺结核的情况下，从亚特兰大飞往巴黎又返回。由于他不遵医嘱，致使同路旅客健康陷入危险，美国疾病控制和预防中心（CDC）对他实施了强制隔离，这是 CDC 自 1963 年以来第一次发出隔离令。此次事件在美国国会和其他各界引发了关于国内卫生和安全条例的辩论，包括他们为何没能考虑国际旅行的速度。该事件也凸显了对检疫隔离程序的不理解以及当局在什么时候、应该怎样实施隔离的问题。[117]

## 生物事件

2007 年，关于生物防护和生物安保的失败案例引起了公众关注，一些案例就发生在被大家认为安全意识较高、安全程序执行较好的设施。其中一个案例发生在英国萨里郡波布莱特（Pirbright）附近的一个农场。8 月 3 日，该农场里发现了口蹄疫。波布莱特设有动物保健

〔115〕 L. 埃姆博："化学工厂的安保"，《化工新闻》，第 85 卷 15 号，2007 年 4 月 9 日，第 13 页。

〔116〕 世界卫生组织的相关数据见附录 9A。

〔117〕 法律背景见 K. S. 斯万迪曼，J. K. 爱尔思，美国国会，国会研究部（CRS），"联邦和各州检疫隔离管理机构"，国会研究部报告 RL33201 号，华盛顿特区，国会研究部，2007 年 1 月 23 日；J. L. 琼斯，J. O. 岛袋，美国国会，国会研究部："检疫和隔离：有关就业的法律问题"，国会研究部报告 RL33609 号，华盛顿特区，国会研究部，2007 年 2 月 28 日。

研究所，该研究所使用小剂量的口蹄疫活性病毒进行实验活动。此外，还有两家私人生物科技公司也位于该地区，分别是梅里亚动物保健公司和斯坦比利科技（Stabilitech）公司，前者生产大量的口蹄疫疫苗，后者仅使用少量的口蹄疫活性病毒（与动物保健研究所相比）。在附近农场最初爆发疫情后，8 月 5 日由卫生与安全部牵头，在当地和政府机构的配合下，环境、食品和乡村事务部、兽药理事会、环境署迅速展开了联合调查。

8 月 7 日，又有一家农场感染了口蹄疫。其毒株类型和 1967 年英国口蹄疫流行时得到的参考样本类似，该样本通常在参考实验室使用，或用于制药，在波布莱特也是如此。这种类型的毒株并非自然产生。调查主要围绕波布莱特相关设施进行，在确认第一次疫情爆发四个星期后，动物保健研究所提交了最终报告。[118] 报告指出，违反生物安保规程、近期该地区的强降雨和设施缺乏维护（如树根蔓生导致废水管破裂）是导致口蹄疫活性病毒外泄、造成附近农场动物感染的原因。违反生物安保的做法包括以下几个方面：1. 化学污水过滤不充分导致对病毒的灭活处理不完全；2. 活性病毒排放到公共下水道系统，最终通过未密封的检修口污染了附近土壤；3. 清除排污道堵塞缺乏标准操作规程；4. 疫情爆发时由于有工程在施工，所以对设施及其附近的人员、车辆往来缺乏控制。下水管道的污水溢出污染了土壤，进出该区域的车辆又使病毒扩散，最终导致了附近农场被口蹄疫感染。

在美国国会众议院能源和商业委员会监督调查委员会的听证会上，技术与工程中心首席技术员凯斯·罗德指出，美国的 BSL-3 和 BSL-4 实验室的数量在增加。[119] 他以高封闭实验室所发生事故的教训为例，提出在增加此类设施的同时加强生物安全和生物安保措施的重要性。英国口蹄疫爆发说明需要提供持续的财政支持以确保生物设施的维护十分重要。2007 年，在德克萨斯州农工大学也发生了几起

---

[118] 英国卫生与安全部（HSE）：《2007 年波布莱特生物安全隐患最终报告》，卫生与安全部，2007 年。

[119] 见政府问责办公室："高封闭生物安全实验室：对美国 BSL-3 和 BSL-4 实验室扩展的初步调查"，技术与工程中心首席技术员凯斯·罗德发言稿，《应用研究和方法》GAO-08-108T 号，华盛顿特区，政府问责办公室，2007 年 10 月 4 日。

潜在感染贝纳柯克斯体（Q 热的病原体）的事件，但并没有依法报告给疾病控制和预防中心。[120] 从这些案例中得出的教训之一就是，需要对接触“选定生物剂”的工作人员进行专门训练，在这些实验室工作时，应依据封闭级别对相应规程进行必要修改。[121] 听证会上还引用了 2007 年 6 月在一个 CDC 新 BSL－4 实验室发生的停电事故：由于发生雷击，实验室的主电源和后备电源均无法使用，致使停电长达一小时之久。此次事件之所以引起关注，是因为它发生在由全国知名专家操作的美国顶尖级实验室。这起事件可能危及封闭实验室的完整性，理论上类似事件也可能发生在其他现有或计划中的高封闭实验室。这次事件也表明，在建设此类实验室时，有必要为后备电源设计备用电源。

## 科学研究

科学界和国际安全领域人士一直关心科学研究带来的潜在生化战威胁，同时也考虑采取何种合理、有效、平衡的手段实现生物安全与生物安保。在科学家中流行一种观点，认为科学研究和有关信息是“中性”（非天生有害或有益）的，任何试图约束科学传播的做法都会损害科学进步，而且这种做法本身也有问题，因为有关科学活动会在别处继续进行。有研究者还担心，采取限制措施会为申请拨款带来障碍，如果其研究工作被认定属于“敏感”范畴，研究成果可能无法发表。部分由于这些原因，一些研究人员试图对研究计划进行先期鉴定，在实施之前加以修改，以免在发表时被迫对研究成果进行加密或

[120] 见 2002 年《公共卫生安全和生物恐怖主义应急和反应法案》，美国公共法律 107—188，网址：〈http：//www. fda. gov/oc/bioterrorism/bioact. html〉；及其分篇 2002 年《农业生物恐怖主义保护法案》，网址：〈http：//www. aphis. usda. gov/programs/ag _ selectagent/ag _ bioterr _ Q&A. html〉和联邦法规第 42 号，第 73. 19 部分，疾病控制和预防中心，选定生物剂项目，网址：〈http：//www. cdc. gov/od/sap〉。

[121] 选定生物剂是指被认定对人体和动植物有害的微生物或毒素。作此区分是由于该类物剂可被用于制造生物武器，因此他们在科学和医学领域的运输和使用受到管制。病原体名单和信息见疾病预防和控制中心（CDC）选定生物剂项目网站（同注释〔120〕）；CDC 的国家选定生物剂登记册，网址：〈http：//www. selectagents. gov/〉；美国农业部动植物卫生检疫局网址：〈http：//www. aphis. usda. gov/programs/ag _ selectagent/〉；澳大利亚集团：“共同控制清单”，网址：〈http：//www. australiagroup. net/en/controllists. html〉。

修改。[122]

2007 年，麻省理工学院生物工程系战略和国际研究中心的文特研究所提交了一份关于合成基因的安全安保问题的报告。[123] 报告中指出了三个可能的政策介入点：（1）销售合成 DNA（低聚核苷酸、基因或基因组）的商业公司；（2）实验室台式 DNA 合成器的所有者，该设备能用于制造 DNA；（3）合成 DNA 的使用者（购买者）及支持和监督其工作的机构。[124]

为做到第一点，报告提出如下要求：商业公司在验证订购时必须使用经过认证的软件；公共机构生物安全官员或类似的责任官员必须核实从商业公司订购合成 DNA 的是否为合法用户；商业公司必须记录客户信息及其订购信息。关于第二点的执行，报告提出如下建议：DNA 合成器所有者必须将其设备登记注册；持有 DNA 合成器者需获得许可；获取 DNA 合成器、购买试剂和获得相关服务必须拥有许可证。[125]

最后，报告提出关于合法使用基因合成技术的建议措施：大学课程中应加入风险和最佳实践教育；应为合成生物学实验室编制生物安全手册；[126] 应建立一座最佳实践交流中心；生物安全委员会（IBC）应当对“有风险的”实验进行评估；为此，IBC 的审查职责应当扩大，由一个国家顾问小组对其进行监督，并加大生物安全规范的执行力度。[127] 该报告对上述建议的解释和执行持开放态度。

11 月 1 日，英国开始执行学术技术批准制度。该制度要求，来

---

〔122〕 从某种程度上说，在不损害研究目的整体性的情况下，研究人员可对计划参数进行非正式的修改。

〔123〕 M. S. 加芬克尔等：《合成基因管理办法》，麻省理工学院生物工程系战略和国际研究中心文特研究所，2007 年 10 月，网址：〈http：//www. jcvi. org/research/synthetic-genomics-report/〉。

〔124〕 加芬克尔等（同注释〔123〕）。

〔125〕 加芬克尔等（同注释〔123〕）。

〔126〕 见国际生物风险标准发展倡议：“实验室生物风险管理标准”（草案），2007 年 7 月 25 日，网址：〈http：//www. biorisk. eu/documents/draft _ document. PDF〉；P. 克莱文斯提格：《生物安全手册：实验室生物风险评估及管理指南》，斯德哥尔摩国际和平研究所，2008 年。

〔127〕 加芬克尔等（同注释〔123〕）。

自瑞士和欧洲经济区以外的所有自然科学研究生，都须完成一份由英国安全部门制定的调查问卷。该问卷用于协助执行一个防止敏感知识扩散的计划。[128]

### 科学发展对防止生化战的影响

一些科技发展可被用于防止生化战的努力，而另一些则有可能被用来进行生化战或使目前对生化战剂的探测和治疗手段失效。

微生物技术分析手段是一个正在发展中的、与核取证追溯技术分析平行的领域。[129] 它可被定义为"一种用来对生物恐怖主义行为、生物犯罪或者微生物/毒素无意泄露进行证据分析，以确定事件属性的科学手段"。[130] 与之相关的技术和政治挑战包括建立共享菌种参数和共享数据库。医疗服务人员的兴趣在于治疗患者，而不是为了有助于诉讼而保存犯罪证据。生物技术分析手段的重要性在 2007 年英国口蹄疫爆发事件中得以体现。

在军控和裁军方面，对科技发展进行有效管制和监督以使其不被用来发展生化武器变得困难，而合成生物学似乎日益成为这种困难的象征。合成生物学的定义为"生物部件、装置和系统的设计与建造，以及为实现有用目的而对现存自然生物系统的重新改造"。例如，英国皇家学会 2006 年报告中指出，合成生物技术已遍及全球，基因物质可通过邮政系统订购，合成 DNA 可在网上购买。[131] 麻省理工学院目前正在编制一本"生物部件标准名册"，从而进一步推动合成生物学的发展。[132]

---

[128] G. 布鲁姆菲尔："外国学生面临额外的英国安全检查"，《自然》，2007 年 11 月 7 日；亦见英国外交部：《反扩散：学术技术批准制度》(ATAS)，网址：〈http://www.fco.gov.uk/atas/〉。

[129] 见本卷附录 8D。

[130] B. 布都文等：《微生物技术分析手段》，R. G. 布利兹，B. 布都文，S. E. 斯库泽编：《微生物技术分析手段》，伦敦，埃尔塞维尔出版社，2005 年，第 9 页。另见 P. 艾曼纽等编：《环境中的生物剂取样》，ASM 出版社，华盛顿，2007 年。

[131] 英国皇家学会：《生物武器公约相关科技发展国际研讨会 RS-IAP-ICSU 报告》，伦敦，皇家学会，2006 年 11 月，第 3—4 页。

[132] 麻省理工学院："标准生物部件名册"，网址：〈http://parts.mit.edu/registry/〉。

2007年文特研究所第一次成功地将丝状支原体（牛传染性胸膜肺炎病原体）的裸DNA移植到山羊支原体细胞中，山羊支原体是一种已知的动物病原体，可导致牛、山羊和绵羊严重的关节炎。[133] 这些发展表明了潜在的生物安全风险和两用风险，显示缺乏对相关国家和国际法律后果的足够理解。澳大利亚集团正在讨论如何将合成生物学纳入其规范。该集团是一个各国定期会晤进行出口控制协调的非正式安排，[134] 其主要考虑是如何以最好的方式确认最终用户的身份和意图。

如果同意使用生物信息技术来确定自然界中本不存在的生物体的形态与行为，将会造成安全隐患。从原则上说，这些科技发展可以有助于研究基因的存在与消失、影响基因变异和遗传的因素以及每个基因中的未解码DNA的功能。

## 科学发展对法律法规的影响

科学发展对法律法规的影响包含两大方面：看得见的物质和无形技术。合成生物技术对法律的影响目前尚不能确定，包括如何对能够邮寄的DNA片段建立并维持有效的监管。其他的困难包括达成一个实用的病原体法律定义，如规定在多大程度上展现多核苷酸序列以达到符合选定生物剂或其等价物的法律定义。其他对防止生化战有政策意义的发展包括：更好地理解并监督可立即投入使用的生化设施的国际销售，以及生化研发与生产的外部采购。

美国的“认定出口”报告中强调，监督知识和专业技术转让已经越来越困难。[135] 美国的长远利益在于参与“全球知识创造”，而不是

---

[133] 文特研究所：“文特研究所科学家公布第一次细菌基因组移植改变物种”，新闻稿，2007年6月28日，网址：〈http://www.jcvi.org/〉；C. 拉提格等：“细菌基因组移植：改变物种”，《科学》，2007年8月3日，第632—638页。

[134] “认识到国际合成生物学的迅速发展，澳大利亚集团成员国同意对合成生物剂给予特别关注，并拟形成适当的集团应对措施”，澳大利亚集团：“新闻发布，澳大利亚集团2007年全会”，新闻稿，2007年6月，网址：〈http://www.australiagroup.net/en/releases/press_2007.htm〉；关于澳大利亚集团，见本卷第11章。

[135] 认定出口指的是把具有军事和民用双重用途的技术或源代码在转让给在美国国内的外国人。认定出口咨询委员会：《全球化时代的认定出口规则》，华盛顿，美国商务部，2007年12月20日，第3—5页。

只采取措施保护在国内创造的“少部分知识”。否则，美国会因过度管制而不知不觉地面临无法融入“科技知识主体”的危险。因此，这才应是美国的主要关切。报告还指出，研究者在进行有国际学生参与的项目时，若希与他人共用设备且该设备被认定具有“军事用途”，则需事先获得出口许可证。“设计用于生产多种毒素的生物实验室”设备若被认定可被恐怖分子用于敌对目的，则会被划归军事应用准则管理。如果普遍严格执行这一规定，则会对科学研究造成损害。

## 第六节　结　论

2007 年，各方继续努力减少由生化材料造成的潜在安全威胁，但还需进一步采取措施保持和加强国际禁止生化武器的努力。例如，应继续研究弥补政治议题和技术议题之间的鸿沟。此项工作可就如何在实践中处理双用途技术和设备提供信息分析，也可以提高人们在获取和使用信息方面的认识。

人们对于科技进步及其对生化武器扩散和控制的影响仍然认识不足。发展中的微生物技术分析手段领域是国家和国际生物应急计划的重要组成部分。重要的是，应在执法和公共卫生等各部门之间建立并维持合作关系（例如对蓄意使用生物剂的认定和反应），并为司法起诉提供便利。[136]

（沈桦　译）

〔136〕 见 R. J. 马修：“后‘9・11’安全环境下的大规模杀伤性武器军控协议：‘反恐工具箱’的一部分”，墨尔本国际法期刊，第八卷（2007 年），第 292—310 页。

附录 9A

# 国际公共卫生外交和对禽流感的全球监测

伯尼斯・拉维歇

## 一、导言

专家们普遍认为，另一种传染性流行感冒正在地球上显现。这个紧迫问题就是禽流感的病毒毒株- H5N1 变异体将会在何时、何地及以何种形式给人类带来一场传染性流行病灾难。流感在人类历史上曾经引发过极大的灾难性流行传染病。1918 年和 1919 年期间发生的被称之为“西班牙流感”的流行性感冒估计夺去了 4000 万至 1 亿人的生命，那次传染病的罪魁祸首是禽流感病毒的变异体 H1N1，它与 H5N1 同属一个病毒谱系。[1] 科学家们说，禽流感传染病有可能引发类似 1918 年的流行性疫疾，并给全世界人民带来严重后果。基于人对 H5N1 病毒缺乏免疫力的程度以及目前这种病毒致死率的数学模拟，禽流感传染病会使上亿人口丧生。[2] 虽然接种疫苗能够应对流感的时令性爆发，而且现在对疫情的监测机制也比 1918 年时大有改进，但禽流感传染病依然是对全球卫生和安全的巨大潜在威胁。

全球化进程大大增加了国际范围人员和物资的流动，流动的样式也比过去大大增加。人们认识到全球化既有积极面也有消极面。这种认知有助于逐步形成安全观，即强调对维护当今社会的基本功能使其免遭各种潜在的威胁所起的作用。这些威胁并不只限于蓄谋和敌意的行为。这种安全观虽然尚未完全形成，但正出现在各种标题的文献之

〔1〕 J. K. Thomas 和 J. Noppenberger，《禽流感：回顾》，2007 年 1 月 15 日，*American Journal of Health-System Pharmacy*，第 149—65 页。

〔2〕 J. K. Thomas 和 J. Noppenberger（同注释〔1〕）。

中，概述和解读为诸如“功能安全”、“社会安全”或“人的安全”等提法。据此，安全政策包括整合现有资源预防会危害人民及其居住地区平安的事件，或者一旦预防失败，则采取有效的应对措施。这需要很多公共机构和个人以新的方式相互配合，创建和维持这些地区的平安，而并不一定要与国家的边界重合。

全球化对传染性疾病的性质和蔓延已经产生影响，这表现在2003 年爆发的严重急性呼吸道综合症（“萨斯”，SARS）。[3] 这种影响可能会进一步发展，因为世界上越来越多的地区被纳入跨国合作的网络。“萨斯”的发生表明全球各地公共卫生部门之间需要开展国际协作、沟通以及政治合作。虽然“萨斯”疫情得到了比较迅速的控制，但各国政府的最初反应表明，国际合作并不是想当然就能办到的。

鉴于全球化进程有可能在世界不同地区引发公共卫生问题或使其更趋严重，世界卫生组织（以下简称“世卫组织”）很可能在加强社会安全的任何集体努力中发挥重要作用。世卫组织在管理全球卫生的作用是在不断变化的，这可以从修订《国际卫生条例》（IHR，下称《条例》）看到，该条例 2005 年进行了修订，2007 年 6 月开始执行。[4] 修订后的《条例》赋予世卫组织对成员国及其疾病监测、应对和报告机制的权限超过了历史上任何时期。新《条例》在要求各国对 SARS 和 H5N1 疾病采取应对行动方面具有重要影响。本附录探讨与预防和控制禽流感对策相关的政治和经济问题，主要涉及关于疫苗的研究和开发问题。这部分以印度尼西亚为例，说明为何发展中国家不太情愿遵循世卫组织规定的准则和行动。

第二节简要介绍世卫组织的情况，阐述该组织按照修订后的《条例》管理全球卫生事务职能的演变。第三节扼要叙述流感问题，其流行病学及 2003 年以来全球传染的情况。这一节还概述了目前为控制家禽的禽流感传播所采取的首要和次要预防对策，这些对策是研究了

〔3〕 J. T. Njuguna，《“萨斯”：传染病的控制及生物武器威胁》，《SIPRI 年鉴 2004：军备、裁军和国际安全》（牛津，牛津大学出版社，2004 年），第 697—712 页。

〔4〕 世界卫生组织（世卫组织），第五十八届世界卫生大会，WHA58. 3 号决议：修订《国际卫生条例》，2005 年 5 月 23 日，网址：〈http: //www. who. int/csr/ihr/IHR-WHA58 _ 3－en. pdf〉。

各种科学期刊、世卫组织、联合国粮食和农业组织（FAO，粮农组织）、世界动物卫生组织（OIE）和美国疾病控制与预防中心（CDC）的大量文献后制订出来的。第四节是印度尼西亚案例情况，叙述当时的疫情，印度尼西亚政府为控制和预防在动物和人群中暴发禽流感过去和现在所采取的对策以及相关挑战。这个案例研究还叙述了印度尼西亚政府由最初拒绝向世卫组织提供病毒取样、到 2008 年初才决定向世卫组织的实验室提交禽流感病毒样本的全过程。第五节是结论。

## 二、世界卫生组织职能的演变

世卫组织的主要作用和责任包括“对事关卫生的重大问题予以领导……拟订研究课题……制订规则和标准并促进和监督其执行，阐明符合卫生规范、以根据扎实的政策选择；提供技术支持……以及监测卫生状况”。[5] 世卫组织是 1946 年创立的一个联合国专门机构，由于其作用在发生着巨大变化，《国际卫生条例》赋予它更多权限，而且最为重要的是全球卫生发展趋势对各国的内政、外交产生越来越大的影响，该组织正面临一场属性危机。世卫组织不仅是致力于全球卫生安全的唯一国际组织，而且是与几乎所有国家的卫生部都有密切联系的唯一机构，这使它成为维护和加强全球公共卫生安全的重要攸关方。

创建世卫组织所遵循的原则是“世界各国人民的健康乃是维护和平与安全的基本要素，它有赖于国家和个人之间最充分的合作”。[6] 在世卫组织的早期历史阶段，它主要关注改善发展中国家人民的卫生和健康，以促进发展中国家和发达国家的商业和经济都增长。《世界卫生条例》的前身制订于 1903 年，目的是在从事国际贸易的港口和船只上控制传染病蔓延。该条例最初文本只应用于霍乱和鼠疫，但到 1912 年和 1926 年，必须申报的疾病名单增列了黄热病、斑疹伤寒、

〔5〕 世卫组织，《世卫组织在公共卫生方面的作用》，网址：〈http：/www. who. int/about/role/en/〉。

〔6〕 世卫组织，《世界卫生组织章程》，2006 年 10 月，网址：〈http：/www. who. int/governance/eb/constitution/en/〉，前言。

回归热和天花。[7] 世卫组织成立后，其职责涵盖《国际卫生条例》，并独自拥有修订和实施《条例》的权利。除 20 世纪 60 年代后期和 70 年代初期世卫组织开展的消灭天花的大规模行动外，《条例》从未得到过成员国的全面执行或采纳，因为各国担心如果按照《条例》的清单报告天花或其他致命疫情，本国的货物和服务业会遭受经济损失或封锁。2003 年爆发的“萨斯”、艾滋病及禽流感问题促使世卫组织决定对《条例》再次进行修订，希望各国能够及时地执行和遵守这一法律框架，以增强全球公共卫生安全。

### 修订后的《世界卫生条例》

修订后的《世界卫生条例》于 2005 年 5 月 23 日获得通过，2007 年 6 月 15 日开始实施。鉴于该条例长期低效不力，少数成员国又不遵守，世卫组织以法律框架形式对此条例进行修订后，世卫组织在全球疾病监测和要求成员国按规定报告疫情方面拥有了空前的法定权威。修订后的《条例》对各种疾病采取全面覆盖风险的做法。各国必须申报可能引起国际社会关切的任何公共卫生紧急事态，包括由化学品、污染的食物和放射性物质引发的事态。修订后的《条例》还授权世卫组织总干事断定何时某种疾病已被认为是对全球公共卫生的威胁或处于紧急状态。

根据修订后的《条例》，各国必须在 24 小时之内向世卫组织通报国内出现此前未曾发生过的全球公共卫生威胁。这种快速通报机制旨在发生传染病疫情时鼓励成员国之间及时共享信息。2003 年印度尼西亚拒绝向世卫组织提供病毒取样时，修订后的《条例》尚未开始实施，但修改通报机制是为了防止各国采取类似行动，保护全球人民的健康。此外，还要求各国“具备、加强和保持国家公共卫生的核心能力”，建立《国际卫生条例》的国家归口单位，负责对公共卫生的风险和紧急情况作出评估、向世贸组织报告和快速应对。修订后的《条例》还要求世卫组织与成员国和相关国际组织共享非政府组织的数据资料，以利于对当前发生的公共卫生风险进行协调，妥善应对。“萨

---

〔7〕 M. Zacher，《九十年代以来全球卫生合作的演变》，eds F. C. Cooper，J. J. Kirton and T. Schrecker，《管理世界卫生》（Ashgate：Burlinton，Vt，2007 年），第 16—27 页。

斯”爆发期间，利用非政府组织的信息资料对世卫组织很有裨益。[8] 修订后的《条例》中对非政府组织的数据资料很重视，有助于加强世卫组织的“全球疫情预警和应对网”（GOARN），鼓励各国科学家和研究人员共享有价值的信息。[9]

修订后的《条例》反映了全球卫生状况的变化和世卫组织作用的变化。世卫组织《2007 年度的世界卫生报告》对全球公共卫生问题的审议完全出于安全方面考虑。[10] 修改《条例》的着眼点是加强国际公共卫生安全，按照世卫组织的说法，为此要仰仗加强各国对疾病的监测和应对机制，确保及时处理公共卫生方面的风险。[11] 2007 年 6 月，世卫组织为指导实施修订后的《条例》，发布了一套实施方针，提出各国必须完成的四项战略行动：一是“加强各国对疾病的监测、预防、控制和应对机制”；二是“加强旅行和运输中的公共卫生安全”；三是“加强世卫组织的全球预警和应对机制”；四是“加强对具体风险的处理”。[12]

修改后《条例》的实施计划要依靠建立配套、到位的公共卫生基础设施，而许多发展中国家尚不具备这些设施。世卫组织对遵守《条例》的国家或不肯遵守这项行动计划的国家缺乏激励或惩罚措施。更加重要的是，世卫组织没有提出各国如何解决承办项目的经费保障。菲利普·卡兰（Phillipe Calain ）在他 2007 年写的一篇文章里以威胁国家主权为由，谈及实施《条例》的种种障碍。他认为“对国家主权的明显威胁、含糊不清的国际卫生议程、缺少国际公认的疫情调查准则，以及国际机构公正性和独立性的削弱（主要指世卫组织）都对国

〔8〕 D. P. Fidler 和 L. P. Gostin，《新的国际卫生条例：国际法和公共卫生的历史性进展》，《法律、医药和伦理》杂志，34 卷第一期（2006 年春季），第 85—96 页。

〔9〕 世卫组织 2000 年 4 月创建了 GOARN。为使用政府和非政府的数据资料提供了就国际警示和应对行动进行技术合作的国际联络渠道。

〔10〕 世卫组织，《2007 年度世界卫生报告—更安全的未来：第二十一世纪的全球公共卫生安全》（世卫组织：日内瓦，2007 年），网址：〈http：/www. who. . int/whr/2007/en〉。

〔11〕 世卫组织，《全球合作应对公共卫生安全受到的威胁》（世卫组织：日内瓦，2007 年），网址：〈http：/www. who. int/whr/2007/overview/en/index2. html〉。

〔12〕 世卫组织，《国际卫生条例（2005）：实施条例的工作领域》（世卫组织：日内瓦，2007 年 6 月），网址：〈http：//www. who. int/csr/ihr/area _ of _ work/en〉。

际社会关于遵守《条例》的政治承诺产生了消极影响”。[13]

## 三、关于禽流感的背景

流感病毒分为三种类型：A、B 和 C。[14] 只有 A 型和 B 型流感病毒才会使人生病。A 型病毒可引发季节性流感，每年使世界大约 10%—20%的人口患病，并且会传染给其他动物。[15] 基于血凝素（HA）和神经氨酸酶（NA）两种表层蛋白质，此病毒又分为若干亚型。[16] 这些表层蛋白通过与宿主细胞蛋白的直接互动使病毒产生传染能力。这样，HA 和 NA 就主导了宿主范围、病毒特性及规避免疫力的程度。[17] 如果用这种分类法，A 型流感毒株是按照它们的 HA 亚型、NA 亚型先后顺序命名的，例如毒性很大的禽流感病毒的名称就是 H5N1。目前已知有 16 种 HA 亚型，9 种 NA 亚型。人类对 H5NI 没有免疫力，因为这种毒株原本只存在于野生鸟类和家禽之中。所以人容易受到感染。

野生鸟类是 A 型流感病毒的主要载体。野禽通常携带此病毒但无症状，而家禽如鸡、火鸡和鸭子则极易感染此类病毒，并在感染后出现严重症状，死亡率很高。H5N1 使人得的病在临床上比季节性流感危害更大。据世卫组织统计，已发生的 346 个 H5N1 病例中有 213

〔13〕 P. Calain，“探索全球公共卫生监测的国际舞台”，《卫生政策和计划》第 22 卷（2007 年），第 13—20 页。

〔14〕 流感病毒属于正粘液病毒科，呈球形或筒形，包裹在基质蛋白（M1）和膜蛋白（M2）的外膜内，带有 8 个节段负链核糖核酸 RNA 基因组。RNA 基因组与核蛋白和转录酶蛋白关联。流感病毒的 A、B、C 三个类型是由于它们的基质蛋白、膜蛋白和核蛋白各不相同所致。

〔15〕 世卫组织，《禽流感：食品安全问题》，2007 年 4 月 27 日，网址：〈http://www.who.int/foodsafety/micro/avian/en/〉。

〔16〕 依照 HA 和 NA 的组合，B 型流感病毒又细分为不同毒株而不是亚型，因为 B 型流感病毒不会引发类似 A 型流感的严重流行疫情。此外，B 型流感不发生抗原位移过程。然而，B 型流感能使人患重病和死亡。HA 和 NA 两者都是糖蛋白（这些蛋白带有含唾液酸的大型糖残基）并附着在病毒的外层包膜上。

〔17〕 术语“宿主范围”系指病原体能引发传染和疾病的物种范围。“规避免疫力”系指对某种新抗原（即来自带有变种的新流感病毒毒株的抗原）缺乏特定的抗体。

人死亡（见 9A. 1 列表）。[18] 迄今，总死亡率约为 60%，其中以 10—19 岁的人群死亡率最高。这种传染病在发病率和死亡率方面与 1918 年流感传染病相同，那场流感致死的人大多是 20—44 岁年龄段的年轻人。[19] 由于病例死亡率取决于报告病例数目，而并非所有的病例都报了，所以 H5N1 病例的实际死亡率永远不得而知。

**表 9A. 1 2003—2007 年全球感染 H5N1 的人数**

| 国别 | 2003 年 | | 2004 年 | | 2005 年 | | 2006 年 | | 2007 年 | | 总计 | |
|---|---|---|---|---|---|---|---|---|---|---|---|---|
| | C | D | C | D | C | D | C | D | C | D | C | D |
| 阿塞拜疆 | 0 | 0 | 0 | 0 | 0 | 0 | 8 | 5 | 0 | 0 | 8 | 5 |
| 柬埔寨 | 0 | 0 | 0 | 0 | 4 | 4 | 2 | 2 | 1 | 1 | 7 | 7 |
| 中国 | 1 | 1 | 0 | 0 | 8 | 5 | 13 | 8 | 5 | 3 | 27 | 17 |
| 吉布提 | 0 | 0 | 0 | 0 | 0 | 0 | 1 | 0 | 0 | 0 | 1 | 0 |
| 埃及 | 0 | 0 | 0 | 0 | 0 | 0 | 18 | 10 | 23 | 6 | 41 | 16 |
| 印度尼西亚 | 0 | 0 | 0 | 0 | 20 | 13 | 55 | 45 | 41 | 36 | 116 | 94 |
| 伊拉克 | 0 | 0 | 0 | 0 | 0 | 0 | 3 | 2 | 0 | 0 | 3 | 2 |
| 老挝 | 0 | 0 | 0 | 0 | 0 | 0 | 0 | 0 | 2 | 2 | 2 | 2 |
| 缅甸 | 0 | 0 | 0 | 0 | 0 | 0 | 0 | 0 | 1 | 0 | 1 | 0 |
| 尼日利亚 | 0 | 0 | 0 | 0 | 0 | 0 | 0 | 0 | 1 | 1 | 1 | 1 |
| 巴基斯坦 | 0 | 0 | 0 | 0 | 0 | 0 | 0 | 0 | 1 | 1 | 1 | 1 |
| 泰国 | 0 | 0 | 17 | 12 | 5 | 2 | 3 | 3 | 0 | 0 | 25 | 17 |

〔18〕 这些数字取自 2007 年发表的世卫组织最后报告。世界卫生组织，“向世卫组织报告的确认禽流感病例累计人数”，2007 年 12 月 28 日，网址：〈http: //www. who. int/csr/disease/avian _ influenza/country/cases _ table _ 2007 _ 12 _ 28/en〉。

〔19〕 J. K. Taubenberger 和 D. M. Morens，《1918 年的流感：所有传染病的源头》，《新出现的传染病》（Emerging Infectious Disease），第 12 卷第 1 期（2006 年 1 月）第 15—22 页。

| 国别 | 2003 年 | | 2004 年 | | 2005 年 | | 2006 年 | | 2007 年 | | 总计 | |
|---|---|---|---|---|---|---|---|---|---|---|---|---|
| | C | D | C | D | C | D | C | D | C | D | C | D |
| 土耳其 | 0 | 0 | 0 | 0 | 0 | 0 | 12 | 4 | 0 | 0 | 12 | 4 |
| 越南 | 3 | 3 | 29 | 20 | 61 | 19 | 0 | 0 | 8 | 5 | 101 | 47 |
| **总计** | **4** | **4** | **46** | **32** | **98** | **43** | **115** | **79** | **83** | **55** | **346** | **213** |

C=病例数；D=死亡数。

**资料来源：**世卫组织“向世卫组织报告的确认禽流感病例累计人数”2007 年 12 月 28 日，〈http：//www. who. int/csr/disease/avian _ influenza/country/case _ table _ 2007 _ 12 _ 28/en〉。

对人的流感病毒和禽流感 A 型病毒的主要关切是这些病毒能够迅速改变和调整它们的基因组，从而扩大宿主范围。这种情况以两种方式进行。第一种方式是，通过所谓的“抗原漂移”（antigenic drift）选择，变异的逐渐积累，实现对宿主免疫反应的规避。[20] 第二种方式是“抗原位移”（antigenic shift），即通过中间宿主发生人和动物流感病毒重组。[21] 流感病毒可以感染的物种很广泛，包括人、鸟、猪、马和海洋哺乳动物（如海豹）。如此广泛的感染范围，一旦出现机会，就会为产生新的流感病毒毒株提供大量亚型组合。这种情况在亚洲许多地区普遍存在，那里的家禽和家猪饲养区可能靠得很近，并且会接触到带有 H5N1 病毒的候鸟排泄物及带有人流感亚型病毒的饲养人员。一般认为，猪是高致病性流感亚型病毒的中间载体。对于正出现的流感病毒毒株必须予以密切跟踪，进行迅速病情监测和通报，因为会发生亚型组合，产生对人类具有毒性很大的新病毒毒株，在人和人之间迅速传播。

人感染 H5N1 病毒的最早文件记载是 1997 年发生在香港的病

〔20〕“突变”是基因组复制过程中核苷的普通和随意的错误组合。这种现象更多地发生在带有核糖核酸的病毒中。“选择”是指达尔文的物竞天择说，揭示弱势的病毒粒子被宿主的免疫反应选中并排斥或者是通过产生有缺陷的粒子。

〔21〕发生流感病毒重组是由于基因组的节段性质：节段可以和相似的节段结合——甚至与不同种类流感病毒或宿主种类的基因节段结合——从而产生不同的 HA 和 NA 亚型变异体。

例，共有 18 人被传染。[22] 那次疫情爆发是由于直接接触被传染的家禽所致。为应对疫情在人群和家禽中蔓延，三天之内扑杀了 150 万只家禽，以防止对人的进一步传染。这次重大战略行动在香港扑灭疫情之后，直至 2003 年 H5N1 才又在东南亚爆发。人得了季节性流感会有大约 2—3 天的潜伏期。然而目前的数据资料表明，人感染 H5N1 的潜伏期是 2—16 天。由于 H5N1 是新出现的传染病，尚缺乏相关的数据资料，且对人和其他动物界的症状也知之不多，这就使对 H5N1 病例的诊断复杂化，因为以往患者的症状范围很多，从高烧、腹泻、呕吐和类似流感的症状直至急性脑炎。奥斯他韦之类抗病毒药物减少病毒复制和提高生存率的效力都有限，因为这种药品须在患病后的 48 小时内使用，而大多数情况下对此病的发现和诊断往往晚于这一时段。

## 首要和次级预防措施

世卫组织 2005 年关于应对禽流感威胁的《战略行动计划建议》指出，发生禽流感传染病的所有指标都已具备，就差 H5N1 病毒在人和人之间的有效传播能力。[23] 虽然已知在印度尼西亚发生过一例家庭成员之间的传染，但该病毒的目前毒株在人和人之间的传染并没有持续性。人与人之间的 H5N1 传染性可能会基因重组得到提升，这种重组是在人和鸟类共同感染时或通过逐步适应演变进程使它们的基因物质得以互换。为防止人类感染 H5N1，各国应当首先致力于在动物中控制此传染病，然后防止人们可能遭致这种病的行为。

然而，由于发展中国家的公共卫生基础设施差和疾病监测机制薄弱，这一尽量减少人们接触鸟类和排泄物的主要对策难以实施。此外，许多旨在控制 H5N1 病毒的预防性措施要求彻底改变大量饲养和宰杀家禽的方式。这在东南亚的农村居民当中一直很难以实现，因为家禽是他们收入和食物的主要来源。东南亚各国政府，尤其是印度尼西亚政府，没有能力给农民补偿被扑杀的家禽。资金困难是动物疾病防控的一大障碍。结果是农民往往不愿意向政府官员报告家禽的疫

〔22〕 世卫组织，(同注释〔10〕) 第 46 页。

〔23〕 世卫组织，《应对禽流感威胁：推荐的战略行动》，(世卫组织：日内瓦，2005 年)。

情。况且在家鸭当中一直没有存在 H5N1 病毒的迹象或患病的症状。

抗拒扑杀家禽有时会被强力压制，由军队和警察执行扑杀。其结果是当村民得悉当地下达了扑杀令后，一些人为了避免损失就把他们的鸡隐藏起来，或马上到市场去卖掉。制止传染病蔓延的根本问题是，许多地区人们缺乏关于 H5N1 及如何预防其传染的知识。

预防家禽感染禽流感，需要建立公共卫生基础设施，采取现有的生物安全（bio-safety）和生物安保（bio-security）措施，以阻断病毒的传播。[24] 首要的防控措施包括各种规模的家禽生产，从所谓的一级大型公司到四级小型散户庭院饲养和“农贸市场”（即露天食品市场）。这些举措包括例行察看家禽是否有生病迹象，符合卫生要求的宰杀方式，定期清洗笼舍和运输设施中的粪便污物以及开展群众性教育活动推广生物安全措施。一旦发现禽流感病毒，建议在家禽感染的初期即采取扑杀的方法。这种方法包括在家禽受感染的地方划分为三个区域，并在距离发现疫情地方最近的一区和二区内扑杀全部家禽。为有效配合实行这一措施，必须对被宰杀家禽的业主予以一揽子补偿。这些行之有效的防控禽流感蔓延的最佳实践指南适用于发达国家，但并不一定适用于发展中国家。

然而根据粮农组织和世界动物卫生组织最新编制的《预防和控制高致病性 H5N1 禽流感全球战略》，在禽流感流行的国家，经验表明扑杀被感染的家禽群体只能短期内缓解疫情。[25] 养殖场的疫病处理做法和高风险的销售活动需要作出适当调整，以规范禽类经过活禽市场不受控制的流动。

接种疫苗是控制感染 H5N1 禽流感家禽数量的备选次级预防措施，但近来对这一举措的效果有争议。2007 年 3 月 22 日，来自国际动物卫生组织、农粮组织和意大利禽流感国家实验室（IZSVe）的

[24] 参见 F. Kuhlau 的《应对生物威胁：欧盟管理生物材料、技术和知识的手段》，SIPRI 政策文件第 19 期（SIPRI：斯德哥尔摩，2007 年 8 月），网址：〈http://books.sipri.org/〉。“生物安全”（Bio-safety）系指处置病原体时的安全，而“生物保安”（Bio-security）是指放置病原体和其他敏感材料的设施的安全。

[25] 联合国粮食和农业组织（FAO）和世界动物卫生组织（OIE），《预防和控制 H5N1 高致病禽流感全球战略》（FAO：罗马，2007 年 3 月），网址：〈http://www.fao.org/avianflu/en/〉。

400 位专家在意大利的韦罗纳出席由欧洲委员会资助的一次会议上，审议了当前各国进行的接种疫苗项目，目的是提出最好的行动指导。会议建议在禽流感也已流行的埃及、印度尼西亚和尼日利亚对家禽接种禽流感疫苗。国际动物卫生组织说："疫苗接种活动能否卓有成效主要取决于使用符合国际动物卫生组织标准的优质疫苗，能确保快速和安全运送疫苗的基础设施（冷藏链），跟踪已接种疫苗的禽群的情况，控制家禽的流动以及充分的资金保障。"〔26〕对已染病或可能染病的动物进行大规模疫苗接种的项目除了耗资不菲之外，其成功率还需要有完善的公共卫生基础设施和兽医人员。而这些条件在流行禽流感的印度尼西亚和其他国家都并不具备。

尽管缺乏可验证效果的数据，发达国家还是竭力主张对家禽接种疫苗，因为这样做可以获得更多的数据进行量化评估。此外，这比强调改变长期行为却不能获得量化成果的做法，不失为是个更加容易看得到的积极举措。控制和预防禽流感不能单纯依赖疫苗，认为接种疫苗可以"立竿见影"“。如果疫苗接种计划实施不力，未能使用最新优质疫苗，并进行严密的监测，实际上反而会加速病毒变异。世卫组织驻马尼拉代表皮特·科丁勒（Peter Cordingley）说："疫苗接种有时会导致由无症状禽类悄悄扩散疫情。大规模的疫苗接种活动使人们从一个饲养场到另一个饲养场在农村地区广泛流动，会把疫病随之四处传开。首要的应对措施必须是扑杀。"〔27〕另外，由于这些接种会掩盖已感染动物的症状，从而使目前监测健康的和患病的家禽兽医机制复杂化。鉴于接种疫苗不能完全消灭禽群中的病毒，也就不能消灭一个地区或国家内的病毒，有些国家甚至禁止这种做法，因为它会干扰以扑杀方法彻底消除感染地区的疫情。〔28〕

〔26〕 M. Zampaglipone,《家禽接种疫苗和其他疾病控制的措施相结合抗击 H5N1：韦罗纳国际会议审议疫苗接种办法》，2007 年 3 月 22 日世界动物卫生组织新闻公报，韦罗纳，网址：〈http：//www. oie. int/eng/press/en _ 070322. htm〉。

〔27〕 J. Parry,《给家禽接种预防禽流感疫苗反而造成疫病蔓延》，《英国医学杂志》第 331 卷（2005 年 11 月 26 日），第 1223 页。

〔28〕 M. Z. Saad,《观点：采取能够消灭禽流感的恰当举措》，2007 年 7 月 9 日《新海峡时报》。

## 四、个案研究：印度尼西亚

目前印度尼西亚是在人和家禽当中都发生 H5N1 禽流感的热点地区。截至 2007 年 12 月，在发生人感染 H5N1 的国家里，印尼的病例最多，死亡率最高，约为 81%。[29] 各国科学家和传染病学家仍在努力研究为什么印尼的病例死亡率与其他国家相比如此之高，如中国是 63%、泰国是 68%、越南仅为 47%。比高死亡率更令人诧异的是，报告的病例中有几例是家庭集体感染 H5N1。2006 年 5 月 18 日，世卫组织记录在案的最大一宗家庭集体 H5N1 病例是印尼一家 4 户 7 人受感染。这表明 H5N1 在人和人之间是传染的。据说是第一个人因接触了病禽而受传染，尔后陆续传染给这家的其他 6 名成员。[30] 世卫组织和国际社会对印尼的疫情十分关切，因为这些科学上的异常现象，以及如果假定病毒发生变异，印尼就会成为新组合毒株的发源地。印尼除了是禽流感全球扩散的中心传染源，还被本附录选定为案例研究对象，因为该国政府声明不赞同世卫组织的病毒共享项目，理由是它认为发达国家和发展中国家不能公平地获得流感疫苗。

印尼发生 H5N1 始于 2003 年年中，起源于万丹和卡瓦（BANTEN 和 KAVA）省。疫情迅速蔓延到爪哇各省，该国农业部 2004 年 1 月对外公布了 H5N1 的爆发。虽然世卫组织、世界动物卫生组织和粮农组织主张应对 H5N1 禽流感爆发的首要措施是扑杀家禽，但印尼政府不打算这样做，因为爪哇是印尼的家禽饲养业中心（占全国禽类的 60%），且无法补偿农民为此而遭受的经济损失。于是印尼政府在 2004 年初对全部四级养殖场启动大规模接种疫苗行动，试图控制疫情。然而由于缺乏足够疫苗，缺少运输和管理疫苗的必要设备、设施和人员，以及运行资金不足，此行动以失败告终。这种仓促上马的疫苗接种做法使疫情更加严重，现在印尼全国 33 个省份中有 30 省内流行禽流感。[31]

---

〔29〕 本节的数据源自表 9A.1。

〔30〕 WHO,《H5N1 禽流感大事记》, 2008 年 1 月 28 日，网址：〈http://www.who.int/csr/disease/avian_influenza/timeline2008_01_30.pdf〉。

〔31〕 FAO,"印度尼西亚加强当地认知抗击禽流感", 2007 年 7 月 26 日，网址：〈http://www.fao.org/newsroom/en/news/2007/1000631〉。

印尼是个群岛国家，由 6000 多个有人居住的岛屿组成，总人口 2.2 亿，[32] 其中一半以上居住在 H5N1 猖獗的爪哇地区。印尼的家禽养殖业雇用约 1000 万人，他们饲养着 13 亿只鸡，广泛分布在 3000 万个农家院，每天有 13000 只鸡在农贸市场出售。[33] 这种广泛的禽类饲养业和贸易方式为 H5N1 病毒的繁殖提供了理想条件。人和动物的卫生医疗部门极为分散，几乎无国家管理可言。400 多个地区各自处理卫生和农业方面的需求。1997—1998 年亚洲金融危机之后，国营兽医站大幅度减少，使一些岛屿和省份没有任何受过培训的政府兽医。印尼公共卫生基础设施的不集中管理状态严重影响了国家的疾病监测和报告机制以及印尼人民的健康。许多地区缺乏疫情报告和监测能力，而目前的传染病监测系统运行起来又很费钱。联合国常驻印尼顾问 Peter Roeder 说："印尼没有切合实际的系统计划，整个局势一团糟。"[34] 更有甚者，发现病疫案情的信息又往往不准确，因为在 H5N1 流行的地区也是其他呼吸道疾病的高发区，其初期症状与禽流感很相似。

2006 年 3 月 7 日，印尼控制禽流感和防范传染性流感全国委员会启动了国民教育活动，开展关于禽流感的群众性公共卫生教育。此项教育活动强调人们可自行采取各种有效方法减少感染 H5N1 病毒的危险，诸如尽量不接触患病的动物，采用卫生和正确的屠宰方式，以及定期清洁笼舍和市场设施等。对这一教育活动的效果尚无正式评估，但没有充分证据说明传说印尼公众一贯缺乏关于 H5N1 及预防人感染禽流感的知识。[35]

---

〔32〕 联合国人口基金会（UNFPA），"Indonesia"，网址：〈http：//www.unfpa.org/profile/indonesia.cfm〉。

〔33〕 D. Butler《印度尼西亚控制禽流感疫情的斗争》《自然》杂志（Nature）2007 年 10 月 13 日，第 937 页。

〔34〕 D. Butler，《疾病监测需要变革》，《自然》杂志（Nature）2006 年 3 月 2 日，第 6—7 页。

〔35〕 O. Thieme，2007 年 6 月 27—29 日在罗马举行高致病禽流感和人感染 H5N1 问题技术研讨会的背景文件。对公众进行关于 H5N1 的基本教育应当是印度尼西亚政府首先和主要的关注点，然而 2007 年 6 月 14 日印尼的禽流感全国委员会宣布拟实行更有力的疫苗接种计划，以控制 H5N1 疫情。《印度尼西亚控制禽流感和防范传染性流感全国委员会新闻公报》，2007 年 6 月 14 日，网址：〈http：//www.komnasfbpi.go.id/news_june14_07.html〉。

自2006年年中以来，为弥补因为不集中管理所形成的缺少国家级和地方级兽医站的状况而采取的利用当地人知识和社区能力的措施取得了一些进展。粮农组织流行病学家研究了两种办法：参与性流行病学和参与性监测，用以动员当地农民参与协助跟踪和监测禽流感。这种办法过去称为“参与性疾病监测和应对”（PDS/R），粮农组织90年代初在非洲采用此方法开展《根治全球牛瘟项目》取得了成功，那里兽医体制也很落后。让当地居民参与疾病监测的办法有助于不断加强当地对H5N1的认识及处理能力，控制家禽中的病毒。印尼兽医界欢迎这个项目，因为个体饲养的农家和地区的数量太多，而人力又不足，实在跟踪和监测不过来。如果没有一套健全和最基本的公共卫生基础设施，任何先进高科技疾病监测系统都不可能有效地运行。印尼就是个最好的例子，表明科学家去6000多个有人居住的岛屿跟踪13亿只鸡、、编制准确数据并提交报告，其难度究竟有多大。“参与性疾病监测和应对”（PDS/R）的技术问题经过恰如其分的评估后，应可成为对发达国家和发展中国家都有用的手段，使它们与本国人民协力健全本国的疾病监测机制。

美国国际开发署（USAID）、澳大利亚国际开发署（AusAID）和日本政府提供了1000多万美元资助印尼的PDS/R项目。[36] 然而国际资助的很大一部分款项在发展中国家是用于现代疫情监测技术和高端实验室。美国国防部建议按照美国的传染病实验室网络模式建立高科技实验室。建造这类实验室的背后动机是改进美国的早期预警系统。指导法国食品安全部门的首席流行病学家马克·萨维（Mark Savey）对可能依赖于现代疾病监测技术进行传染病跟踪和控制告诫说：“你无需使用卫星、聚合酶链反应（PDR）和地理学信息系统去对付疾病的爆发。实验室的首要任务应当是组建由当地人员参加的大型团队，因为他们熟悉当地的情况和做法。如果没有这样的团队，监测将是停滞在中世纪。”[37] 接受国际援助的国家随之会遇到相当大的压力要求其配合未必符合本国优先考虑的外国工作计划。

〔36〕 FAO，（同注释〔31〕）。

〔37〕 Butler，（同注释〔34〕）。

## 关于共享禽流感病毒样本的辩论

2006 年 12 月，印尼政府扣留了世卫组织提供的病毒样本，理由是流感疫苗的分配不平衡，特别是由在印尼采集的病毒样本制成的疫苗。50 多年来，全球流感监测网络采集病毒样本供各国科学家跟踪病毒的变异情况并确定传染风险。印尼政府要求疫苗的研制须事先征得发现该病毒国家的同意，并且向流行 H5N1 的国家商定提供折价的疫苗。印尼政府引用 1992 年的《生物多样化公约》，该公约规定如果一国的基因资源被其他国家利用，则该资源国应分享得益。[38] 世卫组织为推动印尼恢复与之共享病毒样本，提出了几项改进获取疫苗的建议，并把日本和美国捐助的 1800 万美元赠与六个国家（巴西、印度、印度尼西亚、墨西哥、泰国、越南）开发本国的疫苗生产，从而促进本国的自主开发能力。[39] 知道开发疫苗可带来巨额利润的不仅是制药公司，还有全世界受 H5N1 影响的各国科学家和政府也都十分清楚这是个有利可图的机会，因此各国都要求共享病毒基因组合。印尼科学院的 Sangokt Marzukki 教授说，该科学院为了赚钱曾经考虑不与其他方面分享他们的数据资料，自行开发疫苗和药品并获取更多的知识产权使用费，但它最终为了人类的根本利益还是屈服于国际压力。[40]

2007 年 3 月 26 日，印尼卫生部长苏帕里（Siti Fadillah Supari）与世卫组织高级官员就病毒样本共享计划的国际协议进行了两天会谈后，同意恢复与世卫组织共享病毒样本。[41] 2007 年 5 月 15 日，世卫组织总干事陈冯富珍博士在世界卫生大会第 60 届年会闭幕词中承认《国际卫生条例》修订后她在维护国际卫生安全方面的责任更大了，

---

〔38〕 M. Enserink，《印度尼西亚在世界卫生大会获得流感问题协定》，《科学》杂志（Science）2007 年 5 月 25 日，第 1108 页。《生物多样化公约》于 1992 年 6 月 5 日签署，1993 年 12 月 29 日生效。关于该公约，参见网址：〈http：//www. cbd. int/convention〉。

〔39〕 世卫组织，《世卫组织促进流感疫苗技术向发展中国家转让》，2007 年 4 月 24 日，网址：〈http：//www. who. int/mediacentre/news/notes/2007/np18/en〉。

〔40〕 A. Rukmantara《禽流感数据资料现在全开放》，2007 年 7 月 13 日，《雅加达邮报》。

〔41〕《各方达成协议结束了禽流感病毒样本的争吵》，2007 年 3 月 28 日，《雅加达邮报》。

并提请成员国履行共享流感病毒决议案规定的各项义务。[42] 印尼流感病毒共享问题的僵持促成了《为增加疫苗供应的全球传染性流感行动计划》文件，此文件系关于流感疫苗的共享，保证发生流感疫情时可公平和购买得起地共享疫苗。[43] 可是这个建议草案含糊不清，没有明确的行动计划使世卫组织能够实现所宣布的目标。由于含糊不清和缺少可衡量的目标，2007 年 8 月印尼官员宣布他们拟再次扣留病毒样本，除非建立正式机制保障公平获得由共享样本开发出来得疫苗。2007 年 8 月 6 日，世卫组织副总干事海曼（David Heymann）说，“印度尼西亚把全世界的公共卫生安全置于危险境地，因为它们不愿共享病毒”。[44] 11 月 23 日，世卫组织和印尼官员的会谈未果，双方仍然不能就可接受的禽流感病毒共享计划达成协议。[45] 但 2008 年初印尼在“得到确认它有权获得由印尼提供的禽流感病毒开发出的任何疫苗的保证”后，向世卫组织送去了 12 份此病毒样本。[46]

虽然艾滋病毒和禽流感 H5N1 病毒之间有很大不同，但这两种病毒都引发了关于疫苗研究和开发伦理问题的激烈辩论。艾滋病迫使世卫组织用世界贸易组织主管的知识产权和贸易法的框架处理公共卫生、疾病和疫苗问题。印尼拒绝流感病毒共享的惯用机制，进一步迫使世卫组织应对知识产权问题，使其处于十分为难的地位，更加影响了世卫组织肩负的最大程度保障全人类健康的首要使命。

制药公司和科学家们都很有兴趣和意愿在印尼加大投入，以获取该病毒的最新变异。要使疫苗成功地对特定人口产生免疫力，则必须使用流感病毒的最新毒株研制疫苗。美国医药百特国际有限公司

---

〔42〕 世卫组织，《向第六十届世界卫生大会所致的闭幕词》，2007 年 5 月 23 日，网址：〈http：//www. who. int/dg/speeches/2007/230507 _ closing/en/〉。

〔43〕 传染性疾病研究和政策中心，《印度尼西亚暂时继续扣留病毒样本》，2007 年 8 月 9 日，网址：〈http：//www. cidrap. umn. edu/cidrap/content/influenza/panflu/news/aug0907indo nesia. html〉。

〔44〕 传染性疾病研究和政策中心（同注释〔43〕）。

〔45〕 传染性疾病研究和政策中心，《世卫组织小组未达成病毒样本共享协议，但将继续努力》，2007 年 11 月 26 日，网址：〈http：//www. cidrap. umn. edu/cidrap/content/influenza/avianflu/news/nov2607pact. html〉。

〔46〕《印度尼西亚恢复向世卫组织官员提供禽流感病毒样本》，法新社，2008 年 2 月 23 日。

(Baxter Healthcare International Inc.) 的瑞士子公司 Baxter Healthcare SA 于 2007 年 7 月在新加坡和香港进行一种疫苗的临床试用，此疫苗就是由印尼提供的病毒毒株研制出来的。这些临床试用是百特公司与印尼政府在 2007 年 2 月达成协议的一项内容，据此，百特公司提供疫苗开发的技术设备和协助，换取印尼境内人和家禽感染后的最新病毒标本。[47] 西提称，能够与百特公司达成此协议是因为“它是唯一愿意生产针对印尼特定禽流感病毒人用疫苗的公司”。[48] 对百特公司与印尼政府的这项协议是存在争议的，协议进一步加剧了世卫组织、生产商、政府和研究人员之间在保护知识产权问题上的紧张关系。

## 五、结论

公共卫生部门和世卫组织将继续受到国内和国际在加强生物保安和生物安全方面不断增长的兴趣和投入的影响。对全球公共卫生的讨论越来越多地使用关于安全这一提法，传染性疾病诸如禽流感和“萨斯”已在 2004 年被联合国安全理事会贴上了“威胁全球卫生安全”的标签。公共卫生和国家安全是相互影响的关系，因为公共卫生可通过加强安全得以改善，同样，安全也可以因纳入公共卫生问题而得到提升。全球化进程改变了全球卫生的治理结构，引进了新的行为体和关注方，这是由于卫生问题已上升为一个外交政策问题。这对世卫组织有巨大影响，它本来就是管理全球卫生最早的组织，是作为附属于联合国的一个专门机构而创建的。世卫组织感到来自各国政府和其他国际组织越来越大的压力，要求其提升早期预警系统和疾病监测机制，实现全球公共卫生安全，保护世界人民免遭“萨斯”和日益显见的禽流感等可怕传染病的荼毒。

各国不能只依靠扑杀、屠宰或接种疫苗的办法，而必须有预防 H5N1 禽流感的全面规划，其中包括各种实证有据的预防措施来解决这个问题。改进生物安全的措施要比大规模接种疫苗省钱，虽然这要

〔47〕“Baxter 公司将为印度尼西亚开发禽流感疫苗”，《雅加达邮报》，2007 年 2 月 8 日。

〔48〕“Baxter 公司将为印度尼西亚开发禽流感疫苗”（同注释〔47〕）。

求人们改变行为方式，相当耗费时光，而且不会得出立竿见影或易衡量的评估结果。

可是，这里必须提出的问题是，这种安全化的提法是否是全球公共卫生理念化的最佳方式，因为各国对优先安全问题各有各的看法，正如印度尼西亚和世卫组织之间就共享流感病毒一事进行的争论所例示的那样。修订后的《国际卫生条例》要求成员国大力加强其疾病监测系统，这就反映了全球公共卫生的安全化。世卫组织并未提出或正式指导各国在应对禽流感这类潜在传染病而加强疾病监测技术能力的同时，应如何在当前种种公共卫生威胁之间分配资金的重点主次。未来人们可以看到世卫组织能否在实施《条例》时继续保持公正和中立。如果世卫组织不能对发展中国家和发达国家都证明其信誉，它就会丧失其作为全球卫生国际领导组织的地位，全球公共卫生则更会受各个国家的外交政策所左右。

（李长和　译）

# 第十章 常规军备控制

兹希洛·拉霍夫斯基

## 第一节 导 言

2007年，常规军备控制尽管在一些领域取得了积极进展，但同时也出现了许多麻烦的事态发展。对《1990年欧洲常规武装力量条约》（简称欧常裁条约，CFE）而言，最大的挑战当属俄罗斯联邦“暂停”执行这一军控机制。[1] 这就使得人们不得不对欧洲军备控制的现状进行重新思考。欧常裁条约军备控制机制的削弱在外高加索地区引起了不平静的反应，而在摩尔多瓦，俄罗斯人员和装备的撤出继续陷于僵局。与上述情况不同的是，关闭俄罗斯在格鲁吉亚的军事基地以及其他设施的2005年俄格协议仍继续执行，在巴尔干地区建立军备控制机制的努力进展顺利。在欧洲以外的世界其他地区，南、北朝鲜关于在共同边界建立信任措施的谈判于2007年重新开始。[2]

2007年，欧洲安全与合作组织（OSCE）参加国继续就制定信任与安全措施及其他有关军控安排开展工作，以期能够更有效地应对整个欧洲地区及次地区面临的风险和挑战。在全球范围内，处理“非人

---

〔1〕 关于2006年以前的欧洲常规军备控制的情况参见前几年出版的《SIPRI年鉴》（斯德哥尔摩国际和平研究所年鉴）有关章节。

〔2〕 2007年10月，韩国总统卢武铉在访问朝鲜期间与朝鲜领导人金正日签署声明，其中有一节专门提到建立信任措施（CBMs）问题。双方保证通过对话和谈判结束军事对抗，减少军事紧张和冲突。关于南北朝鲜建立信任措施的讨论，参见Z. 拉霍夫斯基文章："在朝鲜半岛建立信任的手段"。（SIPRI/安全研究中心，ETH Zurich。斯德哥尔摩/苏黎士2007年），网址：〈http://www.korea-cbms.ethz.ch/〉。

道武器”方面继续取得进展。2006 年发起的关于消除集束弹药的国际“奥斯陆进程”势头强劲。

在回顾上述及其他有关问题时，本章着重评估与 2007 年常规军备控制有关的一些重大事态发展。第二节对围绕欧常裁条约出现的危机进行简要陈述，分析 2007 年所发生的重大事件，俄罗斯“1999 年伊斯坦布尔承诺”的状态，以及危机对欧洲低强度冲突的影响。同时对在前南斯拉夫这一次地区的军备控制的事态发展也进行了回顾。第三节论述在欧洲安全与合作组织领域内进行的与军备控制有关的促进信任、提供援助和增强可预见性的种种努力。地雷与集束弹药问题放在第四节作--介绍。第五节提出结论。

**表 10.1　1999—2006 年期间与 1990 年欧常裁条约有关的主要事件**

| 年份 | 事　件 |
|---|---|
| 1999 | 《欧洲常规武装力量条约修改协议》签署。 |
| 2000 | 白俄罗斯与乌克兰批准《修改协议》。<br>乌拉尔以外地区的装备。俄罗斯正式遵守 1991 年 6 月 14 日作出的在乌拉尔以东地区将 14500 枚条约限制的装备（TLE）销毁或改作他用的保证。1996 年曾允许俄罗斯用应该销毁的装甲战车替代一些计划销毁的主战坦克，并在以后消除其坦克的不足。2003 年年中，俄罗斯与哈萨克斯坦一起完成了对剩余超额坦克的销毁工作。 |
| 2001 | 第二届欧常裁条约审议会召开，会议特别强调未计入的条约限制的装备问题。<br>从格鲁吉亚撤兵。在俄罗斯最初从格鲁吉亚的军事基地撤出后，俄罗斯与格鲁吉亚在俄尚未撤出的基地问题上出现争执，此后一直陷入僵局。<br>从摩尔多瓦撤兵。俄罗斯已撤出其条约限制的装备，但未能在 2002 年年底以前撤出其军事人员，也未能处理其库存弹药装备。自 2004 年以来，俄罗斯未曾有过任何撤军行动。 |
| 2002 | 侧翼地区兵力部署限制出现争执。俄罗斯提出数据，表明其已经减少条约限制的装备数量（1999 年由于俄罗斯加强在车臣的部队而提高了装备数量），现在俄已经遵守《修改协议》的有关条款（此协议尚未生效）。然而，俄罗斯自 1999 年 5 月 31 日以来事实上一直违反《1996 年侧翼地区限制兵力部署协议》。 |

| 年份 | 事　件 |
|---|---|
| 2003 | 哈萨克斯坦批准《修改协议》。 |
| 2004 | 北约新成员国。爱沙尼亚、拉脱维亚、立陶宛和斯洛文尼亚等非“欧常裁条约”缔约国加入北约（NATO）。俄罗斯谴责称，这将使其与波罗的海国家的边界上出现一个“法律黑洞”。北约保证不在其新成员国领土上部署条约限制的装备。随着保加利亚和罗马尼亚加入北约，俄罗斯感到面对扩大的北约，其在常规军备方面越来越处于劣势。<br>俄罗斯批准《修改协议》。 |
| 2005 | 从格鲁吉亚撤兵。格鲁吉亚与俄罗斯达成协议，俄将于 2008 年完全撤出军队并关闭基地。 |
| 2006 | 第三届欧常裁条约审议会召开。俄关于临时实施《修改协议》的建议未被接受。 |

欧洲常规武装力量条约＝CFE；北大西洋公约组织＝NATO；欧洲常规武装力量条约限制部署的装备＝TLE

**资料来源：**SIPRI 年鉴 2000—2007

## 第二节　欧洲军备控制

《1999 年欧洲常规武装力量条约》显然是世界上最完备的军备控制机制。[3] 它被称作欧洲安全的基石，为消除来自欧洲的大规模军事进攻，在这一地区提高信任度、透明度并提供相互保证作出了重大贡献。欧常裁条约进程还激励了巴尔干和中亚的军备控制解决办法。

欧常裁条约是建立在北约（NATO）与现在已不复存在的华沙条约组织在从大西洋到乌拉尔条约实施区域内保持力量均衡的两极概念的基础上的。它对两大集团国家的主要种类的重型常规军备与装备设置了上限（条约限制装备，TLE）。《1999 年欧常裁条约修改协议》

〔3〕关于《欧洲常规武装力量条约》案文的摘要及缔约国名单见本卷附件 A。条约原文及议定书可查阅，网址：〈http：//www. osce. org/item/13752. html？html＝1〉。

则放弃了两极概念。[4] 一旦生效，它将：（1）引入以国家和领土限额为基础的一个全新的军备控制机制，《协议议定书》为各国规定了具有约束力的限额；（2）加强了其条款的核查能力；（3）《修改协议》机制向还不是 1999 年欧常裁条约缔约国的欧洲国家开放。《修改协议》未能生效，因为北约成员国和其他缔约国在俄罗斯没有履行其在 1999 年欧洲安全与合作组织伊斯坦布尔首脑会议上所做的承诺之前拒绝予以批准。[5] 在 30 个欧常裁条约签署国中，只有白俄罗斯、哈萨克斯坦、俄罗斯和乌克兰批准了《修改协议》。[6] 为此，原来的《欧洲常规武装力量条约》及其各方同意的相关文件和决定继续对所有签署国具有约束力。

### 处于十字路口的欧常裁条约

在《1999 年修改协议》签署后的头 7 年中，其生效所需的进展微乎其微。北约和俄罗斯都一再保证为批准该协议“进行合作”。它们就一些难点达成了协议（见表 10.1），但是在执行“伊斯坦布尔承诺”，特别是俄罗斯与格鲁吉亚、摩尔多瓦有关问题上的主要分歧依然存在，其结果欧常裁条约进程搁浅。

#### 俄罗斯的摊牌行动

2006 年俄罗斯在处理与北约的关系中采取了新的做法。经过多次劝说北约成员国批准《修改协议》无效后，俄罗斯提出了另外的论

〔4〕《欧常裁条约修改协议》摘要与签署国名单见本卷附件 A。协议文本见，网址：〈http：//www. osce. org/item/13760. html? html=1〉。《欧常裁条约修改协议》的修改内容请参阅《SIPRI 年鉴 2000：军备、裁军和国际安全》（牛津大学出版社，牛津，2000 年），第 627—642 页。

〔5〕 伊斯坦布尔首脑会议声明，伊斯坦布尔，1999 年 11 月 17 日，第 15—19 段。《欧洲常规武装力量条约》缔约国会议最后文件，伊斯坦布尔，1999 年 11 月 17 日，附件 14；上述文件复制于《SIPRI 年鉴 2000》第 642—646 页（同注释〔4〕），欧安组织《1999 年伊斯坦布尔文件》（欧安组织：维也纳 2000 年）。见网址：〈http：//www. osce. org/item/15853. html〉，第 46—54、236—259 页。迄今为止，俄罗斯未能履行以下伊斯坦布尔承诺：（1）关闭俄罗斯在格鲁吉亚阿布哈兹的古道塔基地；（2）从摩尔多瓦的德涅斯特河两岸地区全部撤出俄罗斯军队和弹药；（3）消除俄在德涅斯特河两岸地区的弹药储存和军事装备。此外，欧常裁条约缔约国尚未就如何对待俄罗斯在格鲁吉亚和摩尔多瓦的维和部队一事达成一致。

〔6〕 但是乌克兰至今还没有向条约保存国提交协议批准书。

据，称原来的欧常裁条约机制已越来越不适应政治与战略现实。这些说法已得到了一些担心美国不妥协立场的北约国家的响应。此外，俄罗斯还将美国在捷克共和国和波兰部署导弹防御系统这一无关的问题扯进了常规军备控制的辩论之中。〔7〕

2007 年，由于经济复苏而底气十足，对西方继续无视其安全关切而感到沮丧，以及考虑到即将进行总统选举，俄罗斯在与美国及其北约盟国的关系中变得更加自信。2007 年 2 月，俄罗斯总统弗拉基米尔·普京在慕尼黑年度安全政策会议上谈到欧常裁条约时警告西方不要将“新的分界线和墙壁”强加给俄罗斯。〔8〕俄罗斯外长和国防部长以及俄驻欧常裁条约联合协商小组和北约—俄罗斯理事会的代表都在声明中指出条约机制日益“过时”，并在“退化与失效”，特别是鉴于在当前据称要在俄边界周围建立军事基地体系的情况下更是如此。〔9〕同年 3 月，俄罗斯驻欧常裁条约联合协商小组代表团提交了俄对与欧常裁条约有关形势的“全面分析”，〔10〕其中俄罗斯建议必须处理好以下问题：

1. 冷战时期与集团有关的限制“十分荒谬”，这意味着新的北约成员国仍被算作东方集团（即前华沙条约集团）的成员国。俄罗斯建议新的北约集团成员应转为西方集团。

2. 由于保加利亚与罗马尼亚于 2004 年加入了北约，西方集团已大大超过 1996 年达成的《侧翼地区兵力部署限额》。〔11〕美国计划部

---

〔7〕关于美国的导弹防御计划见本卷第 1 章和附录 8C。

〔8〕俄罗斯联邦总统普京在第 43 届慕尼黑安全政策会议上的讲话（英文译文），2007 年 2 月 10 日。网址：〈http://www.securityconference.de/konferenzen/rede.php?sprache=en&id=179〉。

〔9〕联合协商小组：俄罗斯联邦代表团声明，文件 JCG.JOUR/625，2007 年 3 月 27 日，附件。关于冷战后基地政策的改变参见拉霍夫斯基文章：“在欧亚的外国军事基地”，SIPRI 政策文件第 18 期，（SIPRI，斯德哥尔摩，2007 年），网址：〈http://books.sipri.org/〉。

〔10〕联合协商小组（同注释〔9〕）。

〔11〕这些限制包括在：侧翼地区文件，《欧洲常规武装力量条约》第一次审议会最后文件的附件 A，及《关于员额谈判的最终文件》维也纳，1996 年 5 月 15—31 日。关于这些文件的文本见《SIPRI 年鉴 2000：军备、裁军和国际安全》（牛津大学出版社，牛津，1997 年），第 511—514 页。另见网址：〈http://www.osce.org/item/13755.html?html=1〉。

署条约限制的装备将进一步违反这一规定。俄罗斯要求美国提供其部署兵力的法律依据。〔12〕

3. 爱沙尼亚、拉脱维亚、立陶宛 2004 年已成为北约成员国，但它们不是欧常裁条约缔约国。作为减少在这一地区不确定性和不可预见性的友好姿态，俄罗斯建议这些波罗的海国家加入现有的欧常裁条约。〔13〕

4. 北约应明确界定何为“完全执行”伊斯坦布尔承诺，以避免对俄罗斯提出越来越多的要求。北约还应明确“实质性的战斗部队”这一术语的含意，因为在其 1997 年保证中所载不“增加常驻实质性的战斗部队”。〔14〕

此外，俄罗斯还保留做出进一步要求以使条约机制“恢复平衡”的权利。这些问题构成了俄罗斯在 2007 年欧常裁条约出现危机时进一步阐明其立场的基础。

2007 年 4 月 26 日，为应对由于美国计划在捷克共和国和波兰部署导弹防御系统以及在保加利亚和罗马尼亚建立军事设施供美军使用而日趋激烈的争端，〔15〕 普京总统建议“审议暂停履行俄罗斯对欧常

---

〔12〕 作为回应，美国代表团于 2007 年 5 月向联合协商小组提交了关于跨集团驻军（即一个集团成员国在其他集团成员国领土上驻军）的法律分析。其主要论点是欧常裁条约条文中并没有禁止跨集团驻军，只要这些驻军不违反集团的限额并经东道国同意。其中唯一适用的限制条款是第 5 条，即允许缔约国在同一集团的国家领土上对条约限制的装备进行临时部署。联合协商小组：“关于跨集团驻军的法律分析”，美国代表团声明，文件 JCG. JOUR/627，（2007 年 5 月 8 日），附件 3。

〔13〕 3 个波罗的海国家及斯洛文尼亚都是北约成员国，它们均反复声明，准备在《修改协议》一旦生效时即加入该协议。

〔14〕 这个保证由北约作出，北大西洋理事会声明，1997 年 3 月 14 日，网址：〈http://www.nato.int/docu/pr/1997/〉。这一保证在 1997 年 5 月 27 日签署的北约—俄罗斯联邦相互关系、合作与安全的创始文件中得到重申与加强，网址：〈http://www.nato.int/docu/basictxt/fndact-a.htm〉。

〔15〕 俄罗斯一直声称：美国将在保加利亚和罗马尼亚分别驻扎 5000 人的部队。参见普京（同注释〔8〕）；V. 里托夫金：“生与悠关的问题。”《独立军事评论》（*Nezavisimoe voennoe obozrenie*）（2007 年 6 月 22 日）。美国则称将驻在德国一个旅的作战人员部署在保加利亚与罗马尼亚，定期轮换。由于这些部署级别低于一个旅，美国称他们不构成“实质性的作战部队”。俄罗斯还提请注意美不愿接受俄就外国驻军建立新的信任与安全措施的建议。关于俄罗斯建立信任与安全措施的建议参见拉霍夫斯基与舍格论文章：“常规军备控制”《SIPRI 年鉴 2007：军备、裁军和国际安全》（牛津大学出版社，牛津，2007 年），第 613—61 页。

裁条约所作承诺的可能性”，直到“所有北约成员无一例外地批准这一条约并严格遵守其条款，因为至今只有俄罗斯一家单方面在这么做”。〔16〕随后，俄罗斯声明将暂停检查、通报和数据交换，尽管在事态进一步发展之前不会立即将其付诸行动。〔17〕由于欧常裁条约没有规定“暂停”遵守条约的条款，因而这一行动缺乏法律依据。〔18〕北约组织的欧常裁条约缔约国“不安地注意到”普京总统的讲话，要求俄进一步澄清，同时宣布它们愿意以“积极的精神”进行讨论。〔19〕在联合协商小组和北约—俄罗斯理事会的一系列会谈中，北约宣布对讨论所有相互关切的问题持开放态度。

出于对西方反应表示失望，俄罗斯于2007年5月28日要求根据欧常裁条约第21条召开缔约国特别会议。俄罗斯提出了许多“特殊情况”以证明其要求的合法性，其中特别提到最近北约的扩大对执行条约带来了严重后果。北约还拖延批准《修改协议》，以及美国计划在保加利亚和罗马尼亚部署常规军备。〔20〕不过，俄外长谢尔盖·拉夫罗夫明确表示，俄罗斯无意退出欧常裁条约，只是为了明确表达俄

〔16〕俄罗斯联邦总统普京“向俄联邦议会的年度讲话”，莫斯科，2007年4月26日，网址：〈http://www.kremlin.ru/eng/sdocs/speeches.shtml? stype=70029〉。俄罗斯官员此后寻求割切断美国导弹防御计划与欧常裁条约的联系，参见巴卢耶夫斯基：“在俄罗斯——北约理事会召开前夕谈欧常裁条约、国家导弹防御问题”，世界新闻联线，国家技术新闻处（NTIS），美国商务部，2007年5月9日。

〔17〕DOVSE：“欧常裁条约：在俄罗斯将不会再有视察与通报行动”，《独立报》(*Nezavisimaya gazeta*)，2007年5月23日。

〔18〕俄罗斯认为，单方面暂停符合国际法。《1969年维也纳公约》关于条约法的第57条（俄是这一公约的缔约国。）规定“条约对某一缔约国的运行……可在下列情况下暂停：(1)符合条约条款；(2)经过所有缔约国同意的任何时候。欧常裁条约只规定了条约的退出，但没明确规定条约的暂停执行，因此很难用条约案文本身确定暂停行动的合法与否。北约与美国迄今只好选择表示“失望”，不过没有对俄罗斯暂停条约的权利进行挑战。关于对俄罗斯暂停行为的法律含义向更详细的讨论见D. B. Hollis文章：“俄罗斯暂停参加欧常裁条约”，*ASIL Insight*，第11卷第19期（2007年7月23日）。

〔19〕联合协商小组：加拿大代表团声明，文件JCG.JOUR/627，2007年5月27日，附件1。

〔20〕荷兰外交部，关于欧洲常规武装力量条约第22条的照会，俄罗斯联邦要求召开特别会议，2007年5月28日。

罗斯的关注。[21]

欧常裁条约缔约国特别大会于 2007 年 6 月 12 日至 15 日在维也纳召开。俄罗斯就条约的“失败”，北约成员国在数量上占据的优势及其行为所造成的“负面影响”进行了详细论述。

1. 保加利亚、捷克共和国、匈牙利、波兰、罗马尼亚和斯洛伐克未能就从一个国家集团转为另一个国家集团采取正式行动。

2. 北约（“签署或加入 1948 年布鲁塞尔条约或 1949 年华盛顿条约的国家集团”—欧常裁条约语）扩大后，其成员国的武装力量在总量和侧翼地区都超过限额。

3. 美国在保加利亚与罗马尼亚领土上部署兵力不但违反了欧常裁条约关于临时部署的第五条的条款，而且违反了北约关于在其 1997 年保证中作出的有关永久部署的承诺。[22]

4. 尽管俄罗斯在欧常裁条约机制内外都采取了建设性的立场，但一些缔约国未能“及时”批准《修改协议》以致不能像 1999 年伊斯坦布尔欧常裁条约会议《最后文件》中保证的那样使其尽快生效。[23]

5. 捷克共和国、匈牙利、波兰和斯洛伐克未能像 1999 年 3 月保证的那样调整在其领土上的武器装备的最高限额。[24]

于是，俄罗斯提出使条约“恢复活力”的时间表。[25] 其最后时限列在表 10.2. 中。

俄罗斯的一些担心可以随着条约的生效而容易得到解决，但是俄

〔21〕 J. Dempsey：“俄罗斯与美国从对抗中退缩”，《国际先驱论坛报》，2007 年 6 月 6 日。

〔22〕 北约（同注释〔14〕），另见（注释〔15〕）。

〔23〕《欧洲常规武装力量条约缔约国会议最后文件》，（同注释〔5〕）。

〔24〕 联合协商小组：关于欧常裁条约修改协议的决定，文件 JCG. DD/4/99，1999 年 3 月 30 日，图表 2。另见拉霍夫斯基文章：“常规军备控制”《SIPRI 年鉴 1999：军备、裁军和国际安全》（牛津大学出版社，牛津，1999 年），第 622—623 页。这 4 个国家根据《修改协议》对各自领土限额的规定，降低了它们宣布过的国家限额，并保证一旦《修改协议》生效，它们将履行协议对其限额的承诺。2007 年底，俄罗斯悄悄放案了对这些国家的要求。

〔25〕 欧常裁条约特别会议：俄罗斯代表团，《欧洲常规武装力量条约》缔约国特别会议最后文件基本条款草案，文件 CFE-EC（07）. JOUR，2007 年 6 月 11—15 日，附件 33，附录 2。

罗斯未能履行其“伊斯坦布尔承诺”仍然是一个障碍。俄多次试图将欧常裁条约的义务与在伊斯坦布尔会议上的承诺分离开来，但遭到了北约拒绝。[26] 关于美国在保加利亚和罗马尼亚部署军事力量违反条约的说法也遭到了美国和这两个国家的否定。[27]

各方分歧证明是不可调和的，特别会议遭到失败，未能达成最后文件。然而，北约和俄罗斯在会议上宣布它们将对继续进行谈判持开放态度。[28] 欧盟成员国对俄罗斯的行动表示失望。欧洲安全与合作组织轮值主席呼吁缔约国克服分歧。[29] 白俄罗斯与俄罗斯持相同立场，但它没有采取退出或暂停执行欧常裁条约机制的举动。白俄罗斯甚至建议临时实施《修改协议》直至其完全生效。北约在其起草的最后文件草案中建议在特别会议后再开设三个论坛：一是在 2007 年秋天召开一次非正式会议审议欧常裁条约机制的前途及可能加入条约的程序；二是在 2007 年 11 月举行欧洲安全与合作组织部长理事会会议之前召开一次特别会议；三是在 2008 年冬天举办一次研讨会以寻求执行《修改协议》的合作计划。此外，北约鼓励就欧洲安全与军备控制问题举行一次高级别对话。[30]

特别大会结束不久，俄罗斯开始以欧常裁条约“不可抗力”条款拒绝北约国家的检查活动，此后又停止提供与欧常裁条约有关的信息。不过，几天后俄罗斯又允许进行实地视察活动。7 月 13 日，普

---

〔26〕 见欧洲常规武装力量条约特别会议：意大利代表团声明，2007 年 6 月 15 日。可查阅网址：〈http：//www. nato. int/docu/update/2007/06-june/e0615a. html〉。

〔27〕 欧洲常规武装力量条约特别会议，美国代表团声明，文件 CFE-EC（07）. JOUR，2007 年 6 月 12 日，附件 4。联合协商小组：保加利亚代表团声明，文件 JCG. JOUR/627，2007 年 5 月 8 日，附件 4。

〔28〕 北约：“北约对俄罗斯宣布将暂停欧常裁条约义务的反应”，新闻稿第（2007）085 期，2007 年 7 月 16 日，网址：〈http：//www. nato. int/docu/pr/2007/〉。

〔29〕 “欧盟国家联合批评普京退出军备条约”，EurActiv. com 2007 年 6 月 16 日。网址：〈http：//www. euractiv. com/en/security/article－165543〉，欧洲安全与合作组织：“欧安组织主席在欧常裁条约会议在维也纳结束后发表声明”，新闻稿，2007 年 6 月 15 日。网址：〈http：//www. osce. org/item/25158. html〉。

〔30〕 欧洲常规武装力量条约特别会议，意大利代表团，建议的特别会议最后文件，文件 CFE-EC（07）. JOUR，2007 年 6 月 11—15 日，附件 31，附录。

**表 10.2　俄罗斯建议的恢复欧常裁条约活力的时间表**

| 日　期 | 事　　件 |
|---|---|
| 2007 年 10 月 1 日 | 保加利亚、捷克共和国、匈牙利、波兰、罗马尼亚与斯洛伐克转为西方集团国家，爱沙尼亚、拉脱维亚、立陶宛作为西方集团成员加入《欧洲常规武装力量条约》（CFE）。启动《修改协议》批准程序。 |
| 2008 年 1 月 1 日 | 西方集团国家调整其最大武器装备拥有量和条约限制装备的限额（TLE），并承诺提供 3 个波罗的海国家的最大武器装备拥有量总量的限额。 |
| 2008 年 3 月 1 日 | 爱沙尼亚、拉脱维亚、立陶宛加入欧常裁条约。 |
| 2008 年 6 月 15 日 | 西方集团国家的国家和领土部署武器装备的上限进行了调整。捷克共和国、匈牙利、波兰和斯洛伐克不得超过 1999 年最后文件规定的上限，并通过关于不执行涉及领土上部分限额条款的决定（即取消侧翼地区的规定）。提交批准书过程结束。 |
| 2008 年 7 月 1 日 | 如果《修改协议》不能在 6 月 25 日前生效，则在正式生效前临时执行该协议。联合磋商小组（JCG）应就新成员国加入条件和进一步使修改协议现代化开始谈判。 |
| 2008 年 10 月 1 日 | 俄罗斯和西方集团向联合协商小组提交“实质性的战斗部队”这一术语的共同谅解草案。欧常裁条约缔约国不得在其领土以外增加部署“实质性的”武装部队。 |

CFE＝欧洲常规武装力量条约；JCG＝联合协商小组；MLH＝最大武器拥有量；TLE＝条约限制装备。

**资料来源**：欧常裁条约特别会议：俄罗斯代表团，《欧洲常规武装力量条约》缔约国特别大会最后文件基本条款草案，文件 CFE-EC (07)，JOUR，2007 年 6 月 15 日，附件 33，附录 2。

京总统签署命令，要求俄罗斯暂停执行欧常裁条约及有关国际协议的活动（此举并不意味着俄退出条约），此命令于 2007 年 12 月 12

日生效。〔31〕从法律角度看，俄罗斯将冒把自己置于违反条约的风险。〔32〕俄采取这一举动的原因是出于其在特别大会上指出的“特殊情况”。作为重新恢复条约及有关文件活动的条件，俄罗斯要求对其建议采取“具体步骤”以“消除俄的疑虑并恢复条约机制的活力”。〔33〕俄罗斯暗示，如果欧常裁条约机制不能被修改，就应该建立新的军备控制和信任措施机制。〔34〕俄罗斯的威胁使亚美尼亚、阿塞拜疆、格鲁吉亚和乌克兰都在考虑这种变化对各自安全形势将造成的影响。〔35〕

俄罗斯的激烈言词和总统 2007 年 7 月 13 日的命令促进了此后数月的谈判。在 7 月至 9 月，经与盟国和俄罗斯的协商，美国制定了一套“平行行动”计划。这个计划可以使《修改协议》于 2008 年夏季生效，并使伊斯坦布尔承诺得到履行。9 月 30 日至 10 月 3 日，在德

---

〔31〕“关于暂停俄罗斯联邦执行欧洲常规武装力量条约及有关国际协议”的总统令，总统令第 872 号，2007 年 7 月 13 日签署。总统令文本载于网址：〈http：//document.kremlin. ru/doc. asp? ID=040713〉（俄文）。有关国际协议包括 1990 年 11 月 3 日的布达佩斯协议，即关于华沙条约组织成员国（保加利亚、捷克斯洛伐克、匈牙利、波兰、罗马尼亚和苏联）拥有的常规武器及装备最大限额的规定以及 1996 年侧翼地区限制部署兵力的文件（同注释〔11〕）。俄罗斯“暂停”行动还暗指其他与欧常裁条约有关的文件。

〔32〕参见注释〔18〕。

〔33〕联合协商小组：备忘录。文件 JCG. JOUR/635，2007 年 7 月 17 日，附件 1，附录 1。

〔34〕参见 S. 拉夫罗夫文章：“遏制俄罗斯：背向未来”，俄外交部，2007 年 7 月 19 日，网址：〈http：//www. ln. mid. ru/brp _ 4. nsf/sps/8F8005F0C5CA3710C325731 D0022E227〉。这篇文章原准备由《外交季刊》发表。在此背景下，俄罗斯一名研究人员撰文，将欧常裁条约的原文与现有的授权及美国/北约—俄罗斯的武装力量实际比率进行比较。与俄主流派关于欧常裁条约目前形势的观点相反，他指出：（1）俄罗斯不能在没有充分使用其限额权限的情况下指责条约对其进行了限制；（2）美国和北约非但没有在欧洲扩大其军事力量反而大量减少其武装力量；（3）俄罗斯关于军事平等的说法是误导——欧常裁条约机制的终止，如果北约真是这样考虑，其结果是北约对俄的军事优势将会是 10—15 倍，而不是现在的 2—3 倍。他还指出关于在俄罗斯建立“突然袭击能力”的谈论也不现实。即使“灰色地区”国家（尚未成为欧常裁条约缔约国但现在是北约成员国的波罗的海国家和斯洛文尼亚），或者可能加入北约的国家（阿尔巴尼亚、克罗地亚、格鲁吉亚、前南斯拉夫的马其顿共和国和乌克兰）的问题也不严重到足以令俄放弃欧常裁条约机制。A. A. Khramchikhin：“不值得折断长矛”，《独立军事评论》，2007 年 8 月 31 日。

〔35〕关于外高加索地区的反应，见下文。另见联合协商小组：乌克兰声明，文件 JCG. DEL/28/07，2007 年 11 月 9 日。

国的巴特—萨罗举行了关于欧常裁条约前途的非正式献计献策会，由30个缔约国代表团和4个北约其他成员国参加。美国提交了名为“欧常裁条约：取得欧常裁条约修改协议的批准并履行伊斯坦布尔承诺的时间接点”的计划。[36] 除俄罗斯提出了一些问题外，还有两个批准条约的主要障碍是很难克服的：一是如何就伊斯坦布尔承诺的性质与实质内容达成一致，二是俄罗斯要求取消侧翼地区部署兵力的限制。[37]

2007年秋季，经与格鲁吉亚、摩尔多瓦及北约盟国磋商，美加强了对俄罗斯的外交活动。美国国务卿与国防部长10月12日访问俄罗斯期间提出了一些“新的想法”，结果双方在导弹防御和欧洲军备控制方面取得的进展不大。[38] 当月晚些时候，据说美国提出了关于解决欧常裁条约、科索沃和伊朗问题的一整套方案。[39] 美国的最大挑战在于如何找到劝说俄罗斯完全履行其承诺的方法同时保持北约内部的团结。一些北约成员如德国和法国[40]试图以让步安抚俄罗斯，而其他国家则坚持要将伊斯坦布尔承诺与批准欧常裁条约挂钩。至11月，美对取得的进展“相当鼓舞”。[41] 美国外交追求三个目标：“保持北约内部的共同立场；确定取得完全实施伊斯坦布尔承诺的办法；创造条件使俄罗斯能够继续完全履行其欧常裁条约义务，允许包括美国在内的北约盟国朝着寻求批准《欧洲常规武装力量条约修改协

---

〔36〕 V. Socor：“关于欧常裁条约的行动对行动：机遇与风险”。《欧亚每日监察报》(*Eurasia Daily Monitor*)，2007年10月9日。

〔37〕 联合协商小组：主席在2007年9月30日至10月3日在德国巴特—萨罗召开的有关欧常裁条约机制前途的非正式会议上的小结，文件JCG.JOUR/640，2007年10月9日，附件。

〔38〕 T. Shanker与S. L. Myers：“普京与访问莫斯科的美国高官争吵”，《国际先驱论坛报》，2007年10月2日。

〔39〕 J. Dempsey：“美国努力争取俄罗斯”，《国际先驱论坛报》，2007年10月29日。

〔40〕 法国外长科什纳与德国外长斯泰因迈尔共同撰文，宣布《欧洲常规武装力量条约》必须继续成为欧洲稳定的锚，他们对条约的进一步改变与修改持开放态度。见F.-W.斯泰因迈尔与B. 库什内文章：“欧洲及其安全”，《法兰克福汇报》，2007年10月29日；B. 科什纳与F.-W. 施泰因迈尔：“欧洲及其安全”，《费加罗报》，2007年10月29日。

〔41〕 美国负责欧洲及欧亚事务的助理国务卿帮办D. J. 克雷默：“21世纪欧洲安全与合作组织地区的安全”，在欧洲安全与合作组织委员会的证词，华盛顿特区，2007年11月5日，网址：〈http：//www.state.gov/p/eur/rls/rm/94654.htm〉。

议》的方向继续前进”。

继在德国的巴特—萨罗对话之后，2007 年 11 月 5 日至 6 日，又在法国巴黎举行了关于欧常裁条约前途的研讨会，据说会议促进了对一些难点问题的进一步思考。[42] 11 月底在马德里欧洲安全与合作组织部长理事会之际又召开了另一次这样的非正式会议。同时，俄罗斯议会两院一致投票支持关于暂停俄罗斯参加欧常裁条约活动的法律。这一法律由普京总统于 11 月 29 日正式签署。[43]

2007 年 12 月 12 日，暂停命令生效之日，俄罗斯外交部发表声明，宣布俄罗斯将不受欧常裁条约对条约限制装备的约束。[44] 然而，声明中也重申了早些时候俄官员作出的保证，即俄不准备在其边境地区大规模建设或集结与条约有关的武器装备。同时，俄罗斯表示准备就欧常裁条约展开有“成果”的对话。

**俄罗斯从格鲁吉亚和摩尔多瓦撤兵**

2005 年，俄罗斯与格鲁吉亚一致同意，在 2008 年年底前关闭俄在格鲁吉亚的军事基地及其他军事设施，并从格撤出武装部队。[45] 2006 年 3 月，两国又进一步签署了关于俄军事基地的临时使用、以及俄军队和装备从格鲁吉亚撤出与过境的协议。尽管有地区问题和两国间的争执（包括 2007 年 8 月 6 日出现了俄导弹落到格鲁吉亚领土造成的危机），但是 2007 年俄撤出军队与装备仍在继续。2006 年底，俄从第比利斯撤出了军事司令部。2007 年，俄分别于 6 月 27 日和 11 月 15 日将其在阿哈尔卡拉基和巴统尚未移交的主要军事基地与设施

---

〔42〕 联合协商小组：法国声明，文件 JCG. DEL/30/07，2007 年 11 月 13 日。

〔43〕 “关于暂停欧洲常规武装力量条约有效”的俄罗斯联邦法律，第 276 号法律，2007 年 11 月 29 日，见网址：〈http://document.kremlin.ru/doc.asp? ID=043061〉（俄文）。俄议会下院杜马于 11 月 7 日投票通过，俄议会上院联邦院于 11 月 16 日投票通过。据称在俄议会投票后，美国国防部长罗伯特·盖茨决定冻结减少美在欧洲驻军的计划。T. Shanker：“盖茨停止减少在欧洲的驻军”，《纽约时报》，2007 年 11 月 21 日。

〔44〕 俄罗斯外交部：关于暂停俄罗斯联邦参加欧洲常规武装力量条约（CFE 条约）的声明，2007 年 12 月 12 日。作为一种友好姿态，俄罗斯于 12 月在联合协商小组散发了关于俄罗斯条约限制装备的部署数量的“总结情况”。

〔45〕 俄罗斯联邦与格鲁吉亚外交部长声明，俄罗斯外交部，2005 年 5 月 30 日。关于协议内容见拉霍夫斯基：“常规军备控制”，《SIPRI 年鉴 2006：军备、裁军和国际安全》（牛津大学出版社，牛津，2006 年），第 758—760 页。

交给了格鲁吉亚。[46]

随着俄罗斯从格鲁吉亚撤军取得一些进展，国际社会将注意力转向了摩尔多瓦，因为俄军队仍驻扎在德涅斯特河两岸地区这一分裂主义势力占据的地区。俄罗斯从这一地区撤出条约限制装备的工作已于 2001 年完成，但由于德涅斯特河两岸地区的政治解决未能取得进展，造成俄罗斯推迟撤军，推迟处置或撤回 2 万吨库存弹药以及欧常裁条约未加限制的装备。这些都是俄罗斯伊坦布尔承诺的组成部分。

2007 年有一段时间，摩尔多瓦寻求与俄罗斯就外德涅斯特河两岸地区问题及其他有关问题的解决达成双边协议。6 月，美国提出了一项并不成功的建议，得到摩尔多瓦的支持，即建立一支由俄罗斯参加的替代的多边维和部队。[47] 2007 年秋天，摩尔多瓦总统弗拉基米尔·沃罗宁建议，在德涅斯特河两岸的摩尔多瓦地区“完全实现非军事化”，以由欧洲安全与合作组织授权的全部文职人员活动取代现有军子维和机制。[48] 俄罗斯则继续坚持跨德涅斯特地区的“政治解决”为其军队与装备撤出的首要条件。实际上，由于俄自己支持跨德涅斯特地方当局而使政治解决根本无法实现。2005 年发起的试图达成摩尔多瓦政治解决的“5＋2”模式会谈在 2007 年也没有恢复。[49]

---

〔46〕 阿塞拜疆再次批评俄罗斯将装备转往俄在亚美尼亚的久姆利军事基地，声称这些武器被转交给了纳戈尔诺—卡拉巴赫地区的叛乱分子。俄罗斯坚决拒绝这些指控。见 S. Mamedov，V. Litovkin 和 Yu Simonyan：“巴库期待莫斯科的解释”，《独立报》，2007 年 9 月 12 日。

〔47〕 美联社：“美国推动在摩尔多瓦建立和平部队”，《国际先驱论坛报》，2007 年 6 月 5 日。一个可能的顺序是，俄罗斯从德涅斯特河两岸地区和格鲁吉亚的古道塔撤兵，并参加国际维和部队。然后，北约成员国将及时批准《修改协议》以使其生效，波罗的海国家由此加入修改的欧常裁条约。最后阶段，北约将积极考虑俄罗斯关于增加侧翼地区特别是在北高加索地区部署限额的要求。见 V. Socor：“摩尔多瓦问题的解决是化解俄罗斯与西方在欧常裁条约上争端的关键”.《欧亚每日监察报》，2007 年 6 月 14 日。

〔48〕 V. Socor：“沃罗宁建议摩尔多瓦完全实现非军事化”。《欧亚每日监察报》，2007 年 10 月 16 日。关于在德涅斯特河两岸地区的维和行动见本卷附录 3A。

〔49〕 会谈包括 5 方：摩尔多瓦、欧安组织、俄罗斯、德涅斯特河两岸地方当局和乌克兰，另有 2 个观察员国：欧盟和美国。

**亚美尼亚与阿塞拜疆冲突**

由于双边关系持续紧张，至 2000—2001 年，亚美尼亚与阿塞拜疆两国的军事装备都超过了欧常裁条约规定的最高限额。[50] 美国还指出了这两个国家在遵守欧常裁条约方面还有其他不当之处。[51] 这两个国家都相互指责对方没有遵守条约。

2006 年，阿塞拜疆通知欧常裁条约其他缔约国，其主战坦克与重型火炮的拥有量超过了条约规定的国家最高限额。[52] 伴随着外高加索地区国家的军事开支急剧增长以及军事化，这引起了国际社会的关注。[53] 这一地区日益加剧的军备竞赛的幽灵与北约同俄罗斯在遵守欧常裁条约问题上出现的危机同时出现。阿塞拜疆最初辩解说，其拥有的欧常裁条约限制的军事装备数量的增加是由于其军事装备现代化进程和拖延了对旧装备的拆除所造成的。与此同时，阿塞拜疆还指责亚美尼亚在其占领的纳戈尔诺—卡拉巴赫地区拥有大量的条约限制装备，数量大大超过了条约规定的其国家的全部拥有量。[54]

国家之间相互指责司空见惯。阿塞拜疆将俄罗斯“暂停”遵守欧常裁条约的行动作为其宣布处于“不可抗力”形势的借口。随后，阿

---

〔50〕 阿塞拜疆在 2000 年 1 月 1 日已完全履行其欧常裁条约限额，亚美尼亚一年后达到限额要求。

〔51〕 参见美国国务院核查与遵约局：《坚持遵守军备控制、不扩散与裁军协议报道义务》，美国国务院，华盛顿特区，2005 年 8 月，网址：〈http：//www.state.gov/t/vci/rls/rpt/51977.htm〉，第 34—38 页。

〔52〕 乌克兰照会其他缔约国，这些武器是根据 2005 年武器转让信息交换的要求转交给阿塞拜疆的。据报道，阿塞拜疆的坦克已超过限额 41 个单位，火炮超过 58 个单位，之后这些数字又分别增至 99 个单位和 71 个单位。欧常裁条约特别大会，文件 CFE-EC-(07).JOUR，2007 年 6 月 3 日，附件 26。另见本卷第五章第四节。

〔53〕 J. Mamedov：“阿塞拜疆显示军事力量”，高加索报道，第 402 期，战争与和平报告研究所，2007 年 7 月 19 日，网址：〈http：//www.iwpr.net/? s=f&o=337254〉。D. Petrosian：“亚美尼亚关注高加索地区军备竞赛”，高加索报道，第 402 期，战争与和平报告研究所，2007 年 7 月 19 日，网址：〈http：//www.iwpr.net/? s=f&o=337252〉。关于南高加索地区的军事开支见本卷第五章第四节。

〔54〕 根据阿塞拜疆估计，亚美尼亚在纳戈尔诺—卡拉巴赫地区“隐藏”了 316 辆坦克，324 辆装甲战斗车和 322 门火炮。欧常裁条约规定亚美尼亚与阿塞拜疆各自拥有的限额为 220 辆坦克，220 辆装甲战斗车和 285 门火炮。欧常裁条约特别会议，文件 CFE-EC-(07).JOUR，2007 年 6 月 13 日，附件 28.。

塞拜疆又间接提出了增加其国家限额的建议。[55] 亚美尼亚立即发出了引起“多米诺骨牌效应”的警告。[56] 最终，在 11 月举行的马德里欧洲安全与合作组织部长会议的其中一个政治声明中，亚美尼亚与阿塞拜疆两国同意继续目前正在进行的解决纳戈尔诺—卡拉巴赫冲突的谈判。[57]

## 前南斯拉夫地区的次区域军备控制

根据欧安组织佛罗伦萨协议第四条设立的现任主席的私人代表的介绍，1996 年南斯拉夫次区域的军备控制（佛罗伦萨协议）在交换信息与通报（已作过改进）以及核查机制这两个主要方面执行顺利。[58] 自 1997 年 10 月 31 日削减行动正式结束以来，所有销毁行动都是自愿进行的。至 2007 年，缔约国共拆除了近 8900 件重型武器。[59] 2007 年 1 月，欧洲安全与合作组织同意在执行《代顿协议》时使用其通讯网络，并赋予通讯小组技术上执行这一决定的任务。[60]

2007 年 1 月 16 日，黑山成为《佛罗伦萨协议》参加国。同年 7 月，黑山与塞尔维亚政府同意，条约对双方的武器装备的数额限制不会超过前南斯拉夫共和国的总限额。[61] 条约的正式修改协议将由四

〔55〕 欧常裁条约特别大会，文件 CFE-EC-（07）. JOUR，2007 年 6 月 15 日，附件 35。

〔56〕 欧常裁条约特别大会，文件 CFE-EC-（07）. JOUR，2007 年 6 月 15 日，附件 38。

〔57〕 欧安组织部长理事会，马德里，部长会议声明，文件 MC. DOC/2/07，2007 年 11 月 30 日。

〔58〕 欧安组织现任主席任命的专门负责《代顿协议》第四条执行情况的私人代表 C. Periotto 准将向第 15 次欧安组织部长理事会报告次区域军控协议（第四条，附件 1—B，代顿和平协议）的执行情况，文件 MC. GAL/4/07，2007 年 11 月 13 日。《佛罗伦萨协议》是根据 1995 年 12 月 14 日签署的《1995 年关于波黑和平总框架协议》（代顿协议）附件 1B 第四条达成的。代顿协议案文见网址：〈http：//www. oscebih. org/overview/gfap/eng/〉。佛罗伦萨协议案文见网址：〈http：//www. oscebih. org/public/document. asp? dep＝4〉。关于佛罗伦萨协议的摘要见本卷附件 A。

〔59〕 C. Periotto 准将（同注释〔58〕）。

〔60〕 欧安组织安全合作论坛：“使用欧安组织通讯网络支持执行代顿和平协议第四条”，决定第 1/07 号，文件 FSC. DEC/1/07，2007 年 1 月 31 日。本章引用的安全合作论坛文件许多可见网址：〈http：//www. osce. org/fsc/documents. html〉。

〔61〕 Periotto（同注释〔58〕）。

方签署：波斯尼亚与黑塞哥维那、克罗地亚、黑山和塞尔维亚。同时，黑山与塞尔维亚将遵守双边协议中规定的限制。

《佛罗伦萨协议》采纳了所有修正和更改建议，很有可能将在2008年6月召开的第六次审议会最终形成更新的文本。鉴于这一地区出现了军备控制活动的积极进展，更多的“执行权”将会从国际社会和欧安组织转给协议参加国。

## 第三节　在欧安组织区域内建立信任与安全[62]

有一段时间，欧洲安全与合作组织（OSCE）一直将重点放在独特领域，即：军事信任与建立安全，特别是建立信任与安全的措施，控制、管理与减少小型武器与轻武器，包括火箭燃料的常规武器储存，以及《1994年安全领域军事政治行为准则》。[63]

围绕这些中心领域，欧洲安全与合作组织的安全合作论坛（FSC）展开工作，支持联合国安全理事会关于不扩散大规模杀伤性武器的1540号决议的实施，美国和加拿大两国带头，制定了最佳实践准则；[64] 探讨了欧洲安全与合作组织在民事与军事紧急准备状态中可能发挥的作用；决定在2008年初举行特别会议以提高欧洲安全与合作组织在禁止杀伤人员地雷中的作用。[65] 20007年10月举行了安全合作论坛特别会议，讨论了军备控制的现状与未来以及欧安组织区域内建立信任与安全措施。

2007年，俄罗斯主动提出了与落实《1999年维也纳文件》有关

---

〔62〕 关于参加欧洲安全与合作组织的国家名单见本卷附件B。

〔63〕 欧安组织：安全领域政治军事行为准则，文件DOC. FSC/1/95，1994年12月3日，网址：〈http: //www. osce. org/fsc/22158. html〉。

〔64〕 联合国安全理事会1540号决议，2004年4月28日。另见I. 安库尼：“军备控制与不扩散：国际组织的作用”，《SIPRI年鉴2005：军备、裁军和国际安全》（牛津大学出版社，牛津，2005年），第542—547页；C. Ahlström：“联合国安理会第1540号决议：通过国际立法的手段达到不扩散”《SIPRI年鉴2007》（同注释〔22〕），第460—473页。

〔65〕 欧安组织安全合作论坛：丹麦主席致第十五届部长理事会会议主席、西班牙外长的信函，文件MC. GAL/5/07/REV. 1，2007年11月21日。

的几项建立信任措施建议，〔66〕但是2007年各方并未就建立信任与安全措施达成协议，因为许多参加国认为，在未能首先保证现有建立信任与安全措施有效性的情况下，增加新的措施可能会削弱而不是增强维也纳机制。此外，仍在发展的欧常裁条约危机也不利于达成新协议，不过它确实促使考虑2008年如何在加强军备控制与建立信任与安全措施方面作出努力。〔67〕

### 小武器与轻武器

《欧洲安全与合作组织2000年关于小武器与轻武器文件》(SALW文件）及其他有关文件仍为处理小武器和轻武器的问题实质、在缔约国之间促进透明和建立信任的有效文书，并且有助于打击恐怖主义和有组织犯罪。〔68〕欧洲安全与合作组织《关于小武器和轻武器最佳实践手册》已被翻译成多种文字，并在欧洲安全与合作组织

---

〔66〕欧安组织：1999年关于建立信任与安全措施的维也纳文件，文件FSC. DOC/1/99，1999年11月16日。网址：〈http：//www. osce. org/fsc/22154. html〉。俄罗斯的建议包括：在建立信任与安全措施实施区内预先通报外国军队在欧安组织成员国领土上的部署情况；交换多国快速反应部队的信息（白俄罗斯也提出了这一建议）；重新“开放”（即更新）1999年维也纳文件；事先通报建立信任与安全措施实施区内的大规模军事调动情况；为国防信息计划的提交日期单独设定最后期限；根据维也纳文件的规定，明确“特定地区”的定义和评估访问的期限；对低于维也纳文件规定的重要军事活动进行事先通报。

〔67〕欧安组织部长理事会：“与安全合作论坛有关的问题”，决定第3/07号，文件MC. DEC/3/07，2007年11月20日，网址：〈http：//www. osce. org/conferences/mc_2007. html？page=documents&session_id=203〉。

〔68〕欧安组织安全合作论坛：关于小武器与轻武器文件，2000年11月24日，网址：〈http：//www. osce. org/fsc/13281. html〉。其他文件包括：欧安组织《关于小武器和轻武器最佳实践手册》（欧安组织，维也纳，2003年），网址：〈http：//www. osce. org/fsc/item_11_13550. html〉；欧安组织安全合作论坛：《关于小武器和轻武器出口最终用户许可证和核查程序的标准文件》，决定第5/04号，文件FSC/DEC/5/04，2004年11月17日，网址：〈http：//www. osce. org/item/1699. html？html=1〉；欧安组织安全合作论坛：“关于控制小武器和轻武器中间商的原则”，决定第8/04号，文件FSC/DEC/8/04，2004年11月24日；欧洲安全与合作组织部长理事会：《欧安组织关于便携式防空系统出口控制原则》，决定第8/04号，文件MC. DEC/8/04，2004年12月7日，网址：〈http：//www. osce. org/atu/13364. html〉。关于这些文件见拉霍夫斯基与舍格伦：“常规军备控制”，及I. Anthony与S. Bauer：“转让控制与销毁计划”，《SIPRI年鉴2004：军备、裁军和国际安全》（牛津大学出版社，牛津，2004年），第726、751—753页；拉霍夫斯基与多瑙伊：“常规军备控制与建立军事信任”，《SIPRI年鉴2005》（同注释〔64〕），第659—661页。

地区以外散发和推广。2001 年至 2006 年，欧安组织参加国共销毁了 640 万件小武器，其中 520 万件为多余武器，120 万件是从非法拥有和走私活动中缴获的。〔69〕

2007 年 3 月，安全合作论坛在维也纳召开了一次关于打击小武器和轻武器的空中非法走私活动的特别会议。会议发言显示，非法走私小武器和轻武器与诸如恐怖主义和地区冲突等安全威胁有着密切的关系。与会国专家与代表、以及空中运输部门、国际组织、政府与非政府组织机构的代表，共同讨论了加强有关各国执行国际法规的力度以改进空中货物运输管制的办法。〔70〕与会者一致支持建立有效机制，就加强与空中货运有关的国家立法与进出口控制法规框架情况进行通报，加强国家间对话以及政府与民营部门之间的协调。〔71〕会议建议对《关于打击非法走私小武器和轻武器最佳实践手册》进行更新。〔72〕关于对现有小武器和轻武器出口控制承诺的执行情况进行审议的倡议，使安全合作论坛在当年 10 月通过了一项就 2004 年欧洲安全与合作组织关于对小武器和轻武器与中间商控制情况进行交流的决定。〔73〕该决定要求与会国就正在实施的有关中间商活动的法规交换信息，由欧洲安全与合作组织的冲突预防中心提供与会国答复情况的总结报告。

《欧洲安全与合作组织 2000 年关于小武器与轻武器文件》第五节规定，欧洲安全与合作组织成员国在销毁、库存管理与安全方面如有困难可以请求援助。欧安组织 2006 年至 2008 年在塔吉克斯坦实施了

〔69〕 欧洲安全与合作组织："进一步实施关于小武器和轻武器的文件"。安全合作论坛主席向第 15 届部长理事会的工作进展情况报告，马德里，文件 MC. GAL/7/07，2007 年 11 月 14 日，网址：〈http: //www. osce. org/item/28669. html? html=1〉，第 5 页。

〔70〕 欧安组织文件（同注释〔69〕），第 10 页。

〔71〕 参见欧洲安全与合作组织安全合作论坛文件："安全合作论坛主席在安全合作论坛关于打击小武器和轻武器空中走私特别会议闭幕式上的闭幕词"，2007 年 3 月 21 日，文件 FSC. DEL/101/07，2007 年 3 月 22 日。

〔72〕 欧洲安全与合作组织安全合作论坛："欧安组织聚焦于打击小武器和轻武器空中走私活动"，新闻稿，2007 年 3 月 21 日，网址：〈http: //www. osce. org/fsc/item _ 1 _ 23696. html〉。

〔73〕 欧洲安全与合作组织安全合作论坛："关于就落实控制小武器和轻武器中间商的原则交换信息"，第 11/07 号决定，文件 FSC. DEC/11/07，2007 年 10 月 17 日。

援助项目（第二期，包括杜尚别以外地区的物资储存安全与训练）；2007 年至 2008 年在白俄罗斯也实施了一个项目（武器销毁）。[74]

尽管取得了上述成绩，小武器和轻武器方面的努力仍面临相当多的障碍。关于执行情况的信息交换的频率在减少，执行安全合作论坛关于小武器和轻武器包括便携式防空系统出口控制决定的情况仍不清楚。2007 年用于小武器和轻武器项目的捐助资金与 2006 年相比大幅度减少。56 个欧洲安全与合作组织成员国中只有 18 个国家对 2005 年至 2007 年的小武器和轻武器或常规弹药项目提供了捐款或支持。[75] 在欧洲安全与合作组织内部及欧安组织与其他国际组织之间加强合作与协调是十分必要的。此外，欧洲安全与合作组织在各个现场开展活动的潜力应进一步有效的挖掘。

### 库存弹药与火箭毒剂的销毁

常规弹药与毒性液态火箭燃料的不安全和非控制储存，对各国安全、人道主义、经济和环境等方面带来多种风险。根据 2003 年欧洲安全与合作组织关于常规弹药储存文件（SCA 文件）的规定，任何欧安组织成员国只要认定其多余弹药的储存可能带来安全风险，而处理这些风险需要援助，即可通过欧安组织向国际社会提出请求。[76]

截至 2006 年年底，白俄罗斯、哈萨克斯坦、俄罗斯、塔吉克斯坦和乌克兰向欧安组织提交了 5 份请求援助处理常规弹药的申请，亚美尼亚、阿富汗、乌克兰和乌兹别克斯坦等国提出了 5 份请求援助销毁火箭燃料混合物的申请。2007 年，又有格鲁吉亚、摩尔多瓦、黑山、乌克兰等国根据常规弹药储存文件规定提出了 4 份援助申请，使申请援助的总数达到 14 份。其中乌克兰为消除 2004 年 5 月弹药库爆炸后果的项目已于 2007 年 8 月顺利完成。在亚美尼亚的消除火箭混合物的项目也于同年 9 月完成。俄罗斯要求对其处理过期弹药的援助

〔74〕 欧洲安全与合作组织文件（同注释〔71〕），第 6—8 页。

〔75〕 欧洲安全与合作组织文件（同注释〔71〕），第 9 页、第 18—19 页。

〔76〕 欧安组织关于常规弹药储存文件，文件 FSC. DOC/1/03，2003 年 11 月 19 日，网址：〈http：//www. osce. org/fsc/13282. html〉。

申请于2007年3月撤销。在塔吉克斯坦实施的小武器和轻武器以及常规弹药第一期工程（关于常规军备销毁）已于2006年11月完成，第二期工程正在进行动（见前面所述）。[77]

2007年安全合作论坛编辑审议局完成了关于弹药标示、跟踪和保持记录的最佳实践指南（由德国起草）的编写工作，目前正在进行关于常规弹药的销毁与物质安全的另外两个指南的编写工作，旨在于2008年最后完成这一工作。[78]

### 安全领域的政治军事行为准则

《1994年安全领域的政治军事行为准则》至今仍是欧洲安全与合作组织区域内合作行为与相互责任及对其武装部队进行民主控制的经典性文件。[79] 这一文件还涉及到国家之间的政治军事关系。2007年，欧安组织就以下问题提出了一些参考文件及决议草案：更新安全领域的政治军事行为准则的调查表，促进公众对行为准则的了解，增加执行行为准则的步骤。

作为2006年9月26日有关安全领域的政治军事行为准则特别会议的后续行动，2007年5月23日召开了关于行为准则的安全合作论坛第一工作组会议。会议议题分三个部分：一是如何加强对行为准则的执行；二是如何促进公众对行为准则的了解，行为准则的出版及扩大范围；三是如何确定能够改进行为准则的执行状况的补充措施。[80]

5月会议后，任命了安全合作论坛协调员收集欧安组织成员国代表团提出有关行为准则的意见、观点、建议及信息，并协助安全合作论坛主席及三驾马车就更好执行行为准则的各种措施制定多种模

---

〔77〕 欧洲安全与合作组织："进一步执行关于常规弹药储存的文件"，安全合作论坛主席向欧安组织第15届部长理事会的工作进程报告，马德里，文件MC.GAL/6/07，2007年11月14日，网址：〈http://www.osce.org/item/28668.html? html＝1〉，第8—17页。

〔78〕 欧洲安全与合作组织文件（同注释〔77〕），第19页。

〔79〕 欧安组织（同注释〔63〕）。

〔80〕 欧安组织安全合作论坛：主席关于安全领域的政治军事行为准则第一工作组第347次（特别）会议的总结摘要，2007年5月23日，文件FSC.DEL/319/07，2007年6月21日。

式。[81] 关于更新行为准则调查表的草案及加强对建议的登记取得了进展。此外，欧安组织及其防止冲突中心于 2007 年在亚美尼的雅德温、阿塞拜疆的巴库、波黑的萨拉热窝、黑山的波德哥里卡组织了一系列专门会议及研讨会，以支持行为准则的运行。

# 第四节 全球应对非人道武器的努力

## 杀伤人员地雷

1997 年《禁止使用、储存、生产和转让杀伤人员地雷及销毁此种地雷的公约》(简称禁雷公约，APM）要求缔约国销毁它们所储存的杀伤人员地雷，并在其领土上将其彻底清除。[82] 承诺禁止杀伤人员地雷的国家名单在世界各大洲都在增加。2007 年，印度尼西亚批准了这一公约，科威特、伊拉克和帕劳加入了这一公约，使缔约国数目增加到 156 个。另有两个公约签约国马绍尔群岛和波兰尚未批准这一公约。[83] 此外，还有 35 个非国家武装集团履行了它们遵守《禁止杀伤人员地雷公约》的保证。[84]

根据《禁止杀伤人员地雷公约》的规定，各缔约国都要同意在其

〔81〕 安全合作论坛的三驾马车包括安全合作论坛的现任主席、前任主席和下任主席。

〔82〕 关于《禁止使用、储存、生产和转让杀伤人员地雷及销毁此种地雷的公约》以及缔约国名单见本卷附件 A。

〔83〕 波兰在 2006 年年底已经宣布拥有近 100 万枚杀伤人员地雷后，又宣布 2015 年前它将不参加禁止地雷公约。国际禁雷运动，《2007 年地雷观察报告》："迈向无雷世界"(加拿大禁雷行动，渥太华，2007 年)，网址：〈http：//www. icbl. org/lm/2007/〉，"国家与地区报告"。马绍尔群岛投票支持联合国关于使公约普遍化的第 61/84 号决议（2006 年 12 月 18 日)，这是它发出的一个积极信号。至今尚没有国家反对这一决议，只有 17 个国家弃权，它们是：古巴、埃及、印度、伊朗、以色列、哈萨克斯坦、韩国、吉尔吉斯斯坦、黎巴嫩、利比亚、缅甸、巴基斯坦、俄罗斯、叙利亚、美国、乌兹别克斯坦和越南。

〔84〕 这 35 个非国家团体已签署了根据坚持全面禁止杀伤人员地雷并在扫雷行动中加强国际合作的"日内瓦呼吁"所制定的承诺行动文件。该文件于 2001 年 10 月 4 日开放签署。文件案文及签署方名单可查阅网址：〈http：//www. genevacall. org/〉。另见"日内瓦呼吁"及国际与发展研究研究生院，国际组织研究项目，《非国家武装行为体与地雷》第三卷：《朝着整体解决非国家武装行为体的问题?》(日内瓦呼吁，日内瓦，2007 年)。

提交批准公约的 4 年内销毁其现有库存，10 年内清除其领土上的杀伤人员地雷。在当前的 156 个缔约国中，有 146 个缔约国没有库存杀伤人员地雷。[85] 根据《地雷观察》报道，截至 2007 年 8 月已经销毁了 4180 万枚库存地雷，而仍有 46 个国家储存有 17600 万枚杀伤人员地雷，其中多数库存属于中国（1.1 亿枚）、俄罗斯（2650 万枚）、美国（1040 万枚）、巴基斯坦（600 万枚）和印度（400 万—500 万枚），它们都不是《禁止杀伤人员地雷公约》的缔约国。[86]

### 集束弹药

2007 年反对集束弹药的国际行动势头强劲，这与 10 年前的禁止地雷的渥太华进程有些相象。据称已有 34 个国家生产出 210 种集束弹药，至少这样的储存了 75 种弹药。[87]

2006 年 11 月，第三届《特定常规武器公约》（CCW）审议会集中了相当长的时间处理集束弹药问题。[88] 27 个国家支持授权谈判一个具有法律约束力公约的建议，以解决这些弹药带来的人道主义关切。这一建议遭到中国、俄罗斯、英国和美国等一些国家的拒绝。这些国家主张缩小授权范围，只对包括集束弹药在内的战争遗留非爆炸物继续进行讨论。然而，25 个主张具有较大谈判授权的国家则发表声明，呼吁达成一个协议，以禁止使用“由于具有不可靠性与不准确性而带来严重的人道主义灾难”的集束弹药，并要求销毁库存的这类武器。[89] 这个集团的领导者之一挪威呼吁在特定常规武器公约之外

〔85〕 截至 2007 年 8 月，已经销毁其库存的缔约国有：阿富汗、白俄罗斯、布隆迪、希腊、印度尼西亚、苏丹、土耳其和乌克兰。埃塞俄比亚和伊拉克被认为储存有杀伤人员地雷。《地雷观察》估计这 10 个国家尚有 1400 万枚杀伤人员地雷需要销毁。国际禁雷运动（同注释〔83〕），报告提要，第 15 页。

〔86〕 国际禁雷运动（同注释〔83〕），提要，第 15—16 页。缅甸与俄罗斯这两个国家积极部署杀伤人员地雷。多数地雷生产国不再出口杀伤人员地雷。国际禁雷运动（同注释〔83〕），提要，第 1 页，第 14—15 页。

〔87〕 S. D. Goose：“集束弹药：禁止这些弹药”，《今日军备控制》，第 38 卷，第 1 号，(2008 年 1、2 月)。

〔88〕 关于《禁止和限制使用某些可被认为具有过分杀伤力或滥杀滥伤作用的常规武器公约》（又称“非人道武器”公约）的摘要及缔约国名单见本卷附件 A。

〔89〕 特定常规武器公约第三次审议会：“关于集束弹药的声明”，CCW/CONF. III/WP. 18，2006 年 11 月 20 日。

要有一个独立的进程，就禁止具有造成不可接受的人道主义后果的集束弹药的条约进行谈判。〔90〕

"奥斯陆进程"第一次会议于 2007 年 2 月 22 日至 23 日在挪威奥斯陆举行。会上 46 国在奥斯陆声明中的作出承诺，在 2008 年达成一个新的国际条约，以禁止"对文明造成伤害的"集束弹药，并为受害者、清理污染区域、风险教育、销毁禁止的集束弹药库存等建立合作和援助框架。〔91〕 2007 年 5 月 23 日至 25 日，在秘鲁利马举行的第一次后续会议上散发并讨论了条约草案。这次会议云集了联合国、红十字国际委员会以及"集束弹药联盟"等一些国家、国际与非政府组织的代表。〔92〕 自此已有 74 个国家加入了奥斯陆进程，它们宣布支持奥斯陆声明规定的目标。

特定常规武器公约政府专家组于 2007 年 6 月召集会议，就集束弹药采取行动成为其唯一的一个实质性议题。然而其成果很有限。〔93〕在这次会议上，美国宣布将支持在特定常规武器公约范围内谈判集束弹药问题。〔94〕 欧洲联盟也支持通过由政府专家组在 2008 年年底前通过谈判达成一个"解决集束弹药造成的人道主义关切的所有方面的具有法律约束力的文书"。〔95〕 11 月 13 日，在欧洲联盟主席国——德国的倡议下，〔96〕《特定常规武器公约》缔约国会议通过授权，指定政府专家组就"在军事力量与人道主义之间保持平衡的同时，迅速解决集

〔90〕 集束弹药联盟：RevCon Daily Updates 第 9 期，2006 年 11 月 17 日，网址：〈http：//www.stopclustermunitions.org/news.asp? id=39〉。

〔91〕 集束弹药奥斯陆会议宣言，2007 年 2 月 23 日，网址：〈http：//www.regjeringen.no/templates/RedaksjonellArtikkel.aspx? id=449312〉。在参加奥斯陆会议的 49 个国家中，只有日本、波兰和罗马尼亚不支持奥斯陆宣言。

〔92〕 关于集束弹药的利马会议，主席讨论案文，2007 年 5 月 23—25 日，网址：〈http：//www.clusterprocess.org/limatext〉。

〔93〕 联合国日内瓦办事处："特定常规武器公约政府专家组关于集束弹药的行动建议"，新闻稿，2007 年 6 月 26 日。

〔94〕 W. Boese："控制集束弹药的努力取得成果"。《今日军备控制》，第 37 卷，第 6 期（2007 年 7—8 月号）。

〔95〕 欧盟主席国德国："战争爆炸遗留物及集束弹药特定常规武器公约政府专家组：欧盟声明"，2007 年 6 月 19 日，日内瓦，网址：〈http：//www.eu2007.de/en/News/Statements_in_International_Organisations/〉。

〔96〕 参见欧盟主席国德国（同注释〔95〕）。

束弹药的人道主义影响”进行磋商和提出建议。会议决定政府专家组“应尽一切努力”尽快商谈出一个建议，并向将于 2008 年 11 月举行的下次会议提出进展报告。〔97〕不出所料，特定常规武器公约会议取得的极为有限的成果遭到了“奥斯陆进程”与会国的批评。然而，支持由《特定常规武器公约》制定集束弹药议定书的国家仍然认为，如能在此框架内达成协议，将会有更多的大国，集束弹药的生产国和使用国参加。

2007 年 12 月 5—7 日，138 个国家和来自 50 个国家的 140 名支持派的代表在维也纳召集“奥斯陆进程”的第三次会议。〔98〕会上争论最激烈的问题是集束弹药的定义及如何禁止。一些国家要求对具有自毁装置特征，或假设失效率只有 1%的集束弹药不在禁止之列。还有的国家要求设立过度期，使这些武器可以使用到新的替代武器的出现。制定禁止集束弹药条约的会议定于 2008 年 2 月在新西兰的惠灵顿举行。条约的最后一次正式磋商会议将于 2008 年 5 月在爱尔兰的都柏林举行。

## 第五节　结　　论

2007 年，《欧洲常规武装力量条约》成为俄罗斯与其他条约缔约国发生深刻分歧的牺牲品。尽管令人不安，围绕《欧洲常规武装力量条约》的边缘政策，只不过是欧安组织国家间存在战略、政治、军事和这些国家出现分裂的各种各样问题的一个反映，而并不是条约本身造成的一个冲突。关于条约机制本身，俄罗斯将军备控制的法律义务

〔97〕 特定常规武器公约缔约国高级别会议报告，文件：CCW/MSP/2007/5，日内瓦，2007 年 11 月 7—13 日，第 37 段。

〔98〕 集束弹药联盟：“集束弹药联盟关于集束弹药维也纳会议的报告”，2007 年 12 月 21 日，网址：〈http://www.stopclustermunitions.org/news.asp? id=107〉。在比利时于 2006 年 2 月作出禁止集束弹药的决定后，挪威于 2006 年宣布暂停使用集束弹药。2007 年 12 月初，奥地利通过了禁止这类武器的法律。关于禁止集束弹药的联邦法律刊于 *Bundesgesetzblatt I*，第 12/2008 期（2008 年 1 月 7 日）。另见 N. Cumming-Bruce：“奥地利禁止集束弹药”.《国际先驱论坛报》，2007 年 12 月 7 日。

与政治承诺相分离，这使它其与那些坚持欧常裁条约进程是一个整体的其他缔约国之间发生了严重分歧。同年 12 月，俄罗斯“暂停”执行欧常裁条约使其违反了与裁军条约相关的基本义务。即使这样，北约国家仍希望与俄进行合作，而没有选择在国际法的基础上向俄罗斯进行挑战。

在政治上互不让步的情况下，欧常裁条约很可能继续处于不稳定状态。目前，在欧常裁条约日程上有两个急待解决的关键问题：一是 1999 年“伊斯坦布尔承诺”的性质与实质，二是侧翼地区兵力部署限制的争议。美国和其他北约国家最近才承认应该对俄罗斯对欧常裁条约的关切给予更多重视，这既是为了维持条约机制的活力，也是为了北约内部的团结。不过，如果俄罗斯希望继续阻挡北约采取行动或迫使北约软化立场，它将冒判断失误和玩得过头的风险：如果危机拖长有可能出现适得其反的结果，使北约阵营更加巩固。俄罗斯的主要要求，即消除侧翼地区部署限制需要两个最关紧要的北约国家——挪威和土耳其——作出重大让步，更不要说其他侧翼地区及邻国的关切。考虑到俄罗斯的现有表现以及未能遵守现有的侧翼地区部署限制，近期达成协议的可能性不大。此外，北约成员及准备参加《欧常裁条约修改协议》的国家也不会愿意加入一个仅仅为了照顾一方的要求，而牺牲其他大多数国家的安全利益，从而对其内容进行实质性改变的条约。

欧常裁条约的“暂停”执行已对其他缔约国的遵约带来了消极影响。有些国家开始重新评估，一旦欧常裁条约机制崩溃，它们的安全处境将会发生什么样的变化，而在高加索地区的军备竞赛已经形成势头。

不可否认，当前出现的危机也为认真重新思考与欧常裁条约有关的问题提供了契机。不管是否因为危机的出现，军备控制已经重新提上了欧洲安全的日程。由于“硬”军备控制方面出现了僵局，一些欧安组织国家及专家建议建立一个以建立信任与安全措施为主的“软”军备控制机制。然而，由于信任已经在一个地方遭到破坏，也就很难在另一个地方再予以恢复和发展。尽管如此，关于安全领域的政治军事行为准则这样的行为模式则是至关重要，欧洲安全与合作组织区域内提高信任与稳定的其他措施仍集中在应对小武器与轻武器、弹药及毒剂的多余库存所造成的多重危险。

在欧洲地区以外的世界军备控制形势发展方面，目前，遵守《禁止杀伤人员地雷公约》的国家已达 156 个，因而使其朝着更具普遍性的方向发展。与之相似的人道主义关切引起了世界上对消除集束弹药的努力产生越来越大的兴趣。

（蒋振西　译）

# 第十一章 控制与安全相关物项的国际转让

伊恩·安东尼　西比勒·鲍尔　安娜·韦特尔

## 第一节　导　　言

出口控制属于预防性措施，其目的是帮助确保所出口的物项不用于其他国家中进行的非法活动或以出口国主管部门看来不该进行的活动。一般情况下，防务物项，即那些为军事用途专门设计、研发或改进的物项，历来受到严格控制。但是，近些年来出口控制的范围已扩大到许多两用物项，即那些既非为军用专门设计也非专门为此研发、但可用于武器计划的物项。自从发现伊拉克和其他一些国家通过购买两用设备、材料和技术从事秘密武器计划之后，许多国家在 20 世纪 90 年代修订了本国的出口控制法律。这些法律要得到有效实施，国家的许多部门——包括海关、警方、情报部门和检察机关必须各司其职，积极参与和配合，还必须制订适当的法律法规，包括对违反出口控制的行为进行处罚。

本章重点论述各多边合作机制、欧盟和联合国如何通过制订、实施和执行各项出口控制法律，从而控制有扩散嫌疑的敏感物项的国际转让。第二节介绍各多边合作组织努力提高各成员国国内出口控制效率的最新情况。第三节论述欧盟关于军品和两用物项出口控制政策的动向。第四节阐述涉嫌违反出口控制法律的调查和处置的案例。第五节是结论。

## 第二节　多边出口控制机制的动向

2007 年，四个非正式多边合作机制在其各自领域加强了出口控制合作。这四个机制是：澳大利亚集团（AG）、核供应国集团（NSG）、关于常规武器及其两用物项和技术出口控制的瓦森纳安排（WA）和导弹技术控制制度（MTCR）。这几个合作机制和桑戈委员会的各成员国在表 11.1 中列出。[1] 除了交换信息之外，四个多边组织都与非成员国进行接触。这些非成员国强调要增加透明度以及实施现代、有效出口控制的重要性。这种接触有助于非成员国遵守机制伙伴国制定的各项指导方针、控制清单、标准和程序。

### 澳大利亚集团

澳大利亚集团是由于 1980—1988 年两伊战争中使用了化学武器引起国际社会关切于 1985 年成立的。成立初期，成员国相互合作维护和完善其国家出口控制，以防止出口的化学品用于或转用于化学武器计划。现在成员国通过交换扩散案例信息和处理这种案例的做法，防止有意无意地向化武计划供应材料或设备。[2]

随着相关科技的发展，该集团研究了以往各个扩散案例后，对列入成员国国家出口控制的物项清单进行了修订。例如，澳大利亚集团成员国一致认为要特别注意合成生物制剂。[3] 该集团作出这一决定后一致同意修订其动物病原体清单，从而明确了丝状支原体细菌（Mycoplasma mycoides）的控制范围。这是一种能使牲畜得严重传染

〔1〕 虽然桑戈委员会不是 NPT 条约的正式组成部分，但是该组织的成员国也审议“核安全问题的动向”对 1968 年的《不扩散核武器条约》的影响，并根据这方面的变化“调整其出口控制要求和准则”。另参见本卷附件 B。

〔2〕 参见澳大利亚集团网址：〈http：//www. australiagroup. net/〉。

〔3〕 关于合成生物学，参见本卷第 9 章第 5 节。

性呼吸道疾病的细菌。[4] 澳大利亚集团认为，由于这种细菌的基因组序列已排定，丝状支原体细菌可以通过合成繁殖，因此有潜在的扩散危险。[5]

**表 11.1 多边武器与技术转让控制机制成员国一览表（截至 2008 年 1 月 1 日）**

| 国家 | 桑戈委员会 1974 | 核供应国集团 1978 | 澳大利亚集团 1985 | 导弹技术控制制度 1987 | 瓦森纳安排 1996 |
|---|---|---|---|---|---|
| 阿根廷 | x | x | x | x | x |
| 澳大利亚 | x | x | x | x | x |
| 奥地利 | x | x | x | x | x |
| 白俄罗斯 |  | x |  |  |  |
| 比利时 | x | x | x | x | x |
| 巴西 |  | x |  | x |  |
| 保加利亚 | x | x | x | x | x |
| 加拿大 | x | x | x | x | x |
| 中国 | x | x |  |  |  |
| 克罗地亚 | x | x | x* |  | x |
| 塞浦路斯 |  | x | x |  |  |
| 捷克共和国 | x | x | x | x | x |
| 丹麦 | x | x | x | x | x |
| 爱沙尼亚 |  | x | x |  | x |

〔4〕 澳大利亚集团，“向媒体发布澳大利亚集团 2007 年年会情况”，新闻发布稿，巴黎，2007 年 6 月 12—15 日，网址：〈http：//www. australiagroup. net/en/agm _ 2007. htm/〉。

〔5〕 这种疾病在非洲大多数地方是传染的，也危害部分亚洲地区的农业。在过去十年中，此病曾在意大利、葡萄牙和西班牙的牲畜中发生过。更多情况可查阅欧洲分子生物实验室欧洲生物信息研究所的网上资料库，网址：〈http：www. ebi. ac. uk/〉。

| 国家 | 桑戈委员会 1974 | 核供应国集团 1978 | 澳大利亚集团 1985 | 导弹技术控制制度 1987 | 瓦森纳安排 1996 |
|---|---|---|---|---|---|
| 芬兰 | x | x | x | x | x |
| 法国 | x | x | x | x | x |
| 德国 | x | x | x | x | x |
| 希腊 | x | x | x | x | x |
| 匈牙利 | x | x | x | x | x |
| 冰岛 | x | x | | | |
| 爱尔兰 | x | x | x | x | x |
| 意大利 | x | x | x | x | x |
| 日本 | x | x | x | x | x |
| 哈萨克斯坦 | | x | | | |
| 韩国 | x | x | x | x | x |
| 拉脱维亚 | | x | x | | x |
| 立陶宛 | | x | x | | x |
| 卢森堡 | x | x | x | x | x |
| 马耳他 | | x | x | | x |
| 荷兰 | x | x | x | x | x |
| 新西兰 | | x | x | x | x |
| 挪威 | x | x | x | x | x |
| 波兰 | x | x | x | x | x |
| 葡萄牙 | x | x | x | x | x |
| 罗马尼亚 | x | x | x | | x |
| 俄罗斯 | x | x | | x | x |
| 斯洛伐克 | x | x | | | x |

| 国家 | 桑戈委员会 1974 | 核供应国集团 1978 | 澳大利亚集团 1985 | 导弹技术控制制度 1987 | 瓦森纳安排 1996 |
|---|---|---|---|---|---|
| 斯洛文尼亚 | x | x | x | | x |
| 南非 | x | x | | x | x |
| 西班牙 | x | x | x | x | x |
| 瑞典 | x | x | x | x | x |
| 瑞士 | x | x | x | x | x |
| 土耳其 | x | x | x | x | x |
| 英国 | x | x | x | x | x |
| 乌克兰 | x | x | x | x | x |
| 美国 | x | x | x | x | x |
| 欧盟委员会 | o | o | x | | |
| **总数** | **36** | **45** | **41** | **34** | **40** |

0 为观察员；X 为成员国或参加国；＊ 为 2007 年加入的国家。

**注**：表中各栏顶端标出的年份系各出口控制集团正式成立之年，虽然成立前可能举行过非正式会议。

## 核供应国集团

该集团（NSG）创建于 1975 年，其宗旨是：通过对核及核相关材料、设备、软件和技术的出口控制，防止核武器扩散。[6] NSG 成员国无意通过国家立法和程序实施的控制阻止或妨碍和平利用核能的国际合作。NSG 成员国就其主管部门按照 NSG 指导原则列出的原因拒发核或核相关两用物项许可证的有关案例相互交换信息。这样做也有助于成员国审核出口申请。[7]

〔6〕 关于 NSG，参见，I. Anthony，C. Ahlstrom 和 V. Fedchenko，《改革核出口控制：核供应国集团的前景》，SIPRI 研究报告第 22 期（牛津大学出版社：牛津，2007 年）；另参见 NSG 网址：〈http：//www. nuclearsuppliersgroup. org/guide. htm〉。

〔7〕 NSG 关于核转让和核相关两用设备、材料、软件和相关技术转让的指导原则，见网址：〈http：//www. unclearsuppliersgroup. org/guide. htm〉。

2007 年，在 NSG 框架内关于当前扩散挑战的信息交流中，还包括联合国安理会关于伊朗问题两项决议的执行情况。安理会在第 1373 号决议规定，如果有关设备和技术会有助于相关铀浓缩、核废料后处理或重水等活动，所有成员国都不得让伊朗获取这些物项。[8] 决议还要求各国冻结参与敏感性扩散活动、被列入指定清单的伊朗实体和个人的资金和金融资产。2007 年 3 月，安理会第 1747 号决议修订了这份名单。[9]

伊朗依靠国际贸易向其核及核相关工业提供设备、技术和材料。伊朗还设法购买一些两用物项，以加强其工程技术和石化工业，并用于矿产研究和专业理工大学和研究中心。（由于伊朗是 1968 年的 NPT 条约缔约国[10]）这些物项可以向伊朗合法供应，用于合法的和平目的，包括用于核工业。但是，这种转让必须得到批准，并根据国家出口主管部门可以得到的信息进行出口许可证评估，以认定：(a) 申请转让其物项的最终用途；(b) 如某物项转用于非法最终用途会有什么风险。由于 NSG 的干预，2002 年至 2007 年间，据说向伊朗出口两用物项的申请有 75 次被拒。[11]

NSG 的一条基本原则是，只有在确保清单所控物项不会导致核武器或其他核爆炸装置扩散时，供应国才能批准转让。NSG 指导原则规定，只有在进口国与国际原子能机构签订的协定生效后并对该国目前和未来和平活动中使用的一切材料来源和特殊裂变材料实施保障监督后，方可向无核武器国家转让清单在控物项和技术。此外，NSG 还要求进口国在签订任何新的核供应协定之前实施国际原子能机构的全面保障监督条款。[12]

印度对 NSG 指导原则的实施构成了特殊的挑战。由于印度是拥

---

〔8〕联合国安理会第 1737 号决议，2006 年 12 月 23 日。决议还要求各国不得向伊朗转让可能有助于研制核武器运载系统的物项（见下文）。

〔9〕联合国安理会第 1747 号决议，2007 年 3 月 24 日。

〔10〕《不扩散核武器条约》简介和成员国名单，参见本卷附件 A。

〔11〕W. Hoge，“核供应国集团称，伊朗欲购核材料至少有 75 次受阻”，《纽约时报》，2007 年 11 月 16 日。

〔12〕全面保障监督条款是基于综合核材料衡算并配以各项限制与监督手段，如国际原子能机构为持续跟踪各项活动而在有关设施上安装封条和相机。

有核武器的国家，但从法律的角度又不是 NPT 条约范畴内认定的核武器国家，因此 NSG 指导原则未涉及向印度转让清单在控物项。根据 NPT 条约有关条款规定，不得与印度的军用核计划开展合作。因此，NSG 关于核和核相关两用物项出口控制的指导原则既没有必要修改从而允许与印度进行民用合作，也没有必要对若干条款做出可免于执行的某种规定。

2005 年 7 月签订的《印美民用核合作协定》（CNCI）中，双方承诺在民用核能领域加强双边活动。美方据此散发了一份关于 2006 年 NSG 全会前如何启动民用核合作的“预决”草案。〔13〕但是这个问题并未正式提交全会讨论，当时也没有要求就以后怎么办作出决定。据报道，印度政府官员在 2007 年 NSG 全会外向 NSG 成员国做过非正式吹风。2007 年间，为了争取对印度的支持，印度总理特使希亚姆·萨兰访问了若干 NSG 成员国。〔14〕 2007 年 9 月，美国召集了一次 NSG 成员国特别会议，通报了美印核协议各项内容的最新情况。〔15〕 据说，几个 NSG 成员国表示，在印度与国际原子能机构达成双边保障监督协定前，反对 NSG 作出任何决定。〔16〕 到 2008 年 1 月，NSG 对其与印度建立关系的必要性或方式都不采取立场，但据报道 NSG 研究了可能修改指导原则的各项条件。〔17〕

〔13〕 A. Vishwanathan，《核供应国集团与印美核协定》，印度防务研究与分析研究所《IDSA 战略评论》（印度防务研究与分析研究所：新德里，2007 年 9 月 26 日）。

〔14〕 “欧盟说，‘密切跟踪’印度与联合国核机构的谈判”，PTI 通讯社，2007 年 11 月 26 日。

〔15〕 关于美印核协定，参见美国国务院，“布什总统和辛格总理的联合声明”，华盛顿特区，2005 年 7 月 18 日，网址：〈http：//www. state. gov/p/sca/ris/pr/2005/49763. htm/〉；C. Ahlstrom，“《印美民用核合作倡议》的法律问题”，《SIPRI 年鉴 2006：军备、裁军和国际安全》（牛津大学出版社：牛津，2006 年）第 669—685 页；和本卷第 8 章第 4 节。

〔16〕 M. Hibb，“2007 年批准美印核协定可能取决于签订 Infcire—66 文件保障监督条款“，*Nuclear Fuel* 第 32 卷，第 21 期（2007 年 10 月 8 日），第 4—5 页。关于双边保障监督协定的磋商于 2007 年 11 月开始。国际原子能机构，“IAEA 与印度开始磋商涉印保障监督协定”新闻发布稿，2007 年 11 月 21 日。另参见本卷第 8 章第 4 节。

〔17〕 M. Hibbs，“NSG 准备提出解除对印度制裁的具体条件”，*Nuclear Fuel*，第 33 卷，第 2 期（2008 年 1 月 14 日），第 1 页，第 10 页。

从 2005 年宣布 CNCI 协定之后，有几个国家曾与印度探讨民用核合作，包括澳大利亚、法国和俄罗斯。2007 年 8 月，澳大利亚总总理霍华德向印度总理辛格表示，澳有意启动关于向印度供应铀矿石的讨论。〔18〕 2007 年 12 月陆克文当选澳总理后，澳新任外长斯密史改变了这一决定，他指出："澳工党长期承诺澳不向非 NPT 条约成员国出口铀矿石"。〔19〕

### 瓦森纳安排

瓦森纳安排（WA）是 1995 年在荷兰瓦森纳召开的一次会议上决定成立的。其宗旨是：成员国在共同确定的一系列物项的转让问题上增加透明度，交换信息，从而提高转让常规武器及相关两用物项和技术的责任心，防止此类物项的"积聚造成形势不稳定"。〔20〕

WA 每隔四年对其总体实施情况进行审议和评估。2007 年举行 WA 第三次评估时就下列议题成立了工作组："出口控制条例的最佳实践"、"常规武器系统的转让出口控制"、"增加透明度"和"开展对外交流"。WA 的各附属机构（总务工作组、专家组和许可证颁发和执行官员联席会议）当年都开会互通了信息，并为 2007 年 12 月全会前酝酿了有关各项决定。〔21〕 全会一致同意继续通过对话与非成员国和有关国际组织接触，以推广关于出口控制的最佳实践，还讨论了肩扛式防空系统（MANPADS）等问题；但是会议在 WA 扩员问题上没有达成共识。

WA 成员国修改了出口控制清单，特别把重点放在可以引爆的装置和处理简易爆炸装置的设备（IED）。WA 还首次对控制清单的编排进行了大量审核，在这方面大约作出了约 2500 处改动，使其前后

---

〔18〕 印度驻澳大利亚高级专员，"回答关于澳大利亚总理与辛格总理通话中的一个问题"，2007 年 8 月 16 日，网址：〈http：//www. heindia-au. org. pr _ 132 html/〉。

〔19〕 R. Bowden，"澳大利亚排除了向印度出售铀矿石"，Worldpress. org，2008 年 1 月 20 日，网址：〈http：//www. worldpress. org/Asia/3047. cfm/〉。

〔20〕 参见 WA 网址：〈http：//www. wassenaar. org/index. html/〉。

〔21〕 WA，"瓦森纳安排 2007 年全会关于对常规武器和两用物项及技术实施出口控制的公开声明"，维也纳，2007 年 12 月 6 日。WA 的所有公开文件均可在其网站：〈http：//www. wasenaar. org/〉上查到。

更加连贯，使发放许可证审批部门和企业界感到清单比过去更加好用；这些修改实际并不影响控制的范围。[22] 由于 WA 和导弹技术控制制度（MTCR）两个机构的清单之间有交叉重叠，WA 专家组和 MTCR 从 2007 年起开始对话，以便就某些导航设备的名称和技术参数达成共识。

WA 全会通过了对 2003 年作出的关于肩扛式防空系统出口控制条例的修改。[23] 这些修改强化了关于生产设备和培训的措辞，还增添了要求具备最终用途保证和可以在接受国进行起运后检查。新增加的一项条款是，可以向非成员国在制订和执行控制转让 MANPADS 的立法方面提供技术和专家支持。对 2002 年的“控制小武器和轻武器出口最佳实践”也进行了修改，“使其符合联合国 2005 年通过的关于‘标识和跟踪小武器和轻武器’的措辞”。[24]

全会还通过了两个新文件，即“关于对两用物项实施最终用途控制的谅解声明”和“关于防止通过空中运输可能导致形势不稳定的小武器和轻武器转让的最佳实践”。[25] 最终用途声明建议，各主管部门和出口者在最终用途控制的三个阶段都实施风险管理原则。[26] 对于主管职能部门来说，要在各方面都采取立足于风险的对策：在发放许可证前（要求企业界提高警惕性）；在申请许可证的过程中（如进行可行性抽查、部门间磋商等）；在发放许可证后（在有关国家政府间交换信息、为阻遏违反出口控制规定，“要做出相应的劝阻性处罚”、

---

〔22〕 关于控制清单的修改情况和 2007 年 12 月全会上作出的改动综述，见网址：〈htp：//www. wassenaar. org/controllists/index. html/〉。

〔23〕 WA，“肩扛式防空系统出口控制条例”，维也纳，2007 年 12 月，网址：〈http//www. wassenaar. org/publicdocuments/index. html/〉。

〔24〕 WA“控制小武器和轻武器出口最佳实践指导方针的修改”，维也纳，2007 年 12 月，网址：〈http：//www. wassenaar. org/publicdocuments/index. html/〉。

〔25〕 WA，“关于对两用物项实施最终用途控制的谅解声明”，维也纳，2007 年 12 月，网址：〈http：//www. wassenaar. org/publicdocuments/index. html/〉；和 WA，“关于防止通过空中运输可能导致形势不稳定的小武器和轻武器转让的最佳实践”维也纳，2007 年 12 月，网址：〈http：//www. wassenaar. org/pub；ocdpci，emts/index. html/〉。

〔26〕 “出口者”一词系指在一国的实际管辖或海关关界之外有权判断和控制送交物项的法人或自然人。关于本章中用的各种术语，参见 SIPRI《不扩散及两用出口控制项目》中的“武器及两用物项出口控制中使用的术语表”，网址：〈http：//www. sipri. org/contents/expcon/eglossa. html〉。

监督最终用途承诺、起运后的控制和报告等)。而在出口者这一方,这三个阶段中要负的责任包括:制订内部自律计划;做好实物和技术安全安排;就敏感最终用户和企业联络人情况与主管部门进行双向信息沟通;在申请许可证过程中提交必要的文件并作出进一步说明;以及一旦完成转让,做好登记造册和运输控制的工作。最佳实践文件的内涵有待在国家层面采取一系列措施,以防止非国家行为体非法运送小武器和轻武器,并支持执法官员的工作。这类措施包括在颁发出口许可证前提供具体运输详情。如果违反规定,这些细节情况以后可以被转而用于诉讼;信息交换有助于各国在受理许可证和执法过程中进行风险评估。

### 导弹及其技术控制制度

建于 1987 年的导弹技术控制制度(MTCR)是一个非正式组织。成员国的共同目标是:防止投掷核生化武器的无人操纵运载系统的扩散,在交换信息和协调国家出口许可证管理程序方面开展合作。[27] MTCR 开展对外交流旨在向非成员国通报该组织的活动情况,并为防止导弹运载系统的扩散提供实际帮助。在 2007 年 11 月初举行的 MTCR 全会上,MTCR 伙伴国提出与白俄罗斯、中国、克罗地亚、埃及、约旦、印度、以色列、哈萨克斯坦、利比亚、巴拿马、新加坡、叙利亚、阿联酋和也门等 14 国接触,一致同意在与上述国家接触会晤时向其阐明修改物项控制清单的理由。MTCR 考虑了若干国家要求参加该组织的最新申请,但未就任何国家的申请达成一致,虽然从政治和技术两个方面对新申请加入的国家逐一进行了评估。[28] MTCR 尚待考虑俄罗斯提出的在对具体问题进行审议之前先对该组织的工作作一全面回顾。

MTCR 伙伴国用来妥善交换文件,并相互通报根据新情况拒发出口许可证的网上联络员(ePOC)资料库在 2007 年仍在进一步修订之中。资料库修订后,伙伴国可以重新在网上及时更新资料库中显示

〔27〕 参见 MTCR 网站:〈http://www.mtcr.info/〉。

〔28〕 中国、克罗地亚、塞浦路斯、爱沙尼亚、哈萨克斯坦、拉脱维亚、利比亚、马耳他、罗马尼亚、斯洛伐克和斯洛文尼亚等 12 国都想加入 MTCR。

有关通报最新更改的日期。网上联络员资料库还可以在撤销拒发许可证之后的五年内继续跟踪有关案例。

**MTCR 与地区导弹动向**

MTCR 伙伴国注意到印度、伊朗、朝鲜和巴基斯坦四国最近进行了大量弹道导弹试验。[29] 在交换信息的过程中全会研究了地区导弹动向，尤其是伊朗和朝鲜，并对此表示关切。[30] 2007 年，伊朗继续试验弹道导弹。同年 11 月，伊朗国防部长穆罕默德·纳贾尔谈到试射一种他称为 Ashura、射程 2000 公里的导弹时说，这种导弹是由伊朗国防部研发和生产的。[31] 美国官员后来告诉俄罗斯武装力量总参谋长尤里·巴鲁耶夫斯基，11 月 20 日伊朗试射了一枚导弹。[32] MTCR 伙伴国强调，必须支持联合国安理会落实有关决议。全会重申支持联合国安理会第 1540 号决议。该决议称，大规模杀伤性武器及其运载工具的扩散是对国际和平与安全的威胁，因此要求联合国所有成员国对这类武器及相关材料采取有效出口控制措施。[33] MTCR 伙伴国还注意到联合国安理会有关各项决议（特别是第 1718 号、第 1737 号和第 1747 号三项决议，见下文）与 MTCR 出口控制举措直接有关，并表示了执行这些决议的决心。

2006 年 10 月，朝鲜试验一个爆炸装置后，联合国安理会一致通过了第 1718 号决议。[34] 决议要求联合国成员国“阻止向朝鲜直接或间接供应、出售或转让某些特定物项，不管是经过他们的领土或通过他们的公民或使用悬挂他们的船旗的船只，也不管这些物项是否源自

---

〔29〕 参见 I. 安东尼和 S. 鲍尔合写的“控制与安全相关物项的国际转让”，《SIPRI 年鉴 2007：军备、裁军和国家安全》（牛津大学出版社：牛津，2007 年），第 645 页。

〔30〕 “欧洲事务秘书长 K. Dimitrios Katsoudas 先生在第 22 届 MTCR 全会开幕式上的讲话”，雅典，2007 年 11 日 7 日，网址：〈http：//www. mfa. gr. /www. mfa. gr/Articles/en—US/141107 _ F1551. html/〉。

〔31〕 “伊朗新的 Ashura 弹道导弹”，法新社 2007 年 11 月 27 日电。

〔32〕 俄罗斯将军说，“没有证据表明伊朗试射了新导弹”，ITAR 通讯社 2007 年 12 月 7 日电。

〔33〕 联合国安理会第 1540 号决议；I. 安东尼，“通过控制民用材料的拥有和使用减小安全风险”，《SIPRI 年鉴 2007》（同注释〔29〕）；和 C. Ahlstrom，“联合国安理会第 1540 号决议：通过国家立法手段防止扩散”，《SIPRI 年鉴 2007》（同注释〔29〕）。

〔34〕 联合国安理会第 1718 号决议，2006 年 10 月 14 日。

他们的领土”。禁运的物项包括根据《联合国常规武器登记制度》宗旨界定的导弹和导弹系统，以及由安理会某委员会为落实该决议而确定的“其他物项、材料、设备、产品和技术”。[35]

虽然联合国未对伊朗实施武器禁运，但第 1737 号和第 1747 号两项决议都对直接与导弹相关的出口控制作出了某些规定。2006 年 12 月通过的联合国安理会第 1737 号决议中有一条规定：成员国只有在“特定情况下”才能向伊朗提供联合国安理会第 S/2006/815 号文件中列入的物项。[36] 这个文件中与弹道导弹计划相关的物项、材料、设备、产品和技术清单，直接源自 MTCR 控制清单。如果出口国主管部门发现向伊朗转让的清单上的物项会有助于研制核武器运载系统，就应禁止转让。

在其他所有情况下，只有具备以下三个条件才能出口清单上的物项：一是，出口国主管部门必须实施含有 MTCR 指导原则的安理会第 S/2006/985 号文件中提出的各项指导原则[37]；二是，出口国主管部门必须得到并能有效实施得以核实任何供应物项的最终用途和最终用途地点的权利；三是，主观部门必须在供应、出售或转让后的十天内通知联合国安理会有关委员会。

第 1747 号决议的内容比第 1737 号决议更充实。决议要求各国在向伊朗“供应、出售或转让”《联合国常规武器登记制度》界定的一系列物项、导弹或导弹系统时“要保持警惕，加以制约，不管是直接还是间接经过他们的领土，还是由他们的公民所为或使用悬挂他们的船旗的船只或飞机”。对与这些物项的供应、出售、转让、生产或使用相关的任何“技术援助或培训、金融援助、投资、中介或其它服务以及金融资源或服务的转让”，也同样应保持警惕和加

---

〔35〕 该物项清单，见委员会网址：〈http：//www.un.org/sc/committees/1718/〉。

〔36〕 联合国，涉及弹道导弹计划的物项、材料、设备、产品和技术控制清单。附于第 S/2006/815 号文件，2006 年 10 月 13 日。

〔37〕 联合国，关于敏感的导弹相关转让的指导原则，见第 S/2006/985 号文件附件，2006 年 12 月 15 日。

以制约。[38]

**MTCR 与其他导弹控制机制**

联合国裁军事务部高级代表瑟奇·杜阿特认为，运载系统的生产和扩散“仍然是难以解决的问题，而且现在没有任何多边导弹条约，近期内甚至没有任何迹象会制订出这种条约”。[39] 2007 年 10 月，俄罗斯和美国在联大关于裁军与国际安全的第一委员会散发了一份关于 1987 年的《销毁中程和中短程导弹条约》（INF 条约）的联合声明。声明呼吁所有感兴趣的国家“讨论使这一重要条约成为全球性条约的可能性，为此放弃射程在 500—5500 公里的地面发射弹道导弹和巡航导弹，最终销毁所有这类导弹并停止相关计划”。[40] 2007 年 11 月，俄罗斯在欧洲安全与合作组织（OSCE）外长会议上提出了类似建议。俄表示，希望以此作为与美国的联合建议，但美方不支持在欧洲地区论坛中讨论制订导弹条约的问题。该建议提出后未得到所有 OSCE 国家外长的支持。[41]

2002 年 11 月，《防止弹道导弹扩散海牙行为准则》（HCOC）在海牙开放签署。这项准则是由 MTCR 成员国共同制订的。[42]《准则》

---

〔38〕 UNROCA 界定的导弹是“（a）能运载射程超过 25 公里的弹头或杀伤性武器的有制导或无制导火箭、弹道导弹或巡航导弹和专门为发射这种导弹或火箭而设计或改装的运载工具…这一类项包括具有上述导弹性能的远程有人驾驶飞行器，但不包括地对空导弹。（b）肩扛式防空系统（MANPADS）。”《联合国常规武器登记制度》，*Information Booklet 2007*（联合国裁军事务部：纽约，2007 年），网址：〈http://disarmament.un.org/cab/register.html〉。第 6 页。

〔39〕 S. Duarte，“当前军控与裁军领域的状况以及相关组织的作用”，2007 年 10 月 8 日在联大一委的发言。2000 年 11 月以来联合国大会一直与政府专家小组保持接触，研究“一切导弹相关问题”。2002 年专家小组提交的首份报告中，除了建议继续讨论这个问题外没有提出任何可操作的建议。后来，由于专家组内部无法达成一致，也就无法提交任何后续报告。

〔40〕 联合国，美俄关于《销毁中程和中短程导弹条约》的联合声明，A/C.1/62/3，2007 年 11 月 1 日。

〔41〕 “美国关于使 INF 条约成为全球性条约的立场显得很奇怪——拉夫罗夫”，俄塔社 2007 年 12 月 5 日电。

〔42〕 在荷兰 Noordwijk 举行的 MTCR 1999 年全会上，成员国一致同意除了协调出口控制外，还需要采取更多行动来控制导弹扩散。成员国愿意通过制订政治行为准则而不是法律协定来探索加快进程。这一点在 2000 年的讨论中已逐渐明朗。到 2001 年，成员国就行为准则草案达成协议，并与非成员国讨论准则内容。

的内容包括透明度问题和信任措施，其意图是阐明拥有合法导弹计划的国家如何实施导弹技术控制来减少不信任。互信措施包括发射前通报，其内容包含早日公布关于火箭、弹道导弹和空间发射器的信息，相关的国家政策年度宣布等。最初有93个国家签署了《准则》，到2007年，签署国总数增加到127个。〔43〕

《准则》在多大程度上实现了预期目标，现在还难以断定，而且令人费解的是，虽然《准则》突出强调要透明，但公众对《准则》通过后开展的活动却知之甚少。扩大参加国问题主要反映了没有弹道导弹计划国家的意向。〔44〕大多数有弹道导弹计划的国家，如中国、印度和巴基斯坦，都拒绝参加，尽管中国愿意在不签署《准则》的前提下与《准则》成员国保持接触和交换信息。〔45〕公开报道表明，相当多签署《准则》的国家不提交本国关于弹道导弹和空间发射器政策的年度报告。〔46〕在许多情况下有关国家没有什么可报告的，也可能它们不愿意承担填写空白报告或"零"报告的费用。

## 第三节　欧盟内部的供应方措施

2007年，欧盟制订的控制军用和两用物项的复杂机制得到了进一步完善。2006年12月，欧盟委员会提出修订欧洲两用物项出口控制机制，包括修改其法律框架。〔47〕虽然成员国研究了各种方案，但如何修订现有机制，2007年仍未达成协议。

欧盟成员国在本国出口许可证评估工作中要考虑《欧盟武器出口

〔43〕 签署国名单，参见本卷附件B。

〔44〕 菲律宾外交部，"菲律宾认为《海牙防止弹道导弹行为准则》主席的工作是有成效的"，新闻发布稿SSFA-AGR-540-06，2006年6月27日。

〔45〕 中国外交部，"《防止导弹导弹扩散海牙行为准则》"，新闻发布稿，2007年5月21日，网址：〈http：//www.fmprc.gov.cn/eng/wjb/zzjg/jks/kjlc/wkdd/t410752.htm〉。

〔46〕 D. Keohane，"防止导弹扩散面临的挑战——多边对策：《防止弹道导弹扩散海牙行为准则》"，关于欧盟安全问题研究所组织的国际研讨会情况，维也纳，2007年5月30日。

〔47〕 欧盟委员会，关于为控制两用物项和技术的出口制订共同体机制的《理事会条例》的建议，COM（2006）829最后文本，布鲁塞尔，2006年12月18日。

准则》规定的八项标准，其中包括成员国有义务提交报告、交换信息和进行磋商。[48] 欧盟常规武器出口工作组委员会（COARM）在推动欧盟内部讨论武器转让问题方面发挥了核心作用。COARM 公布了一份用户指南，目的是帮助欧盟成员国实施《准则》。指南的内容包括理解准则八项标准的最佳实践指导方针。2007 年，COARM 又公布了八项标准中其余三项的最佳实践指导方针。[49] COARM 还在用户指南中增加了关于运送后控制的一章，内容是鼓励就成员国已采取的国家措施交换信息，从而确保最终用户协定得到遵守。用户指南还建议，成员国在中介登记申请被拒绝时要相互通报。

### 在欧盟法律中落实联合国安理会的各项制裁措施

本章第二节论述了联合国安理会通过的限制或禁止向伊朗转让一系列物项的几项决议，其中包括安理会第 1737 号决议。欧盟关于欧盟出口两用物项的主要立法是《欧盟理事会第 1334/2000 号条例》第 8 条。这一条强调成员国作出颁发许可证决定时必须考虑履行其实施联合国安理会根据有约束力决议对伊制裁的义务。[50] 但是第三条明确规定，该条例不适用于那些在向伊朗转运途中仅仅经过欧盟国家而且不产生许可证要求的物项。第三条还明确指出，此条例不适用于人员交往中的技术转让——不管是外国人来访在欧盟境内逗留期间，还是欧盟国家的人出访其他国家时。[51] 因此，第 1334/2000 号条例本

---

[48] 欧盟理事会，《欧盟武器出口行为准则》，8675/2/98 Rev. 2，布鲁塞尔，1998 年 6 月 5 日。关于准则在其头十年中产生的影响，参见 M. Bromley，"《欧盟武器出口行为准则》对捷克、荷兰和西班牙国内政策的影响"，《SIPRI 政策文件》第 21 期（SIPRI：斯德哥尔摩，2008 年 4 月）。

[49] 欧盟理事会，"《欧盟武器出口控制行为准则用户指南》"，10684/1/07 Rev. 1，布鲁塞尔，2007 年 7 月 3 日。新的三条标准是：标准一，关于成员国的国际义务；标准五，关于欧盟成员国盟友的安全；标准六，关于采购国对恐怖主义的态度。

[50] 为控制两用物项和技术的出口制订共同体机制的《理事会条例（EC）第 1334/2000 号》，2000 年 6 月 22 日，*Official Journal of the European Communities*，L 159（2000 年 6 月 30 日），第 5 页 。

[51] 虽然目前在全欧洲地区没有规范任何技术转让的基础立法，但欧盟成员国一致认为，应该通过国家立法控制这种转让。为此，欧盟理事会 2000 年 6 月 22 日通过了关于控制与某些军事最终用途相关的技术援助的《理事会联合行动》文件（2000/401/CFSP），*Official Journal of the European Communities*，L 159（2000 年 6 月 30 日），第 216—217 页。

身不能作为执行联合国决议的充分依据。[52] 总的来说，成员国采取的做法首先是要采取符合任何一项联合国决议目标的措施，将其纳入欧盟共同外交和安全政策，一般情况下这是以成员国共同立场的形式出现。这样，理事会条例才能构成中断或减少与问题国家的经济与金融关系的行动依据。

2007 年 2 月，欧盟理事会为了实现联合国安理会第 1737 号决议的各项目标采取共同立场，明确了要对伊朗采取某些特别限制性措施。[53] 2007 年 4 月，关于对伊朗采取措施的《理事会第 423/2007 号条例》把这些限制性措施变为对所有欧盟成员国都有约束力的法律。[54]《第 432/2007 号条例》禁止向伊朗提供条例附件中列入的一切物项和技术。该附件与 NSG 和 MTCR 控制清单是一致的。该条例也成为阻止这些同类物项从欧盟过境和控制《第 1334/2000 号条例》未涵盖的技术援助和服务的法律授权依据。此外，条例还制订了一份通常不受控制但有法律授权依据的有助于与铀浓缩、钚后处理或与重油相关的活动、核武器运载系统的研制或从事国际原子能机构表示过关切或注明为悬而未决问题的其他事项的物项和技术清单。[55] 条例要求出口者在出口这些物项前必须得到授权，这些物项被列入欧盟法律的一个单独附件。[56] 这说明欧盟使限制的范围超过了执行联合国决议所要求的限制。

与两用物项出口不同的是，军用物项出口受成员国的国家立法控制，而不受欧盟法律控制。虽然与导弹相关的许多两用物项受《第

〔52〕 欧盟委员会提出的建议中，有一项是要为控制从欧盟过境的物项制订法律依据。为了使欧盟法律符合联合国安理会第 1540 号决议的各项要求，作出这一修改也是必要的。

〔53〕 关于对伊朗采取限制性措施的 2007 年 2 月 27 日《理事会共同立场文件第 2007/104/CFSP 号》，*Official Journal of the European Union*，L 61（2007 年 2 月 28 日），第 49—55 页。

〔54〕 关于对伊朗采取限制性措施的 2007 年 4 月 19 日《理事会第 423/2007 号条例(EC)》，*Official Journal of the European Union*，L 103（2007 年 4 月 20 日），第 1—23 页。这项条例后来根据 2007 年 6 月 5 日的《理事会第 618/2007 号条例（EC）关于对伊朗采取限制性措施的〈理事会条例（EC）第 423/2007 号〉》进行了修改和更新 *Official Journal of the European Union*，L 143（2007 年 6 月 6 日），第 1—2 页。

〔55〕《理事会共同立场文件第 2007/140/CFSP 号》的序言第五段要求这样做。

〔56〕《理事会条例第 423/20007 号》（同注释〔54〕），第 3 条。

1334/2000 号条例》控制，但导弹本身不受该条例控制。导弹和火箭及其专门为其设计的部件列入国家武器弹药控制清单。这个清单列入每个成员国武器出口控制法律范畴。2007 年 2 月，欧盟实施禁止向伊朗出口导弹和火箭。[57] 后来，欧盟达成一致的各项措施超过了联合国安理会关于常规武器的决定要求。鉴于联合国安理会要求各国在向伊朗提供常规武器时要保持警惕和克制，欧盟从 2007 年 4 月起禁止向伊朗转让、出售或提供“一切类别的武器及相关军用物资，包括上文提到的武器弹药、军用车辆与设备、准军事设备及零部件”。[58]

### 调控欧盟国家间的武器转让

上文指出，两用物项出口只受欧盟的仅有一项法律控制，而军用物品和服务的出口在欧盟 27 个成员国中则分别受各自的法律控制。此外，军用物项不属于单一欧洲市场的一部分，成员国在相互出售武器时实施各自的国家法律和条例。虽然成员国审核军品出口申请时实施武器出口行为准则中规定的共同标准，但对这些标准作何理解仍留有余地，允许各国的政策可以有差异。通过合作和报告制度（包括拒发许可证通报和定期磋商），欧盟在实施向第三国出口军事相关产品的政策方面使各国主管部门之间日益趋同。[59]

2007 年 12 月，欧盟委员会提议制定一项立法，以简化在欧盟内部转让某些物项的国家许可申请程序。[60] 这一提案有两项主要内容：一是成员国必须为欧盟内转让特定物项颁发通用许可证和全球许可证。个人申请许可证不会被禁止，但只能是特殊个案。二是成员国有义务向任何其他成员国政府发放转让军用相关产品的通用许可证，并向根据即将成为法律的共同标准确认的其他成员国内接受方发放此类许可证。

---

〔57〕《理事会共同立场文件第 2007/140/CFSP 号》(同注释〔53〕)。

〔58〕《理事会共同立场文件第 2007/246/CFSP 号》修订了关于对伊朗采取限制性措施的《第 2007/140/CFSP 号共同立场文件》，*Official Journal of the European Union*，L 106 (2007 年 4 月 24 日)，第 67—75 页。

〔59〕欧盟用语中，“第三国”系指任何一个非欧盟成员国。

〔60〕欧盟委员会，建议欧洲议会和欧盟理事会制订法令简化共同体内部转让防务相关产品的条件，COM (2007) 765 最后文本，布鲁塞尔，2007 年 12 月 5 日。

提议制订这项法案的另一个重要方面是有关控制武器弹药出口的共同清单。所有欧盟成员国已作出政治承诺，要参照瓦森纳安排的《武器弹药清单》控制一批物项。〔61〕欧盟已同意此清单作为参考清单，即《欧盟共同军品清单》，成员国参照这个清单实施《行为准则》。成员国之间在如何将《共同军品清单》上的物项纳入国家法律和条例问题上没有一致态度。在某些情况下，清单无需修改就可作为国家控制清单。在其他情况下，列入清单的物项作出变通后可列入符合国家指导方针和许可证制度的一项现有国家控制清单。如果为了某些交易遵循《共同军品清单》，而为了其他交易遵循国家控制清单，这就可能损害为出口公司简化条例和减少交易费用的目标。这项法律如果通过，就会在欧盟内部转让中使《共同军品清单》取代现有的国家清单，成为单一的、有法律约束力的防务产品清单。此外，欧盟委员会还提出要使这项法律适用于所有军用相关产品，使之与《共同军品清单》所列的物项相一致，包括次系统、零部件、技术转让和维修保养等。

欧盟委员会的建议承认，为了减少内部转让的审查，需要成员国相互都放心：只要没有原始转让成员国的同意，就不得进行再转让。为了解决这个问题，欧盟委员会建议建立确认制度。成员国必须确认哪些公司愿意根据共同要求使用通用许可证。被确认的公司在申请出口许可证时，必须向其本国主管部门保证，公司了解并遵守原始转让成员国颁布的出口限制措施。通过确认公司和加强受理许可证官员与企业界之间的信息沟通，可以使国家出口控制的融合过程增加新的范畴。

提出这些措施的意图是减少欧盟委员会和欧洲防务局称为欧洲军工企业自顾自的状况。〔62〕简化程序磋商也曾在 20 世纪 90 年代讨论过，但是没有促成。至少有一个主要原因是，欧盟成员国担心这种措

〔61〕只有一个欧盟成员国（塞浦路斯）不参加瓦森纳安排。但是，由于欧盟已一致同意这项清单作为参考清单，从政治上来说，塞浦路斯必须通过国家立法控制《WA 武器弹药清单》上的物项。欧盟清单修订后反映了瓦森纳安排一致通过的修改内容，于 2007 年 3 月更新。《欧盟共同军品清单》，*Official Journal of the European Union*，L 88（2007 年 3 月 29 日），第 58—89 页。

〔62〕参见本卷第 6 章第 3 节。

施会损害本国武器生产和贸易的主权。在当前的辩论中人们再次听到这种担忧的声音。[63] 如果这项法律得以通过，将是对欧盟出口控制的一次重要修订。

### 修订《欧盟海关准则》

1992 年 10 月以来，欧盟内部的进出口货物一直受《共同体海关准则》管辖。[64] 2004 年 3 月马德里发生火车炸弹袭击事件后，欧盟理事会发表了《打击恐怖主义宣言》。[65] 宣言中涉及海关的内容是，承诺国际运输的安全和确保实施有效的边境控制制度。这一承诺使欧盟的海关工作增加了一项加强公共安全的内容，并要求修订关于海关程序的主要法律。

2005 年 4 月，欧洲议会和欧盟理事会就海关准则中的安全相关问题提出了修正案文。[66] 修正案文有三项主要内容：一是确定了授权经济运行人（AEO）的身份；二是从安全角度对潜在关切的物项进行风险评估确定了共同立场；三是要求货物抵离欧盟海关地界边境必须提前通报。修正案文还提出了加强海关准则中安全条款的时间表，其中某些关键条款必须在 2008 年年底前开始实施，其他条款要在 2009 年 7 月前实施。2006 年 12 月，欧盟委员会公布了详细的执行条款。[67]

参与国际供应链的企业可以向本国海关部门申请授予其授权经济

---

〔63〕 参见根据《欧盟武器出口行为准则》条例第 8 项操作条款的要求提交的《第九个年度报告》，*Official Journal of the European Union*，C253（2007 年 10 月 26 日），第 3 页。

〔64〕 1992 年 10 月 12 日通过的《理事会条例（EEC）第 2913/92 号》要求制订《共同体海关准则》，*Official Journal of European Communities*，L 302（1992 年 10 月 19 日），第 1 页。

〔65〕 欧盟理事会，《打击恐怖主义宣言》，布鲁塞尔，2004 年 3 月 25 日，网址：〈http：//www.ue.eu.int/ueDocs/cms_Data/docs/pressData/en/ec/79637.pdf/〉。

〔66〕 2005 年 4 月 13 日，《欧洲议会和欧盟理事会条例第 648/2005 号》为制订《共同体海关准则》而修订《理事会条例（EEC）第 2913/92 号》，*Official Journal of European Union* L 117（2005 年 5 月 4 日），第 13—19 页。

〔67〕 2006 年 12 月 18 日的《欧盟委员会条例（EC）第 1875/2006 号》修正《第 2454/93 号条例》制定了执行《理事会条例（EEC）2913/92 号》的条款，制订《共同体海关准则》，*Official Journal of European Union*，L 360（2006 年 2 月 19 日，第 64—125 页。

运行人身份。如果国家主管部门认定符合共同标准，即可授予其该身份。[68] 企业自行决定是否申请 AEO 身份；企业也可决定其贸易活动仅限于获得 AEO 身份的合作伙伴。欧盟成员国的海关部门根据欧洲统一订出的标准和尺度来受理 AEO 申请。[69] 企业一旦得到 AEO 身份，欧盟各国海关都是承认的。得到 AEO 身份证书的企业被主管部门认定其在执行海关相关活动方面是可靠的，因此有权享受某些优惠，其中包括简化放行进出口货物的程序，减少货物的相关文件和实物检验，以及在接受实地安全及安全相关检查方面享受优惠待遇。企业认证制度从 2008 年 1 月开始生效。

全世界海关部门面临的一个共同问题是，如何把促进贸易和执法结合好。国际贸易量的增加，又必须在全球市场上保持竞争力，这就使管理海港、机场和陆上口岸的部门在加快货物供应链的流动方面受到压力。这些因素部分说明，受到海关部门实物检验的货运量的比例很低。海关部门采取的对策是，尽量根据对某批货物风险评估的结果有针对性地进行货运检验。有针对性的检验在相当长一段时间里逐步完善，以执行好相关法律，例如对濒临灭绝的动植物物种的保护。但是，把这种办法用于反恐和反扩散只是近年来的发展。

2003 年，欧盟为了制订共同的风险评估对策进行了试点。为了有助于测定某批货物可能不符合欧盟法律的危险程度，欧盟制订了综合目录，并把明显风险区域存在的各种问题梳理成一项详细风险表象清单。[70] 把有关运入和运出欧盟的货物的信息与地点、货物和经营者的风险资料相对比。这些风险资料是成员国根据统一标准编制的。这项工作为在 2009 年 7 月前使所有进出欧盟的货物接受共同风险评估符合法律要求奠定了基础。[71] 现在正在制订的风险评估系统是个

---

〔68〕 经济运行人系指参与受海关发管辖的活动的某个企业或个人。制造商、出口商、货物发运人、仓库管理员、海关代理和运输企业均可为经济运行人。

〔69〕 这些标准包括遵守法律法规的纪录、具有文件保管制度、经营者有金融支付能力以及经营者采用的实物安全和安保标准（包括准入控制、physical containment 等）。

〔70〕 欧盟委员会，“欧盟海关部门风险管理的标准化框架”，2004 年 11 月 17 日，网址：〈http：//ec. europa. eu/taxation _ customs/customs _ controls/risk _ management/customs _ eu/index _ en. htm〉。

〔71〕《欧盟委员会第 648/2005 号条例》（同注释〔66〕）。

有用手段，但并不能取代对训练有素的敬业海关关员的需求。虽然这一制度将采用打记号的方式抽检货物，但抽检何种物品由海关官员决定，而不是自动的。为了防止因为各国执法级别的不同而出现潜在失实情况，海关准则要求，如果评估后表明确实存在风险，欧盟各成员国主管部门就必须在相应层面实施预防性控制措施。〔72〕

风险评估系统之所以可行，是由于 2005 年决定抵离欧盟的货物必须提前通报。〔73〕这一决定到 2009 年将全面实施。届时，提前通报出入境货物将成为强制性要求。如果经营者不提交必要信息，其货物就不能装船，或被扣在边境。

一个现实问题是，安全系统必须得到信息技术的支撑，欧盟成员国海关部门一直在开展一项电子通关计划。目前，欧盟各国海关部门都可以通过电子手段交换信息。该计划的最终目标是，各国海关部门将能实时在参与某具体程序的处室之间而非在总署之间交换信息。〔74〕

为了落实《共同体海关准则》的修订内容，必须对风险评估机制进行上述修改，同时这样做也有助于欧盟履行自己的国际义务。例如，新的海关准则将使欧盟遵守世界海关组织的《SAFE 标准框架》，所有欧盟成员国都已作出政治承诺要支持这一标准框架。〔75〕欧盟作为全球的一个贸易中心强烈希望，边境控制务必不能对其主要贸易伙伴的贸易造成不必要的麻烦。欧盟已开始讨论其海关准则如何能与美国目前实施的海关体制，尤其是《美国海关的贸易合作反恐条例》（US-CTPAT）相协调，双方的体制有某些共同特点和目标，并已开始就海关问题与中国对话。〔76〕

---

〔72〕《欧盟委员会第 1875/2006 号条例》（同注释〔67〕）。

〔73〕《欧盟委员会第 648/2005 号条例》（同注释〔66〕）。

〔74〕欧盟委员会，“电子海关”，2005 年 12 月 7 日，网址：〈http://ec.europa.eu/taxation_customs/customs/policy_issues/e-customs_initiative/index_en.htm〉。

〔75〕世界海关组织，《WCO SAFE 标准框架》，2007 年 6 月，网址：〈http://www.wcoomd.org/home.htm/〉。

〔76〕2007 年 1 月，欧盟和美国成立了一个海关专家工作组，以研究如何实现相互承认对方的贸易伙伴计划。欧盟委员会，“海关与安全”，2008 年 3 月 5 日，网址：〈http://ec.earopa.eu/taxation_customs/customs/policy_issues/customs_security/index_en.thm〉。

## 第四节　调查和惩处在实施两用物项出口控制中的作用

每年在国际贸易中有成千上万种两用物项。总的来说，大多数出口商都赞成出口控制措施要达到的目标是防止核生化武器及其导弹运载系统的扩散。实施出口控制的重点一般放在那些能使出口商避免出口未经批准的受控物项的技术手段上。理想的做法是，出口控制执法部门与出口商一起尽量减少因为疏忽或不了解情况而出现违法违规行为造成的风险。例如，主管部门可以通过以下方式帮助出口商：在如何正确做好产品分类、如何审核未来客户等方面提供咨询；也可以指出从哪些迹象可以看出其最终用途、最终用户或转让目的地可能有风险。

不过，有的时候即使没有得到适当授权，两用物项这是被转让了。但是一般情况下，扩散者是通过现有的贸易渠道和掩盖物项的真实最终用途和最后最终用户获取武器的。例如，日本控制两用物项出口的法律很先进、很完善。尽管这样，2007 年 6 月，Mitutoyo 公司的四名经理人员因卷入非法出口能测量三维物体的精密仪器被判了刑。2003 年，国际原子能机构核查人员在利比亚的一个核相关设施发现该公司生产的一台机器。为此，日本调查人员对该公司的出口情况进行了调查。后来，Mitutoyo 公司被指控未得到适当授权向马来西亚和新加坡出口了五台这样的机器。该公司接受这项指控。[77]

最近，国际社会采取的若干行动都强调刑法在实施出口控制中的重要作用。例如，美国主导的防扩散安全倡议（PSI）鼓励积极利用执法和刑事审判程序来应对扩散敏感物项的非法贩运。此外，

---

〔77〕 J. Hongo，“Mitutoyo 公司经理人员获判缓刑”，《日本时报》，2007 年 6 月 26 日。

许多多边出口控制机制总的来说也更加重视执法问题，包括刑事惩处。[78] 2004 年 4 月通过的联合国安理会第 1540 号决议要求各国针对违反两用物项出口控制法律和条例的行为制订“适当的刑事和民事处罚措施”。[79] 《欧盟理事会第 1344/2000 号条例》要求成员国制订针对违反两用物项出口控制法律与条例的处罚措施，并规定处罚措施必须“有效、适当和有劝阻力”。[80]

刑法可以配合有效实施出口控制，可以通过一般性预防措施，即制订一套示范性的惩罚机制来震慑违法行为，也可以采取专项预防措施（例如，把罪犯关起来不让他继续犯罪）。但是，在实施所有执法选项中是否都把重点放在这些法律原则上，各国尚不能达成一致。在欧洲进行的讨论说明，一般性惩罚措施是否具有震慑作用，一直是个有争议的问题，而且这个问题由国内法（而不是欧盟法律）管辖，而国内法是遵照各国的习惯做法。

虽然《第 334/2000 号条例》规定，采取什么具体惩罚措施完全由成员国自行决定，欧盟委员会还是提出要修改此条例，要求成员国对已证实的严重违反出口控制法的行为实施刑事处罚，并就可以判罚的最低关税额达成一致。[81] 在 2005 年和 2006 年两年里，欧盟汇集了以下三个方面的信息：一是各成员国中现在实施的各项出口控制条例；二是各国对是否应在欧盟范围内统一处罚措施（行政处罚和刑事处罚）的看法；三是目前在成员国国内实施的违反出口控制法中哪一类处罚措施可以在欧盟内统一。结果说明，在国家一级如何处理这种违法行为，各国的看法莫衷一是。大多数成员国在答复中表示不太愿

〔78〕 关于 PSI 将来如何发挥更大作用和在各多边机制中讨论执法问题的情况，参见安东尼和鲍尔合写的那章（同注释〔29〕），第 647—651 页。关于 PSI，参见 C. Ahlstrom，“防扩散安全倡议：从国际法视角看‘拦截原则声明’”，《SIPRI 年鉴 2005：军备、裁军和国际安全》（牛津大学出版社：牛津，2005 年）。

〔79〕 行政处罚案例包括金融处罚、吊销出口许可证、取消某些特权（如简化程序）和通过没收剥夺财产权。刑事处罚案例包括罚款、监禁和缓期判刑。

〔80〕 关于有效、平衡和有劝阻力的处罚措施，参见欧洲共同体的刑事法院，《欧共体委员会诉希腊共和国》，“一个成员国未履行其义务——未制订相关法律已获取共同体自己的资源”第 68/88 号案例，1989 年 9 月 21 日。

〔81〕 欧盟委员会（同注释〔47〕）。

意统一处罚措施。[82]

在欧盟成员国中，可疑非法活动和惩处的案例在数量上有明显差距。欧盟内的讨论表明，有些成员国坚持其不把可疑违反活动提交法院处理的政策，可能是为了要保护本国的两用工业。大多数成员国在依法处理出口控制相关案件方面经验很少，或者完全没有经验。[83]哪些行为体必须遵守欧盟出口控制法，各国的法律也各不相同。成员国的国内立法只要求实际出口商承担义务。但是德国承认，是行为体而不是出口商要对大规模杀伤性武器的扩散负责。德国这样做就是又向前迈出了一步，把两用物项的中间商和运输商的责任也纳入了国家法律。[84]英国则不同，始终不愿意让出口链中的其他行为体承担出口控制法规定的责任。大多数成员国除了有自己的出口控制法之外，还有能对付这些行为体的其他法律。但是，调查人员和检察官必须熟悉各种出口控制问题，以便利用这项法律有效地处理两用物项的可疑非法出口。

欧盟成员国间除了检察政策和可实施的处罚不同外，检察程序也不相同。有些成员国的做法是检察官有权起诉违反案件，而其它国家的做法则要求检察官在审判前必须对公共利益作出评估。在实践中，就会产生审判决定受制于主要与时间和资源相关问题的危险。出口控制法的复杂性和技术性质也可能是检察官不敢提出起诉的原因，因为是否提出起诉，检察官有一定的自主权。

在大多数欧盟国家，如果要判定有人严重违反相关出口控制法，通常情况下检察官必须证明，该嫌疑人至少被动地承认，出口物项可能用于大规模杀伤性武器的扩散。如果无法证实其意图，检察官可以选择辅助立法，例如将伪造文件提交许可证审批部门。不过，法院有

---

〔82〕 例如在德国和匈牙利，如果严重违反出口控制法，最多可判处长达 15 年监禁，而爱尔兰实施的最高处罚是 12 个月监禁。

〔83〕 欧盟委员会司法、自由与安全司司长认为，必须在大多数成员国间进行协调和交流经验，因此 2007 年 9 月 10—12 日在斯德哥尔摩组织了一次关于对欧盟成员国内两用物项非法出口调查和惩处案例的研讨会。研讨会由 SIPRI 和瑞典国家安全司法局联合主办。A. Wetter，《欧盟实施两用物项出口控制法情况》，SIPRI 研究报告第 24 期（牛津大学出版社：牛津，2008 年将出版）。

〔84〕 1961 年 4 月 28 日的《对外贸易与支付法》，第 34 条，根据 2006 年 3 月 28 日的法律进行了修订。

可能把这类行为看作是技术性违法而从轻处罚。证明其意图需要执法者搜集充足证据。情报部门往往在查出出口违法行为方面起核心作用，但调查人员和检察官可能得不到情报部门掌握的可作为审判证据的信息。[85] 在许多国家，一般很少注意两用物项的未批准出口，但执法部门和媒体却对非法贩运核和其它放射性材料高度关注。[86]

## 第五节 结　论

由于出口控制在执行联合国决议中起着重要作用，在执行主要多边防扩散条约中的作用也得到了加强。对出口控制部门的一个主要挑战是，如何全面执行和实施现有的各项出口控制和防扩散制裁措施(包括金融制裁)。为此，需要调整法律基础，重新思考机制的结构和程序。联合国安理会第 1540 号决议要求联合国所有成员国对违反两用物项出口控制的行为进行有效惩罚，但是关于什么样的行为要进行这种制裁的辩论尚待开展。欧盟已经发起了关于在出口控制中出现什么情况需进行有劝阻力的、有效而适当的制裁的讨论。

大多数出口商理解并愿意遵守出口控制的基本目标。但是，业已证明未经批准出口受控物项的案例时有发生。这说明，不能想当然地认为所有出口商都会自觉遵守出口控制规章。因此，有必要建立实施这些规章的各项机制。执法部门，特别是海关，必须在货运安全方面发挥更大作用。人们已逐步认识到这种必要性，并在欧盟、联合国、世界海关组织和一些国家最近采取的行动中得到反映。但是，这种作用尚需通过必要的人员配备和资金调拨予以充分认可和支持，并通过适当的对策、法律与程序予以强化。

预防是总体目标，其含义是：执法工作如侦查、阻止和拦截是依法防止未经批准的出口的主要手段。虽然各部门在履行这些工作任务

〔85〕 情报部门和执法部门的关注点不一定一致。例如，某情报部门可能更愿意利用信息加深理解某国的扩散活动，而不是去起诉两用物项经销商或中间商。

〔86〕 关于核和其他放射性材料非法贩运，另参见国家原子能机构，《打击核和其他放射性材料非法贩运》，《IAEA 核安全系列报告》第 6 期（IAEA：维也纳，2007 年）；和本卷附录 8D。

和执行中的法律权限分配有不同，但是一般来说执法部门包括海关、边防军、警察部队和情报部门。民间组织在搜集和宣传关于可能出现的违反出口控制法规行为的信息也能发挥作用。除了执法工作外，检察官将违法者绳之以法，这对实施出口控制法中也起重要作用。为了成功防止违法行为，在上述所有行为体之间开展合作至关重要。但是，预防和有效执法，首先需要建立一种具有政治和战略性授权、明确的程序和职责分工、坚实的法律依据并具备机制性信息存储的出口控制制度——每一个方面都要适应一个国家的具体情况。

（叶如安　译）

# 附　　件

# 附件 A　军控与裁军协定

南尼・博德尔

本附件罗列了与军控和裁军相关的多边和双边条约、公约、议定书和协定。协定按年代顺序排列。本附件罗列的协定及其缔约国和签约国为截至 2008 年 1 月 1 日的情况。

**注释**

1. 各项协定按其通过、签署或开放供签署日期（多边协定）或签署日期（双边协定）的顺序排列。协定生效日期及多边协定的保存人也一并列出。

2. 资料主要来自条约保存方提供的签约国和缔约方名单。

3. 缔约方名单下面的脚注列出了有关国家就签署、批准、加入或继承某些主要条约所作的最重要保留、声明或解释性声明的实质性部分的内容。1925 年日内瓦议定书中，只列出对该协定有“明确保留”的缔约国。

4. 国家和组织按照批准国、加入国或继承国的顺序排列。原非自治领地在获得国家地位后，有时会申明其前殖民国家所签署的所有协定继续有效。本附件只列出那些对协定继续生效作出无争议声明或已通知协定保存方要继承协定的新国家。

5. 除非另外注明，本附件所列的多边协定向所有国家或相关地区（或区域）内的所有国家开放签署、批准、加入或继承。

6. 联合国所有会员国的名单及其成为联合国会员国的年份列在本卷附件 B 中，本附件所列签约国或缔约方并不都是联合国会员国。

7. 由于国际社会不承认台湾地区为主权国家，它仅被列为其所批准的协定的缔约方。

8. 俄罗斯联邦继承苏联承担的国际义务。

9. 塞尔维亚继承了前塞尔维亚和黑山联邦的国际义务。

## 禁止在战争中使用窒息性、毒性或其他气体及细菌作战方法的议定书（1925 年日内瓦议定书）

1925 年 6 月 17 日在日内瓦签署，1928 年 2 月 8 日生效，由法国政府保存。

议定书宣告缔约国同意遵守禁止在战争中使用这些武器的义务。

**缔约国（135 个）**：阿富汗、阿尔巴尼亚、阿尔及尼亚[1]、安哥拉[1]、安提瓜和巴布达、阿根廷、澳大利亚、奥地利、巴林[1]、孟加拉国[1]、巴巴多斯、比利时、贝宁、不丹、玻利维亚、巴西、保加利亚、布基纳法索、柬埔寨[1]、喀麦隆、加拿大、佛得角、中非共和国、智利、中国[1]、科特迪瓦、克罗地亚、古巴、塞浦路斯、捷克共和国、丹麦、多米尼加共和国、厄瓜多尔、埃及、赤道几内亚、爱沙尼亚、埃塞俄比亚、斐济[1]、芬兰、法国、冈比亚、德国、加纳、希腊、格林纳达、危地马拉、几内亚比绍、梵蒂冈、匈牙利、冰岛、印度[1]、印度尼西亚、伊朗、伊拉克[1]、爱尔兰、以色列[2]、意大利、牙买加、日本、约旦[3]、肯尼亚、朝鲜[1]、韩国[5]、科威特[1]、老挝、拉脱维亚、黎巴嫩、莱索托、利比里亚、利比亚[1]、列支敦士登、立陶宛、卢森堡、马达加斯加、马拉维、马来西亚、马尔代夫、马耳他、毛里求斯、墨西哥、摩纳哥、蒙古、摩洛哥、尼泊尔、荷兰、新西兰、尼加拉瓜、尼日尔、尼日利亚[1]、挪威、巴基斯坦、巴拿马、巴布亚新几内亚[1]、巴拉圭、秘鲁、菲律宾、波兰、葡萄牙、卡塔尔、罗马尼亚、俄罗斯、卢旺达、圣基茨和尼维斯、圣卢西亚、圣文森特和格林纳丁斯、沙特阿拉伯、塞内加尔、塞尔维亚和黑山、塞拉利昂、斯洛伐克、所罗门群岛[1]、南非、西班牙、斯里兰卡、苏丹、斯威士兰、瑞典、瑞士、叙利亚、中国台湾地区、坦桑尼亚、泰国[4]、多哥、汤加、特立尼达和多巴哥、突尼斯、土耳其、乌干达、英国[4]、乌克兰、乌拉圭、美国[4]、委内瑞拉、越南[1]、也门。

1. 本议定书对该缔约国的约束力，只限于该国对签署、批准或加入本议定书的国家。对其武装力量或盟国不遵守本议定书条款的任何敌国，议定书对该缔约国无约束力。

2. 本议定书对以色列的约束力，仅限于以色列对签署、批准或继承本议定书的国家所采取的行动。如其敌国的武器力量、其敌国盟国的武装力量、正规或非正规力量，或在其领土上活动的组织或个人不遵守议定书的禁止条款，本议定书则对以色列无约束力。

3. 约旦承诺履行议定书规定的各项义务，范围只限于作出同样承诺的国家。对于其正规或非正规武装力量不遵守议定书禁止条款的国家，约旦不受议定书的约束。

4. 如其任何敌国或敌国的任何盟国不遵守本议定书的禁止条款，本议定书关于使用窒息性的、有毒的或其他的气体，以及一切类似的液体、物质或设备的规定则对该缔约国没有约束力。

5. 2002 年，韩国撤销了有关细菌和毒素武器的保留。

**签署但未批约国：** 萨尔瓦多

## 关于防止和惩治灭绝种族罪公约（种族灭绝公约）

1948 年 12 月 9 日在巴黎召开的联合国大会上通过，1951 年 1 月 12 日生效，由联合国秘书长保存。

根据该公约，任何意在全部或部分消灭一个民族、部族、种族或宗教团体的行为都是应按国际法进行惩治的罪行。

**缔约国（140 个）：** 阿富汗、阿尔巴尼亚*、阿尔及利亚*、安道尔、安提瓜和巴布达、阿根廷*、亚美尼亚、澳大利亚、奥地利、阿塞拜疆、巴哈马、巴林*、孟加拉国*、巴巴多斯、白俄罗斯*、比利时、伯利兹、玻利维亚、波黑、巴西、保加利亚*、布基纳法索、布隆迪、柬埔寨、加拿大、智利、中国*、哥伦比亚、科摩罗、刚果民主共和国、哥斯达黎加、科特迪瓦、克罗地亚、古巴、塞浦路斯、捷克共和国、丹麦、厄瓜多尔、埃及、萨尔瓦多、爱沙尼亚、埃塞俄比亚、斐济、芬兰、法国、加蓬、冈比亚、格鲁吉亚、德国、加纳、希腊、危地马拉、几内亚、海地、洪都拉斯、匈牙利*、冰岛、印度*、伊朗、伊拉克、爱尔兰、以色列、意大利、牙买加、约旦、哈萨克斯坦、朝鲜、韩国、科威特、吉尔吉斯斯坦、老挝、拉脱维亚、黎巴嫩、莱索托、利比里亚、利比亚、列支敦士登、立陶宛、卢森堡、前南斯拉夫马其顿共和国、马来西亚*、马尔代夫、马里、墨西哥、摩尔多瓦、摩纳哥、蒙古*、黑山*、摩洛哥*、莫桑比克、缅甸*、纳米比亚、尼泊尔、荷兰、新西兰、尼加拉瓜、挪威、巴基斯坦、巴拿马、巴布亚新几内亚、巴拉圭、秘鲁、菲律宾*、波兰*、葡萄牙*、罗马尼亚*、俄罗斯*、卢旺达*、圣文森特和格林纳丁斯、沙特阿拉伯、塞内加尔、塞尔维亚*、塞舌尔、新加坡*、斯洛伐克、斯洛文尼亚、南非、西班牙*、斯里兰卡、苏丹、瑞典、瑞士、叙利亚、坦桑尼亚、多哥、汤加、特立尼达和多巴哥、突尼斯、土耳其、乌干达、英国、乌克兰*、阿拉伯联合酋长国、乌拉圭、美国*、乌兹别克斯坦、委内瑞拉*、越南*、也门*、津巴布韦。

*批准、加入和继承时表示有所保留和/或发表声明。

**签署但未批约国：** 多米尼加共和国

## 关于战争时期保护平民的日内瓦第四公约

1949 年 8 月 12 日在日内瓦签署，1950 年 10 月 21 日生效，由瑞士联邦委员会保存。

公约规定了在战争地区和被占领土保护平民的原则。公约在 1949 年 4 月 21 日到 8 月 12 日召开的外交会议上制定。（同时，其他三个公约相继出台。第一公约旨在改善战地武装部队伤者、病者境遇；第二公约旨在改善海上武装部队伤者、病者及舰艇失事人员的境遇；第三公约涉及战俘待遇）。

**缔约国（194 个）：** 阿富汗、阿尔巴尼亚*、阿尔及利亚、安道尔、安哥拉*、安提瓜和巴布达、阿根廷、亚美尼亚、澳大利亚*、奥地利、阿塞拜疆、巴哈马、巴林、孟加拉国*、巴巴多斯*、白俄罗斯、比利时、伯利兹、贝宁、不丹、玻利维亚、波黑、博茨瓦纳、巴西、文莱、保加利亚、布基纳法索、布隆迪、柬埔寨、喀麦隆、加拿大、佛得角、中非共和国、乍得、智利、中国*、哥伦比亚、科摩罗、刚果民主共和国、刚果（共和国）、库克群岛、哥斯达黎加、科特迪瓦、克罗地亚、古巴、塞浦路斯、捷克共和国*、丹麦、吉布提、多米尼克、多米尼加共和国、厄瓜多尔、埃及、萨尔瓦多、赤道几内亚、爱沙尼亚、厄立特里亚、埃塞俄比亚、斐济、芬兰、法国、加蓬、冈比亚、格鲁吉亚、德国*、加纳、希腊、格林纳达、危地马拉、几内亚、几内亚比绍*、圭亚那、海地、梵蒂冈、洪都拉斯、匈牙利、冰岛、印度、印度尼西亚、伊朗*、伊拉克、爱尔兰、以色列*、意大利、牙买加、日本、约旦、哈萨克斯坦、肯尼亚、基里巴斯、朝鲜*、韩国*、科威特*、吉尔吉斯斯坦、老挝、拉脱维亚、黎巴嫩、莱索托、利比里亚、利比亚、列支敦士登、立陶宛、卢森堡、前南斯拉夫马其顿共和国*、马达加斯加、马拉维、马来西亚、马尔代夫、马里、马耳他、马绍尔群岛、毛里塔尼亚、毛里求斯、墨西哥、密克罗尼西亚、摩尔多瓦、摩纳哥、蒙古、黑山、摩洛哥、莫桑比克、缅甸、纳米比亚、瑙鲁、尼泊尔、荷兰、新西兰*、尼加拉瓜、尼日尔、尼日利亚、挪威、阿曼、巴基斯坦*、帕劳、巴拿马、巴布亚新几内亚、巴拉圭、秘鲁、菲律宾、波兰、葡萄牙*、卡塔尔、罗马尼亚、俄罗斯*、卢旺达、圣基茨和尼维斯、圣卢西亚、圣文森特和格林纳丁斯、西萨摩亚、圣马力诺、圣多美和普林西比、沙特阿拉伯、塞内加尔、塞尔维亚和黑山、塞舌尔、塞拉利昂、新加坡、斯洛伐克、斯洛文尼亚、所罗门群岛、索马里、南非、西班牙、斯里兰卡、苏丹、苏里南*、斯威士兰、瑞典、瑞士、叙利亚、塔吉克斯坦、坦桑尼亚、泰国、东帝汶、多哥、汤加、特立尼达和多巴哥、突尼斯、土耳其、土库曼斯坦、图瓦卢、乌干达、英国*、乌克兰*、阿拉伯联合酋长国、乌拉圭*、美国*、乌兹别克斯坦、瓦努阿图、委内瑞拉、越南*、也门*、赞比亚、津巴布韦。

* 批准、加入或继承时表示有所保留和/或发表声明。

1989 年，巴勒斯坦解放组织（PLO）通知公约保存方已决定遵守四项日内瓦公约和 1977 年的两个议定书。

亦见 1977 年的议定书Ⅰ和议定书Ⅱ。

## 南极条约

1959 年 12 月 1 日在华盛顿签署，1961 年 6 月 23 日生效，由美国政府保存。

条约宣布南极地区只能用于和平目的。禁止在南极地区采取任何有军事性质的措施，诸如建立军事基地和要塞，进行军事演习或任何种类武器的试验。条约禁止在南极进行任何核爆炸和抛置放射性废料。

根据条约第 9 条规定，定期举行会议交换信息，就有关南极问题进行磋商，为促进本条约的宗旨和目标向有关国家政府提出举措建议。

条约向联合国会员国，或经有资格参加本条约第九条规定的磋商会议的所有缔约国同意而应邀加入本条约的任何其他国家开放入约。对南极感兴趣，在那里从事真实的科学研究的国家，如建立科学考察站和派遣探测队，都可以成为条约协商国。

**缔约国（46 个）**：阿根廷+、澳大利亚+、奥地利、白俄罗斯、比利时+、巴西+、保加利亚+、加拿大、智利+、中国+、哥伦比亚、古巴、捷克共和国、丹麦、厄瓜多尔+、爱沙尼亚、芬兰+、法国+、德国+、希腊、危地马拉、匈牙利、印度+、意大利+、日本+、朝鲜、韩国+、荷兰+、新西兰+、挪威+、巴布亚新几内亚、秘鲁+、波兰+、罗马尼亚、俄罗斯+、斯洛伐克、南非+、西班牙+、瑞典+、瑞士、土耳其、英国+、乌克兰+、乌拉圭+、美国+、委内瑞拉。

+根据条约第九条有资格参加磋商会议的国家。

《南极条约环境保护议定书》（《1991 年马德里议定书》）于 1998 年 1 月 14 日生效。

## 禁止在大气层、外层空间和水下进行核武器试验条约（部分禁试条约，PTBT）

1963 年 8 月 5 日三个原始缔约国在莫斯科签署，1963 年 8 月 8 日在伦敦、莫斯科和华盛顿对其他国家开放签署。条约于 1963 年 10 月 10 日生效，由英国、美国和俄罗斯三国政府保存。

条约禁止缔约方在下列地方进行任何核武器试验爆炸或任何其他核爆炸：

（一）在大气层；在它的范围以外，包括外层空间；或水下，包括领海水域或公海。

（二）在任何其他环境中，如果这种爆炸所产生的放射性尘埃出现于在其管辖或控制下进行这种爆炸的缔约方领土界限以外的地方。

**缔约国（125 个）**：阿富汗、安提瓜和巴布达、阿根廷、亚美尼亚、澳大利亚、奥地利、巴哈马、孟加拉国、白俄罗斯、比利时、贝宁、不丹、玻利维亚、波黑、博茨瓦纳、巴西、保加利亚、加拿大、佛得角、中非共和国、乍得、智利、哥伦比亚、刚果民主共和国、哥斯达黎加、科特迪瓦、克罗地亚、塞浦路斯、捷克共和国、丹麦、多米尼加共和国、厄瓜多尔、埃及、萨尔瓦多、赤道几内亚、斐济、芬兰、法国、加蓬、冈比亚、德国、加纳、希腊、危地马拉、几内亚比绍、洪都拉斯、匈牙利、冰岛、印度、印度尼西亚、伊朗、伊拉克、爱尔兰、以色列、意大利、牙买加、日本、约旦、肯尼亚、韩国、科威特、老挝、黎巴嫩、利比里亚、利比亚、卢森堡、马达加斯加、马拉维、马来西亚、马耳他、毛里塔尼亚、毛里求斯、墨西哥、蒙古、摩洛哥、缅甸、尼泊尔、荷兰、新西兰、尼加拉瓜、尼日尔、尼日利亚、挪威、巴基斯坦、巴拿马、巴布亚新几内亚、秘鲁、菲律宾、波兰、罗马尼亚、俄罗斯、卢旺达、西萨摩亚、圣马力诺、塞内加尔、塞尔维亚、塞舌尔、塞拉利昂、新加坡、斯洛伐克、斯洛文尼亚、南非、西班牙、斯里兰卡、苏丹、苏里南、斯威士兰、瑞典、瑞士、叙利亚、中国台湾地区、坦桑尼亚、泰国、多哥、汤加、特立尼达和多巴哥、突尼斯、土耳其、乌干达、英国、乌克兰、乌拉圭、美国、委内瑞拉、也门、赞比亚。

**签署但未批约国：**阿尔及利亚、布基纳法索、布隆迪、喀麦隆、埃塞俄比亚、海地、马里、巴拉圭、葡萄牙、索马里、越南。

## 关于各国探索和利用包括月球与其他天体在内的外层空间活动的原则条约（外空条约）

1967年1月27日在伦敦、莫斯科、华盛顿开放签署，1967年10月10日生效，由英国、俄罗斯和美国三国政府保存。

条约禁止在环绕地球的轨道放置任何载有核武器或任何其他种类的大规模杀伤性武器的物体，禁止以任何其他方式在天体上或外层空间安置此种武器。同时，也禁止在天体上建立军事基地、装置和要塞，或试验任何种类的武器和进行军事演习。

**缔约国（108个）：**阿富汗、阿尔及利亚、安提瓜和巴布达、阿根廷、澳大利亚、奥地利、巴哈马、孟加拉国、巴巴多斯、白俄罗斯、比利时、贝宁、巴西、文莱、保加利亚、布基纳法索、加拿大、智利、中国、古巴、塞浦路斯、捷克共和国、丹麦、多米尼克、多米尼加共和国、厄瓜多尔、埃及、萨尔瓦多、赤道几内亚、斐济、芬兰、法国、德国、希腊、格林纳达、几内亚比绍、匈牙利、冰岛、印度、印度尼西亚、伊拉克、爱尔兰、以色列、意大利、牙买加、日本、哈萨克斯坦、肯尼亚、韩国、科威特、老挝、黎巴嫩、利比亚、卢森堡、马达加斯加、马里、毛里求斯、墨西哥、蒙古、黑山、摩洛哥、缅甸、尼泊尔、荷兰、新西兰、尼日尔、尼日利亚、挪威、巴基斯坦、巴布亚新几内亚、秘鲁、波兰、葡萄牙、罗马尼亚、俄罗斯、圣基茨和尼维斯、圣卢西亚岛、圣文森特岛和格林纳丁斯、圣马力诺、沙特阿拉伯、塞舌尔、塞拉利昂、新加坡、斯洛伐克、所罗门群岛、南非、西班牙、斯里兰卡、斯威士兰、瑞典、瑞士、叙利亚、中国台湾地区、泰国、多哥、汤加、突尼斯、土耳其、乌干达、英国、乌克兰、阿拉伯联合酋长国、乌拉圭、美国、委内瑞拉、越南、也门、赞比亚。

**签署但未批约国：**玻利维亚、博茨瓦纳、布隆迪、喀麦隆、中非共和国、哥伦比亚、刚果民主共和国、刚果共和国、埃塞俄比亚、冈比亚、加纳、圭亚那、海地、梵蒂冈、洪都拉斯、伊朗、约旦、莱索托、卢森堡、前南斯拉夫马其顿共和国、马来西亚、尼加拉瓜、巴拿马、菲律宾、卢旺达、塞尔维亚、索马里、特立尼达和多巴哥。

## 拉丁美洲和加勒比地区禁止核武器条约（特拉特洛尔科条约）

原始条约于 1967 年 2 月 14 日在墨西哥联邦区开放签署，1968 年 4 月 22 日生效。1990 年、1991 年和 1992 年三次修改，由墨西哥政府保存。

条约禁止拉丁美洲和加勒比海国家通过任何方式试验、使用、制造、生产或获得，以及接受、储存、安置、部署或以任何形式拥有核武器。

缔约国应与国际原子能机构就其核活动签订保障监督协定。国际原子能机构享有进行特别视察的专有权。

条约向条约规定的拉丁美洲和加勒比地区的所有独立国家开放签署。

根据附加议定书Ⅰ，在本地区拥有领土的国家（法国、荷兰、英国和美国）承诺使这些领土适用军事非核武化法规。

根据附加议定书Ⅱ，公认的有核国家［中国、法国、俄罗斯（签署时为苏联)、英国和美国]承诺尊重拉丁美洲和加勒比海地区的军事非核武化法规，不从事违反条约的行为，也不对缔约国使用或威胁使用核武器。

**原始条约的缔约国（33个）：**安提瓜和巴布达、阿根廷、巴哈马、巴巴多斯、伯利兹、玻利维亚、巴西、智利、哥伦比亚、哥斯达黎加、古巴、多米尼克、多米尼加共和国、厄瓜多尔、萨尔瓦多、格林纳达、危地马拉、圭亚那、海地、洪都拉斯、牙买加、墨西哥、尼加拉瓜、巴拿马、巴拉圭、秘鲁、圣基茨和尼维斯、圣卢西亚、圣文森特和格林纳丁斯、苏里南、特立尼达和多巴哥、乌拉圭、委内瑞拉。

**修改条约的批约国：**阿根廷、巴巴多斯、伯利兹、巴西、智利、哥伦比亚、哥斯达黎加、古巴、多米尼加共和国、厄瓜多尔、萨尔瓦多、格林纳达、危地马拉、圭亚那、牙买加、墨西哥、巴拿马、巴拉圭、秘鲁、苏里南、乌拉圭和委内瑞拉。

**注：并非全部所列国家都批准了所有三次修改的条款。**

**附加议定书Ⅰ签署国：**法国[1]、荷兰、英国[2]、美国[3]。

**附加议定书Ⅱ签署国：**中国[4]、法国[5]、俄罗斯[6]、英国[2]、美国[7]。

1. 法国声明：议定书Ⅰ不适用于从条约地区内的法国领土过境到达其他法国领土的情况。议定书不应限制在法国领土上的居民参加条约第一条提及的活动，也不应限制其参加与法国国防相关的活动。法国不认为条约界定的区域是根据国际法确立的区域，因此不认为条约适用于该区域。

2. 英国在签署及批准议定书Ⅰ和Ⅱ时，做了如下谅解声明：英国对条约的签署和批准，不能被视为以任何方式影响由英国负责而该领土位于条约界定的地理区域之内的任何领土的国际关系法律地位。如果条约的任何缔约国在某个有核武器国家支持下采取任何侵略行为，英国有权重新考虑议定书Ⅱ对其行动的约束力范围。

3. 美国在批准议定书Ⅰ时，发表了如下谅解声明：在是否给予本国和其他船只或飞机过境和运输货物或武器的特权方面，条约的规定并不影响议定书缔约国根据国际法所享的专有权和法律权限，也不影响缔约国根据国际法所享有的海洋自由权或通过一国领水或领水上空的自由权。美国批准议定书Ⅱ的附加声明也适用于议定书Ⅰ。

4. 中国宣布绝不会派载有核武器的运输和交货工具穿越拉美国家的领土、领海或领空。

5. 法国声明，它认为议定书Ⅱ第三条的规定并不对根据联合国宪章第51条的规定充分行使自卫权构成障碍。法国注意到拉丁美洲非核武化筹备委员会的解释，根据这一解释条约不适用于过境安排。根据国际法是否允许过境是一国的专有权。1974年，法国做了补充声明，指出法国对议定书Ⅱ所承担的义务不仅适用于条约签约国，也适用于根据议定书Ⅰ非核武器化法规生效的领土。

6. 苏联签署并批准议定书时发表了如下声明：苏联设定本条约第一条对任何核爆炸装置都有效，因此，任何国家进行用于和平目的的核爆炸都构成对第一条规定义务的违反，并与其无核武器地位不相符。条约的缔约国应根据核不扩散条约第五条，并在国际原子能机构的国际程序框架内找到解决以和平为目的进行核爆炸问题的办法。苏联宣布：允许任何形式的核武器过境均同条约的宗旨不符。

如一个或多个缔约国采取任何违背其无核武器国地位的行动，或一个或多个缔约国在某拥有核武器国家的支持下或与其一起进行侵略，苏联将视这种行动违反有关国家对条约承担的义务。在这些情况下，苏联保留重新考虑其对议定书Ⅱ所承担义务的权利。如其他拥有核武器国家采取违反议定书所规定义务的行为，苏联还将保留重新考虑其对该议定书态度的权利。

7. 美国签署并批准议定书Ⅱ时有如下声明和谅解：每个签约国拥有决定是否给予非缔约国过境和运输特许的专有权和法律权限。关于承诺不对缔约国使用或威胁使用核武器，美国认为，一个签约国在某核国家支持下发起武装进攻的行为是违反条约的。

## 不扩散核武器条约（核不扩散条约，NPT）

**1968年7月1日在伦敦、莫斯科、华盛顿开放签署，1970年3月5日生效，由英、俄、美三国政府保存。**

条约禁止核武器国家（在此条约中，界定为1967年1月1日以前制造并爆炸了核武器或其他核爆炸装置的国家）向任何接受者转让核武器或其他核爆炸装置，或此种武器或爆炸装置的控制权；禁止其协助、鼓励、诱导任何无核武器国家制造或以其他方法获得这种武器或装置；禁止非核武器国家从任何转让者获取此种武器；禁止非核武器国家制造或以其他方式获得核武器或其他核爆炸装置。

缔约方承诺为和平利用核能而进行设备、原料以及科技信息的交换提供便利，并确保条约的非核武器缔约方也能享有和平利用核爆炸带来的潜在好处。缔约方还承诺就早日停止核军备竞赛和进行核裁军的有效措施，以及就全面彻底裁军条约进行有诚意的谈判。

为了防止用于和平目的的核能转用于制造核武器或其他核爆炸装置，非核武器国家承诺与国际原子能机构签定保障监督协定。附加于该协定用于强化措施的议定书范本于1997年通过，附加保障监督议定书由各国分别与国际原子能机构签署。

**1995年召开的不扩散核武器条约审议与延期大会决定，该条约无限期有效。**

**缔约国（190个）：**阿富汗+、阿尔巴尼亚+、阿尔及利亚+、安道尔、安哥拉、安提瓜和巴布达+、阿根廷+、亚美尼亚+、澳大利亚+、奥地利+、阿塞拜疆+、巴哈马+、巴林、孟加拉国+、巴巴多斯+、白俄罗斯+、比利时+、伯利兹+、贝宁、不丹+、玻利维亚+、波黑+、博茨瓦纳、巴西+、文莱+、保加利亚+、布基纳法索+、布隆迪、柬埔寨+、喀麦隆+、加拿大+、佛得角、中非共和国、乍得、智利+、中国+、哥伦比亚、科摩罗、刚果民主共和国+、刚果（共和国）、哥斯达黎加+、科特迪瓦+、克罗地亚+、古巴+、塞浦路斯+、捷克共和国+、丹麦+、吉布提、多米尼克+、多米尼加共和国+、厄瓜多尔+、埃及+、萨尔瓦多+、赤道几内亚、厄立特里亚、爱沙尼亚+、埃塞俄比亚+、斐济+、芬兰+、法国+、加蓬、冈比亚+、格鲁吉亚、德国+、加纳+、希腊+、格林纳达+、危地马拉+、几内亚、几内亚比绍、圭亚那+、海地、梵蒂冈+、洪都拉斯+、匈牙利+、冰岛+、印度尼西亚+、伊朗+、伊拉克+、爱尔兰+、意大利+、牙买加+、日本+、约旦+、哈萨克斯坦+、肯尼亚、基里巴斯+、韩国+、科威特+、吉尔吉斯斯坦+、老挝+、拉脱维亚+、黎巴嫩+、莱索托+、利比里亚、利比亚+、列支敦士登+、立陶宛+、卢森堡+、前南斯拉夫马其顿共和国+、马达加斯加+、马拉维+、马来西亚+、马尔代夫+、马里+、马耳他+、马绍尔群岛、毛里塔尼亚、毛里求斯+、墨西哥+、密克罗尼西亚、摩尔多瓦、摩纳哥+、蒙古+、黑山、摩洛哥+、莫桑比克、缅甸+、纳米比亚+、瑙鲁+、尼泊尔+、荷兰+、新西兰+、尼加拉瓜+、尼日尔、尼日利亚+、挪威+、阿曼、帕劳、巴拿马、巴布亚新几内亚+、巴拉圭+、秘鲁+、菲律宾+、波兰+、葡萄牙+、卡塔尔、罗马尼亚+、俄罗斯+、卢旺达、圣基茨和尼维斯+、圣卢西亚+、圣文森特和格林纳丁斯+、西萨摩亚+、圣马力诺+、圣多美和普林西比、沙特阿拉伯、塞内加尔+、塞尔维亚+、塞舌尔+、塞拉利昂、新加坡+、斯洛伐克+、斯洛文尼亚+、所罗门群岛+、索马里、南非+、西班牙+、斯里兰卡+、苏丹+、苏里南+、斯威士兰+、瑞典+、瑞士+、叙利亚+、中国台湾地区、塔吉克斯坦+、坦桑尼亚+、泰国+、多哥、东帝汶、汤加+、特立尼达和多巴哥+、突尼斯+、土耳其+、土库曼斯坦、图瓦卢+、乌干达、英国+、乌克兰+、阿拉伯联合酋长国+、乌拉圭+、美国+、乌兹别克斯坦+、瓦努阿图、委内瑞拉+、越南+、也门+、赞比亚+、津巴布韦+。

+ 根据条约要求同国际原子能机构所签保障监督协定已生效的国家，或依据条约规定，在自愿基础上签订这种协定的核武器国家。

**保障监督附加议定书对 85 个缔约国生效：**阿富汗、亚美尼亚、澳大利亚、奥地利、阿塞拜疆、孟加拉国、比利时、博茨瓦纳、保加利亚、布基纳法索、布隆迪、加拿大、智利、中国、刚果民主共和国、克罗地亚、古巴、塞浦路斯、捷克共和国、丹麦、厄瓜多尔、萨尔瓦多、爱沙尼亚、斐济、芬兰、法国、格鲁吉亚、德国、加纳、希腊、海地、梵蒂冈、匈牙利、冰岛、印度尼西亚、爱尔兰、意大利、牙买加、日本、约旦、哈萨克斯坦、韩国、科威特、拉脱维亚、立陶宛、卢森堡、前南马其顿共和国、马达加斯加、马拉维、马里、马耳他、马绍尔群岛、摩纳哥、蒙古、荷兰、新西兰、尼加拉瓜、尼日尔、尼日利亚、挪威、帕劳、巴拿马、巴拉圭、秘鲁、波兰、葡萄牙、罗马尼亚、俄罗斯、塞舌尔、斯洛伐克、斯洛文尼亚、南非、西班牙、瑞典、瑞士、塔吉克斯坦、坦桑尼亚、土耳其、土库曼斯坦、乌干达、英国、乌克兰、乌拉圭和乌兹别克斯坦。

**注：**2007 年 2 月 6 日伊朗通知国际原子能机构，它不再执行其未批准的附加保障监督议定书的规定。中国台湾地区虽未签订保障监督协定，但已同意采用 1997 年保障监督议定书范本中包含的措施。

## 禁止在海床洋底及其底土安置核武器及其他大规模杀伤性武器条约（海床条约）

1971 年 2 月 11 日在伦敦、莫斯科和华盛顿开放签署，1972 年 5 月 18 日生效，由英国、俄罗斯和美国三国政府保存。

条约禁止在 12 海里（19 公里）海床区外部界限以外的海床、洋底及其底土安装或设置任何核武器和其他任何类型的大规模杀伤性武器，以及专为储存、试验或使用此种武器而设计的建筑物、发射装置或任何其他设备。

**缔约国（95 个）**：阿富汗、阿尔及利亚、安提瓜和巴布达、阿根廷、澳大利亚、奥地利、巴哈马、白俄罗斯、比利时、贝宁、波黑、博茨瓦纳、巴西[1]、保加利亚、加拿大[2]、佛得角、中非共和国、中国、刚果（共和国）、科特迪瓦、克罗地亚、古巴、塞浦路斯、捷克共和国、丹麦、多米尼加共和国、埃塞俄比亚、芬兰、德国、加纳、希腊、危地马拉、几内亚比绍、匈牙利、冰岛、印度[3]、伊朗、伊拉克、爱尔兰、意大利[4]、牙买加、日本、约旦、韩国、老挝、拉脱维亚、莱索托、利比亚、列支敦士登、卢森堡、马来西亚、马耳他、毛里求斯、墨西哥[5]、蒙古、黑山、摩洛哥、尼泊尔、荷兰、新西兰、尼加拉瓜、尼日尔、挪威、巴拿马、菲律宾、波兰、葡萄牙、卡塔尔、罗马尼亚、俄罗斯、卢旺达、圣文森特和格林纳丁斯、圣多美和普林西比、沙特阿拉伯、塞尔维亚[6]、塞舌尔、新加坡、斯洛伐克、斯洛文尼亚、所罗门群岛、南非、西班牙、斯威士兰、瑞典、瑞士、中国台湾地区、多哥、突尼斯、土耳其[7]、英国、乌克兰、美国、越南[8]、也门、赞比亚。

1. 巴西声明：巴西理解条约第三条第一款中“观察”一词仅指根据国际法进行同正常航海路线有关的观察。

2. 加拿大声明：不能把第一条第一款理解为任何国家有权在其国家管辖范围之外的海床、洋底及其底土安装或设置任何第一条第一款没有禁止的任何武器，也不能解释为对这片海床、洋底及其底土地区完全用于和平目的的原则构成任何限制。第一、二、三条不能被解释为表示除沿岸国以外的任何国家有任何权利在同沿岸国家相连的、在第一条提到的和第二条界定的海底地区之外的大陆架或其底土上安装或设置第一条第一款未禁止的任何武器。第三条不能被解释为容许以任何方式限制或约束沿岸国享有的同其专有主权一致的有关大陆架的权利，以及在以下方面的权利：对在同其相连的、在第一条提到的和第二条界定的海底地区之外的大陆架或其底土上安装或设置的任何武器、建筑、装置、设施或设备进行视察或实行拆除。

3. 印度加入该条约是基于以下立场：印度对与其领土相连、在其领水及其底土以外的大陆架享有充分、专属的权利。因此，不能禁止或限制印度作为一个沿岸国家行使以下方面的主权：核实、检查、拆除或销毁任何可能在其大陆架上或大陆架下安装或设置的武器、设备、建筑、装置或设施，以及采取其他可被认为必要的保护国家安全的措施。

4. 意大利声明：除其他事项以外，为达成在裁军领域进一步采取措施以防止在海床、洋底及其底土上进行军备竞赛的协议，需要根据措施的性质逐一审查其适用范围，并解决划定其范围的问题。

5. 墨西哥声明：该条约不能解释为一国有权在墨大陆架设置大规模杀伤性武器或其他任何种类的武器或军事装备。墨西哥保留核实、检查、拆除或销毁任何部署在其大陆架的武器、建筑、装置、设备或设施，包括核武器或大规模杀伤性武器的权利。

6. 1974 年，南斯拉夫大使转交给美国国务卿一份照会，称南斯拉夫政府认为对条约第三条第一款应作如下解释：一国在行使该条款规定的权利时，只要是在“有关沿岸国大陆架的海域内”进行观察，就应该提前通知该沿岸国。美国反对南斯拉夫的保留意见，认为这不符合条约的宗旨和目的。

7. 土耳其声明：缔约国不能用第二条的规定来支持与裁军无关的要求。因此，第二条不能解释为与联合国海洋法公约建立了联系。另外，海床条约的任何规定都未给缔约国权利使已被其他国际文书非军事化的地区军事化，也不能被解释为给予沿岸国或其他国家任何权利实行在非军事化领土的大陆架设置核武器或其他大规模杀伤性武器。

8. 越南声明：条约任何条款都不应被解释为可违背沿岸国对其大陆架拥有的权利，包括采取措施维护国家安全的权利。

**签署但未批约国**：玻利维亚、布隆迪、柬埔寨、喀麦隆、哥伦比亚、哥斯达黎加、赤道几内亚、冈比亚、几内亚、洪都拉斯、黎巴嫩、利比里亚、马达加斯加、马里、缅甸、巴拉圭、塞内加尔、塞拉利昂、苏丹、坦桑尼亚、乌拉圭。

## 禁止细菌（生物）及毒素武器的发展、生产及储存以及销毁这类武器的公约（禁止生物武器公约，BTWC）

1972 年 4 月 10 日在伦敦、莫斯科、华盛顿开放签署，1975 年 3 月 26 日生效，由英国、俄罗斯、美国三国政府保存。

公约禁止发展、生产、储存或以其他方法取得或保有在类型和数量不能证明用于预防、保护或其他和平目的的微生物剂或生物战剂或毒素，不论其来源或生产方法如何。公约还禁止将生物战剂或毒素用于敌对目的或武装冲突而设计的武器、设备或运载工具。各缔约方应最迟于本公约生效后九个月内将其所拥有的物剂、毒素、武器、设备和运载工具销毁或转用于和平目的。根据 1996 年 BTWC 审议会议的授权，一个特设小组正在讨论和审议旨在加强公约的核查措施及其他措施。

**缔约国（159 个）**：阿富汗、阿尔巴尼亚、阿尔及利亚、安提瓜和巴布达、阿根廷、亚美尼亚、澳大利亚、奥地利、阿塞拜疆、巴哈马、巴林、孟加拉国、巴巴多斯、白俄罗斯、比利时、伯利兹、贝宁、不丹、玻利维亚、波黑、博茨瓦纳、巴西、文莱、保加利亚、布基纳法索、柬埔寨、加拿大、佛得角、智利、中国、哥伦比亚、刚果民主共和国、刚果（共和国）、哥斯达黎加、克罗地亚、古巴、塞浦路斯、捷克共和国、丹麦、多米尼克、多米尼加共和国、厄瓜多尔、萨尔瓦多、赤道几内亚、爱沙尼亚、埃塞俄比亚、斐济、芬兰、法国、加蓬、冈比亚、格鲁吉亚、德国、加纳、希腊、格林纳达、危地马拉、几内亚比绍、梵蒂冈、洪都拉斯、匈牙利、冰岛、印度、印度尼西亚、伊朗、伊拉克、爱尔兰、意大利、牙买加、日本、约旦、哈萨克斯坦、肯尼亚、朝鲜、韩国、科威特、吉尔吉斯斯坦、老挝、拉脱维亚、黎巴嫩、莱索托、利比亚、列支敦士登、立陶宛、卢森堡、前南斯拉夫马其顿共和国、马来西亚、马尔代夫、马里、马耳他、毛里求斯、墨西哥、摩尔多瓦、摩纳哥、蒙古、黑山、摩洛哥、荷兰、新西兰、尼加拉瓜、尼日尔、尼日利亚、挪威、阿曼、巴基斯坦、帕劳、巴拿马、巴布亚新几内亚、巴拉圭、秘鲁、菲律宾、波兰、葡萄牙、卡塔尔、罗马尼亚、俄罗斯、卢旺达、圣基茨和尼维斯、圣卢西亚、圣文森特和格林纳丁斯、圣马力诺、圣多美和普林西比、沙特阿拉伯、塞内加尔、塞尔维亚、塞舌尔、塞拉利昂、新加坡、斯洛伐克、斯洛文尼亚、所罗门群岛、南非、西班牙、斯里兰卡、苏丹、苏里南、斯威士兰、瑞典、瑞士*、中国台湾地区、泰国、东帝汶、多哥、汤加、特立尼达和多巴哥、突尼斯、土耳其、土库曼斯坦、乌干达、英国、乌克兰、乌拉圭、美国、乌兹别克斯坦、瓦努阿图、委内瑞拉、越南、也门、津巴布韦。

*批准、加入或继承时有所保留。

**签署但未批约国：** 布隆迪、中非共和国、科特迪瓦、埃及、圭亚那、海地、利比里亚、马达加斯加、马拉维、缅甸、尼泊尔、索马里、叙利亚、坦桑尼亚、阿拉伯联合酋长国。

## 美苏关于限制反弹道导弹系统条约（反导条约，ABM）

美国和苏联于 1972 年 5 月 26 日在莫斯科签署，1972 年 10 月 3 日生效。2002 年 6 月 13 日失效。

缔约方——俄罗斯和美国——保证不建立全国性反弹道导弹防御系统，限制发展和部署得到允许的战略导弹防御系统。条约禁止为防空导弹、雷达和发射架提供反战略弹道导弹的技术能力，并禁止以战略反弹道导弹（ABM）模式对其进行试验。

1974 年签署的 **ABM 条约议定书**从数量上进一步限制了得到允许的弹道导弹防御系统。

1997 年俄罗斯和美国签署了一组协商一致的声明，明确区别条约不允许的战略导弹防御系统和条约允许的非战略或战区导弹防御系统的技术参数。2000 年 4 月俄罗斯批准了 1997 年签署的这些协定，但由于美国拒绝批准而使这些协定未能正式生效。2001 年 12 月 13 日，美国宣布退出反导条约（ABM），2002 年 6 月 13 日退约生效。

## 美苏限制地下核武器试验条约（限当量条约，TTBT）

美国和苏联于 1974 年 7 月 3 日在莫斯科签署，1990 年 12 月 11 日生效。

缔约国—俄罗斯和美国—承诺不进行任何爆炸当量超过 15 万吨的地下核试验。1990 年新的核查议定书替代了 1974 年核查议定书。

## 和平利用地下核爆炸条约（和平核爆炸条约，PNET）

美国和苏联于 1976 年 5 月 28 日在莫斯科和华盛顿签署，1990 年 12 月 11 日生效。

缔约国—俄罗斯和美国—承诺不进行任何用于和平目的、其爆炸当量超过 15 万吨的地下核试验，或任何其总当量超过 15 万吨的系列爆炸；不进行任何总当量超过 150 万吨的系列爆炸，除非其单个核爆炸根据已确立的核查程序能被识别和测量。

## 禁止为军事目的或任何其他敌对目的使用改变环境的技术的公约（禁止改变环境公约，Enmod 公约）

1977 年 5 月 18 日在日内瓦开放签署，1978 年 10 月 5 日生效，由联合国秘书长保存。

公约禁止为军事目的或其他任何敌对目的使用能造成广泛的、持久的或严重影响的改变环境的技术，作为给条约缔约方造成破坏、损害或伤害的手段。“环境改造技术”指用于以下目的的技术：通过故意改变自然进程改变地球的动态、组成和构造，包括其生物圈、岩石圈、水圈、大气层，或外层空间。通过谈判达成的但未写入公约的谅解对“广泛”、“持久”和“严重”等词作出解释。

**缔约国（73 个）**：阿富汗、阿尔及利亚、安提瓜和巴布达、阿根廷、亚美尼亚、澳大利亚、奥地利、孟加拉国、白俄罗斯、比利时、贝宁、巴西、保加利亚、加拿大、佛得角、智利、中国*、哥斯达黎加、古巴、塞浦路斯、捷克共和国、丹麦、多米尼克、埃及、芬兰、德国、加纳、希腊、危地马拉、匈牙利、印度、爱尔兰、意大利、日本、哈萨克斯坦、朝鲜、韩国*、科威特、立陶宛、老挝、马拉维、毛里求斯、蒙古、荷兰*、新西兰、尼加拉瓜、尼日尔、挪威、巴基斯坦、巴拿马、巴布亚新几内亚、波兰、罗马尼亚、俄罗斯、圣卢西亚、圣文森特和格林纳丁斯、圣多美和普林西比、斯洛伐克、斯洛文尼亚、所罗门群岛、西班牙、斯里兰卡、瑞典、瑞士、塔吉克斯坦、突尼斯、英国、乌克兰、乌拉圭、美国、乌兹别克斯坦、越南、也门。

*批准、参加或继承时发表声明。

**签署但未批约国：** 玻利维亚、刚果民主共和国、埃塞俄比亚、梵蒂冈、冰岛、伊朗、伊拉克、黎巴嫩、利比里亚、卢森堡、摩洛哥、葡萄牙、塞拉利昂、叙利亚、土耳其、乌干达。

## 1949 年日内瓦公约关于保护国际武装冲突受害者的附加议定书Ⅰ；

## 1949 年日内瓦公约关于保护非国际武装冲突受害者的附加议定书Ⅱ

1977 年 12 月 12 日在伯尔尼开放签署，1978 年 12 月 7 日生效，由瑞士联邦委员会保存。

议定书确认参与国际性或非国际性武装冲突的缔约方选择战争的方式或手段的权利应受到限制；禁止使用造成过度伤害或不必要苦难的武器或战争手段。

**议定书Ⅰ的缔约国（167 个）和议定书Ⅱ的缔约国（163 个）：** 阿尔巴尼亚、阿尔及利亚*、安哥拉*[1]、安提瓜和巴布达、阿根廷*、亚美尼亚、澳大利亚*、奥地利*、巴哈马、巴林、孟加拉国、巴巴多斯、白俄罗斯*、比利时*、伯利兹、贝宁、玻利维亚*、波黑*、博茨瓦纳、巴西*、文莱、保加利亚*、布基纳法索*、布隆迪、柬埔寨、喀麦隆、加拿大*、佛得角*、中非共和国、乍得、智利*、中国*、哥伦比亚*、科摩罗、刚果民主共和国*、刚果（共和国）、库克群岛*、哥斯达黎加*、科特迪瓦、克罗地亚、古巴、塞浦路斯*、捷克共和国*、丹麦*、吉布提、多米尼克、多米尼加共和国、厄瓜多尔、埃及*、萨尔瓦多*、赤道几内亚、爱沙尼亚、埃塞俄比亚、芬兰*、法国*、加蓬、冈比亚、格鲁吉亚、德国*、加纳、希腊*、格林纳达、危地马拉、几内亚*、几内亚比绍、圭亚那、海地、梵蒂冈、洪都拉斯、匈牙利*、冰岛*、爱尔兰*、意大利*、牙买加、日本*、约旦、哈萨克斯坦、肯尼亚、朝鲜[1]、韩国*、科威特、吉尔吉斯斯坦、老挝*、拉脱维亚、黎巴嫩、莱索托、利比里亚、利比亚、列支敦士登*、立陶宛*、卢森堡*、前南斯拉夫马其顿共和国*、马达加斯加*、马拉维、马尔代夫、马里*、马耳他*、毛里塔尼亚、毛里求斯*、墨西哥[1]、密克罗尼西亚、摩尔多瓦、摩纳哥、蒙古*、黑山、莫桑比克、纳米比亚*、瑙鲁、荷兰*、新西兰*、尼加拉瓜、尼日尔、尼日利亚、挪威*、阿曼、帕劳、巴拿马*、巴拉圭*、秘鲁、菲律宾[2]、波兰*、葡萄牙*、卡塔尔*、罗马尼亚*、俄罗斯*、卢旺达*、圣基茨和尼维斯、圣卢西亚、圣文森特和格林纳丁斯、西萨摩亚、圣马力诺、圣多美和普林西比、沙特阿拉伯*、塞内加尔、塞尔维亚*、塞舌尔*、塞拉利昂、斯洛伐克*、斯洛文尼亚*、所罗门群岛、南非、西班牙*、苏丹、苏里南、斯威士兰、瑞典*、瑞士*、叙利亚*[1]、塔吉克斯坦*、坦桑尼亚、东帝汶、多哥*、汤加*、特立尼达和多巴哥*、突尼斯、土库曼斯坦、乌干达、英国*、乌克兰*、阿拉伯联合酋长国*、乌拉圭*、乌兹别克斯坦、瓦努阿图、委内瑞拉、越南[1]、也门、赞比亚、津巴布韦。

*批准、加入或继承时表示有所保留和/或发表声明。

1. 只是议定书Ⅰ的缔约国。

2. 只是议定书Ⅱ的缔约国。

1989年，巴勒斯坦解放组织（PLO）通知条约保存国，它已决定遵守四项日内瓦公约和两项议定书。

## 核材料和核设施的实物保护公约

原始公约于1980年3月3日在纽约和维也纳开放签署，1987年2月8日生效，2005年修订，由国际原子能机构总干事保存。

修订后的公约要求缔约国为用于和平目的的核设施和核材料的贮存和运输提供保护。修订后的公约将在2/3的原始公约缔约国批准、加入或批约后30天生效。

**原始公约缔约国（130个）**：阿富汗、阿尔巴尼亚、阿尔及利亚*、安道尔*、安提瓜和巴布达、阿根廷*、亚美尼亚、澳大利亚、奥地利*、阿塞拜疆*、孟加拉国、白俄罗斯、比利时*、玻利维亚、波黑、博茨瓦纳、巴西、保加利亚、布基纳法索、柬埔寨、喀麦隆、加拿大、佛得角、智利、中国*、哥伦比亚、科摩罗、刚果民主共和国、哥斯达黎加、克罗地亚、古巴*、塞浦路斯*、捷克共和国、丹麦、吉布提、多米尼克、厄瓜多尔、萨尔瓦多*、赤道几内亚、爱沙尼亚、欧洲原子能联营*、芬兰*、法国*、格鲁吉亚、德国、加纳、希腊*、格林纳达、危地马拉*、几内亚、圭亚那、洪都拉斯、匈牙利、冰岛、印度*、印度尼西亚*、爱尔兰*、以色列*、意大利*、牙买加、日本、哈萨克斯坦、肯尼亚、韩国*、科威特*、拉脱维亚、黎巴嫩、利比亚、列支敦士登、立陶宛、卢森堡*、前南斯拉夫马其顿共和国、马达加斯加、马里、马耳他、马绍尔群岛、墨西哥、摩尔多瓦、摩纳哥、蒙古、黑山、摩洛哥、莫桑比克*、纳米比亚、瑙鲁、荷兰*、新西兰、尼加拉瓜、尼日尔、尼日利亚、挪威*、阿曼*、巴拿马、巴基斯坦*、帕劳、巴拉圭、秘鲁*、菲律宾、波兰、葡萄牙*、卡塔尔*、罗马尼亚*、俄罗斯*、塞内加尔、塞尔维亚、塞舌尔、斯洛伐克、斯洛文尼亚、南非*、西班牙*、苏丹、斯威士兰、瑞典*、瑞士*、塔吉克斯坦、坦桑尼亚、多哥、汤加、特立尼达和多巴哥、突尼斯、土耳其*、土库曼斯坦、乌干达、英国*、乌克兰、阿拉伯联合酋长国、乌拉圭、美国、乌兹别克斯坦、也门

*在批准、加入或继承时有所保留和/或发表声明

**签署但未批约国：**多米尼加共和国、海地。

**13 个提交修订后公约的批准、加入或批约的国家：**阿尔及利亚、奥地利、保加利亚、克罗地亚、印度、肯尼亚、利比亚、尼日利亚、波兰、罗马尼亚、塞舌尔、西班牙、土库曼斯坦

## 禁止或限制使用某些可被认为具有过分杀伤力或滥杀滥伤作用的常规武器公约（特定常规武器公约，CCW）

公约及三个议定书于 1981 年 4 月 10 日在纽约开放签署，1983 年 12 月 2 日生效，由联合国秘书长保存。

公约属“总的条约”，即可根据公约以议定书形式签订具体协议。要成为缔约国必须批准三个议定书中的两个。

修订的 1981 年公约原始条款Ⅰ于 2001 年 11 月 21 日在日内瓦开放签署。它将公约的运用范围扩大到非国际间武装冲突。修订后的公约于 2004 年 5 月 18 日生效。

议定书Ⅰ禁止使用其主要作用是碎片伤人且碎片在人体内无法用 X 射线检测的武器。

议定书Ⅱ禁止或限制使用地雷、饵雷和其他装置。

修订后的议定书Ⅱ进一步限制使用地雷。它于 1998 年 12 月 3 日生效。

议定书Ⅲ限制使用燃烧武器。

议定书Ⅳ禁止使用能使人眼永久性失明的激光武器。1998 年 7 月 30 日生效。

议定书Ⅴ于 2006 年 11 月 12 日生效。该议定书认为需要采取普遍性措施，将战争遗留爆炸物的危害和影响减到最小。

**原始公约和议定书的缔约国（103 个）：**阿尔巴尼亚、阿根廷*、澳大利亚、奥地利、孟加拉国、白俄罗斯、比利时、贝宁 1、玻利维亚、波黑、巴西、保加利亚、布基纳法索、柬埔寨、喀麦隆、加拿大*、佛得角、智利[1]、中国*、哥伦比亚、哥斯达黎加、克罗地亚、古巴、塞浦路斯*、捷克共和国、丹麦、吉布提、厄瓜多尔、萨尔瓦多、爱沙尼亚[1]、芬兰、法国*、加蓬、格鲁吉亚、德国、希腊、危地马拉、梵蒂冈*、洪都拉斯、匈牙利、印度、爱尔兰、以色列*[2]、意大利*、日本、约旦[1]、韩国[3]、老挝、拉脱维亚、莱索托、利比里亚、列支敦士登、立陶宛[1]、卢森堡、前南斯拉夫马其顿共和国、马尔代夫[1]、马里、马耳他、毛里求斯、墨西哥、摩尔多瓦、摩纳哥[3]、蒙古、黑山、摩洛哥[4]、瑙鲁、荷兰*、新西兰、尼加拉瓜[1]、尼日尔、挪威、巴基斯坦、巴拿马、巴拉圭、秘鲁[1]、菲律宾、波兰、葡萄牙、罗马尼亚*、俄罗斯、塞内加尔[5]、塞尔维亚、塞舌尔、塞拉利昂[1]、斯洛伐克、斯洛文尼亚、南非、西班牙、斯里兰卡、瑞典、瑞士、塔吉克斯坦、多哥、突尼斯、土耳其*[3]、土库曼斯坦[2]、乌干达、英国*、乌克兰、乌拉圭、美国*[2]、乌兹别克斯坦、委内瑞拉。

*批准、加入或继承时有所保留和/或发表声明。

1. 只是 1981 年议定书Ⅰ和Ⅲ的缔约国。
2. 只是 1981 年议定书Ⅰ和Ⅱ的缔约国。
3. 只是 1981 年议定书Ⅰ的缔约国。
4. 只是 1981 年议定书Ⅱ的缔约国。
5. 只是 1981 年议定书Ⅲ的缔约国。

**签署但未批准公约和原始议定书的国家：**阿富汗、埃及、冰岛、尼日利亚、苏丹、越南。

**修订后的公约和原始议定书的缔约国（56 个）：**阿尔巴尼亚、阿根廷、澳大利亚、奥地利、比利时、保加利亚、布基纳法索、加拿大、智利、中国、克罗地亚、古巴、捷克共和国、丹麦、萨尔瓦多、爱沙尼亚、芬兰、法国、德国、希腊、梵蒂冈*、匈牙利、印度、爱尔兰、意大利、日本、韩国、拉脱维亚、利比里亚、列支敦士登、立陶宛、卢森堡、前南斯拉夫马其顿共和国、马耳他、墨西哥*、摩尔多瓦、黑山、荷兰、尼加拉瓜、尼日尔、挪威、巴拿马、秘鲁、波兰、罗马尼亚、俄罗斯、塞尔维亚、塞拉利昂、斯洛伐克、西班牙、斯里兰卡、瑞典、瑞士、土耳其、英国、乌克兰。

*批准、加入或继承时有所保留和/或发表声明。

**修改后的议定书Ⅱ的缔约国（88个）：**阿尔巴尼亚、阿根廷、澳大利亚、奥地利、孟加拉国、白俄罗斯、比利时、玻利维亚、波黑、巴西、保加利亚、布基纳法索、柬埔寨、喀麦隆、加拿大、佛得角、智利、中国、哥伦比亚、哥斯达黎加、克罗地亚、塞浦路斯、捷克共和国、丹麦、厄瓜多尔、萨尔瓦多、爱沙尼亚、芬兰、法国、德国、希腊、危地马拉、梵蒂冈、洪都拉斯、匈牙利、印度、爱尔兰、以色列、意大利、日本、约旦、韩国、拉脱维亚、利比里亚、列支敦士登、立陶宛、卢森堡、前南斯拉夫马其顿共和国、马尔代夫、马里、马耳他、摩尔多瓦、摩纳哥、摩洛哥、瑙鲁、荷兰、新西兰、尼加拉瓜、尼日尔、挪威、巴基斯坦、巴拿马、巴拉圭、秘鲁、菲律宾、波兰、葡萄牙、罗马尼亚、俄罗斯、塞内加尔、塞舌尔、塞拉利昂、斯洛伐克、斯洛文尼亚、南非、西班牙、斯里兰卡、瑞典、瑞士、塔吉克斯坦、突尼斯、土耳其、土库曼斯坦、英国、乌克兰、乌拉圭、美国、委内瑞拉。

**议定书Ⅳ的缔约国（87个）：**阿尔巴尼亚、阿根廷、澳大利亚*、奥地利*、孟加拉国、白俄罗斯、比利时*、玻利维亚、波黑、巴西、保加利亚、布基纳法索、柬埔寨、喀麦隆、加拿大*、佛得角、智利、中国、哥伦比亚、哥斯达黎加、克罗地亚、塞浦路斯、捷克共和国、丹麦、厄瓜多尔、萨尔瓦多、爱沙尼亚、芬兰、法国、格鲁吉亚、德国*、希腊*、危地马拉、梵蒂冈、洪都拉斯、匈牙利、印度、爱尔兰*、以色列*、意大利*、日本、拉脱维亚、利比里亚、列支敦士登*、立陶宛、卢森堡、前南斯拉夫马其顿共和国、马尔代夫、马里、马耳他、毛里求斯、墨西哥、摩尔多瓦、蒙古、黑山、摩洛哥、瑙鲁、荷兰*、新西兰、尼加拉瓜、尼日尔、挪威、巴基斯坦、巴拿马、秘鲁、菲律宾、波兰*、葡萄牙、罗马尼亚、俄罗斯、塞尔维亚、塞舌尔、塞拉利昂、斯洛伐克、斯洛文尼亚、南非*、西班牙、斯里兰卡、瑞典*、瑞士*、塔吉克斯坦、突尼斯、土耳其、英国*、乌克兰、乌拉圭、乌兹别克斯坦。

＊批准、加入或继承时有所保留和/或发表声明。

**议定书Ⅴ的缔约国（35个）：**阿尔巴尼亚、澳大利亚、奥地利、保加利亚、克罗地亚、捷克国合国、丹麦、萨尔瓦多、爱沙尼亚、芬兰、法国、德国、梵蒂冈*、匈牙利、印度、爱尔兰、利比里亚、列支敦士登、立陶宛、卢森堡、前南斯拉夫马其顿共和国、马耳他、荷兰、新西兰、尼加拉瓜、挪威、塞拉利昂、斯洛伐克、斯洛文尼亚、西班牙、瑞典、瑞士、塔吉克斯坦、乌克兰、乌拉圭。

＊提交时有所保留和/或发表声明。

## 南太平洋无核区条约（拉罗汤加条约）

1985年8月6日在库克群岛的拉罗汤加岛开放签署，1986年12月11日生效，由太平洋岛国论坛秘书处保存。

条约禁止缔约国在附录所述区域内外的任何地方制造或以其他方式获得任何核爆炸装置，或拥有或控制这类装置。缔约国还作出以下承诺：只有在符合国际原子能机构保障监督措施的前提下才提供核原料或设备；防止在其领土上安置或试验任何核爆炸装置；以及不向区域内的任何海域倾倒并防止倾倒放射性废料或其他放射性物质。每个缔约国保有允许外国船只或飞机停靠或过境的自由。

条约开放供太平洋岛国论坛的成员国签署。

根据议定书Ⅰ，法国、英国和美国承诺遵守条约关于禁止在位于区域内的三国负有国际责任的领土上生产、安置和试验核爆炸装置的规定。

根据议定书Ⅱ，中国、法国、俄罗斯、英国和美国承诺不对条约缔约国或议定书1的缔约国负有国际责任的、位于区域内的领土使用或威胁使用核爆炸装置。

根据议定书Ⅲ，中国、法国、英国、美国和俄罗斯保证不在区域内的任何地方试验任何核爆炸装置。

**缔约国（13 个）：**澳大利亚、库克群岛、斐济、基里巴斯、瑙鲁、新西兰、纽埃、巴布亚新几内亚、西萨摩亚、所罗门群岛、汤加、图瓦卢、瓦努阿图。

**议定书Ⅰ的缔约国：**法国、英国；**签署但未批准国：**美国。

**议定书Ⅱ的缔约国：**中国、法国[1]、俄罗斯、英国[2]；**签署但未批准国：**美国。

1. 法国声明：议定书Ⅱ所列的消极安全保证与1995年4月6日裁军谈判会议声明相同。联合国安理会1995年4月11日984号决议提到该声明。

2. 英国1997年批准议定书Ⅱ时声明：公约的规定不影响国际法承认的船只和飞机在该地区过境或停靠港口或机场的权利。如果某一缔约国同一个核武器国家一道或联合起来对英国、其领土、武装部队或盟国发动侵略或任何其他进攻，或如果某一缔约国违反了条约规定的其不扩散义务，英国将不受议定书Ⅱ中所作承诺的约束。

**议定书Ⅲ的缔约国：**中国、法国、俄罗斯、英国；**签署但未批准国：**美国。

## 销毁中短程导弹条约（中导条约，INF）

美国和苏联于1987年12月8日在华盛顿签署，1988年6月1日生效。

条约要求原始缔约国—俄罗斯和美国—到1991年6月1日为止销毁所有的射程为500—5500公里的陆基导弹（射程1000—5500公里为中程导弹；射程500—1000公里为短程导弹）及其发射装置。到1991年5月为止，共销毁了2692枚导弹。1994年条约成员国扩大到包括白俄罗斯、哈萨克斯坦和乌克兰。1991年6月1日之后的10年内进行了现场核查以确认履约情况；2001年5月31日现场核查终止后，为收集相关数据，会继续使用间谍卫星。

## 欧洲常规武装力量条约（欧常裁条约，CFE）

原始条约于1990年11月19日在巴黎签署，1992年11月9日生效，由荷兰政府保存。

条约为从大西洋到乌拉尔山脉区域（大西洋至乌拉尔区，

ATTU 区）五个种类的受条约限制的军备（作战坦克、装甲战斗车、口径不小于 100mm 的火炮、作战飞机和攻击直升机）规定了数量上限。

条约由华约（WTO）和北约成员国在欧洲安全与合作会议（从 1995 年 1 月 1 日起更名为欧洲安全与合作组织，OSCE）的框架内谈判达成协议并签署。

1992 年《塔什干协议》由领土位于 ATTU 区域内的各前苏联共和国（爱沙尼亚、拉脱维亚和立陶宛除外）签署。1992 年签署的《奥斯陆文件》（CFE 条约缔约国非常会议最后文件）对条约作了修正，原因是苏联解体后出现了许多新国家。

**缔约国（30 个）：** 亚美尼亚、阿塞拜疆、白俄罗斯、比利时、保加利亚、加拿大、捷克共和国、丹麦、法国、格鲁吉亚、德国、希腊、匈牙利、冰岛、意大利、哈萨克斯坦、卢森堡、摩尔多瓦、荷兰、挪威、波兰、葡萄牙、罗马尼亚、俄罗斯、斯洛伐克、西班牙、土耳其、英国、乌克兰、美国。

1996 年召开的 CFE 条约首次审议会议，通过了《侧翼文件》。该文件从地理方面和数量上重新规划了侧翼区域，允许俄罗斯和乌克兰沿各自的边界部署更多受条约限制的军备。

## 关于欧洲常规武装力量员额谈判的结束文件（CFE-1A 协定）

1992 年 7 月 10 日在赫尔辛基由 CFE 条约缔约国签署，与 CFE 条约同时生效，由荷兰政府保存。

该协定规定了成员国在 ATTU 区域内常规陆基武装部队的兵力最高限额。

## 欧洲常规武装力量条约修改协定

1999 年 11 月 19 日由欧洲常规武装力量条约的缔约国签署，尚未生效。由荷兰政府保存。

协定以各别国家限额代替了 CFE 条约的集团对集团的军力平衡，在条约限制的军备问上，建立了一个新的限额结构和新的军事灵活机制以及侧翼次限额，并提高了透明性。协定将 CEF 条约机制对所有欧洲国家开放。所有签约国都批准后，协定正式生效。1999 年的《最后文件》及其附件含有关于北高加索和中东欧地区有政治约束力的各项安排和从外国撤军的内容。

**修改协定批准书的 3 个保存国：** 白俄罗斯、哈萨克斯坦、俄罗斯 *1

* 批准时有所保留和/或发表声明。

**注：** 乌克兰批准了 1999 年的修改协定，但尚未将批准书递交给保存国。

1. 2007 年 7 月 14 日俄罗斯宣布欲中止参加将于 2007 年 12 月 12 日生效的《欧洲常规武器力量条约》。

## 美苏关于削减和限制进攻性战略武器条约（START Ⅰ条约）

美国和苏联于 1991 年 7 月 31 日在莫斯科签署，1994 年 12 月 5 日生效。

条约要求缔约国—俄罗斯和美国—在七年内分阶段削减各自的进攻性战略核武器。条约规定了各自部署的洲际弹道导弹、潜射导弹和重型轰炸机等战略核运载工具及其携带核弹头的数量限制。在促进执行 START 条约的议定书（《1992 年里斯本议定书》，1994 年 12 月 5 日生效）中，白俄罗斯、哈萨克斯坦和乌克兰也继承了前苏联承担的条约义务。

## 开放天空条约

1992 年 3 月 24 日在赫尔辛基开放签署，2002 年 1 月 1 日生效，由加拿大和匈牙利政府保存。

条约要求缔约国允许临时通知的、非武装的观察飞行穿越其领空。条约适用范围从加拿大的温哥华向东至俄罗斯的符拉迪沃斯托克。

条约由华约组织（WTO）和北约组织（NATO）的成员国谈判达成。条约供北约成员国和前华约成员国、前苏联解体后成立的国家签署（爱沙尼亚、拉脱维亚、立陶宛除外）。条约生效六个月后，欧洲安全和合作组织的任何其他国家都可以申请加入该条约。从 2002

年7月1日起，任何国家都可以加入该条约。

**缔约国（34个）：**白俄罗斯、比利时、波黑、保加利亚、加拿大、克罗地亚、捷克共和国、丹麦、爱沙尼亚、芬兰、法国、格鲁吉亚、德国、希腊、匈牙利、冰岛、意大利、拉脱维亚、立陶宛、卢森堡、荷兰、挪威、波兰、葡萄牙、罗马尼亚、俄罗斯、斯洛伐克、斯洛文尼亚、西班牙、瑞典、土耳其、英国、乌克兰、美国。

**签署但未批约国：**吉尔吉斯斯坦。

## 美苏关于进一步削减和限制进攻性战略武器条约（START Ⅱ条约）

美国和俄罗斯于1993年1月3日在莫斯科签署，尚未生效。

条约要求缔约国销毁各自的多弹头分导洲际弹道导弹，并削减已部署的战略核弹头的数量，到2003年1月1日为止每一方的战略核弹头均不得超过3000—3500枚（其中部署在潜射导弹上的核弹头不得超过1750枚）。1997年9月26日，两国签署了该条约的议定书，将条约执行期限延至2007年底。

**注：**美国参议院、俄罗斯杜马均批准该条约，但两国未交换批准文书，故条约从未生效。2002年6月13日美国退出反导条约（ABM条约）作为回应，俄罗斯于2003年6月14日宣布不再受STARTⅡ条约的约束。

## 关于禁止发展、生产、储存和使用化学武器及销毁此种武器的公约（禁止化学武器公约，CWC）

1993年1月13日在巴黎开放签署，1997年4月29日生效，由联合国秘书长保存。

公约禁止使用、发展、生产、获得、转让和储存化学武器。各缔约国承诺到2012年4月29日销毁其化学武器及其生产设施。

**缔约国（183个）：**阿富汗、阿尔巴尼亚、阿尔及利亚、安道尔、安提瓜和巴布达、阿根廷、亚美尼亚、澳大利亚、奥地利、阿塞拜疆、巴林、孟加拉国、巴巴多斯、白俄罗斯、比利时、伯利兹、贝宁、不丹、玻利维亚、波黑、博茨瓦纳、巴西、文莱、保加利亚、布基纳法索、布隆迪、柬埔寨、喀麦隆、加拿大、佛得角、中非共和国、乍得、智利、中国、哥伦比亚、科摩罗、刚果民主共和国、刚果共和国、库克群岛、哥斯达黎加、科特迪瓦、克罗地亚、古巴、塞浦路斯、捷克共和国、丹麦、吉布提、多米尼克、厄瓜多尔、萨尔瓦多、赤道几内亚、厄立特里亚、爱沙尼亚、埃塞俄比亚、斐济、芬兰、法国、加蓬、冈比亚、格鲁吉亚、德国、加纳、希腊、格林纳达、危地马拉、几内亚、圭亚那、海地、梵蒂冈、洪都拉斯、匈牙利、冰岛、印度、印度尼西亚、伊朗、爱尔兰、意大利、牙买加、日本、约旦、哈萨克斯坦、肯尼亚、基里巴斯、韩国、科威特、吉尔吉斯斯坦、老挝、拉脱维亚、莱索托、利比里亚、利比亚、列支敦士登、立陶宛、卢森堡、前南斯拉夫马其顿共和国、马达加斯加、马拉维、马来西亚、马尔代夫、马里、马耳他、马绍尔群岛、毛里塔尼亚、毛里求斯、墨西哥、密克罗尼西亚、摩尔多瓦、摩纳哥、蒙古、黑山、摩洛哥、莫桑比克、纳米比亚、瑙鲁、尼泊尔、荷兰、新西兰、尼加拉瓜、尼日尔、尼日利亚、纽埃、挪威、阿曼、巴基斯坦、帕劳、巴拿马、巴布亚新几内亚、巴拉圭、秘鲁、菲律宾、波兰、葡萄牙、卡塔尔、罗马尼亚、俄罗斯、卢旺达、圣基茨和尼维斯、圣卢西亚、圣文森特和格林纳丁斯、西萨摩亚、圣马力诺、圣多美和普林西比、沙特阿拉伯、塞内加尔、塞尔维亚、塞舌尔、塞拉利昂、新加坡、斯洛伐克、斯洛文尼亚、所罗门群岛、南非、西班牙、斯里兰卡、苏丹、苏里南、斯威士兰、瑞典、瑞士、塔吉克斯坦、坦桑尼亚、泰国、东帝汶、多哥、汤加、特立尼达和多巴哥、突尼斯、土耳其、土库曼斯坦、图瓦卢、乌干达、英国、乌克兰、阿拉伯联合酋长国、乌拉圭、美国、乌兹别克斯坦、瓦努阿图、委内瑞拉、越南、也门、赞比亚、津巴布韦。

**签署但未批约国：**巴哈马、多米尼加共和国、几内亚比绍、以色列、缅甸。

## 东南亚无核武器区条约（曼谷条约）

1995 年 12 月 15 日在曼谷签署，1997 年 3 月 27 日生效，由泰国政府保存。

条约禁止在本区域内外发展、制造、获得或试验核武器，并禁止在区域内或经过区域安置或运输核武器。每个缔约国自行决定是否允许外国船只和飞机停靠或过境。缔约国保证不向区域内的海域倾倒或向区域内的大气层排放任何放射性物质或废料，或在区域内陆地上抛置放射性物质。缔约国应与国际原子能机构达成协议，以为其和平利用核活动提供全面保障监督。

本区域不仅包括缔约国的领土，还包括其大陆架和专属经济区。

条约对所有东南亚国家开放签署。

根据条约一项议定书的规定，中国、法国、俄罗斯、英国和美国将承诺不对任何缔约国使用或威胁使用核武器。五国应进一步承诺不在东南亚无核区内使用核武器。议定书将在各缔约国交存批准书之时起生效。

**缔约国（10 个）：**文莱、柬埔寨、印度尼西亚、老挝、马来西亚、缅甸、菲律宾、新加坡、泰国、越南。

**议定书：**无签署国，无缔约国。

## 非洲无核武器区条约（佩林达巴条约）

1996 年 4 月 11 日在开罗签署，尚未生效，由非洲联盟秘书长保存。

条约禁止研究、发展、生产、获得、试验或安置核爆炸装置。每个缔约国有权允许外国船只和飞机停靠和过境的自由。条约还禁止对核设施的任何攻击。缔约国承诺不在区域内的任何地方倾倒或允许倾倒放射性废料和其他放射性物质。缔约国应同国际原子能机构（IAEA）就为和平利用核活动提供全面保障监督达成协议。

非洲无核区指非洲大陆、非洲联盟（AU）岛屿成员国和非洲联盟认为属于非洲的所有岛屿。

该条约向所有非洲国家开放签署。条约在 28 个国家批约后生效。

根据议定书Ⅰ，中国、法国、俄罗斯、英国和美国应承诺不对缔约国使用或威胁使用核爆炸装置。

根据议定书Ⅱ，中国、法国、俄罗斯、英国和美国应承诺不在区域内任何地方试验核爆炸装置。

根据议定书Ⅲ，对区域内领土负有国际责任的国家应承诺执行条约中有关这些领土的规定。本议定书向法国和西班牙开放签署。

对已提交批准书的议定书签署国，议定书将与条约同时生效。

**23 个已提交批准书的国家：**阿尔及利亚、博茨瓦纳、布基纳法索、科特迪瓦、赤道几内亚、加蓬、冈比亚、几内亚、肯尼亚、莱索托、利比亚、马达加斯加、马里、毛里塔尼亚、毛里求斯、尼日利亚、卢旺达、塞内加尔、南非、斯威士兰、坦桑尼亚、多哥、津巴布韦。

**签署但未批约国：**安哥拉、贝宁、布隆迪、喀麦隆、佛得角、中非共和国、乍得、科摩罗、刚果民主共和国、刚果共和国、吉布提、埃及、厄立特里亚、埃塞俄比亚、加纳、几内亚比绍、利比里亚、马拉维、摩洛哥、莫桑比克、纳米比亚、尼日尔、圣多美和普林西比、塞舌尔、塞拉利昂、苏丹、突尼斯、乌干达、赞比亚。

**议定书Ⅰ批准国：**中国、法国[1]、英国[2]；**签署但未批准国：**俄罗斯[3]、美国[4]。

**议定书Ⅱ批准国：**中国、法国、英国[2]；**签署但未批准国：**俄罗斯[3]、美国[4]。

**议定书Ⅲ批准国：**法国。

1. 法国表示：这些议定书不影响其依据联合国宪章第 51 条规定所享有的自卫权。法国申明，根据议定书Ⅰ第一款所作的承诺与其对《不扩散核武器条约》无核武器缔约国的消极安全保证是一致的。这种保证于 1995 年 4 月 6 日法国在裁谈会上的发言中，在 1995 年 4 月 11 日联合国安理会第 984 号决议中也提到了。

2. 英国表示：它不接受在未经其同意的情况下将英属印度洋领土纳入非洲无核区，也不因签署议定书Ⅰ和Ⅱ而接受有关该领土的任何法律义务。如果英国、其属地、武装部队或其他军队，其盟国或英对其作出安全承诺的国家遭受缔约国和某核武器国家以联合或联盟的形式发动或持续进行侵略或任何其他进攻，或者任何缔约国对条约规定其不扩散义务有实质性的违反，英国将不受议定书Ⅰ第一款的承诺的约束。

3. 俄罗斯表示：只要查戈斯群岛上仍有核国家军事基地存在，这些岛屿就不能被视为符合条约对无核区提出的要求。俄还说，鉴于某些国家声明它们认为自己不受各议定书关于上述领土所规定义务的约束，俄不认为自己要受议定书Ⅰ关于这些领土义务的约束。就议定书Ⅰ第一款，俄罗斯不会对条约缔约国使用核武器，除非条约无核武器缔约国和某核武器国家以联合或联盟的方式对俄罗斯、其领土、武装部队或其他军队，对其盟国或对由俄罗斯作出安全承诺的国家发动或持续进行侵略或任何其他武装进攻。

4. 关于议定书Ⅰ，美国表示：如果美国、其领土、武装部队或其他军队、其盟国或美对其作出安全承诺的国家遭受缔约国和某核武器国家以联合或联盟的形式发动或持续进行侵略或任何其他攻击时，美就认为这与条约缔约国的相应义务是不一致的。美国还说，无论是条约还是议定书Ⅱ的规定都不适用英国、美国或其他任何非缔约国在迪戈加西亚岛或英属印度洋的任何领地进行的活动。因此，美军在迪岛和上述地域的军事活动也不必作任何调整。

## 关于南斯拉夫、波黑和克罗地亚的次地区军控协定（佛罗伦萨协定）

1996 年 6 月 14 日在佛罗伦萨签署并生效。

达成协定的谈判是根据 1995 年《波黑和平总框架协定》(《代顿协定》）在欧安组织（OSCE）主持下进行的。该协定为以下前交战国的军备数量规定了上限：波斯尼亚和黑塞哥维那、克罗地亚、黑山和塞尔维亚。所涉武器包括以下 5 个种类的重型常规武器：作战坦克、装甲战斗车、重型大炮（75 毫米及 75 毫米以上口径)、作战飞机和攻击直升机。到 1997 年 10 月 31 日为止已完成削减。到此日为止，已确认共有 6580 件武器被销毁。2006 年 3 月，缔约国同意对协定进行 6 处有法律约束力的修定。

## 全面禁止核试验条约（CTBT)

1996 年 9 月 24 日在纽约开放签署，尚未生效，由联合国秘书长保存。

条约禁止进行任何核武器试验爆炸或任何其他核爆炸，敦促各缔约国防止在自己管辖或控制的任何地方进行任何核爆炸，并避免引发、鼓励或以任何方式参与任何核武器试验爆炸或其他核爆炸。

条约将在附录所列的 44 个国家交存批准书 180 天后生效。这 44 个国家都拥有核能反应堆和/或核研究反应堆。

**条约要生效必须得到下列 44 国的批准：**阿尔及利亚、阿根廷、澳大利亚、奥地利、孟加拉国、比利时、巴西、保加利亚、加拿大、智利、中国*、哥伦比亚*、刚果民主共和国、埃及*、芬兰、法国、德国、匈牙利、印度*、印度尼西亚*、伊朗*、以色列*、意大利、日本、朝鲜*、韩国、墨西哥、荷兰、挪威、巴基斯坦*、秘鲁、波兰、罗马尼亚、俄罗斯、斯洛伐克、南非、西班牙、瑞典、瑞士、土耳其、英国、乌克兰、美国*、越南。

＊尚未批约的国家。

**已交存批准书的 138 个国家：**阿富汗、阿尔巴尼亚、阿尔及利亚、安道尔、安提瓜和巴布达、阿根廷、亚美尼亚、澳大利亚、奥地利、阿塞拜疆、巴林、孟加拉国、白俄罗斯、比利时、伯利兹、贝宁、玻利维亚、波黑、博茨瓦纳、巴西、保加利亚、布基纳法索、柬埔寨、喀麦隆、加拿大、佛得角、智利、刚果民主共和国、库克群岛、哥斯达黎加、科特迪瓦、克罗地亚、塞浦路斯、捷克共和国、丹麦、吉布提、厄瓜多尔、萨尔瓦多、厄立特里亚、爱沙尼亚、埃塞俄比亚、斐济、芬兰、法国、加蓬、格鲁吉亚、德国、希腊、格林纳达、圭亚那、海地、梵蒂冈、洪都拉斯、匈牙利、冰岛、爱尔兰、意大利、牙买加、日本、约旦、哈萨克斯坦、肯尼亚、基里巴斯、韩国、科威特、吉尔吉斯斯坦、老挝、拉脱维亚、莱索托、利比亚、列支敦士登、立陶宛、卢森堡、前南斯拉夫马其顿共和国、马达加斯加、马尔代夫、马里、马耳他、毛里塔尼亚、墨西哥、密克罗尼西亚、摩尔多瓦、摩纳哥、蒙古、黑山、摩洛哥、纳米比亚、瑙鲁、荷兰、新西兰、尼加拉瓜、尼日尔、尼日利亚、挪威、阿曼、巴拿马、巴拉圭、秘鲁、菲律宾、波兰、葡萄牙、卡塔尔、罗马尼亚、俄罗斯、卢旺达、圣基茨和尼维斯、圣卢西亚、萨摩亚群岛、圣马力诺、塞内加尔、塞尔维亚、塞舌尔、塞拉利昂、新加坡、斯洛伐克、斯洛文尼亚、南非、西班牙、苏丹、苏里南、瑞典、瑞士、塔吉克斯坦、坦桑尼亚、多哥、突尼斯、土耳其、土库曼斯坦、乌干达、英国、乌克兰、阿拉伯联合酋长国、乌拉圭、乌兹别克斯坦、瓦努阿图、委内瑞拉、越南、赞比亚。

**签署但未批约国：**安哥拉、巴哈马、文莱、布隆迪、中非共和国、乍得、中国、哥伦比亚、科摩罗、刚果共和国、多米尼加共和国、埃及、赤道几内亚、冈比亚、加纳、危地马拉、几内亚、几内亚比绍、印度尼西亚、伊朗、以色列、黎巴嫩、利比里亚、马拉维、马来西亚、马绍尔群岛、莫桑比克、缅甸、尼泊尔、帕劳、巴布亚新几内亚、圣多美和普林西比、所罗门群岛、斯里兰卡、斯威士兰、泰国、美国、也门、津巴布韦。

## 美洲国家间关于反对非法生产和走私火器、弹药、爆炸物和其他相关材料公约

1997 年 11 月 13 日在华盛顿通过，1997 年 11 月 14 日在华盛顿开放签署。1998 年 7 月 1 日公约生效，由美洲国家组织总秘书处保存。

公约的宗旨是：预防、反对和彻底制止非法生产、走私火器、弹药、爆炸物和其他相关材料；推动和促进缔约国之间的合作、信息和经验交流。

**缔约国（27 个）：**安提瓜和巴布达、阿根廷*、巴哈马、巴巴多斯、伯利兹、玻利维亚、巴西、智利、哥伦比亚、哥斯达黎加、多米尼克、厄瓜多尔、萨尔瓦多、格林纳达、危地马拉、海地、洪都拉斯、墨西哥、尼加拉瓜、巴拿马、巴拉圭、秘鲁、圣基茨和尼维斯、圣卢西亚、特立尼达和多巴哥、乌拉圭、委内瑞拉。

*批准、加入或继承时有所保留。

**签署但未批约国：**加拿大、多米尼加共和国、圭亚那、牙买加、圣文森特和格林纳丁斯、苏里南、美国。

## 禁止使用、储存、生产和转让杀伤人员地雷及销毁此种地雷的公约（禁雷公约，APM）

1997 年 12 月 3—4 日在渥太华、1997 年 12 月 5 日在纽约开放签署，1999 年 3 月 1 日生效，由联合国秘书长保存。

公约禁用杀伤人员地雷（APMs），系指有人出现、接近或接触而爆炸并使一人或多人致残、致伤和致死的地雷。

每个缔约国承诺尽快并不晚于公约生效四年内销毁其储存的所有杀伤人员地雷。各缔约国还承诺在公约生效 10 年之内销毁部署在其

管辖或控制的雷区内的杀伤人员地雷。

**缔约国（156 个）：** 阿富汗、阿尔巴尼亚、阿尔及利亚、安道尔、安哥拉、安提瓜和巴布达、阿根廷*、澳大利亚*、奥地利*、巴哈马、孟加拉国、巴巴多斯、白俄罗斯、比利时、伯利兹、贝宁、不丹、玻利维亚、波黑、博茨瓦纳、巴西、文莱、保加利亚、布基纳法索、布隆迪、柬埔寨、喀麦隆、加拿大*、佛得角、中非共和国、乍得、智利*、哥伦比亚、科摩罗、刚果民主共和国、刚果共和国、库克群岛、哥斯达黎加、科特迪瓦、克罗地亚、塞浦路斯、捷克共和国*、丹麦、吉布提、多米尼克、多米尼加共和国、厄瓜多尔、萨尔瓦多、赤道几内亚、厄立特里亚、爱沙尼亚、埃塞俄比亚、斐济、法国、加蓬、冈比亚、德国、加纳、希腊*、格林纳达、危地马拉、几内亚、几内亚比绍、圭亚那、海地、梵蒂冈、洪都拉斯、匈牙利、冰岛、印度尼西亚、伊拉克、爱尔兰、意大利、牙买加、日本、约旦、肯尼亚、基里巴斯、科威特、拉脱维亚、莱索托、利比里亚、列支敦士敦、立陶宛*、卢森堡、前南马其顿共和国、马达加斯加、马拉维、马来西亚、马尔代夫、马里、马耳他、毛里塔尼亚、毛里求斯*、墨西哥、摩尔多瓦、摩纳哥、黑山*、莫桑比克、纳米比亚、瑙鲁、荷兰、新西兰、尼加拉瓜、尼日尔、尼日利亚、纽埃、挪威、帕劳、巴拿马、巴布亚新几内亚、巴拉圭、秘鲁、菲律宾、葡萄牙、卡塔尔、罗马尼亚、卢旺达、圣基茨和尼维斯、圣卢西亚、圣文森特和格林纳丁斯、西萨摩亚、圣马力诺、圣多美和普林西比、塞内加尔、塞尔维亚*、塞舌尔、塞拉利昂、斯洛伐克、斯洛文尼亚、所罗门群岛、南非*、西班牙、苏丹、苏里南、斯威士兰、瑞典*、瑞士*、塔吉克斯坦、坦桑尼亚、泰国、东帝汶、多哥、特立尼达和多巴哥、突尼斯、土耳其、土库曼斯坦、乌干达、英国*、乌克兰、乌拉圭、瓦努阿图、委内瑞拉、也门、赞比亚、津巴布韦。

*批准、加入或继承时有所保留。

**签署但未批约国：** 马绍尔群岛、波兰。

## 美洲国家间关于获取常规武器透明度公约

1999 年 6 月 7 日在危地马拉城通过，2002 年 11 月 21 日生效，由美洲国家组织总秘书处保存。

公约的宗旨是：为了促进美洲国家间的相互信任，通过交换关于获取常规武器的信息，有助于提高本地区在获取这类武器方面的公开性和通明度。

**缔约国 (12)**：阿根廷、巴西、加拿大、智利、厄瓜多尔、萨尔瓦多、危地马拉、尼加拉瓜、巴拉圭、秘鲁、乌拉圭、委内瑞拉。

**签署但未批约国**：玻利维亚、哥伦比亚、哥斯达黎加、多米尼克、海地、洪都拉斯、墨西哥、美国。

## 1999 年关于建立信任与安全措施的维也纳文件

欧洲安全与合作组织的成员国于 1999 年 11 月 16 日在伊斯坦布尔签署。2000 年 1 月 1 日生效。

1999 年维也纳文件是在欧洲建立信任与安全措施（CSBMs）和裁军的 1986 年斯德哥尔摩文件，以及之前的三个维也纳文件（1990 年、1992 年和 1994 年）的基础上制定的。1990 年维也纳文件要求缔约国通报军费预算、减少危险程序、建立直接通信网，并且每年举行一次会议评估信任与安全措施的执行情况。1992 年维也纳文件和 1994 年维也纳文件对军事活动、防务计划和军事交流制定了新的机制和参数。

1999 年维也纳文件提出了一些区域性措施，旨在双边、多边和地区层面上增加透明度和信任，并特别就约束措施提出了一些改进意见。

## 美俄削减进攻性战略武器条约（SORT 条约）

2002 年 5 月 24 日美国和俄罗斯在莫斯科签署，2003 年 6 月 1 日生效。

条约要求缔约国削减各自实战部署的战略核弹头，以便在 2012 年 12 月 31 日以前各自拥有的该类核弹头总数不超过 1700—2200 枚。

## 西非国家经济共同体关于小武器、轻武器及其弹药和相关材料公约

2006 年 6 月 14 日在阿布贾由西非国家经济共同体（ECOWAS）

成员国通过。尚未生效，由西非国家经济共同体执行秘书保存。

公约要求缔约国在西非国家经济共同体范围内防止和打击小武器和轻武器过量和失衡的积聚。公约从第九个批约书递交时开始生效。

**4个提交批约书的国家：**布基纳法索、马里、尼日尔、塞拉利昂

## 中亚无核武器区条约（塞米巴拉金斯克条约）

2006年9月8日在塞米巴拉金斯克市签署。尚未生效。由吉尔吉斯斯坦政府保存。

条约及其议定书要求缔约国不再研究、发展、制造、储存或通过任何其他方式获得、拥有或控制任何核武器或核爆炸装置。条约将在第五个批约书提交时生效。

**2个提交批约书的国家：**吉尔吉斯斯坦、乌兹别克斯坦

**签署但未批约国：**哈萨克斯坦、塔吉克斯坦、土库曼斯坦

（琦　灵　译）

# 附件B 国际组织和政府间机构

南尼·博德尔

本附件罗列了旨在促进安全、稳定、和平或军备控制的主要国际组织、政府间机构、履约机构和出口控制机制，所列的成员国或参加国为截至 2008 年 1 月 1 日的情况。

联合国会员国和联合国系统内的组织被列在前面，其他组织依字母顺序排列在后。请注意：这些组织的成员国和参加国并非都是联合国会员国。每个组织尽可能提供了其互联网网址。所提及的军备控制和裁军协议，参见本卷附件 A。

## 联合国（UN）

**〈http：//www.un.org〉**

系世界范围的政府间组织。1945 年通过《联合国宪章》，联合国宣告成立，总部设在美国纽约。它的六个主要机构分别是大会、安全理事会、经济和社会理事会、托管理事会（1994 年暂停实际工作）、国际法院和秘书处。它还包括许多专门机构和自治组织。

**联合国会员国（192 个）及加入时间**

阿富汗，1946；阿尔巴尼亚，1955；阿尔及利亚，1962

安道尔，1993；安哥拉，1976；安提瓜和巴布达，1981

阿根廷，1945；亚美尼亚，1992；澳大利亚，1945

奥地利，1955；阿塞拜疆，1992；巴哈马，1973

巴林，1971；孟加拉国，1974；巴巴多斯，1966

白俄罗斯，1945；比利时，1945；伯利兹，1981

贝宁，1960；不丹，1971；玻利维亚，1945

波斯尼亚和黑塞哥维那，1992；博茨瓦纳，1966；巴西，1945
文莱，1984；保加利亚，1955；布基纳法索，1960
布隆迪，1962；柬埔寨，1955；喀麦隆，1960
加拿大，1945；佛得角，1975；中非共和国，1960
乍得，1960；智利，1945；中国，1945
哥伦比亚，1945；科摩罗，1975；刚果民主共和国，1960
刚果共和国，1960；哥斯达黎加，1945；科特迪瓦，1960
克罗地亚，1992；古巴，1945；塞浦路斯，1960
捷克共和国，1993；丹麦，1945；吉布提，1977
多米尼克国，1978；多米尼加共和国，1945；厄瓜多尔，1945
埃及，1945；萨尔瓦多，1945；赤道几内亚，1968
厄立特里亚，1993；爱沙尼亚，1991；埃塞俄比亚，1945
斐济，1970；芬兰，1955；法国，1945
加蓬，1960；冈比亚，1965；格鲁吉亚，1992
德国，1973；加纳，1957；希腊，1945
格林纳达，1974；危地马拉，1945；几内亚，1958
几内亚比绍，1974；圭亚那，1966；海地，1945
洪都拉斯，1945；匈牙利，1955；冰岛，1946
印度，1945；印度尼西亚，1950；伊朗，1945
伊拉克，1945；爱尔兰，1955；以色列，1949
意大利，1955；牙买加，1962；日本，1956
约旦，1955；哈萨克斯坦，1992；肯尼亚，1963
基里巴斯，1999；朝鲜民主主义人民共和国，1991
大韩民国，1991；科威特，1963；吉尔吉斯斯坦，1992
老挝，1955；拉脱维亚，1991
黎巴嫩，1945；莱索托，1966；利比里亚，1945
利比亚，1955；列支敦士登，1990；立陶宛，1991
卢森堡，1945；前南斯拉夫马其顿共和国，1993
马达加斯加，1960；马拉维，1964；马来西亚，1957
马尔代夫，1965；马里，1960；马耳他，1964；马绍尔群岛，1991
毛里塔尼亚，1961；毛里求斯，1968；墨西哥，1945

密克罗尼西亚，1991；摩尔多瓦，1992；摩纳哥，1993

蒙古，1961；黑山，2006；摩洛哥，1956；莫桑比克，1975

缅甸，1948；纳米比亚，1990；瑙鲁，1999

尼泊尔，1955；荷兰，1945；新西兰，1945；尼加拉瓜，1945

尼日尔，1960；尼日利亚，1960；挪威，1945

阿曼，1971；巴基斯坦，1947；帕劳，1994

巴拿马，1945；巴布亚新几内亚，1975；巴拉圭，1945

秘鲁，1945；菲律宾，1945；波兰，1945

葡萄牙，1955；卡塔尔，1971；罗马尼亚，1955

俄罗斯，1945；卢旺达，1962；圣基茨和尼维斯，1983

圣卢西亚，1979；圣文森特和格林纳丁斯，1980；西萨摩亚，1976

圣马力诺，1992；圣多美和普林西比，1975；沙特阿拉伯，1945

塞内加尔，1960；塞尔维亚和黑山，2000；塞舌尔，1976；塞拉利昂，1961

新加坡，1965；斯洛伐克，1993；斯洛文尼亚，1992

所罗门群岛，1978；索马里，1960；南非，1945

西班牙，1955；斯里兰卡，1955；苏丹，1956

苏里南，1975；斯威士兰，1968；瑞典，1946；瑞士，2002

叙利亚，1945；塔吉克斯坦，1992；坦桑尼亚，1961

泰国，1946；东帝汶，2002；多哥，1960；汤加，1999

特立尼达和多巴哥，1962；突尼斯，1956；土耳其，1945

土库曼斯坦，1992；图瓦卢，2000；乌干达，1962；英国，1945

乌克兰，1945；阿拉伯联合酋长国，1971；乌拉圭，1945

美国，1945；乌兹别克斯坦，1992；瓦努阿图，1981

委内瑞拉，1945；越南，1977；也门，1947

赞比亚，1964；津巴布韦，1980

**联合国安全理事会**

**〈http：//www.un.org/sc/〉**

常任理事国（P5)：中国、法国、俄国、英国、美国

2007 年的非常任理事国（由联合国大会选举产生，任期二年。

括弧中的年代是指任期截止的年代）：比利时（2008）、布基纳法索（2009）、哥斯达黎加（2009）、克罗地亚（2009）、印度尼西亚（2008）、意大利（2008）、利比亚（2009）、巴拿马（2008）、南非（2008）、越南（2009）

## 裁军谈判会议（CD）

**〈http：//www. unog. ch/〉**

系多边军备控制谈判机构。1959 年以来经过多次扩大成员国和更名，1984 年起称“裁军谈判会议”。裁谈会不是联合国机构，但向“联合国大会”报告工作。该机构设在瑞士日内瓦。

**成员国**：阿尔及利亚、阿根廷、澳大利亚、奥地利、孟加拉国、白俄罗斯、比利时、巴西、保加利亚、喀麦隆、加拿大、智利、中国、哥伦比亚、刚果民主共和国、古巴、厄瓜多尔、埃及、埃塞俄比亚、芬兰、法国、德国、匈牙利、印度、印度尼西亚、伊朗、伊拉克、爱尔兰、以色列、意大利、日本、哈萨克斯坦、肯尼亚、朝鲜、韩国、马来西亚、墨西哥、蒙古、摩洛哥、缅甸、荷兰、新西兰、尼日利亚、挪威、巴基斯坦、秘鲁、波兰、罗马尼亚、俄罗斯、塞内加尔、斯洛伐克、南非、西班牙、斯里兰卡、瑞典、瑞士、叙利亚、突尼斯、土耳其、英国、乌克兰、美国、委内瑞拉、越南、津巴布韦

## 国际原子能机构（IAEA）

**〈http：//www. iaea. org〉**

系联合国体系内的政府间组织。机构在其《规约》于 1957 年生效后正式成立。其宗旨是促进和平利用原子能，并保证核活动不用于促进任何军事目的。根据《不扩散核武器条约》和各无核区条约，无核武器国家必须接受机构的核保障监督，以表明其履行了不制造核武器的义务。总部设在奥地利首都维也纳。

**成员国**：阿富汗、阿尔巴尼亚、阿尔及利亚、安哥拉、阿根廷、亚美尼亚、澳大利亚、奥地利、阿塞拜疆、孟加拉国、白俄罗斯、比利时、伯利兹、贝宁、玻利维亚、波斯尼亚和黑塞哥维那、博茨瓦纳、巴西、保加利亚、布基纳法索、喀麦隆、加拿大、中非共和国、乍得、智利、中国、哥伦比亚、刚果民主共和国、哥斯达黎加、科特

迪瓦、克罗地亚、古巴、塞浦路斯、捷克共和国、丹麦、多米尼加共和国、厄瓜多尔、埃及、萨尔瓦多、厄立特里亚、爱沙尼亚、埃塞俄比亚、芬兰、法国、加蓬、格鲁吉亚、德国、加纳、希腊、危地马拉、海地、梵蒂冈、洪都拉斯、匈牙利、冰岛、印度、印度尼西亚、伊朗、伊拉克、爱尔兰、以色列、意大利、牙买加、日本、约旦、哈萨克斯坦、肯尼亚、韩国、科威特、吉尔吉斯斯坦、拉脱维亚、黎巴嫩、利比里亚、利比亚、列支敦士登、立陶宛、卢森堡、前南斯拉夫马其顿共和国、马达加斯加、马拉维、马来西亚、马里、马耳他、马绍尔群岛、毛里塔尼亚、毛里求斯、墨西哥、摩尔多瓦、摩纳哥、蒙古、黑山、摩洛哥、莫桑比克、缅甸、纳米比亚、荷兰、新西兰、尼加拉瓜、尼日尔、尼日利亚、挪威、巴基斯坦、帕劳、巴拿马、巴拉圭、秘鲁、菲律宾、波兰、葡萄牙、卡塔尔、罗马尼亚、俄罗斯、沙特阿拉伯、塞内加尔、塞尔维亚、塞舌尔、塞拉利昂、新加坡、斯洛伐克、斯洛文尼亚、南非、西班牙、斯里兰卡、苏丹、瑞典、瑞士、叙利亚、塔吉克斯坦、坦桑尼亚、泰国、多哥、突尼斯、土耳其、乌干达、英国、乌克兰、阿拉伯联合酋长国、乌拉圭、美国、乌兹别克斯坦、委内瑞拉、越南、也门、赞比亚、津巴布韦

**注：朝鲜在 1994 年 6 月以前，曾是国际原子能机构的成员国。柬埔寨于 2003 年 3 月退出机构成员国资格。**

## 非洲联盟（AU）

**〈http：//www. africa-union. org〉**

2001 年《非洲联盟章程》生效，“非洲联盟”正式成立。2002 年非盟取代了“非洲统一组织”（OAU），成员国资格向所有非洲国家开放。其宗旨是推动非洲在团结、安全和解决冲突、民主、人权方面的进展，促进非洲政治、社会和经济一体化。见成员国名单。总部设在埃塞俄比亚首都亚的斯亚贝巴。

**成员国：**阿尔及利亚、安哥拉、贝宁、博茨瓦纳、布基纳法索、布隆迪、喀麦隆、佛得角、中非共和国、乍得、科摩罗、刚果民主共和国、刚果共和国、科特迪瓦、吉布提、埃及、赤道几内亚、厄立特里亚、埃塞俄比亚、加蓬、冈比亚、加纳、几内亚、几内亚比绍、肯尼亚、莱索托、利比里亚、利比亚、马达加斯加、马拉维、马里、毛

里塔尼亚、毛里求斯、莫桑比克、纳米比亚、尼日尔、尼日利亚、卢旺达、西撒哈拉（阿拉伯撒哈拉民主共和国，SADR）、圣多美和普林西比、塞内加尔、塞舌尔、塞拉利昂、索马里、南非、苏丹、斯威士兰、坦桑尼亚、多哥、突尼斯、乌干达、赞比亚、津巴布韦

**亚太经合组织（APEC）**

**〈http：//www. apec. org〉**

成立于 1989 年，其宗旨是推动亚太地区的经济增长和安全。其成员经济体在诸如反恐、防止大规模杀伤性武器扩散和建立有效出口控制体系等领域进行对话和非约束性合作。秘书处设在新加坡。

成员经济体：澳大利亚、文莱、加拿大、智利、中国、中国香港、印度尼西亚、日本、韩国、马来西亚、墨西哥、新西兰、巴布亚新几内亚、秘鲁、菲律宾、俄罗斯、新加坡、中国台湾、泰国、美国、越南

**东南亚国家联盟（ASEAN）**

**〈http：//www. aseansec. org〉**

成立于 1967 年，目的是促进经济、社会和文化的发展以及东南亚地区和平与安全。秘书处设在印度尼西亚首都雅加达。

成员国：文莱、柬埔寨、印度尼西亚、老挝、马来西亚、缅甸、菲律宾、新加坡、泰国、越南

**东盟地区论坛（ARF）**

**〈http：//www. aseanregionalforum. org〉**

该论坛成立于 1994 年，目的是处理安全问题。

参加国：东南亚国家联盟成员国加上澳大利亚、孟加拉国、加拿大、中国、欧盟、印度、日本、朝鲜、韩国、蒙古、新西兰、巴基斯坦、巴布亚新几内亚、俄罗斯、东帝汶、美国

**东南亚国家联盟+3**

**〈http：//www. aseansec. org/4918. htm〉**

论坛开始于 1997 年，1999 年机制化，目的是就政治和安全

问题加强合作。

参加国：东南亚国家联盟成员国加上中国、日本和韩国

**澳大利亚集团（AG）**

**〈http：//www. australiagroup. net〉**

成立于 1985 年的多国集团。每年举行非正式会议，以监督化学和生物制品的扩散并讨论同化学和生物武器有关的受国家监督的物项。

参加国：阿根廷、澳大利亚、奥地利、比利时、保加利亚、加拿大、克罗地亚、塞浦路斯、捷克共和国、丹麦、爱沙尼亚、欧洲委员会、芬兰、法国、德国、希腊、匈牙利、冰岛、爱尔兰、意大利、日本、韩国、拉脱维亚、立陶宛、卢森堡、马耳他、荷兰、新西兰、挪威、波兰、葡萄牙、罗马尼亚、斯洛伐克、斯洛文尼亚、西班牙、瑞典、瑞士、土耳其、英国、乌克兰、美国

**中欧倡议国组织（CEI）**

**〈http：//www. ceinet. org〉**

成立于 1989 年，目的是推动成员国之间在政治和经济领域的合作。对非欧盟国家在入盟进程中提供支持。执行秘书处设在意大利的特里斯特。

成员国：阿尔巴尼亚、奥地利、白俄罗斯、波斯尼亚和黑塞哥维那、保加利亚、克罗地亚、捷克共和国、匈牙利、意大利、前南斯拉夫马其顿共和国、摩尔多瓦、黑山、波兰、罗马尼亚、塞尔维亚、斯洛伐克、斯洛文尼亚、乌克兰

**集体安全条约组织（CSTO）**

**〈http：//www. dkb. gov. ru/〉**

由 1992 年《集体安全条约》的六个签署国于 2002—2003 年正式建立，其宗旨是推动成员国间的合作。该组织的一个目标是就区域内的恐怖主义和毒品走私等战略问题制订更有效的对策。该组织设在俄罗斯首都莫斯科。

成员国：亚美尼亚、白俄罗斯、哈萨克斯坦、吉尔吉斯斯坦、俄

罗斯、塔吉克斯坦、乌兹别克斯坦

**独立国家联合体（独联体，CIS)**

**〈http：//www. cis. minsk. by〉**

成立于 1991 年，作为前苏联各共和国之间多边合作的框架。总部设在白俄罗斯首都明斯克。

成员国：亚美尼亚、阿塞拜疆、白俄罗斯、格鲁吉亚、哈萨克斯坦、吉尔吉斯斯坦、摩尔多瓦、俄罗斯、塔吉克斯坦、乌克兰、乌兹别克斯坦

**英联邦**

**〈http：//www. thecommonwealth. org〉**

1949 年成立的包括发达国家和发展中国家的组织，其目的是推动成员国内外的民主、人权，促进经济和社会的可持续发展。秘书处设在英国首都伦敦。

成员国：安提瓜和巴布达、澳大利亚、巴哈马、孟加拉国、巴巴多斯、伯利兹、博茨瓦纳、文莱、喀麦隆、加拿大、塞浦路斯、多米尼加、斐济*、冈比亚、加纳、格林那达、圭亚那、印度、牙买加、肯尼亚、基里巴斯、莱索托、马拉维、马来西亚、马尔代夫、马耳他、毛里求斯、莫桑比克、纳米比亚、瑙鲁、新西兰、尼日利亚、巴基斯坦**、巴布亚新几内亚、圣基茨和尼维斯、圣卢西亚、圣文森特和格林纳丁斯、萨摩亚、塞舌尔、塞拉利昂、新加坡、所罗门群岛、南非、斯里兰卡、斯威士兰、坦桑尼亚，汤加、特立尼达和多巴哥、图瓦卢、乌干达、英国、瓦努阿图，赞比亚

*2006 年 12 月，斐济暂时中止英联邦议会的资格。

**2007 年 11 月，巴基斯坦暂时中止英联邦议会的资格。

**全面禁止核试验条约组织（CTBTO)：**

**〈http：//www. ctbto. org/〉**

根据 1996 年的《全面禁止核试验条约》建立。目的是解决遵守条约方面的问题，同时也是缔约国之间进行磋商与合作的一个论坛。《全面禁止核试验条约》生效后，该组织将发挥作用。已设立的筹委会为

组织未来的工作进行准备，特别是通过建立国际监控体系，包括建立地震监测站、水声探测站、次声波监测站、放射性核素监测站，来收集数据并传回到组织的国际数据中心。秘书处设在奥地利首都维也纳。

CTBT 缔约国：见附件 A。

**亚洲相互协作与建立信任措施会议（亚信会议，CICA）：**

1992 年发起，根据 1999 年《指导亚信会议成员国间关系原则的声明》建立。亚信会议作为一个论坛促进成员国之间安全合作和建立信任措施，并推动成员国在经济、社会和文化领域的合作。

成员国：阿富汗、阿塞拜疆、中国、埃及、印度、伊朗、以色列、哈萨克斯坦、吉尔吉斯斯坦、蒙古、巴基斯坦、巴勒斯坦、俄罗斯、塔吉克斯坦、泰国、土耳其、乌兹别克斯坦

**亚太安全合作理事会（CSCAP）**

**〈http：//www. cscap. org〉**

成立于 1993 年，是一个非正式的非政府组织。目的是在亚太安全事务领域通过对话和磋商，建立地区信任与安全合作。

成员委员会：澳大利亚、文莱、柬埔寨、加拿大、中国、CSCAP 欧洲委员会、印度、印度尼西亚、日本、朝鲜、韩国、马来西亚、蒙古、新西兰、巴布亚新几内亚、菲律宾、俄罗斯、新加坡、泰国、美国、越南

**欧洲委员会（COE）**

**〈http：//www. coe. int〉**

1949 年成立，委员会向所有接受法治原则及保障其公民的人权和基本自由的欧洲国家开放。设在法国的斯特拉斯堡。“欧洲人权法院”和“欧洲发展银行理事会”是“欧洲委员会”的下属机构。

成员国：阿尔巴尼亚、安道尔、亚美尼亚、奥地利、阿塞拜疆、比利时、波斯尼亚和黑塞哥维那、保加利亚、克罗地亚、塞浦路斯、捷克共和国、丹麦、爱沙尼亚、芬兰、法国、格鲁吉亚、德国、希腊、匈牙利、冰岛、爱尔兰、意大利、拉脱维亚、列支敦士登、立陶宛、卢森堡、前南斯拉夫马其顿共和国、马耳他、摩尔多瓦、摩纳

哥、荷兰、挪威、波兰、葡萄牙、罗马尼亚、俄罗斯、圣马力诺、塞尔维亚、斯洛伐克、斯洛文尼亚、西班牙、瑞典、瑞士、土耳其、英国、乌克兰

**波罗的海国家委员会（CBSS）**

**〈http：//www. cbss. st〉**

1992 年成立的区域性政府间组织，目的是推动波罗的海区域内国家的合作。秘书处设在瑞典首都斯德哥尔摩。

成员国：丹麦、爱沙尼亚、欧共体、芬兰、德国、冰岛、拉脱维亚、立陶宛、挪威、波兰、俄罗斯、瑞典

**发展中八国集团（D-8）**

**〈http：//www. developing8. org/〉**

成立于 1997 年的国家集团，目的是提高发展中国家在世界经济中的地位，增加其参与国际层面的决策。集团每两年举行一次首脑会议。由各成员国外交部长组成的理事会，是集团的政治决策机构。委员会是集团的执行机构。秘书处设在土耳其的伊斯坦布尔。

成员国：孟加拉国、埃及、印度尼西亚、伊朗、马来西亚、尼日利亚、巴基斯坦、土耳其

**西非国家经济共同体（ECOWAS）**

**〈http：//www. ecowas. int〉**

成立于 1975 年的区域组织。宗旨是促进经贸发展与合作，为西非的发展做出贡献。该组织于 1981 年正式通过了《防务事务互助议定书》。执行秘书处设在尼日利亚的拉各斯。

成员国：贝宁、布基纳法索、佛得角、科特迪瓦、冈比亚、加纳、几内亚、几内亚比绍、利比里亚、马里、尼日尔、尼日利亚、塞内加尔、塞阿里昂、多哥

**欧洲联盟（欧盟，EU）**

**〈http：//europa. eu〉**

欧洲国家的组织，总部设在比利时首都布鲁塞尔。欧盟的三个

"支柱"是：包括欧洲单一市场、经济与货币联盟（EMU）和《欧洲原子能条约》的共同体尺度；"共同外交和安全政策"（CFSP）；刑事事务中的警务和司法合作。2000 年的《尼斯条约》于 2003 年 2 月 1 日生效。2007 年 12 月欧盟国家元首和政府首脑签署了《里斯本条约》，但该条约只有在所有欧盟成员国政府批准后方能生效。

成员国：奥地利、比利时、保加利亚、塞浦路斯、捷克共和国、丹麦、爱沙尼亚、芬兰、法国、德国、希腊、匈牙利、爱尔兰、意大利、拉脱维亚、立陶宛、卢森堡、马耳他、荷兰、波兰、葡萄牙、罗马尼亚、斯洛伐克、斯洛文尼亚、西班牙、瑞典、英国

**欧洲原子能联营（Euratom 或 EAEC）：**

**〈http：//ec. europa. eu/euratom/〉**

根据 1957 年《建立欧洲原子能联营条约》（《欧洲原子能条约》）创立。目的是在"欧盟"成员国内部促进和平利用核能的发展和在成员国领土范围内实施多国区域性保障监督措施。"欧洲原子能联营"设在比利时首都布鲁塞尔。

成员国："欧盟"成员国。

**欧洲防务局（EDA）**

**〈http：//eda. europa. eu〉**

欧盟下属的一个局，受欧盟理事会领导。2004 年建立，目的是帮助发展欧洲的防务能力，推动欧洲军备合作，致力于建立强大的欧洲国防技术和国防工业基地。由欧盟成员国国防部长和欧盟委员会组成的指导委员会是政策的制定机构。该局设在比利时首都布鲁塞尔。

参加的成员国：奥地利、比利时、保加利亚、塞浦路斯、捷克共和国、爱沙尼亚、芬兰、法国、德国、希腊、匈牙利、爱尔兰、意大利、拉脱维亚、立陶宛、卢森堡、马耳他、荷兰、波兰、葡萄牙、罗马尼亚、斯洛伐克、斯洛文尼亚、西班牙、瑞典、英国

**八国集团（G8）：**

**〈http：//www. g8. gc. ca〉**

八个主要工业国家组成的集团（原先为七个国家）。该集团自 20

世纪 70 年代以来举行国家元首或政府首脑级的非正式会晤。

成员国：加拿大、法国、德国、意大利、日本、俄罗斯、英国、美国

**海湾国家合作委员会（GCC）：**

**〈http：//www. gcc-sg. org〉**

全称海湾地区阿拉伯国家合作委员会，于 1981 年创立，目的是推动区域经济、金融、贸易、政府管理和立法等方面的一体化，促进科学和技术进步。成员国也在对外政策、军事和安全事务等领域进行合作。最高理事会是该委员会的最高权力机构。总部设在沙特阿拉伯首都利雅得。

成员国：巴林科威特、阿曼、卡塔尔、沙特阿拉伯、阿拉伯联合酋长国

**防止弹道导弹扩散海牙行为准则（HCOC）：**

**〈http：//www. bmeia. gv. at/index. php？ id＝64664&L＝1〉**

2002 年，由一批认同其原则、认识到防止和制止运载大规模杀伤性武器的弹道导弹系统扩散的必要性和加强多边裁军和防扩散体制的重要性的国家签署。维也纳的奥地利外交部作为该准则的秘书处。

签署国：阿富汗、阿尔巴尼亚、安道尔、阿根廷、亚美尼亚、澳大利亚、奥地利、阿塞拜疆、白俄罗斯、比利时、贝宁、波斯尼亚和黑塞哥维那、保加利亚、布基纳法索、布隆迪、柬埔寨、喀麦隆、加拿大、佛得角、乍得、智利、哥伦比亚、科摩罗、库克群岛、哥斯达黎加、克罗地亚、塞浦路斯、捷克共和国、丹麦、多米尼加共和国、厄瓜多尔、萨尔瓦多、厄立特里亚、爱沙尼亚、埃塞俄比亚、斐济、芬兰、法国、加蓬、冈比亚、格鲁吉亚、德国、加纳、希腊、危地马拉、几内亚、几内亚比绍、圭亚那、海地、梵蒂冈、洪都拉斯、匈牙利、冰岛、爱尔兰、意大利、日本、约旦、哈萨克斯坦、肯尼亚、基里巴斯、韩国、拉脱维亚、利比里亚、利比亚、列支敦士登、立陶宛、卢森堡、前南斯拉夫马其顿共和国、马达加斯加、马拉维、马里、马耳他、马绍尔群岛、毛里塔尼亚、密克罗西亚岛、摩尔多瓦、摩纳哥、蒙古、黑山、摩洛哥、莫桑比克、荷兰、新西兰、尼加拉

瓜、尼日尔、尼日利亚、挪威、帕劳群岛、巴拿马、巴布亚新几内亚、巴拉圭、秘鲁、菲律宾、波兰、葡萄牙、罗马尼亚、俄罗斯、卢旺达、塞内加尔、塞尔维亚、塞舌尔、塞阿利昂、斯洛伐克、斯洛文尼亚、南非、西班牙、苏丹、苏里南、瑞典、瑞士、塔吉克斯坦、坦桑尼亚、东帝汶、汤加、突尼斯、土耳其、土库曼斯坦、图瓦卢、乌干达、英国、乌克兰、乌拉圭、美国、乌兹别克斯坦、瓦努阿图、委内瑞拉、赞比亚

**政府间发展组织（IGAD）：**

**〈http：//www.igad.org〉**

1996 年正式成立，目的是促进非洲之角的和平与稳定，建立冲突预防、控制和解决的机制。秘书处设在吉布提的首都吉布提市。

成员国：吉布提、厄立特里亚、埃塞俄比亚、肯尼亚、索马里、苏丹、乌干达

**遵约与核查联合委员会（JCIC）：**

根据 1991 年的《美苏第一阶段削减战略武器条约》成立的论坛。旨在双方交换数据、解决履约中出现的问题、澄清模糊之处和讨论改进履约的方法。委员会在至少有一个缔约国提出要求的情况下召开会议。

START 条约的缔约国：见附件 A。

**联合协商小组（JCG）：**

**〈http：//www.osce.org/item/13517.html〉**

根据 1990 年的《欧洲常规武装力量条约》成立。通过调解在解释和履行条约方面出现的含糊之处，推动条约的履行和其宗旨的实现。设在奥地利首都维也纳。

《欧洲常规武装力量条约》缔约国：见附件 A。

**阿拉伯联盟：**

**〈http：//www.arableagueonline.org/〉**

亦称阿盟，成立于 1945 年。主要目标是在阿拉伯国家之间组成更加紧密的联盟，促进政治和经济合作。1950 年，联盟成员国签署

了集体防御和经济合作协定。总部设在埃及首都开罗。

成员国：阿尔及利亚、巴林、科摩罗、吉布提、埃及、伊拉克、约旦、科威特、黎巴嫩、利比亚、毛里塔尼亚、摩洛哥、阿曼、巴勒斯坦、卡塔尔、沙特阿拉伯、索马里、苏丹、叙利亚、突尼斯、阿拉伯联合酋长国、也门

**南方共同市场（MERCOSUR）**

**〈http：//www. mercosur. int/〉**

1991 年成立，旨在实现南美地区国家经济一体化。1996 年，该组织作出一项决定：只允许那些已确立了民主、负责任机制的国家参加。共同市场理事会是最高决策机构，共同市场集团是常设执行机构。秘书处及议会设在乌拉圭首都蒙得维的亚。

成员国：阿根廷、巴西、巴拉圭、乌拉圭

**导弹及其技术控制制度（MTCR）**

**〈http：//www. mtcr. info/〉**

系与军事有关的非正式出口控制机制，于 1987 年制定了《与导弹相关的敏感物项转让的指导原则》(后来作了修改)。其目的是通过控制弹道导弹运载系统来限制大规模杀伤性武器的扩散。

伙伴国：阿根廷、澳大利亚、奥地利、比利时、巴西、保加利亚、加拿大、捷克共和国、丹麦、芬兰、法国、德国、希腊、匈牙利、冰岛、爱尔兰、意大利、日本、韩国、卢森堡、荷兰、新西兰、挪威、波兰、葡萄牙、俄罗斯、南非、西班牙、瑞典、瑞士、土耳其、英国、乌克兰、美国

**不结盟运动（NAM）：**

**〈http：//www. cubanoal. cu/〉**

成立于 1961 年，是不结盟国家之间在联合国内就政治、经济和军备控制问题进行磋商和协调立场的论坛。

成员国：阿富汗、阿尔及利亚、安哥拉、安提瓜和巴布达、巴哈马、巴林、孟加拉国、巴巴多斯、白俄罗斯、伯利兹、贝宁、不丹、玻利维亚、博茨瓦纳、文莱、布基纳法索、布隆迪、柬埔寨、卡麦

隆、佛得角、中非共和国、乍得、智利、哥伦比亚、科摩罗、刚果民主共和国、刚果共和国、科特迪瓦、古巴、吉布提、多米尼克、多米尼加共和国、厄瓜多尔、埃及、赤道几内亚、厄立特里亚、埃塞俄比亚、加蓬、冈比亚、加纳、格林那达、危地马拉、几内亚、几内亚比绍、圭亚那、海地、洪都拉斯、印度、印度尼西亚、伊朗、伊拉克、牙买加、约旦、肯尼亚、朝鲜、科威特、老挝、黎巴嫩、莱索托、利比里亚、利比亚、马达加斯加、马拉维、马来西亚、马尔代夫、马里、毛里塔尼亚、毛里求斯、蒙古、摩洛哥、莫桑比克、缅甸、纳米比亚、尼泊尔、尼加拉瓜、尼日尔、尼日利亚、阿曼、巴基斯坦、巴勒斯坦、巴拿马、巴布亚新几内亚、秘鲁、菲律宾、卡塔尔、卢旺达、圣基茨和尼维斯、圣卢西亚、圣文森特和格林纳丁斯、圣多美和普林西比、沙特阿拉伯、塞内加尔、塞舌尔、塞拉利昂、新加坡、索马里、南非、斯里兰卡、苏丹、苏里南、斯威士兰、叙利亚、坦桑尼亚、泰国、东帝汶、多哥、特立尼达和多巴哥、突尼斯、土库曼斯坦、乌干达、阿拉伯联合酋长国、乌兹别克斯坦、瓦努阿图、委内瑞拉、越南、也门、赞比亚、津巴布韦

**北大西洋公约组织（NATO）：**

**〈http：//www. nato. int〉**

根据《北大西洋公约》（即《华盛顿条约》）于 1949 年建立的西方防御联盟。公约第五条规定：任何一个成员国受到武装攻击时，所有成员国有义务作出反应。总部设在比利时首都布鲁塞尔。

成员国：比利时、保加利亚、加拿大、捷克、丹麦共和国、爱沙尼亚、法国*、德国、希腊、匈牙利、冰岛、意大利、拉脱维亚、立陶宛、卢森堡、荷兰、挪威、波兰、葡萄牙、罗马尼亚、斯洛伐克、斯洛文尼亚、西班牙、土耳其、英国、美国

* 法国不参加北约的一体化军事机构。

**欧洲—大西洋伙伴关系理事会（EAPC）**

**〈http：//www. nato. int/issues/eapc/〉**

1997 年成立，是旨在促进北约与其“和平伙伴关系计划”的伙伴国之间双边合作的论坛。

**成员国**：北约成员国及阿尔巴尼亚、亚美尼亚、奥地利、阿塞拜疆、白俄罗斯、波黑、克罗地亚、芬兰、格鲁吉亚、爱尔兰、哈萨克斯坦、吉尔吉斯斯坦、前南斯拉夫马其顿共和国、摩尔多瓦、黑山、俄罗斯、塞尔维亚、瑞典、瑞士、塔吉克斯坦、土库曼斯坦、乌克兰、乌兹别克斯坦

**北约—俄罗斯理事会（NRC）：**
**〈http：//www. nato-russia-council. info〉**

2002 年成立，是北约和俄罗斯就安全问题进行磋商、增加共识、开展合作、做出共同决定和采取联合行动的一个机制，重点是根据 1997 年的《北约—俄罗斯关于相互关系、合作与安全的基本文件》确定共同感兴趣的领域，以及反恐斗争、危机处理和防扩散等新领域。

**参加国**：北约成员国和俄罗斯

**北约—乌克兰委员会（NUC）：**
**〈htttp：//www. nato. int/issues/nuc/〉**

1997 年成立，目的是双方就政治和安全问题、预防和解决冲突、防扩散、武器出口和技术转让以及其他共同关心的问题进行磋商。

**参加国**：北约成员国和乌克兰

**核供应国集团（NSG）：**
**〈http：//www. nuclearsuppliersgroup. org〉**

成立于 1975 年，又称作“伦敦俱乐部”。该集团根据《核转让指导原则》（即《伦敦指导原则》，1978 年首次通过）和《转让核相关的两用设备、材料、软件及相关技术的指导原则》（即《华沙指导原则》）来协调核材料的国家出口控制措施。《伦敦指导原则》包含有一个材料的“触发清单”，当为了和平目的向任何无核武器国家出口有关材料时，应根据“触发清单”启动国际原子能机构的保障监督。

**参加国**：阿根廷、澳大利亚、奥地利、白俄罗斯、比利时、巴西、保加利亚、加拿大、中国、克罗地亚、塞浦路斯、捷克共和国、

丹麦、爱沙尼亚、芬兰、法国、德国、希腊、匈牙利、爱尔兰、意大利、日本、哈萨克斯坦、韩国、拉脱维亚、立陶宛、卢森堡、马耳他、荷兰、新西兰、挪威、波兰、葡萄牙、罗马尼亚、俄罗斯、斯洛伐克、斯洛文尼亚、南非、西班牙、瑞典、瑞士、土耳其、英国、乌克兰、美国

**开放天空咨询委员会（OSCC）：**

**〈http：//www. osce. org/item/13516. html〉**

根据 1992 年的《开放天空条约》成立，宗旨是解决履约方面的问题。

《开放天空条约》参与国：见附件 A。

**军备合作联合组织（OCCAR）：**

**〈http：//www. occar-ea. org/〉**

1996 年由四个欧洲国家建立，2001 年起具有法人资格。目的是对特定的协作性防务军备项目进行有效且高效的管理。总部设在德国波恩。

成员国：比利时、法国、德国、意大利、西班牙、英国

**经济合作与发展组织（OECD）：**

**〈http：//www. oecd. org/〉**

成立于 1961 年，宗旨是通过协调成员国之间政策，促进经济发展和社会福利。总部设在法国首都巴黎。

成员国：澳大利亚、奥地利、比利时、加拿大、捷克共和国、丹麦、芬兰、法国、德国、希腊、匈牙利、冰岛、爱尔兰、意大利、日本、韩国、卢森堡、墨西哥、荷兰、新西兰、挪威、波兰、葡萄牙、斯洛伐克、西班牙、瑞典、瑞士、土耳其、英国、美国

**民主和经济发展组织（GUAM，古阿姆集团）：**

**〈http：//www. guam. org. ua/〉**

四个国家组成的集团，目的是促进稳定和加强安全。该集团历史可以追溯到 1997 年，于 2006 年正式成立。成员国通过七个工作组来

合作推动社会和经济发展，促进贸易。其信息办公室担任秘书处的职能，设在乌克兰首都基辅。

成员国：阿塞拜疆、格鲁吉亚、摩尔多瓦、乌克兰

**欧洲安全与合作组织（OSCE）：**

**〈http：//www. osce. org〉**

1973 年发起，当时称为“欧洲安全与合作会议”（CSCE）。1995 年更名为“欧洲安全与合作组织”，转变为一个组织，成为负责预警、冲突预防和危机处理的主要机构。总部设在奥地利首都维也纳。其设在维也纳的“安全合作论坛”（FSC）负责处理军备控制和建立信任与安全措施。欧洲安全与合作组织由若干机构组成，全部设在欧洲。

参加国：阿尔巴尼亚、安道尔、亚美尼亚、奥地利、阿塞拜疆、白俄罗斯、比利时、波斯尼亚和黑塞哥维那、保加利亚、加拿大、克罗地亚、塞浦路斯、捷克共和国、丹麦、爱沙尼亚、芬兰、法国、格鲁吉亚、德国、希腊、梵蒂冈、匈牙利、冰岛、爱尔兰、意大利、哈萨克斯坦、吉尔吉斯斯坦、拉脱维亚、列支敦士登、立陶宛、卢森堡、前南斯拉夫马其顿共和国、马耳他、摩尔多瓦、摩纳哥、荷兰、挪威、波兰、葡萄牙、罗马尼亚、俄罗斯、圣马力诺、塞尔维亚、黑山、斯洛伐克、斯洛文尼亚、西班牙、瑞典、瑞士、塔吉克斯坦、土耳其、土库曼斯坦、英国、乌克兰、美国、乌兹别克斯坦

**禁止化学武器组织（OPCW）：**

**〈http：//www. opcw. org/〉**

根据 1993 年的《禁止化学武器公约》成立的机构，目的是监督公约履行情况和解决履约过程中产生的问题。该组织设在荷兰海牙。

《禁止化学武器公约》缔约国：见附件 A。

**美洲国家组织（OAS）：**

**〈http：//www. oas. org〉**

系美洲的国家集团。该组织于 1948 年通过宪章，宗旨是加强西半球的和平与安全。总秘书处设在美国首都华盛顿。

成员国：安提瓜和巴布达、阿根廷、巴哈马、巴布达、伯利兹、玻利维亚、巴西、加拿大、智利、哥伦比亚、哥斯达黎加、古巴*、多米尼克、多米尼加共和国、厄瓜多尔、萨尔瓦多、格林那达、危地马拉、圭亚那、海地、洪都拉斯、牙买加、墨西哥、尼加拉瓜、巴拿马、巴拉圭、秘鲁、圣基茨和尼维斯联邦、圣卢西亚、圣文森特和格林纳丁斯、苏里南、特立尼达和多巴哥、乌拉圭、美国、委内瑞拉

* 古巴自 1962 年起被排除在该组织之外。

**黑海经济合作组织（BSEC）：**

**〈http：//www. bsec-organization. org〉**

1992 年成立，宗旨是保障黑海地区的和平、稳定和繁荣，推动和促进经济合作与发展。常设秘书处在土耳其的伊斯坦布尔。

成员国：阿尔巴尼亚、亚美尼亚、阿塞拜疆、保加利亚、格鲁吉亚、希腊、摩尔多瓦、罗马尼亚、俄罗斯、塞尔维亚、土耳其、乌克兰

**伊斯兰会议组织（OIC）：**

**〈http：//www. oic-oci. org〉**

1969 年由伊斯兰国家成立。目的是促进成员国之间的合作，支持和平、安全和巴勒斯坦人民及所有穆斯林人民的斗争。秘书处设在沙特阿拉伯的吉达。

成员国：阿富汗、阿尔巴尼亚、阿尔及利亚、阿塞拜疆、巴林、孟加拉国、贝宁、文莱、布基纳法索、卡麦隆、乍得、科摩罗、科特迪瓦、吉布提、埃及、加蓬、冈比亚、几内亚、几内亚—比绍、圭亚那、印度尼西亚、伊朗、伊拉克、约旦、哈萨克斯坦、科威特、吉尔吉斯斯坦、黎巴嫩、利比亚、马来西亚、马尔代夫、马里、毛里塔尼亚、摩洛哥、莫桑比克、尼日尔、尼日利亚、阿曼、巴基斯坦、巴勒斯坦、卡塔尔、沙特阿拉伯、塞内加尔、塞拉利昂、索马里、苏丹、苏里南、叙利亚、塔吉克斯坦、多哥、突尼斯、土耳其、土库曼斯坦、乌干达、阿拉伯联合酋长国、乌兹别克斯坦、也门

**拉丁美洲和加勒比地区禁止核武器组织（OPANAL）**

**〈http：//www.opanal.org/〉**

根据 1967 年的《特拉特洛尔科条约》建立。目的是与“国际原子能机构”一道解决条约执行方面的问题。该组织设在墨西哥的首都墨西哥城。

《特拉特洛尔科条约》缔约国：见附件 A。

**太平洋岛国论坛：**

**〈http：//www.forumsec.org〉**

1971 年成立，由一些南太平洋国家组成。论坛提出建立南太平洋无核区，具体体现为 1985 年的《拉罗汤加条约》。论坛监督该条约的履约情况。秘书处设在斐济首都苏瓦。

成员国：澳大利亚、库克群岛、斐济、基里巴斯、马绍尔群岛、密克罗西亚岛、瑙鲁、新西兰、纽埃岛、帕劳群岛、巴布亚新几内亚、萨摩亚、所罗门群岛、汤加、图瓦卢、瓦努阿图

**上海合作组织（SCO）：**

**〈http：//www.sectsco.org〉**

前身是“上海五国”，于 1996 年成立。2001 年更名为“上海合作组织”，向所有支持其宗旨的国家开放。成员国在建立信任措施、地区安全以及经济领域等方面开展合作。上海合作组织秘书处设在中国首都北京。

成员国：中国、哈萨克斯坦、吉尔吉斯斯坦、俄罗斯、塔吉克斯坦、乌兹别克斯坦

**南亚区域合作联盟（SAARC）：**

**〈http：//www.saarc-sec.org〉**

1985 年建立的旨在促进区域政治和经济合作的国家联合体。秘书处设在尼泊尔首都加德满都。

成员国：阿富汗、孟加拉国、不丹、印度、马尔代夫、尼泊尔、巴基斯坦、斯里兰卡

**东南欧合作倡议（SECI）：**
**〈http：//www. secinet. info〉**

1996 年由美国在与欧盟协调后发起的一个倡议，旨在促进东南欧国家间的合作和稳定，推动其加入欧洲结构。秘书处设在欧安组织维也纳办事处。

成员国：阿尔巴尼亚、波斯尼亚和黑塞哥维那、保加利亚、克罗地亚、希腊、匈牙利、前南斯拉夫马其顿共和国、摩尔多瓦、罗马尼亚、塞尔维亚、斯洛文尼亚、土耳其

**南部非洲发展共同体（SADC）：**
**〈http：//www. sadc. int〉**

成立于 1992 年，宗旨是促进地区经济发展和维护主权、和平与安全、人权与民主的基本原则。秘书处设在博茨瓦纳首都哈波罗内。

成员国：安哥拉、博茨瓦纳、刚果民主共和国、莱索托、马达加斯加、马拉维、毛里求斯、莫桑比克、纳米比亚、南非、斯威士兰、坦桑尼亚、赞比亚、津巴布韦

**特别核查委员会（SVC）**

根据 1987 年《销毁中短程导弹条约》成立，目的是作为一个论坛来解决履约问题及采取必要措施来提高条约的约束性和有效性。

《销毁中短程导弹条约》的缔约国：见附件 A。

**东南欧稳定公约组织：**
**〈http：//www. stabilitypact. org〉**

1999 年由欧盟在“东南欧会议”上倡议成立，随后置于“欧洲安全与合作组织”名下。公约的宗旨是通过促进政治与经济改革、发展和增进安全，以及东南欧国家对欧洲—大西洋机制的融入，为该次地区提供一种全面长期的预防冲突战略。其活动由“东南欧地区会议”进行协调，《稳定公约》特别协调员担任会议主席。特别协调员办公室设在比利时首都布鲁塞尔。2008 年 2 月 28 日由区域合作理事会取代进行协调。

伙伴国：阿尔巴尼亚、奥地利、比利时、波斯尼亚和黑塞哥维

那、保加利亚、加拿大、克罗地亚、塞浦路斯、捷克共和国、丹麦、爱沙尼亚、芬兰、法国、德国、希腊、匈牙利、爱尔兰、意大利、日本、拉脱维亚、立陶宛、卢森堡、前南马其顿共和国、马耳他、摩尔多瓦、黑山、荷兰、挪威、波兰、葡萄牙、罗马尼亚、俄罗斯、塞尔维亚、斯洛伐克、斯洛文尼亚、西班牙、瑞典、瑞士、土耳其、英国、美国

**其他伙伴**：中欧倡议国组织、欧洲理事会（欧洲发展银行理事会）、欧洲复兴发展银行、欧洲投资银行、欧盟（欧盟理事会、欧洲重建署、欧盟委员会、欧洲议会、东南欧办事处）、国际金融组织、国际货币基金组织、国际移民组织、北大西洋公约组织、联合国驻波黑高级代表办事处、经济合作与发展组织、欧洲安全与合作组织、黑海经济合作组织、东南欧合作倡议国组织、东南欧合作进程、联合国（联合国发展项目、联合国难民事务高级专员公署、联合国驻科索沃特派团）、世界银行

**次地区磋商委员会（SRCC）：**

**〈httt：//www.osce.org/item/13692.html〉**

根据 1996 年的《关于南斯拉夫的次地区军控协定》（《佛罗伦萨协定》）建立，是作为成员国解决协定执行问题的论坛。

《佛罗伦萨协定》缔约国：见附件 A。

**瓦森纳安排（WA）：**

**〈http：//www.wassenaar.org〉**

《关于常规武器和两用物项及技术出口控制的瓦森纳安排》于 1996 年正式成立。宗旨是防止其行为受到成员国关注的国家获取武器和可转军用的敏感两用物项和技术。秘书处设在奥地利首都维也纳。

**参加国**：阿根廷、澳大利亚、奥地利、比利时、保加利亚、加拿大、克罗地亚、捷克共和国、丹麦、爱沙尼亚、芬兰、法国、德国、希腊、匈牙利、爱尔兰、意大利、日本、韩国、拉脱维亚、立陶宛、卢森堡、马耳他、荷兰、新西兰、挪威、波兰、葡萄牙、罗马尼亚、俄罗斯、斯洛伐克、斯洛文尼亚、南非、西班牙、瑞典、瑞士、土耳

其、英国、乌克兰、美国

**西欧联盟（WEU）：**

**〈http：//www. weu. int〉**

根据 1954 年修订后的《布鲁塞尔条约》成立，总部在比利时首都布鲁塞尔。西欧联盟涉及军事的活动（“彼得斯堡任务”）已于 2000 年转入欧盟。设在法国巴黎的西欧联盟大会，即“欧洲安全和防务议员大会”，负责审查政府间军备研发的合作情况。

成员国：比利时、法国、德国、希腊、意大利、卢森堡、荷兰、葡萄牙、西班牙、英国

**桑戈委员会：**

**〈http：//www. zanggercommittee. org〉**

成立于 1971—1974 年的核出口国委员会，称为桑戈委员会。这个由核供应国组成的集团，一年举行两次非正式会议，协调核材料的出口控制，即根据定期更新的触发清单，核材料出口时必须实施国际原子能机构的保障监督。该委员会的工作是核供应国集团的补充。

成员国：阿根廷、澳大利亚、奥地利、比利时、保加利亚、加拿大、中国、克罗地亚、塞浦路斯、捷克共和国、丹麦、芬兰、法国、德国、希腊、匈牙利、爱尔兰、意大利、日本、韩国、卢森堡、荷兰、挪威、波兰、葡萄牙、罗马尼亚、俄罗斯、斯洛伐克、斯洛文尼亚、南非、西班牙、瑞典、瑞士、土耳其、英国、乌克兰、美国

（琦 灵 译）

# 附件C 2007 年大事记

南尼·博德尔

此大事记列出了 2007 年与军备、裁军和国际安全有关的重大事件。事件发生的日期为当地时间。关键词标在右侧一栏。缩略语的定义可在第 *26—36* 页上查找。

| | | |
|---|---|---|
| 1月1日 | 保加利亚和罗马尼亚成为欧洲联盟新成员国。 | 欧盟 |
| 1月10日 | 美国总统乔治·W·布什提出其伊拉克和反恐斗争政策的新战略要点。美国将在伊拉克再增加部署2万多人的部队；提高伊拉克安全部队保护平民的能力；为伊拉克政府设定政治基准。 | 美国；伊拉克 |
| 1月11日 | 中国从西昌卫星发射中心发射中程弹道导弹摧毁一颗中国气象卫星。这是20多年来首次为人所知的卫星拦截发射试验，被视为展示中国的武器能力。摧毁卫星造成了太空的严重污染。 | 中国；反卫星试验 |
| 1月15日 | 前毛派叛军依据2006年11月21日签署的《全面和平协议》在尼泊尔临时议会中取得席位，结束了10年之久的叛乱活动。 | 尼泊尔 |

| | | |
|---|---|---|
| 1月19日 | 非洲联盟和平与安全理事会在埃塞俄比亚首都亚的斯亚贝巴举行会议，决定组织部署非盟驻索马里特派团，任务期限为6个月（另请参见2月20日）。 | 非盟；索马里；维和 |
| 2月2日 | 联合国科索沃未来地位进程特使马尔蒂·阿赫蒂萨里在塞尔维亚的贝尔格莱德和科索沃的普里什蒂纳提出科索沃地位问题解决方案。根据该方案，科索沃将获准拥有自己的国旗和国歌等国家象征，并可申请加入联合国和国际货币基金组织等国际组织；欧盟和北约部队将继续留驻发挥军事和警察作用（另请参见3月26日）。 | 联合国；科索沃 |
| 2月6日 | 美国总统乔治·W·布什宣布建立非洲总部，这是第六个联合作战司令部，旨在加强美国与非洲的安全合作。 | 美国；非洲 |
| 2月7—9日 | 巴勒斯坦政治派别法塔赫和哈马斯的领导人在沙特阿拉伯的麦加会晤，就解决可能在巴勒斯坦领土上引发内战的危机举行了会谈。2月9日达成组建民族团结政府的协议。该协议没有明确承认以色列。 | 巴勒斯坦 |
| 2月8—13日 | 中国、日本、朝鲜、韩国、俄罗斯和美国在中国北京举行有关朝鲜问题的第五轮六方会谈。2月13日达成“无核化行动计划”以落实2005年9月的协议，根据该协议，朝鲜同意放弃所有核武器和现有核计划。 | 朝鲜；核计划 |

| | | |
|---|---|---|
| 2月10日 | 在一年一度的慕尼黑安全政策会议上，俄罗斯总统弗拉基米尔·普京指责美国挑起新的军备竞赛，特别是通过发展弹道导弹防御系统挑起新的军备竞赛。 | 俄罗斯/美国 |
| 2月15日 | 29名嫌犯因2004年3月11日造成191人死亡的火车炸弹袭击在西班牙马德里受审。这是欧洲对被指控的伊斯兰好战分子最大规模的审判。 | 西班牙；恐怖主义 |
| 2月15日 | 俄罗斯总参谋长尤里·巴卢耶夫斯基将军威胁说，除非美国改变其在中欧部署导弹防御系统的计划，否则俄罗斯将单方面退出1987年签署的《中程核力量条约》。 | 俄罗斯；中程核力量条约 |
| 2月20日 | 联合国安理会一致通过第1744号决议，授权非盟建立非盟驻索马里特派团，为期六个月。非盟驻索马里特派团获得授权支持索马里境内的对话与和解；保护过渡联邦机构，帮助它们履行政府职能；以及保障重要基础设施的安全。非盟驻索马里特派团取代了第1725（2006）号决议所授权的政府间发展组织索马里支持和平特派团。 | 联合国；非盟；索马里 |
| 2月22—23日 | 奥斯陆集束弹药问题会议通过宣言，呼吁各国政府“到2008年缔结一项具有法律约束力的国际文书……禁止使用、生产、转让和储存对平民造成不能接受的伤害的集束弹药”。最后宣言由46个国家签署。澳大利亚、中国、印度、以色列、巴基斯坦、俄 | 军控；集束弹药 |

| | | |
|---|---|---|
| | 罗斯和美国没有出席会议。日本、波兰和罗马尼亚参加了会议，但拒绝签署这一宣言。 | |
| 2 月 26 日 | 国际法院裁决塞尔维亚在 1995 年波斯尼亚和黑塞哥维那的斯雷布雷尼察大屠杀中违反了其根据 1948 年《防止及惩治灭绝种族罪公约》承担的义务。 | 塞尔维亚；国际法院 |
| 3 月 4 日 | 科特迪瓦总统洛朗·巴博与反叛集团科特迪瓦共和国新生力量的领导人纪尧姆·基格巴福里·索罗在布基纳法索的瓦加杜古会晤并签署和平协议。根据协议，双方将成立权力分享政府，设立联合部队司令部并撤消南北缓冲区。同时，双方还确定了解除武装、选民登记和选举的时间表。 | 科特迪瓦 |
| 3 月 5 日 | 荷兰海牙前南斯拉夫问题国际刑事法庭开庭审判科索沃前总理、曾任“科索沃解放军”指挥官的拉穆什·哈拉迪纳伊，他被控在 1998—1999 年科索沃冲突中犯有战争罪行。哈拉迪纳伊于 2005 年 3 月辞去总理职务并向前南刑庭自首。 | 科索沃；前南刑庭 |
| 3 月 6 日 | 在阿富汗政府的要求下，北约领导的国际安全援助部队与阿富汗国家安全部队在阿富汗南部赫尔曼德省发动“阿基里斯行动”，这是对塔利班采取的最大规模联合军事行动。这次行动涉及 4500 多名北约部队士兵和近 1000 名阿富汗士兵。 | 北约；国际安全援助部队；阿富汗 |

| | | |
|---|---|---|
| 3 月 10 日 | 伊朗、叙利亚和美国代表多年来首次共同出席在巴格达举行的旨在恢复伊拉克局势稳定的会议。同时出席会议的还有联合国安理会、阿拉伯国家联盟和海湾国家合作委员会代表。(5 月 3—4 日举行了包括伊朗和叙利亚在内的首次部长级会谈)。 | 伊拉克 |
| 3 月 15 日 | 美国国防部称，涉嫌策划了 2001 年 9 月 11 日对美国的袭击事件的嫌疑犯哈立德·谢赫·穆罕默德在古巴关塔那摩湾举行的听证会上已经承认对 2001 年的袭击事件以及另外 30 宗恐怖阴谋负责，包括 2002 年发生在印尼巴厘岛的袭击事件。 | 恐怖主义 |
| 3 月 19—22 日 | 中国、日本、朝鲜、韩国、俄罗斯和美国在中国北京举行第六轮六方会谈。朝鲜拒绝在其澳门银行被冻结资产转移到一家中国的银行之前继续谈判，会谈于 3 月 22 日中止，没有达成任何协议。 | 朝鲜；核计划 |
| 3 月 22 日 | 索马里政府和埃塞俄比亚部队与伊斯兰法庭联盟的军队之间在索马里摩加迪沙爆发激烈战斗。红十字国际委员会说这是自 1991 年推翻西亚德·巴雷的统治以来摩加迪沙经历的最激烈的战斗。 | 索马里；埃塞俄比亚 |
| 3 月 24 日 | 联合国安理会一致通过第 1747 号决议，重申伊朗应不再拖延地采取国际原子能机构理事会第 GOV/2006/14 号决议以及联合国安理会第 1737 (2006) 号决议所要求的步骤。这些决议规定伊朗不得直接或间接地提供、 | 联合国；伊朗；制裁 |

| | | |
|---|---|---|
| | 销售或转让武器或有关材料，所有国家都应禁止本国国民从伊朗购置这些物项。 | |
| 3月26日 | 联合国科索沃未来地位进程特使马尔蒂·阿赫蒂萨里向联合国安理会提交《解决科索沃地位问题综合建议》。根据该建议，独立是科索沃唯一可行的选择，由联合国科索沃临时行政当局特派团监督，初步为期120天。将任命一位国际民事代表与科索沃议会共同开展工作。 | 联合国；科索沃 |
| 3月28日 | 阿拉伯国家联盟成员国在沙特阿拉伯利雅得举行会议，决定重启2002年《贝鲁特宣言》通过的中东和平计划。根据这一计划，如果以色列撤出1967年战争中占领的土地，阿拉伯国家将承认以色列。 | 阿拉伯国家联盟；以色列 |
| 4月11日 | 阿尔及利亚阿尔及尔发生两起自杀式炸弹袭击，至少有33人死亡，200多人受伤。伊斯兰马格里布"基地"组织叛乱集团声称对这些袭击负责。 | 阿尔及利亚 |
| 4月16日 | 经过几个月的国际压力之后，苏丹外交部长拉姆·阿库勒称苏丹完全接受联合国将向非盟驻苏丹特派团提供援助的整个"大规模支援一揽子计划"，包括军事人员、警察、文职人员和设备。 | 联合国；非盟；苏丹 |
| 4月18日 | 经过对位于伊朗纳坦兹的核设施进行例行核查，国际原子能机构证实伊朗已组装了1300台离心机并已开始铀浓缩进程。 | 国际原子能机构；伊朗；核计划 |

| | | |
|---|---|---|
| 4 月 18 日 | 巴格达各地，主要在什叶派地区，发生多起恐怖炸弹袭击事件，近 200 人死亡，数百人受伤。这是自 2003 年 3 月以美国为首的联军入侵伊拉克以来伤亡最大的一天。 | 伊拉克；恐怖主义 |
| 4 月 23 日 | 欧盟理事会同意对伊朗施加更多制裁，包括全面武器禁运。欧盟的制裁比联合国安理会第 1737（2006）号和第 1747（2007）号决议所同意的制裁措施更进了一步。 | 欧盟；伊朗；制裁 |
| 4 月 26 日 | 在向俄罗斯议会发表的年度国情咨文中，总统弗拉基米尔·普京称俄罗斯将暂停执行 1990 年签署的《欧洲常规武装力量条约》，直至所有北约成员国均批准 1999 年签署的《欧洲常规武装力量条约修改协定》（另请参见 7 月 13 日和 12 月 12 日）。 | 俄罗斯；欧洲常规武装力量条约 |
| 5 月 3—4 日 | 欧盟、八国集团以及包括伊朗和叙利亚在内的伊拉克邻国的部长们在埃及沙姆沙伊赫就伊拉克安全问题举行会议。5 月 3 日签署了《伊拉克国际契约》，伊拉克将据此实行改革促进民族和解并将获得财政援助。 | 伊拉克 |
| 5 月 20 日—9 月 2 日 | 在黎巴嫩安全部队对黎巴嫩的黎波里的一座建筑物发动袭击之后，伊斯兰法塔赫组织的伊斯兰武装分子与黎巴嫩武装部队之间在巴里德河巴勒斯坦难民营爆发战斗。这是 1990 年黎巴嫩内战结束以来最血腥的内部冲突，近 400 人丧生。 | 黎巴嫩 |

| | | |
|---|---|---|
| 5 月 23 日 | 国际原子能机构总干事穆罕默德·巴拉迪发布在伊朗执行与《不扩散核武器条约》有关的保障协定以及安理会决议的相关规定的情况报告。该报告称伊朗尚未中止其铀浓缩相关活动或同意采取任何必要的透明措施。 | 国际原子能机构；伊朗 |
| 5 月 23—25 日 | 继 2 月份奥斯陆会议之后，在秘鲁利马举行了利马集束弹药问题会议。会上讨论了主要以 1997 年签署的《禁止杀伤人员地雷公约》为范本的条约草案文本。 | 军控；集束弹药 |
| 6 月 11—15 日 | 应俄罗斯的要求，《欧洲常规武装力量条约》缔约国在奥地利维也纳举行特别会议。与会各方未能达成联合声明。 | 欧洲常规武装力量条约 |
| 6 月 14 日 | 经过法塔赫和哈马斯之间在加沙地带一个星期的派系冲突，造成超过 100 人死亡，哈马斯在攻占加沙城的法塔赫预防安全部队总部和总统府后宣称已全面控制加沙地带。巴勒斯坦自治政府主席马哈茂德·阿巴斯解散哈马斯领导的政府并宣布国家进入紧急状态。 | 加沙地带；巴勒斯坦 |
| 6 月 17 日 | 一个排除了哈马斯的新巴勒斯坦紧急政府由阿巴斯主席宣誓就职并发布命令，使新总理萨拉姆·法耶兹可以不通过立法委员会的批准而直接就职并宣布所有哈马斯的武装力量为非法武装。哈马斯则宣称这个新政府是非法的。 | 巴勒斯坦 |

| | | |
|---|---|---|
| 6 月 17 日 | 在苏丹首都喀土穆与联合国安理会代表团会谈后，苏丹政府无条件地同意在达尔富尔地区部署 19000 人的联合国—非盟混合维和部队。 | 联合国；非盟；苏丹 |
| 6 月 19 日 | 美国和伊拉克军队发动“箭头撕裂者行动”，这是针对巴古拜及其周边地区“基地”组织网络的一次重要攻势。在巴格达的哈拉尼什叶派清真寺附近发生的汽车炸弹袭击中，至少有 75 人死亡，另有 130 人受伤。 | 伊拉克 |
| 6 月 19 日 | 古阿姆集团—民主和经济发展组织领导人在阿塞拜疆首都巴库举行会议并发表联合声明，同意成立一支 500 人的维和部队并保证提高全球能源安全。 | 古阿姆集团 |
| 6 月 20 日 | 设在弗里敦的塞拉利昂特别法庭在首次审判中宣判三名前“武装部队革命委员会”领导人在塞拉利昂 1991—2002 年内战期间犯有战争罪和危害人类罪。 | 塞拉利昂；塞拉利昂特别法庭；战争罪 |
| 6 月 24 日 | 阿里·哈桑·马吉德（绰号“化学阿里”）以及其他两名被告因在 1988 年的“安法勒行动”中犯有种族灭绝罪、战争罪和危害人类罪被伊拉克法庭判处死刑，上述行动造成 18 万库尔德平民丧生。 | 伊拉克 |
| 6 月 25 日 | 朝鲜外交部确认已收到此前被冻结的澳门银行资金，宣布将启动与国际原子能机构核查小组有关关闭宁边核反应堆的谈判。核查人员于 6 月 26 日到达平壤，这是自 2002 年以来的首次访问。继上述声明之后，韩国宣布将恢复对朝鲜的粮食援助。 | 朝鲜；核计划；国际原子能机构；韩国 |

| | | |
|---|---|---|
| 6月29日 | 联合国安理会以14票对0票、1票弃权（俄罗斯）通过第1762号决议，决定立即终止联合国监测、核查和视察委员会以及国际原子能机构伊拉克核查办公室的任务。此外还请联合国秘书长确保监核会的档案得到严格监管并将所有未支配资金转给伊拉克政府。 | 联合国；伊拉克；监核会 |
| 7月10日—8月8日 | 继7月3日巴基斯坦安全部队与占据伊斯兰堡拉尔清真寺（即红色清真寺）的激进伊斯兰学生发生冲突后，安全部队攻入清真寺。在激烈的战斗中有100多人丧生。经过在伊斯兰堡发生的这些事件，南北瓦济里斯坦地区暴力活动升级，造成200多人死亡。政府军与亲塔利班武装分子之间的停火破裂。 | 巴基斯坦 |
| 7月11日 | 禁止化学武器组织确认阿尔巴尼亚已全面销毁化学武器库存。阿尔巴尼亚成为第一个依据《化学武器公约》规定义务彻底、可核实地销毁其化学武器的国家。 | 阿尔巴尼亚；化学武器公约 |
| 7月13日 | 俄罗斯总统弗拉基米尔·普京签署命令，决定暂停执行《欧洲常规武装力量条约》，俄罗斯将据此不再批准核查或交换军事部署的数据。暂停执行的决定将在正式通知之日起150天后生效。（另请参见12月12日） | 俄罗斯；欧洲常规武装力量条约 |
| 7月18—20日 | 中国、日本、朝鲜、韩国、俄罗斯和美国之间的第六轮六方会谈继续在中国北京举行。朝鲜提出在2007年年底前全面申报其核武器计划并实现核 | 朝鲜；核计划 |

| | | |
|---|---|---|
| | 设施去功能化，以换取能源援助。7月18日，国际原子能机构核查人员证实位于宁边的5个核设施已全部关闭，这是根据2007年2月达成的“无核化行动计划”走出的第一步。 | |
| 7月27日 | 印度和美国结束有关《美利坚合众国政府和印度政府和平利用核能合作协定》（即《123协议》）的谈判。根据美国1954年制定的《原子能法》有关条款的要求，这一协议草案明确规定了按照2006年3月签署的《美印民用核合作行动计划》构想的恢复两国间核材料和核技术贸易所适用的条件。 | 印度；美国；核能 |
| 7月30日 | 继伊朗政府官员和国际原子能机构代表于7月份会晤之后，一个国际原子能机构核查人员小组视察了位于伊朗阿拉克的核反应堆。 | 国际原子能机构；伊朗 |
| 7月31日 | 联合国安理会一致通过第1769号决议，决定设立非盟—联合国达尔富尔混合行动。联合国—非盟驻苏丹特派团将包括19000名军事人员且至迟于2007年12月部署。 | 联合国；苏丹；维和 |
| 8月6日 | 格鲁吉亚总统米哈伊尔·萨卡什维利指责俄罗斯对格鲁吉亚领土发动空袭，在齐捷卢班尼村附近发射了一枚导弹。不过导弹并没有爆炸。俄罗斯则否认侵犯格鲁吉亚边界。欧盟于8月10日对事件予以谴责。8月18日，欧安组织主席国发起非决定性调查以澄清事件背后的情况。 | 俄罗斯；格鲁吉亚 |

| | | |
|---|---|---|
| 8月14日 | 在伊拉克摩苏尔附近发生的一连串自杀式炸弹袭击中，至少有175人丧生，数百人受伤。这些袭击的目标是针对库尔德人宗教少数派雅兹迪教派。 | 伊拉克；恐怖主义 |
| 8月20日 | 联合国安理会一致通过第1772号决议，决定把非盟驻索马里特派团的任务期限延长6个月，同时呼吁联合国秘书长潘基文继续筹划可能部署联合国维和行动，以替代非盟驻索马里特派团。 | 联合国；非盟；索马里 |
| 8月21日 | 伊朗政府和国际原子能机构代表在德黑兰会晤，双方达成一项工作计划以解决所有悬而未决的伊朗保障执行问题。 | 国际原子能机构；伊朗；核计划 |
| 9月6日 | 美国以詹姆斯·L·琼斯将军为主席的伊拉克安全部队问题独立委员会发布报告指出，尽管取得重大进展，伊拉克军队在未来12—18个月内将无力从美国军队那里接管国内安全工作；伊拉克内政部“职能失调”；而且应解散国家警察部队。该委员会的报告是美国国会要求递交的若干进展报告之一。 | 伊拉克 |
| 9月6日 | 以色列飞机对叙利亚境内据称正在由朝鲜帮助装备的一个核相关设施进行空袭。朝鲜否认上述指控。 | 以色列；朝鲜；叙利亚 |
| 9月6—8日 | 50多人在阿尔及利亚的两起自杀式袭击中丧生。伊斯兰马格里布“基地”组织宣称对袭击负责。 | 阿尔及利亚 |

| | | |
|---|---|---|
| 9 月 10 日 | 美军驻伊拉克司令大卫·H·彼得雷乌斯将军在美国众议院武装部队和外交事务委员会作证指出，美国增兵的军事目的在很大程度上已经达到，可以从伊拉克撤出 30000 人的部队。9 月 13 日，美国总统乔治·W·布什宣布计划到 2008 年中从伊拉克撤出约 30000 美军，2008 年 12 月将启动美国伊拉克战略的下一阶段，美军将逐步转向为伊拉克军队发挥支援作用。 | 伊拉克；美国 |
| 9 月 16 日 | 美国黑水保安公司雇员在伊拉克巴格达护送外交车队时开火打死 17 名伊拉克平民，造成重大公共丑闻。这起事件导致美国国防部长罗伯特·盖茨下令审查私营保安公司在伊拉克的运作方式。 | 伊拉克；美国 |
| 9 月 25 日 | 联合国安理会一致通过第 1778 号决议，核准在乍得和中非共和国境内建立一个联合国授权的“多层面存在”，目的是保护平民并协助向受到苏丹达尔富尔地区冲突影响的人民提供人道主义援助。联合国中非共和国和乍得特派团将包括欧盟成员国军事力量。 | 联合国；中非；乍得；苏丹 |
| 9 月 27 日 | 缅甸安全部队突击查抄 6 座寺庙并逮捕数百名僧侣，企图阻止仰光和其他城市的反军政府抗议活动。抗议活动始于 8 月份燃料价格上涨以及 9 月 5 日在木各具的示威游行中安全部队造成僧侣受伤。自 9 月 17 日开始，每天都有僧侣抗议游行。9 月 26 日，防暴警察在仰光的瑞光大金塔袭击了示威者，造成至少 5 人死亡。 | 缅甸 |

| | | |
|---|---|---|
| 9月27—30日 | 中国、日本、朝鲜、韩国、俄罗斯和美国之间的第六轮六方会谈在中国北京结束。与会各方讨论了朝鲜将何时以及如何申报并拆除其所有核设施的“路线图”。 | 朝鲜；核计划 |
| 9月28日 | 联合国安理会一致通过第1779号决议，决定将受命监督对达尔富尔武器禁运的四人专家组的任务期限延长到2008年10月15日，并要求专家组与联合国—非盟驻达尔富尔特派团协调其活动。该专家组最初根据第1591（2005）号决议任命。 | 联合国；苏丹；达尔富尔；武器禁运 |
| 10月2—4日 | 朝鲜领导人金正日和韩国总统卢武铉在朝鲜平壤会晤，这是50多年来两国领导人之间的第二次首脑会晤。10月4日，双方签署联合声明，呼吁制定永久和平协议以取代结束1950—1953年朝鲜战争的停战协定。 | 朝鲜；韩国 |
| 10月3日 | 继中国、日本、朝鲜、韩国、俄罗斯和美国于9月27—30日在中国北京举行六方会谈之后，中国外交部副部长武大伟宣布朝鲜已同意宁边主要核反应堆的去功能化并同意在2007年12月31日前全面申报其核计划。 | 朝鲜；核计划 |
| 10月15日 | 欧盟理事会依据联合国安理会9月25日第1778号决议通过有关在乍得和中非共和国境内部署欧盟军事行动的第2007/677/CFSP号联合行动文件。（这项行动最终于2008年1月28日获得批准）。 | 欧盟；中非；乍得；苏丹 |

| | | |
|---|---|---|
| 10 月 17 日 | 土耳其议会以 507 票对 19 票表决支持由总理塔伊普·埃尔多安提出的动议，批准政府在伊拉克北部发动针对库尔德工人党叛军基地的军事行动。 | 土耳其；伊拉克 |
| 10 月 18 日 | 两枚炸弹在庆祝前总理贝纳齐尔·布托返回巴基斯坦卡拉奇的人群中爆炸，造成 140 多人死亡。多个伊斯兰团体曾扬言要在布托返回巴基斯坦时对她发动袭击。 | 巴基斯坦；恐怖主义 |
| 11 月 3 日 | 巴基斯坦总统佩尔韦兹·穆沙拉夫宣布国家进入紧急状态，称这是由于武装暴力和司法无序造成危机而必须采取的措施。警方严厉打击卡拉奇的示威活动，抗议紧急状态令的数百人遭到逮捕。紧急状态于 12 月 15 日解除。 | 巴基斯坦 |
| 11 月 5 日 | 中国国防部长曹刚川和美国国防部长罗伯特·盖茨宣布在两国国防部之间建立军事热线，致力于缓和两国间的紧张气氛。 | 中国；美国 |
| 11 月 6 日 | 阿富汗北部巴格兰省发生一起自杀式袭击事件，造成至少 40 人死亡，更多人受伤。这次袭击是自 2001 年推翻塔利班政权以来最严重的事件之一。塔利班发言人否认参与袭击。 | 阿富汗；恐怖主义 |
| 11 月 15 日 | 最后一支俄罗斯军队撤出位于格鲁吉亚巴统的军事基地。设在阿布哈兹古道塔的军事基地仍有争议。 | 俄罗斯；格鲁吉亚；军事基地 |
| 11 月 22 日 | 继巴基斯坦未能按照英联邦原则履行义务取消紧急状态令并完全恢复宪法，英联邦中止了巴基斯坦的成员国资格。 | 巴基斯坦；英联邦 |

| | | |
|---|---|---|
| 11 月 27—28 日 | 以色列总理埃胡德·奥尔默特与巴勒斯坦民族权力机构主席马哈茂德·阿巴斯在美国马里兰州安纳波利斯会晤，双方同意开始谈判缔结一项“解决所有悬而未决问题”的条约，包括耶路撒冷的未来地位、边界问题、缺水难民和定居点问题。根据双方达成的协议，从 12 月 12 日开始将在每月第二周举行谈判。 | 以色列/巴勒斯坦 |
| 11 月 28 日 | 在承受巨大的国际和国内压力后，巴基斯坦总统佩尔韦兹·穆沙拉夫辞去陆军参谋长一职，但仍担任总统，开始他的第三个任期。 | 巴基斯坦 |
| 11 月 28 日 | 在联合国调停人的主持下，塞尔维亚和科索沃在奥地利巴登举行有关科索沃最终地位的最后一轮谈判，各方未能达成协议。（科索沃于 2008 年 2 月 17 日单方面宣布独立）。 | 联合国；科索沃 |
| 12 月 3 日 | 美国国家情报总监发表题为“伊朗：核意图和核能力”的伊朗核计划状况评估报告，断定伊朗于 2003 年已经停止其核武器计划。 | 伊朗；美国 |
| 12 月 5—7 日 | 奥斯陆进程第三次会议维也纳集束弹药问题会议召开，138 个国家的代表出席了会议，最后达成共识在禁止集束弹药的条约草案中纳入援助受害者、清理受污染地区、销毁库存和国际合作及援助等内容。（下次会议将于 2008 年 2 月在新西兰惠灵顿举行）。 | 军控；集束弹药 |

| | | |
|---|---|---|
| 12 月 12 日 | 俄罗斯正式暂停参与《欧洲常规武装力量条约》。根据暂停参与的决定，旨在加强俄罗斯与北约间军事互信的核查及其他透明措施将不再执行。 | 俄罗斯；欧洲常规武装力量条约 |
| 12 月 13 日 | 欧盟成员国国家元首或政府首脑在葡萄牙里斯本举行会议并签署《里斯本条约》，其中对现行条约作出修订，为欧盟提供了一个新的法律框架。如果获得所有成员国批准，将于 2009 年生效。 | 欧盟 |
| 12 月 16 日 | 土耳其军队深入伊拉克北部地区，对甘迪勒山区以及扎帕、哈库尔克和阿瓦辛等地区的库尔德工人党叛军基地目标进行空袭。伊拉克官员称炸弹击中了几个村庄，造成平民死亡。美国否认批准发动这些袭击。 | 土耳其；伊拉克；库尔德人 |
| 12 月 27 日 | 前总理贝纳齐尔·布托在巴基斯坦拉瓦尔品第的竞选集会上遇刺身亡。暗杀事件后暴力活动席卷巴基斯坦全国。 | 巴基斯坦 |
| 12 月 27 日 | 在举行全国大选和现任总统姆瓦伊·齐贝吉宣布获胜后，反对派指责选举舞弊，肯尼亚各地爆发严重种族暴力事件。大批示威者在全国各地多个城市与全副武装军警发生冲突，数人丧生。 | 肯尼亚 |
| 12 月 31 日 | 朝鲜未能如其承诺的那样，按照 10 月 3 日在中国北京举行的六方会谈中达成的协议，在最后期限前向其他各方提交“完整无误的”核计划申报清单。 | 朝鲜；核计划 |

（许　巍　译）

# 作者简介

**伊恩·安东尼（Ian Anthony）博士**（英国）：SIPRI 研究所研究协调员，SIPRI“不扩散和出口控制项目”负责人。他在 SIPRI 的著作有：SIPRI《研究报告》2007 年第 22 期《改革核出口控制制度：核供应国集团的未来》（与人合写）、SIPRI《研究报告》2004 年第 19 期《从源头减少威胁：欧洲对合作减小威胁的看法》、《俄罗斯和武器贸易》（主编，1998 年）和 SIPRI《研究报告》1994 年第 7 期《中东欧防务工业的前景》（主编）。他自 1988 年以来一直为《SIPRI 年鉴》撰稿。

**梅甘·巴斯蒂克（Megan Bastick）**（澳大利亚/英国）：日内瓦武装部队民主控制中心（DCAF）特别项目部副主任、性别和安全项目负责人。她与人合编了《性别与安全部门的改革方略》一书（DCAF，2008 年），并与人合写了《武装冲突中的性暴力：全球纵览及对安全部门的影响》（DCAF，2007 年）等著作。在进入该中心之前，她曾在联合国教友会日内瓦办事处和澳大利亚红十字会工作过。

**西比勒·鲍尔（Sibylle Bauer）博士**（德国）：SIPRI 研究所的“不扩散和出口控制项目”出口控制问题的负责人。之前，她系布鲁塞尔欧洲问题研究所研究员。她撰写了大量关于欧洲出口控制和装备问题的文章，包括《欧洲国防工业重组》（欧盟委员会官方出版物办公室，2001 年）、《法国国际关系年鉴》（Bruylant，2001 年）和《欧洲国防之路》（Maklu，2003 年）的有关章节。她还与他人合写了 SIPRI《政策报告》第 8 期《欧盟武器出口行为准则：改进年度报告》(2004 年 11 月)。她自 2004 年以来一直为《SIPRI 年鉴》撰稿。

**奥萨·布洛姆斯特伦（Åsa Blomström）**（瑞典）：2007 年以前担任 SIPRI 研究所“军费开支和武器生产计划与武器转让项目”的项目秘书。她负责管理这三个研究领域通用电子文档，并维护 SIPRI 的军费开支报告系统。她自 2006 年以来一直《SIPRI 年鉴》撰稿。

**南尼·博德尔（Nenne Bodell）**（瑞典）：SIPRI 研究所“图书和文件部”及“军控与裁军文件搜录项目”负责人。她自 2003 年以来一直为《SIPRI 年鉴》撰稿。

**马克·布罗姆利（Mark Bromley）**（英国）：SIPRI 研究所“武器转让项目”特约研究员，重点研究欧洲武器出口、欧洲武器出口控制和南美洲武器采购问题。之前，他在英美安全信息委员会（BASIC）担任政策分析员。他的著作包括：SIPRI《政策报告》第 8 期《欧盟武器出口行为准则：改进年度报告》（2004 年 11 月，与人合写）；《欧洲安全》（2007 年 6 月）一书中的“捷克、斯洛伐克和波兰的武器出口政策欧洲化”、SIPRI《政策报告》第 21 期《欧盟武器出口行为准则对国内政策的影响：捷克、荷兰和西班牙》（2008 年 5 月）；以及在 2008 年即将出版的一期《欧洲外交评论》中的“走向一个共同有约束力的欧盟武器出口政策？欧盟武器出口行为准则对主要常规武器出口的影响”（与人合写）。他自 2004 年以来一直为《SIPRI 年鉴》撰稿。

**彼得·克莱夫斯蒂格（Peter Clevestig）博士**（瑞典）：SIPRI 研究所“不扩散与出口控制项目”生化武器分项的研究员。他从事研究瑞典医学科研团体在防止轰动性恐怖主义行为和制定实施生物安全方法方面的作用和责任。作为“北欧地区生物安全网络”的一名活跃成员，他经常讲授生物安全、生物恐怖主义、法医微生物学以及令人关切的两用技术和生物技术研究等问题。他着重在病毒学方面撰写或与人合写过许多科学读物。

**维达利·费琴科（Vitaly Fedchenko）**（俄罗斯）：SIPRI 研究所“不扩散与出口控制项目”的研究员，负责核安全问题和核军控与不扩散的政治、技术及教育层面。此前，他在 SIPRI 当过客座研究员，曾是俄罗斯“政策研究中心”研究员和项目协调员，以及莫斯科国际问题应用研究所研究员。他撰写或与他人合写了多部有关国际防扩散、裁军援助、国际核燃料循环和俄罗斯核出口的著作，包括 SIPRI《研究报告》2007 年第 22 期《改革核出口控制：核供应国集团的未来》（与人合写）。他自 2005 年以来一直为《SIPRI 年鉴》撰稿。

**哈罗德·A·费夫森（Harold A. Feiveson）**（美国）：普林斯顿大学政策研究资深科学家、普林斯顿大学伍德罗·威尔逊公共与国际事务学院“科学与全球安全项目”的成员。他已在伍德罗·威尔逊学院任教 32 年，授课课题广泛，其中包括军备控制。1963—1967 年，他曾是美国军备控制与裁军署科学局的成员。他的主要研究兴趣是核武器和核能政策领域。他是《核转折点：核武器大幅度削减和降低警戒的设想》（布鲁金斯，1999 年）的编辑和主要作者，并是国际性刊物《科学与全球安全》的编辑。

**亚历山大·格拉泽（Alexander Glaser）博士**（德国）：美国普林斯顿大学“科学与全球安全项目”研究团队成员。2006 年以来，他参与“裂变材料国际研究小组”（IPFM）的工作。他在 2005 年获得德国达姆斯达特技术大学的物理学博士学位。2001—2003 年，他是美国麻省理工学院安全研究项目的“SSRC/麦克阿瑟”奖学金研究员。2000—2001 年期间，他曾是德国联邦环境与反应堆安全部的顾问。他是《科学与全球安全》杂志的副编辑。

**季北兹（Bates Gill）**（美国）：SIPRI 研究所第七任所长。在 2007 年 10 月加入 SIPRI 研究所之前，担任华盛顿特区战略与国际研究中心中国问题“弗里曼”讲座教授。以前，他曾任外交政策研究所高级研究员、布鲁金斯学会东北亚政策研究中心首任主任。很久以来，他一直从事国际和地区安全问题的研究和写作，专长于军备控制、不扩散、战略核关系、维和行动、军事技术发展等问题。他的近作包括《新兴的新星：中国的新安全外交》（布鲁金斯，2007 年）和《中国：对照表——世界对于这个新兴超级大国需了解些什么》（公共事务，2006 年，与人合写）。

**扬·格雷贝（Jan Grabe）**（德国）：2007 年至 2008 年，SIPRI 研究所“军费开支和军火生产项目”实习生。他在 Aachen 大学即将读完政治学、社会学和经济与社会历史学。

**让—伊夫斯·艾纳（Jean-Yves Haine）博士**（比利时）：SIPRI 研究所“欧洲—大西洋、地区和全球安全项目”高级研究员、多伦多大学客座教授。他从事研究欧洲安全与防务、跨大西洋关系以及武力使用等问题。以前，他曾是哈佛大学政府系研究员、欧洲联盟安全研究所高级研究员和伦敦国际战略研究所的欧洲安全问题研究员。他发表的著作包括：《欧盟与欧洲安全战略：塑造一个全球性欧洲》（Routledge，2007 年）一书中的“欧洲安全战略与威胁：欧洲安全吗?”一章，以及《美国需要盟友吗?》（Payot，2004 年），其中后一本曾获得 2004 年的法—美奖。

**罗塔·哈博姆（Lotta Harbom）**（瑞典）：乌普萨拉大学和平与冲突研究系“乌普萨拉冲突数据项目”的助理研究员。她自 2005 年起为《SIPRI 年鉴》撰稿。

**约翰·哈特（John Hart）**（美国）：SIPRI 研究所“不扩散与出口控制项目”的化学与生物战分项负责人。他的著作包括：SIPRI《化学战与生物战研究》第 17 期《俄罗斯化学武器的销毁：政治、法律和技术问题》（1998 年，与人合写）、“ALSOS 使命，1943—1945 年：一个美国秘密科学情报组织”（载于《国际情报与反情报期刊》2005 年秋季号）以及《致命细菌培养：1945 年以来的生物武器一览》（哈佛大学出版社，2006 年）中“苏联的生物武器计划”一章，与人合写了《核、生、化战的历史字典》（Scarecrow 出版社，2007 年）。

他在 1997 年、1998 年以及从 2002 年以来为《SIPRI 年鉴》撰稿。

**古尼拉·赫罗尔夫（Gunilla Herolf）博士**（瑞典）：SIPRI 研究所“欧洲—大西洋、地区和全球安全项目”高级客座研究员。她的研究领域包括跨大西洋合作、北欧与瑞典安全、欧盟及北约内部的安全合作，以及西欧国家，尤其是法国、德国和英国之间的安全合作。以前，她曾在瑞典国际事务研究所工作。她的近作包括《法国、德国和英国：动乱时代的合作》（斯德哥尔摩大学，2004 年）和《北欧国家与欧洲安全和防务政策》（与人合编，2006 年）。她加入若干个欧洲网络，其中包括欧盟委员会第六框架计划资助的“欧盟共识”项目。

**保尔·霍尔托姆（Paul Holtom）博士**（英国）：SIPRI 研究所的“武器转让项目”研究员。以前，他是英国 Glamorgan 大学“边界研究中心”的研究员。他还是欧盟理事会关于加里宁格勒州的欧洲跨境合作项目理事会的国际专家以及 Saferworld 大学的“东北欧和东南欧小武器、轻武器研究项目”的首席研究员。他为若干刊物写过关于波罗的海国家、加里宁格勒和俄罗斯联邦的文章，并出过专著《波罗的海地区的武器过境贸易》（Saferworld 出版，2003 年）和《历史转折：阿尔巴尼亚的小武器和轻武器》（Saferworld 出版，2005 年）。他还是 SIPRI 与乌普萨拉大学的联合报告《联合国禁运：对武器流动和目标变化的影响》（2007 年）的首席作者。

**香农·基尔（Shannon N. Kile）**（美国）：SIPRI 研究所的“不扩散和出口控制项目”高级研究员。他的主要研究领域是核军控和核不扩散，尤其关注伊朗和朝鲜问题。他为 SIPRI 多种出版物撰写了大量文章，包括自 1995 年以来所有《SIPRI 年鉴》中有关核军备控制和世界核力量及核武器技术的章节。他的近著有：主编了 SIPRI《研究报告》第 21 期《欧洲和伊朗：对不扩散的看法》（2005 年）。

**汉斯·克里斯滕森（Hans M. Kristensen）**（丹麦）：华盛顿美国科学家联合会（FAS）“核信息项目”主任。他与人合写《原子科学家公报》杂志“核武器问题追踪”专栏文章。其近作有：《中国核力量与美国核战争计划》(FAS/NRDC，2006 年 11 月)；《全球打击：五角大楼新的进攻性打击计划年表》(FAS，2006 年)；《为威慑失败做好准备》(加拿大皇家军事研究所，2005 年 11 月/12 月)；《今日军控》(2005 年 9 月号) 月刊载文“新理论不足以实现布什的承诺”。他自 2001 年以来一直为《SIPRI 年鉴》撰稿。

**兹希洛·拉霍夫斯基 (Zdzislaw Lachowski) 博士** (波兰)：SIPRI 研究所的“欧洲—大西洋、地区和全球安全项目”高级研究员。他在欧洲军事安全、军备控制以及有关欧洲政治军事一体化等问题上著述甚丰。与他人合编了《变革时期的国际安全：威胁、观念和机制》(Nomos，2004 年)，并撰写了 SIPRI《研究报告》第 18 期《在新欧洲建立信任和安全措施》(2004 年) 和 SIPRI《政策报告》第 18 期《在欧亚地区的外国军事基地》(2007 年)。2006 年，他领导了一个关于在南、北朝鲜建立信任措施的研究项目。自 1992 年以来一直为《SIPRI 年鉴》撰稿。

**齐亚·米安 (Zia Mian)** (巴基斯坦/英国)：普林斯顿大学伍德罗·威尔逊公共与国际事务学院“科学与全球安全项目”的物理学家，领导其中的“南亚和平与安全课题”。在过去 10 年间，他重点研究巴基斯坦和印度的核武器、军备控制与裁军以及核能问题。他以前曾在世界科学家联合会、可持续发展政策研究所和伊斯兰堡卡伊德阿扎姆大学工作过。他在 2003 年和 2007 年为《SIPRI 年鉴》撰稿。

**卡塔利娜·佩尔多莫 (Catalina Perdomo)** (哥伦比亚)：SIPRI 研究所“军费开支项目”特约研究员，负责跟踪非洲、拉丁美洲和中东的军费开支。以前，她曾先后在华盛顿的美洲开发银行以及哥伦比亚和平研究基金会驻华盛顿办事处和发展事业管理科学波哥大办事处工作。她发表过许多有关安全和发展问题的作品，包括《国际体系分析瞭望台 2007—2008》一书中“安全部门改革的国际援助”一章 (哥伦比亚外交大学，2007 年)，与人合写的《次国家发展战略的执行报告》(IADB，2004 年)。她自 2004 年以来一直为《SIPRI 年鉴》撰稿。

**萨姆·珀络—弗里曼（Sam Perlo-Freeman）博士**（英国）：SIPRI 研究所“军火生产项目”研究员，负责跟踪全球主要军火生产公司的相关数据。以前，他曾是西英格兰大学经济系的高级讲师，主讲防务与和平经济。他撰写过一些著作，包括《应用经济国际回顾》一书中的“发展中国家军费开支需求”一章（2003 年 1 月，与人合写）和《军火贸易与经济发展：补偿贸易的理论与政策》一书中的“巴西军火工业的补偿和发展”一章（Routledge，2004 年）。他在 2003 年和 2004 年曾为《SIPRI 年鉴》撰过稿。

**伯尼斯·拉维歇（Bernice Raveché）**（美国）：2007 年夏曾在 SIPRI 研究所“生化武器项目”当实习生。她获得宾夕法尼亚大学国际卫生与营养学学士学位，现正在哥伦比亚大学攻读公共卫生硕士学位。她在 SIPRI 的研究工作系由世界妇女领导者委员会资助。

**阿尔布雷希特·施纳贝尔（Albrecht Schnabel）博士**（德国）：瑞士和平研究所高级研究员和波恩大学政治学院国际组织与冲突管理专业讲师。以前，他曾在东京的联合国大学“和平与治理项目”的学术负责官员。其著作集中于种族冲突、冲突预防、维和行动、冲突后和平重建、安全部门改革以及人的安全等问题。

**伊丽莎白·申斯（Elisabeth Sköns）**（瑞典）：SIPRI 研究所的“军费开支与军工生产项目”负责人。她的近作有：《武器贸易和经济发展：补偿理论和政策》（Rougledge，2004）一书中关于国防补偿的章节；《迈向非国有化的防务?》（Abstrakt，2005 年）中关于重建西欧国防工业的章节；专家论文集第 5 集《和平与安全》（GPG 国际特遣部队秘书处，2006 年）中关于武装冲突的代价；《政治家年鉴 2007》（Palgrave MacMillan，2006 年）中关于为安全提供经费的章节；《Giorgio La Pira 军备与裁军年鉴》（Jaca 书社，2008 年）中关于经济全球化对军火工业带来的挑战的章节；《暴力、和平与冲突百科全书》第 2 版（学术出版社，2007 年即将出版）中关于军工生产的经济因素（与帕尔·多瑙伊合写）。她自 1983 年以来一直为

《SIPRI 年鉴》撰稿。

**基尔斯滕·索德（Kirsten Soder）**（德国）：2006—2007 年，SIPRI 研究所的“武装冲突和冲突控制项目”研究助理。她为该项目的研究工作提供保障，并为 SIPRI 研究所的多边和平行动数据库编纂数据。

**叶卡捷琳娜·斯捷潘诺娃（Ekaterina Stepanova）博士**（俄罗斯）：SIPRI 研究所“武装冲突和冲突控制项目”负责人。2001 年以来，她一直是莫斯科世界经济与国际关系研究所（IMEMO）非传统安全威胁研究团队的牵头人。2003 年，她在 SIPRI 研究所担任武装冲突和恐怖主义问题的研究员。其著作有《在非对称冲突中的恐怖主义：意识形态和结构方面的问题》，SIPRI《研究报告》第 23 期（牛津大学出版社，2008 年）和《冲突中和冲突后的反恐与和平建设》，SIPRI《政策论文》第 2 号（斯德哥尔摩，1993 年）。她还是《恐怖主义与政治暴力》的编委会成员。

**彼得·斯塔伦海姆（Petter Stålenheim）**（瑞典）：SIPRI 研究所“军费开支项目”研究员，负责跟踪军费开支数据，重点是欧洲和中亚各国的军费开支数据，还负责管理 SIPRI 军费开支数据库。他以前曾是斯德哥尔摩民主和选举援助国际研究所（IDEA）顾问，并在德国乔治·马歇尔中心执教。他与人合写了 SIPRI《政策报告》第 3 期《高加索和中亚地区的军备和裁军》(2003 年 7 月)。他自 1998 年以来一直为《SIPRI 年鉴》撰稿。

**弗兰克·冯·希佩尔（Frank von Hippel）**（美国）：普林斯顿大学的核物理学家和公共与国际安全的教授。在过去 30 年里，他一直从事着有关核裂变材料政策问题的工作，包括与核循环的商业化、停止武器用钚和高浓铀的生产以及停止把高浓铀用作反应堆燃料等相关的一些政策问题。1993—1994 年，他曾任白宫科技政策办公室国家安全司助理司长。他目前是国际裂变材料研究小组的两主席之一。

**彼得·瓦伦斯腾（Peter Wallensteen）教授**（瑞典）：1985年以来任乌普萨拉大学和平与冲突研究“哈马舍尔德”讲座教授，2006年以来还任Notre Dame大学和平研究所“理查德·G·斯塔尔曼”资深研究教授。他领导乌普萨拉的冲突数据库项目和关于实施有针对性制裁的特别项目。他已更新的第二版《理解冲突的解决：战争、和平和全球体系》一书已于2007年出版（SAGE）。他还与人合编了《国际制裁：全球体系中介于言语与战争之间》（Frank Cass，2005年）。他自1988年以来一直为《SIPRI年鉴》撰稿。

**安娜·韦特尔（Anna Wetter）**（瑞典）：目前正在乌普萨拉大学法学院攻读博士学位。2007年12月之前，她曾任SIPRI研究所“不扩散与出口控制项目”的研究助理，主要负责SIPRI举办的各种关于如何使涉及违法出口的有效调查和诉讼能有助于防止大规模杀伤性武器扩散的会议的会务工作。她的著作包括《北欧国家与欧洲安全和防务政策》一书中的“北欧核不扩散政策：不同传统与共同目标”一章（与人合写，2006年）、《欧盟—中国关系中的国际政治》一书中的“欧盟—中国安全关系：‘软’的一面”（OUP，2007年，与人合写）和《执行欧盟的两用物项出口法》，SIPRI《研究报告》第24期（2008年，即将出版）。

**皮埃特·魏泽曼（Pieter D. Wezeman）**（荷兰）：SIPRI研究所的“武器转让项目”研究员。他在该研究所从1994年工作到2003年，于2006年再次加入。2003—2006年间，他在荷兰国防部担任常规武器与核武器技术扩散方面的资深分析家。1995—2003年间和2007年，他曾为《SIPRI年鉴》撰稿。

**莎伦·韦哈塔（Sharon Wiharta）**（印尼）：SIPRI研究所的“武装冲突和冲突控制项目”研究员。主要研究维和问题及和平重建问题，特别是在冲突后局势中推动公正和建立法治问题。2001年到SIPRI任职前，她在西雅图华盛顿大学国际问题研究中心研究可持续发展问题。她在维和及建设和平方面的著作包括与人合写的《向公正秩序的过渡：冲突后建立当地自掌机制》（福克伯纳德特学院，2007

年）和与人合编的《和平行动的前景：地区和国家层面》（乔治敦大学出版社，2008 年）。2007 年，她领导了一个代表联合国人道主义事务协调办公室的研究项目，并完成了一项报告——《外国军事资产在应对自然灾害中的效用》（2007 年）。她自 2002 年以来一直为《SIPRI 年鉴》撰稿。

（徐家雄 译）

# 勘　误

本卷年鉴中的勘误将会出现在网址〈http：//yearbook 2008. sipri. org/errata/〉上和《SIPRI 年鉴 2009》中。

**《SIPRI 年鉴 2007：军备、裁军和国际安全》**

第 130 页，图 3A. 1（中文版第 161 页）　在和平行动投入总人数的示意图中，2003 年的柱条应该短一些，其表示的军队总人数约为 10. 7 万人。

第 360 页，表 9. 4（中文版第 474 页）　“十强总计 61. 42”应改为“十强总计 65. 71”

第 486 页，第 13 行（中文版第 647 页第 3 行）　“Mohamad ElBaradei”应改为“Mohamed ElBaradei”（注：中文版仅翻译了总干事“巴拉迪”的姓，故不受影响）。

第 524 页，表 12A. 3（中文版第 701 页）　在“潜射弹道导弹”一栏中，RSM－50 型导弹的弹头数应该是“240”个，而不是“252”个；潜射导弹弹头总数应该是“624”个，而不是“636”个；已部署的潜射弹道导弹总数应该是“176”枚，而不是“180”枚。表中的其他数字不受影响。

第 590 页，第 10 行（中文版第 779 页第 11 行）　“德国的第三个化武销毁设施开始运转”应改为“德国的第三个销毁单位开始运转”。

第 592 页，第 13—15 行（中文版第 782 页 7—9 行）“……的研究也被公开发布，研究者是前苏联时期曾在该系统工作过的科学家伊戈尔·多马拉兹斯基（另一名研究者是温迪·奥伦特）”应改为“……的研究被《微生物学评论》杂志发布，多马拉兹斯基（与奥伦特）发表了一份单独的报告（见注释〔89〕）。

第 652 页，脚注〔49〕（中文版第 854 页脚注〔49〕）“2005 年 10 月 16 日”应改为“2006 年 10 月 16 日”。

1987年以前出版的各年鉴书名为：
《世界军备与裁军：斯德哥尔摩国际和平研究所【出版年号】》

《SIPRI年鉴2008：军备、裁军和国际安全》（英文版）
牛津大学出版社，牛津，2008，604页
（斯德哥尔摩国际和平研究所）
ISSN 0953-0282
ISBN 978-0-19-954895-8

**图书在版编目（CIP）数据**

SIPRI年鉴2008：军备、裁军和国际安全/斯德哥尔摩国际和平研究所编；中国军控与裁军协会译.—北京：时事出版社，2009.5
ISBN 978-7-80232-215-8

Ⅰ.S… Ⅱ.①斯… ②中… Ⅲ.①军备—世界—2008—年鉴 ②裁军问题—世界—2008—年鉴 ③国际问题—安全—2008—年鉴 Ⅳ.①E118-54 D815-54

中国版本图书馆CIP数据核字（2009）第024108号

**图字：01-2009-2691号**

---

责任编辑：协　力

---

出 版 发 行：时事出版社
地　　　址：北京市海淀区万寿寺甲2号
邮　　　编：100081
发 行 热 线：（010）88547590　88547591
读者服务部：（010）88547595
传　　　真：（010）68418647
电 子 邮 箱：shishichubanshe@sina.com
网　　　址：www.shishishe.com
印　　　刷：北京百善印刷厂

---

开本：880×1230　1/32　印张：26　字数：794千字
2009年5月第1版　2009年5月第1次印刷
定价：98.00元
（如有印装质量问题，请与本社发行部联系调换）